# C. VECELLIO.

## TOME SECOND.

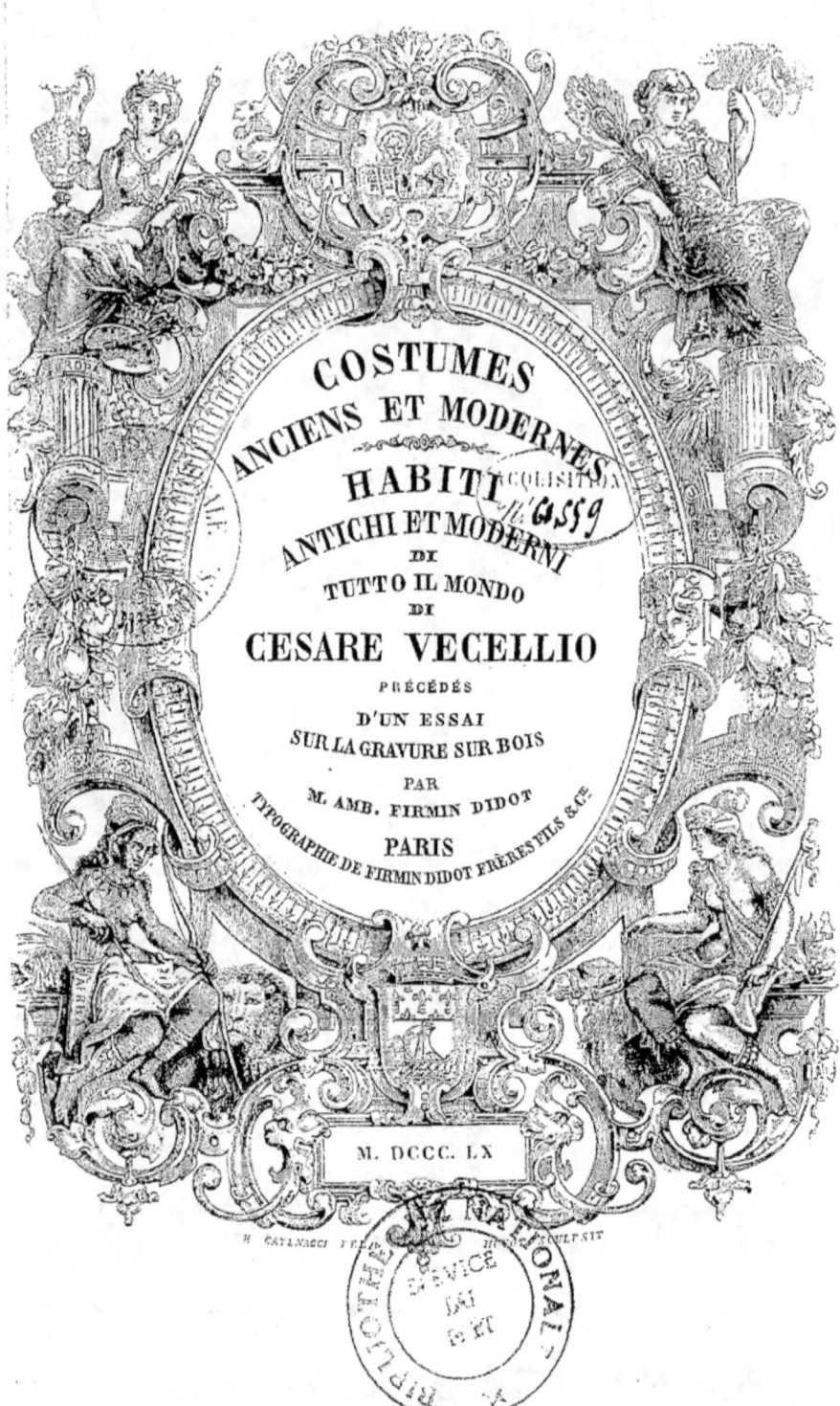

COSTUMES
ANCIENS ET MODERNES

HABITI
ANTICHI ET MODERNI
DI
TUTTO IL MONDO
DI
CESARE VECELLIO

PRÉCÉDÉS
D'UN ESSAI
SUR LA GRAVURE SUR BOIS
PAR
M. AMB. FIRMIN DIDOT

PARIS
TYPOGRAPHIE DE FIRMIN DIDOT FRÈRES FILS & Cie

M. DCCC. LX

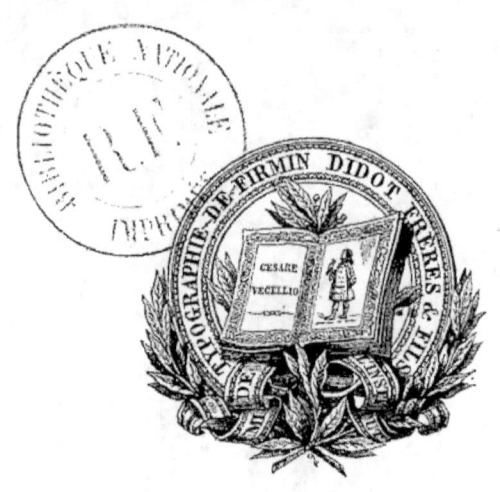

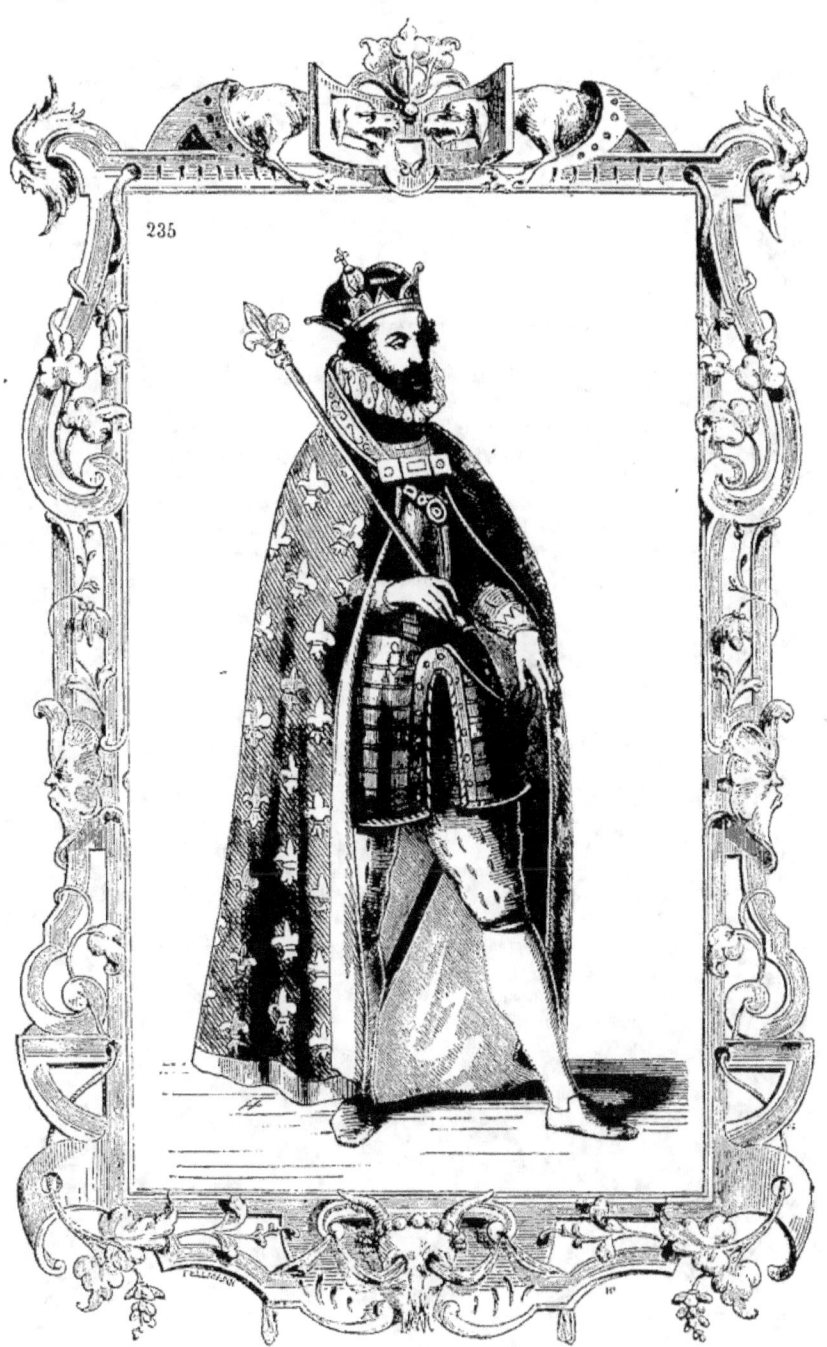

235

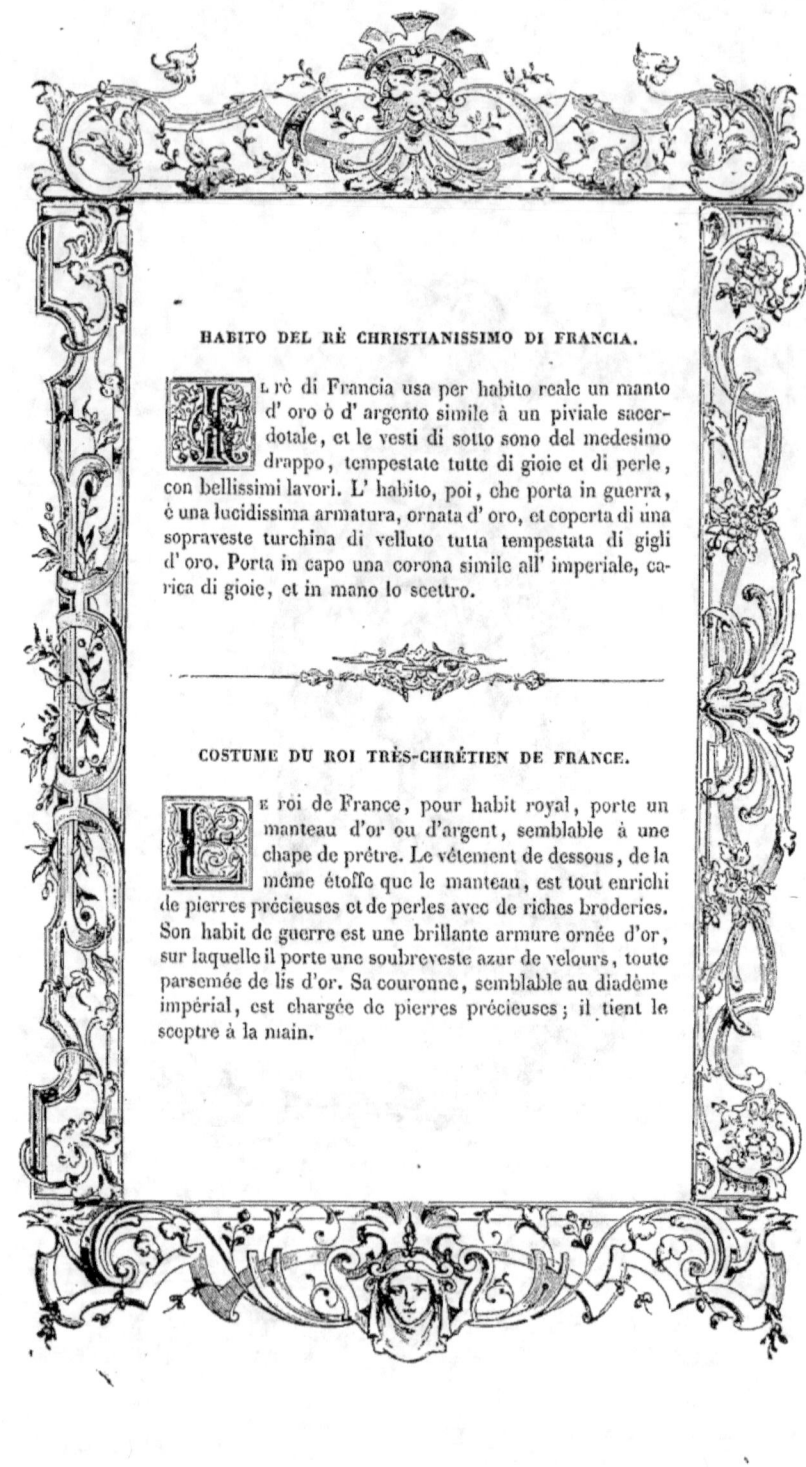

### HABITO DEL RÈ CHRISTIANISSIMO DI FRANCIA.

IL rè di Francia usa per habito reale un manto d' oro ò d' argento simile à un piviale sacerdotale, et le vesti di sotto sono del medesimo drappo, tempestate tutte di gioie et di perle, con bellissimi lavori. L' habito, poi, che porta in guerra, é una lucidissima armatura, ornata d' oro, et coperta di una sopraveste turchina di velluto tutta tempestata di gigli d' oro. Porta in capo una corona simile all' imperiale, carica di gioie, et in mano lo scettro.

### COSTUME DU ROI TRÈS-CHRÉTIEN DE FRANCE.

LE roi de France, pour habit royal, porte un manteau d'or ou d'argent, semblable à une chape de prêtre. Le vêtement de dessous, de la même étoffe que le manteau, est tout enrichi de pierres précieuses et de perles avec de riches broderies. Son habit de guerre est une brillante armure ornée d'or, sur laquelle il porte une soubreveste azur de velours, toute parsemée de lis d'or. Sa couronne, semblable au diadème impérial, est chargée de pierres précieuses; il tient le sceptre à la main.

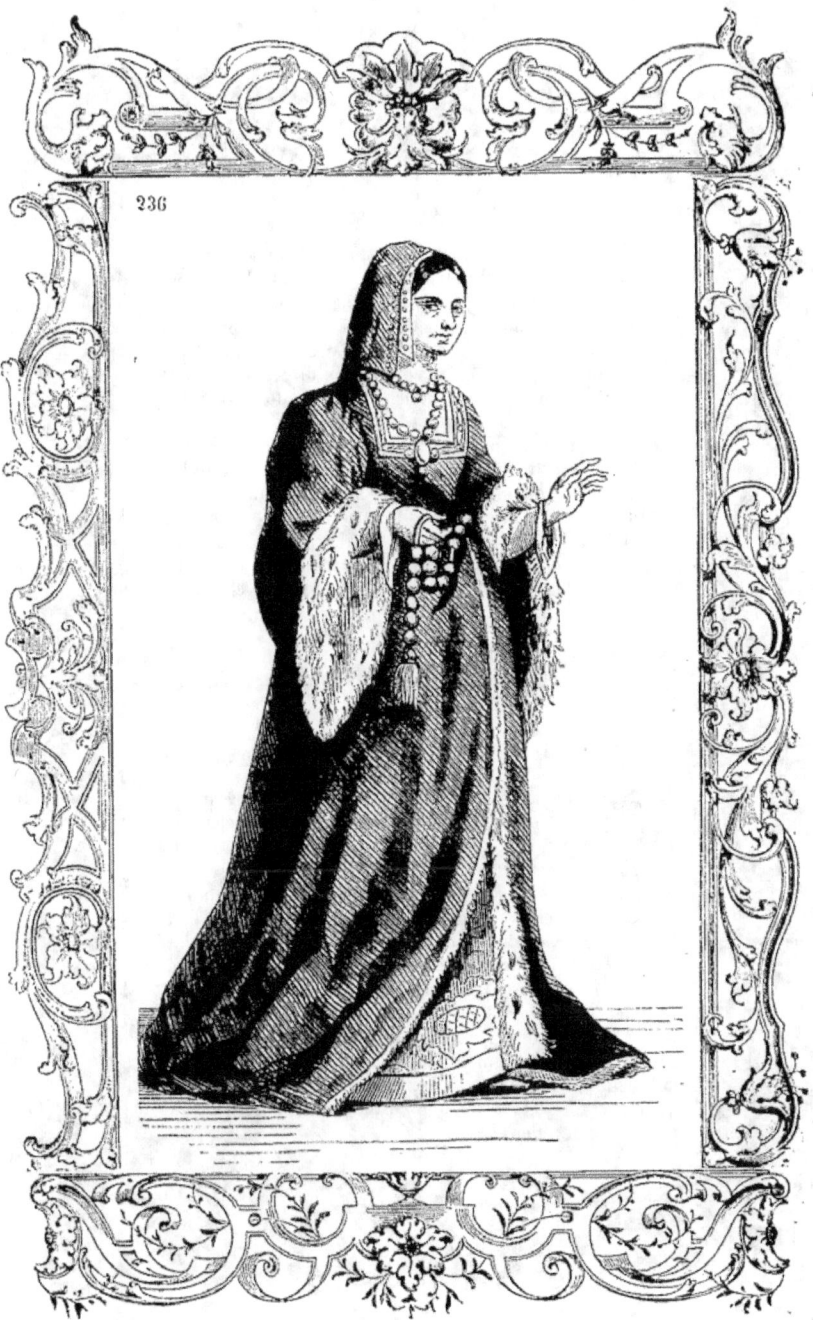

236

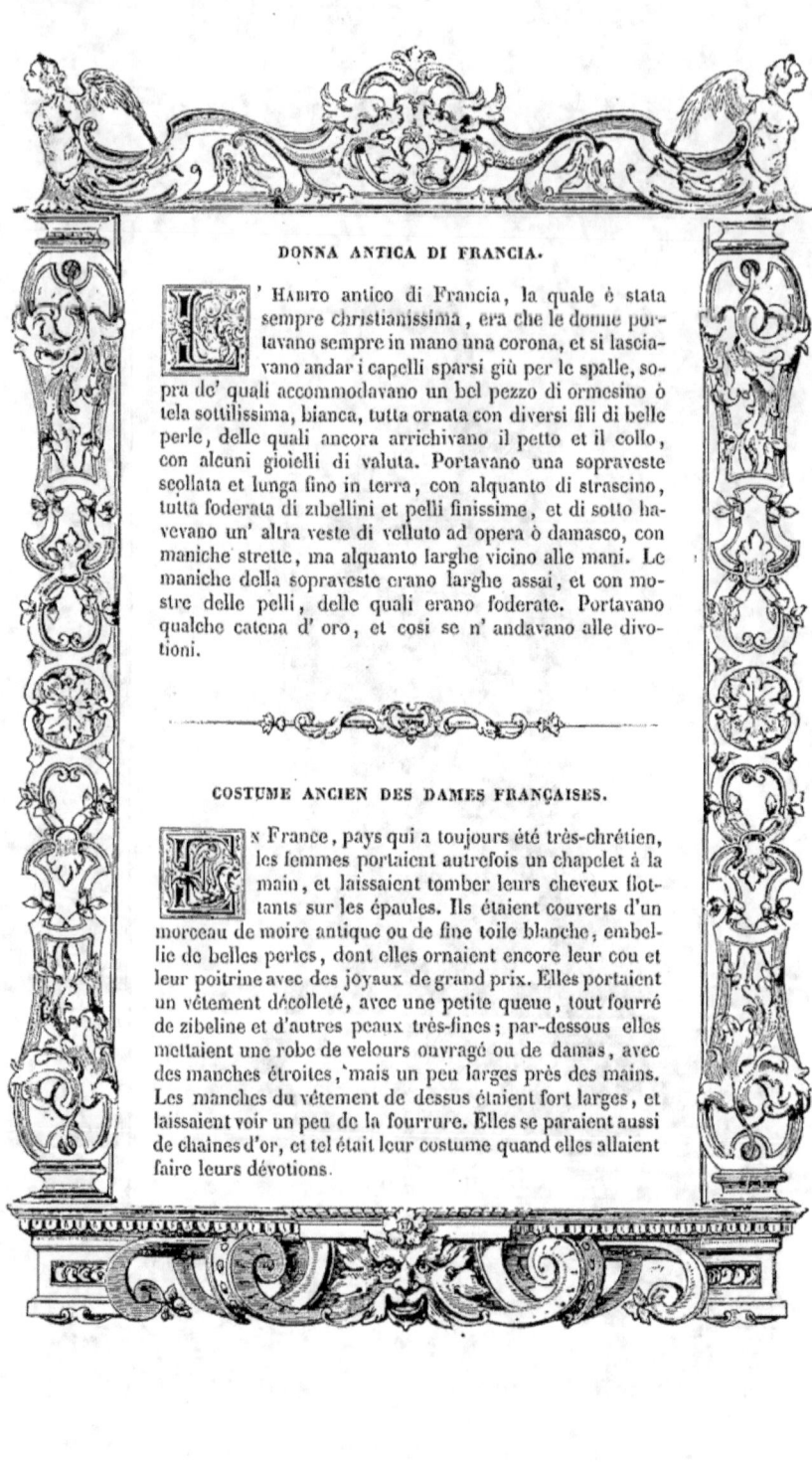

### DONNA ANTICA DI FRANCIA.

L'Habito antico di Francia, la quale è stata sempre christianissima, era che le donne portavano sempre in mano una corona, et si lasciavano andar i capelli sparsi giù per le spalle, sopra de' quali accommodavano un bel pezzo di ormesino ò tela sottilissima, bianca, tutta ornata con diversi fili di belle perle, delle quali ancora arrichivano il petto et il collo, con alcuni gioielli di valuta. Portavano una sopraveste scollata et lunga fino in terra, con alquanto di strascino, tutta foderata di zibellini et pelli finissime, et di sotto havevano un' altra veste di velluto ad opera ò damasco, con maniche strette, ma alquanto larghe vicino alle mani. Le maniche della sopraveste erano larghe assai, et con mostre delle pelli, delle quali erano foderate. Portavano qualche catena d' oro, et cosi se n' andavano alle divotioni.

### COSTUME ANCIEN DES DAMES FRANÇAISES.

En France, pays qui a toujours été très-chrétien, les femmes portaient autrefois un chapelet à la main, et laissaient tomber leurs cheveux flottants sur les épaules. Ils étaient couverts d'un morceau de moire antique ou de fine toile blanche, embellie de belles perles, dont elles ornaient encore leur cou et leur poitrine avec des joyaux de grand prix. Elles portaient un vêtement décolleté, avec une petite queue, tout fourré de zibeline et d'autres peaux très-fines ; par-dessous elles mettaient une robe de velours ouvragé ou de damas, avec des manches étroites, mais un peu larges près des mains. Les manches du vêtement de dessus étaient fort larges, et laissaient voir un peu de la fourrure. Elles se paraient aussi de chaines d'or, et tel était leur costume quand elles allaient faire leurs dévotions.

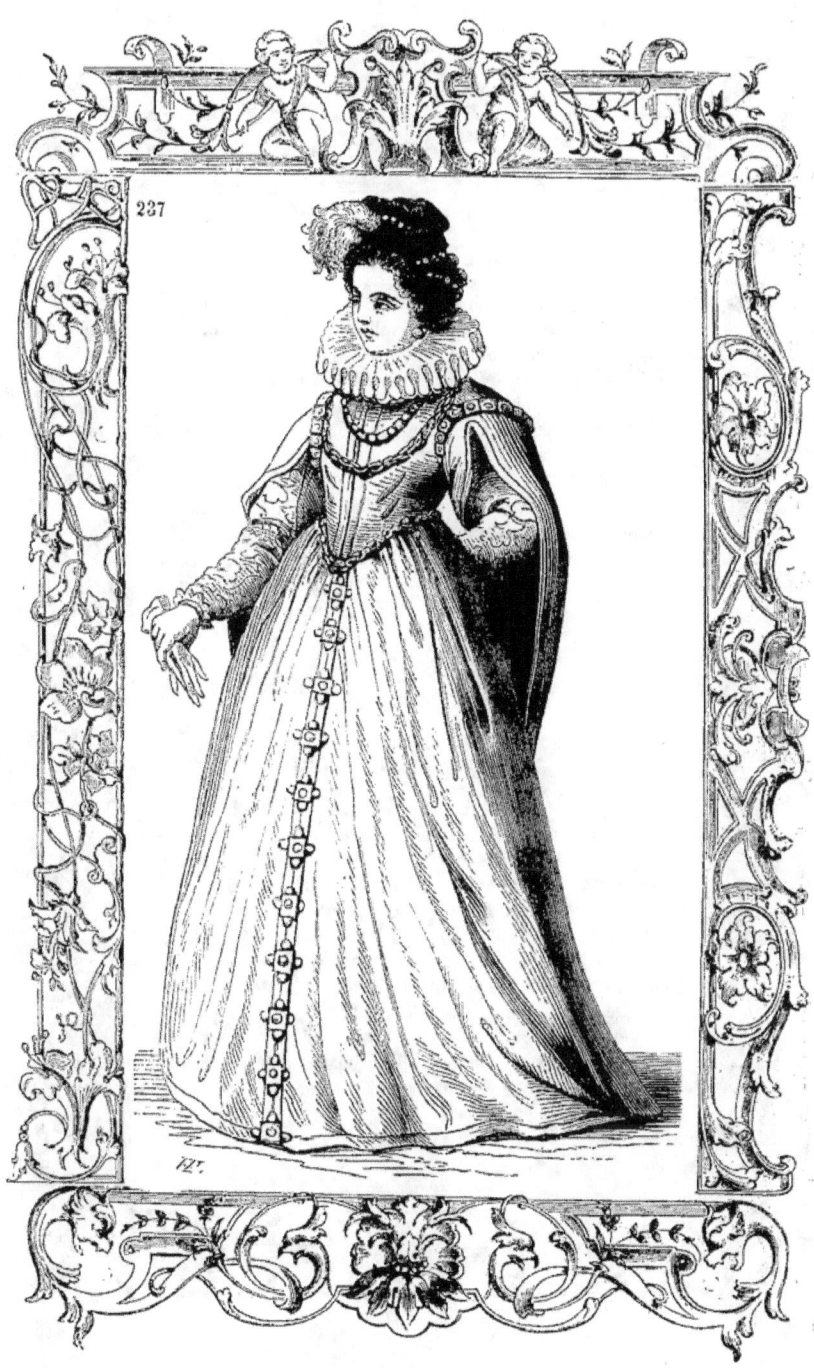

237

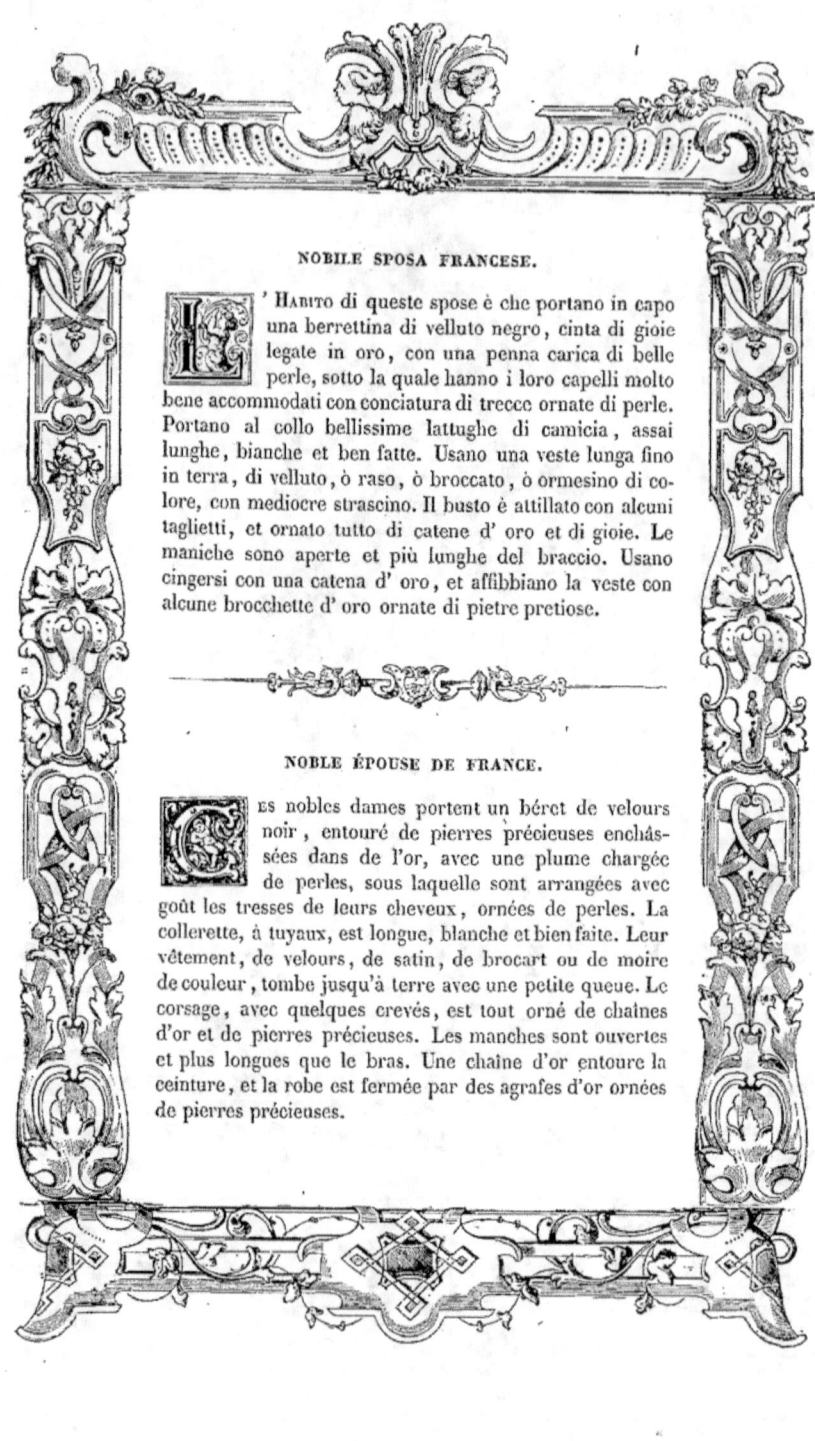

### NOBILE SPOSA FRANCESE.

L'Habito di queste spose è che portano in capo una berrettina di velluto negro, cinta di gioie legate in oro, con una penna carica di belle perle, sotto la quale hanno i loro capelli molto bene accommodati con conciatura di trecce ornate di perle. Portano al collo bellissime lattughe di camicia, assai lunghe, bianche et ben fatte. Usano una veste lunga fino in terra, di velluto, ò raso, ò broccato, ò ormesino di colore, con mediocre strascino. Il busto è attillato con alcuni taglietti, et ornato tutto di catene d'oro e di gioie. Le maniche sono aperte et più lunghe del braccio. Usano cingersi con una catena d'oro, et affibbiano la veste con alcune brocchette d'oro ornate di pietre pretiose.

### NOBLE ÉPOUSE DE FRANCE.

Ces nobles dames portent un béret de velours noir, entouré de pierres précieuses enchâssées dans de l'or, avec une plume chargée de perles, sous laquelle sont arrangées avec goût les tresses de leurs cheveux, ornées de perles. La collerette, à tuyaux, est longue, blanche et bien faite. Leur vêtement, de velours, de satin, de brocart ou de moire de couleur, tombe jusqu'à terre avec une petite queue. Le corsage, avec quelques crevés, est tout orné de chaines d'or et de pierres précieuses. Les manches sont ouvertes et plus longues que le bras. Une chaine d'or entoure la ceinture, et la robe est fermée par des agrafes d'or ornées de pierres précieuses.

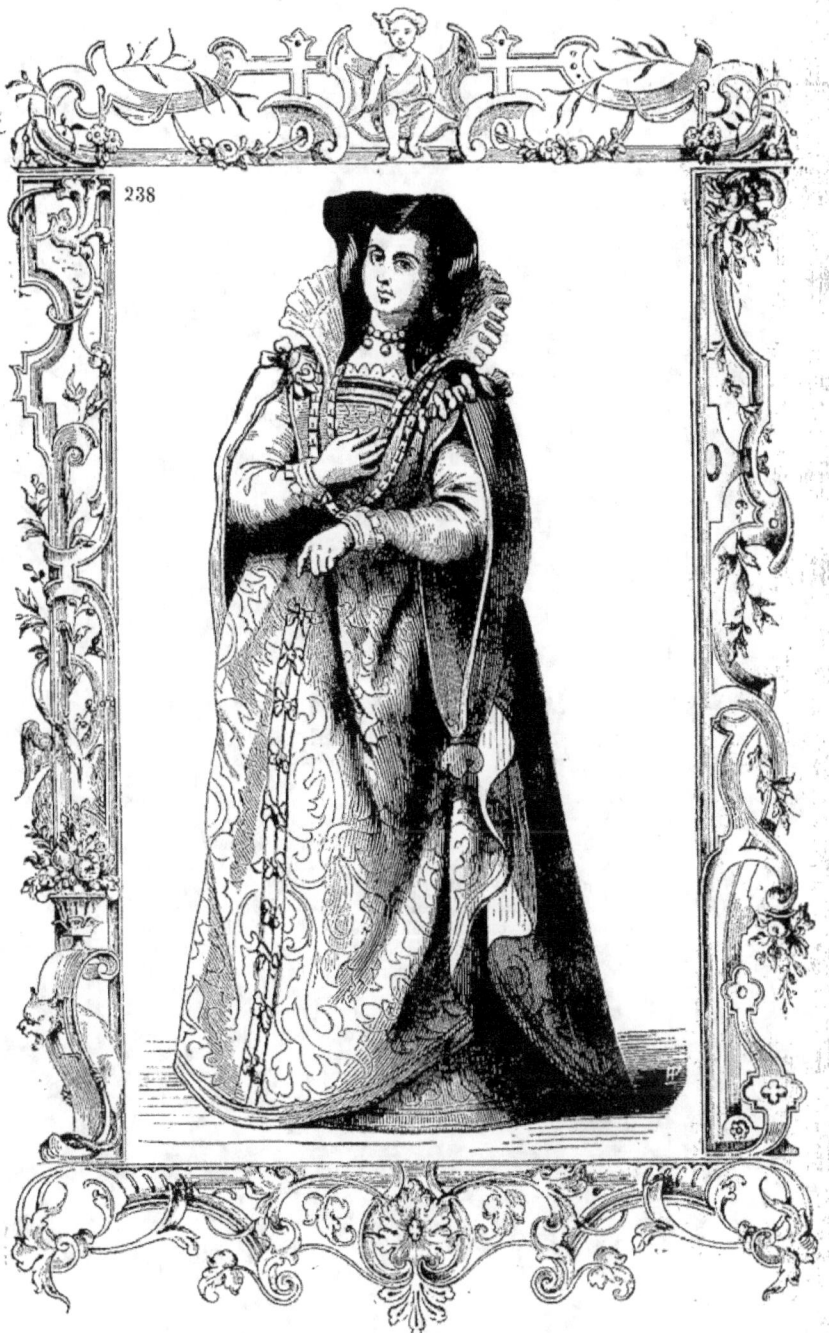

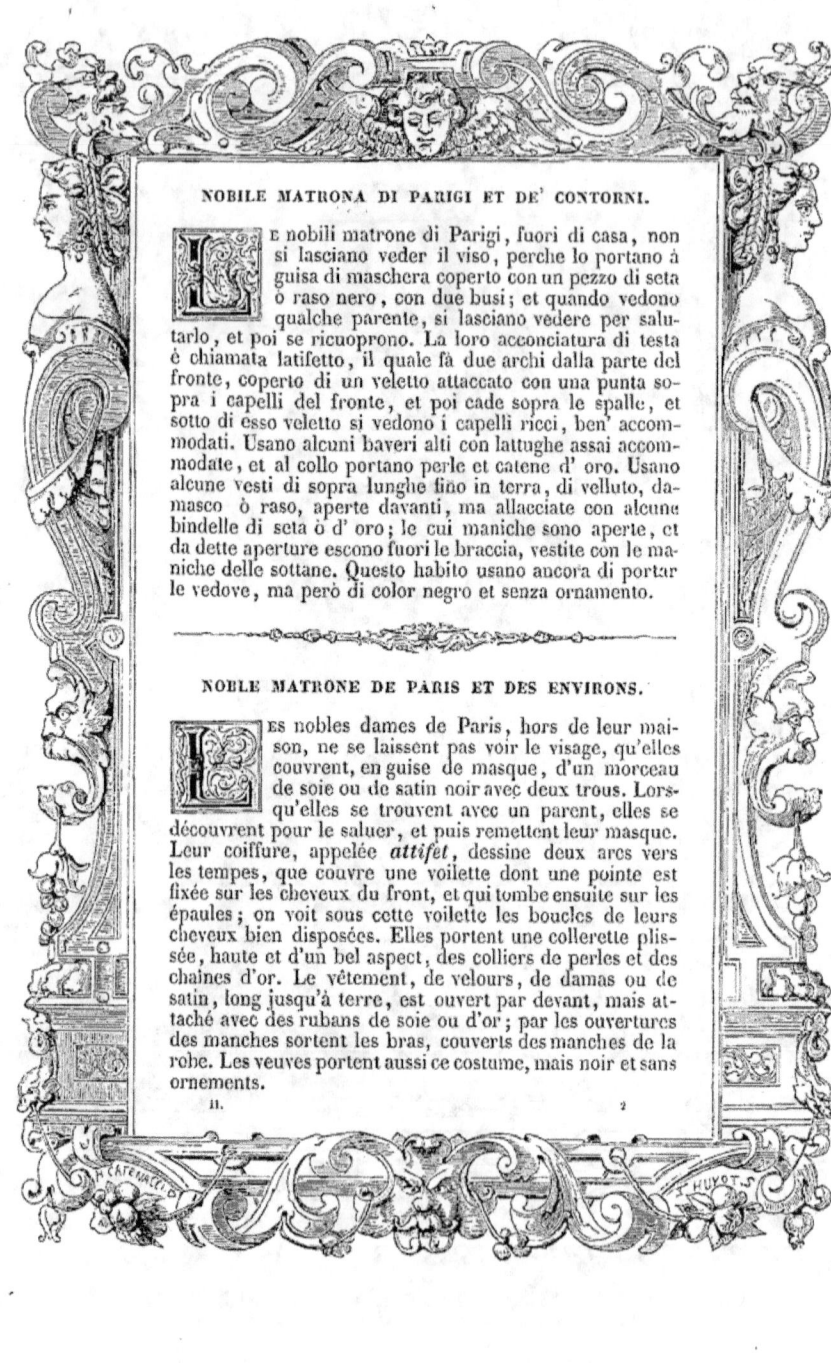

### NOBILE MATRONA DI PARIGI ET DE' CONTORNI.

LE nobili matrone di Parigi, fuori di casa, non si lasciano veder il viso, perche lo portano à guisa di maschera coperto con un pezzo di seta ò raso nero, con due busi; et quando vedono qualche parente, si lasciano vedere per salutarlo, et poi se ricuoprono. La loro acconciatura di testa è chiamata latifetto, il quale fà due archi dalla parte del fronte, coperto di un veletto attaccato con una punta sopra i capelli del fronte, et poi cade sopra le spalle, et sotto di esso veletto si vedono i capelli ricci, ben' accommodati. Usano alcuni baveri alti con lattughe assai accommodate, et al collo portano perle et catene d' oro. Usano alcune vesti di sopra lunghe fino in terra, di velluto, damasco ò raso, aperte davanti, ma allacciate con alcune bindelle di seta ò d' oro; le cui maniche sono aperte, et da dette aperture escono fuori le braccia, vestite con le maniche delle sottane. Questo habito usano ancora di portar le vedove, ma però di color negro et senza ornamento.

### NOBLE MATRONE DE PARIS ET DES ENVIRONS.

LES nobles dames de Paris, hors de leur maison, ne se laissent pas voir le visage, qu'elles couvrent, en guise de masque, d'un morceau de soie ou de satin noir avec deux trous. Lorsqu'elles se trouvent avec un parent, elles se découvrent pour le saluer, et puis remettent leur masque. Leur coiffure, appelée *attifet*, dessine deux arcs vers les tempes, que couvre une voilette dont une pointe est fixée sur les cheveux du front, et qui tombe ensuite sur les épaules ; on voit sous cette voilette les boucles de leurs cheveux bien disposées. Elles portent une collerette plissée, haute et d'un bel aspect, des colliers de perles et des chaînes d'or. Le vêtement, de velours, de damas ou de satin, long jusqu'à terre, est ouvert par devant, mais attaché avec des rubans de soie ou d'or ; par les ouvertures des manches sortent les bras, couverts des manches de la robe. Les veuves portent aussi ce costume, mais noir et sans ornements.

ii. 2

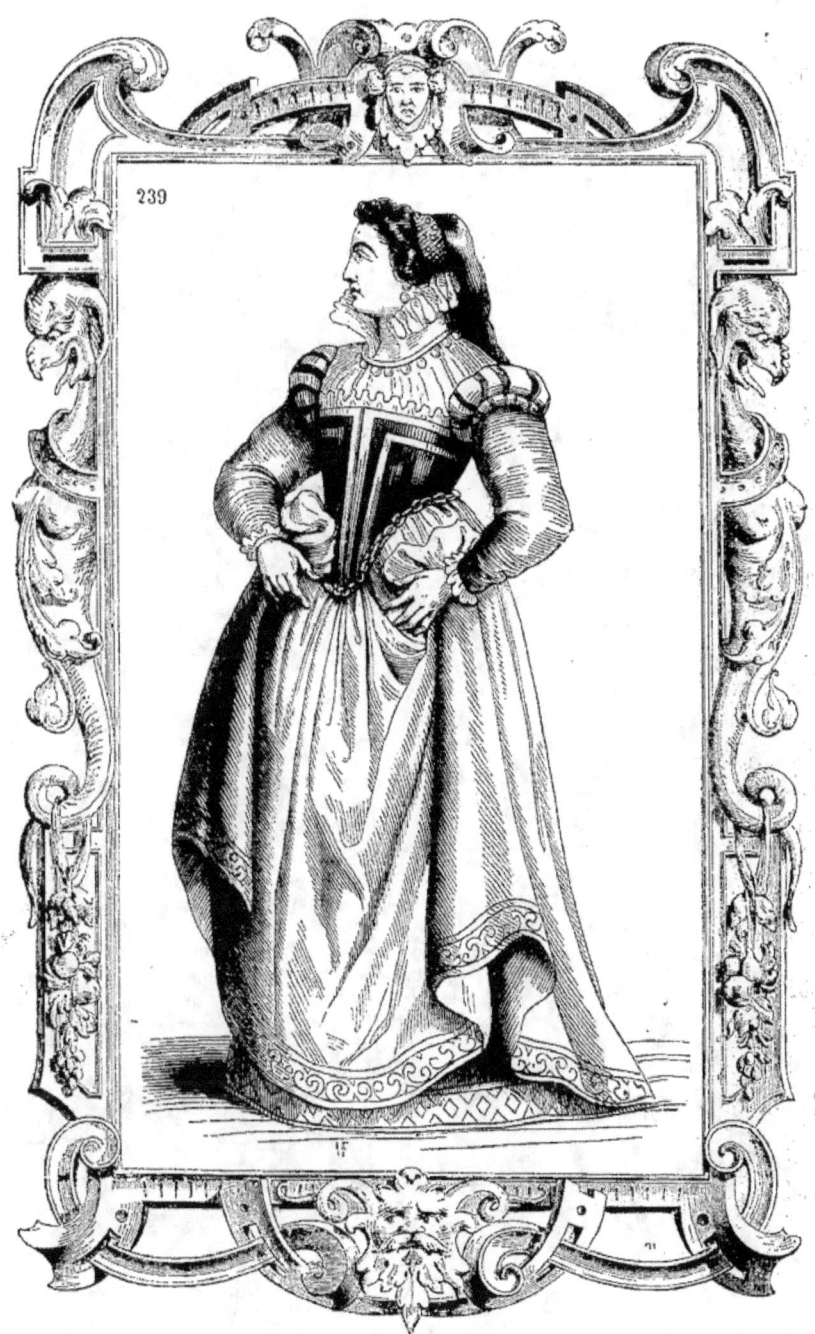

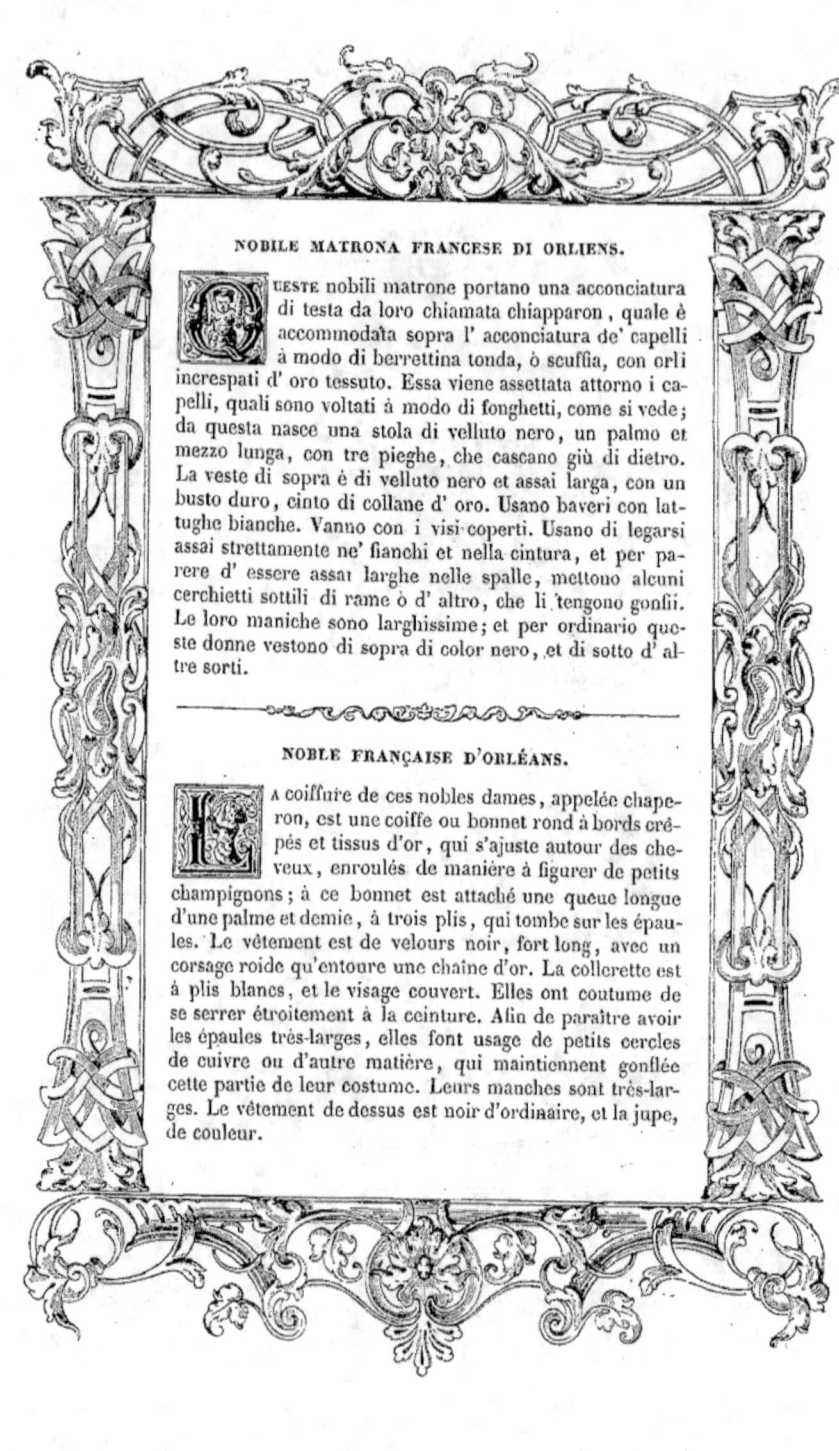

### NOBILE MATRONA FRANCESE DI ORLIENS.

QUESTE nobili matrone portano una acconciatura di testa da loro chiamata chiapparon, quale è accommodata sopra l'acconciatura de' capelli à modo di berrettina tonda, ò scuffia, con orli increspati d'oro tessuto. Essa viene assettata attorno i capelli, quali sono voltati à modo di fonghetti, come si vede; da questa nasce una stola di velluto nero, un palmo et mezzo lunga, con tre pieghe, che cascano giù di dietro. La veste di sopra è di velluto nero et assai larga, con un busto duro, cinto di collane d'oro. Usano baveri con lattughe bianche. Vanno con i visi coperti. Usano di legarsi assai strettamente ne' fianchi et nella cintura, et per parere d'essere assai larghe nelle spalle, mettono alcuni cerchietti sottili di rame ò d'altro, che li tengono gonfii. Le loro maniche sono larghissime; et per ordinario queste donne vestono di sopra di color nero, et di sotto d'altre sorti.

### NOBLE FRANÇAISE D'ORLÉANS.

LA coiffure de ces nobles dames, appelée chaperon, est une coiffe ou bonnet rond à bords crêpés et tissus d'or, qui s'ajuste autour des cheveux, enroulés de manière à figurer de petits champignons; à ce bonnet est attaché une queue longue d'une palme et demie, à trois plis, qui tombe sur les épaules. Le vêtement est de velours noir, fort long, avec un corsage roide qu'entoure une chaîne d'or. La collerette est à plis blancs, et le visage couvert. Elles ont coutume de se serrer étroitement à la ceinture. Afin de paraître avoir les épaules très-larges, elles font usage de petits cercles de cuivre ou d'autre matière, qui maintiennent gonflée cette partie de leur costume. Leurs manches sont très-larges. Le vêtement de dessus est noir d'ordinaire, et la jupe, de couleur.

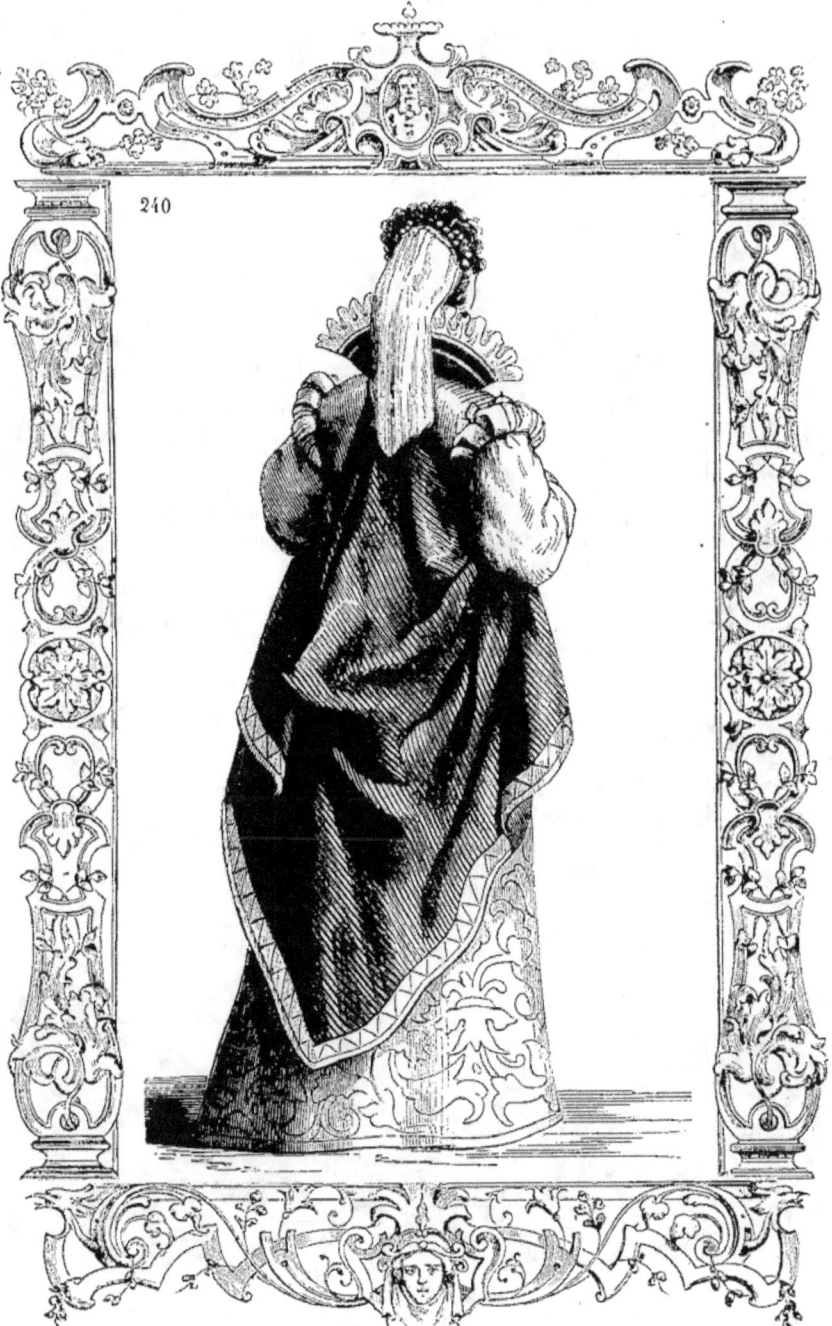

240

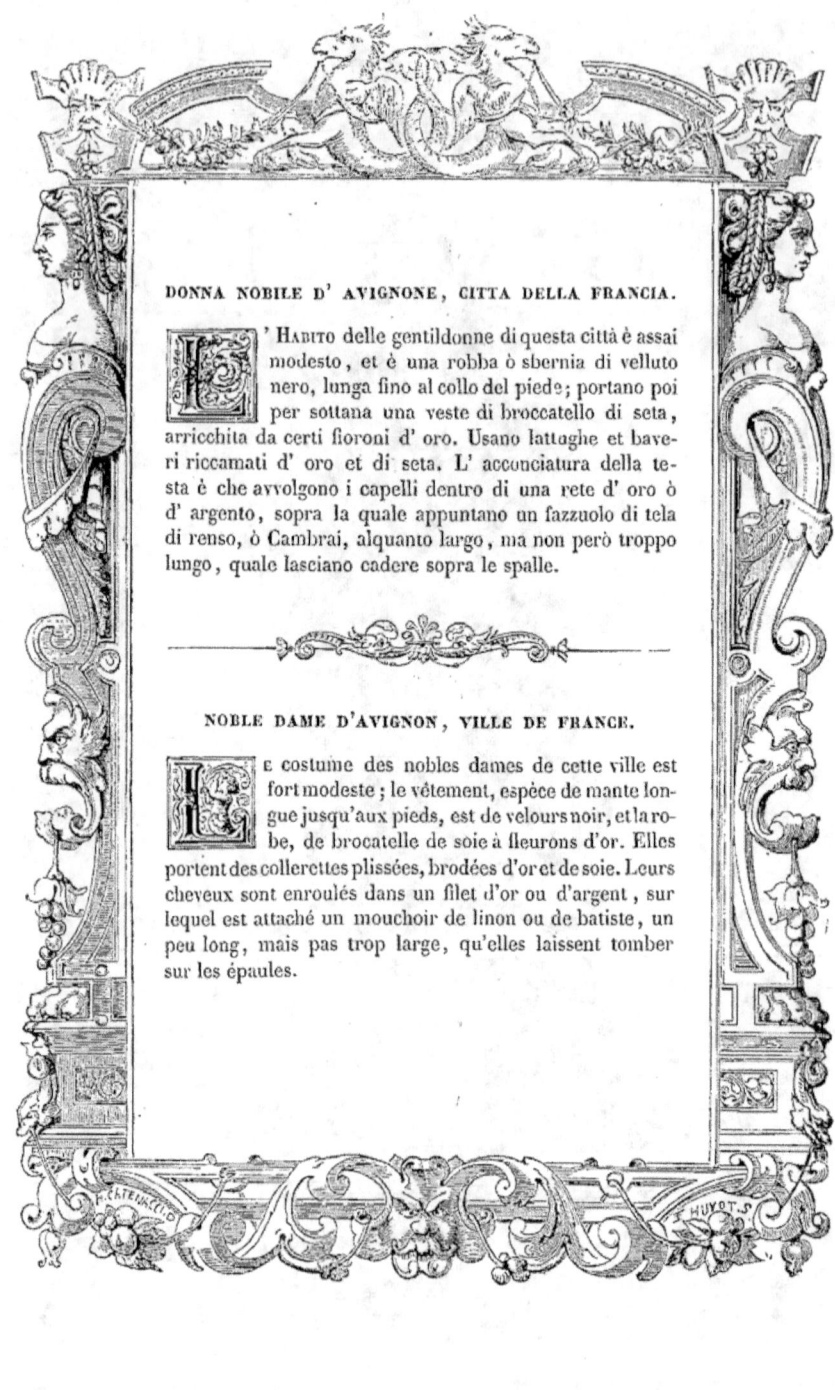

### DONNA NOBILE D' AVIGNONE, CITTA DELLA FRANCIA.

L' Habito delle gentildonne di questa città è assai modesto, et è una robba ò sbernia di velluto nero, lunga fino al collo del piede; portano poi per sottana una veste di broccatello di seta, arricchita da certi fioroni d' oro. Usano lattughe et baveri riccamati d' oro et di seta. L' acconciatura della testa è che avvolgono i capelli dentro di una rete d' oro ò d' argento, sopra la quale appuntano un fazzuolo di tela di renso, ò Cambrai, alquanto largo, ma non però troppo lungo, quale lasciano cadere sopra le spalle.

### NOBLE DAME D'AVIGNON, VILLE DE FRANCE.

Le costume des nobles dames de cette ville est fort modeste ; le vêtement, espèce de mante longue jusqu'aux pieds, est de velours noir, et la robe, de brocatelle de soie à fleurons d'or. Elles portent des collerettes plissées, brodées d'or et de soie. Leurs cheveux sont enroulés dans un filet d'or ou d'argent, sur lequel est attaché un mouchoir de linon ou de batiste, un peu long, mais pas trop large, qu'elles laissent tomber sur les épaules.

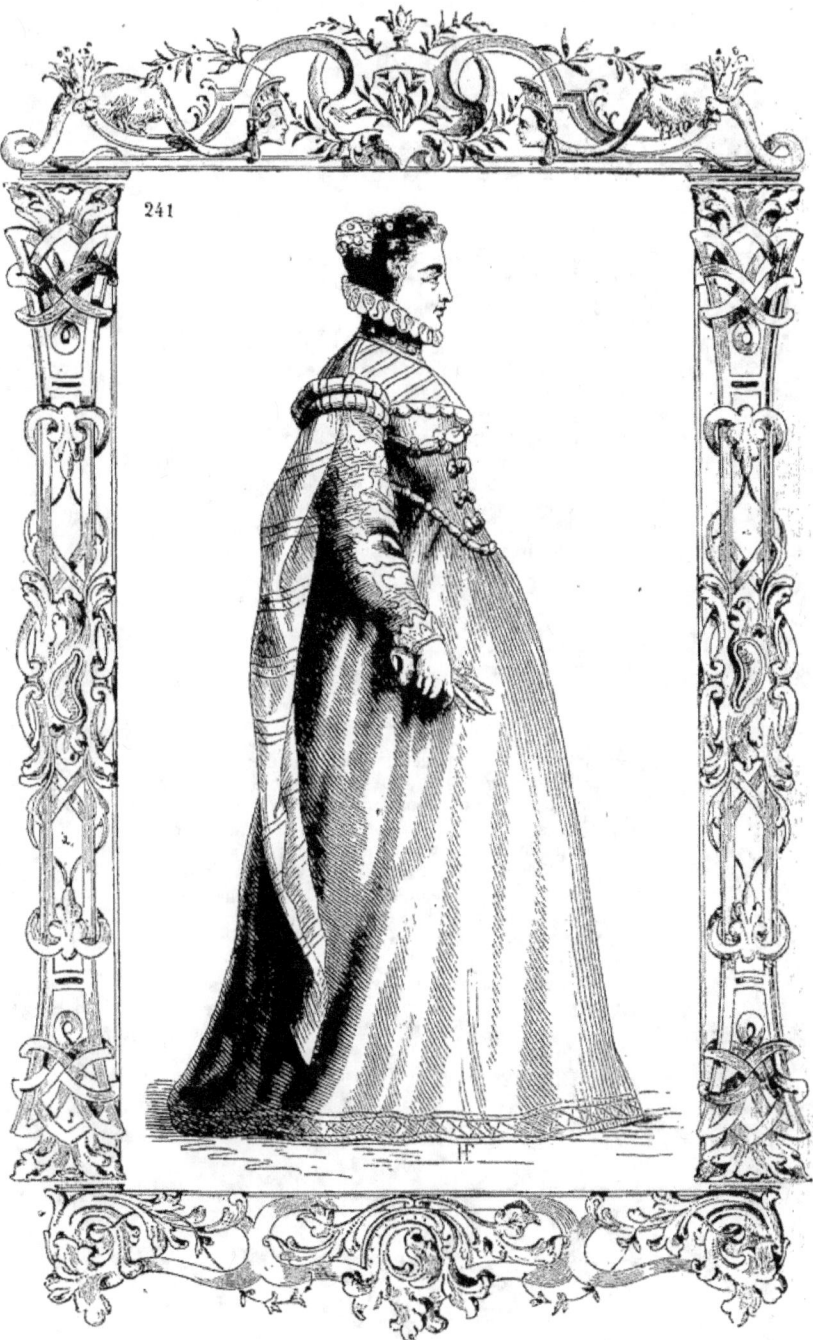
241

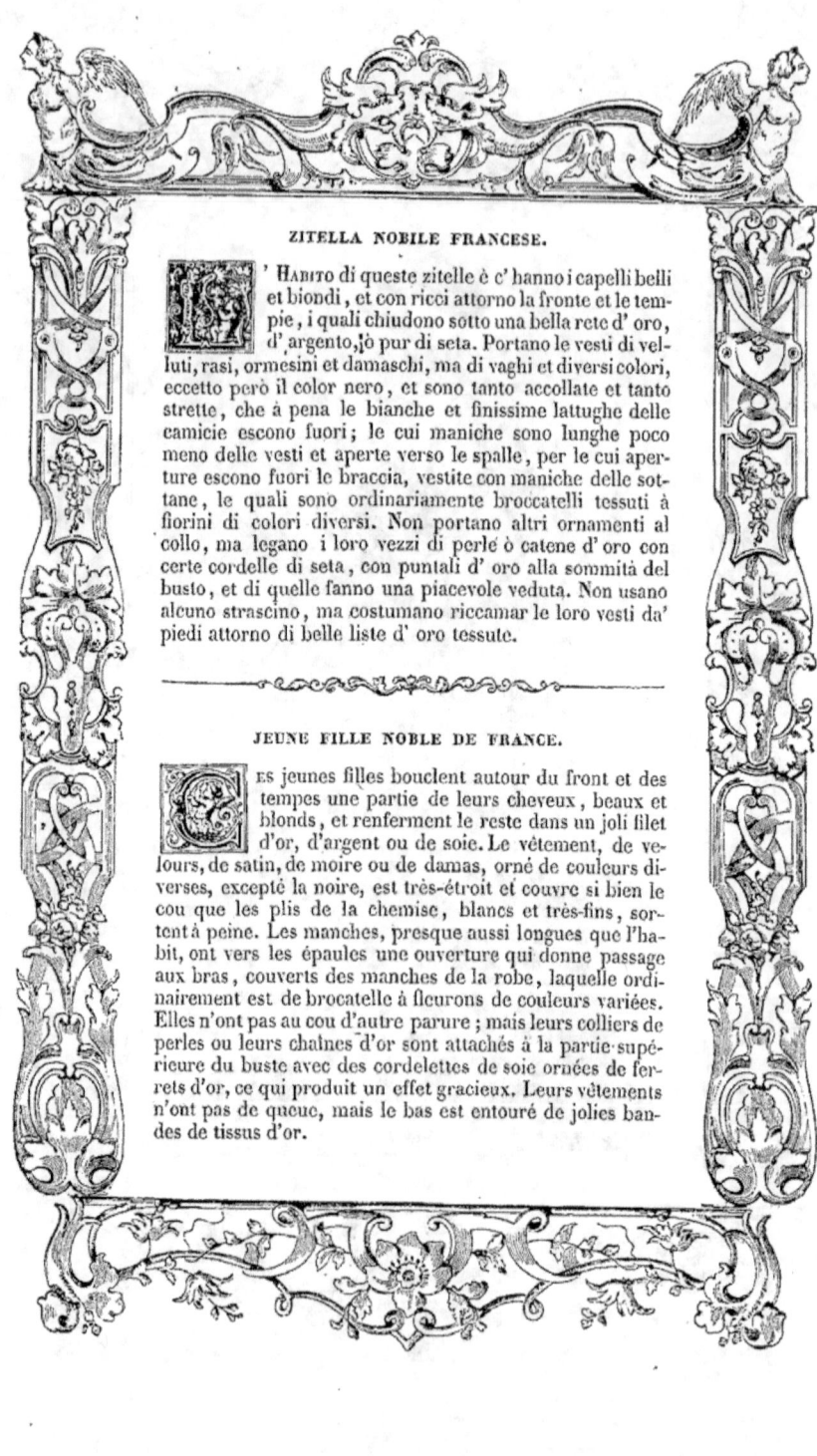

### ZITELLA NOBILE FRANCESE.

'HABITO di queste zitelle è c' hanno i capelli belli
et biondi, et con ricci attorno la fronte et le tempie, i quali chiudono sotto una bella rete d' oro,
d' argento, ò pur di seta. Portano le vesti di velluti, rasi, ormesini et damaschi, ma di vaghi et diversi colori,
eccetto però il color nero, et sono tanto accollate et tanto
strette, che à pena le bianche et finissime lattughe delle
camicie escono fuori; le cui maniche sono lunghe poco
meno delle vesti et aperte verso le spalle, per le cui aperture escono fuori le braccia, vestite con maniche delle sottane, le quali sono ordinariamente broccatelli tessuti à
fiorini di colori diversi. Non portano altri ornamenti al
collo, ma legano i loro vezzi di perle ò catene d' oro con
certe cordelle di seta, con puntali d' oro alla sommità del
busto, et di quelle fanno una piacevole veduta. Non usano
alcuno strascino, ma costumano riccamar le loro vesti da'
piedi attorno di belle liste d' oro tessute.

### JEUNE FILLE NOBLE DE FRANCE.

ES jeunes filles bouclent autour du front et des
tempes une partie de leurs cheveux, beaux et
blonds, et renferment le reste dans un joli filet
d'or, d'argent ou de soie. Le vêtement, de velours, de satin, de moire ou de damas, orné de couleurs diverses, excepté la noire, est très-étroit et couvre si bien le
cou que les plis de la chemise, blancs et très-fins, sortent à peine. Les manches, presque aussi longues que l'habit, ont vers les épaules une ouverture qui donne passage
aux bras, couverts des manches de la robe, laquelle ordinairement est de brocatelle à fleurons de couleurs variées.
Elles n'ont pas au cou d'autre parure; mais leurs colliers de
perles ou leurs chaînes d'or sont attachés à la partie supérieure du buste avec des cordelettes de soie ornées de fer-
rets d'or, ce qui produit un effet gracieux. Leurs vêtements
n'ont pas de queue, mais le bas est entouré de jolies bandes de tissus d'or.

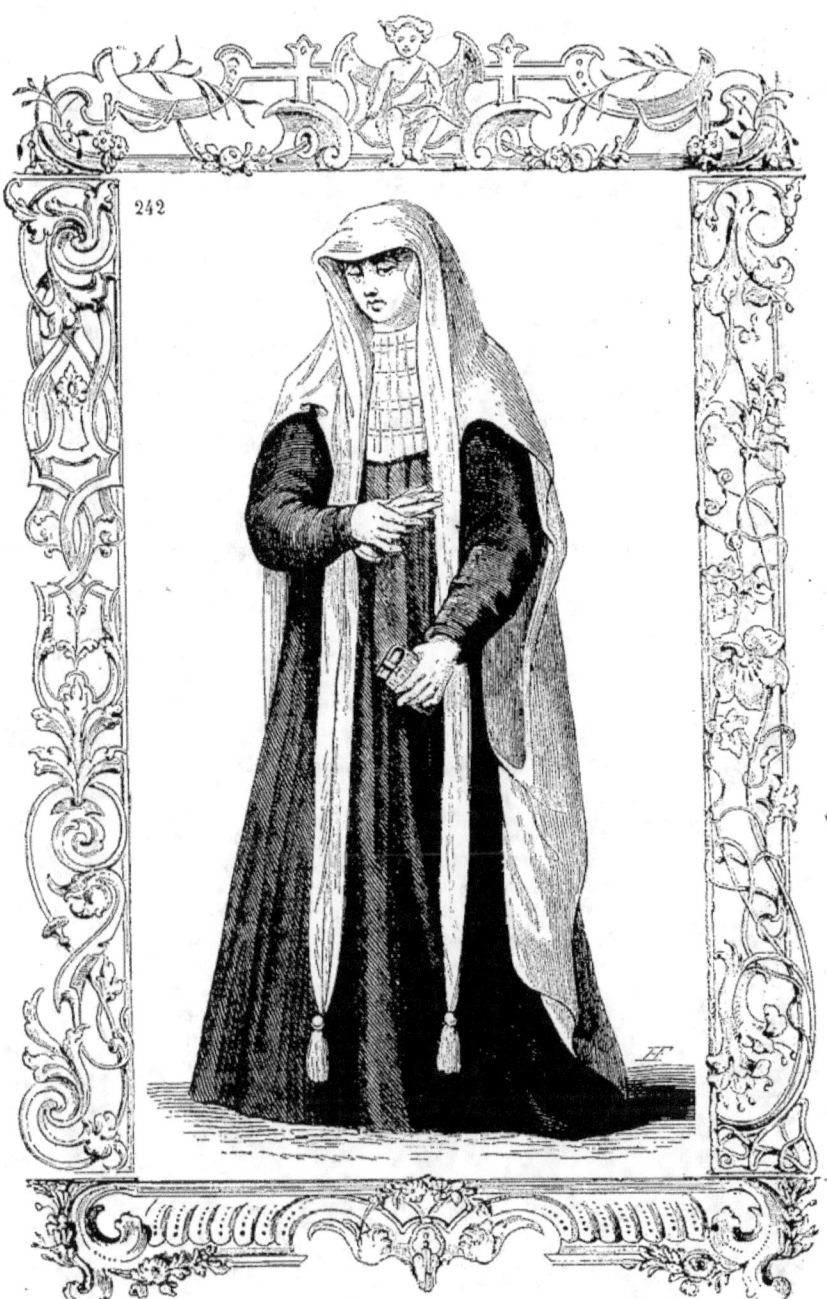

242

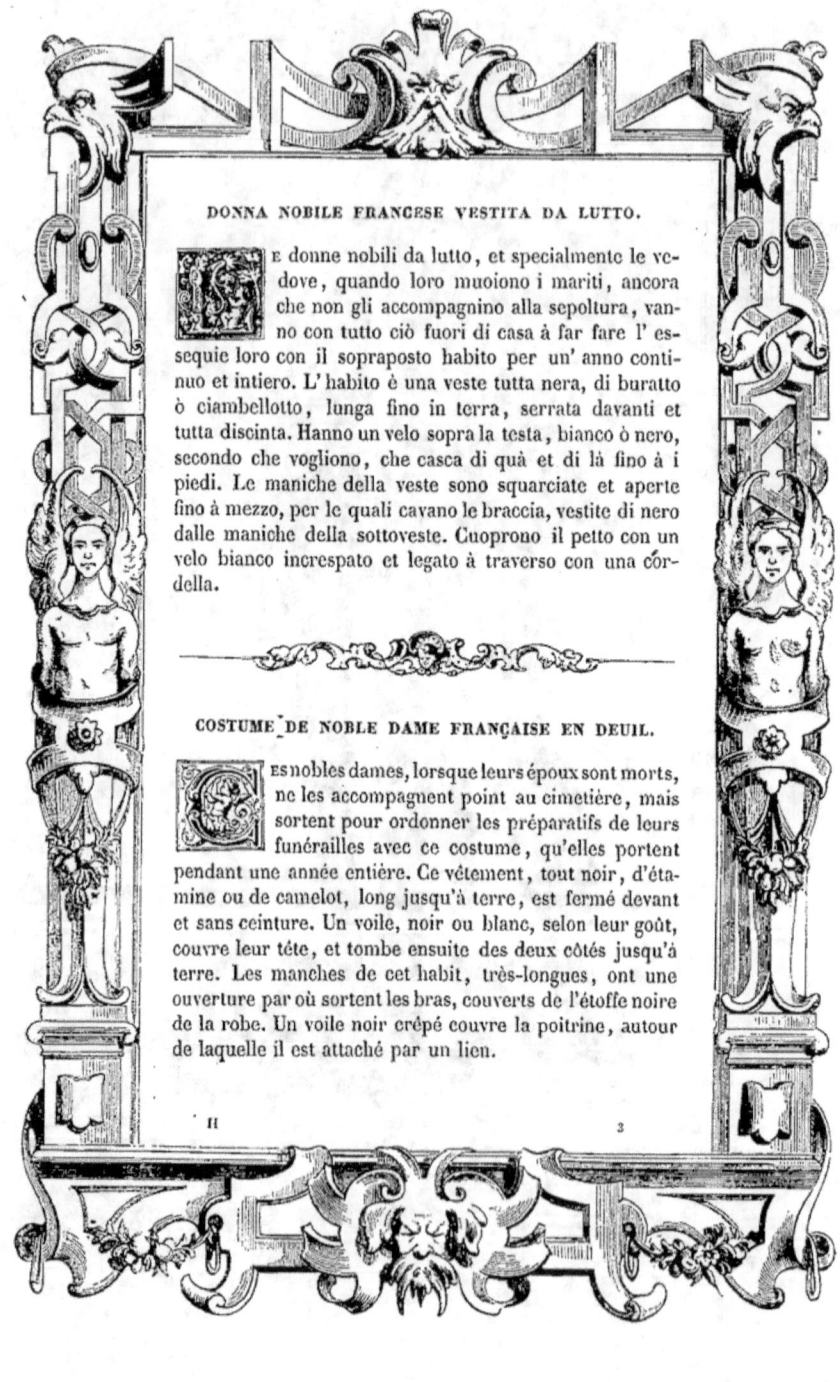

### DONNA NOBILE FRANCESE VESTITA DA LUTTO.

E donne nobili da lutto, et specialmente le vedove, quando loro muoiono i mariti, ancora che non gli accompagnino alla sepoltura, vanno con tutto ciò fuori di casa à far fare l' essequie loro con il sopraposto habito per un' anno continuo et intiero. L' habito è una veste tutta nera, di buratto ò ciambellotto, lunga fino in terra, serrata davanti et tutta discinta. Hanno un velo sopra la testa, bianco ò nero, secondo che vogliono, che casca di quà et di là fino à i piedi. Le maniche della veste sono squarciate et aperte fino à mezzo, per le quali cavano le braccia, vestite di nero dalle maniche della sottoveste. Cuoprono il petto con un velo bianco increspato et legato à traverso con una córdella.

### COSTUME DE NOBLE DAME FRANÇAISE EN DEUIL.

ES nobles dames, lorsque leurs époux sont morts, ne les accompagnent point au cimetière, mais sortent pour ordonner les préparatifs de leurs funérailles avec ce costume, qu'elles portent pendant une année entière. Ce vêtement, tout noir, d'étamine ou de camelot, long jusqu'à terre, est fermé devant et sans ceinture. Un voile, noir ou blanc, selon leur goût, couvre leur tête, et tombe ensuite des deux côtés jusqu'à terre. Les manches de cet habit, très-longues, ont une ouverture par où sortent les bras, couverts de l'étoffe noire de la robe. Un voile noir crêpé couvre la poitrine, autour de laquelle il est attaché par un lien.

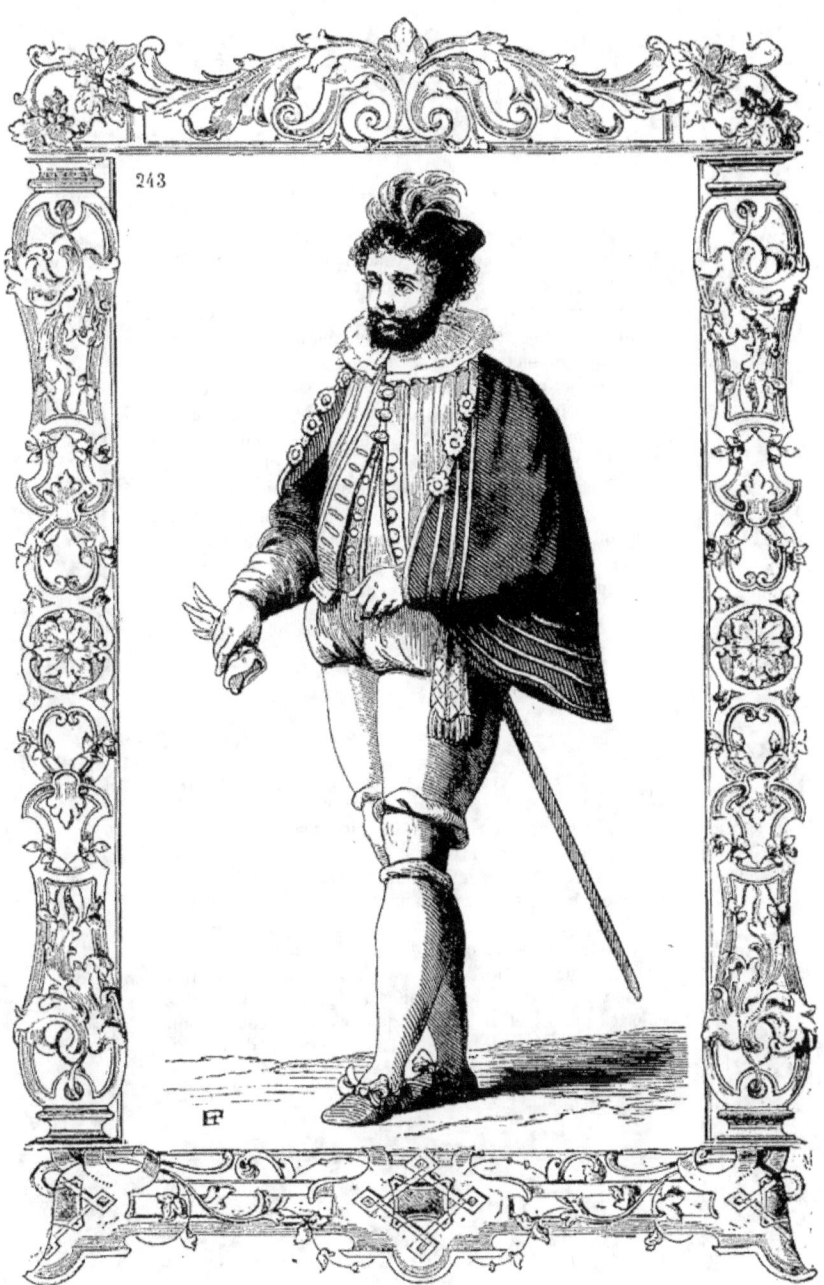

243

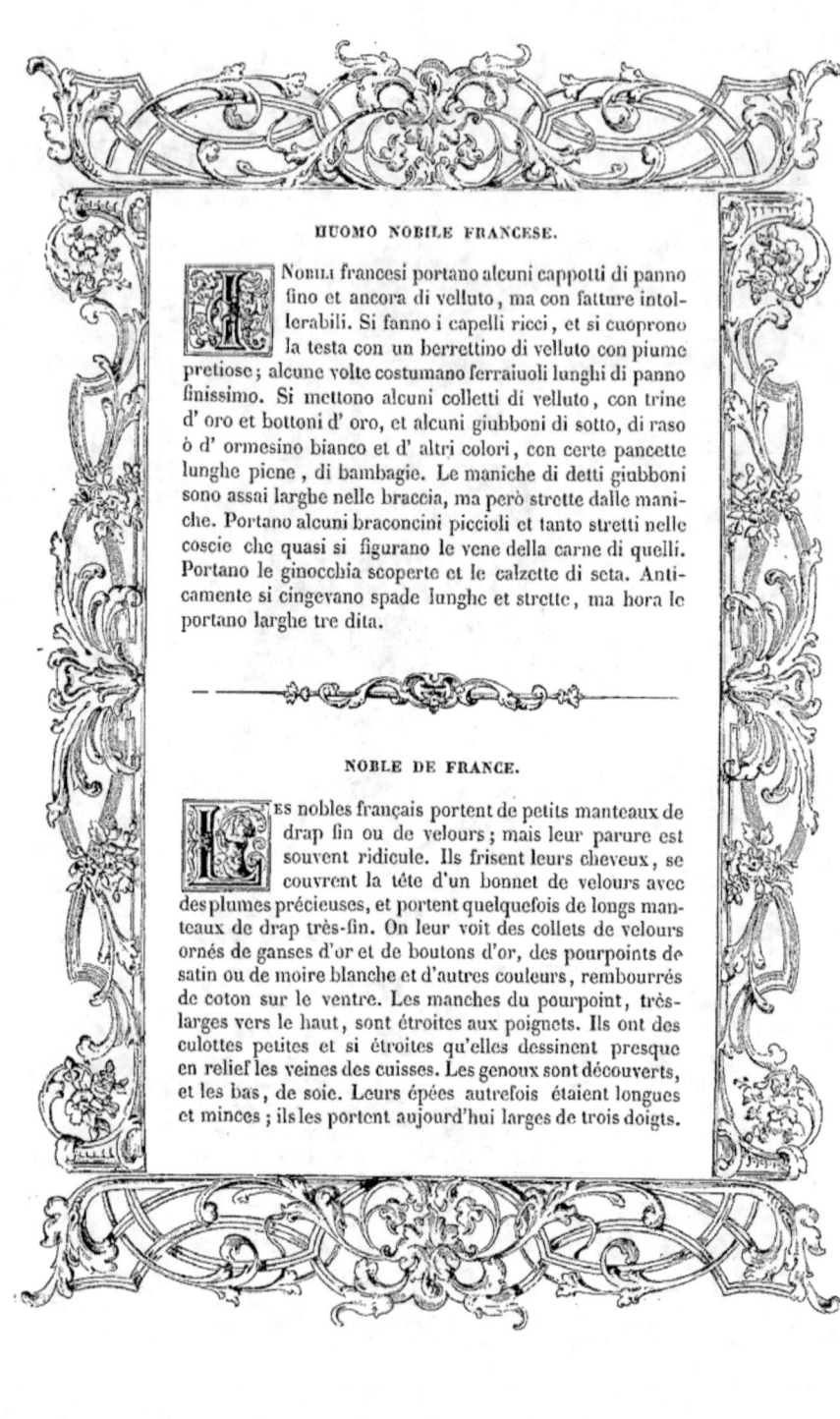

## HUOMO NOBILE FRANCESE.

Nobili francesi portano alcuni cappotti di panno fino et ancora di velluto, ma con fatture intollerabili. Si fanno i capelli ricci, et si cuoprono la testa con un berrettino di velluto con piume pretiose; alcune volte costumano ferraiuoli lunghi di panno finissimo. Si mettono alcuni colletti di velluto, con trine d'oro et bottoni d'oro, et alcuni giubboni di sotto, di raso ò d'ormesino bianco et d'altri colori, con certe pancette lunghe piene, di bambagie. Le maniche di detti giubboni sono assai larghe nelle braccia, ma però strette dalle maniche. Portano alcuni braconcini piccioli et tanto stretti nelle coscie che quasi si figurano le vene della carne di quelli. Portano le ginocchia scoperte et le calzette di seta. Anticamente si cingevano spade lunghe et strette, ma hora le portano larghe tre dita.

## NOBLE DE FRANCE.

Les nobles français portent de petits manteaux de drap fin ou de velours; mais leur parure est souvent ridicule. Ils frisent leurs cheveux, se couvrent la tête d'un bonnet de velours avec des plumes précieuses, et portent quelquefois de longs manteaux de drap très-fin. On leur voit des collets de velours ornés de ganses d'or et de boutons d'or, des pourpoints de satin ou de moire blanche et d'autres couleurs, rembourrés de coton sur le ventre. Les manches du pourpoint, très-larges vers le haut, sont étroites aux poignets. Ils ont des culottes petites et si étroites qu'elles dessinent presque en relief les veines des cuisses. Les genoux sont découverts, et les bas, de soie. Leurs épées autrefois étaient longues et minces; ils les portent aujourd'hui larges de trois doigts.

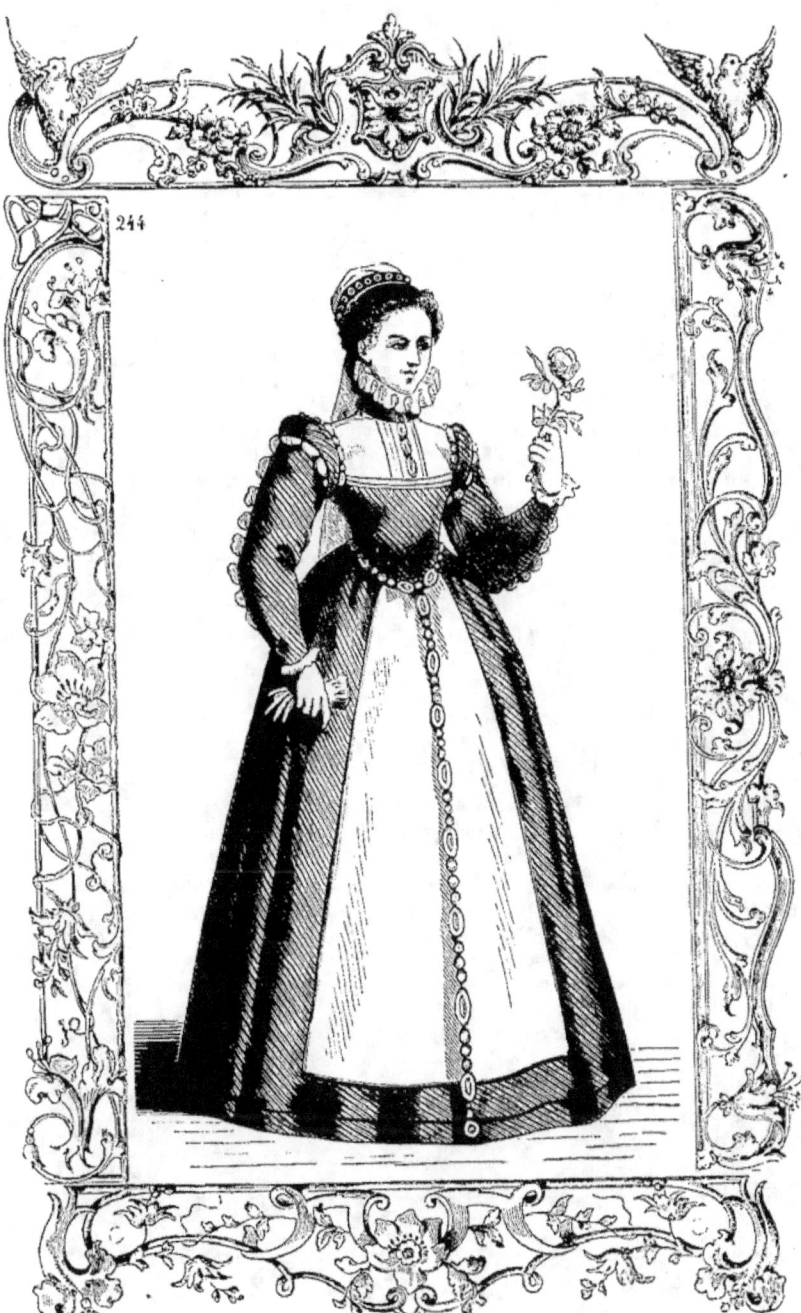

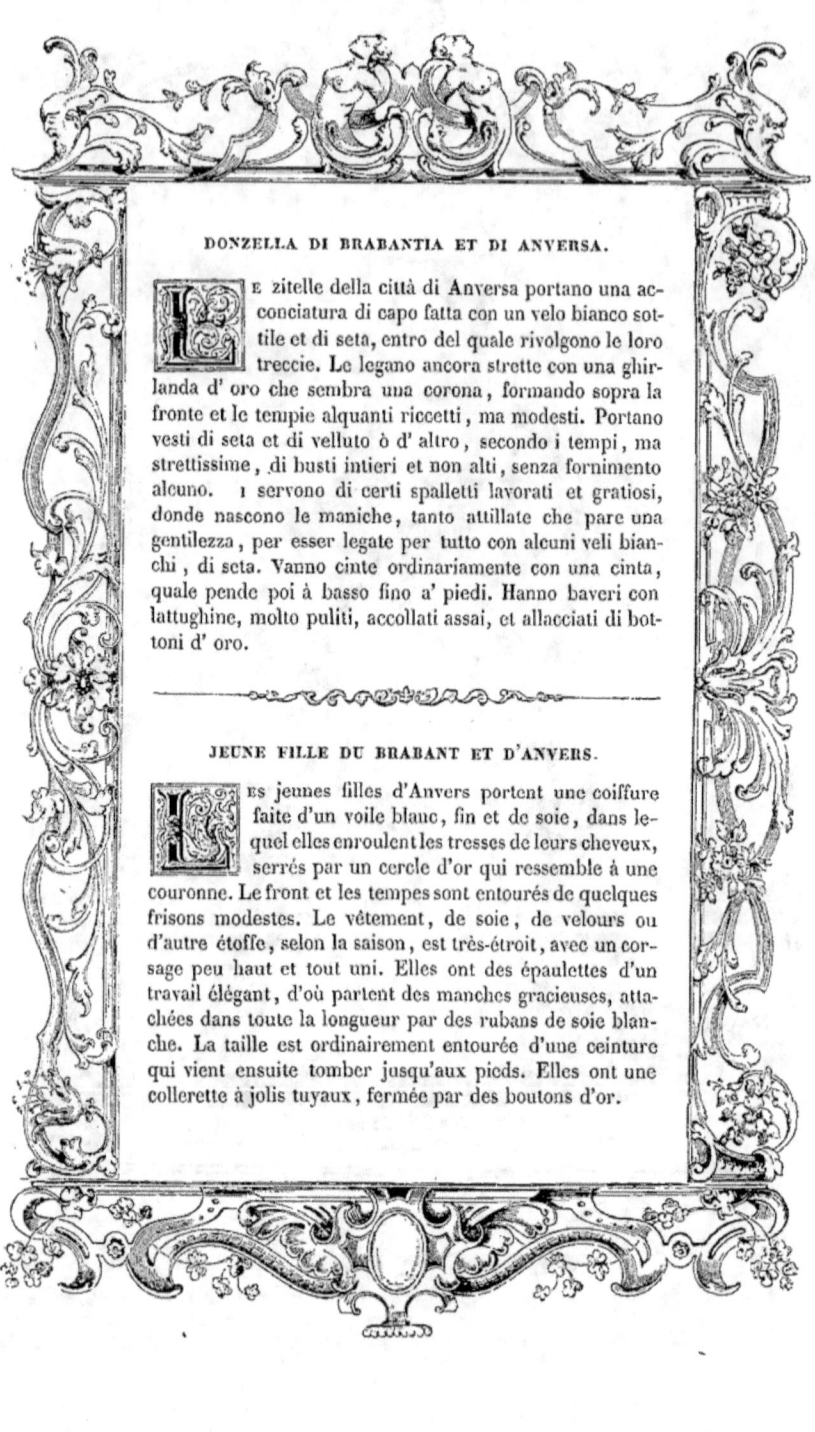

## DONZELLA DI BRABANTIA ET DI ANVERSA.

L E zitelle della città di Anversa portano una acconciatura di capo fatta con un velo bianco sottile et di seta, entro del quale rivolgono le loro
treccie. Le legano ancora strette con una ghirlanda d' oro che sembra una corona, formando sopra la
fronte et le tempie alquanti riccetti, ma modesti. Portano
vesti di seta et di velluto ò d' altro, secondo i tempi, ma
strettissime, di busti intieri et non alti, senza fornimento
alcuno. ɪ servono di certi spalletti lavorati et gratiosi,
donde nascono le maniche, tanto attillate che pare una
gentilezza, per esser legate per tutto con alcuni veli bianchi, di seta. Vanno cinte ordinariamente con una cinta,
quale pende poi à basso fino a' piedi. Hanno baveri con
lattughine, molto puliti, accollati assai, et allacciati di bottoni d' oro.

## JEUNE FILLE DU BRABANT ET D'ANVERS.

L ES jeunes filles d'Anvers portent une coiffure
faite d'un voile blanc, fin et de soie, dans lequel elles enroulent les tresses de leurs cheveux,
serrés par un cercle d'or qui ressemble à une
couronne. Le front et les tempes sont entourés de quelques
frisons modestes. Le vêtement, de soie, de velours ou
d'autre étoffe, selon la saison, est très-étroit, avec un corsage peu haut et tout uni. Elles ont des épaulettes d'un
travail élégant, d'où partent des manches gracieuses, attachées dans toute la longueur par des rubans de soie blanche. La taille est ordinairement entourée d'une ceinture
qui vient ensuite tomber jusqu'aux pieds. Elles ont une
collerette à jolis tuyaux, fermée par des boutons d'or.

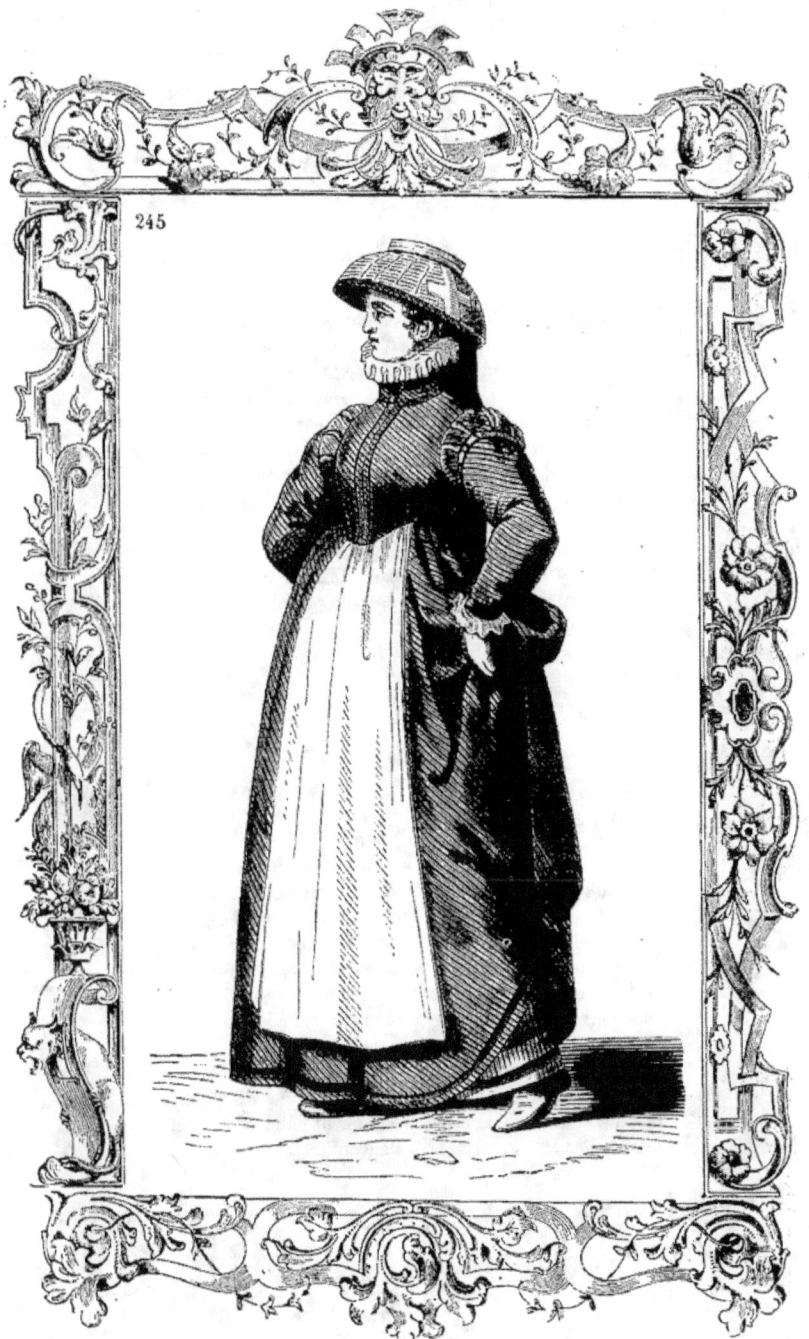

245

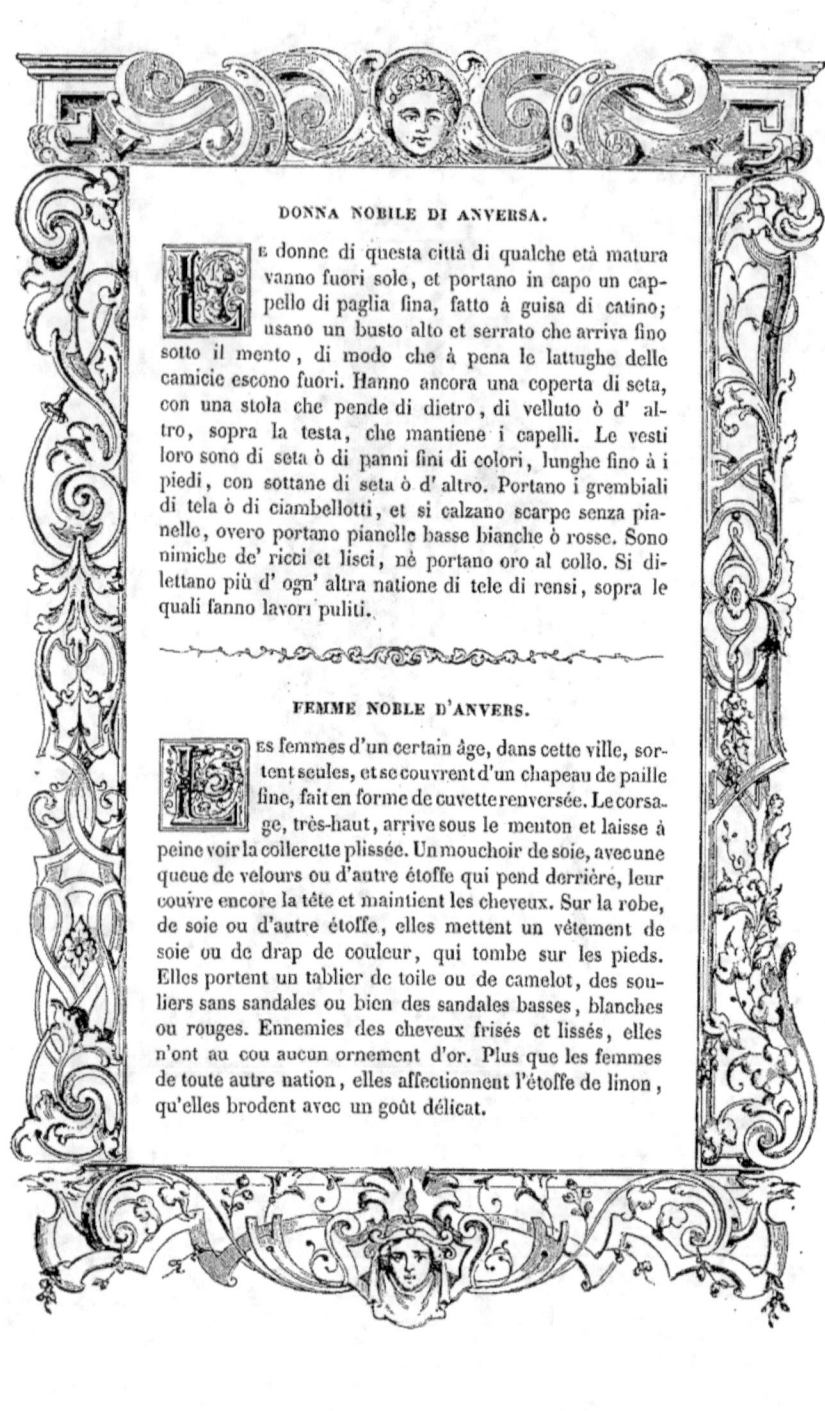

### DONNA NOBILE DI ANVERSA.

Le donne di questa città di qualche età matura vanno fuori sole, et portano in capo un cappello di paglia fina, fatto à guisa di catino; usano un busto alto et serrato che arriva fino sotto il mento, di modo che à pena le lattughe delle camicie escono fuori. Hanno ancora una coperta di seta, con una stola che pende di dietro, di velluto ò d'altro, sopra la testa, che mantiene i capelli. Le vesti loro sono di seta ò di panni fini di colori, lunghe fino à i piedi, con sottane di seta ò d'altro. Portano i grembiali di tela ò di ciambellotti, et si calzano scarpe senza pianelle, overo portano pianelle basse bianche ò rosse. Sono nimiche de' ricci et lisci, nè portano oro al collo. Si dilettano più d'ogn' altra natione di tele di rensi, sopra le quali fanno lavori puliti.

### FEMME NOBLE D'ANVERS.

Les femmes d'un certain âge, dans cette ville, sortent seules, et se couvrent d'un chapeau de paille fine, fait en forme de cuvette renversée. Le corsage, très-haut, arrive sous le menton et laisse à peine voir la collerette plissée. Un mouchoir de soie, avec une queue de velours ou d'autre étoffe qui pend derrière, leur couvre encore la tête et maintient les cheveux. Sur la robe, de soie ou d'autre étoffe, elles mettent un vêtement de soie ou de drap de couleur, qui tombe sur les pieds. Elles portent un tablier de toile ou de camelot, des souliers sans sandales ou bien des sandales basses, blanches ou rouges. Ennemies des cheveux frisés et lissés, elles n'ont au cou aucun ornement d'or. Plus que les femmes de toute autre nation, elles affectionnent l'étoffe de linon, qu'elles brodent avec un goût délicat.

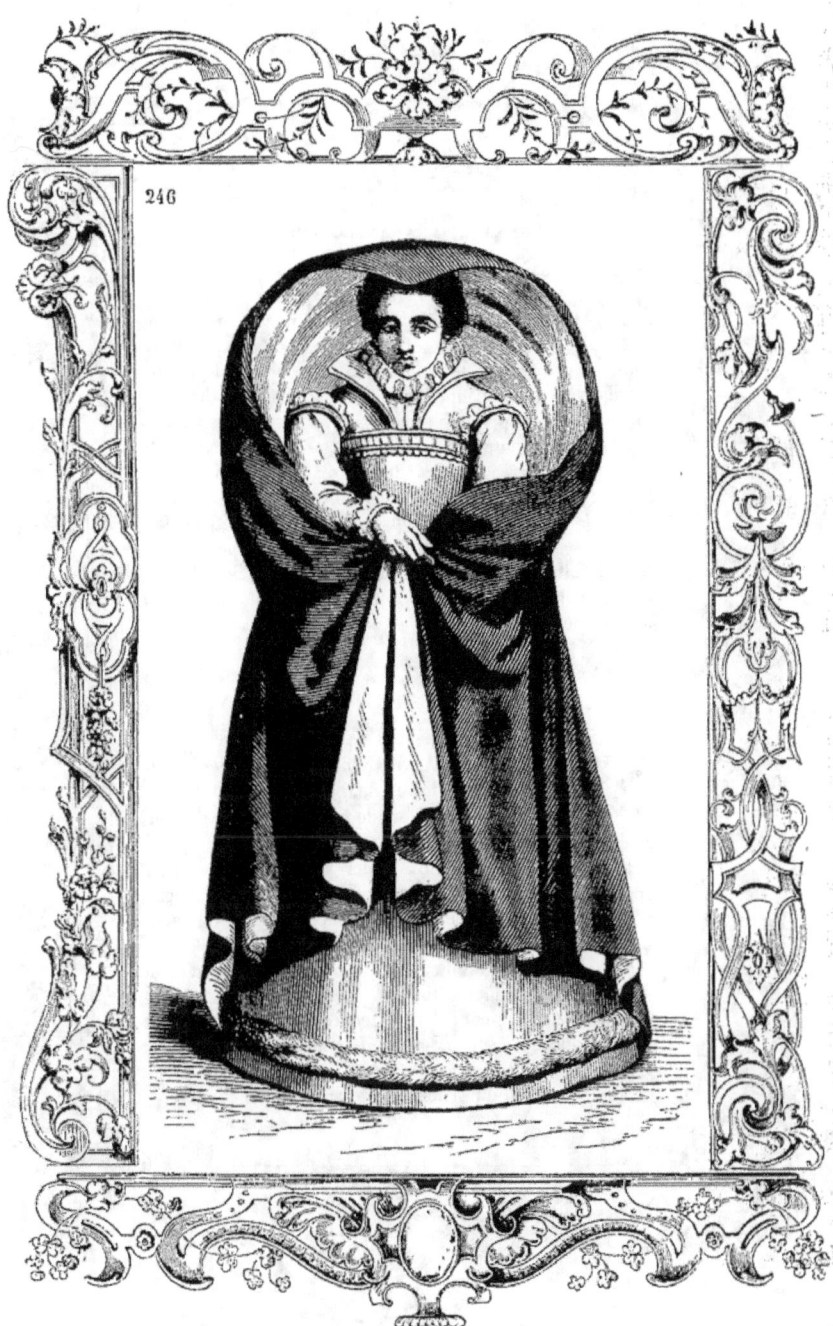

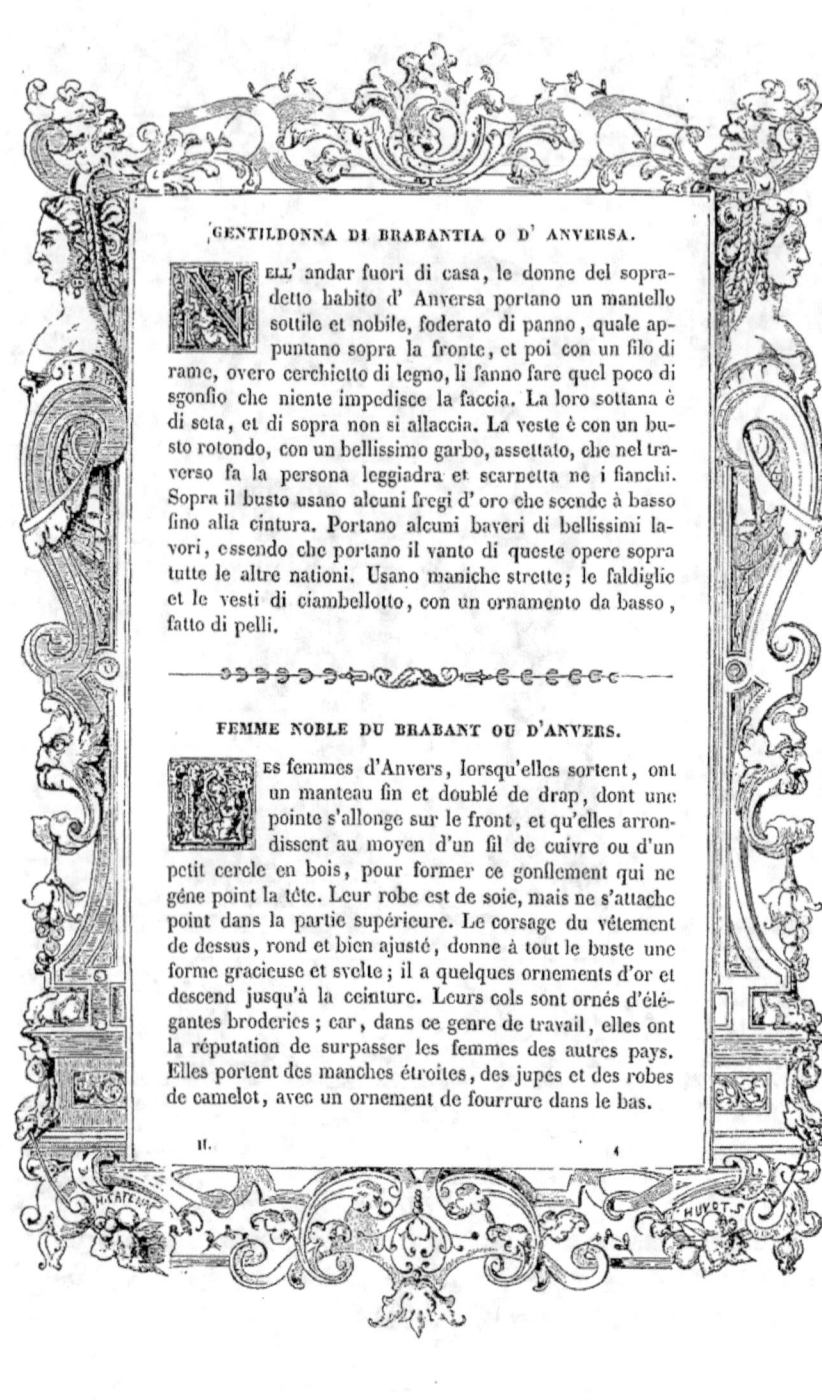

### GENTILDONNA DI BRABANTIA O D' ANVERSA.

ELL' andar fuori di casa, le donne del sopra-
detto habito d' Anversa portano un mantello
sottile et nobile, foderato di panno, quale appuntano sopra la fronte, et poi con un filo di
rame, overo cerchietto di legno, li fanno fare quel poco di
sgonfio che niente impedisce la faccia. La loro sottana è
di seta, et di sopra non si allaccia. La veste è con un busto rotondo, con un bellissimo garbo, assettato, che nel traverso fa la persona leggiadra et scarnetta ne i fianchi.
Sopra il busto usano alcuni fregi d' oro che scende à basso
fino alla cintura. Portano alcuni baveri di bellissimi lavori, essendo che portano il vanto di queste opere sopra
tutte le altre nationi. Usano maniche strette; le faldiglie
et le vesti di ciambellotto, con un ornamento da basso,
fatto di pelli.

### FEMME NOBLE DU BRABANT OU D'ANVERS.

ES femmes d'Anvers, lorsqu'elles sortent, ont
un manteau fin et doublé de drap, dont une
pointe s'allonge sur le front, et qu'elles arron-
dissent au moyen d'un fil de cuivre ou d'un
petit cercle en bois, pour former ce gonflement qui ne
gêne point la tête. Leur robe est de soie, mais ne s'attache
point dans la partie supérieure. Le corsage du vêtement
de dessus, rond et bien ajusté, donne à tout le buste une
forme gracieuse et svelte; il a quelques ornements d'or et
descend jusqu'à la ceinture. Leurs cols sont ornés d'élégantes broderies; car, dans ce genre de travail, elles ont
la réputation de surpasser les femmes des autres pays.
Elles portent des manches étroites, des jupes et des robes
de camelot, avec un ornement de fourrure dans le bas.

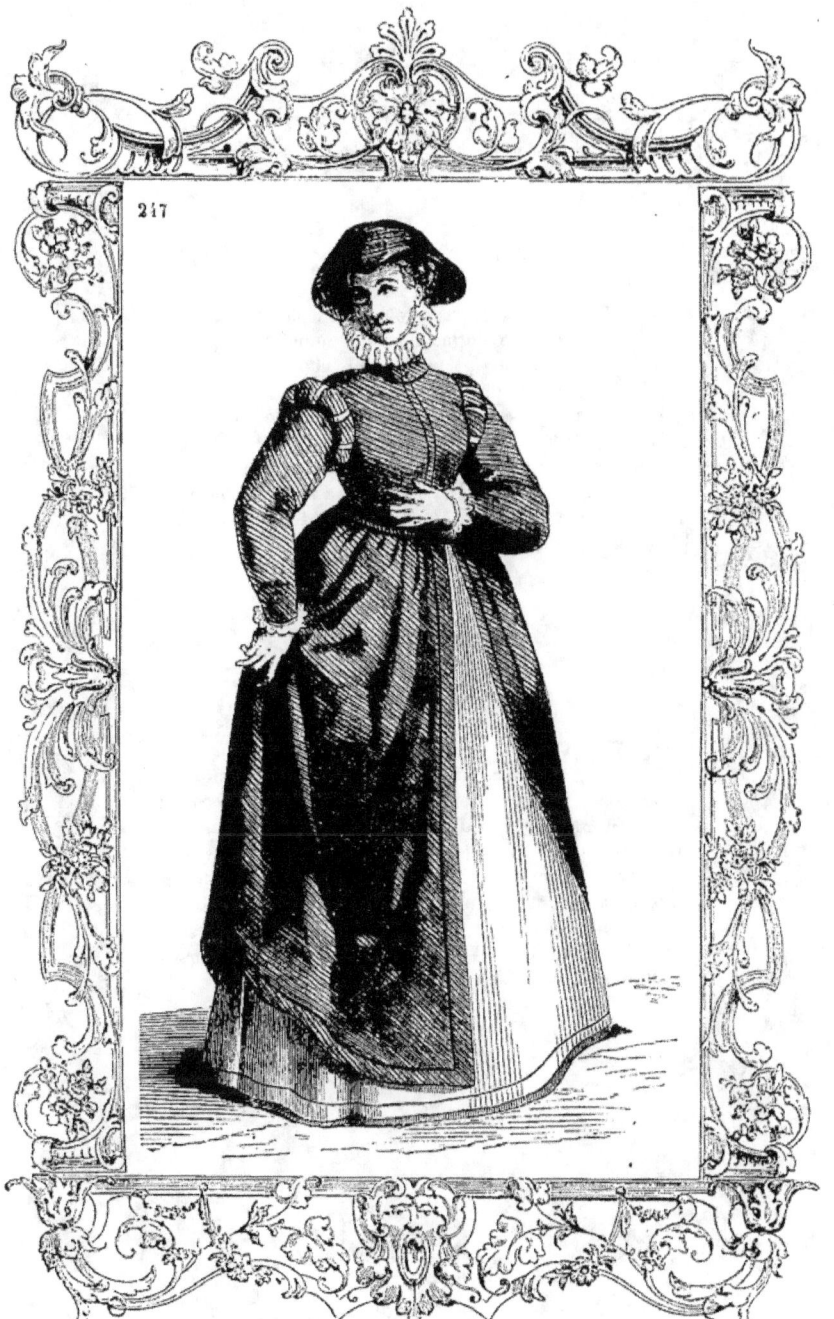

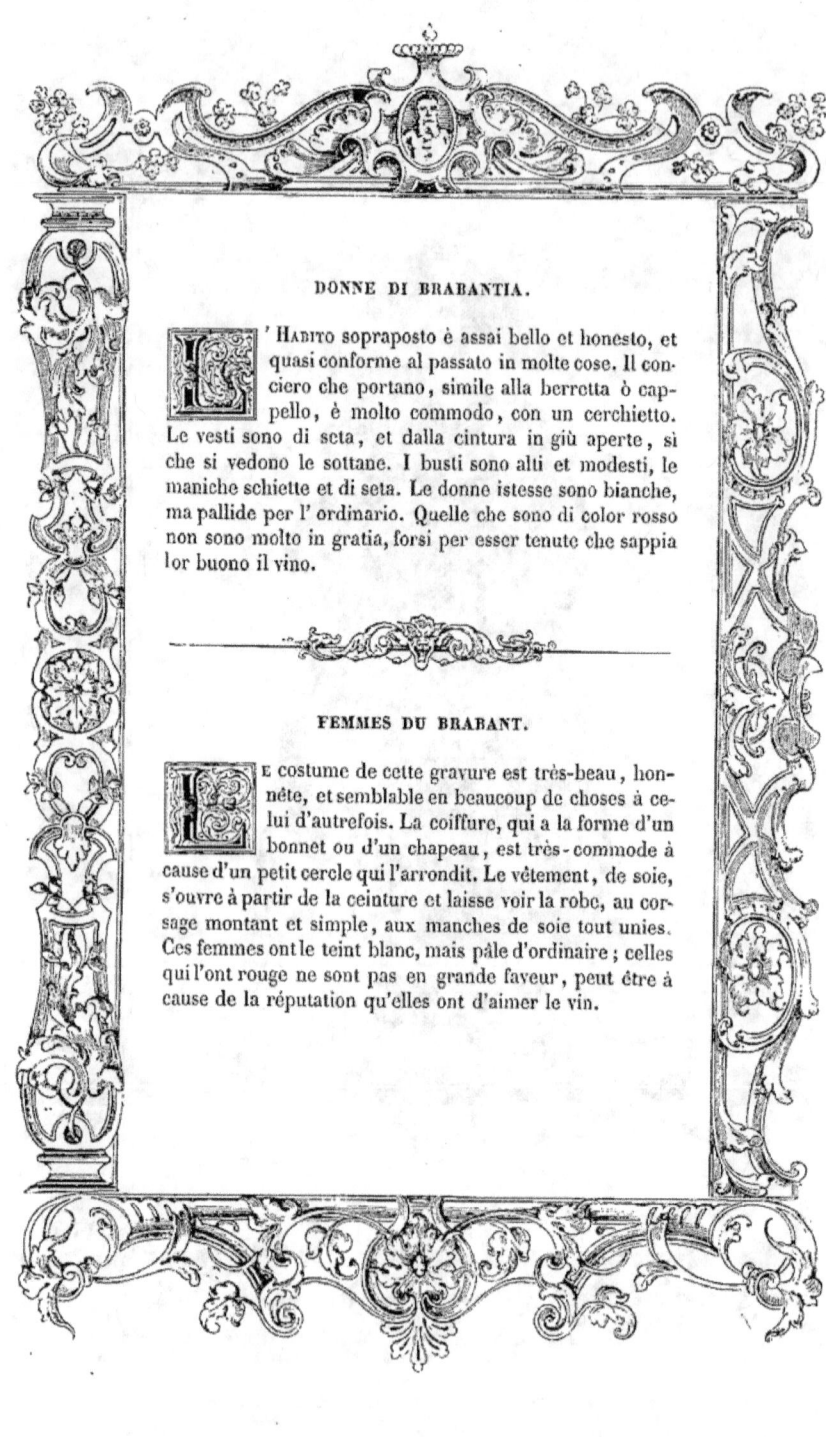

### DONNE DI BRABANTIA.

L'HABITO sopraposto è assai bello et honesto, et quasi conforme al passato in molte cose. Il conciero che portano, simile alla berretta ò cappello, è molto commodo, con un cerchietto. Le vesti sono di seta, et dalla cintura in giù aperte, sì che si vedono le sottane. I busti sono alti et modesti, le maniche schiette et di seta. Le donne istesse sono bianche, ma pallide per l'ordinario. Quelle che sono di color rosso non sono molto in gratia, forsi per esser tenute che sappia lor buono il vino.

### FEMMES DU BRABANT.

LE costume de cette gravure est très-beau, honnête, et semblable en beaucoup de choses à celui d'autrefois. La coiffure, qui a la forme d'un bonnet ou d'un chapeau, est très-commode à cause d'un petit cercle qui l'arrondit. Le vêtement, de soie, s'ouvre à partir de la ceinture et laisse voir la robe, au corsage montant et simple, aux manches de soie tout unies. Ces femmes ont le teint blanc, mais pâle d'ordinaire ; celles qui l'ont rouge ne sont pas en grande faveur, peut être à cause de la réputation qu'elles ont d'aimer le vin.

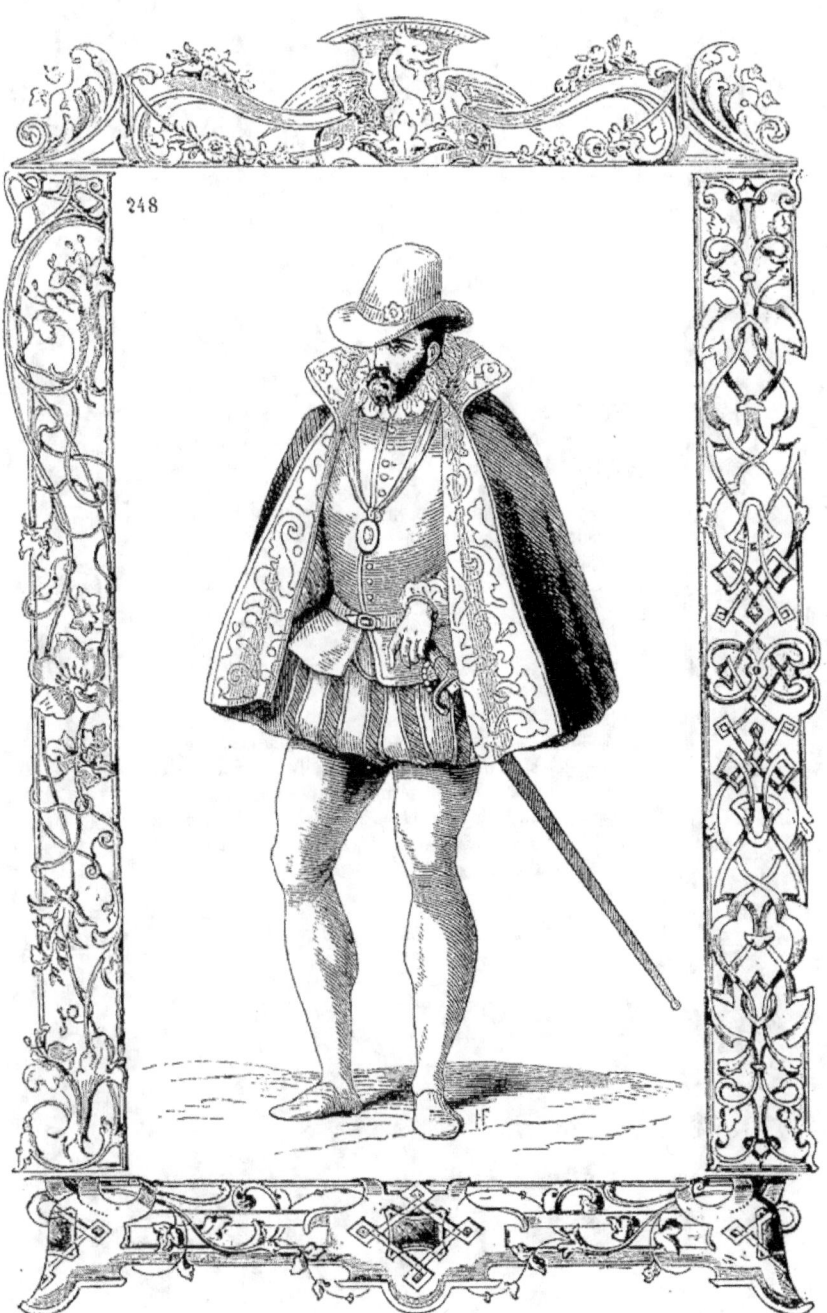

248

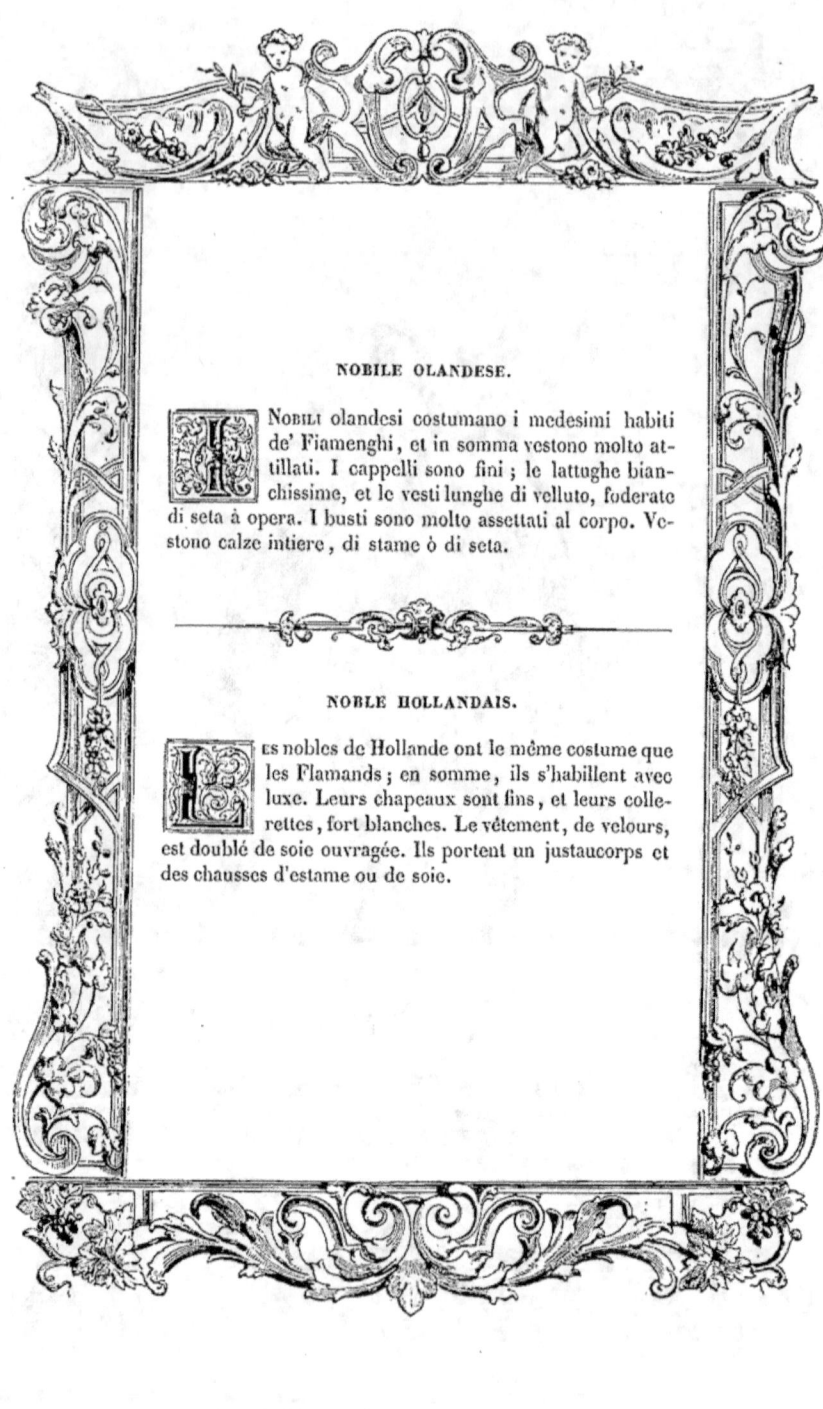

### NOBILE OLANDESE.

Nobili olandesi costumano i medesimi habiti de' Fiamenghi, et in somma vestono molto attillati. I cappelli sono fini ; le lattughe bianchissime, et le vesti lunghe di velluto, foderate di seta à opera. I busti sono molto assettati al corpo. Vestono calze intiere, di stame ò di seta.

### NOBLE HOLLANDAIS.

Les nobles de Hollande ont le même costume que les Flamands ; en somme, ils s'habillent avec luxe. Leurs chapeaux sont fins, et leurs collerettes, fort blanches. Le vêtement, de velours, est doublé de soie ouvragée. Ils portent un justaucorps et des chausses d'estame ou de soie.

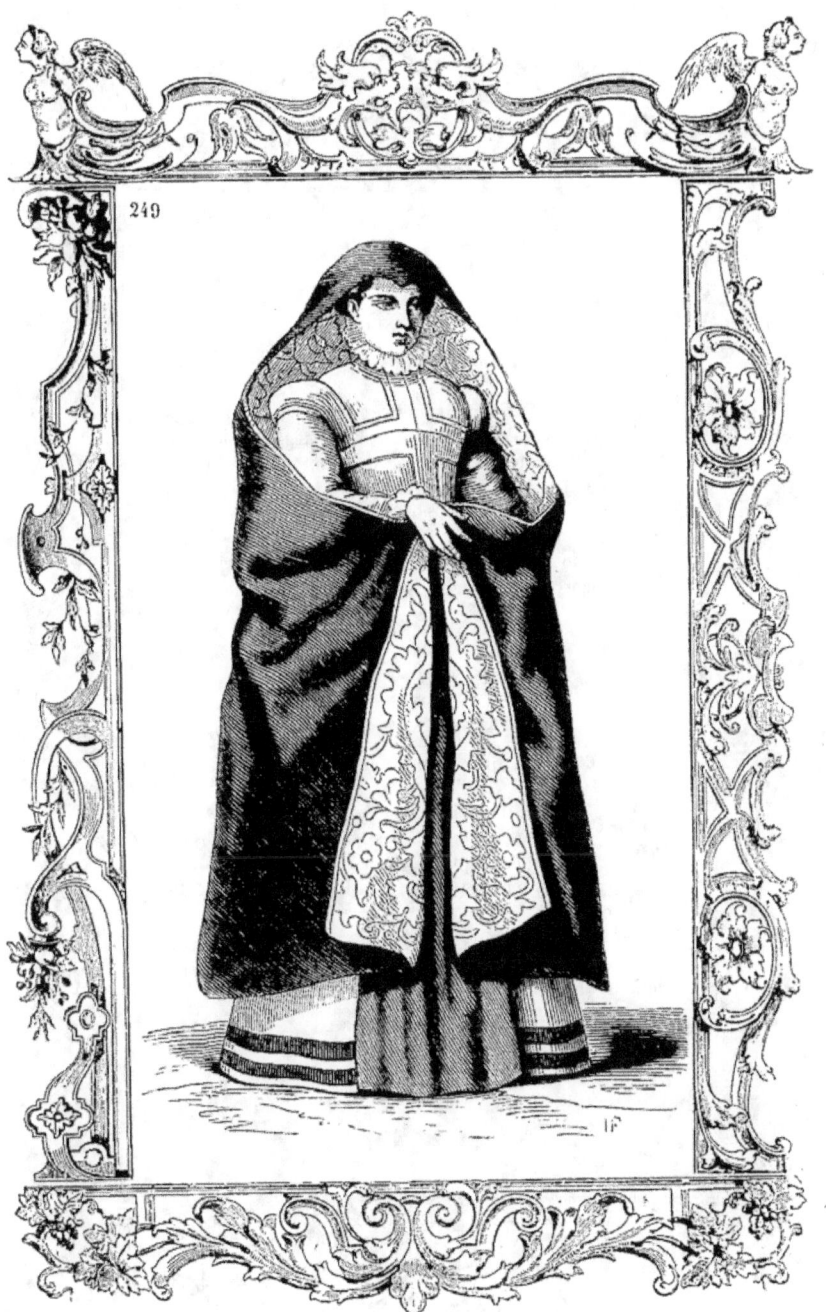

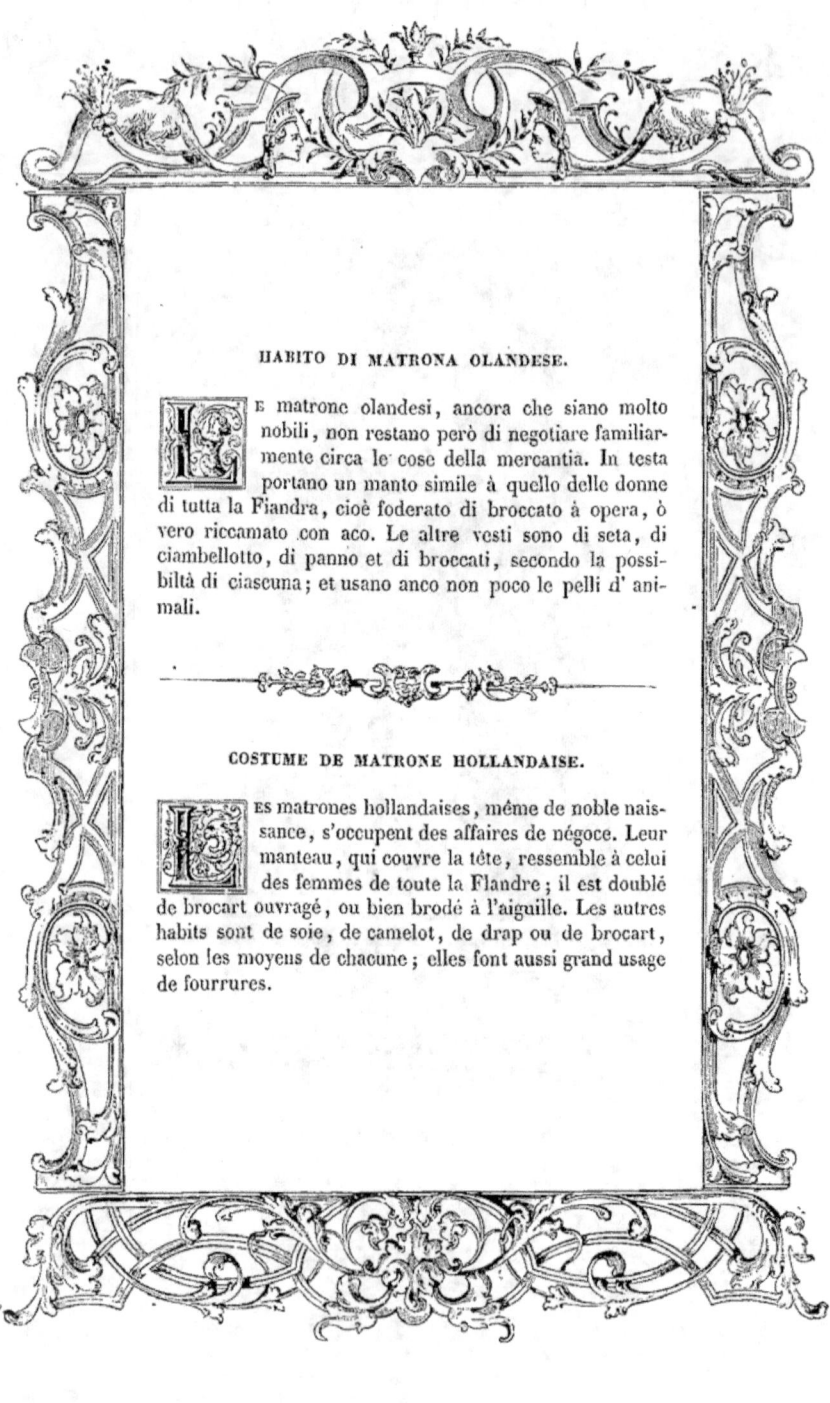

## HABITO DI MATRONA OLANDESE.

L E matrone olandesi, ancora che siano molto nobili, non restano però di negotiare familiarmente circa le cose della mercantia. In testa portano un manto simile à quello delle donne di tutta la Fiandra, cioè foderato di broccato à opera, ò vero riccamato con aco. Le altre vesti sono di seta, di ciambellotto, di panno et di broccati, secondo la possibiltà di ciascuna; et usano anco non poco le pelli d' animali.

## COSTUME DE MATRONE HOLLANDAISE.

L ES matrones hollandaises, même de noble naissance, s'occupent des affaires de négoce. Leur manteau, qui couvre la tête, ressemble à celui des femmes de toute la Flandre; il est doublé de brocart ouvragé, ou bien brodé à l'aiguille. Les autres habits sont de soie, de camelot, de drap ou de brocart, selon les moyens de chacune; elles font aussi grand usage de fourrures.

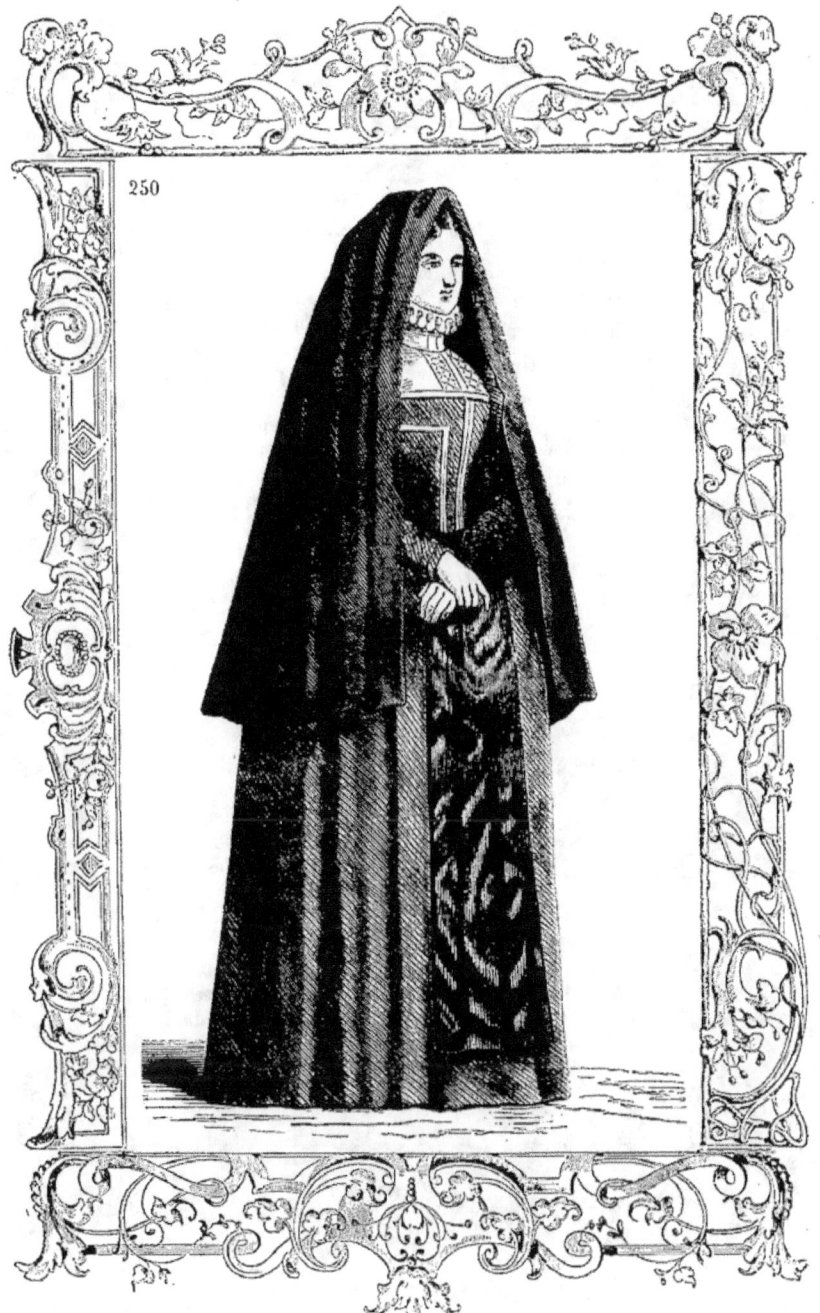

250

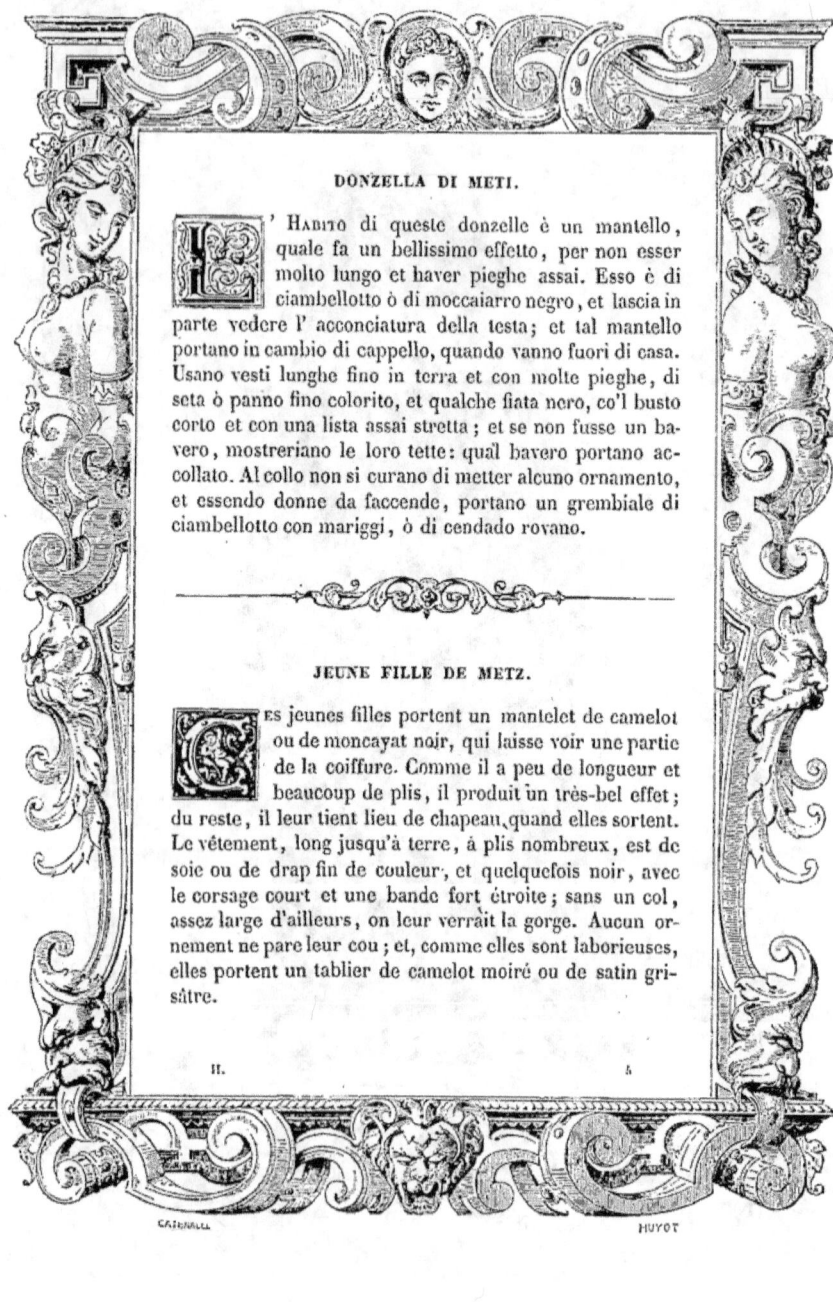

## DONZELLA DI METI.

L'HABITO di queste donzelle è un mantello, quale fa un bellissimo effetto, per non esser molto lungo et haver pieghe assai. Esso è di ciambellotto ò di moccaiarro negro, et lascia in parte vedere l'acconciatura della testa; et tal mantello portano in cambio di cappello, quando vanno fuori di casa. Usano vesti lunghe fino in terra et con molte pieghe, di seta ò panno fino colorito, et qualche fiata nero, co'l busto corto et con una lista assai stretta; et se non fusse un bavero, mostreriano le loro tette: qual bavero portano accollato. Al collo non si curano di metter alcuno ornamento, et essendo donne da faccende, portano un grembiale di ciambellotto con mariggi, ò di cendado rovano.

## JEUNE FILLE DE METZ.

CES jeunes filles portent un mantelet de camelot ou de moncayat noir, qui laisse voir une partie de la coiffure. Comme il a peu de longueur et beaucoup de plis, il produit un très-bel effet; du reste, il leur tient lieu de chapeau, quand elles sortent. Le vêtement, long jusqu'à terre, à plis nombreux, est de soie ou de drap fin de couleur, et quelquefois noir, avec le corsage court et une bande fort étroite; sans un col, assez large d'ailleurs, on leur verrait la gorge. Aucun ornement ne pare leur cou; et, comme elles sont laborieuses, elles portent un tablier de camelot moiré ou de satin grisâtre.

II.                                                                    4

CADENALL                                                        HUYOT

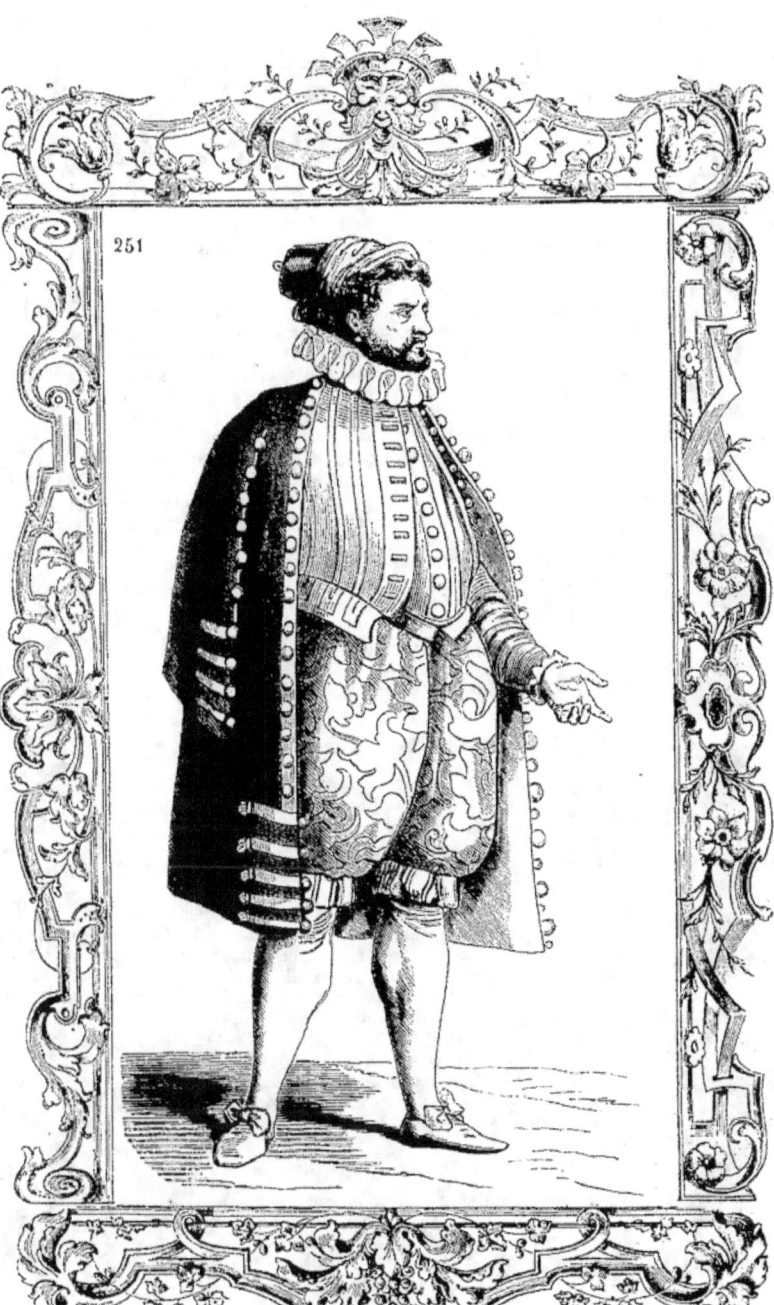
251

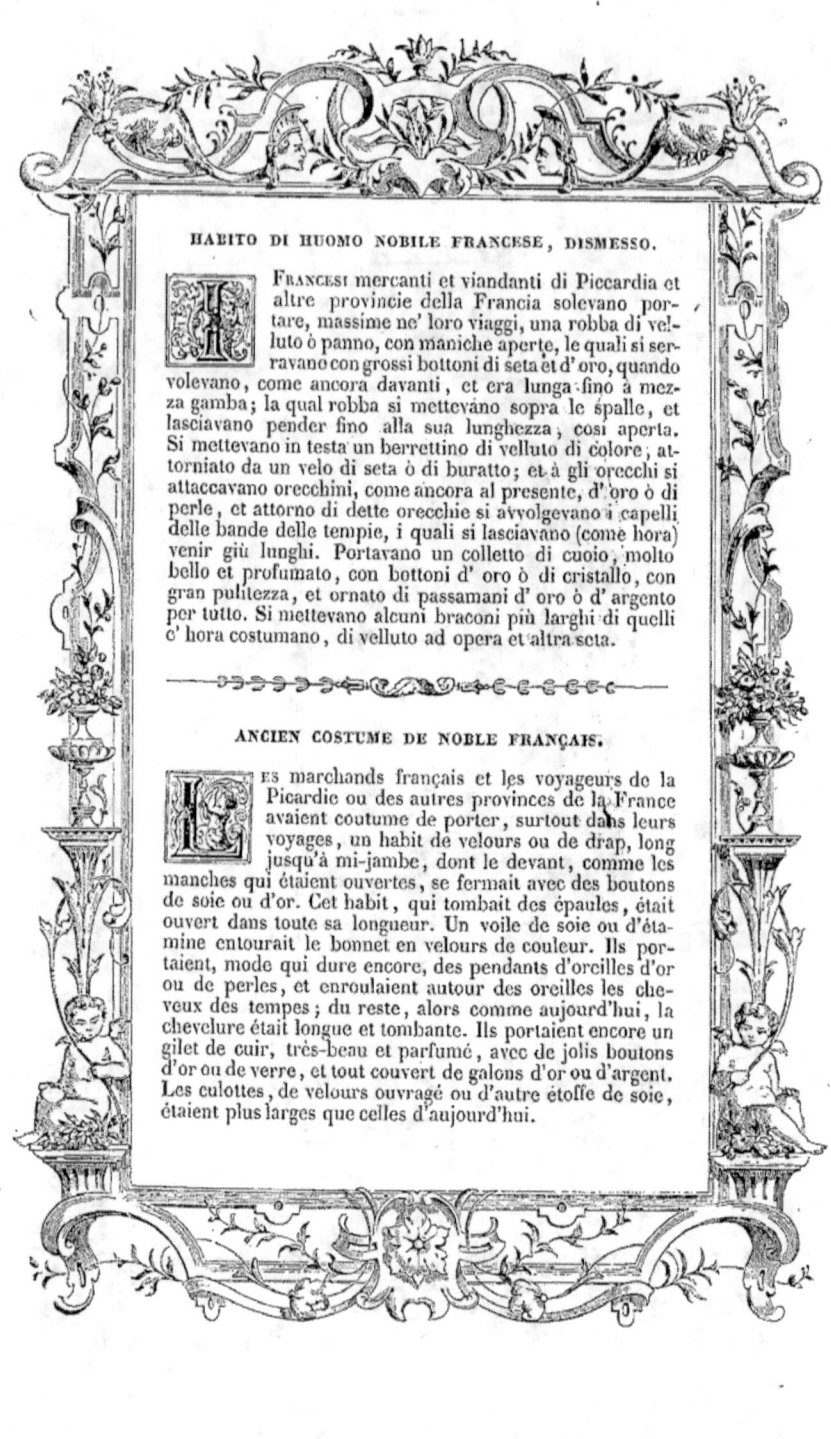

### HABITO DI HUOMO NOBILE FRANCESE, DISMESSO.

FRANCESI mercanti et viandanti di Piccardia et altre provincie della Francia solevano portare, massime ne' loro viaggi, una robba di velluto ò panno, con maniche aperte, le quali si serravano con grossi bottoni di seta et d'oro, quando volevano, come ancora davanti, et era lunga fino à mezza gamba; la qual robba si mettevano sopra le spalle, et lasciavano pender fino alla sua lunghezza, così aperta. Si mettevano in testa un berrettino di velluto di colore, attorniato da un velo di seta ò di buratto; et à gli orecchi si attaccavano orecchini, come ancora al presente, d'oro ò di perle, et attorno di dette orecchie si avvolgevano i capelli delle bande delle tempie, i quali si lasciavano (come hora) venir giù lunghi. Portavano un colletto di cuoio, molto bello et profumato, con bottoni d'oro ò di cristallo, con gran pulitezza, et ornato di passamani d'oro ò d'argento per tutto. Si mettevano alcuni braconi più larghi di quelli c' hora costumano, di velluto ad opera et altra seta.

### ANCIEN COSTUME DE NOBLE FRANÇAIS.

LES marchands français et les voyageurs de la Picardie ou des autres provinces de la France avaient coutume de porter, surtout dans leurs voyages, un habit de velours ou de drap, long jusqu'à mi-jambe, dont le devant, comme les manches qui étaient ouvertes, se fermait avec des boutons de soie ou d'or. Cet habit, qui tombait des épaules, était ouvert dans toute sa longueur. Un voile de soie ou d'étamine entourait le bonnet en velours de couleur. Ils portaient, mode qui dure encore, des pendants d'oreilles d'or ou de perles, et enroulaient autour des oreilles les cheveux des tempes; du reste, alors comme aujourd'hui, la chevelure était longue et tombante. Ils portaient encore un gilet de cuir, très-beau et parfumé, avec de jolis boutons d'or ou de verre, et tout couvert de galons d'or ou d'argent. Les culottes, de velours ouvragé ou d'autre étoffe de soie, étaient plus larges que celles d'aujourd'hui.

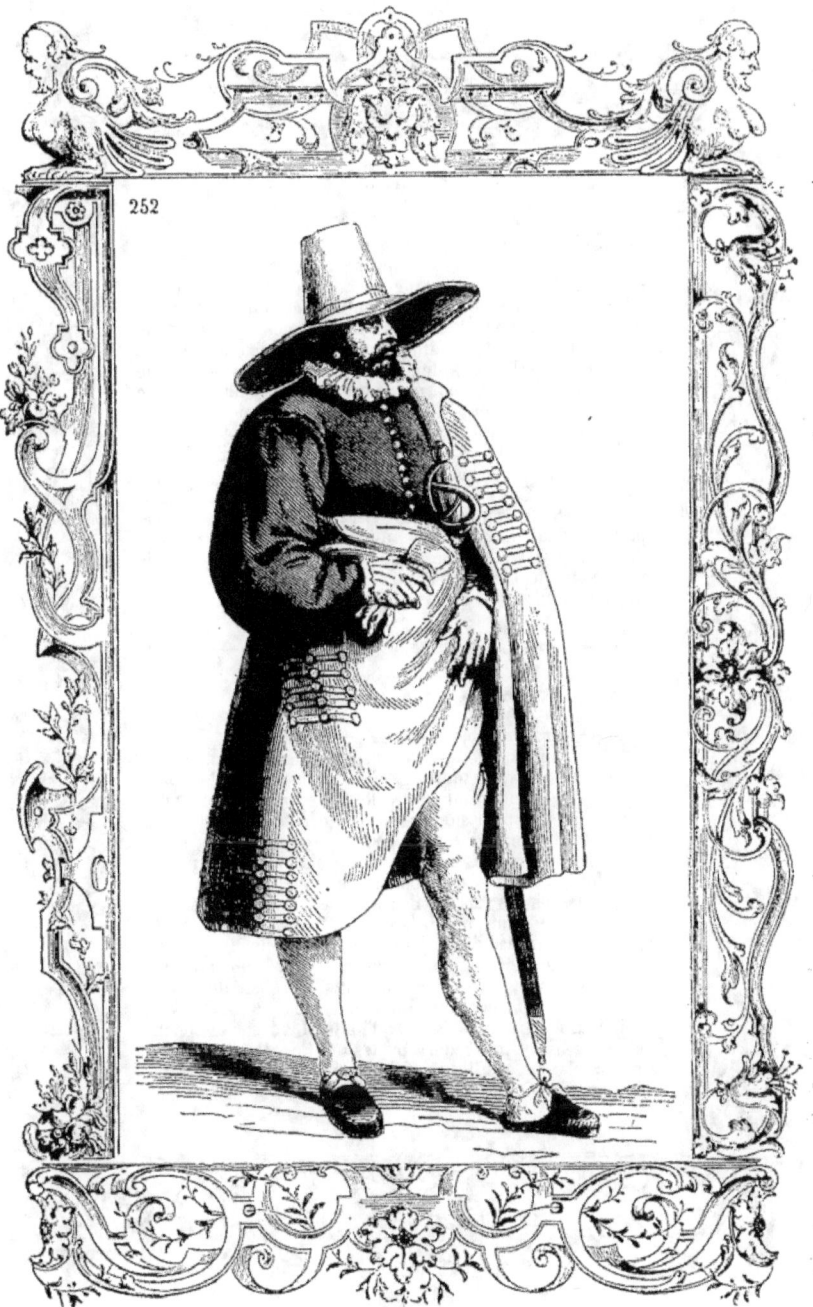
252

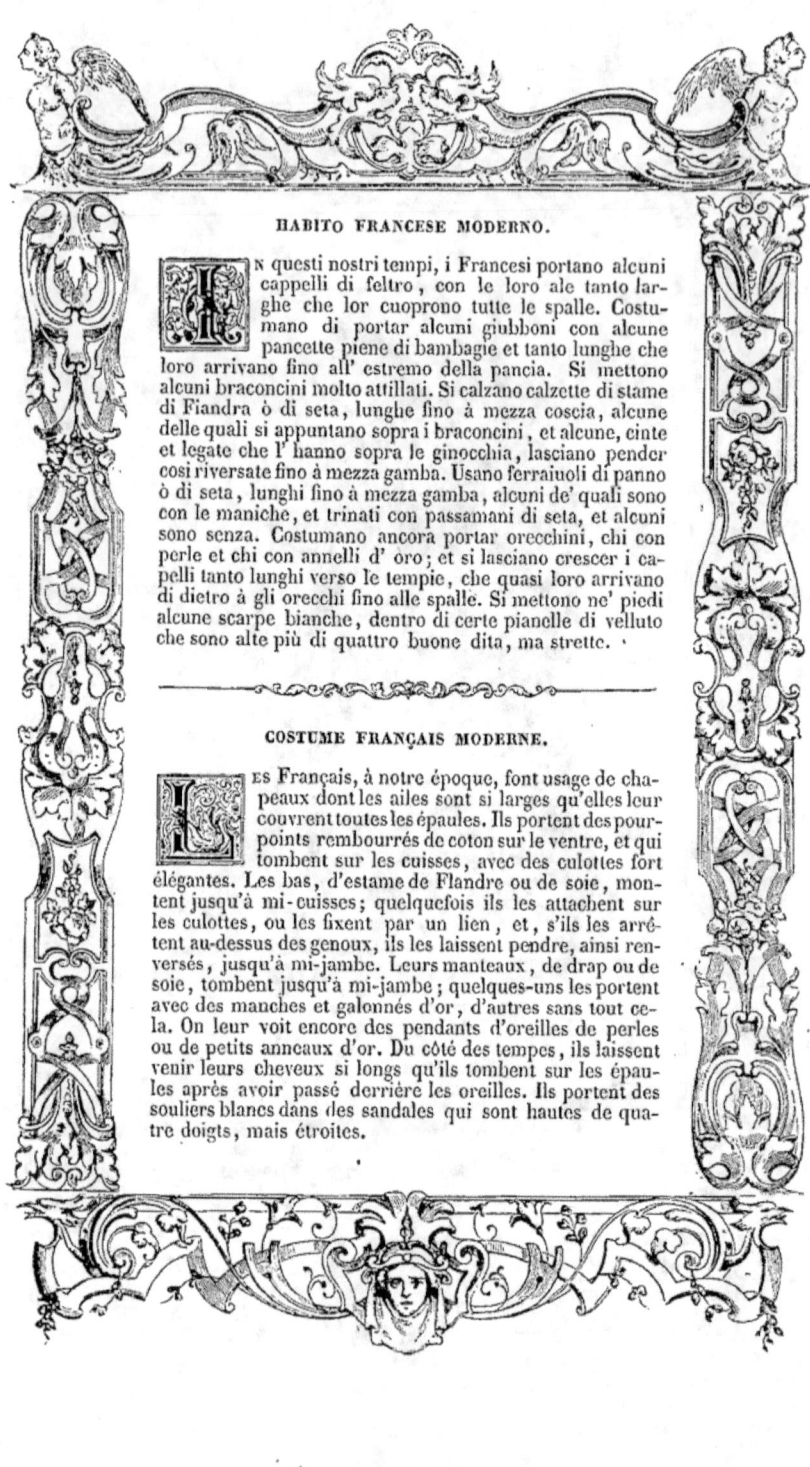

## HABITO FRANCESE MODERNO.

IN questi nostri tempi, i Francesi portano alcuni cappelli di feltro, con le loro ale tanto larghe che lor cuoprono tutte le spalle. Costumano di portar alcuni giubboni con alcune pancette piene di bambagie et tanto lunghe che loro arrivano fino all' estremo della pancia. Si mettono alcuni braconcini molto attillati. Si calzano calzette di stame di Fiandra ò di seta, lunghe fino à mezza coscia, alcune delle quali si appuntano sopra i braconcini, et alcune, cinte et legate che l' hanno sopra le ginocchia, lasciano pender cosi riversate fino à mezza gamba. Usano ferraiuoli di panno ò di seta, lunghi fino à mezza gamba, alcuni de' quali sono con le maniche, et trinati con passamani di seta, et alcuni sono senza. Costumano ancora portar orecchini, chi con perle et chi con annelli d' oro; et si lasciano crescer i capelli tanto lunghi verso le tempie, che quasi loro arrivano di dietro à gli orecchi fino alle spalle. Si mettono ne' piedi alcune scarpe bianche, dentro di certe pianelle di velluto che sono alte più di quattro buone dita, ma strette.

## COSTUME FRANÇAIS MODERNE.

LES Français, à notre époque, font usage de chapeaux dont les ailes sont si larges qu'elles leur couvrent toutes les épaules. Ils portent des pourpoints rembourrés de coton sur le ventre, et qui tombent sur les cuisses, avec des culottes fort élégantes. Les bas, d'estame de Flandre ou de soie, montent jusqu'à mi-cuisses; quelquefois ils les attachent sur les culottes, ou les fixent par un lien, et, s'ils les arrêtent au-dessus des genoux, ils les laissent pendre, ainsi renversés, jusqu'à mi-jambe. Leurs manteaux, de drap ou de soie, tombent jusqu'à mi-jambe; quelques-uns les portent avec des manches et galonnés d'or, d'autres sans tout cela. On leur voit encore des pendants d'oreilles de perles ou de petits anneaux d'or. Du côté des tempes, ils laissent venir leurs cheveux si longs qu'ils tombent sur les épaules après avoir passé derrière les oreilles. Ils portent des souliers blancs dans des sandales qui sont hautes de quatre doigts, mais étroites.

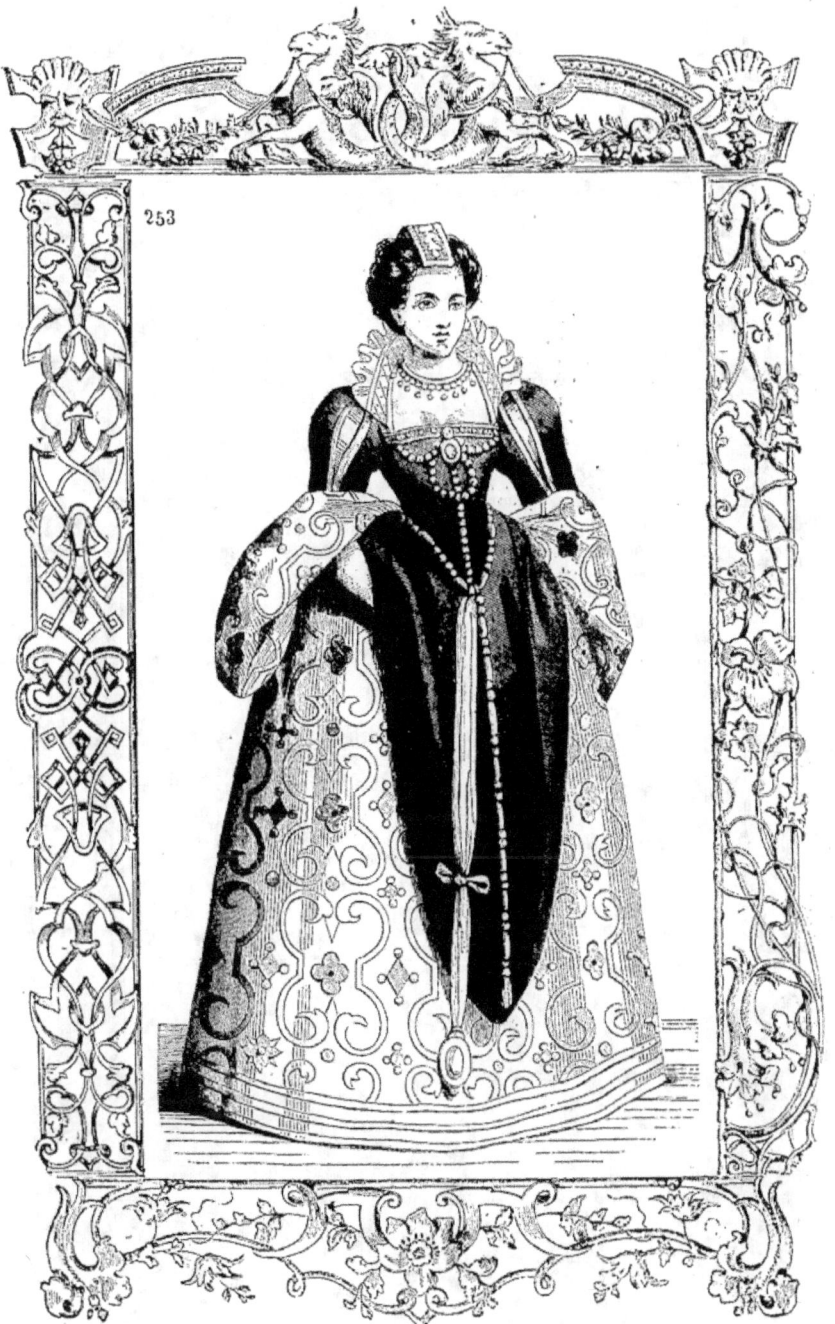

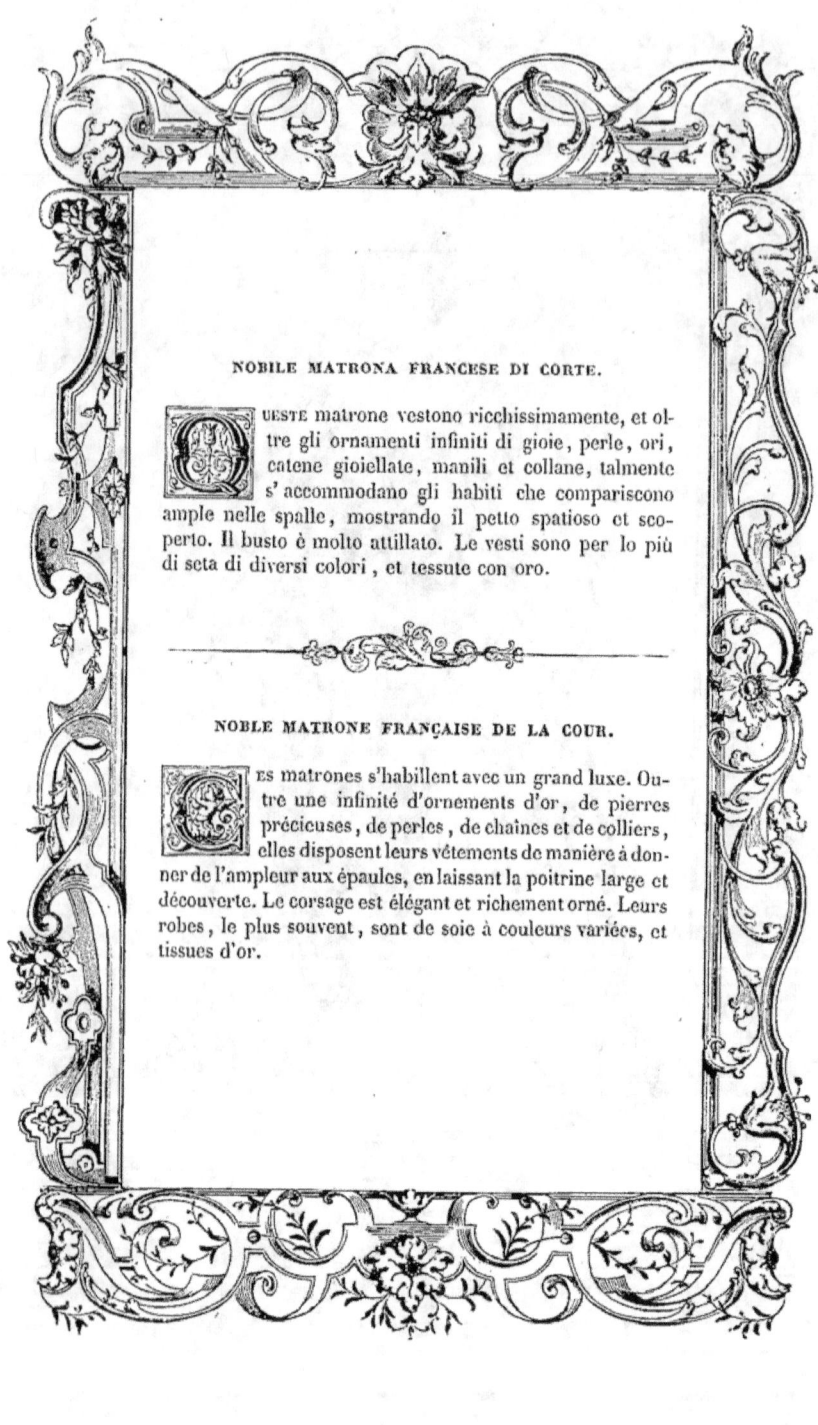

### NOBILE MATRONA FRANCESE DI CORTE.

QUESTE matrone vestono ricchissimamente, et oltre gli ornamenti infiniti di gioie, perle, ori, catene gioiellate, manili et collane, talmente s'accommodano gli habiti che compariscono ample nelle spalle, mostrando il petto spatioso et scoperto. Il busto è molto attillato. Le vesti sono per lo più di seta di diversi colori, et tessute con oro.

### NOBLE MATRONE FRANÇAISE DE LA COUR.

CES matrones s'habillent avec un grand luxe. Outre une infinité d'ornements d'or, de pierres précieuses, de perles, de chaînes et de colliers, elles disposent leurs vêtements de manière à donner de l'ampleur aux épaules, en laissant la poitrine large et découverte. Le corsage est élégant et richement orné. Leurs robes, le plus souvent, sont de soie à couleurs variées, et tissues d'or.

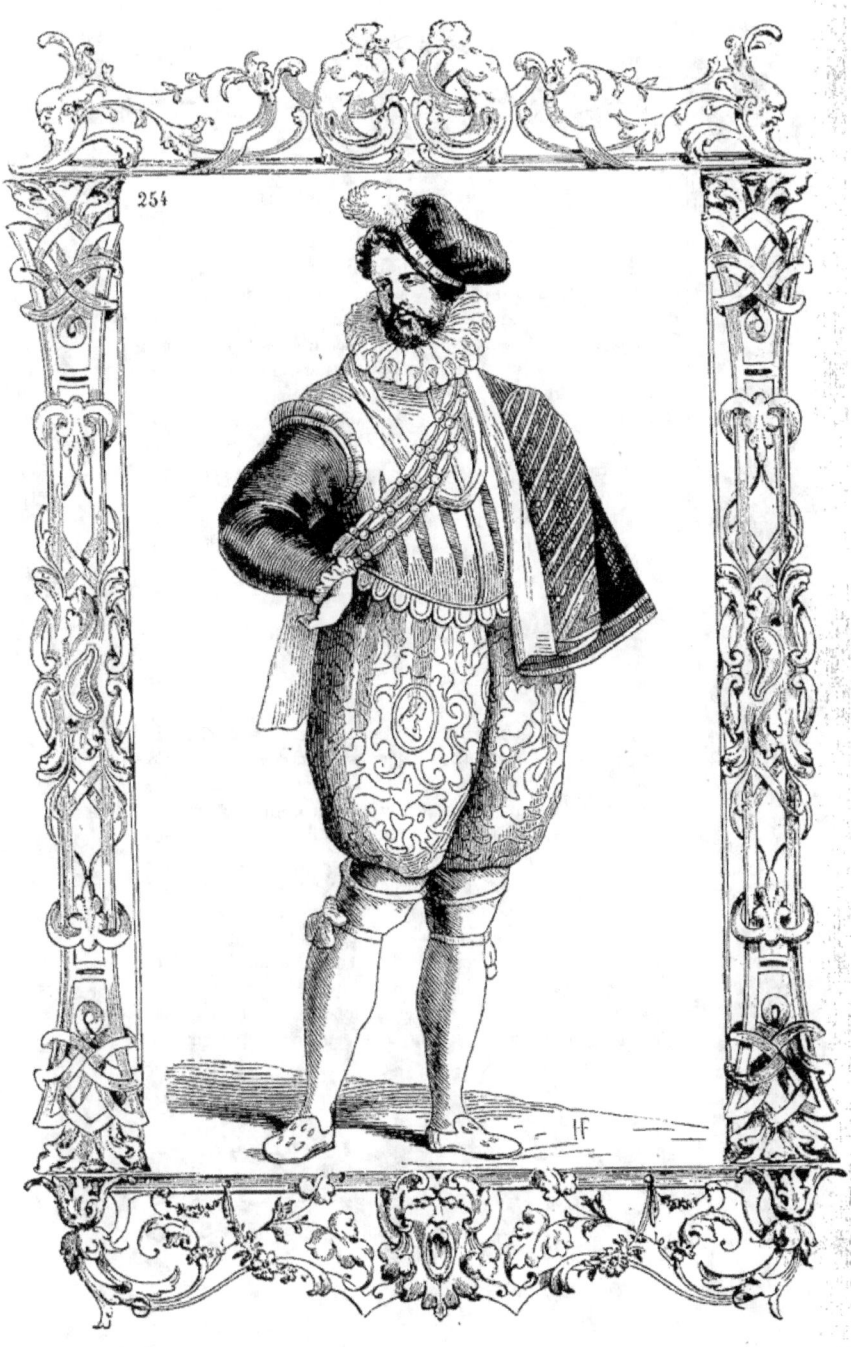

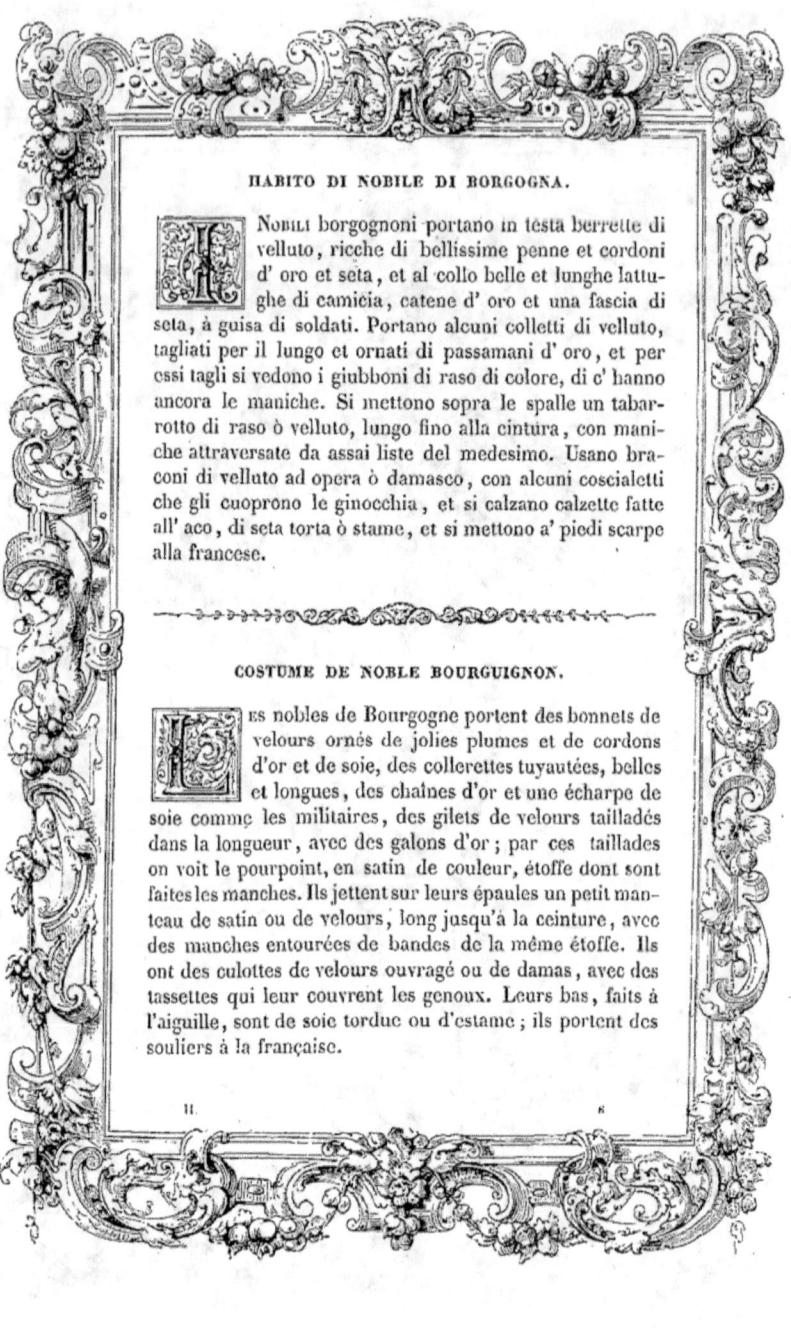

### HABITO DI NOBILE DI BORGOGNA.

Nobili borgognoni portano in testa berrette di velluto, ricche di bellissime penne et cordoni d' oro et seta, et al collo belle et lunghe lattughe di camicia, catene d' oro et una fascia di seta, à guisa di soldati. Portano alcuni colletti di velluto, tagliati per il lungo et ornati di passamani d' oro, et per essi tagli si vedono i giubboni di raso di colore, di c' hanno ancora le maniche. Si mettono sopra le spalle un tabarrotto di raso ò velluto, lungo fino alla cintura, con maniche attraversate da assai liste del medesimo. Usano braconi di velluto ad opera ò damasco, con alcuni coscialetti che gli cuoprono le ginocchia, et si calzano calzette fatte all' aco, di seta torta ò stame, et si mettono a' piedi scarpe alla francese.

### COSTUME DE NOBLE BOURGUIGNON.

Les nobles de Bourgogne portent des bonnets de velours ornés de jolies plumes et de cordons d'or et de soie, des collerettes tuyautées, belles et longues, des chaînes d'or et une écharpe de soie comme les militaires, des gilets de velours tailladés dans la longueur, avec des galons d'or ; par ces taillades on voit le pourpoint, en satin de couleur, étoffe dont sont faites les manches. Ils jettent sur leurs épaules un petit manteau de satin ou de velours, long jusqu'à la ceinture, avec des manches entourées de bandes de la même étoffe. Ils ont des culottes de velours ouvragé ou de damas, avec des tassettes qui leur couvrent les genoux. Leurs bas, faits à l'aiguille, sont de soie tordue ou d'estame ; ils portent des souliers à la française.

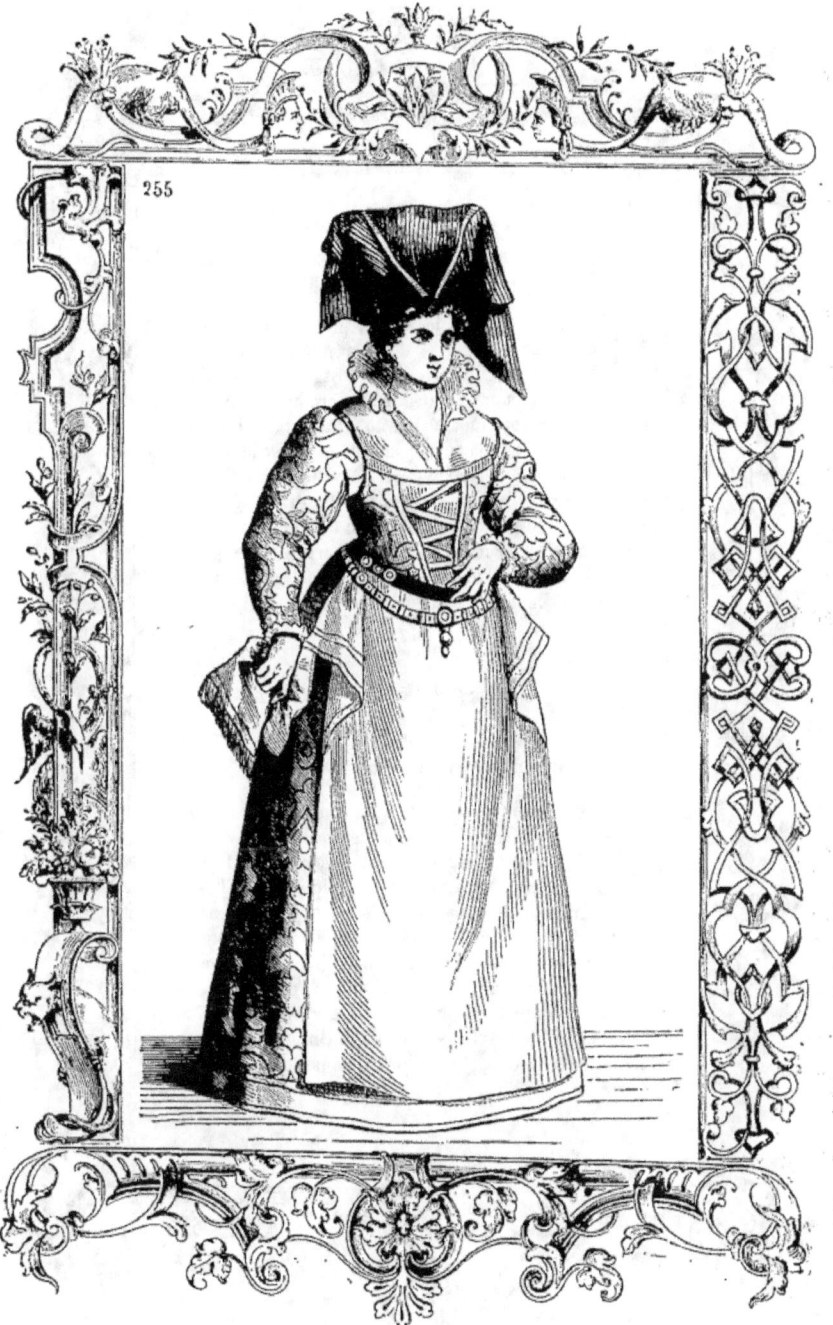

255

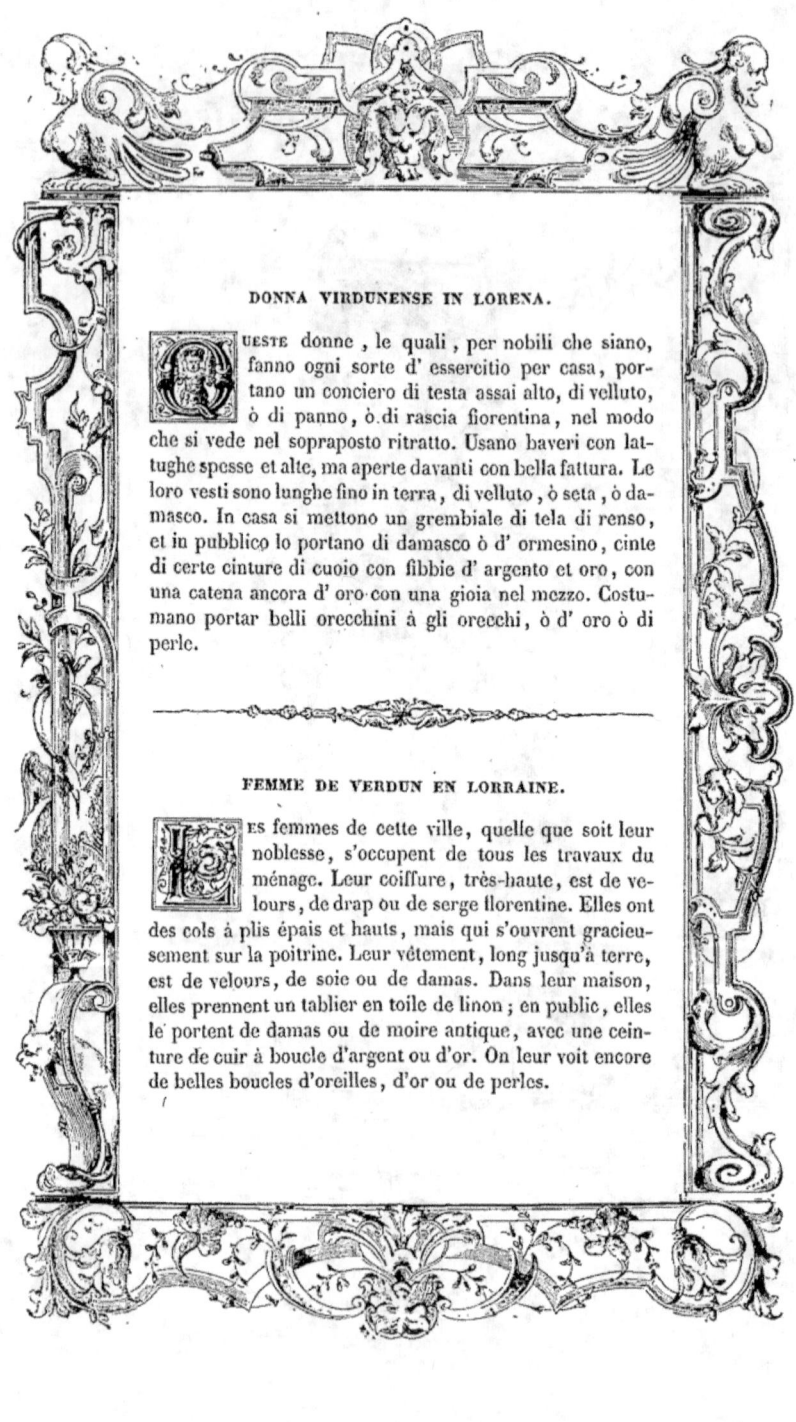

### DONNA VIRDUNENSE IN LORENA.

Ueste donne, le quali, per nobili che siano, fanno ogni sorte d'essercitio per casa, portano un conciero di testa assai alto, di velluto, ò di panno, ò di rascia fiorentina, nel modo che si vede nel sopraposto ritratto. Usano baveri con lattughe spesse et alte, ma aperte davanti con bella fattura. Le loro vesti sono lunghe fino in terra, di velluto, ò seta, ò damasco. In casa si mettono un grembiale di tela di renso, et in pubblico lo portano di damasco ò d'ormesino, cinte di certe cinture di cuoio con fibbie d'argento et oro, con una catena ancora d'oro con una gioia nel mezzo. Costumano portar belli orecchini à gli orecchi, ò d'oro ò di perle.

### FEMME DE VERDUN EN LORRAINE.

Es femmes de cette ville, quelle que soit leur noblesse, s'occupent de tous les travaux du ménage. Leur coiffure, très-haute, est de velours, de drap ou de serge florentine. Elles ont des cols à plis épais et hauts, mais qui s'ouvrent gracieusement sur la poitrine. Leur vêtement, long jusqu'à terre, est de velours, de soie ou de damas. Dans leur maison, elles prennent un tablier en toile de linon ; en public, elles le portent de damas ou de moire antique, avec une ceinture de cuir à boucle d'argent ou d'or. On leur voit encore de belles boucles d'oreilles, d'or ou de perles.

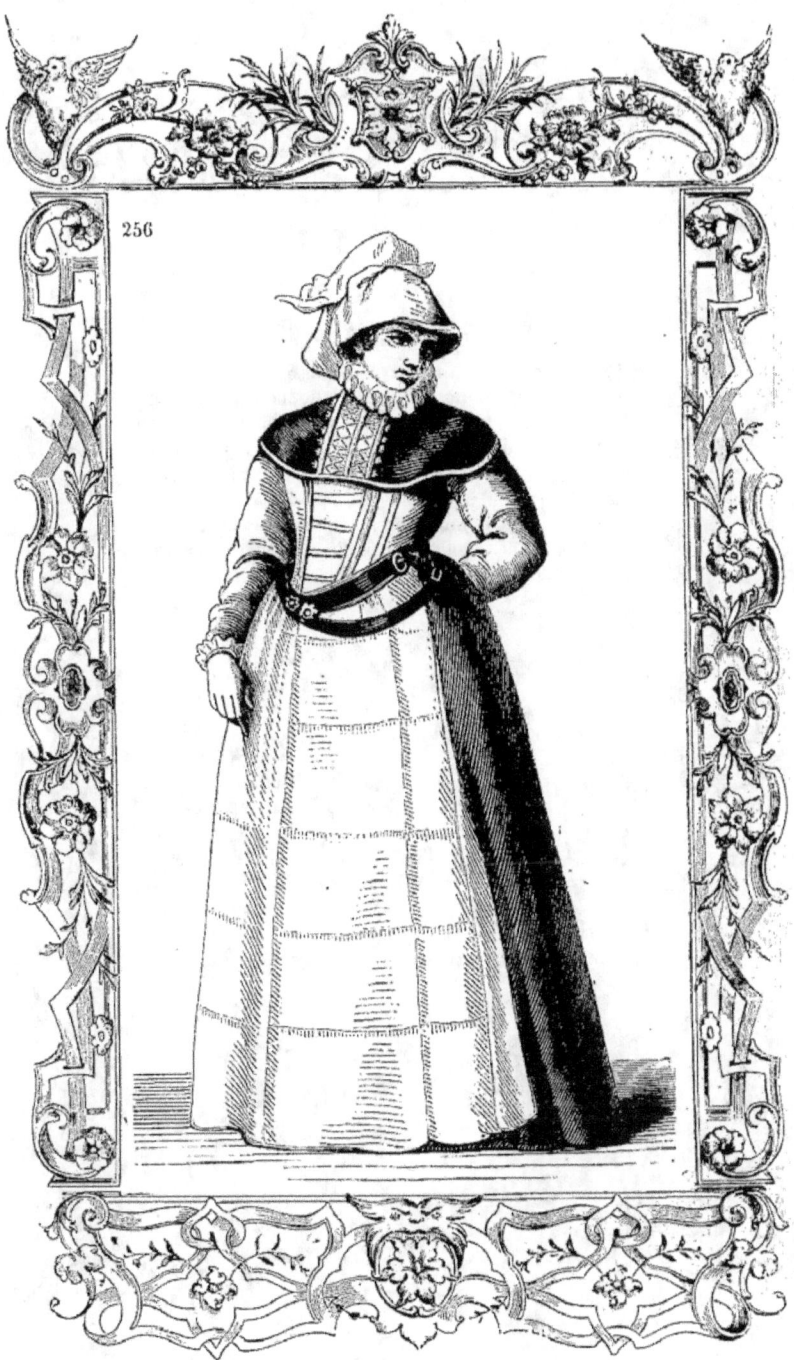

256

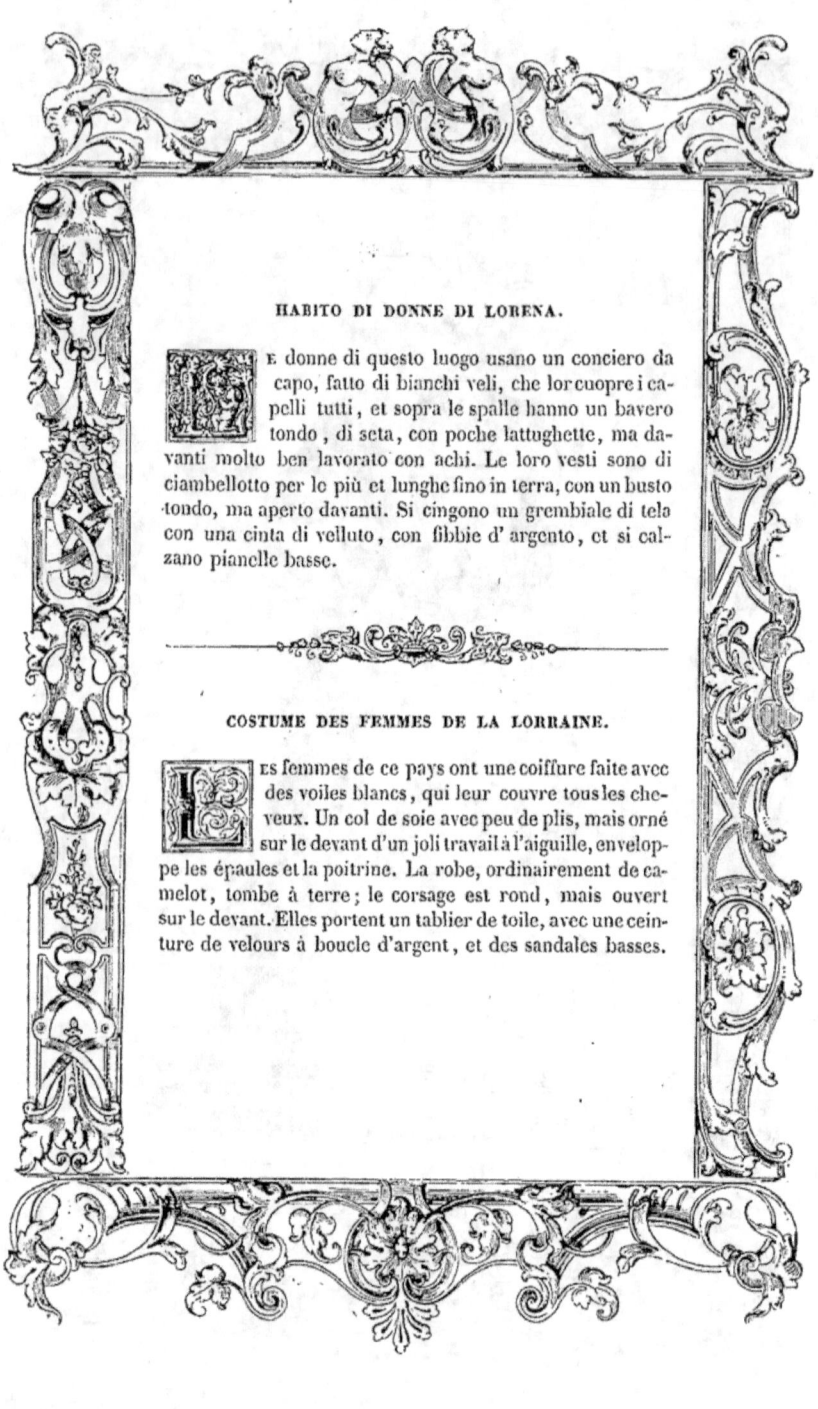

### HABITO DI DONNE DI LORENA.

E donne di questo luogo usano un conciero da capo, fatto di bianchi veli, che lor cuopre i capelli tutti, et sopra le spalle hanno un bavero tondo, di seta, con poche lattughette, ma davanti molto ben lavorato con achi. Le loro vesti sono di ciambellotto per le più et lunghe fino in terra, con un busto tondo, ma aperto davanti. Si cingono un grembiale di tela con una cinta di velluto, con fibbie d'argento, et si calzano pianelle basse.

### COSTUME DES FEMMES DE LA LORRAINE.

Les femmes de ce pays ont une coiffure faite avec des voiles blancs, qui leur couvre tous les cheveux. Un col de soie avec peu de plis, mais orné sur le devant d'un joli travail à l'aiguille, enveloppe les épaules et la poitrine. La robe, ordinairement de camelot, tombe à terre; le corsage est rond, mais ouvert sur le devant. Elles portent un tablier de toile, avec une ceinture de velours à boucle d'argent, et des sandales basses.

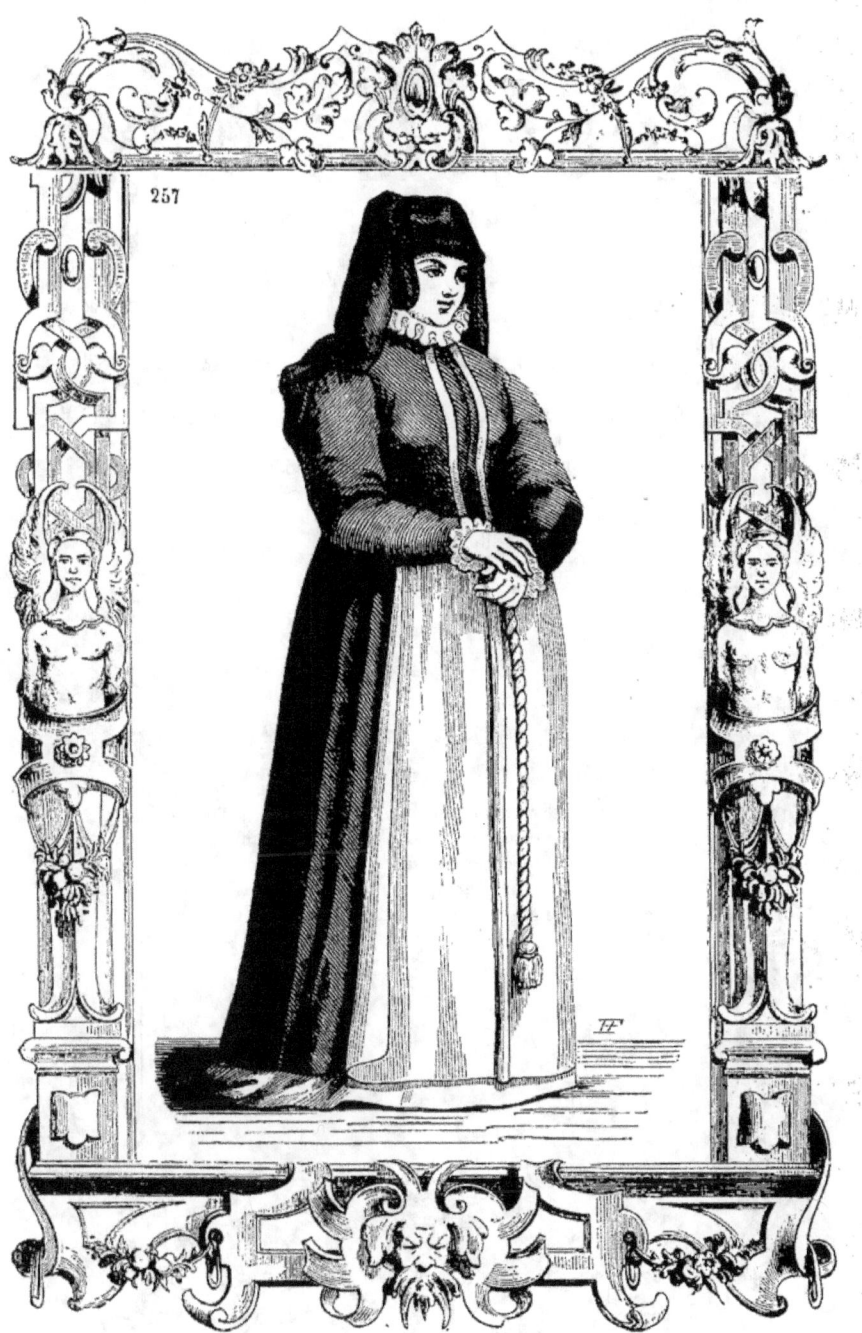

257

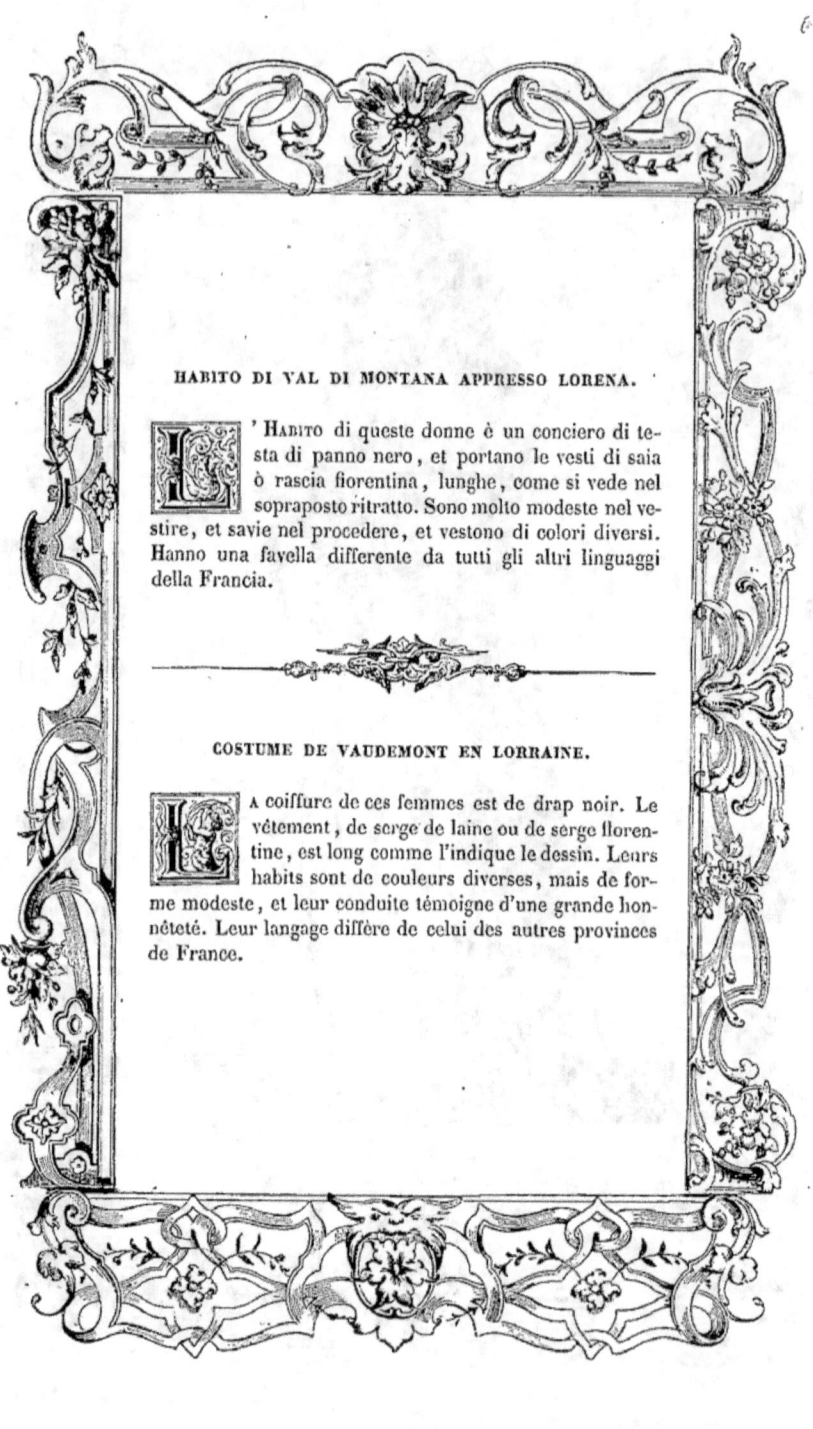

### HABITO DI VAL DI MONTANA APPRESSO LORENA.

L'HABITO di queste donne è un conciero di testa di panno nero, et portano le vesti di saia ò rascia fiorentina, lunghe, come si vede nel sopraposto ritratto. Sono molto modeste nel vestire, et savie nel procedere, et vestono di colori diversi. Hanno una favella differente da tutti gli altri linguaggi della Francia.

### COSTUME DE VAUDEMONT EN LORRAINE.

LA coiffure de ces femmes est de drap noir. Le vêtement, de serge de laine ou de serge florentine, est long comme l'indique le dessin. Leurs habits sont de couleurs diverses, mais de forme modeste, et leur conduite témoigne d'une grande honnêteté. Leur langage diffère de celui des autres provinces de France.

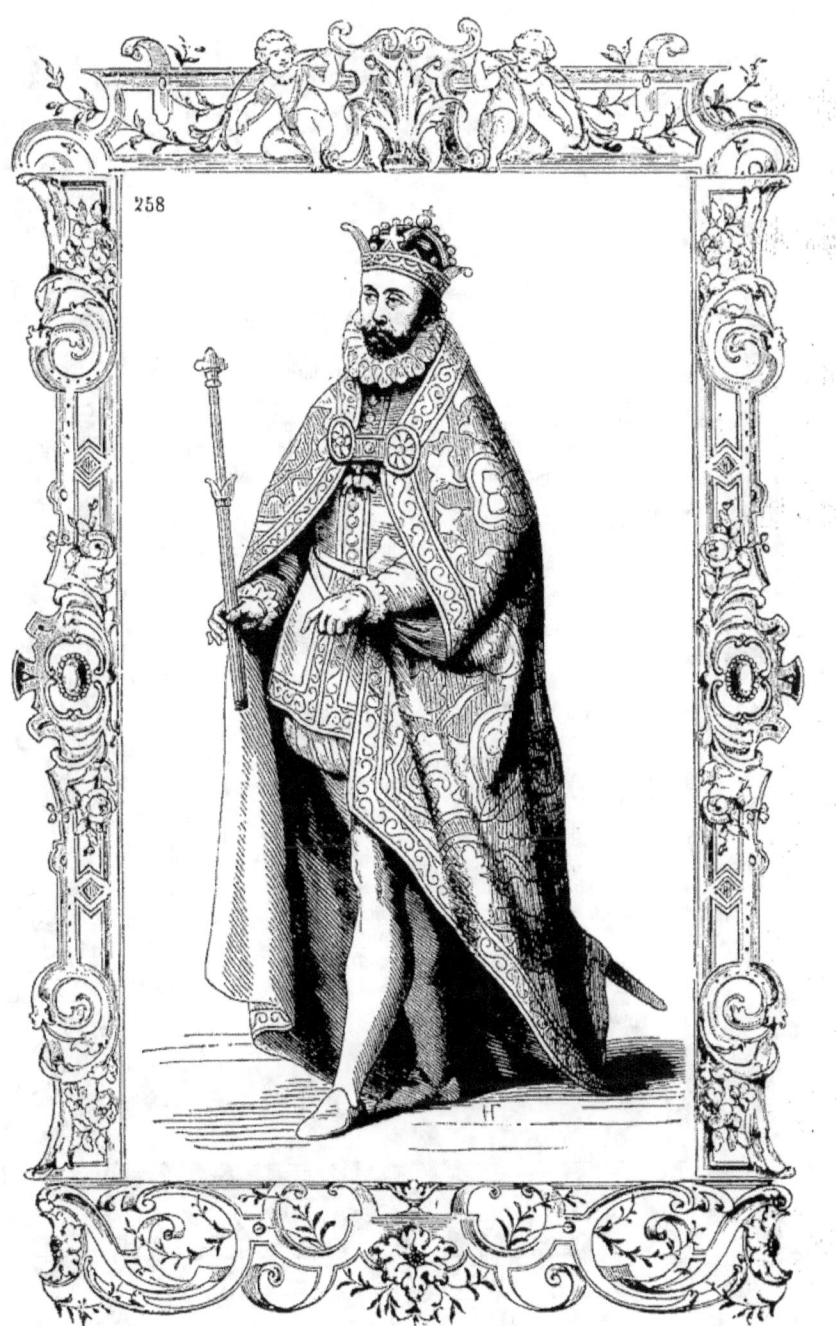

258

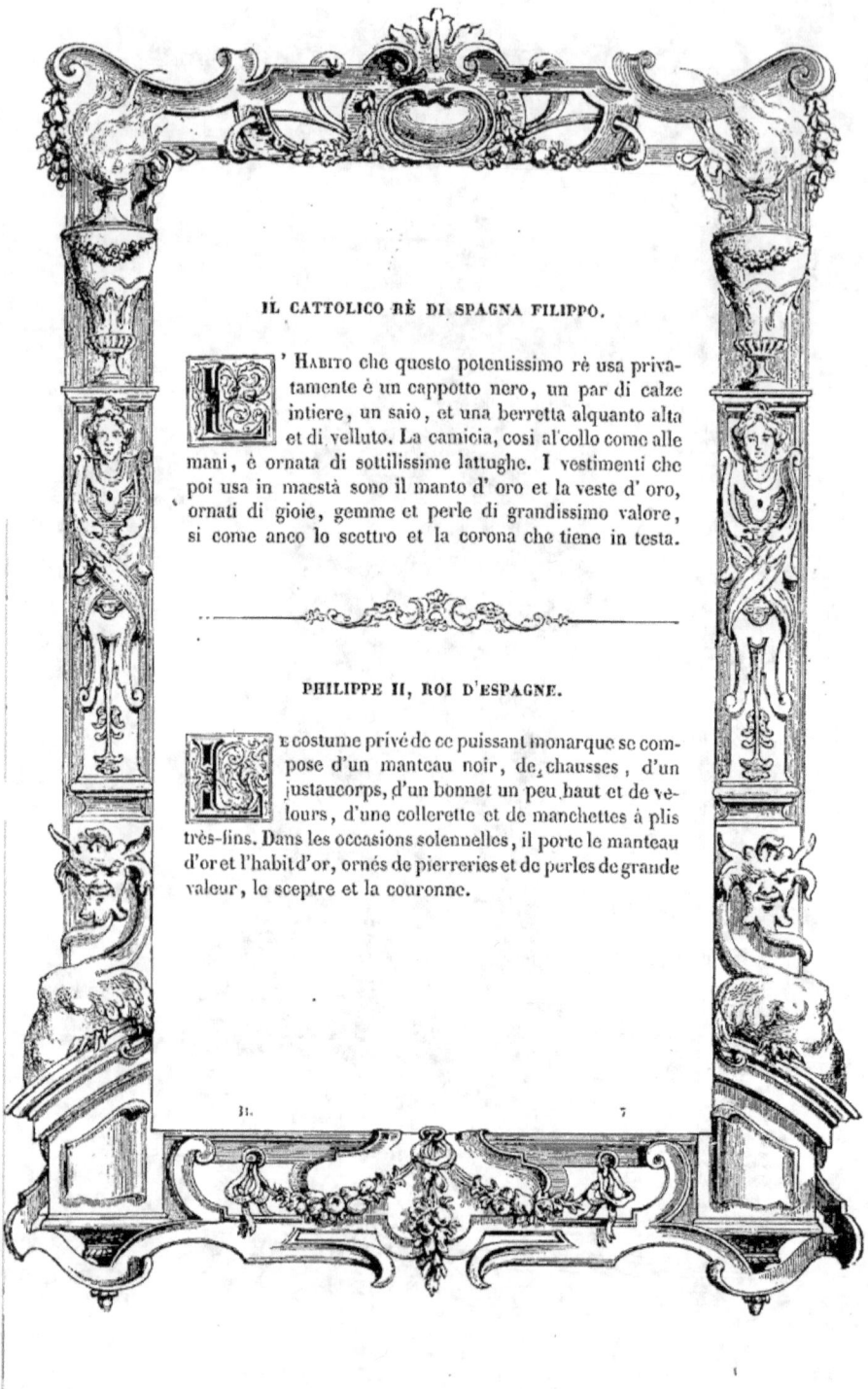

### IL CATTOLICO RÈ DI SPAGNA FILIPPO.

L'Habito che questo potentissimo rè usa priva-
tamente è un cappotto nero, un par di calze
intiere, un saio, et una berretta alquanto alta
et di velluto. La camicia, così al collo come alle
mani, è ornata di sottilissime lattughe. I vestimenti che
poi usa in maestà sono il manto d'oro et la veste d'oro,
ornati di gioie, gemme et perle di grandissimo valore,
si come anco lo scettro et la corona che tiene in testa.

### PHILIPPE II, ROI D'ESPAGNE.

Le costume privé de ce puissant monarque se compose d'un manteau noir, de chausses, d'un
justaucorps, d'un bonnet un peu haut et de velours, d'une collerette et de manchettes à plis
très-fins. Dans les occasions solennelles, il porte le manteau
d'or et l'habit d'or, ornés de pierreries et de perles de grande
valeur, le sceptre et la couronne.

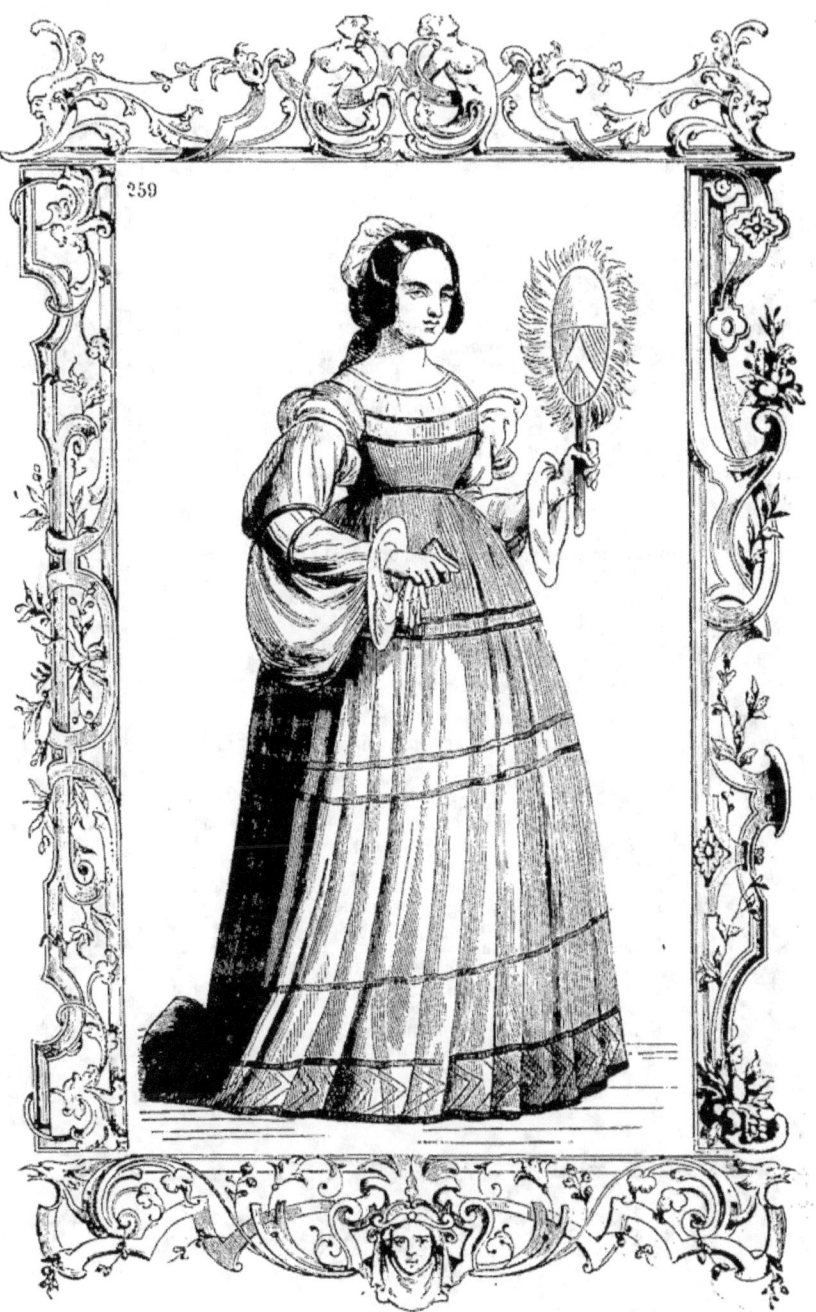

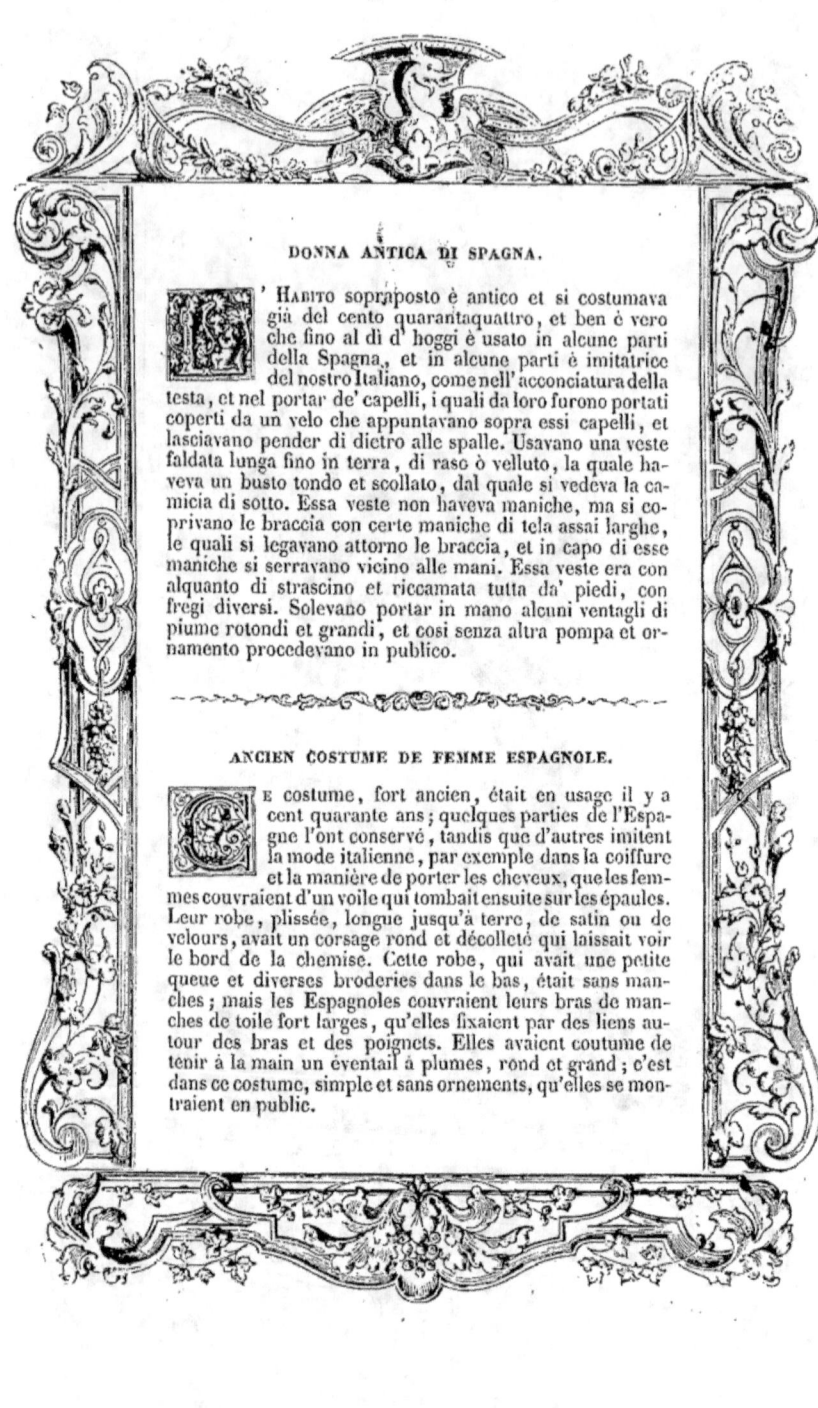

## DONNA ANTICA DI SPAGNA.

L'HABITO sopraposto è antico et si costumava già del cento quarantaquattro, et ben è vero che fino al dì d'hoggi è usato in alcune parti della Spagna, et in alcune parti è imitatrice del nostro Italiano, come nell'acconciatura della testa, et nel portar de' capelli, i quali da loro furono portati coperti da un velo che appuntavano sopra essi capelli, et lasciavano pender di dietro alle spalle. Usavano una veste faldata lunga fino in terra, di raso ò velluto, la quale haveva un busto tondo et scollato, dal quale si vedeva la camicia di sotto. Essa veste non haveva maniche, ma si coprivano le braccia con certe maniche di tela assai larghe, le quali si legavano attorno le braccia, et in capo di esse maniche si serravano vicino alle mani. Essa veste era con alquanto di strascino et riccamata tutta da' piedi, con fregi diversi. Solevano portar in mano alcuni ventagli di piume rotondi et grandi, et così senza altra pompa et ornamento procedevano in publico.

## ANCIEN COSTUME DE FEMME ESPAGNOLE.

CE costume, fort ancien, était en usage il y a cent quarante ans; quelques parties de l'Espagne l'ont conservé, tandis que d'autres imitent la mode italienne, par exemple dans la coiffure et la manière de porter les cheveux, que les femmes couvraient d'un voile qui tombait ensuite sur les épaules. Leur robe, plissée, longue jusqu'à terre, de satin ou de velours, avait un corsage rond et décolleté qui laissait voir le bord de la chemise. Cette robe, qui avait une petite queue et diverses broderies dans le bas, était sans manches; mais les Espagnoles couvraient leurs bras de manches de toile fort larges, qu'elles fixaient par des liens autour des bras et des poignets. Elles avaient coutume de tenir à la main un éventail à plumes, rond et grand; c'est dans ce costume, simple et sans ornements, qu'elles se montraient en public.

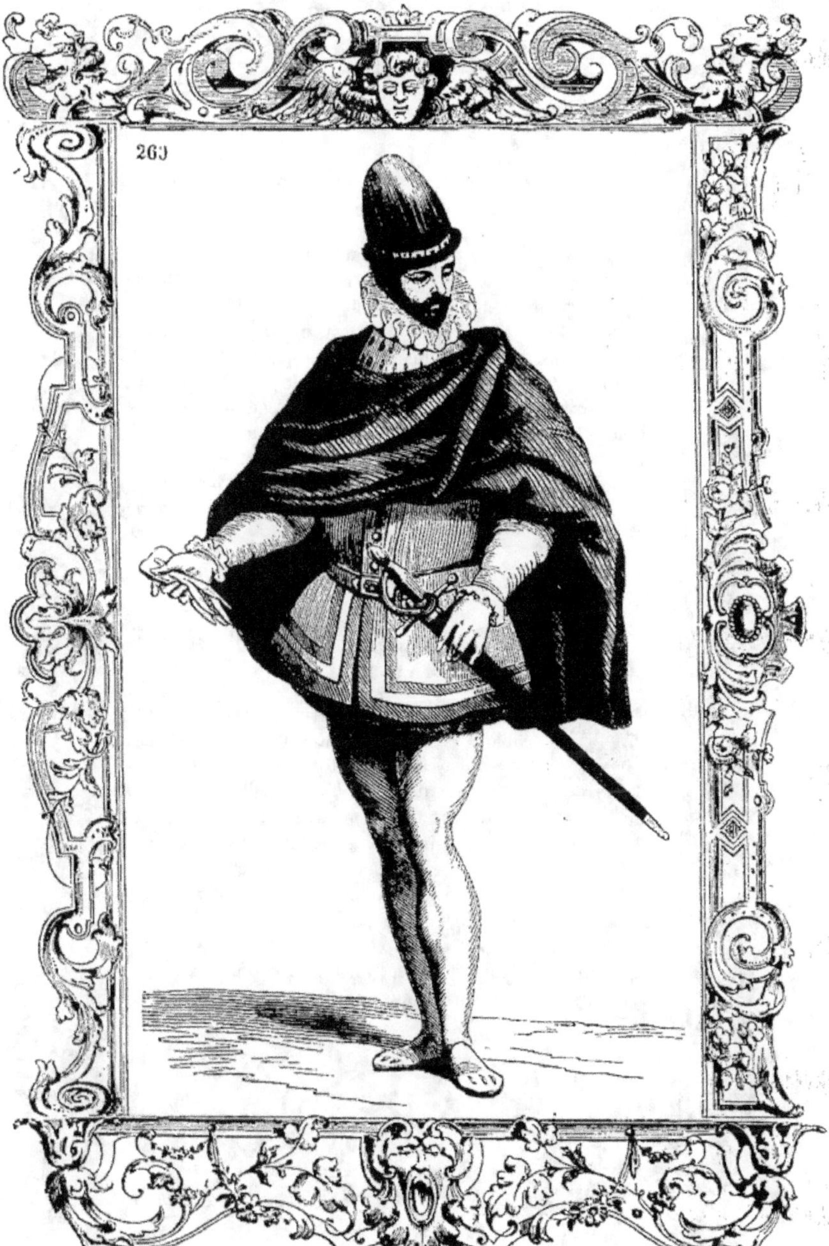

269

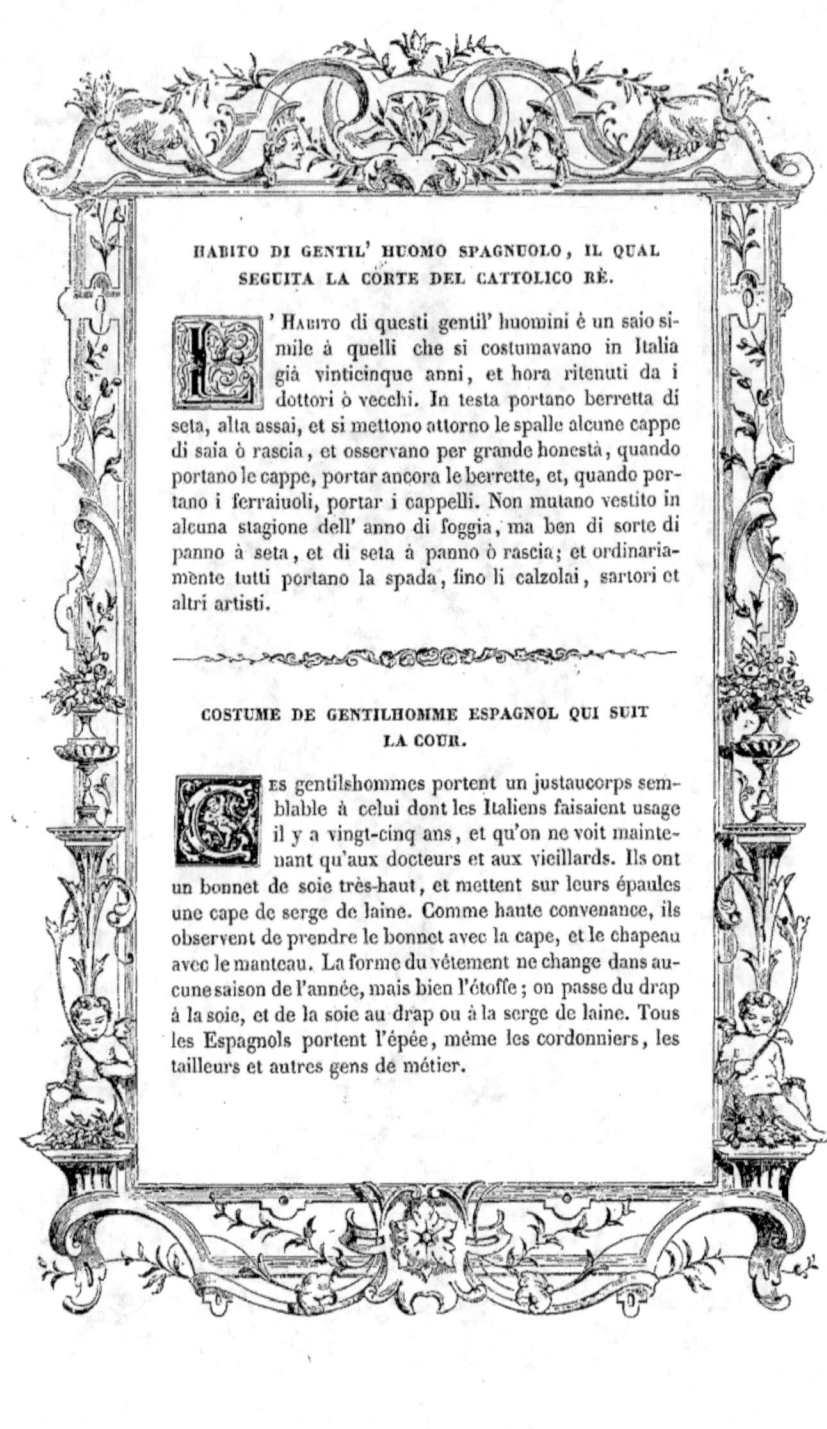

### HABITO DI GENTIL' HUOMO SPAGNUOLO, IL QUAL SEGUITA LA CORTE DEL CATTOLICO RÈ.

L' Habito di questi gentil' huomini è un saio simile à quelli che si costumavano in Italia già vinticinque anni, et hora ritenuti da i dottori ò vecchi. In testa portano berretta di seta, alta assai, et si mettono attorno le spalle alcune cappe di saia ò rascia, et osservano per grande honestà, quando portano le cappe, portar ancora le berrette, et, quando portano i ferraiuoli, portar i cappelli. Non mutano vestito in alcuna stagione dell' anno di foggia, ma ben di sorte di panno à seta, et di seta à panno ò rascia; et ordinariamènte tutti portano la spada, fino li calzolai, sartori et altri artisti.

### COSTUME DE GENTILHOMME ESPAGNOL QUI SUIT LA COUR.

CEs gentilshommes portent un justaucorps semblable à celui dont les Italiens faisaient usage il y a vingt-cinq ans, et qu'on ne voit maintenant qu'aux docteurs et aux vieillards. Ils ont un bonnet de soie très-haut, et mettent sur leurs épaules une cape de serge de laine. Comme haute convenance, ils observent de prendre le bonnet avec la cape, et le chapeau avec le manteau. La forme du vêtement ne change dans aucune saison de l'année, mais bien l'étoffe ; on passe du drap à la soie, et de la soie au drap ou à la serge de laine. Tous les Espagnols portent l'épée, même les cordonniers, les tailleurs et autres gens de métier.

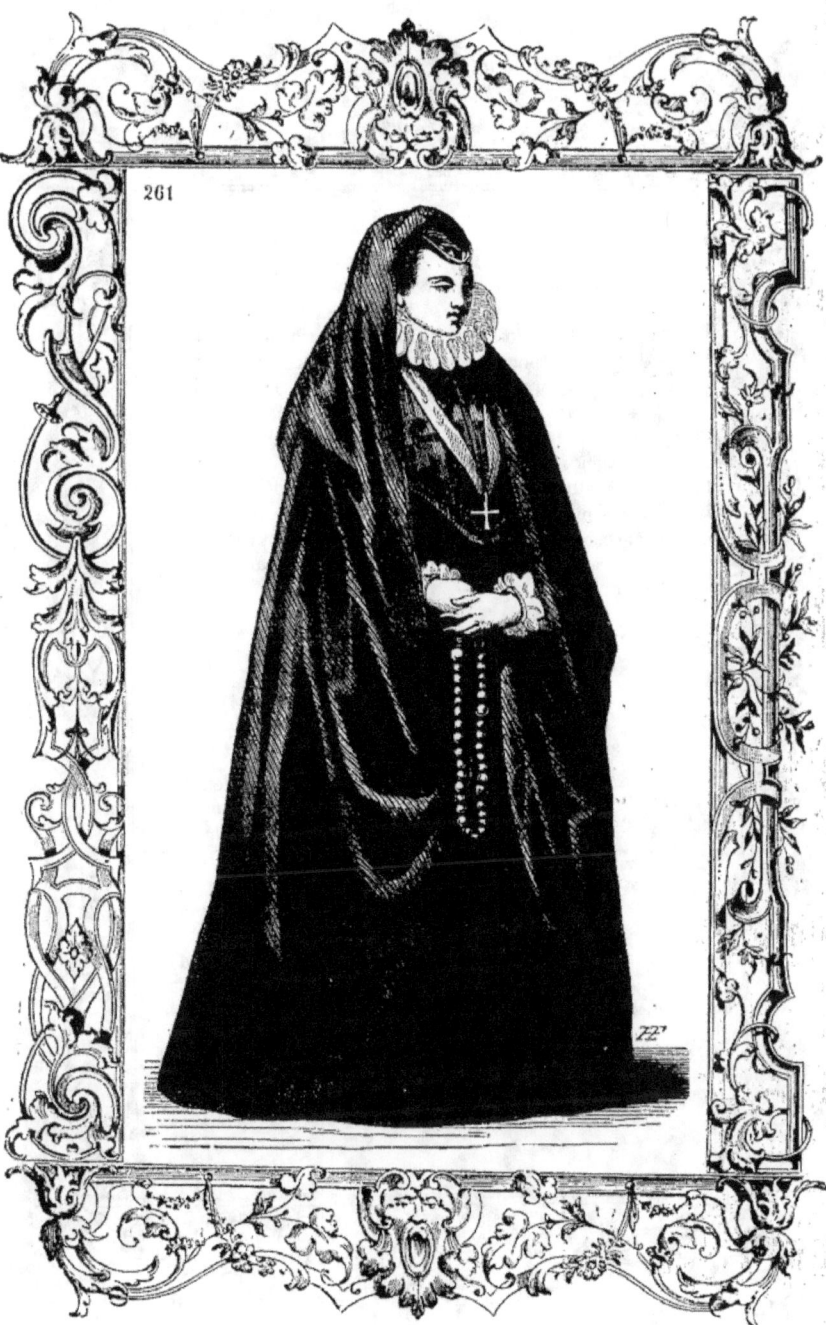

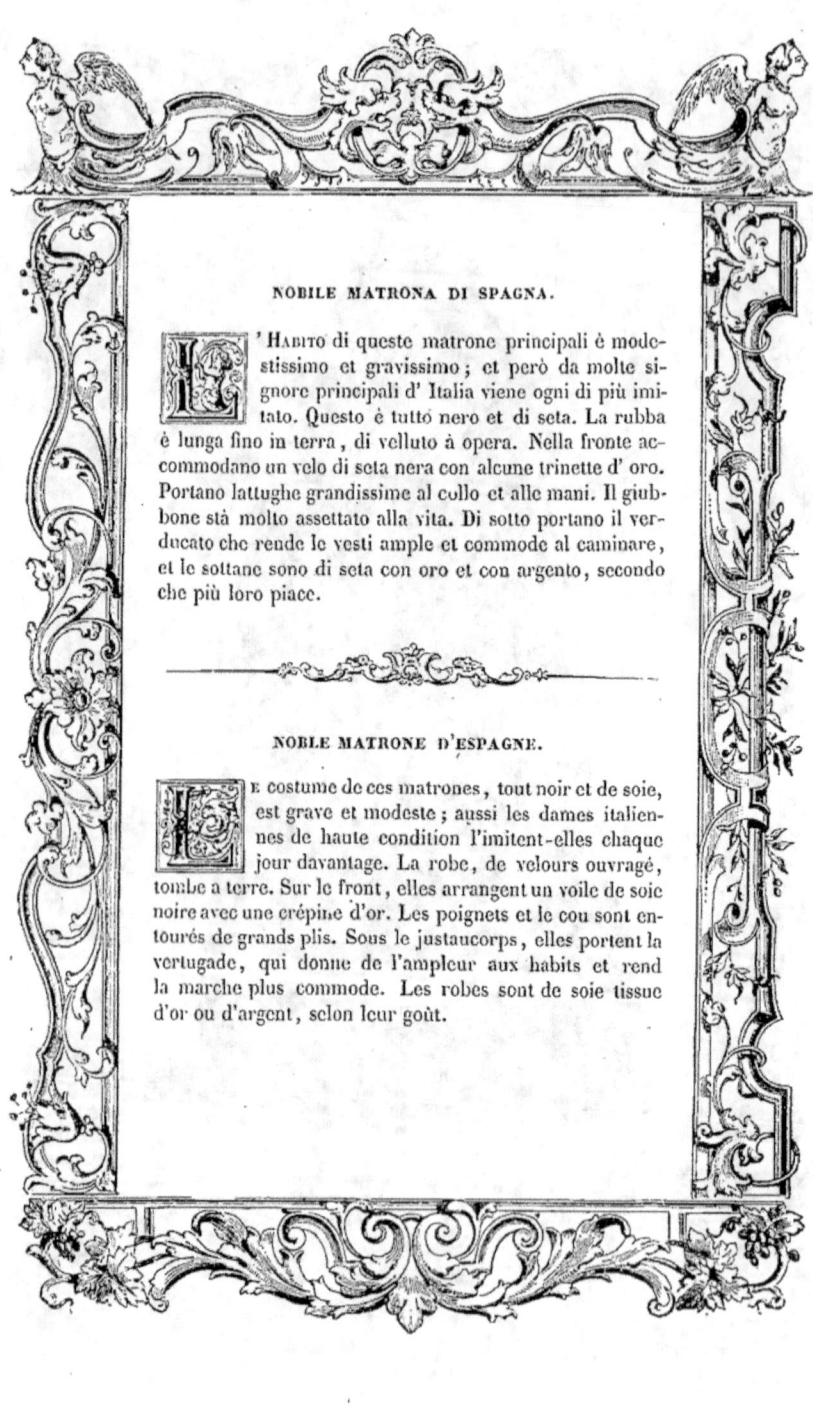

### NOBILE MATRONA DI SPAGNA.

'HABITO di queste matrone principali è mode-
stissimo et gravissimo; et però da molte signore principali d'Italia viene ogni dì più imi-
tato. Questo è tutto nero et di seta. La rubba
è lunga fino in terra, di velluto à opera. Nella fronte accommodano un velo di seta nera con alcune trinette d'oro.
Portano lattughe grandissime al collo et alle mani. Il giubbone stà molto assettato alla vita. Di sotto portano il verducato che rende le vesti ample et commode al caminare,
et le sottane sono di seta con oro et con argento, secondo
che più loro piace.

### NOBLE MATRONE D'ESPAGNE.

E costume de ces matrones, tout noir et de soie,
est grave et modeste; aussi les dames italiennes de haute condition l'imitent-elles chaque
jour davantage. La robe, de velours ouvragé,
tombe a terre. Sur le front, elles arrangent un voile de soie
noire avec une crépine d'or. Les poignets et le cou sont entourés de grands plis. Sous le justaucorps, elles portent la
vertugade, qui donne de l'ampleur aux habits et rend
la marche plus commode. Les robes sont de soie tissue
d'or ou d'argent, selon leur goût.

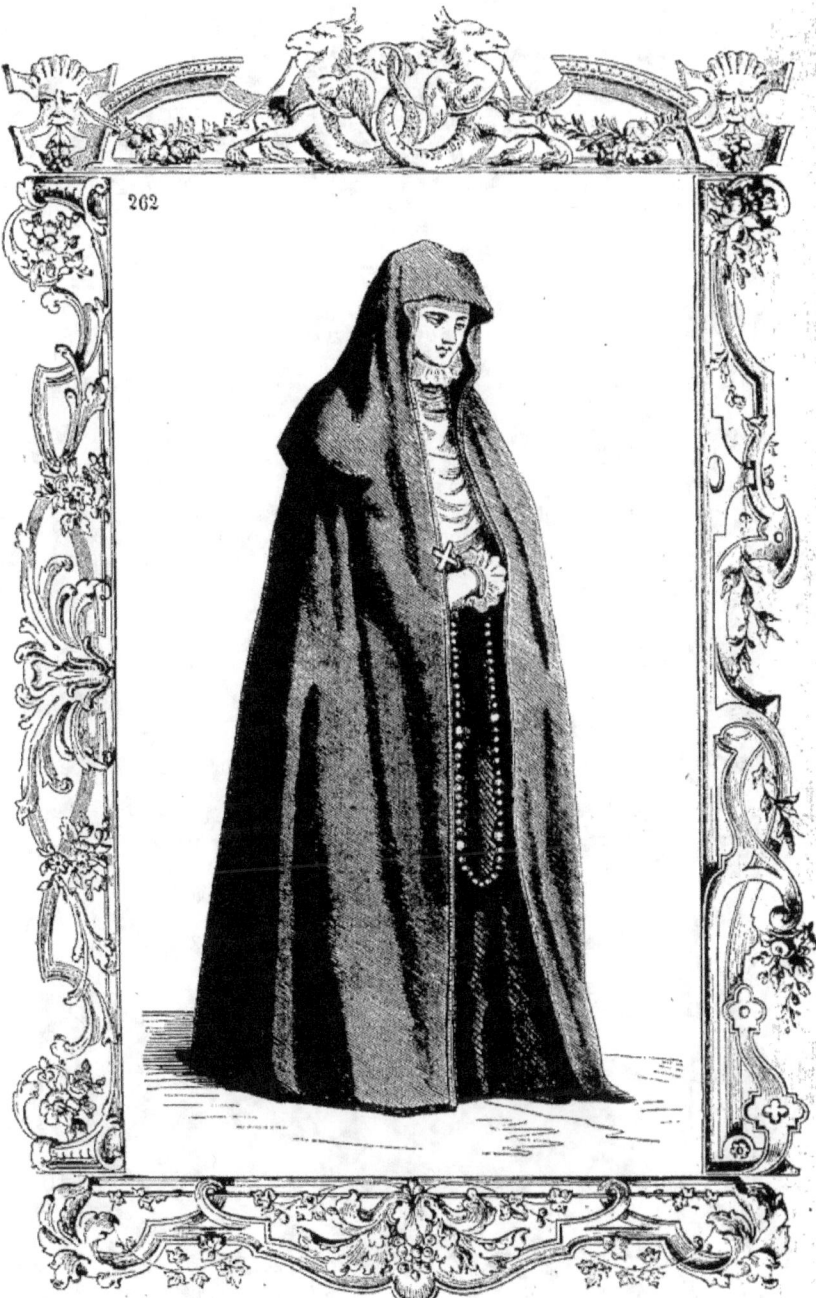

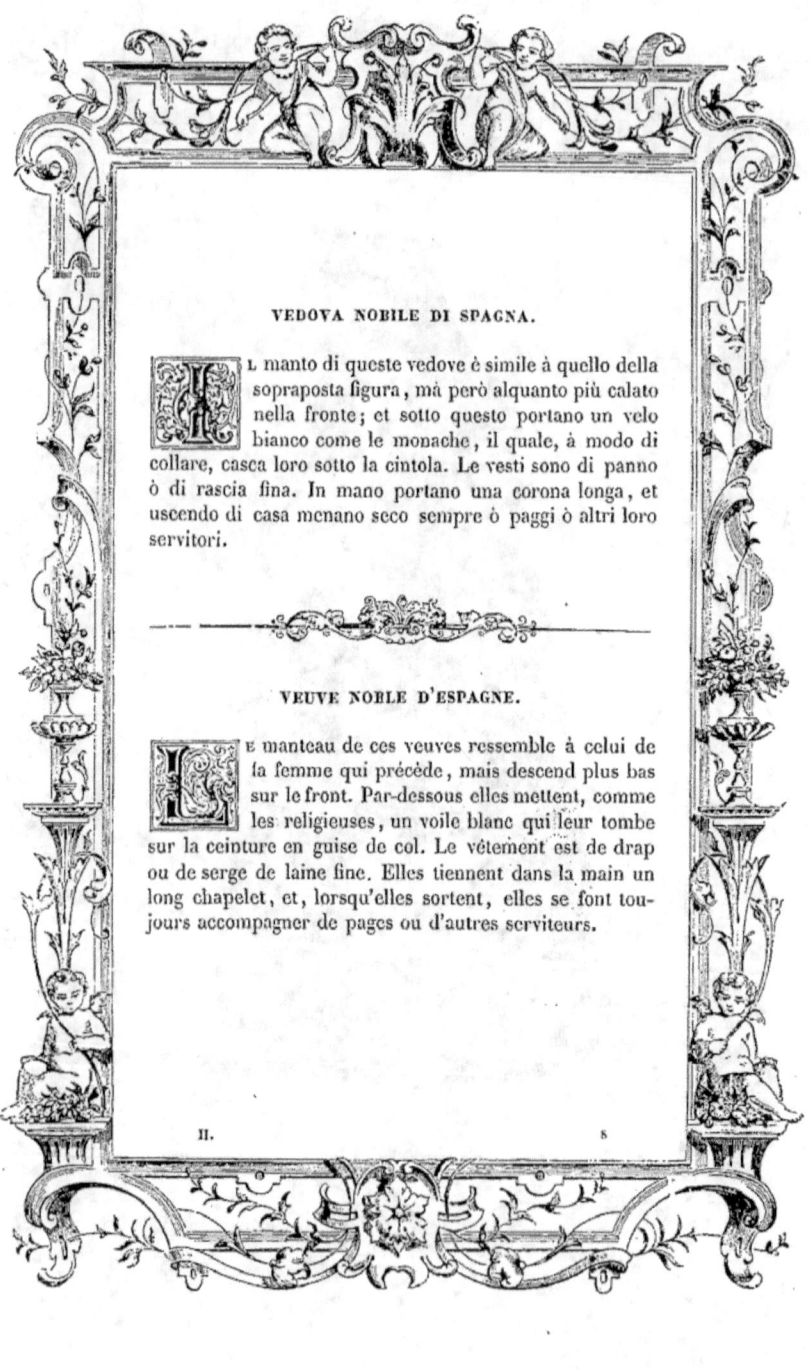

### VEDOVA NOBILE DI SPAGNA.

IL manto di queste vedove è simile à quello della sopraposta figura, mà però alquanto più calato nella fronte; et sotto questo portano un velo bianco come le monache, il quale, à modo di collare, casca loro sotto la cintola. Le vesti sono di panno ò di rascia fina. In mano portano una corona longa, et uscendo di casa menano seco sempre ò paggi ò altri loro servitori.

### VEUVE NOBLE D'ESPAGNE.

LE manteau de ces veuves ressemble à celui de la femme qui précède, mais descend plus bas sur le front. Par-dessous elles mettent, comme les religieuses, un voile blanc qui leur tombe sur la ceinture en guise de col. Le vêtement est de drap ou de serge de laine fine. Elles tiennent dans la main un long chapelet, et, lorsqu'elles sortent, elles se font toujours accompagner de pages ou d'autres serviteurs.

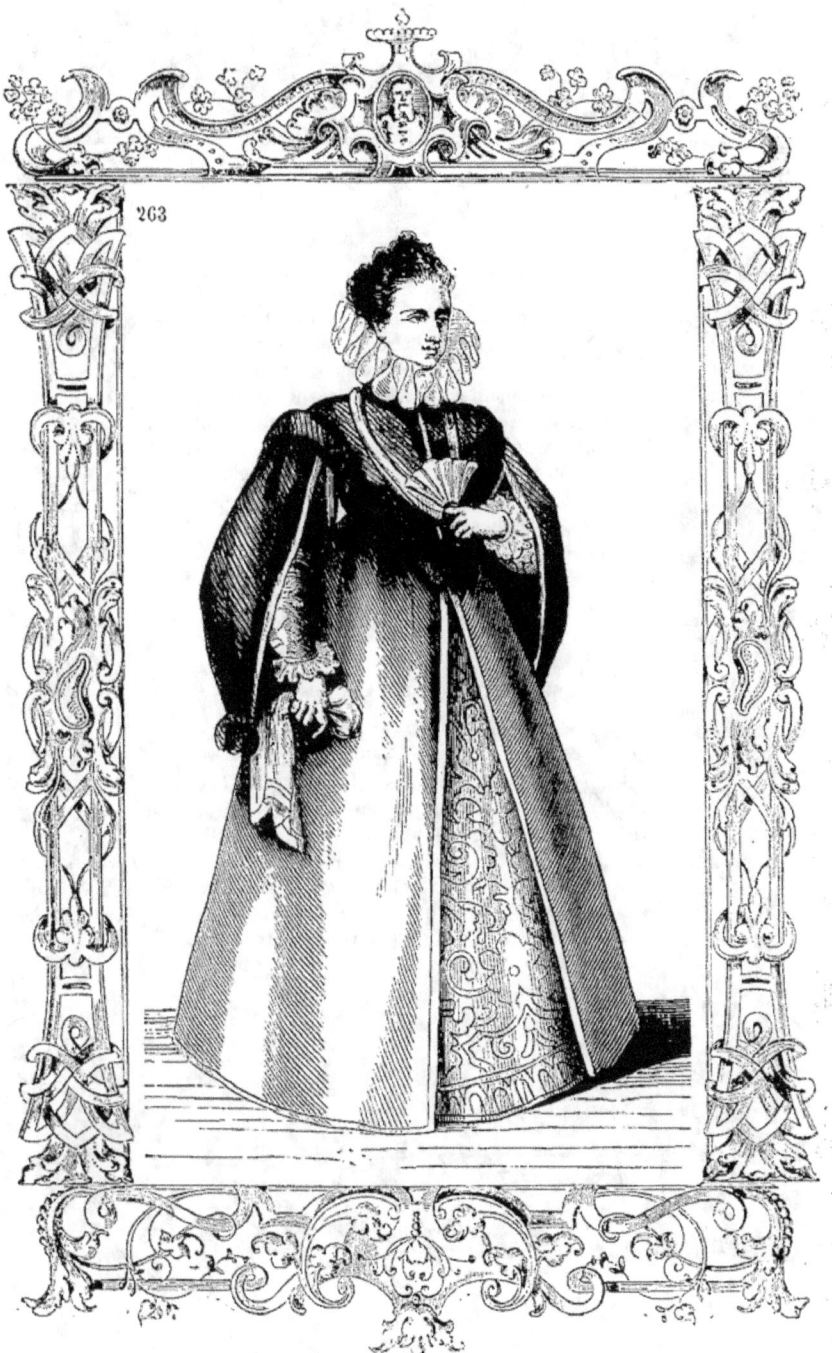

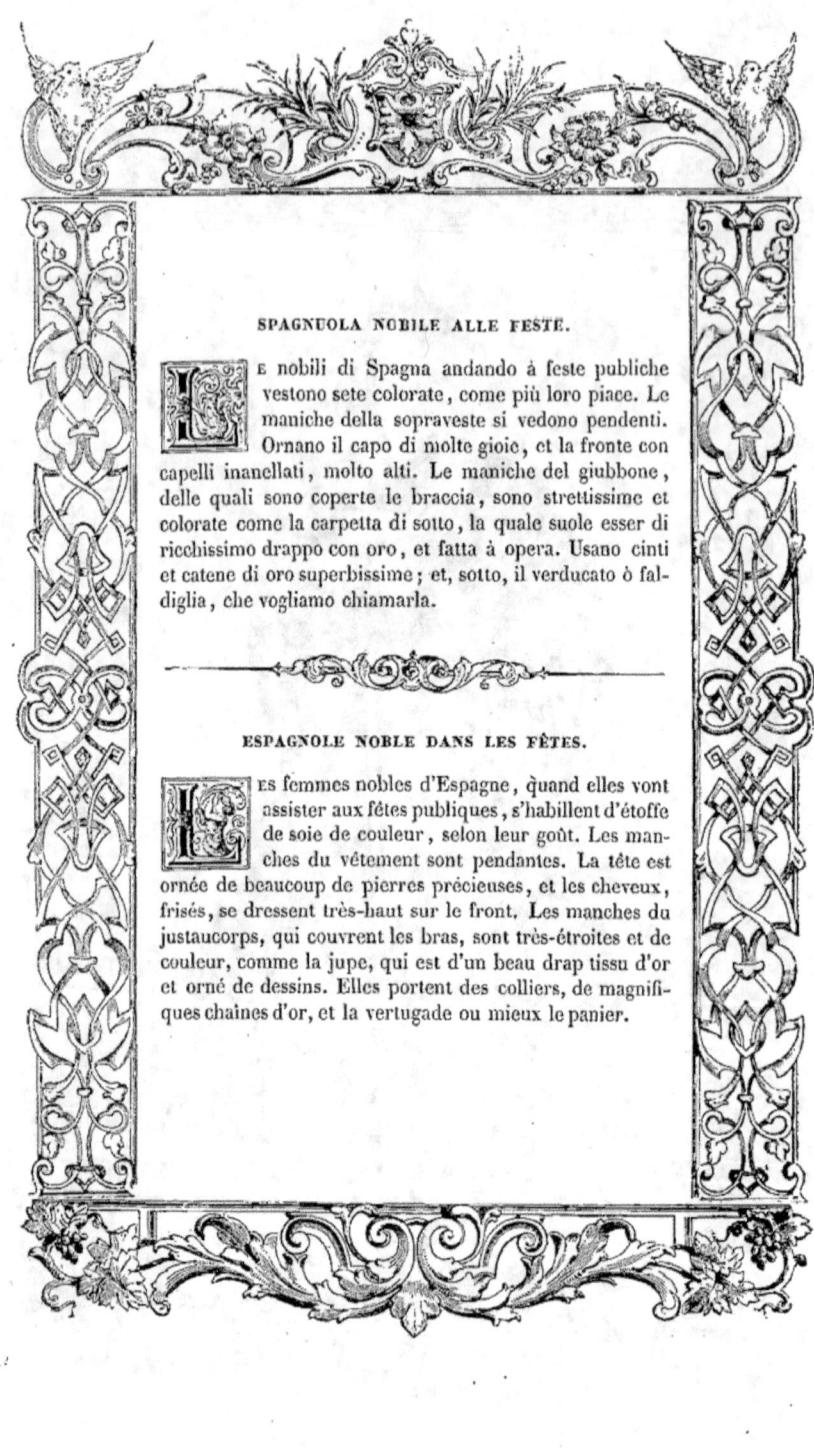

## SPAGNUOLA NOBILE ALLE FESTE.

L E nobili di Spagna andando à feste publiche vestono sete colorate, come più loro piace. Le maniche della sopraveste si vedono pendenti. Ornano il capo di molte gioie, et la fronte con capelli inanellati, molto alti. Le maniche del giubbone, delle quali sono coperte le braccia, sono strettissime et colorate come la carpetta di sotto, la quale suole esser di ricchissimo drappo con oro, et fatta à opera. Usano cinti et catene di oro superbissime; et, sotto, il verducato ò faldiglia, che vogliamo chiamarla.

## ESPAGNOLE NOBLE DANS LES FÊTES.

L ES femmes nobles d'Espagne, quand elles vont assister aux fêtes publiques, s'habillent d'étoffe de soie de couleur, selon leur goût. Les manches du vêtement sont pendantes. La tête est ornée de beaucoup de pierres précieuses, et les cheveux, frisés, se dressent très-haut sur le front. Les manches du justaucorps, qui couvrent les bras, sont très-étroites et de couleur, comme la jupe, qui est d'un beau drap tissu d'or et orné de dessins. Elles portent des colliers, de magnifiques chaînes d'or, et la vertugade ou mieux le panier.

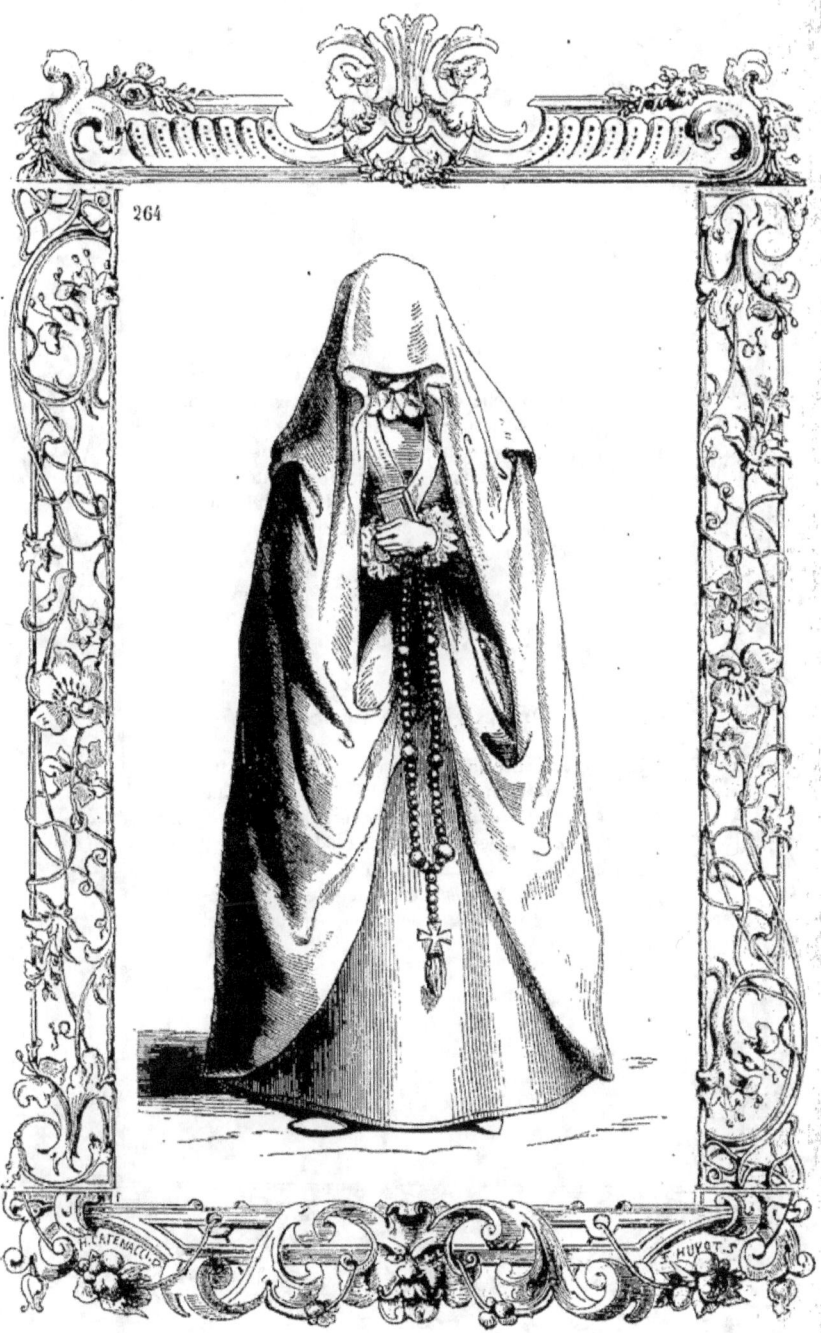

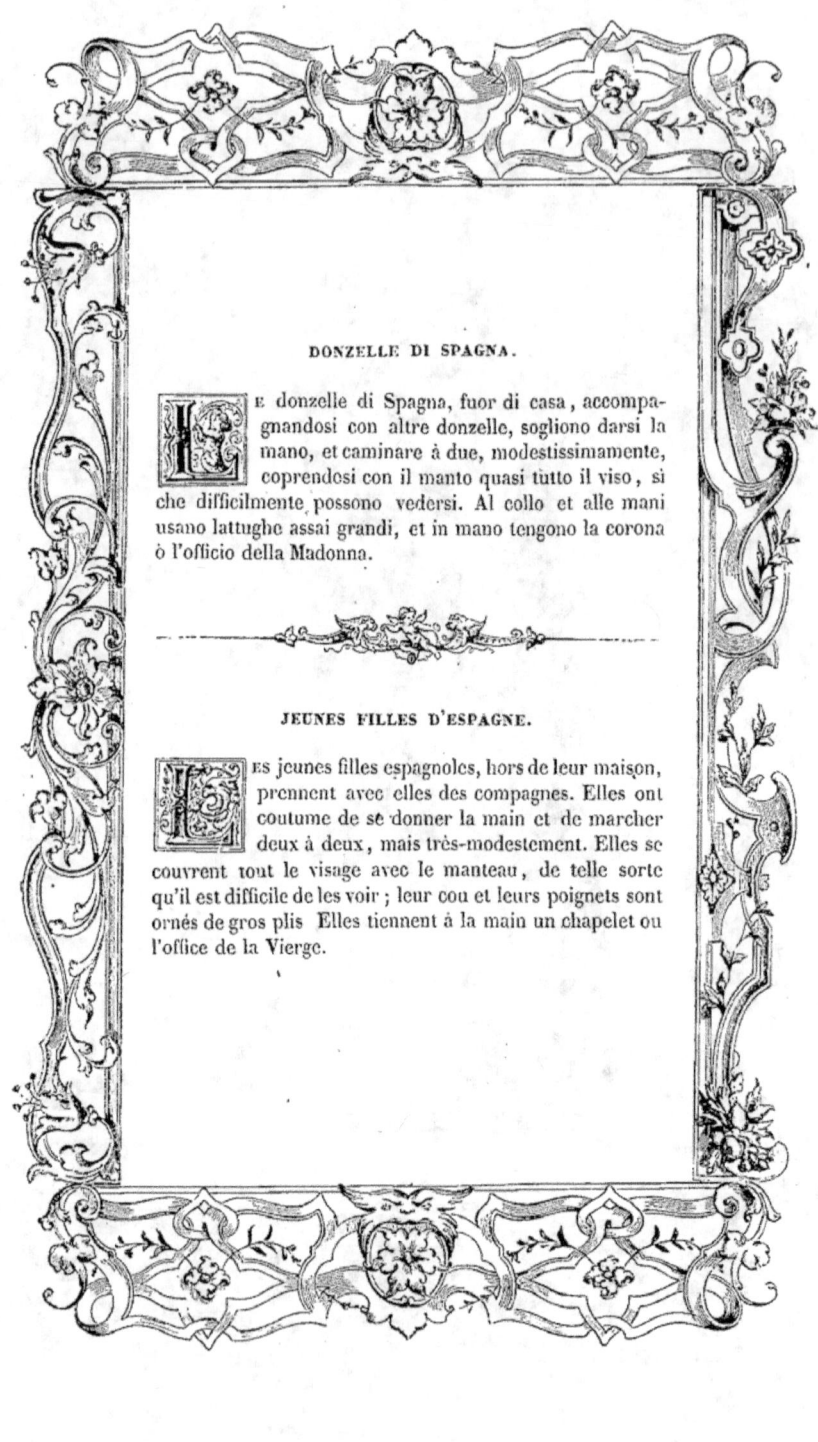

### DONZELLE DI SPAGNA.

LE donzelle di Spagna, fuor di casa, accompagnandosi con altre donzelle, sogliono darsi la mano, et caminare à due, modestissimamente, coprendosi con il manto quasi tutto il viso, si che difficilmente possono vedersi. Al collo et alle mani usano lattughe assai grandi, et in mano tengono la corona ò l'officio della Madonna.

### JEUNES FILLES D'ESPAGNE.

LES jeunes filles espagnoles, hors de leur maison, prennent avec elles des compagnes. Elles ont coutume de se donner la main et de marcher deux à deux, mais très-modestement. Elles se couvrent tout le visage avec le manteau, de telle sorte qu'il est difficile de les voir ; leur cou et leurs poignets sont ornés de gros plis Elles tiennent à la main un chapelet ou l'office de la Vierge.

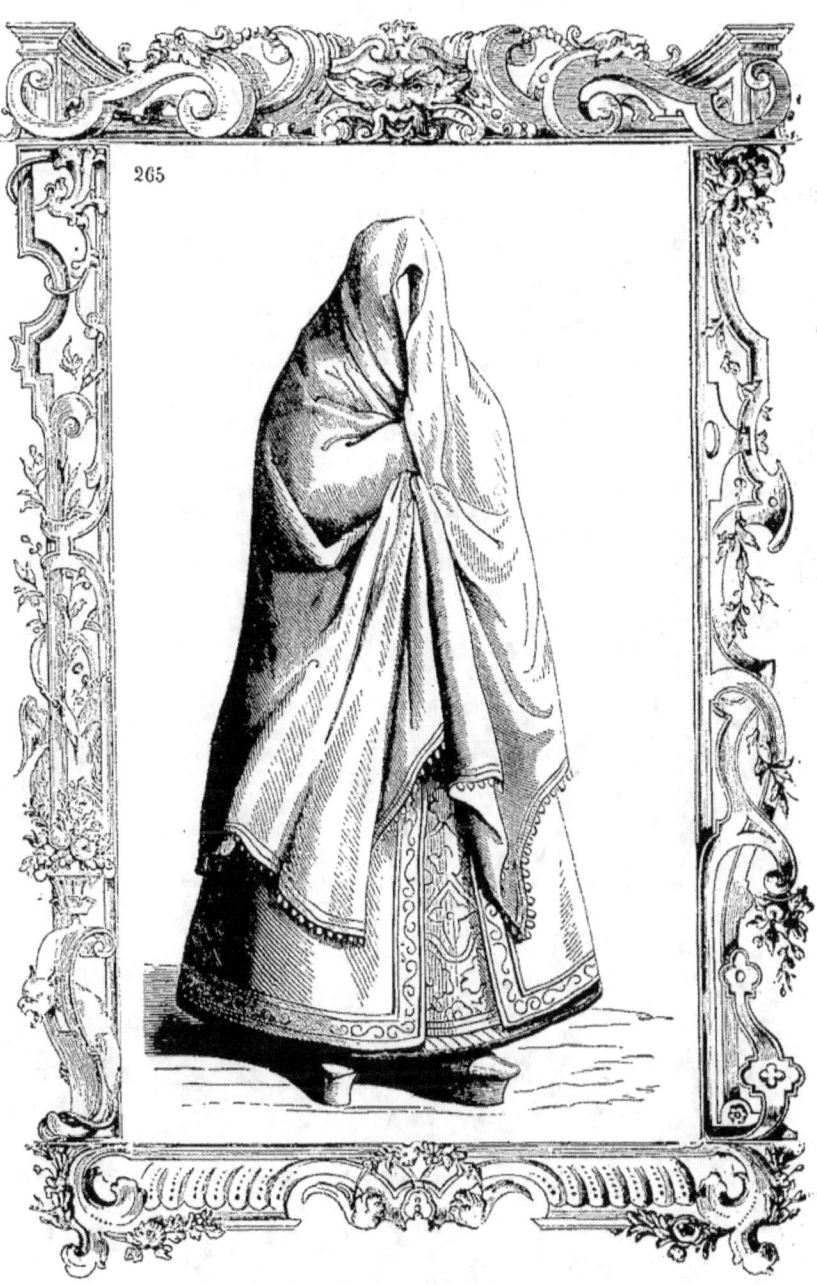
265

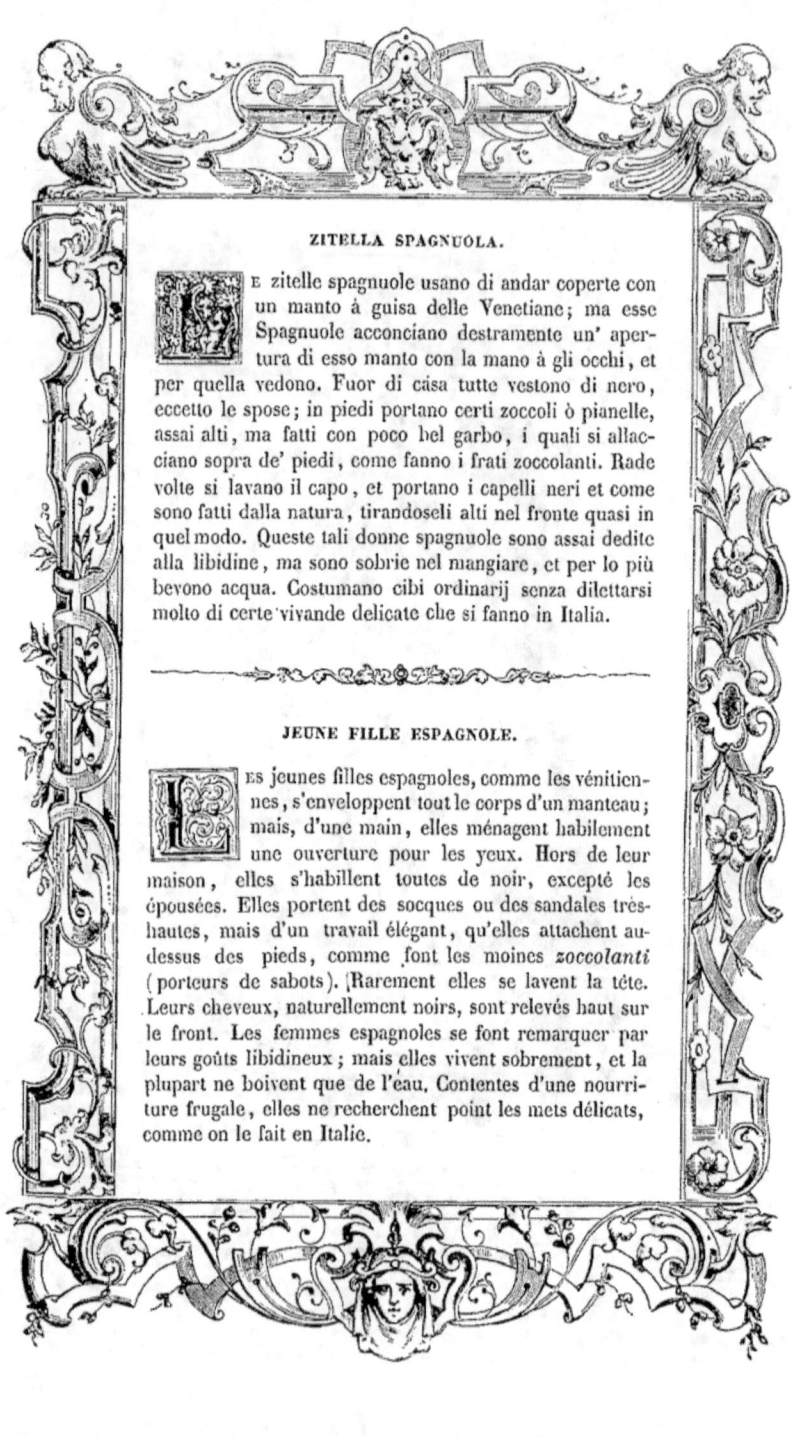

### ZITELLA SPAGNUOLA.

E zitelle spagnuole usano di andar coperte con un manto à guisa delle Venetiane; ma esse Spagnuole acconciano destramente un' apertura di esso manto con la mano à gli occhi, et per quella vedono. Fuor di casa tutte vestono di nero, eccetto le spose; in piedi portano certi zoccoli ò pianelle, assai alti, ma fatti con poco bel garbo, i quali si allacciano sopra de' piedi, come fanno i frati zoccolanti. Rade volte si lavano il capo, et portano i capelli neri et come sono fatti dalla natura, tirandoseli alti nel fronte quasi in quel modo. Queste tali donne spagnuole sono assai dedite alla libidine, ma sono sobrie nel mangiare, et per lo più bevono acqua. Costumano cibi ordinarij senza dilettarsi molto di certe vivande delicate che si fanno in Italia.

### JEUNE FILLE ESPAGNOLE.

LES jeunes filles espagnoles, comme les vénitiennes, s'enveloppent tout le corps d'un manteau; mais, d'une main, elles ménagent habilement une ouverture pour les yeux. Hors de leur maison, elles s'habillent toutes de noir, excepté les épousées. Elles portent des socques ou des sandales très-hautes, mais d'un travail élégant, qu'elles attachent au-dessus des pieds, comme font les moines *zoccolanti* (porteurs de sabots). Rarement elles se lavent la tête. Leurs cheveux, naturellement noirs, sont relevés haut sur le front. Les femmes espagnoles se font remarquer par leurs goûts libidineux; mais elles vivent sobrement, et la plupart ne boivent que de l'eau. Contentes d'une nourriture frugale, elles ne recherchent point les mets délicats, comme on le fait en Italie.

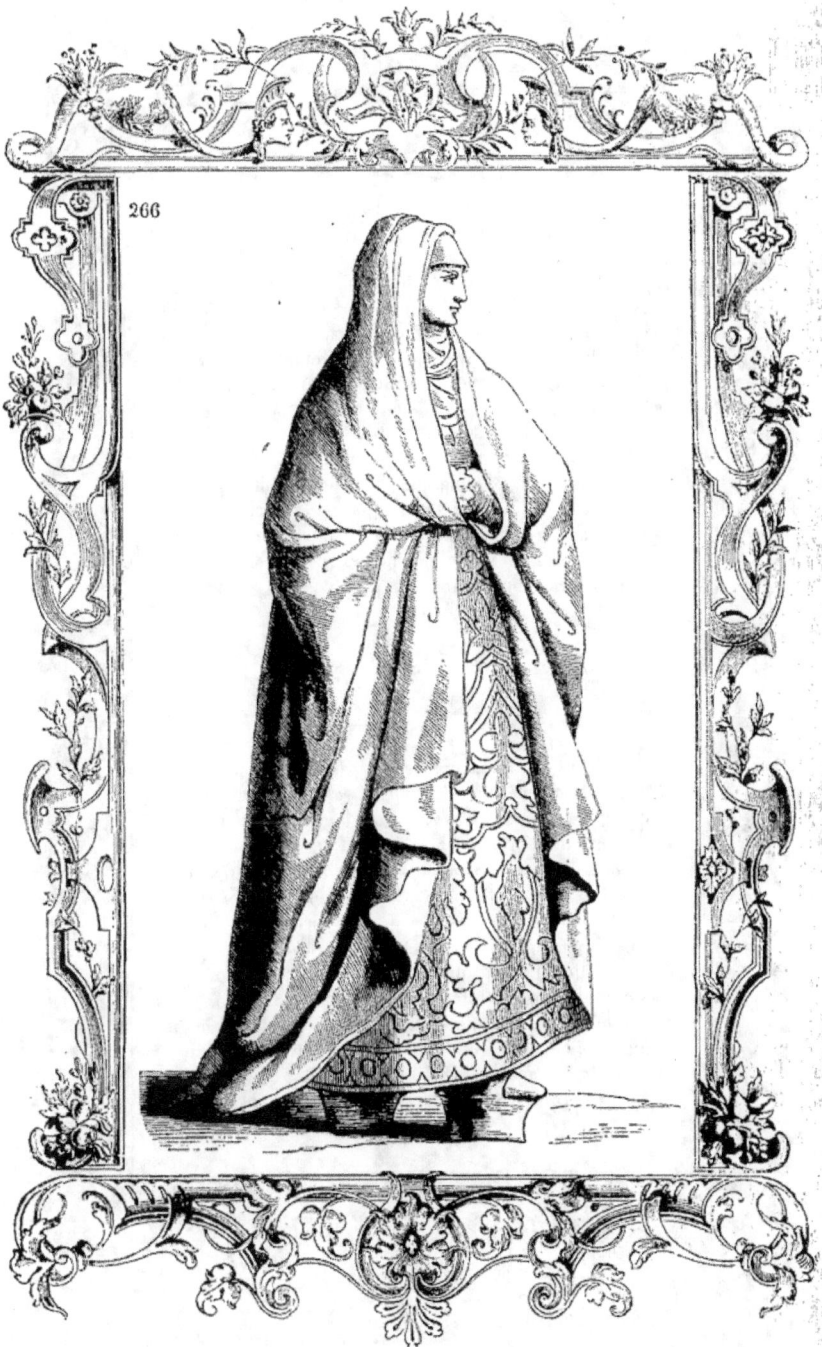
266

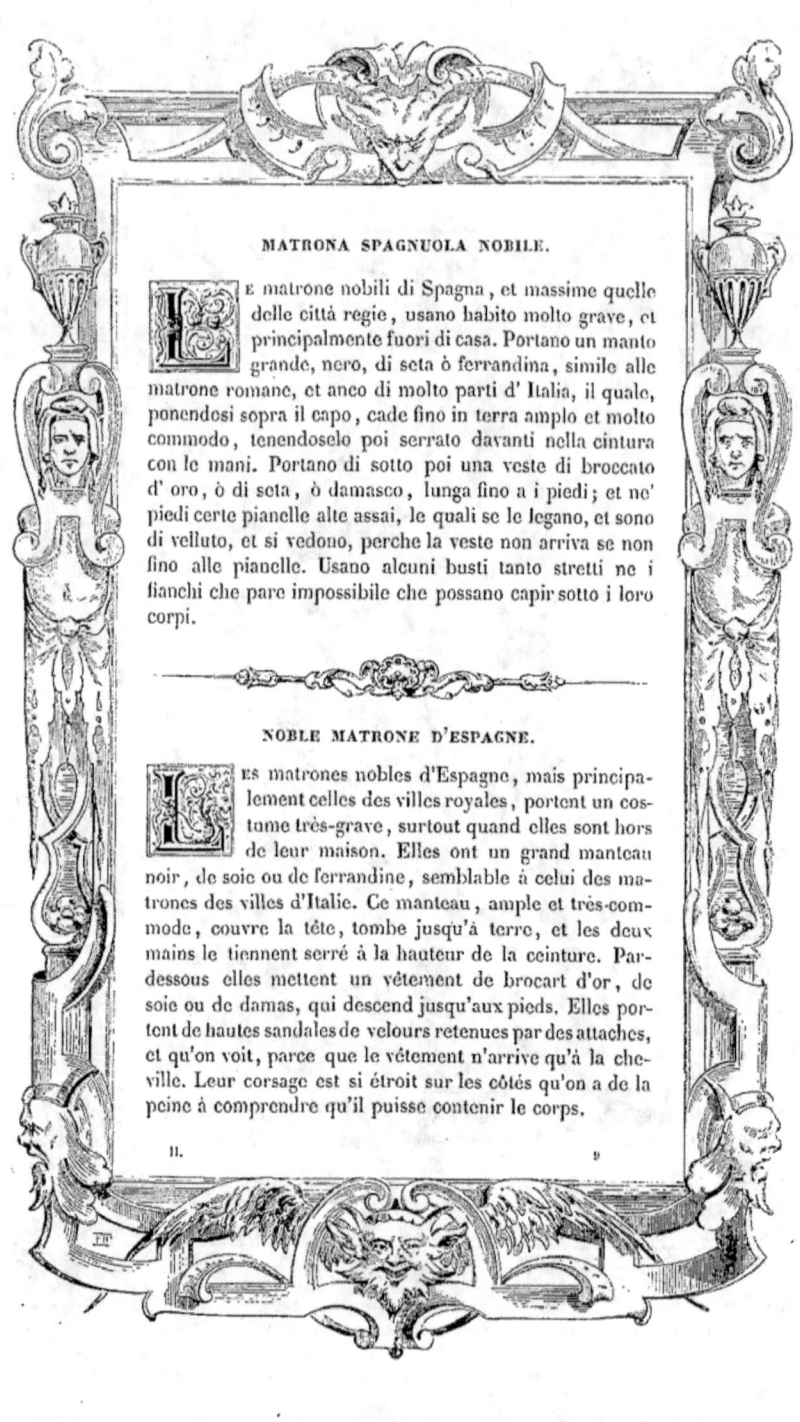

### MATRONA SPAGNUOLA NOBILE.

LE matrone nobili di Spagna, et massime quelle delle città regie, usano habito molto grave, et principalmente fuori di casa. Portano un manto grande, nero, di seta ò ferrandina, simile alle matrone romane, et anco di molto parti d'Italia, il quale, ponendosi sopra il capo, cade fino in terra amplo et molto commodo, tenendoselo poi serrato davanti nella cintura con le mani. Portano di sotto poi una veste di broccato d'oro, ò di seta, ò damasco, lunga fino a i piedi; et ne' piedi certe pianelle alte assai, le quali se le legano, e sono di velluto, et si vedono, perche la veste non arriva se non fino alle pianelle. Usano alcuni busti tanto stretti ne i fianchi che pare impossibile che possano capir sotto i loro corpi.

---

### NOBLE MATRONE D'ESPAGNE.

LES matrones nobles d'Espagne, mais principalement celles des villes royales, portent un costume très-grave, surtout quand elles sont hors de leur maison. Elles ont un grand manteau noir, de soie ou de ferrandine, semblable à celui des matrones des villes d'Italie. Ce manteau, ample et très-commode, couvre la tête, tombe jusqu'à terre, et les deux mains le tiennent serré à la hauteur de la ceinture. Pardessous elles mettent un vêtement de brocart d'or, de soie ou de damas, qui descend jusqu'aux pieds. Elles portent de hautes sandales de velours retenues par des attaches, et qu'on voit, parce que le vêtement n'arrive qu'à la cheville. Leur corsage est si étroit sur les côtés qu'on a de la peine à comprendre qu'il puisse contenir le corps.

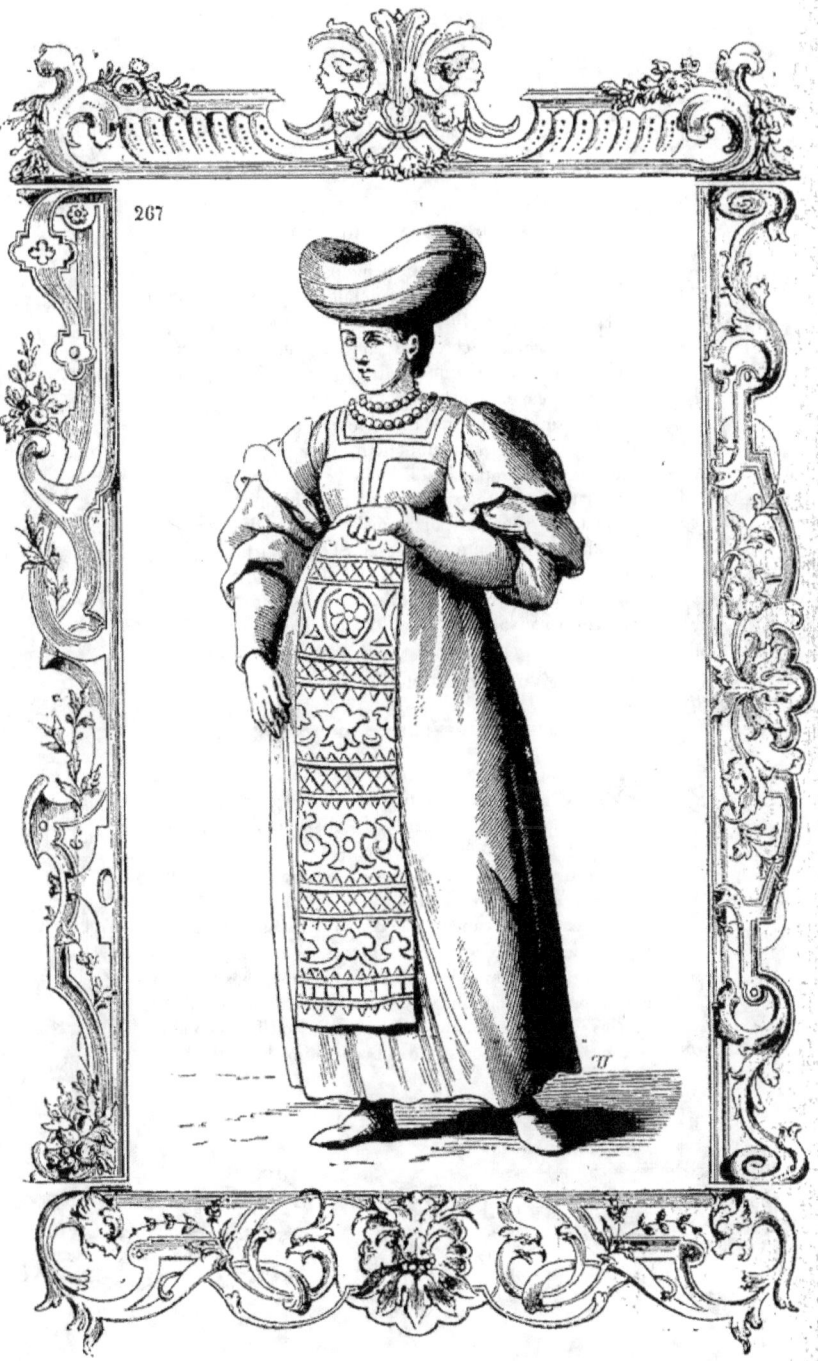

267

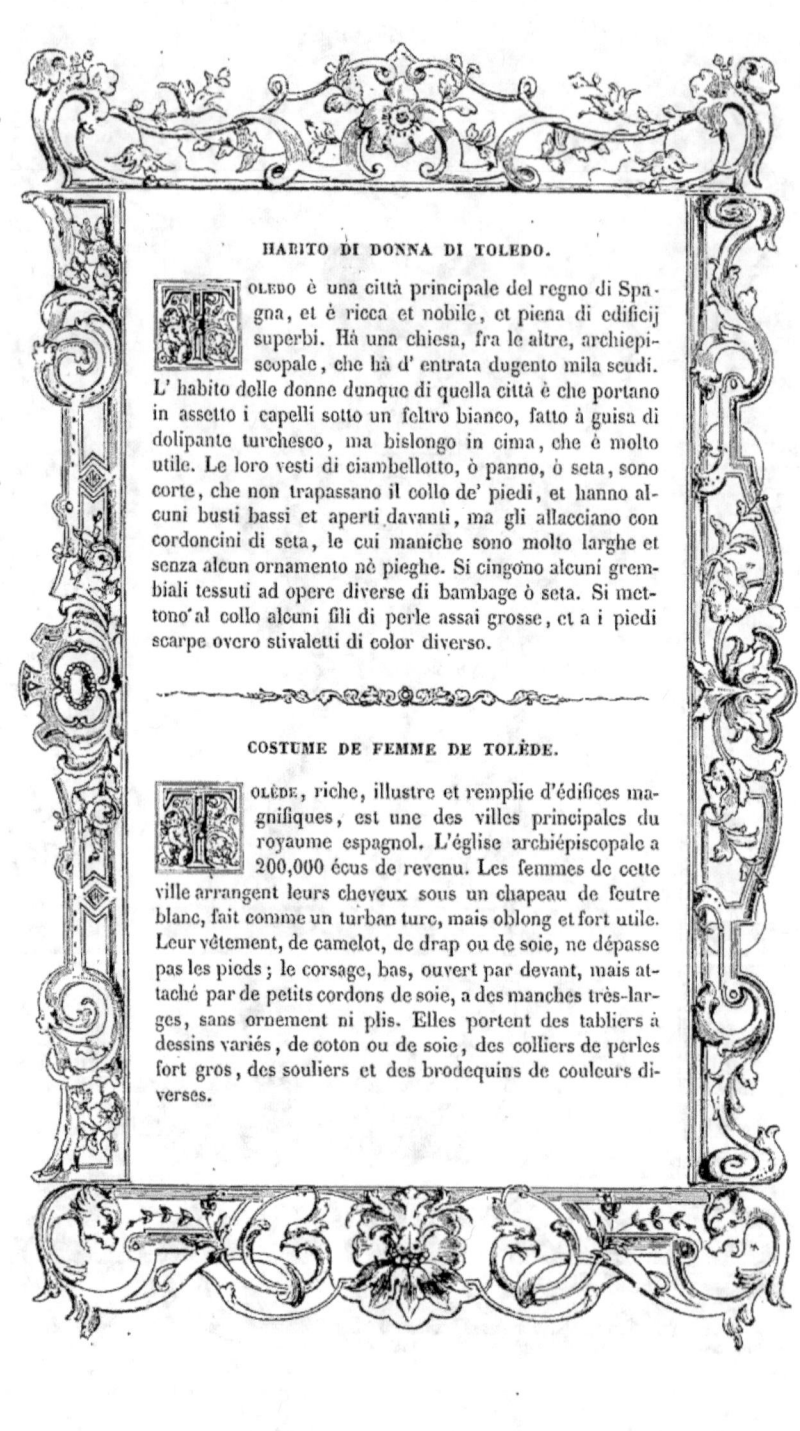

### HABITO DI DONNA DI TOLEDO.

Toledo è una città principale del regno di Spagna, et è ricca et nobile, et piena di edificij superbi. Hà una chiesa, fra le altre, archiepiscopale, che hà d'entrata dugento mila scudi. L'habito delle donne dunque di quella città è che portano in assetto i capelli sotto un feltro bianco, fatto à guisa di dolipante turchesco, ma bislongo in cima, che è molto utile. Le loro vesti di ciambellotto, ò panno, ò seta, sono corte, che non trapassano il collo de' piedi, et hanno alcuni busti bassi et aperti davanti, ma gli allacciano con cordoncini di seta, le cui maniche sono molto larghe et senza alcun ornamento nè pieghe. Si cingono alcuni grembiali tessuti ad opere diverse di bambage ò seta. Si mettono al collo alcuni fili di perle assai grosse, et a i piedi scarpe overo stivaletti di color diverso.

### COSTUME DE FEMME DE TOLÈDE.

Tolède, riche, illustre et remplie d'édifices magnifiques, est une des villes principales du royaume espagnol. L'église archiépiscopale a 200,000 écus de revenu. Les femmes de cette ville arrangent leurs cheveux sous un chapeau de feutre blanc, fait comme un turban turc, mais oblong et fort utile. Leur vêtement, de camelot, de drap ou de soie, ne dépasse pas les pieds ; le corsage, bas, ouvert par devant, mais attaché par de petits cordons de soie, a des manches très-larges, sans ornement ni plis. Elles portent des tabliers à dessins variés, de coton ou de soie, des colliers de perles fort gros, des souliers et des brodequins de couleurs diverses.

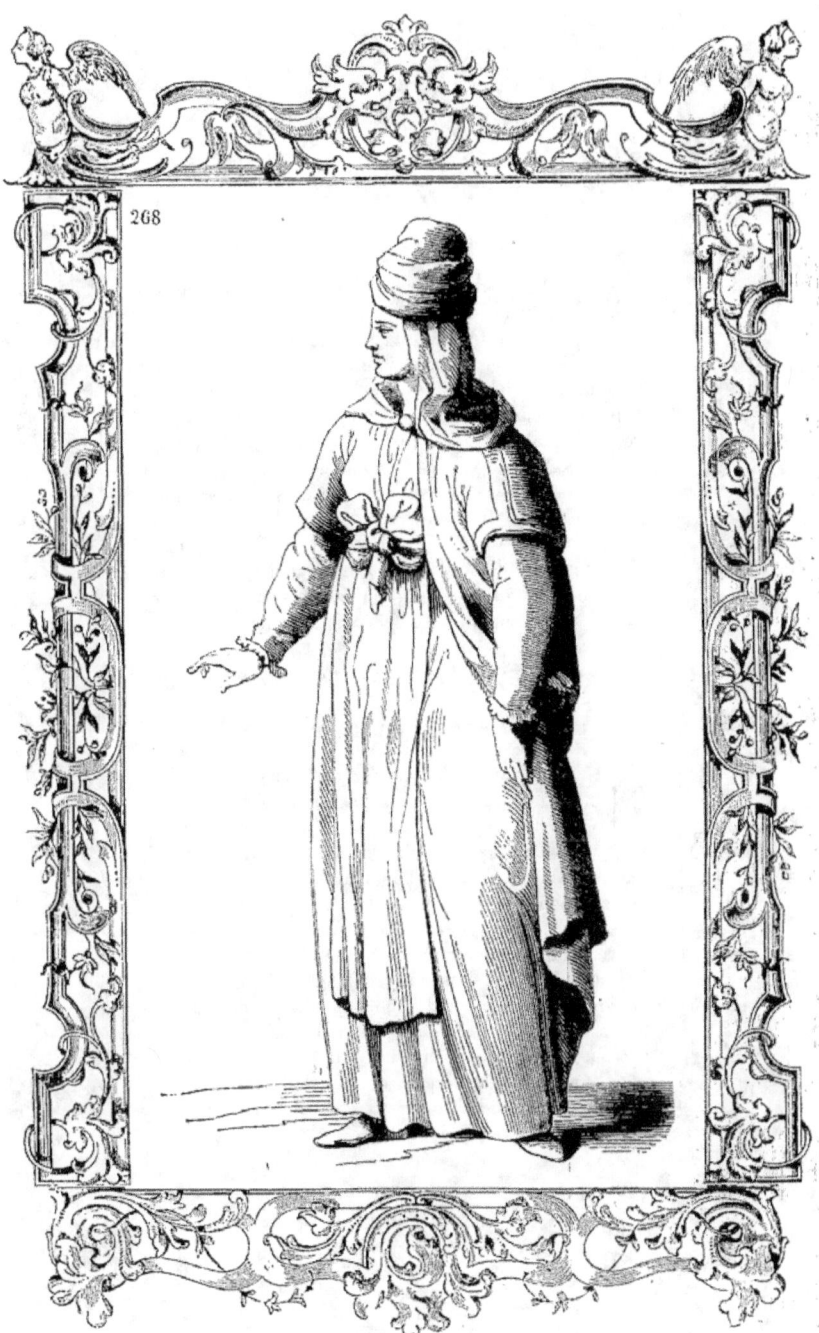

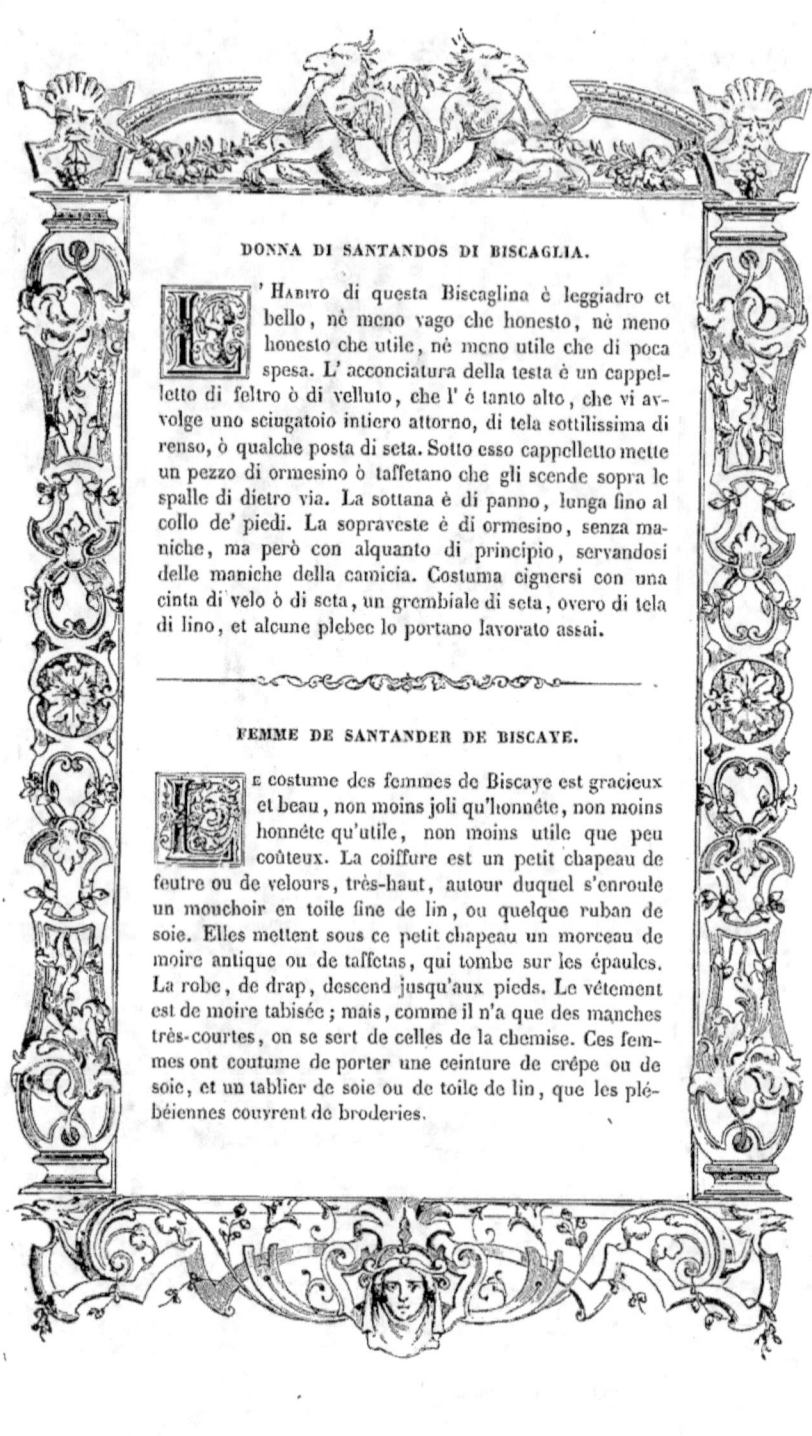

### DONNA DI SANTANDOS DI BISCAGLIA.

L'Habito di questa Biscaglina è leggiadro et bello, nè meno vago che honesto, nè meno honesto che utile, nè meno utile che di poca spesa. L'acconciatura della testa è un cappelletto di feltro ò di velluto, che l'è tanto alto, che vi avvolge uno sciugatoio intiero attorno, di tela sottilissima di renso, ò qualche posta di seta. Sotto esso cappelletto mette un pezzo di ormesino ò taffetano che gli scende sopra le spalle di dietro via. La sottana è di panno, lunga fino al collo de' piedi. La sopraveste è di ormesino, senza maniche, ma però con alquanto di principio, servandosi delle maniche della camicia. Costuma cignersi con una cinta di velo ò di seta, un grembiale di seta, overo di tela di lino, et alcune plebee lo portano lavorato assai.

### FEMME DE SANTANDER DE BISCAYE.

Le costume des femmes de Biscaye est gracieux et beau, non moins joli qu'honnête, non moins honnête qu'utile, non moins utile que peu coûteux. La coiffure est un petit chapeau de feutre ou de velours, très-haut, autour duquel s'enroule un mouchoir en toile fine de lin, ou quelque ruban de soie. Elles mettent sous ce petit chapeau un morceau de moire antique ou de taffetas, qui tombe sur les épaules. La robe, de drap, descend jusqu'aux pieds. Le vêtement est de moire tabisée; mais, comme il n'a que des manches très-courtes, on se sert de celles de la chemise. Ces femmes ont coutume de porter une ceinture de crêpe ou de soie, et un tablier de soie ou de toile de lin, que les plébéiennes couvrent de broderies.

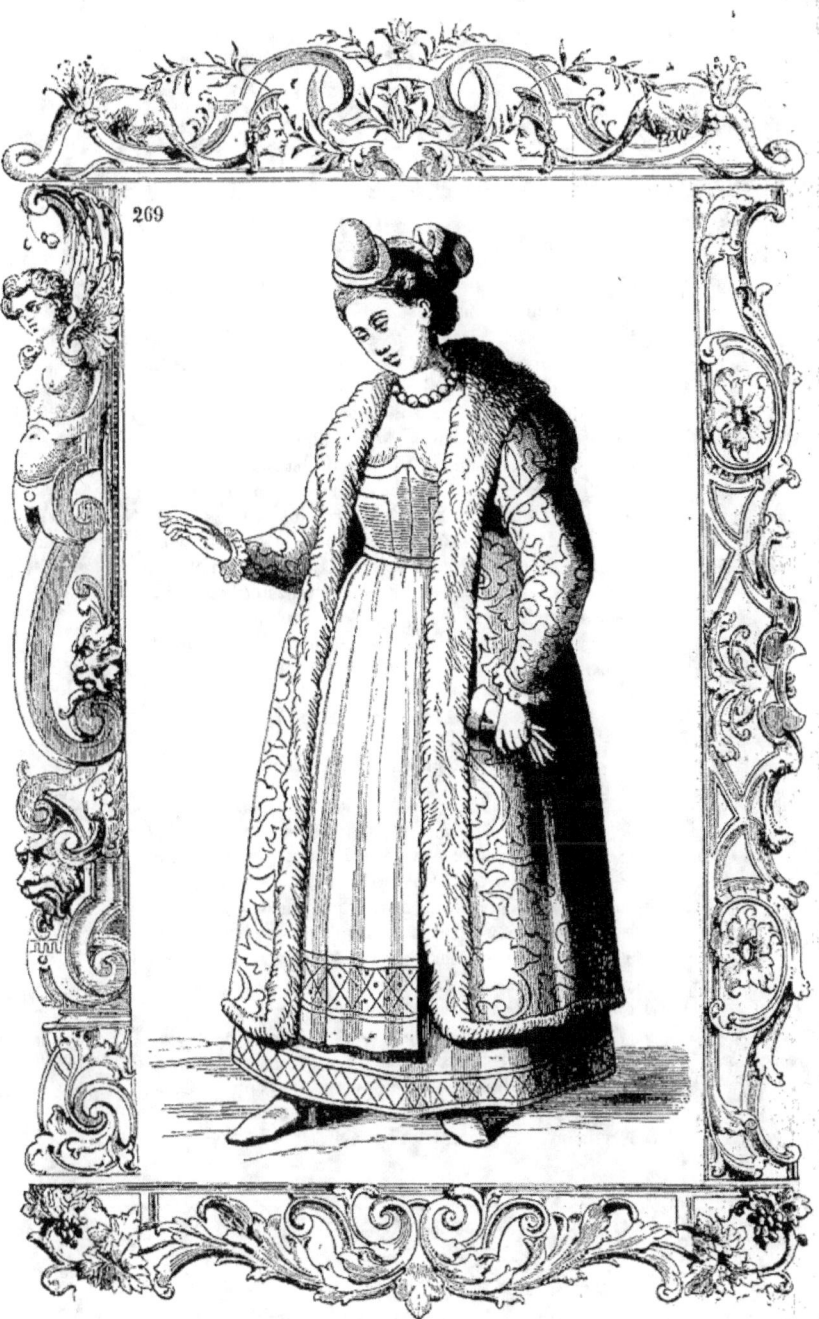
269

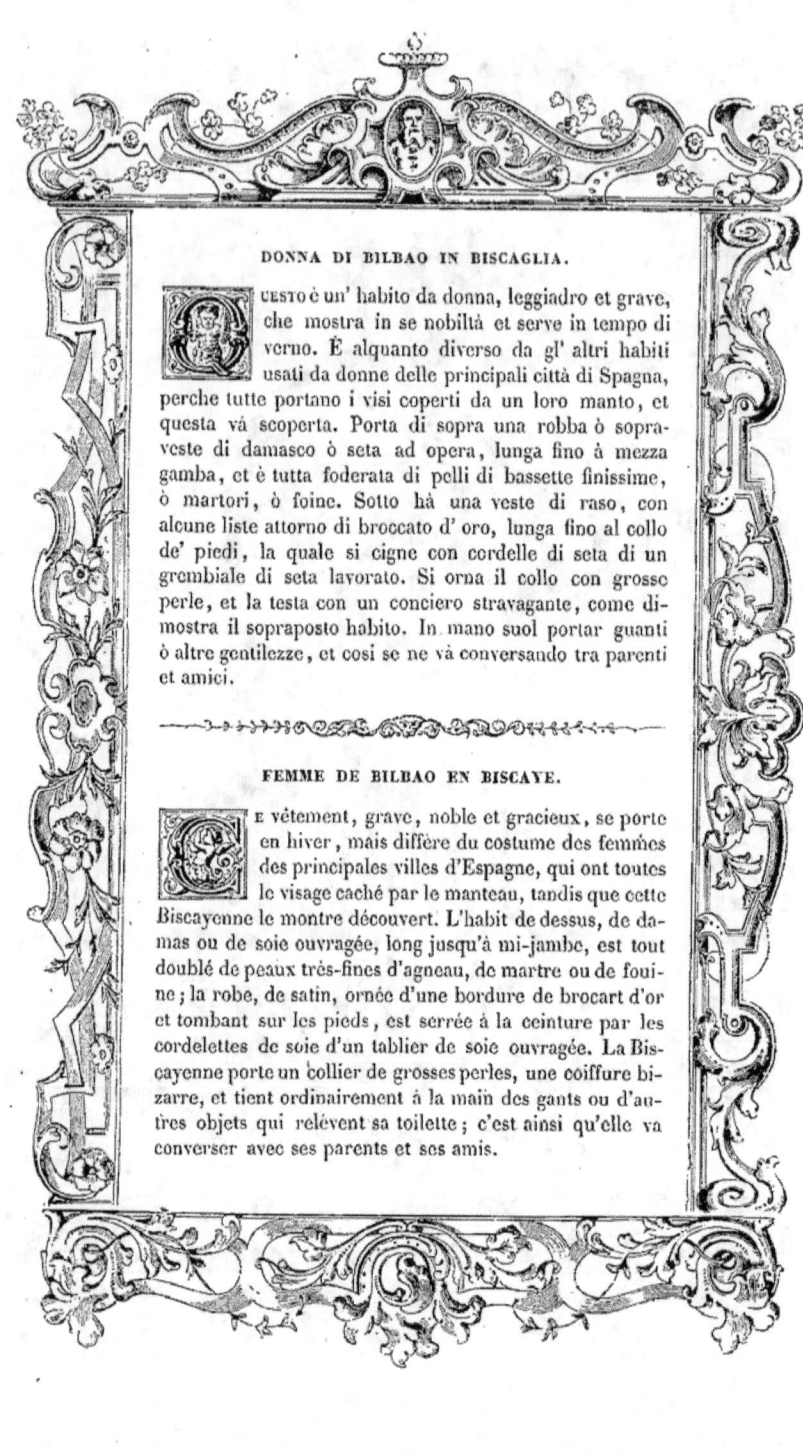

### DONNA DI BILBAO IN BISCAGLIA.

Vesto è un' habito da donna, leggiadro et grave, che mostra in se nobiltà et serve in tempo di verno. È alquanto diverso da gl' altri habiti usati da donne delle principali città di Spagna, perche tutte portano i visi coperti da un loro manto, et questa và scoperta. Porta di sopra una robba ò sopraveste di damasco ò seta ad opera, lunga fino à mezza gamba, et è tutta foderata di pelli di bassette finissime, ò martori, ò foine. Sotto hà una veste di raso, con alcune liste attorno di broccato d' oro, lunga fino al collo de' piedi, la quale si cigne con cordelle di seta di un grembiale di seta lavorato. Si orna il collo con grosse perle, et la testa con un conciero stravagante, come dimostra il sopraposto habito. In mano suol portar guanti ò altre gentilezze, et cosi se ne và conversando tra parenti et amici.

### FEMME DE BILBAO EN BISCAYE.

Ce vêtement, grave, noble et gracieux, se porte en hiver, mais diffère du costume des femmes des principales villes d'Espagne, qui ont toutes le visage caché par le manteau, tandis que cette Biscayenne le montre découvert. L'habit de dessus, de damas ou de soie ouvragée, long jusqu'à mi-jambe, est tout doublé de peaux très-fines d'agneau, de martre ou de fouine ; la robe, de satin, ornée d'une bordure de brocart d'or et tombant sur les pieds, est serrée à la ceinture par les cordelettes de soie d'un tablier de soie ouvragée. La Biscayenne porte un collier de grosses perles, une coiffure bizarre, et tient ordinairement à la main des gants ou d'autres objets qui relèvent sa toilette ; c'est ainsi qu'elle va converser avec ses parents et ses amis.

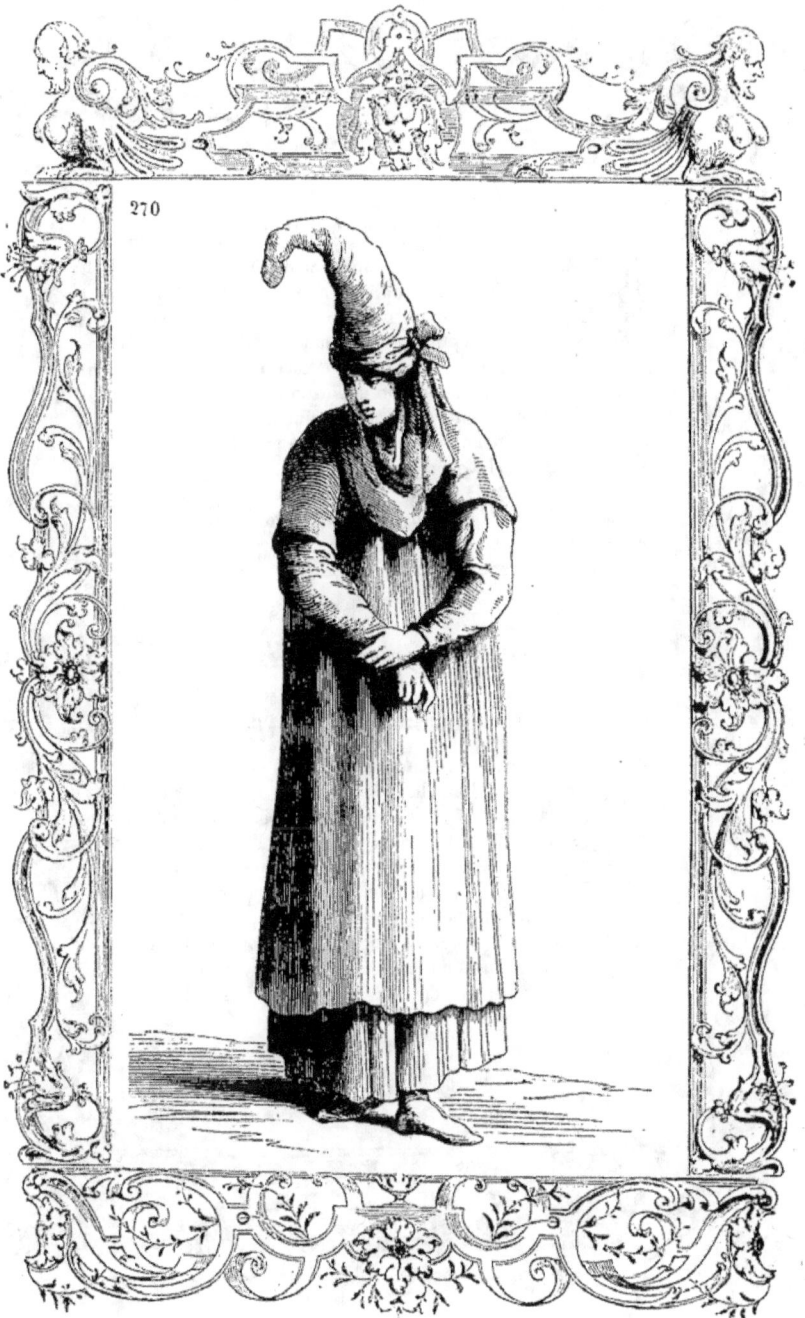

270

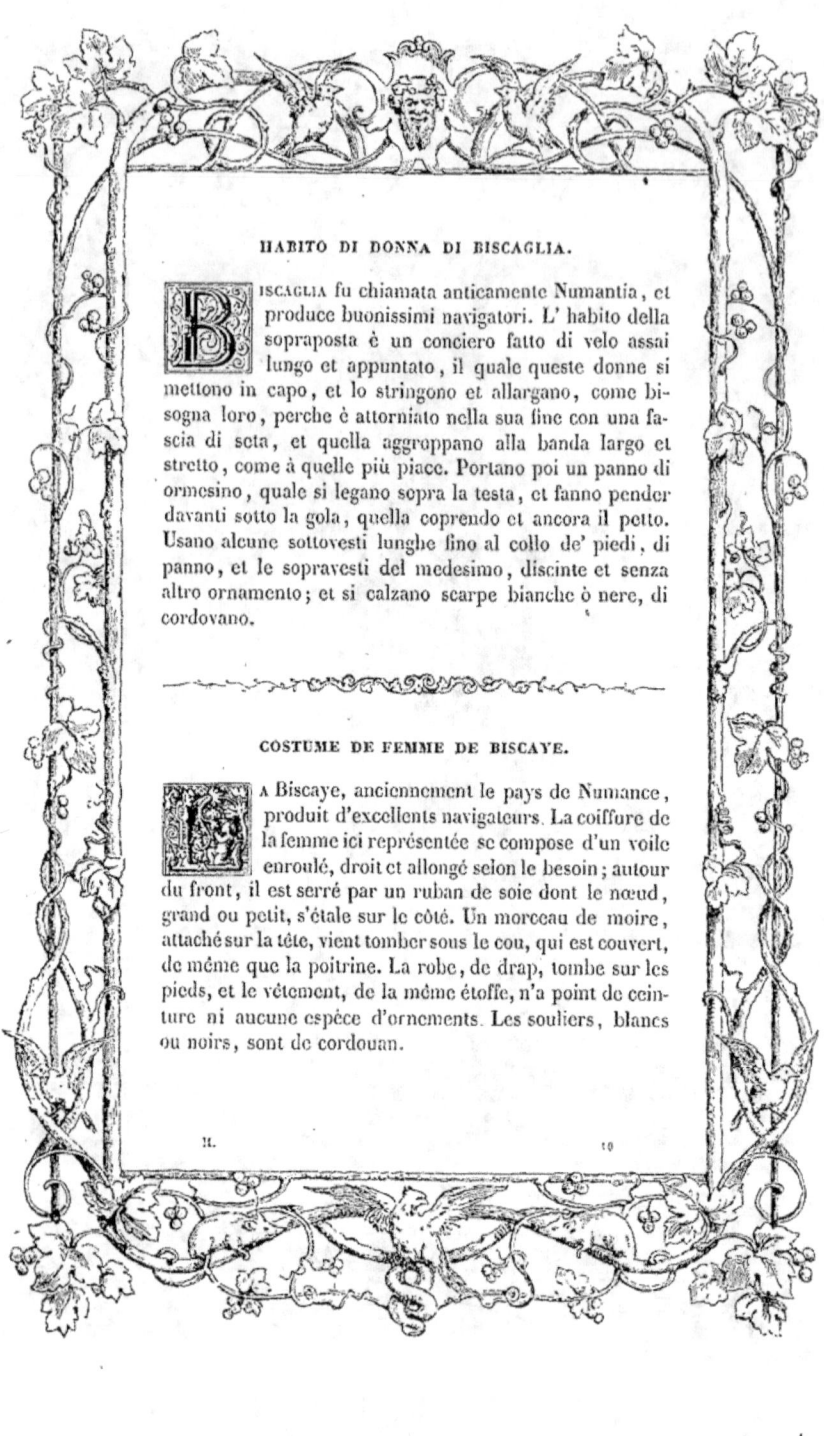

### HABITO DI DONNA DI BISCAGLIA.

Biscaglia fu chiamata anticamente Numantia, et produce buonissimi navigatori. L' habito della sopraposta è un conciero fatto di velo assai lungo et appuntato, il quale queste donne si mettono in capo, et lo stringono et allargano, come bisogna loro, perche è attorniato nella sua fine con una fascia di seta, et quella aggroppano alla banda largo et stretto, come à quelle più piace. Portano poi un panno di ormesino, quale si legano sopra la testa, et fanno pender davanti sotto la gola, quella coprendo et ancora il petto. Usano alcune sottovesti lunghe fino al collo de' piedi, di panno, et le sopravesti del medesimo, discinte et senza altro ornamento; et si calzano scarpe bianche ò nere, di cordovano.

### COSTUME DE FEMME DE BISCAYE.

La Biscaye, anciennement le pays de Numance, produit d'excellents navigateurs. La coiffure de la femme ici représentée se compose d'un voile enroulé, droit et allongé selon le besoin; autour du front, il est serré par un ruban de soie dont le nœud, grand ou petit, s'étale sur le côté. Un morceau de moire, attaché sur la tête, vient tomber sous le cou, qui est couvert, de même que la poitrine. La robe, de drap, tombe sur les pieds, et le vêtement, de la même étoffe, n'a point de ceinture ni aucune espèce d'ornements. Les souliers, blancs ou noirs, sont de cordouan.

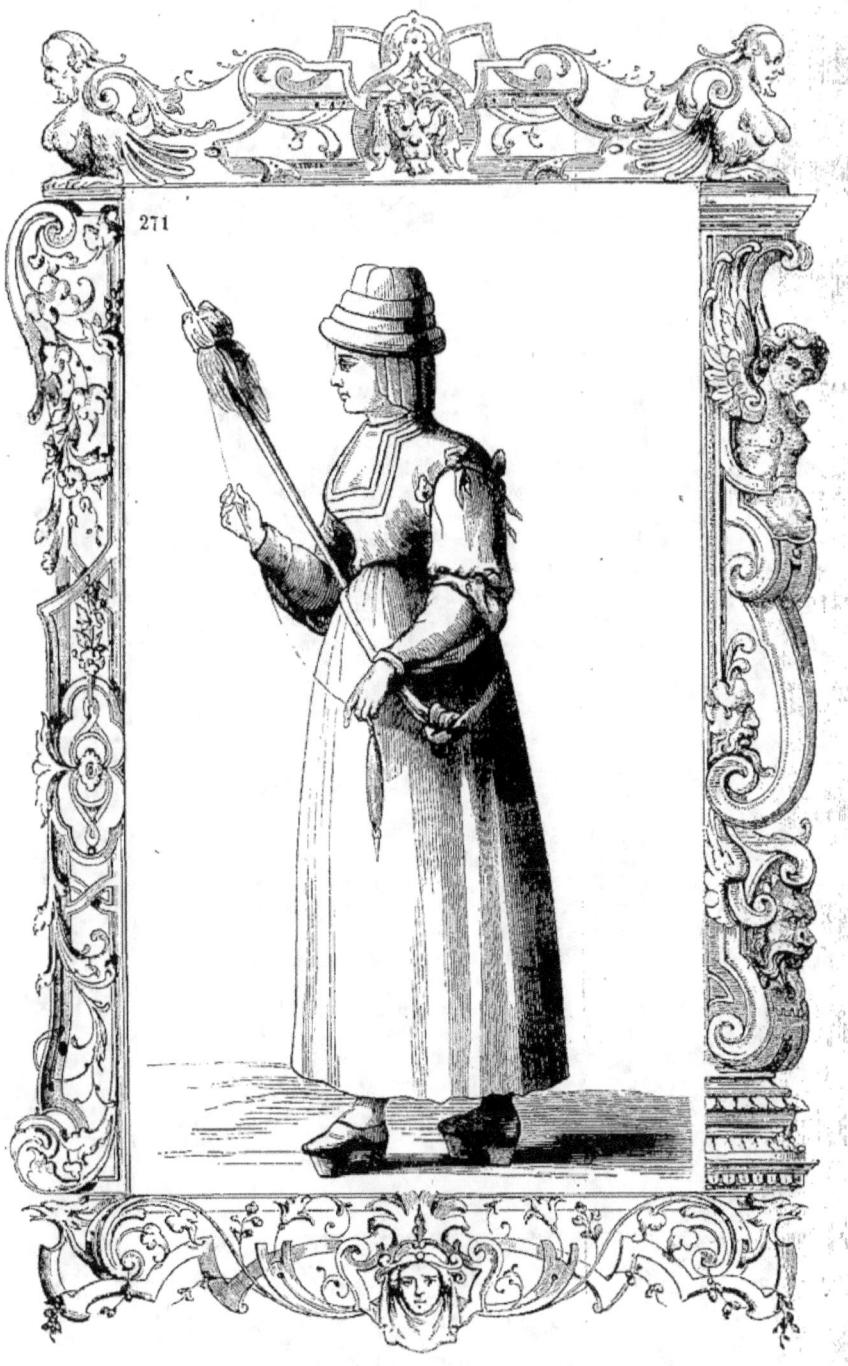

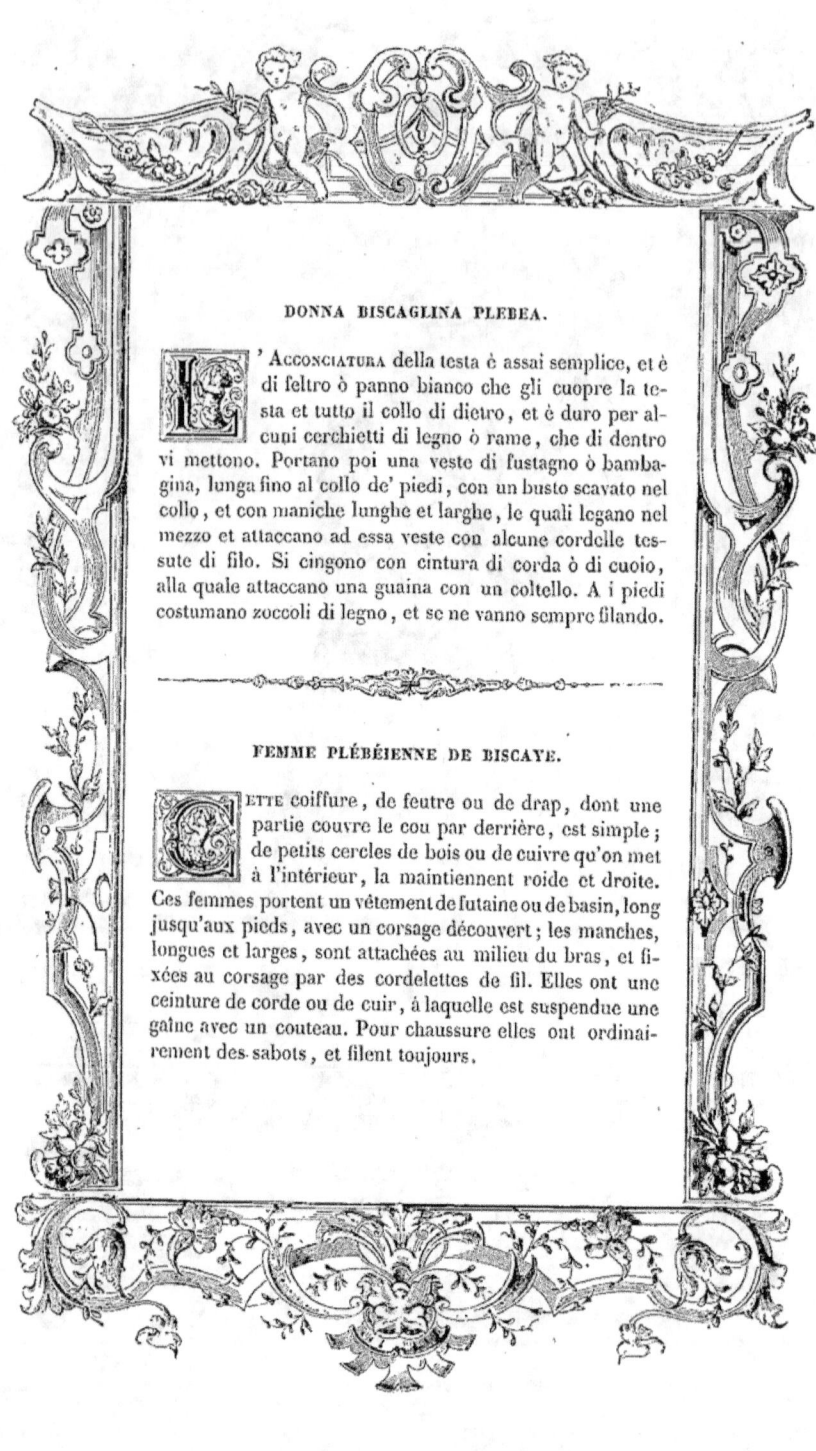

### DONNA BISCAGLINA PLEBEA.

L'Acconciatura della testa è assai semplice, et è di feltro ò panno bianco che gli cuopre la testa et tutto il collo di dietro, et è duro per alcuni cerchietti di legno ò rame, che di dentro vi mettono. Portano poi una veste di fustagno ò bambagina, lunga fino al collo de' piedi, con un busto scavato nel collo, et con maniche lunghe et larghe, le quali legano nel mezzo et attaccano ad essa veste con alcune cordelle tessute di filo. Si cingono con cintura di corda ò di cuoio, alla quale attaccano una guaina con un coltello. A i piedi costumano zoccoli di legno, et se ne vanno sempre filando.

### FEMME PLÉBÉIENNE DE BISCAYE.

Cette coiffure, de feutre ou de drap, dont une partie couvre le cou par derrière, est simple; de petits cercles de bois ou de cuivre qu'on met à l'intérieur, la maintiennent roide et droite. Ces femmes portent un vêtement de futaine ou de basin, long jusqu'aux pieds, avec un corsage découvert; les manches, longues et larges, sont attachées au milieu du bras, et fixées au corsage par des cordelettes de fil. Elles ont une ceinture de corde ou de cuir, à laquelle est suspendue une gaîne avec un couteau. Pour chaussure elles ont ordinairement des sabots, et filent toujours.

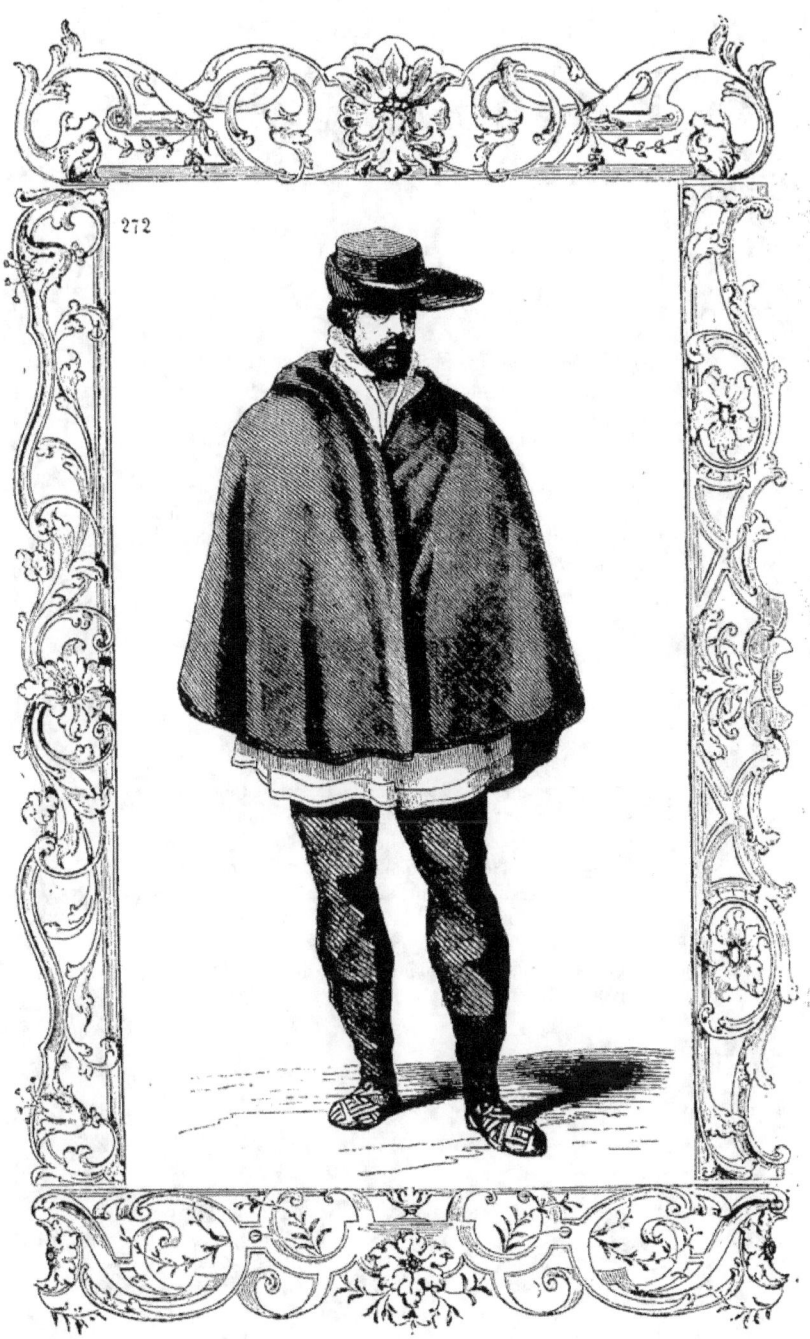

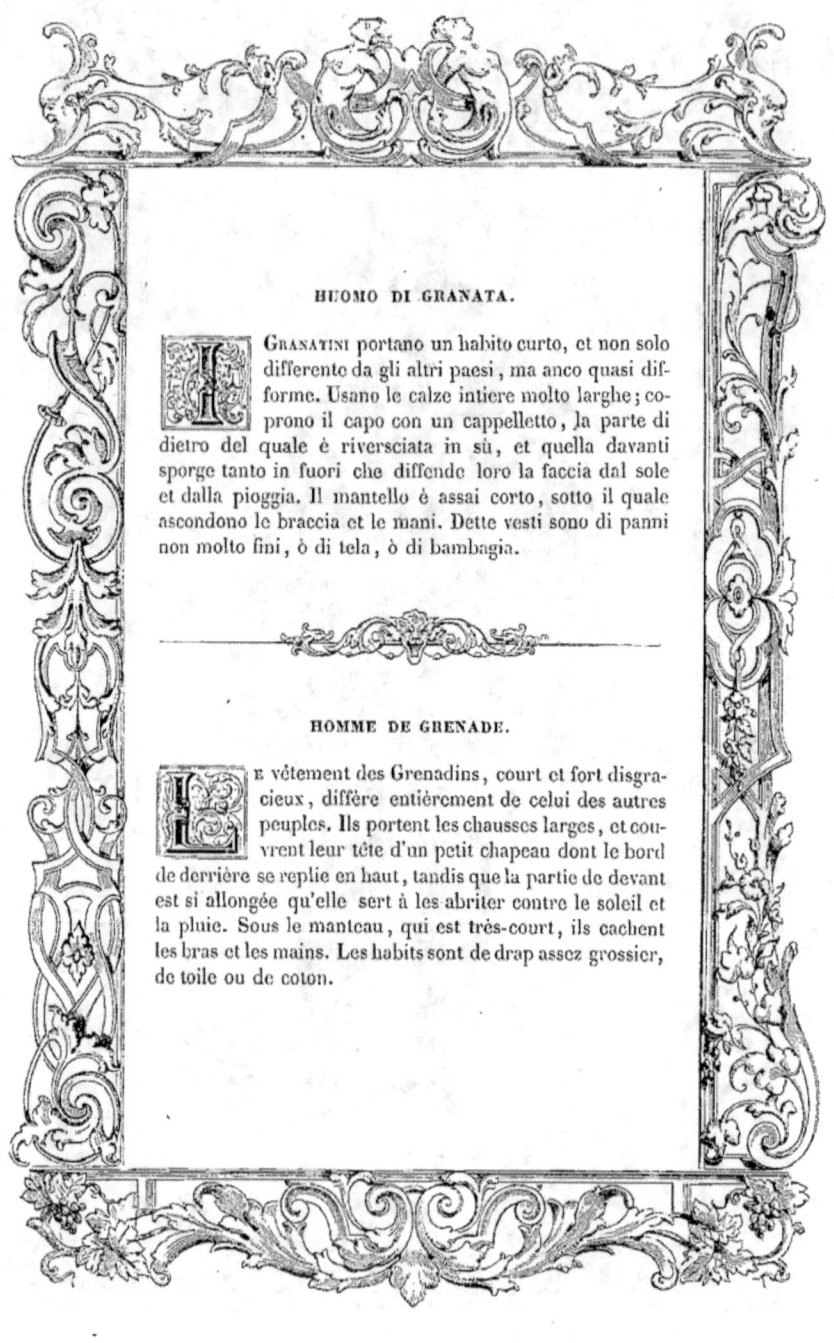

## HUOMO DI GRANATA.

I GRANATINI portano un habito curto, et non solo differente da gli altri paesi, ma anco quasi difforme. Usano le calze intiere molto larghe; coprono il capo con un cappelletto, la parte di dietro del quale è riversciata in sù, et quella davanti sporge tanto in fuori che diffende loro la faccia dal sole et dalla pioggia. Il mantello è assai corto, sotto il quale ascondono le braccia et le mani. Dette vesti sono di panni non molto fini, ò di tela, ò di bambagia.

## HOMME DE GRENADE.

LE vêtement des Grenadins, court et fort disgracieux, diffère entièrement de celui des autres peuples. Ils portent les chausses larges, et couvrent leur tête d'un petit chapeau dont le bord de derrière se replie en haut, tandis que la partie de devant est si allongée qu'elle sert à les abriter contre le soleil et la pluie. Sous le manteau, qui est très-court, ils cachent les bras et les mains. Les habits sont de drap assez grossier, de toile ou de coton.

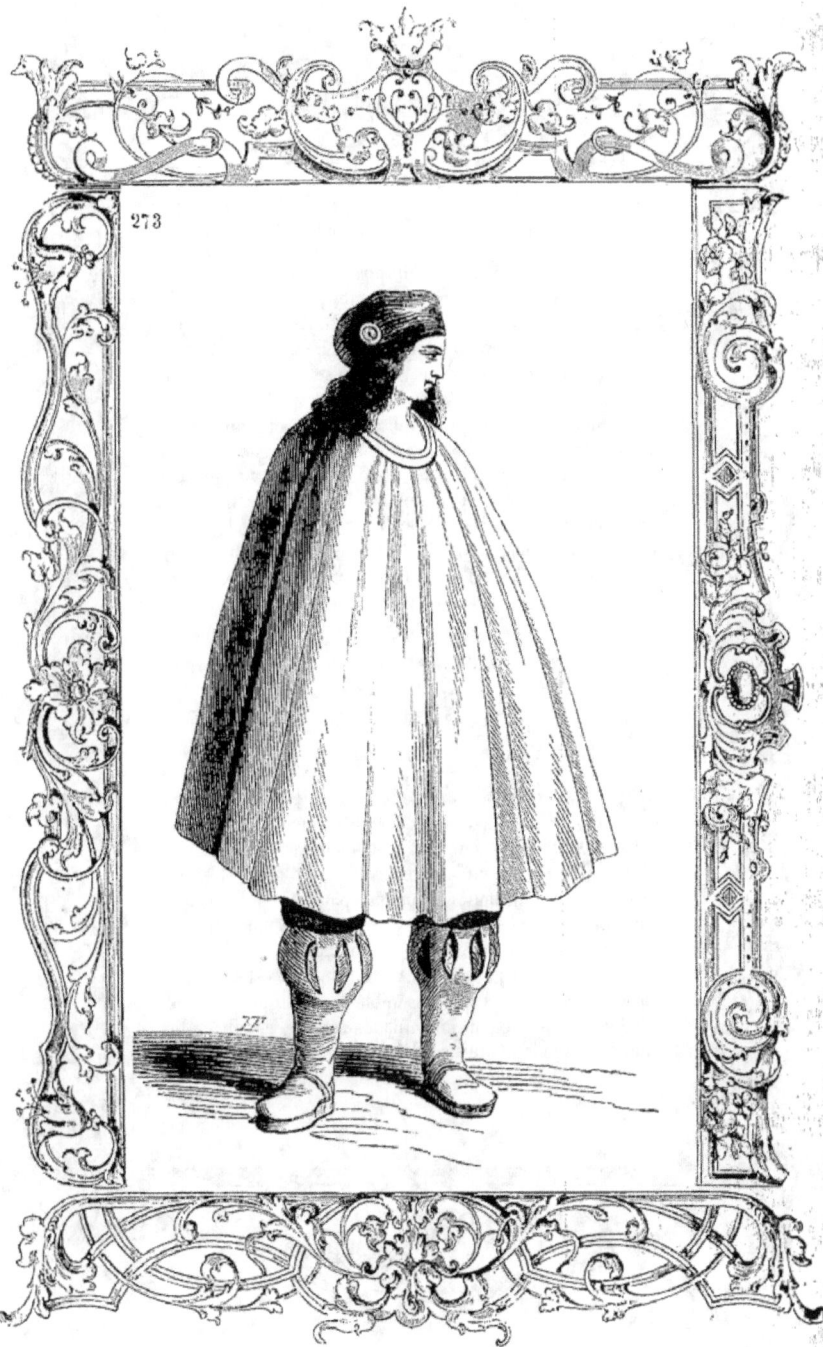

273

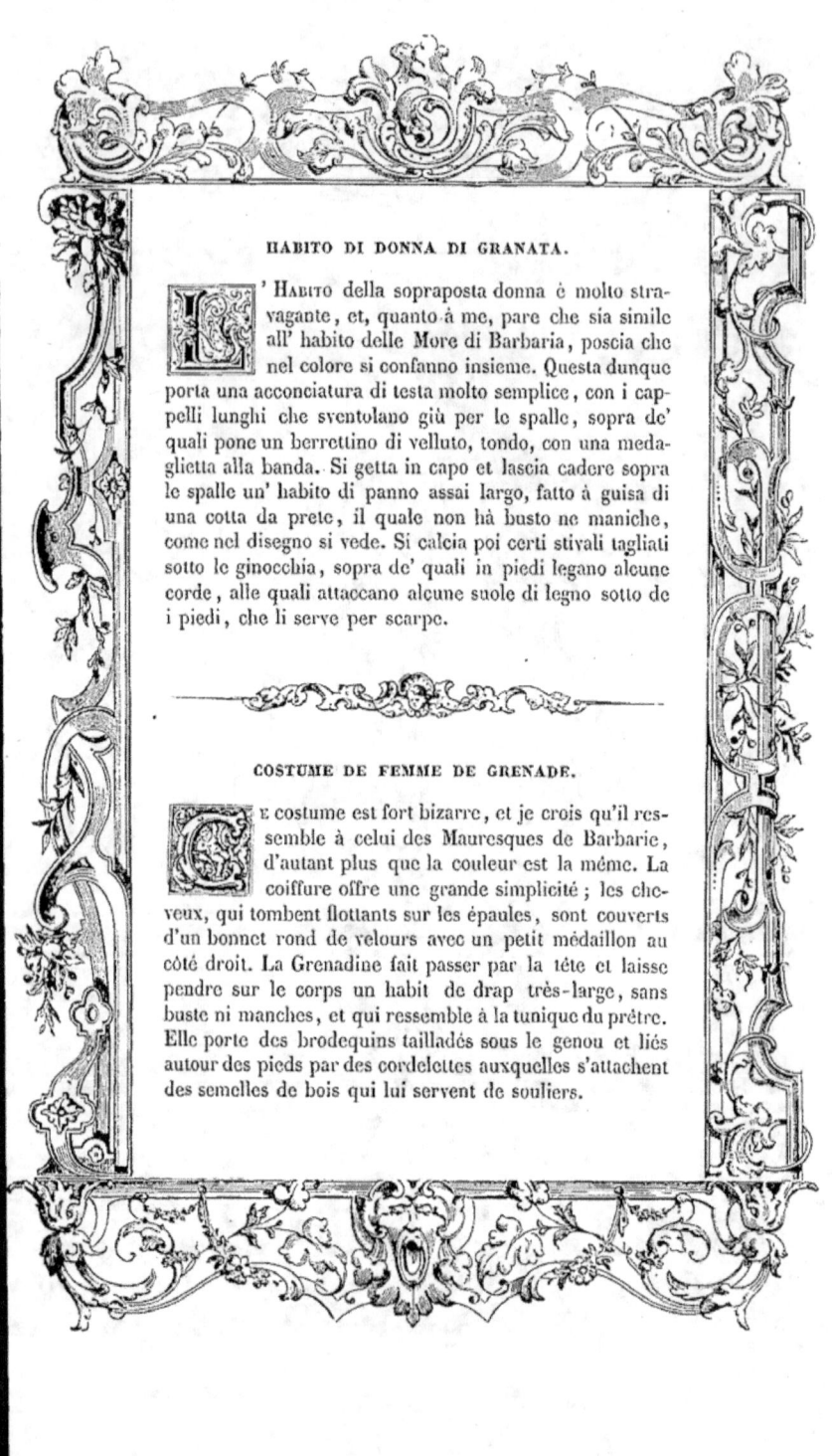

### HABITO DI DONNA DI GRANATA.

L' Habito della sopraposta donna è molto stravagante, et, quanto à me, pare che sia simile all' habito delle More di Barbaria, poscia che nel colore si confanno insieme. Questa dunque porta una acconciatura di testa molto semplice, con i cappelli lunghi che sventolano giù per le spalle, sopra de' quali pone un berrettino di velluto, tondo, con una medaglietta alla banda. Si getta in capo et lascia cadere sopra le spalle un' habito di panno assai largo, fatto à guisa di una cotta da prete, il quale non hà busto ne maniche, come nel disegno si vede. Si calcia poi certi stivali tagliati sotto le ginocchia, sopra de' quali in piedi legano alcune corde, alle quali attaccano alcune suole di legno sotto de i piedi, che li serve per scarpe.

### COSTUME DE FEMME DE GRENADE.

Ce costume est fort bizarre, et je crois qu'il ressemble à celui des Mauresques de Barbarie, d'autant plus que la couleur est la même. La coiffure offre une grande simplicité ; les cheveux, qui tombent flottants sur les épaules, sont couverts d'un bonnet rond de velours avec un petit médaillon au côté droit. La Grenadine fait passer par la tête et laisse pendre sur le corps un habit de drap très-large, sans buste ni manches, et qui ressemble à la tunique du prêtre. Elle porte des brodequins tailladés sous le genou et liés autour des pieds par des cordelettes auxquelles s'attachent des semelles de bois qui lui servent de souliers.

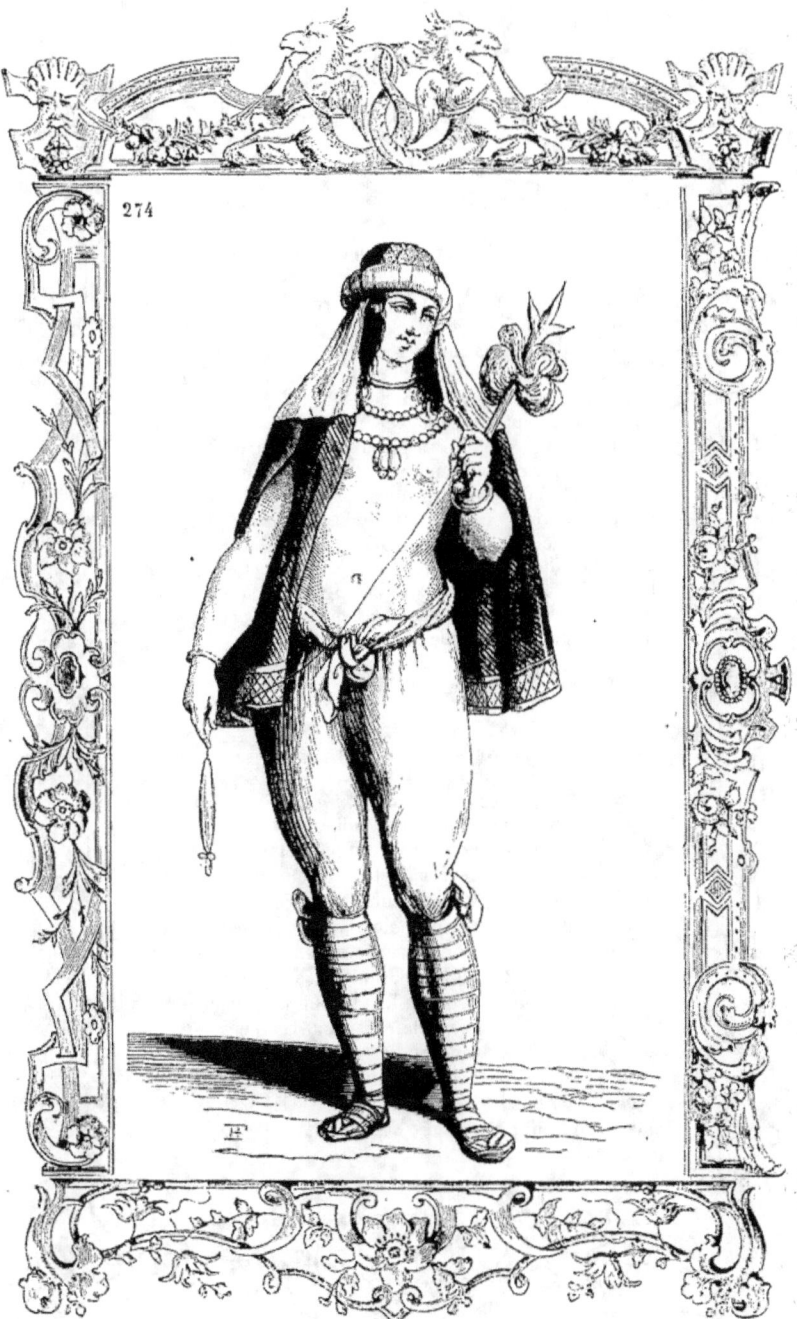

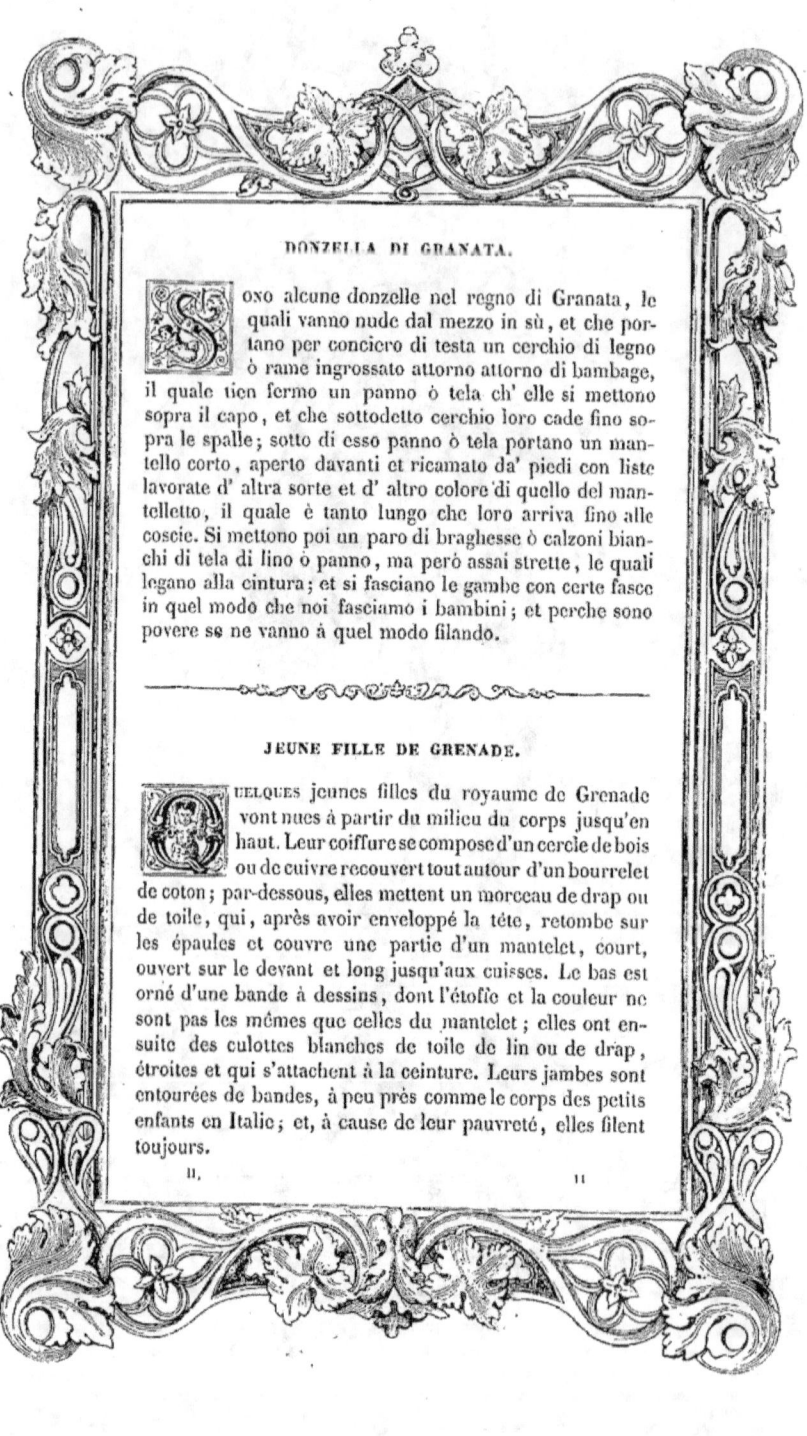

## DONZELLA DI GRANATA.

SONO alcune donzelle nel regno di Granata, le quali vanno nude dal mezzo in sù, et che portano per conciero di testa un cerchio di legno ò rame ingrossato attorno attorno di bambage, il quale tien fermo un panno ò tela ch' elle si mettono sopra il capo, et che sottodetto cerchio loro cade fino sopra le spalle; sotto di esso panno ò tela portano un mantello corto, aperto davanti et ricamato da' piedi con liste lavorate d' altra sorte et d' altro colore di quello del mantelletto, il quale è tanto lungo che loro arriva fino alle coscie. Si mettono poi un paro di braghesse ò calzoni bianchi di tela di lino ò panno, ma però assai strette, le quali legano alla cintura; et si fasciano le gambe con certe fasce in quel modo che noi fasciamo i bambini; et perche sono povere se ne vanno à quel modo filando.

## JEUNE FILLE DE GRENADE.

QUELQUES jeunes filles du royaume de Grenade vont nues à partir du milieu du corps jusqu'en haut. Leur coiffure se compose d'un cercle de bois ou de cuivre recouvert tout autour d'un bourrelet de coton; par-dessous, elles mettent un morceau de drap ou de toile, qui, après avoir enveloppé la tête, retombe sur les épaules et couvre une partie d'un mantelet, court, ouvert sur le devant et long jusqu'aux cuisses. Le bas est orné d'une bande à dessins, dont l'étoffe et la couleur ne sont pas les mêmes que celles du mantelet; elles ont ensuite des culottes blanches de toile de lin ou de drap, étroites et qui s'attachent à la ceinture. Leurs jambes sont entourées de bandes, à peu près comme le corps des petits enfants en Italie; et, à cause de leur pauvreté, elles filent toujours.

II.

11

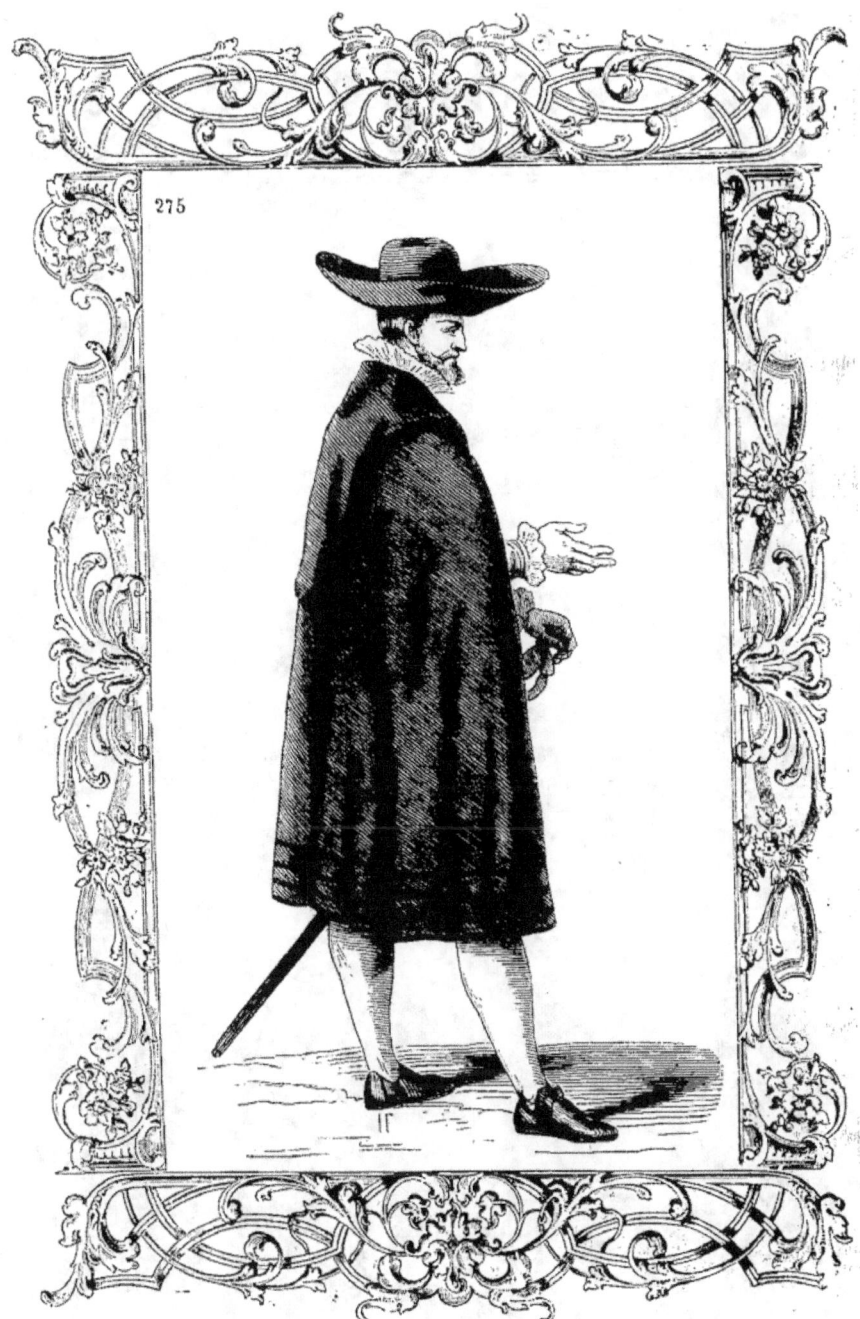
275

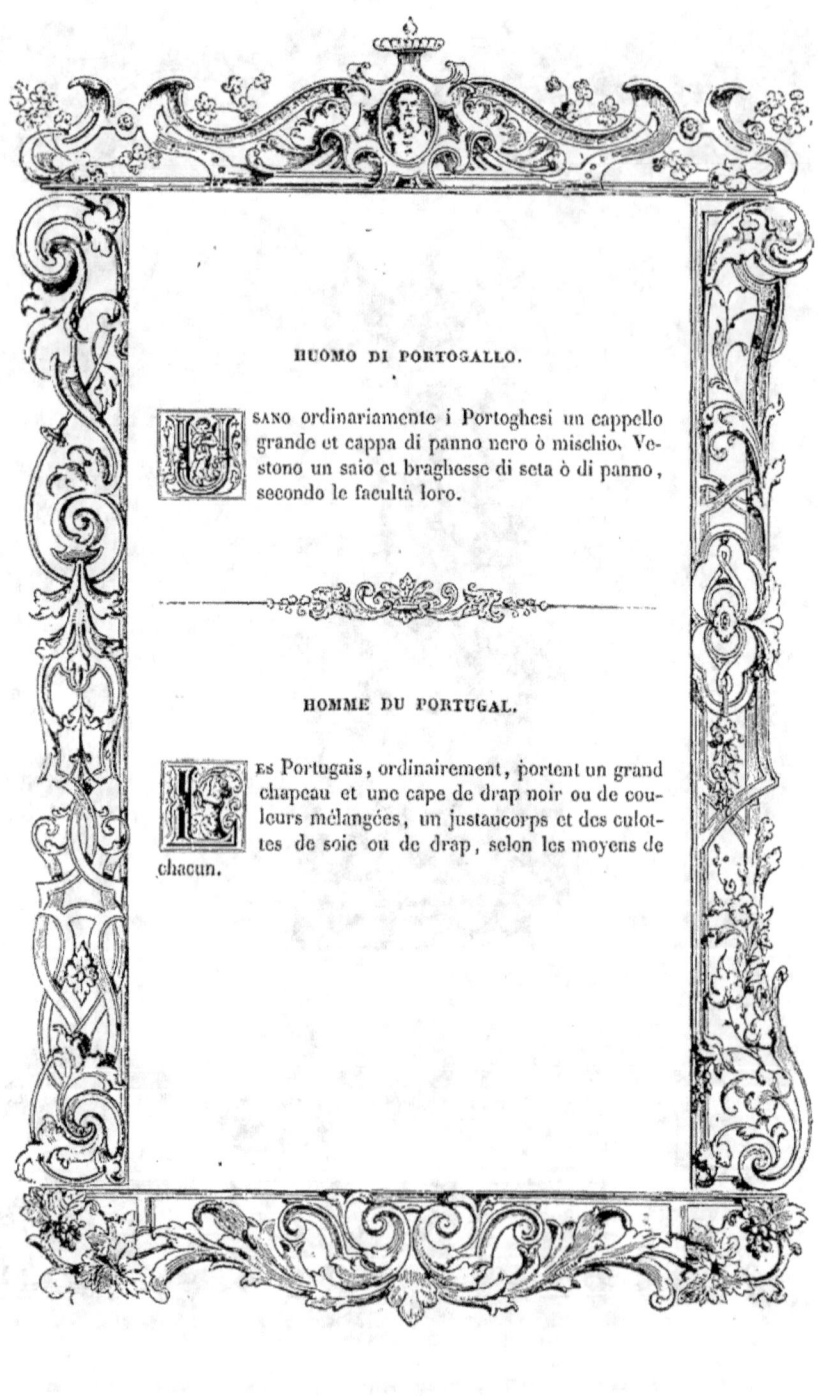

### HUOMO DI PORTOGALLO.

Usano ordinariamente i Portoghesi un cappello grande et cappa di panno nero ò mischio. Vestono un saio et braghesse di seta ò di panno, secondo le facultà loro.

### HOMME DU PORTUGAL.

Les Portugais, ordinairement, portent un grand chapeau et une cape de drap noir ou de couleurs mélangées, un justaucorps et des culottes de soie ou de drap, selon les moyens de chacun.

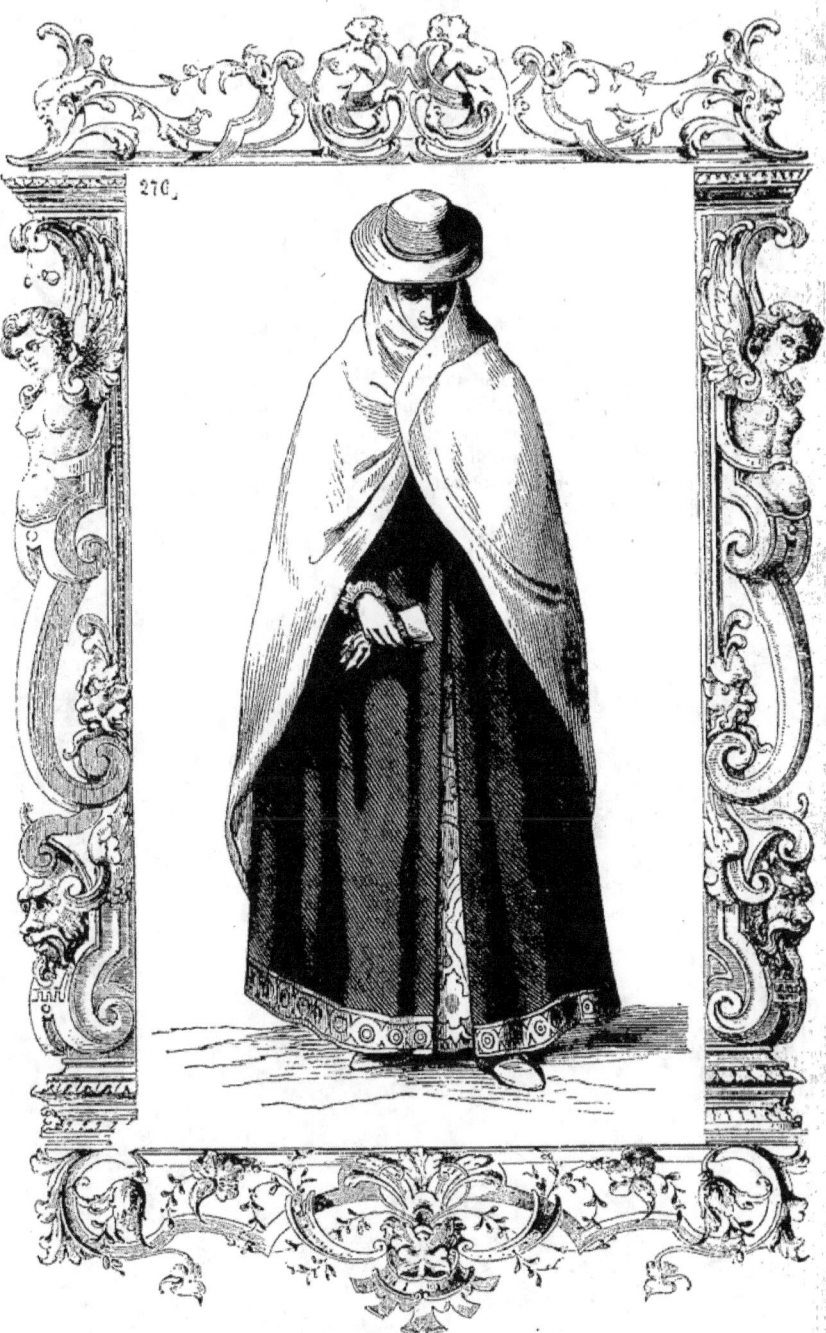

270,

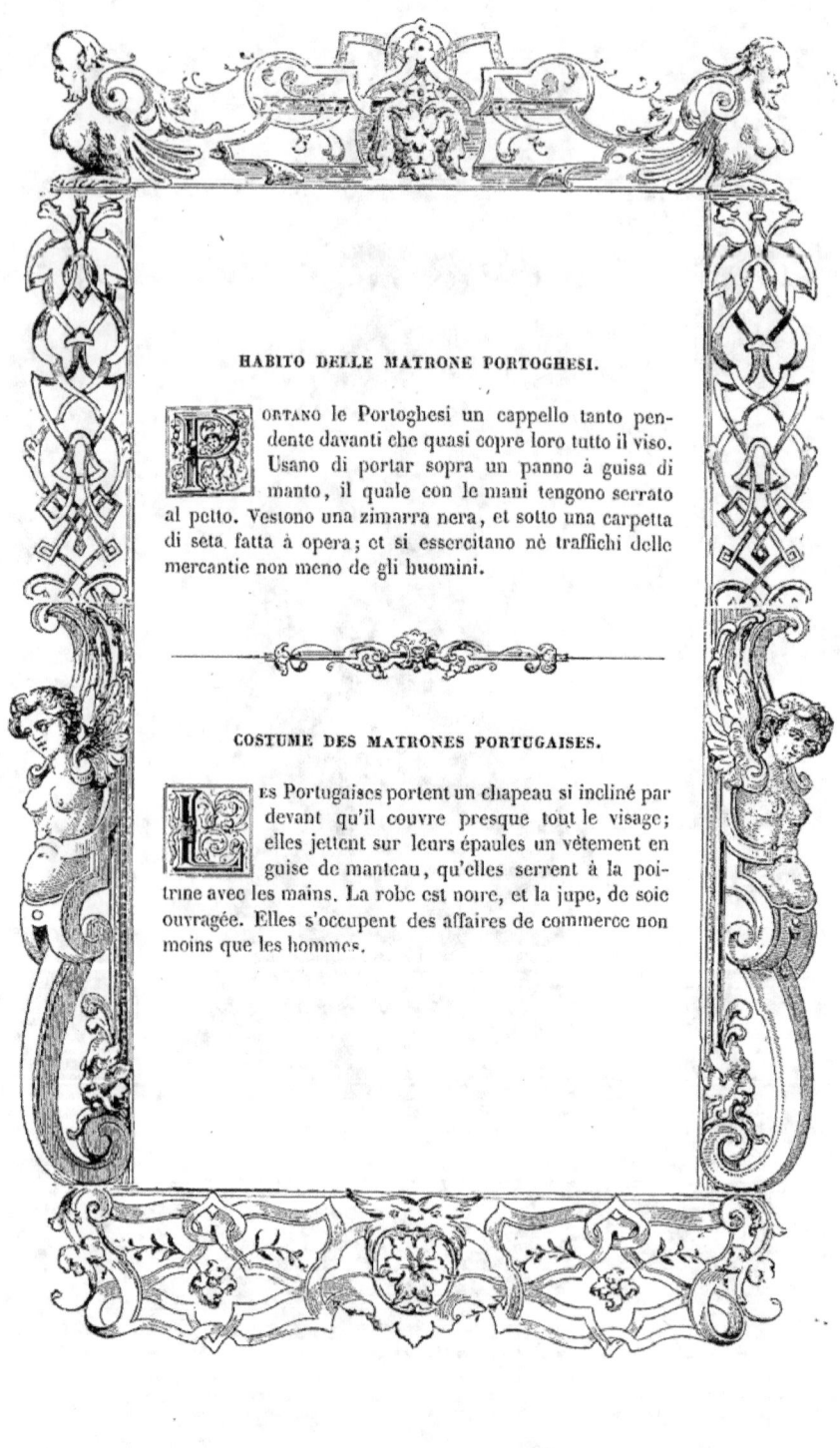

### HABITO DELLE MATRONE PORTOGHESI.

PORTANO le Portoghesi un cappello tanto pendente davanti che quasi copre loro tutto il viso. Usano di portar sopra un panno à guisa di manto, il quale con le mani tengono serrato al petto. Vestono una zimarra nera, et sotto una carpetta di seta fatta à opera; et si essercitano nè traffichi delle mercantie non meno de gli huomini.

### COSTUME DES MATRONES PORTUGAISES.

LES Portugaises portent un chapeau si incliné par devant qu'il couvre presque tout le visage; elles jettent sur leurs épaules un vêtement en guise de manteau, qu'elles serrent à la poitrine avec les mains. La robe est noire, et la jupe, de soie ouvragée. Elles s'occupent des affaires de commerce non moins que les hommes.

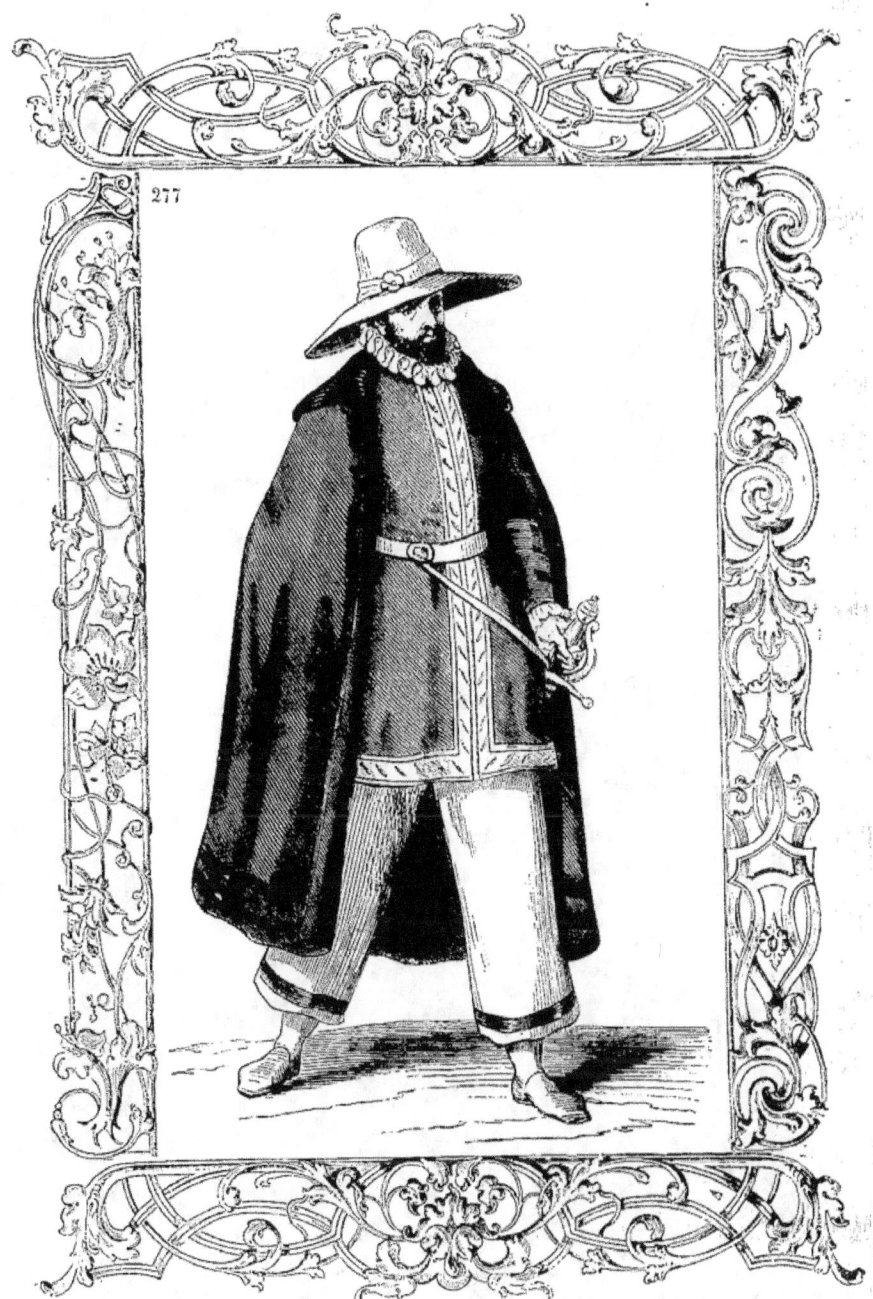

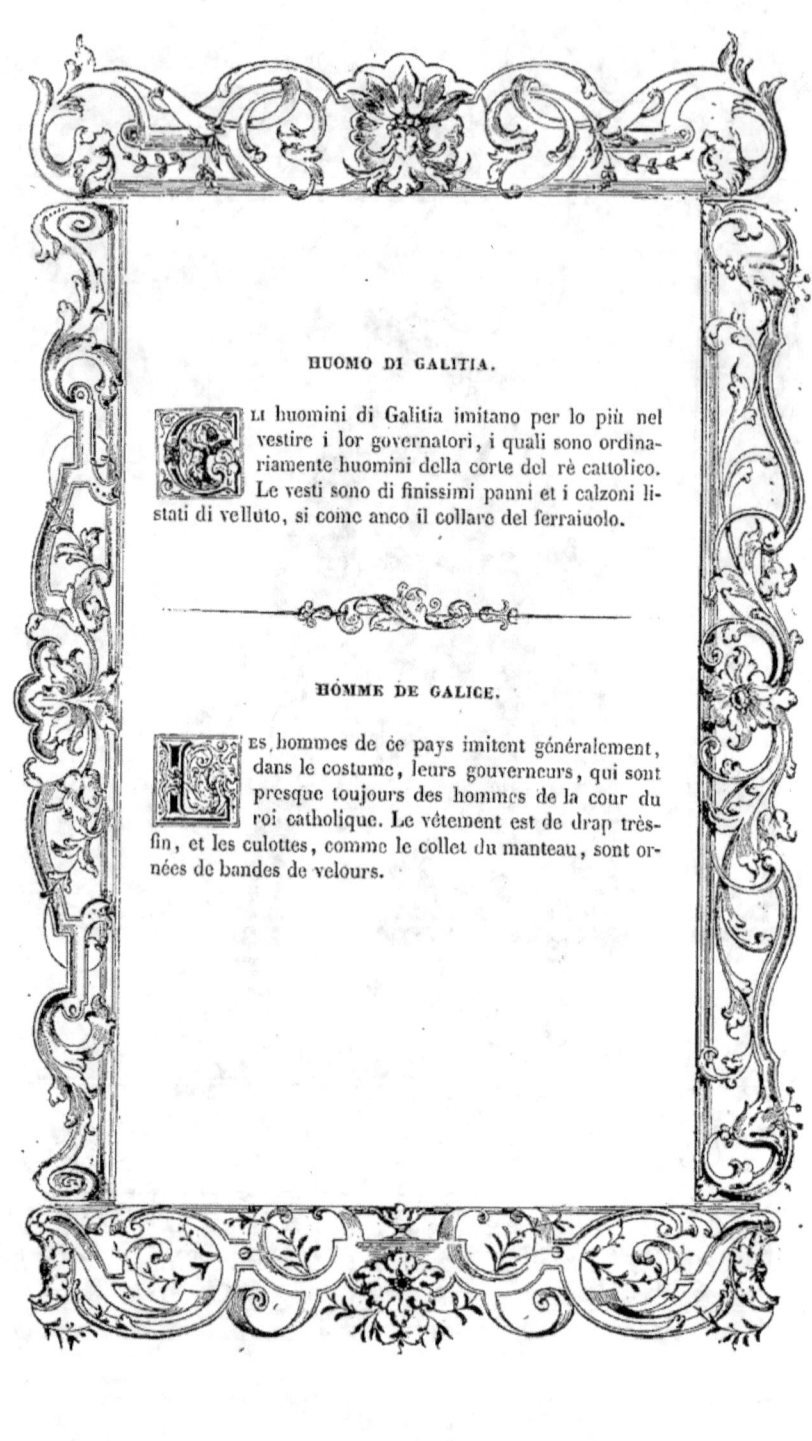

### HUOMO DI GALITIA.

LI huomini di Galitia imitano per lo più nel vestire i lor governatori, i quali sono ordinariamente huomini della corte del rè cattolico. Le vesti sono di finissimi panni et i calzoni listati di velluto, si come anco il collare del ferraiuolo.

### HOMME DE GALICE.

LES hommes de ce pays imitent généralement, dans le costume, leurs gouverneurs, qui sont presque toujours des hommes de la cour du roi catholique. Le vêtement est de drap très-fin, et les culottes, comme le collet du manteau, sont ornées de bandes de velours.

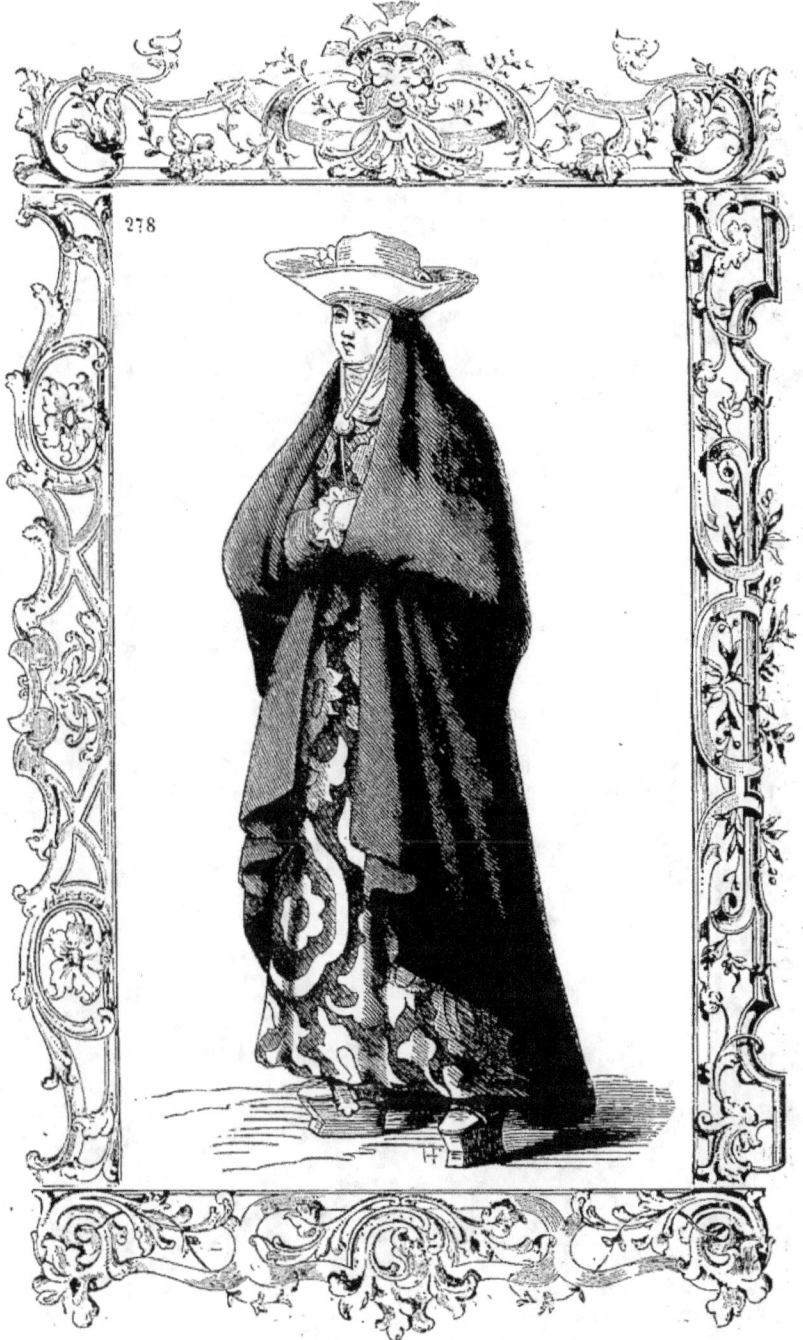

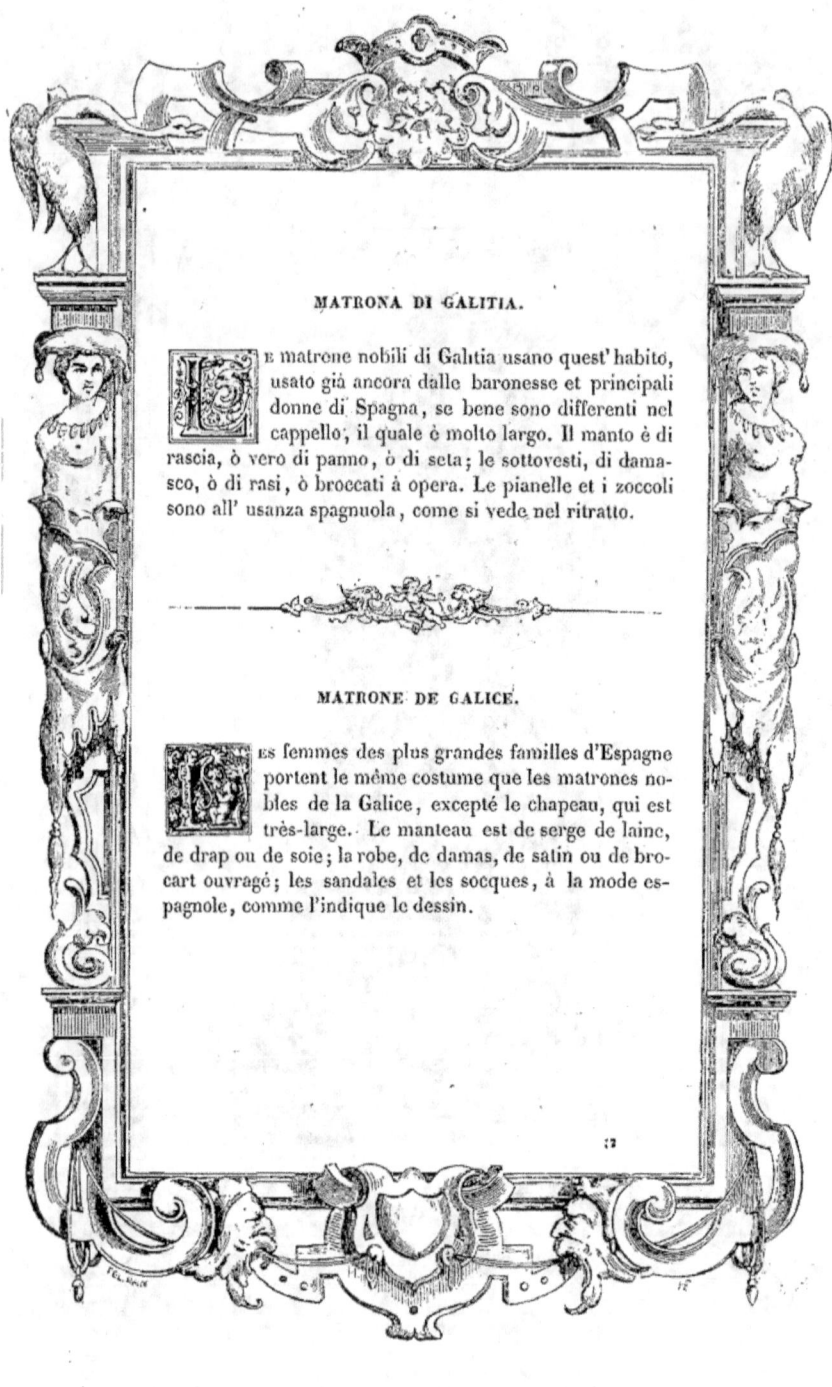

### MATRONA DI GALITIA.

LE matrone nobili di Galitia usano quest' habito, usato già ancora dalle baronesse et principali donne di Spagna, se bene sono differenti nel cappello, il quale è molto largo. Il manto è di rascia, ò vero di panno, ò di seta; le sottovesti, di damasco, ò di rasi, ò broccati à opera. Le pianelle et i zoccoli sono all' usanza spagnuola, come si vede nel ritratto.

### MATRONE DE GALICE.

LES femmes des plus grandes familles d'Espagne portent le même costume que les matrones nobles de la Galice, excepté le chapeau, qui est très-large. Le manteau est de serge de laine, de drap ou de soie; la robe, de damas, de satin ou de brocart ouvragé; les sandales et les socques, à la mode espagnole, comme l'indique le dessin.

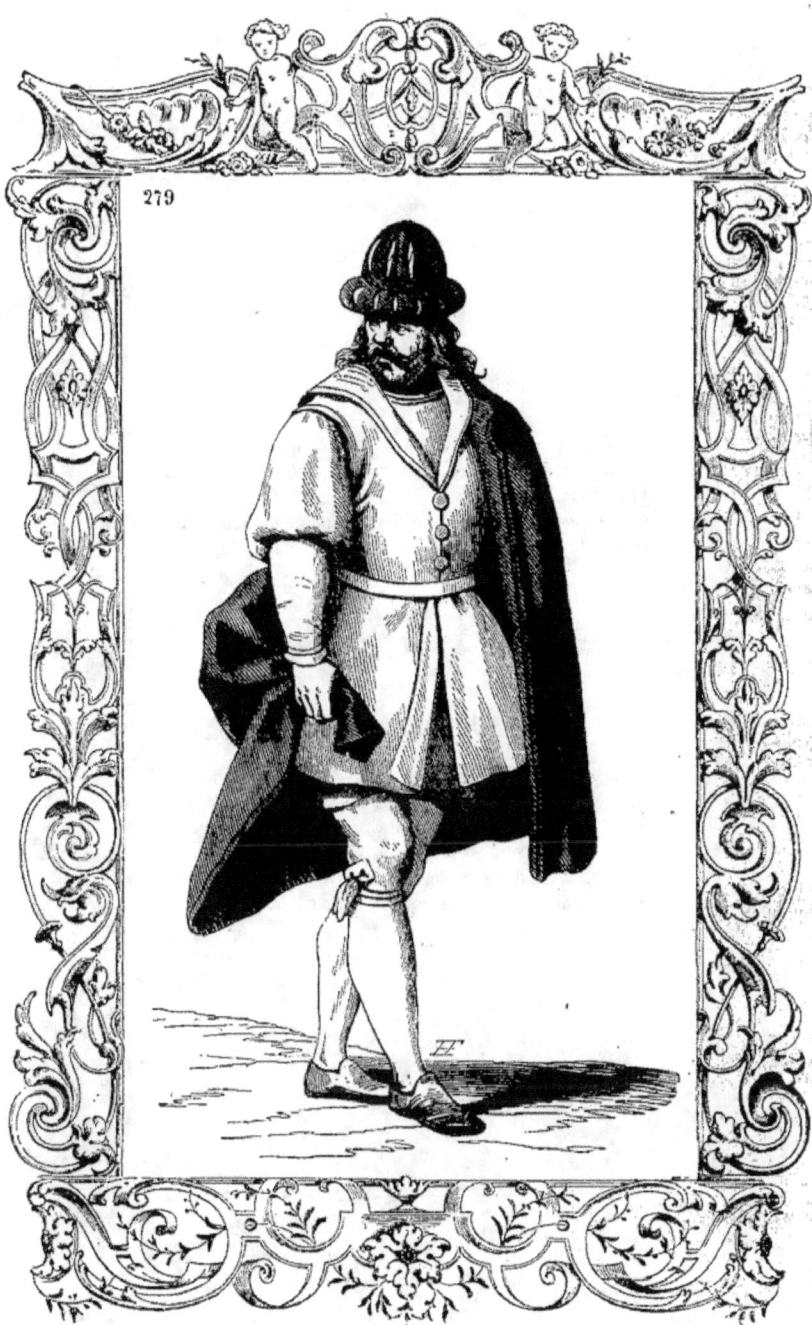

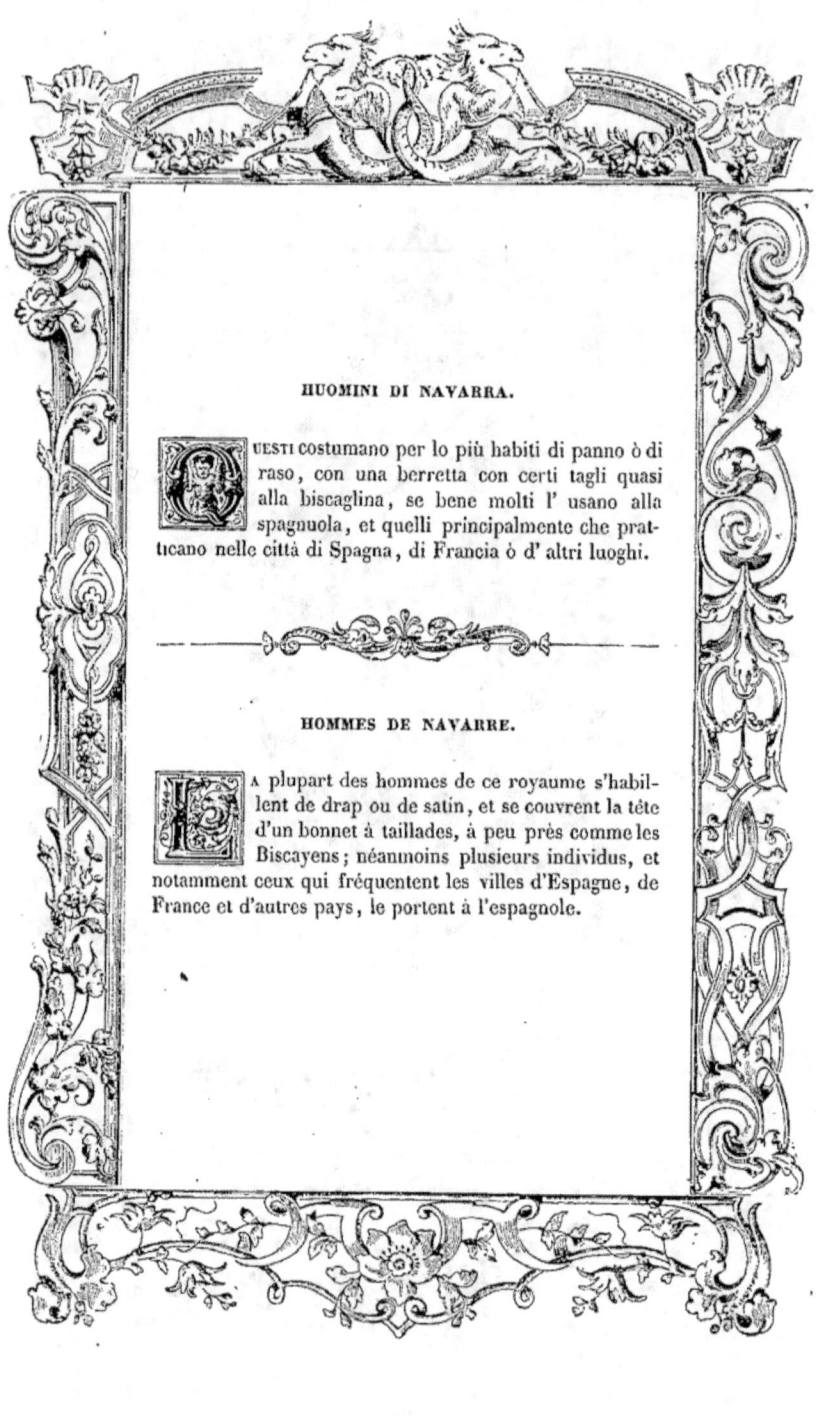

### HUOMINI DI NAVARRA.

QUESTI costumano per lo più habiti di panno ò di raso, con una berretta con certi tagli quasi alla biscaglina, se bene molti l' usano alla spagnuola, et quelli principalmente che pratticano nelle città di Spagna, di Francia ò d' altri luoghi.

### HOMMES DE NAVARRE.

LA plupart des hommes de ce royaume s'habillent de drap ou de satin, et se couvrent la tête d'un bonnet à taillades, à peu près comme les Biscayens; néanmoins plusieurs individus, et notamment ceux qui fréquentent les villes d'Espagne, de France et d'autres pays, le portent à l'espagnole.

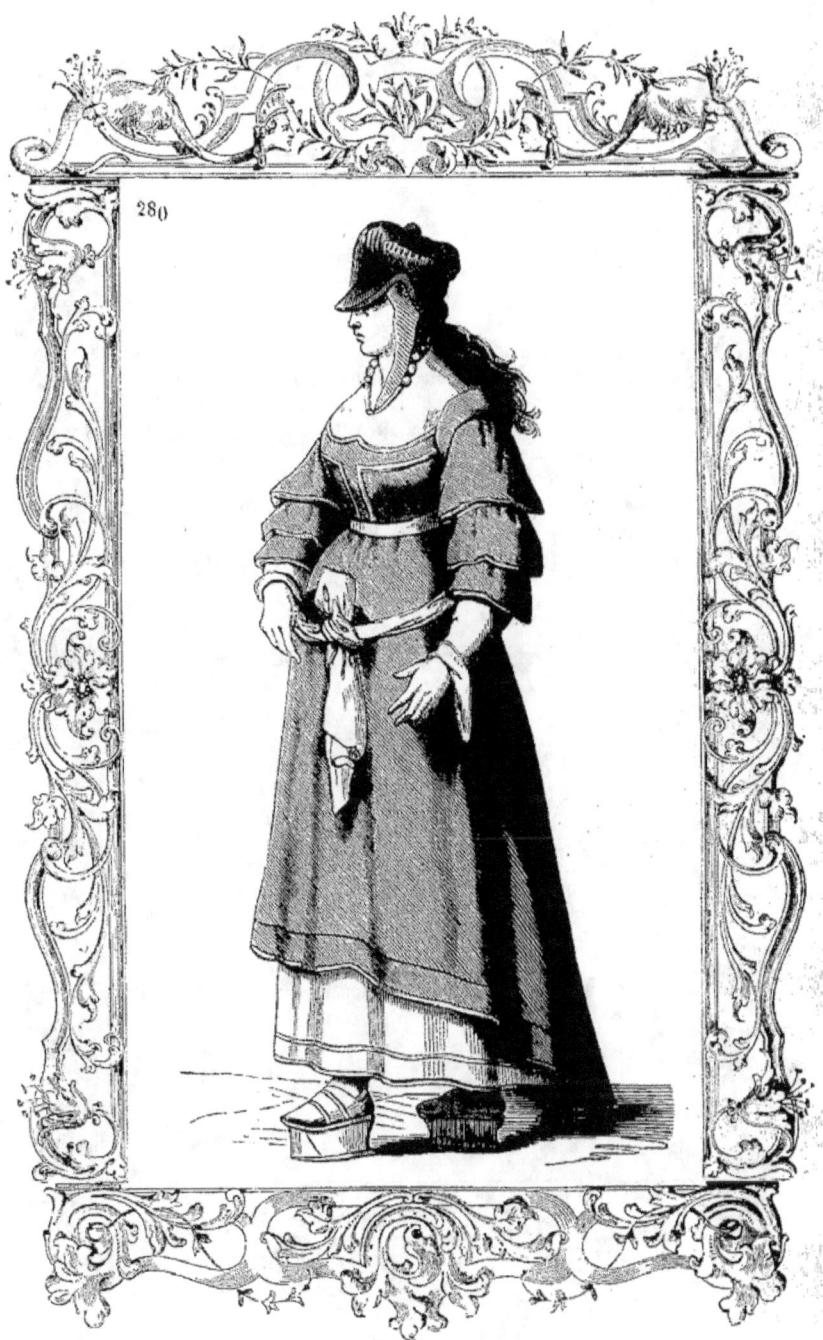

280

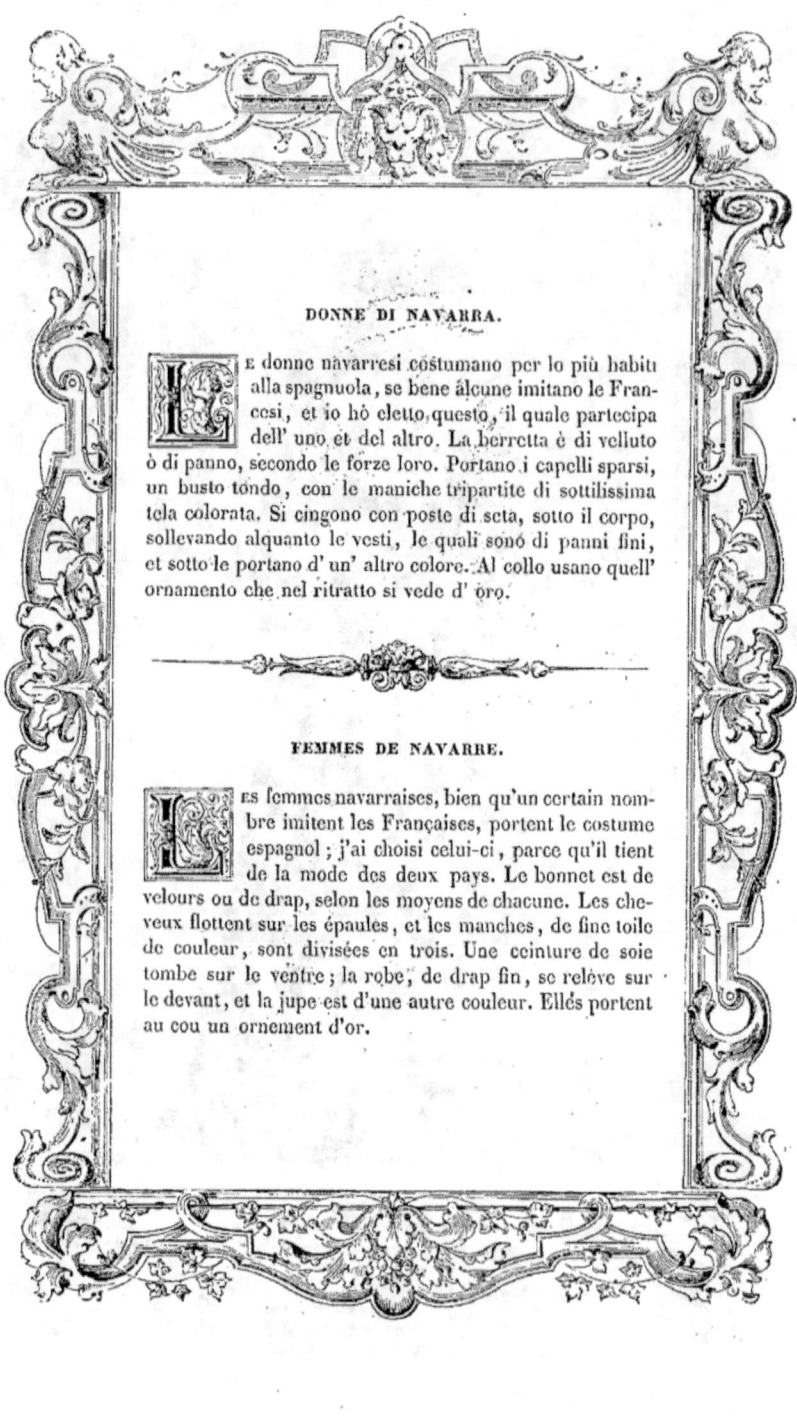

## DONNE DI NAVARRA.

LE donne navarresi costumano per lo più habiti alla spagnuola, se bene alcune imitano le Francesi, et io hò eletto questo, il quale partecipa dell' uno et del altro. La berretta è di velluto ò di panno, secondo le forze loro. Portano i capelli sparsi, un busto tondo, con le maniche tripartite di sottilissima tela colorata. Si cingono con poste di seta, sotto il corpo, sollevando alquanto le vesti, le quali sono di panni fini, et sotto le portano d' un' altro colore. Al collo usano quell' ornamento che nel ritratto si vede d' oro.

## FEMMES DE NAVARRE.

LES femmes navarraises, bien qu'un certain nombre imitent les Françaises, portent le costume espagnol ; j'ai choisi celui-ci, parce qu'il tient de la mode des deux pays. Le bonnet est de velours ou de drap, selon les moyens de chacune. Les cheveux flottent sur les épaules, et les manches, de fine toile de couleur, sont divisées en trois. Une ceinture de soie tombe sur le ventre ; la robe, de drap fin, se relève sur le devant, et la jupe est d'une autre couleur. Elles portent au cou un ornement d'or.

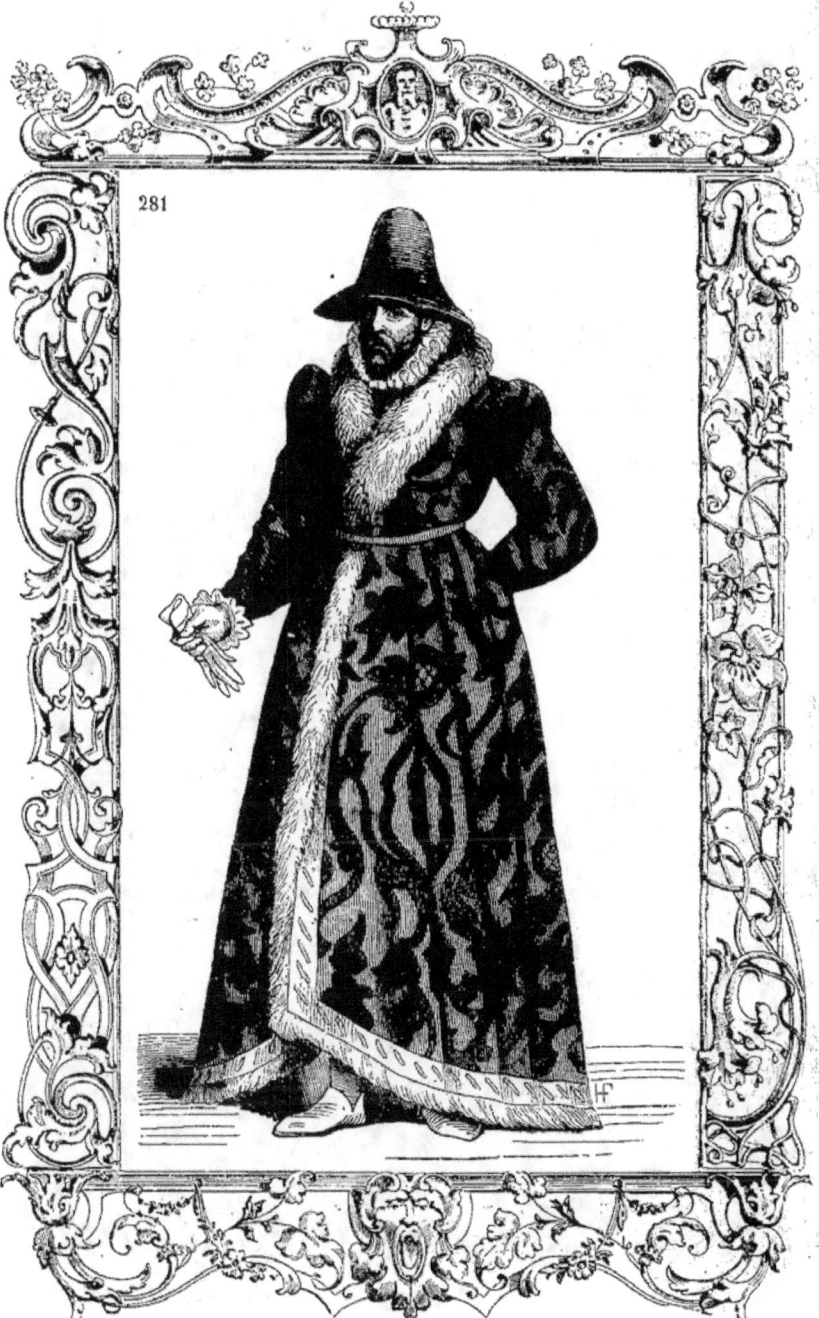

281

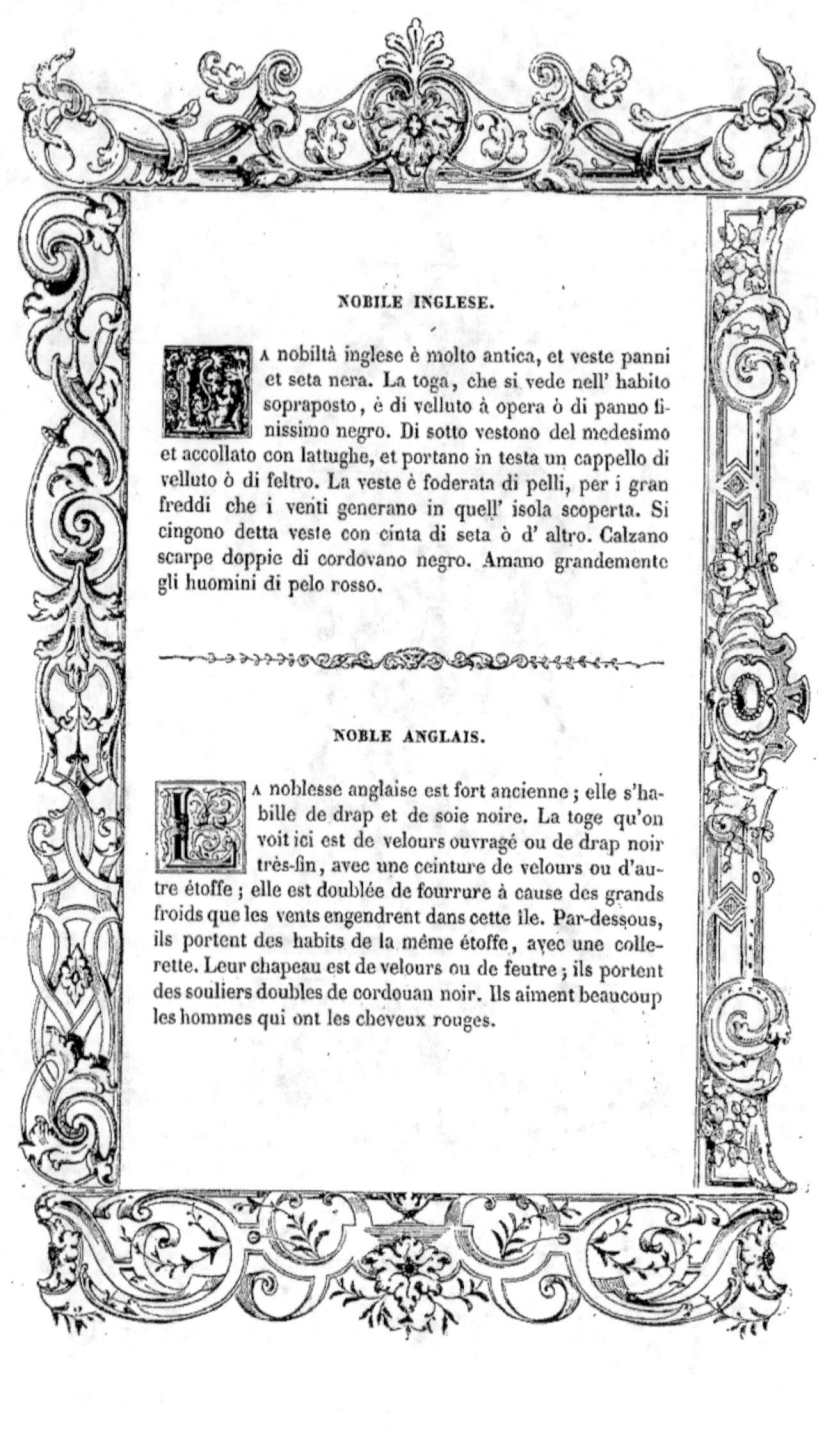

### NOBILE INGLESE.

A nobiltà inglese è molto antica, et veste panni et seta nera. La toga, che si vede nell' habito sopraposto, è di velluto à opera ò di panno finissimo negro. Di sotto vestono del medesimo et accollato con lattughe, et portano in testa un cappello di velluto ò di feltro. La veste è foderata di pelli, per i gran freddi che i venti generano in quell' isola scoperta. Si cingono detta veste con cinta di seta ò d' altro. Calzano scarpe doppie di cordovano negro. Amano grandemente gli huomini di pelo rosso.

### NOBLE ANGLAIS.

La noblesse anglaise est fort ancienne ; elle s'habille de drap et de soie noire. La toge qu'on voit ici est de velours ouvragé ou de drap noir très-fin, avec une ceinture de velours ou d'autre étoffe ; elle est doublée de fourrure à cause des grands froids que les vents engendrent dans cette ile. Par-dessous, ils portent des habits de la même étoffe, avec une collerette. Leur chapeau est de velours ou de feutre ; ils portent des souliers doubles de cordouan noir. Ils aiment beaucoup les hommes qui ont les cheveux rouges.

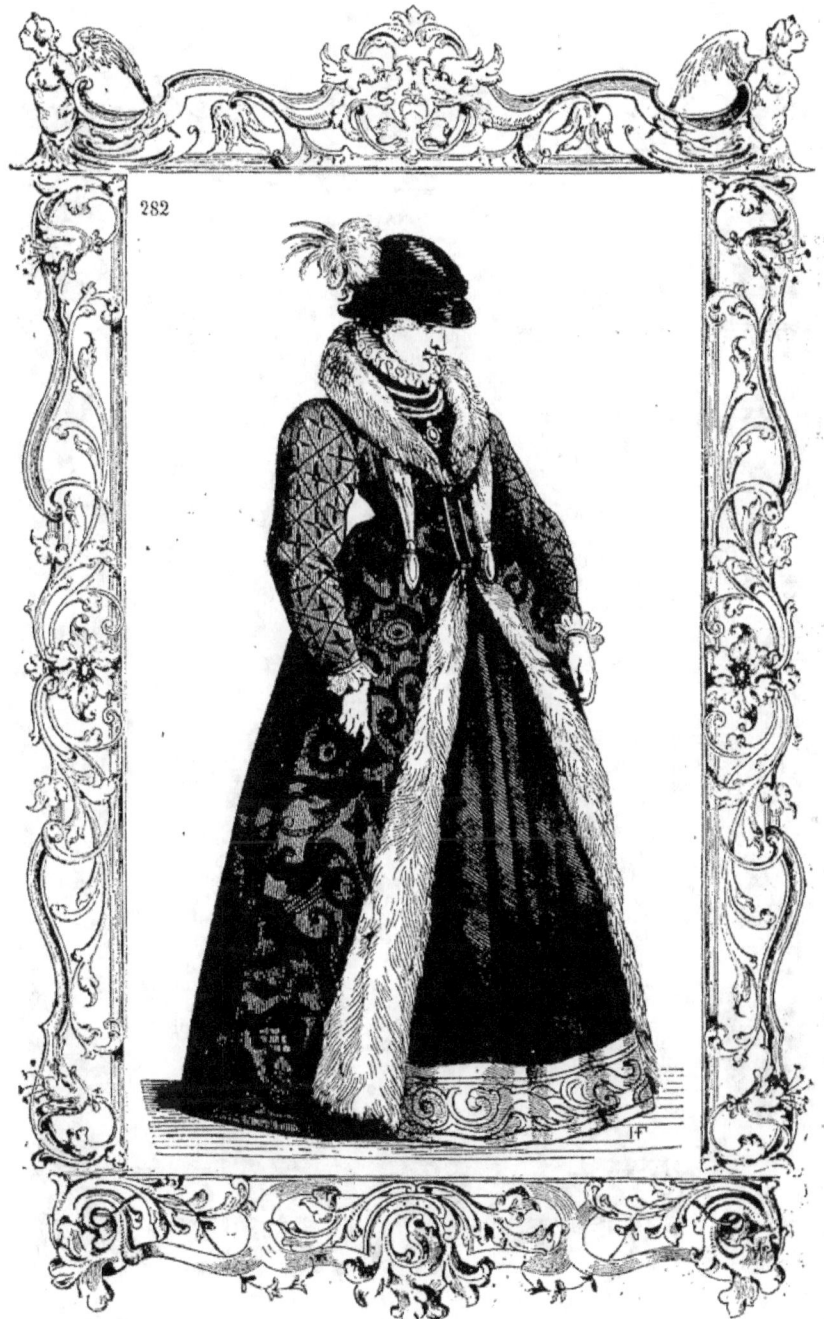

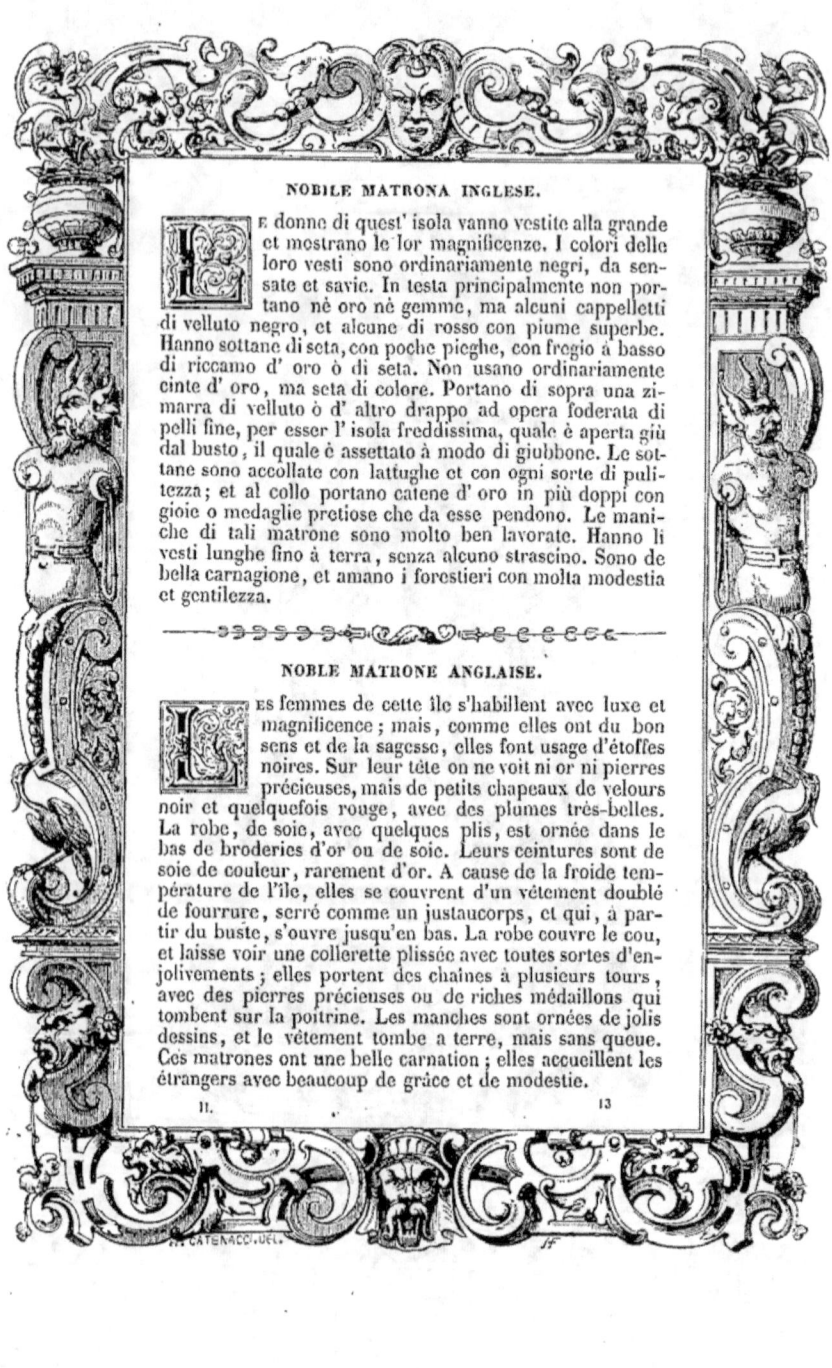

## NOBILE MATRONA INGLESE.

LE donne di quest' isola vanno vestite alla grande et mostrano le lor magnificenze. I colori delle loro vesti sono ordinariamente negri, da sensate et savie. In testa principalmente non portano nè oro nè gemme, ma alcuni cappelletti di velluto negro, et alcune di rosso con piume superbe. Hanno sottane di seta, con poche pieghe, con fregio à basso di riccamo d' oro ò di seta. Non usano ordinariamente cinte d' oro, ma seta di colore. Portano di sopra una zimarra di velluto ò d' altro drappo ad opera foderata di pelli fine, per esser l' isola freddissima, quale è aperta giù dal busto, il quale è assettato à modo di giubbone. Le sottane sono accollate con lattughe et con ogni sorte di pulitezza; et al collo portano catene d' oro in più doppi con gioie o medaglie pretiose che da esse pendono. Le maniche di tali matrone sono molto ben lavorate. Hanno li vesti lunghe fino à terra, senza alcuno strascino. Sono de bella carnagione, et amano i forestieri con molta modestia et gentilezza.

## NOBLE MATRONE ANGLAISE.

LES femmes de cette île s'habillent avec luxe et magnificence; mais, comme elles ont du bon sens et de la sagesse, elles font usage d'étoffes noires. Sur leur tête on ne voit ni or ni pierres précieuses, mais de petits chapeaux de velours noir et quelquefois rouge, avec des plumes très-belles. La robe, de soie, avec quelques plis, est ornée dans le bas de broderies d'or ou de soie. Leurs ceintures sont de soie de couleur, rarement d'or. A cause de la froide température de l'île, elles se couvrent d'un vêtement doublé de fourrure, serré comme un justaucorps, et qui, à partir du buste, s'ouvre jusqu'en bas. La robe couvre le cou, et laisse voir une collerette plissée avec toutes sortes d'enjolivements; elles portent des chaînes à plusieurs tours, avec des pierres précieuses ou de riches médaillons qui tombent sur la poitrine. Les manches sont ornées de jolis dessins, et le vêtement tombe à terre, mais sans queue. Ces matrones ont une belle carnation; elles accueillent les étrangers avec beaucoup de grâce et de modestie.

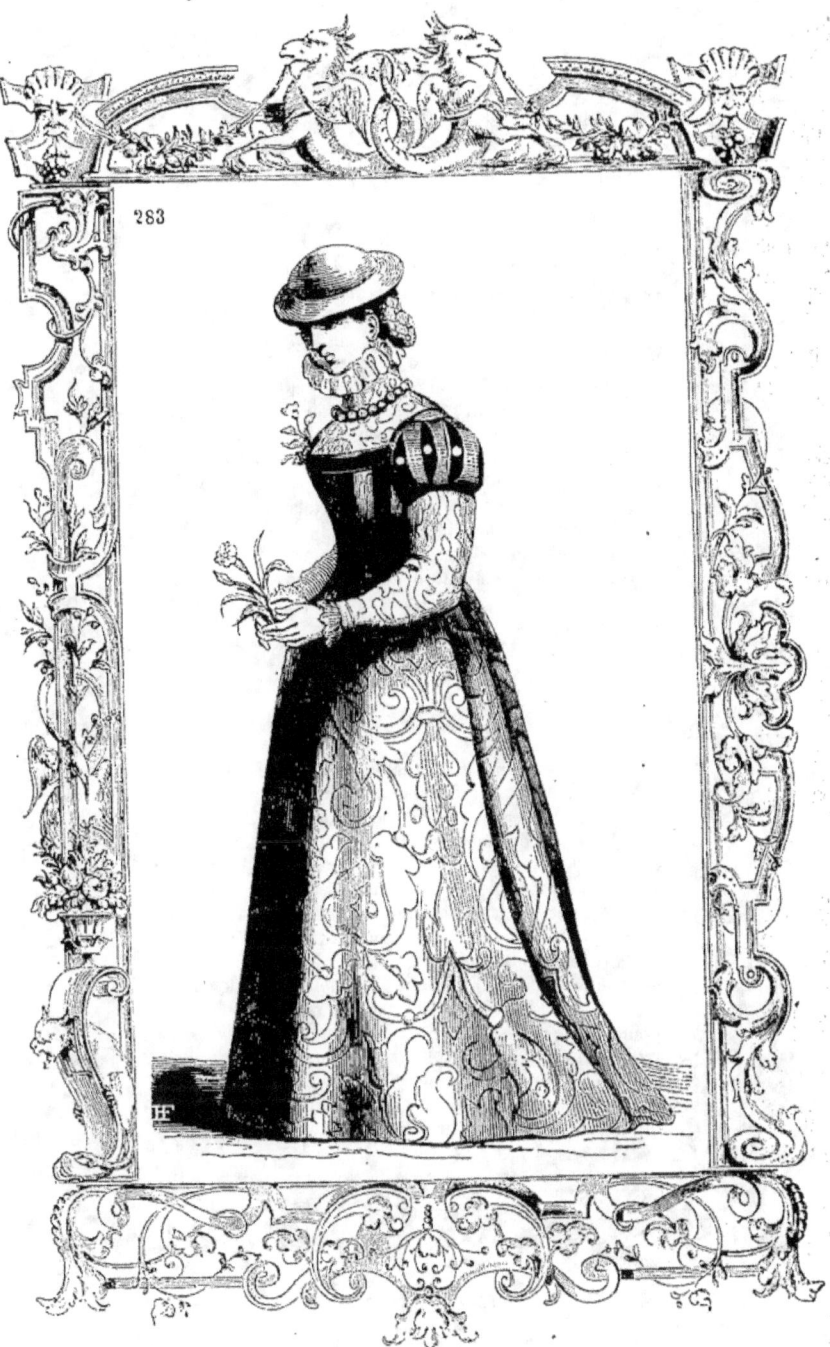

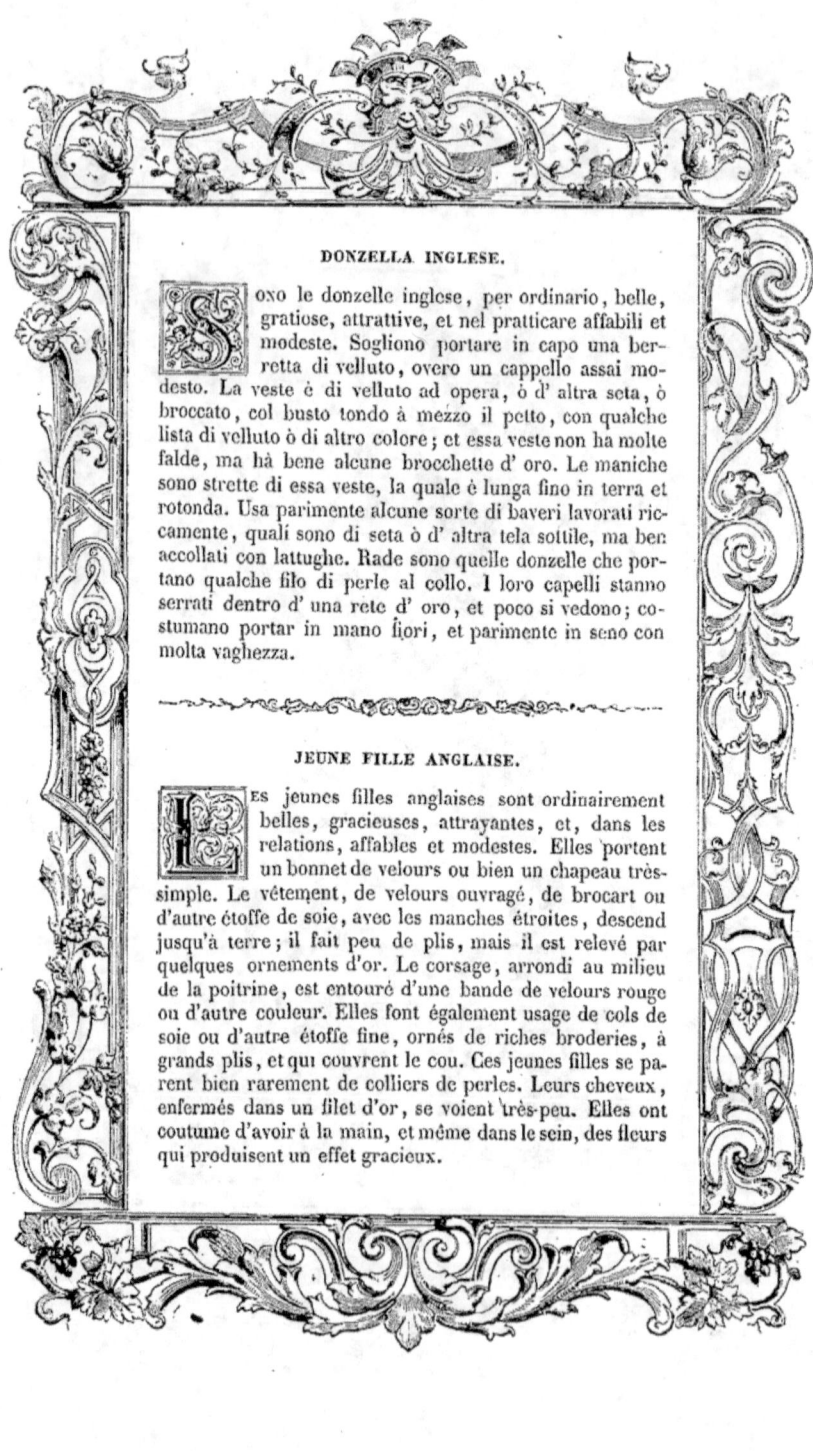

### DONZELLA INGLESE.

Sono le donzelle inglese, per ordinario, belle, gratiose, attrattive, et nel pratticare affabili et modeste. Sogliono portare in capo una berretta di velluto, overo un cappello assai modesto. La veste è di velluto ad opera, ò d' altra seta, ò broccato, col busto tondo à mezzo il petto, con qualche lista di velluto ò di altro colore; et essa veste non ha molte falde, ma hà bene alcune brocchette d' oro. Le maniche sono strette di essa veste, la quale è lunga fino in terra et rotonda. Usa parimente alcune sorte di baveri lavorati riccamente, quali sono di seta ò d' altra tela sottile, ma ben accollati con lattughe. Rade sono quelle donzelle che portano qualche filo di perle al collo. I loro capelli stanno serrati dentro d' una rete d' oro, et poco si vedono; costumano portar in mano fiori, et parimente in seno con molta vaghezza.

### JEUNE FILLE ANGLAISE.

Les jeunes filles anglaises sont ordinairement belles, gracieuses, attrayantes, et, dans les relations, affables et modestes. Elles portent un bonnet de velours ou bien un chapeau très-simple. Le vêtement, de velours ouvragé, de brocart ou d'autre étoffe de soie, avec les manches étroites, descend jusqu'à terre; il fait peu de plis, mais il est relevé par quelques ornements d'or. Le corsage, arrondi au milieu de la poitrine, est entouré d'une bande de velours rouge ou d'autre couleur. Elles font également usage de cols de soie ou d'autre étoffe fine, ornés de riches broderies, à grands plis, et qui couvrent le cou. Ces jeunes filles se parent bien rarement de colliers de perles. Leurs cheveux, enfermés dans un filet d'or, se voient très-peu. Elles ont coutume d'avoir à la main, et même dans le sein, des fleurs qui produisent un effet gracieux.

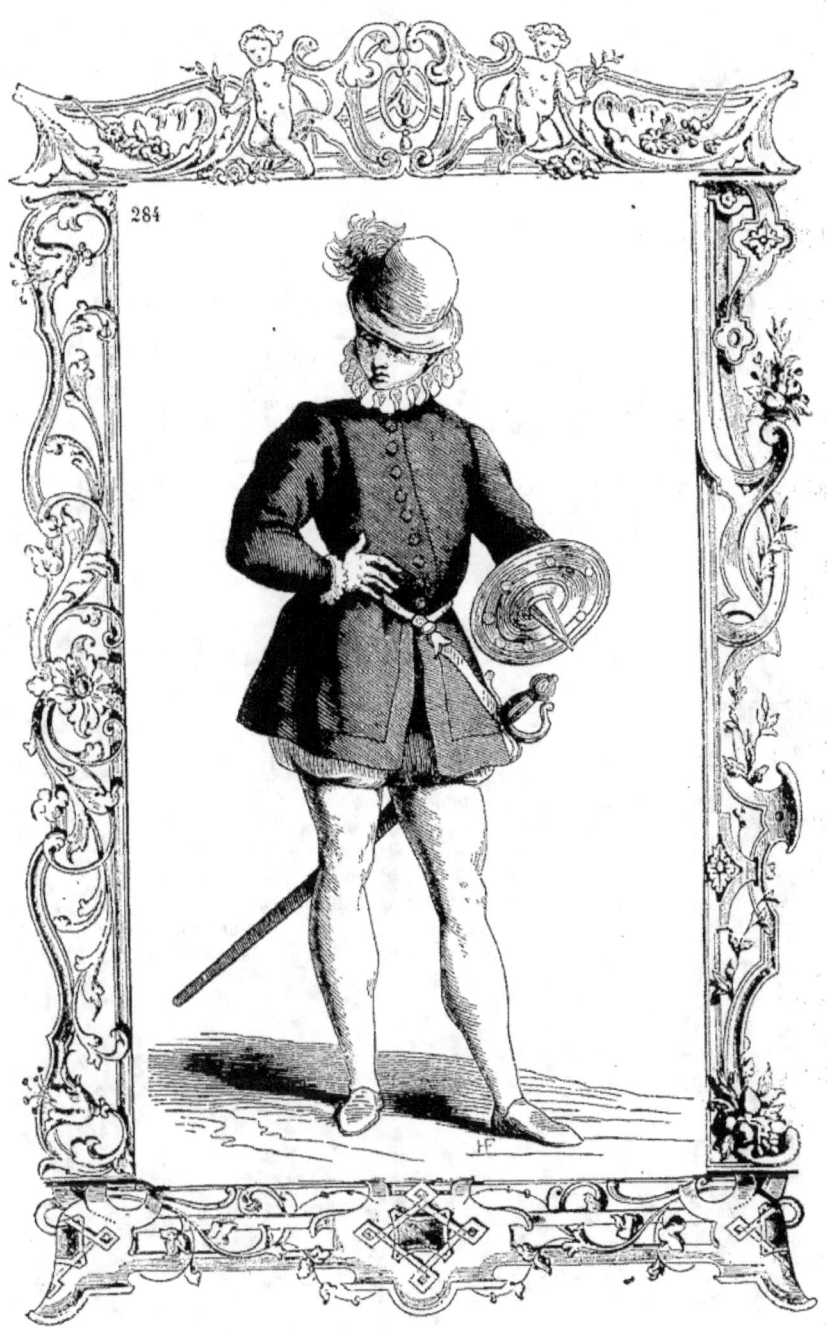

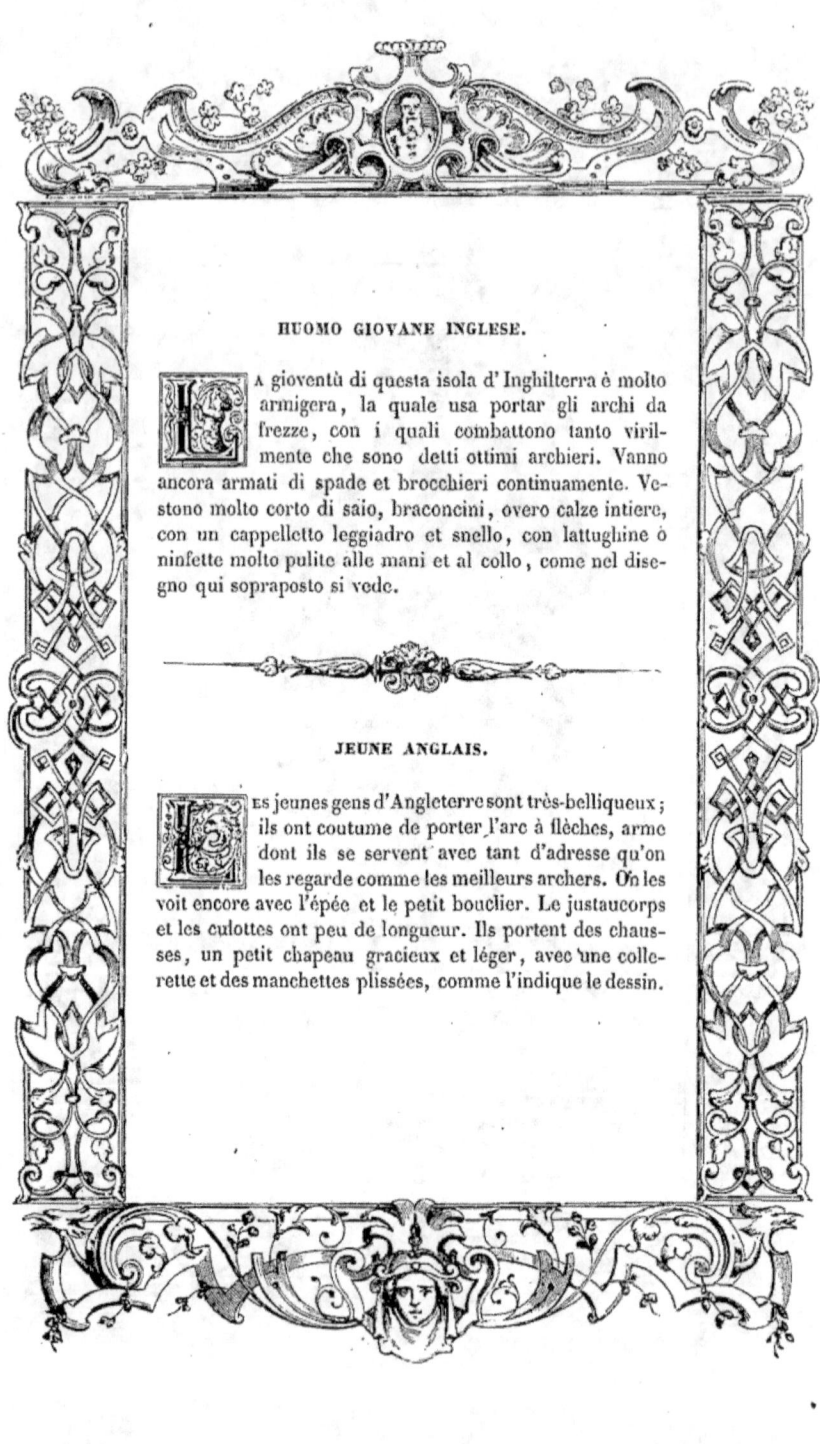

### HUOMO GIOVANE INGLESE.

LA gioventù di questa isola d'Inghilterra è molto armigera, la quale usa portar gli archi da frezze, con i quali combattono tanto virilmente che sono detti ottimi archieri. Vanno ancora armati di spade et brocchieri continuamente. Vestono molto corto di saio, braconcini, overo calze intiere, con un cappelletto leggiadro et snello, con lattughine ò ninfette molto pulite alle mani et al collo, come nel disegno qui sopraposto si vede.

### JEUNE ANGLAIS.

LES jeunes gens d'Angleterre sont très-belliqueux; ils ont coutume de porter l'arc à flèches, arme dont ils se servent avec tant d'adresse qu'on les regarde comme les meilleurs archers. On les voit encore avec l'épée et le petit bouclier. Le justaucorps et les culottes ont peu de longueur. Ils portent des chausses, un petit chapeau gracieux et léger, avec une collerette et des manchettes plissées, comme l'indique le dessin.

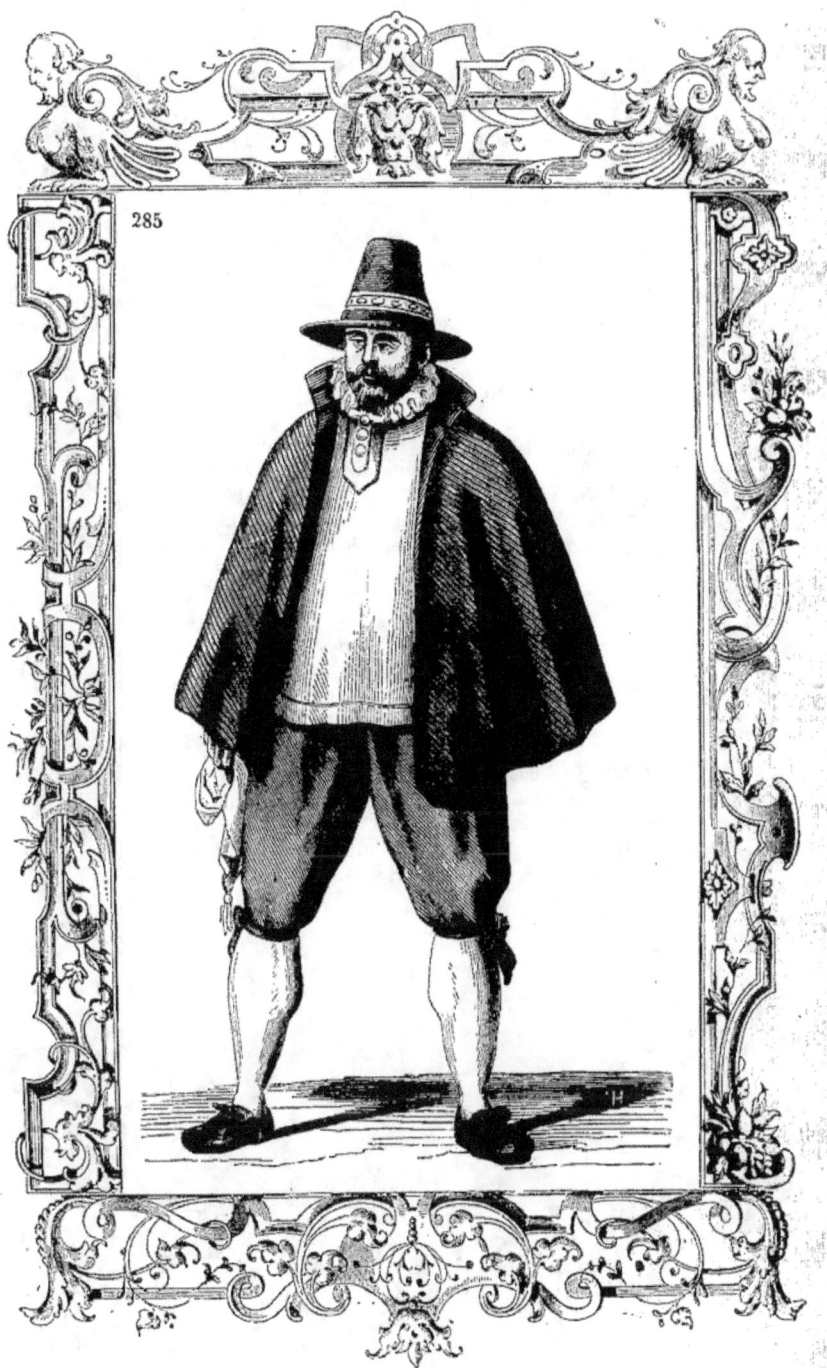

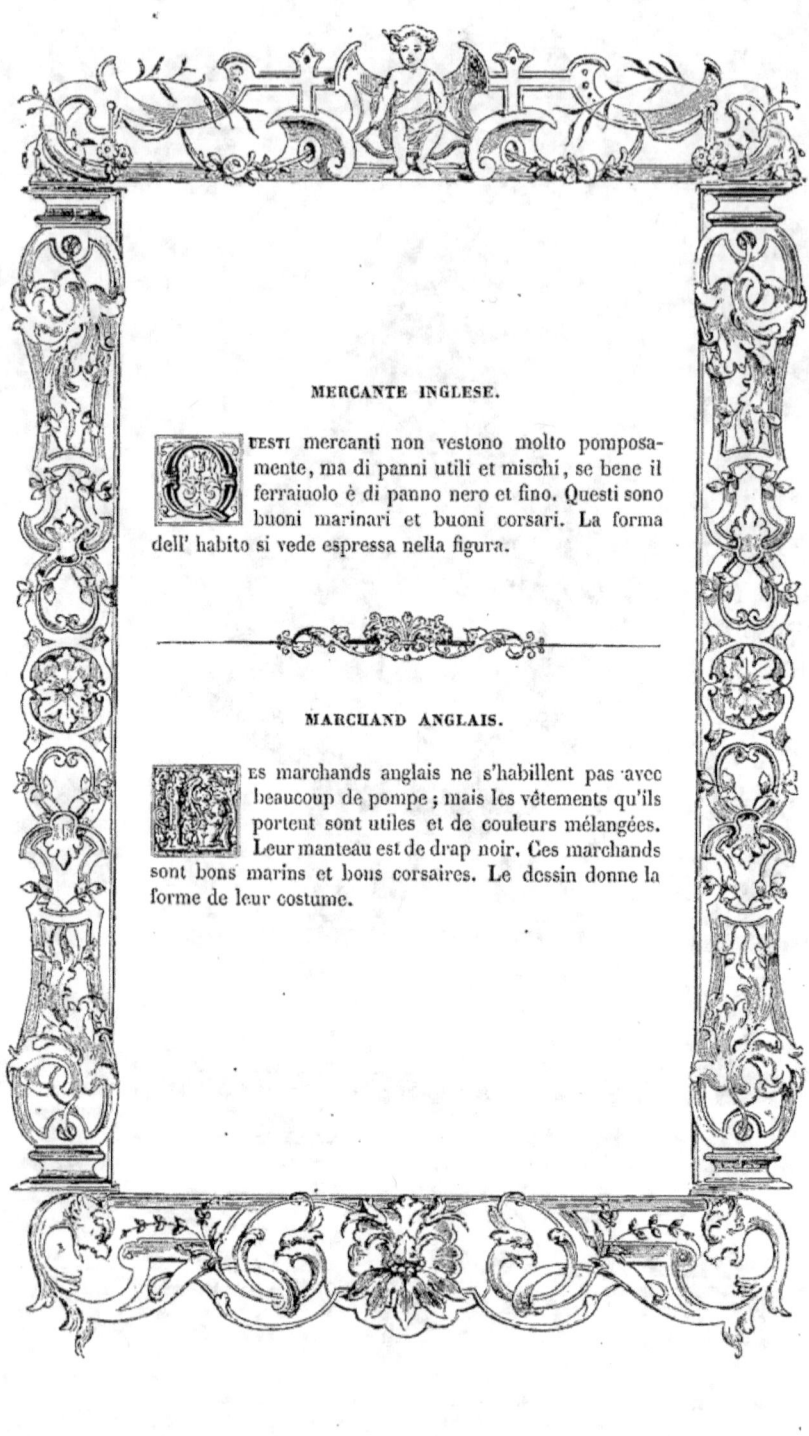

### MERCANTE INGLESE.

Qᴜᴇsᴛɪ mercanti non vestono molto pomposa-
mente, ma di panni utili et mischi, se bene il
ferraiuolo è di panno nero et fino. Questi sono
buoni marinari et buoni corsari. La forma
dell' habito si vede espressa nella figura.

### MARCHAND ANGLAIS.

Lᴇs marchands anglais ne s'habillent pas avec
beaucoup de pompe ; mais les vêtements qu'ils
portent sont utiles et de couleurs mélangées.
Leur manteau est de drap noir. Ces marchands
sont bons marins et bons corsaires. Le dessin donne la
forme de leur costume.

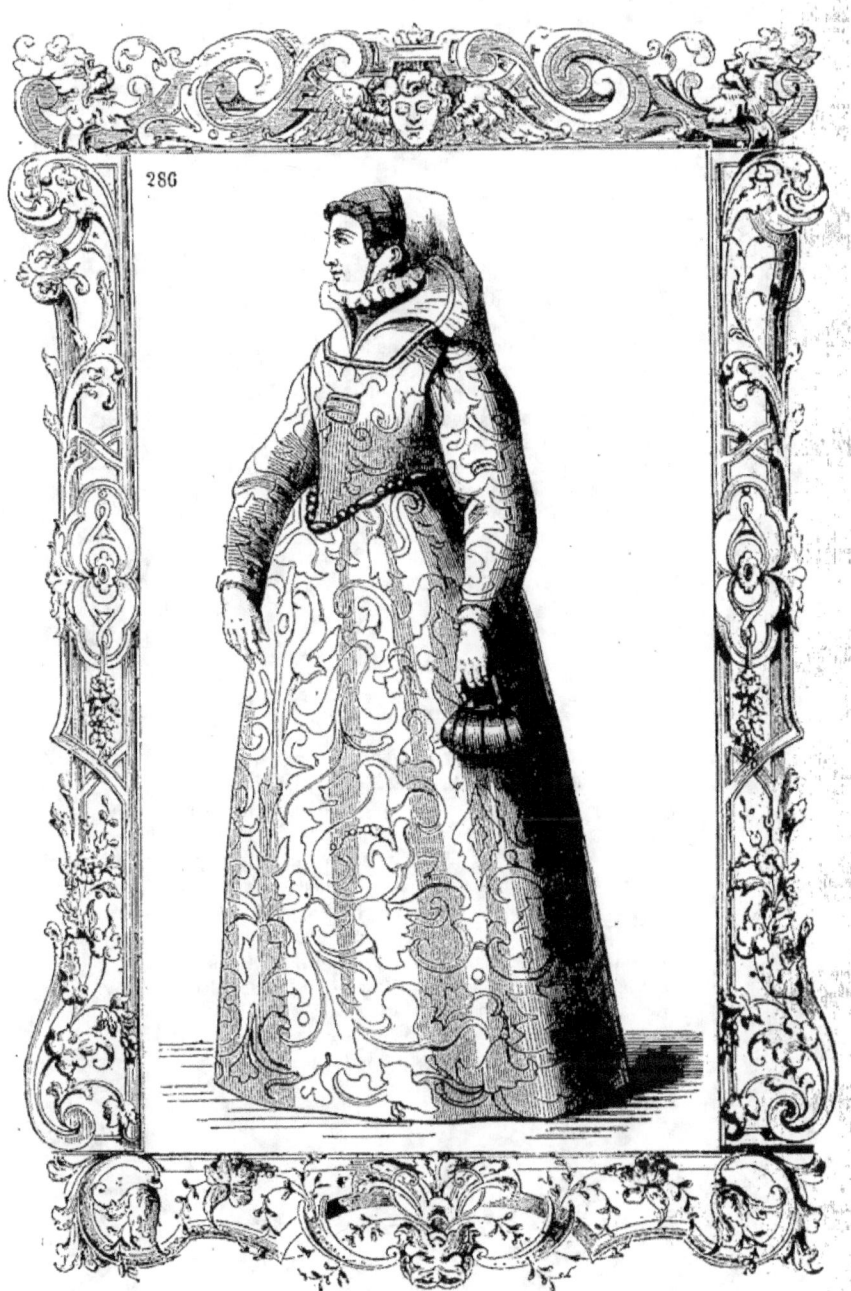

286

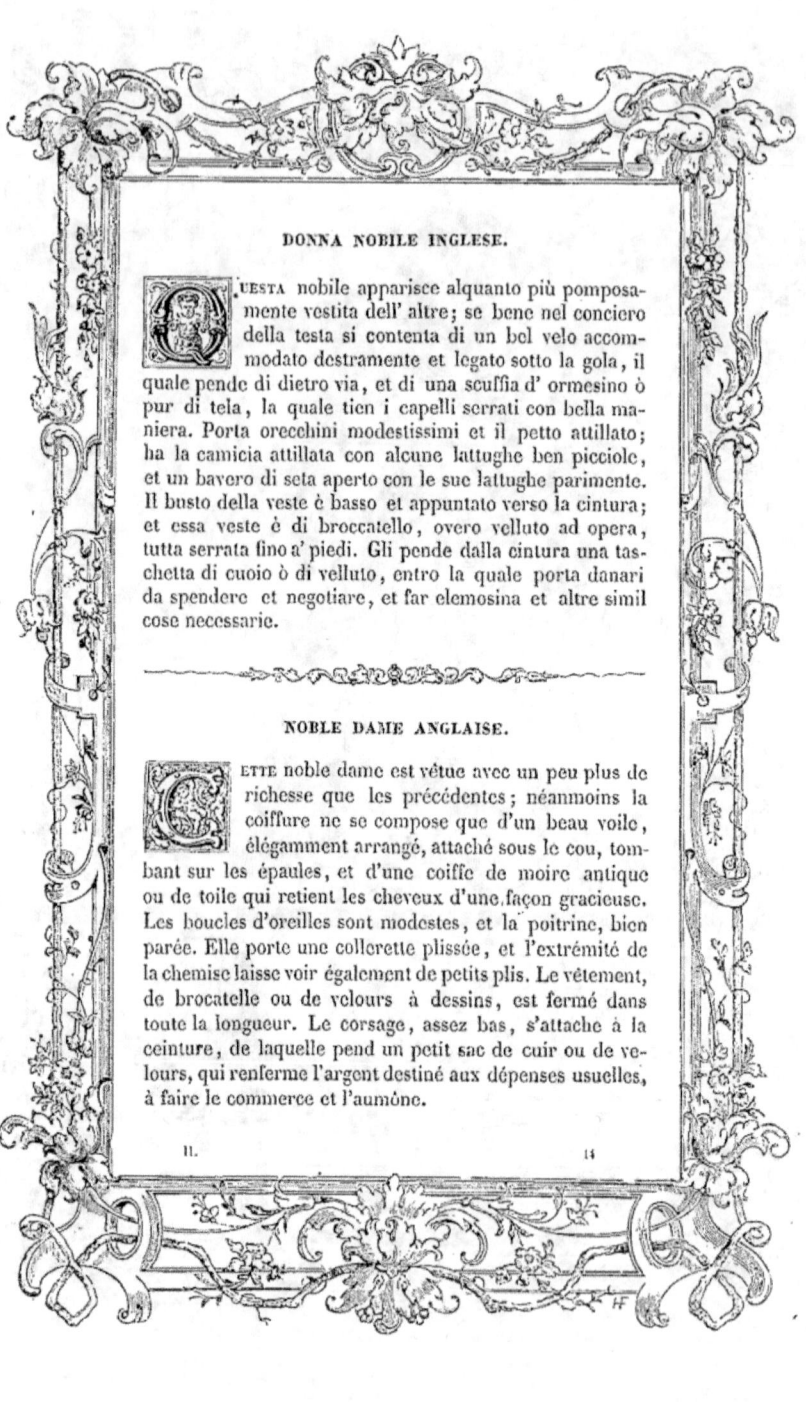

## DONNA NOBILE INGLESE.

Questa nobile apparisce alquanto più pomposa-
mente vestita dell' altre; se bene nel conciero
della testa si contenta di un bel velo accommodato destramente et legato sotto la gola, il
quale pende di dietro via, et di una scuffia d' ormesino ò
pur di tela, la quale tien i capelli serrati con bella maniera. Porta orecchini modestissimi et il petto attillato;
ha la camicia attillata con alcune lattughe ben picciole,
et un bavero di seta aperto con le sue lattughe parimente.
Il busto della veste è basso et appuntato verso la cintura;
et essa veste è di broccatello, overo velluto ad opera,
tutta serrata fino a' piedi. Gli pende dalla cintura una tas-
chetta di cuoio ò di velluto, entro la quale porta danari
da spendere et negotiare, et far elemosina et altre simil
cose necessarie.

## NOBLE DAME ANGLAISE.

Cette noble dame est vêtue avec un peu plus de
richesse que les précédentes; néanmoins la
coiffure ne se compose que d'un beau voile,
élégamment arrangé, attaché sous le cou, tombant sur les épaules, et d'une coiffe de moire antique
ou de toile qui retient les cheveux d'une façon gracieuse.
Les boucles d'oreilles sont modestes, et la poitrine, bien
parée. Elle porte une collerette plissée, et l'extrémité de
la chemise laisse voir également de petits plis. Le vêtement,
de brocatelle ou de velours à dessins, est fermé dans
toute la longueur. Le corsage, assez bas, s'attache à la
ceinture, de laquelle pend un petit sac de cuir ou de velours, qui renferme l'argent destiné aux dépenses usuelles,
à faire le commerce et l'aumône.

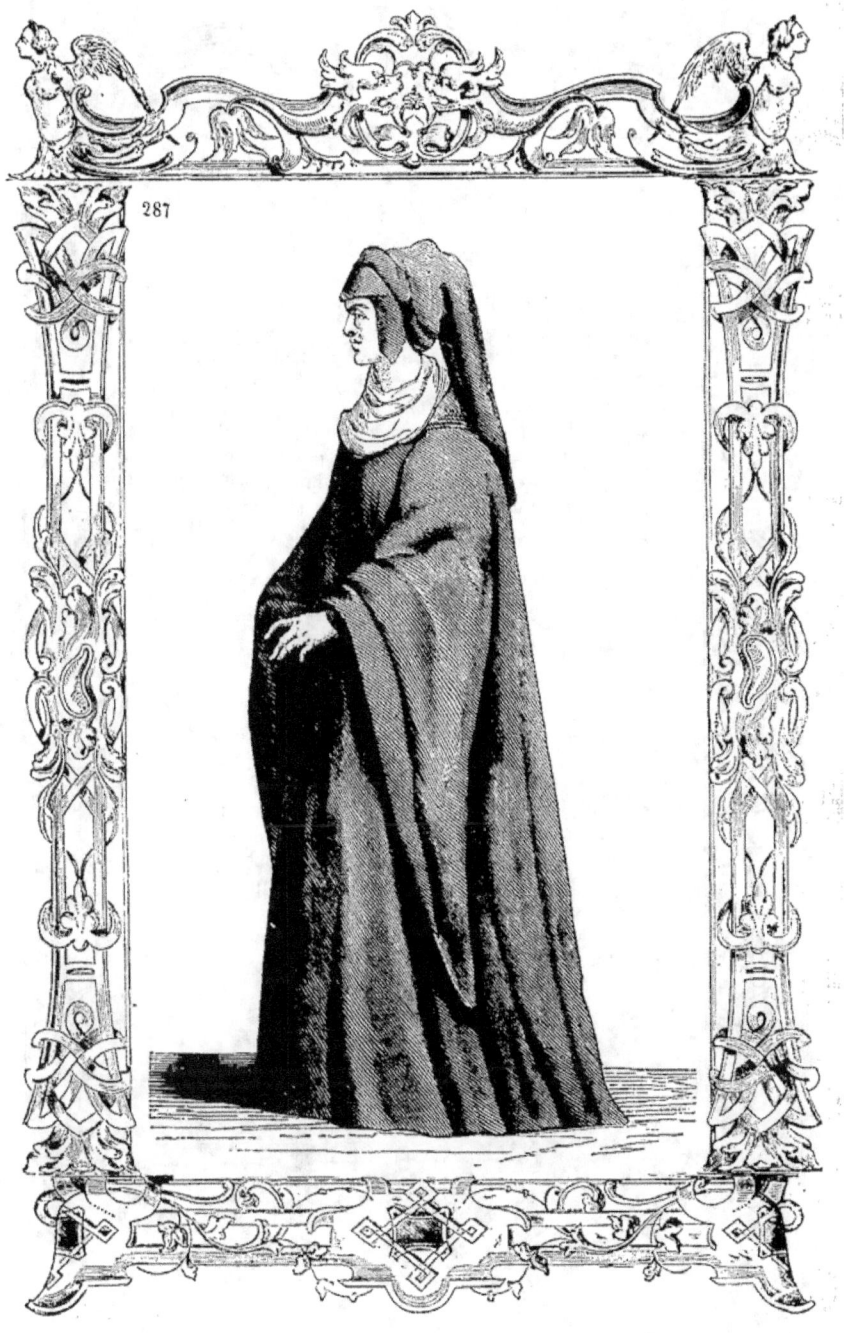

287

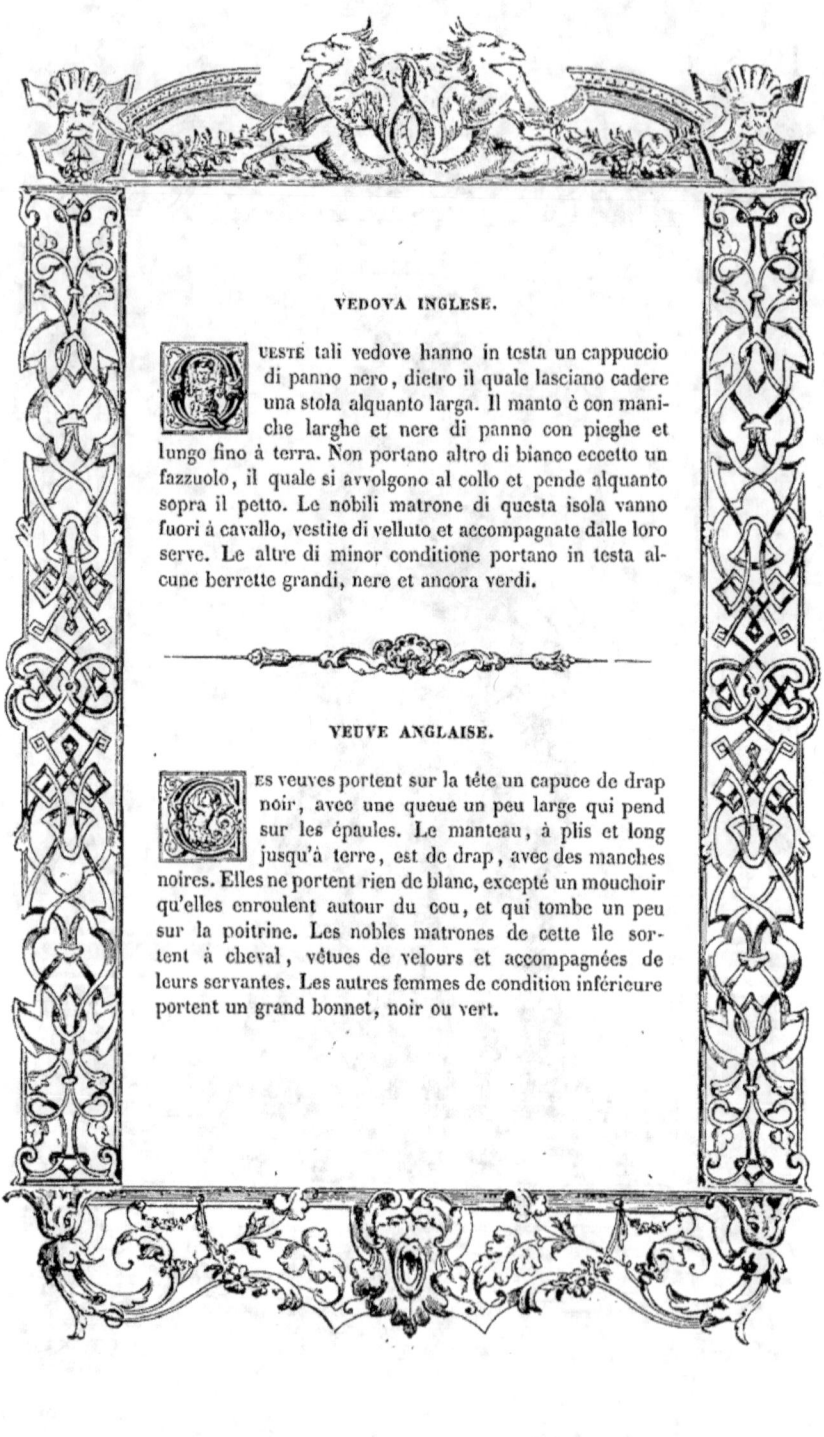

### VEDOVA INGLESE.

QUESTE tali vedove hanno in testa un cappuccio di panno nero, dietro il quale lasciano cadere una stola alquanto larga. Il manto è con maniche larghe et nere di panno con pieghe et lungo fino à terra. Non portano altro di bianco eccetto un fazzuolo, il quale si avvolgono al collo et pende alquanto sopra il petto. Le nobili matrone di questa isola vanno fuori à cavallo, vestite di velluto et accompagnate dalle loro serve. Le altre di minor conditione portano in testa alcune berrette grandi, nere et ancora verdi.

### VEUVE ANGLAISE.

LES veuves portent sur la tête un capuce de drap noir, avec une queue un peu large qui pend sur les épaules. Le manteau, à plis et long jusqu'à terre, est de drap, avec des manches noires. Elles ne portent rien de blanc, excepté un mouchoir qu'elles enroulent autour du cou, et qui tombe un peu sur la poitrine. Les nobles matrones de cette île sortent à cheval, vêtues de velours et accompagnées de leurs servantes. Les autres femmes de condition inférieure portent un grand bonnet, noir ou vert.

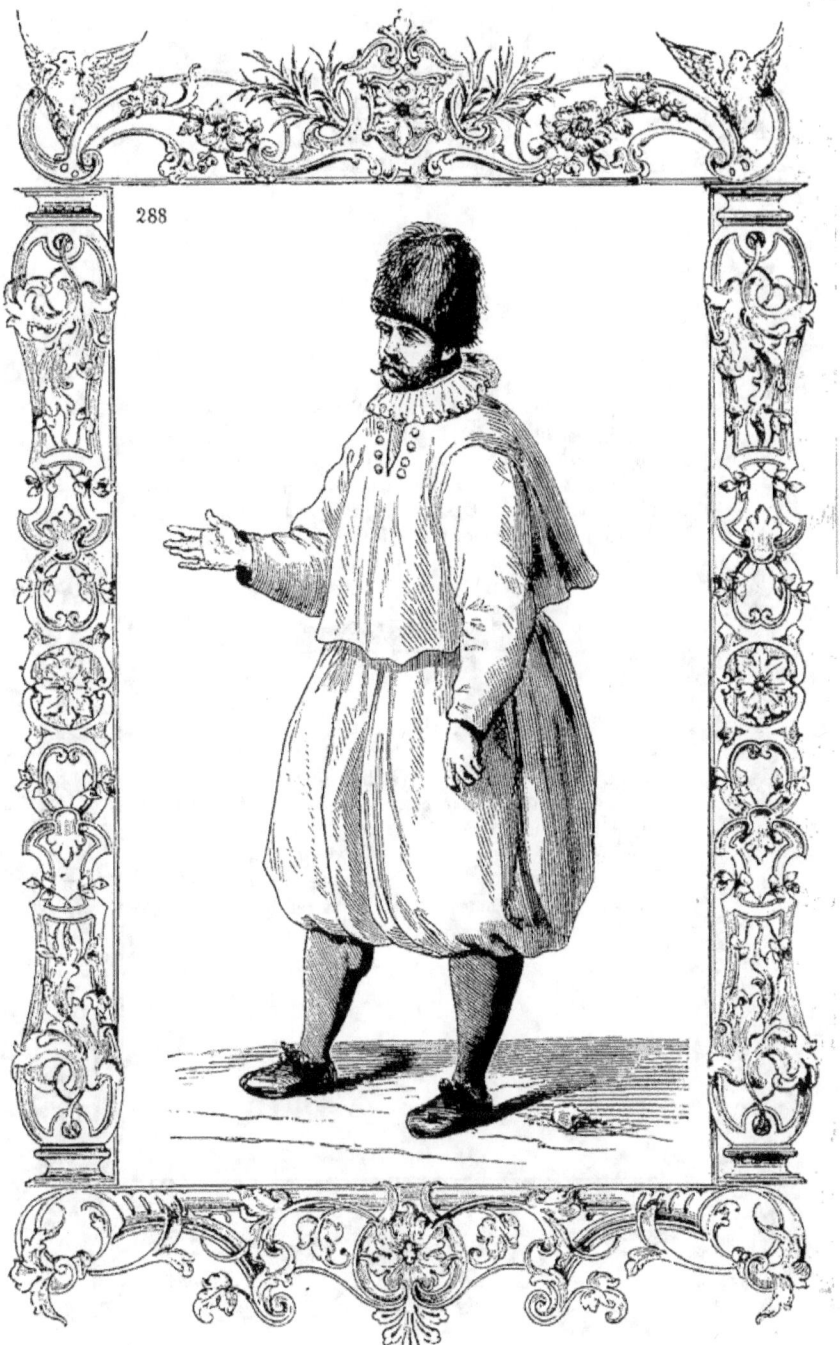
288

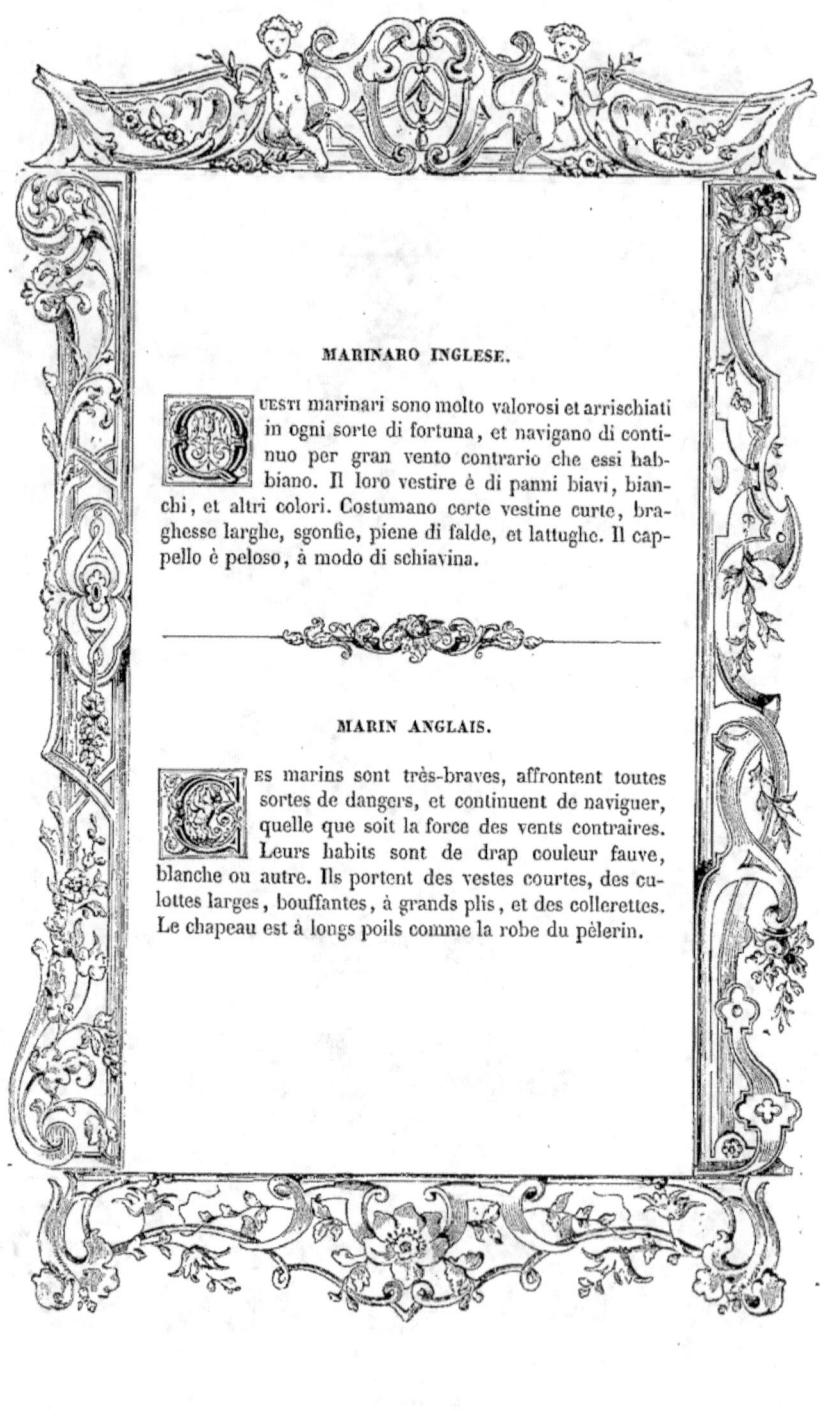

### MARINARO INGLESE.

QUESTI marinari sono molto valorosi et arrischiati in ogni sorte di fortuna, et navigano di continuo per gran vento contrario che essi habbiano. Il loro vestire è di panni biavi, bianchi, et altri colori. Costumano certe vestine curte, braghesse larghe, sgonfie, piene di falde, et lattughe. Il cappello è peloso, à modo di schiavina.

### MARIN ANGLAIS.

CES marins sont très-braves, affrontent toutes sortes de dangers, et continuent de naviguer, quelle que soit la force des vents contraires. Leurs habits sont de drap couleur fauve, blanche ou autre. Ils portent des vestes courtes, des culottes larges, bouffantes, à grands plis, et des collerettes. Le chapeau est à longs poils comme la robe du pèlerin.

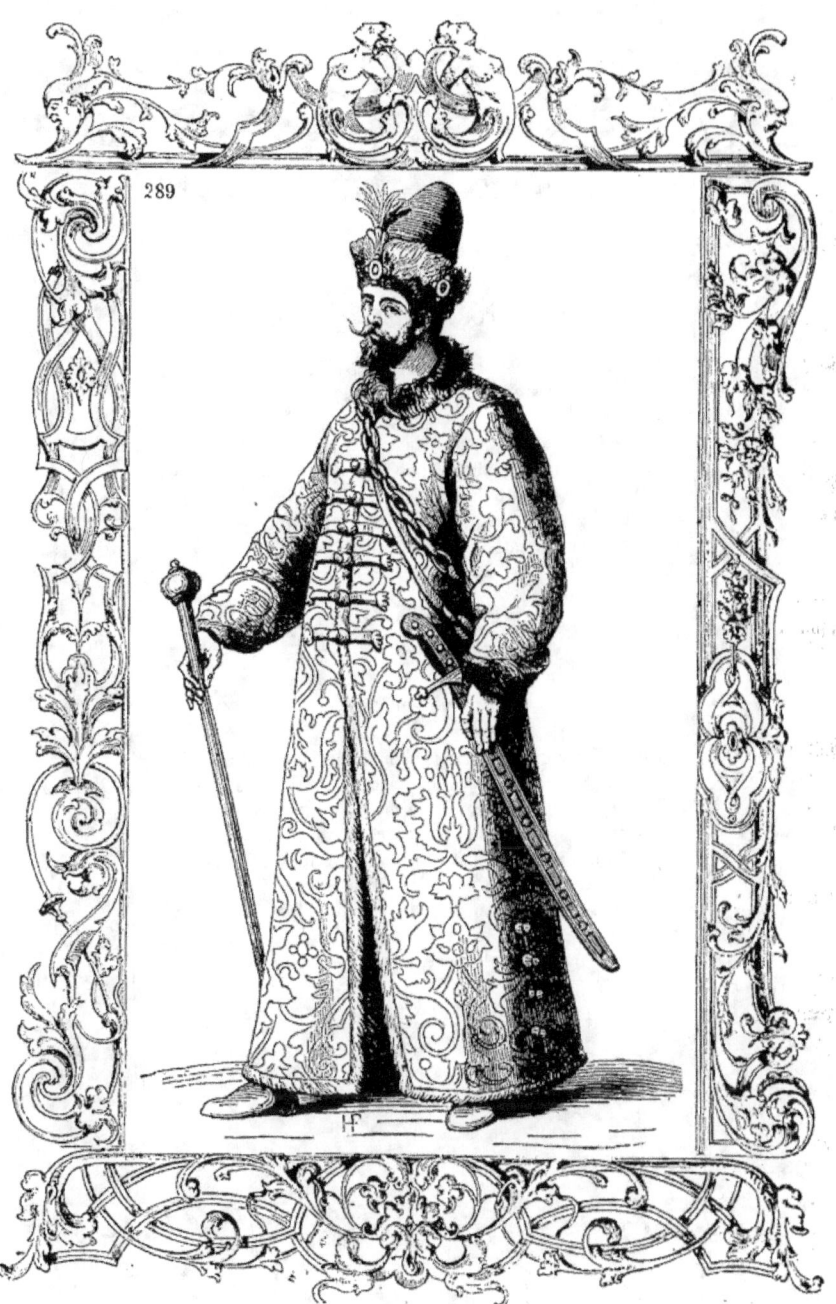

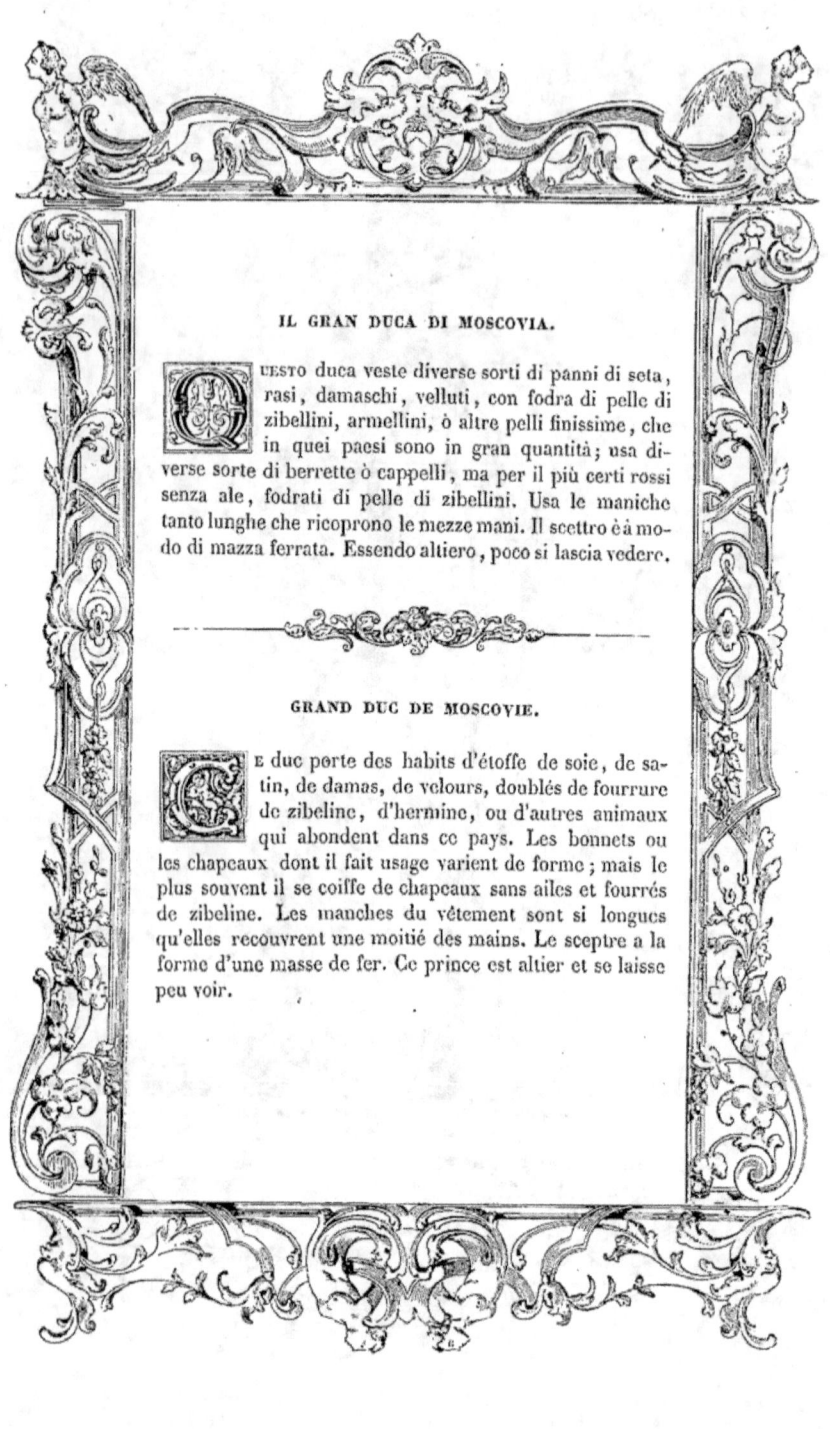

## IL GRAN DUCA DI MOSCOVIA.

Questo duca veste diverse sorti di panni di seta, rasi, damaschi, velluti, con fodra di pelle di zibellini, armellini, ò altre pelli finissime, che in quei paesi sono in gran quantità; usa diverse sorte di berrette ò cappelli, ma per il più certi rossi senza ale, fodrati di pelle di zibellini. Usa le maniche tanto lunghe che ricoprono le mezze mani. Il scettro è à modo di mazza ferrata. Essendo altiero, poco si lascia vedere.

## GRAND DUC DE MOSCOVIE.

Ce duc porte des habits d'étoffe de soie, de satin, de damas, de velours, doublés de fourrure de zibeline, d'hermine, ou d'autres animaux qui abondent dans ce pays. Les bonnets ou les chapeaux dont il fait usage varient de forme ; mais le plus souvent il se coiffe de chapeaux sans ailes et fourrés de zibeline. Les manches du vêtement sont si longues qu'elles recouvrent une moitié des mains. Le sceptre a la forme d'une masse de fer. Ce prince est altier et se laisse peu voir.

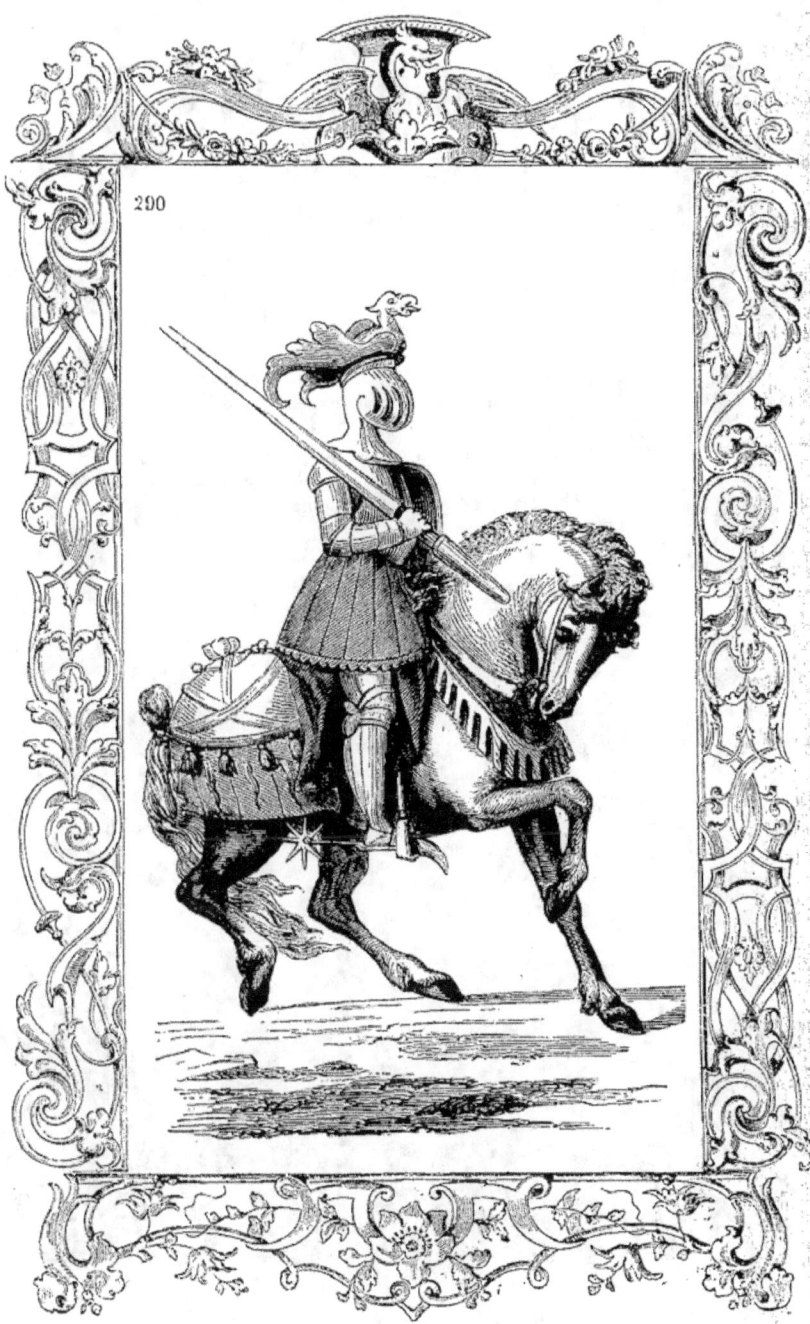

290

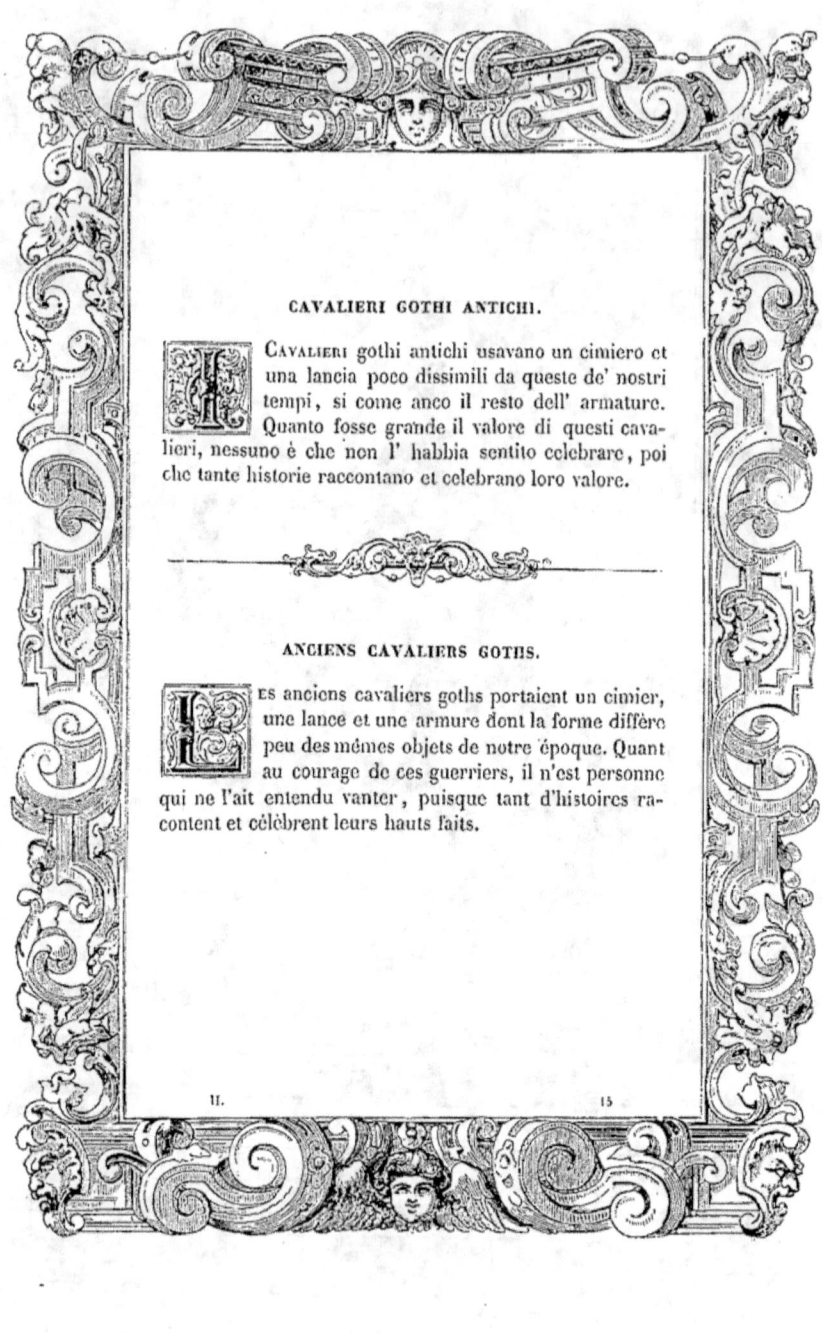

## CAVALIERI GOTHI ANTICHI.

Cavalieri gothi antichi usavano un cimiero et una lancia poco dissimili da queste de' nostri tempi, si come anco il resto dell' armature. Quanto fosse grande il valore di questi cavalieri, nessuno è che non l' habbia sentito celebrare, poi che tante historie raccontano et celebrano loro valore.

## ANCIENS CAVALIERS GOTHS.

Les anciens cavaliers goths portaient un cimier, une lance et une armure dont la forme diffère peu des mêmes objets de notre époque. Quant au courage de ces guerriers, il n'est personne qui ne l'ait entendu vanter, puisque tant d'histoires racontent et célèbrent leurs hauts faits.

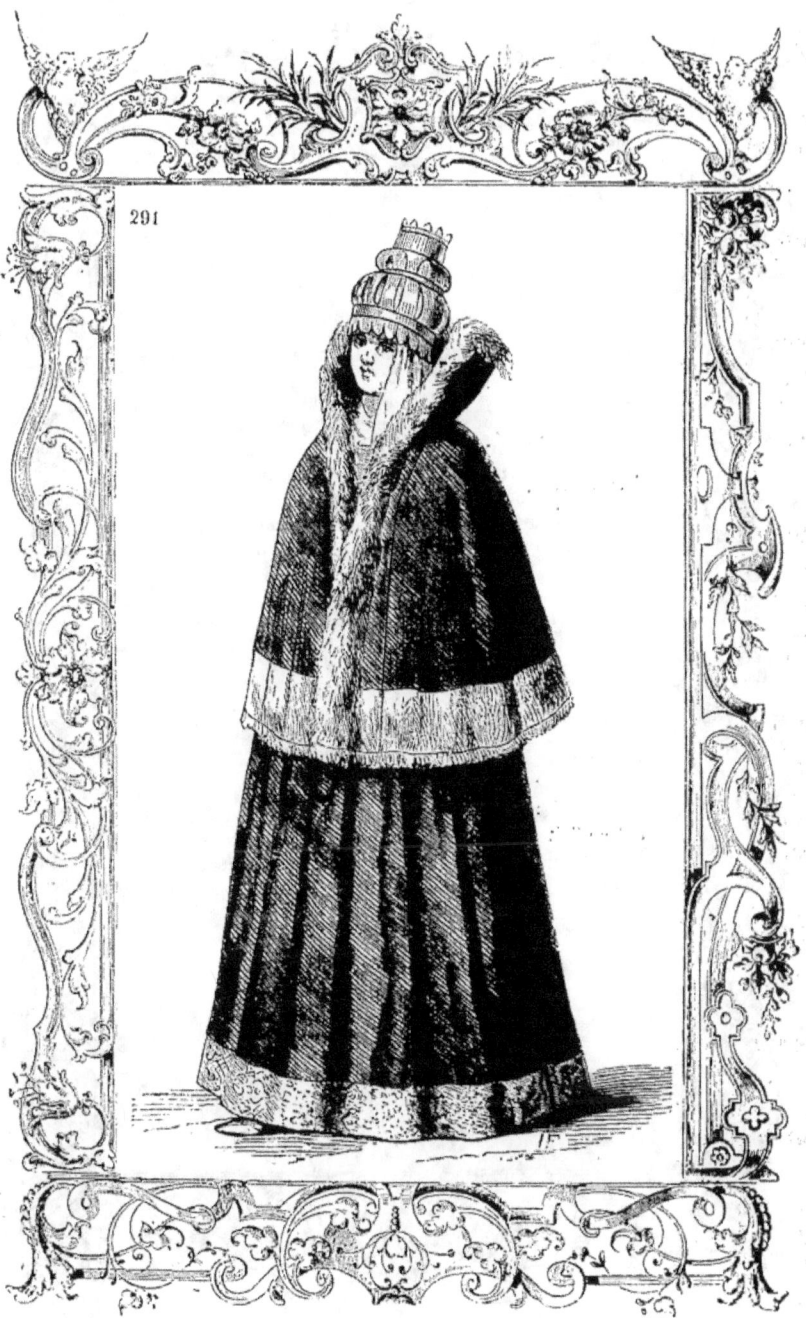
291

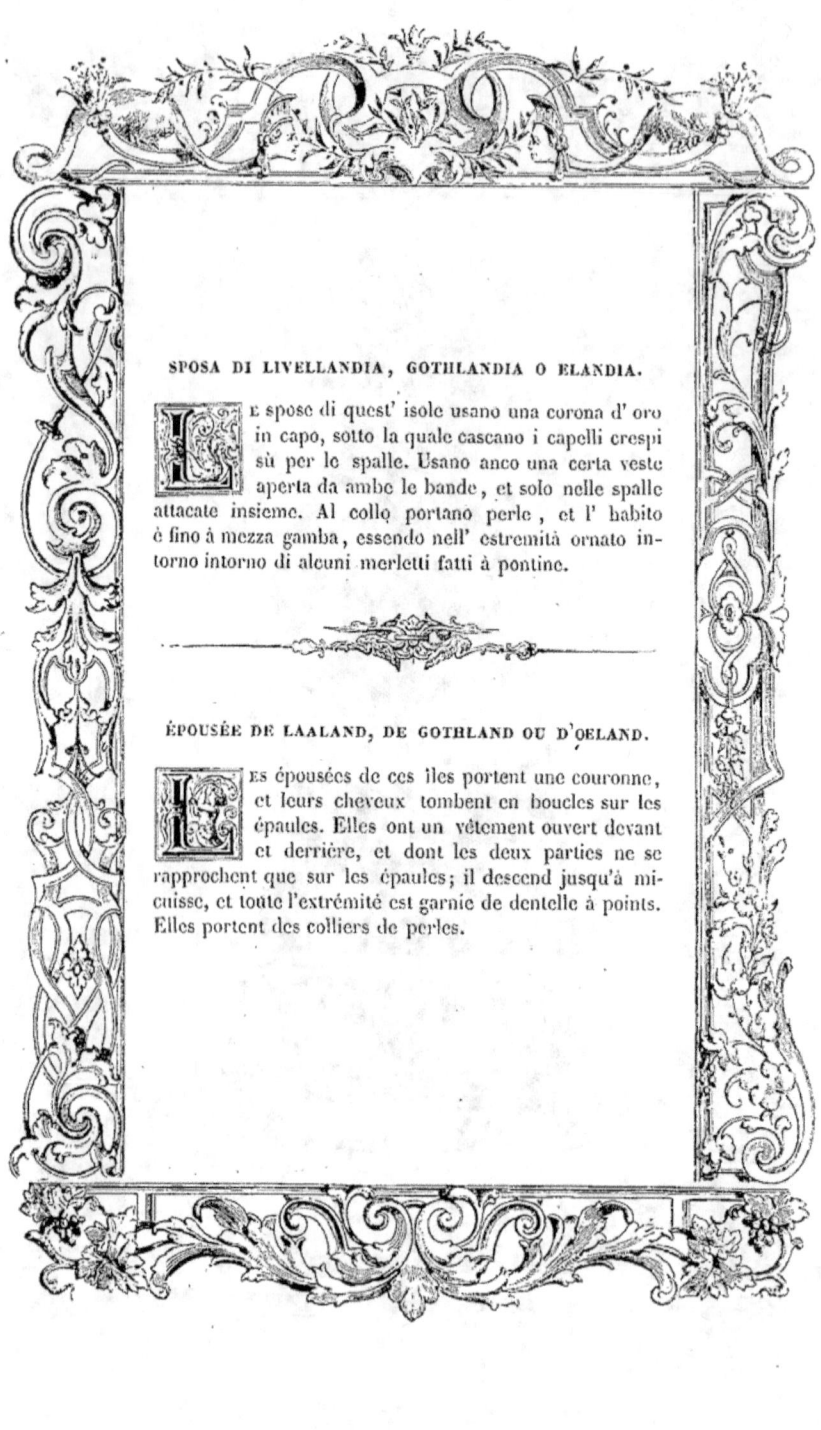

## SPOSA DI LIVELLANDIA, GOTHLANDIA O ELANDIA.

LE spose di quest' isole usano una corona d' oro in capo, sotto la quale cascano i capelli crespi sù per le spalle. Usano anco una certa veste aperta da ambe le bande, et solo nelle spalle attacate insieme. Al collo portano perle, et l' habito è fino à mezza gamba, essendo nell' estremità ornato intorno intorno di alcuni merletti fatti à pontine.

## ÉPOUSÉE DE LAALAND, DE GOTHLAND OU D'OELAND.

LES épousées de ces îles portent une couronne, et leurs cheveux tombent en boucles sur les épaules. Elles ont un vêtement ouvert devant et derrière, et dont les deux parties ne se rapprochent que sur les épaules; il descend jusqu'à mi-cuisse, et toute l'extrémité est garnie de dentelle à points. Elles portent des colliers de perles.

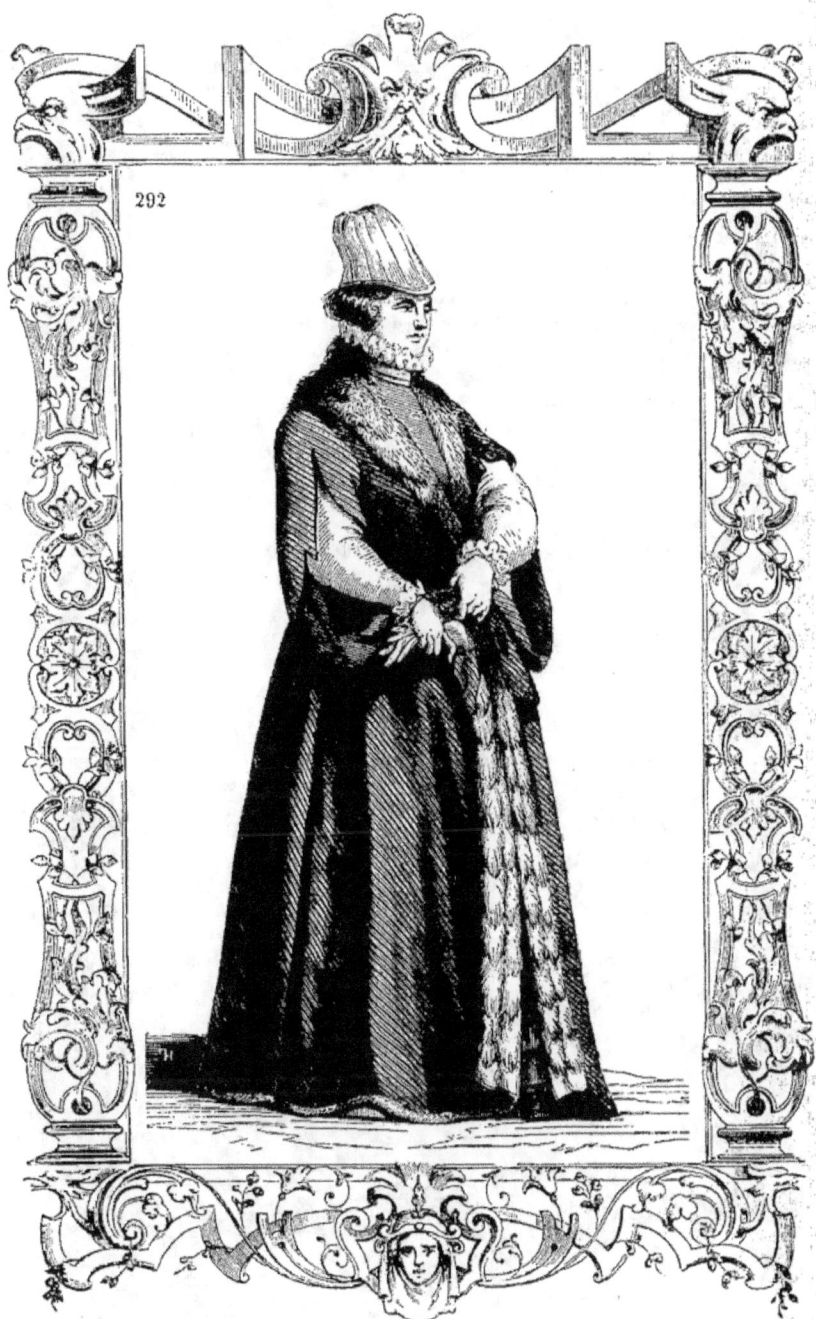
292

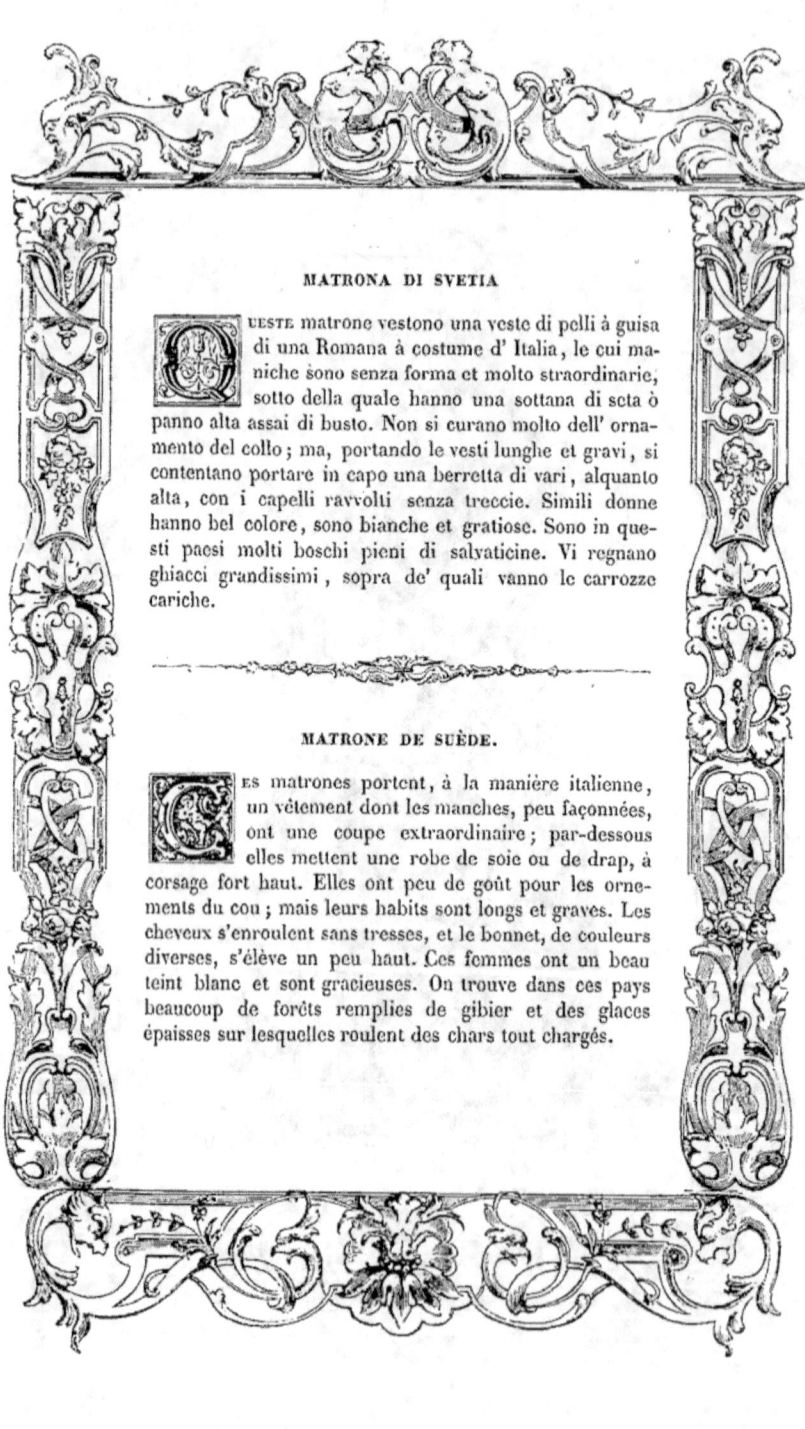

### MATRONA DI SVETIA

**Q**UESTE matrone vestono una veste di pelli à guisa di una Romana à costume d' Italia, le cui maniche sono senza forma et molto straordinarie, sotto della quale hanno una sottana di seta ò panno alta assai di busto. Non si curano molto dell' ornamento del collo; ma, portando le vesti lunghe et gravi, si contentano portare in capo una berretta di vari, alquanto alta, con i capelli ravvolti senza treccie. Simili donne hanno bel colore, sono bianche et gratiose. Sono in questi paesi molti boschi pieni di salvaticine. Vi regnano ghiacci grandissimi, sopra de' quali vanno le carrozze cariche.

### MATRONE DE SUÈDE.

**C**ES matrones portent, à la manière italienne, un vêtement dont les manches, peu façonnées, ont une coupe extraordinaire ; par-dessous elles mettent une robe de soie ou de drap, à corsage fort haut. Elles ont peu de goût pour les ornements du cou ; mais leurs habits sont longs et graves. Les cheveux s'enroulent sans tresses, et le bonnet, de couleurs diverses, s'élève un peu haut. Ces femmes ont un beau teint blanc et sont gracieuses. On trouve dans ces pays beaucoup de forêts remplies de gibier et des glaces épaisses sur lesquelles roulent des chars tout chargés.

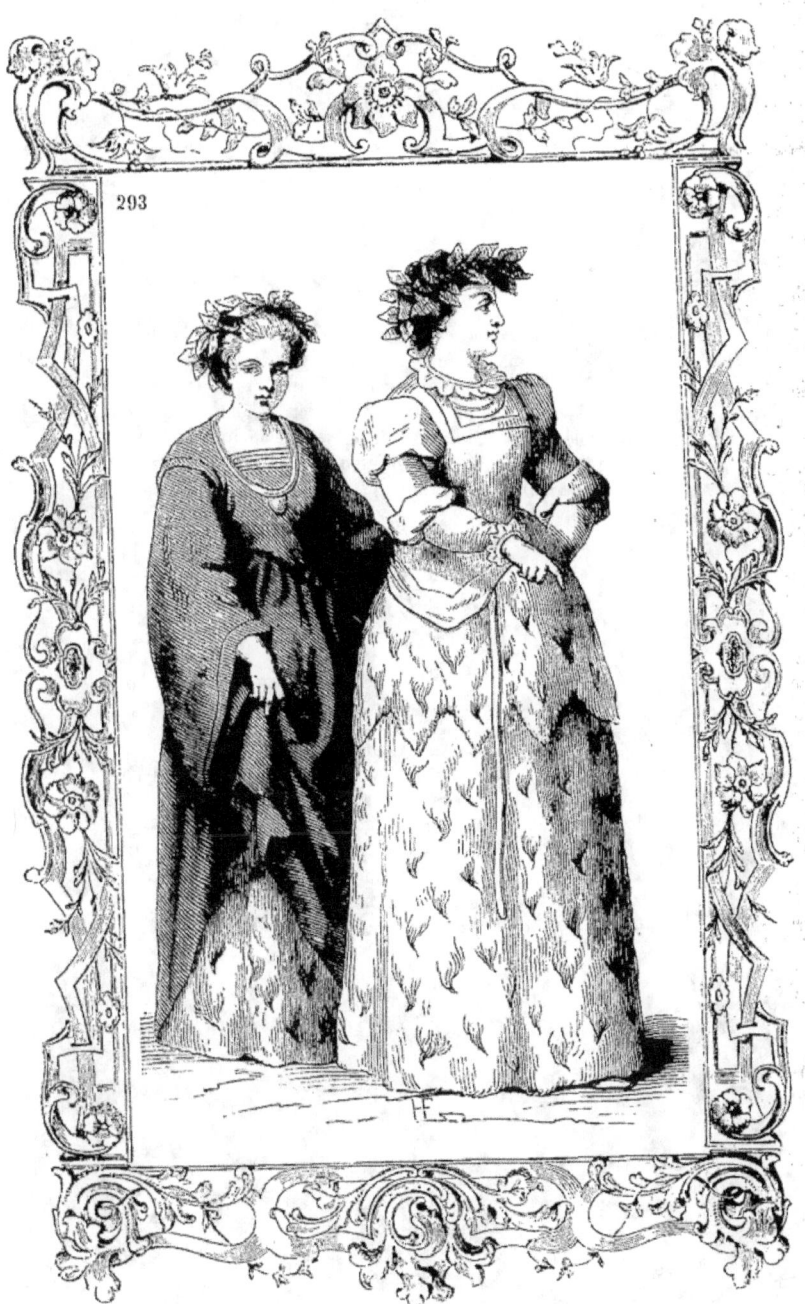

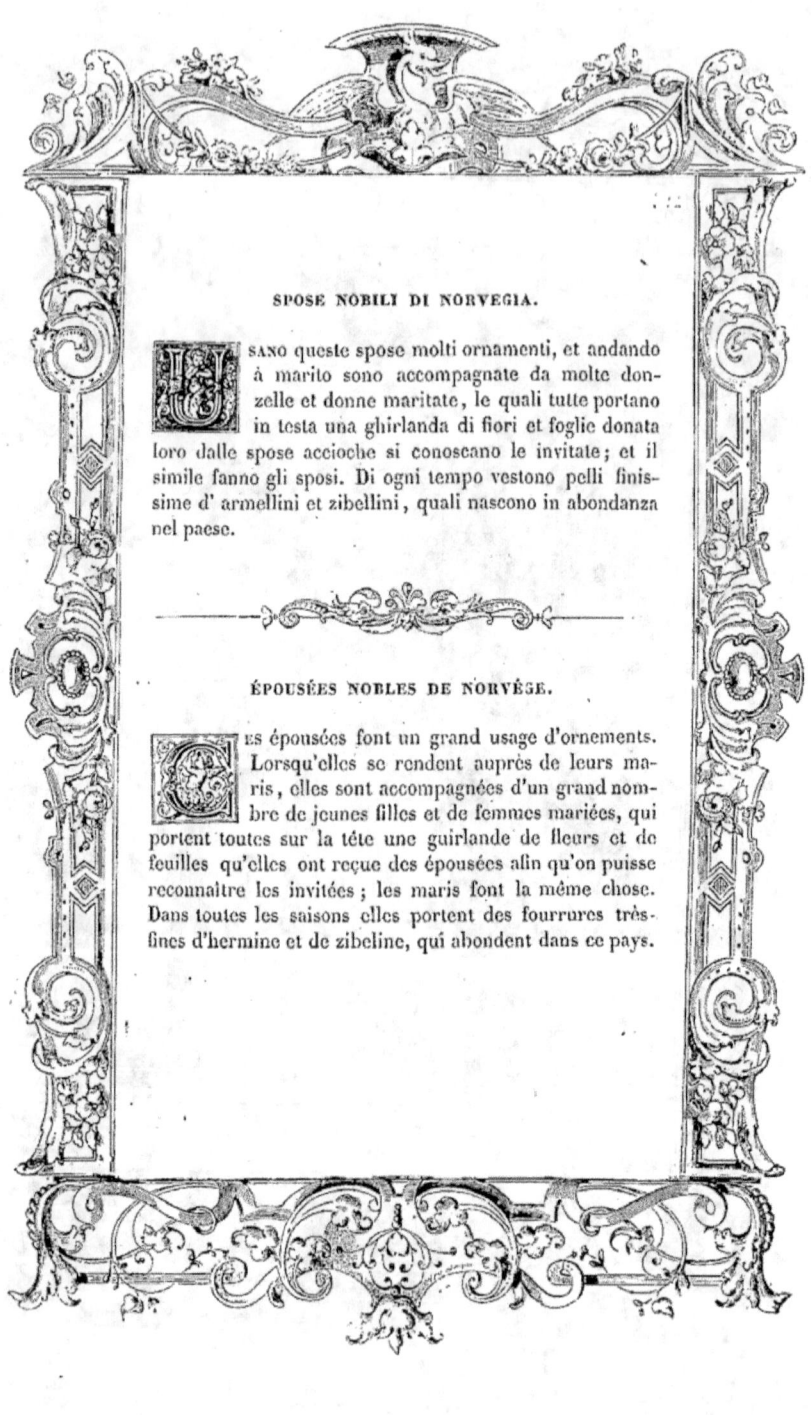

## SPOSE NOBILI DI NORVEGIA.

Usano queste spose molti ornamenti, et andando à marito sono accompagnate da molte donzelle et donne maritate, le quali tutte portano in testa una ghirlanda di fiori et foglie donata loro dalle spose accioche si conoscano le invitate; et il simile fanno gli sposi. Di ogni tempo vestono pelli finissime d'armellini et zibellini, quali nascono in abondanza nel paese.

## ÉPOUSÉES NOBLES DE NORVÈGE.

Les épousées font un grand usage d'ornements. Lorsqu'elles se rendent auprès de leurs maris, elles sont accompagnées d'un grand nombre de jeunes filles et de femmes mariées, qui portent toutes sur la téte une guirlande de fleurs et de feuilles qu'elles ont reçue des épousées afin qu'on puisse reconnaître les invitées ; les maris font la même chose. Dans toutes les saisons elles portent des fourrures très-fines d'hermine et de zibeline, qui abondent dans ce pays.

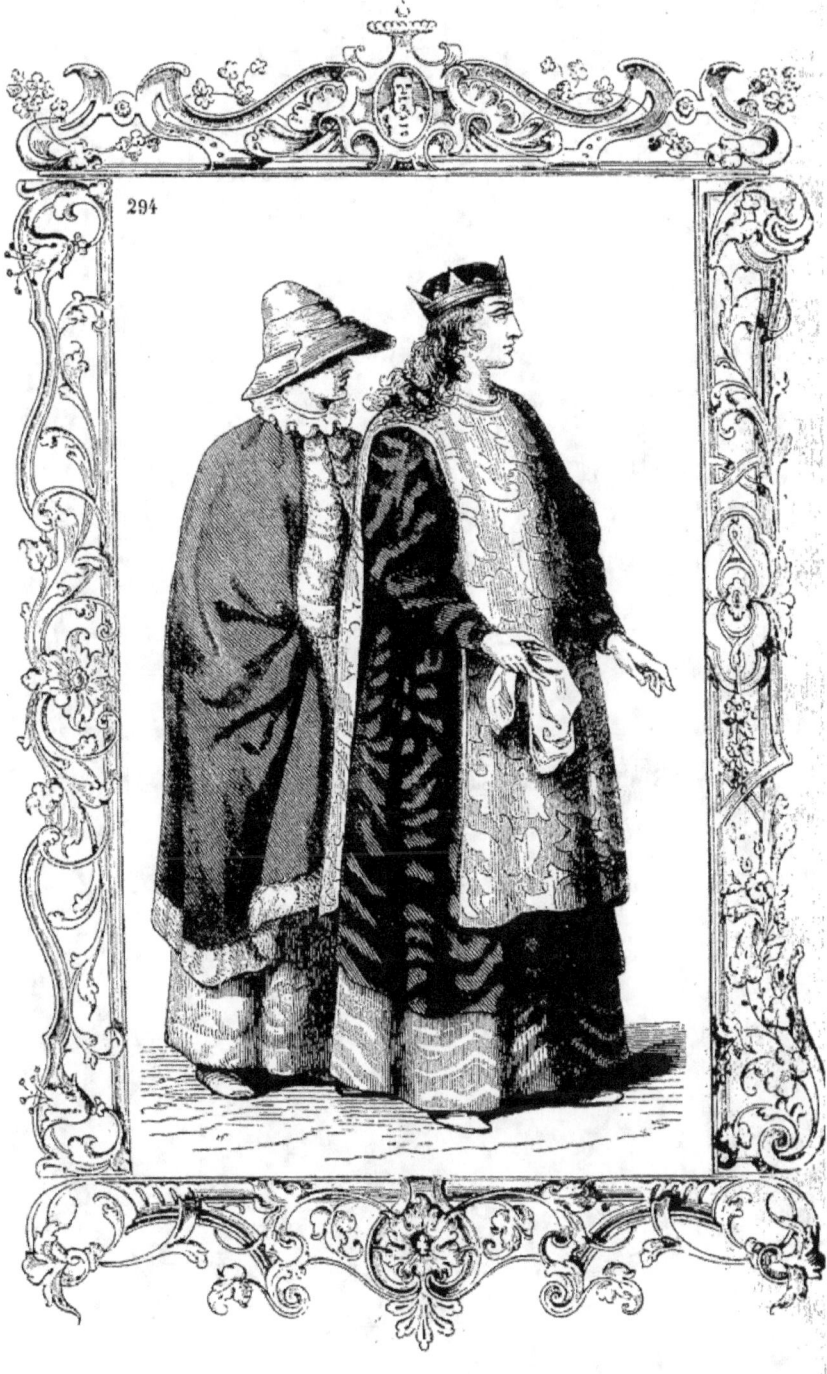

294

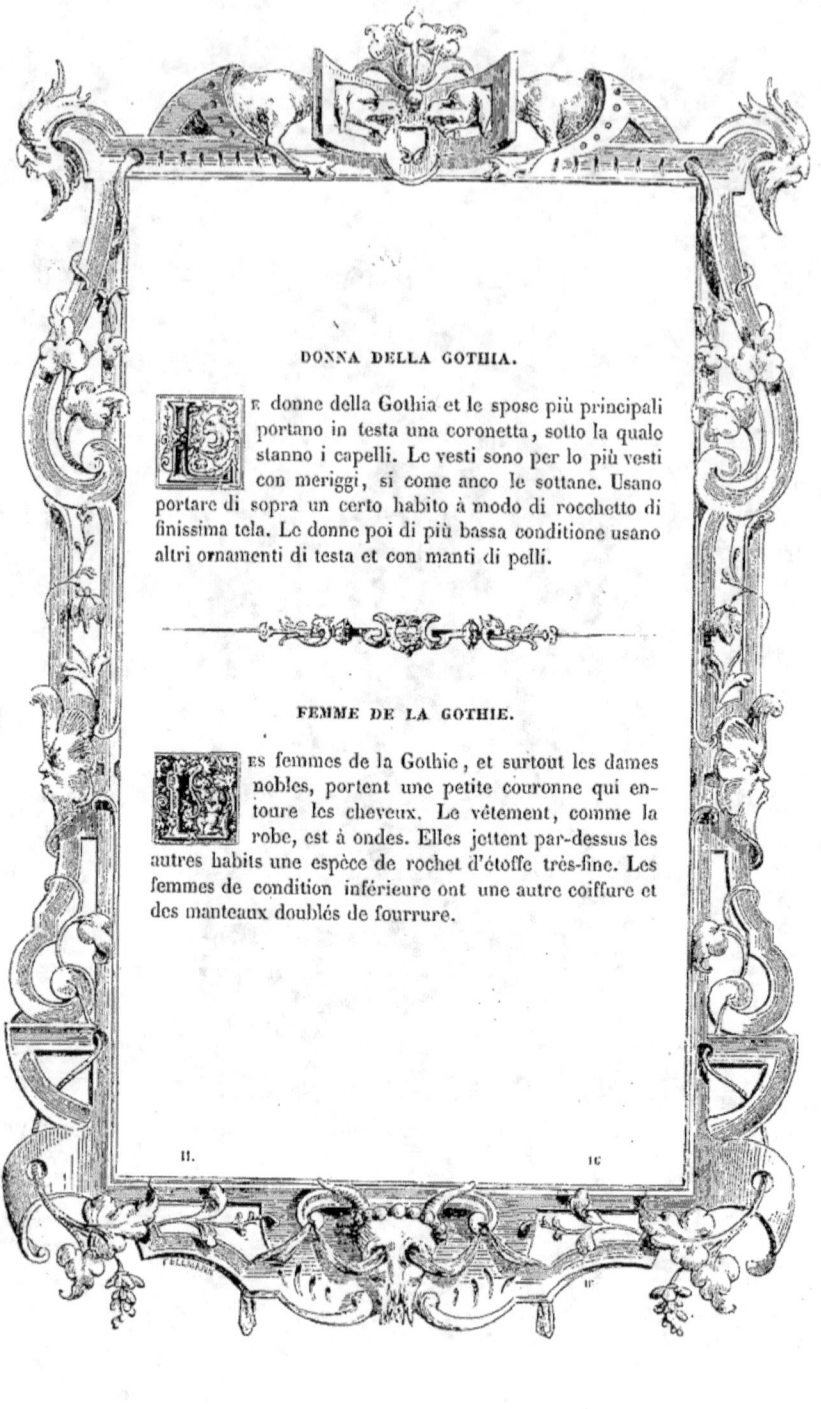

## DONNA DELLA GOTHIA.

L E donne della Gothia et le spose più principali portano in testa una coronetta, sotto la quale stanno i capelli. Le vesti sono per lo più vesti con meriggi, si come anco le sottane. Usano portare di sopra un certo habito à modo di rocchetto di finissima tela. Le donne poi di più bassa conditione usano altri ornamenti di testa et con manti di pelli.

## FEMME DE LA GOTHIE.

L ES femmes de la Gothie, et surtout les dames nobles, portent une petite couronne qui entoure les cheveux. Le vêtement, comme la robe, est à ondes. Elles jettent par-dessus les autres habits une espèce de rochet d'étoffe très-fine. Les femmes de condition inférieure ont une autre coiffure et des manteaux doublés de fourrure.

II.                                                    16

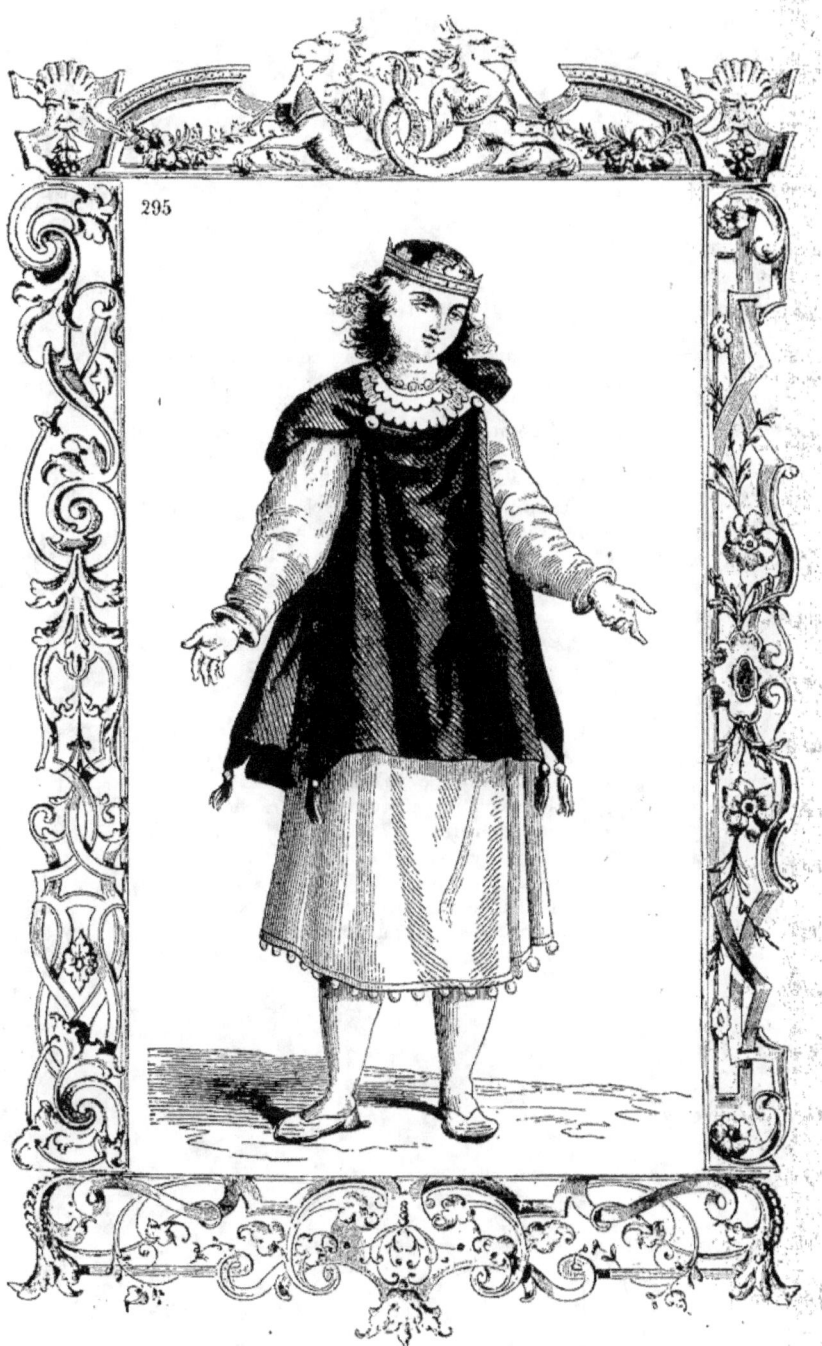

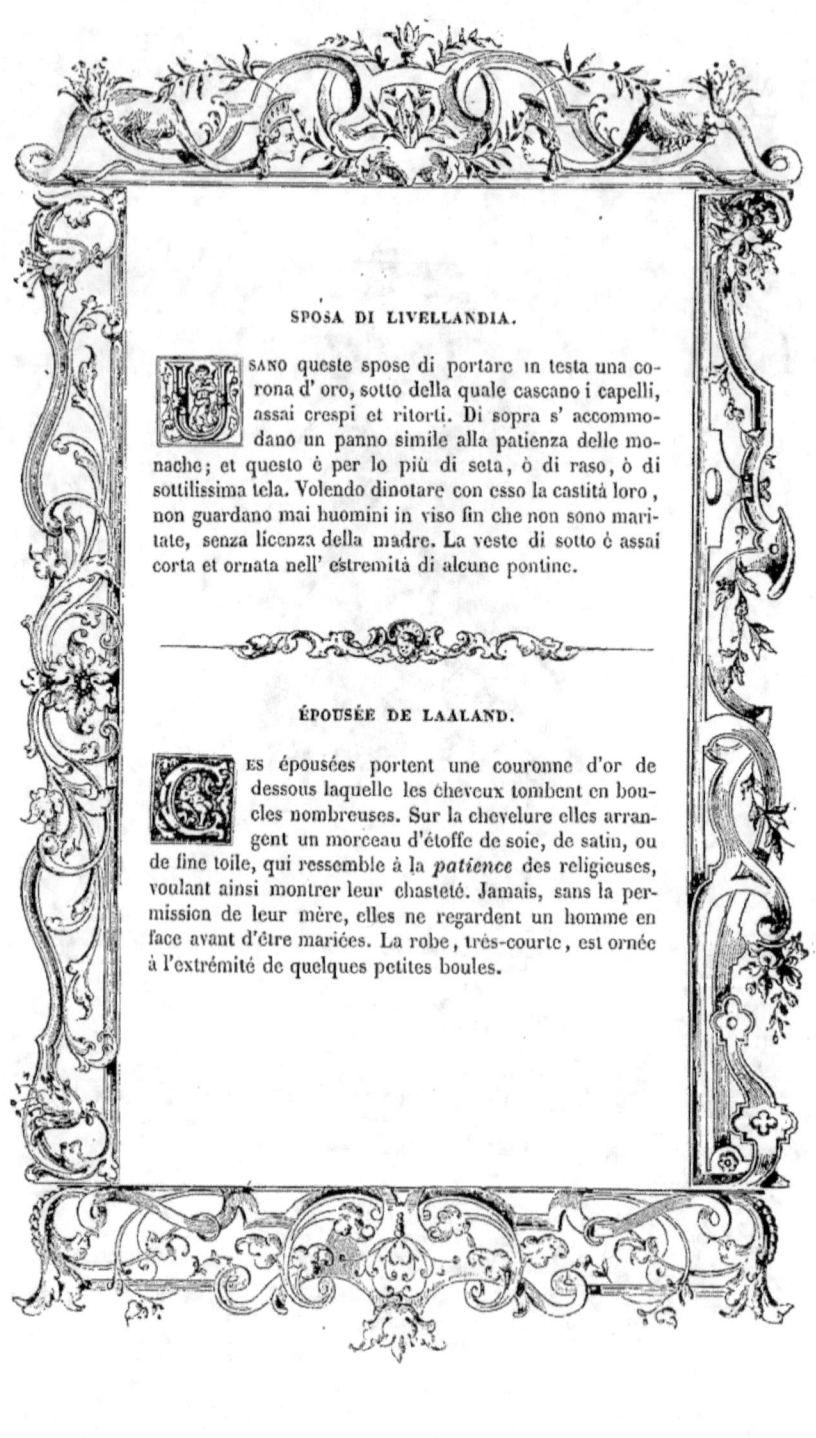

### SPOSA DI LIVELLANDIA.

Usano queste spose di portare in testa una corona d'oro, sotto della quale cascano i capelli, assai crespi et ritorti. Di sopra s'accommodano un panno simile alla patienza delle monache; et questo è per lo più di seta, ò di raso, ò di sottilissima tela. Volendo dinotare con esso la castità loro, non guardano mai huomini in viso fin che non sono maritate, senza licenza della madre. La veste di sotto è assai corta et ornata nell'estremità di alcune pontine.

### ÉPOUSÉE DE LAALAND.

Ces épousées portent une couronne d'or de dessous laquelle les cheveux tombent en boucles nombreuses. Sur la chevelure elles arrangent un morceau d'étoffe de soie, de satin, ou de fine toile, qui ressemble à la *patience* des religieuses, voulant ainsi montrer leur chasteté. Jamais, sans la permission de leur mère, elles ne regardent un homme en face avant d'être mariées. La robe, très-courte, est ornée à l'extrémité de quelques petites boules.

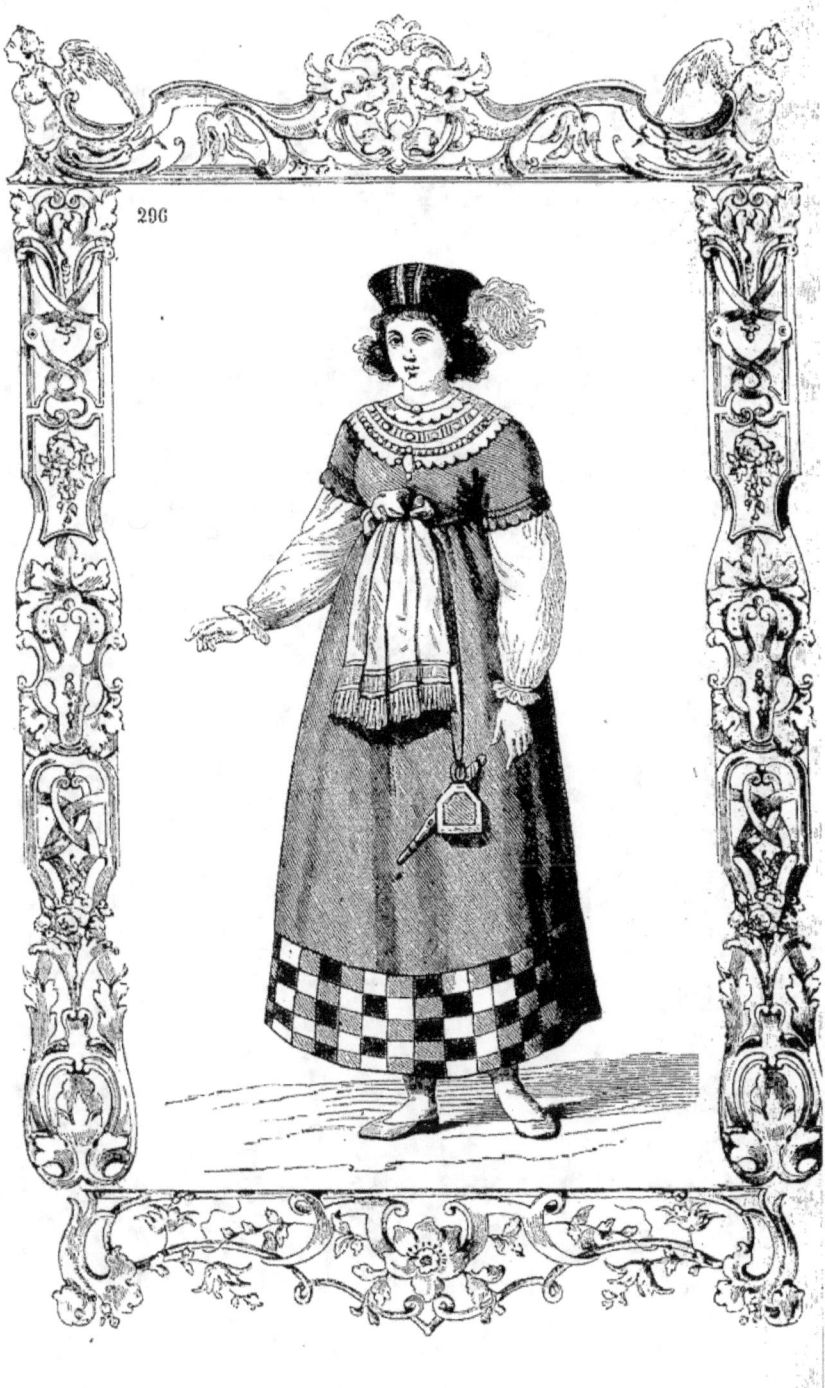

296

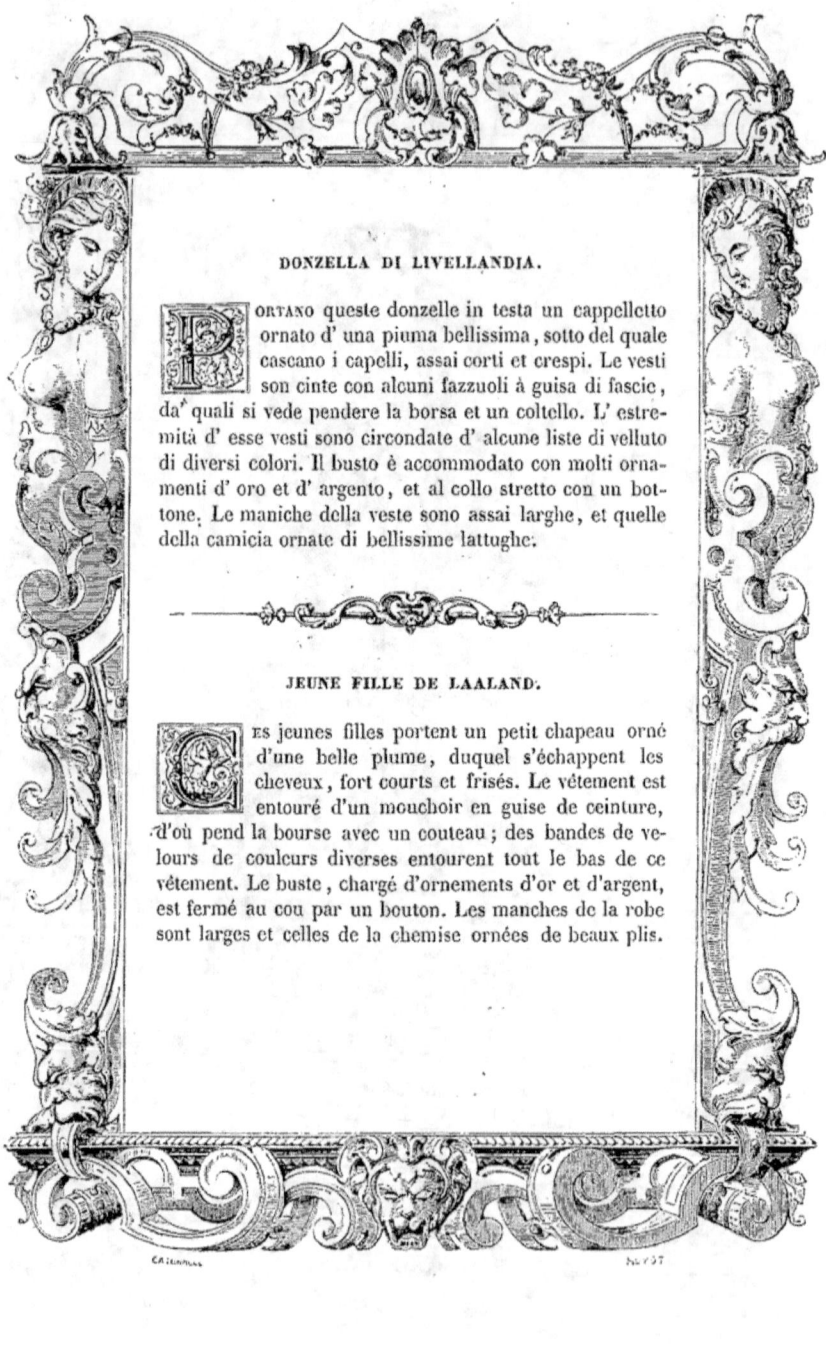

### DONZELLA DI LIVELLANDIA.

**P**ORTANO queste donzelle in testa un cappelletto ornato d' una piuma bellissima, sotto del quale cascano i capelli, assai corti et crespi. Le vesti son cinte con alcuni fazzuoli à guisa di fascie, da' quali si vede pendere la borsa et un coltello. L' estremità d' esse vesti sono circondate d' alcune liste di velluto di diversi colori. Il busto è accommodato con molti ornamenti d' oro et d' argento, et al collo stretto con un bottone. Le maniche della veste sono assai larghe, et quelle della camicia ornate di bellissime lattughe.

### JEUNE FILLE DE LAALAND.

**C**ES jeunes filles portent un petit chapeau orné d'une belle plume, duquel s'échappent les cheveux, fort courts et frisés. Le vêtement est entouré d'un mouchoir en guise de ceinture, d'où pend la bourse avec un couteau ; des bandes de velours de couleurs diverses entourent tout le bas de ce vêtement. Le buste, chargé d'ornements d'or et d'argent, est fermé au cou par un bouton. Les manches de la robe sont larges et celles de la chemise ornées de beaux plis.

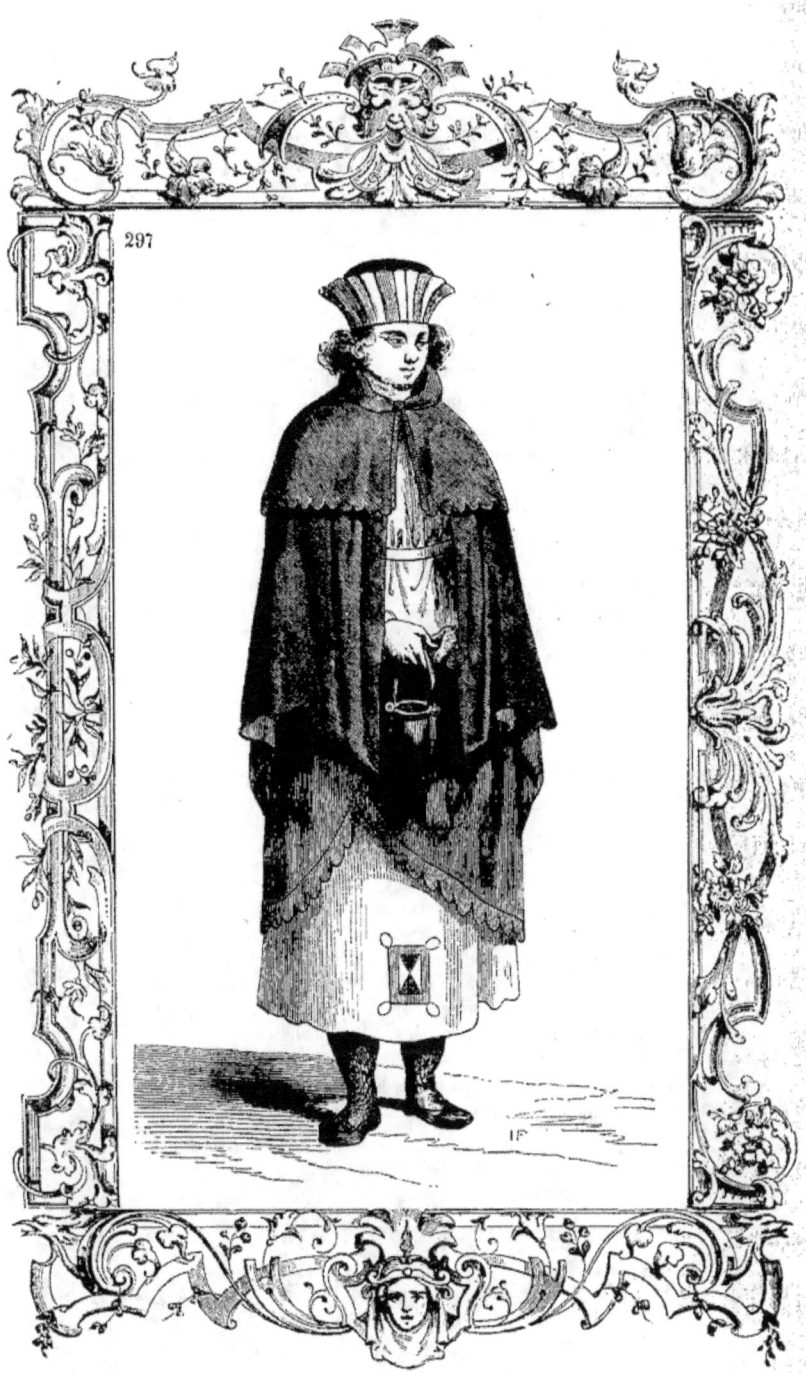
297

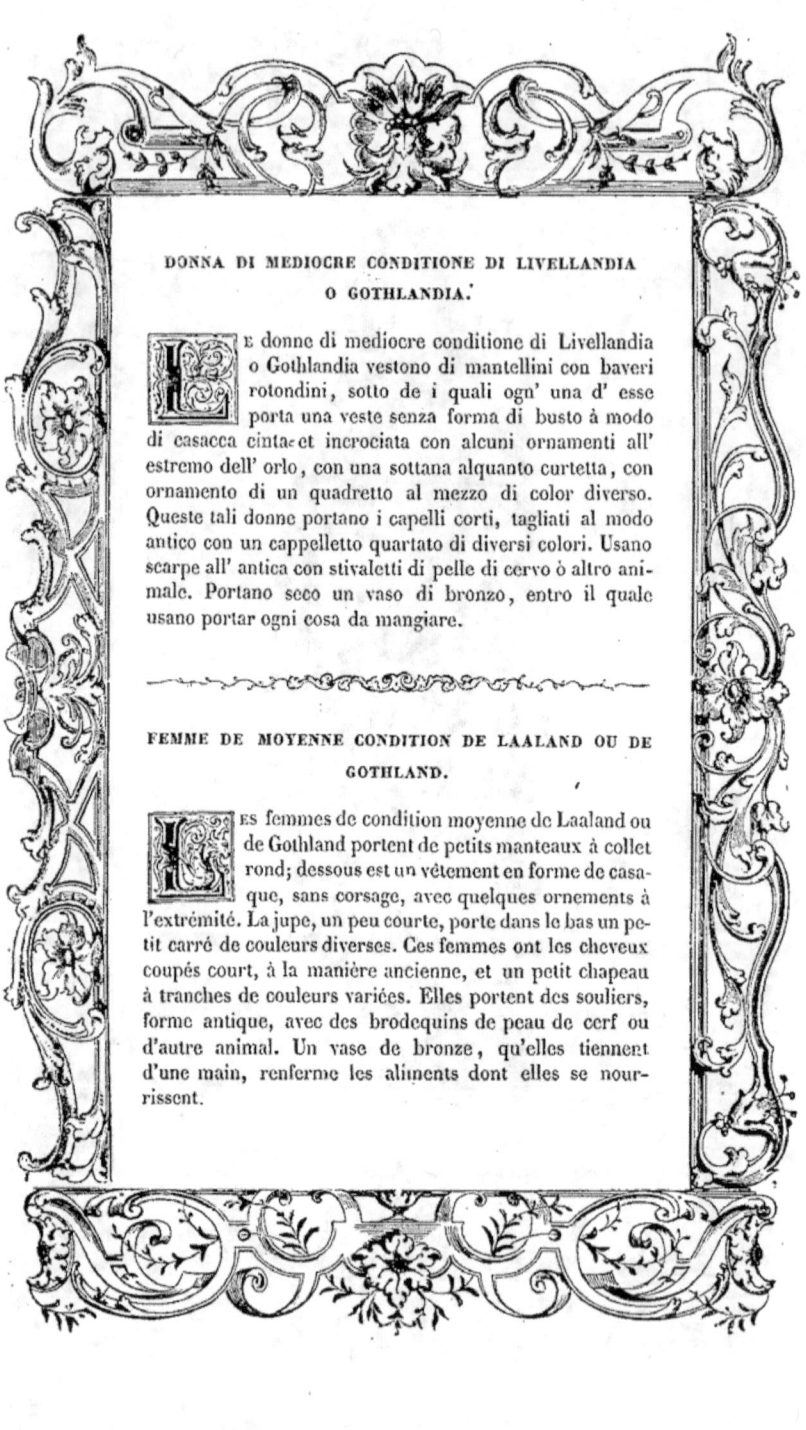

## DONNA DI MEDIOCRE CONDITIONE DI LIVELLANDIA O GOTHLANDIA.

LE donne di mediocre conditione di Livellandia o Gothlandia vestono di mantellini con baveri rotondini, sotto de i quali ogn' una d' esse porta una veste senza forma di busto à modo di casacca cinta e incrociata con alcuni ornamenti all' estremo dell' orlo, con una sottana alquanto curtetta, con ornamento di un quadretto al mezzo di color diverso. Queste tali donne portano i capelli corti, tagliati al modo antico con un cappelletto quartato di diversi colori. Usano scarpe all' antica con stivaletti di pelle di cervo ò altro animale. Portano seco un vaso di bronzo, entro il quale usano portar ogni cosa da mangiare.

## FEMME DE MOYENNE CONDITION DE LAALAND OU DE GOTHLAND.

LES femmes de condition moyenne de Laaland ou de Gothland portent de petits manteaux à collet rond; dessous est un vêtement en forme de casaque, sans corsage, avec quelques ornements à l'extrémité. La jupe, un peu courte, porte dans le bas un petit carré de couleurs diverses. Ces femmes ont les cheveux coupés court, à la manière ancienne, et un petit chapeau à tranches de couleurs variées. Elles portent des souliers, forme antique, avec des brodequins de peau de cerf ou d'autre animal. Un vase de bronze, qu'elles tiennent d'une main, renferme les aliments dont elles se nourrissent.

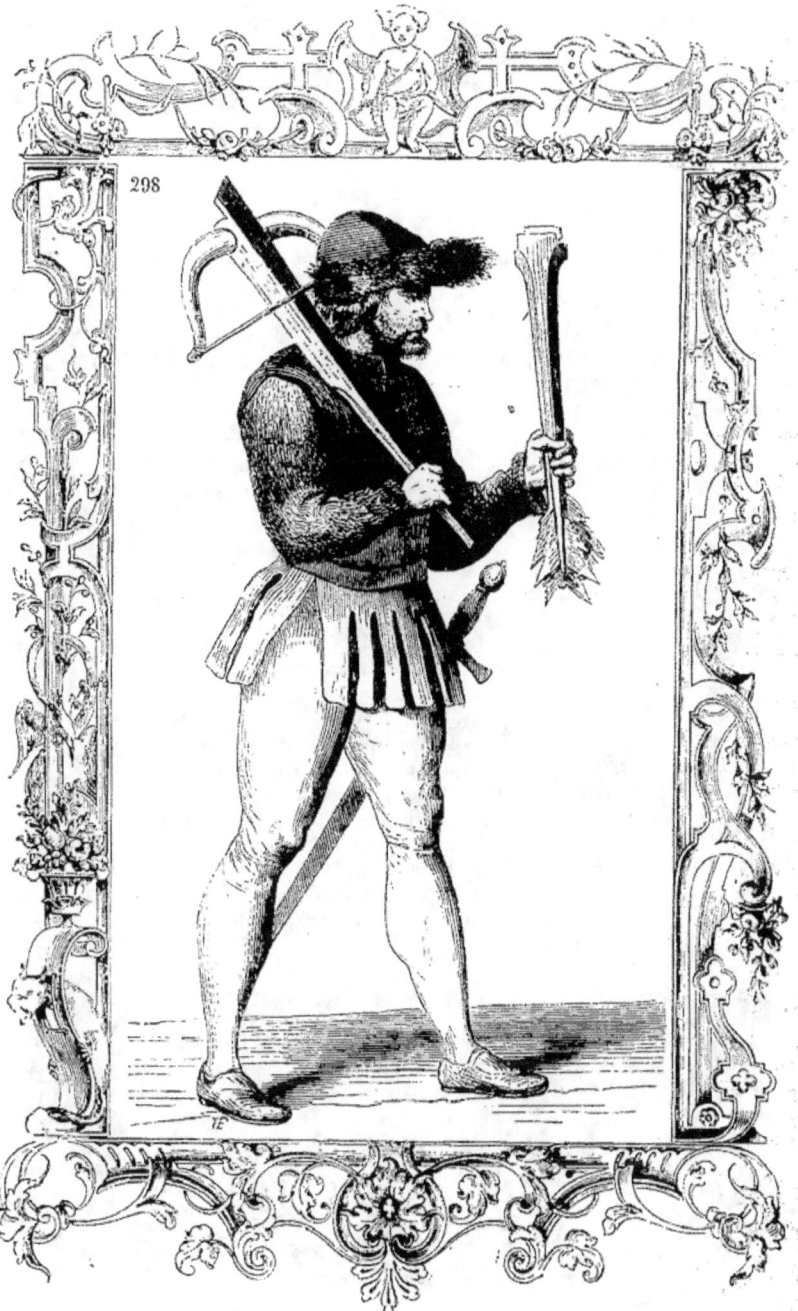

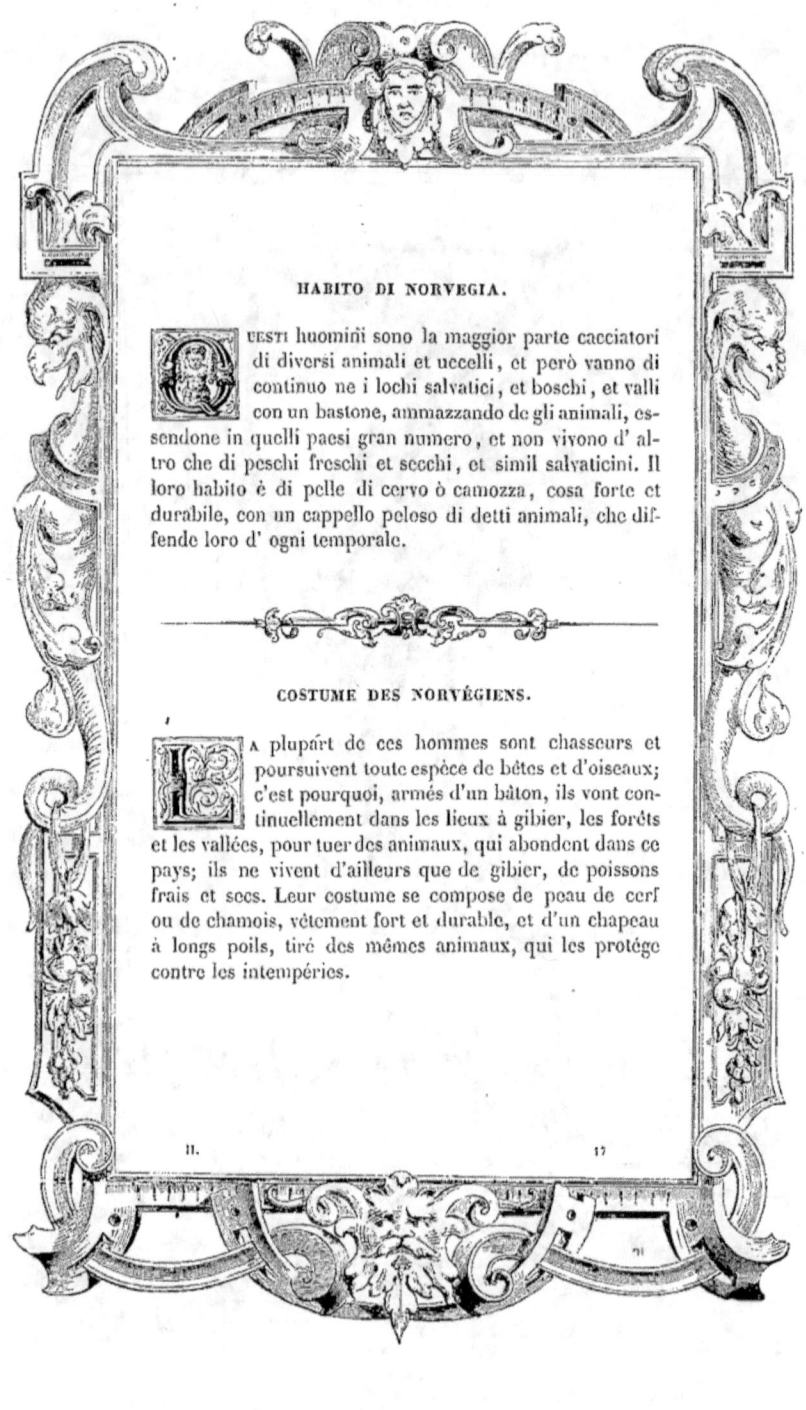

### HABITO DI NORVEGIA.

UESTI huomiñi sono la maggior parte cacciatori di diversi animali et uccelli, et però vanno di continuo ne i lochi salvatici, et boschi, et valli con un bastone, ammazzando de gli animali, essendone in quelli paesi gran numero, et non vivono d' altro che di peschi freschi et secchi, et simil salvaticini. Il loro habito è di pelle di cervo ò camozza, cosa forte et durabile, con un cappello peloso di detti animali, che diffende loro d' ogni temporale.

### COSTUME DES NORVÉGIENS.

LA plupárt de ces hommes sont chasseurs et poursuivent toute espéce de bêtes et d'oiseaux; c'est pourquoi, armés d'un bâton, ils vont continuellement dans les lieux à gibier, les foréts et les vallées, pour tuer des animaux, qui abondent dans ce pays; ils ne vivent d'ailleurs que de gibier, de poissons frais et secs. Leur costume se compose de peau de cerf ou de chamois, vêtement fort et durable, et d'un chapeau à longs poils, tiré des mêmes animaux, qui les protége contre les intempéries.

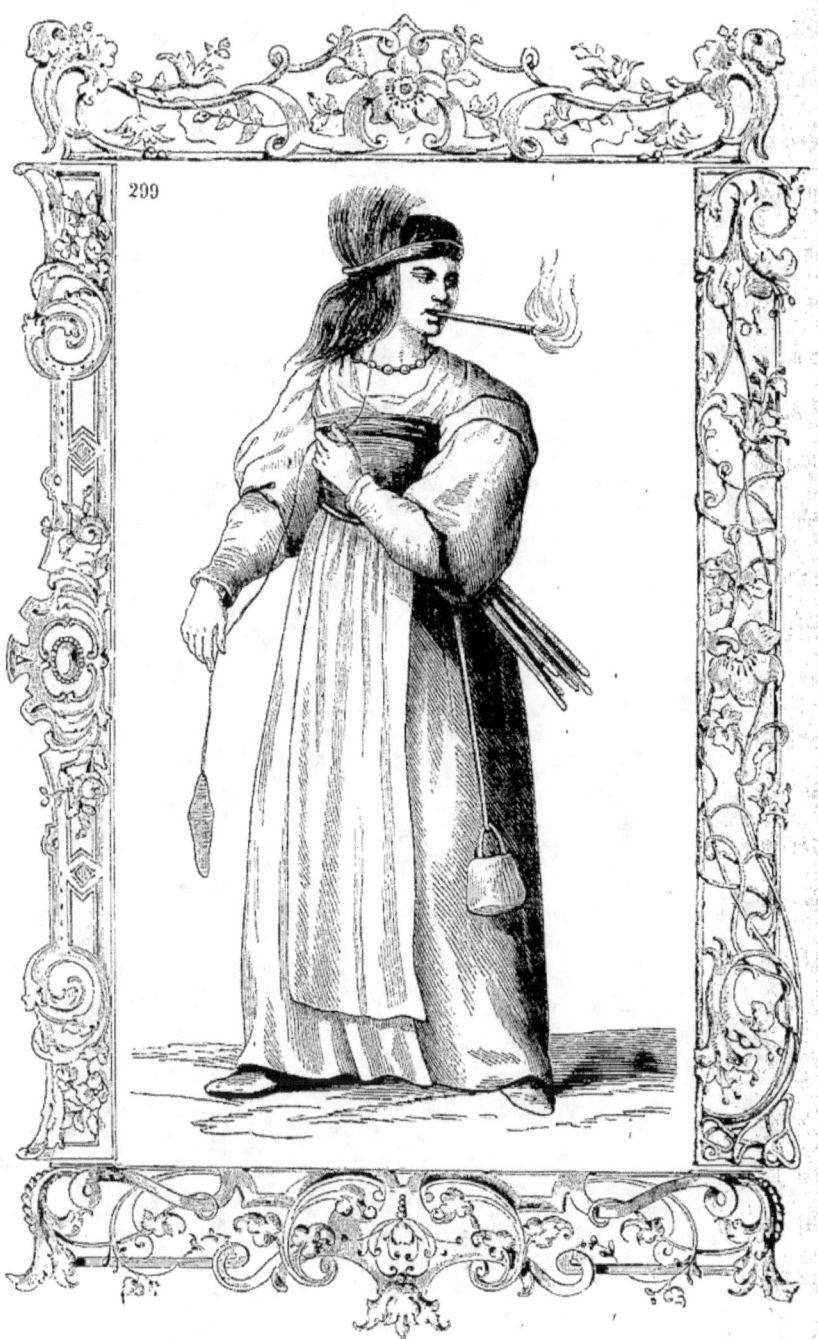

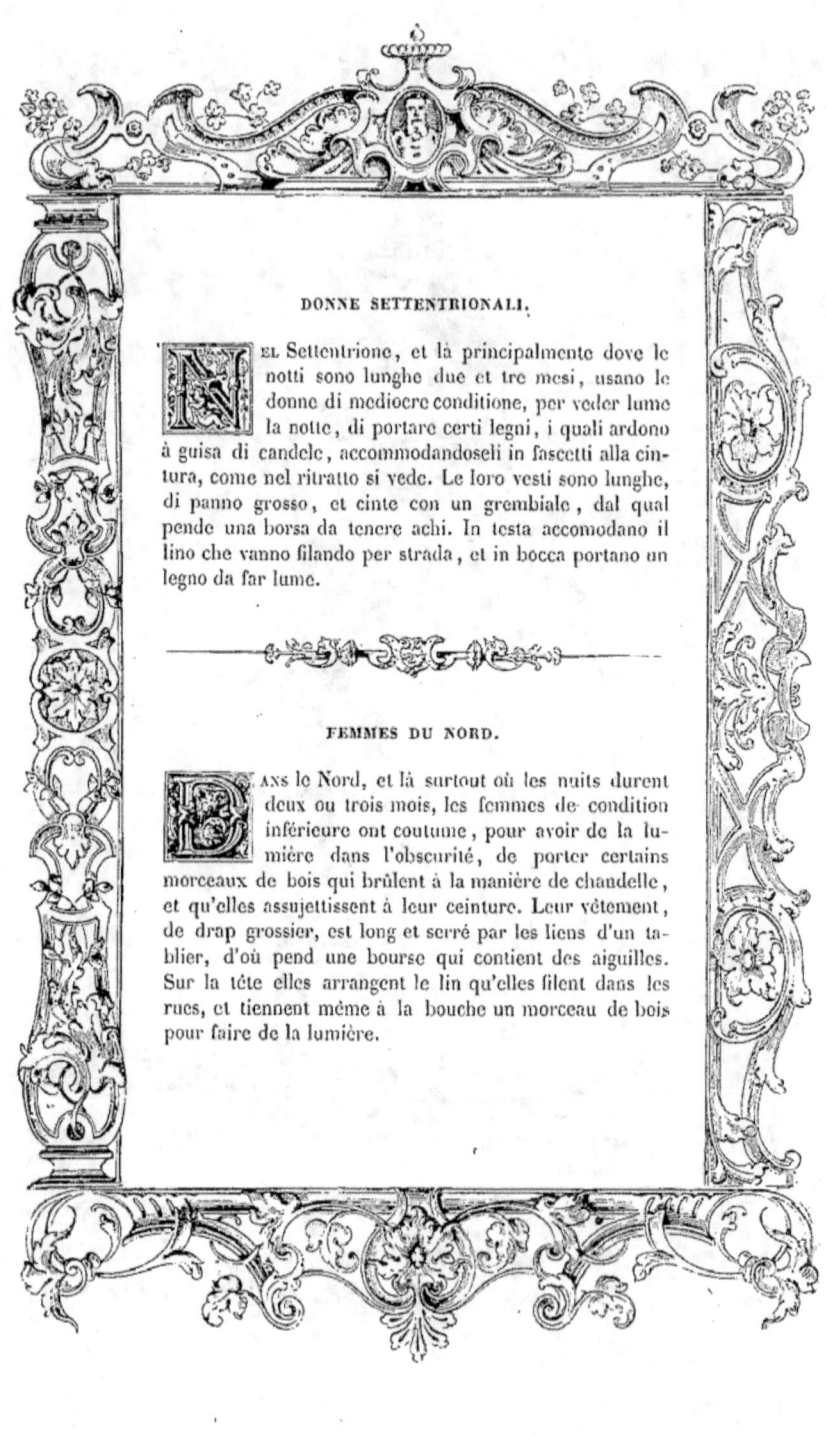

### DONNE SETTENTRIONALI.

NEL Settentrione, et là principalmente dove le notti sono lunghe due et tre mesi, usano le donne di mediocre conditione, per veder lume la notte, di portare certi legni, i quali ardono à guisa di candele, accommodandoseli in fascetti alla cintura, come nel ritratto si vede. Le loro vesti sono lunghe, di panno grosso, et cinte con un grembiale, dal qual pende una borsa da tenere achi. In testa accomodano il lino che vanno filando per strada, et in bocca portano un legno da far lume.

### FEMMES DU NORD.

DANS le Nord, et là surtout où les nuits durent deux ou trois mois, les femmes de condition inférieure ont coutume, pour avoir de la lumière dans l'obscurité, de porter certains morceaux de bois qui brûlent à la manière de chandelle, et qu'elles assujettissent à leur ceinture. Leur vêtement, de drap grossier, est long et serré par les liens d'un tablier, d'où pend une bourse qui contient des aiguilles. Sur la tête elles arrangent le lin qu'elles filent dans les rues, et tiennent même à la bouche un morceau de bois pour faire de la lumière.

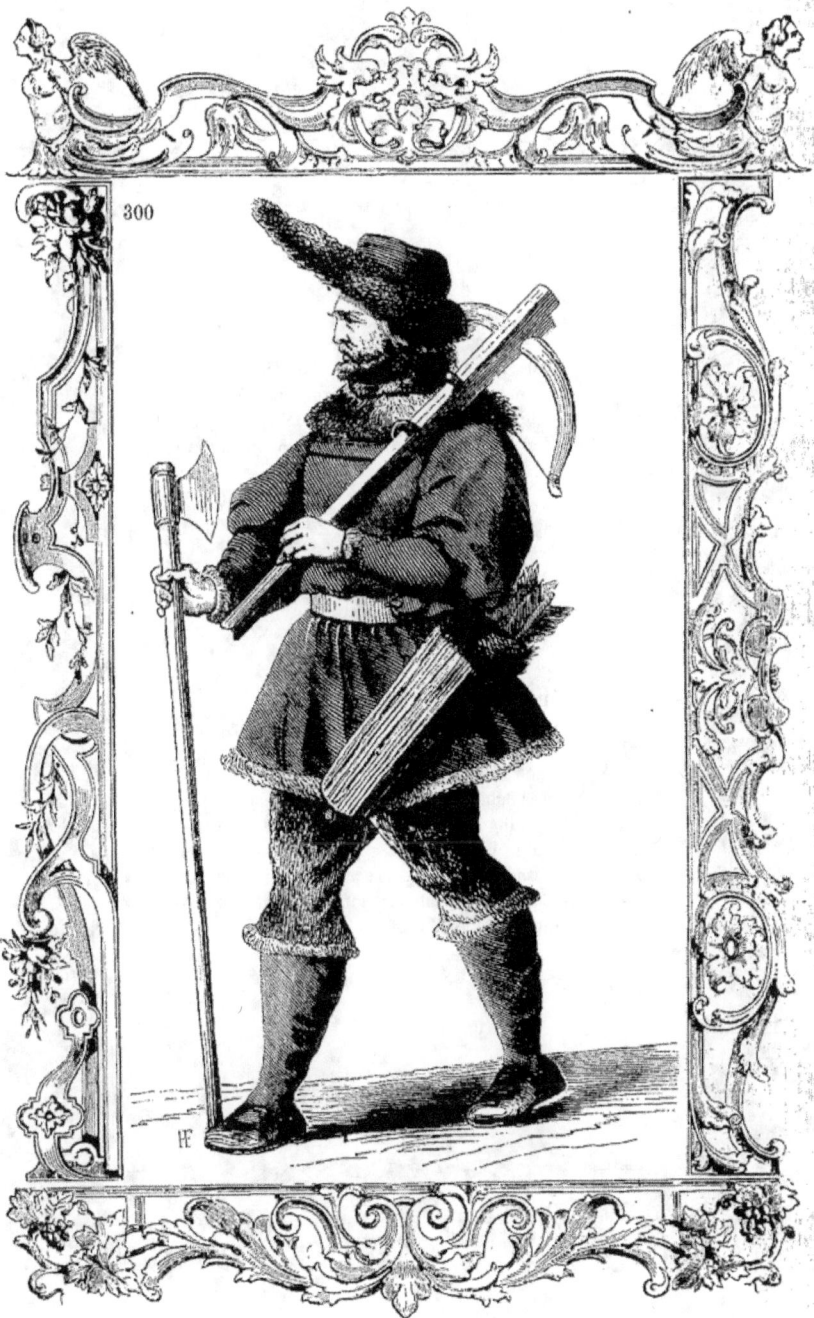

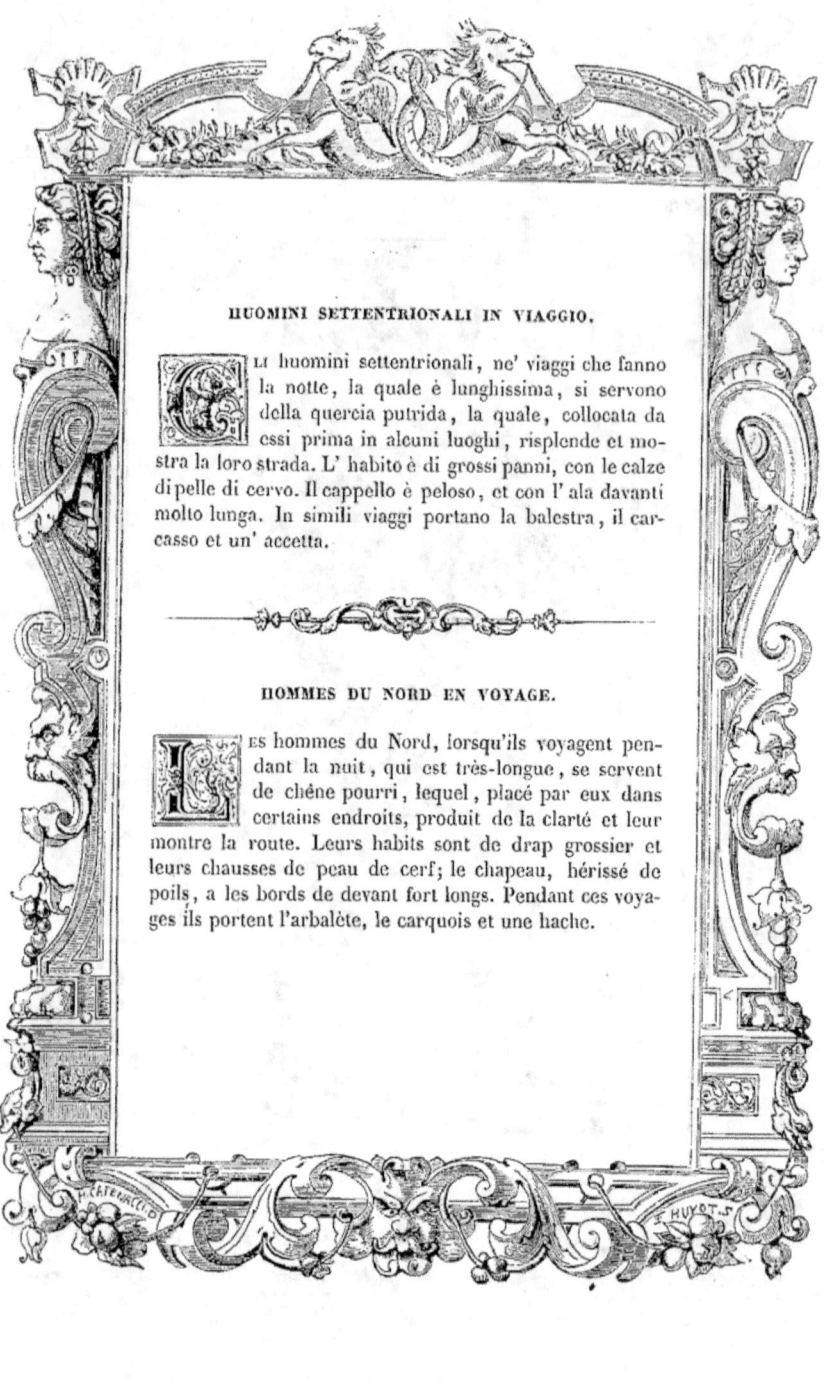

### HUOMINI SETTENTRIONALI IN VIAGGIO.

GLI huomini settentrionali, ne' viaggi che fanno la notte, la quale è lunghissima, si servono della quercia putrida, la quale, collocata da essi prima in alcuni luoghi, risplende et mostra la loro strada. L' habito è di grossi panni, con le calze di pelle di cervo. Il cappello è peloso, et con l' ala davanti molto lunga. In simili viaggi portano la balestra, il carcasso et un' accetta.

### HOMMES DU NORD EN VOYAGE.

LES hommes du Nord, lorsqu'ils voyagent pendant la nuit, qui est très-longue, se servent de chêne pourri, lequel, placé par eux dans certains endroits, produit de la clarté et leur montre la route. Leurs habits sont de drap grossier et leurs chausses de peau de cerf; le chapeau, hérissé de poils, a les bords de devant fort longs. Pendant ces voyages ils portent l'arbalète, le carquois et une hache.

301

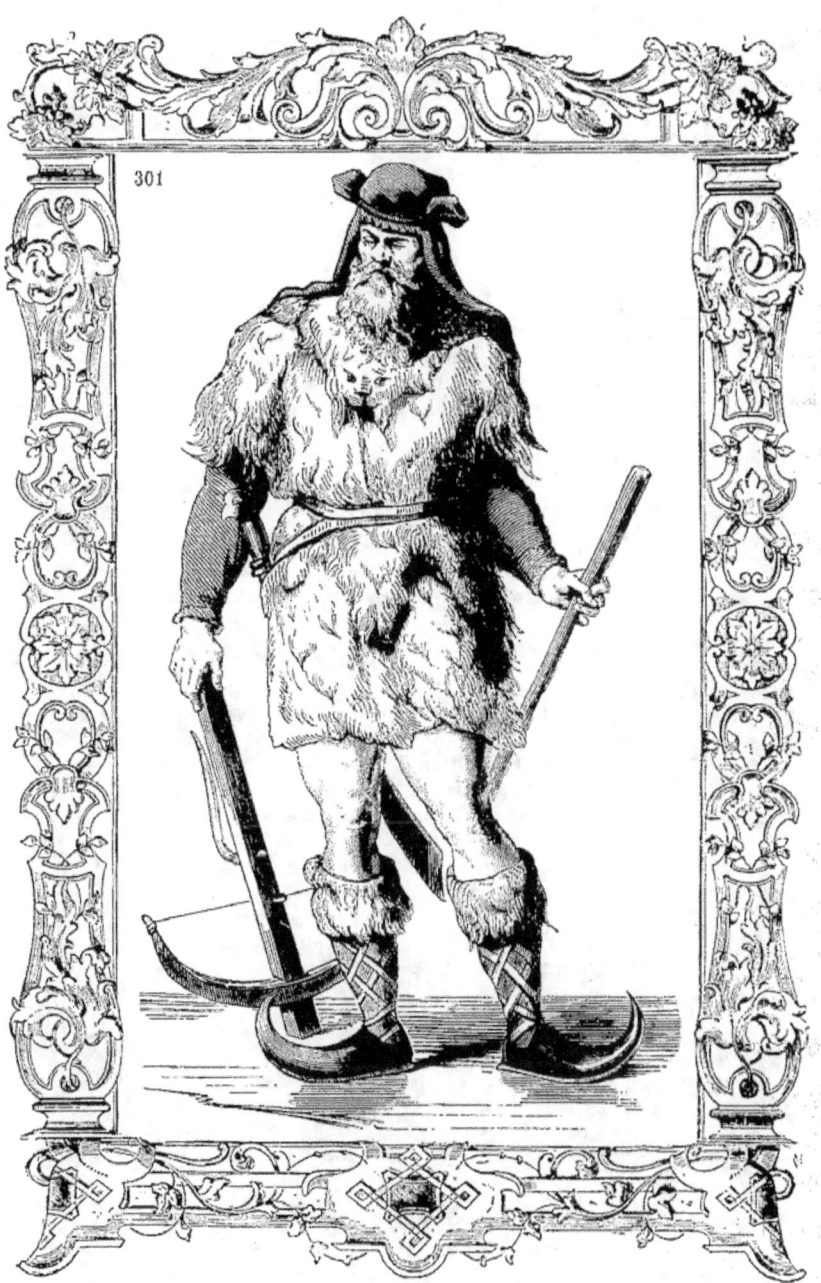

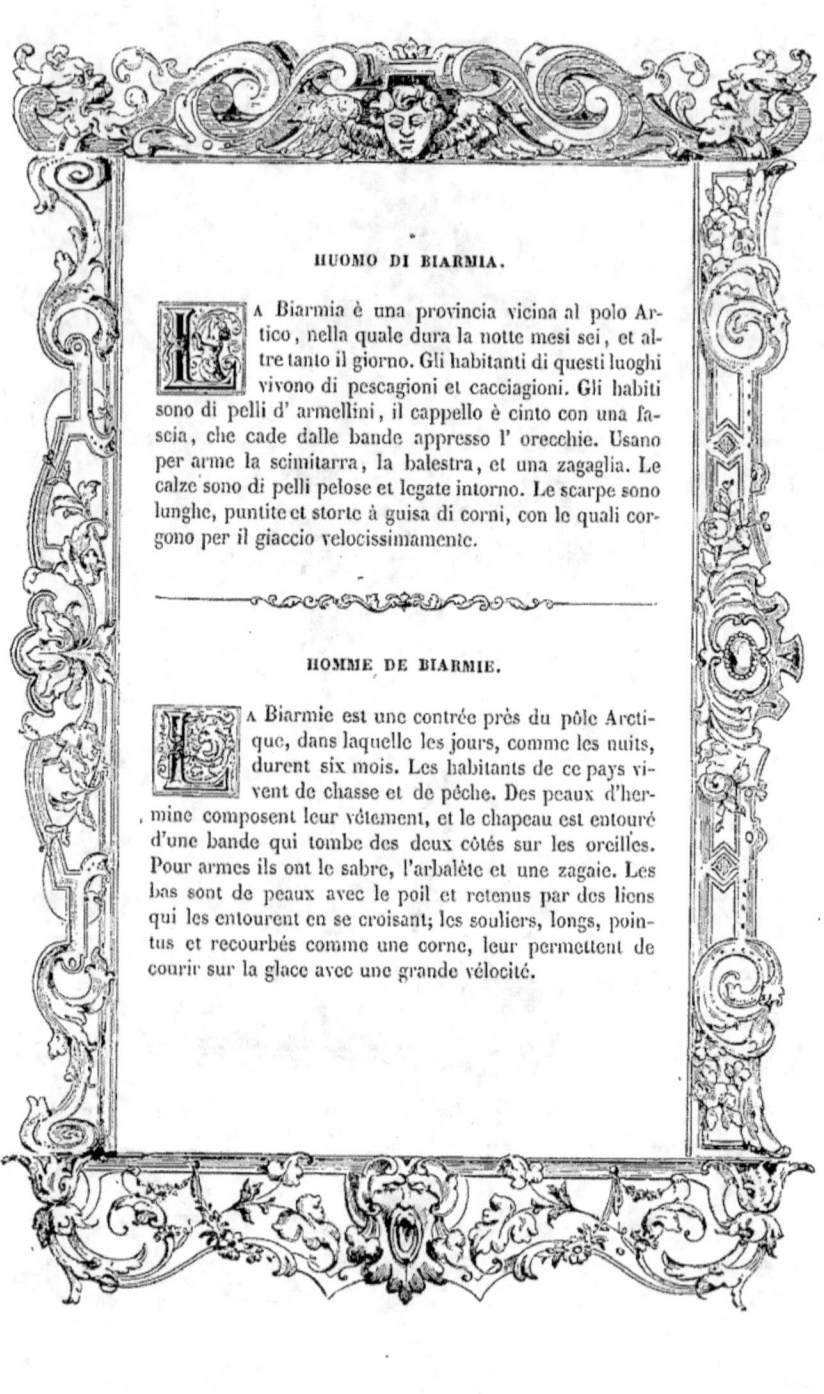

### HUOMO DI BIARMIA.

La Biarmia è una provincia vicina al polo Artico, nella quale dura la notte mesi sei, et altre tanto il giorno. Gli habitanti di questi luoghi vivono di pescagioni et cacciagioni. Gli habiti sono di pelli d' armellini, il cappello è cinto con una fascia, che cade dalle bande appresso l' orecchie. Usano per arme la scimitarra, la balestra, et una zagaglia. Le calze sono di pelli pelose et legate intorno. Le scarpe sono lunghe, puntite et storte à guisa di corni, con le quali corgono per il giaccio velocissimamente.

### HOMME DE BIARMIE.

La Biarmie est une contrée près du pôle Arctique, dans laquelle les jours, comme les nuits, durent six mois. Les habitants de ce pays vivent de chasse et de pêche. Des peaux d'hermine composent leur vêtement, et le chapeau est entouré d'une bande qui tombe des deux côtés sur les oreilles. Pour armes ils ont le sabre, l'arbalète et une zagaie. Les bas sont de peaux avec le poil et retenus par des liens qui les entourent en se croisant; les souliers, longs, pointus et recourbés comme une corne, leur permettent de courir sur la glace avec une grande vélocité.

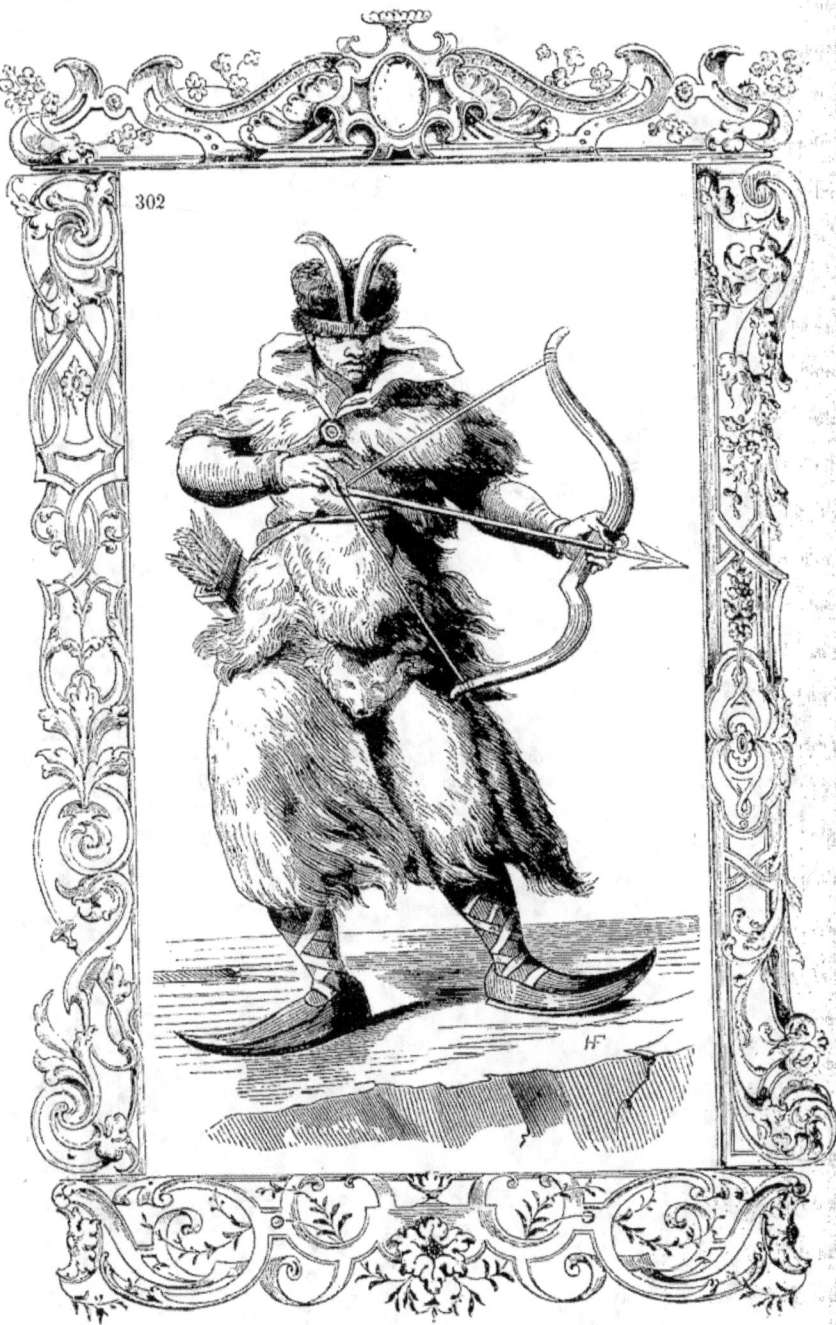

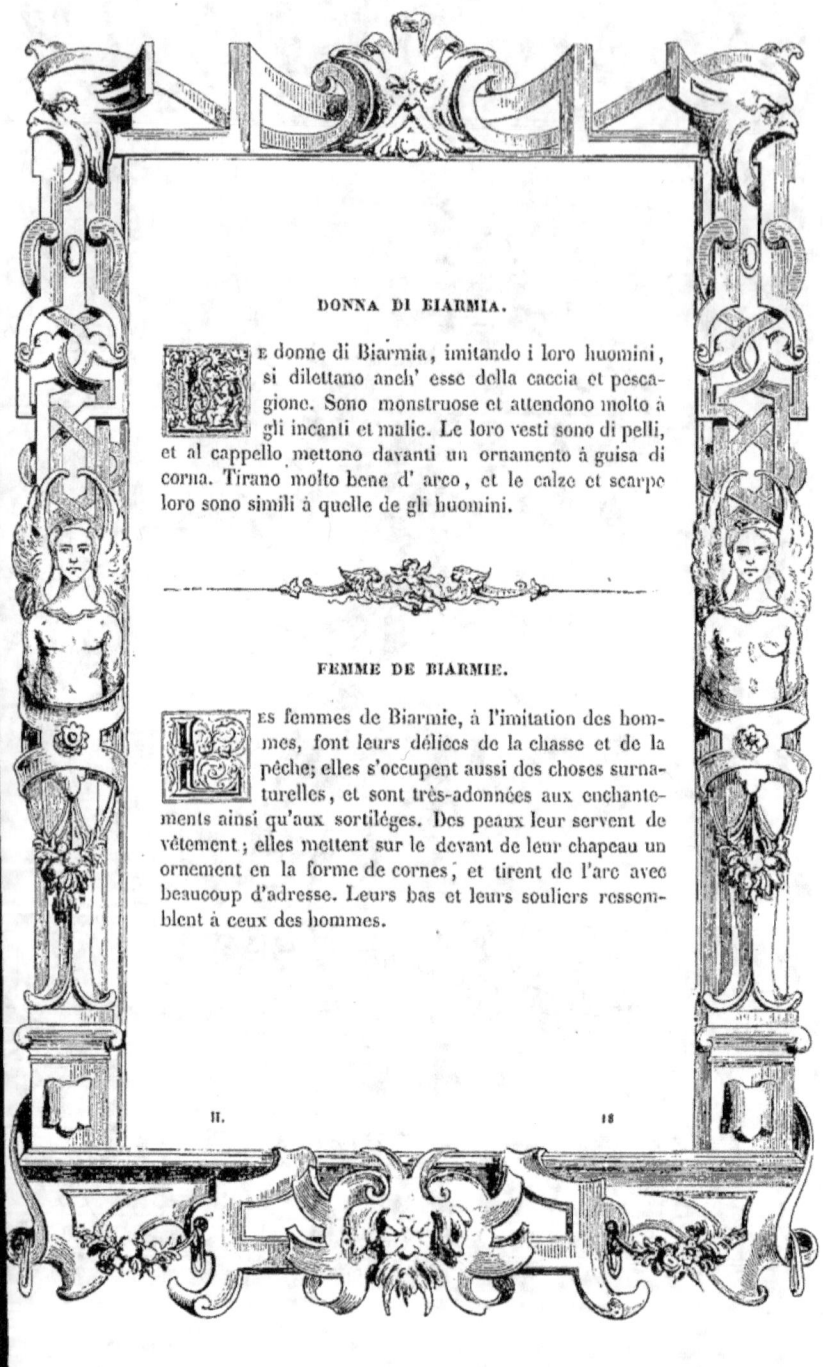

### DONNA DI BIARMIA.

E donne di Biarmia, imitando i loro huomini, si dilettano anch' esse della caccia et pescagione. Sono monstruose et attendono molto à gli incanti et malie. Le loro vesti sono di pelli, et al cappello mettono davanti un ornamento à guisa di corna. Tirano molto bene d' arco, et le calze et scarpe loro sono simili à quelle de gli huomini.

### FEMME DE BIARMIE.

ES femmes de Biarmie, à l'imitation des hommes, font leurs délices de la chasse et de la pêche; elles s'occupent aussi des choses surnaturelles, et sont très-adonnées aux enchantements ainsi qu'aux sortiléges. Des peaux leur servent de vêtement; elles mettent sur le devant de leur chapeau un ornement en la forme de cornes, et tirent de l'arc avec beaucoup d'adresse. Leurs bas et leurs souliers ressemblent à ceux des hommes.

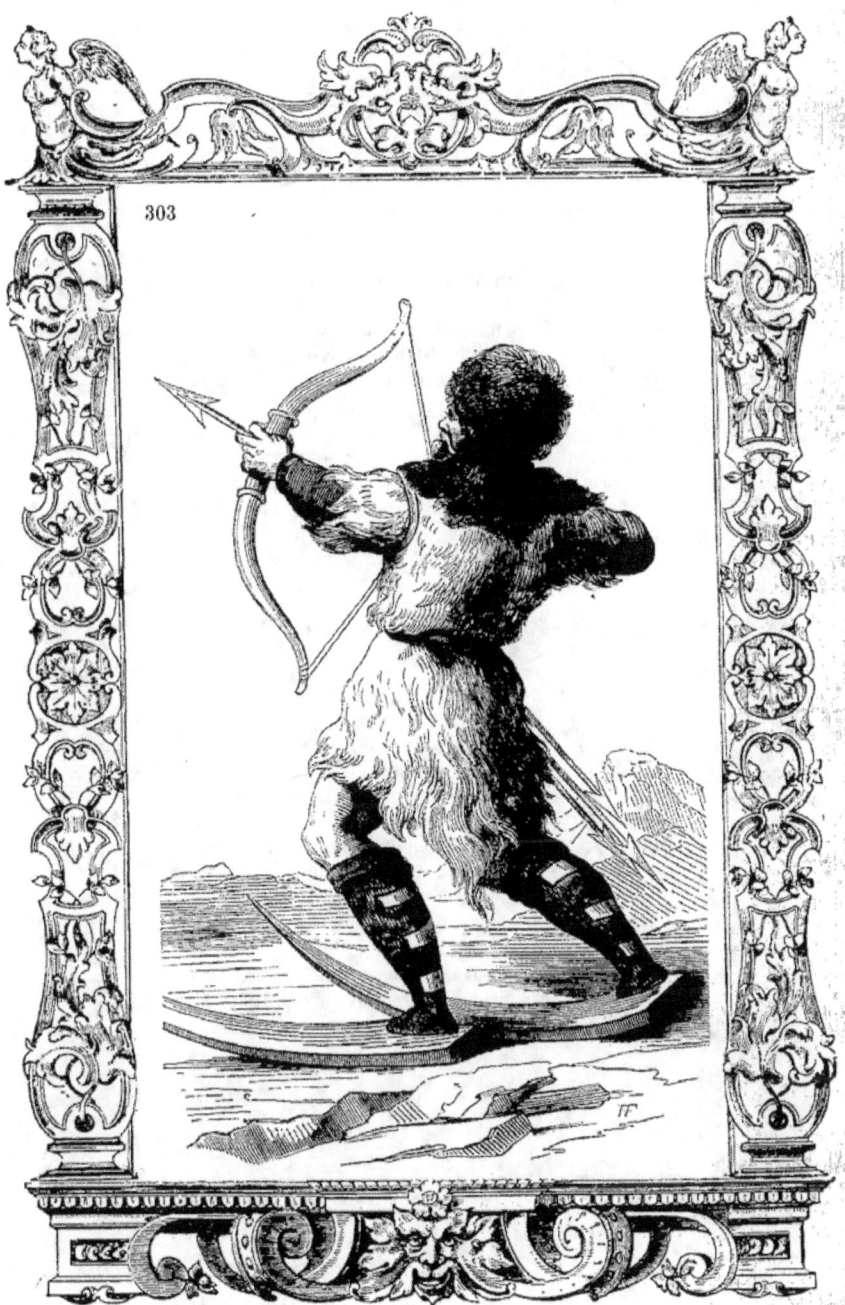

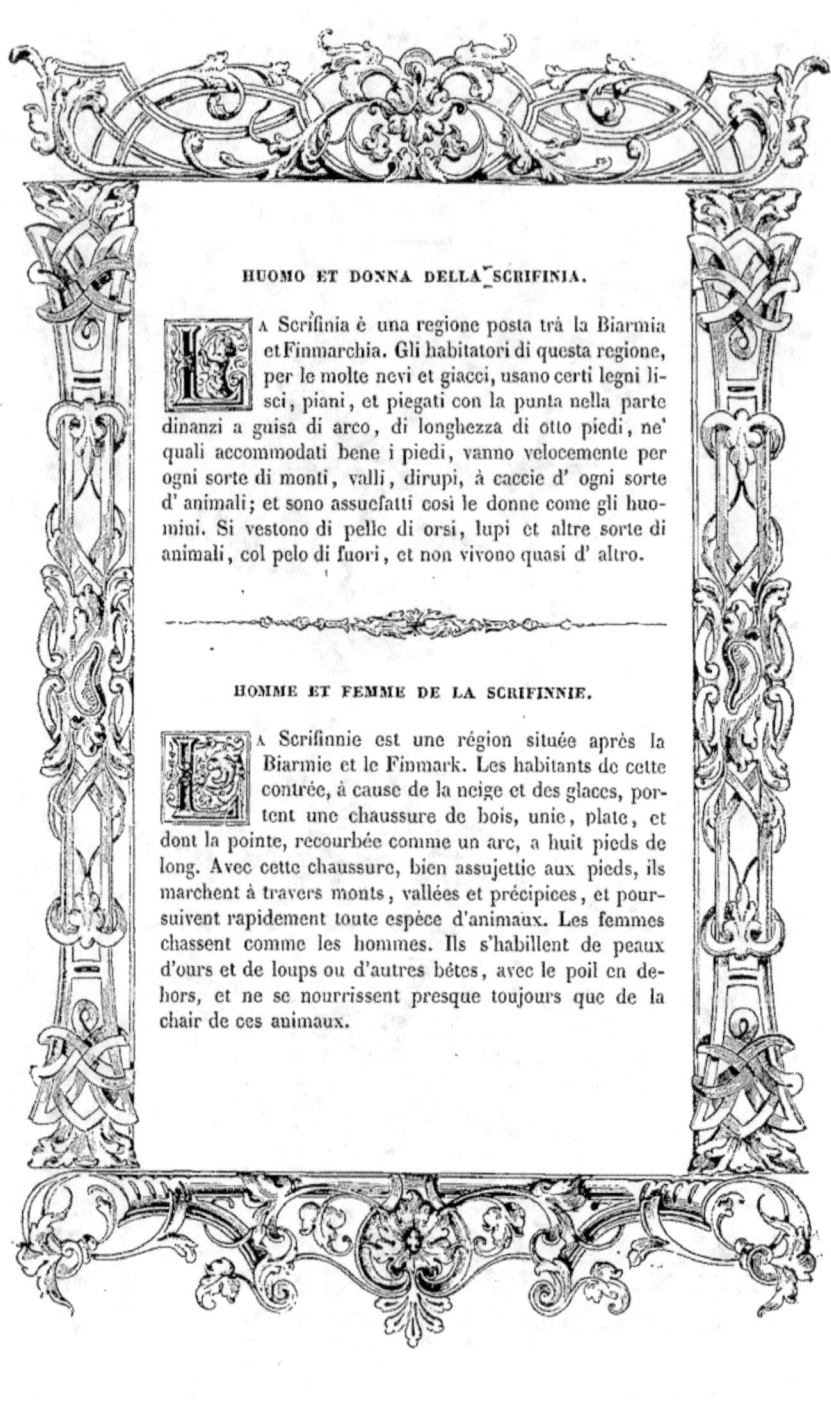

### HUOMO ET DONNA DELLA SCRIFINIA.

L A Scrifinia è una regione posta trà la Biarmia
et Finmarchia. Gli habitatori di questa regione,
per le molte nevi et giacci, usano certi legni lisci, piani, et piegati con la punta nella parte
dinanzi a guisa di arco, di longhezza di otto piedi, ne'
quali accommodati bene i piedi, vanno velocemente per
ogni sorte di monti, valli, dirupi, à caccie d' ogni sorte
d' animali; et sono assuefatti cosi le donne come gli huomini. Si vestono di pelle di orsi, lupi et altre sorte di
animali, col pelo di fuori, et non vivono quasi d' altro.

### HOMME ET FEMME DE LA SCRIFINNIE.

L A Scrifinnie est une région située après la
Biarmie et le Finmark. Les habitants de cette
contrée, à cause de la neige et des glaces, portent une chaussure de bois, unie, plate, et
dont la pointe, recourbée comme un arc, a huit pieds de
long. Avec cette chaussure, bien assujettie aux pieds, ils
marchent à travers monts, vallées et précipices, et poursuivent rapidement toute espèce d'animaux. Les femmes
chassent comme les hommes. Ils s'habillent de peaux
d'ours et de loups ou d'autres bêtes, avec le poil en dehors, et ne se nourrissent presque toujours que de la
chair de ces animaux.

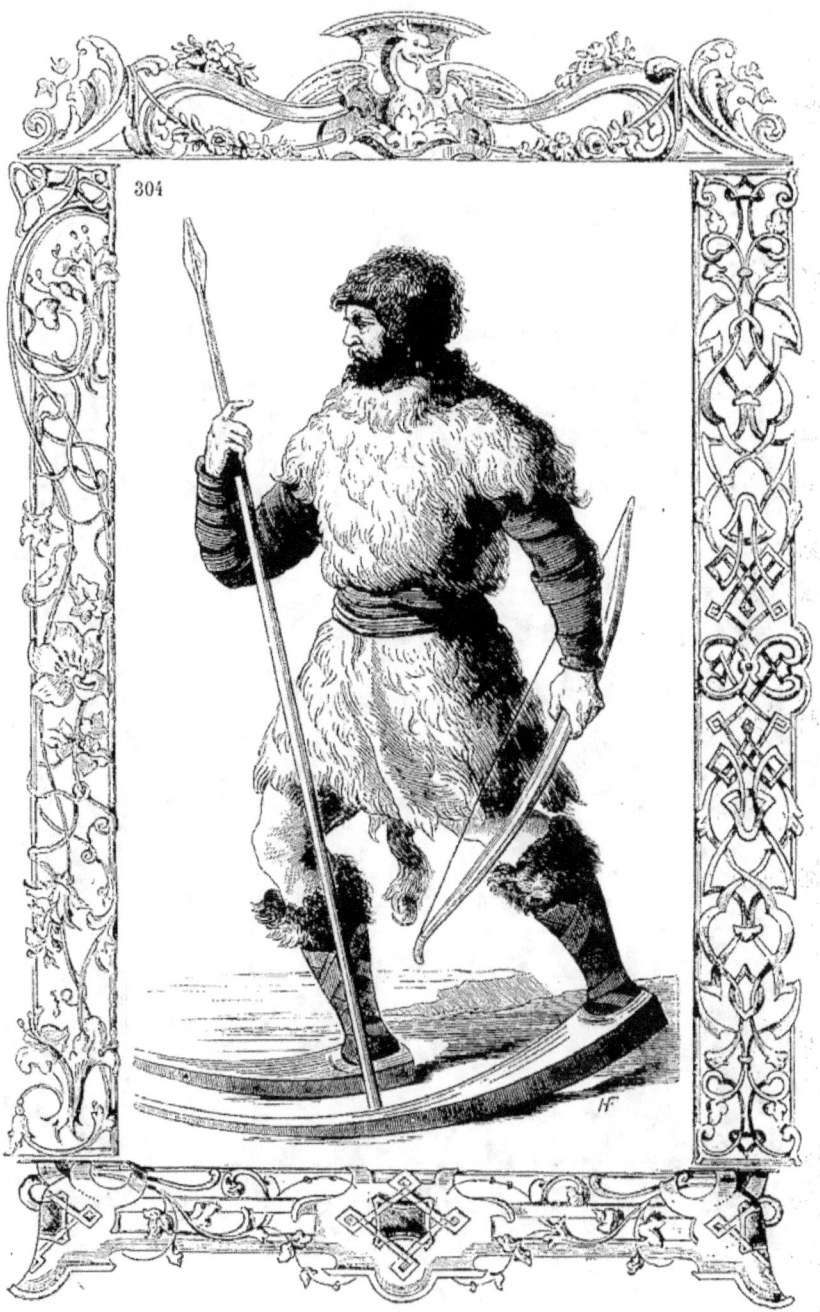

304

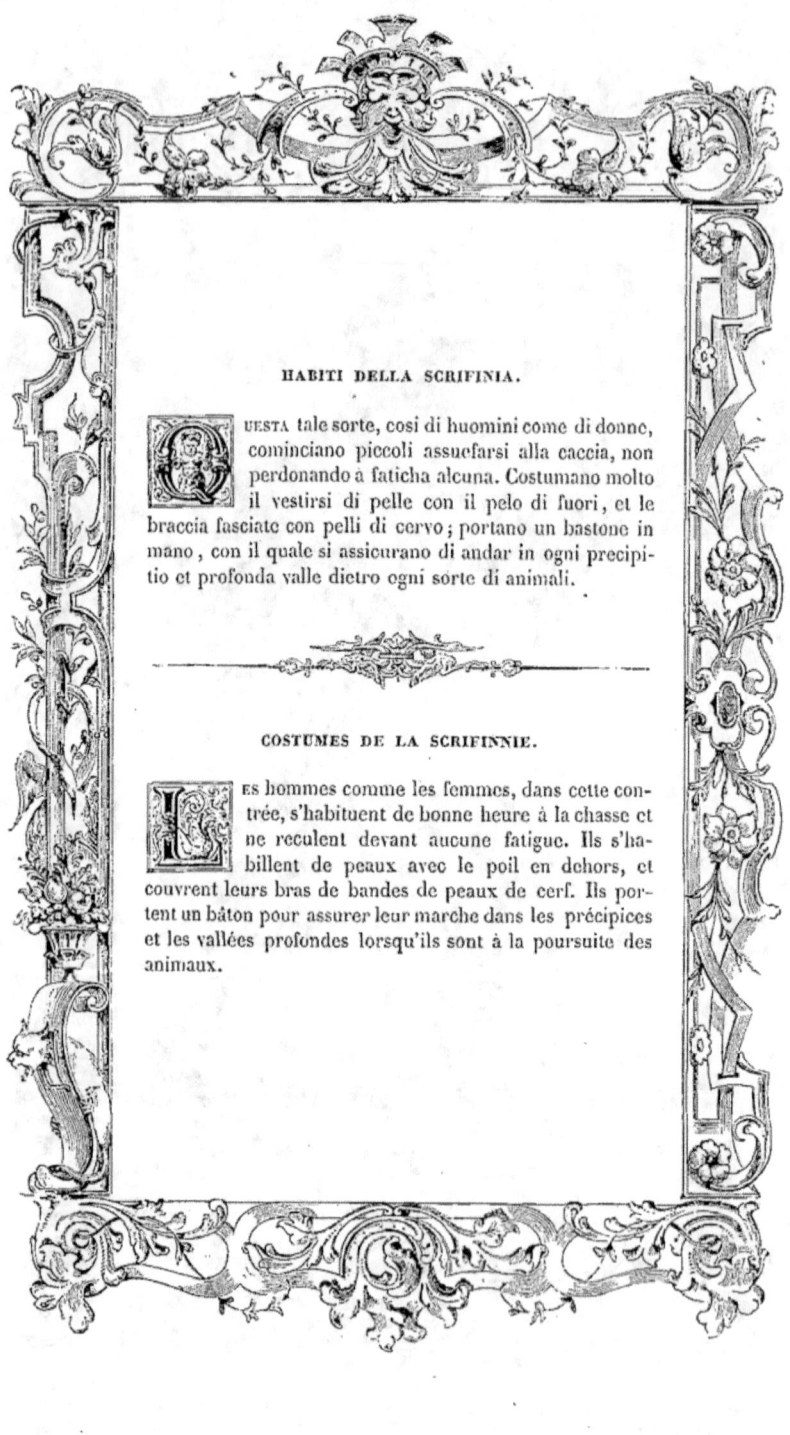

## HABITI DELLA SCRIFINIA.

Questa tale sorte, cosi di huomini come di donne, cominciano piccoli assuefarsi alla caccia, non perdonando a faticha alcuna. Costumano molto il vestirsi di pelle con il pelo di fuori, et le braccia fasciate con pelli di cervo; portano un bastone in mano, con il quale si assicurano di andar in ogni precipitio et profonda valle dietro ogni sorte di animali.

## COSTUMES DE LA SCRIFINNIE.

Les hommes comme les femmes, dans cette contrée, s'habituent de bonne heure à la chasse et ne reculent devant aucune fatigue. Ils s'habillent de peaux avec le poil en dehors, et couvrent leurs bras de bandes de peaux de cerf. Ils portent un bâton pour assurer leur marche dans les précipices et les vallées profondes lorsqu'ils sont à la poursuite des animaux.

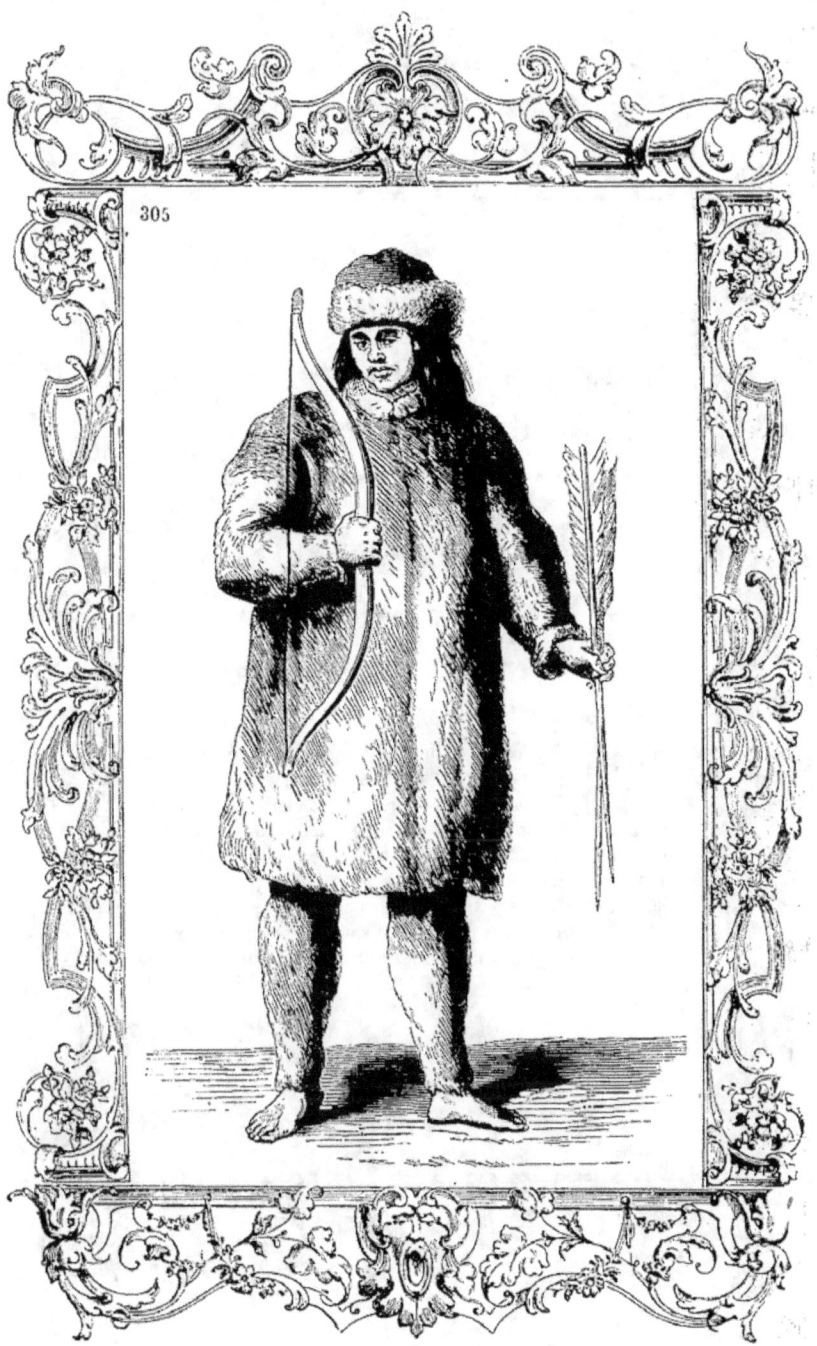

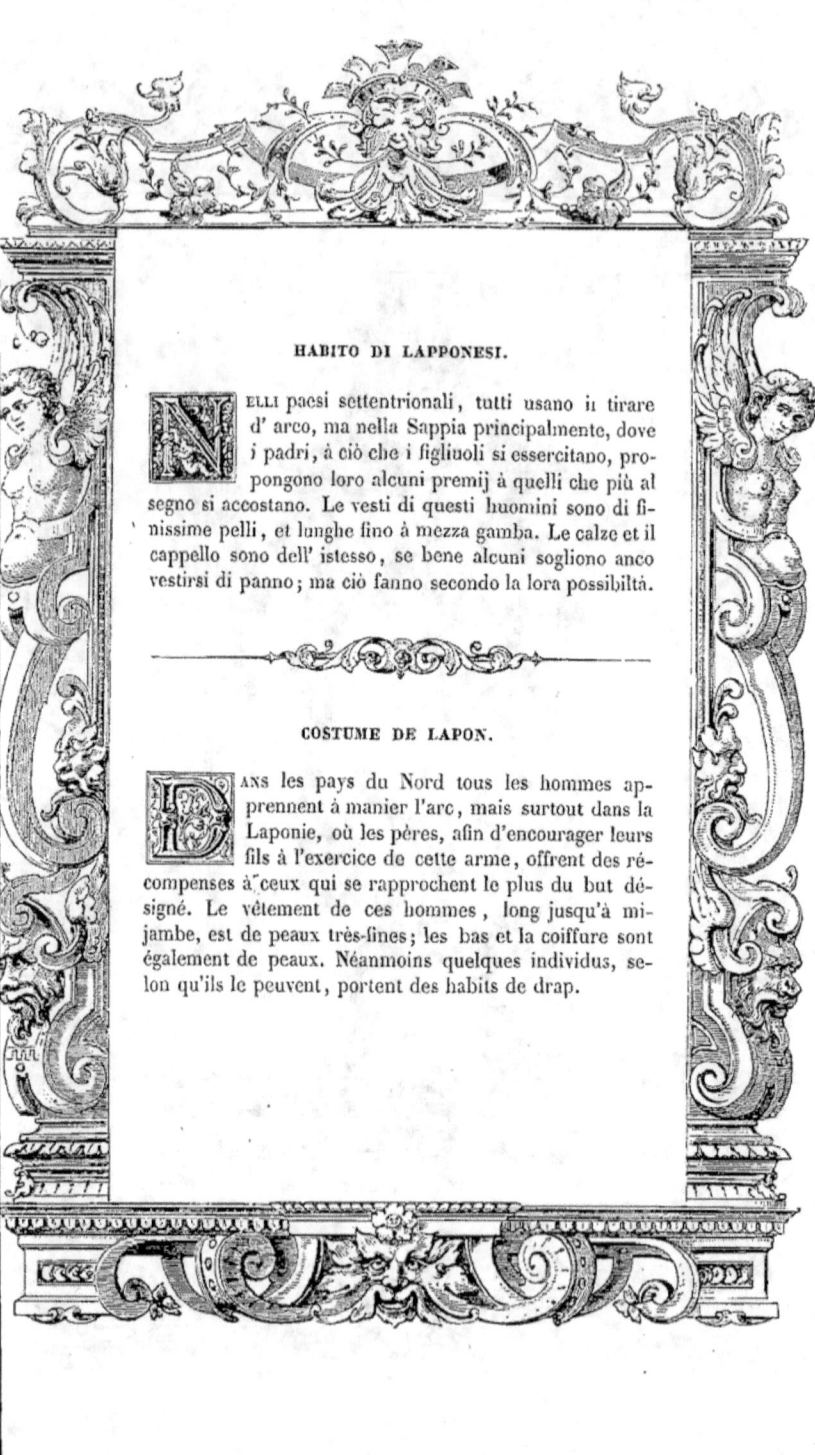

### HABITO DI LAPPONESI.

Nelli paesi settentrionali, tutti usano il tirare d' arco, ma nella Sappia principalmente, dove i padri, à ciò che i figliuoli si essercitano, propongono loro alcuni premij à quelli che più al segno si accostano. Le vesti di questi huomini sono di finissime pelli, et lunghe fino à mezza gamba. Le calze et il cappello sono dell' istesso, se bene alcuni sogliono anco vestirsi di panno; ma ciò fanno secondo la lora possibiltà.

### COSTUME DE LAPON.

Dans les pays du Nord tous les hommes apprennent à manier l'arc, mais surtout dans la Laponie, où les pères, afin d'encourager leurs fils à l'exercice de cette arme, offrent des récompenses à ceux qui se rapprochent le plus du but désigné. Le vêtement de ces hommes, long jusqu'à mi-jambe, est de peaux très-fines; les bas et la coiffure sont également de peaux. Néanmoins quelques individus, selon qu'ils le peuvent, portent des habits de drap.

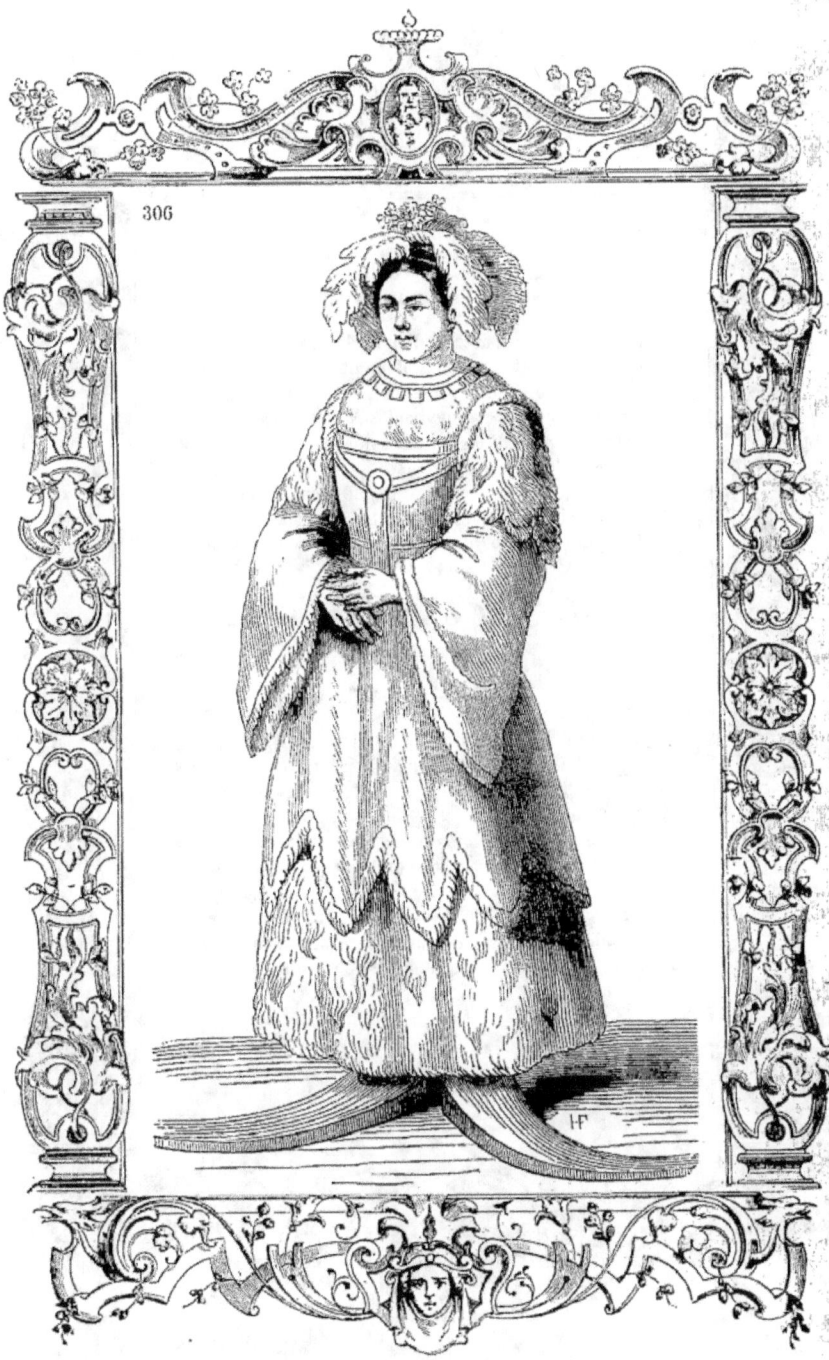

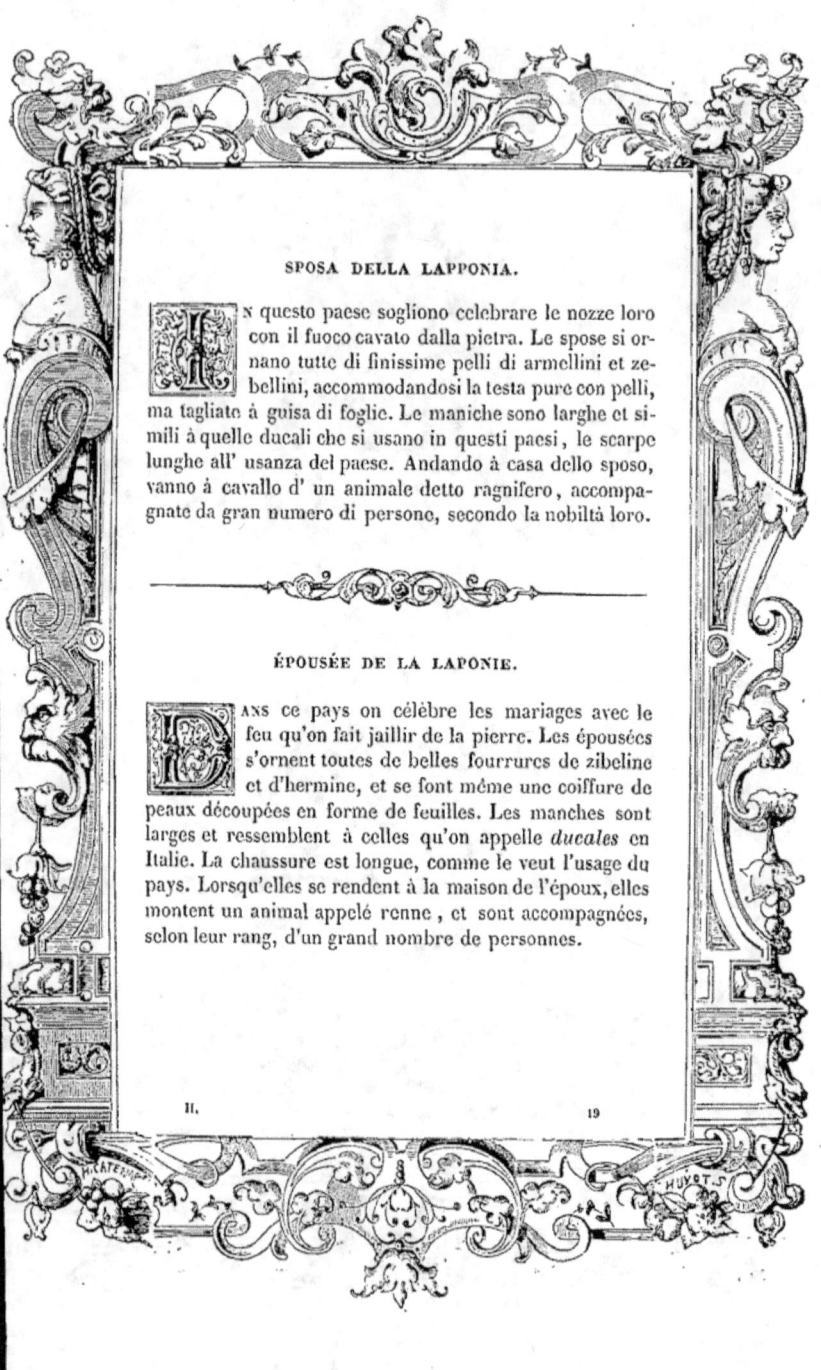

## SPOSA DELLA LAPPONIA.

IN questo paese sogliono celebrare le nozze loro con il fuoco cavato dalla pietra. Le spose si ornano tutte di finissime pelli di armellini et zebellini, accommodandosi la testa pure con pelli, ma tagliate à guisa di foglie. Le maniche sono larghe et simili à quelle ducali che si usano in questi paesi, le scarpe lunghe all' usanza del paese. Andando à casa dello sposo, vanno à cavallo d' un animale detto ragnifero, accompagnate da gran numero di persone, secondo la nobiltà loro.

## ÉPOUSÉE DE LA LAPONIE.

DANS ce pays on célèbre les mariages avec le feu qu'on fait jaillir de la pierre. Les épousées s'ornent toutes de belles fourrures de zibeline et d'hermine, et se font même une coiffure de peaux découpées en forme de feuilles. Les manches sont larges et ressemblent à celles qu'on appelle *ducales* en Italie. La chaussure est longue, comme le veut l'usage du pays. Lorsqu'elles se rendent à la maison de l'époux, elles montent un animal appelé renne, et sont accompagnées, selon leur rang, d'un grand nombre de personnes.

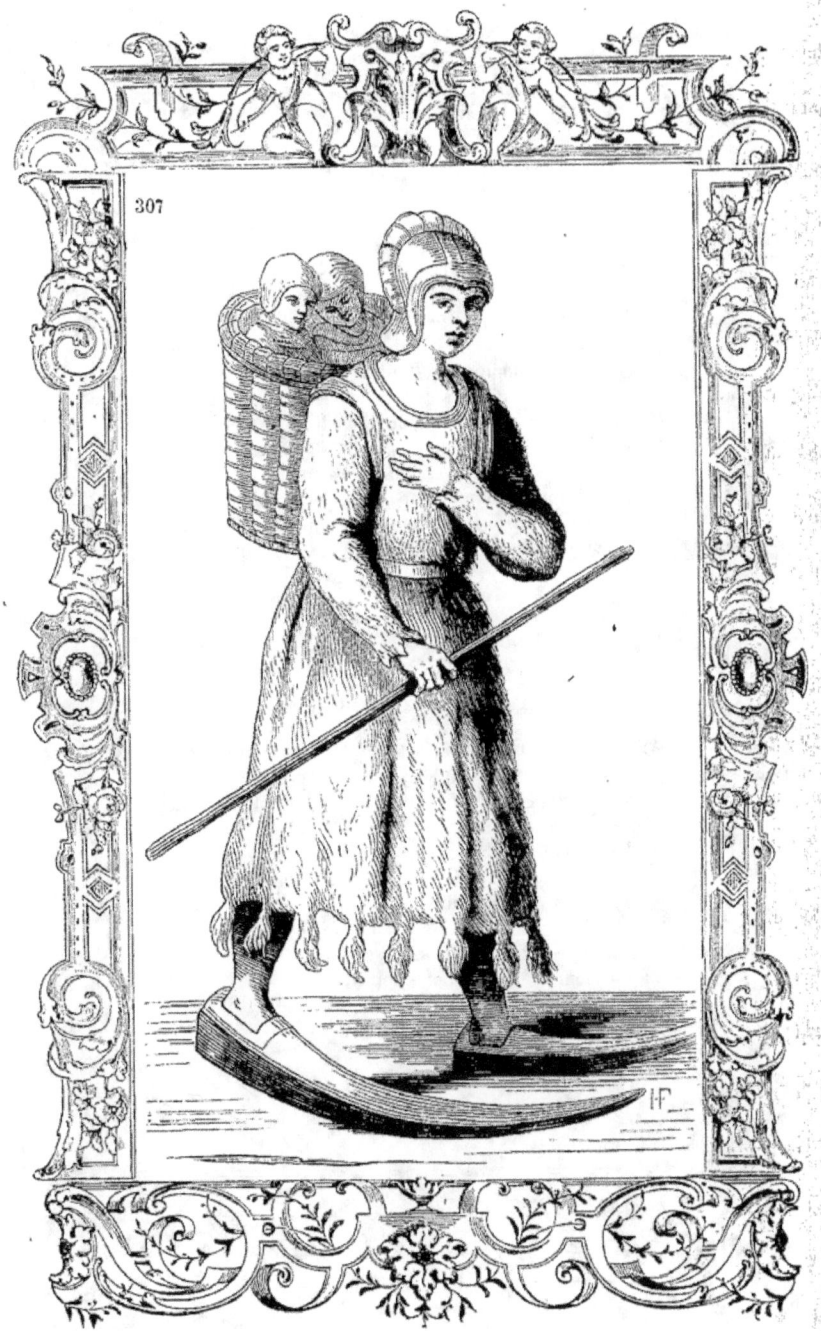

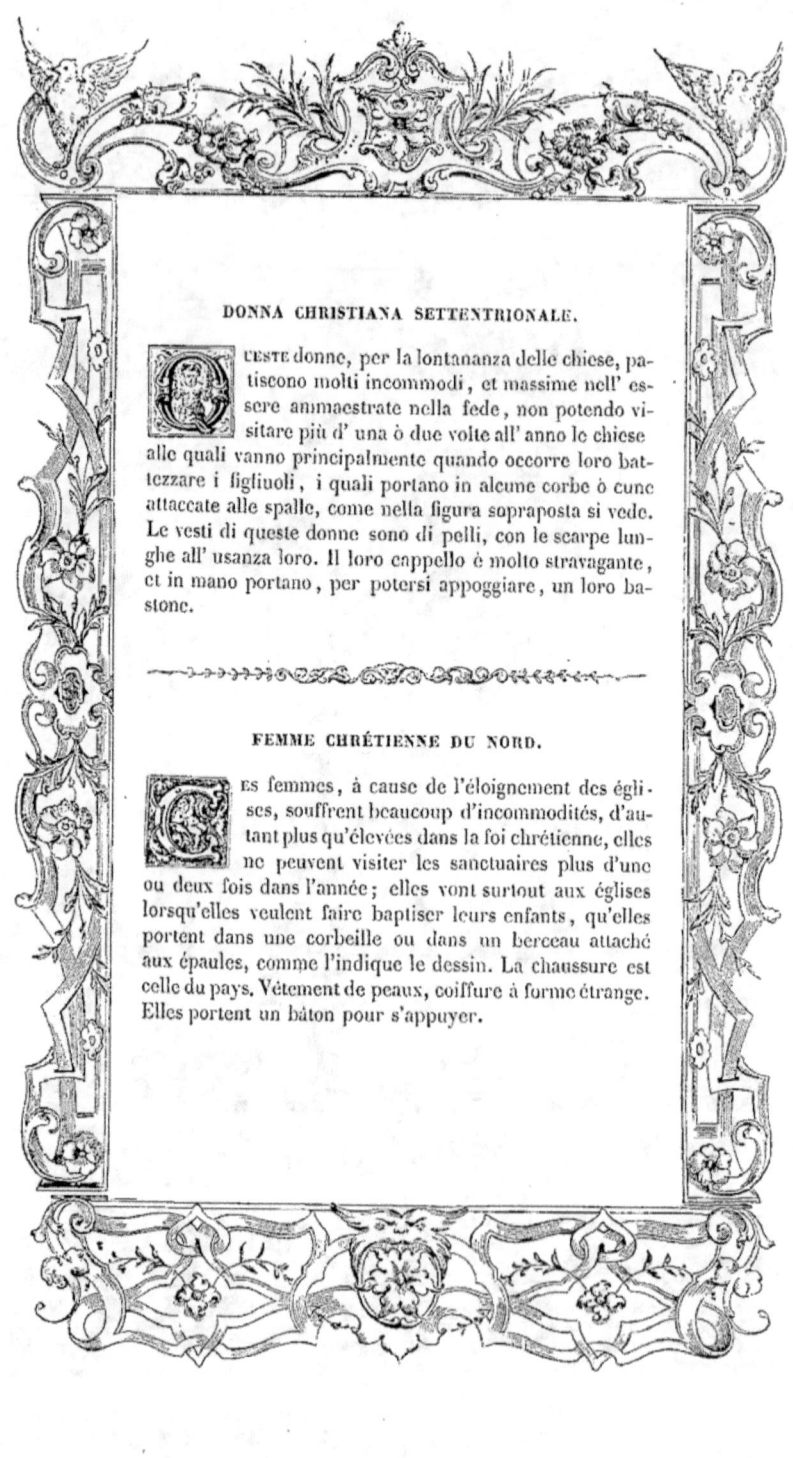

### DONNA CHRISTIANA SETTENTRIONALE.

QUESTE donne, per la lontananza delle chiese, patiscono molti incommodi, et massime nell' essere ammaestrate nella fede, non potendo visitare più d' una ò due volte all' anno le chiese alle quali vanno principalmente quando occorre loro battezzare i figliuoli, i quali portano in alcune corbe ò cune attaccate alle spalle, come nella figura sopraposta si vede. Le vesti di queste donne sono di pelli, con le scarpe lunghe all' usanza loro. Il loro cappello è molto stravagante, et in mano portano, per potersi appoggiare, un loro bastone.

### FEMME CHRÉTIENNE DU NORD.

CES femmes, à cause de l'éloignement des églises, souffrent beaucoup d'incommodités, d'autant plus qu'élevées dans la foi chrétienne, elles ne peuvent visiter les sanctuaires plus d'une ou deux fois dans l'année; elles vont surtout aux églises lorsqu'elles veulent faire baptiser leurs enfants, qu'elles portent dans une corbeille ou dans un berceau attaché aux épaules, comme l'indique le dessin. La chaussure est celle du pays. Vêtement de peaux, coiffure à forme étrange. Elles portent un bâton pour s'appuyer.

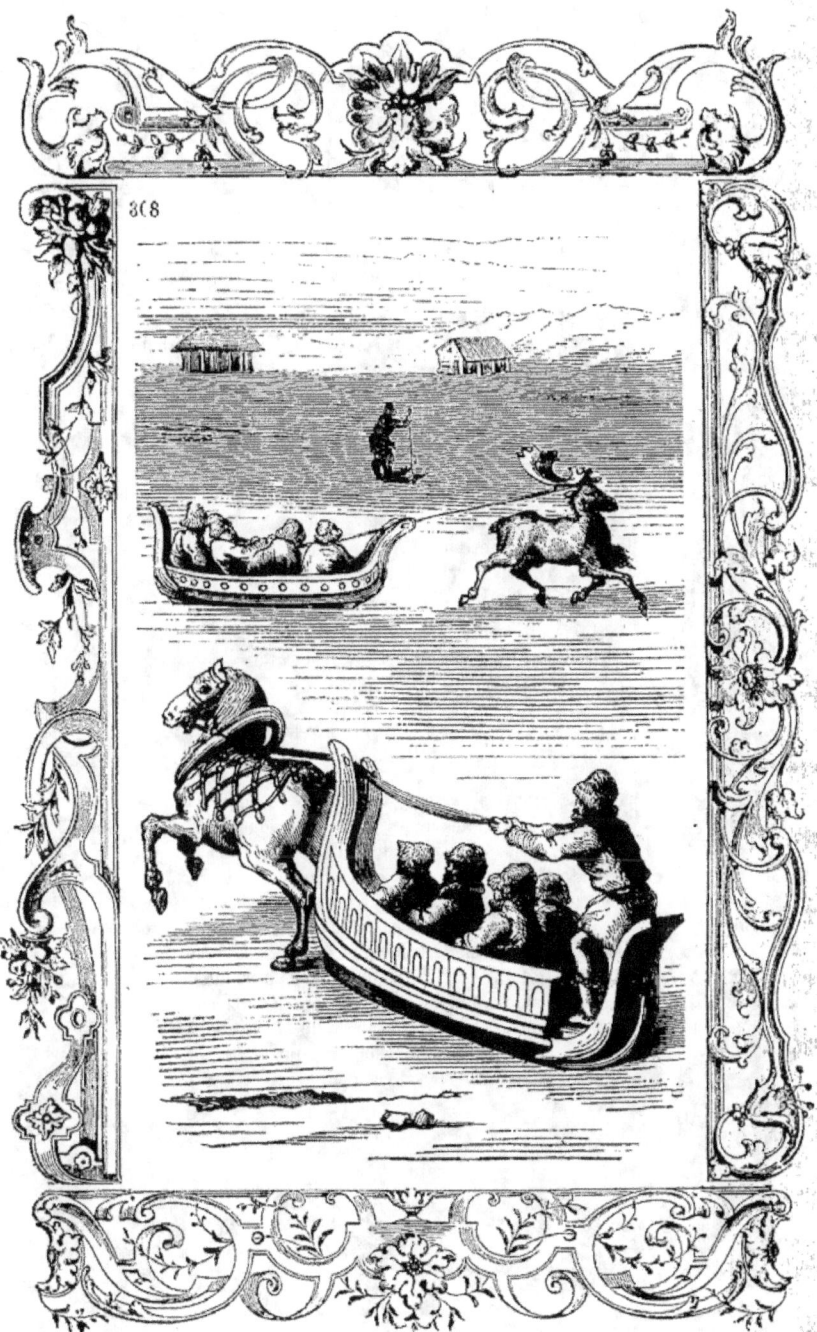

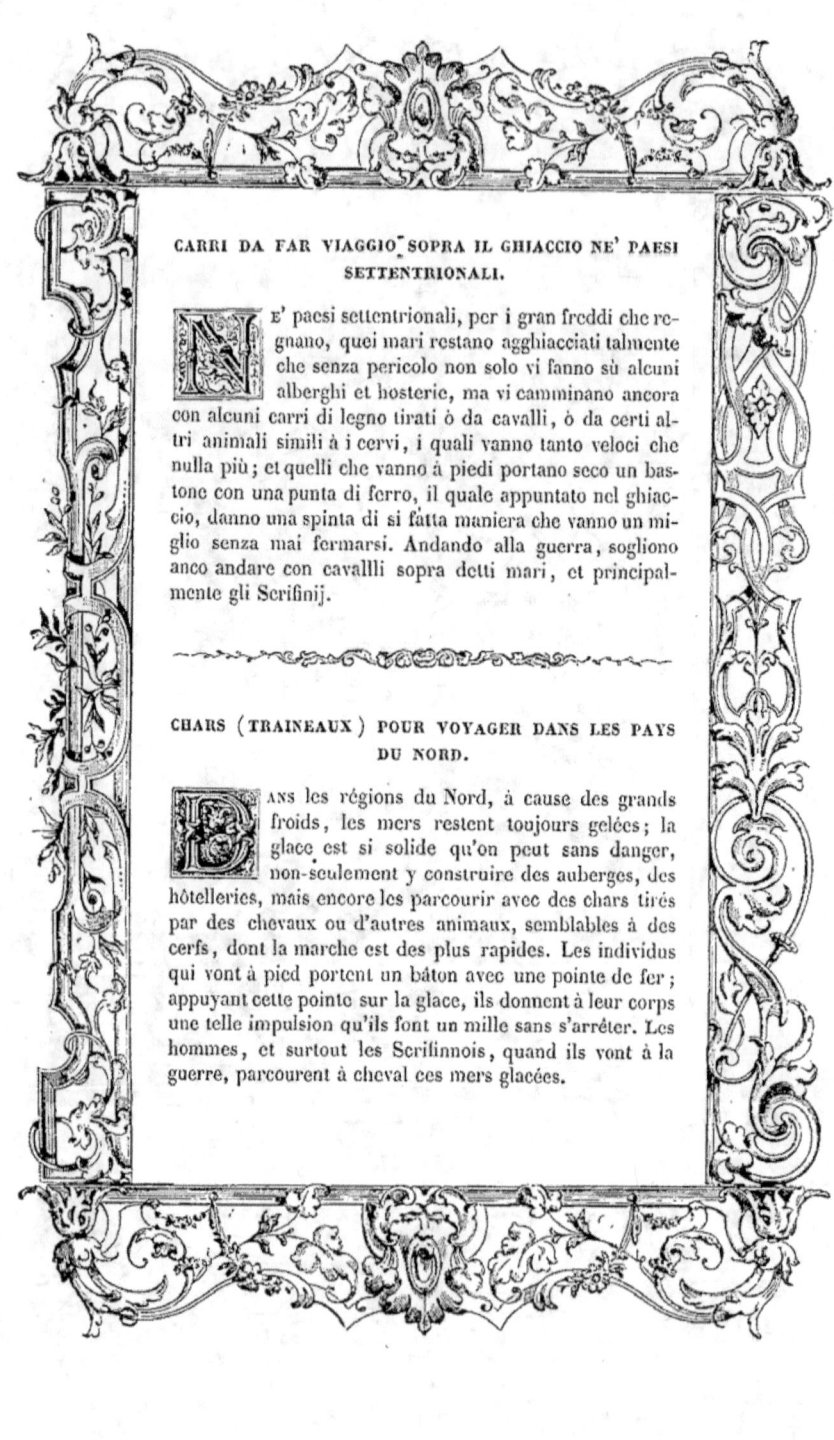

## CARRI DA FAR VIAGGIO SOPRA IL GHIACCIO NE' PAESI SETTENTRIONALI.

NE' paesi settentrionali, per i gran freddi che regnano, quei mari restano agghiacciati talmente che senza pericolo non solo vi fanno sù alcuni alberghi et hosterie, ma vi camminano ancora con alcuni carri di legno tirati ò da cavalli, ò da certi altri animali simili à i cervi, i quali vanno tanto veloci che nulla più; et quelli che vanno à piedi portano seco un bastone con una punta di ferro, il quale appuntato nel ghiaccio, danno una spinta di si fatta maniera che vanno un miglio senza mai fermarsi. Andando alla guerra, sogliono anco andare con cavallli sopra detti mari, et principalmente gli Scrifinij.

## CHARS (TRAINEAUX) POUR VOYAGER DANS LES PAYS DU NORD.

DANS les régions du Nord, à cause des grands froids, les mers restent toujours gelées; la glace est si solide qu'on peut sans danger, non-seulement y construire des auberges, des hôtelleries, mais encore les parcourir avec des chars tirés par des chevaux ou d'autres animaux, semblables à des cerfs, dont la marche est des plus rapides. Les individus qui vont à pied portent un bâton avec une pointe de fer; appuyant cette pointe sur la glace, ils donnent à leur corps une telle impulsion qu'ils font un mille sans s'arrêter. Les hommes, et surtout les Scrifinnois, quand ils vont à la guerre, parcourent à cheval ces mers glacées.

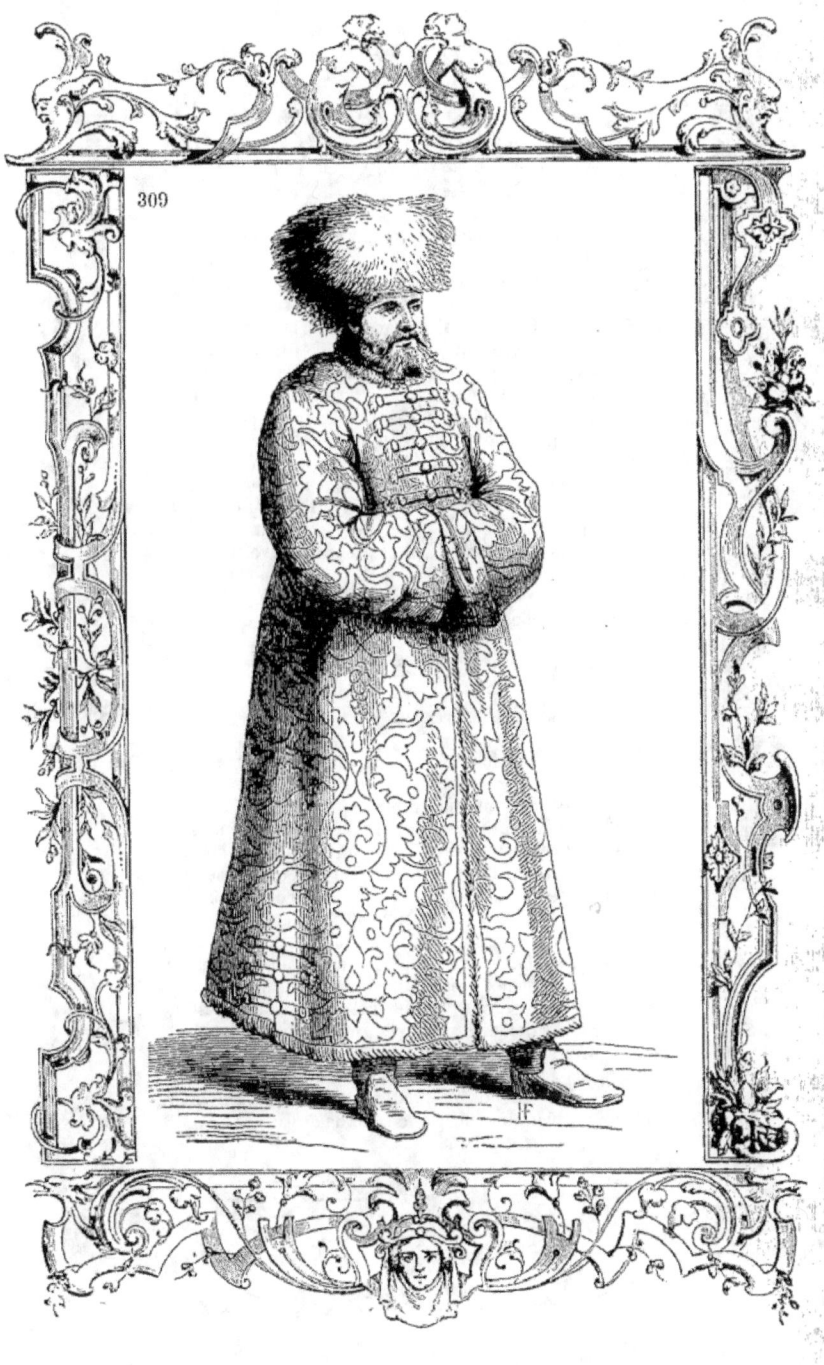

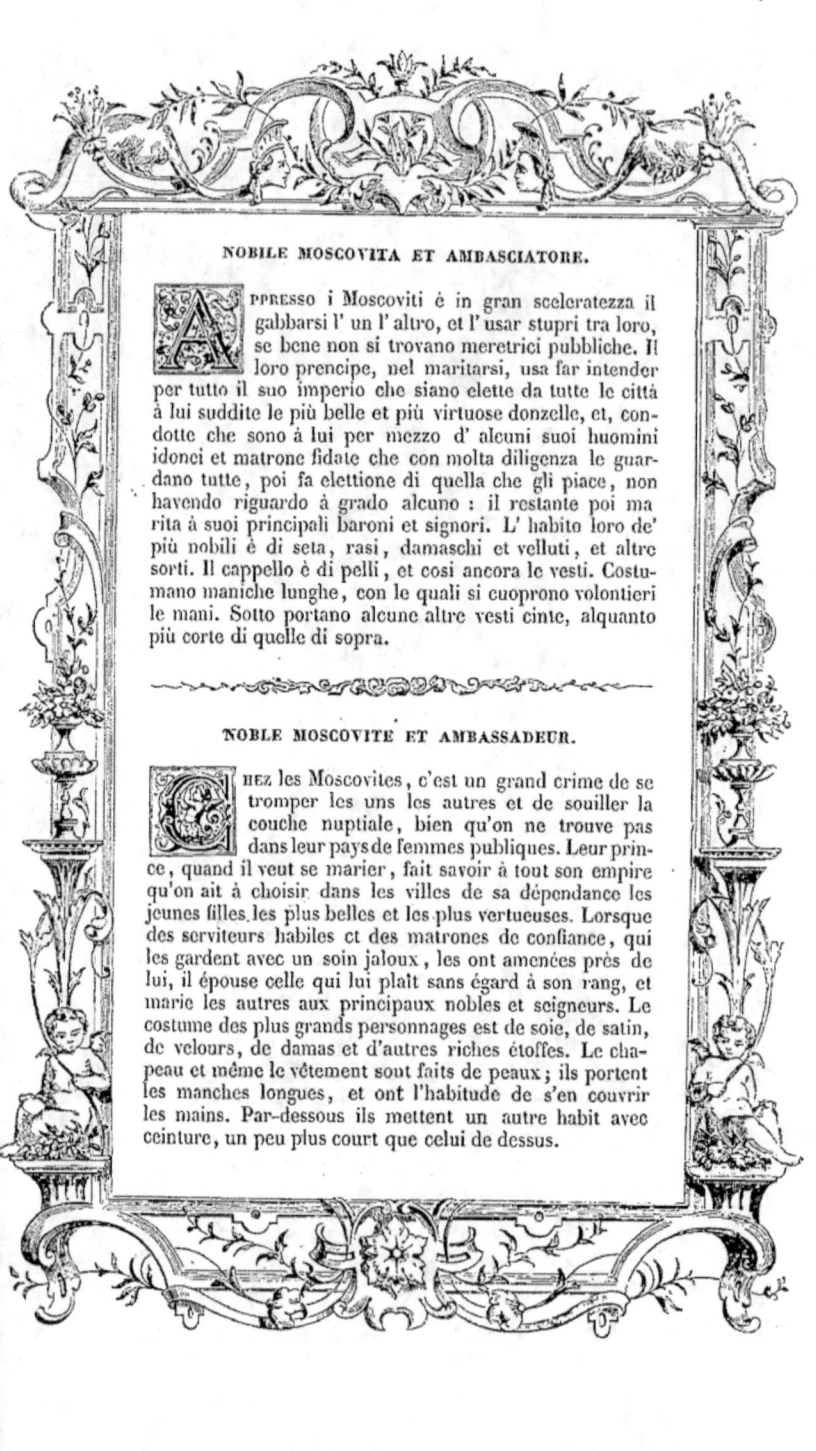

## NOBILE MOSCOVITA ET AMBASCIATORE.

APPRESSO i Moscoviti è in gran sceleratezza il gabbarsi l' un l' altro, et l' usar stupri tra loro, se bene non si trovano meretrici pubbliche. Il loro prencipe, nel maritarsi, usa far intender per tutto il suo imperio che siano elette da tutte le città à lui suddite le più belle et più virtuose donzelle, et, condotte che sono à lui per mezzo d' alcuni suoi huomini idonei et matrone fidate che con molta diligenza le guardano tutte, poi fa elettione di quella che gli piace, non havendo riguardo à grado alcuno : il restante poi marita à suoi principali baroni et signori. L' habito loro de' più nobili è di seta, rasi, damaschi et velluti, et altre sorti. Il cappello è di pelli, et così ancora le vesti. Costumano maniche lunghe, con le quali si cuoprono volontieri le mani. Sotto portano alcune altre vesti cinte, alquanto più corte di quelle di sopra.

## NOBLE MOSCOVITE ET AMBASSADEUR.

CHEZ les Moscovites, c'est un grand crime de se tromper les uns les autres et de souiller la couche nuptiale, bien qu'on ne trouve pas dans leur pays de femmes publiques. Leur prince, quand il veut se marier, fait savoir à tout son empire qu'on ait à choisir dans les villes de sa dépendance les jeunes filles les plus belles et les plus vertueuses. Lorsque des serviteurs habiles et des matrones de confiance, qui les gardent avec un soin jaloux, les ont amenées près de lui, il épouse celle qui lui plaît sans égard à son rang, et marie les autres aux principaux nobles et seigneurs. Le costume des plus grands personnages est de soie, de satin, de velours, de damas et d'autres riches étoffes. Le chapeau et même le vêtement sont faits de peaux ; ils portent les manches longues, et ont l'habitude de s'en couvrir les mains. Par-dessous ils mettent un autre habit avec ceinture, un peu plus court que celui de dessus.

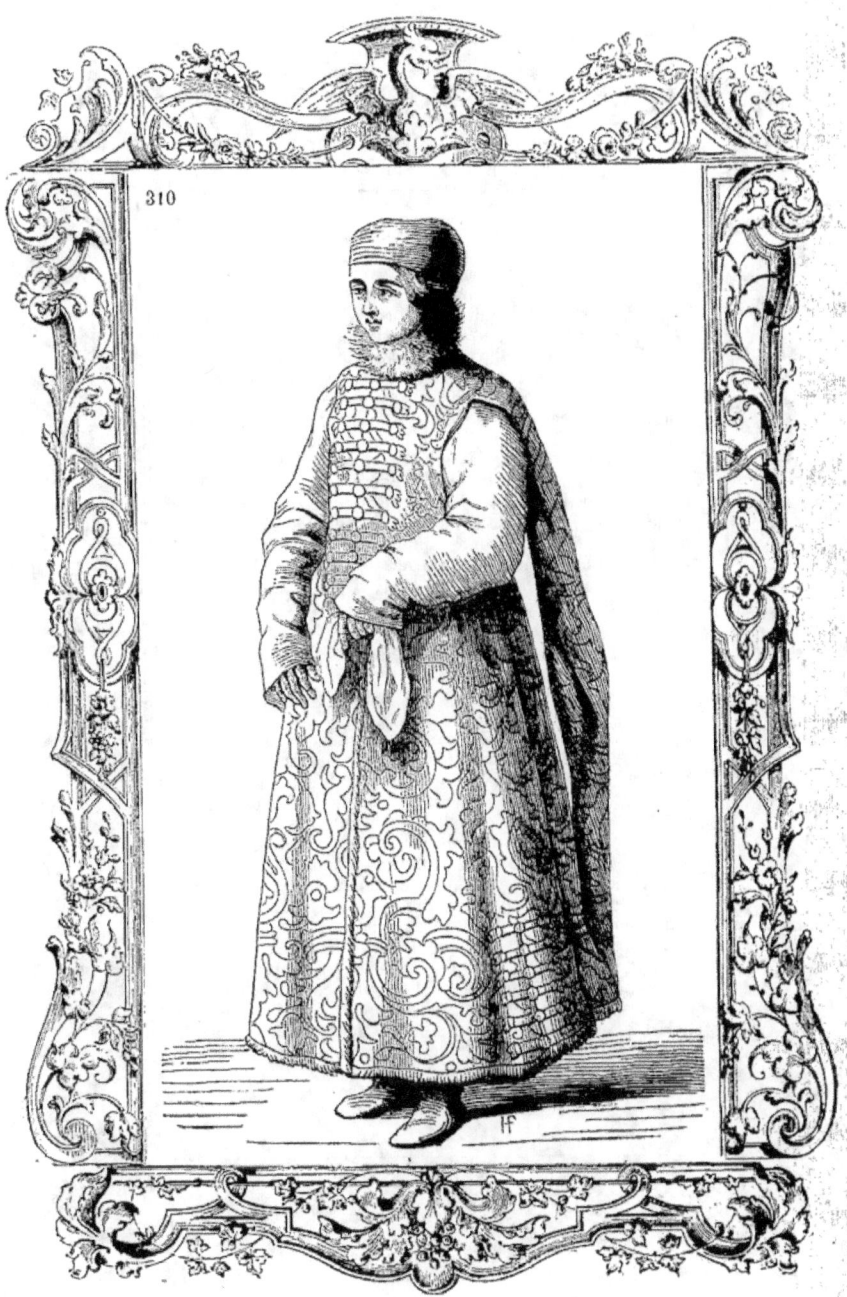

## DONNA DI MOSCOVIA.

Le donne di questo paese vestono come gl' huomini, ma hanno le maniche lunghe quanto le vesti, le quali sono di seta, secondo la qualità loro. Portano in capo un berrettino di velluto foderato di pelli. Usano le maniche strette della sottana, ma tanto lunghe che quasi cuoprono loro le mani, et però non hanno bisogno di guanti. Vanno in questo habito così le donzelle come le maritate. Le loro serve vestono di panno rosso. I nobili sono assai gelosi dell' honore, et non lasciano andar molto le donne fuori di casa à veder cosa alcuna. Si vedono con modo honesto i capelli alle donne, et hanno le vesti corte con stivaletti. Hanno affibbiate le loro casacche nel petto con oro dentro de' passamani. Rittengono dipinte per loro divotione l'imagini di Christo nelle loro entrate delle case, nelle quali entrando, prima d' ogn' altra cosa, si prostrano in terra per fargli riverenza.

## FEMME DE MOSCOVIE.

Les femmes de ce pays s'habillent comme les hommes; mais leurs manches sont aussi longues que le vêtement, qui est de soie, selon leur rang. Le bonnet est de velours doublé de fourrure. Les manches de la robe sont étroites, mais assez longues pour couvrir une partie des mains, ce qui les dispense d'avoir des gants. Les jeunes filles, comme les femmes mariées, portent ce costume. Leurs servantes ont des habits de drap grossier. Les nobles, très-jaloux de leur honneur, permettent rarement à leurs femmes de sortir pour aller voir quoi que ce soit. Elles portent leurs cheveux arrangés d'une façon modeste, des habits courts et des brodequins. Des galons d'or attachent leur casaque à la poitrine. Par dévotion, elles font peindre l'image du Christ à l'entrée de leurs maisons, et, lorsqu'elles entrent, elles commencent, avant toute chose, par se prosterner a terre pour lui rendre hommage.

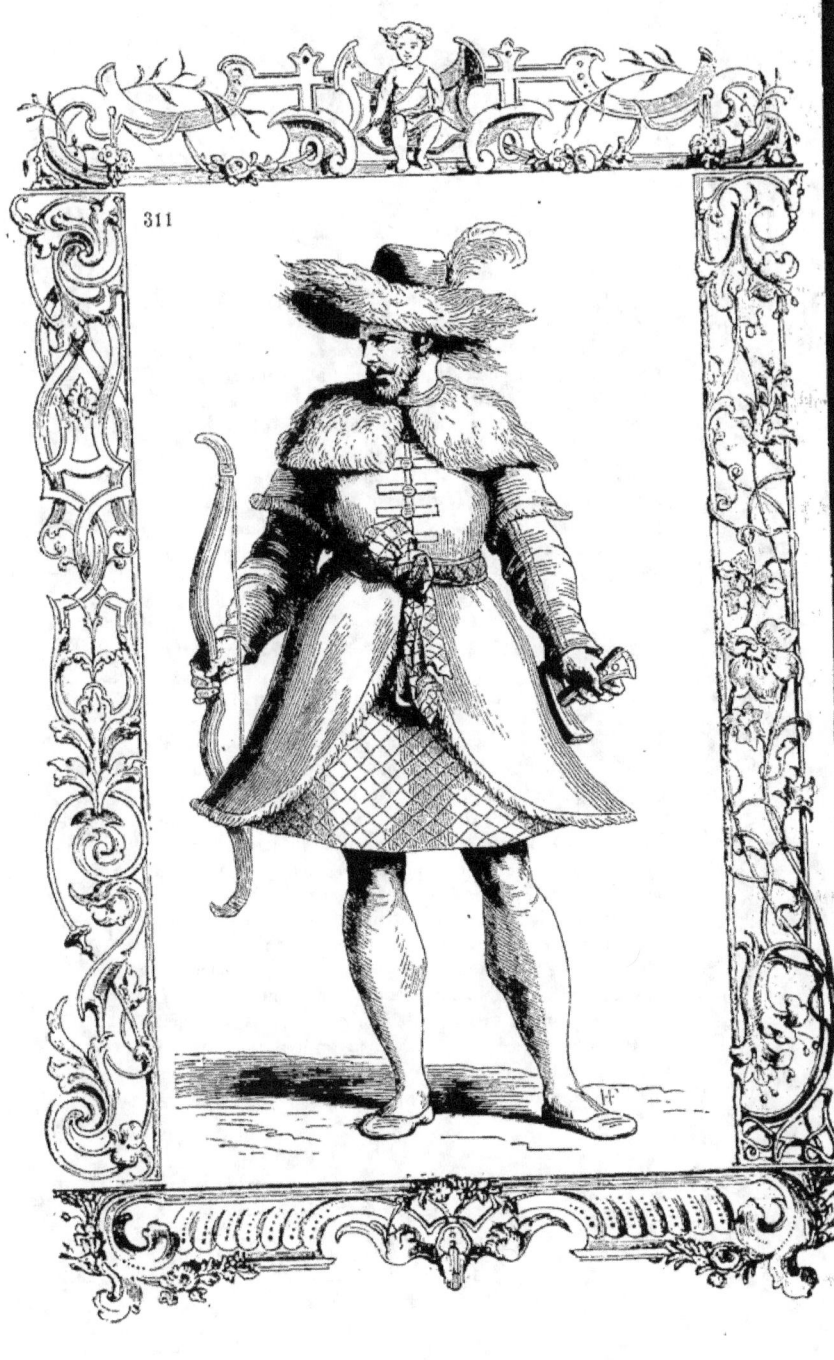

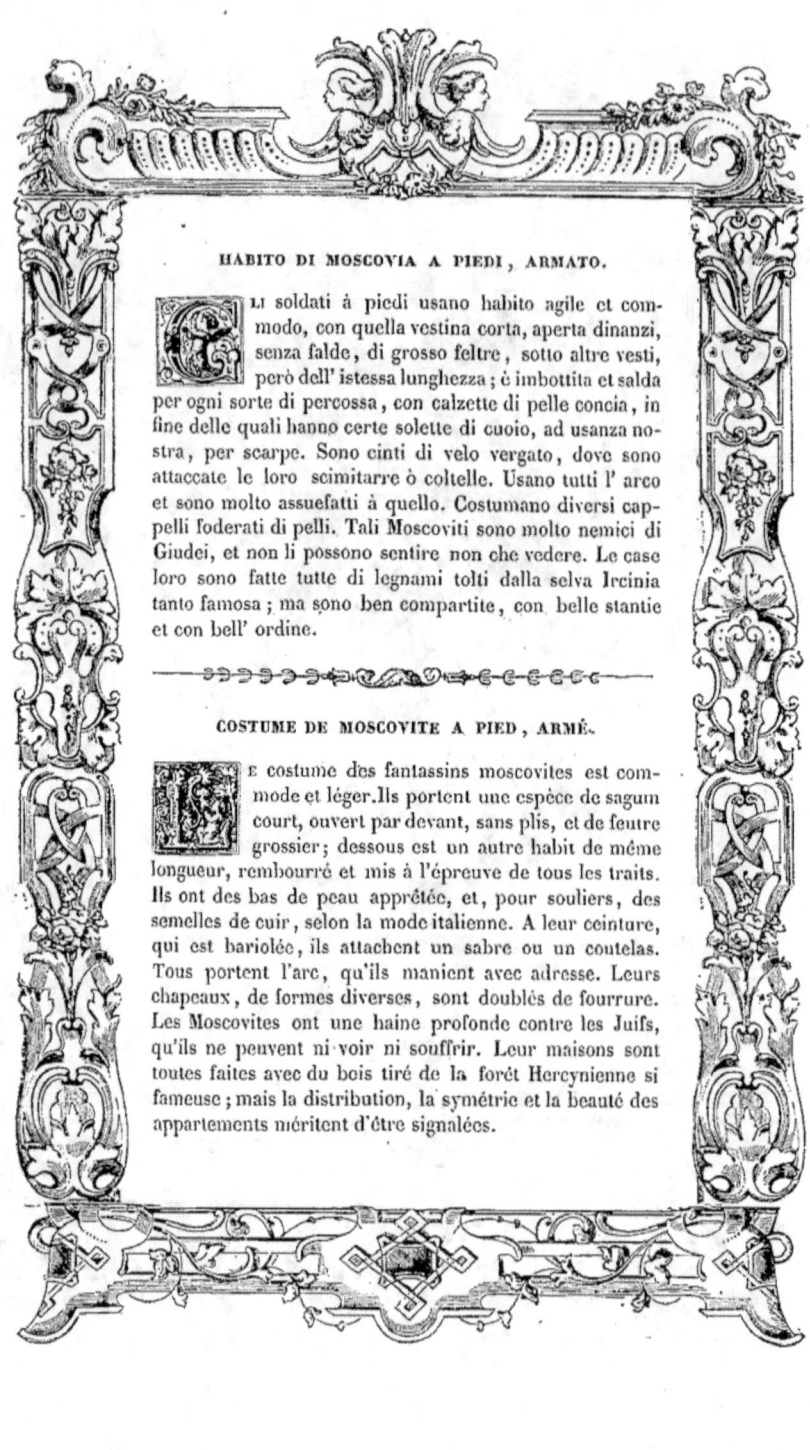

### HABITO DI MOSCOVIA A PIEDI, ARMATO.

GLI soldati à piedi usano habito agile et commodo, con quella vestina corta, aperta dinanzi, senza falde, di grosso feltre, sotto altre vesti, però dell' istessa lunghezza; è imbottita et salda per ogni sorte di percossa, con calzette di pelle concia, in fine delle quali hanno certe solette di cuoio, ad usanza nostra, per scarpe. Sono cinti di velo vergato, dove sono attaccate le loro scimitarre ò coltelle. Usano tutti l' arco et sono molto assuefatti à quello. Costumano diversi cappelli foderati di pelli. Tali Moscoviti sono molto nemici di Giudei, et non li possono sentire non che vedere. Le case loro sono fatte tutte di legnami tolti dalla selva Ircinia tanto famosa; ma sono ben compartite, con belle stantie et con bell' ordine.

### COSTUME DE MOSCOVITE A PIED, ARMÉ.

LE costume des fantassins moscovites est commode et léger. Ils portent une espèce de sagum court, ouvert par devant, sans plis, et de feutre grossier; dessous est un autre habit de même longueur, rembourré et mis à l'épreuve de tous les traits. Ils ont des bas de peau apprêtée, et, pour souliers, des semelles de cuir, selon la mode italienne. A leur ceinture, qui est bariolée, ils attachent un sabre ou un coutelas. Tous portent l'arc, qu'ils manient avec adresse. Leurs chapeaux, de formes diverses, sont doublés de fourrure. Les Moscovites ont une haine profonde contre les Juifs, qu'ils ne peuvent ni voir ni souffrir. Leur maisons sont toutes faites avec du bois tiré de la forêt Hercynienne si fameuse; mais la distribution, la symétrie et la beauté des appartements méritent d'être signalées.

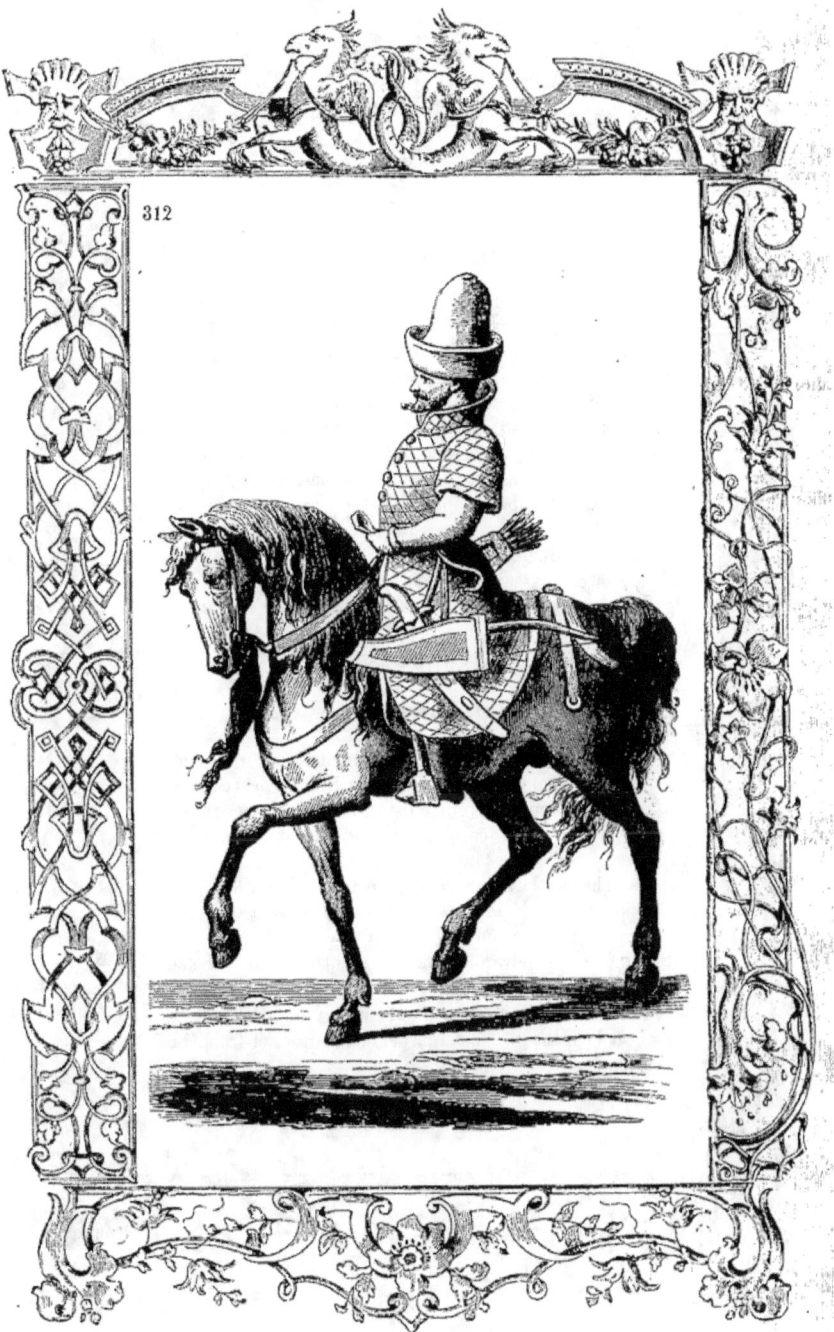

312

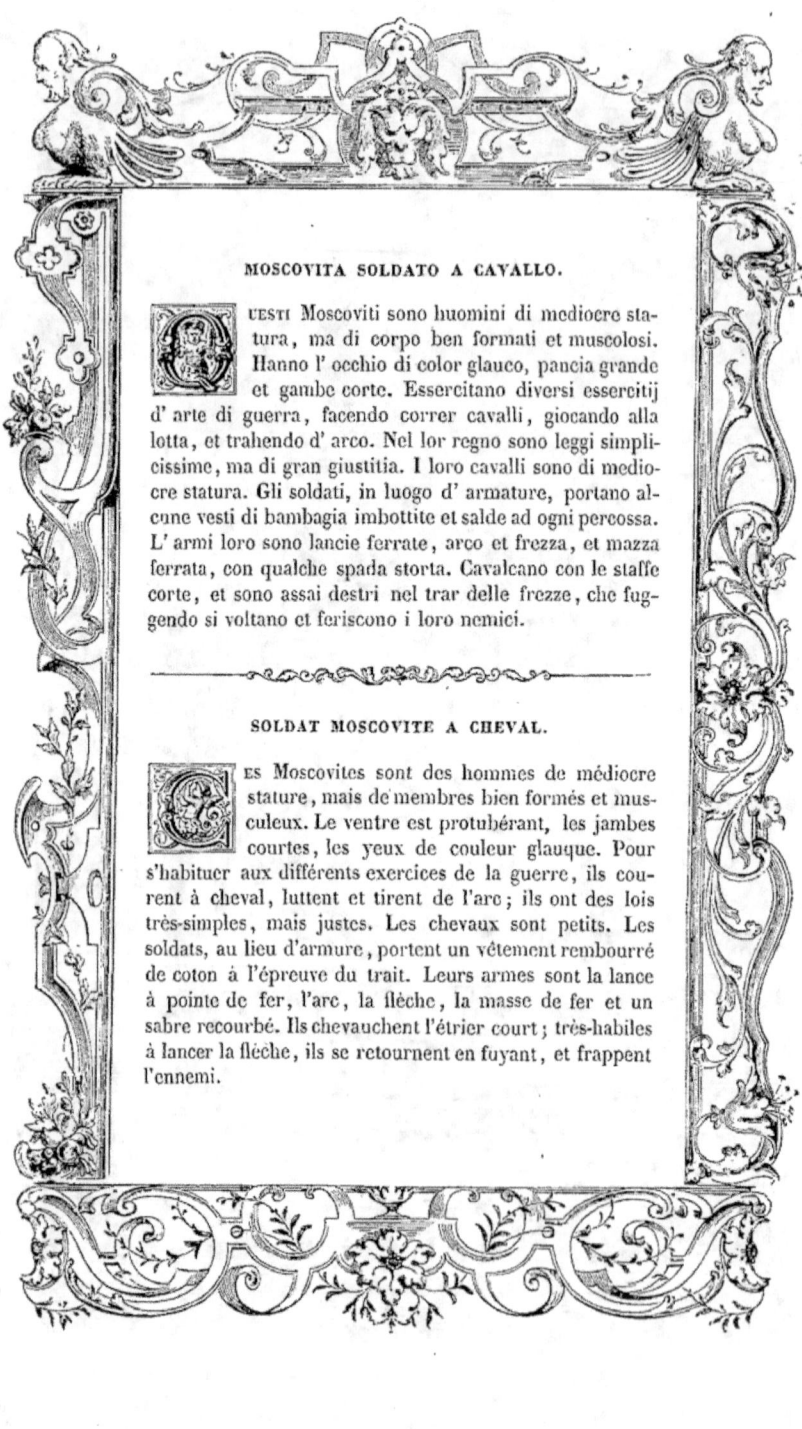

## MOSCOVITA SOLDATO A CAVALLO.

UESTI Moscoviti sono huomini di mediocre statura, ma di corpo ben formati et muscolosi. Hanno l' occhio di color glauco, pancia grande et gambe corte. Essercitano diversi essercitij d' arte di guerra, facendo correr cavalli, giocando alla lotta, et trahendo d' arco. Nel lor regno sono leggi simplicissime, ma di gran giustitia. I loro cavalli sono di mediocre statura. Gli soldati, in luogo d' armature, portano alcune vesti di bambagia imbottite et salde ad ogni percossa. L' armi loro sono lancie ferrate, arco et frezza, et mazza ferrata, con qualche spada storta. Cavalcano con le staffe corte, et sono assai destri nel trar delle frezze, che fuggendo si voltano et feriscono i loro nemici.

## SOLDAT MOSCOVITE A CHEVAL.

ES Moscovites sont des hommes de médiocre stature, mais de membres bien formés et musculeux. Le ventre est protubérant, les jambes courtes, les yeux de couleur glauque. Pour s'habituer aux différents exercices de la guerre, ils courent à cheval, luttent et tirent de l'arc; ils ont des lois très-simples, mais justes. Les chevaux sont petits. Les soldats, au lieu d'armure, portent un vêtement rembourré de coton à l'épreuve du trait. Leurs armes sont la lance à pointe de fer, l'arc, la flèche, la masse de fer et un sabre recourbé. Ils chevauchent l'étrier court; très-habiles à lancer la flèche, ils se retournent en fuyant, et frappent l'ennemi.

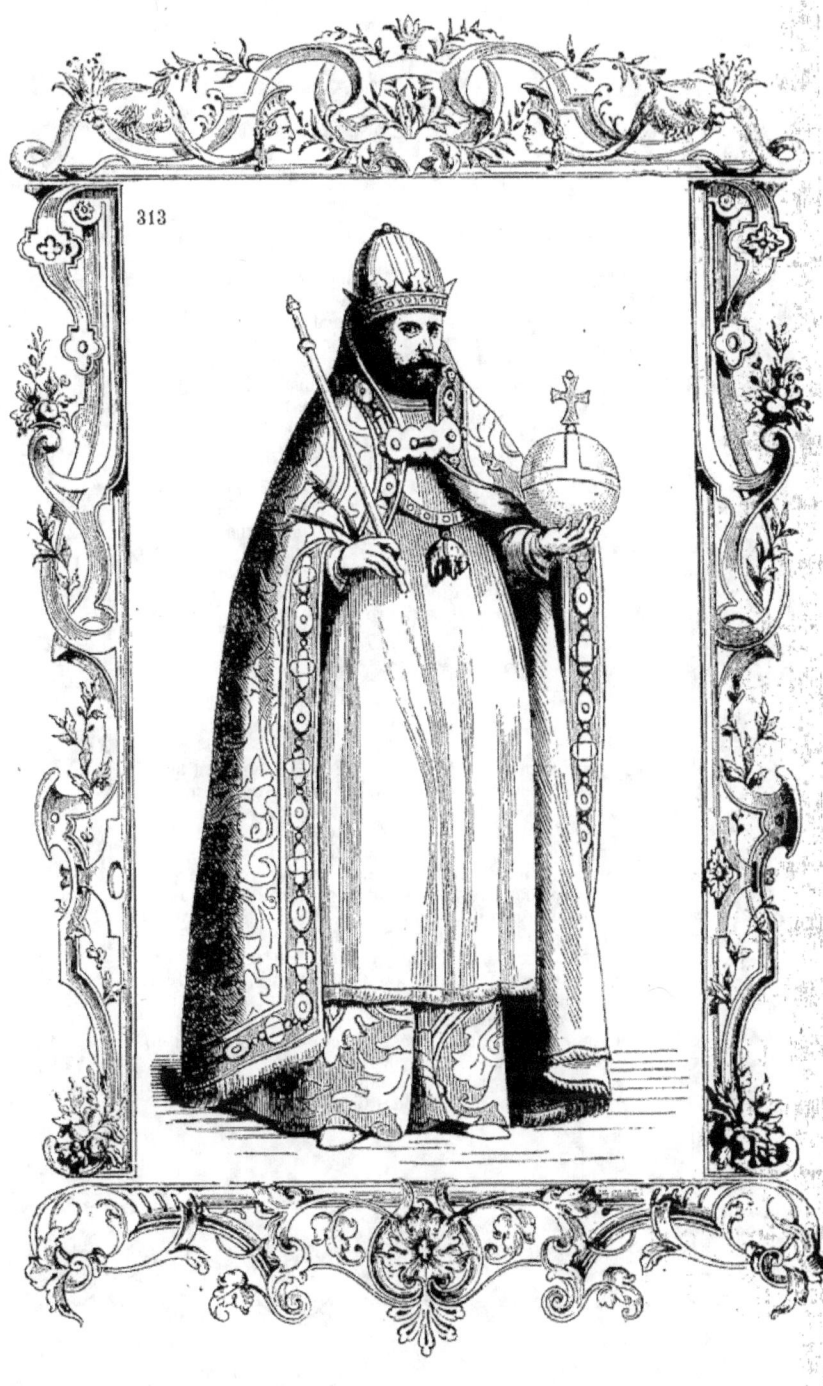

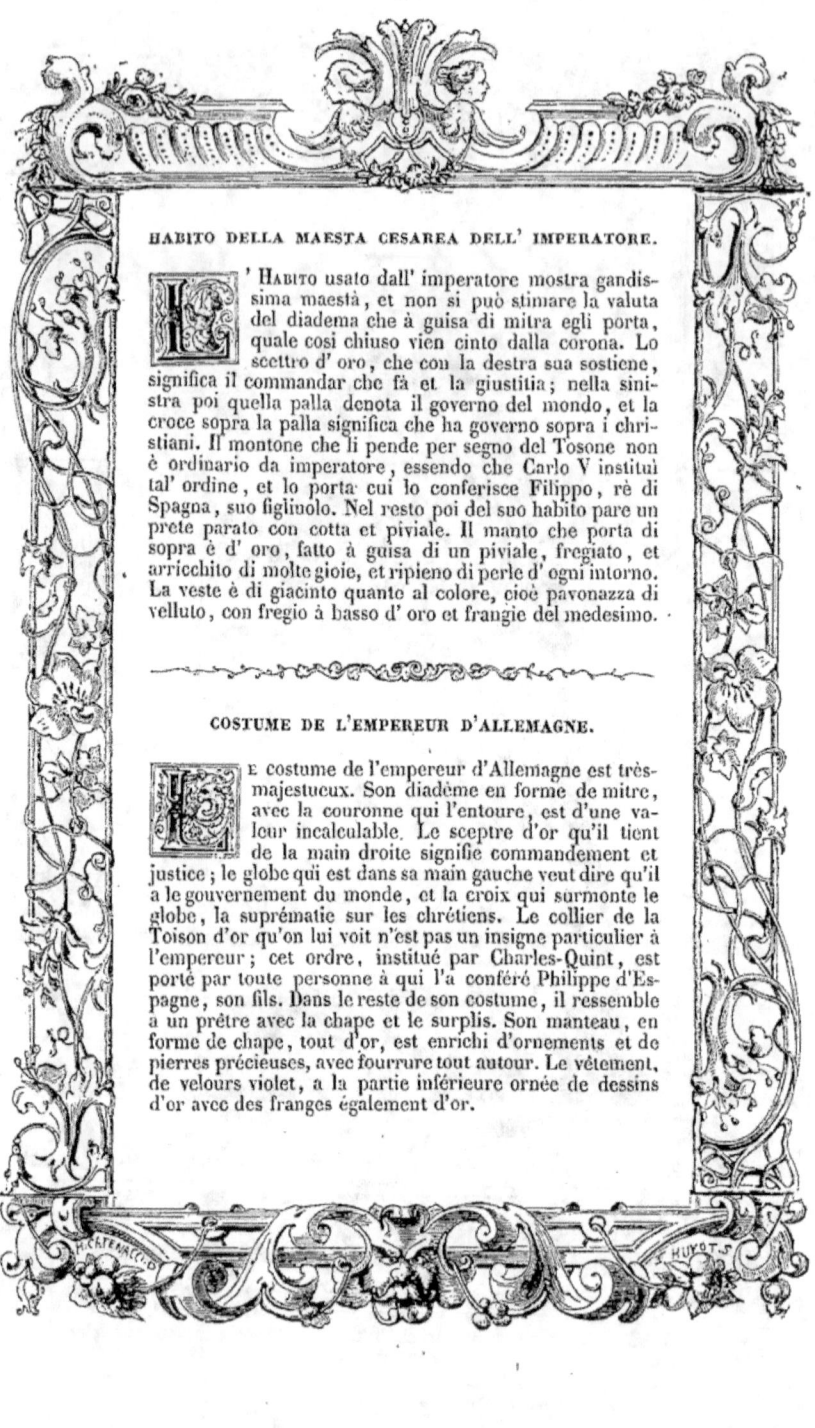

## HABITO DELLA MAESTA CESAREA DELL' IMPERATORE.

L' Habito usato dall' imperatore mostra gandissima maestà, et non si può stimare la valuta del diadema che à guisa di mitra egli porta, quale cosi chiuso vien cinto dalla corona. Lo scettro d' oro, che con la destra sua sostiene, significa il commandar che fà et la giustitia; nella sinistra poi quella palla denota il governo del mondo, et la croce sopra la palla significa che ha governo sopra i christiani. Il montone che li pende per segno del Tosone non è ordinario da imperatore, essendo che Carlo V institui tal' ordine, et lo porta cui lo conferisce Filippo, rè di Spagna, suo figliuolo. Nel resto poi del suo habito pare un prete parato con cotta et piviale. Il manto che porta di sopra è d' oro, fatto à guisa di un piviale, fregiato, et arricchito di molte gioie, et ripieno di perle d' ogni intorno. La veste è di giacinto quanto al colore, cioè pavonazza di velluto, con fregio à basso d' oro et frangie del medesimo.

## COSTUME DE L'EMPEREUR D'ALLEMAGNE.

Le costume de l'empereur d'Allemagne est très-majestueux. Son diadème en forme de mitre, avec la couronne qui l'entoure, est d'une valeur incalculable. Le sceptre d'or qu'il tient de la main droite signifie commandement et justice ; le globe qui est dans sa main gauche veut dire qu'il a le gouvernement du monde, et la croix qui surmonte le globe, la suprématie sur les chrétiens. Le collier de la Toison d'or qu'on lui voit n'est pas un insigne particulier à l'empereur ; cet ordre, institué par Charles-Quint, est porté par toute personne à qui l'a conféré Philippe d'Espagne, son fils. Dans le reste de son costume, il ressemble a un prêtre avec la chape et le surplis. Son manteau, en forme de chape, tout d'or, est enrichi d'ornements et de pierres précieuses, avec fourrure tout autour. Le vêtement, de velours violet, a la partie inférieure ornée de dessins d'or avec des franges également d'or.

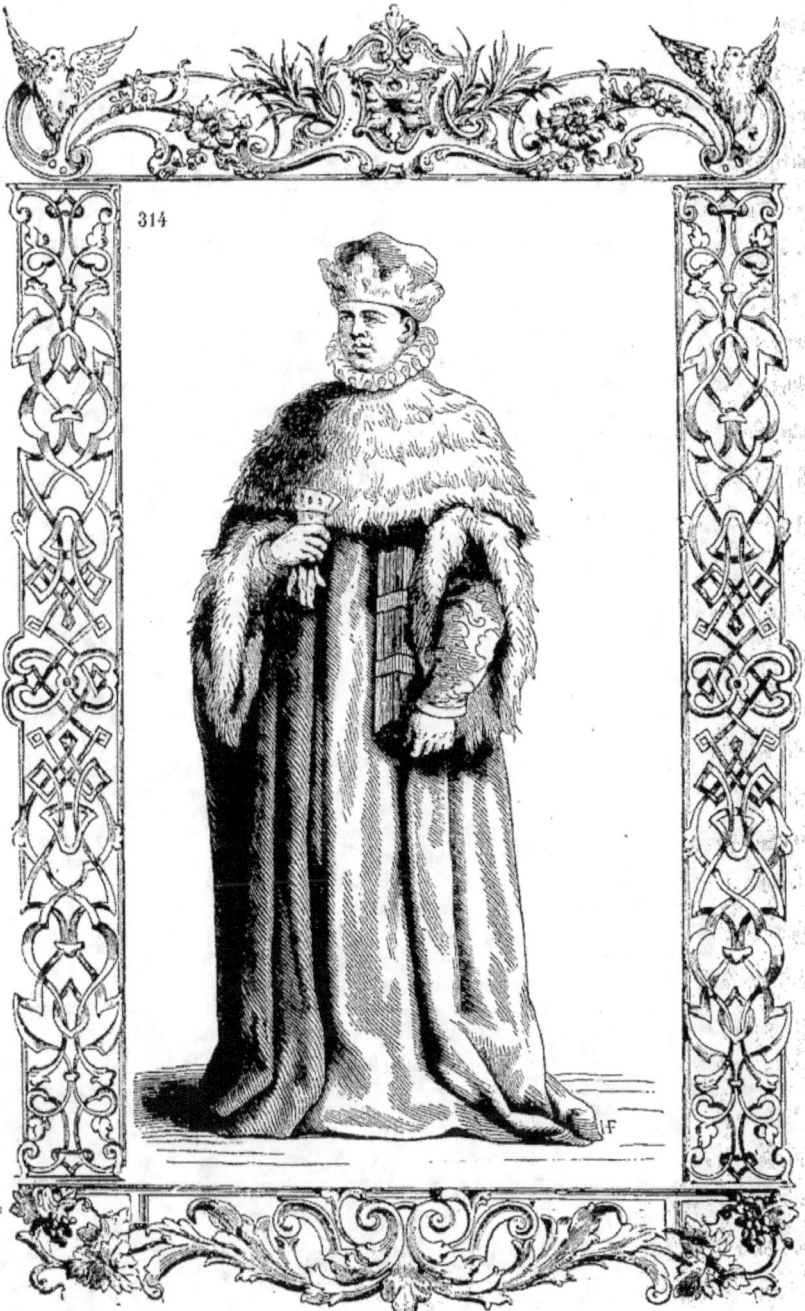

314

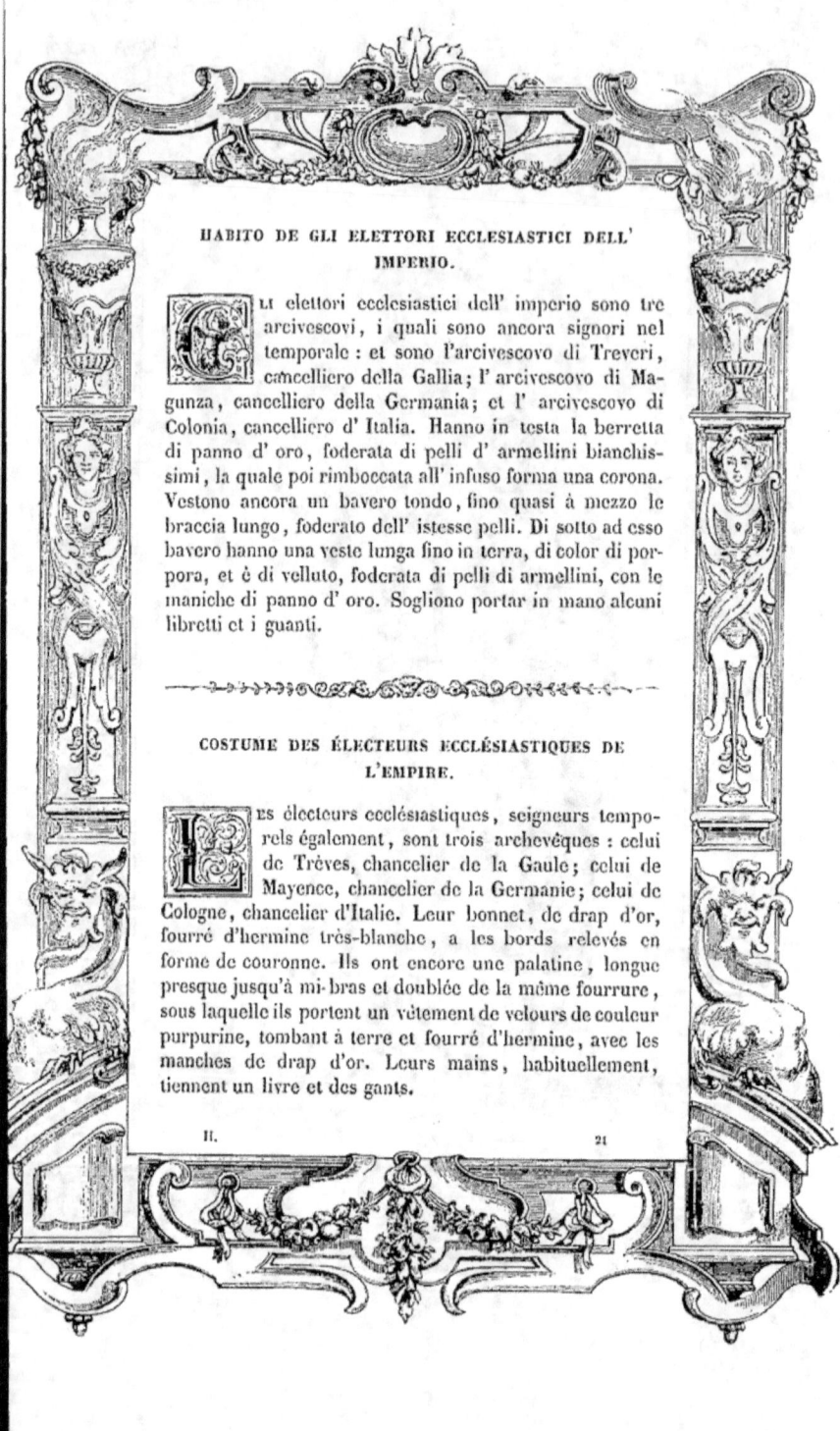

## HABITO DE GLI ELETTORI ECCLESIASTICI DELL' IMPERIO.

GLI elettori ecclesiastici dell' imperio sono tre arcivescovi, i quali sono ancora signori nel temporale : et sono l'arcivescovo di Treveri, cancelliero della Gallia; l' arcivescovo di Magunza, cancelliero della Germania; et l' arcivescovo di Colonia, cancelliero d' Italia. Hanno in testa la berretta di panno d' oro, foderata di pelli d' armellini bianchissimi, la quale poi rimboccata all' infuso forma una corona. Vestono ancora un bavero tondo, fino quasi à mezzo le braccia lungo, foderato dell' istesse pelli. Di sotto ad esso bavero hanno una veste lunga fino in terra, di color di porpora, et è di velluto, foderata di pelli di armellini, con le maniche di panno d' oro. Sogliono portar in mano alcuni libretti et i guanti.

## COSTUME DES ÉLECTEURS ECCLÉSIASTIQUES DE L'EMPIRE.

LES électeurs ecclésiastiques, seigneurs temporels également, sont trois archevêques : celui de Trèves, chancelier de la Gaule; celui de Mayence, chancelier de la Germanie; celui de Cologne, chancelier d'Italie. Leur bonnet, de drap d'or, fourré d'hermine très-blanche, a les bords relevés en forme de couronne. Ils ont encore une palatine, longue presque jusqu'à mi-bras et doublée de la même fourrure, sous laquelle ils portent un vêtement de velours de couleur purpurine, tombant à terre et fourré d'hermine, avec les manches de drap d'or. Leurs mains, habituellement, tiennent un livre et des gants.

II.                                                    21

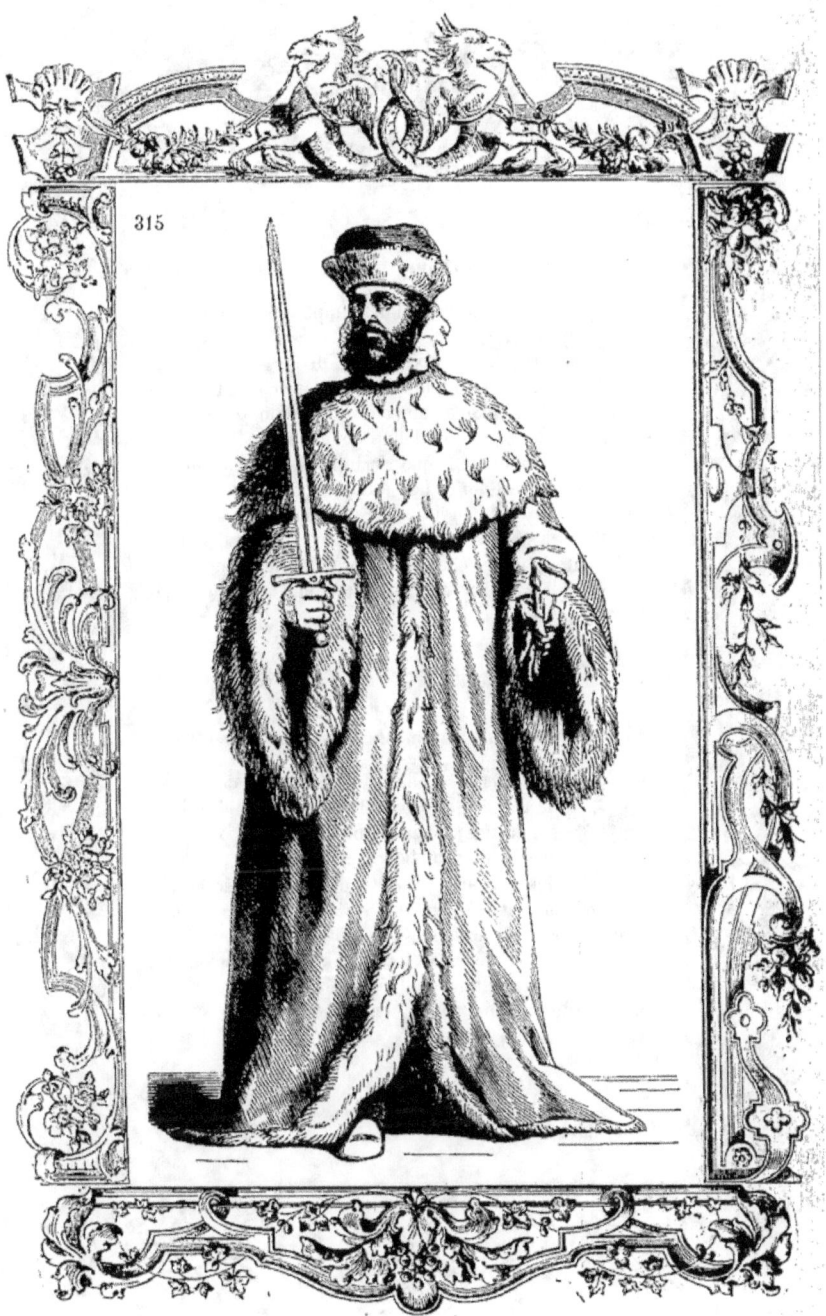

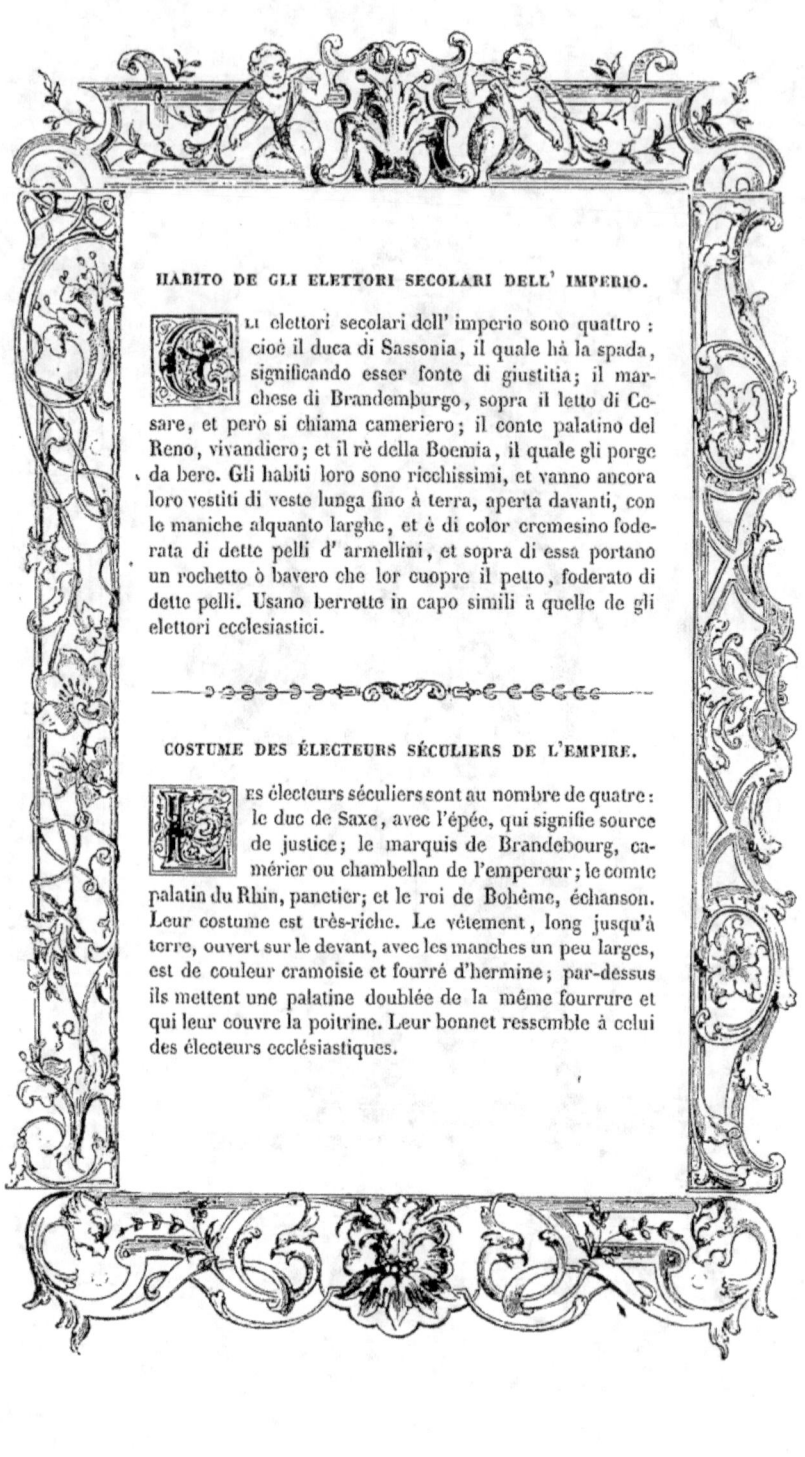

### HABITO DE GLI ELETTORI SECOLARI DELL' IMPERIO.

LI elettori secolari dell' imperio sono quattro : cioè il duca di Sassonia, il quale hà la spada, significando esser fonte di giustitia; il marchese di Brandemburgo, sopra il letto di Cesare, et però si chiama cameriero; il conte palatino del Reno, vivandiero; et il rè della Boemia, il quale gli porge da bere. Gli habiti loro sono ricchissimi, et vanno ancora loro vestiti di veste lunga fino à terra, aperta davanti, con le maniche alquanto larghe, et è di color cremesino foderata di dette pelli d' armellini, et sopra di essa portano un rochetto ò bavero che lor cuopre il petto, foderato di dette pelli. Usano berrette in capo simili à quelle de gli elettori ecclesiastici.

### COSTUME DES ÉLECTEURS SÉCULIERS DE L'EMPIRE.

ES électeurs séculiers sont au nombre de quatre : le duc de Saxe, avec l'épée, qui signifie source de justice; le marquis de Brandebourg, camérier ou chambellan de l'empereur; le comte palatin du Rhin, panetier; et le roi de Bohême, échanson. Leur costume est très-riche. Le vêtement, long jusqu'à terre, ouvert sur le devant, avec les manches un peu larges, est de couleur cramoisie et fourré d'hermine; par-dessus ils mettent une palatine doublée de la même fourrure et qui leur couvre la poitrine. Leur bonnet ressemble à celui des électeurs ecclésiastiques.

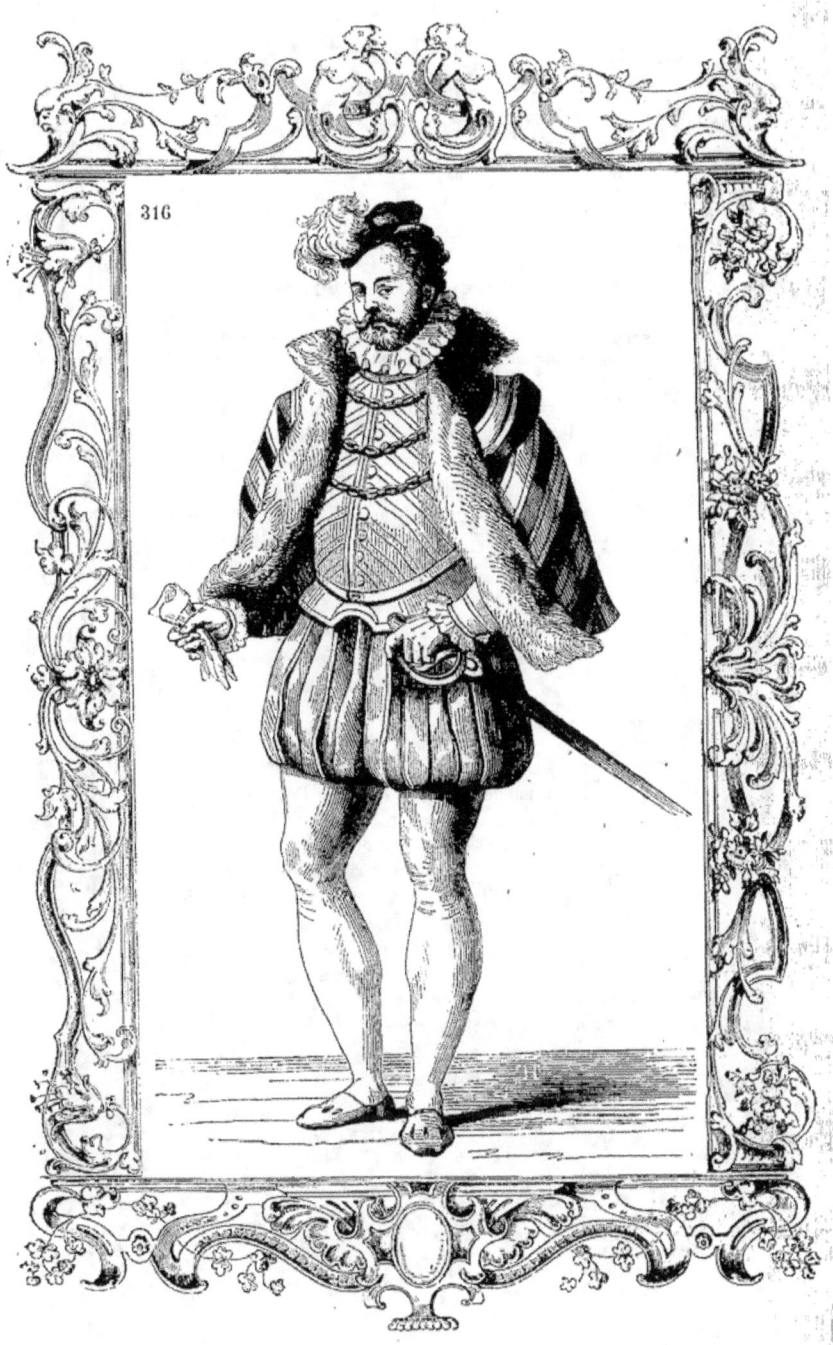

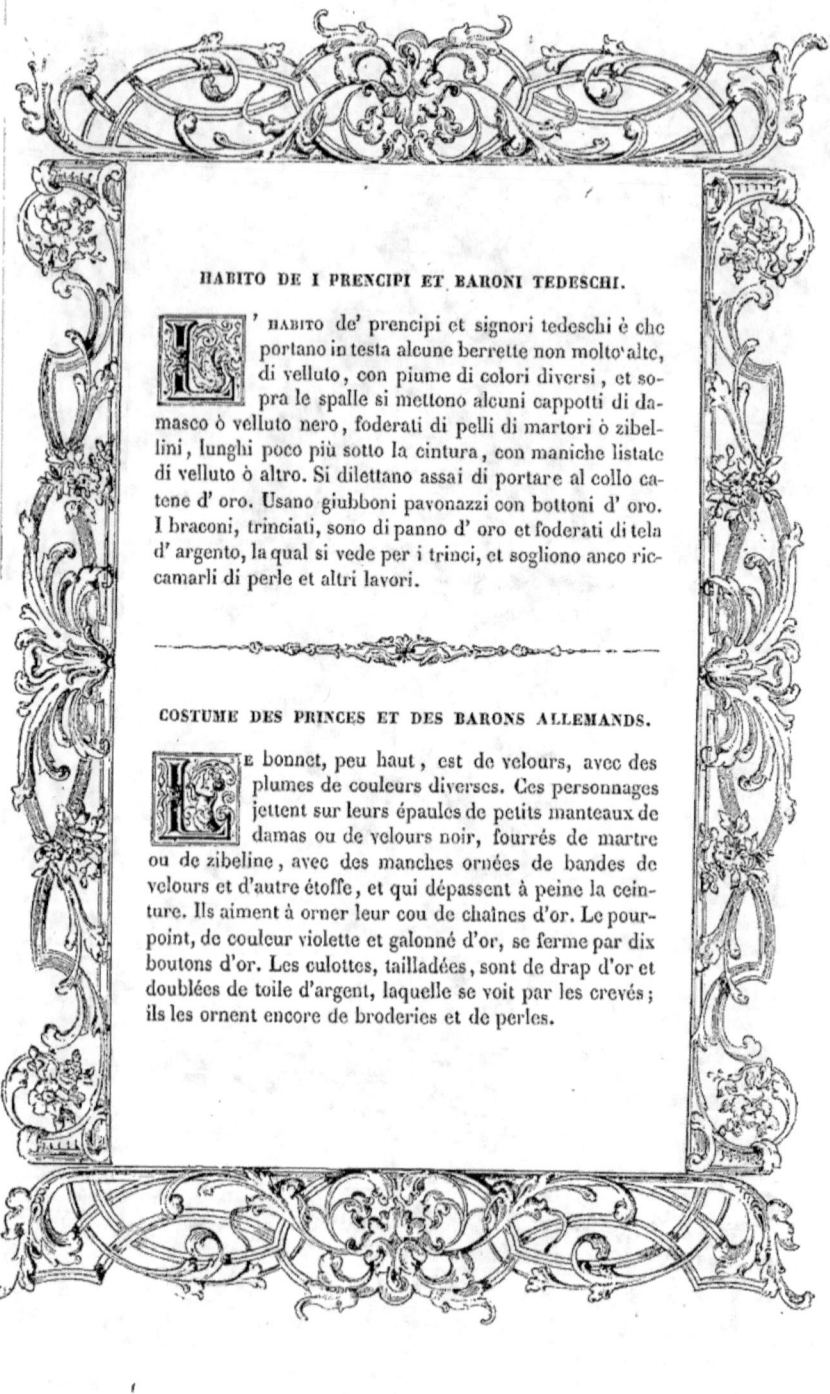

## HABITO DE I PRENCIPI ET BARONI TEDESCHI.

L' HABITO de' prencipi et signori tedeschi è che portano in testa alcune berrette non molto'alte, di velluto, con piume di colori diversi, et sopra le spalle si mettono alcuni cappotti di damasco ò velluto nero, foderati di pelli di martori ò zibellini, lunghi poco più sotto la cintura, con maniche listate di velluto ò altro. Si dilettano assai di portare al collo catene d' oro. Usano giubboni pavonazzi con bottoni d' oro. I braconi, trinciati, sono di panno d' oro et foderati di tela d' argento, la qual si vede per i trinci, et sogliono anco riccamarli di perle et altri lavori.

## COSTUME DES PRINCES ET DES BARONS ALLEMANDS.

LE bonnet, peu haut, est de velours, avec des plumes de couleurs diverses. Ces personnages jettent sur leurs épaules de petits manteaux de damas ou de velours noir, fourrés de martre ou de zibeline, avec des manches ornées de bandes de velours et d'autre étoffe, et qui dépassent à peine la ceinture. Ils aiment à orner leur cou de chaînes d'or. Le pourpoint, de couleur violette et galonné d'or, se ferme par dix boutons d'or. Les culottes, tailladées, sont de drap d'or et doublées de toile d'argent, laquelle se voit par les crevés; ils les ornent encore de broderies et de perles.

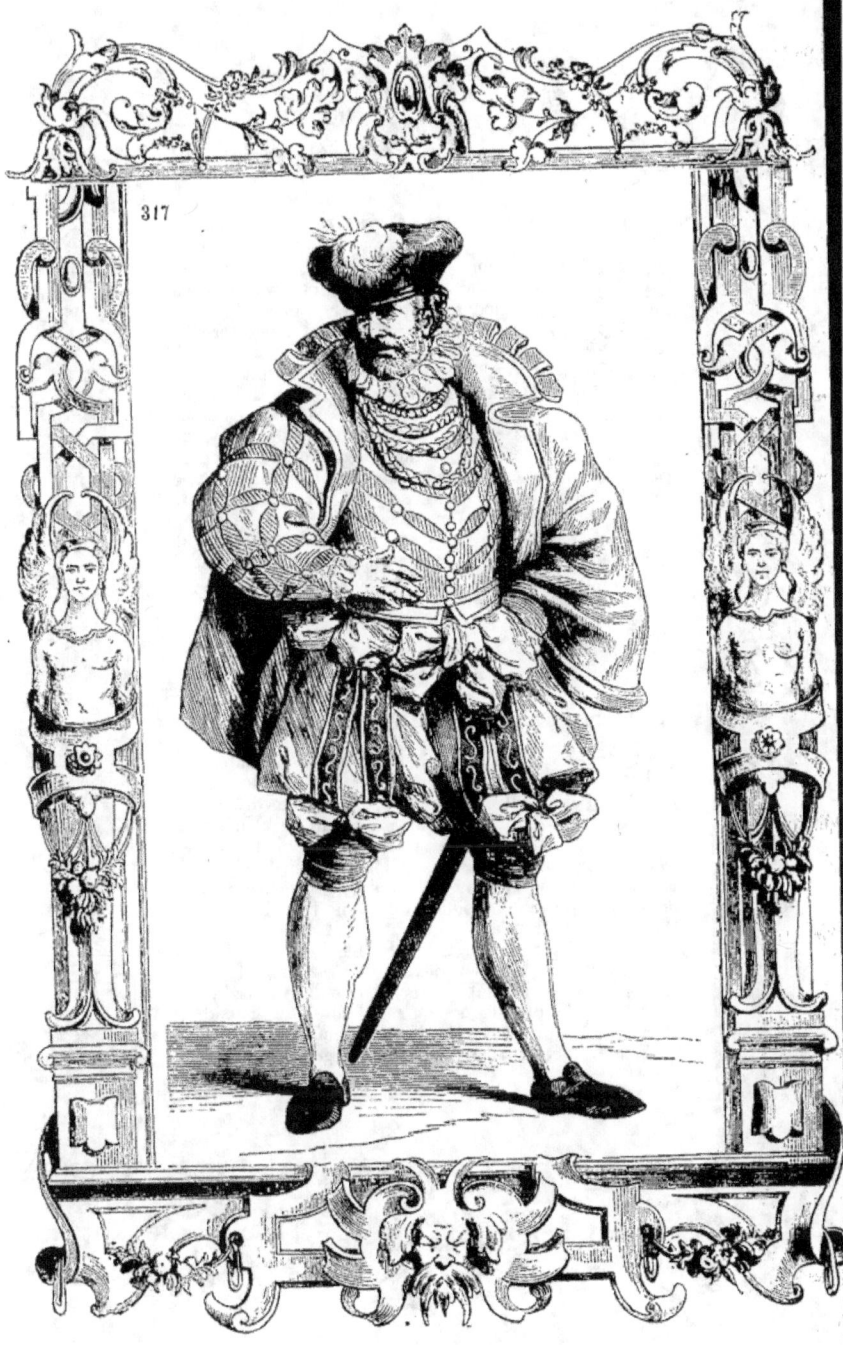

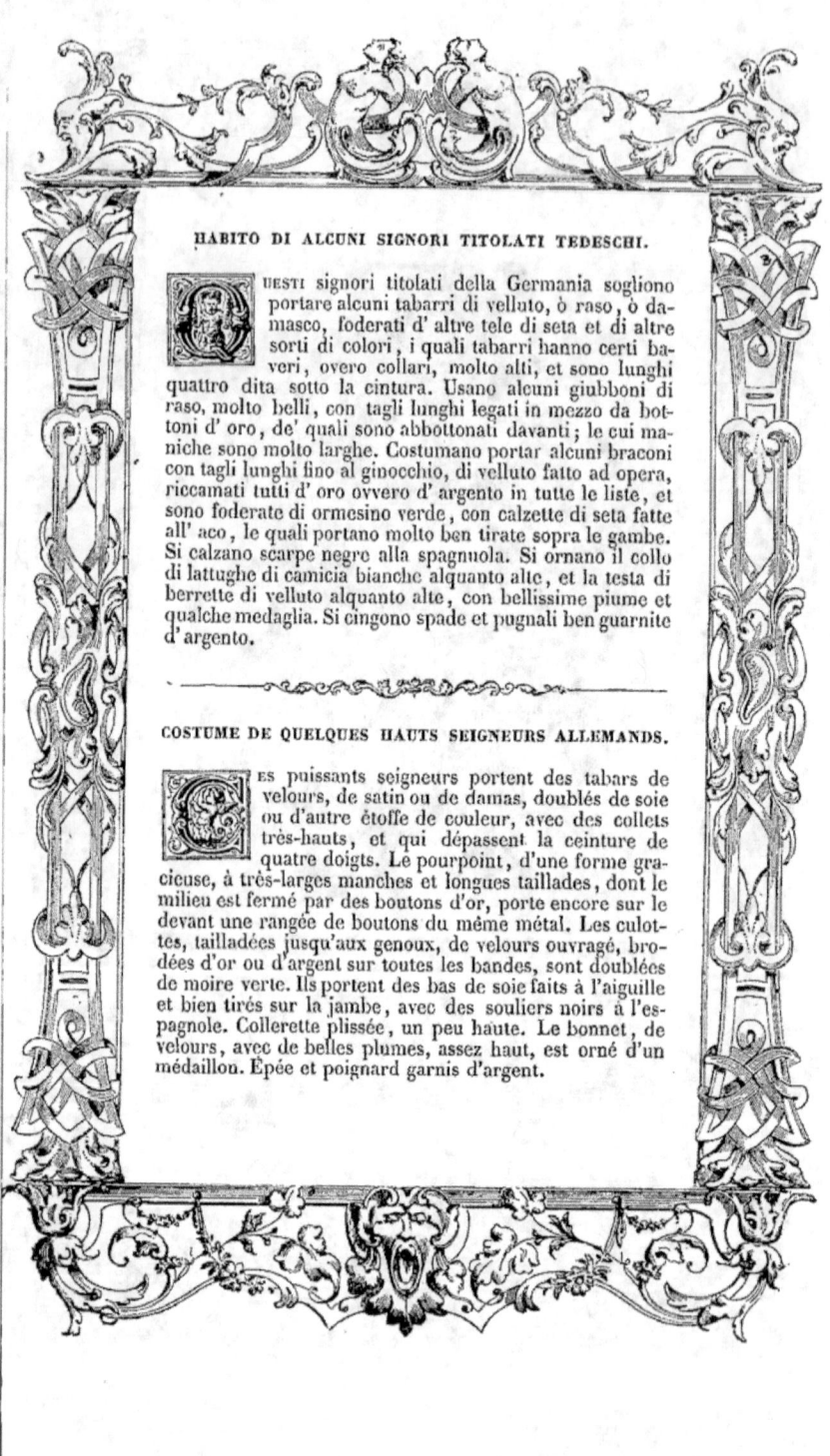

## HABITO DI ALCUNI SIGNORI TITOLATI TEDESCHI.

Questi signori titolati della Germania sogliono portare alcuni tabarri di velluto, ò raso, ò damasco, foderati d'altre tele di seta et di altre sorti di colori, i quali tabarri hanno certi baveri, overo collari, molto alti, et sono lunghi quattro dita sotto la cintura. Usano alcuni giubboni di raso, molto belli, con tagli lunghi legati in mezzo da bottoni d'oro, de' quali sono abbottonati davanti; le cui maniche sono molto larghe. Costumano portar alcuni braconi con tagli lunghi fino al ginocchio, di velluto fatto ad opera, riccamati tutti d'oro ovvero d'argento in tutte le liste, et sono foderate di ormesino verde, con calzette di seta fatte all'aco, le quali portano molto ben tirate sopra le gambe. Si calzano scarpe negre alla spagnuola. Si ornano il collo di lattughe di camicia bianche alquanto alte, et la testa di berrette di velluto alquanto alte, con bellissime piume et qualche medaglia. Si cingono spade et pugnali ben guarnite d'argento.

## COSTUME DE QUELQUES HAUTS SEIGNEURS ALLEMANDS.

Ces puissants seigneurs portent des tabars de velours, de satin ou de damas, doublés de soie ou d'autre étoffe de couleur, avec des collets très-hauts, et qui dépassent la ceinture de quatre doigts. Le pourpoint, d'une forme gracieuse, à très-larges manches et longues taillades, dont le milieu est fermé par des boutons d'or, porte encore sur le devant une rangée de boutons du même métal. Les culottes, tailladées jusqu'aux genoux, de velours ouvragé, brodées d'or ou d'argent sur toutes les bandes, sont doublées de moire verte. Ils portent des bas de soie faits à l'aiguille et bien tirés sur la jambe, avec des souliers noirs à l'espagnole. Collerette plissée, un peu haute. Le bonnet, de velours, avec de belles plumes, assez haut, est orné d'un médaillon. Épée et poignard garnis d'argent.

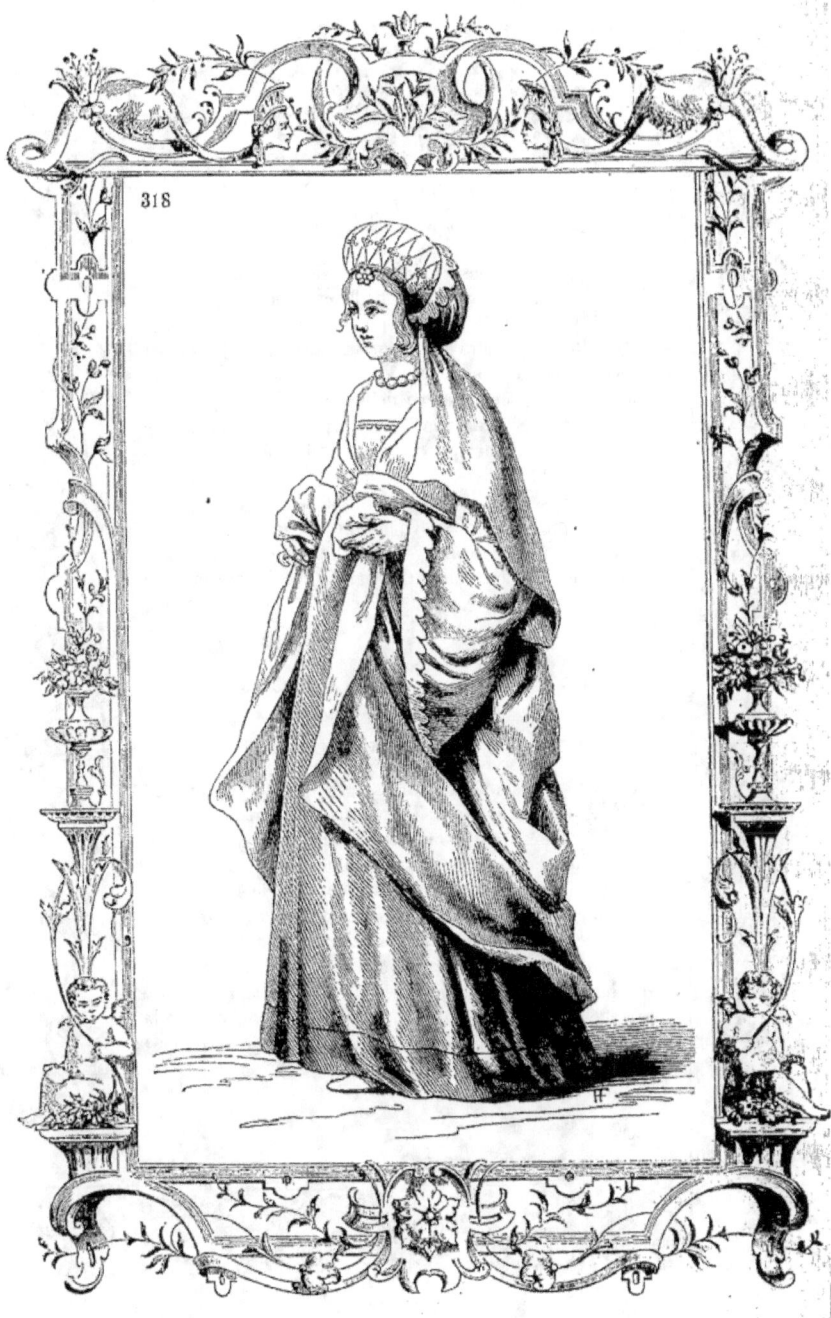

318

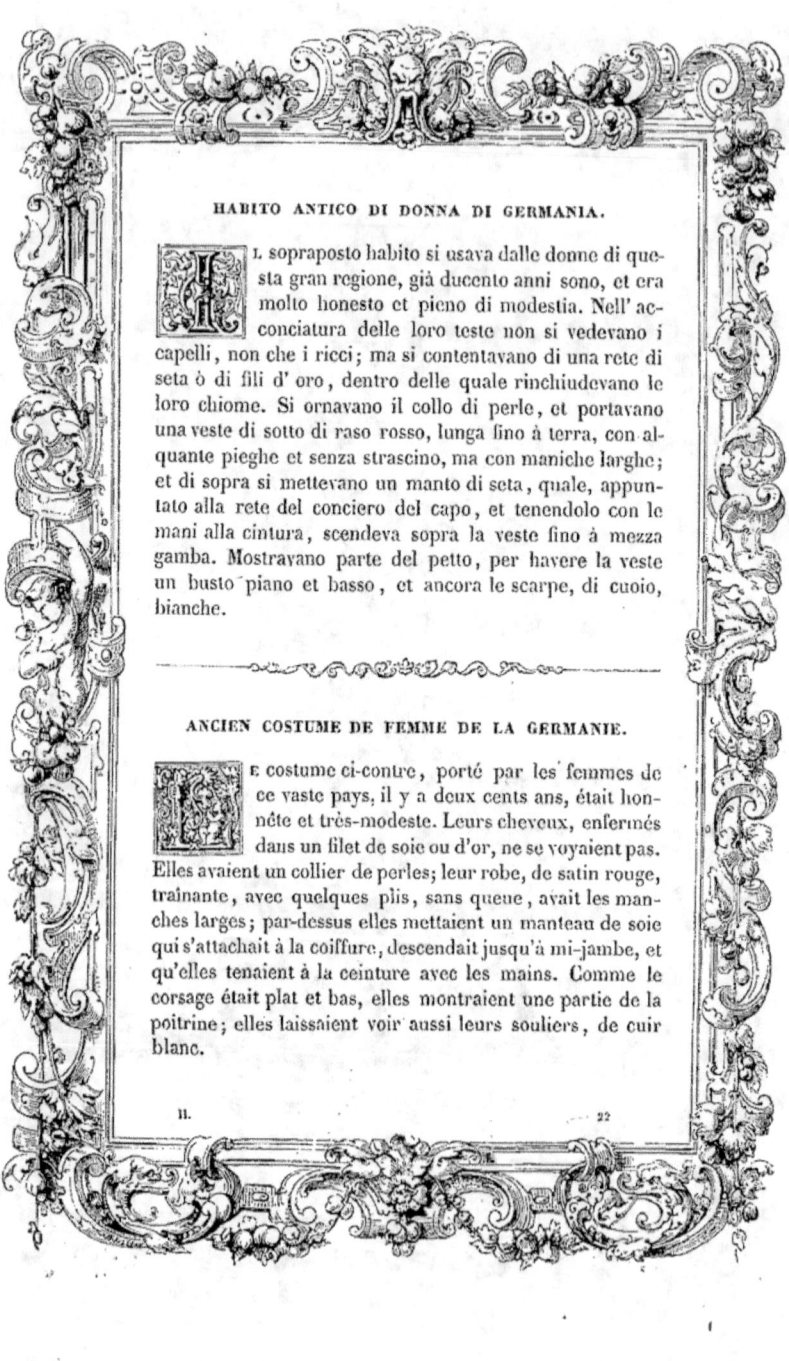

### HABITO ANTICO DI DONNA DI GERMANIA.

IL sopraposto habito si usava dalle donne di questa gran regione, già ducento anni sono, et era molto honesto et pieno di modestia. Nell' acconciatura delle loro teste non si vedevano i capelli, non che i ricci; ma si contentavano di una rete di seta ò di fili d'oro, dentro delle quale rinchiudevano le loro chiome. Si ornavano il collo di perle, et portavano una veste di sotto di raso rosso, lunga fino à terra, con alquante pieghe et senza strascino, ma con maniche larghe; et di sopra si mettevano un manto di seta, quale, appuntato alla rete del conciero del capo, et tenendolo con le mani alla cintura, scendeva sopra la veste fino à mezza gamba. Mostravano parte del petto, per havere la veste un busto piano et basso, et ancora le scarpe, di cuoio, bianche.

### ANCIEN COSTUME DE FEMME DE LA GERMANIE.

LE costume ci-contre, porté par les femmes de ce vaste pays, il y a deux cents ans, était honnête et très-modeste. Leurs cheveux, enfermés dans un filet de soie ou d'or, ne se voyaient pas. Elles avaient un collier de perles; leur robe, de satin rouge, traînante, avec quelques plis, sans queue, avait les manches larges; par-dessus elles mettaient un manteau de soie qui s'attachait à la coiffure, descendait jusqu'à mi-jambe, et qu'elles tenaient à la ceinture avec les mains. Comme le corsage était plat et bas, elles montraient une partie de la poitrine; elles laissaient voir aussi leurs souliers, de cuir blanc.

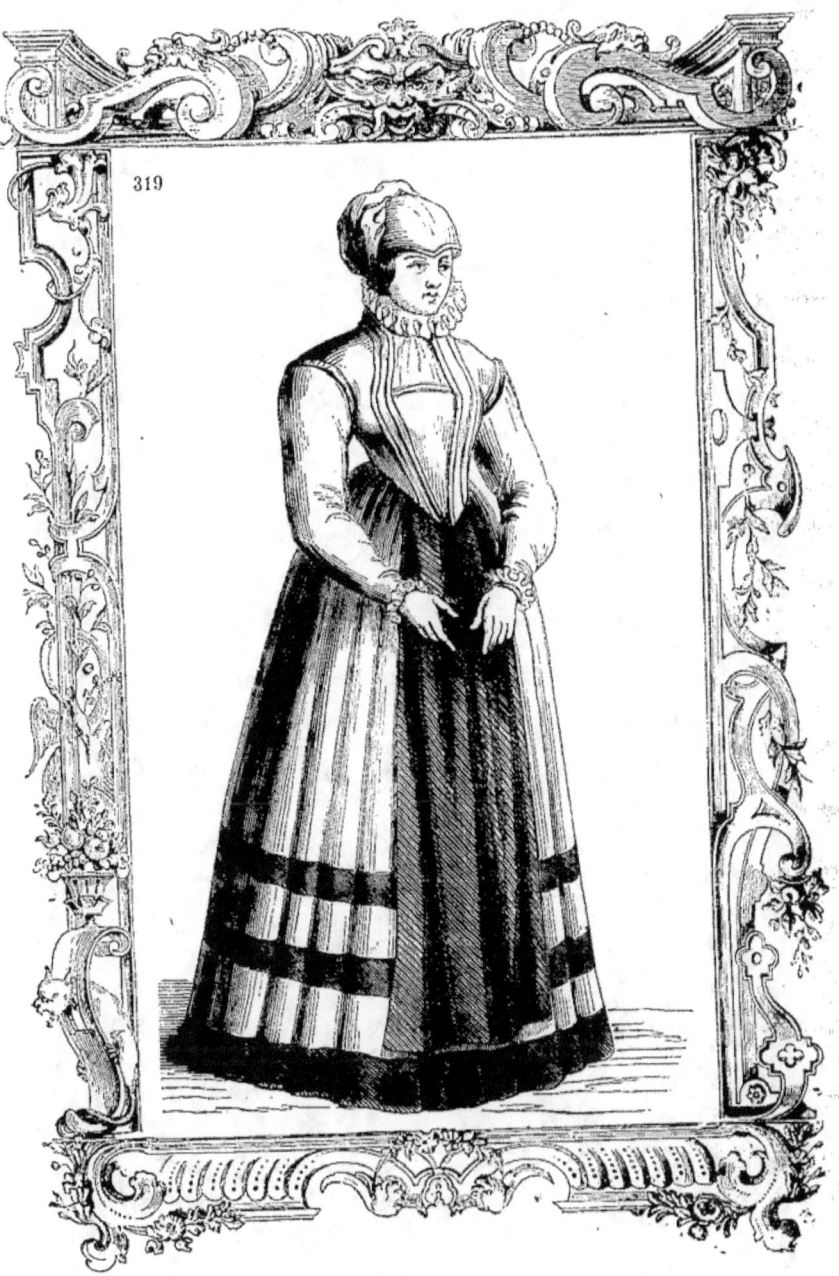

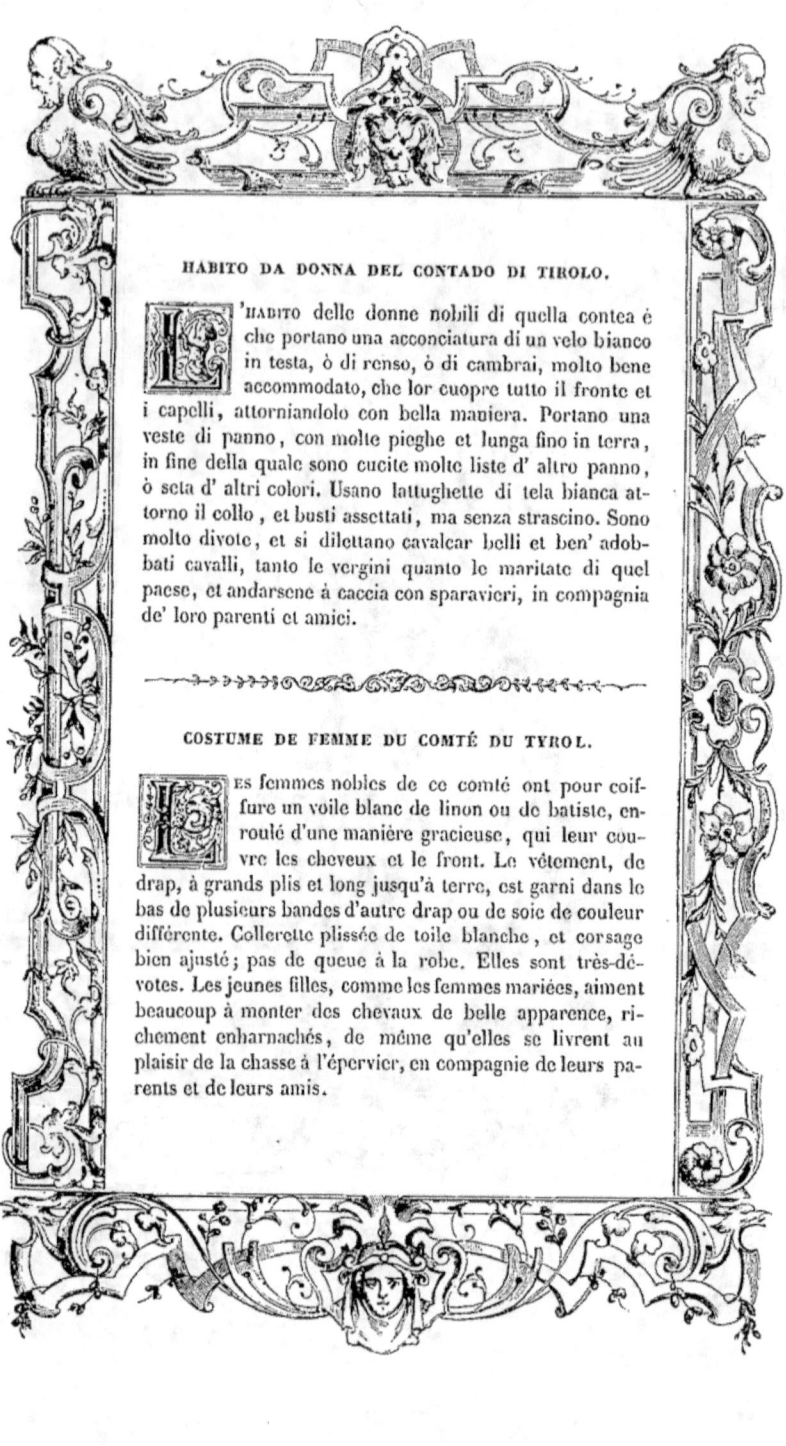

### HABITO DA DONNA DEL CONTADO DI TIROLO.

L'HABITO delle donne nobili di quella contea è che portano una acconciatura di un velo bianco in testa, ò di renso, ò di cambrai, molto bene accommodato, che lor cuopre tutto il fronte et i capelli, attorniandolo con bella maniera. Portano una veste di panno, con molte pieghe et lunga fino in terra, in fine della quale sono cucite molte liste d' altro panno, ò seta d' altri colori. Usano lattughette di tela bianca attorno il collo, et busti assettati, ma senza strascino. Sono molto divote, et si dilettano cavalcar belli et ben' adobbati cavalli, tanto le vergini quanto le maritate di quel paese, et andarsene à caccia con sparavieri, in compagnia de' loro parenti et amici.

### COSTUME DE FEMME DU COMTÉ DU TYROL.

LES femmes nobles de ce comté ont pour coiffure un voile blanc de linon ou de batiste, enroulé d'une manière gracieuse, qui leur couvre les cheveux et le front. Le vêtement, de drap, à grands plis et long jusqu'à terre, est garni dans le bas de plusieurs bandes d'autre drap ou de soie de couleur différente. Collerette plissée de toile blanche, et corsage bien ajusté; pas de queue à la robe. Elles sont très-dévotes. Les jeunes filles, comme les femmes mariées, aiment beaucoup à monter des chevaux de belle apparence, richement enharnachés, de même qu'elles se livrent au plaisir de la chasse à l'épervier, en compagnie de leurs parents et de leurs amis.

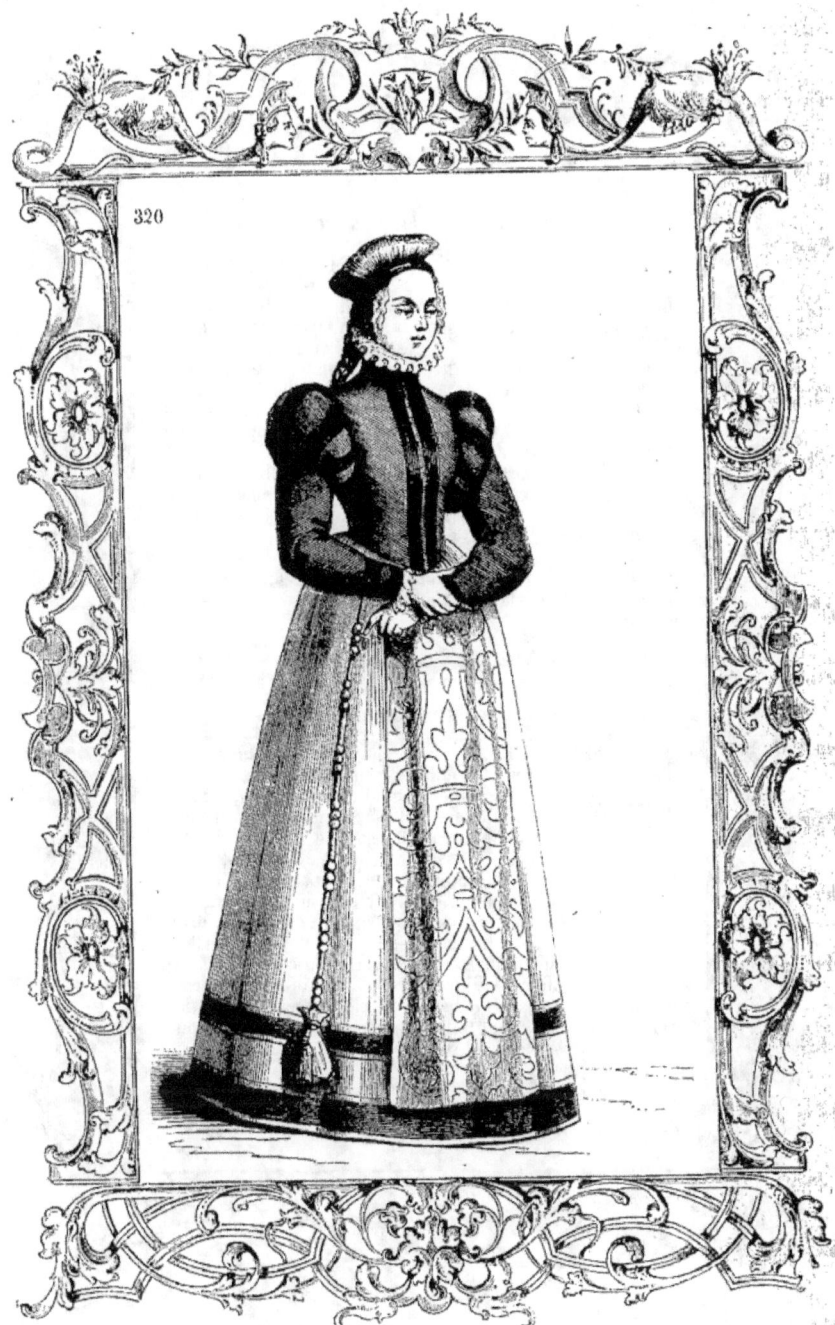

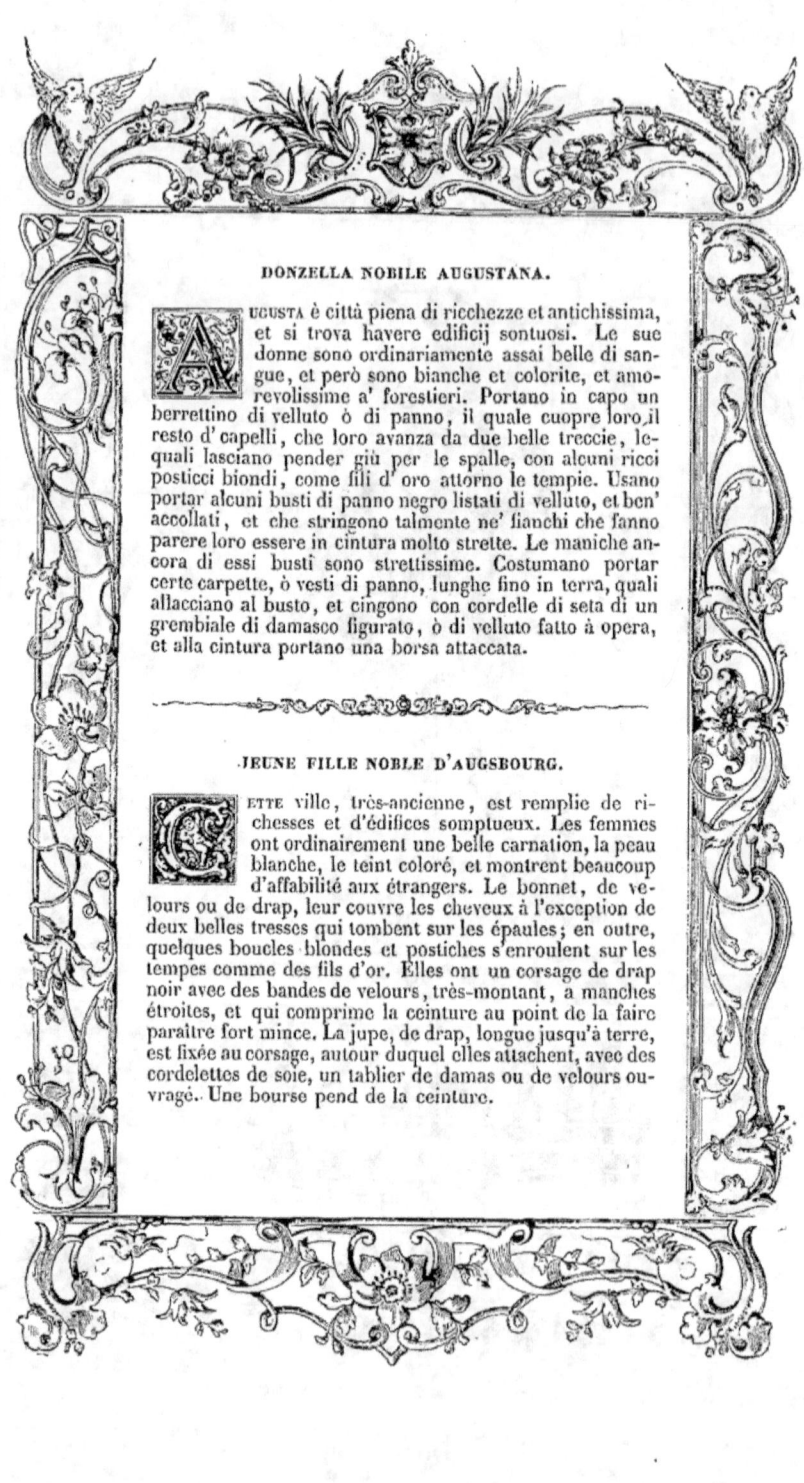

### DONZELLA NOBILE AUGUSTANA.

 Augusta è città piena di ricchezze et antichissima, et si trova havere edificij sontuosi. Le sue donne sono ordinariamente assai belle di sangue, et però sono bianche et colorite, et amorevolissime a' forestieri. Portano in capo un berrettino di velluto ò di panno, il quale cuopre loro il resto d' capelli, che loro avanza da due belle treccie, lequali lasciano pender giù per le spalle, con alcuni ricci posticci biondi, come fili d'oro attorno le tempie. Usano portar alcuni busti di panno negro listati di velluto, et ben' accollati, et che stringono talmente ne' fianchi che fanno parere loro essere in cintura molto strette. Le maniche ancora di essi busti sono strettissime. Costumano portar certe carpette, ò vesti di panno, lunghe fino in terra, quali allacciano al busto, et cingono con cordelle di seta di un grembiale di damasco figurato, ò di velluto fatto à opera, et alla cintura portano una borsa attaccata.

### JEUNE FILLE NOBLE D'AUGSBOURG.

Cette ville, très-ancienne, est remplie de richesses et d'édifices somptueux. Les femmes ont ordinairement une belle carnation, la peau blanche, le teint coloré, et montrent beaucoup d'affabilité aux étrangers. Le bonnet, de velours ou de drap, leur couvre les cheveux à l'exception de deux belles tresses qui tombent sur les épaules; en outre, quelques boucles blondes et postiches s'enroulent sur les tempes comme des fils d'or. Elles ont un corsage de drap noir avec des bandes de velours, très-montant, a manches étroites, et qui comprime la ceinture au point de la faire paraître fort mince. La jupe, de drap, longue jusqu'à terre, est fixée au corsage, autour duquel elles attachent, avec des cordelettes de soie, un tablier de damas ou de velours ouvragé. Une bourse pend de la ceinture.

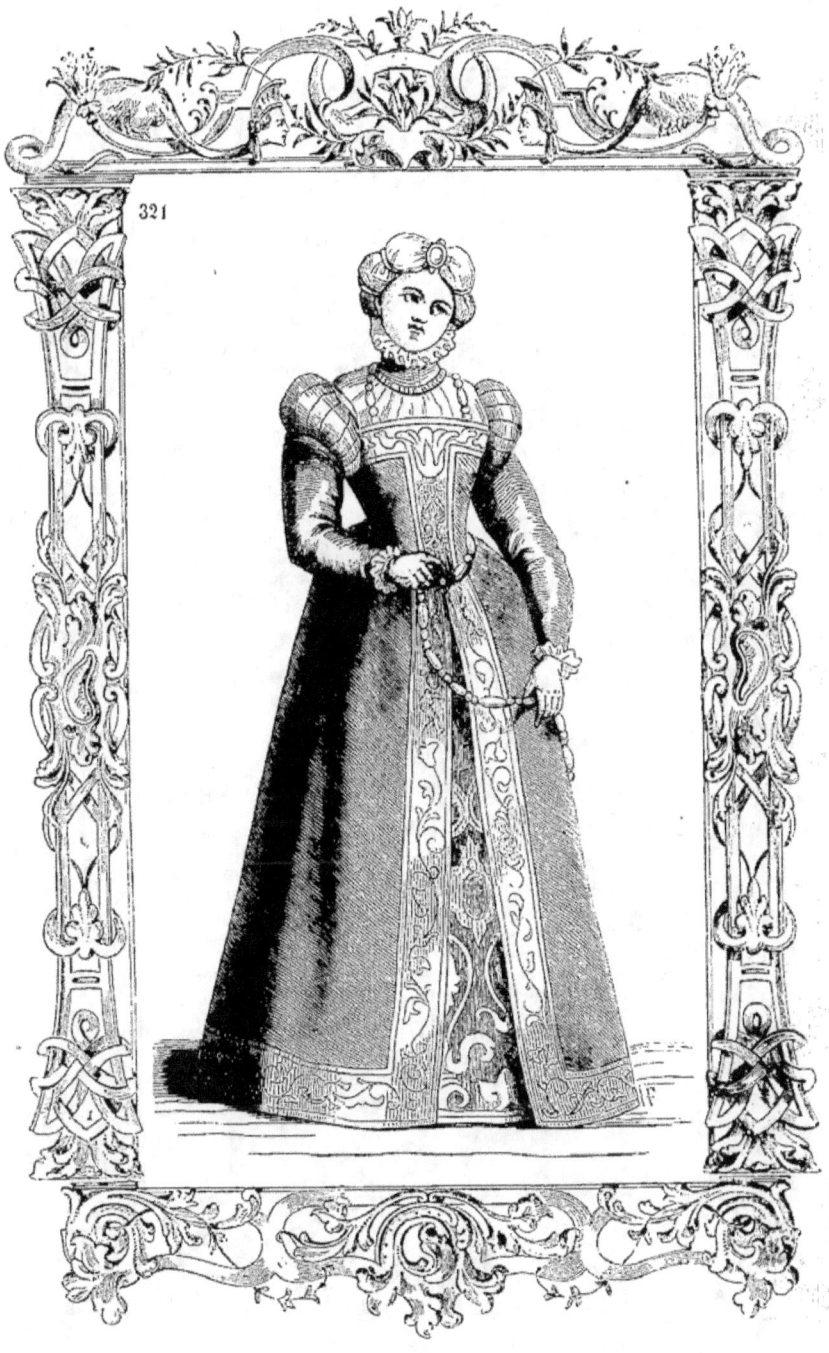
321

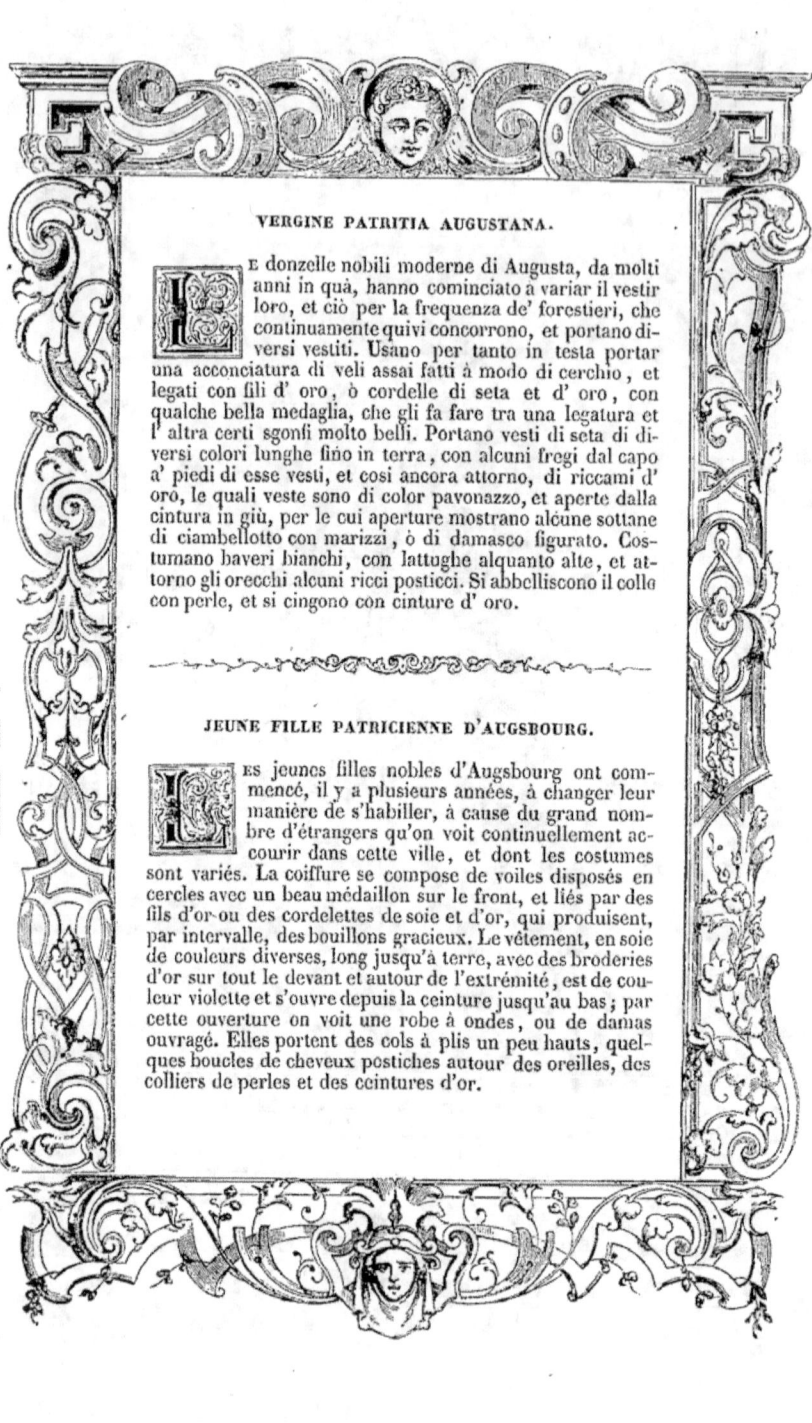

### VERGINE PATRITIA AUGUSTANA.

E donzelle nobili moderne di Augusta, da molti anni in quà, hanno cominciato a variar il vestir loro, et ciò per la frequenza de' forestieri, che continuamente quivi concorrono, et portano diversi vestiti. Usano per tanto in testa portar una acconciatura di veli assai fatti à modo di cerchio, et legati con fili d' oro, ò cordelle di seta et d' oro, con qualche bella medaglia, che gli fa fare tra una legatura et l' altra certi sgonfi molto belli. Portano vesti di seta di diversi colori lunghe fino in terra, con alcuni fregi dal capo a' piedi di esse vesti, et cosi ancora attorno, di riccami d' oro, le quali veste sono di color pavonazzo, et aperte dalla cintura in giù, per le cui aperture mostrano alcune sottane di ciambellotto con marizzi, ò di damasco figurato. Costumano baveri bianchi, con lattughe alquanto alte, et attorno gli orecchi alcuni ricci posticci. Si abbelliscono il collo con perle, et si cingono con cinture d' oro.

### JEUNE FILLE PATRICIENNE D'AUGSBOURG.

ES jeunes filles nobles d'Augsbourg ont commencé, il y a plusieurs années, à changer leur manière de s'habiller, à cause du grand nombre d'étrangers qu'on voit continuellement accourir dans cette ville, et dont les costumes sont variés. La coiffure se compose de voiles disposés en cercles avec un beau médaillon sur le front, et liés par des fils d'or ou des cordelettes de soie et d'or, qui produisent, par intervalle, des bouillons gracieux. Le vêtement, en soie de couleurs diverses, long jusqu'à terre, avec des broderies d'or sur tout le devant et autour de l'extrémité, est de couleur violette et s'ouvre depuis la ceinture jusqu'au bas; par cette ouverture on voit une robe à ondes, ou de damas ouvragé. Elles portent des cols à plis un peu hauts, quelques boucles de cheveux postiches autour des oreilles, des colliers de perles et des ceintures d'or.

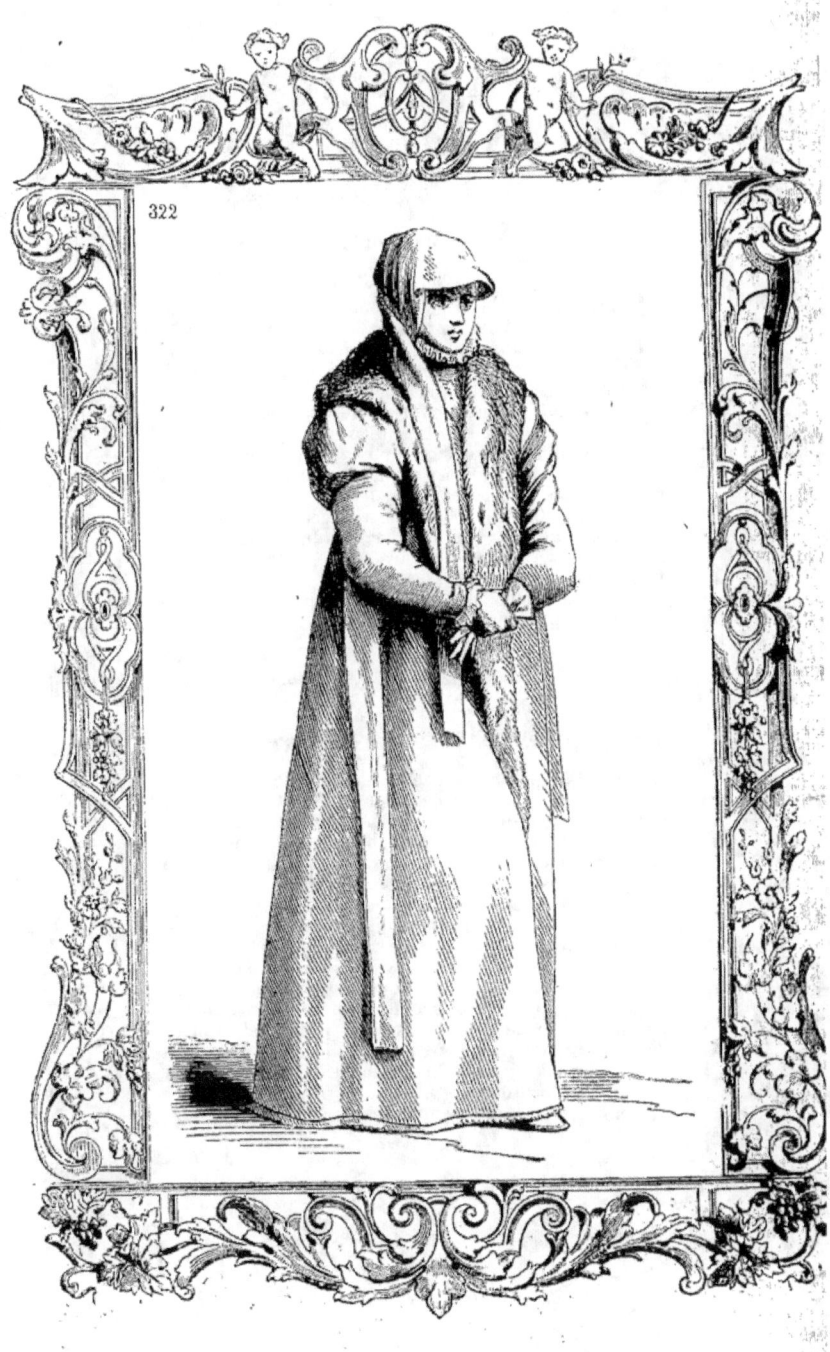
322

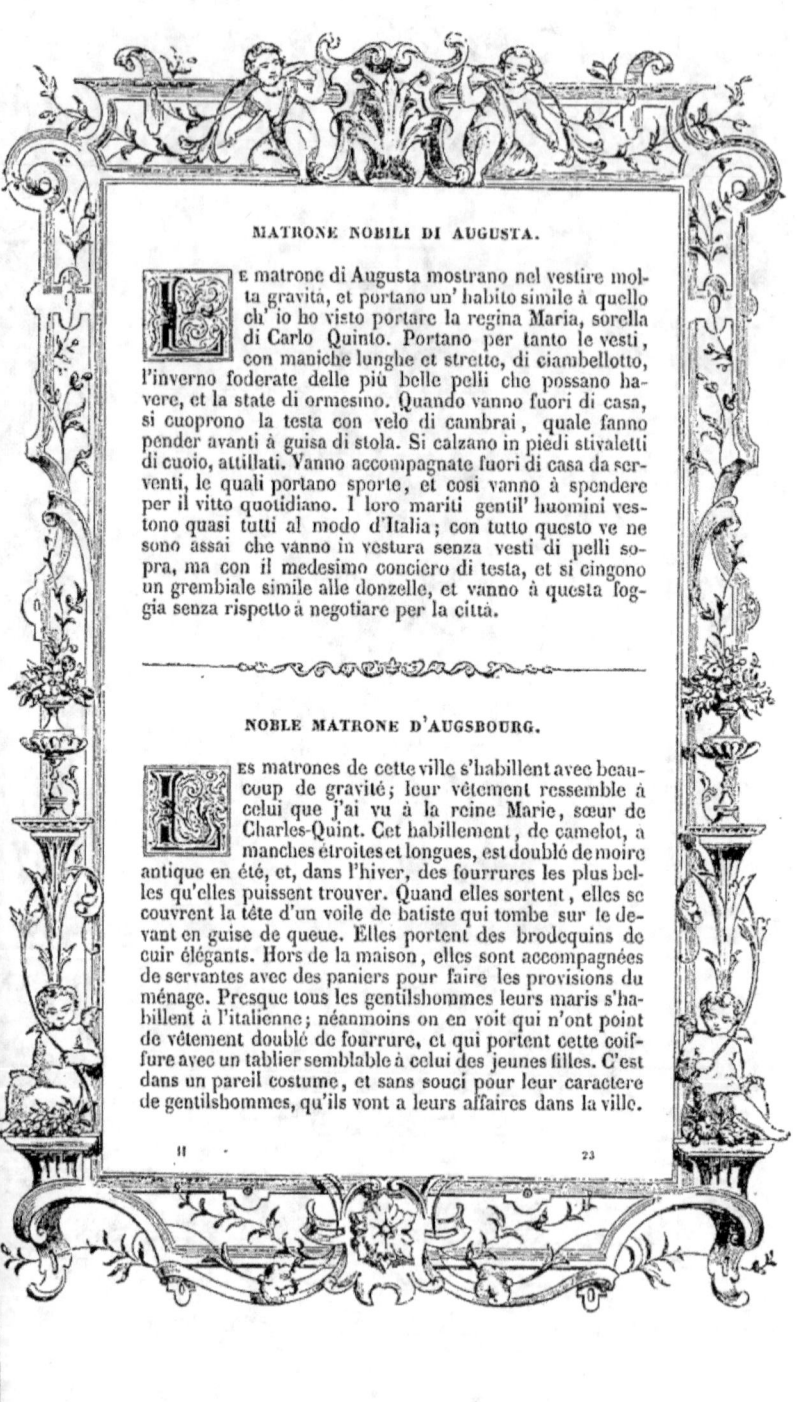

### MATRONE NOBILI DI AUGUSTA.

E matrone di Augusta mostrano nel vestire molta gravità, et portano un' habito simile à quello ch' io ho visto portare la regina Maria, sorella di Carlo Quinto. Portano per tanto le vesti, con maniche lunghe et strette, di ciambellotto, l'inverno foderate delle più belle pelli che possano havere, et la state di ormesino. Quando vanno fuori di casa, si cuoprono la testa con velo di cambrai, quale fanno pender avanti à guisa di stola. Si calzano in piedi stivaletti di cuoio, attillati. Vanno accompagnate fuori di casa da serventi, le quali portano sporte, et così vanno à spendere per il vitto quotidiano. I loro mariti gentil' huomini vestono quasi tutti al modo d'Italia; con tutto questo ve ne sono assai che vanno in vestura senza vesti di pelli sopra, ma con il medesimo concieto di testa, et si cingono un grembiale simile alle donzelle, et vanno à questa foggia senza rispetto à negotiare per la città.

### NOBLE MATRONE D'AUGSBOURG.

ES matrones de cette ville s'habillent avec beaucoup de gravité; leur vêtement ressemble à celui que j'ai vu à la reine Marie, sœur de Charles-Quint. Cet habillement, de camelot, a manches étroites et longues, est doublé de moire antique en été, et, dans l'hiver, des fourrures les plus belles qu'elles puissent trouver. Quand elles sortent, elles se couvrent la tête d'un voile de batiste qui tombe sur le devant en guise de queue. Elles portent des brodequins de cuir élégants. Hors de la maison, elles sont accompagnées de servantes avec des paniers pour faire les provisions du ménage. Presque tous les gentilshommes leurs maris s'habillent à l'italienne; néanmoins on en voit qui n'ont point de vêtement doublé de fourrure, et qui portent cette coiffure avec un tablier semblable à celui des jeunes filles. C'est dans un pareil costume, et sans souci pour leur caractere de gentilshommes, qu'ils vont a leurs affaires dans la ville.

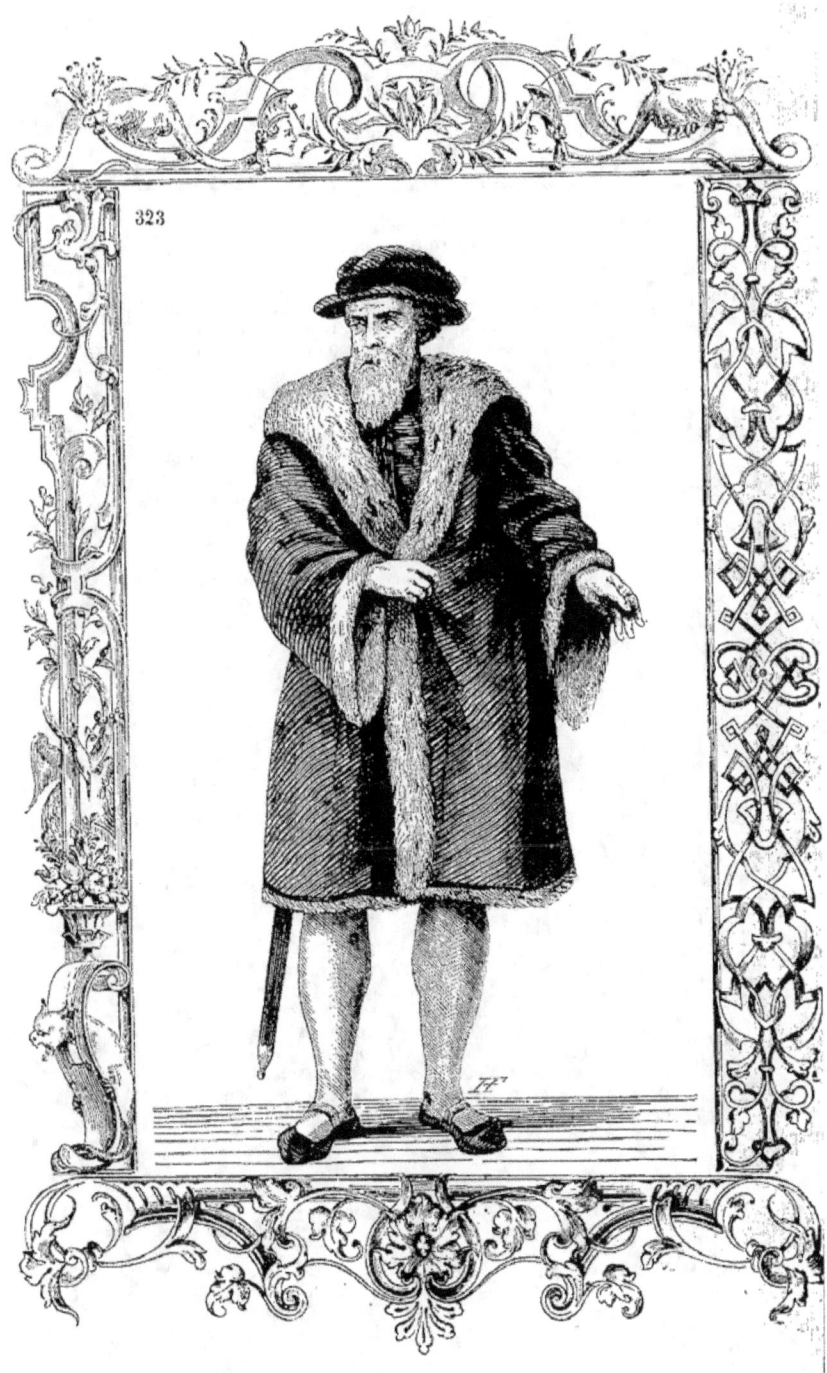

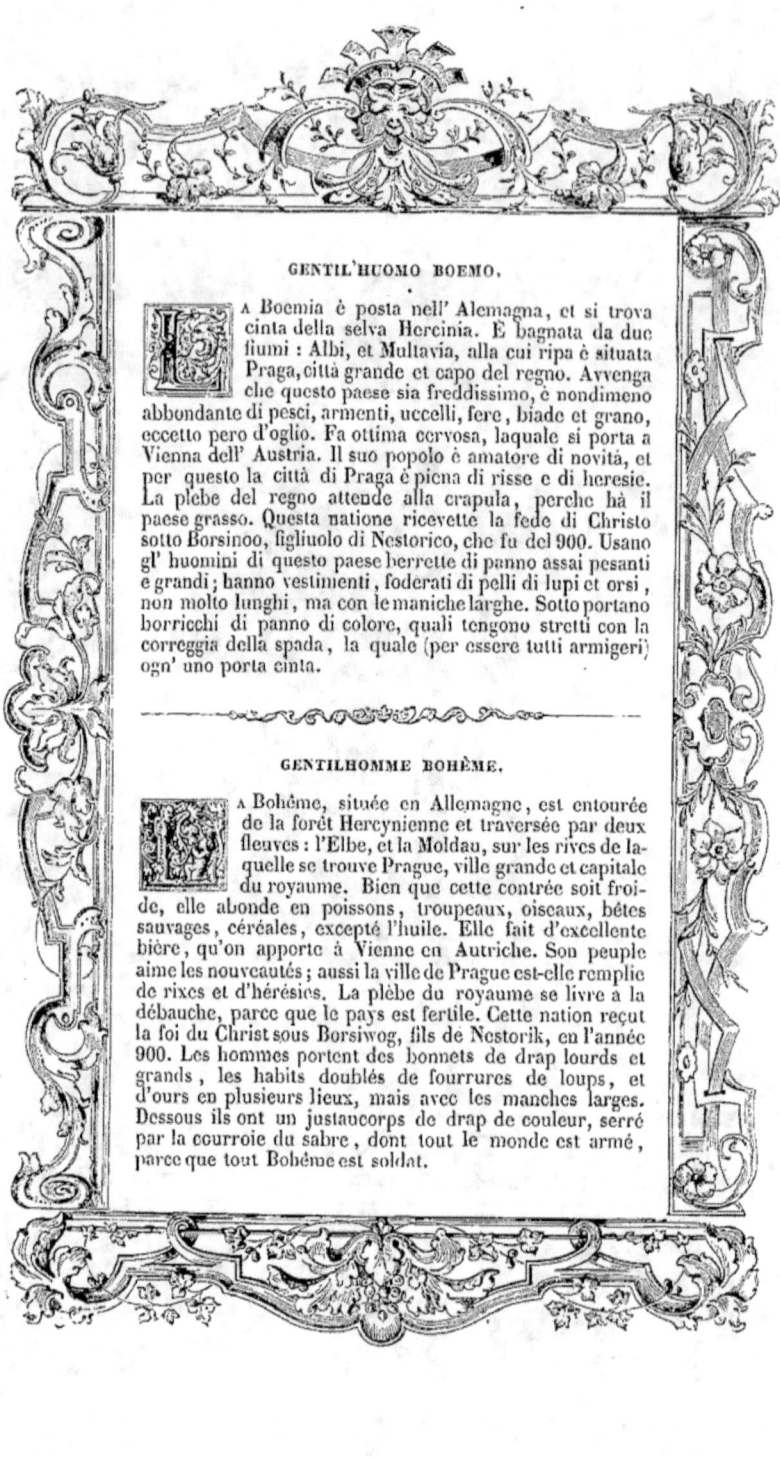

### GENTIL'HUOMO BOEMO.

La Boemia è posta nell'Alemagna, et si trova cinta della selva Hercinia. È bagnata da due fiumi: Albi, et Multavia, alla cui ripa è situata Praga, città grande et capo del regno. Avvenga che questo paese sia freddissimo, è nondimeno abbondante di pesci, armenti, uccelli, fere, biade et grano, eccetto pero d'oglio. Fa ottima cervosa, laquale si porta a Vienna dell'Austria. Il suo popolo è amatore di novità, et per questo la città di Praga è piena di risse e di heresie. La plebe del regno attende alla crapula, perche hà il paese grasso. Questa natione ricevette la fede di Christo sotto Borsinoo, figliuolo di Nestorico, che fu del 900. Usano gl'huomini di questo paese berrette di panno assai pesanti e grandi; hanno vestimenti, foderati di pelli di lupi et orsi, non molto lunghi, ma con le maniche larghe. Sotto portano borricchi di panno di colore, quali tengono stretti con la correggia della spada, la quale (per essere tutti armigeri) ogn'uno porta cinta.

### GENTILHOMME BOHÈME.

La Bohême, située en Allemagne, est entourée de la forêt Hercynienne et traversée par deux fleuves: l'Elbe, et la Moldau, sur les rives de laquelle se trouve Prague, ville grande et capitale du royaume. Bien que cette contrée soit froide, elle abonde en poissons, troupeaux, oiseaux, bêtes sauvages, céréales, excepté l'huile. Elle fait d'excellente bière, qu'on apporte à Vienne en Autriche. Son peuple aime les nouveautés; aussi la ville de Prague est-elle remplie de rixes et d'hérésies. La plèbe du royaume se livre à la débauche, parce que le pays est fertile. Cette nation reçut la foi du Christ sous Borsiwog, fils de Nestorik, en l'année 900. Les hommes portent des bonnets de drap lourds et grands, les habits doublés de fourrures de loups, et d'ours en plusieurs lieux, mais avec les manches larges. Dessous ils ont un justaucorps de drap de couleur, serré par la courroie du sabre, dont tout le monde est armé, parce que tout Bohême est soldat.

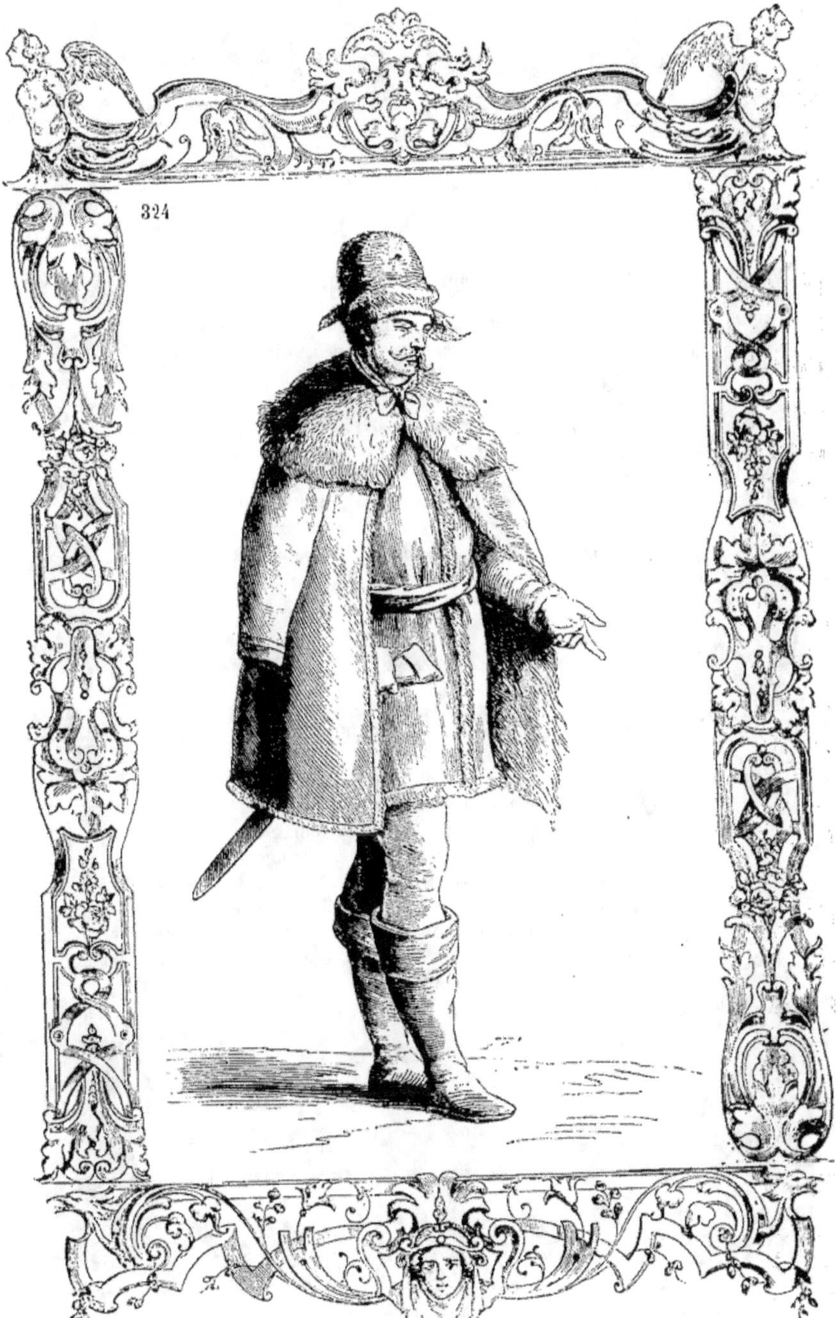

324

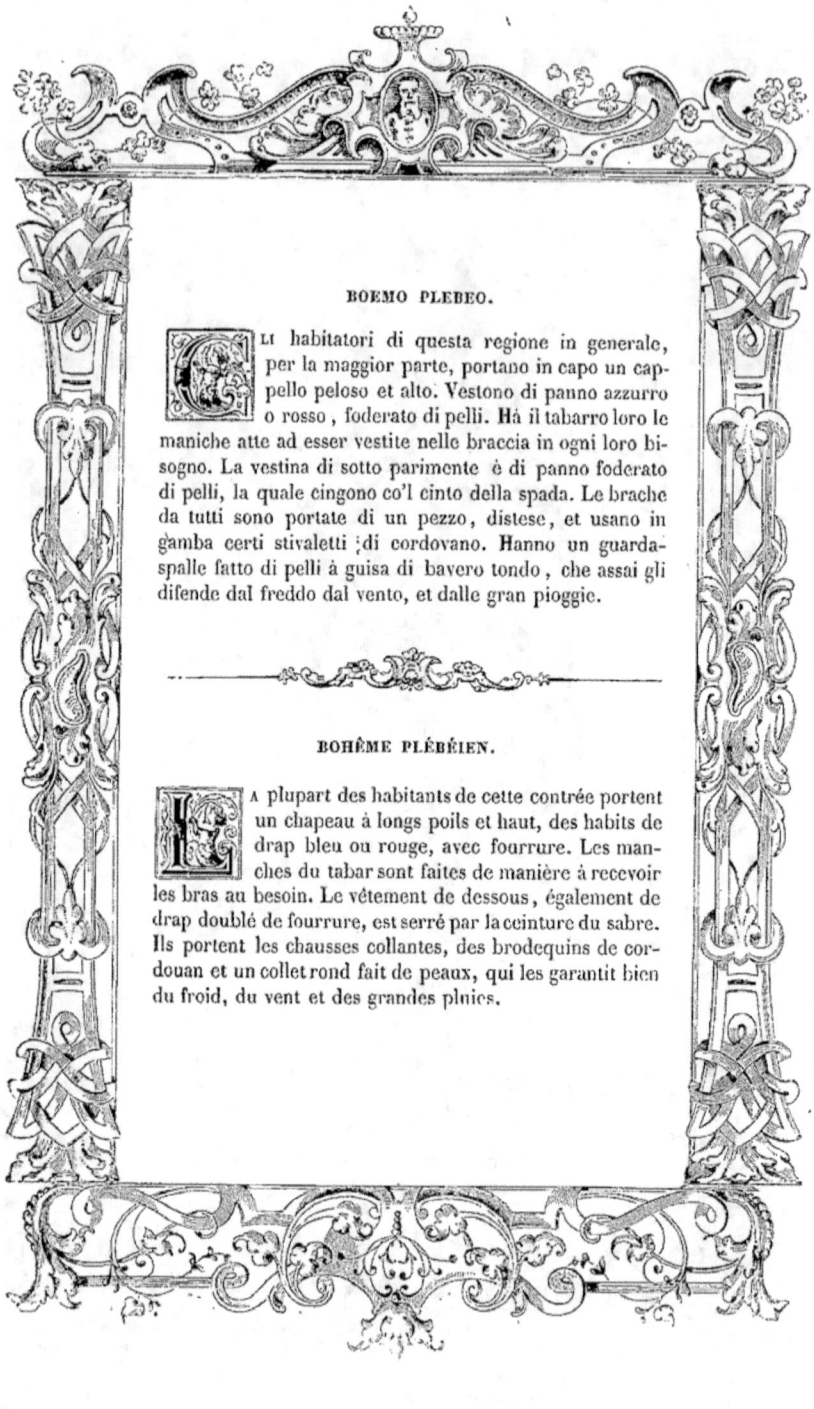

### BOEMO PLEBEO.

Li habitatori di questa regione in generale, per la maggior parte, portano in capo un cappello peloso et alto. Vestono di panno azzurro o rosso, foderato di pelli. Hà il tabarro loro le maniche atte ad esser vestite nelle braccia in ogni loro bisogno. La vestina di sotto parimente è di panno foderato di pelli, la quale cingono co'l cinto della spada. Le brache da tutti sono portate di un pezzo, distese, et usano in gamba certi stivaletti di cordovano. Hanno un guardaspalle fatto di pelli à guisa di bavero tondo, che assai gli difende dal freddo dal vento, et dalle gran pioggie.

### BOHÊME PLÉBÉIEN.

La plupart des habitants de cette contrée portent un chapeau à longs poils et haut, des habits de drap bleu ou rouge, avec fourrure. Les manches du tabar sont faites de manière à recevoir les bras au besoin. Le vêtement de dessous, également de drap doublé de fourrure, est serré par la ceinture du sabre. Ils portent les chausses collantes, des brodequins de cordouan et un collet rond fait de peaux, qui les garantit bien du froid, du vent et des grandes pluies.

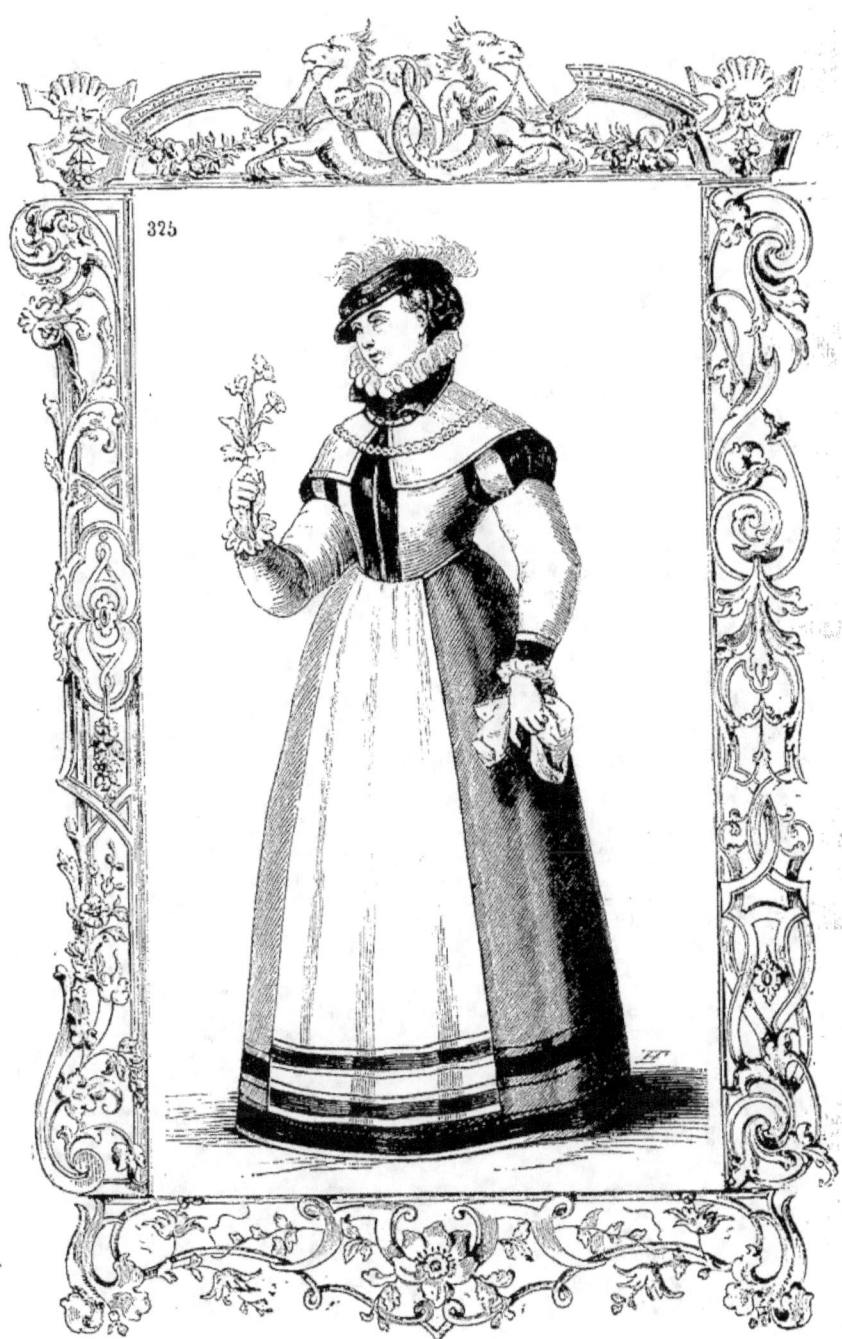

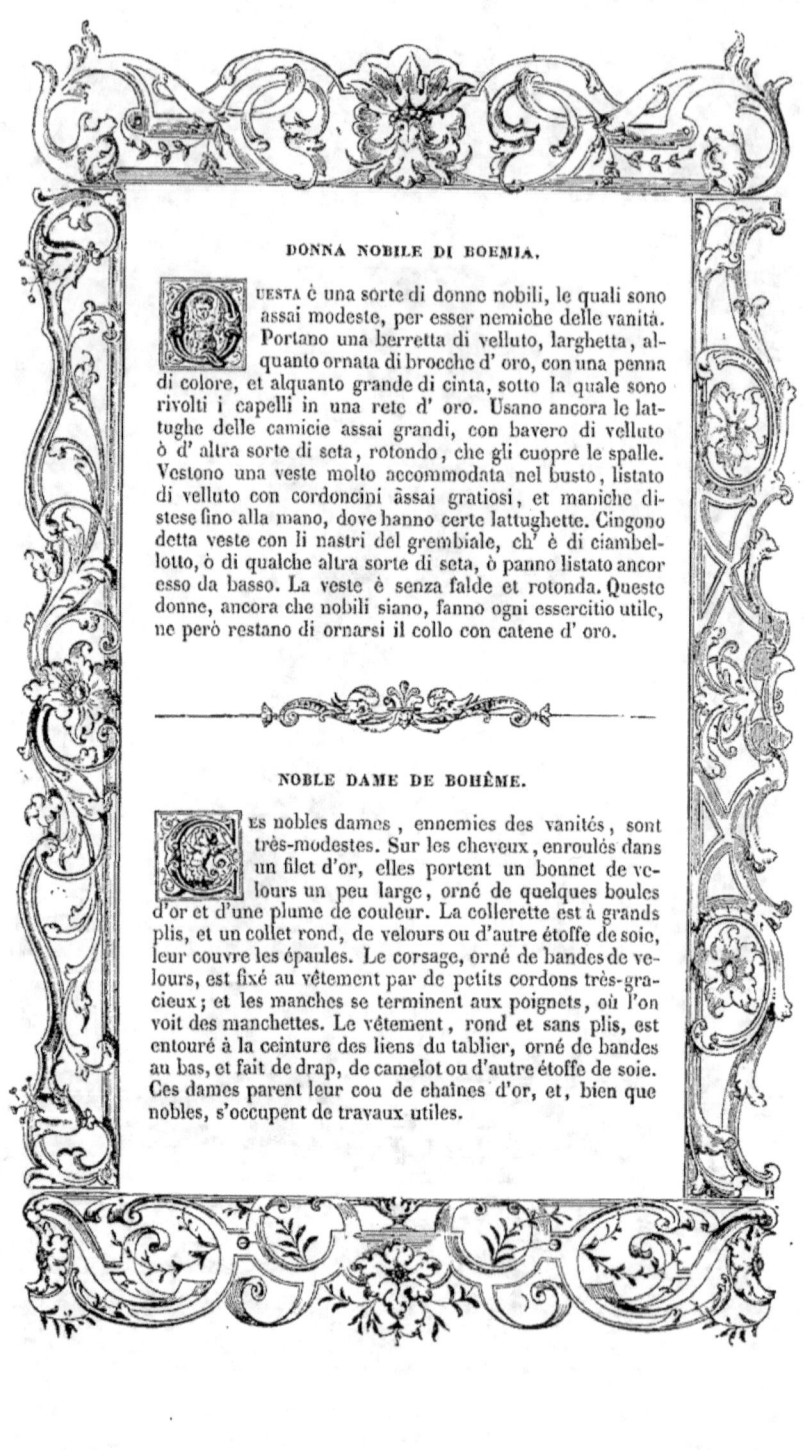

### DONNA NOBILE DI BOEMIA.

UESTA è una sorte di donne nobili, le quali sono assai modeste, per esser nemiche delle vanità. Portano una berretta di velluto, larghetta, alquanto ornata di brocche d'oro, con una penna di colore, et alquanto grande di cinta, sotto la quale sono rivolti i capelli in una rete d'oro. Usano ancora le lattughe delle camicie assai grandi, con bavero di velluto ò d'altra sorte di seta, rotondo, che gli cuopre le spalle. Vestono una veste molto accommodata nel busto, listato di velluto con cordoncini àssai gratiosi, et maniche distese fino alla mano, dove hanno certe lattughette. Cingono detta veste con li nastri del grembiale, ch'è di ciambellotto, ò di qualche altra sorte di seta, ò panno listato ancor esso da basso. La veste è senza falde et rotonda. Queste donne, ancora che nobili siano, fanno ogni essercitio utile, ne però restano di ornarsi il collo con catene d'oro.

### NOBLE DAME DE BOHÈME.

ES nobles dames, ennemies des vanités, sont très-modestes. Sur les cheveux, enroulés dans un filet d'or, elles portent un bonnet de velours un peu large, orné de quelques boules d'or et d'une plume de couleur. La collerette est à grands plis, et un collet rond, de velours ou d'autre étoffe de soie, leur couvre les épaules. Le corsage, orné de bandes de velours, est fixé au vêtement par de petits cordons très-gracieux; et les manches se terminent aux poignets, où l'on voit des manchettes. Le vêtement, rond et sans plis, est entouré à la ceinture des liens du tablier, orné de bandes au bas, et fait de drap, de camelot ou d'autre étoffe de soie. Ces dames parent leur cou de chaînes d'or, et, bien que nobles, s'occupent de travaux utiles.

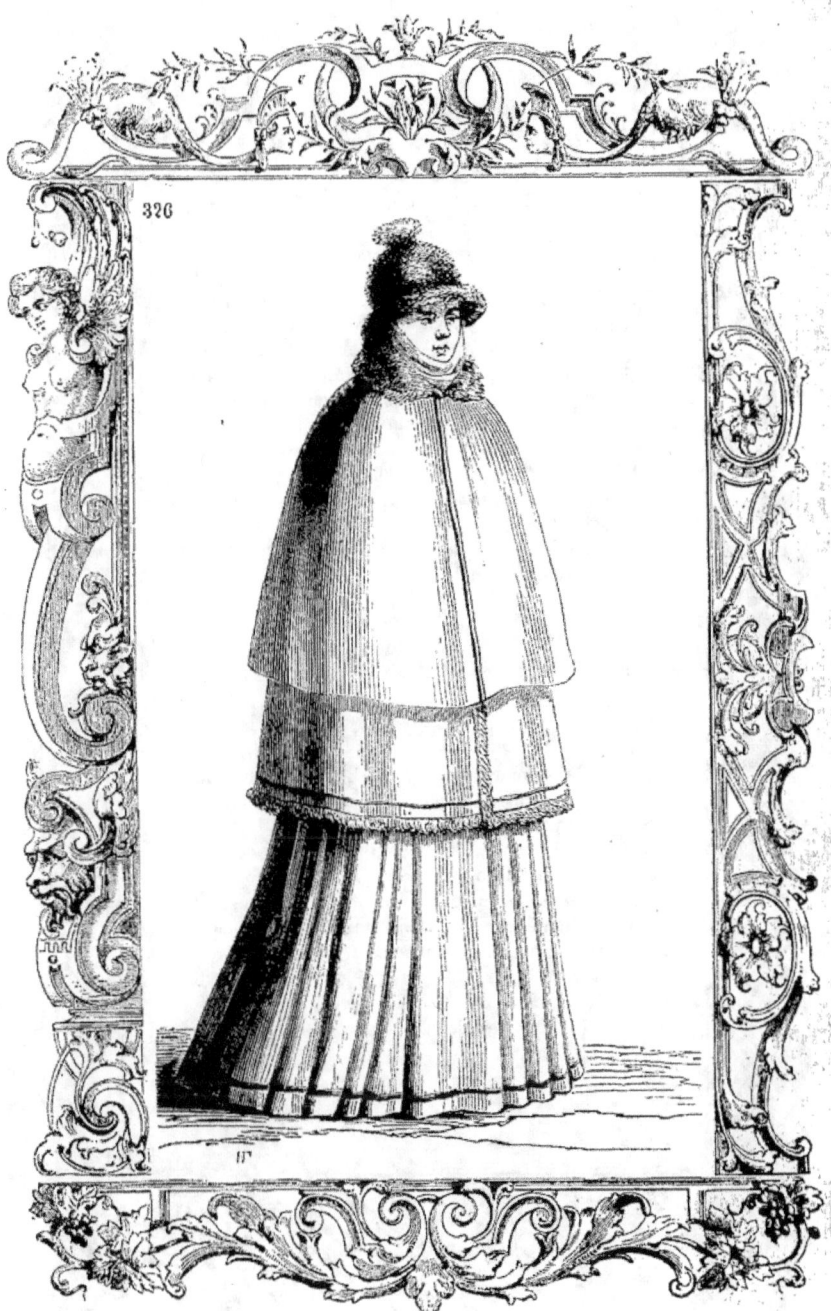

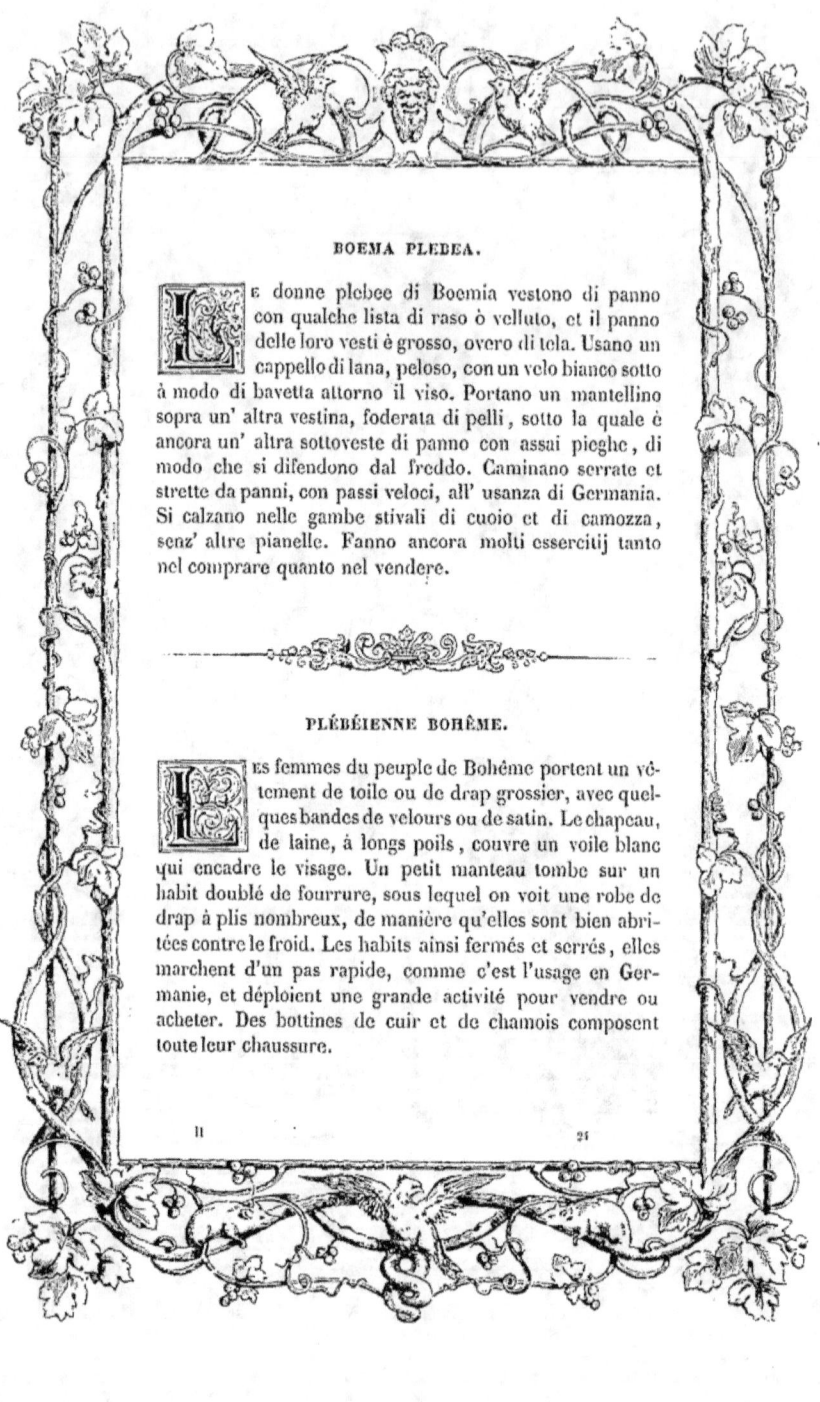

## BOEMA PLEBEA.

Le donne plebee di Boemia vestono di panno con qualche lista di raso ò velluto, et il panno delle loro vesti è grosso, overo di tela. Usano un cappello di lana, peloso, con un velo bianco sotto à modo di bavetta attorno il viso. Portano un mantellino sopra un' altra vestina, foderata di pelli, sotto la quale è ancora un' altra sottoveste di panno con assai pieghe, di modo che si difendono dal freddo. Caminano serrate et strette da panni, con passi veloci, all' usanza di Germania. Si calzano nelle gambe stivali di cuoio et di camozza, senz' altre pianelle. Fanno ancora molti essercitij tanto nel comprare quanto nel vendere.

## PLÉBÉIENNE BOHÈME.

Les femmes du peuple de Bohême portent un vêtement de toile ou de drap grossier, avec quelques bandes de velours ou de satin. Le chapeau, de laine, à longs poils, couvre un voile blanc qui encadre le visage. Un petit manteau tombe sur un habit doublé de fourrure, sous lequel on voit une robe de drap à plis nombreux, de manière qu'elles sont bien abritées contre le froid. Les habits ainsi fermés et serrés, elles marchent d'un pas rapide, comme c'est l'usage en Germanie, et déploient une grande activité pour vendre ou acheter. Des bottines de cuir et de chamois composent toute leur chaussure.

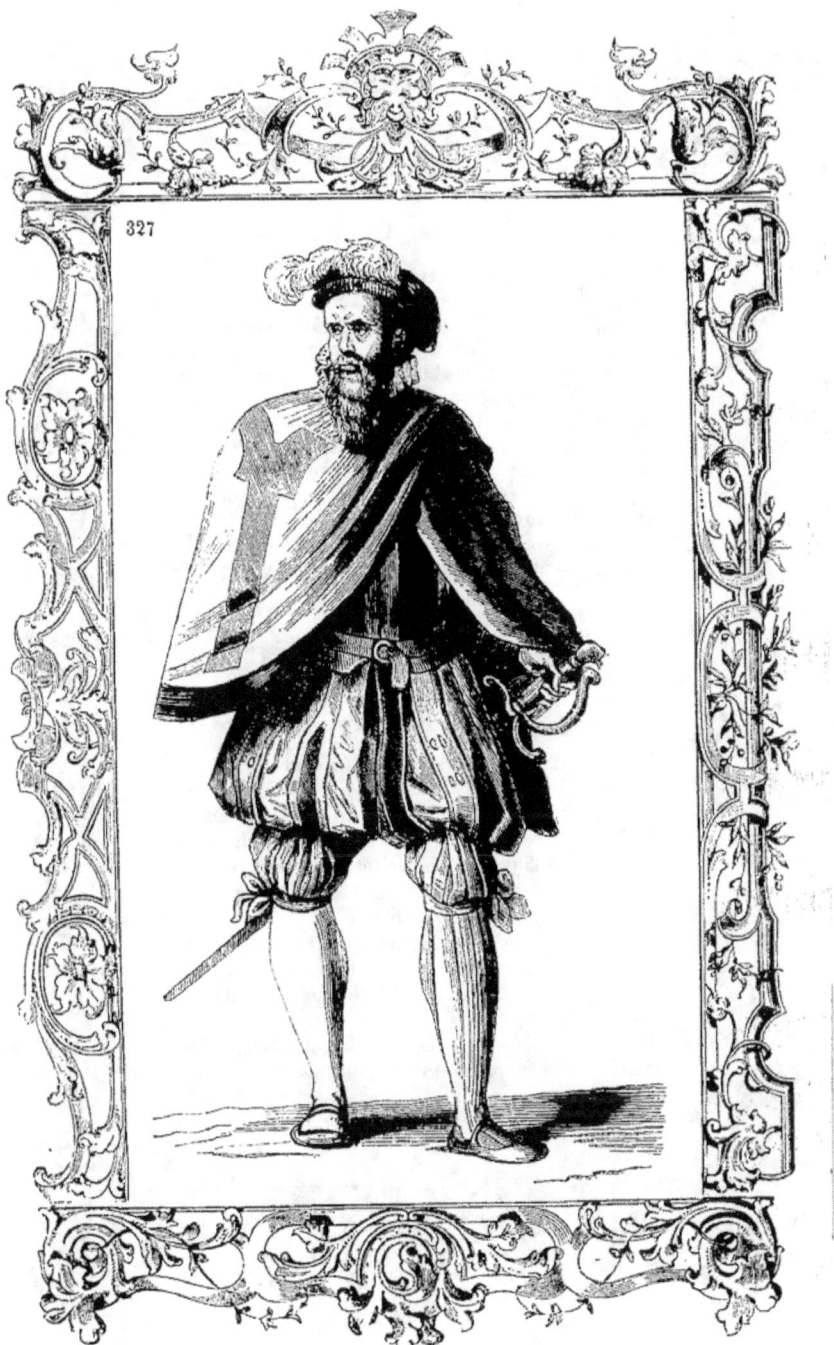
327

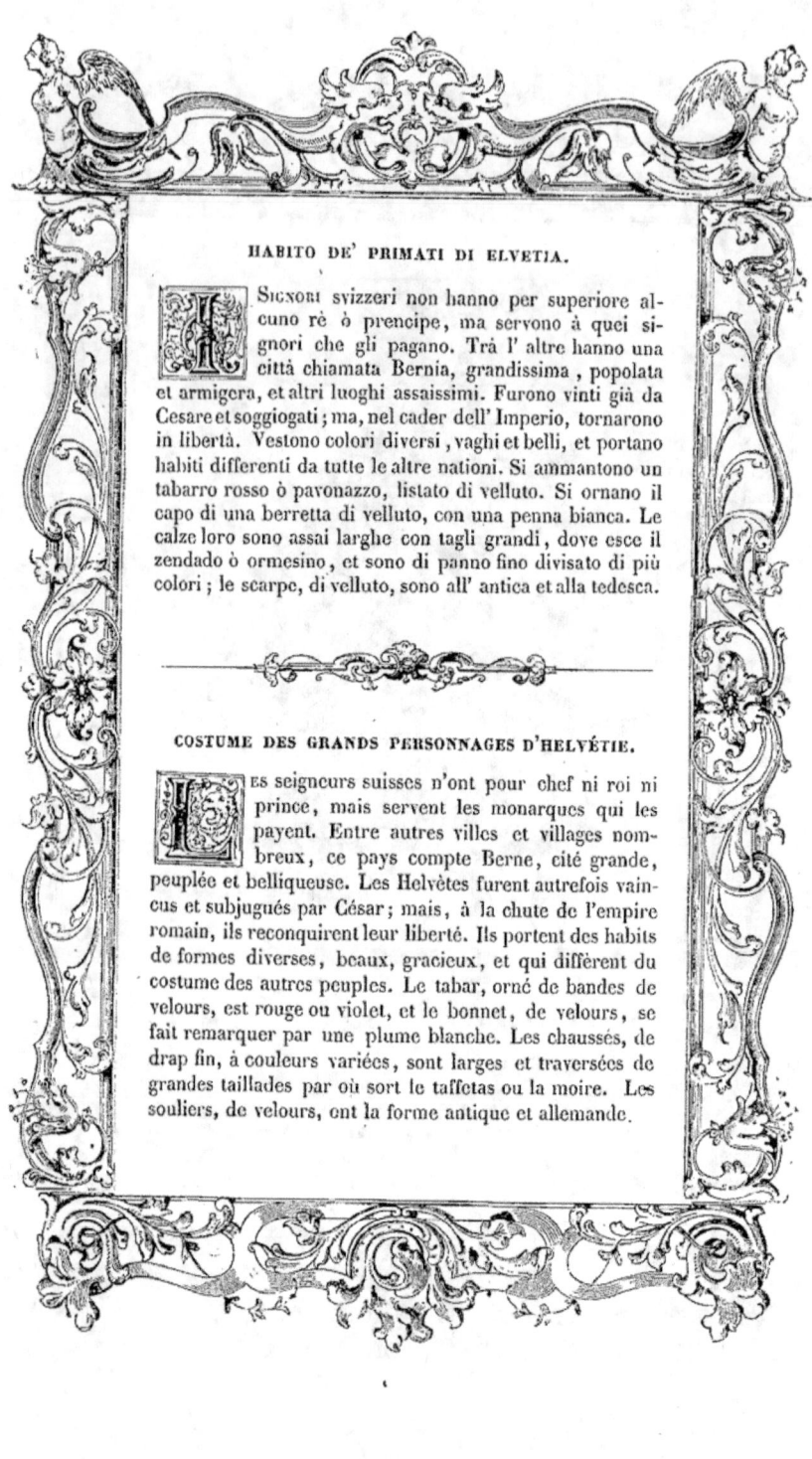

### HABITO DE' PRIMATI DI ELVETIA.

I Signori svizzeri non hanno per superiore alcuno rè ò prencipe, ma servono à quei signori che gli pagano. Trà l' altre hanno una città chiamata Bernia, grandissima, popolata et armigera, et altri luoghi assaissimi. Furono vinti già da Cesare et soggiogati; ma, nel cader dell' Imperio, tornarono in libertà. Vestono colori diversi, vaghi et belli, et portano habiti differenti da tutte le altre nationi. Si ammantono un tabarro rosso ò pavonazzo, listato di velluto. Si ornano il capo di una berretta di velluto, con una penna bianca. Le calze loro sono assai larghe con tagli grandi, dove esce il zendado ò ormesino, et sono di panno fino divisato di più colori; le scarpe, di velluto, sono all' antica et alla tedesca.

### COSTUME DES GRANDS PERSONNAGES D'HELVÉTIE.

Les seigneurs suisses n'ont pour chef ni roi ni prince, mais servent les monarques qui les payent. Entre autres villes et villages nombreux, ce pays compte Berne, cité grande, peuplée et belliqueuse. Les Helvètes furent autrefois vaincus et subjugués par César; mais, à la chute de l'empire romain, ils reconquirent leur liberté. Ils portent des habits de formes diverses, beaux, gracieux, et qui diffèrent du costume des autres peuples. Le tabar, orné de bandes de velours, est rouge ou violet, et le bonnet, de velours, se fait remarquer par une plume blanche. Les chaussés, de drap fin, à couleurs variées, sont larges et traversés de grandes taillades par où sort le taffetas ou la moire. Les souliers, de velours, ont la forme antique et allemande.

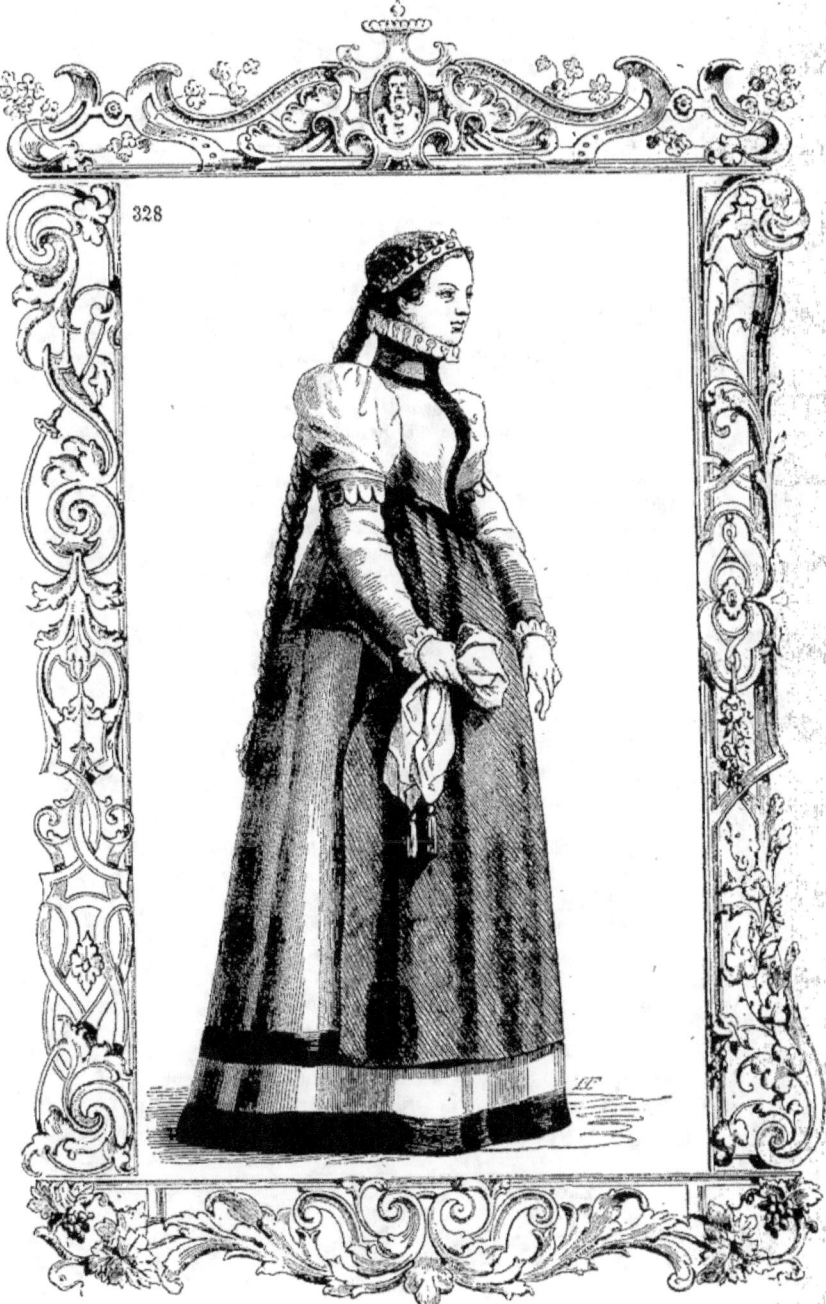

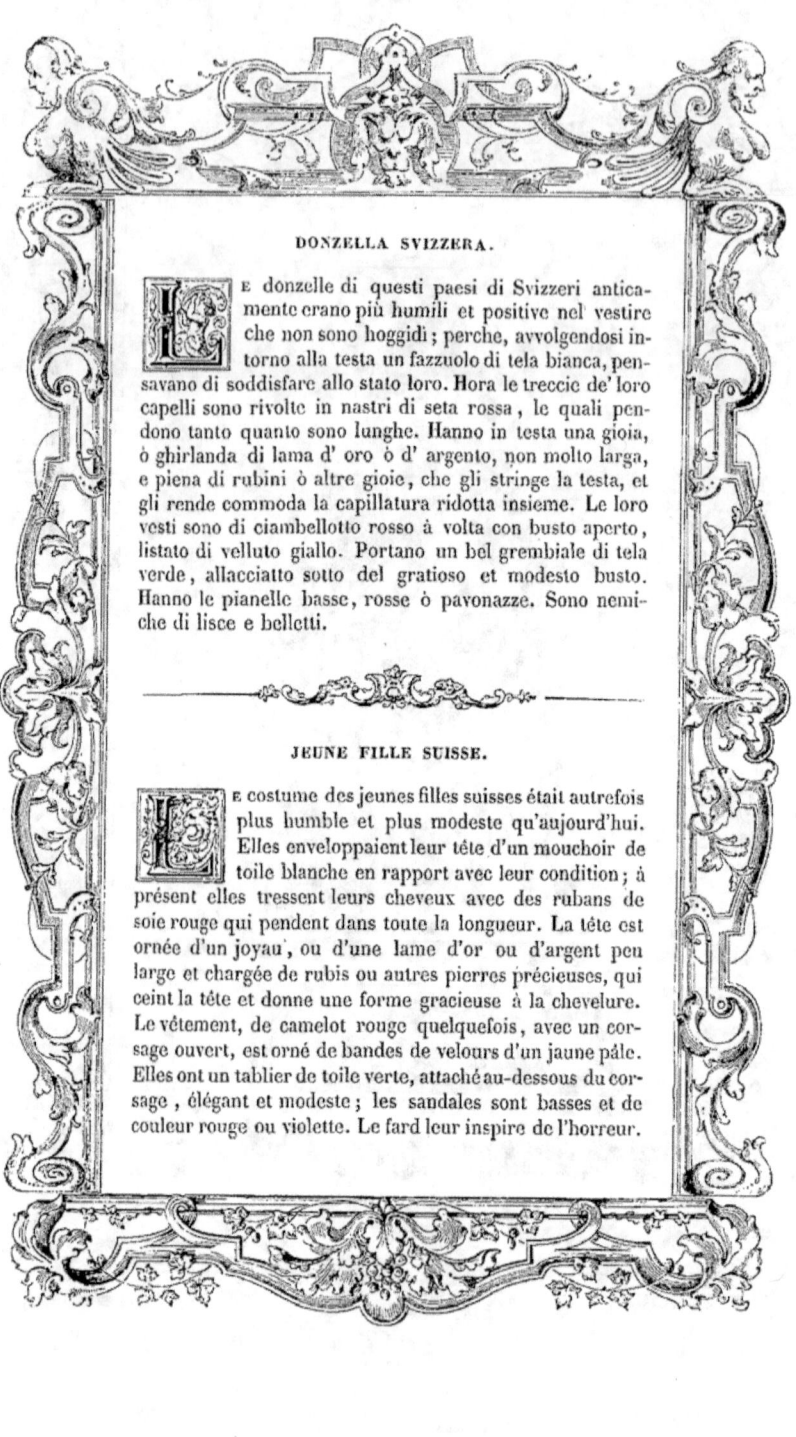

### DONZELLA SVIZZERA.

L E donzelle di questi paesi di Svizzeri anticamente erano più humili et positive nel vestire
che non sono hoggidì; perche, avvolgendosi intorno alla testa un fazzuolo di tela bianca, pen-
savano di soddisfare allo stato loro. Hora le treccie de' loro
capelli sono rivolte in nastri di seta rossa, le quali pendono tanto quanto sono lunghe. Hanno in testa una gioia,
ò ghirlanda di lama d' oro ò d' argento, non molto larga,
e piena di rubini ò altre gioie, che gli stringe la testa, et
gli rende commoda la capillatura ridotta insieme. Le loro
vesti sono di ciambellotto rosso à volta con busto aperto,
listato di velluto giallo. Portano un bel grembiale di tela
verde, allacciatto sotto del gratioso et modesto busto.
Hanno le pianelle basse, rosse ò pavonazze. Sono nemiche di lisce e belletti.

### JEUNE FILLE SUISSE.

L E costume des jeunes filles suisses était autrefois
plus humble et plus modeste qu'aujourd'hui.
Elles enveloppaient leur tête d'un mouchoir de
toile blanche en rapport avec leur condition; à
présent elles tressent leurs cheveux avec des rubans de
soie rouge qui pendent dans toute la longueur. La tête est
ornée d'un joyau, ou d'une lame d'or ou d'argent peu
large et chargée de rubis ou autres pierres précieuses, qui
ceint la tête et donne une forme gracieuse à la chevelure.
Le vêtement, de camelot rouge quelquefois, avec un corsage ouvert, est orné de bandes de velours d'un jaune pâle.
Elles ont un tablier de toile verte, attaché au-dessous du corsage, élégant et modeste; les sandales sont basses et de
couleur rouge ou violette. Le fard leur inspire de l'horreur.

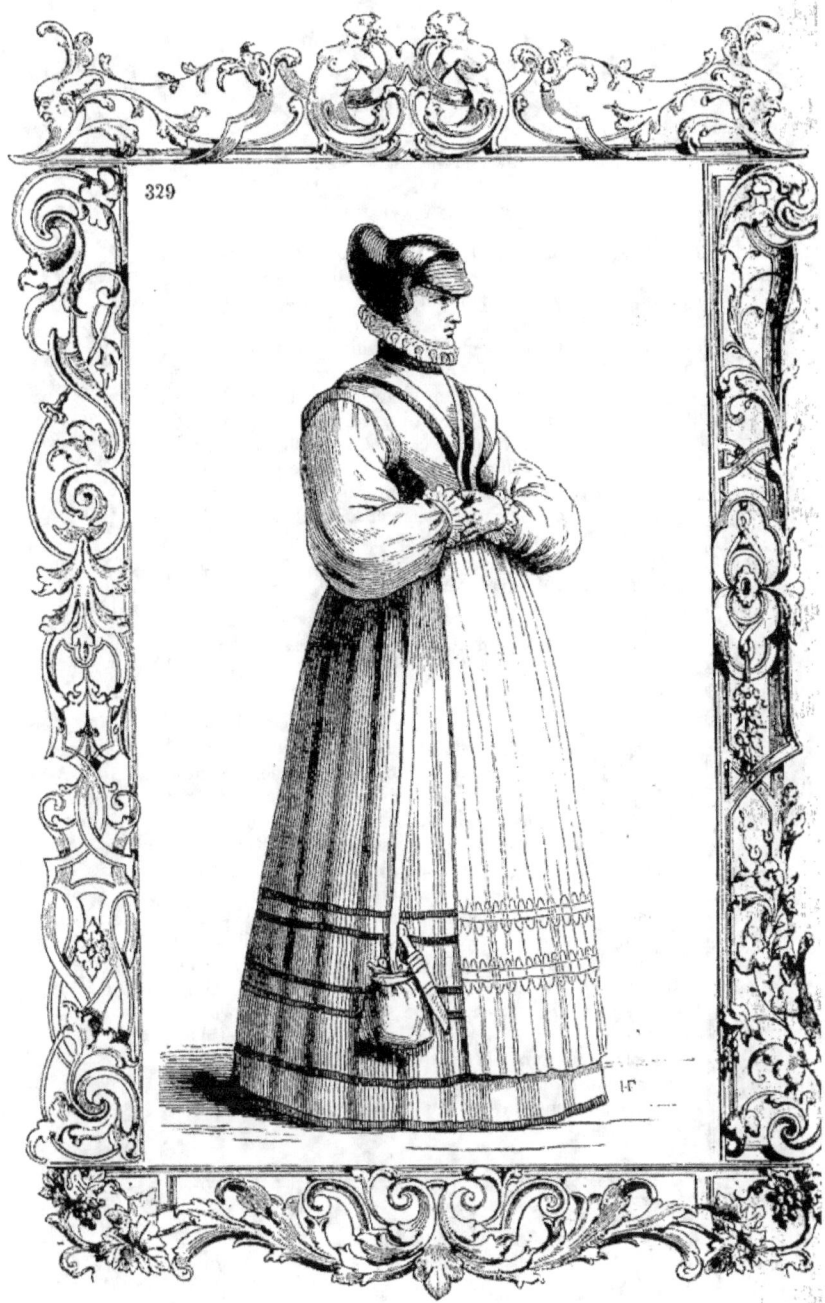

329

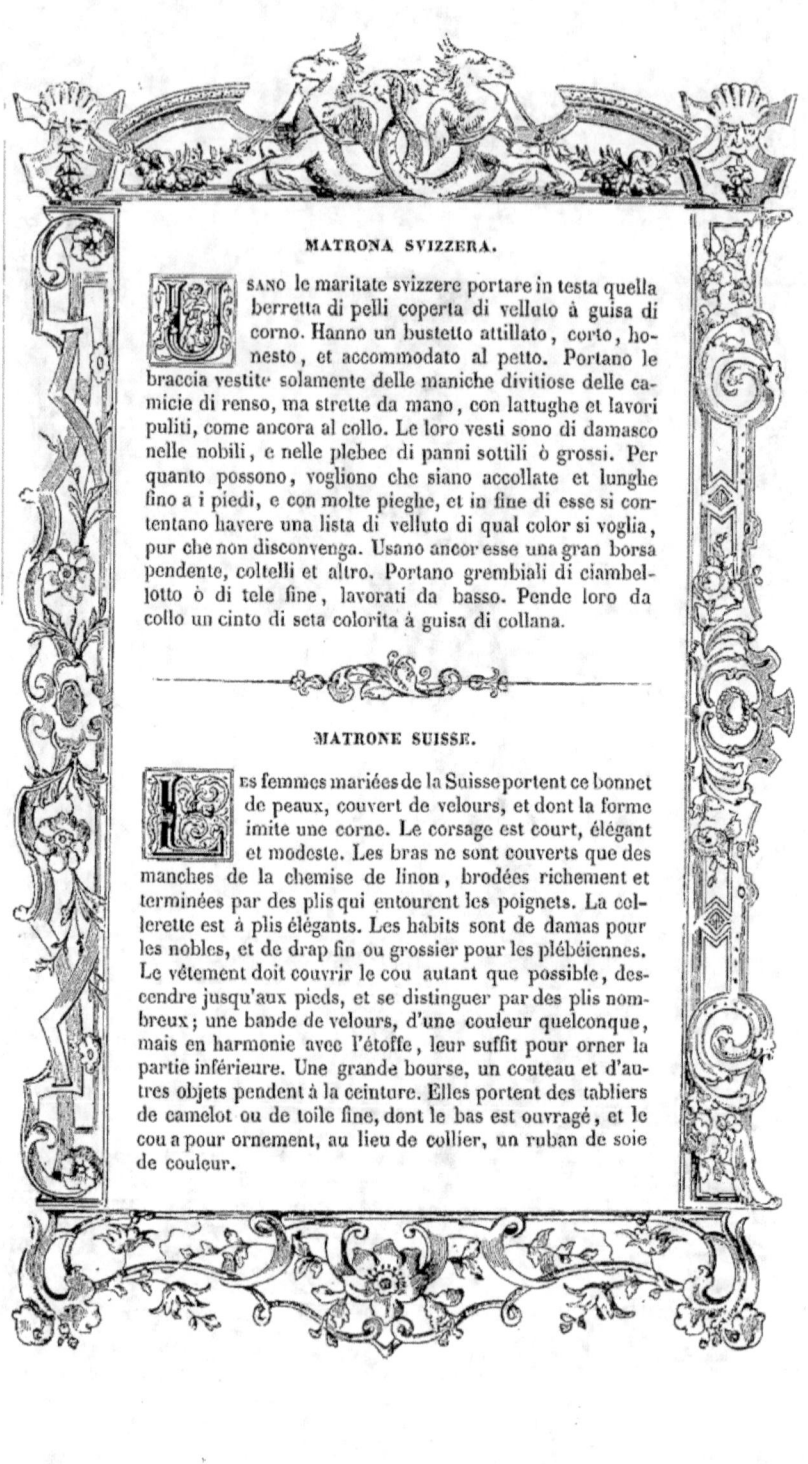

## MATRONA SVIZZERA.

Usano le maritate svizzere portare in testa quella berretta di pelli coperta di velluto à guisa di corno. Hanno un bustetto attillato, corto, honesto, et accommodato al petto. Portano le braccia vestite solamente delle maniche divitiose delle camicie di renso, ma strette da mano, con lattughe et lavori puliti, come ancora al collo. Le loro vesti sono di damasco nelle nobili, e nelle plebee di panni sottili ò grossi. Per quanto possono, vogliono che siano accollate et lunghe fino a i piedi, e con molte pieghe, et in fine di esse si contentano havere una lista di velluto di qual color si voglia, pur che non disconvenga. Usano ancor esse una gran borsa pendente, coltelli et altro. Portano grembiali di ciambellotto ò di tele fine, lavorati da basso. Pende loro da collo un cinto di seta colorita à guisa di collana.

## MATRONE SUISSE.

Les femmes mariées de la Suisse portent ce bonnet de peaux, couvert de velours, et dont la forme imite une corne. Le corsage est court, élégant et modeste. Les bras ne sont couverts que des manches de la chemise de linon, brodées richement et terminées par des plis qui entourent les poignets. La collerette est à plis élégants. Les habits sont de damas pour les nobles, et de drap fin ou grossier pour les plébéiennes. Le vêtement doit couvrir le cou autant que possible, descendre jusqu'aux pieds, et se distinguer par des plis nombreux; une bande de velours, d'une couleur quelconque, mais en harmonie avec l'étoffe, leur suffit pour orner la partie inférieure. Une grande bourse, un couteau et d'autres objets pendent à la ceinture. Elles portent des tabliers de camelot ou de toile fine, dont le bas est ouvragé, et le cou a pour ornement, au lieu de collier, un ruban de soie de couleur.

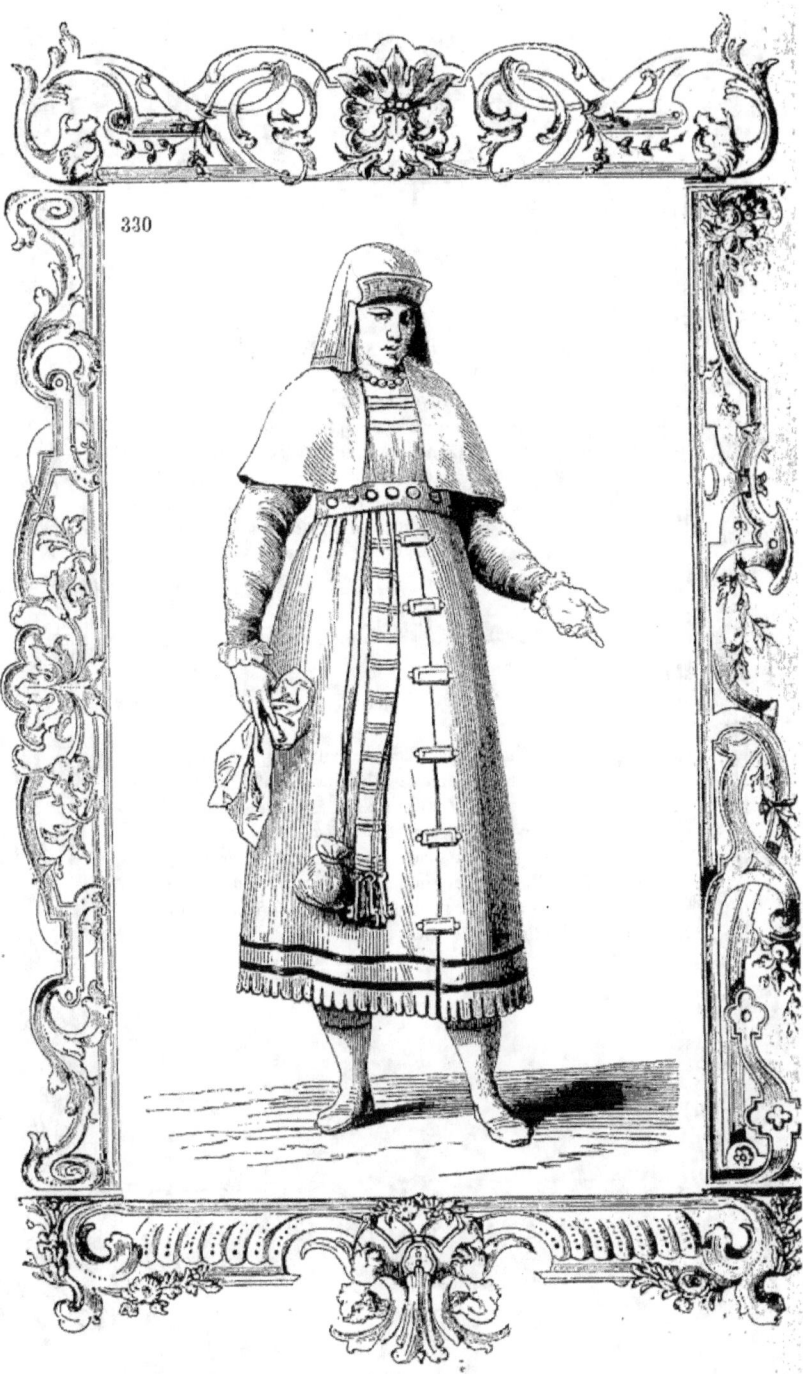

330

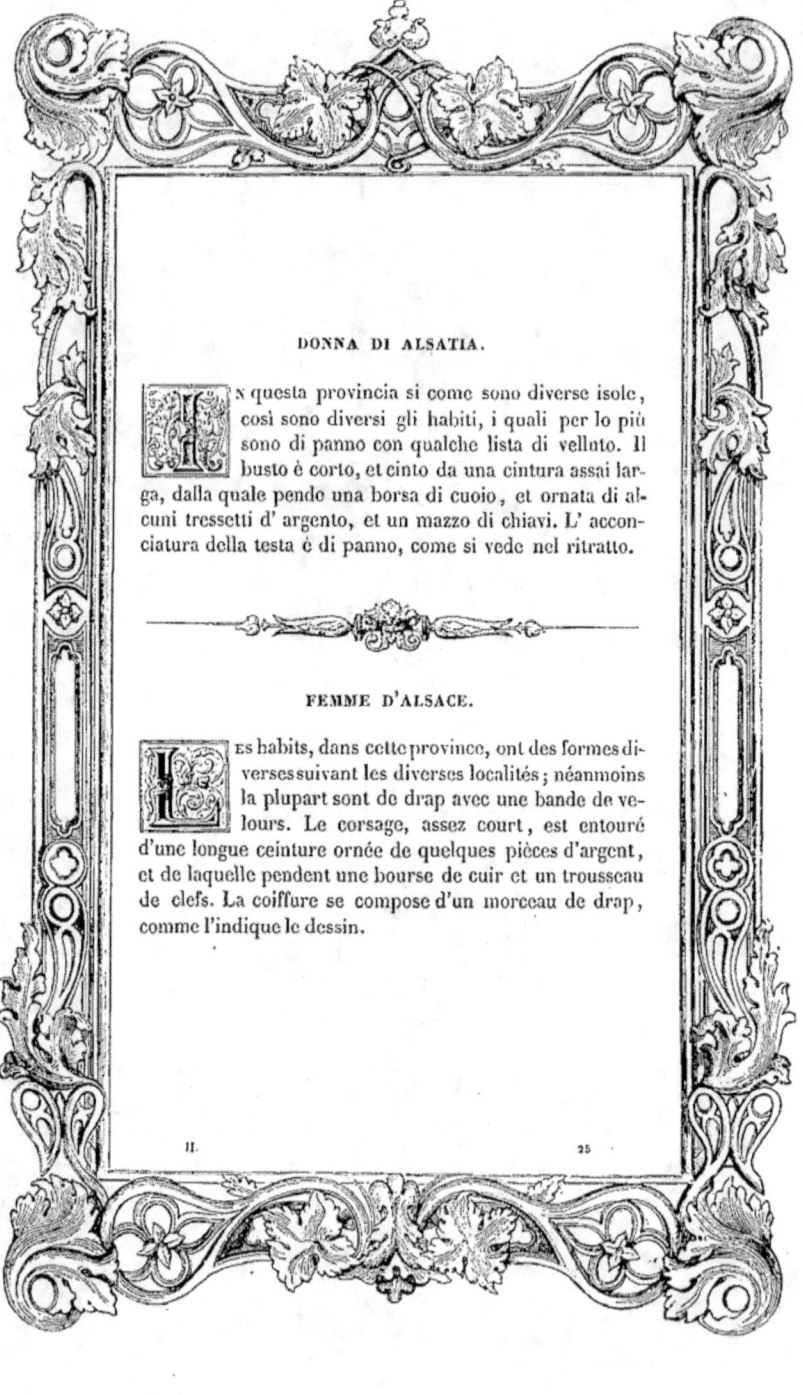

### DONNA DI ALSATIA.

IN questa provincia si come sono diverse isole, così sono diversi gli habiti, i quali per lo più sono di panno con qualche lista di velluto. Il busto è corto, et cinto da una cintura assai larga, dalla quale pende una borsa di cuoio, et ornata di alcuni tressetti d' argento, et un mazzo di chiavi. L' acconciatura della testa è di panno, come si vede nel ritratto.

### FEMME D'ALSACE.

LES habits, dans cette province, ont des formes diverses suivant les diverses localités ; néanmoins la plupart sont de drap avec une bande de velours. Le corsage, assez court, est entouré d'une longue ceinture ornée de quelques pièces d'argent, et de laquelle pendent une bourse de cuir et un trousseau de clefs. La coiffure se compose d'un morceau de drap, comme l'indique le dessin.

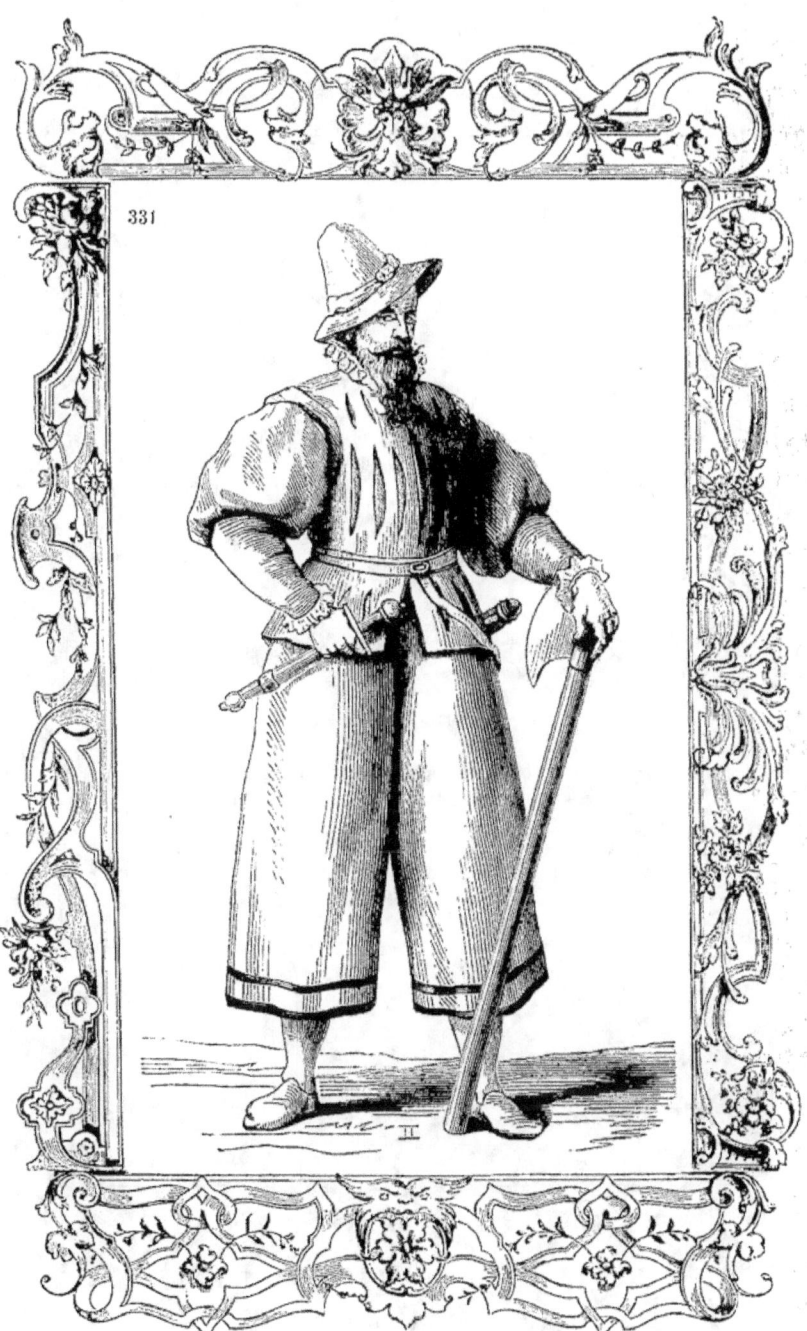
331

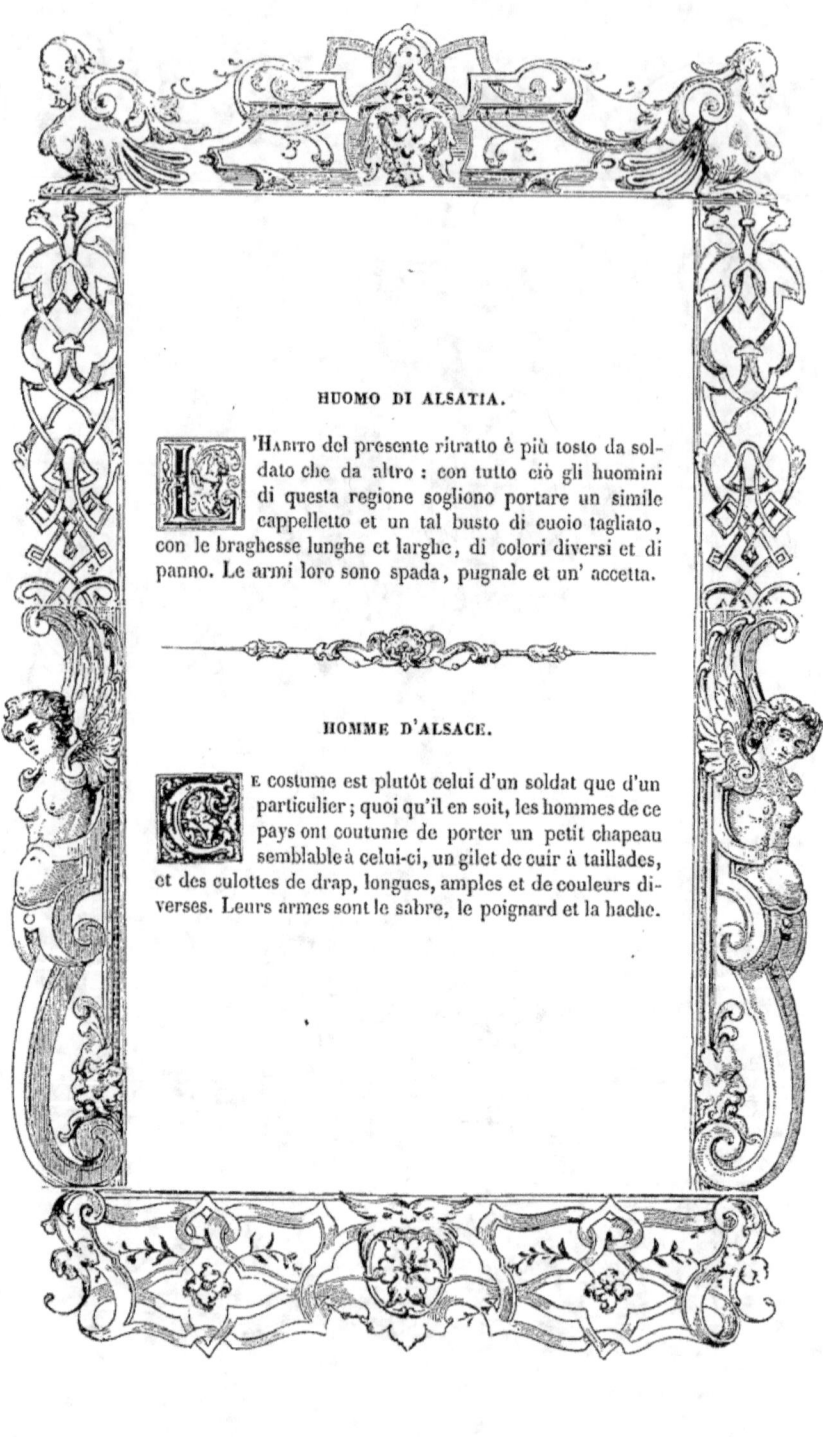

### HUOMO DI ALSATIA.

L'HABITO del presente ritratto è più tosto da soldato che da altro : con tutto ciò gli huomini
di questa regione sogliono portare un simile
cappelletto et un tal busto di cuoio tagliato,
con le braghesse lunghe et larghe, di colori diversi et di
panno. Le armi loro sono spada, pugnale et un' accetta.

### HOMME D'ALSACE.

CE costume est plutôt celui d'un soldat que d'un
particulier ; quoi qu'il en soit, les hommes de ce
pays ont coutume de porter un petit chapeau
semblable à celui-ci, un gilet de cuir à taillades,
et des culottes de drap, longues, amples et de couleurs diverses. Leurs armes sont le sabre, le poignard et la hache.

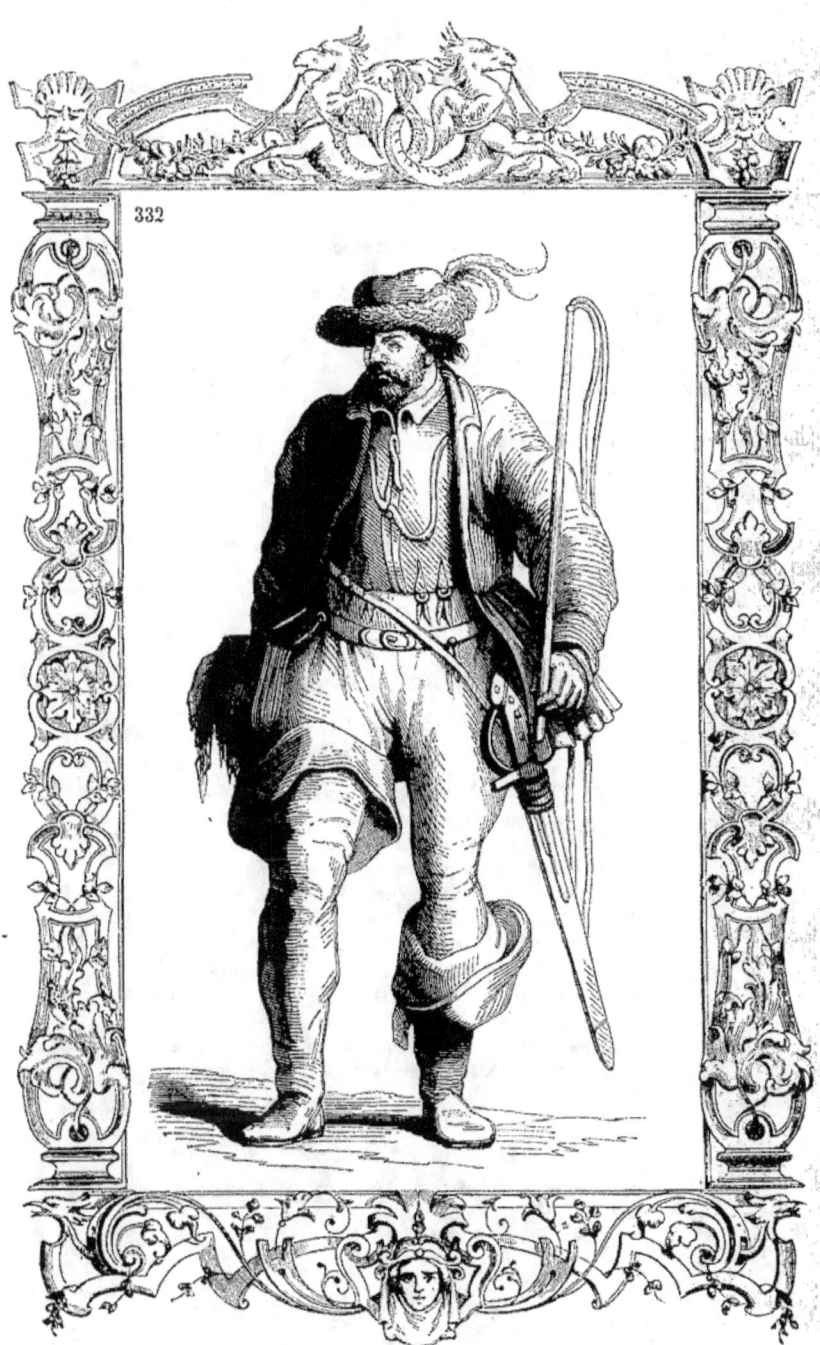

332

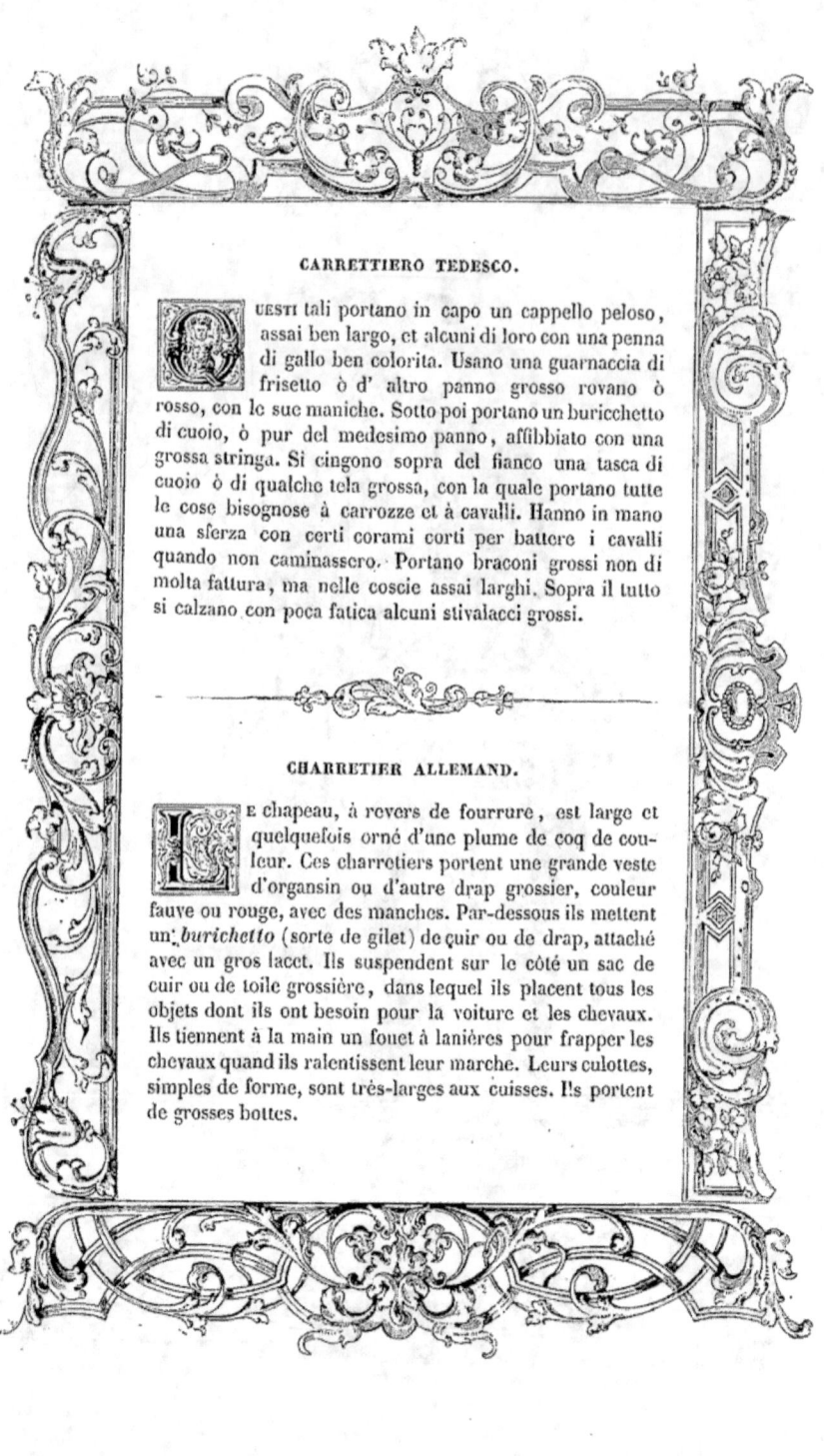

## CARRETTIERO TEDESCO.

UESTI tali portano in capo un cappello peloso, assai ben largo, et alcuni di loro con una penna di gallo ben colorita. Usano una guarnaccia di frisetto ò d'altro panno grosso rovano ò rosso, con le sue maniche. Sotto poi portano un buricchetto di cuoio, ò pur del medesimo panno, affibbiato con una grossa stringa. Si cingono sopra del fianco una tasca di cuoio ò di qualche tela grossa, con la quale portano tutte le cose bisognose à carrozze et à cavalli. Hanno in mano una sferza con certi corami corti per battere i cavalli quando non caminassero. Portano braconi grossi non di molta fattura, ma nelle coscie assai larghi. Sopra il tutto si calzano con poca fatica alcuni stivalacci grossi.

## CHARRETIER ALLEMAND.

E chapeau, à revers de fourrure, est large et quelquefois orné d'une plume de coq de couleur. Ces charretiers portent une grande veste d'organsin ou d'autre drap grossier, couleur fauve ou rouge, avec des manches. Par-dessous ils mettent un burichetto (sorte de gilet) de cuir ou de drap, attaché avec un gros lacet. Ils suspendent sur le côté un sac de cuir ou de toile grossière, dans lequel ils placent tous les objets dont ils ont besoin pour la voiture et les chevaux. Ils tiennent à la main un fouet à lanières pour frapper les chevaux quand ils ralentissent leur marche. Leurs culottes, simples de forme, sont très-larges aux cuisses. Ils portent de grosses bottes.

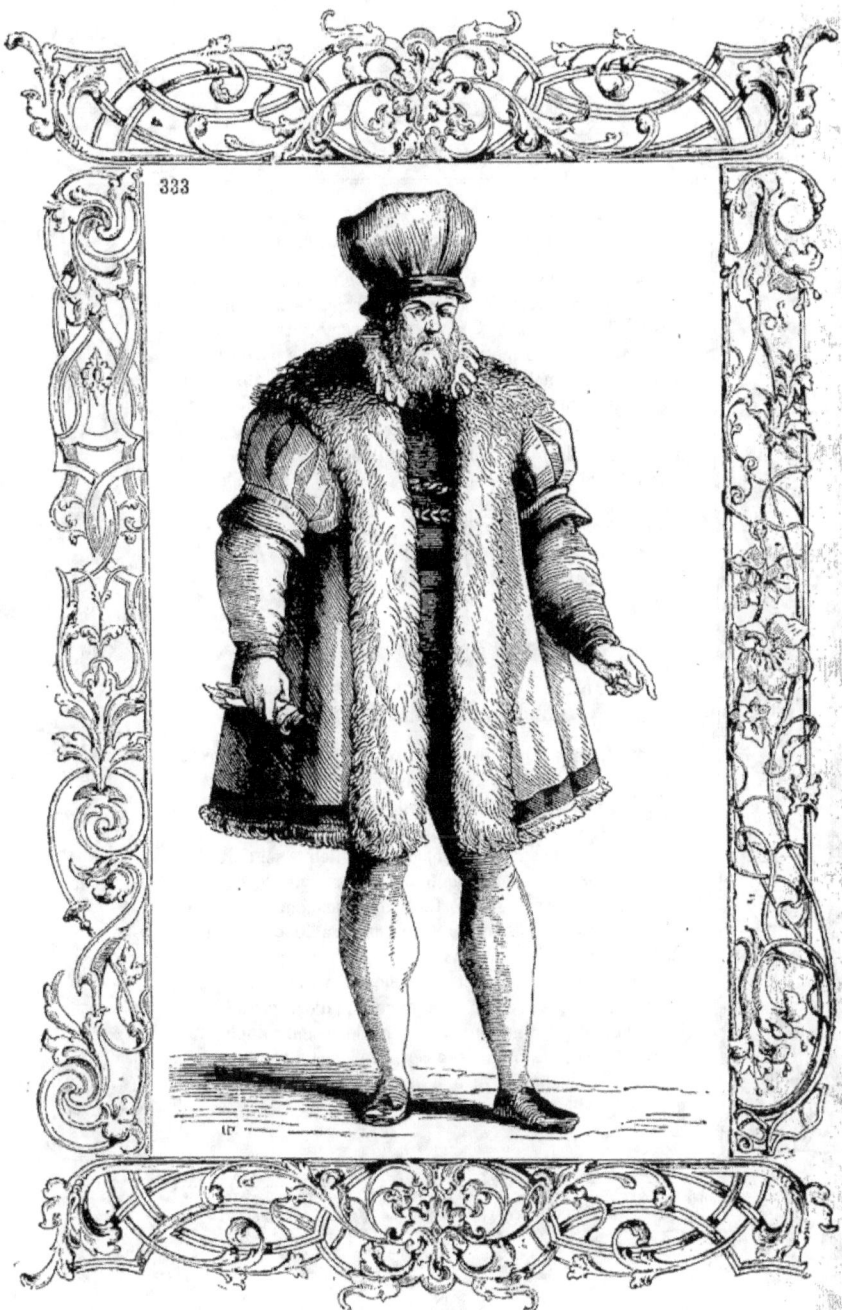

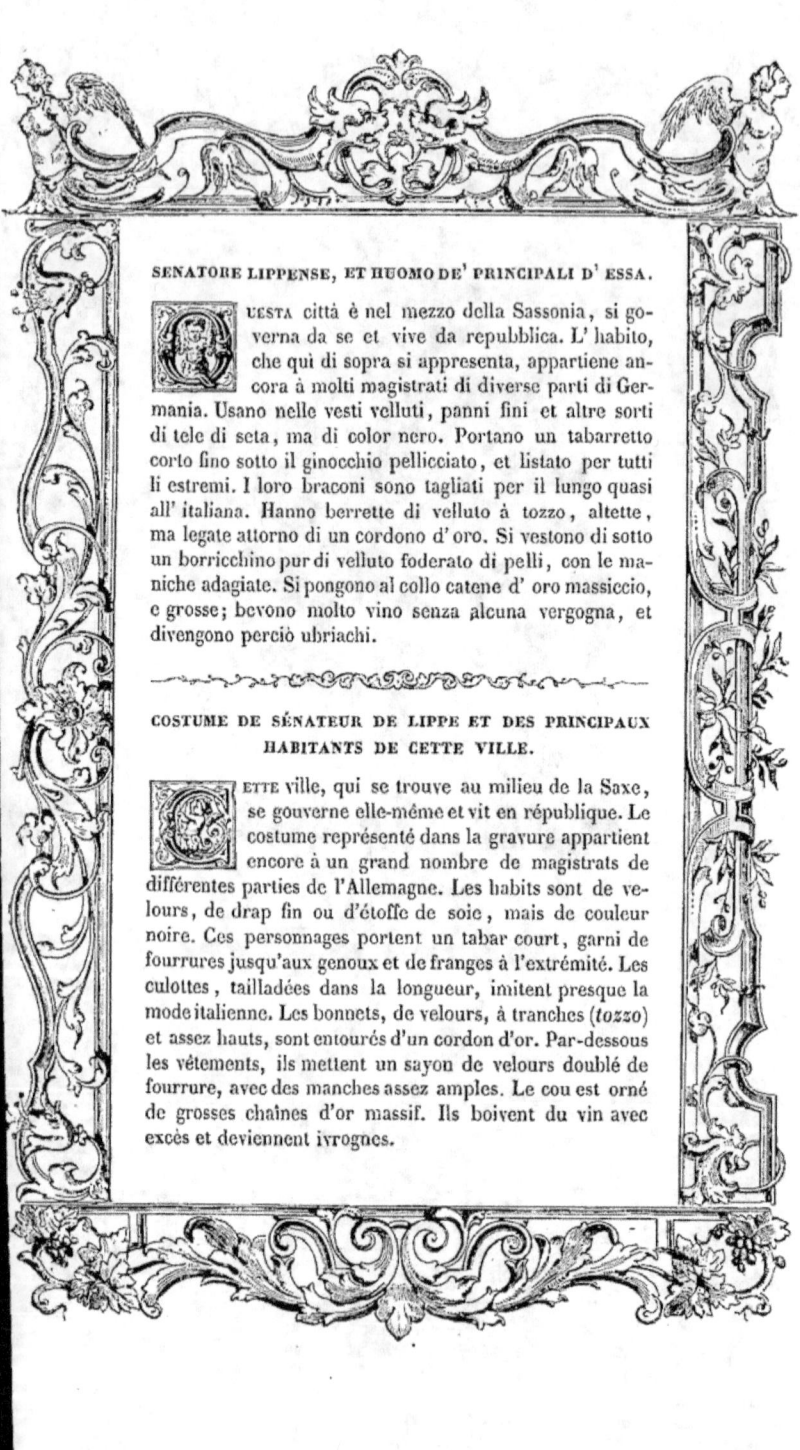

### SENATORE LIPPENSE, ET HUOMO DE' PRINCIPALI D'ESSA.

uesta città è nel mezzo della Sassonia, si governa da se et vive da repubblica. L'habito, che qui di sopra si appresenta, appartiene ancora à molti magistrati di diverse parti di Germania. Usano nelle vesti velluti, panni fini et altre sorti di tele di seta, ma di color nero. Portano un tabarretto corto fino sotto il ginocchio pellicciato, et listato per tutti li estremi. I loro braconi sono tagliati per il lungo quasi all'italiana. Hanno berrette di velluto à tozzo, altette, ma legate attorno di un cordono d'oro. Si vestono di sotto un borricchino pur di velluto foderato di pelli, con le maniche adagiate. Si pongono al collo catene d'oro massiccio, e grosse; bevono molto vino senza alcuna vergogna, et divengono perciò ubriachi.

### COSTUME DE SÉNATEUR DE LIPPE ET DES PRINCIPAUX HABITANTS DE CETTE VILLE.

ette ville, qui se trouve au milieu de la Saxe, se gouverne elle-même et vit en république. Le costume représenté dans la gravure appartient encore à un grand nombre de magistrats de différentes parties de l'Allemagne. Les habits sont de velours, de drap fin ou d'étoffe de soie, mais de couleur noire. Ces personnages portent un tabar court, garni de fourrures jusqu'aux genoux et de franges à l'extrémité. Les culottes, tailladées dans la longueur, imitent presque la mode italienne. Les bonnets, de velours, à tranches (*tozzo*) et assez hauts, sont entourés d'un cordon d'or. Par-dessous les vêtements, ils mettent un sayon de velours doublé de fourrure, avec des manches assez amples. Le cou est orné de grosses chaînes d'or massif. Ils boivent du vin avec excès et deviennent ivrognes.

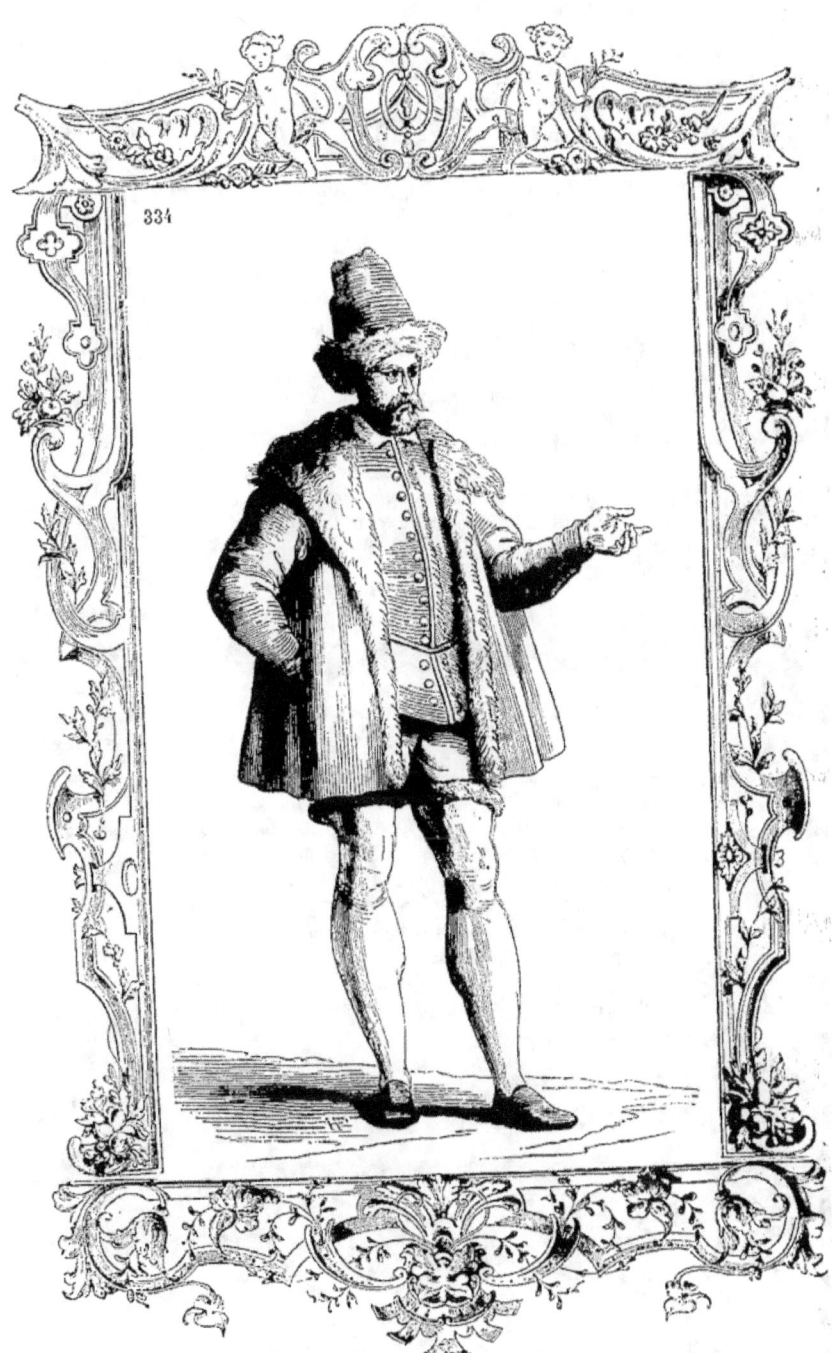

334

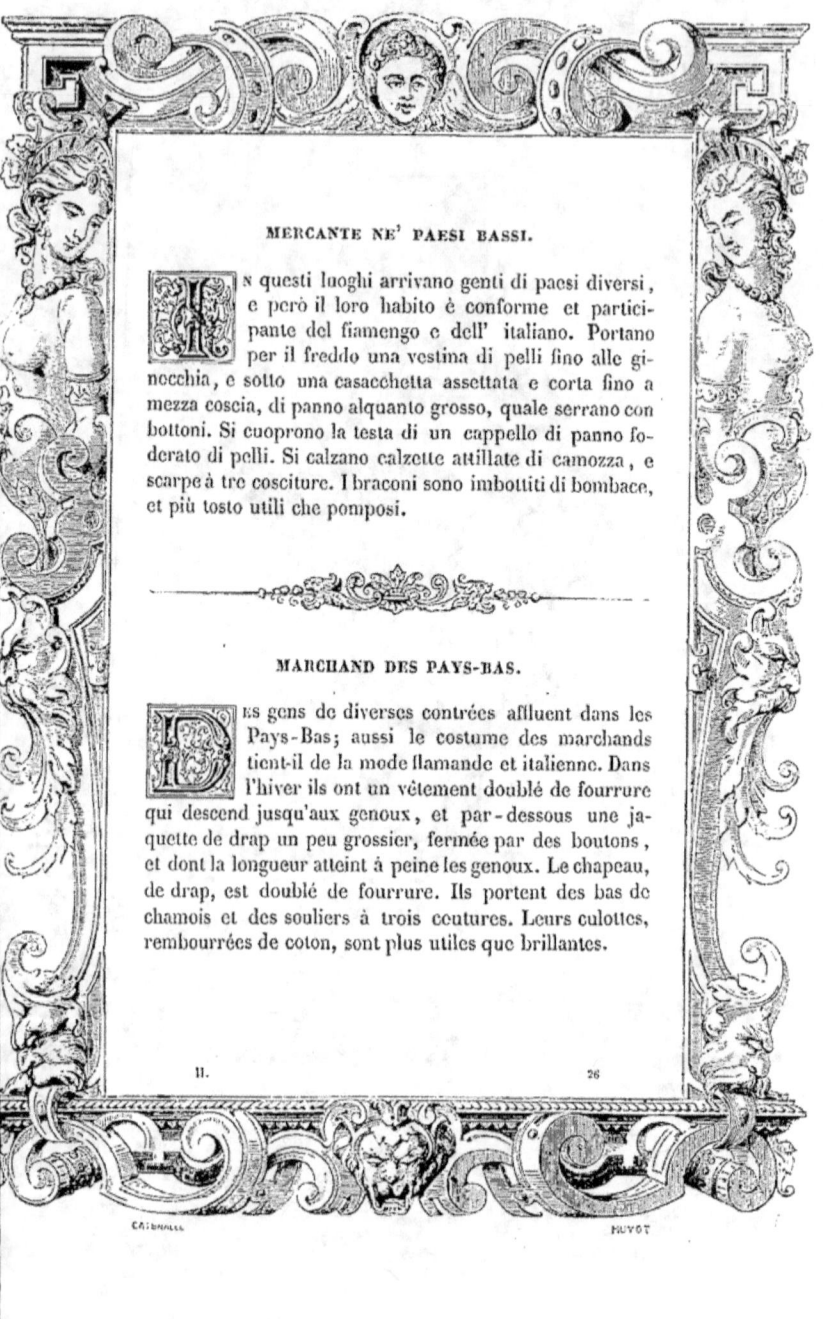

### MERCANTE NE' PAESI BASSI.

In questi luoghi arrivano genti di paesi diversi, e però il loro habito è conforme et participante del fiamengo e dell' italiano. Portano per il freddo una vestina di pelli fino alle ginocchia, e sotto una casacchetta assettata e corta fino a mezza coscia, di panno alquanto grosso, quale serrano con bottoni. Si cuoprono la testa di un cappello di panno foderato di pelli. Si calzano calzette attillate di camozza, e scarpe à tre cosciture. I braconi sono imbottiti di bombace, et più tosto utili che pomposi.

### MARCHAND DES PAYS-BAS.

Des gens de diverses contrées affluent dans les Pays-Bas; aussi le costume des marchands tient-il de la mode flamande et italienne. Dans l'hiver ils ont un vêtement doublé de fourrure qui descend jusqu'aux genoux, et par-dessous une jaquette de drap un peu grossier, fermée par des boutons, et dont la longueur atteint à peine les genoux. Le chapeau, de drap, est doublé de fourrure. Ils portent des bas de chamois et des souliers à trois coutures. Leurs culottes, rembourrées de coton, sont plus utiles que brillantes.

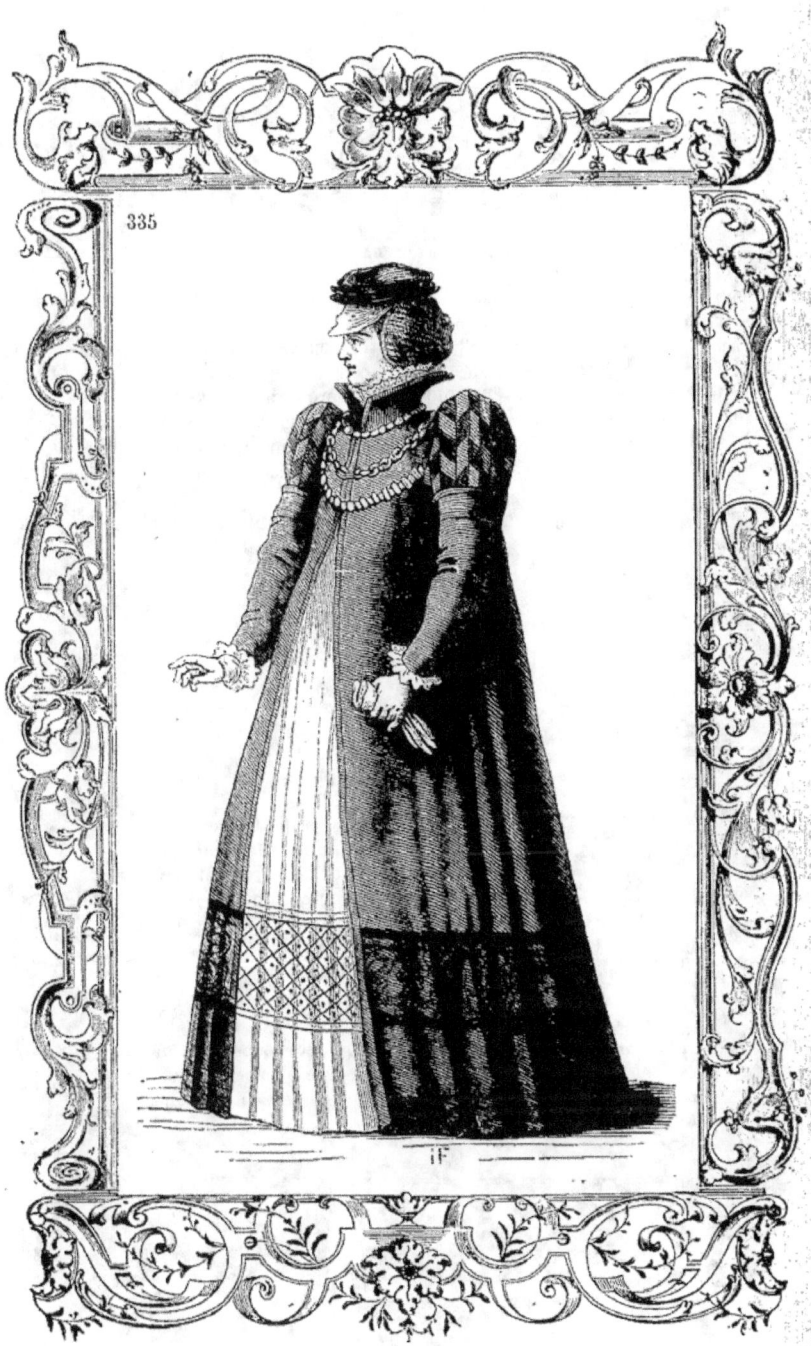

335

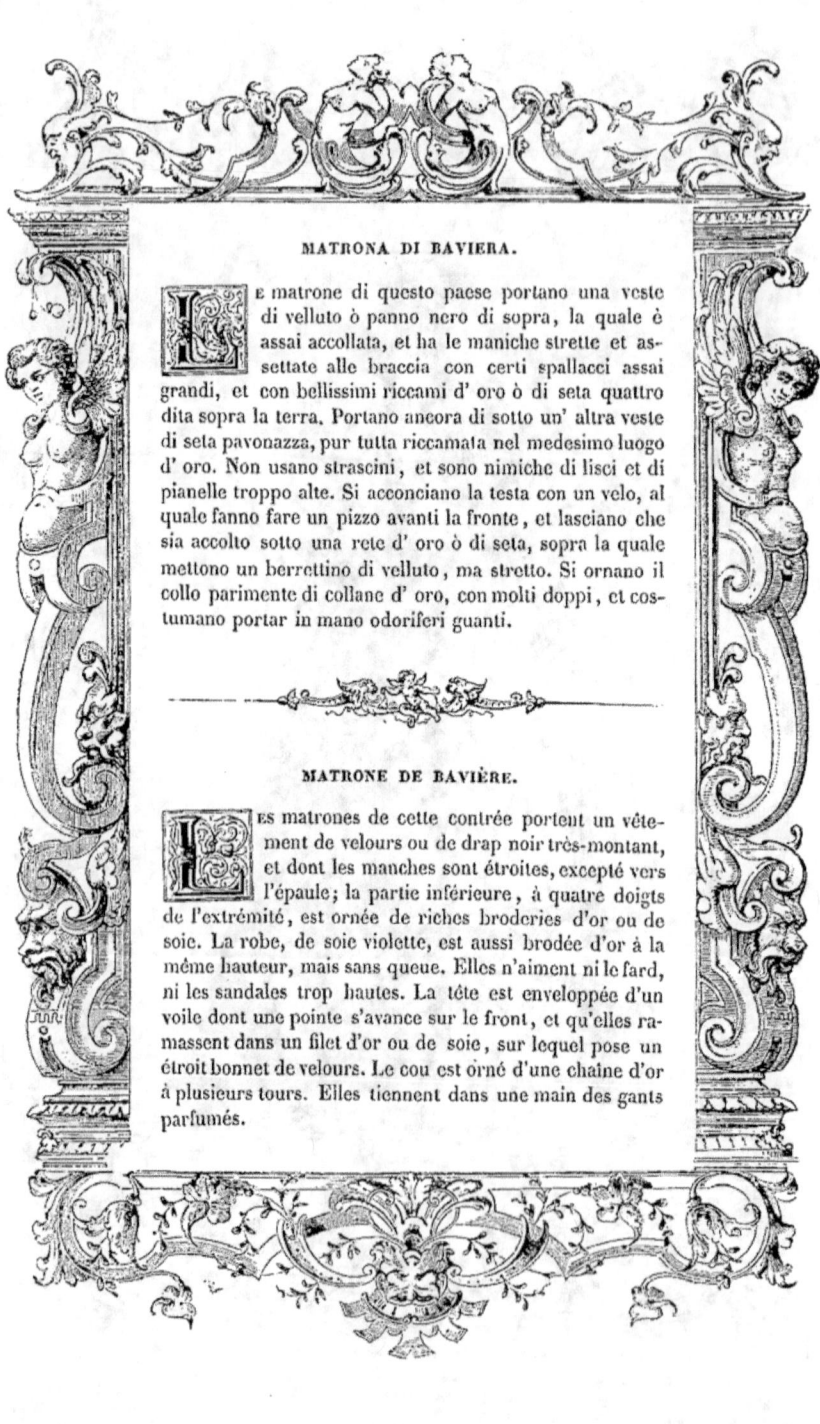

### MATRONA DI BAVIERA.

LE matrone di questo paese portano una veste di velluto ò panno nero di sopra, la quale è assai accollata, et ha le maniche strette et assettate alle braccia con certi spallacci assai grandi, et con bellissimi riccami d' oro ò di seta quattro dita sopra la terra. Portano ancora di sotto un' altra veste di seta pavonazza, pur tutta riccamata nel medesimo luogo d' oro. Non usano strascini, et sono nimiche di lisci et di pianelle troppo alte. Si acconciano la testa con un velo, al quale fanno fare un pizzo avanti la fronte, et lasciano che sia accolto sotto una rete d' oro ò di seta, sopra la quale mettono un berrettino di velluto, ma stretto. Si ornano il collo parimente di collane d' oro, con molti doppi, et costumano portar in mano odoriferi guanti.

### MATRONE DE BAVIÈRE.

LES matrones de cette contrée portent un vêtement de velours ou de drap noir très-montant, et dont les manches sont étroites, excepté vers l'épaule; la partie inférieure, à quatre doigts de l'extrémité, est ornée de riches broderies d'or ou de soie. La robe, de soie violette, est aussi brodée d'or à la même hauteur, mais sans queue. Elles n'aiment ni le fard, ni les sandales trop hautes. La tête est enveloppée d'un voile dont une pointe s'avance sur le front, et qu'elles ramassent dans un filet d'or ou de soie, sur lequel pose un étroit bonnet de velours. Le cou est orné d'une chaîne d'or à plusieurs tours. Elles tiennent dans une main des gants parfumés.

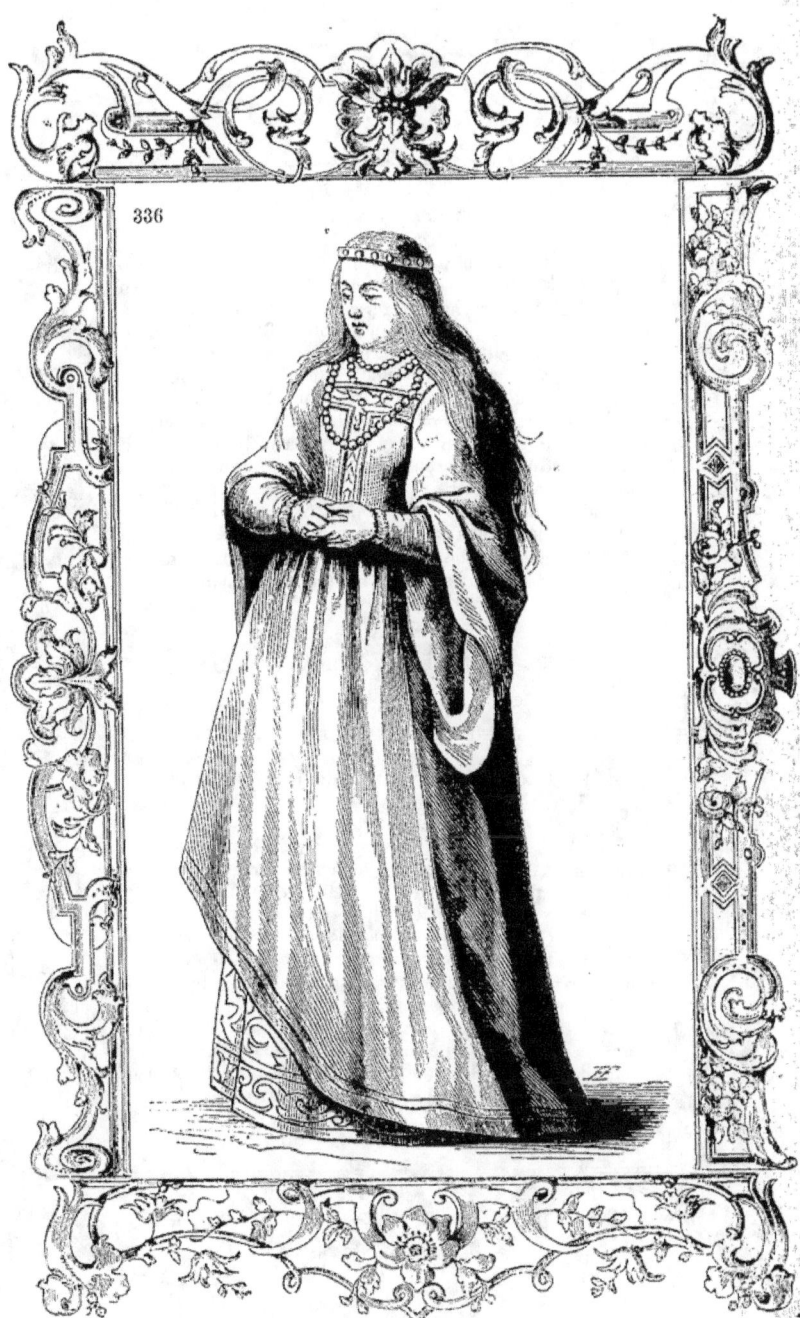
336

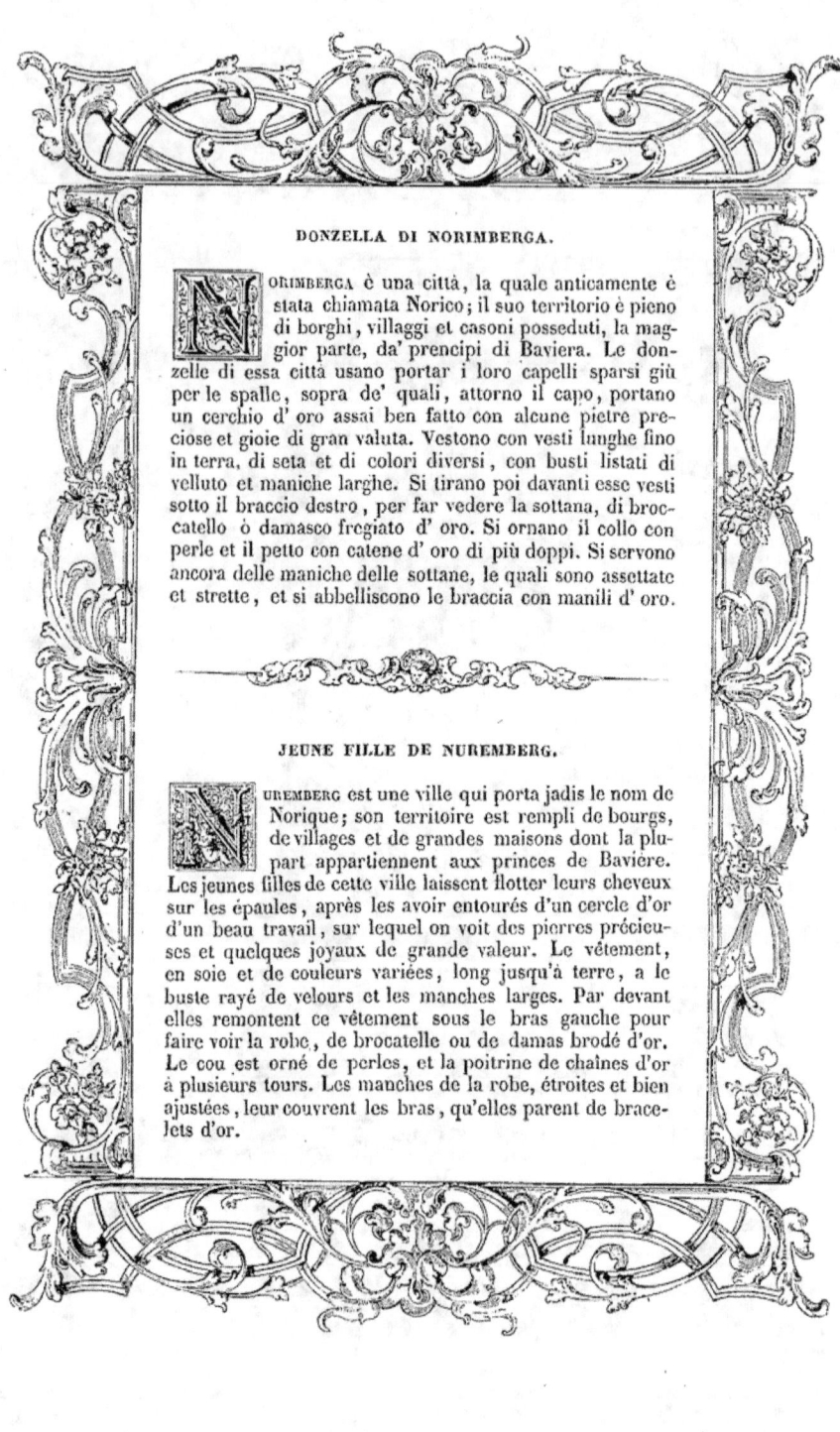

## DONZELLA DI NORIMBERGA.

NORIMBERGA è una città, la quale anticamente è stata chiamata Norico; il suo territorio è pieno di borghi, villaggi et casoni posseduti, la maggior parte, da' prencipi di Baviera. Le donzelle di essa città usano portar i loro capelli sparsi giù per le spalle, sopra de' quali, attorno il capo, portano un cerchio d' oro assai ben fatto con alcune pietre preciose et gioie di gran valuta. Vestono con vesti lunghe fino in terra, di seta et di colori diversi, con busti listati di velluto et maniche larghe. Si tirano poi davanti esse vesti sotto il braccio destro, per far vedere la sottana, di broccatello ò damasco fregiato d' oro. Si ornano il collo con perle et il petto con catene d' oro di più doppi. Si servono ancora delle maniche delle sottane, le quali sono assettate et strette, et si abbelliscono le braccia con manili d' oro.

## JEUNE FILLE DE NUREMBERG.

NUREMBERG est une ville qui porta jadis le nom de Norique; son territoire est rempli de bourgs, de villages et de grandes maisons dont la plupart appartiennent aux princes de Bavière. Les jeunes filles de cette ville laissent flotter leurs cheveux sur les épaules, après les avoir entourés d'un cercle d'or d'un beau travail, sur lequel on voit des pierres précieuses et quelques joyaux de grande valeur. Le vêtement, en soie et de couleurs variées, long jusqu'à terre, a le buste rayé de velours et les manches larges. Par devant elles remontent ce vêtement sous le bras gauche pour faire voir la robe, de brocatelle ou de damas brodé d'or. Le cou est orné de perles, et la poitrine de chaînes d'or à plusieurs tours. Les manches de la robe, étroites et bien ajustées, leur couvrent les bras, qu'elles parent de bracelets d'or.

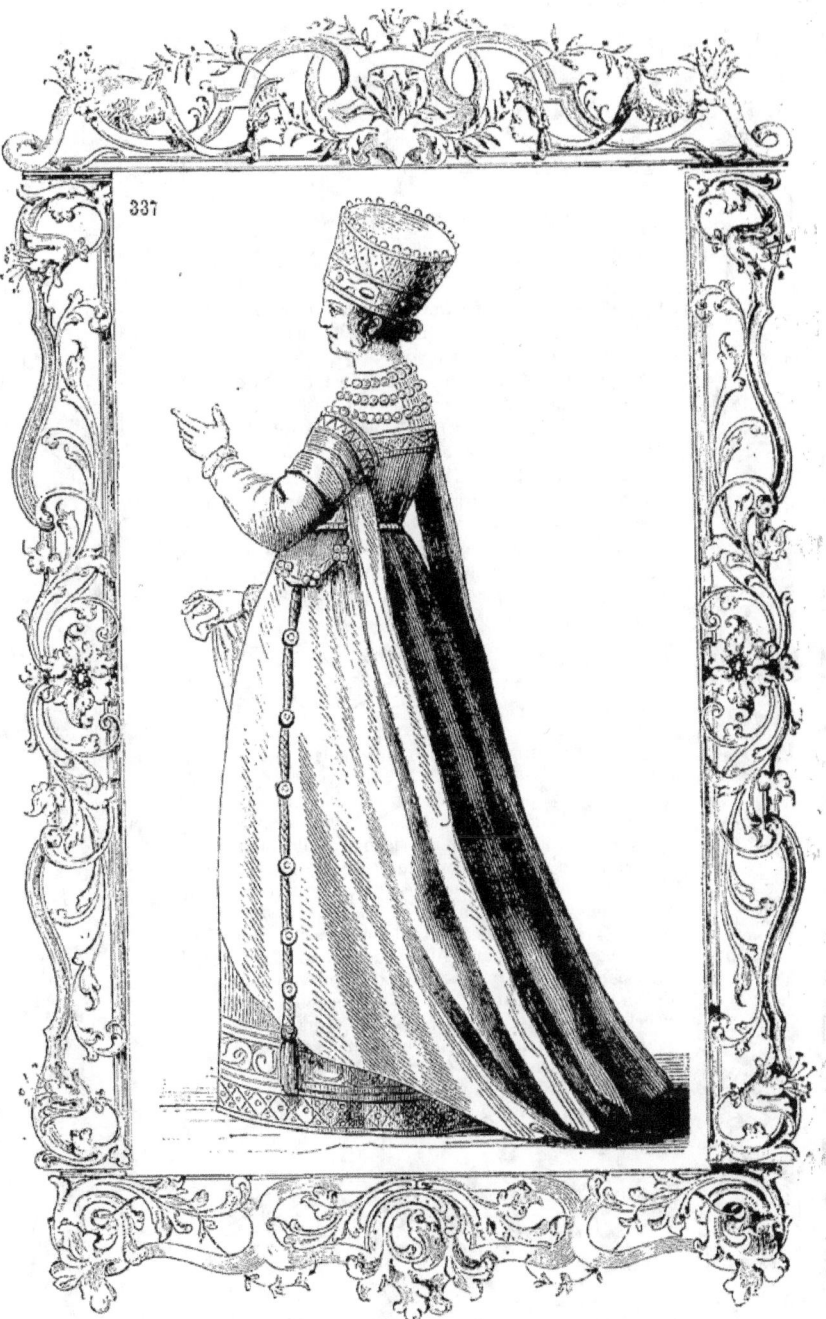

337

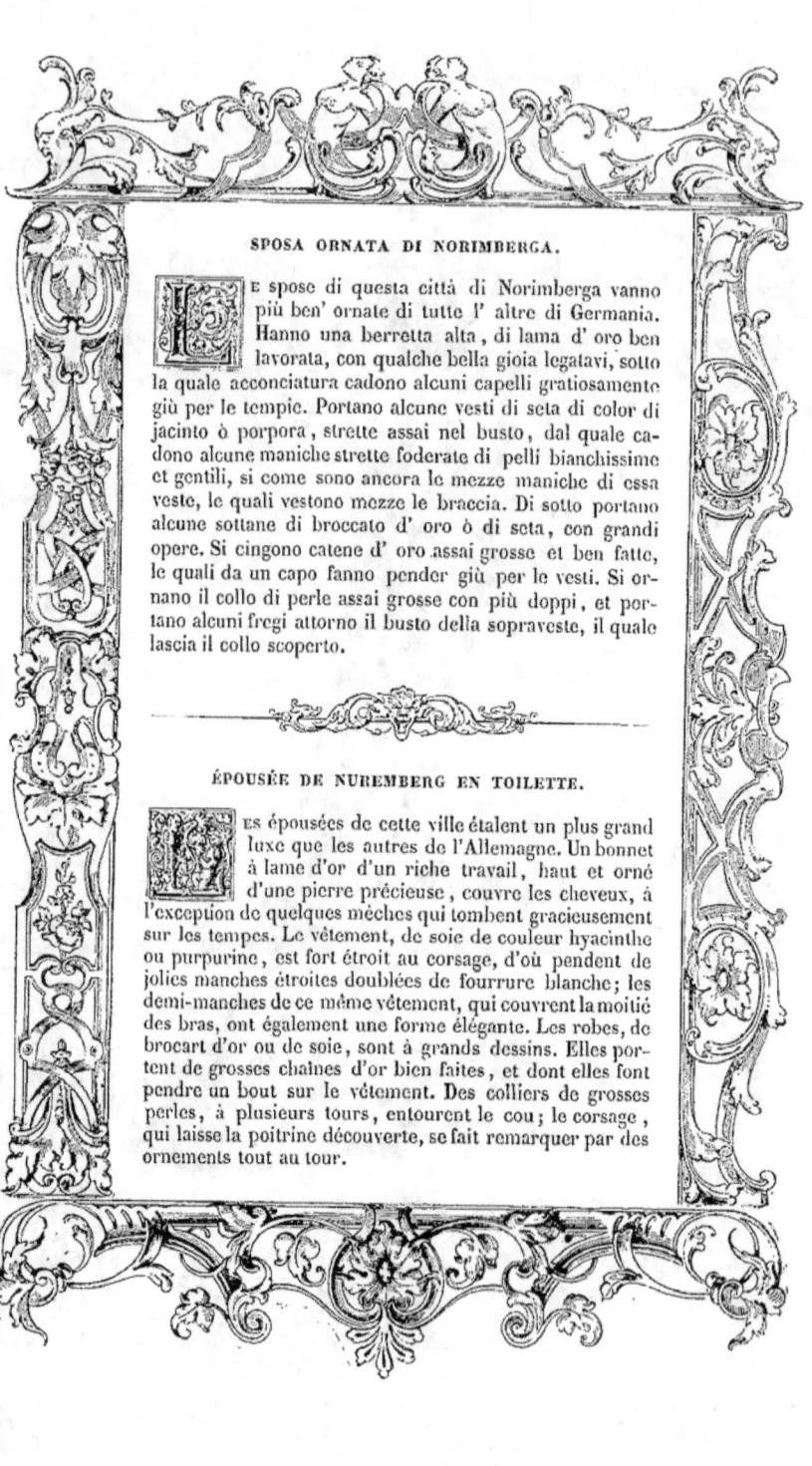

## SPOSA ORNATA DI NORIMBERGA.

LE spose di questa città di Norimberga vanno più ben' ornate di tutte l' altre di Germania. Hanno una berretta alta, di lama d' oro ben lavorata, con qualche bella gioia legatavi, sotto la quale acconciatura cadono alcuni capelli gratiosamente giù per le tempie. Portano alcune vesti di seta di color di jacinto ò porpora, strette assai nel busto, dal quale cadono alcune maniche strette foderate di pelli bianchissime et gentili, si come sono ancora le mezze maniche di essa veste, le quali vestono mezze le braccia. Di sotto portano alcune sottane di broccato d' oro ò di seta, con grandi opere. Si cingono catene d' oro assai grosse et ben fatte, le quali da un capo fanno pender giù per le vesti. Si ornano il collo di perle assai grosse con più doppi, et portano alcuni fregi attorno il busto della sopraveste, il quale lascia il collo scoperto.

---

## ÉPOUSÉE DE NUREMBERG EN TOILETTE.

LES épousées de cette ville étaient un plus grand luxe que les autres de l'Allemagne. Un bonnet à lame d'or d'un riche travail, haut et orné d'une pierre précieuse, couvre les cheveux, à l'exception de quelques mèches qui tombent gracieusement sur les tempes. Le vêtement, de soie de couleur hyacinthe ou purpurine, est fort étroit au corsage, d'où pendent de jolies manches étroites doublées de fourrure blanche; les demi-manches de ce même vêtement, qui couvrent la moitié des bras, ont également une forme élégante. Les robes, de brocart d'or ou de soie, sont à grands dessins. Elles portent de grosses chaînes d'or bien faites, et dont elles font pendre un bout sur le vêtement. Des colliers de grosses perles, à plusieurs tours, entourent le cou; le corsage, qui laisse la poitrine découverte, se fait remarquer par des ornements tout au tour.

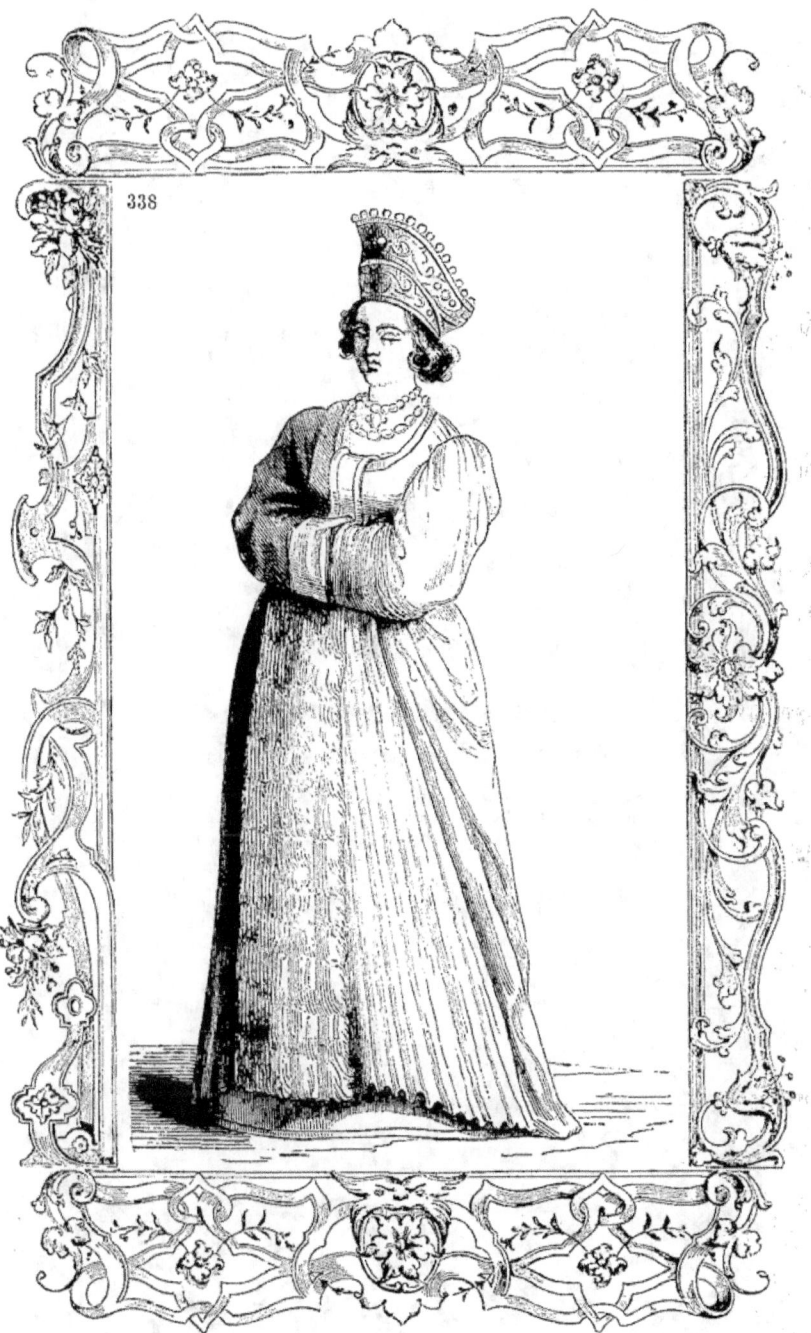

338

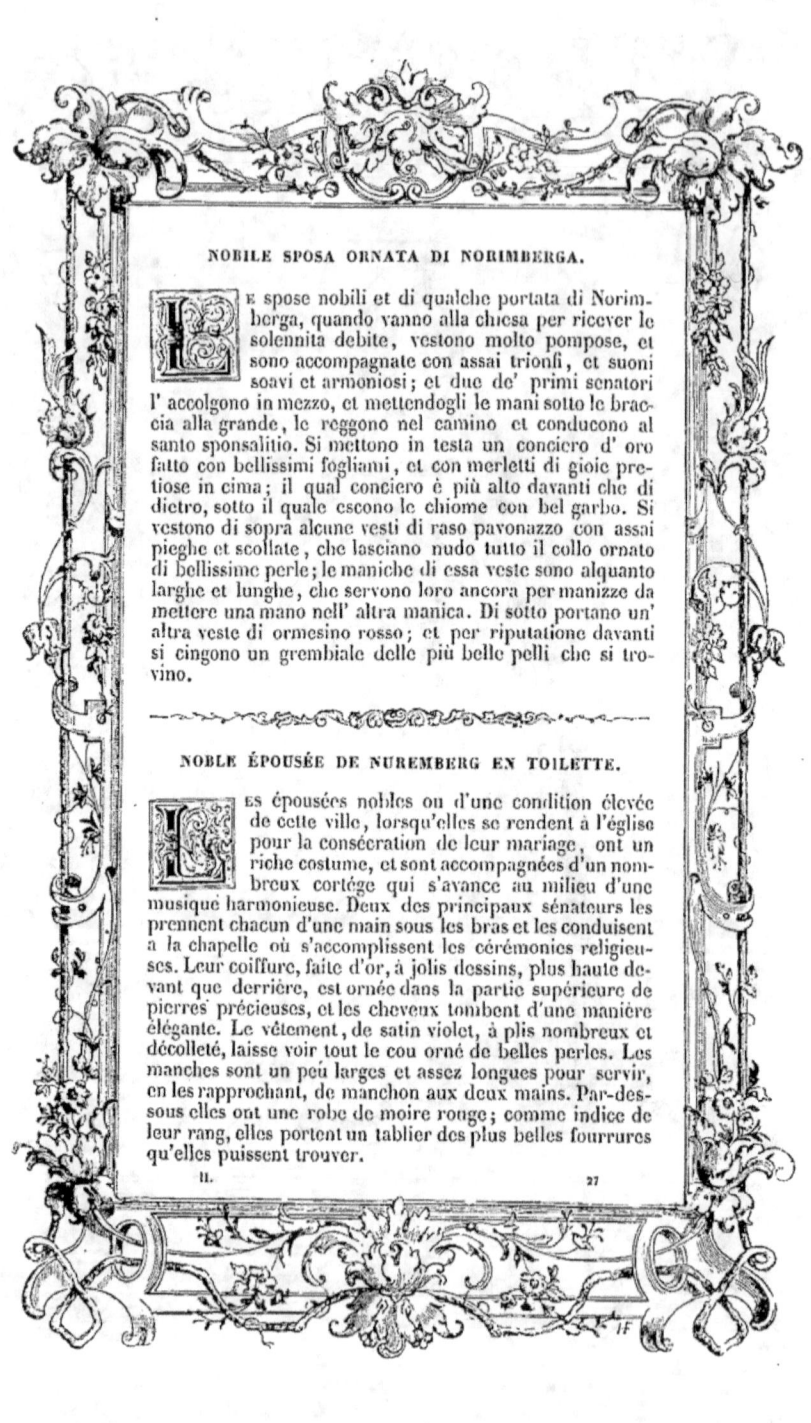

## NOBILE SPOSA ORNATA DI NORIMBERGA.

LE spose nobili et di qualche portata di Norimberga, quando vanno alla chiesa per ricever le solennità debite, vestono molto pompose, et sono accompagnate con assai trionfi, et suoni soavi et armoniosi; et due de' primi senatori l' accolgono in mezzo, et mettendogli le mani sotto le braccia alla grande, le reggono nel camino et conducono al santo sponsalitio. Si mettono in testa un conciero d' oro fatto con bellissimi fogliami, et con merletti di gioie pretiose in cima; il qual conciero è più alto davanti che di dietro, sotto il quale escono le chiome con bel garbo. Si vestono di sopra alcune vesti di raso pavonazzo con assai pieghe et scollate, che lasciano nudo tutto il collo ornato di bellissime perle; le maniche di essa veste sono alquanto larghe et lunghe, che servono loro ancora per manizze da mettere una mano nell' altra manica. Di sotto portano un' altra veste di ormesino rosso; et per riputatione davanti si cingono un grembiale delle più belle pelli che si trovino.

## NOBLE ÉPOUSÉE DE NUREMBERG EN TOILETTE.

LES épousées nobles ou d'une condition élevée de cette ville, lorsqu'elles se rendent à l'église pour la consécration de leur mariage, ont un riche costume, et sont accompagnées d'un nombreux cortége qui s'avance au milieu d'une musique harmonieuse. Deux des principaux sénateurs les prennent chacun d'une main sous les bras et les conduisent à la chapelle où s'accomplissent les cérémonies religieuses. Leur coiffure, faite d'or, à jolis dessins, plus haute devant que derrière, est ornée dans la partie supérieure de pierres précieuses, et les cheveux tombent d'une manière élégante. Le vêtement, de satin violet, à plis nombreux et décolleté, laisse voir tout le cou orné de belles perles. Les manches sont un peu larges et assez longues pour servir, en les rapprochant, de manchon aux deux mains. Par-dessous elles ont une robe de moire rouge; comme indice de leur rang, elles portent un tablier des plus belles fourrures qu'elles puissent trouver.

II.                                                          27

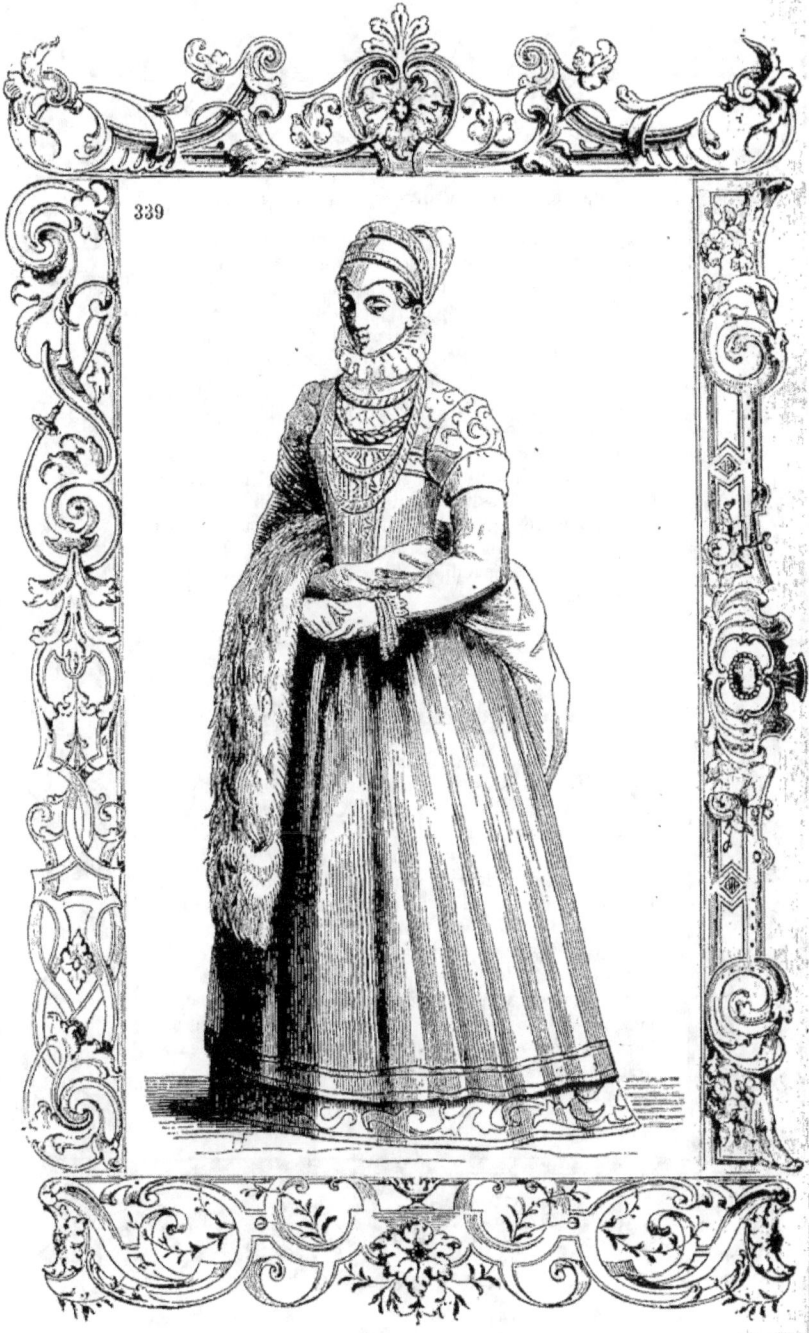

## MATRONA NOBILE ORNATA DI NORIMBERGA.

LE nobili matrone di Norimberga portano per acconciatura di testa un velo bianco, nel quale havendo avvolta la chioma, lo cingono poi in due ò tre luoghi di fregio d' oro, facendo fare ad esso velo una punta per mezzo la fronte. Portano alcune vesti di velluto cremesino accollate di busto, il quale è attraversato da un fregio d' oro per mezzo il petto, et da quattro ò cinque collane d' oro, che lasciano pender dal collo sopra il petto. Le maniche sono quelle delle ricche sottane, che portano molto accollate et strette, dalle quali vengono fuori le lattughe della camicia assai modeste, et sono dette sottane di broccato di seta ò damasco molto pulite. Per più grandezza sostengono co'l braccio destro una pelle assai lunga, quale lasciano pender davanti. Alle mani, in luogo di manili, portano alcune catene d' oro con più doppi.

## NOBLE MATRONE DE NUREMBERG EN TOILETTE.

LES nobles matrones de cette ville ont pour coiffure un voile blanc dont une pointe s'avance sur le front; les cheveux sont enroulés sous ce voile, qu'elles entourent, en deux ou trois endroits, d'ornements d'or. Elles portent un vêtement de velours cramoisi, dont le corsage, très-montant, est entouré d'un ornement d'or au milieu, et de quatre ou cinq chaînes d'or qui tombent du cou sur la poitrine. La robe, de brocart de soie ou de damas, très-belle, étroite, couvre le cou, autour duquel s'étale une collerette plissée; les manches qu'on voit appartiennent à cette robe. Pour témoigner de leur rang, elles portent sur le bras droit une fourrure très-longue qui tombe sur le devant. Au lieu de bracelets, elles ont aux poignets des chaînes d'or à plusieurs tours.

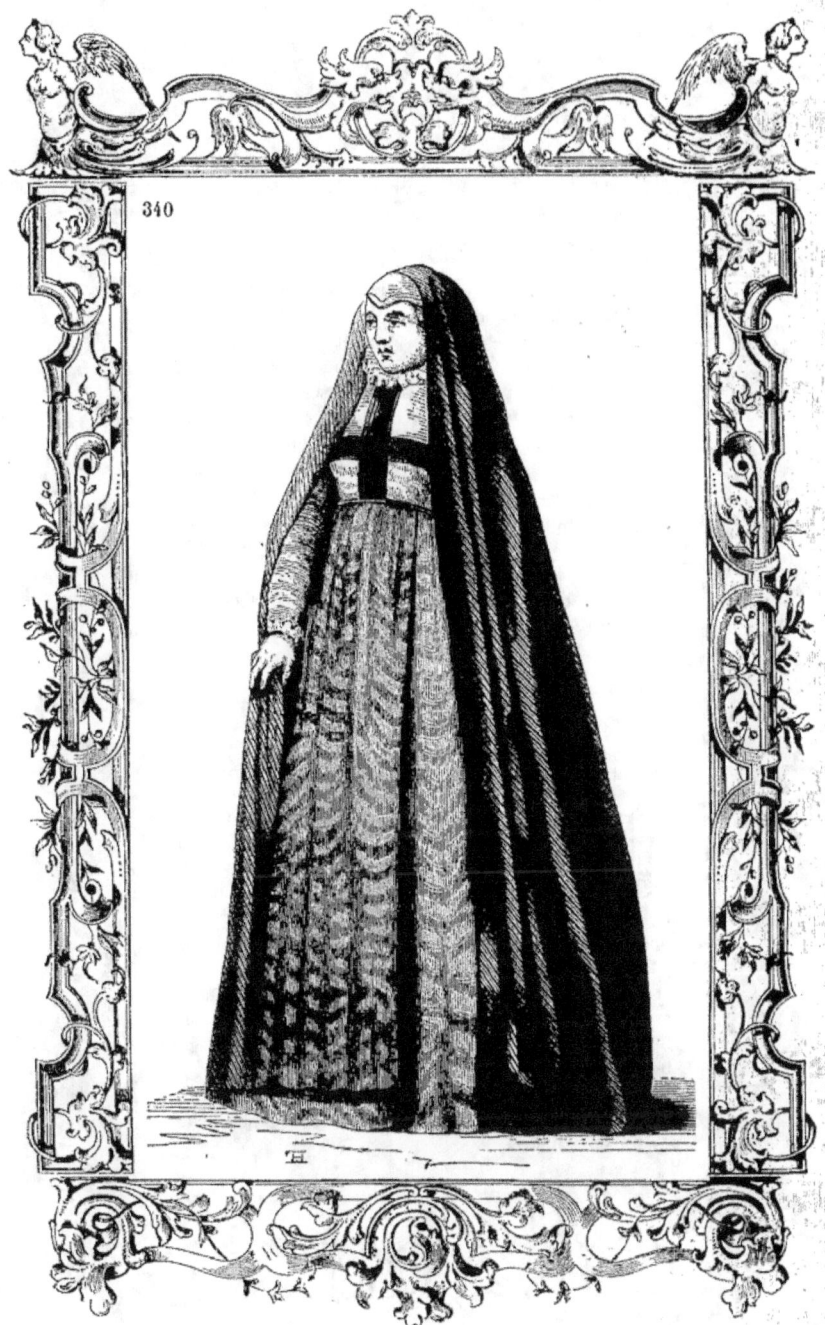

340

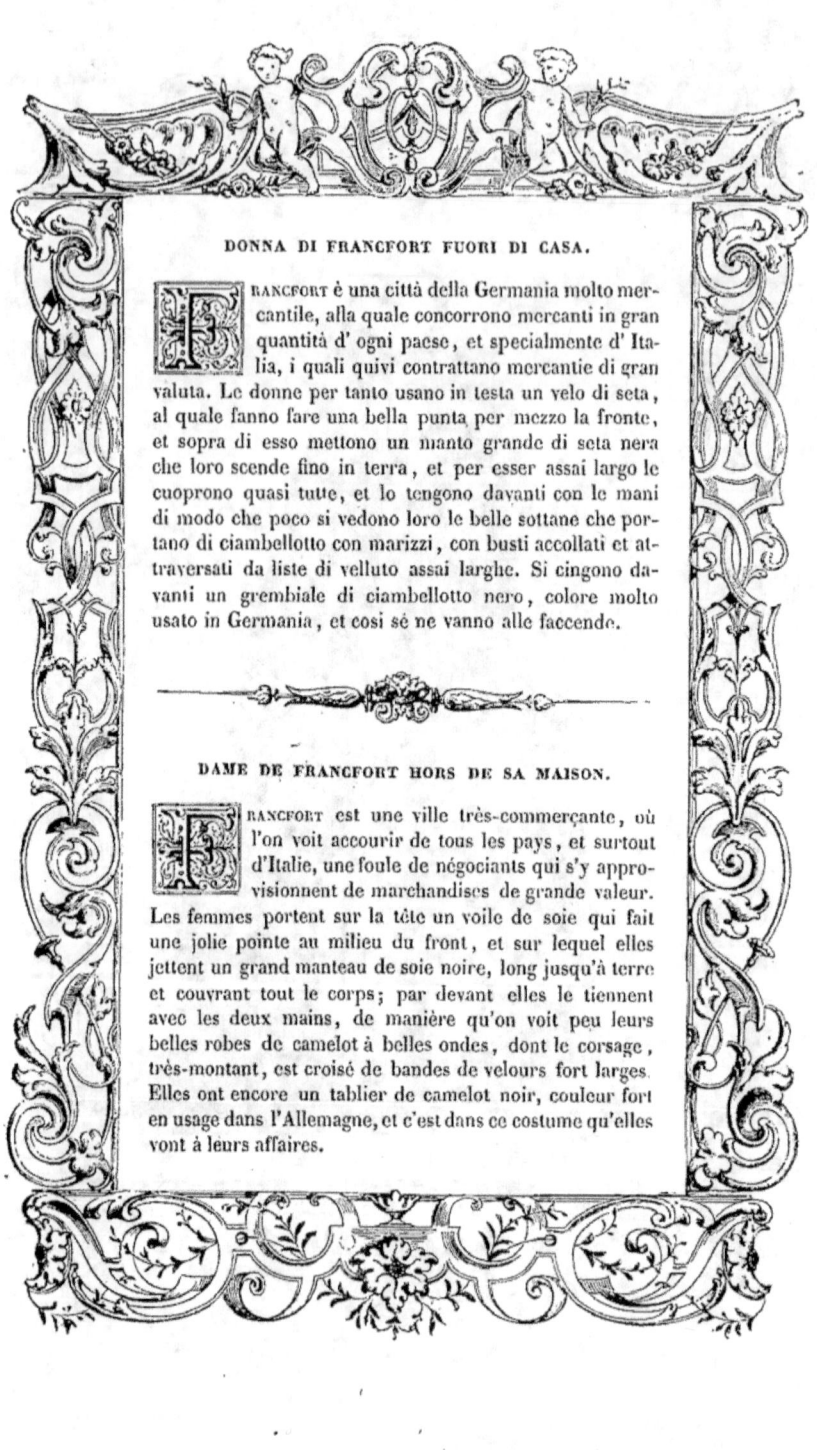

### DONNA DI FRANCFORT FUORI DI CASA.

RANCFORT è una città della Germania molto mercantile, alla quale concorrono mercanti in gran quantità d'ogni paese, et specialmente d'Italia, i quali quivi contrattano mercantie di gran valuta. Le donne per tanto usano in testa un velo di seta, al quale fanno fare una bella punta per mezzo la fronte, et sopra di esso mettono un manto grande di seta nera che loro scende fino in terra, et per esser assai largo le cuoprono quasi tutte, et lo tengono davanti con le mani di modo che poco si vedono loro le belle sottane che portano di ciambellotto con marizzi, con busti accollati et attraversati da liste di velluto assai larghe. Si cingono davanti un grembiale di ciambellotto nero, colore molto usato in Germania, et cosi sé ne vanno alle faccende.

### DAME DE FRANCFORT HORS DE SA MAISON.

RANCFORT est une ville très-commerçante, où l'on voit accourir de tous les pays, et surtout d'Italie, une foule de négociants qui s'y approvisionnent de marchandises de grande valeur. Les femmes portent sur la tête un voile de soie qui fait une jolie pointe au milieu du front, et sur lequel elles jettent un grand manteau de soie noire, long jusqu'à terre et couvrant tout le corps; par devant elles le tiennent avec les deux mains, de manière qu'on voit peu leurs belles robes de camelot à belles ondes, dont le corsage, très-montant, est croisé de bandes de velours fort larges. Elles ont encore un tablier de camelot noir, couleur fort en usage dans l'Allemagne, et c'est dans ce costume qu'elles vont à leurs affaires.

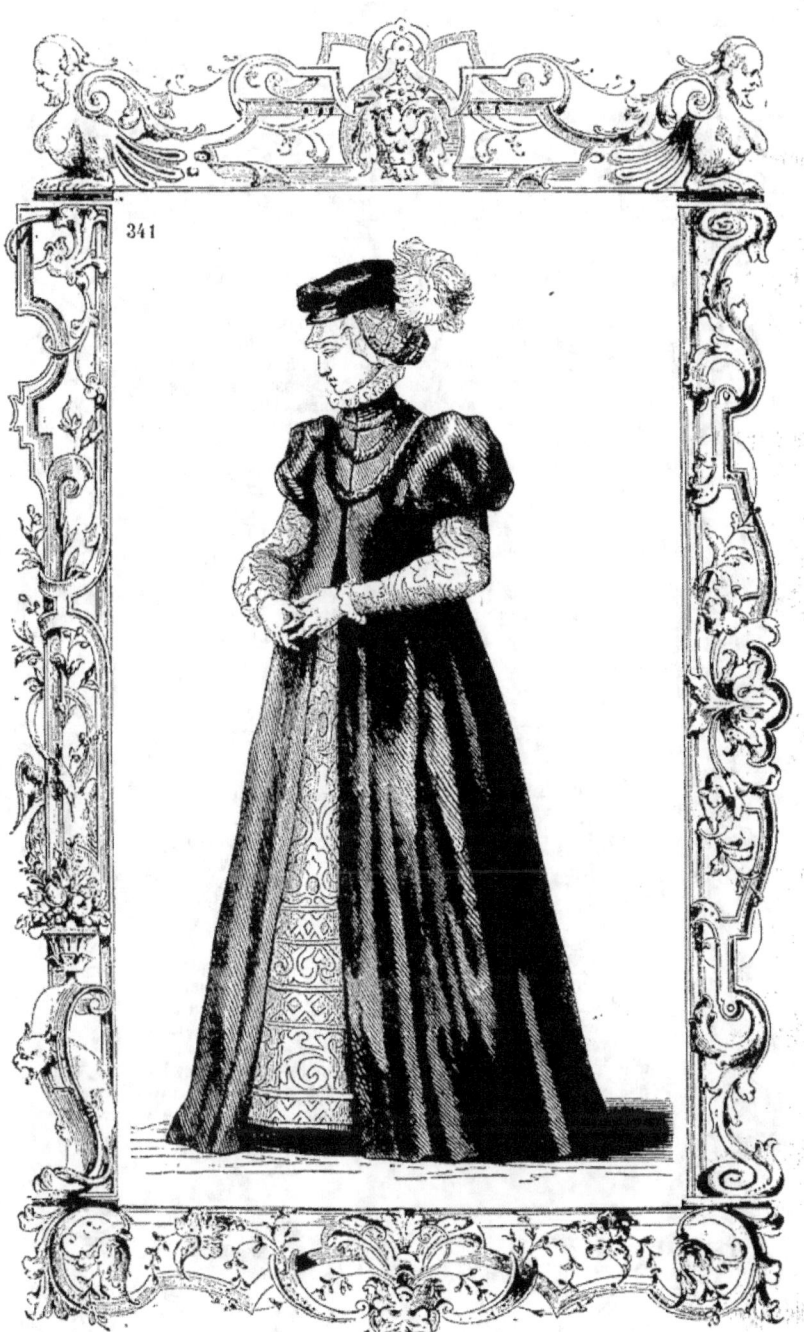

341

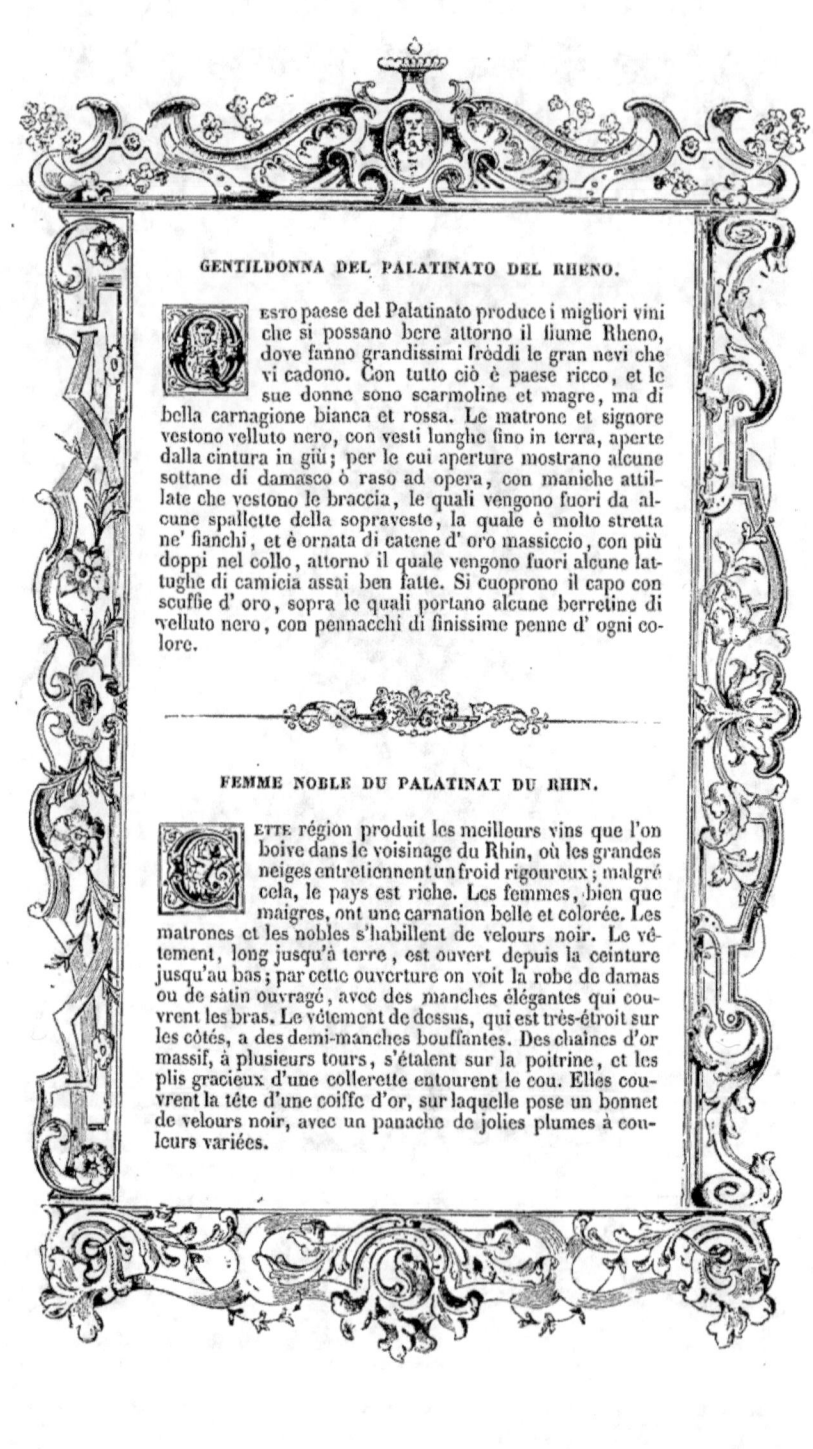

### GENTILDONNA DEL PALATINATO DEL RHENO.

ESTO paese del Palatinato produce i migliori vini che si possano bere attorno il fiume Rheno, dove fanno grandissimi freddi le gran nevi che vi cadono. Con tutto ciò è paese ricco, et le sue donne sono scarmoline et magre, ma di bella carnagione bianca et rossa. Le matrone et signore vestono velluto nero, con vesti lunghe fino in terra, aperte dalla cintura in giù; per le cui aperture mostrano alcune sottane di damasco ò raso ad opera, con maniche attillate che vestono le braccia, le quali vengono fuori da alcune spallette della sopraveste, la quale è molto stretta ne' fianchi, et è ornata di catene d'oro massiccio, con più doppi nel collo, attorno il quale vengono fuori alcune lattughe di camicia assai ben fatte. Si cuoprono il capo con scuffie d'oro, sopra le quali portano alcune berretine di velluto nero, con pennacchi di finissime penne d'ogni colore.

### FEMME NOBLE DU PALATINAT DU RHIN.

ETTE région produit les meilleurs vins que l'on boive dans le voisinage du Rhin, où les grandes neiges entretiennent un froid rigoureux; malgré cela, le pays est riche. Les femmes, bien que maigres, ont une carnation belle et colorée. Les matrones et les nobles s'habillent de velours noir. Le vêtement, long jusqu'à terre, est ouvert depuis la ceinture jusqu'au bas; par cette ouverture on voit la robe de damas ou de satin ouvragé, avec des manches élégantes qui couvrent les bras. Le vêtement de dessus, qui est très-étroit sur les côtés, a des demi-manches bouffantes. Des chaînes d'or massif, à plusieurs tours, s'étalent sur la poitrine, et les plis gracieux d'une collerette entourent le cou. Elles couvrent la tête d'une coiffe d'or, sur laquelle pose un bonnet de velours noir, avec un panache de jolies plumes à couleurs variées.

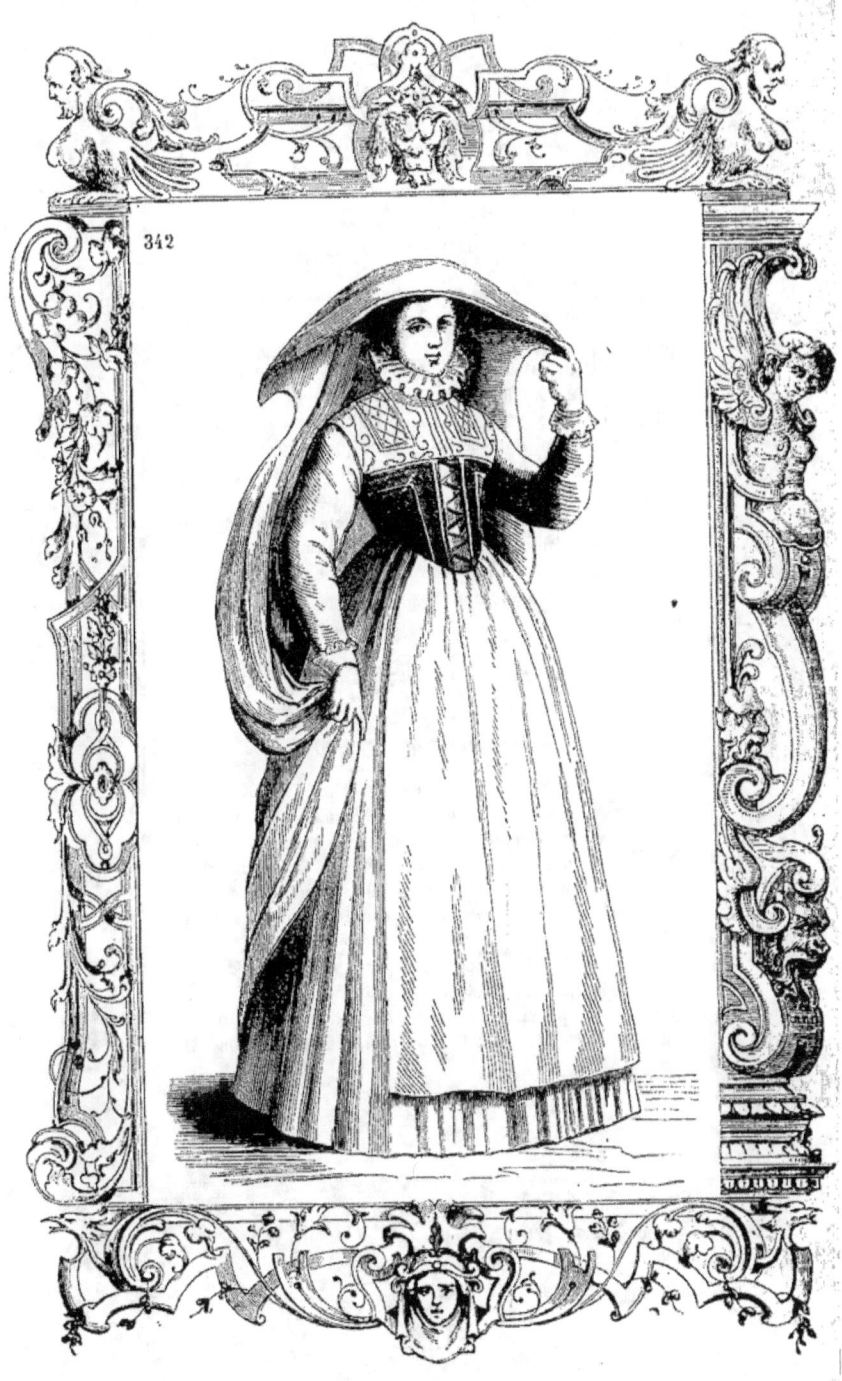

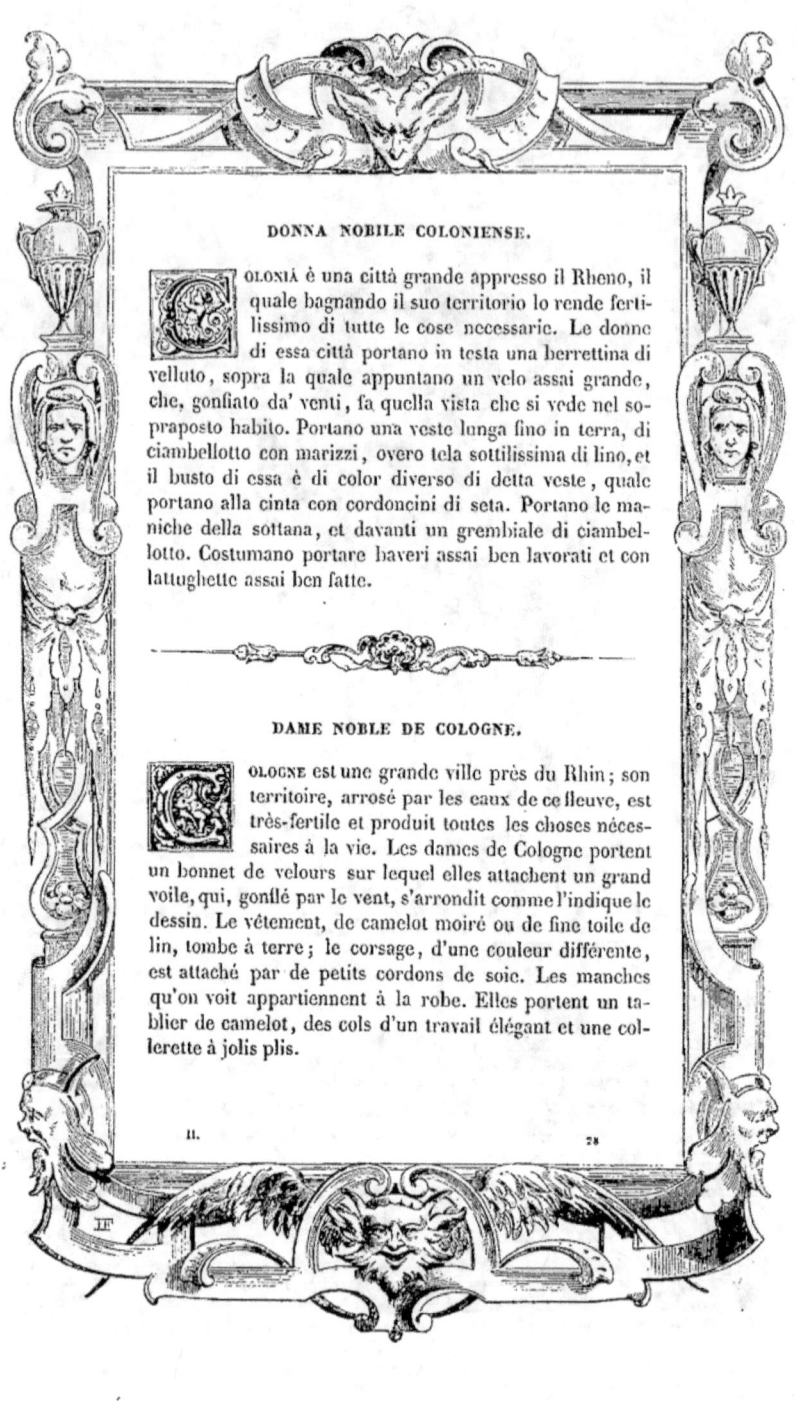

### DONNA NOBILE COLONIENSE.

OLONIA è una città grande appresso il Rheno, il quale bagnando il suo territorio lo rende fertilissimo di tutte le cose necessarie. Le donne di essa città portano in testa una berrettina di velluto, sopra la quale appuntano un velo assai grande, che, gonfiato da' venti, fa quella vista che si vede nel sopraposto habito. Portano una veste lunga fino in terra, di ciambellotto con marizzi, overo tela sottilissima di lino, et il busto di essa è di color diverso di detta veste, quale portano alla cinta con cordoncini di seta. Portano le maniche della sottana, et davanti un grembiale di ciambellotto. Costumano portare baveri assai ben lavorati et con lattughette assai ben fatte.

### DAME NOBLE DE COLOGNE.

OLOGNE est une grande ville près du Rhin; son territoire, arrosé par les eaux de ce fleuve, est très-fertile et produit toutes les choses nécessaires à la vie. Les dames de Cologne portent un bonnet de velours sur lequel elles attachent un grand voile, qui, gonflé par le vent, s'arrondit comme l'indique le dessin. Le vêtement, de camelot moiré ou de fine toile de lin, tombe à terre; le corsage, d'une couleur différente, est attaché par de petits cordons de soie. Les manches qu'on voit appartiennent à la robe. Elles portent un tablier de camelot, des cols d'un travail élégant et une collerette à jolis plis.

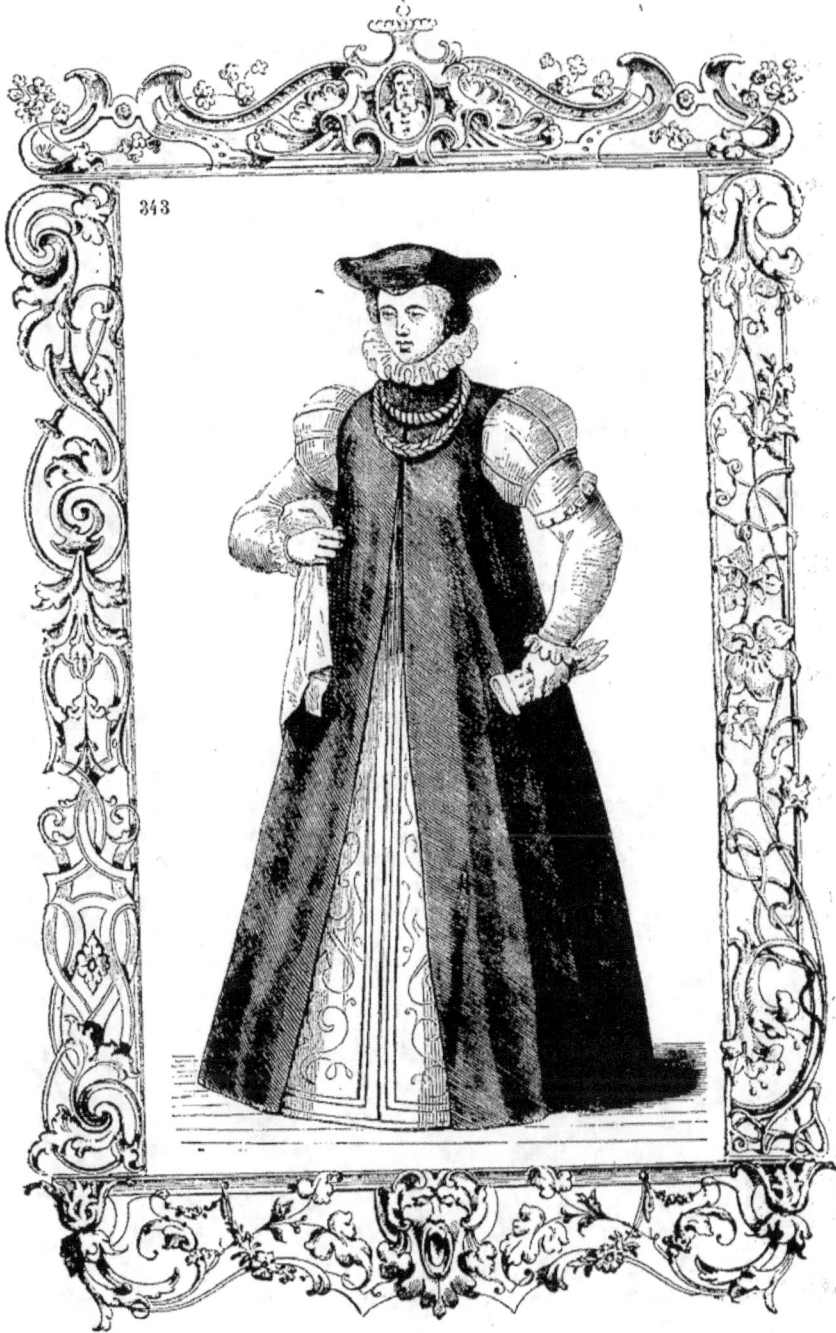

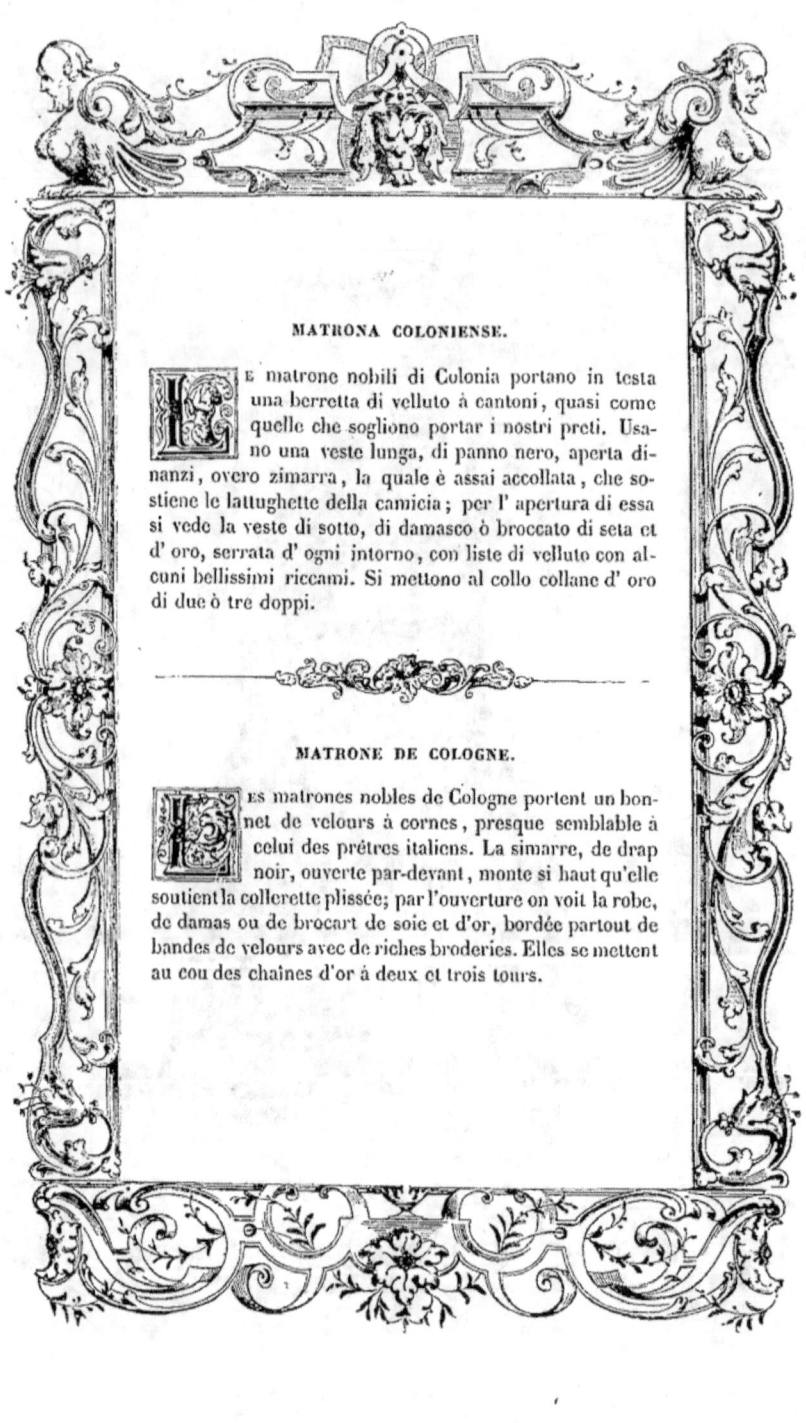

## MATRONA COLONIENSE.

LE matrone nobili di Colonia portano in testa una berretta di velluto à cantoni, quasi come quelle che sogliono portar i nostri preti. Usano una veste lunga, di panno nero, aperta dinanzi, overo zimarra, la quale è assai accollata, che sostiene le lattughette della camicia; per l' apertura di essa si vede la veste di sotto, di damasco ò broccato di seta et d' oro, serrata d' ogni intorno, con liste di velluto con alcuni bellissimi riccami. Si mettono al collo collane d' oro di due ò tre doppi.

## MATRONE DE COLOGNE.

LES matrones nobles de Cologne portent un bonnet de velours à cornes, presque semblable à celui des prêtres italiens. La simarre, de drap noir, ouverte par-devant, monte si haut qu'elle soutient la collerette plissée; par l'ouverture on voit la robe, de damas ou de brocart de soie et d'or, bordée partout de bandes de velours avec de riches broderies. Elles se mettent au cou des chaînes d'or à deux et trois tours.

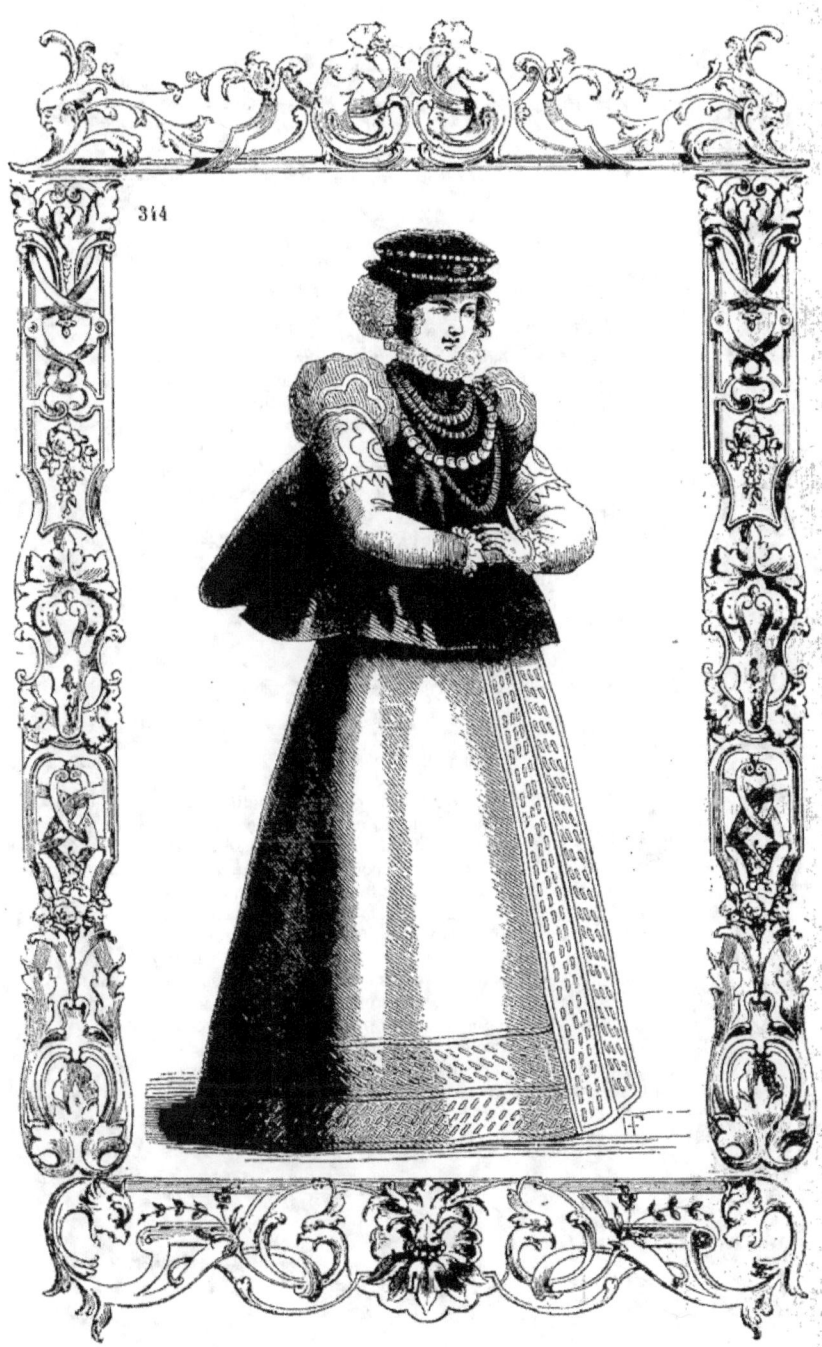

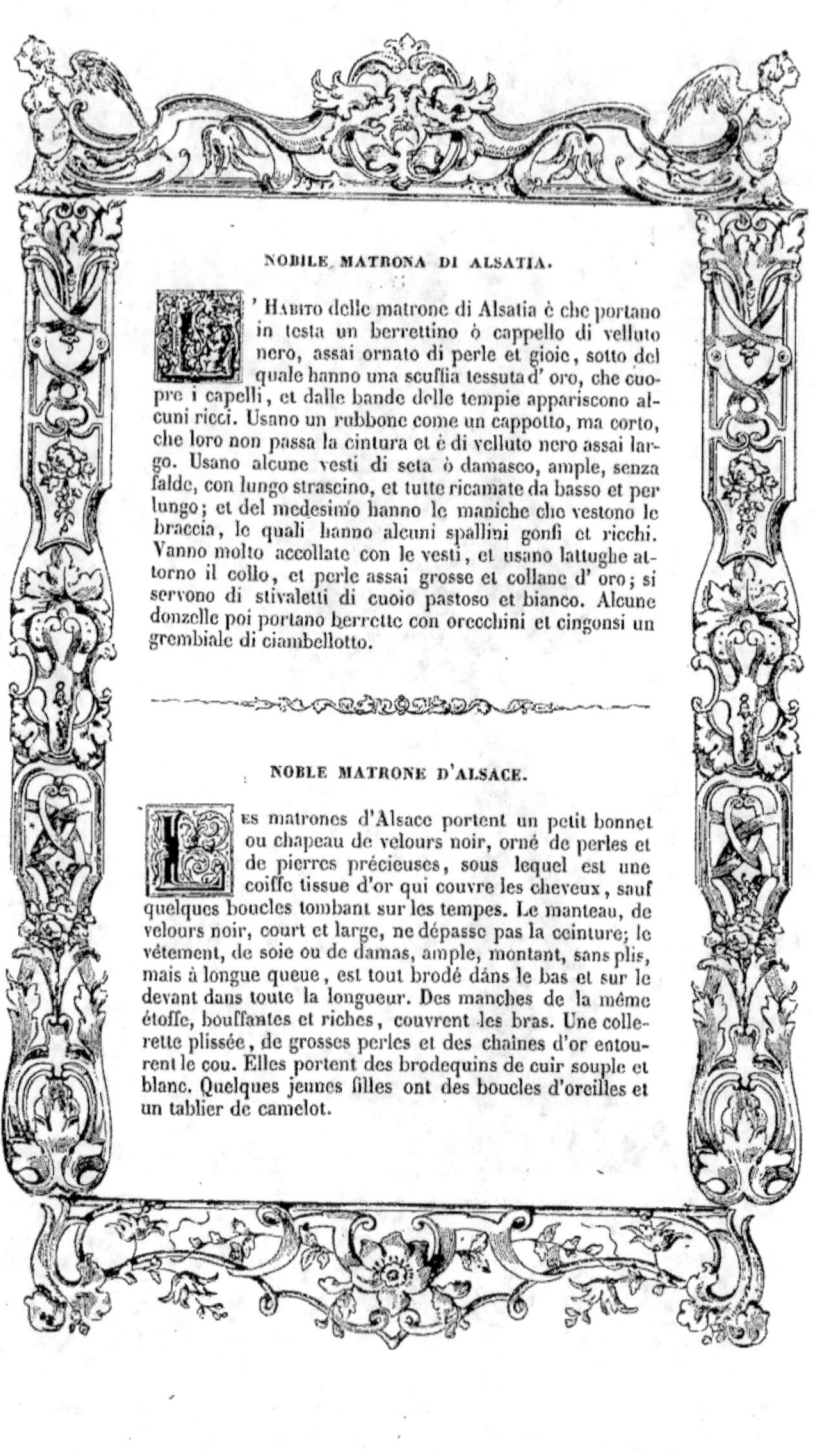

### NOBILE MATRONA DI ALSATIA.

'Habito delle matrone di Alsatia è che portano in testa un berrettino ò cappello di velluto nero, assai ornato di perle et gioie, sotto del quale hanno una scuffia tessuta d'oro, che cuopre i capelli, et dalle bande delle tempie appariscono alcuni ricci. Usano un rubbone come un cappotto, ma corto, che loro non passa la cintura et è di velluto nero assai largo. Usano alcune vesti di seta ò damasco, ample, senza falde, con lungo strascino, et tutte ricamate da basso et per lungo; et del medesimo hanno le maniche che vestono le braccia, le quali hanno alcuni spallini gonfi et ricchi. Vanno molto accollate con le vesti, et usano lattughe attorno il collo, et perle assai grosse et collane d'oro; si servono di stivaletti di cuoio pastoso et bianco. Alcune donzelle poi portano berrette con orecchini et cingonsi un grembiale di ciambellotto.

### NOBLE MATRONE D'ALSACE.

Les matrones d'Alsace portent un petit bonnet ou chapeau de velours noir, orné de perles et de pierres précieuses, sous lequel est une coiffe tissue d'or qui couvre les cheveux, sauf quelques boucles tombant sur les tempes. Le manteau, de velours noir, court et large, ne dépasse pas la ceinture; le vêtement, de soie ou de damas, ample, montant, sans plis, mais à longue queue, est tout brodé dáns le bas et sur le devant dans toute la longueur. Des manches de la même étoffe, bouffantes et riches, couvrent les bras. Une collerette plissée, de grosses perles et des chaines d'or entourent le cou. Elles portent des brodequins de cuir souple et blanc. Quelques jeunes filles ont des boucles d'oreilles et un tablier de camelot.

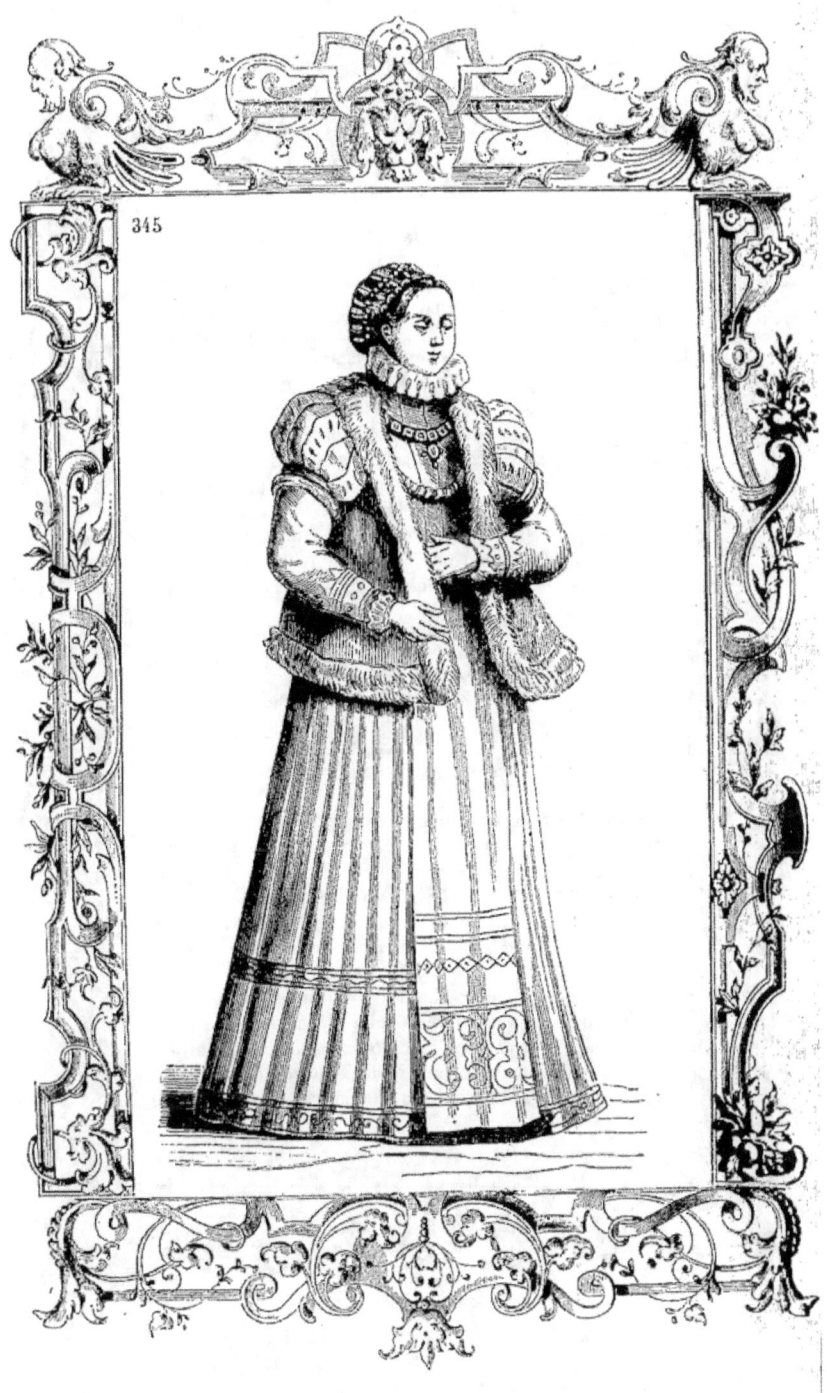
345

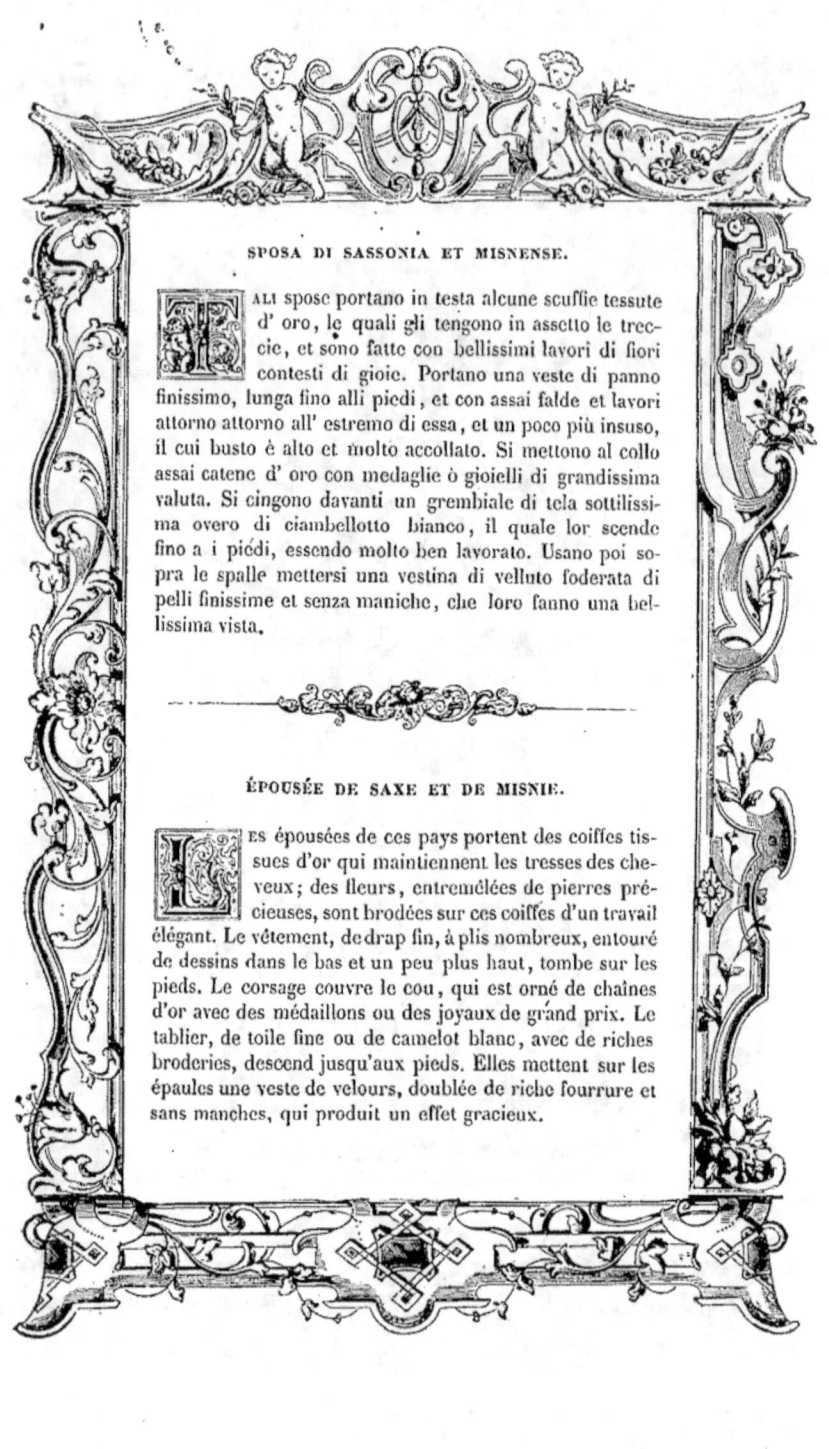

## SPOSA DI SASSONIA ET MISNENSE.

Tali spose portano in testa alcune scuffie tessute d'oro, le quali gli tengono in assetto le treccie, et sono fatte con bellissimi lavori di fiori contesti di gioie. Portano una veste di panno finissimo, lunga fino alli piedi, et con assai falde et lavori attorno attorno all'estremo di essa, e un poco più insuso, il cui busto è alto et molto accollato. Si mettono al collo assai catene d'oro con medaglie ò gioielli di grandissima valuta. Si cingono davanti un grembiale di tela sottilissima overo di ciambellotto bianco, il quale lor scende fino a i piedi, essendo molto ben lavorato. Usano poi sopra le spalle mettersi una vestina di velluto foderata di pelli finissime et senza maniche, che loro fanno una bellissima vista.

## ÉPOUSÉE DE SAXE ET DE MISNIE.

Les épousées de ces pays portent des coiffes tissues d'or qui maintiennent les tresses des cheveux; des fleurs, entremêlées de pierres précieuses, sont brodées sur ces coiffes d'un travail élégant. Le vêtement, de drap fin, à plis nombreux, entouré de dessins dans le bas et un peu plus haut, tombe sur les pieds. Le corsage couvre le cou, qui est orné de chaînes d'or avec des médaillons ou des joyaux de grand prix. Le tablier, de toile fine ou de camelot blanc, avec de riches broderies, descend jusqu'aux pieds. Elles mettent sur les épaules une veste de velours, doublée de riche fourrure et sans manches, qui produit un effet gracieux.

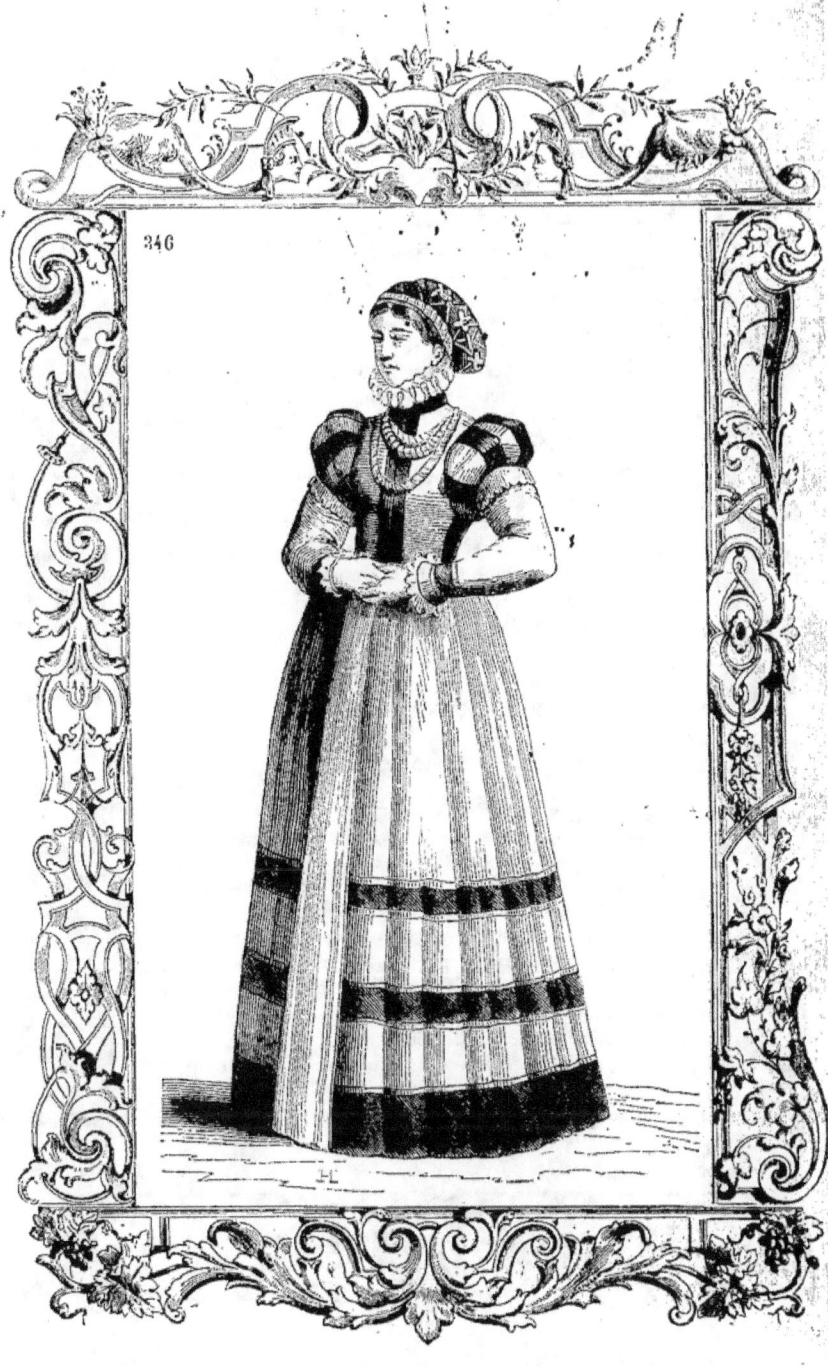

346

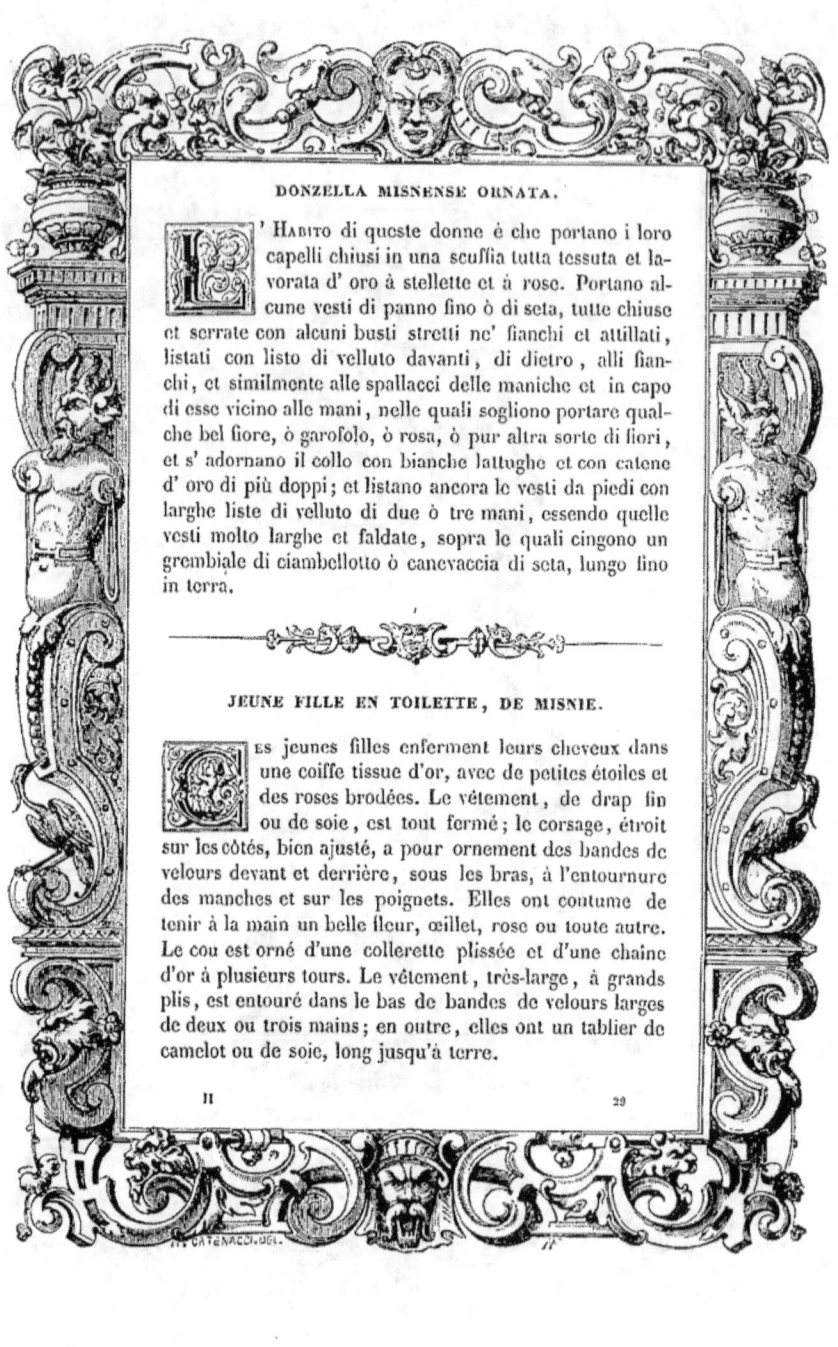

### DONZELLA MISNENSE ORNATA.

L' HABITO di queste donne è che portano i loro capelli chiusi in una scuffia tutta tessuta et lavorata d' oro à stellette et à rose. Portano alcune vesti di panno fino ò di seta, tutte chiuse et serrate con alcuni busti stretti ne' fianchi et attillati, listati con listo di velluto davanti, di dietro, alli fianchi, et similmente alle spallacci delle maniche et in capo di esse vicino alle mani, nelle quali sogliono portare qualche bel fiore, ò garofolo, ò rosa, ò pur altra sorte di fiori, et s' adornano il collo con bianche lattughe et con catene d' oro di più doppi; et listano ancora le vesti da piedi con larghe liste di velluto di due ò tre mani, essendo quelle vesti molto larghe et faldate, sopra le quali cingono un grembiale di ciambellotto ò canevaccia di seta, lungo fino in terra.

### JEUNE FILLE EN TOILETTE, DE MISNIE.

LES jeunes filles enferment leurs cheveux dans une coiffe tissue d'or, avec de petites étoiles et des roses brodées. Le vêtement, de drap fin ou de soie, est tout fermé; le corsage, étroit sur les côtés, bien ajusté, a pour ornement des bandes de velours devant et derrière, sous les bras, à l'entournure des manches et sur les poignets. Elles ont coutume de tenir à la main un belle fleur, œillet, rose ou toute autre. Le cou est orné d'une collerette plissée et d'une chaine d'or à plusieurs tours. Le vêtement, très-large, à grands plis, est entouré dans le bas de bandes de velours larges de deux ou trois mains; en outre, elles ont un tablier de camelot ou de soie, long jusqu'à terre.

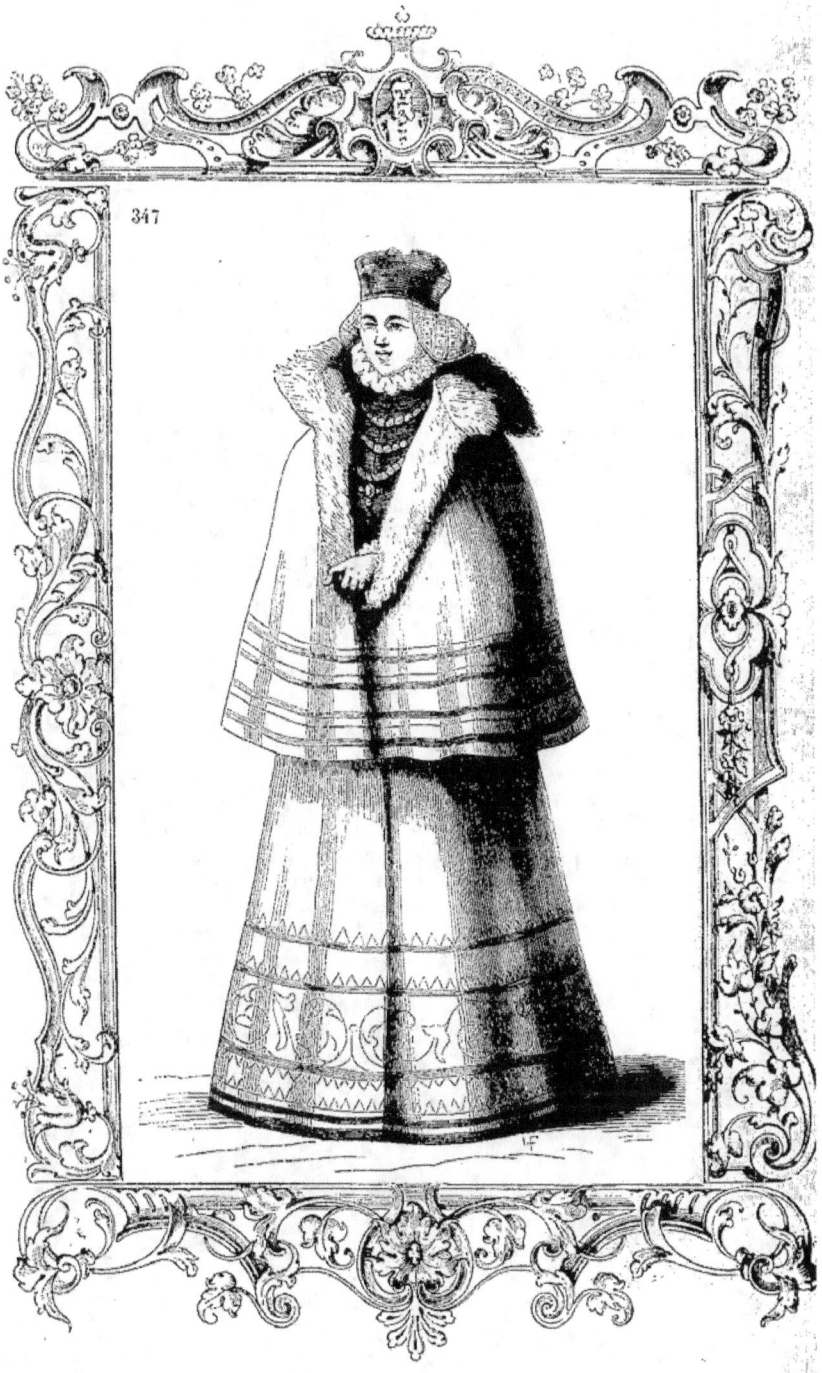
347

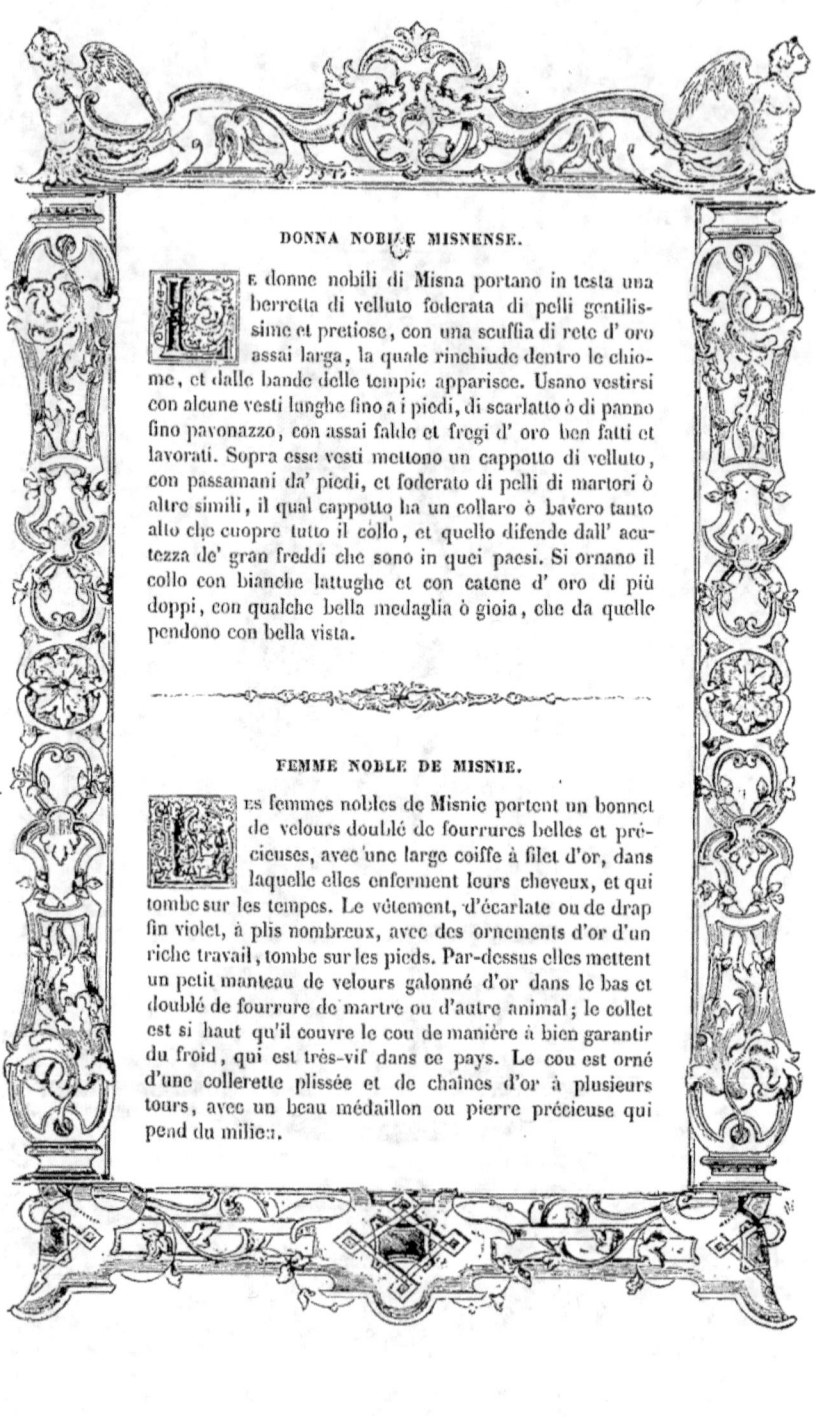

### DONNA NOBILE MISNENSE.

L E donne nobili di Misna portano in testa una berretta di velluto foderata di pelli gentilissime et pretiose, con una scuffia di rete d' oro assai larga, la quale rinchiude dentro le chiome, et dalle bande delle tempie apparisce. Usano vestirsi con alcune vesti lunghe fino a i piedi, di scarlatto ò di panno fino pavonazzo, con assai falde et fregi d' oro ben fatti et lavorati. Sopra esse vesti mettono un cappotto di velluto, con passamani da' piedi, et foderato di pelli di martori ò altre simili, il qual cappotto ha un collaro ò bavero tanto alto che cuopre tutto il collo, et quello difende dall' acutezza de' gran freddi che sono in quei paesi. Si ornano il collo con bianche lattughe et con catene d' oro di più doppi, con qualche bella medaglia ò gioia, che da quelle pendono con bella vista.

### FEMME NOBLE DE MISNIE.

L ES femmes nobles de Misnie portent un bonnet de velours doublé de fourrures belles et précieuses, avec une large coiffe à filet d'or, dans laquelle elles enferment leurs cheveux, et qui tombe sur les tempes. Le vêtement, d'écarlate ou de drap fin violet, à plis nombreux, avec des ornements d'or d'un riche travail, tombe sur les pieds. Par-dessus elles mettent un petit manteau de velours galonné d'or dans le bas et doublé de fourrure de martre ou d'autre animal; le collet est si haut qu'il couvre le cou de manière à bien garantir du froid, qui est très-vif dans ce pays. Le cou est orné d'une collerette plissée et de chaînes d'or à plusieurs tours, avec un beau médaillon ou pierre précieuse qui pend du milieu.

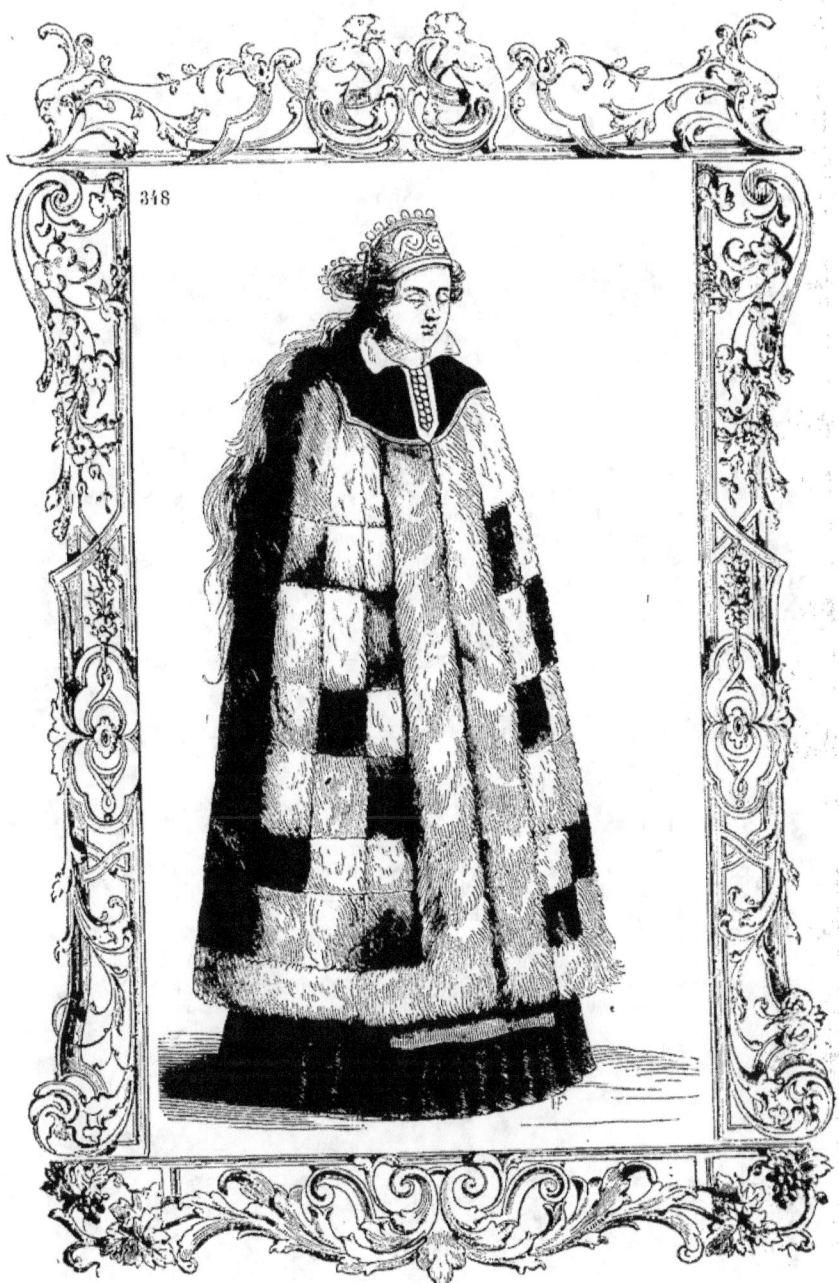

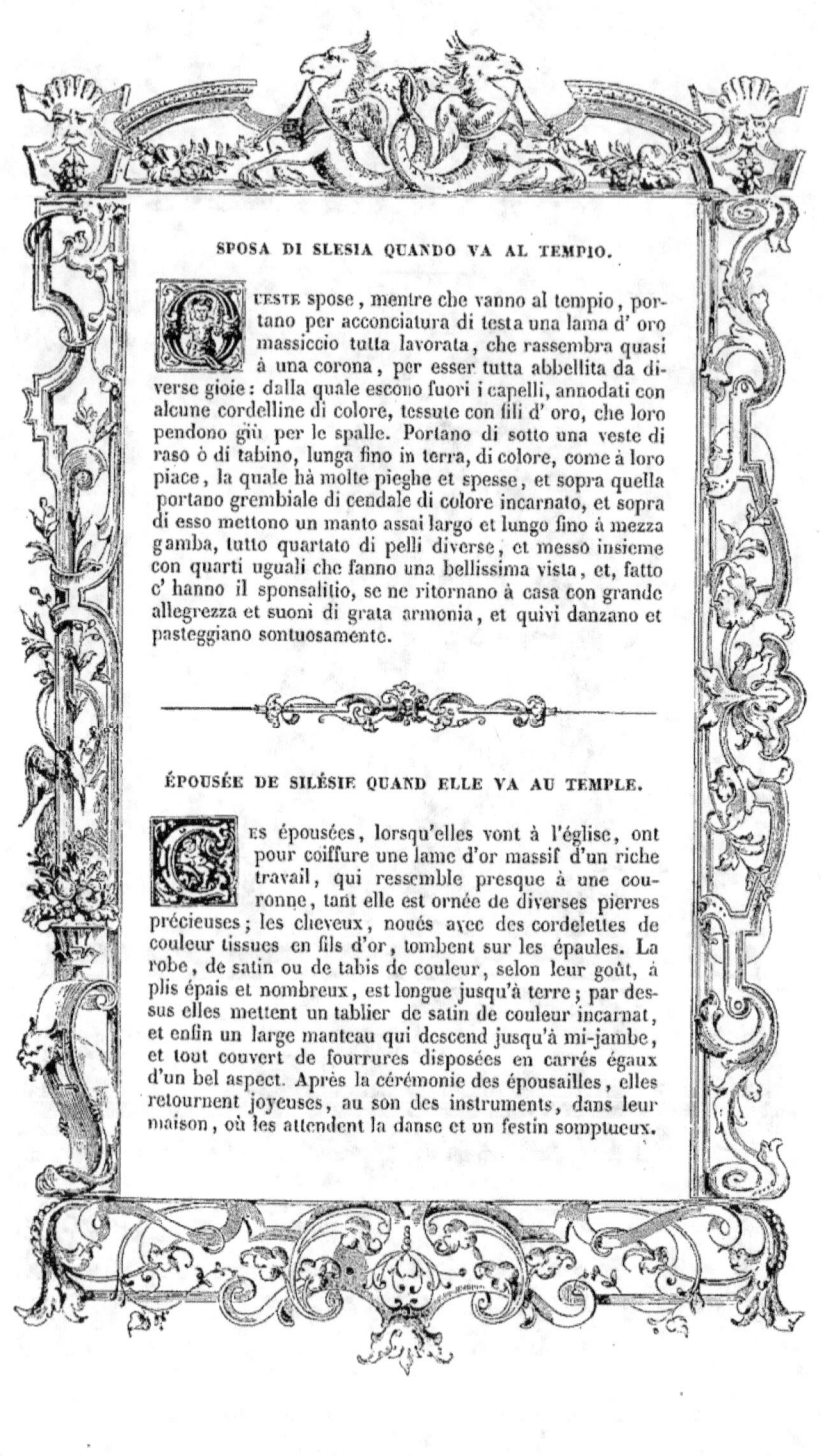

## SPOSA DI SLESIA QUANDO VA AL TEMPIO.

QUESTE spose, mentre che vanno al tempio, portano per acconciatura di testa una lama d' oro massiccio tutta lavorata, che rassembra quasi à una corona, per esser tutta abbellita da diverse gioie: dalla quale escono fuori i capelli, annodati con alcune cordelline di colore, tessute con fili d' oro, che loro pendono giù per le spalle. Portano di sotto una veste di raso ò di tabino, lunga fino in terra, di colore, come à loro piace, la quale hà molte pieghe et spesse, et sopra quella portano grembiale di cendale di colore incarnato, et sopra di esso mettono un manto assai largo et lungo fino à mezza gamba, tutto quartato di pelli diverse, et messo insieme con quarti uguali che fanno una bellissima vista, et, fatto c' hanno il sponsalitio, se ne ritornano à casa con grande allegrezza et suoni di grata armonia, et quivi danzano et pasteggiano sontuosamente.

## ÉPOUSÉE DE SILÉSIE QUAND ELLE VA AU TEMPLE.

CES épousées, lorsqu'elles vont à l'église, ont pour coiffure une lame d'or massif d'un riche travail, qui ressemble presque à une couronne, tant elle est ornée de diverses pierres précieuses; les cheveux, noués avec des cordelettes de couleur tissues en fils d'or, tombent sur les épaules. La robe, de satin ou de tabis de couleur, selon leur goût, à plis épais et nombreux, est longue jusqu'à terre; par dessus elles mettent un tablier de satin de couleur incarnat, et enfin un large manteau qui descend jusqu'à mi-jambe, et tout couvert de fourrures disposées en carrés égaux d'un bel aspect. Après la cérémonie des épousailles, elles retournent joyeuses, au son des instruments, dans leur maison, où les attendent la danse et un festin somptueux.

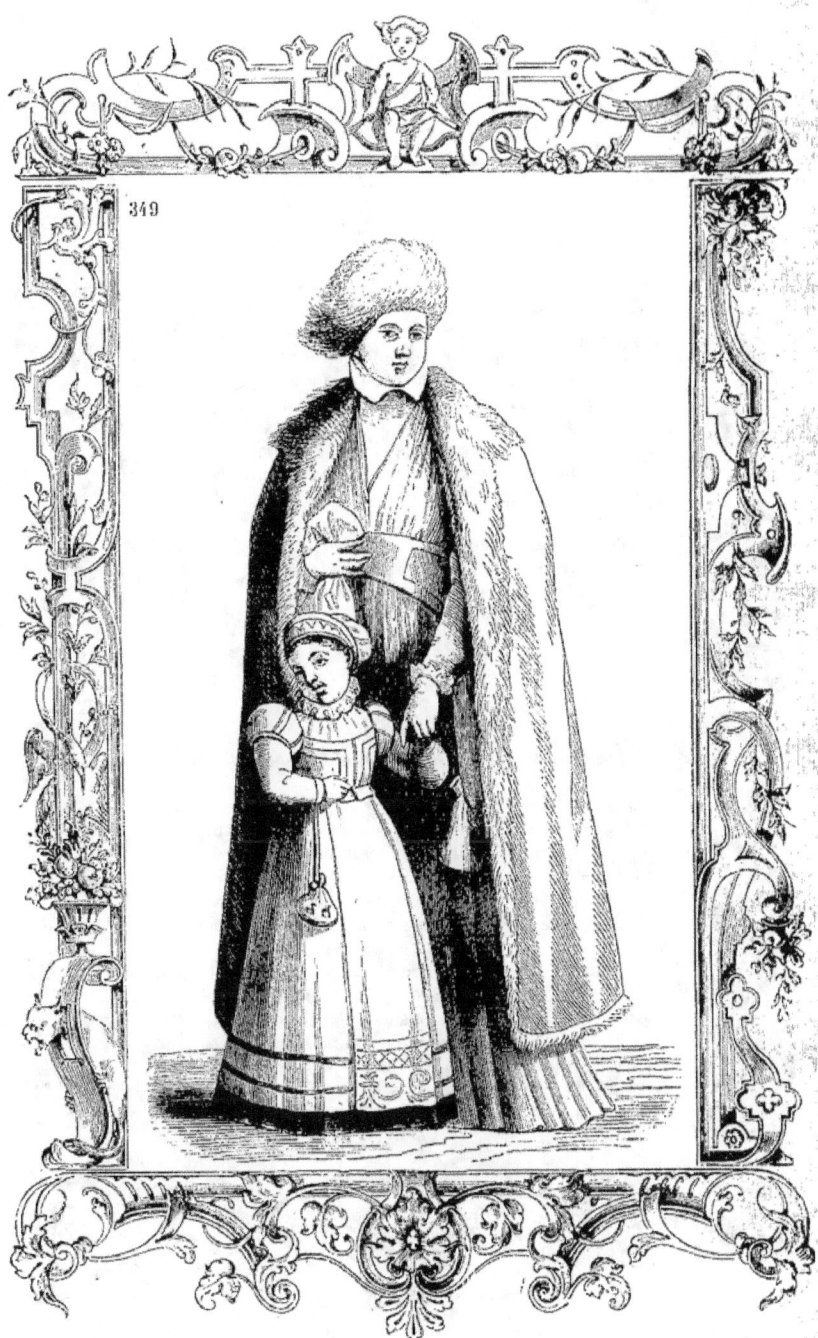

349

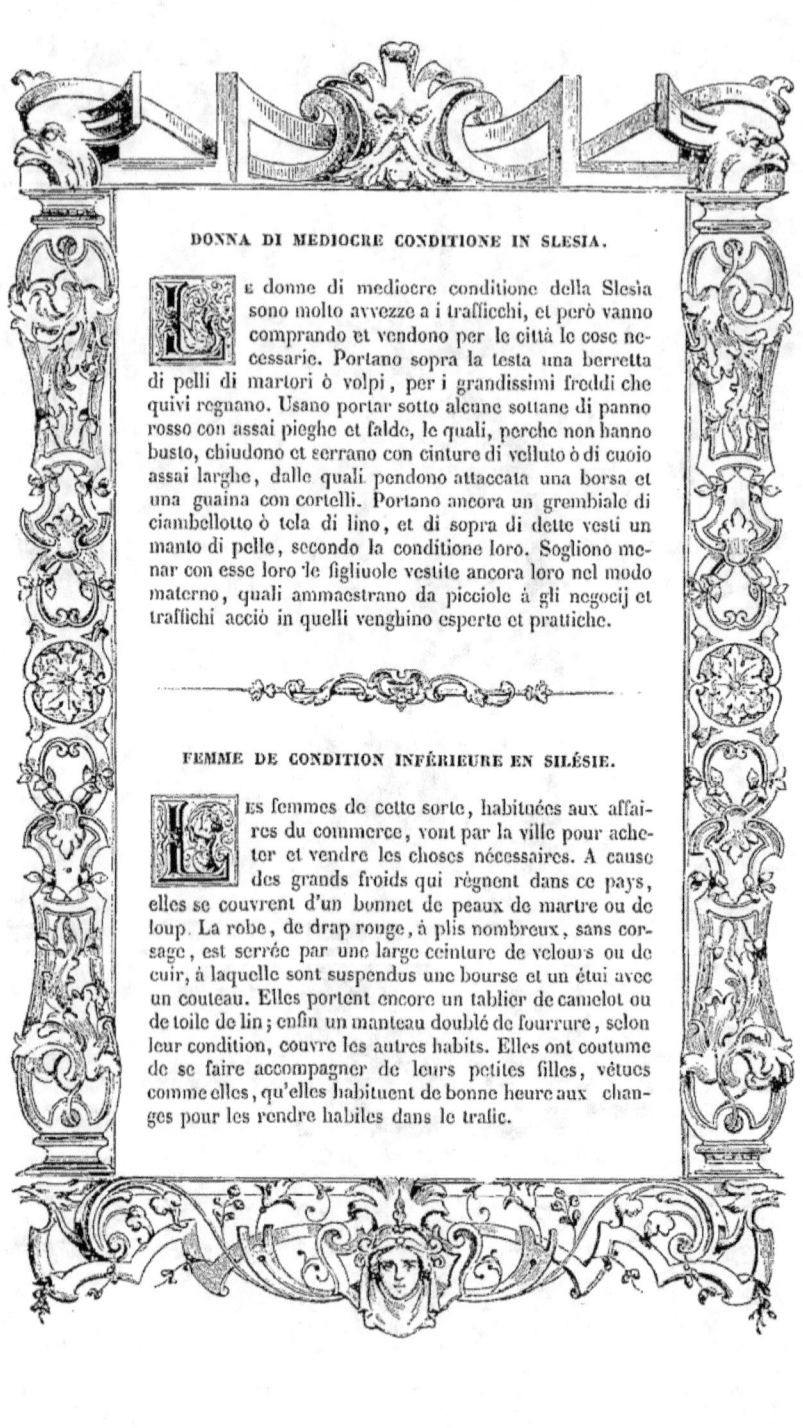

## DONNA DI MEDIOCRE CONDITIONE IN SLESIA.

Le donne di mediocre conditione della Slesìa sono molto avvezze a i trafficchi, et però vanno comprando et vendono per le città le cose necessarie. Portano sopra la testa una berretta di pelli di martori ò volpi, per i grandissimi freddi che quivi regnano. Usano portar sotto alcune sottane di panno rosso con assai pieghe et falde, le quali, perche non hanno busto, chiudono et serrano con cinture di velluto ò di cuoio assai larghe, dalle quali pendono attaccata una borsa et una guaina con cortelli. Portano ancora un grembiale di ciambellotto ò tela di lino, et di sopra di dette vesti un manto di pelle, secondo la conditione loro. Sogliono menar con esse loro le figliuole vestite ancora loro nel modo materno, quali ammaestrano da picciole à gli negocij et traffichi acciò in quelli venghino esperte et pratiche.

---

## FEMME DE CONDITION INFÉRIEURE EN SILÉSIE.

Les femmes de cette sorte, habituées aux affaires du commerce, vont par la ville pour acheter et vendre les choses nécessaires. A cause des grands froids qui règnent dans ce pays, elles se couvrent d'un bonnet de peaux de martre ou de loup. La robe, de drap rouge, à plis nombreux, sans corsage, est serrée par une large ceinture de velours ou de cuir, à laquelle sont suspendus une bourse et un étui avec un couteau. Elles portent encore un tablier de camelot ou de toile de lin ; enfin un manteau doublé de fourrure, selon leur condition, couvre les autres habits. Elles ont coutume de se faire accompagner de leurs petites filles, vêtues comme elles, qu'elles habituent de bonne heure aux changes pour les rendre habiles dans le trafic.

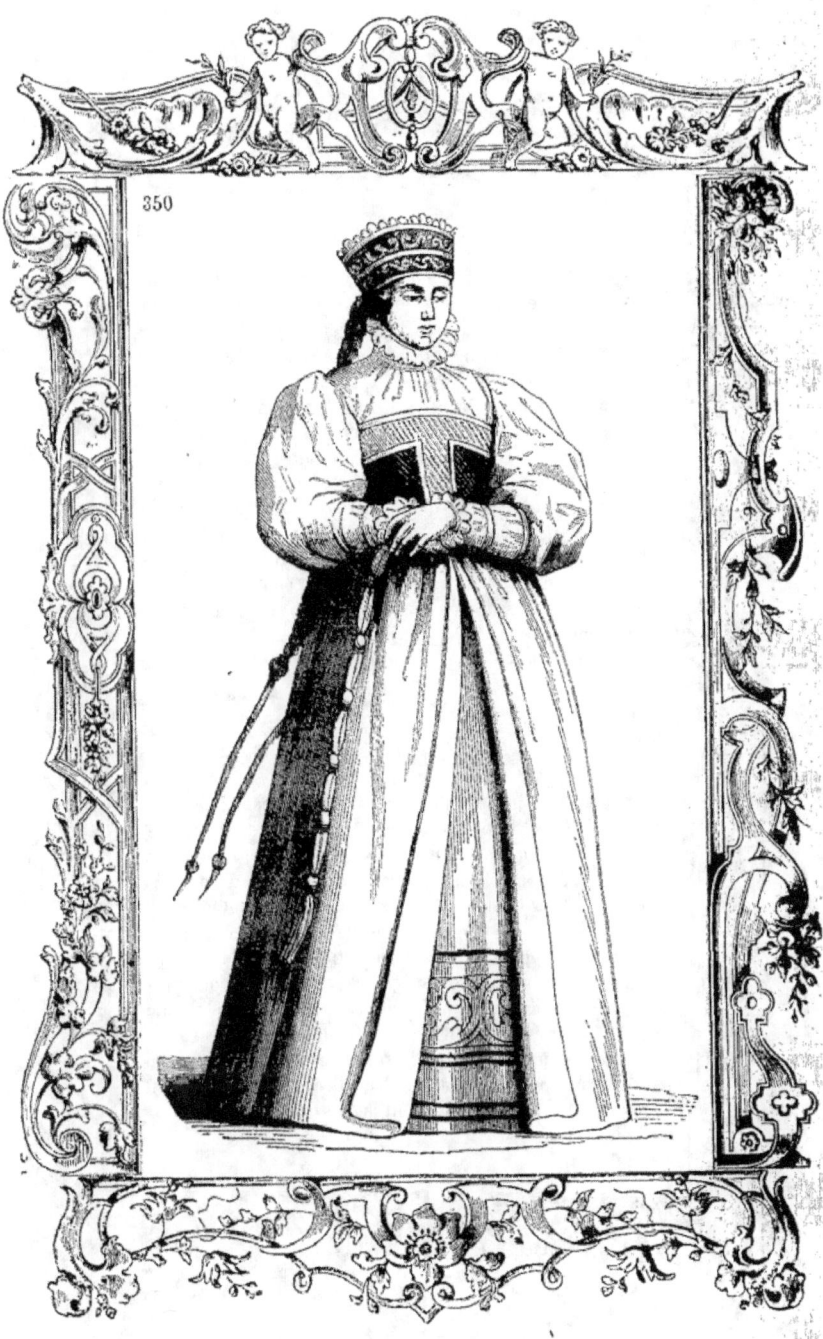

350

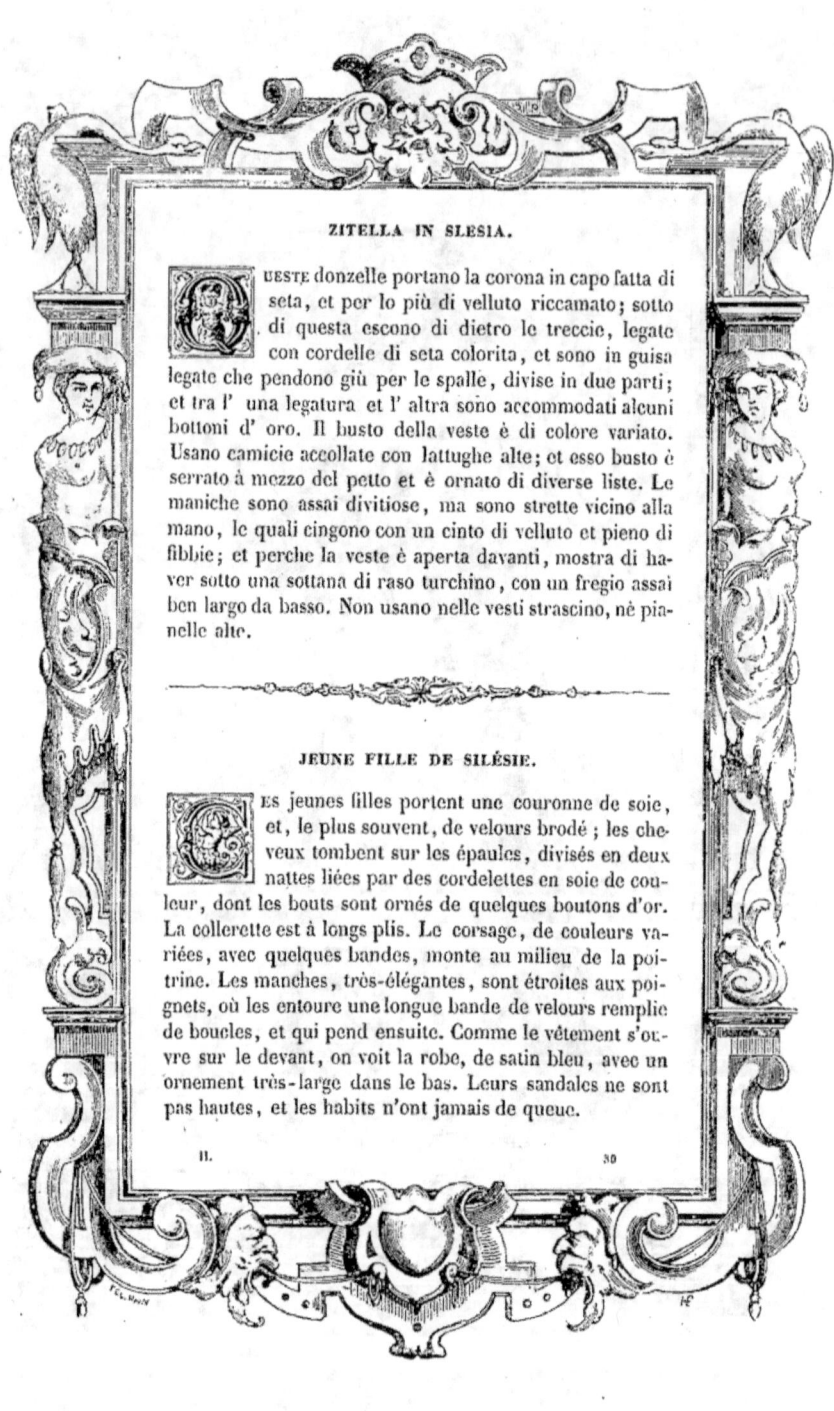

## ZITELLA IN SLESIA.

Queste donzelle portano la corona in capo fatta di seta, et per lo più di velluto riccamato; sotto di questa escono di dietro le treccie, legate con cordelle di seta colorita, et sono in guisa legate che pendono giù per le spalle, divise in due parti; et tra l' una legatura et l' altra sono accommodati alcuni bottoni d' oro. Il busto della veste è di colore variato. Usano camicie accollate con lattughe alte; et esso busto è serrato à mezzo del petto et è ornato di diverse liste. Le maniche sono assai divitiose, ma sono strette vicino alla mano, le quali cingono con un cinto di velluto et pieno di fibbie; et perche la veste è aperta davanti, mostra di haver sotto una sottana di raso turchino, con un fregio assai ben largo da basso. Non usano nelle vesti strascino, nè pianelle alte.

## JEUNE FILLE DE SILÉSIE.

Ces jeunes filles portent une couronne de soie, et, le plus souvent, de velours brodé; les cheveux tombent sur les épaules, divisés en deux nattes liées par des cordelettes en soie de couleur, dont les bouts sont ornés de quelques boutons d'or. La collerette est à longs plis. Le corsage, de couleurs variées, avec quelques bandes, monte au milieu de la poitrine. Les manches, très-élégantes, sont étroites aux poignets, où les entoure une longue bande de velours remplie de boucles, et qui pend ensuite. Comme le vêtement s'ouvre sur le devant, on voit la robe, de satin bleu, avec un ornement très-large dans le bas. Leurs sandales ne sont pas hautes, et les habits n'ont jamais de queue.

II.

30

351

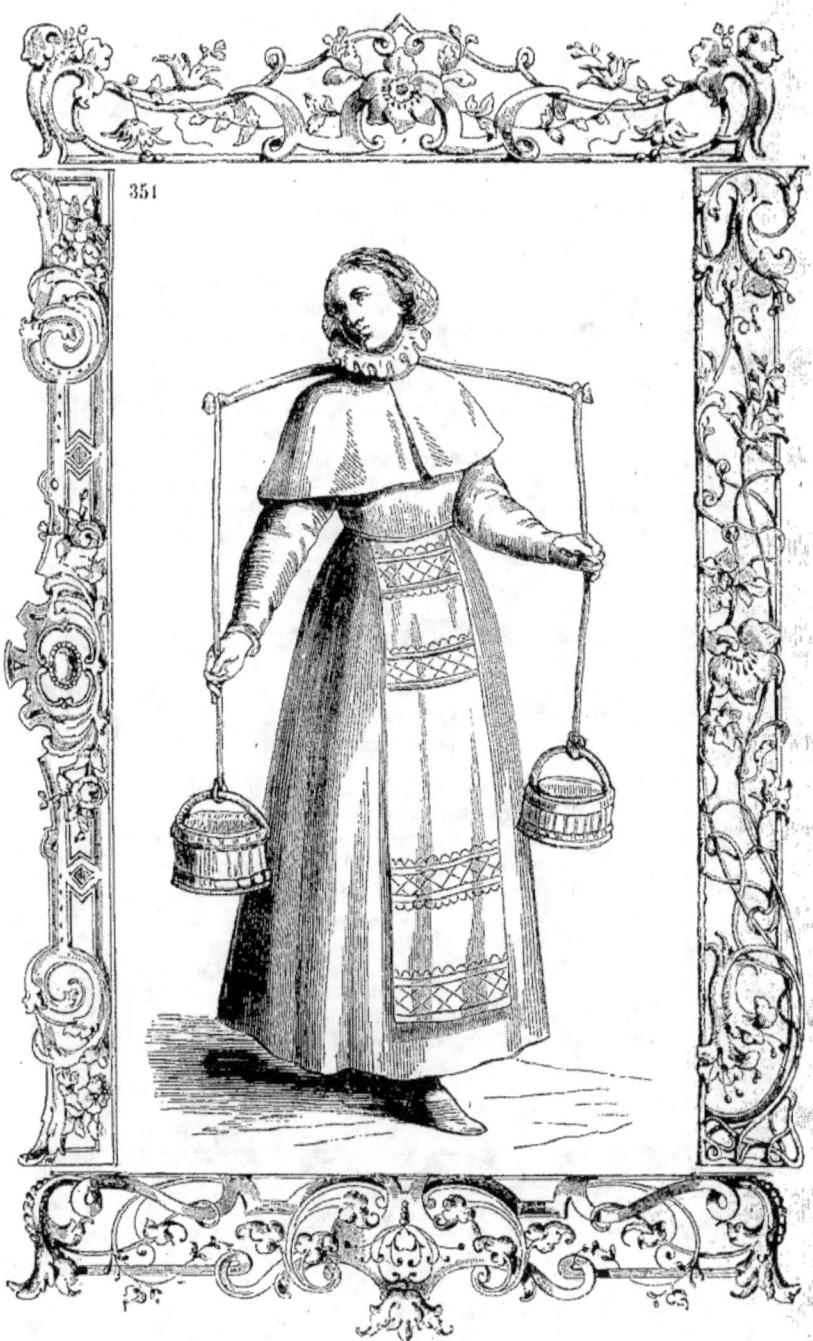

## SERVA O MASSARA DANTISCANA, DELLA POMERANIA
### O DELLA DANIMARCA.

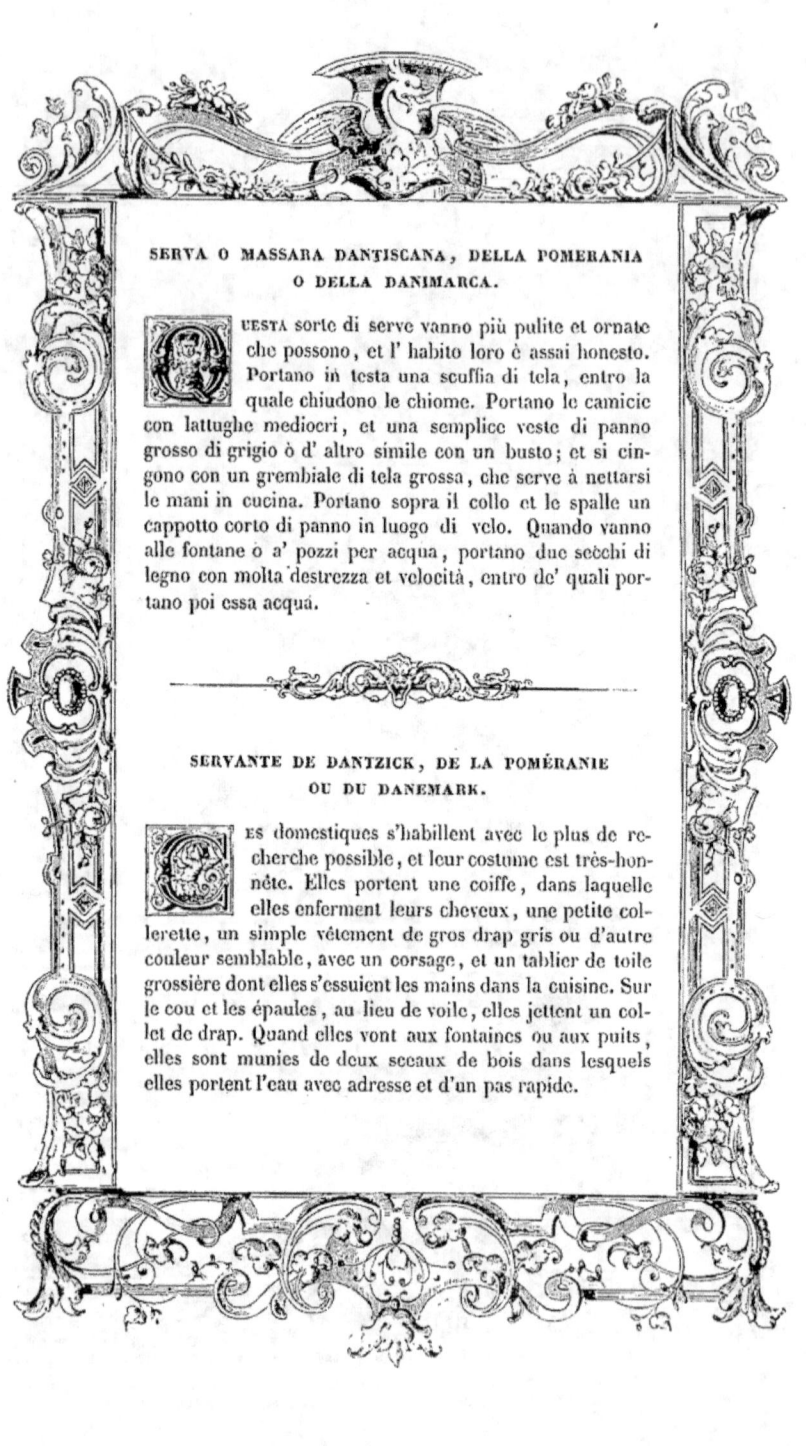

UESTA sorte di serve vanno più pulite et ornate
che possono, et l' habito loro è assai honesto.
Portano in testa una scuffia di tela, entro la
quale chiudono le chiome. Portano le camicie
con lattughe mediocri, et una semplice veste di panno
grosso di grigio ò d' altro simile con un busto; et si cingono con un grembiale di tela grossa, che serve à nettarsi
le mani in cucina. Portano sopra il collo et le spalle un
cappotto corto di panno in luogo di velo. Quando vanno
alle fontane ò a' pozzi per acqua, portano due secchi di
legno con molta destrezza et velocità, entro de' quali portano poi essa acquá.

## SERVANTE DE DANTZICK, DE LA POMÉRANIE
### OU DU DANEMARK.

ES domestiques s'habillent avec le plus de re-
cherche possible, et leur costume est très-hon-
nête. Elles portent une coiffe, dans laquelle
elles enferment leurs cheveux, une petite collerette, un simple vêtement de gros drap gris ou d'autre
couleur semblable, avec un corsage, et un tablier de toile
grossière dont elles s'essuient les mains dans la cuisine. Sur
le cou et les épaules, au lieu de voile, elles jettent un collet de drap. Quand elles vont aux fontaines ou aux puits,
elles sont munies de deux sceaux de bois dans lesquels
elles portent l'eau avec adresse et d'un pas rapide.

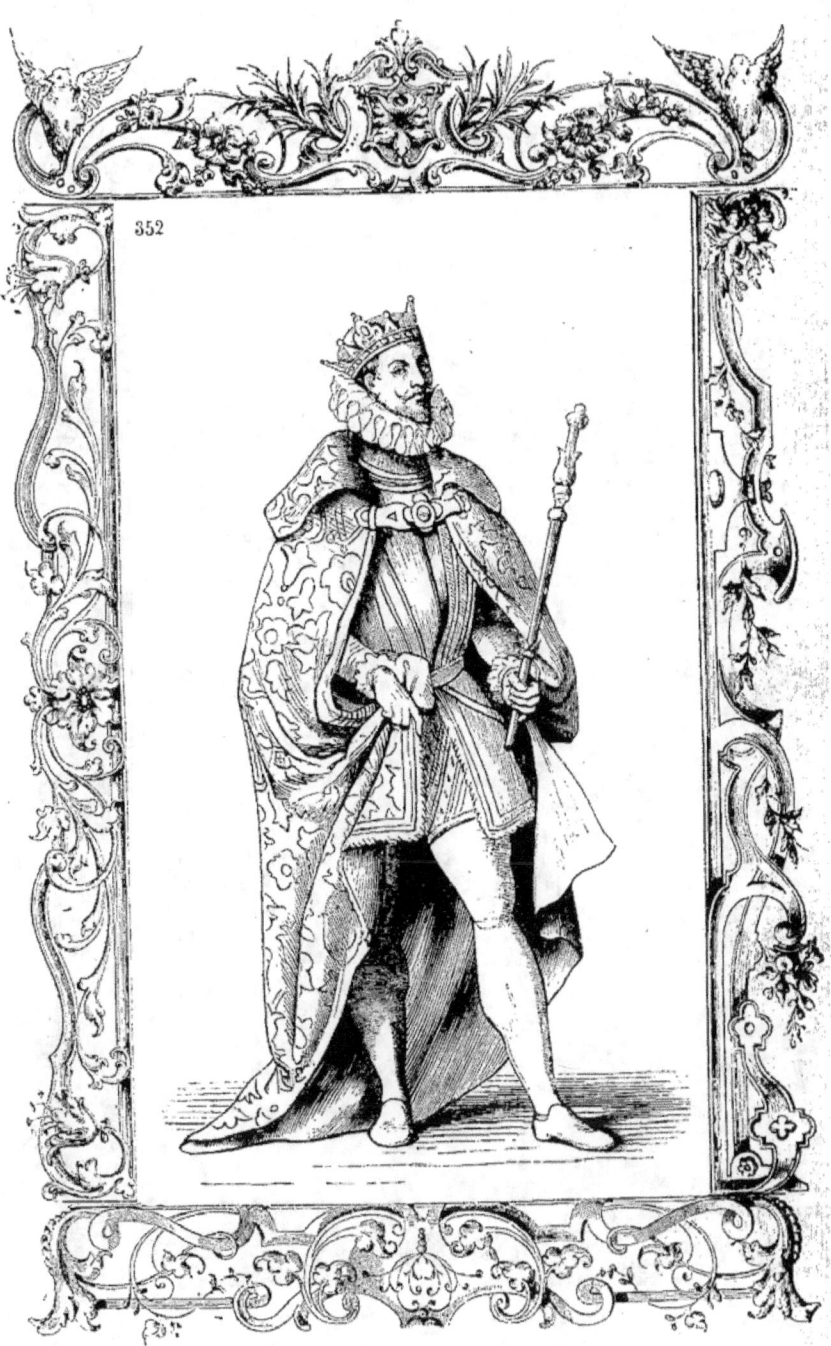

352

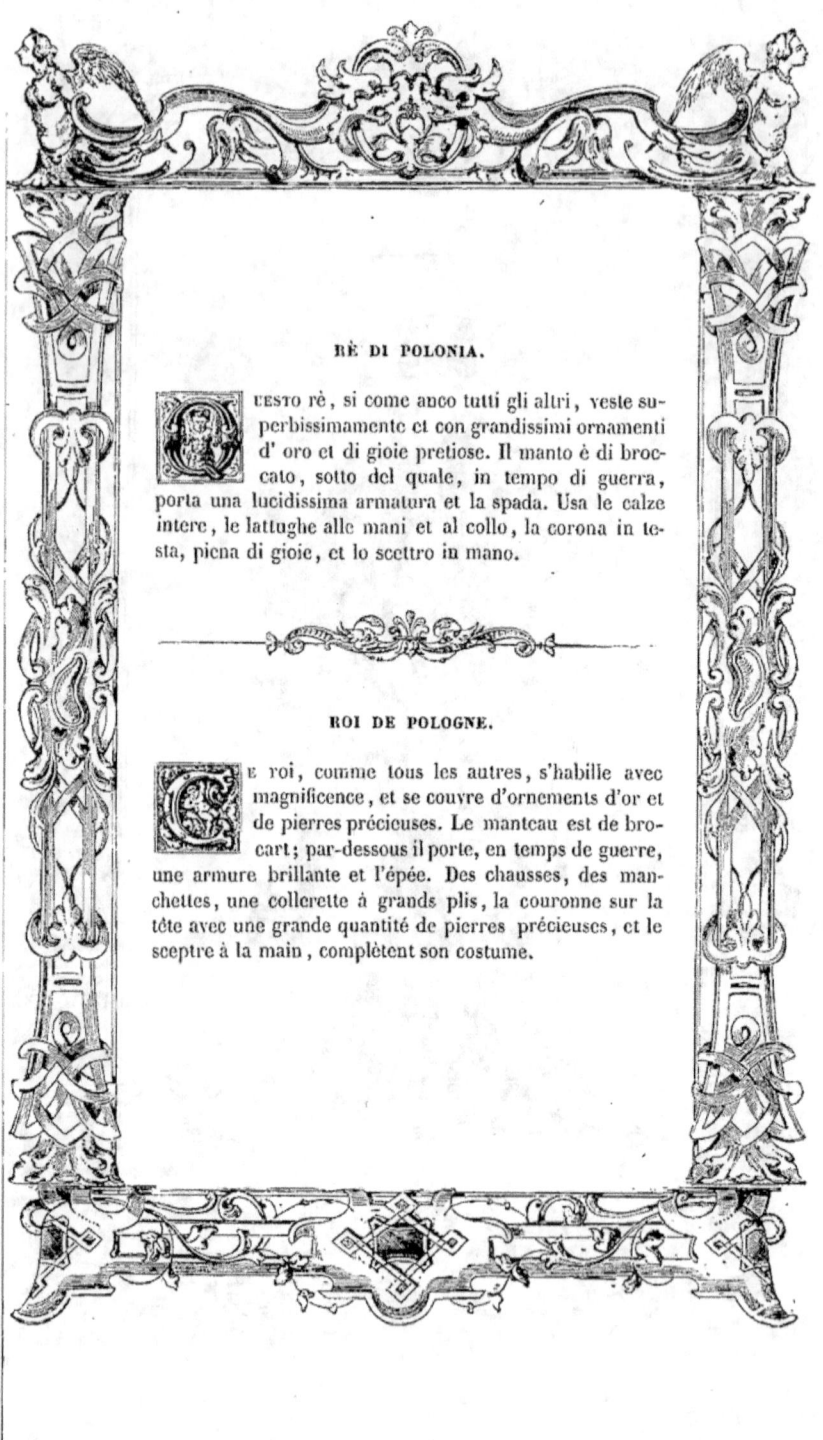

### RÈ DI POLONIA.

QUESTO rè, si come anco tutti gli altri, veste superbissimamente et con grandissimi ornamenti d' oro et di gioie pretiose. Il manto è di broccato, sotto del quale, in tempo di guerra, porta una lucidissima armatura et la spada. Usa le calze intere, le lattughe alle mani et al collo, la corona in testa, piena di gioie, et lo scettro in mano.

### ROI DE POLOGNE.

CE roi, comme tous les autres, s'habille avec magnificence, et se couvre d'ornements d'or et de pierres précieuses. Le manteau est de brocart; par-dessous il porte, en temps de guerre, une armure brillante et l'épée. Des chausses, des manchettes, une collerette à grands plis, la couronne sur la tête avec une grande quantité de pierres précieuses, et le sceptre à la main, complètent son costume.

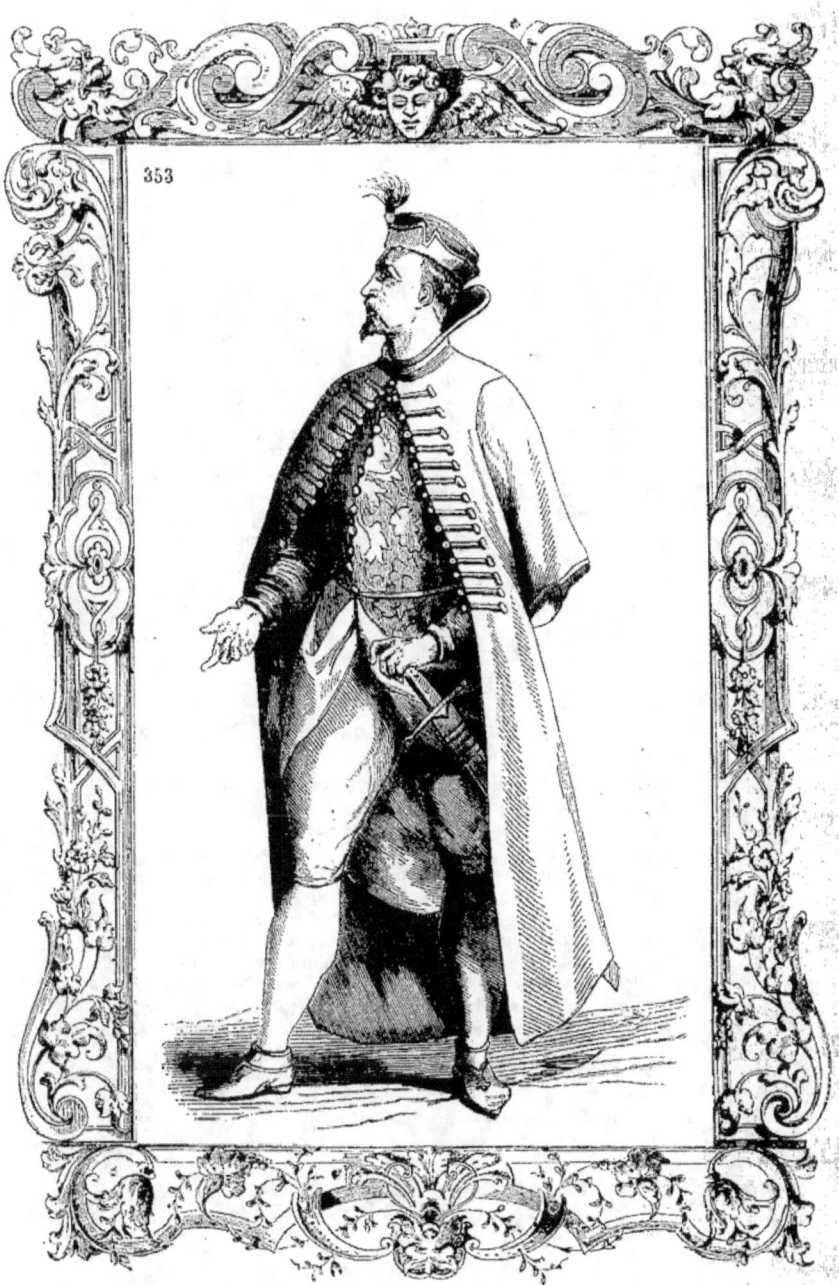

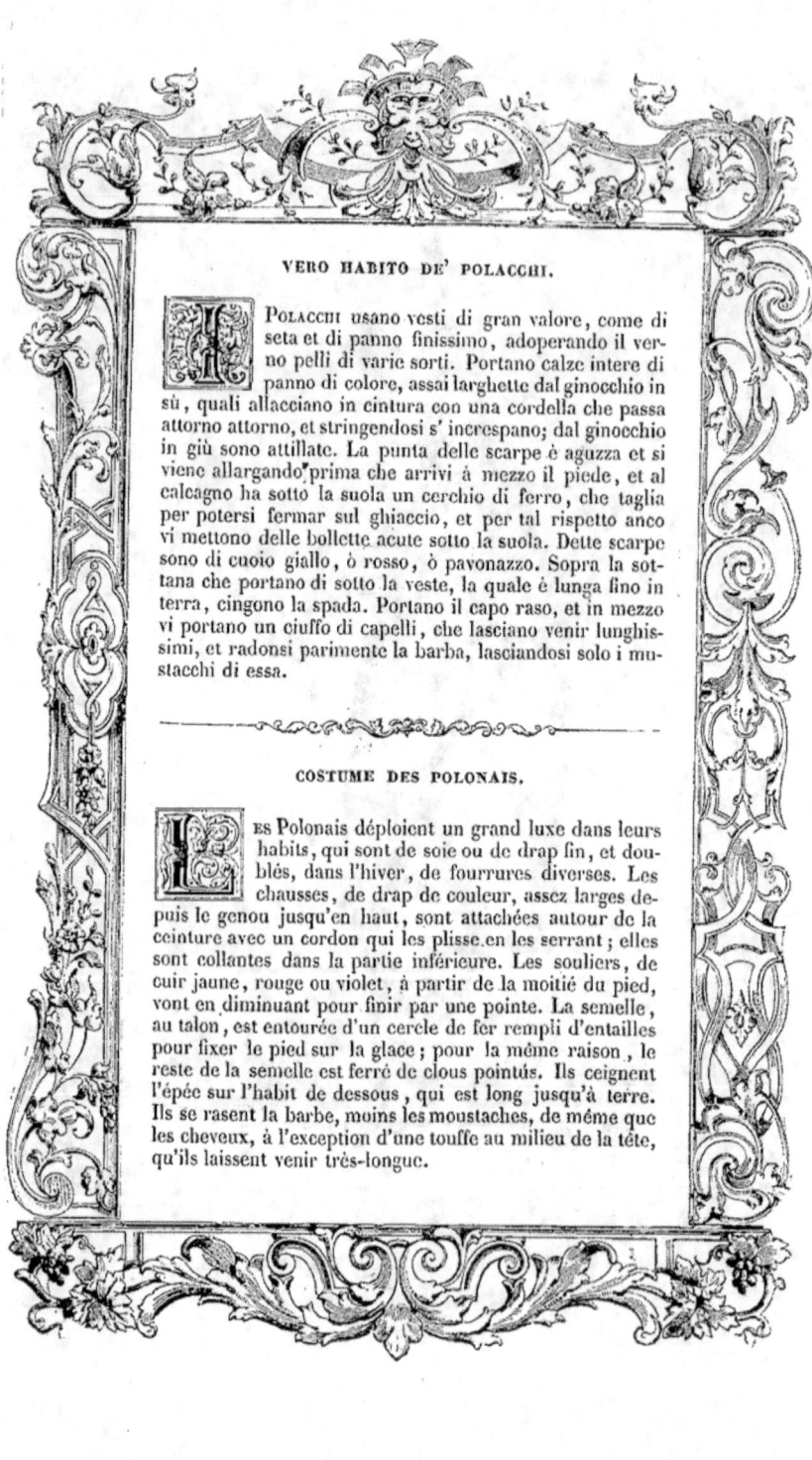

## VERO HABITO DE' POLACCHI.

POLACCHI usano vesti di gran valore, come di seta et di panno finissimo, adoperando il verno pelli di varie sorti. Portano calze intere di panno di colore, assai larghette dal ginocchio in sù, quali allacciano in cintura con una cordella che passa attorno attorno, et stringendosi s'increspano; dal ginocchio in giù sono attillate. La punta delle scarpe è aguzza et si viene allargando prima che arrivi à mezzo il piede, et al calcagno ha sotto la suola un cerchio di ferro, che taglia per potersi fermar sul ghiaccio, et per tal rispetto anco vi mettono delle bollette acute sotto la suola. Dette scarpe sono di cuoio giallo, ò rosso, ò pavonazzo. Sopra la sottana che portano di sotto la veste, la quale è lunga fino in terra, cingono la spada. Portano il capo raso, et in mezzo vi portano un ciuffo di capelli, che lasciano venir lunghissimi, et radonsi parimente la barba, lasciandosi solo i mustacchi di essa.

## COSTUME DES POLONAIS.

LES Polonais déploient un grand luxe dans leurs habits, qui sont de soie ou de drap fin, et doublés, dans l'hiver, de fourrures diverses. Les chausses, de drap de couleur, assez larges depuis le genou jusqu'en haut, sont attachées autour de la ceinture avec un cordon qui les plisse en les serrant ; elles sont collantes dans la partie inférieure. Les souliers, de cuir jaune, rouge ou violet, à partir de la moitié du pied, vont en diminuant pour finir par une pointe. La semelle, au talon, est entourée d'un cercle de fer rempli d'entailles pour fixer le pied sur la glace ; pour la même raison, le reste de la semelle est ferré de clous pointús. Ils ceignent l'épée sur l'habit de dessous, qui est long jusqu'à terre. Ils se rasent la barbe, moins les moustaches, de même que les cheveux, à l'exception d'une touffe au milieu de la tête, qu'ils laissent venir très-longue.

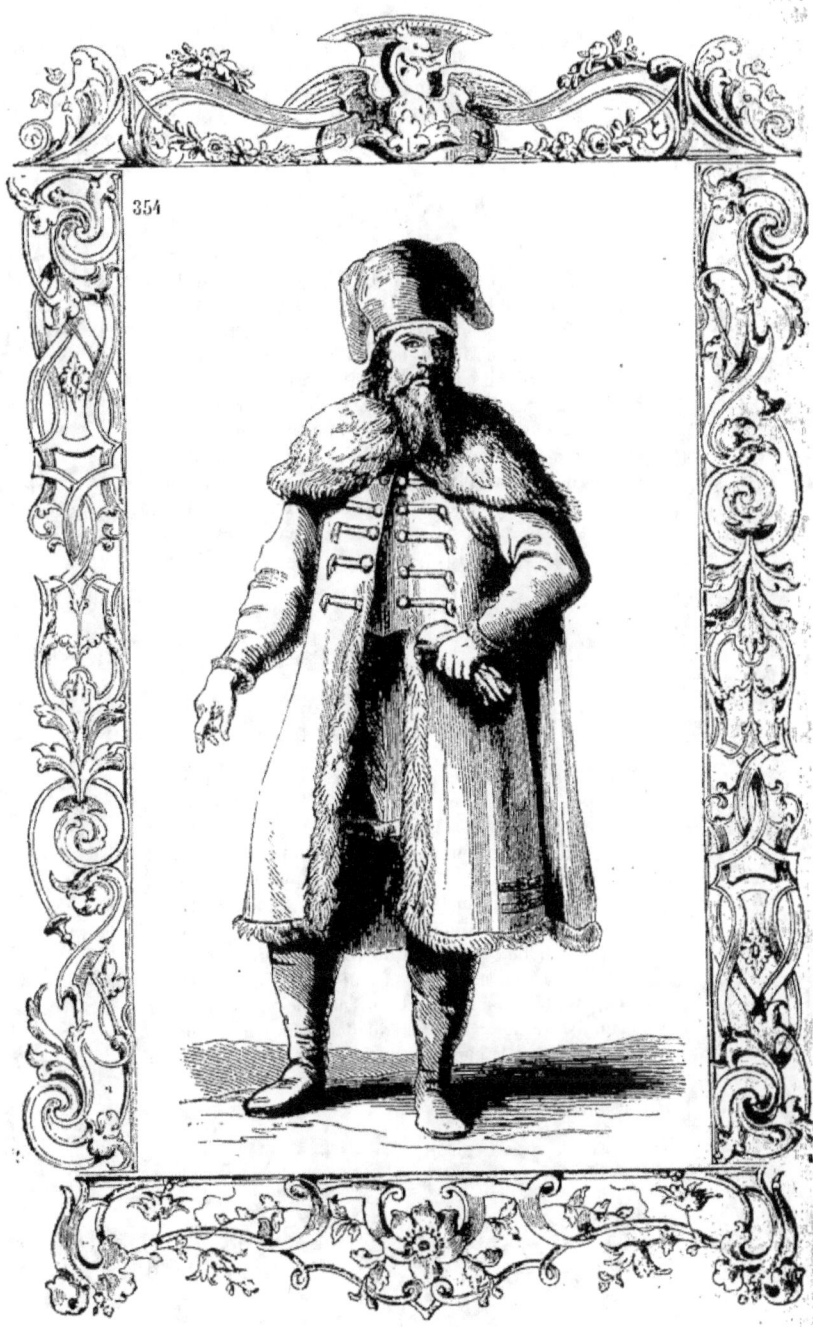

354

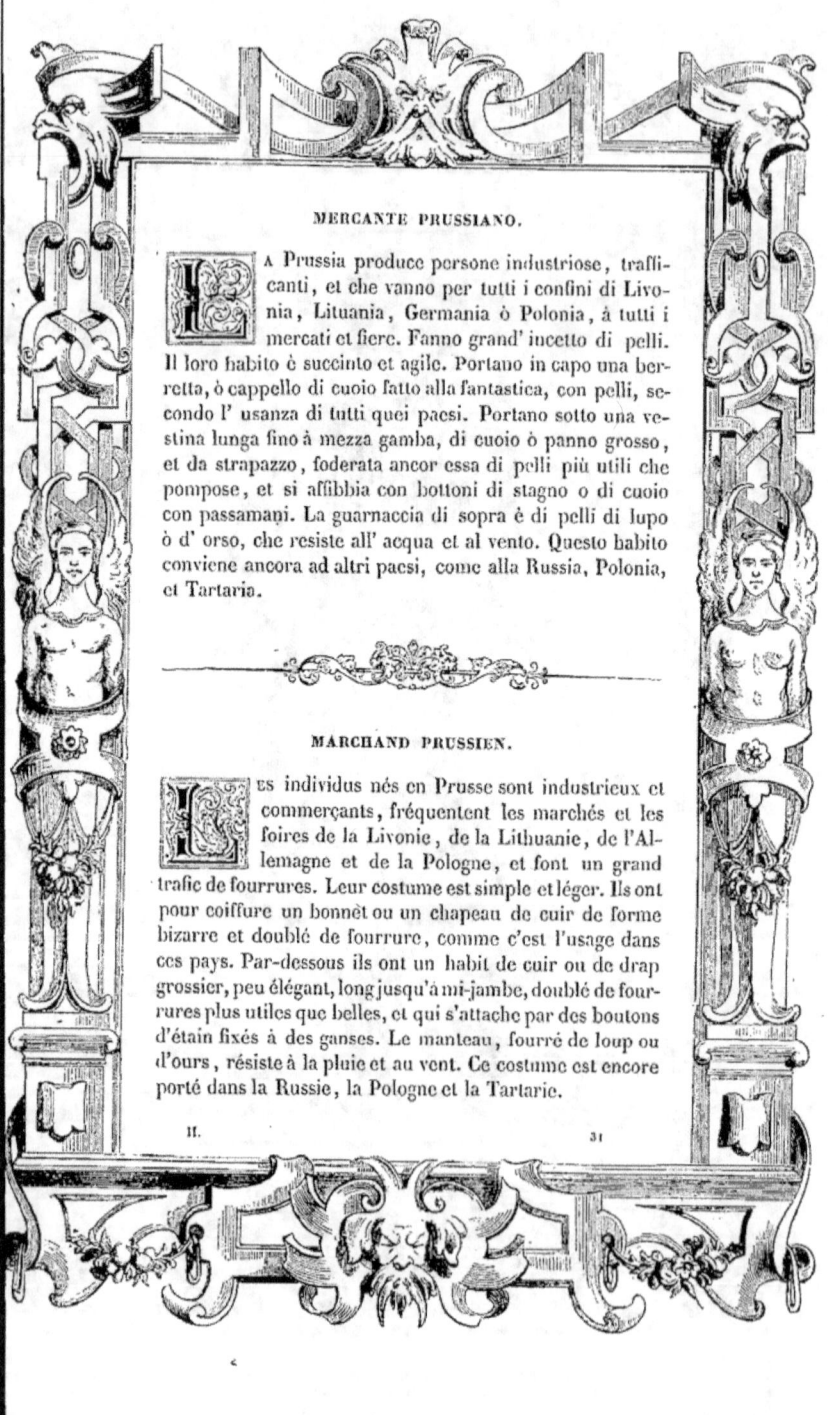

### MERCANTE PRUSSIANO.

LA Prussia produce persone industriose, trafficanti, et che vanno per tutti i confini di Livonia, Lituania, Germania ò Polonia, à tutti i mercati et fiere. Fanno grand' incetto di pelli. Il loro habito è succinto et agile. Portano in capo una berretta, ò cappello di cuoio fatto alla fantastica, con pelli, secondo l' usanza di tutti quei paesi. Portano sotto una vestina lunga fino à mezza gamba, di cuoio ò panno grosso, et da strapazzo, foderata ancor essa di pelli più utili che pompose, et si affibbia con bottoni di stagno o di cuoio con passamani. La guarnaccia di sopra è di pelli di lupo ò d' orso, che resiste all' acqua et al vento. Questo habito conviene ancora ad altri paesi, come alla Russia, Polonia, et Tartaria.

### MARCHAND PRUSSIEN.

LES individus nés en Prusse sont industrieux et commerçants, fréquentent les marchés et les foires de la Livonie, de la Lithuanie, de l'Allemagne et de la Pologne, et font un grand trafic de fourrures. Leur costume est simple et léger. Ils ont pour coiffure un bonnet ou un chapeau de cuir de forme bizarre et doublé de fourrure, comme c'est l'usage dans ces pays. Par-dessous ils ont un habit de cuir ou de drap grossier, peu élégant, long jusqu'à mi-jambe, doublé de fourrures plus utiles que belles, et qui s'attache par des boutons d'étain fixés à des ganses. Le manteau, fourré de loup ou d'ours, résiste à la pluie et au vent. Ce costume est encore porté dans la Russie, la Pologne et la Tartarie.

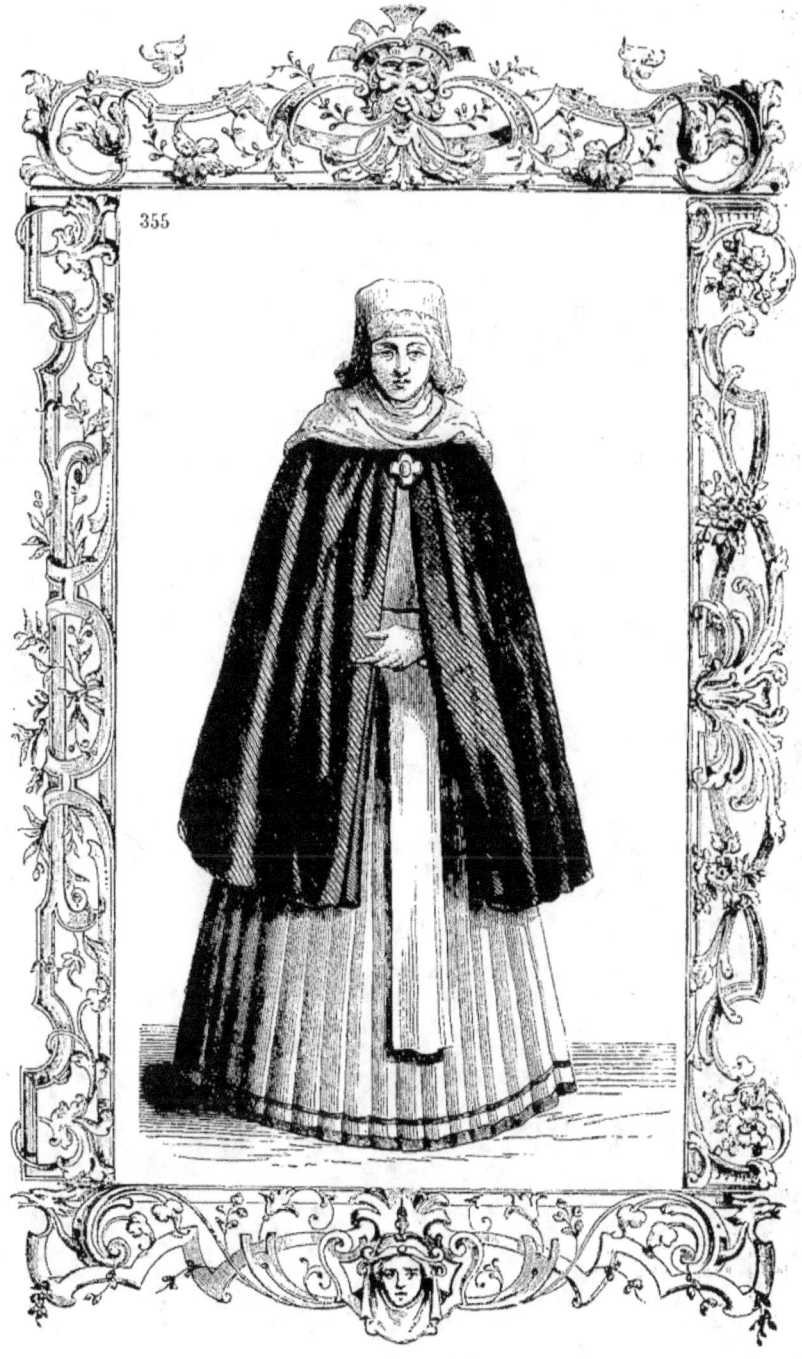
355

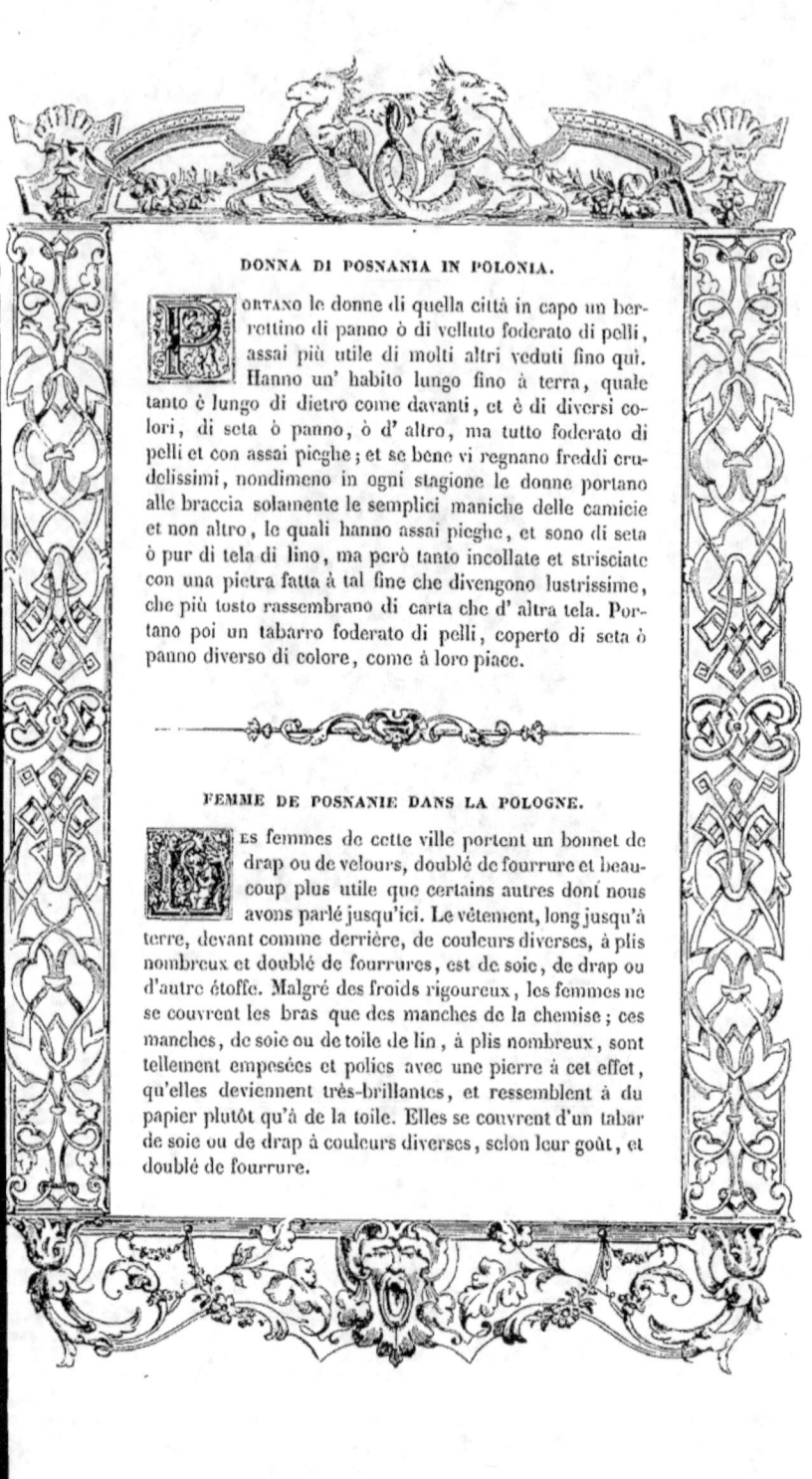

### DONNA DI POSNANIA IN POLONIA.

PORTANO le donne di quella città in capo un berrettino di panno ò di velluto foderato di pelli, assai più utile di molti altri veduti fino quì. Hanno un' habito lungo fino à terra, quale tanto è lungo di dietro come davanti, et è di diversi colori, di seta ò panno, ò d' altro, ma tutto foderato di pelli et con assai pieghe; et se bene vi regnano freddi crudelissimi, nondimeno in ogni stagione le donne portano alle braccia solamente le semplici maniche delle camicie et non altro, le quali hanno assai pieghe, et sono di seta ò pur di tela di lino, ma però tanto incollate et strisciate con una pietra fatta à tal fine che divengono lustrissime, che più tosto rassembrano di carta che d' altra tela. Portano poi un tabarro foderato di pelli, coperto di seta ò panno diverso di colore, come à loro piace.

### FEMME DE POSNANIE DANS LA POLOGNE.

LES femmes de cette ville portent un bonnet de drap ou de velours, doublé de fourrure et beaucoup plus utile que certains autres dont nous avons parlé jusqu'ici. Le vêtement, long jusqu'à terre, devant comme derrière, de couleurs diverses, à plis nombreux et doublé de fourrures, est de soie, de drap ou d'autre étoffe. Malgré des froids rigoureux, les femmes ne se couvrent les bras que des manches de la chemise; ces manches, de soie ou de toile de lin, à plis nombreux, sont tellement empesées et polies avec une pierre à cet effet, qu'elles deviennent très-brillantes, et ressemblent à du papier plutôt qu'à de la toile. Elles se couvrent d'un tabar de soie ou de drap à couleurs diverses, selon leur goût, et doublé de fourrure.

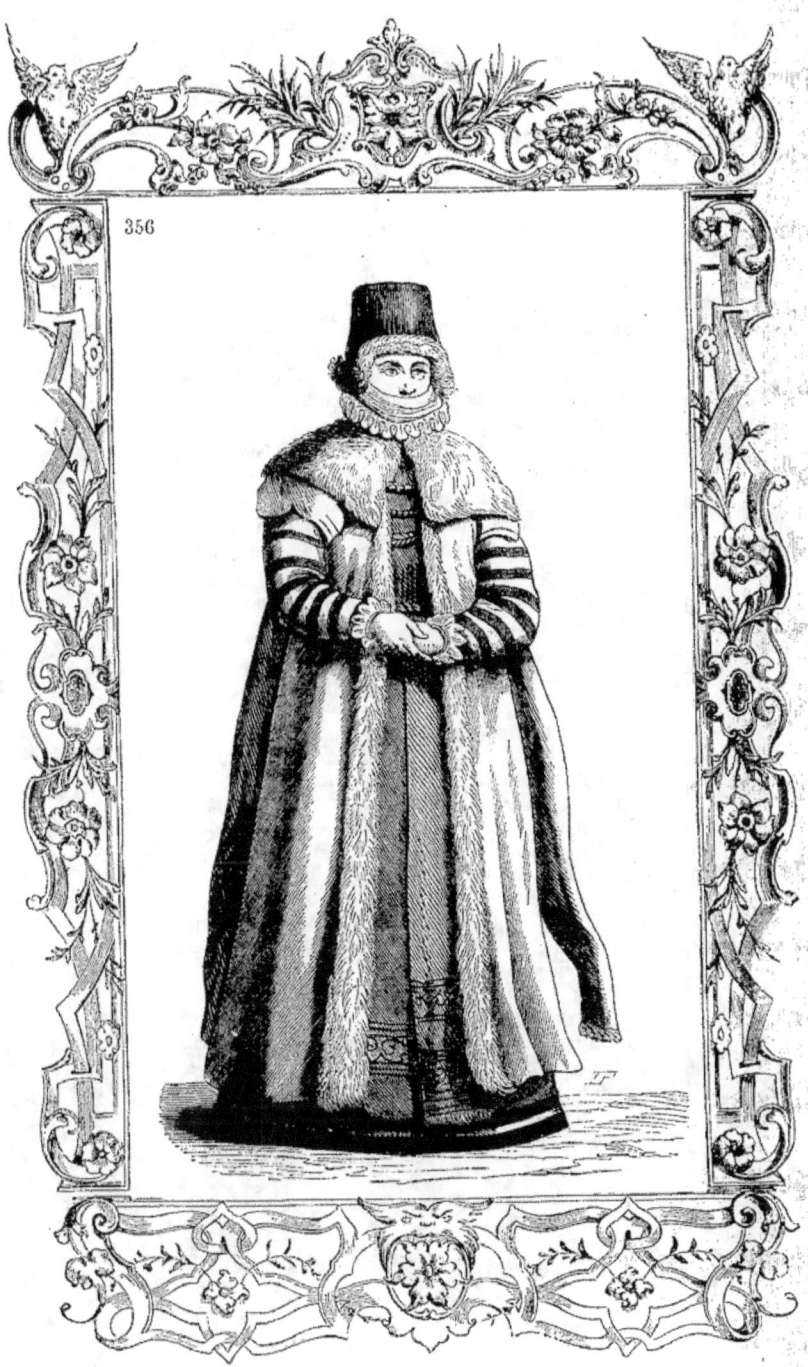

356

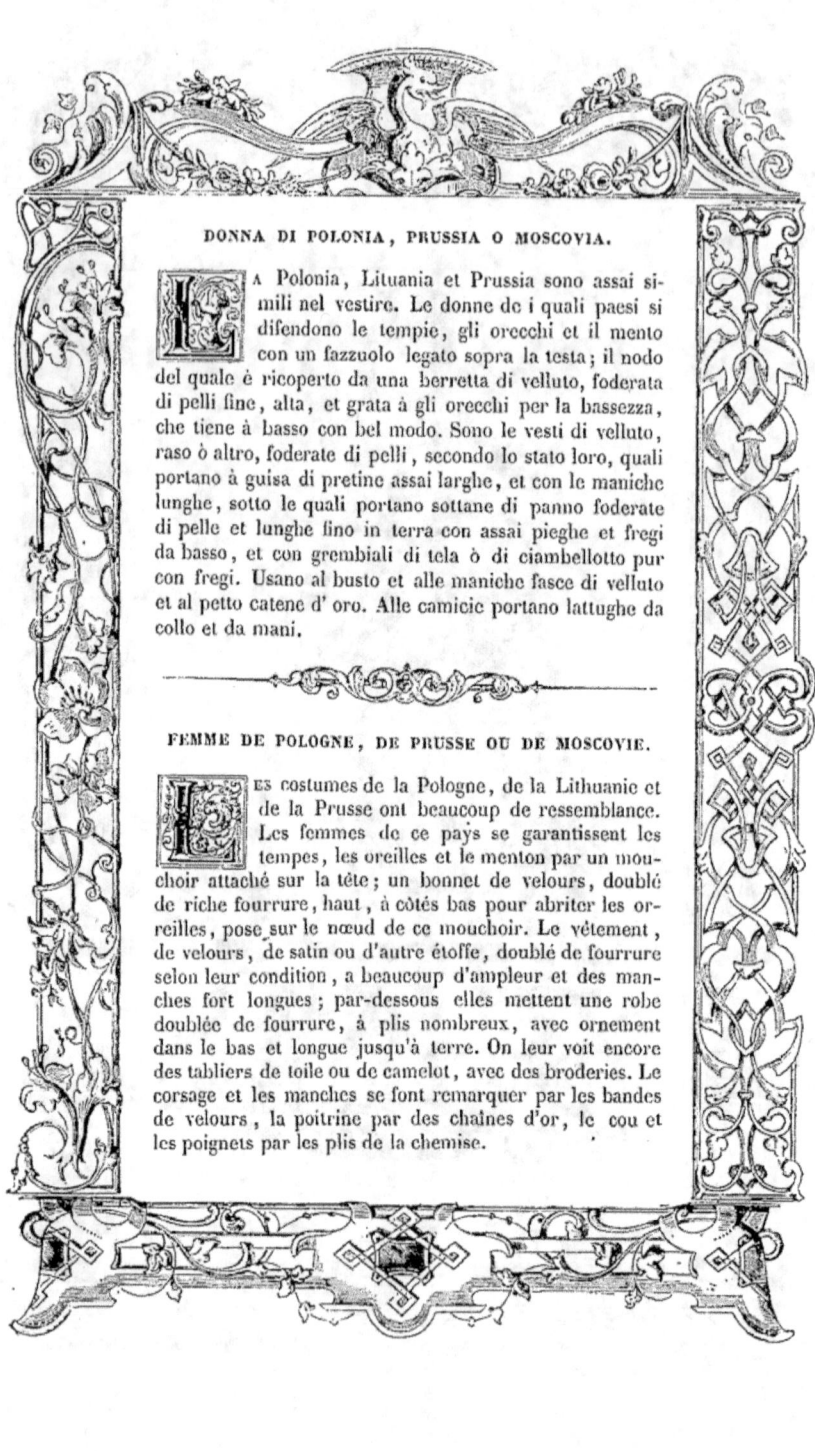

### DONNA DI POLONIA, PRUSSIA O MOSCOVIA.

LA Polonia, Lituania et Prussia sono assai simili nel vestire. Le donne de i quali paesi si
difendono le tempie, gli orecchi et il mento
con un fazzuolo legato sopra la testa; il nodo
del quale è ricoperto da una berretta di velluto, foderata
di pelli fine, alta, et grata à gli orecchi per la bassezza,
che tiene à basso con bel modo. Sono le vesti di velluto,
raso ò altro, foderate di pelli, secondo lo stato loro, quali
portano à guisa di pretine assai larghe, et con le maniche
lunghe, sotto le quali portano sottane di panno foderate
di pelle et lunghe fino in terra con assai pieghe et fregi
da basso, et con grembiali di tela ò di ciambellotto pur
con fregi. Usano al busto et alle maniche fasce di velluto
et al petto catene d'oro. Alle camicie portano lattughe da
collo et da mani.

### FEMME DE POLOGNE, DE PRUSSE OU DE MOSCOVIE.

LES costumes de la Pologne, de la Lithuanie et
de la Prusse ont beaucoup de ressemblance.
Les femmes de ce pays se garantissent les
tempes, les oreilles et le menton par un mouchoir attaché sur la tête; un bonnet de velours, doublé
de riche fourrure, haut, à côtés bas pour abriter les or-
reilles, pose sur le nœud de ce mouchoir. Le vêtement,
de velours, de satin ou d'autre étoffe, doublé de fourrure
selon leur condition, a beaucoup d'ampleur et des manches fort longues; par-dessous elles mettent une robe
doublée de fourrure, à plis nombreux, avec ornement
dans le bas et longue jusqu'à terre. On leur voit encore
des tabliers de toile ou de camelot, avec des broderies. Le
corsage et les manches se font remarquer par les bandes
de velours, la poitrine par des chaînes d'or, le cou et
les poignets par les plis de la chemise.

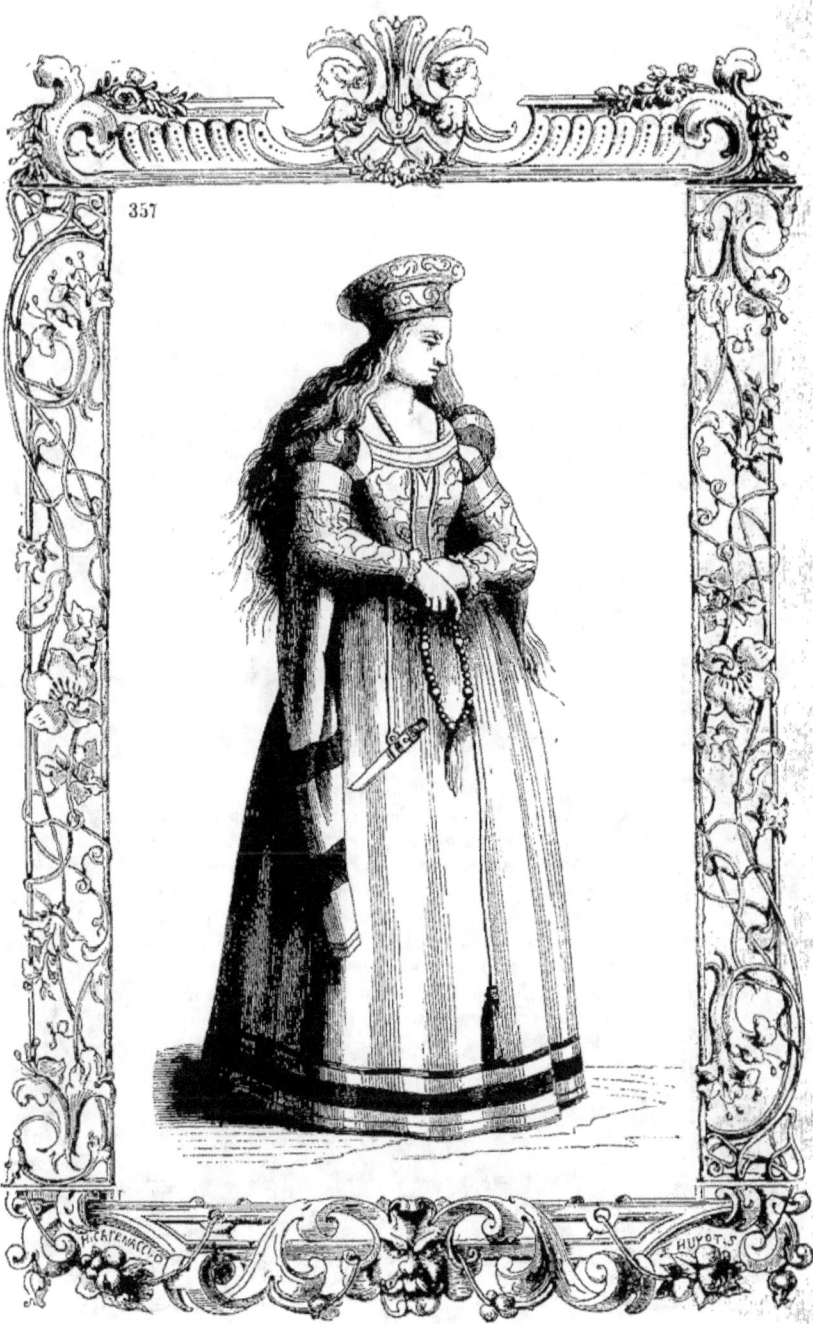

357

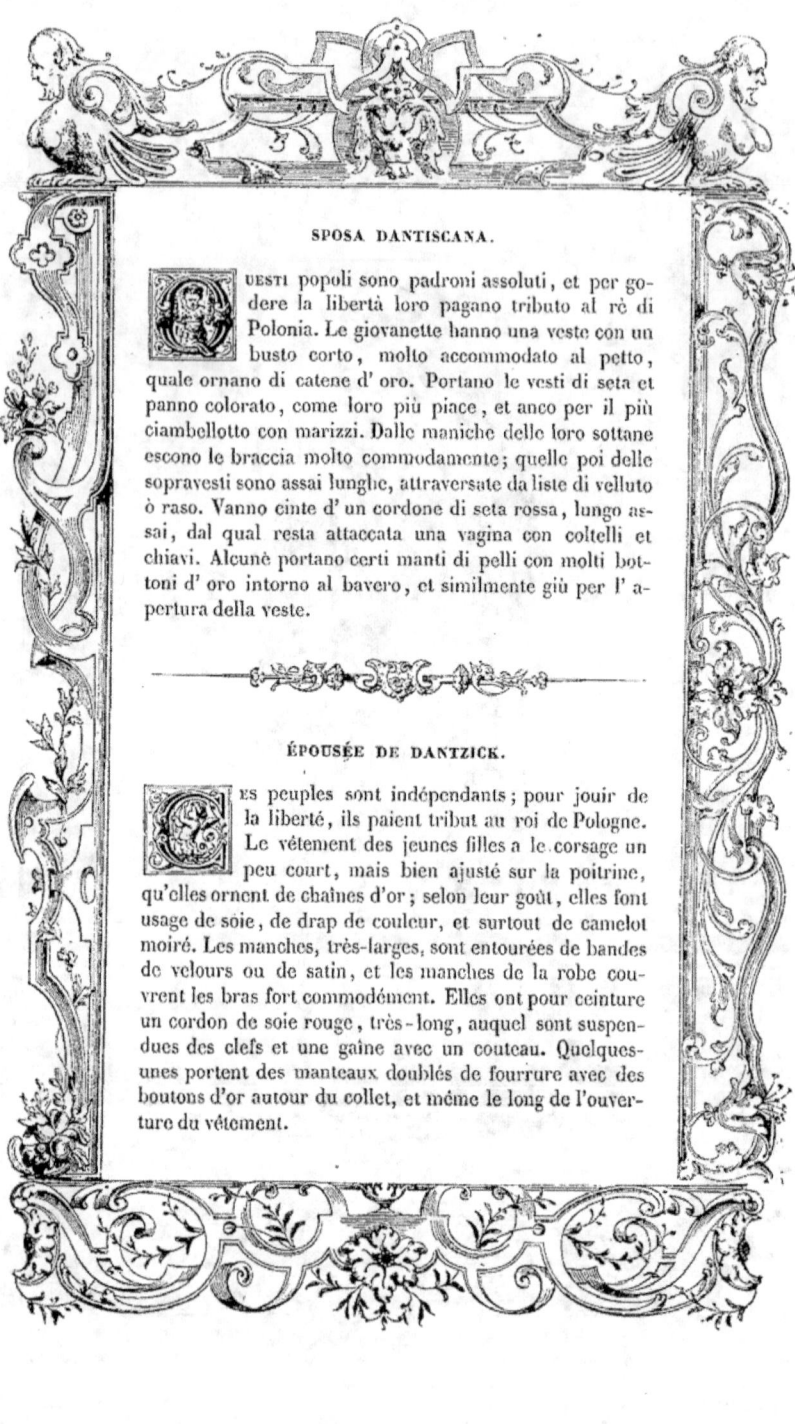

## SPOSA DANTISCANA.

Uesti popoli sono padroni assoluti, et per godere la libertà loro pagano tributo al rè di Polonia. Le giovanette hanno una veste con un busto corto, molto accommodato al petto, quale ornano di catene d'oro. Portano le vesti di seta et panno colorato, come loro più piace, et anco per il più ciambellotto con marizzi. Dalle maniche delle loro sottane escono le braccia molto commodamente; quelle poi delle sopravesti sono assai lunghe, attraversate da liste di velluto ò raso. Vanno cinte d'un cordone di seta rossa, lungo assai, dal qual resta attaccata una vagina con coltelli et chiavi. Alcune portano certi manti di pelli con molti bottoni d'oro intorno al bavero, et similmente giù per l'apertura della veste.

## ÉPOUSÉE DE DANTZICK.

Ces peuples sont indépendants; pour jouir de la liberté, ils paient tribut au roi de Pologne. Le vêtement des jeunes filles a le corsage un peu court, mais bien ajusté sur la poitrine, qu'elles ornent de chaînes d'or; selon leur goût, elles font usage de soie, de drap de couleur, et surtout de camelot moiré. Les manches, très-larges, sont entourées de bandes de velours ou de satin, et les manches de la robe couvrent les bras fort commodément. Elles ont pour ceinture un cordon de soie rouge, très-long, auquel sont suspendues des clefs et une gaîne avec un couteau. Quelques-unes portent des manteaux doublés de fourrure avec des boutons d'or autour du collet, et même le long de l'ouverture du vêtement.

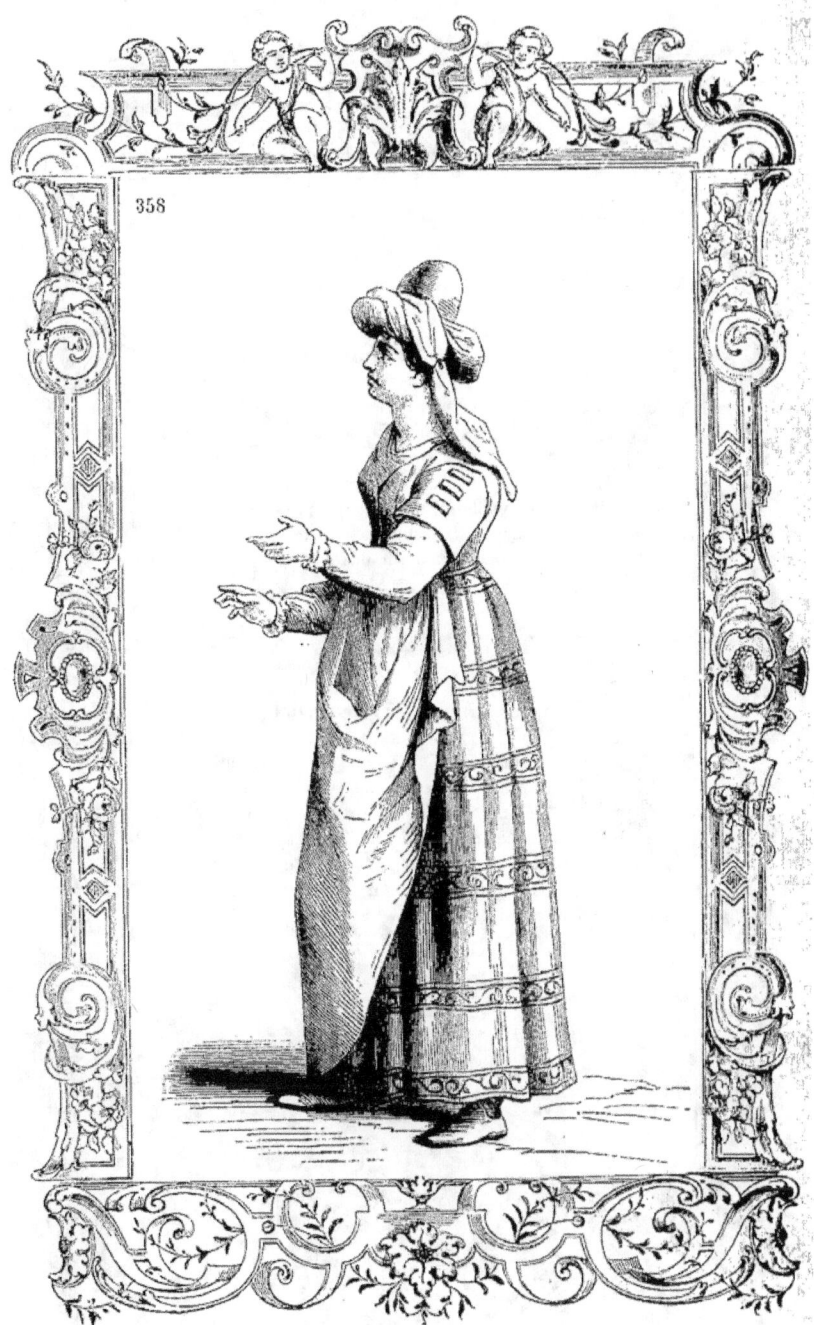

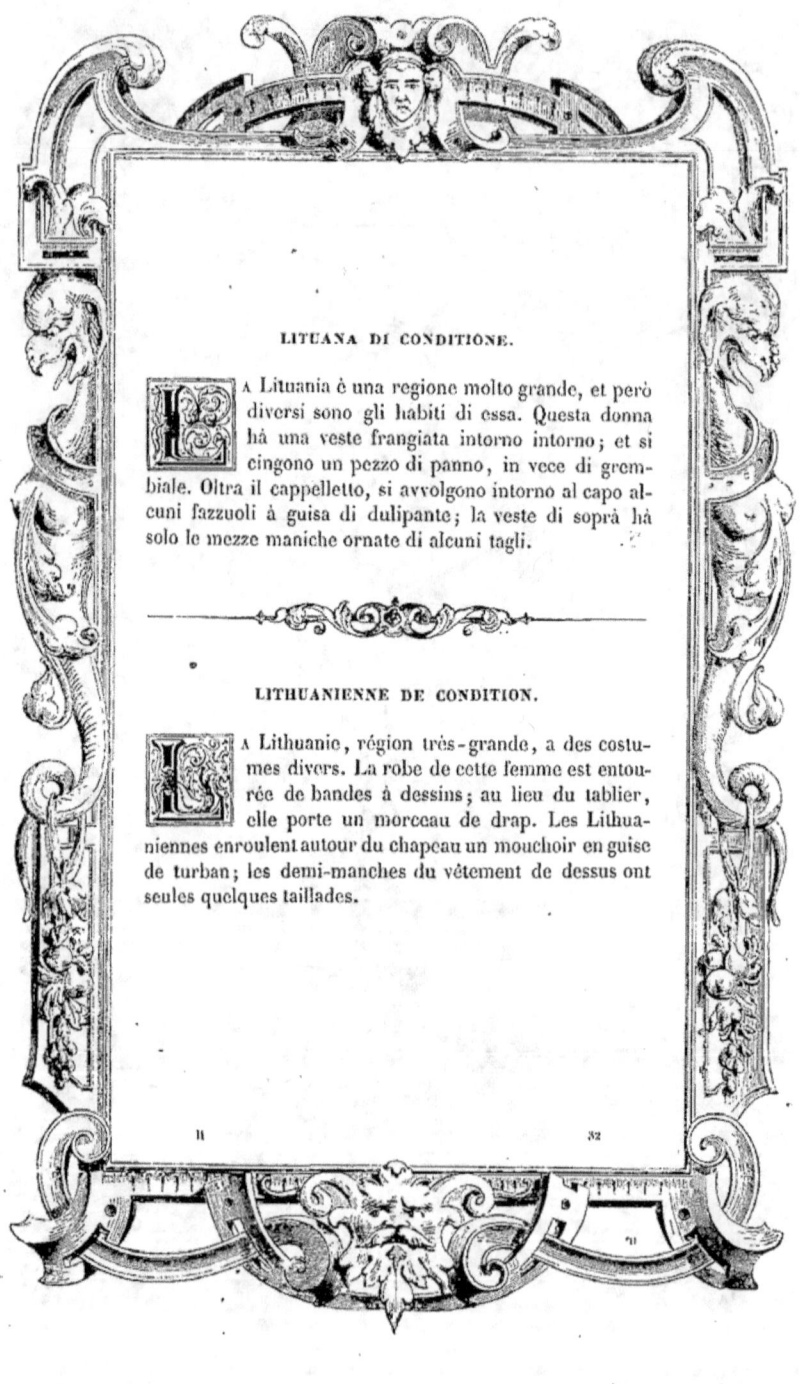

## LITUANA DI CONDITIÒNE.

L A Lituania è una regione molto grande, et però diversi sono gli habiti di essa. Questa donna hà una veste frangiata intorno intorno; et si cingono un pezzo di panno, in vece di grembiale. Oltra il cappelletto, si avvolgono intorno al capo alcuni fazzuoli à guisa di dulipante; la veste di soprà hà solo le mezze maniche ornate di alcuni tagli.

## LITHUANIENNE DE CONDITION.

L A Lithuanie, région très-grande, a des costumes divers. La robe de cette femme est entourée de bandes à dessins; au lieu du tablier, elle porte un morceau de drap. Les Lithuaniennes enroulent autour du chapeau un mouchoir en guise de turban; les demi-manches du vêtement de dessus ont seules quelques taillades.

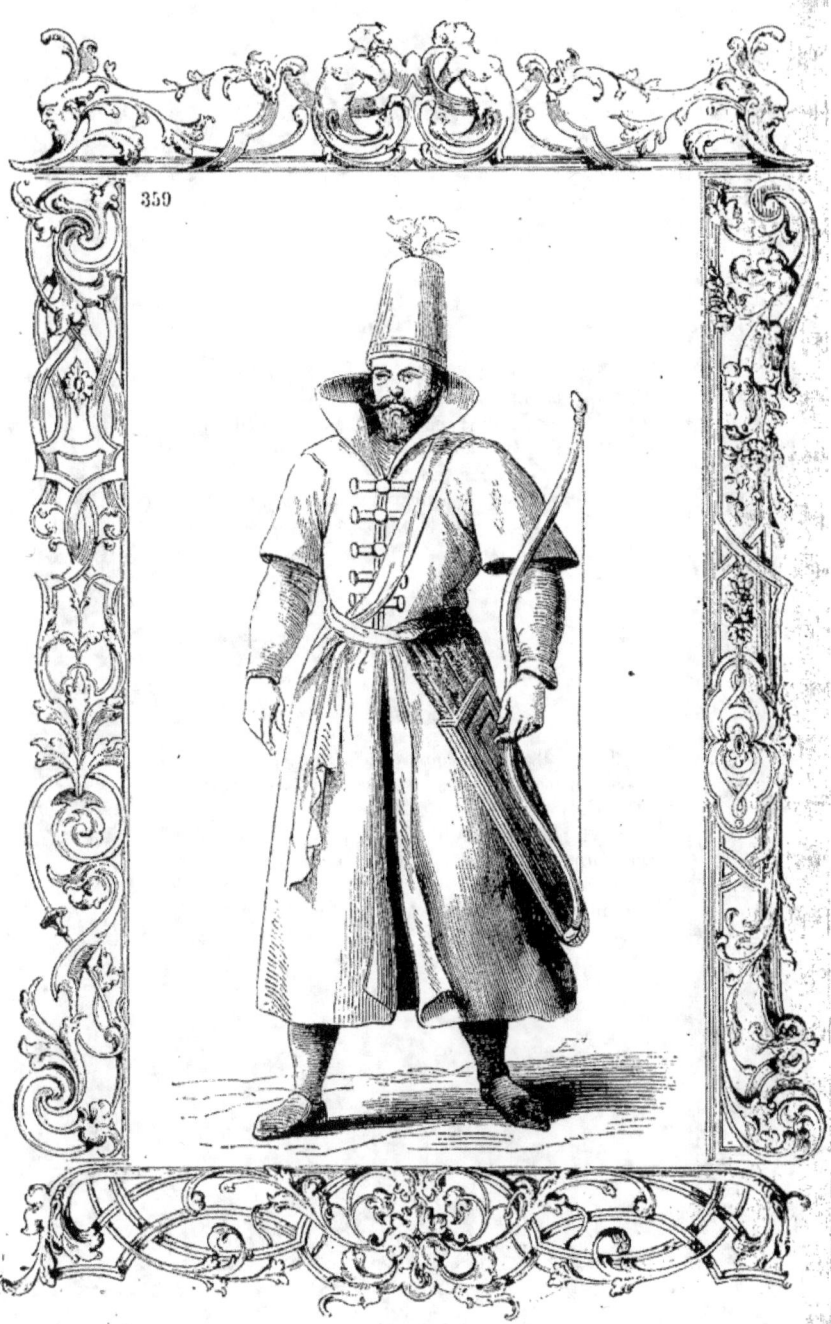

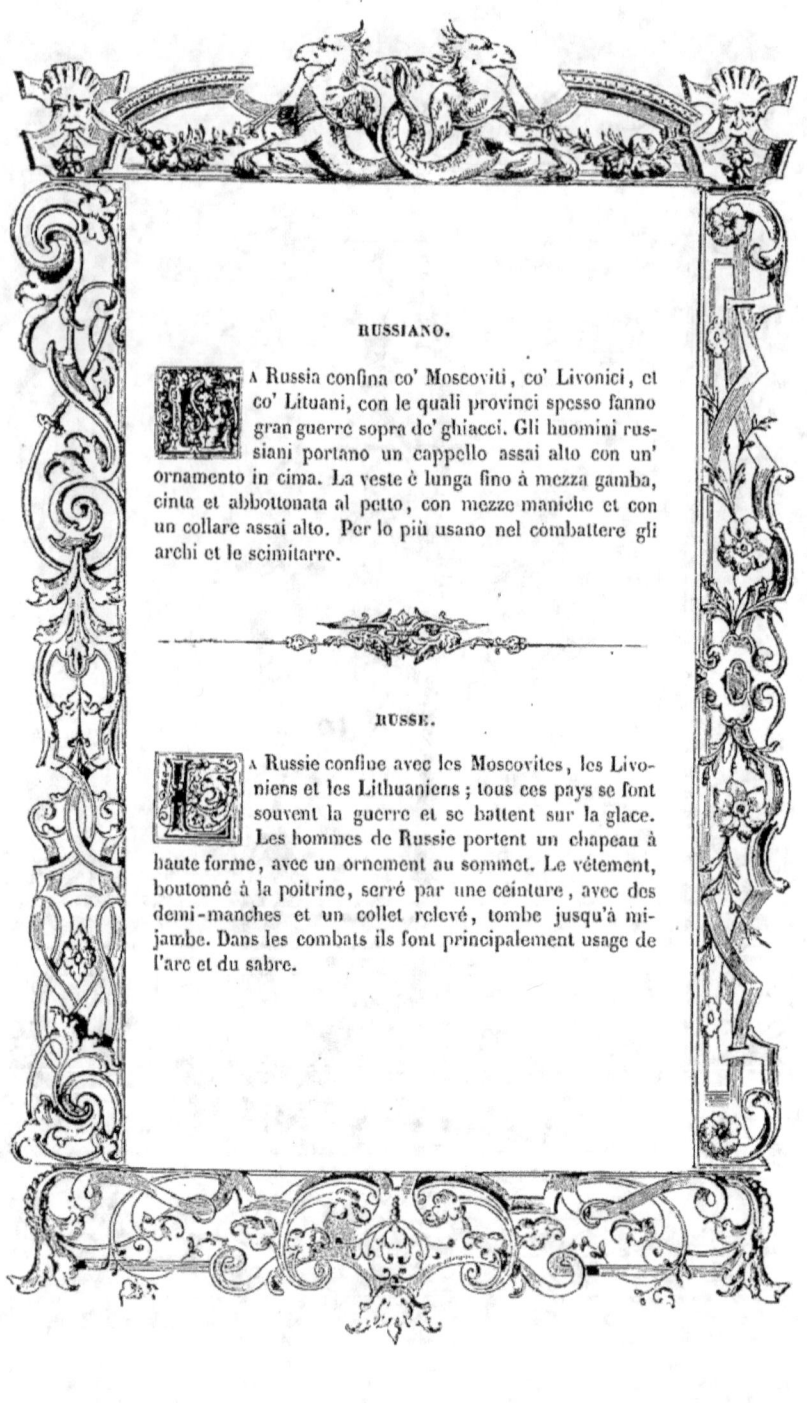

### RUSSIANO.

L A Russia confina co' Moscoviti, co' Livonici, et co' Lituani, con le quali provinci spesso fanno gran guerre sopra de' ghiacci. Gli huomini russiani portano un cappello assai alto con un' ornamento in cima. La veste è lunga fino à mezza gamba, cinta et abbottonata al petto, con mezze maniche et con un collare assai alto. Per lo più usano nel combattere gli archi et le scimitarre.

### RUSSE.

L A Russie confine avec les Moscovites, les Livoniens et les Lithuaniens ; tous ces pays se font souvent la guerre et se battent sur la glace. Les hommes de Russie portent un chapeau à haute forme, avec un ornement au sommet. Le vêtement, boutonné à la poitrine, serré par une ceinture, avec des demi-manches et un collet relevé, tombe jusqu'à mi-jambe. Dans les combats ils font principalement usage de l'arc et du sabre.

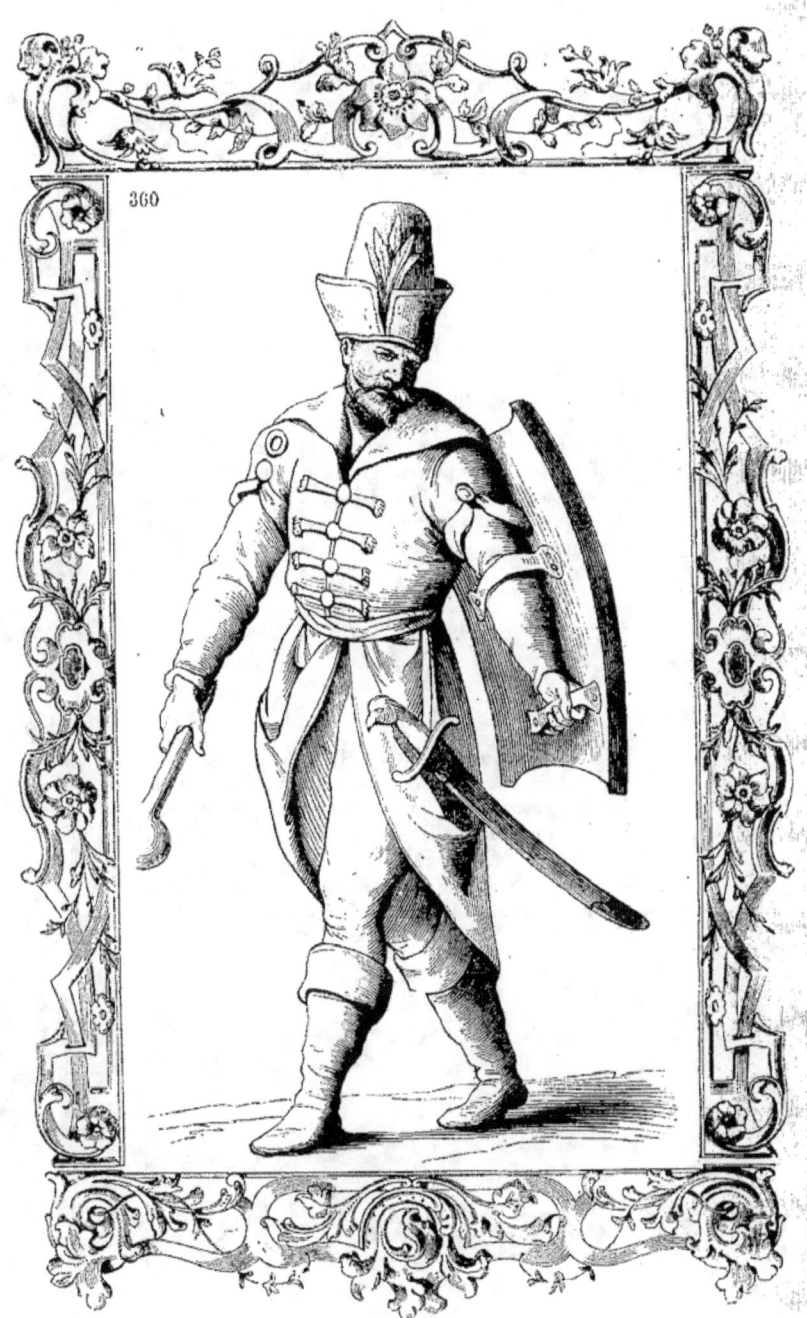

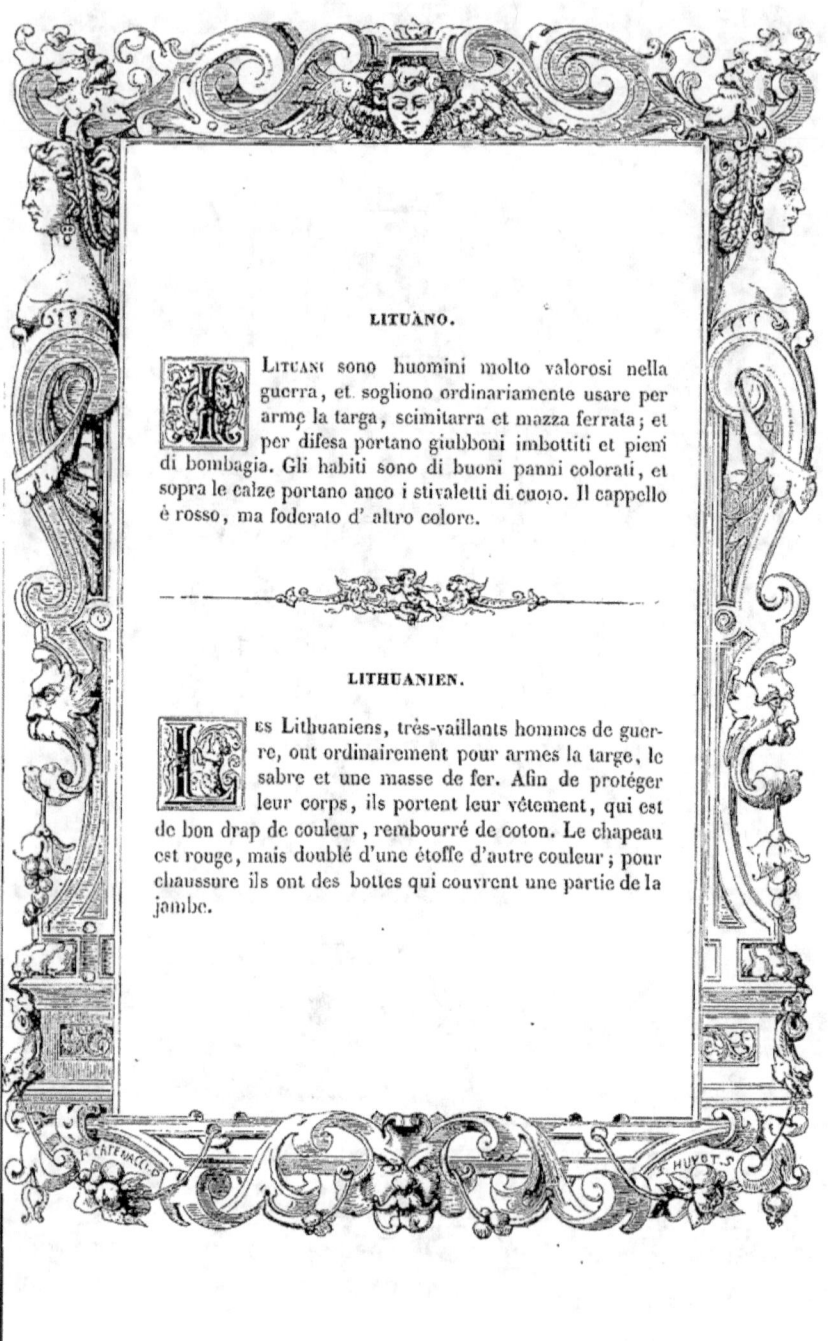

## LITUÀNO.

L<small>ITUANI</small> sono huomini molto valorosi nella guerra, et sogliono ordinariamente usare per arme la targa, scimitarra et mazza ferrata; et per difesa portano giubboni imbottiti et pieni di bombagia. Gli habiti sono di buoni panni colorati, et sopra le calze portano anco i stivaletti di cuoio. Il cappello è rosso, ma foderato d' altro colore.

## LITHUANIEN.

L<small>ES</small> Lithuaniens, très-vaillants hommes de guerre, ont ordinairement pour armes la targe, le sabre et une masse de fer. Afin de protéger leur corps, ils portent leur vêtement, qui est de bon drap de couleur, rembourré de coton. Le chapeau est rouge, mais doublé d'une étoffe d'autre couleur; pour chaussure ils ont des bottes qui couvrent une partie de la jambe.

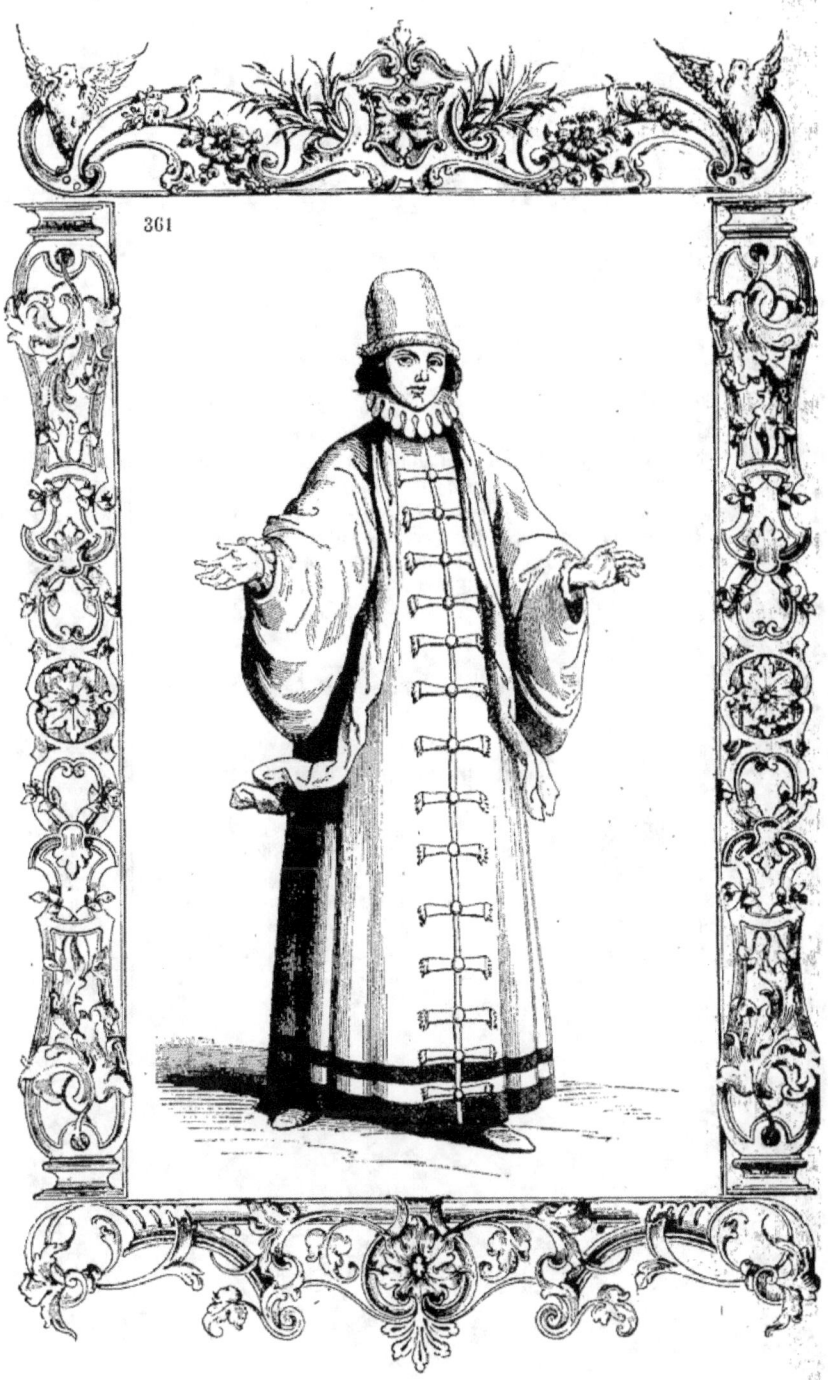

361

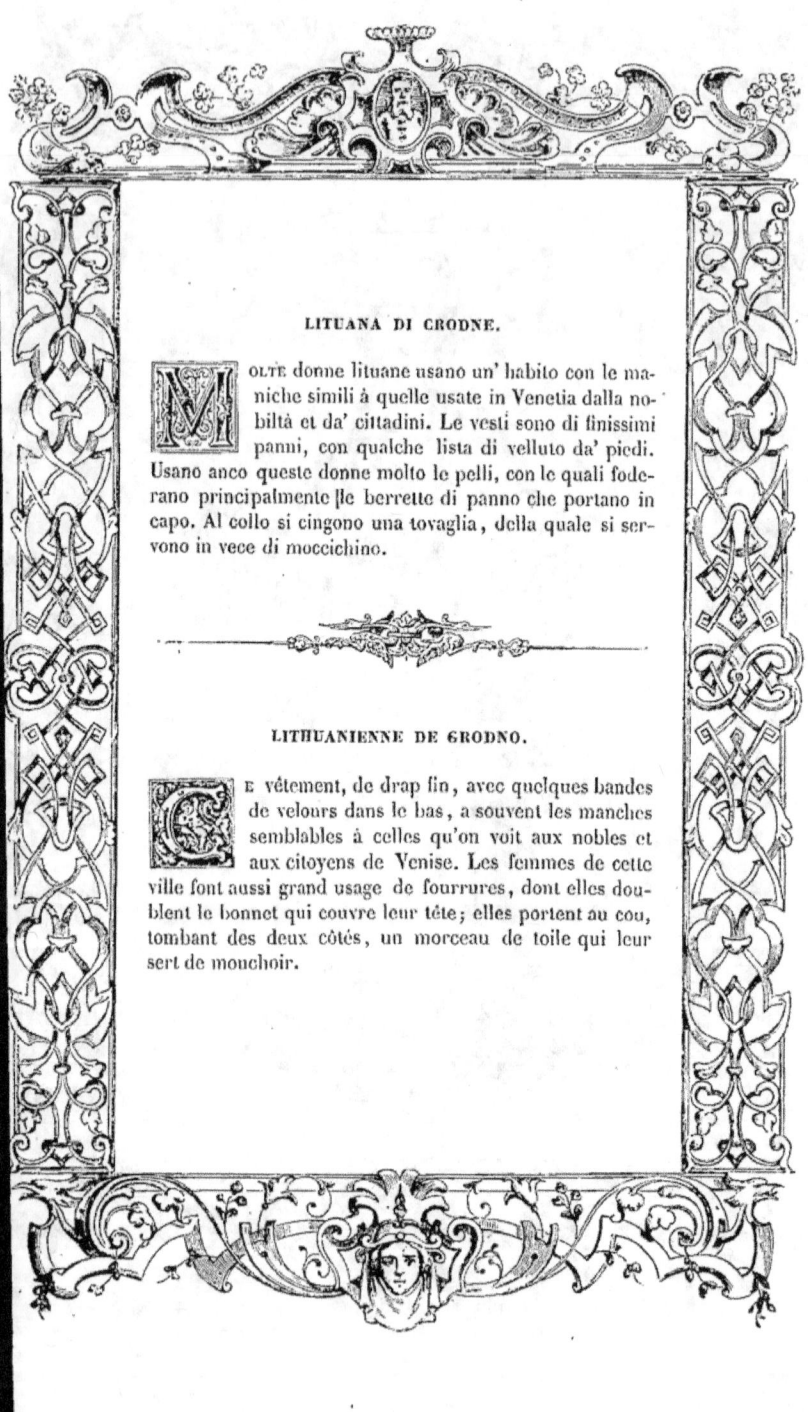

### LITUANA DI GRODNE.

Molte donne lituane usano un' habito con le maniche simili à quelle usate in Venetia dalla nobiltà et da' cittadini. Le vesti sono di finissimi panni, con qualche lista di velluto da' piedi. Usano anco queste donne molto le pelli, con le quali foderano principalmente le berrette di panno che portano in capo. Al collo si cingono una tovaglia, della quale si servono in vece di moccichino.

### LITHUANIENNE DE GRODNO.

Ce vêtement, de drap fin, avec quelques bandes de velours dans le bas, a souvent les manches semblables à celles qu'on voit aux nobles et aux citoyens de Venise. Les femmes de cette ville font aussi grand usage de fourrures, dont elles doublent le bonnet qui couvre leur tête; elles portent au cou, tombant des deux côtés, un morceau de toile qui leur sert de mouchoir.

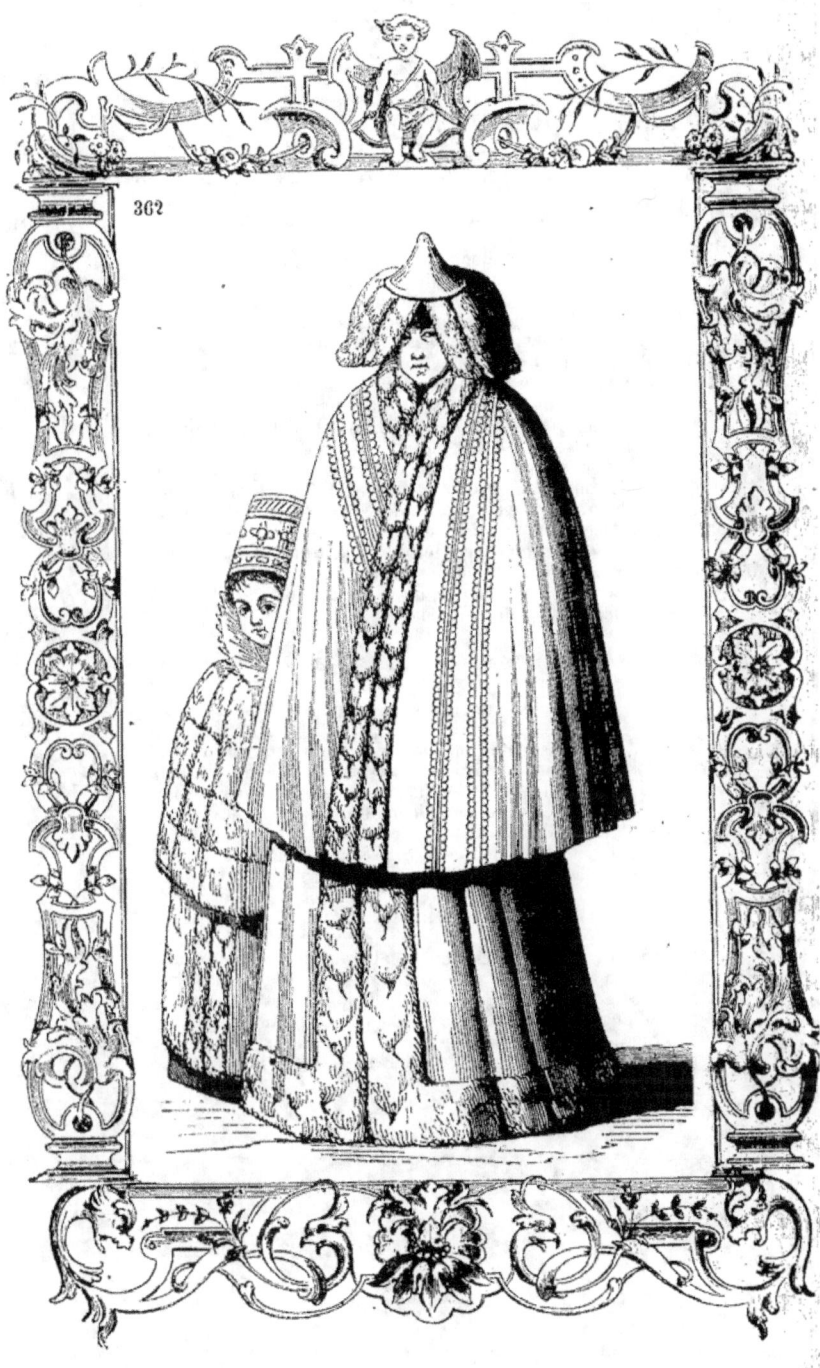

362

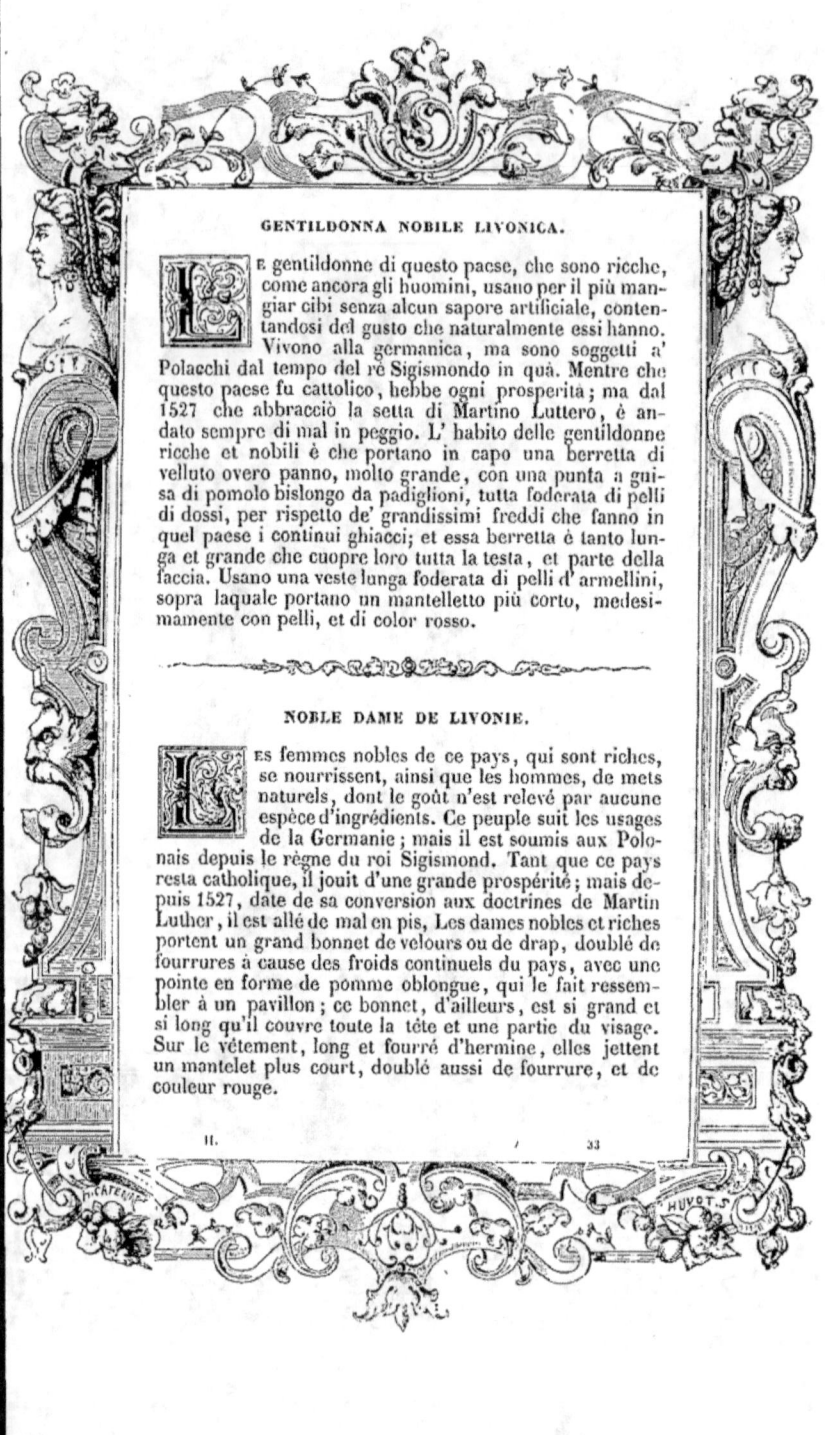

### GENTILDONNA NOBILE LIVONICA.

E gentildonne di questo paese, che sono ricche, come ancora gli huomini, usano per il più mangiar cibi senza alcun sapore artificiale, contentandosi del gusto che naturalmente essi hanno. Vivono alla germanica, ma sono soggetti a' Polacchi dal tempo del rè Sigismondo in quà. Mentre che questo paese fu cattolico, hebbe ogni prosperita; ma dal 1527 che abbracciò la setta di Martino Luttero, è andato sempre di mal in peggio. L' habito delle gentildonne ricche et nobili è che portano in capo una berretta di velluto overo panno, molto grande, con una punta a guisa di pomolo bislongo da padiglioni, tutta foderata di pelli di dossi, per rispetto de' grandissimi freddi che fanno in quel paese i continui ghiacci; et essa berretta è tanto lunga et grande che cuopre loro tutta la testa, et parte della faccia. Usano una veste lunga foderata di pelli d' armellini, sopra laquale portano un mantelletto più corto, medesimamente con pelli, et di color rosso.

### NOBLE DAME DE LIVONIE.

Es femmes nobles de ce pays, qui sont riches, se nourrissent, ainsi que les hommes, de mets naturels, dont le goût n'est relevé par aucune espèce d'ingrédients. Ce peuple suit les usages de la Germanie ; mais il est soumis aux Polonais depuis le règne du roi Sigismond. Tant que ce pays resta catholique, il jouit d'une grande prospérité ; mais depuis 1527, date de sa conversion aux doctrines de Martin Luther, il est allé de mal en pis. Les dames nobles et riches portent un grand bonnet de velours ou de drap, doublé de fourrures à cause des froids continuels du pays, avec une pointe en forme de pomme oblongue, qui le fait ressembler à un pavillon ; ce bonnet, d'ailleurs, est si grand et si long qu'il couvre toute la tête et une partie du visage. Sur le vêtement, long et fourré d'hermine, elles jettent un mantelet plus court, doublé aussi de fourrure, et de couleur rouge.

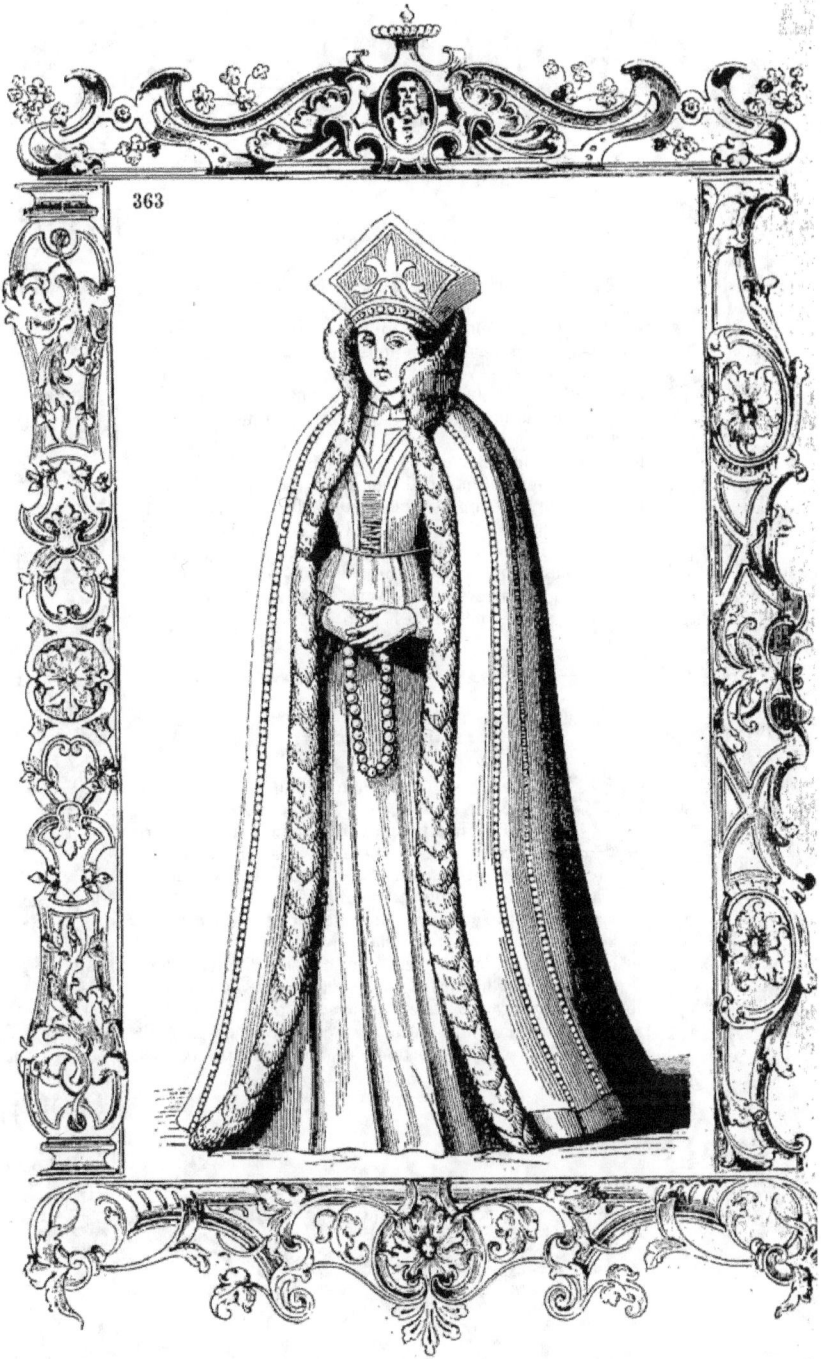

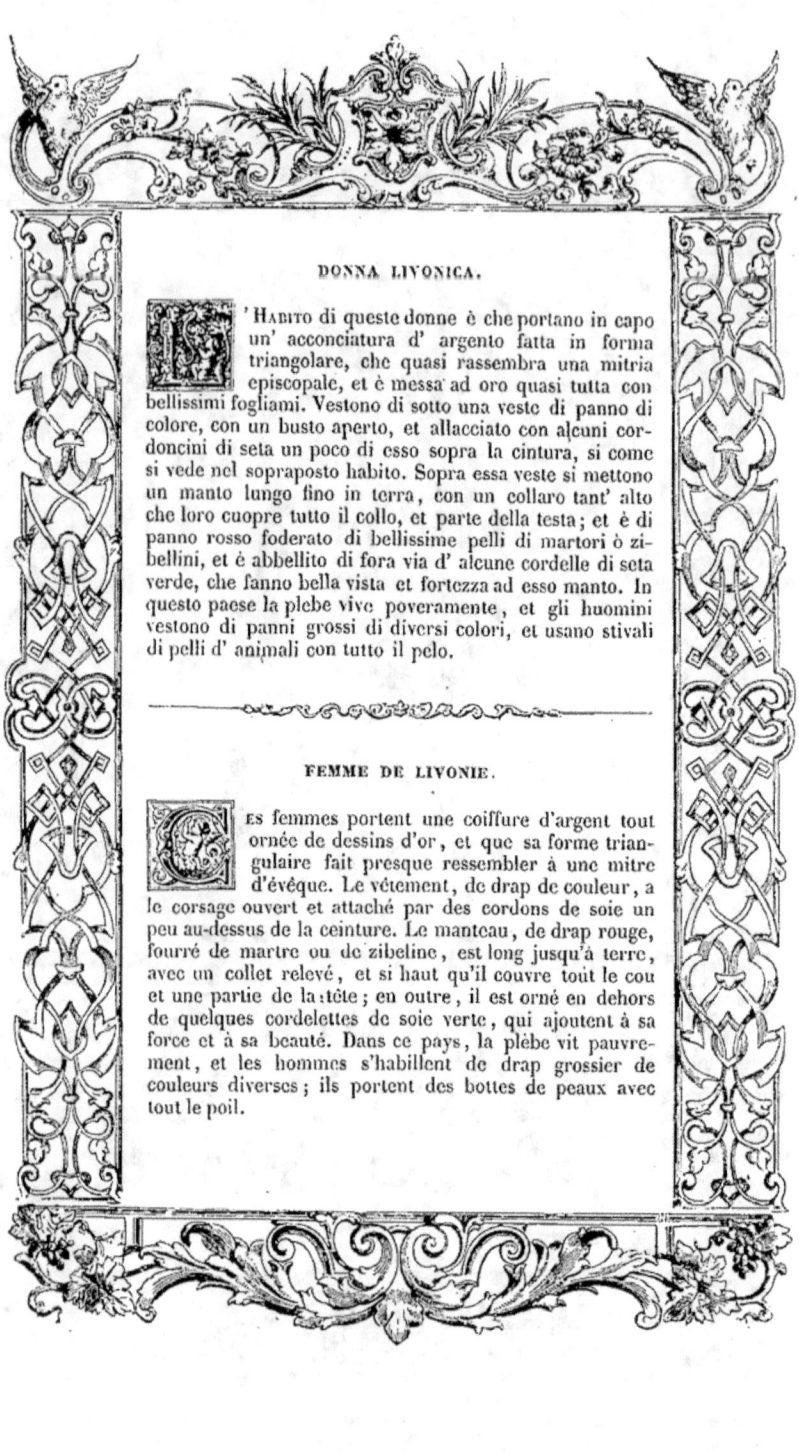

### DONNA LIVONICA.

'Habito di queste donne è che portano in capo un' acconciatura d' argento fatta in forma triangolare, che quasi rassembra una mitria episcopale, et è messa ad oro quasi tutta con bellissimi fogliami. Vestono di sotto una veste di panno di colore, con un busto aperto, et allacciato con alcuni cordoncini di seta un poco di esso sopra la cintura, si come si vede nel sopraposto habito. Sopra essa veste si mettono un manto lungo fino in terra, con un collaro tant' alto che loro cuopre tutto il collo, et parte della testa; et è di panno rosso foderato di bellissime pelli di martori ò zibellini, et è abbellito di fora via d' alcune cordelle di seta verde, che fanno bella vista et fortezza ad esso manto. In questo paese la plebe vive poveramente, et gli huomini vestono di panni grossi di diversi colori, et usano stivali di pelli d' animali con tutto il pelo.

### FEMME DE LIVONIE.

Les femmes portent une coiffure d'argent tout ornée de dessins d'or, et que sa forme triangulaire fait presque ressembler à une mitre d'évêque. Le vêtement, de drap de couleur, a le corsage ouvert et attaché par des cordons de soie un peu au-dessus de la ceinture. Le manteau, de drap rouge, fourré de martre ou de zibeline, est long jusqu'à terre, avec un collet relevé, et si haut qu'il couvre tout le cou et une partie de la tête; en outre, il est orné en dehors de quelques cordelettes de soie verte, qui ajoutent à sa force et à sa beauté. Dans ce pays, la plèbe vit pauvrement, et les hommes s'habillent de drap grossier de couleurs diverses; ils portent des bottes de peaux avec tout le poil.

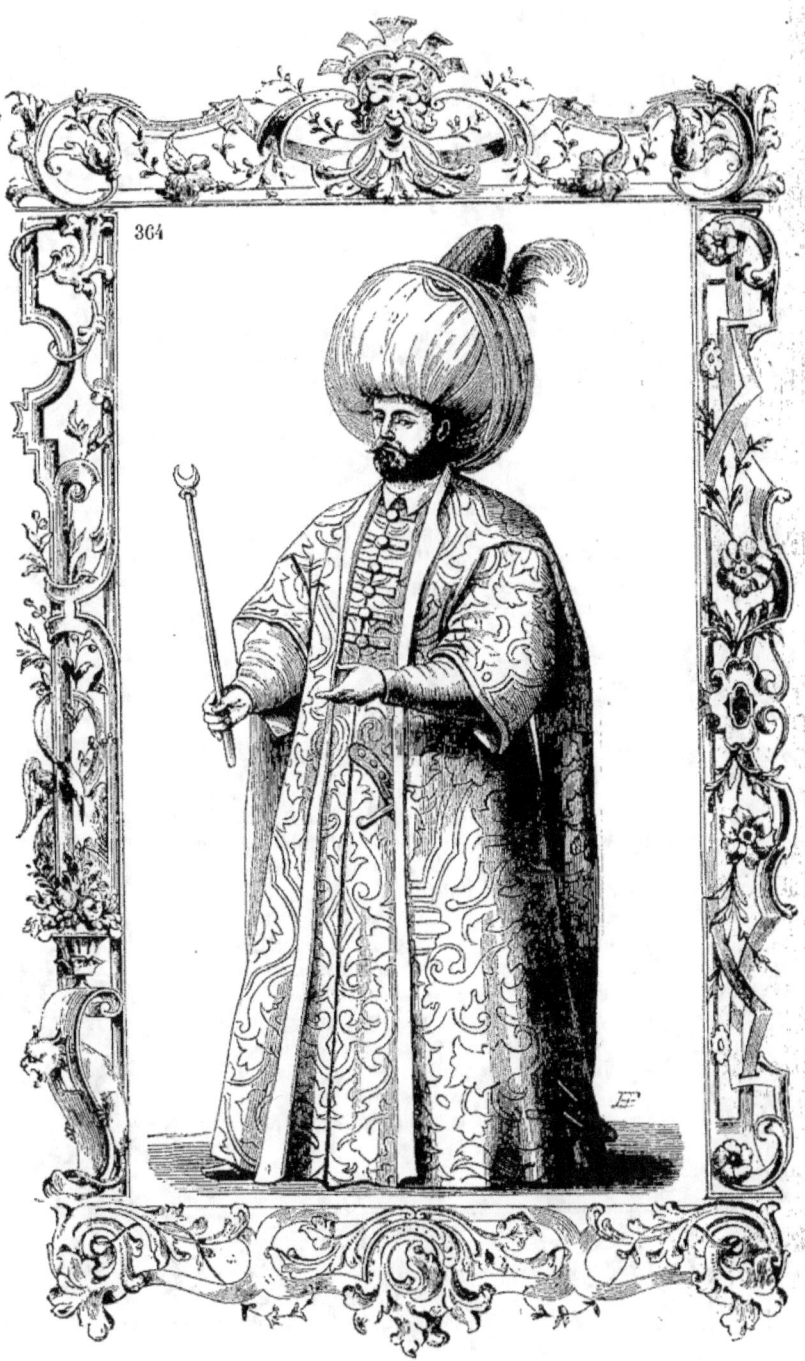

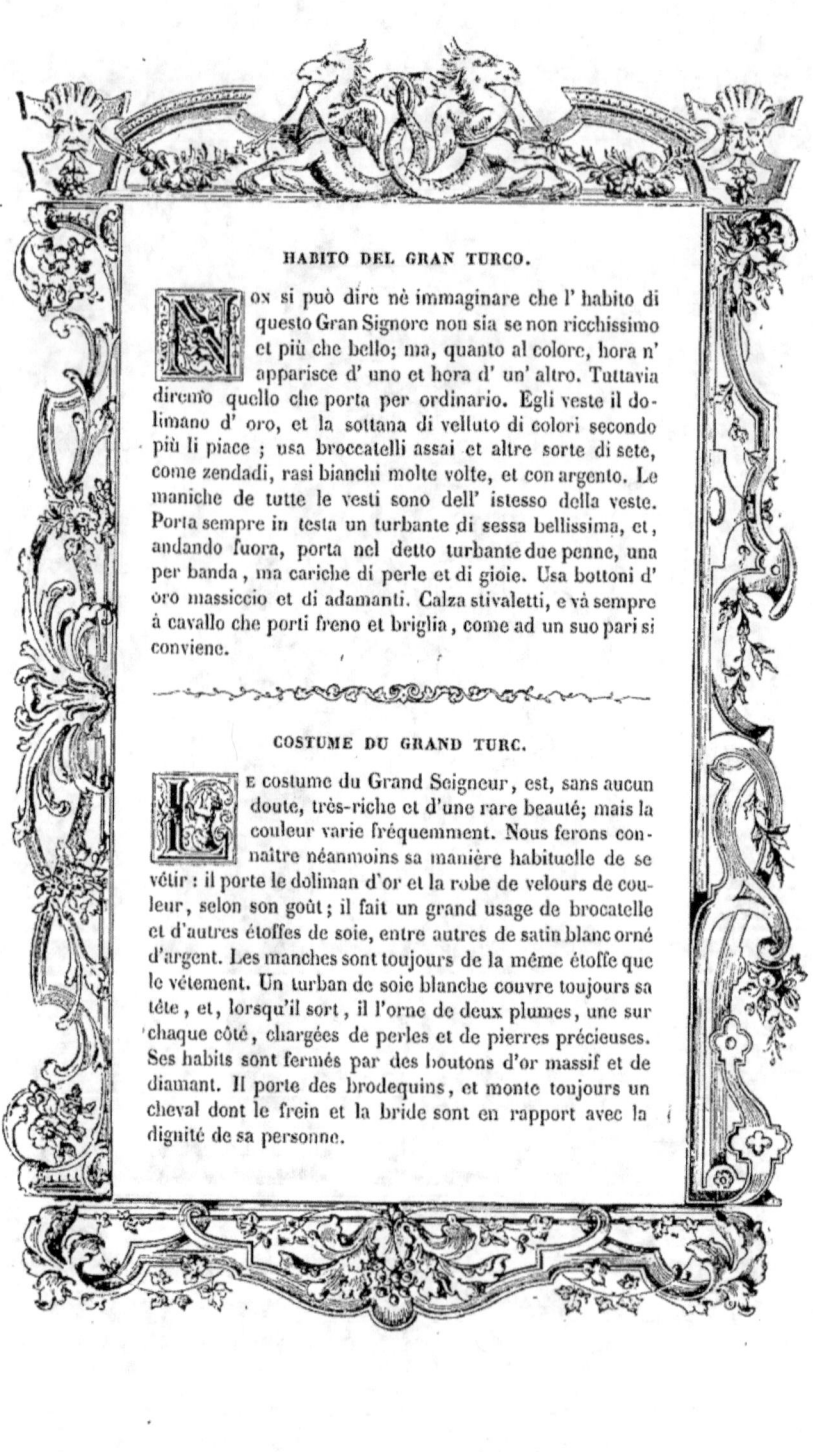

### HABITO DEL GRAN TURCO.

Non si può dire nè immaginare che l' habito di questo Gran Signore non sia se non ricchissimo et più che bello; ma, quanto al colore, hora n' apparisce d' uno et hora d' un' altro. Tuttavia diremo quello che porta per ordinario. Egli veste il dolimano d' oro, et la sottana di velluto di colori secondo più li piace ; usa broccatelli assai et altre sorte di sete, come zendadi, rasi bianchi molte volte, et con argento. Le maniche de tutte le vesti sono dell' istesso della veste. Porta sempre in testa un turbante di sessa bellissima, et, andando fuora, porta nel detto turbante due penne, una per banda , ma cariche di perle et di gioie. Usa bottoni d' oro massiccio et di adamanti. Calza stivaletti, e và sempre à cavallo che porti freno et briglia , come ad un suo pari si conviene.

### COSTUME DU GRAND TURC.

Le costume du Grand Seigneur, est, sans aucun doute, très-riche et d'une rare beauté; mais la couleur varie fréquemment. Nous ferons connaître néanmoins sa manière habituelle de se vétir : il porte le doliman d'or et la robe de velours de couleur, selon son goût; il fait un grand usage de brocatelle et d'autres étoffes de soie, entre autres de satin blanc orné d'argent. Les manches sont toujours de la même étoffe que le vétement. Un turban de soie blanche couvre toujours sa tête, et, lorsqu'il sort, il l'orne de deux plumes, une sur chaque côté , chargées de perles et de pierres précieuses. Ses habits sont fermés par des boutons d'or massif et de diamant. Il porte des brodequins , et monte toujours un cheval dont le frein et la bride sont en rapport avec la dignité de sa personne.

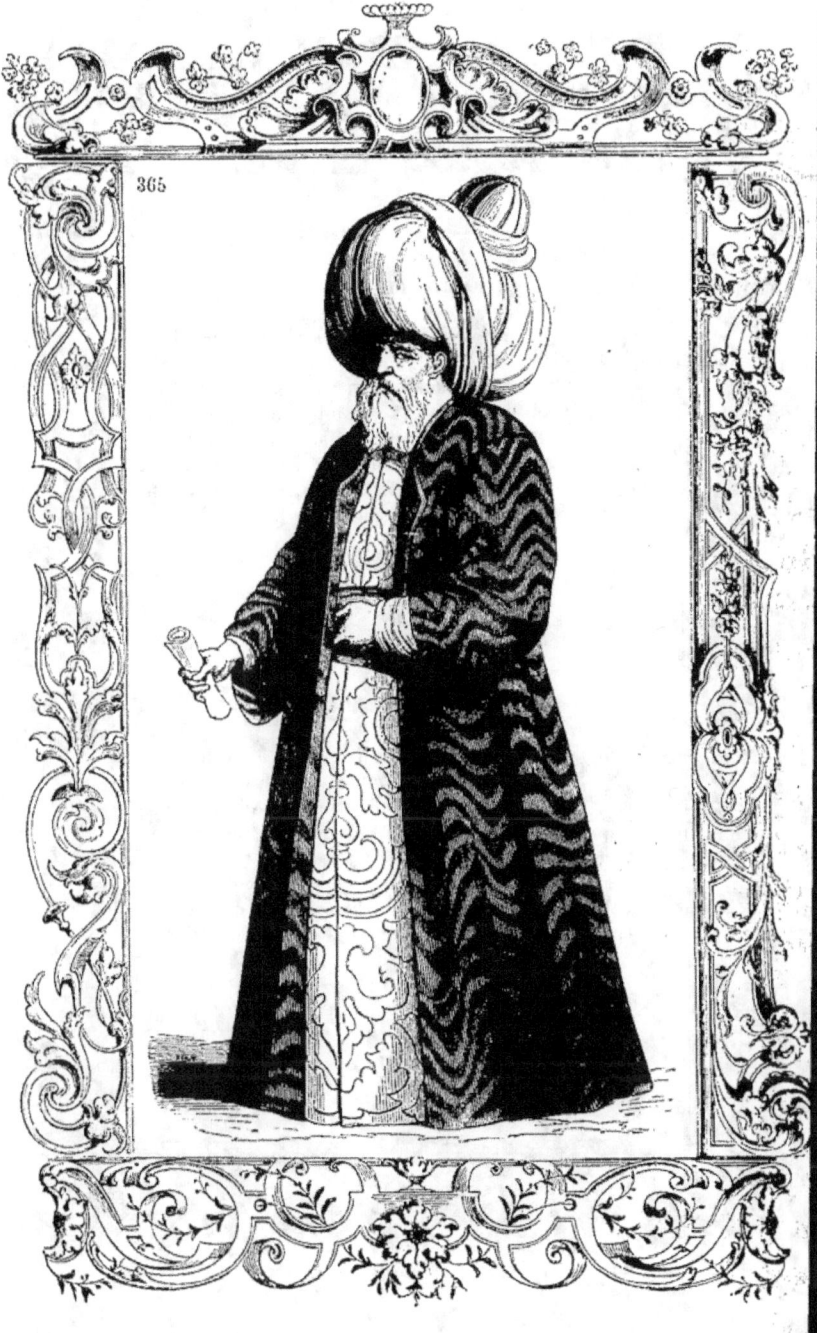

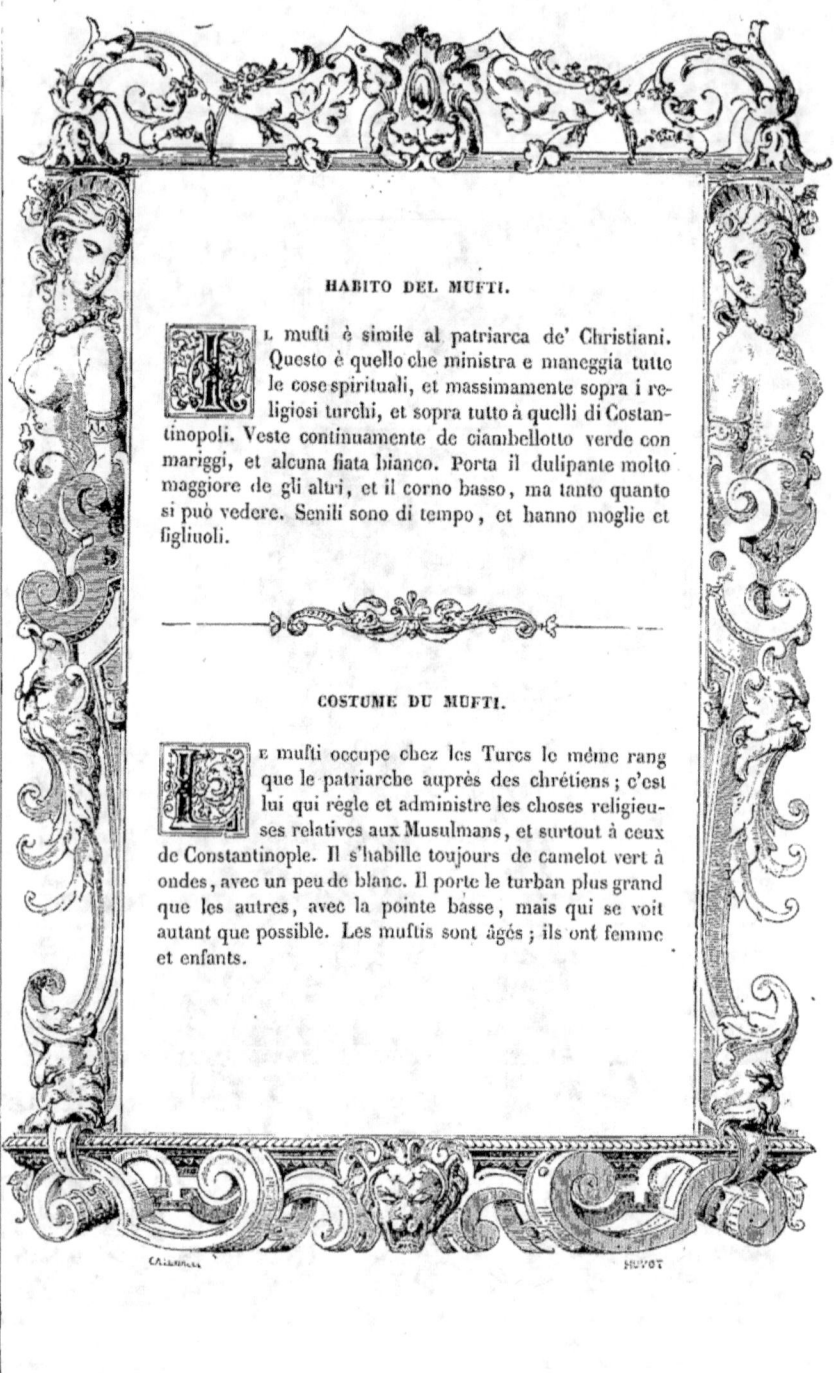

## HABITO DEL MUFTI.

IL mufti è simile al patriarca de' Christiani. Questo è quello che ministra e maneggia tutte le cose spirituali, et massimamente sopra i religiosi turchi, et sopra tutto à quelli di Costantinopoli. Veste continuamente de ciambellotto verde con mariggi, et alcuna fiata bianco. Porta il dulipante molto maggiore de gli altri, et il corno basso, ma tanto quanto si può vedere. Senili sono di tempo, et hanno moglie et figliuoli.

## COSTUME DU MUFTI.

LE mufti occupe chez les Turcs le même rang que le patriarche auprès des chrétiens; c'est lui qui règle et administre les choses religieuses relatives aux Musulmans, et surtout à ceux de Constantinople. Il s'habille toujours de camelot vert à ondes, avec un peu de blanc. Il porte le turban plus grand que les autres, avec la pointe basse, mais qui se voit autant que possible. Les muftis sont âgés; ils ont femme et enfants.

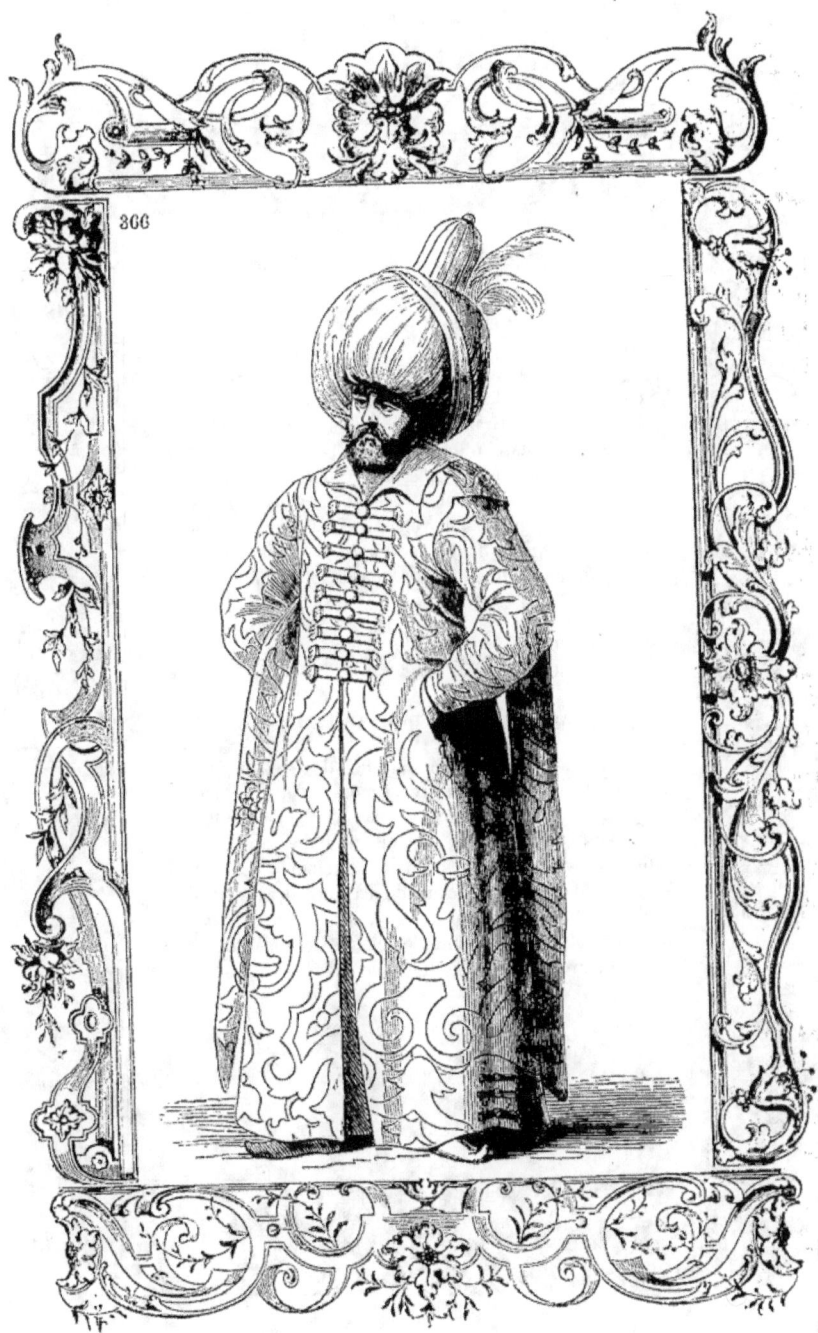

366

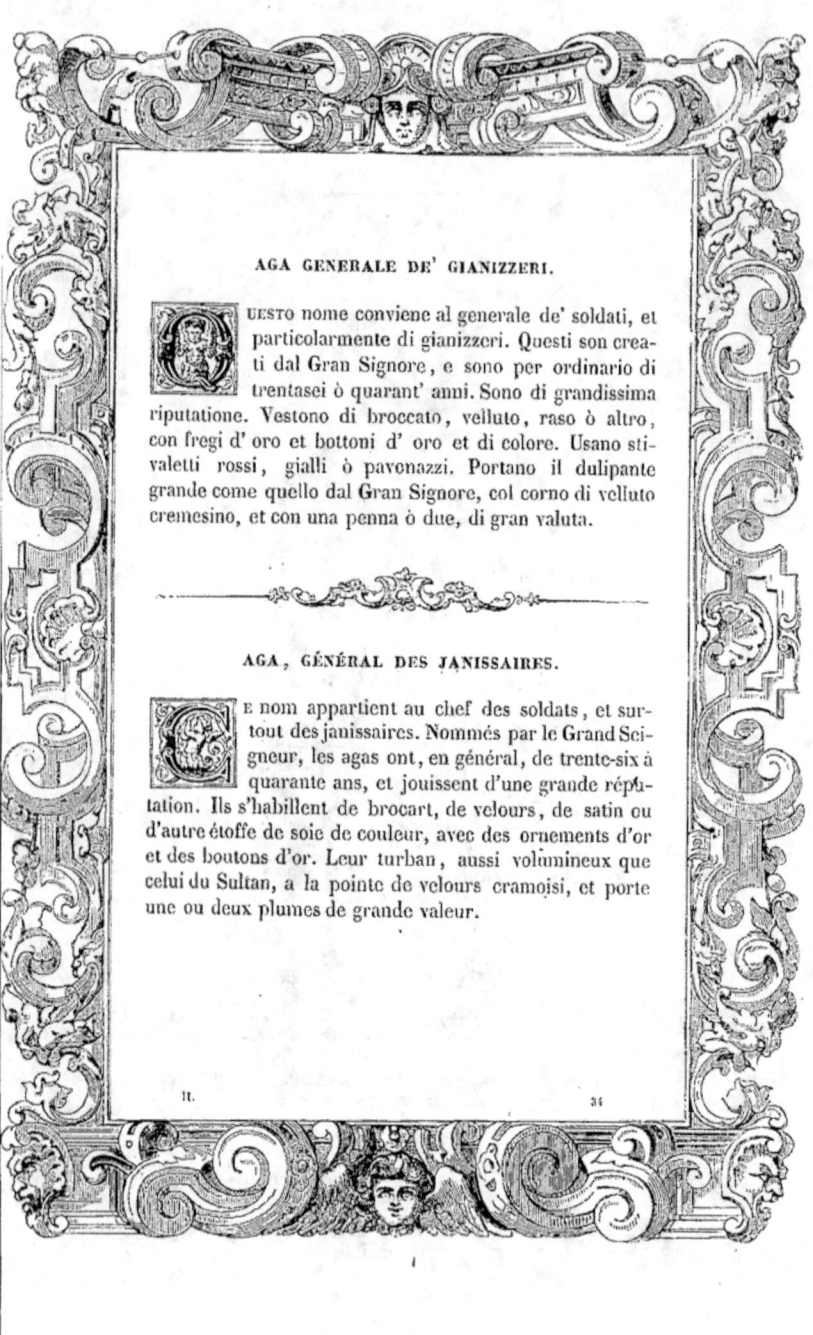

### AGA GENERALE DE' GIANIZZERI.

Uesto nome conviene al generale de' soldati, et particolarmente di gianizzeri. Questi son creati dal Gran Signore, e sono per ordinario di trentasei ò quarant' anni. Sono di grandissima riputatione. Vestono di broccato, velluto, raso ò altro, con fregi d' oro et bottoni d' oro et di colore. Usano stivaletti rossi, gialli ò pavonazzi. Portano il dulipante grande come quello dal Gran Signore, col corno di velluto cremesino, et con una penna ò due, di gran valuta.

### AGA, GÉNÉRAL DES JANISSAIRES.

E nom appartient au chef des soldats, et surtout des janissaires. Nommés par le Grand Seigneur, les agas ont, en général, de trente-six à quarante ans, et jouissent d'une grande réputation. Ils s'habillent de brocart, de velours, de satin ou d'autre étoffe de soie de couleur, avec des ornements d'or et des boutons d'or. Leur turban, aussi volumineux que celui du Sultan, a la pointe de velours cramoisi, et porte une ou deux plumes de grande valeur.

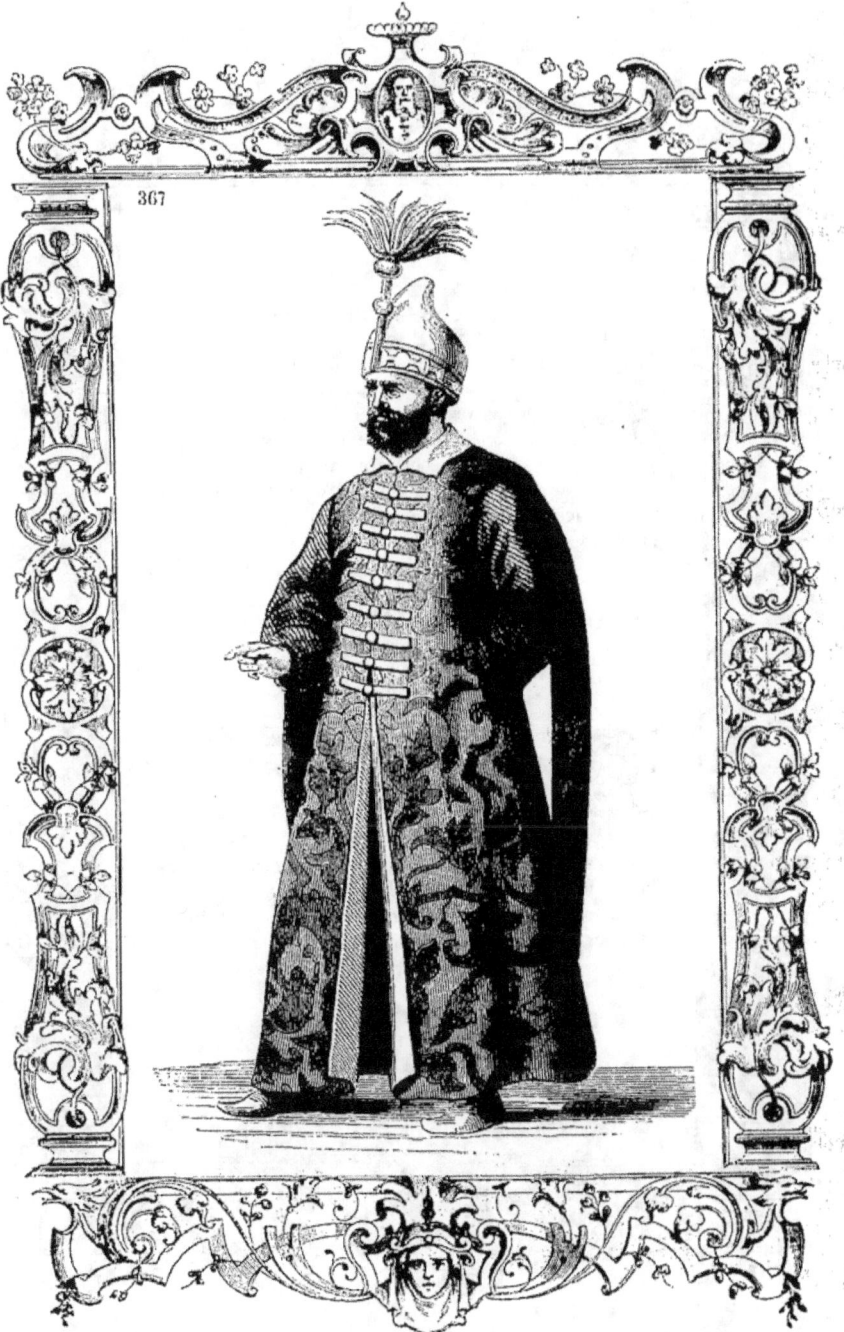

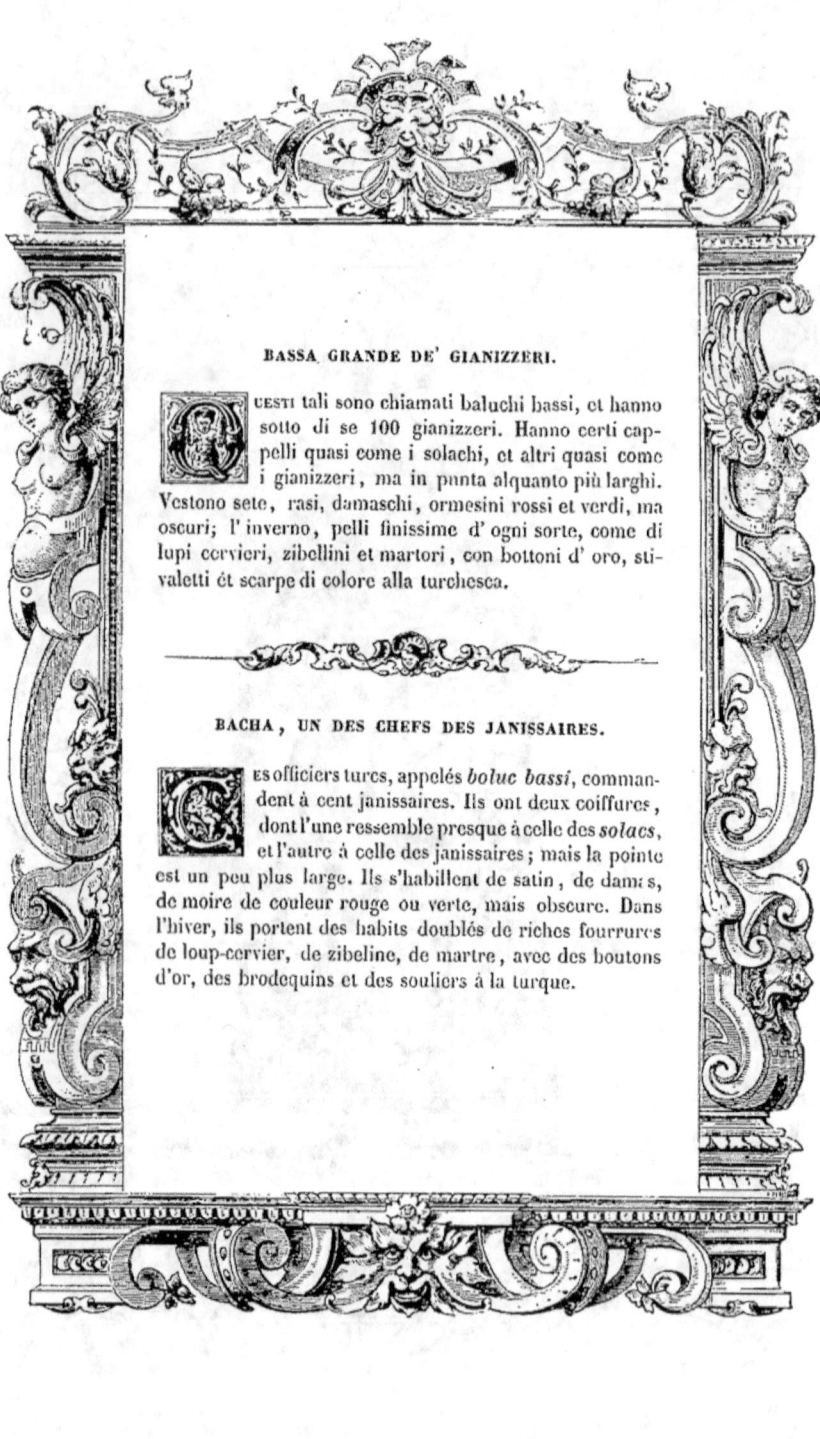

## BASSA GRANDE DE' GIANIZZERI.

Uesti tali sono chiamati baluchi bassi, et hanno sotto di se 100 gianizzeri. Hanno certi cappelli quasi come i solachi, et altri quasi come i gianizzeri, ma in punta alquanto più larghi. Vestono sete, rasi, damaschi, ormesini rossi et verdi, ma oscuri; l'inverno, pelli finissime d'ogni sorte, come di lupi cervieri, zibellini et martori, con bottoni d'oro, stivaletti ét scarpe di colore alla turchesca.

## BACHA, UN DES CHEFS DES JANISSAIRES.

Es officiers turcs, appelés *boluc bassi*, commandent à cent janissaires. Ils ont deux coiffures, dont l'une ressemble presque à celle des *solacs*, et l'autre à celle des janissaires; mais la pointe est un peu plus large. Ils s'habillent de satin, de damas, de moire de couleur rouge ou verte, mais obscure. Dans l'hiver, ils portent des habits doublés de riches fourrures de loup-cervier, de zibeline, de martre, avec des boutons d'or, des brodequins et des souliers à la turque.

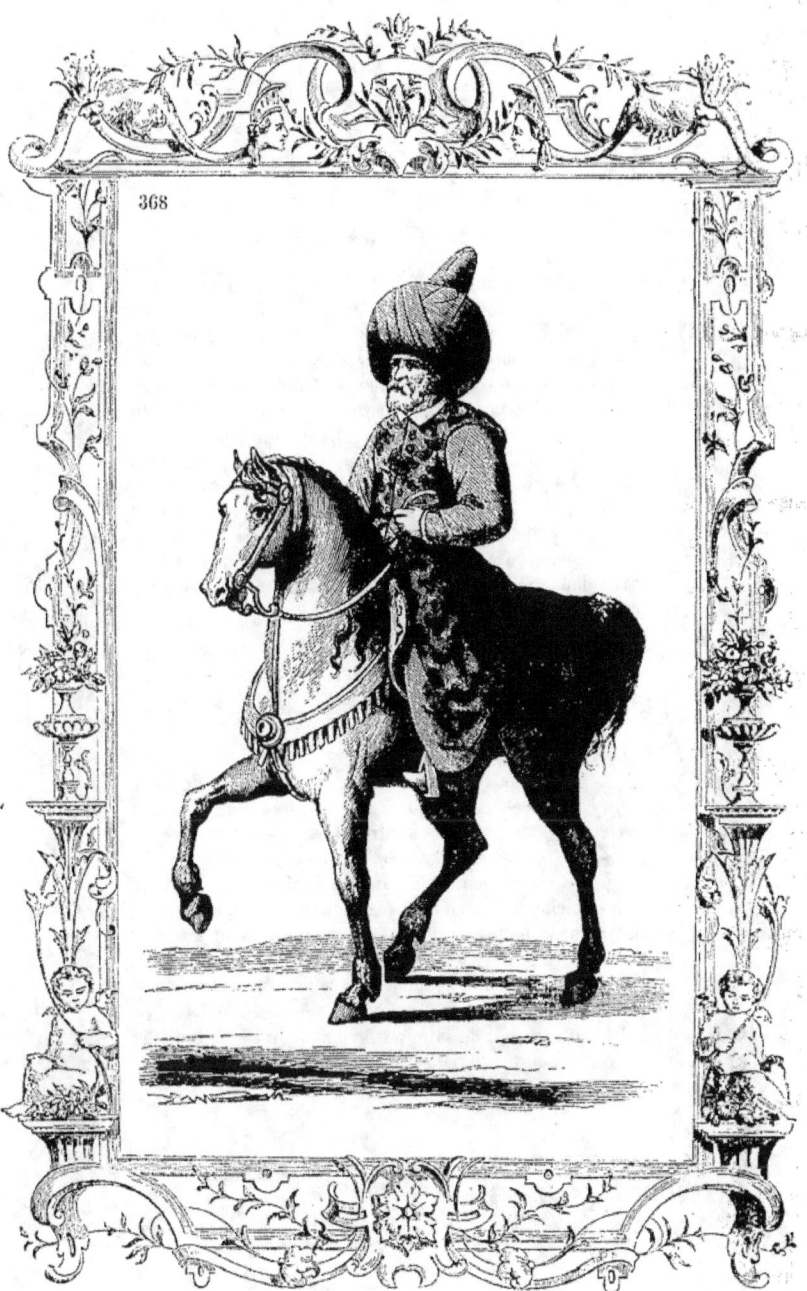

368

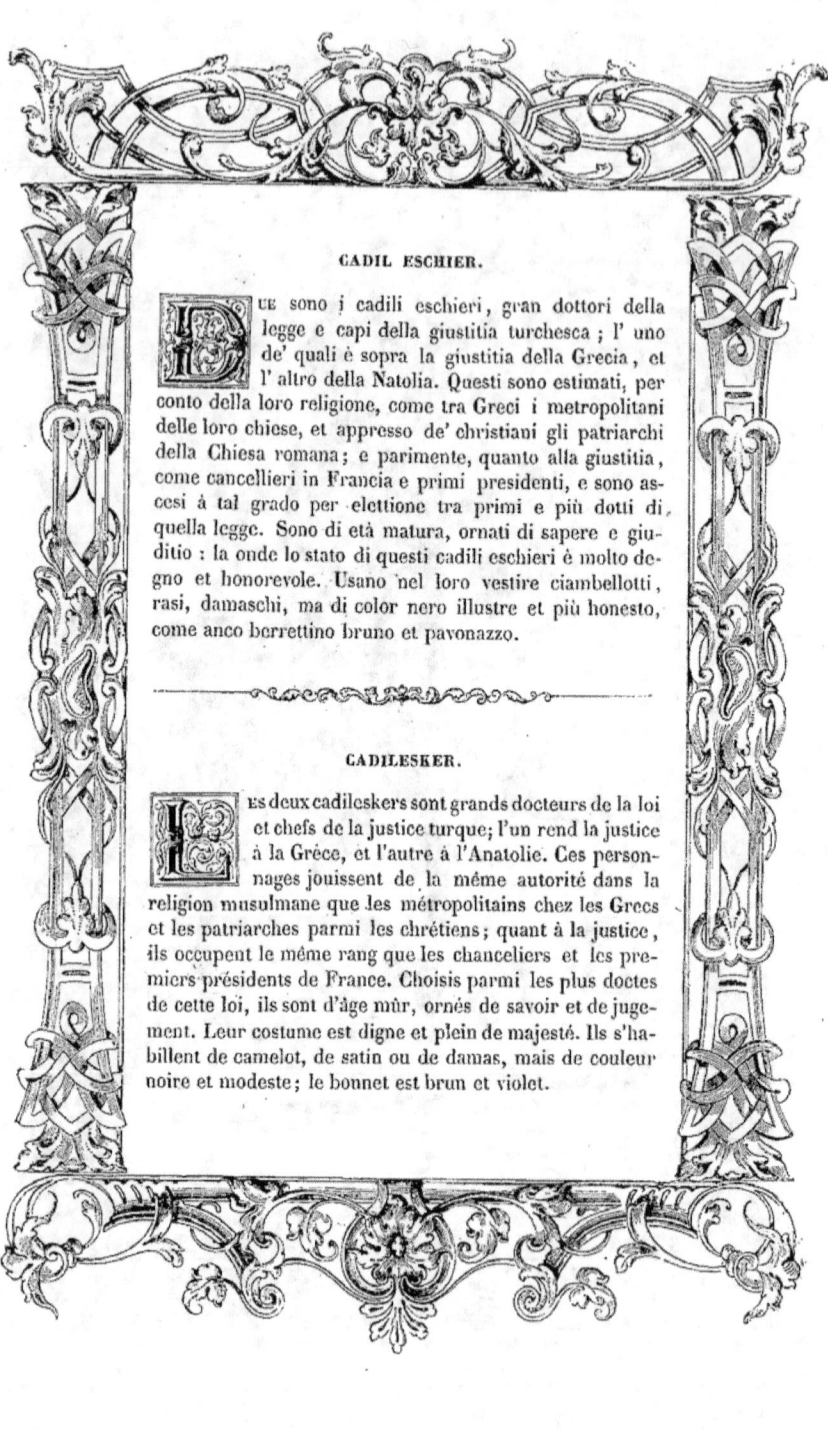

### CADIL ESCHIER.

Due sono i cadili eschieri, gran dottori della legge e capi della giustitia turchesca ; l' uno de' quali è sopra la giustitia della Grecia , et l' altro della Natolia. Questi sono estimati, per conto della loro religione, come tra Greci i metropolitani delle loro chiese, et appresso de' christiani gli patriarchi della Chiesa romana ; e parimente, quanto alla giustitia , come cancellieri in Francia e primi presidenti, e sono ascesi à tal grado per elettione tra primi e più dotti di quella legge. Sono di età matura, ornati di sapere e giuditio : la onde lo stato di questi cadili eschieri è molto degno et honorevole. Usano nel loro vestire ciambellotti, rasi, damaschi, ma di color nero illustre et più honesto, come anco berrettino bruno et pavonazzo.

### CADILESKER.

Les deux cadileskers sont grands docteurs de la loi et chefs de la justice turque ; l'un rend la justice à la Gréce, et l'autre à l'Anatolie. Ces personnages jouissent de la même autorité dans la religion musulmane que les métropolitains chez les Grecs et les patriarches parmi les chrétiens ; quant à la justice, ils occupent le même rang que les chanceliers et les premiers présidents de France. Choisis parmi les plus doctes de cette loi, ils sont d'âge mûr, ornés de savoir et de jugement. Leur costume est digne et plein de majesté. Ils s'habillent de camelot, de satin ou de damas, mais de couleur noire et modeste ; le bonnet est brun et violet.

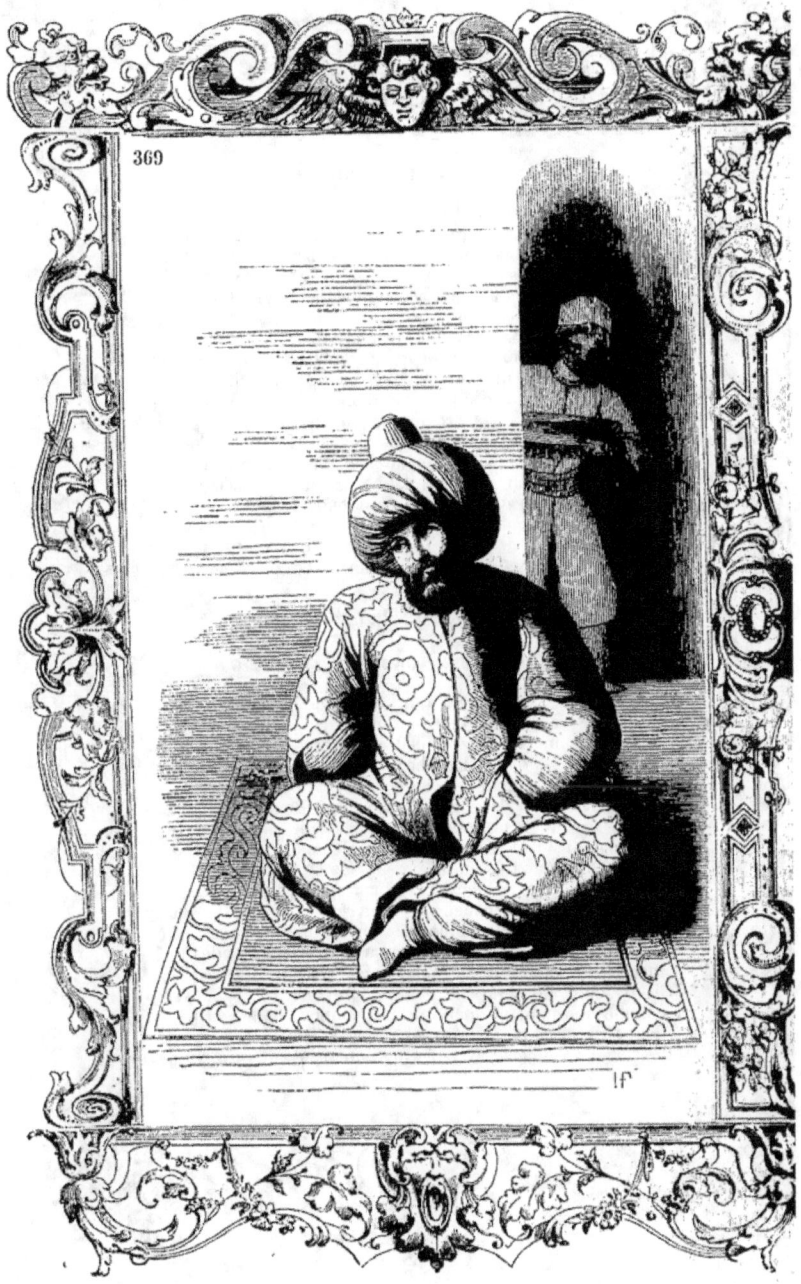

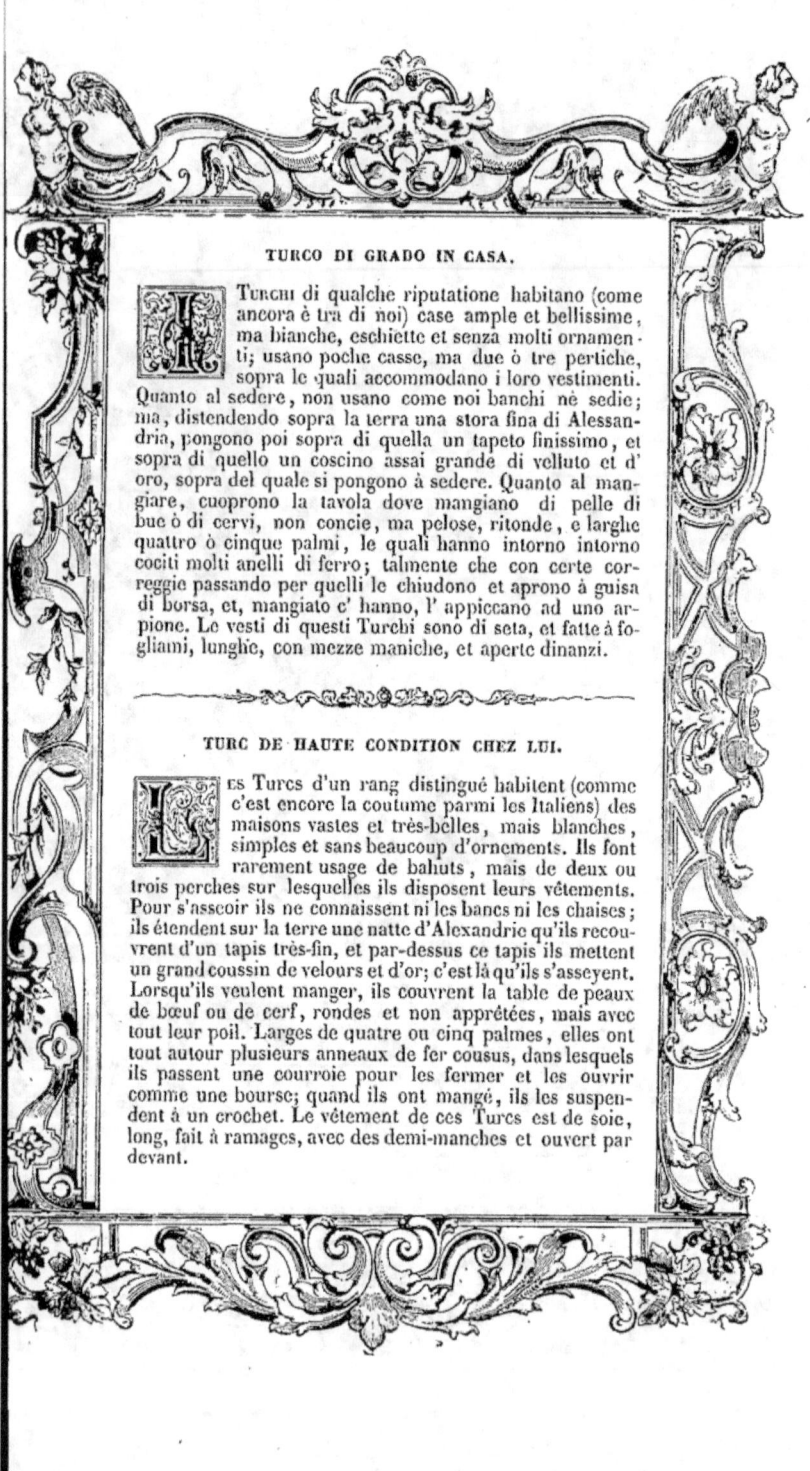

### TURCO DI GRADO IN CASA.

I Turchi di qualche riputatione habitano (come ancora è tra di noi) case ample et bellissime, ma bianche, eschiette et senza molti ornamenti; usano poche casse, ma due ò tre pertiche, sopra le quali accommodano i loro vestimenti. Quanto al sedere, non usano come noi banchi nè sedie; ma, distendendo sopra la terra una stora fina di Alessandria, pongono poi sopra di quella un tapeto finissimo, et sopra di quello un coscino assai grande di velluto et d'oro, sopra del quale si pongono à sedere. Quanto al mangiare, cuoprono la tavola dove mangiano di pelle di bue ò di cervi, non concie, ma pelose, ritonde, e larghe quattro ò cinque palmi, le quali hanno intorno intorno cociti molti anelli di ferro; talmente che con certe correggie passando per quelli le chiudono et aprono à guisa di borsa, et, mangiato c' hanno, l' appiccano ad uno arpione. Le vesti di questi Turchi sono di seta, et fatte à fogliami, lunghe, con mezze maniche, et aperte dinanzi.

---

### TURC DE HAUTE CONDITION CHEZ LUI.

Les Turcs d'un rang distingué habitent (comme c'est encore la coutume parmi les Italiens) des maisons vastes et très-belles, mais blanches, simples et sans beaucoup d'ornements. Ils font rarement usage de bahuts, mais de deux ou trois perches sur lesquelles ils disposent leurs vêtements. Pour s'asseoir ils ne connaissent ni les bancs ni les chaises; ils étendent sur la terre une natte d'Alexandrie qu'ils recouvrent d'un tapis très-fin, et par-dessus ce tapis ils mettent un grand coussin de velours et d'or; c'est là qu'ils s'asseyent. Lorsqu'ils veulent manger, ils couvrent la table de peaux de bœuf ou de cerf, rondes et non apprêtées, mais avec tout leur poil. Larges de quatre ou cinq palmes, elles ont tout autour plusieurs anneaux de fer cousus, dans lesquels ils passent une courroie pour les fermer et les ouvrir comme une bourse; quand ils ont mangé, ils les suspendent à un crochet. Le vêtement de ces Turcs est de soie, long, fait à ramages, avec des demi-manches et ouvert par devant.

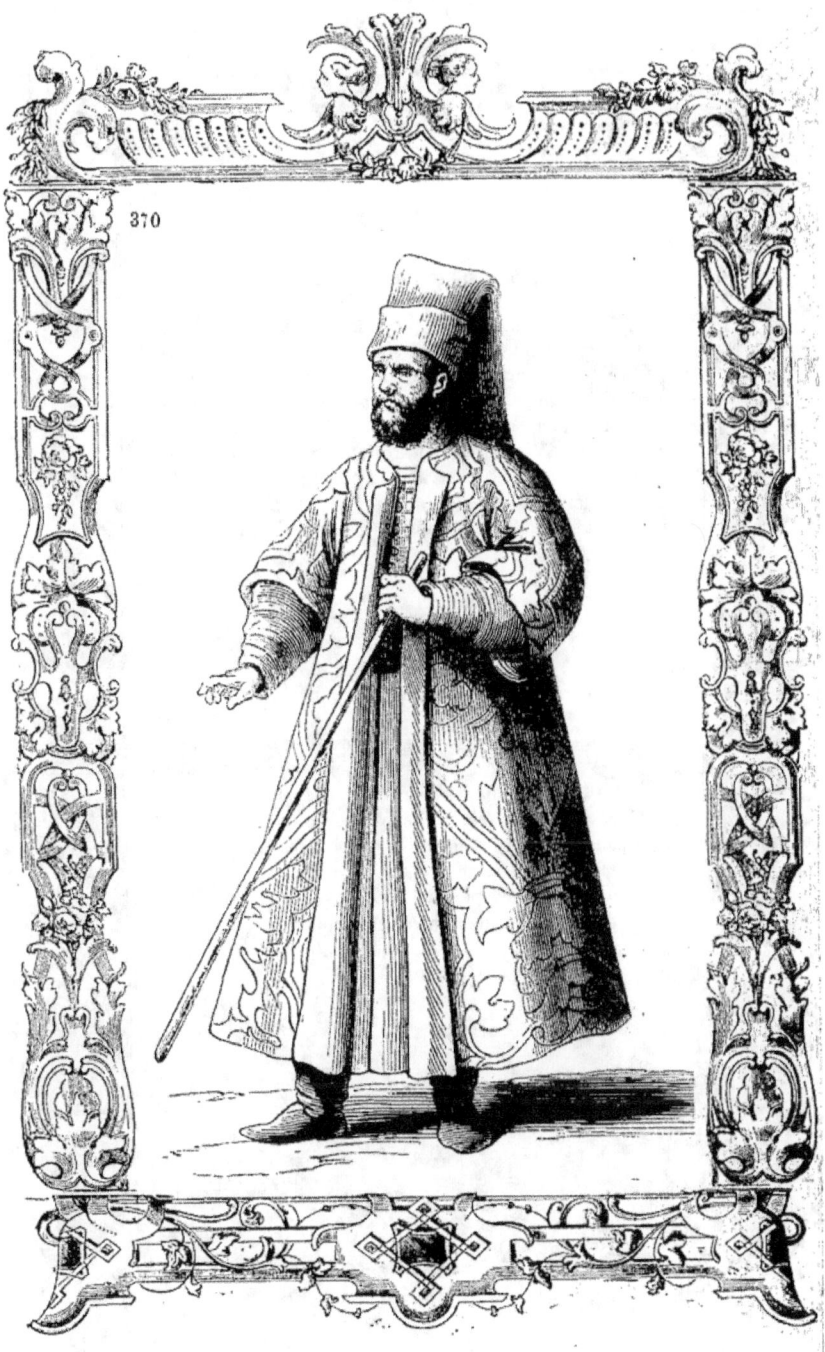

370

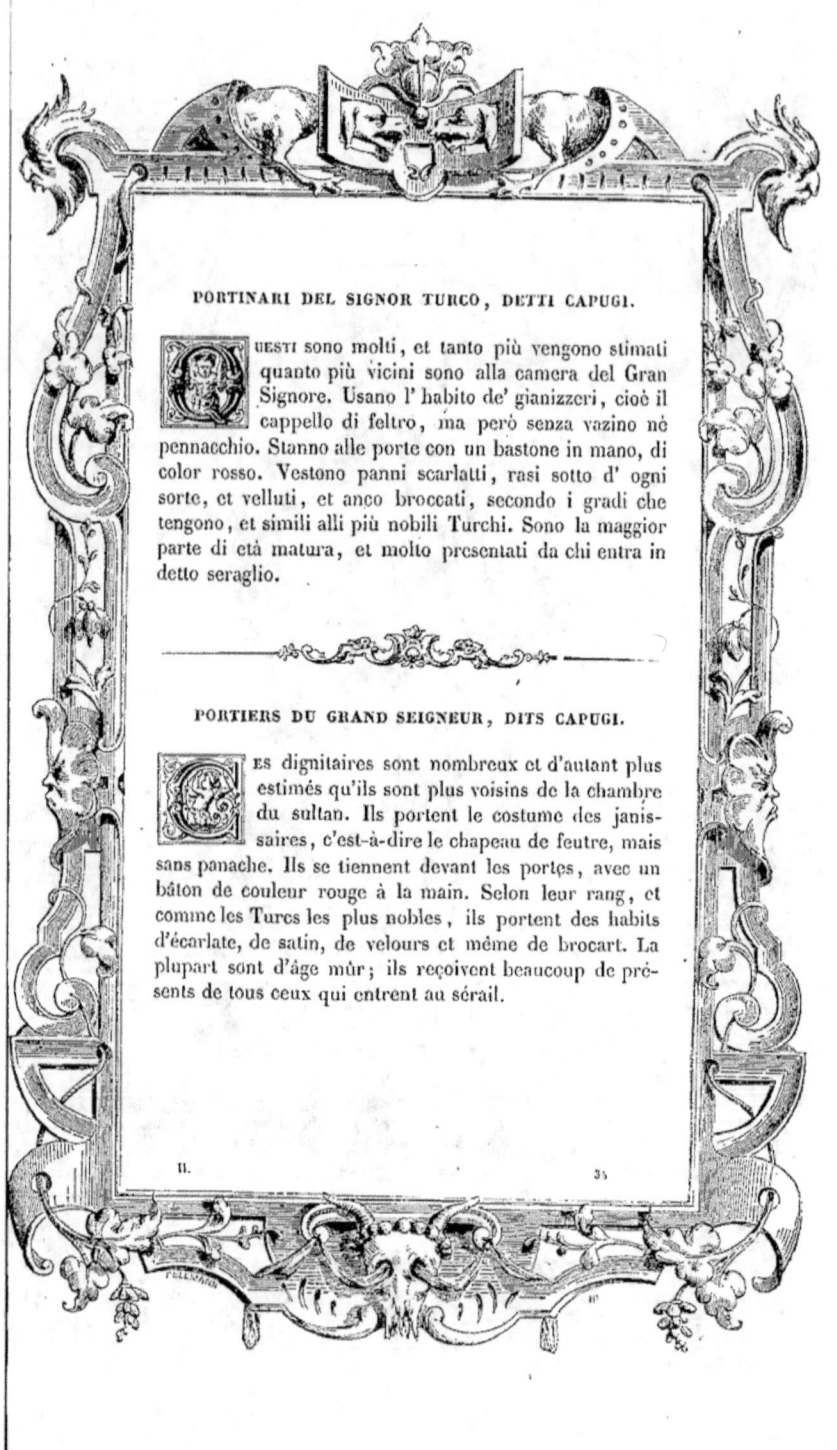

## PORTINARI DEL SIGNOR TURCO, DETTI CAPUGI.

Uesti sono molti, et tanto più vengono stimati quanto più vicini sono alla camera del Gran Signore. Usano l' habito de' gianizzeri, cioè il cappello di feltro, ma però senza vazino nè pennacchio. Stanno alle porte con un bastone in mano, di color rosso. Vestono panni scarlatti, rasi sotto d' ogni sorte, et velluti, et anco broccati, secondo i gradi che tengono, et simili alli più nobili Turchi. Sono la maggior parte di età matura, et molto presentati da chi entra in detto seraglio.

## PORTIERS DU GRAND SEIGNEUR, DITS CAPUGI.

Es dignitaires sont nombreux et d'autant plus estimés qu'ils sont plus voisins de la chambre du sultan. Ils portent le costume des janissaires, c'est-à-dire le chapeau de feutre, mais sans panache. Ils se tiennent devant les portes, avec un bâton de couleur rouge à la main. Selon leur rang, et comme les Turcs les plus nobles, ils portent des habits d'écarlate, de satin, de velours et même de brocart. La plupart sont d'âge mûr; ils reçoivent beaucoup de présents de tous ceux qui entrent au sérail.

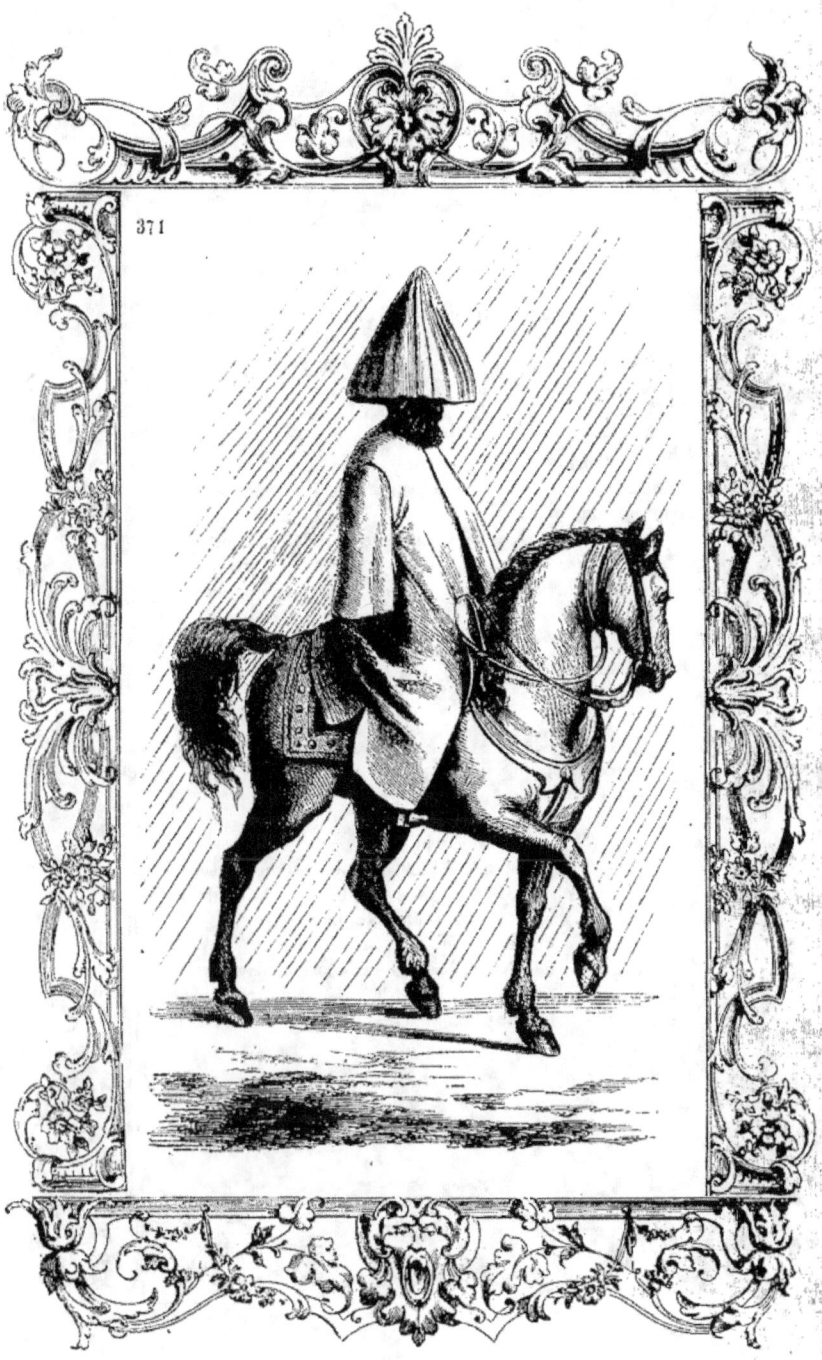

371

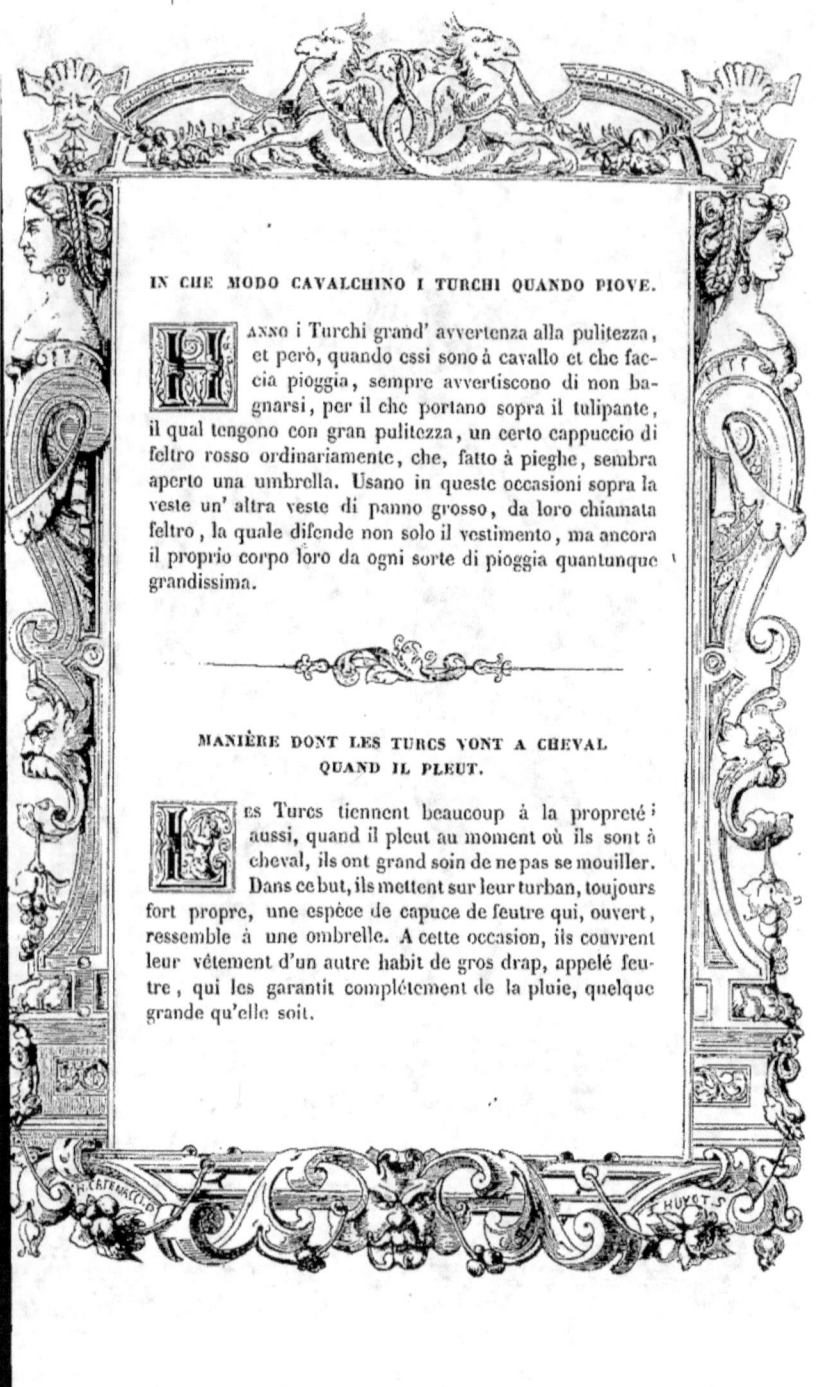

## IN CHE MODO CAVALCHINO I TURCHI QUANDO PIOVE.

Hanno i Turchi grand' avvertenza alla pulitezza, et però, quando essi sono à cavallo et che faccia pioggia, sempre avvertiscono di non bagnarsi, per il che portano sopra il tulipante, il qual tengono con gran pulitezza, un certo cappuccio di feltro rosso ordinariamente, che, fatto à pieghe, sembra aperto una umbrella. Usano in queste occasioni sopra la veste un' altra veste di panno grosso, da loro chiamata feltro, la quale difende non solo il vestimento, ma ancora il proprio corpo loro da ogni sorte di pioggia quantunque grandissima.

## MANIÈRE DONT LES TURCS VONT A CHEVAL QUAND IL PLEUT.

Les Turcs tiennent beaucoup à la propreté aussi, quand il pleut au moment où ils sont à cheval, ils ont grand soin de ne pas se mouiller. Dans ce but, ils mettent sur leur turban, toujours fort propre, une espèce de capuce de feutre qui, ouvert, ressemble à une ombrelle. A cette occasion, ils couvrent leur vêtement d'un autre habit de gros drap, appelé feutre, qui les garantit complétement de la pluie, quelque grande qu'elle soit.

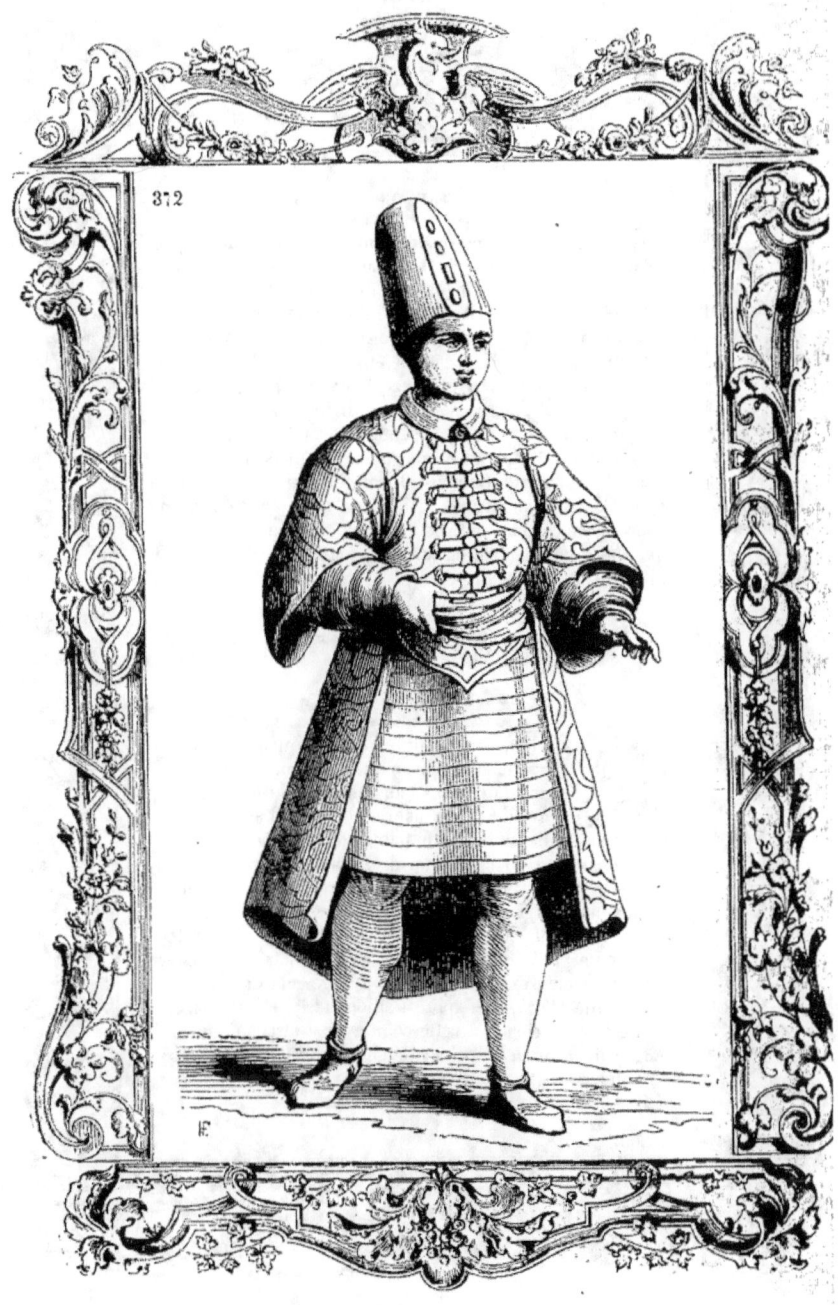

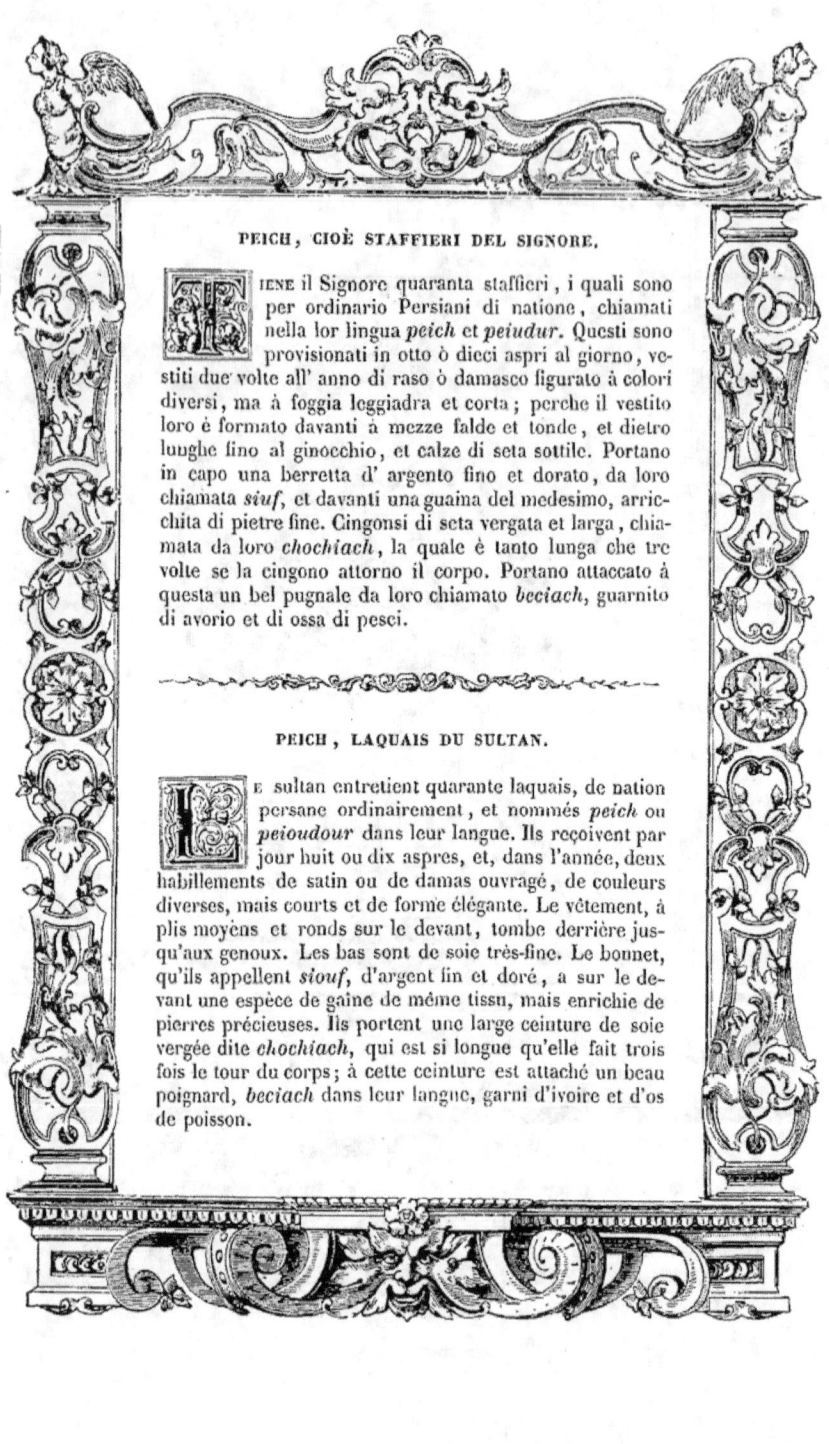

### PEICH, CIOÈ STAFFIERI DEL SIGNORE.

TIENE il Signore quaranta staffieri, i quali sono per ordinario Persiani di natione, chiamati nella lor lingua *peich* et *peiudur*. Questi sono provisionati in otto ò dieci aspri al giorno, vestiti due volte all' anno di raso ò damasco figurato à colori diversi, ma à foggia leggiadra et corta ; perche il vestito loro è formato davanti à mezze falde et tonde, et dietro lunghe fino al ginocchio, et calze di seta sottile. Portano in capo una berretta d' argento fino et dorato, da loro chiamata *siuf*, et davanti una guaina del medesimo, arricchita di pietre fine. Cingonsi di seta vergata et larga, chiamata da loro *chochiach*, la quale è tanto lunga che tre volte se la cingono attorno il corpo. Portano attaccato à questa un bel pugnale da loro chiamato *beciach*, guarnito di avorio et di ossa di pesci.

### PEICH, LAQUAIS DU SULTAN.

LE sultan entretient quarante laquais, de nation persane ordinairement, et nommés *peich* ou *peioudour* dans leur langue. Ils reçoivent par jour huit ou dix aspres, et, dans l'année, deux habillements de satin ou de damas ouvragé, de couleurs diverses, mais courts et de forme élégante. Le vêtement, à plis moyens et ronds sur le devant, tombe derrière jusqu'aux genoux. Les bas sont de soie très-fine. Le bonnet, qu'ils appellent *siouf*, d'argent fin et doré, a sur le devant une espèce de gaîne de même tissu, mais enrichie de pierres précieuses. Ils portent une large ceinture de soie vergée dite *chochiach*, qui est si longue qu'elle fait trois fois le tour du corps ; à cette ceinture est attaché un beau poignard, *beciach* dans leur langue, garni d'ivoire et d'os de poisson.

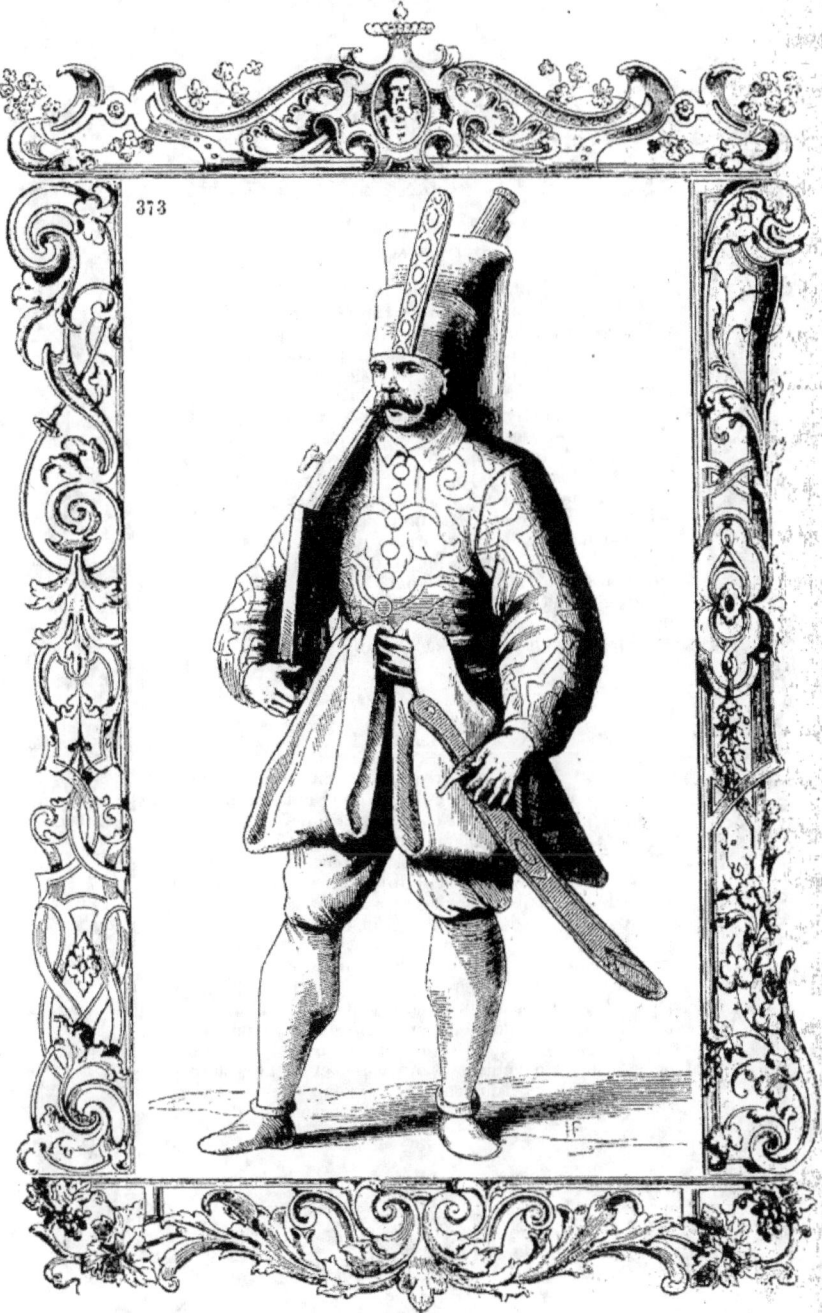

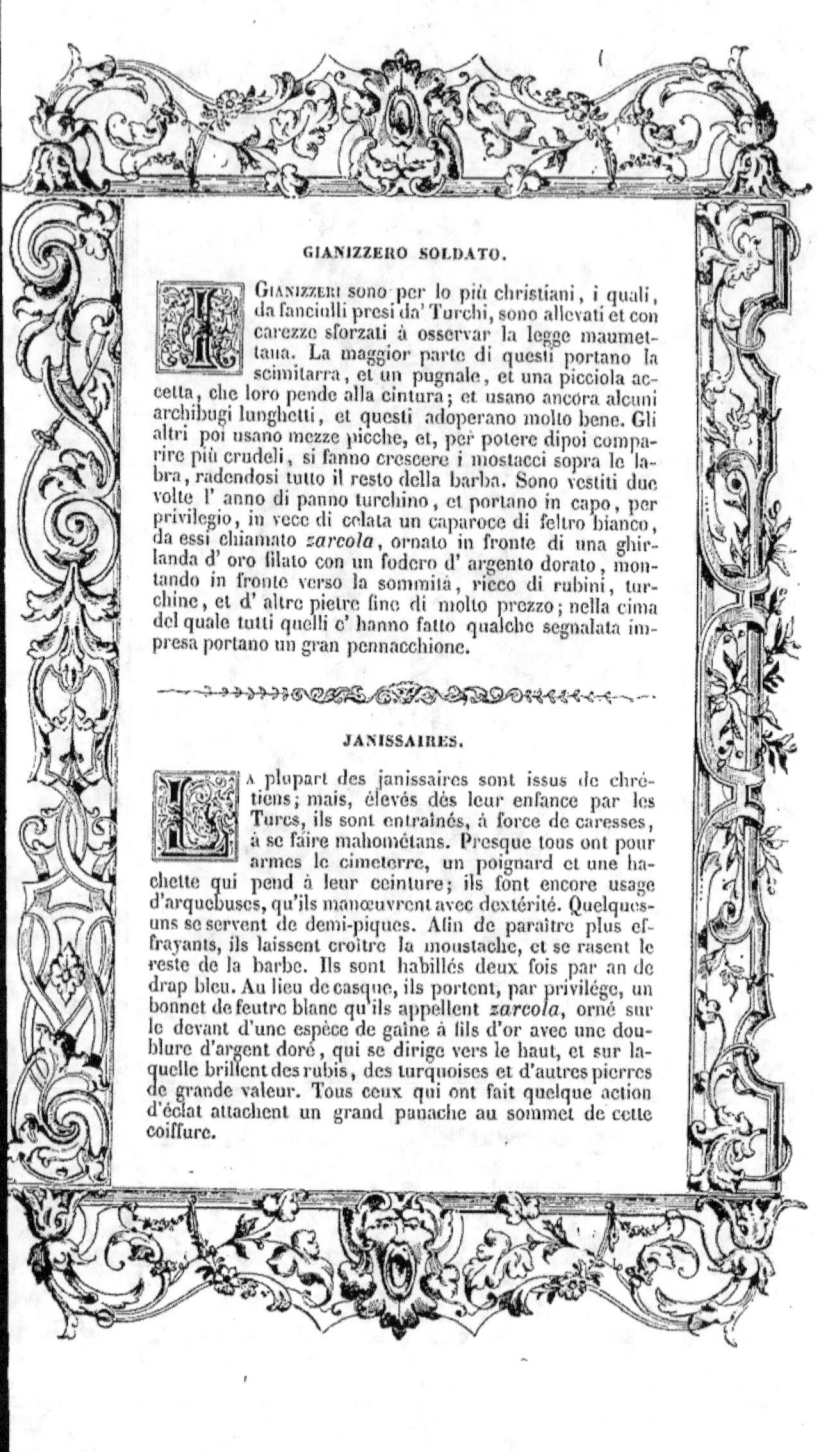

### GIANIZZERO SOLDATO.

GIANIZZERI sono per lo più christiani, i quali, da fanciulli presi da' Turchi, sono allevati et con carezze sforzati à osservar la legge maumettana. La maggior parte di questi portano la scimitarra, et un pugnale, et una picciola accetta, che loro pende alla cintura; et usano ancora alcuni archibugi lunghetti, et questi adoperano molto bene. Gli altri poi usano mezze picche, et, per potere dipoi comparire più crudeli, si fanno crescere i mostacci sopra le labra, radendosi tutto il resto della barba. Sono vestiti due volte l'anno di panno turchino, et portano in capo, per privilegio, in vece di celata un caparoce di feltro bianco, da essi chiamato *zarcola*, ornato in fronte di una ghirlanda d'oro filato con un fodero d'argento dorato, montando in fronte verso la sommità, ricco di rubini, turchine, et d'altre pietre fine di molto prezzo; nella cima del quale tutti quelli c' hanno fatto qualche segnalata impresa portano un gran pennacchione.

### JANISSAIRES.

LA plupart des janissaires sont issus de chrétiens; mais, élevés dès leur enfance par les Turcs, ils sont entraînés, à force de caresses, à se faire mahométans. Presque tous ont pour armes le cimeterre, un poignard et une hachette qui pend à leur ceinture; ils font encore usage d'arquebuses, qu'ils manœuvrent avec dextérité. Quelques-uns se servent de demi-piques. Afin de paraître plus effrayants, ils laissent croître la moustache, et se rasent le reste de la barbe. Ils sont habillés deux fois par an de drap bleu. Au lieu de casque, ils portent, par privilége, un bonnet de feutre blanc qu'ils appellent *zarcola*, orné sur le devant d'une espèce de gaîne à fils d'or avec une doublure d'argent doré, qui se dirige vers le haut, et sur laquelle brillent des rubis, des turquoises et d'autres pierres de grande valeur. Tous ceux qui ont fait quelque action d'éclat attachent un grand panache au sommet de cette coiffure.

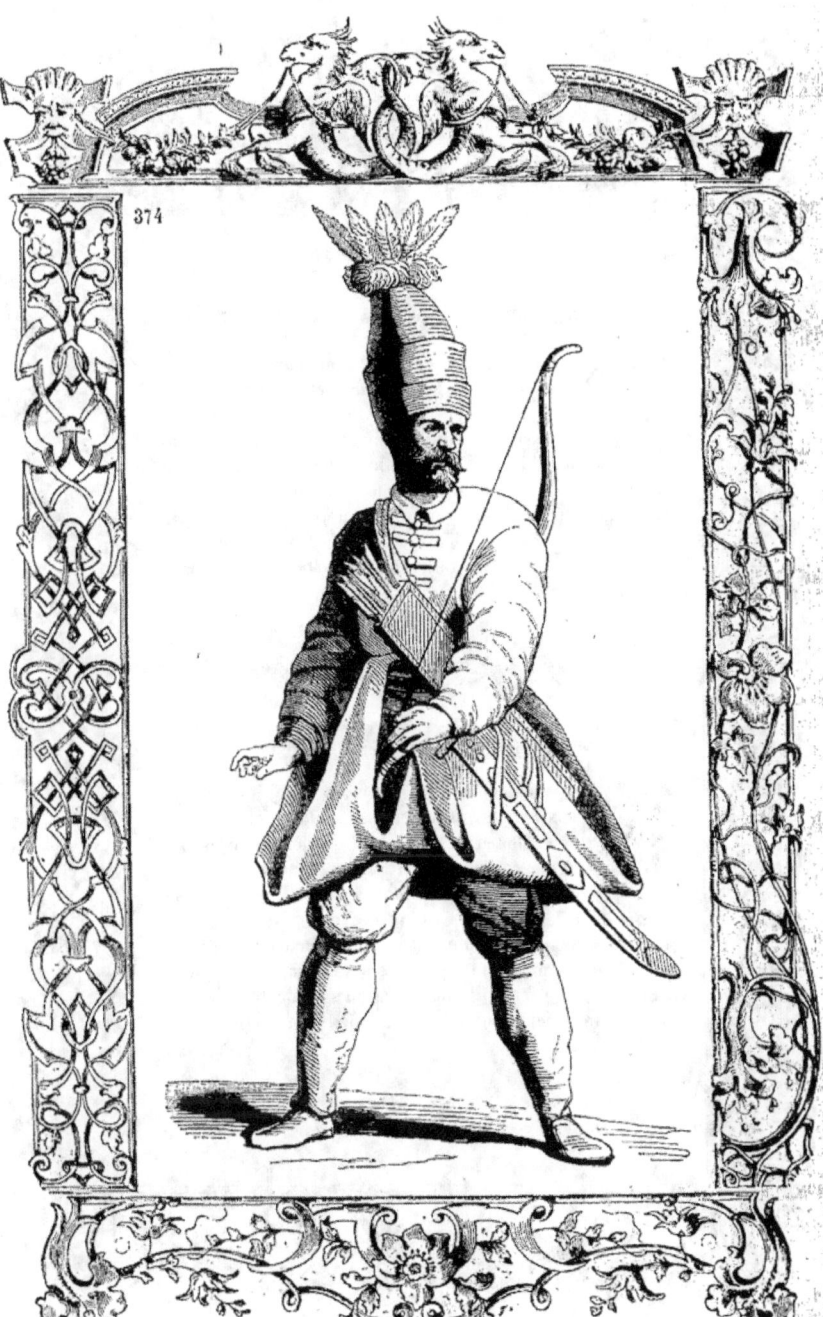

374

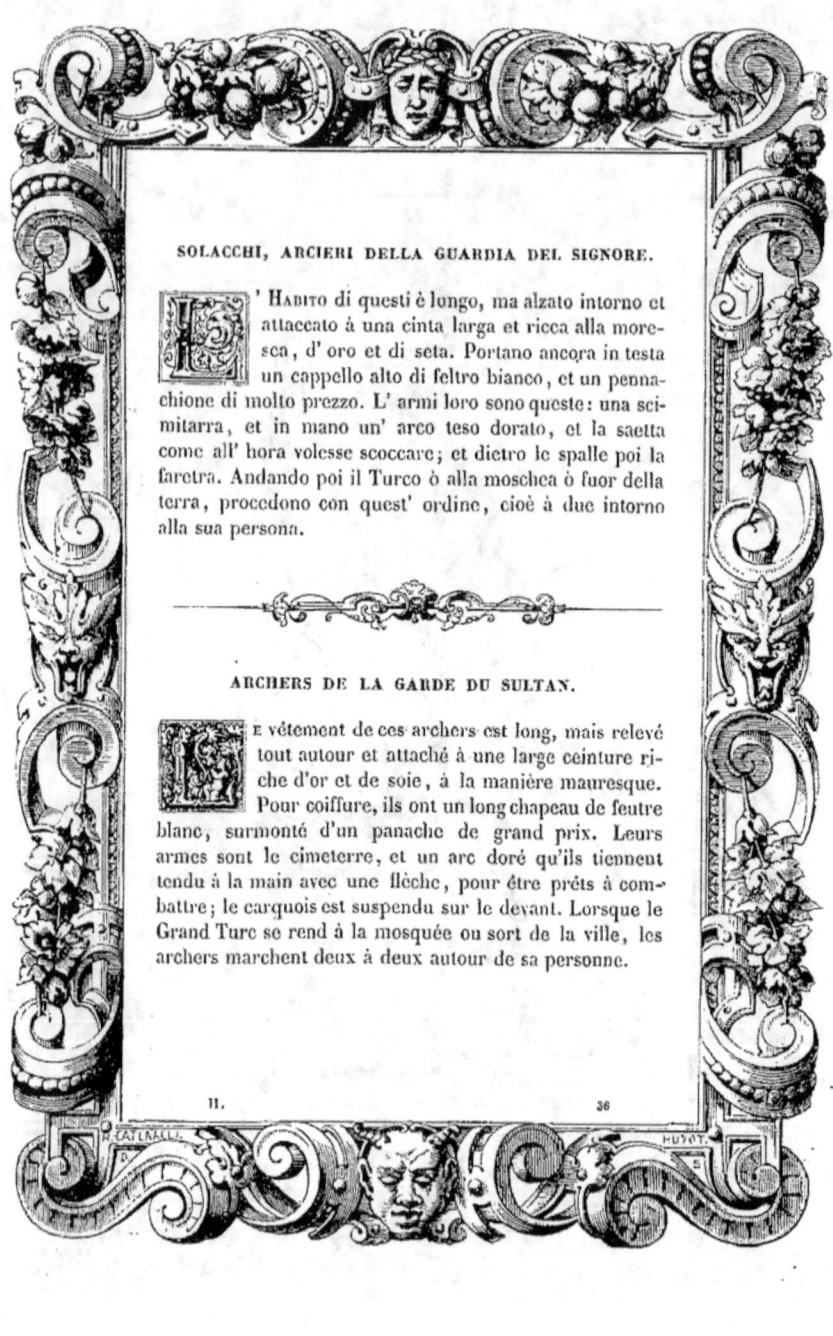

## SOLACCHI, ARCIERI DELLA GUARDIA DEL SIGNORE.

L'HABITO di questi è lungo, ma alzato intorno et attaccato à una cinta larga et ricca alla moresca, d'oro et di seta. Portano ancora in testa un cappello alto di feltro bianco, et un pennachione di molto prezzo. L'armi loro sono queste: una scimitarra, et in mano un'arco teso dorato, et la saetta come all'hora volesse scoccare; et dietro le spalle poi la faretra. Andando poi il Turco ò alla moschea ò fuor della terra, procedono con quest'ordine, cioè à due intorno alla sua persona.

## ARCHERS DE LA GARDE DU SULTAN.

LE vêtement de ces archers est long, mais relevé tout autour et attaché à une large ceinture riche d'or et de soie, à la manière mauresque. Pour coiffure, ils ont un long chapeau de feutre blanc, surmonté d'un panache de grand prix. Leurs armes sont le cimeterre, et un arc doré qu'ils tiennent tendu à la main avec une flèche, pour être prêts à combattre; le carquois est suspendu sur le devant. Lorsque le Grand Turc se rend à la mosquée ou sort de la ville, les archers marchent deux à deux autour de sa personne.

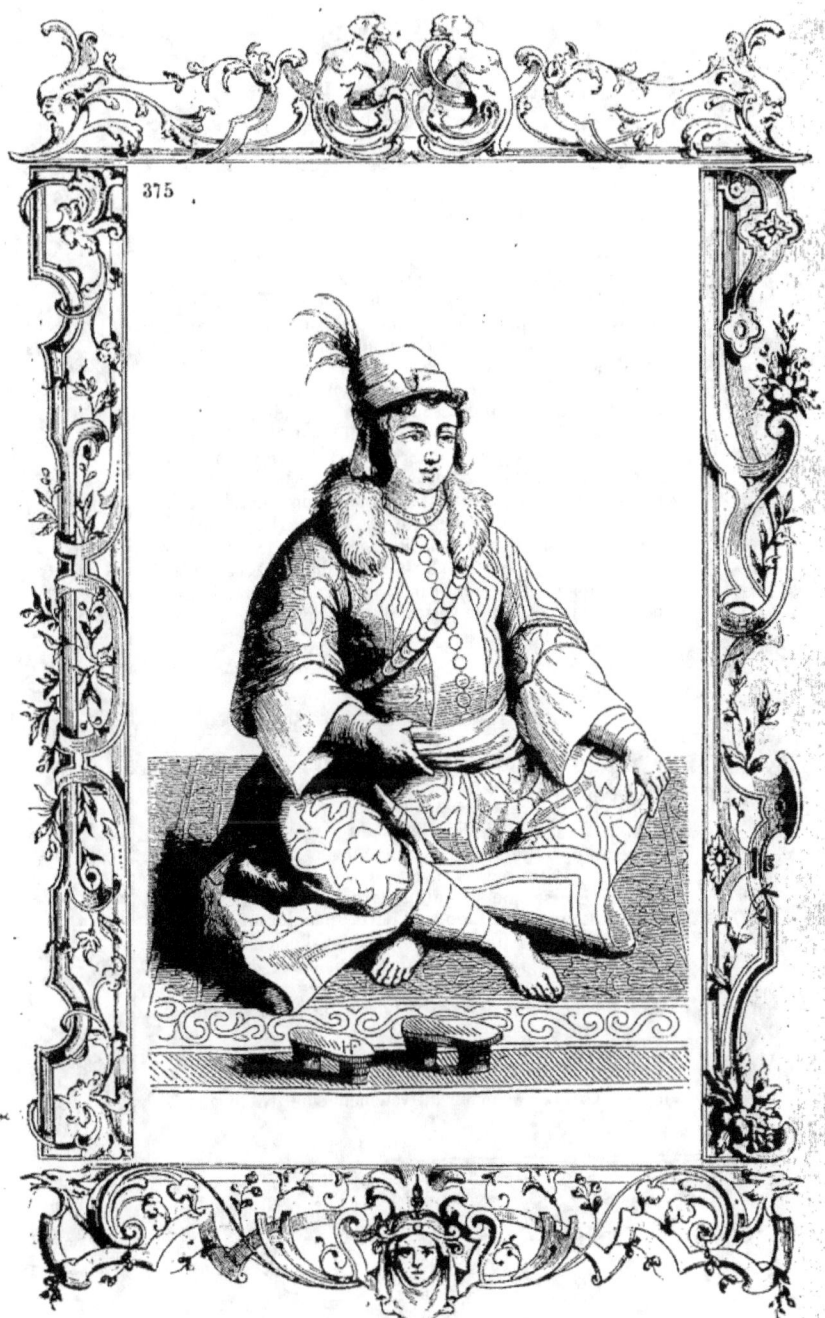

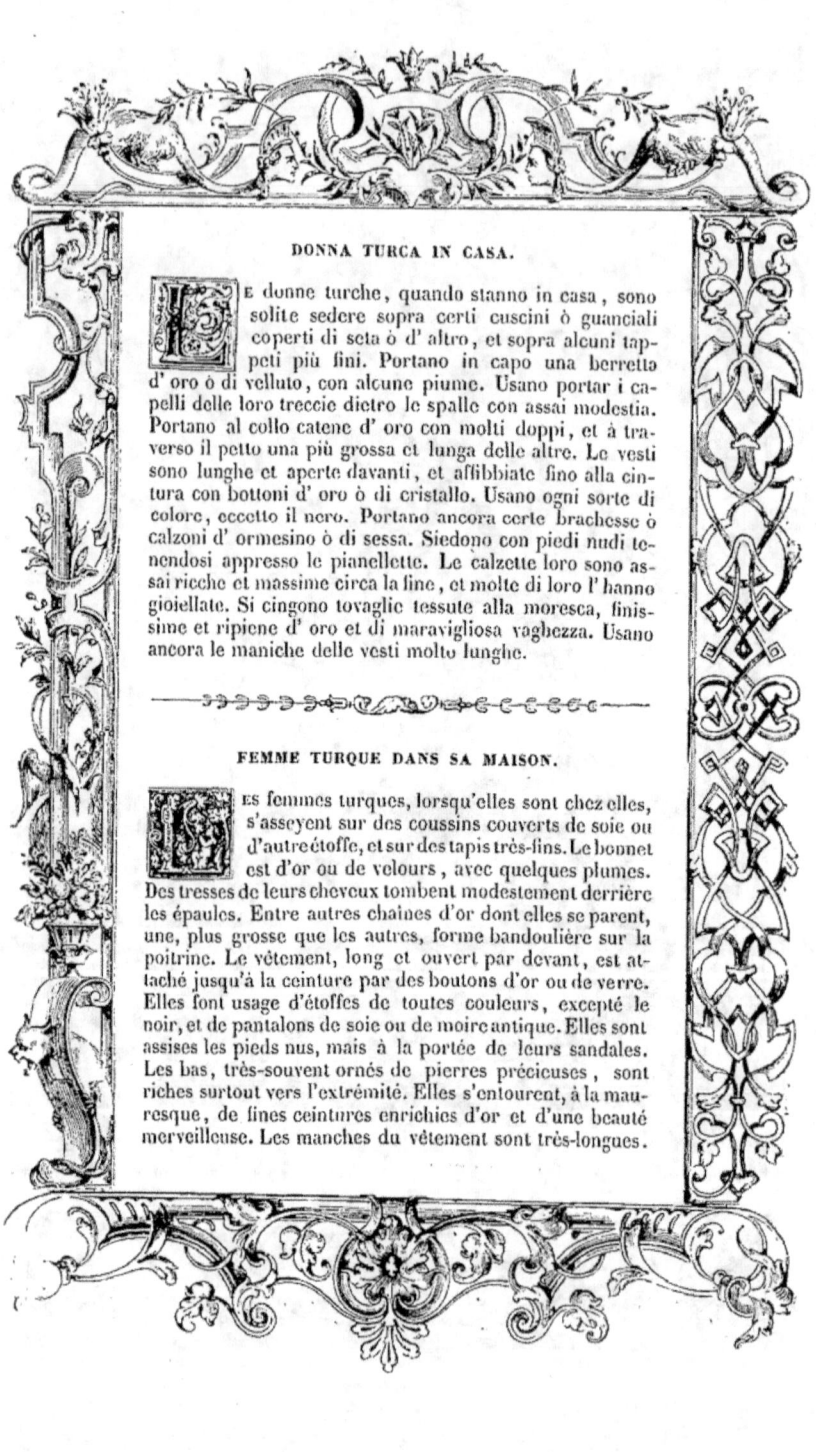

## DONNA TURCA IN CASA.

LE donne turche, quando stanno in casa, sono
solite sedere sopra certi cuscini ò guanciali
coperti di seta ò d' altro, et sopra alcuni tappeti più fini. Portano in capo una berretta
d' oro ò di velluto, con alcune piume. Usano portar i capelli delle loro treccie dietro le spalle con assai modestia.
Portano al collo catene d' oro con molti doppi, et à traverso il petto una più grossa et lunga delle altre. Le vesti
sono lunghe et aperte davanti, et affibbiate fino alla cintura con bottoni d' oro ò di cristallo. Usano ogni sorte di
colore, eccetto il nero. Portano ancora certe brachesse ò
calzoni d' ormesino ò di sessa. Siedono con piedi nudi tenendosi appresso le pianellette. Le calzette loro sono assai ricche et massime circa la fine, et molte di loro l' hanno
gioiellate. Si cingono tovaglie tessute alla moresca, finissime et ripiene d' oro et di maravigliosa vaghezza. Usano
ancora le maniche delle vesti molto lunghe.

## FEMME TURQUE DANS SA MAISON.

LES femmes turques, lorsqu'elles sont chez elles,
s'asseyent sur des coussins couverts de soie ou
d'autre étoffe, et sur des tapis très-fins. Le bonnet
est d'or ou de velours, avec quelques plumes.
Des tresses de leurs cheveux tombent modestement derrière
les épaules. Entre autres chaînes d'or dont elles se parent,
une, plus grosse que les autres, forme bandoulière sur la
poitrine. Le vêtement, long et ouvert par devant, est attaché jusqu'à la ceinture par des boutons d'or ou de verre.
Elles font usage d'étoffes de toutes couleurs, excepté le
noir, et de pantalons de soie ou de moire antique. Elles sont
assises les pieds nus, mais à la portée de leurs sandales.
Les bas, très-souvent ornés de pierres précieuses, sont
riches surtout vers l'extrémité. Elles s'entourent, à la mauresque, de fines ceintures enrichies d'or et d'une beauté
merveilleuse. Les manches du vêtement sont très-longues.

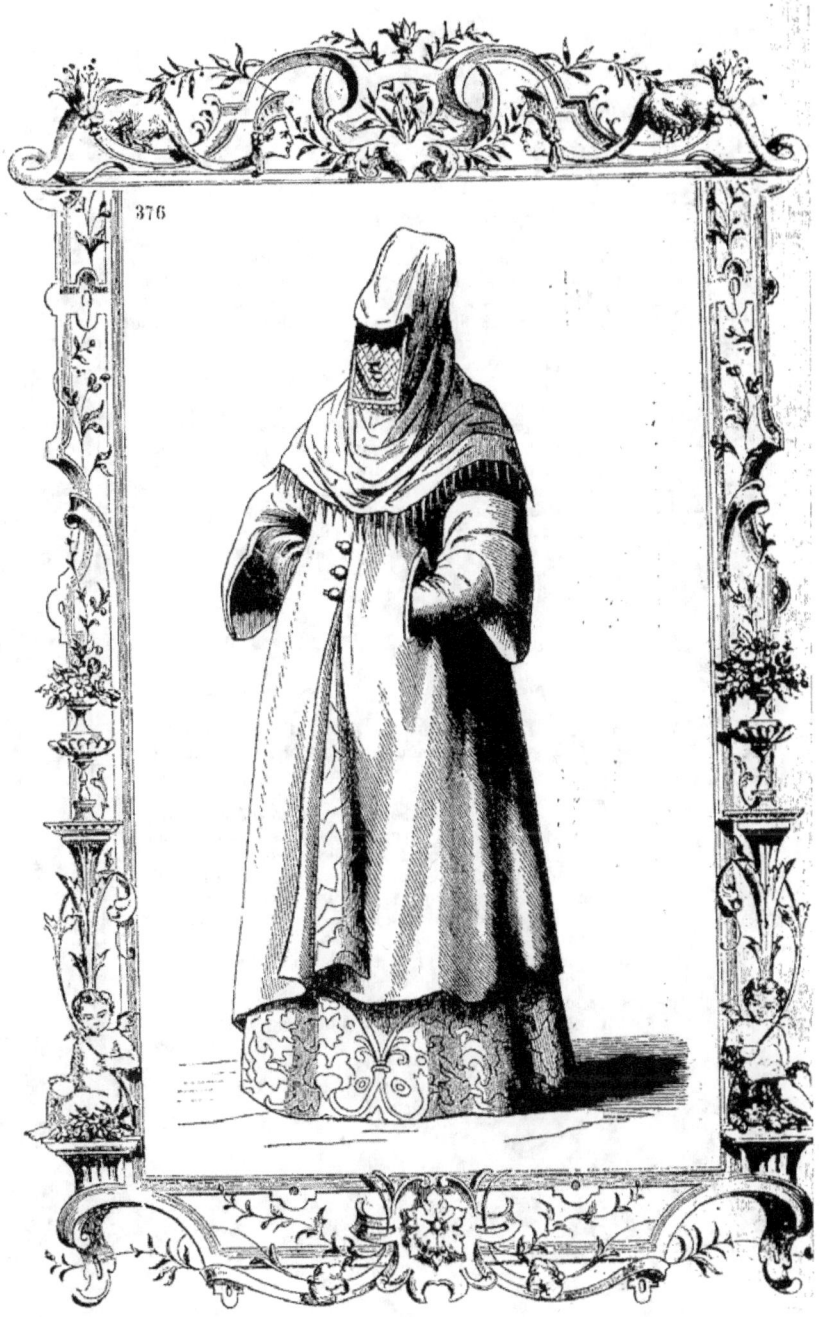

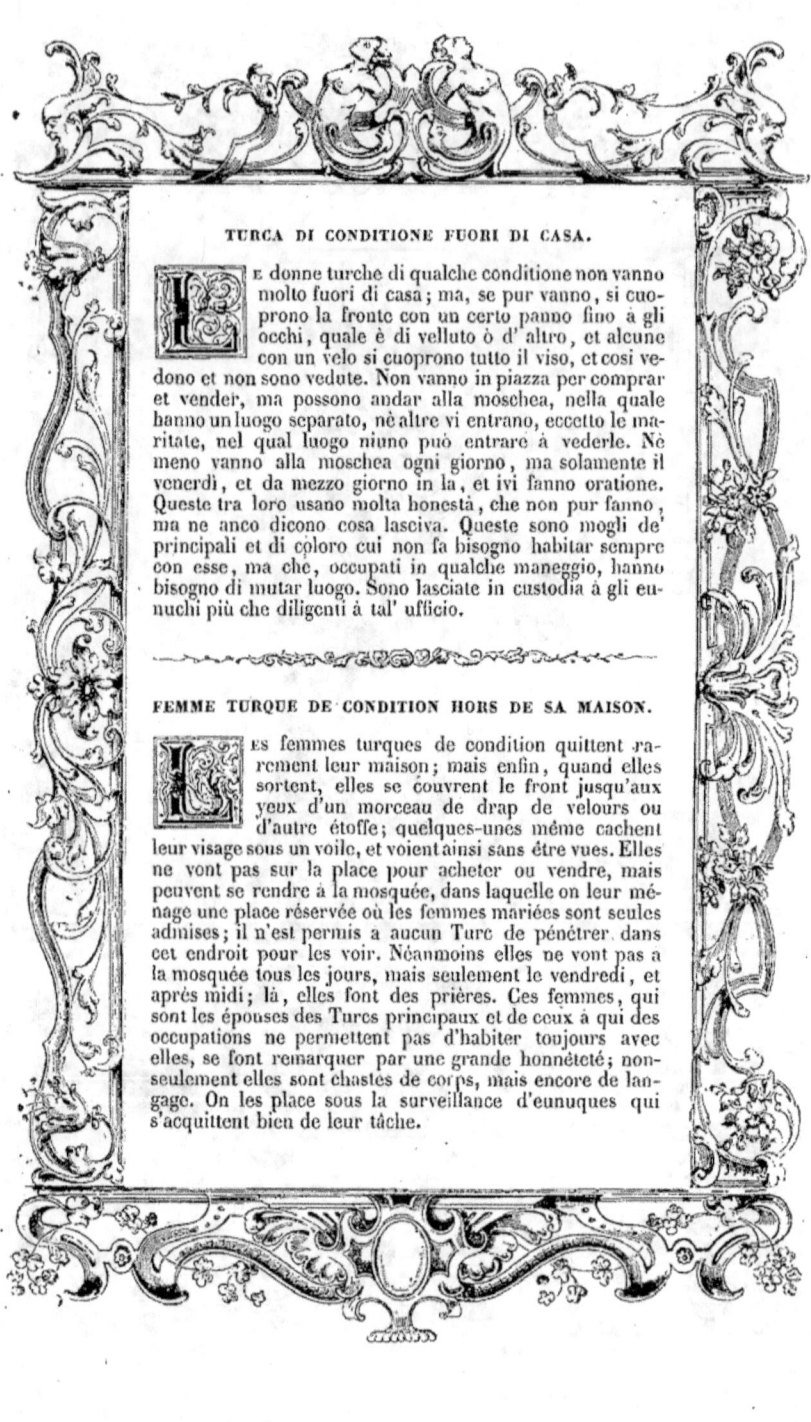

### TURCA DI CONDITIONE FUORI DI CASA.

LE donne turche di qualche conditione non vanno molto fuori di casa; ma, se pur vanno, si cuoprono la fronte con un certo panno fino à gli occhi, quale è di velluto ò d'altro, et alcune con un velo si cuoprono tutto il viso, et così vedono et non sono vedute. Non vanno in piazza per comprar et vender, ma possono andar alla moschea, nella quale hanno un luogo separato, nè altre vi entrano, eccetto le maritate, nel qual luogo niuno può entrare à vederle. Nè meno vanno alla moschea ogni giorno, ma solamente il venerdì, et da mezzo giorno in là, et ivi fanno oratione. Queste tra loro usano molta honestà, che non pur fanno, ma ne anco dicono cosa lasciva. Queste sono mogli de' principali et di coloro cui non fa bisogno habitar sempre con esse, ma chè, occupati in qualche maneggio, hanno bisogno di mutar luogo. Sono lasciate in custodia à gli eunuchi più che diligenti à tal' ufficio.

### FEMME TURQUE DE CONDITION HORS DE SA MAISON.

LES femmes turques de condition quittent rarement leur maison; mais enfin, quand elles sortent, elles se couvrent le front jusqu'aux yeux d'un morceau de drap de velours ou d'autre étoffe; quelques-unes même cachent leur visage sous un voile, et voient ainsi sans être vues. Elles ne vont pas sur la place pour acheter ou vendre, mais peuvent se rendre à la mosquée, dans laquelle on leur ménage une place réservée où les femmes mariées sont seules admises; il n'est permis a aucun Turc de pénétrer dans cet endroit pour les voir. Néanmoins elles ne vont pas a la mosquée tous les jours, mais seulement le vendredi, et après midi; là, elles font des prières. Ces femmes, qui sont les épouses des Turcs principaux et de ceux à qui des occupations ne permettent pas d'habiter toujours avec elles, se font remarquer par une grande honnêteté; non-seulement elles sont chastes de corps, mais encore de langage. On les place sous la surveillance d'eunuques qui s'acquittent bien de leur tâche.

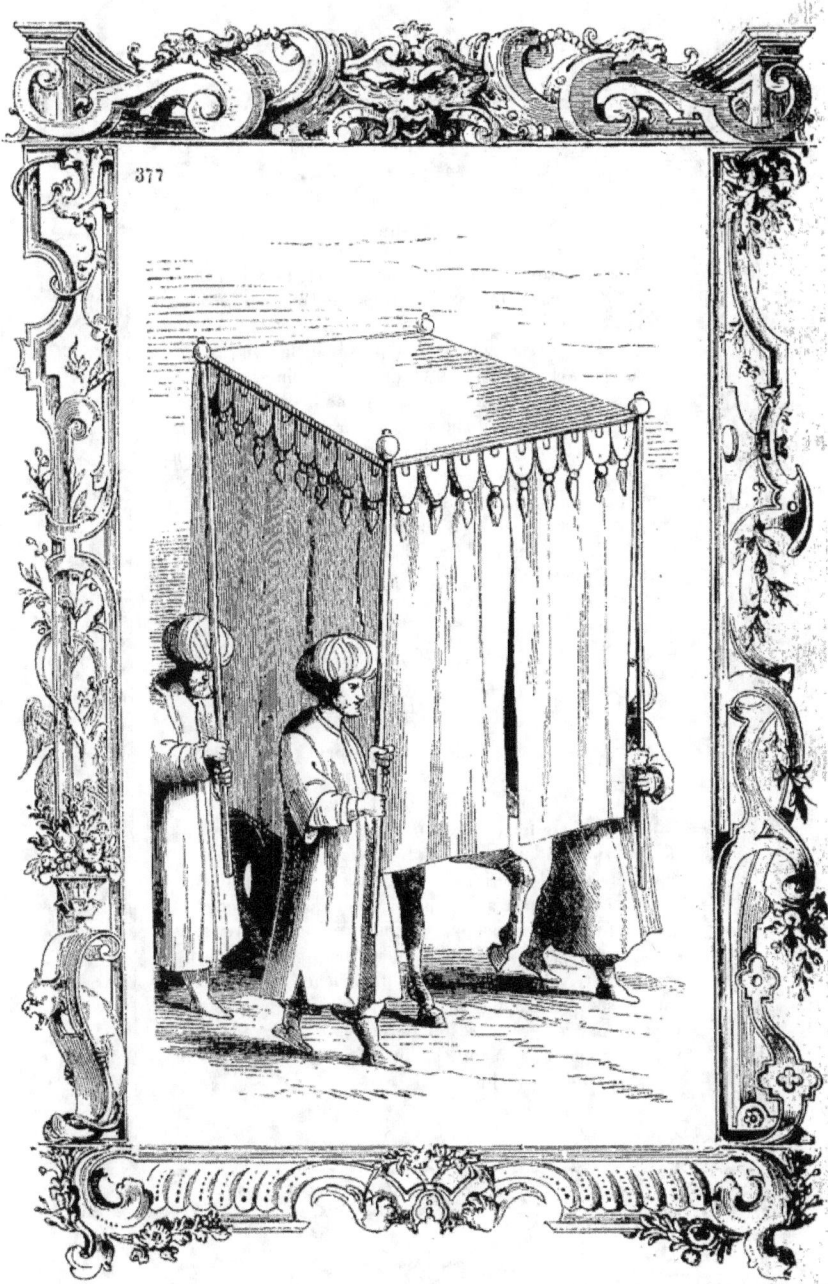

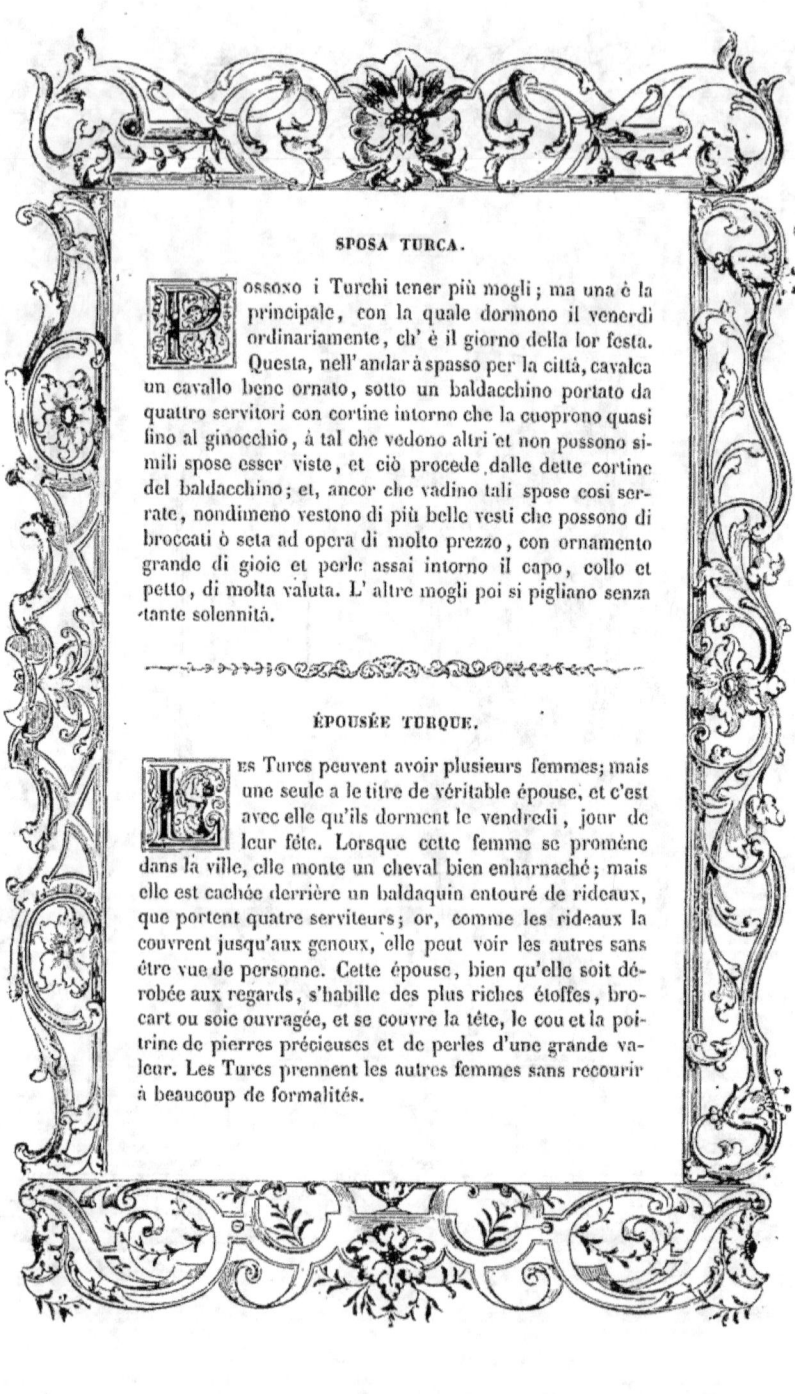

### SPOSA TURCA.

Possono i Turchi tener più mogli; ma una è la principale, con la quale dormono il venerdì ordinariamente, ch' è il giorno della lor festa. Questa, nell' andar à spasso per la città, cavalca un cavallo bene ornato, sotto un baldacchino portato da quattro servitori con cortine intorno che la cuoprono quasi fino al ginocchio, à tal che vedono altri et non possono simili spose esser viste, et ciò procede dalle dette cortine del baldacchino; et, ancor che vadino tali spose così serrate, nondimeno vestono di più belle vesti che possono di broccati ò seta ad opera di molto prezzo, con ornamento grande di gioie et perle assai intorno il capo, collo et petto, di molta valuta. L' altre mogli poi si pigliano senza tante solennità.

### ÉPOUSÉE TURQUE.

Les Turcs peuvent avoir plusieurs femmes; mais une seule a le titre de véritable épouse, et c'est avec elle qu'ils dorment le vendredi, jour de leur fête. Lorsque cette femme se promène dans la ville, elle monte un cheval bien enharnaché; mais elle est cachée derrière un baldaquin entouré de rideaux, que portent quatre serviteurs; or, comme les rideaux la couvrent jusqu'aux genoux, elle peut voir les autres sans être vue de personne. Cette épouse, bien qu'elle soit dérobée aux regards, s'habille des plus riches étoffes, brocart ou soie ouvragée, et se couvre la tête, le cou et la poitrine de pierres précieuses et de perles d'une grande valeur. Les Turcs prennent les autres femmes sans recourir à beaucoup de formalités.

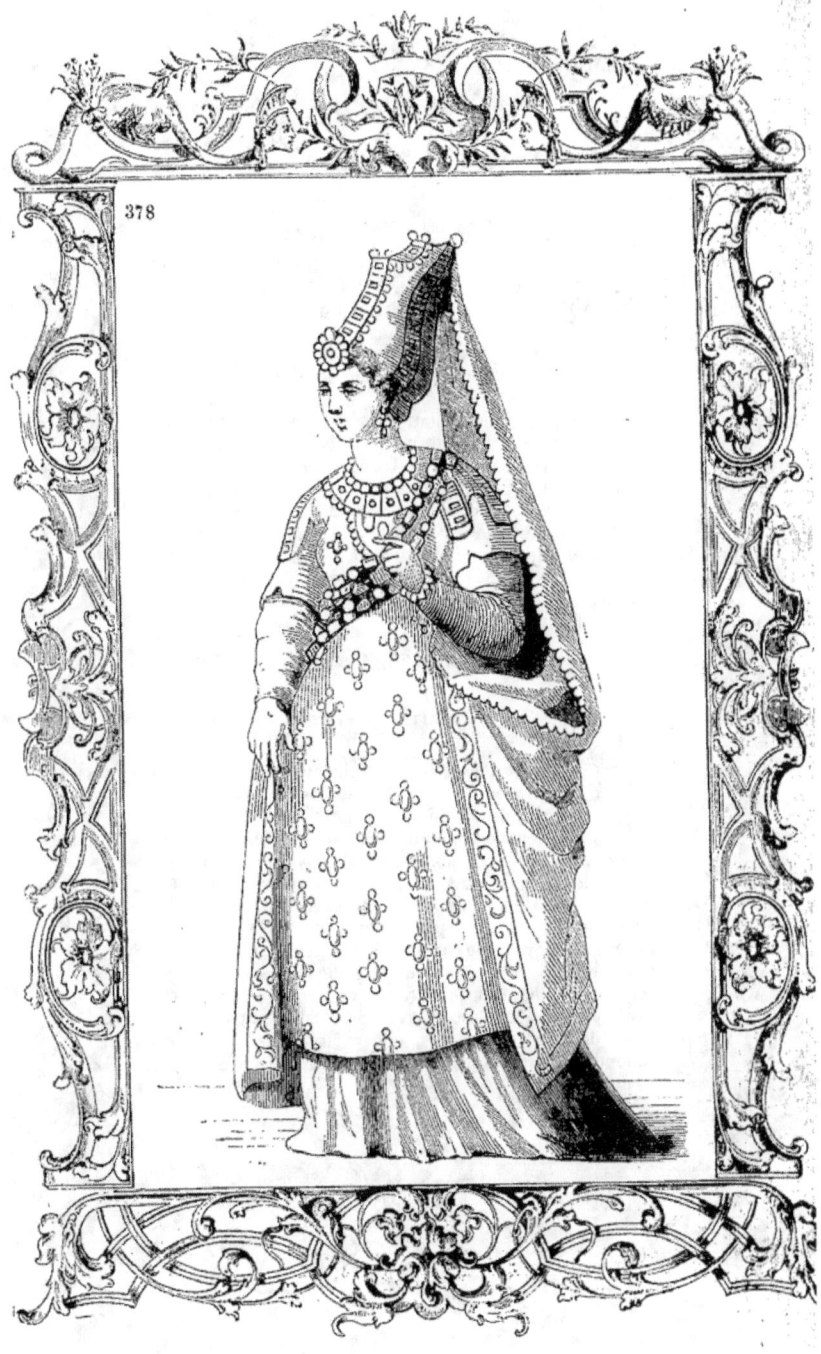

378

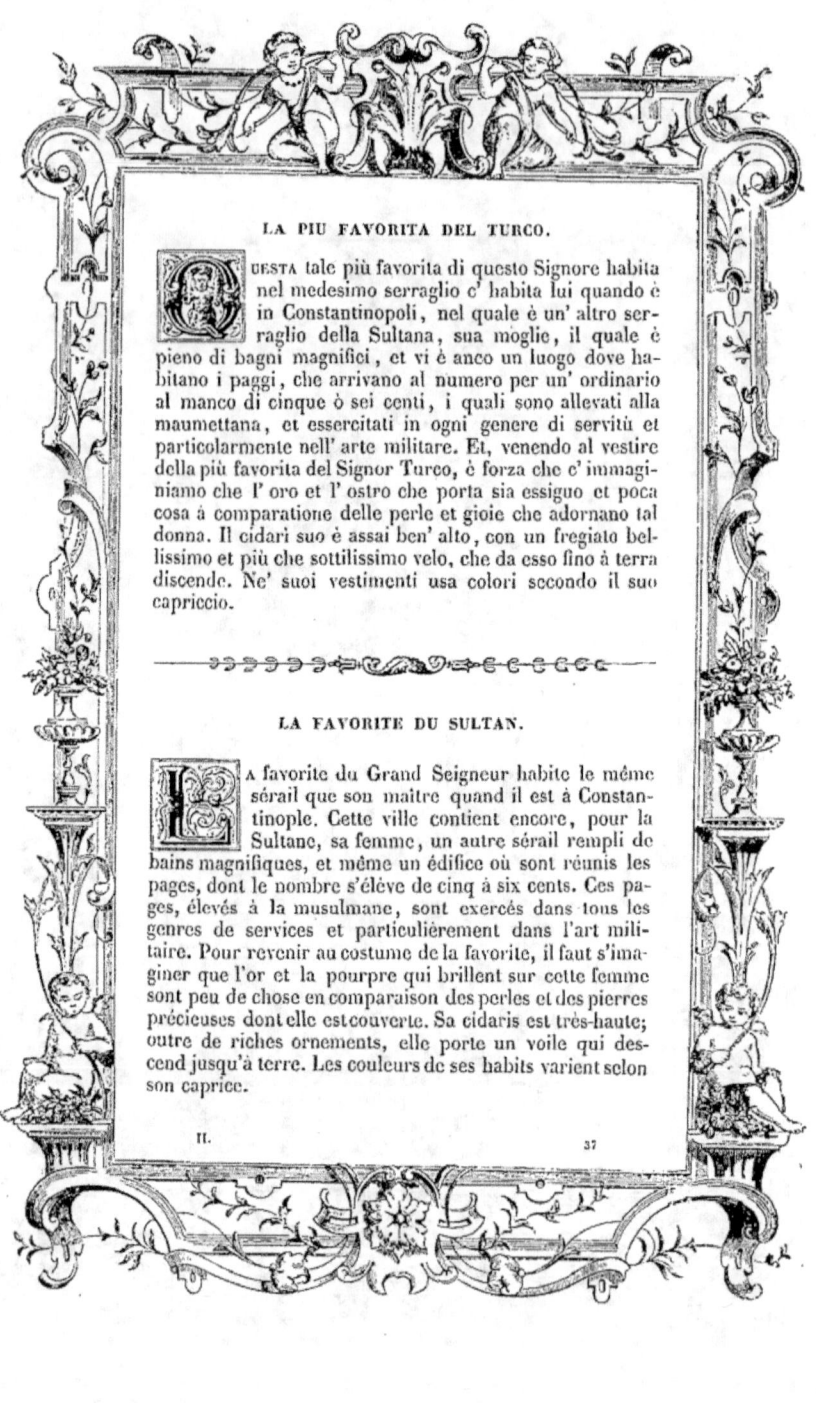

## LA PIU FAVORITA DEL TURCO.

QUESTA tale più favorita di questo Signore habita nel medesimo serraglio c' habita lui quando è in Constantinopoli, nel quale è un' altro serraglio della Sultana, sua moglie, il quale è pieno di bagni magnifici, et vi è anco un luogo dove habitano i paggi, che arrivano al numero per un' ordinario al manco di cinque ò sei centi, i quali sono allevati alla maumettana, et essercitati in ogni genere di servitù et particolarmente nell' arte militare. Et, venendo al vestire della più favorita del Signor Turco, è forza che c' immaginiamo che l' oro et l' ostro che porta sia essiguo et poca cosa à comparatione delle perle et gioie che adornano tal donna. Il cidari suo è assai ben' alto, con un fregiato bellissimo et più che sottilissimo velo, che da esso fino à terra discende. Ne' suoi vestimenti usa colori secondo il suo capriccio.

## LA FAVORITE DU SULTAN.

LA favorite du Grand Seigneur habite le même sérail que son maître quand il est à Constantinople. Cette ville contient encore, pour la Sultane, sa femme, un autre sérail rempli de bains magnifiques, et même un édifice où sont réunis les pages, dont le nombre s'élève de cinq à six cents. Ces pages, élevés à la musulmane, sont exercés dans tous les genres de services et particulièrement dans l'art militaire. Pour revenir au costume de la favorite, il faut s'imaginer que l'or et la pourpre qui brillent sur cette femme sont peu de chose en comparaison des perles et des pierres précieuses dont elle est couverte. Sa cidaris est très-haute; outre de riches ornements, elle porte un voile qui descend jusqu'à terre. Les couleurs de ses habits varient selon son caprice.

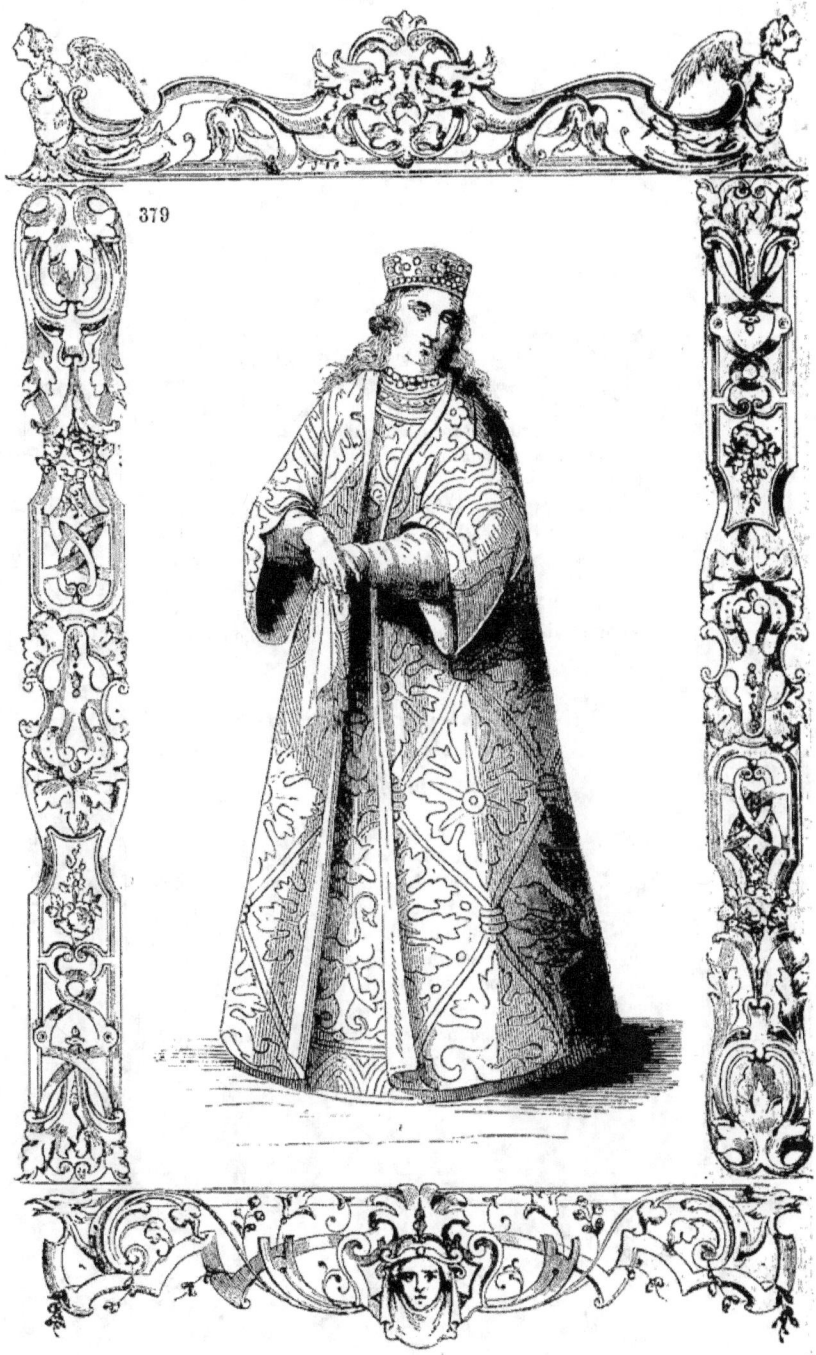

379

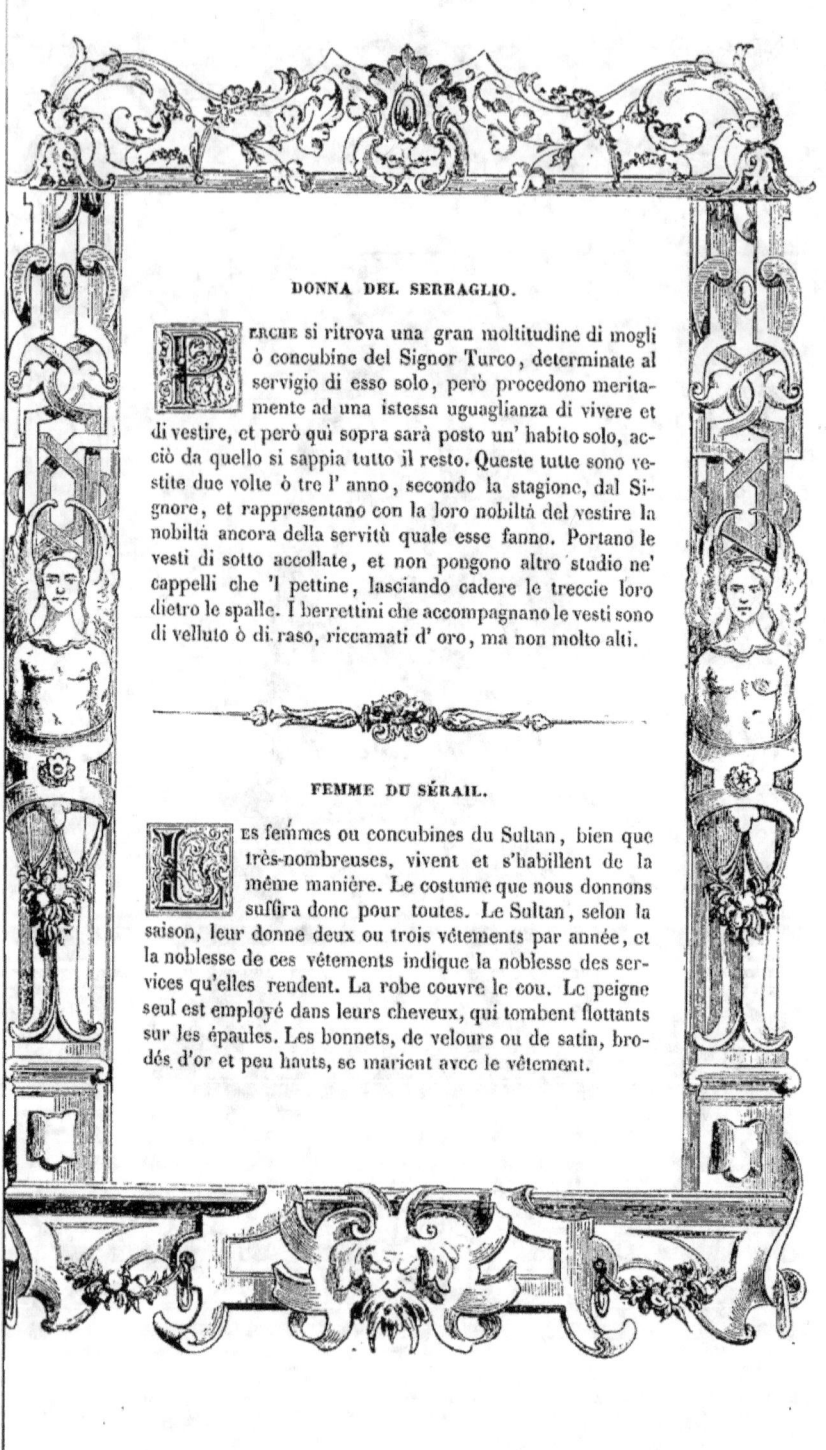

## DONNA DEL SERRAGLIO.

Perche si ritrova una gran moltitudine di mogli ò concubine del Signor Turco, determinate al servigio di esso solo, però procedono meritamente ad una istessa uguaglianza di vivere et di vestire, et però qui sopra sarà posto un' habito solo, acciò da quello si sappia tutto il resto. Queste tutte sono vestite due volte ò tre l'anno, secondo la stagione, dal Signore, et rappresentano con la loro nobiltà del vestire la nobiltà ancora della servitù quale esse fanno. Portano le vesti di sotto accollate, et non pongono altro studio ne' cappelli che 'l pettine, lasciando cadere le treccie loro dietro le spalle. I berrettini che accompagnano le vesti sono di velluto ò di raso, riccamati d'oro, ma non molto alti.

## FEMME DU SÉRAIL.

Les femmes ou concubines du Sultan, bien que très-nombreuses, vivent et s'habillent de la même manière. Le costume que nous donnons suffira donc pour toutes. Le Sultan, selon la saison, leur donne deux ou trois vêtements par année, et la noblesse de ces vêtements indique la noblesse des services qu'elles rendent. La robe couvre le cou. Le peigne seul est employé dans leurs cheveux, qui tombent flottants sur les épaules. Les bonnets, de velours ou de satin, brodés d'or et peu hauts, se marient avec le vêtement.

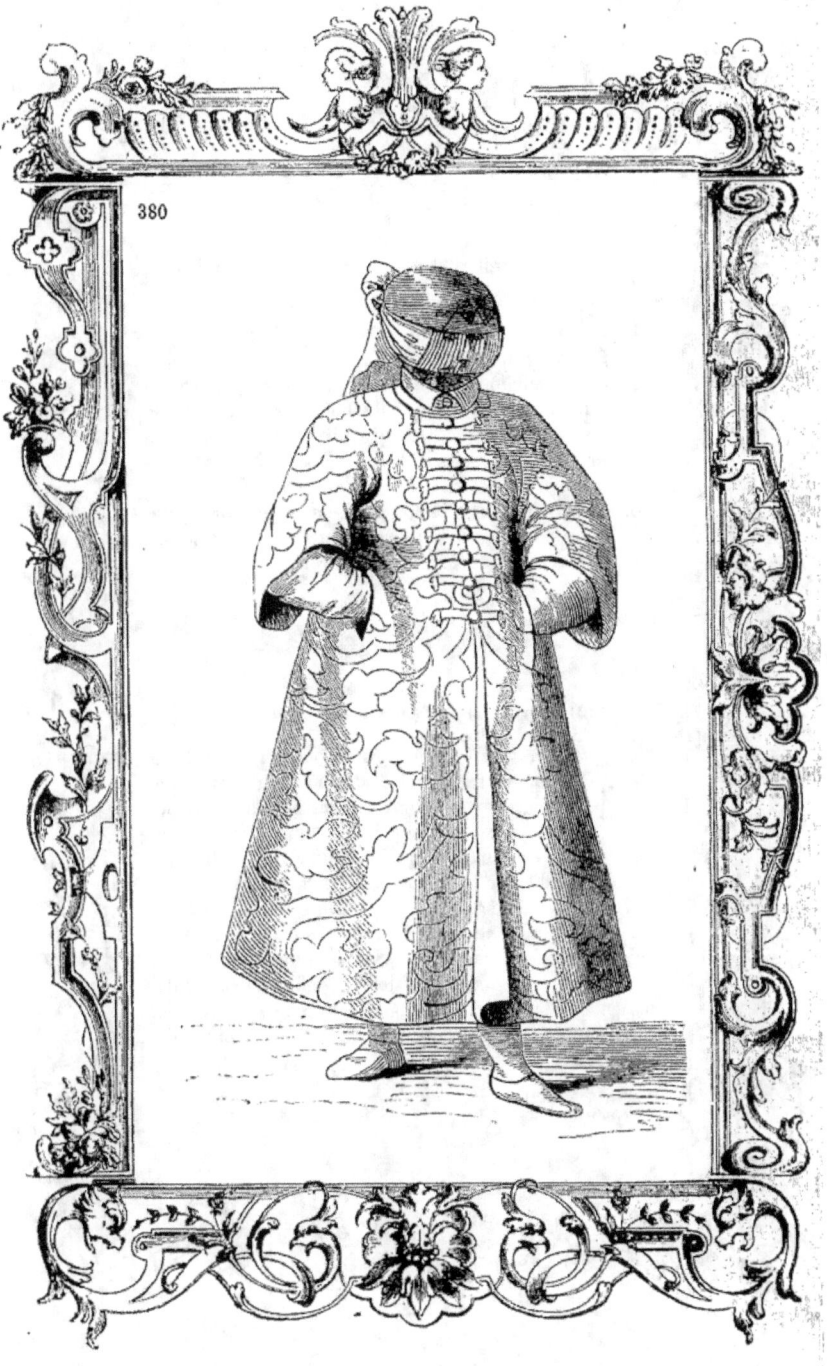

380

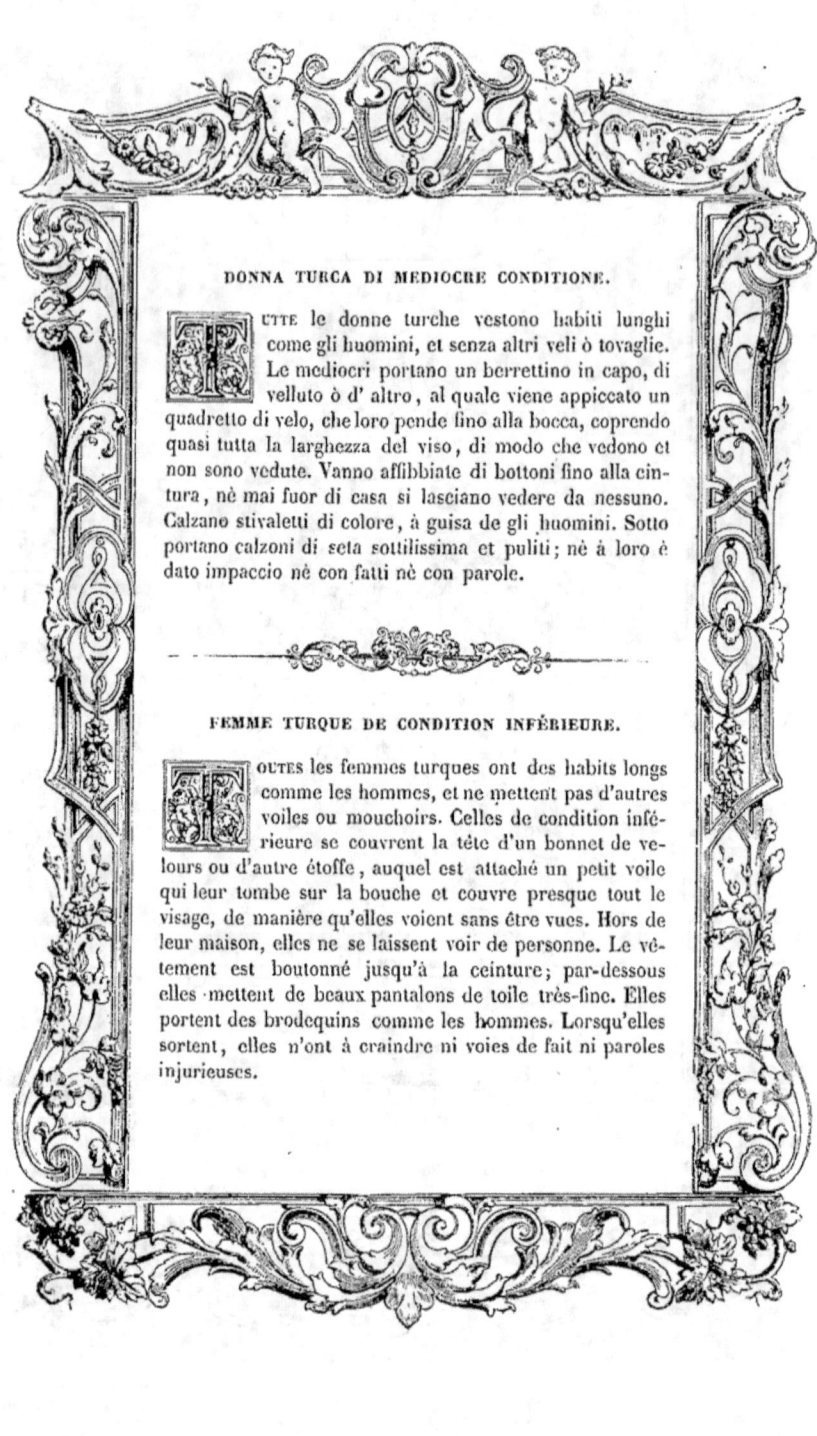

### DONNA TURCA DI MEDIOCRE CONDITIONE.

Tutte le donne turche vestono habiti lunghi come gli huomini, et senza altri veli ò tovaglie. Le mediocri portano un berrettino in capo, di velluto ò d' altro, al quale viene appiccato un quadretto di velo, che loro pende fino alla bocca, coprendo quasi tutta la larghezza del viso, di modo che vedono et non sono vedute. Vanno affibbiate di bottoni fino alla cintura, nè mai fuor di casa si lasciano vedere da nessuno. Calzano stivaletti di colore, à guisa de gli huomini. Sotto portano calzoni di seta sottilissima et puliti; nè à loro è dato impaccio nè con fatti nè con parole.

### FEMME TURQUE DE CONDITION INFÉRIEURE.

Toutes les femmes turques ont des habits longs comme les hommes, et ne mettent pas d'autres voiles ou mouchoirs. Celles de condition inférieure se couvrent la tête d'un bonnet de velours ou d'autre étoffe, auquel est attaché un petit voile qui leur tombe sur la bouche et couvre presque tout le visage, de manière qu'elles voient sans être vues. Hors de leur maison, elles ne se laissent voir de personne. Le vêtement est boutonné jusqu'à la ceinture; par-dessous elles mettent de beaux pantalons de toile très-fine. Elles portent des brodequins comme les hommes. Lorsqu'elles sortent, elles n'ont à craindre ni voies de fait ni paroles injurieuses.

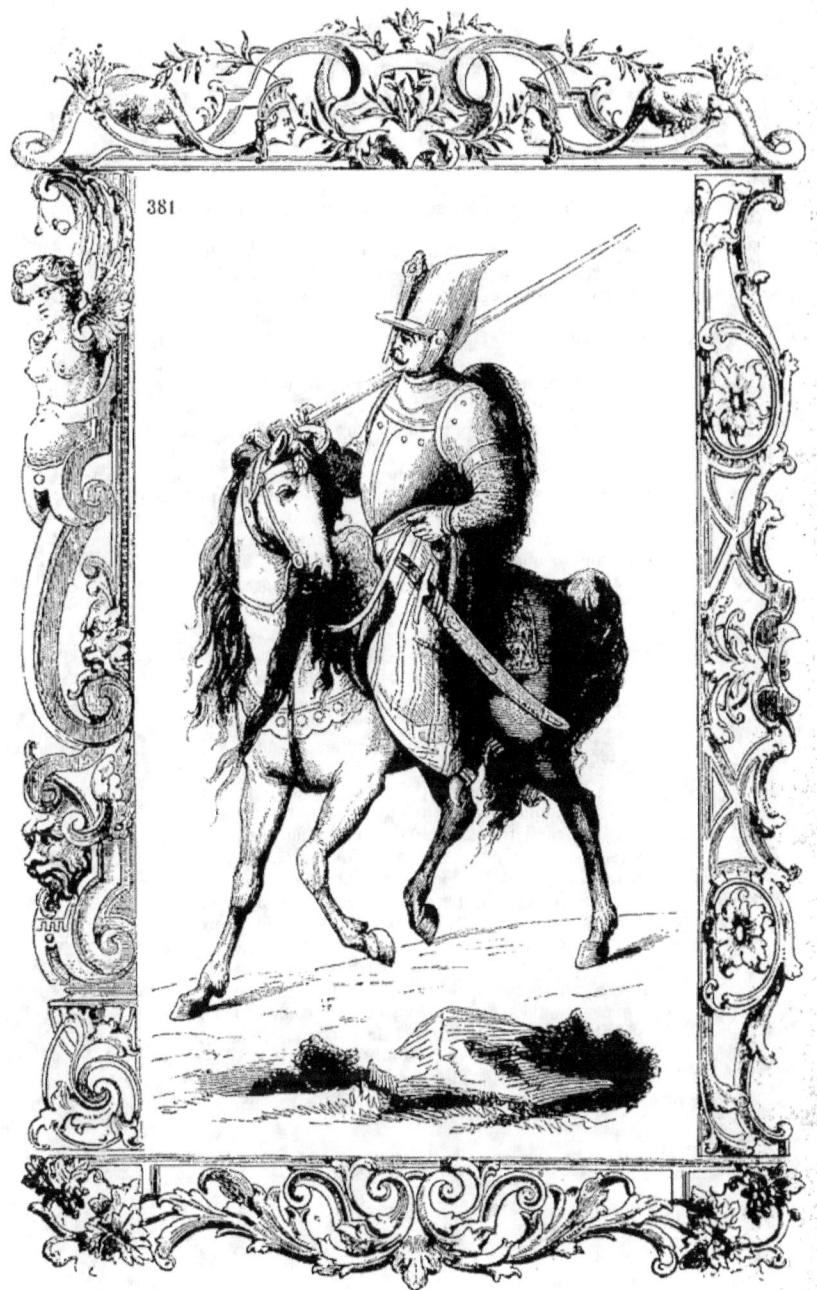

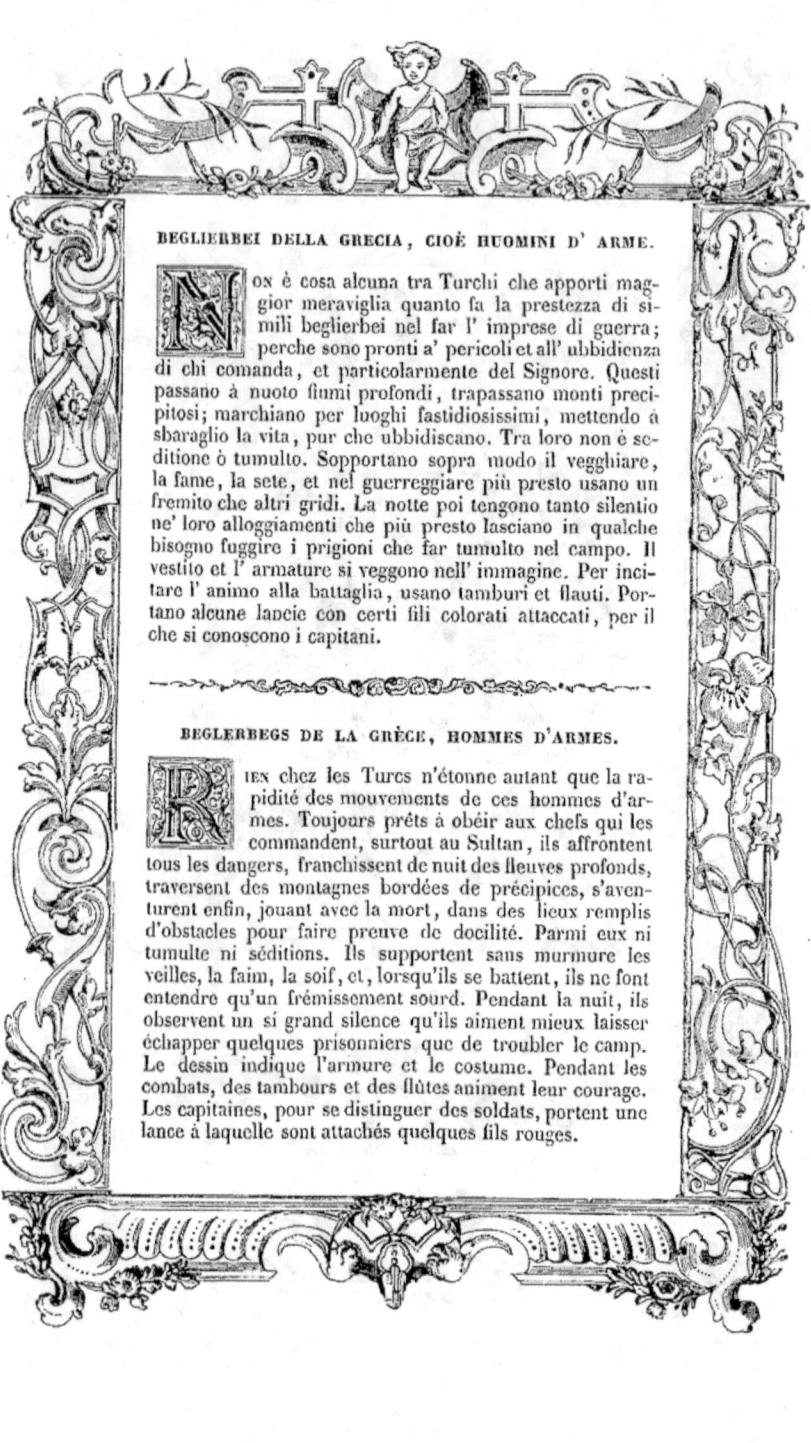

## BEGLIERBEI DELLA GRECIA, CIOÈ HUOMINI D' ARME.

NON è cosa alcuna tra Turchi che apporti maggior meraviglia quanto fa la prestezza di simili beglierbei nel far l' imprese di guerra; perche sono pronti a' pericoli et all' ubbidienza di chi comanda, et particolarmente del Signore. Questi passano à nuoto fiumi profondi, trapassano monti precipitosi; marchiano per luoghi fastidiosissimi, mettendo à sbaraglio la vita, pur che ubbidiscano. Tra loro non è seditione ò tumulto. Sopportano sopra modo il vegghiare, la fame, la sete, et nel guerreggiare più presto usano un fremito che altri gridi. La notte poi tengono tanto silentio ne' loro alloggiamenti che più presto lasciano in qualche bisogno fuggire i prigioni che far tumulto nel campo. Il vestito et l' armature si veggono nell' immagine. Per incitare l' animo alla battaglia, usano tamburi et flauti. Portano alcune lancie con certi fili colorati attaccati, per il che si conoscono i capitani.

## BEGLERBEGS DE LA GRÈCE, HOMMES D'ARMES.

RIEN chez les Turcs n'étonne autant que la rapidité des mouvements de ces hommes d'armes. Toujours prêts à obéir aux chefs qui les commandent, surtout au Sultan, ils affrontent tous les dangers, franchissent de nuit des fleuves profonds, traversent des montagnes bordées de précipices, s'aventurent enfin, jouant avec la mort, dans des lieux remplis d'obstacles pour faire preuve de docilité. Parmi eux ni tumulte ni séditions. Ils supportent sans murmure les veilles, la faim, la soif, et, lorsqu'ils se battent, ils ne font entendre qu'un frémissement sourd. Pendant la nuit, ils observent un si grand silence qu'ils aiment mieux laisser échapper quelques prisonniers que de troubler le camp. Le dessin indique l'armure et le costume. Pendant les combats, des tambours et des flûtes animent leur courage. Les capitaines, pour se distinguer des soldats, portent une lance à laquelle sont attachés quelques fils rouges.

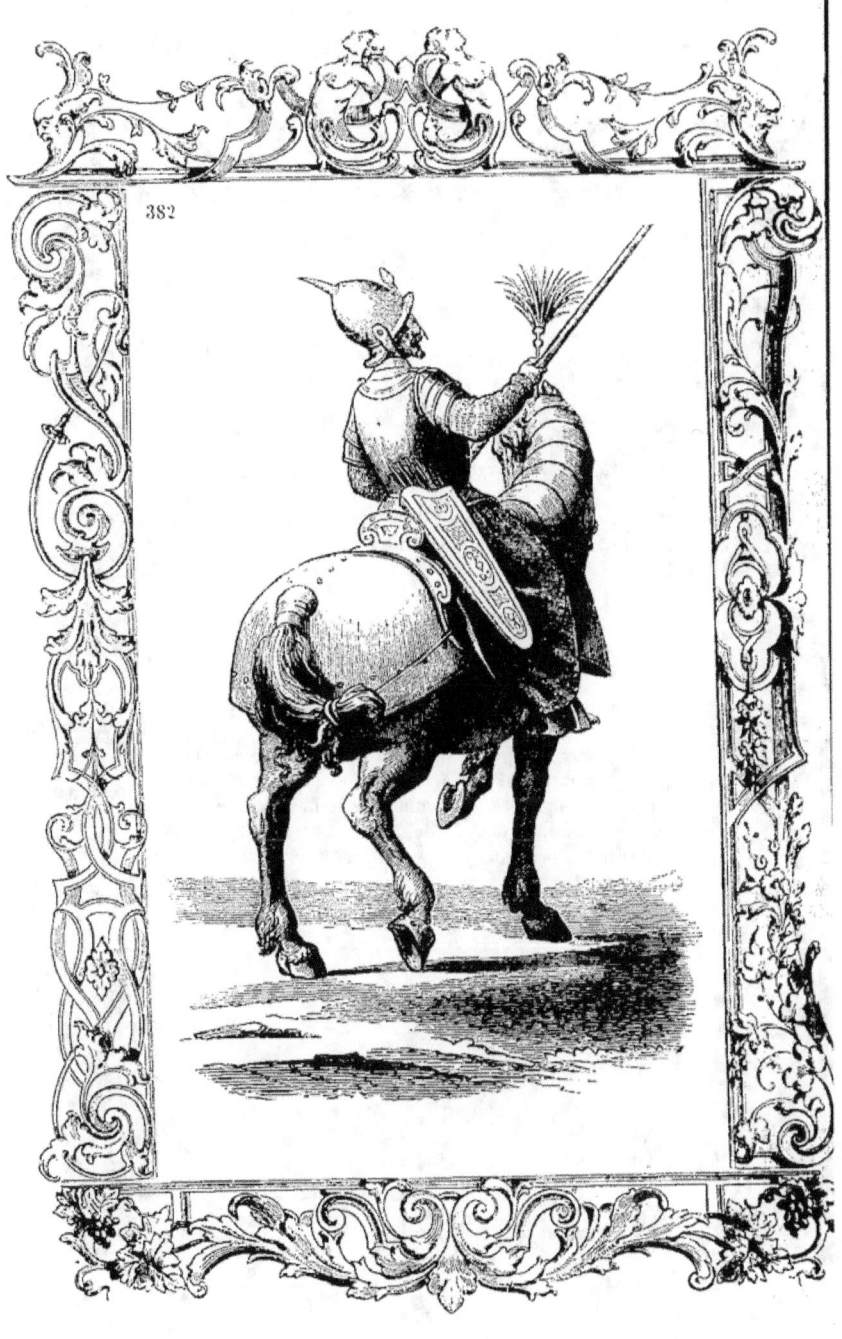

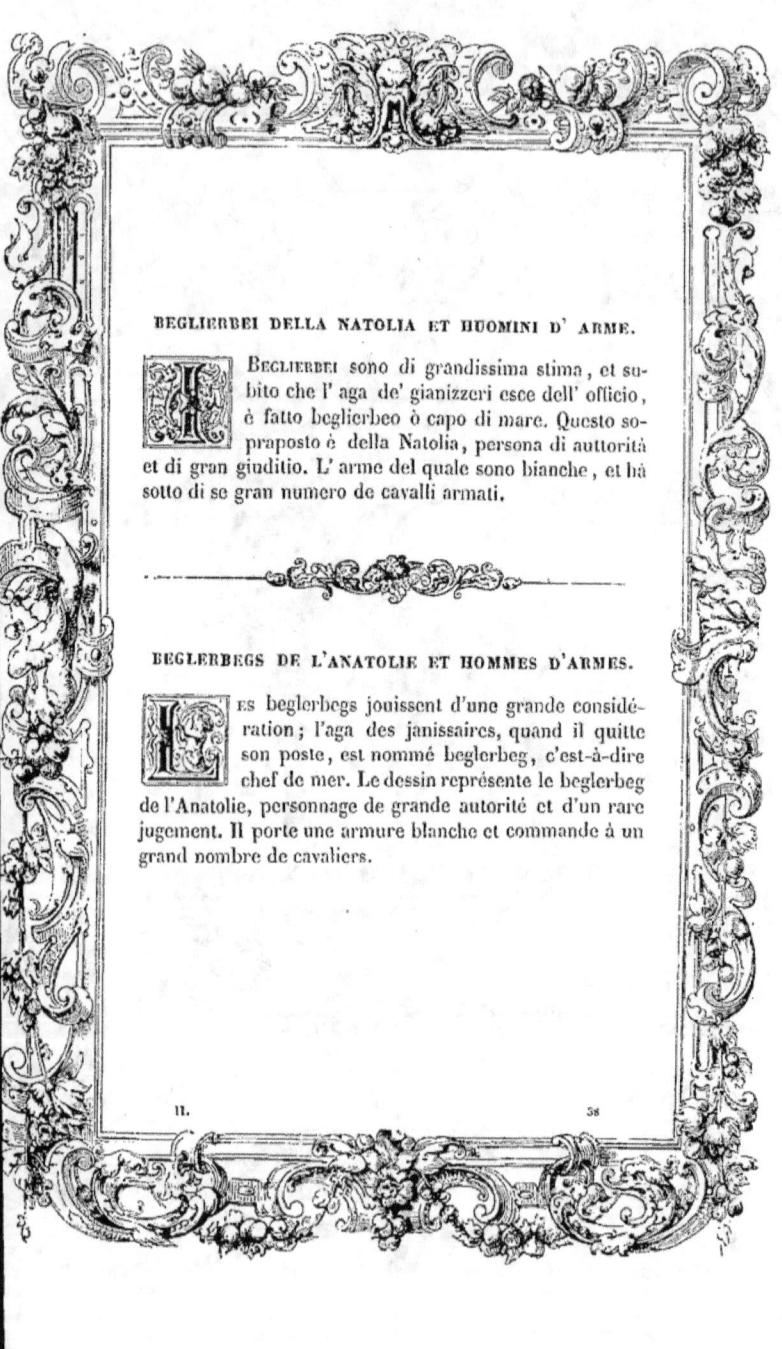

### BEGLIERBEI DELLA NATOLIA ET HUOMINI D' ARME.

I BEGLIERBEI sono di grandissima stima, et subito che l' aga de' gianizzeri esce dell' officio, è fatto beglierbeo ò capo di mare. Questo sopraposto è della Natolia, persona di auttorità et di gran giuditio. L' arme del quale sono bianche, et hà sotto di se gran numero de cavalli armati.

### BEGLERBEGS DE L'ANATOLIE ET HOMMES D'ARMES.

LES beglerbegs jouissent d'une grande considération; l'aga des janissaires, quand il quitte son poste, est nommé beglerbeg, c'est-à-dire chef de mer. Le dessin représente le beglerbeg de l'Anatolie, personnage de grande autorité et d'un rare jugement. Il porte une armure blanche et commande à un grand nombre de cavaliers.

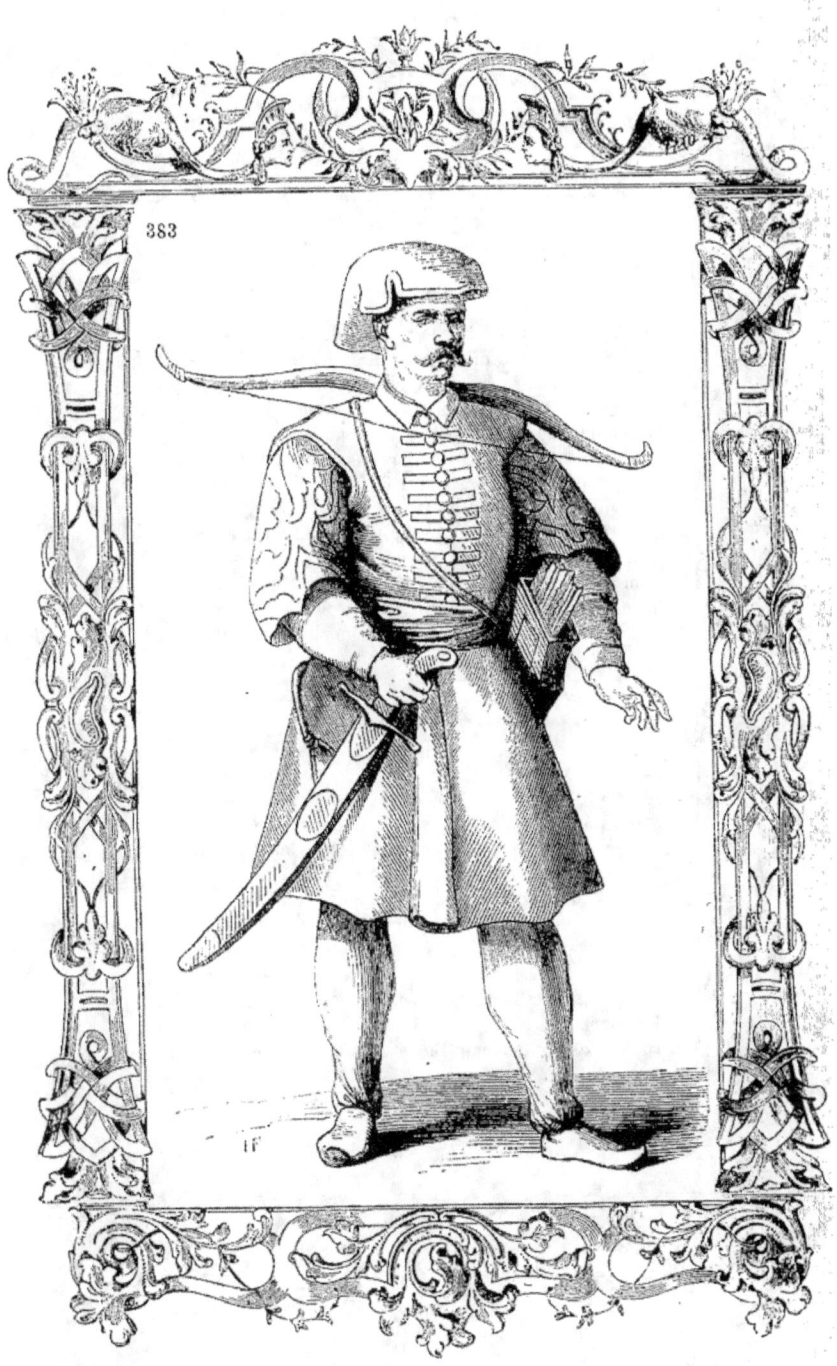

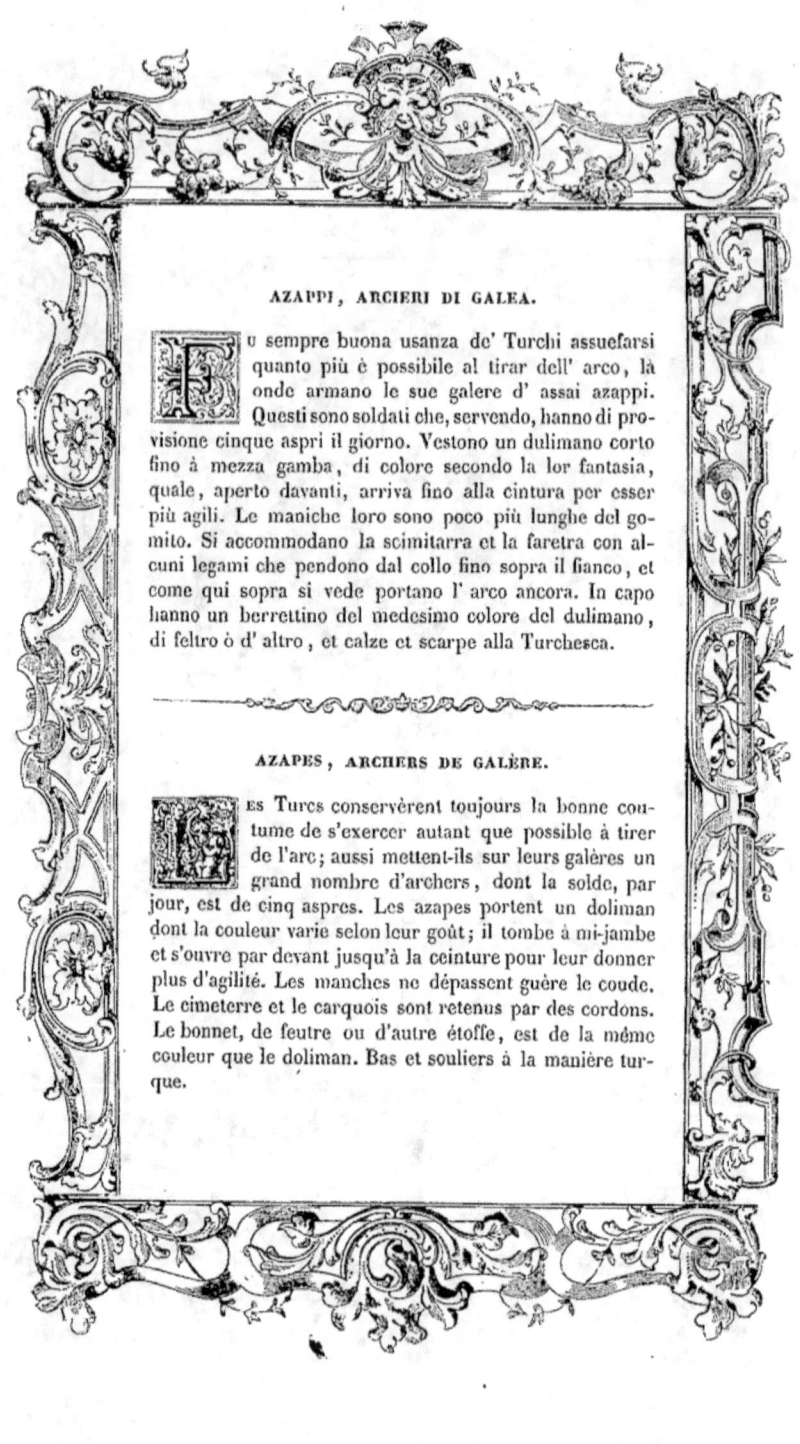

### AZAPPI, ARCIERI DI GALEA.

Fu sempre buona usanza de' Turchi assuefarsi quanto più è possibile al tirar dell' arco, là onde armano le sue galere d' assai azappi. Questi sono soldati che, servendo, hanno di provisione cinque aspri il giorno. Vestono un dulimano corto fino à mezza gamba, di colore secondo la lor fantasia, quale, aperto davanti, arriva fino alla cintura per esser più agili. Le maniche loro sono poco più lunghe del gomito. Si accommodano la scimitarra et la faretra con alcuni legami che pendono dal collo fino sopra il fianco, et come qui sopra si vede portano l' arco ancora. In capo hanno un berrettino del medesimo colore del dulimano, di feltro ò d' altro, et calze et scarpe alla Turchesca.

### AZAPES, ARCHERS DE GALÈRE.

Les Turcs conservèrent toujours la bonne coutume de s'exercer autant que possible à tirer de l'arc; aussi mettent-ils sur leurs galères un grand nombre d'archers, dont la solde, par jour, est de cinq aspres. Les azapes portent un doliman dont la couleur varie selon leur goût; il tombe à mi-jambe et s'ouvre par devant jusqu'à la ceinture pour leur donner plus d'agilité. Les manches ne dépassent guère le coude. Le cimeterre et le carquois sont retenus par des cordons. Le bonnet, de feutre ou d'autre étoffe, est de la même couleur que le doliman. Bas et souliers à la manière turque.

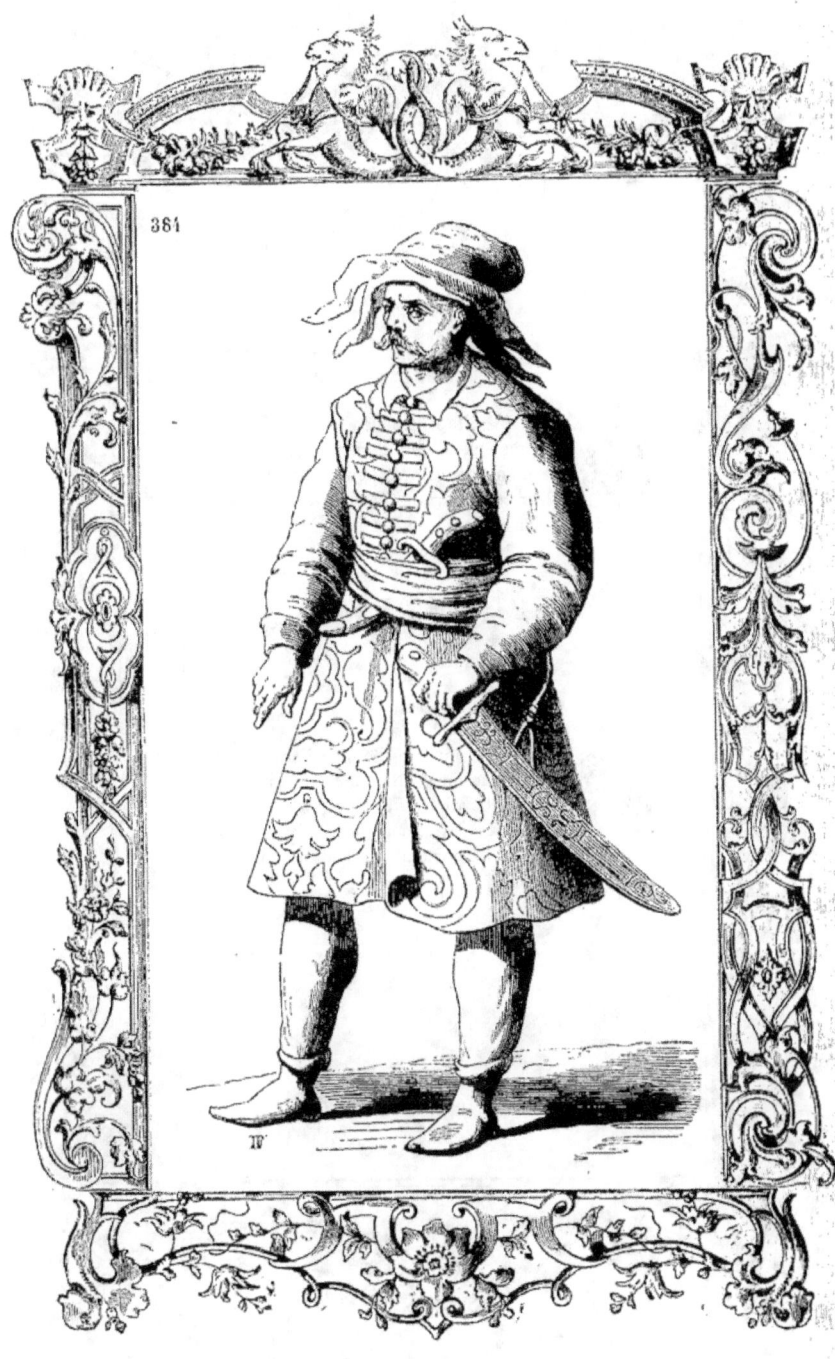

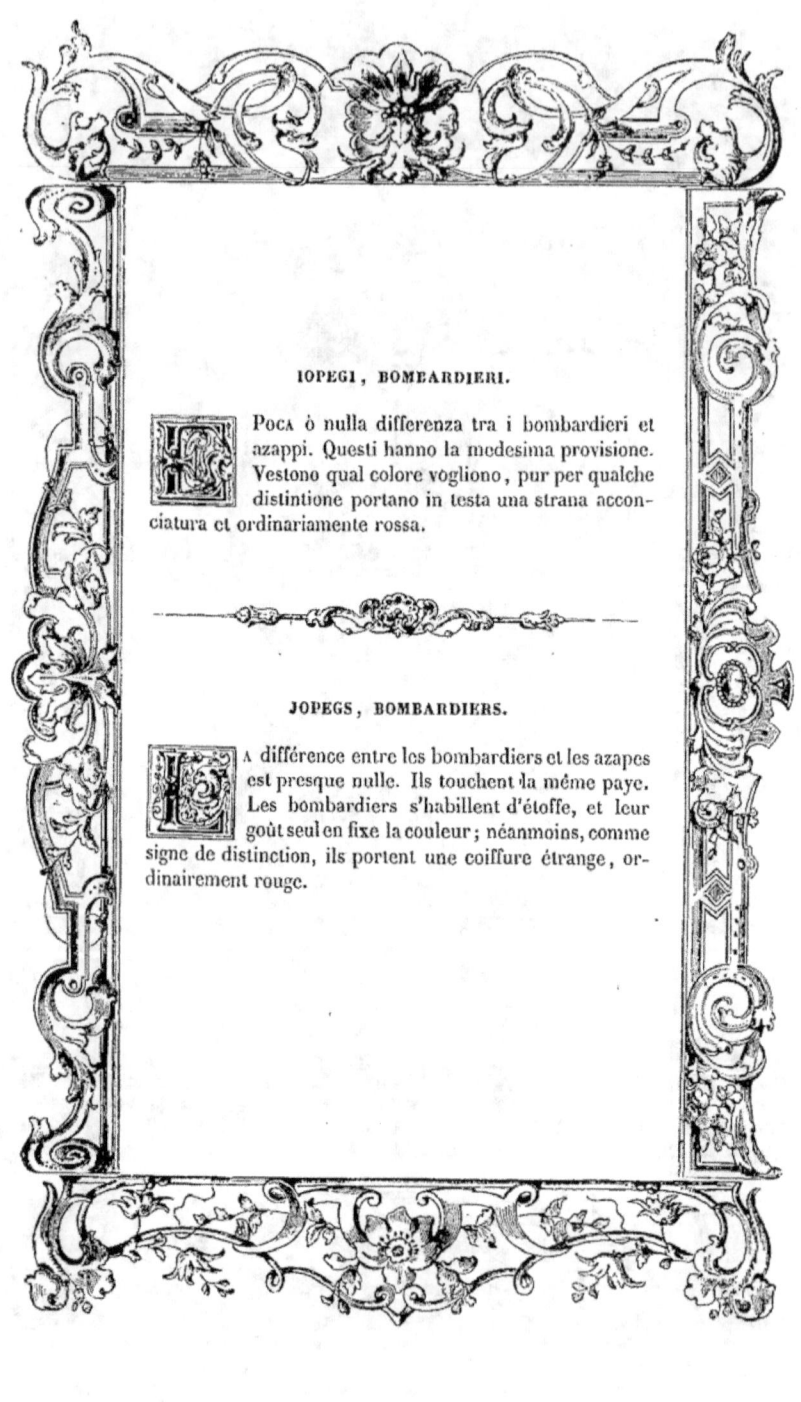

### IOPEGI, BOMBARDIERI.

Poca ò nulla differenza tra i bombardieri et azappi. Questi hanno la medesima provisione. Vestono qual colore vogliono, pur per qualche distintione portano in testa una strana acconciatura et ordinariamente rossa.

---

### JOPEGS, BOMBARDIERS.

La différence entre les bombardiers et les azapes est presque nulle. Ils touchent la même paye. Les bombardiers s'habillent d'étoffe, et leur goût seul en fixe la couleur; néanmoins, comme signe de distinction, ils portent une coiffure étrange, ordinairement rouge.

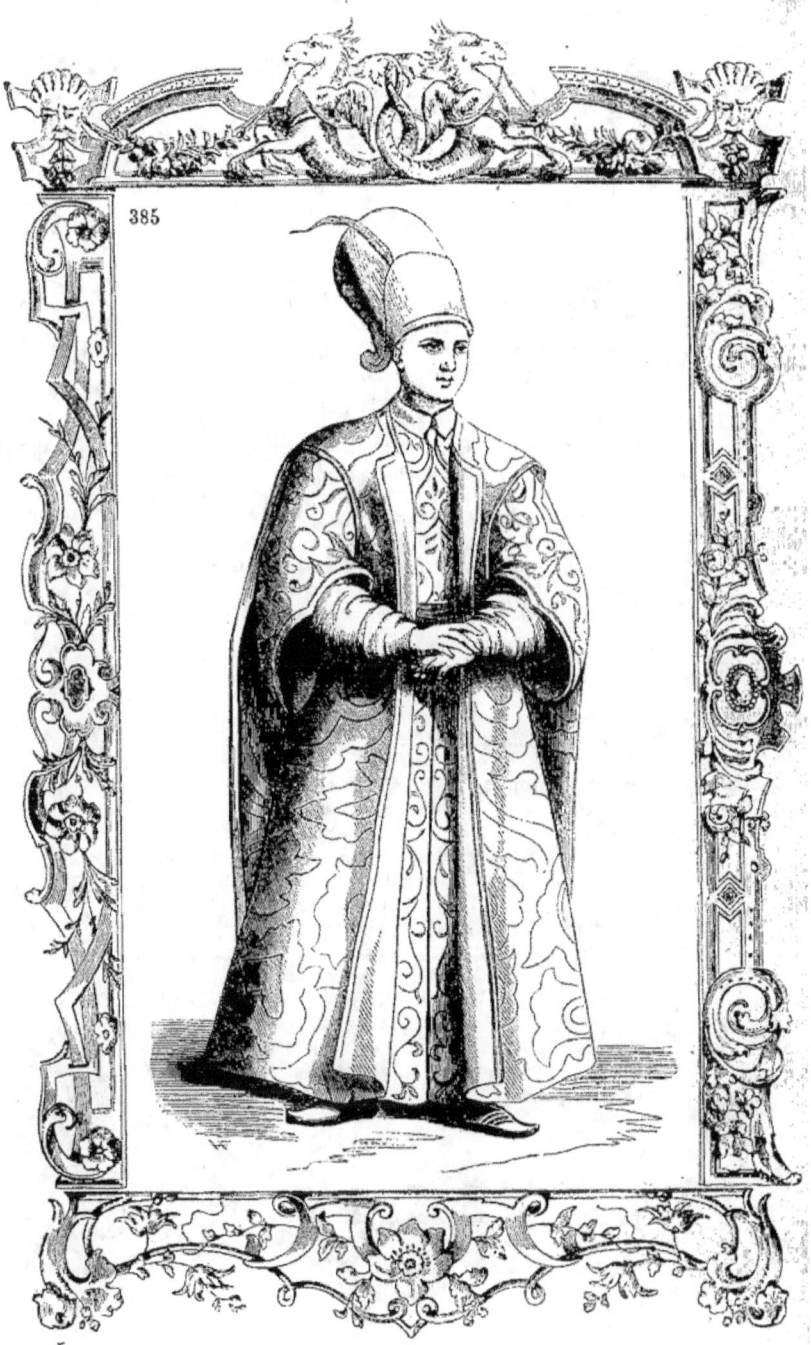

385

### SCHIAVI ET PAGGI DEL SIGNORE.

Trovasi in quel serraglio dove habita la Sultana, moglie del Gran Signore, grandissima quantità di fanciulli presi, donati et tributati al Gran Turco, chiamati appresso di noi et di loro paggi. Questi stanno pronti al servigio et volontà del padrone. In questo luogo son nutriti, allevati et instrutti sì nella legge maumettana come ancora nel cavalcare, nel tirar dell' arco, nel maneggiar dell' armi, et in qualunque altro essercitio militare et civile. Tutti sono di età da gli otto fino a' vent' anni; il numero de' quali (come è detto altre volte) è ordinariamente cinque ò sei centi. Il modo di vestir loro è raro et superbo, perche sono i vestimenti lunghi fino à terra. Non portano armi, et hanno in testa un berrettino di velluto ò di teletta d' oro ò d' argento, rimboccato all' insù con una penna sola.

### ESCLAVES ET PAGES DU SULTAN.

On trouve dans le sérail habité par la Sultane, épouse du Grand Seigneur, un grand nombre d'enfants captifs, donnés ou reçus à titre de tribut, que les Turcs appellent pages comme nous. Toujours prêts à servir leur maître, à satisfaire sa volonté, ils sont élevés et nourris dans le sérail. Outre la religion musulmane, on leur enseigne à monter à cheval, à manier l'arc; en un mot, ils reçoivent une instruction militaire et civile. Ils ont de huit à vingt ans, et leur nombre, comme je l'ai déjà dit, s'élève de cinq à six cents. Leur costume est magnifique, et les habits tombent à terre. Ils ne portent aucune arme. Le bonnet, de velours ou d'étoffe d'or ou d'argent, est retourné sur le devant avec une seule plume.

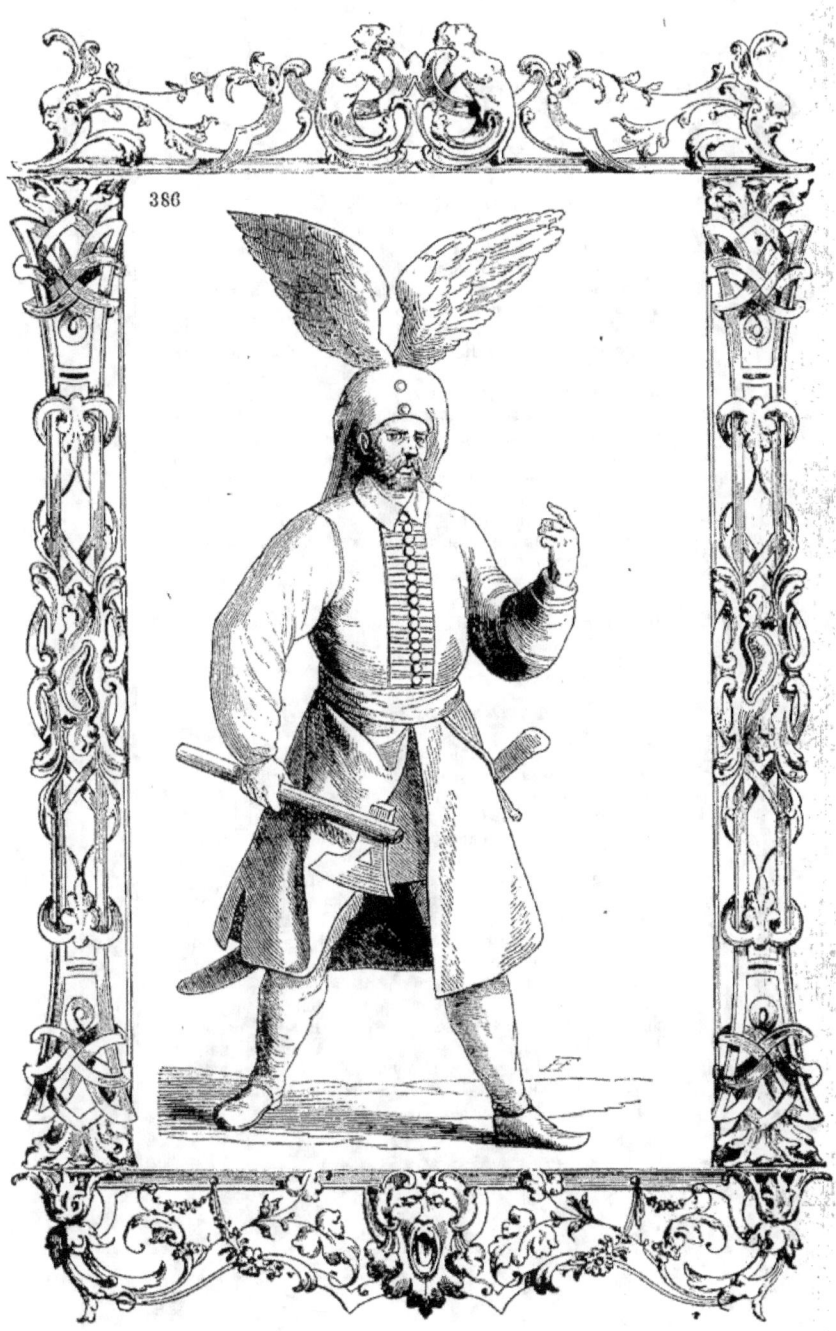

386

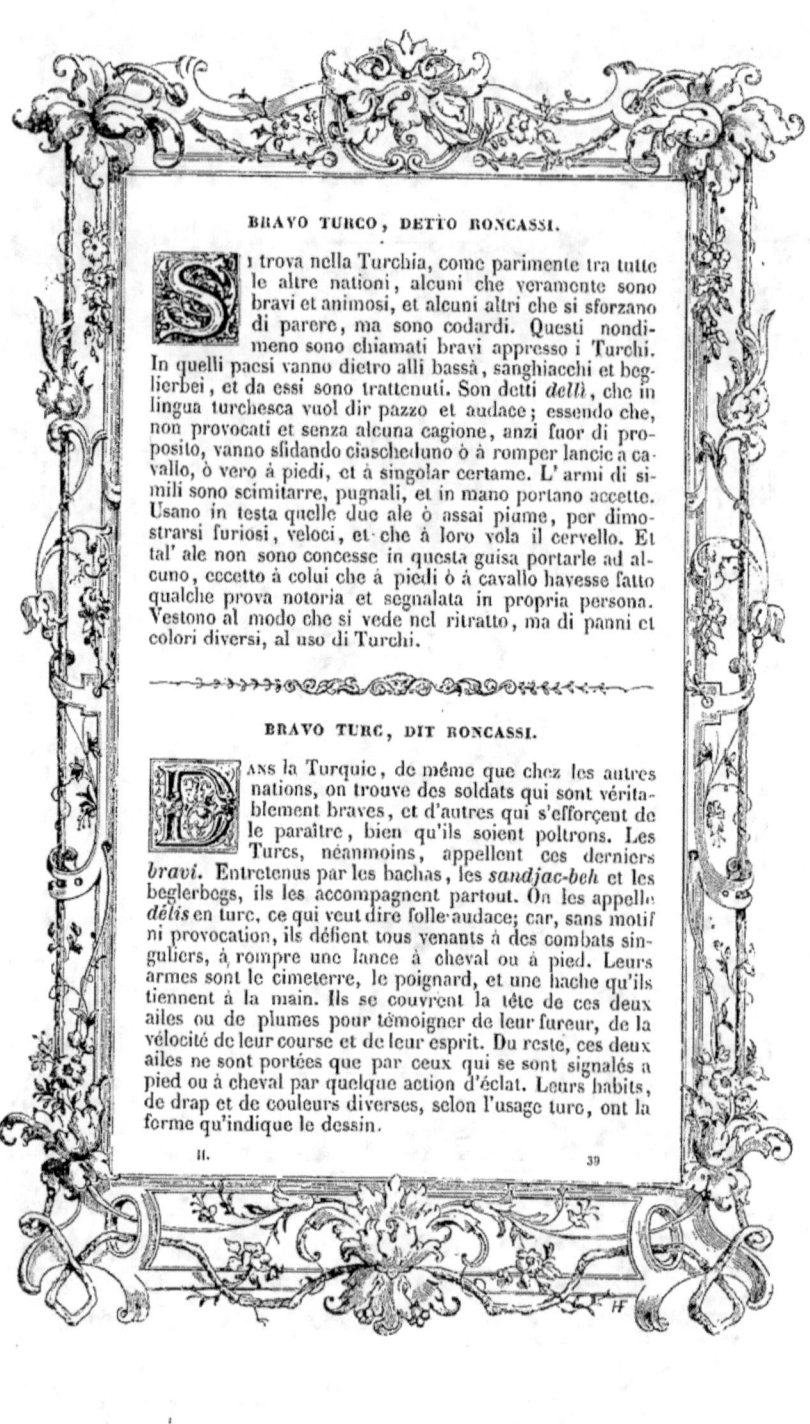

### BRAVO TURCO, DETTO RONCASSI.

Si trova nella Turchia, come parimente tra tutte le altre nationi, alcuni che veramente sono bravi et animosi, et alcuni altri che si sforzano di parere, ma sono codardi. Questi nondimeno sono chiamati bravi appresso i Turchi. In quelli paesi vanno dietro alli bassà, sanghiacchi et beglierbei, et da essi sono trattenuti. Son detti *dellì*, che in lingua turchesca vuol dir pazzo et audace; essendo che, non provocati et senza alcuna cagione, anzi fuor di proposito, vanno sfidando ciascheduno ò à romper lancie à cavallo, ò vero à piedi, et à singolar certame. L'armi di simili sono scimitarre, pugnali, et in mano portano accette. Usano in testa quelle due ale ò assai piume, per dimostrarsi furiosi, veloci, et che à loro vola il cervello. Et tal' ale non sono concesse in questa guisa portarle ad alcuno, eccetto à colui che à piedi ò à cavallo havesse fatto qualche prova notoria et segnalata in propria persona. Vestono al modo che si vede nel ritratto, ma di panni et colori diversi, al uso di Turchi.

---

### BRAVO TURC, DIT RONCASSI.

Dans la Turquie, de même que chez les autres nations, on trouve des soldats qui sont véritablement braves, et d'autres qui s'efforcent de le paraître, bien qu'ils soient poltrons. Les Turcs, néanmoins, appellent ces derniers *bravi*. Entretenus par les bachas, les *sandjac-beh* et les beglerbegs, ils les accompagnent partout. On les appelle *délis* en turc, ce qui veut dire folle audace; car, sans motif ni provocation, ils défient tous venants à des combats singuliers, à rompre une lance à cheval ou à pied. Leurs armes sont le cimeterre, le poignard, et une hache qu'ils tiennent à la main. Ils se couvrent la tête de ces deux ailes ou de plumes pour témoigner de leur fureur, de la vélocité de leur course et de leur esprit. Du reste, ces deux ailes ne sont portées que par ceux qui se sont signalés à pied ou à cheval par quelque action d'éclat. Leurs habits, de drap et de couleurs diverses, selon l'usage turc, ont la forme qu'indique le dessin.

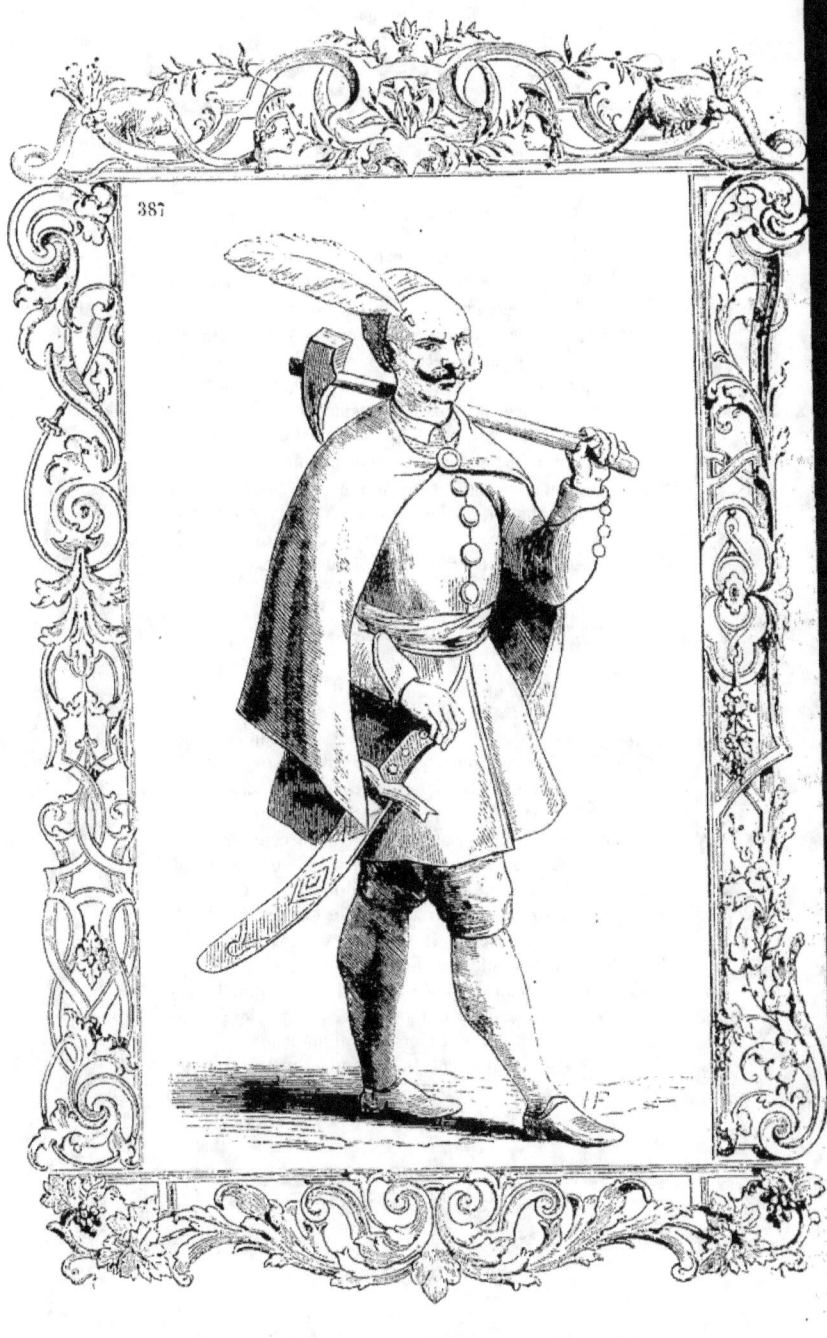

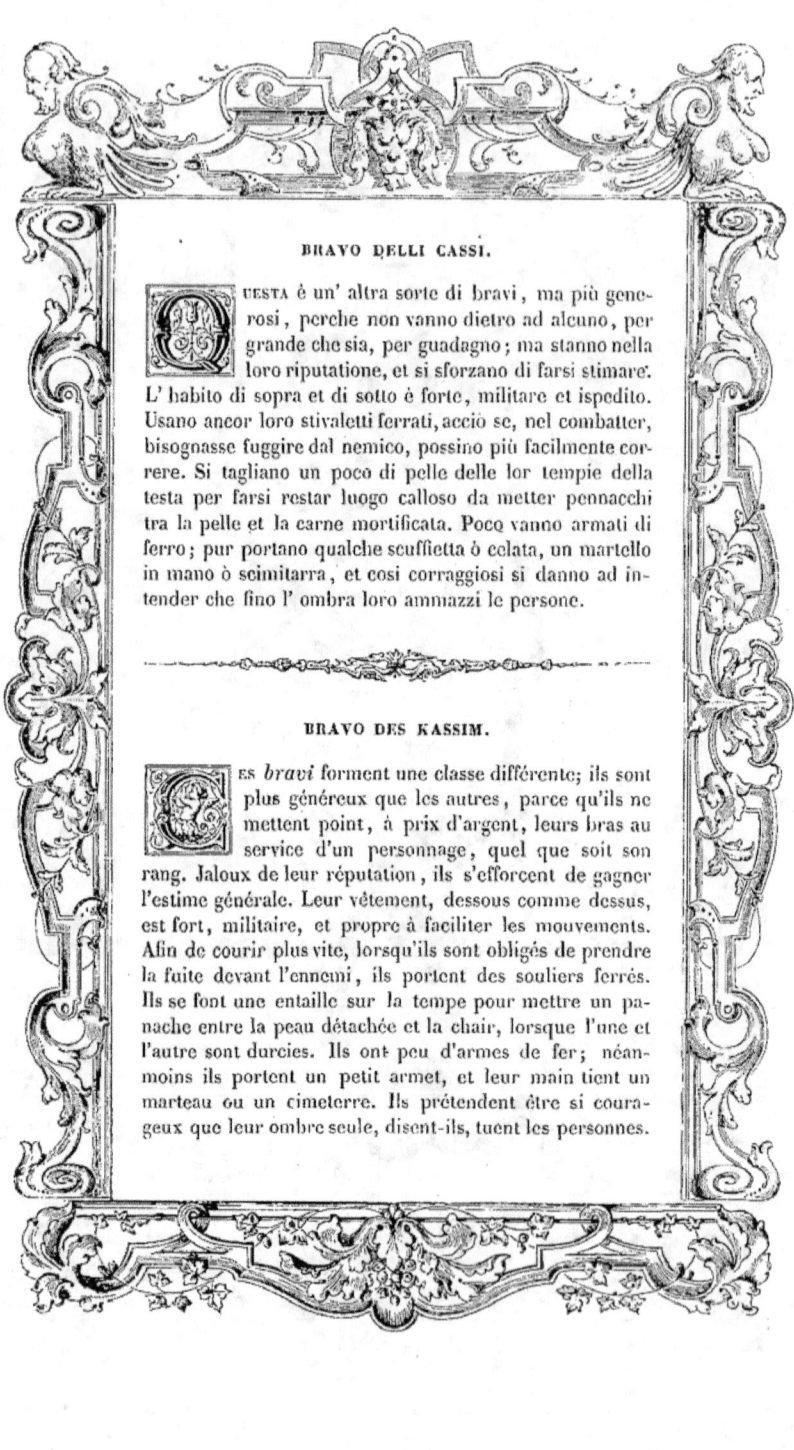

### BRAVO DELLI CASSI.

QUESTA è un' altra sorte di bravi, ma più generosi, perche non vanno dietro ad alcuno, per grande che sia, per guadagno; ma stanno nella loro riputatione, et si sforzano di farsi stimare. L' habito di sopra et di sotto è forte, militare et ispedito. Usano ancor loro stivaletti ferrati, acciò se, nel combatter, bisognasse fuggire dal nemico, possino più facilmente correre. Si tagliano un poco di pelle delle lor tempie della testa per farsi restar luogo calloso da metter pennacchi tra la pelle et la carne mortificata. Poco vanno armati di ferro; pur portano qualche scuffietta ò celata, un martello in mano ò scimitarra, et così corraggiosi si danno ad intender che fino l' ombra loro ammazzi le persone.

---

### BRAVO DES KASSIM.

CES *bravi* forment une classe différente; ils sont plus généreux que les autres, parce qu'ils ne mettent point, à prix d'argent, leurs bras au service d'un personnage, quel que soit son rang. Jaloux de leur réputation, ils s'efforcent de gagner l'estime générale. Leur vêtement, dessous comme dessus, est fort, militaire, et propre à faciliter les mouvements. Afin de courir plus vite, lorsqu'ils sont obligés de prendre la fuite devant l'ennemi, ils portent des souliers ferrés. Ils se font une entaille sur la tempe pour mettre un panache entre la peau détachée et la chair, lorsque l'une et l'autre sont durcies. Ils ont peu d'armes de fer; néanmoins ils portent un petit armet, et leur main tient un marteau ou un cimeterre. Ils prétendent être si courageux que leur ombre seule, disent-ils, tuent les personnes.

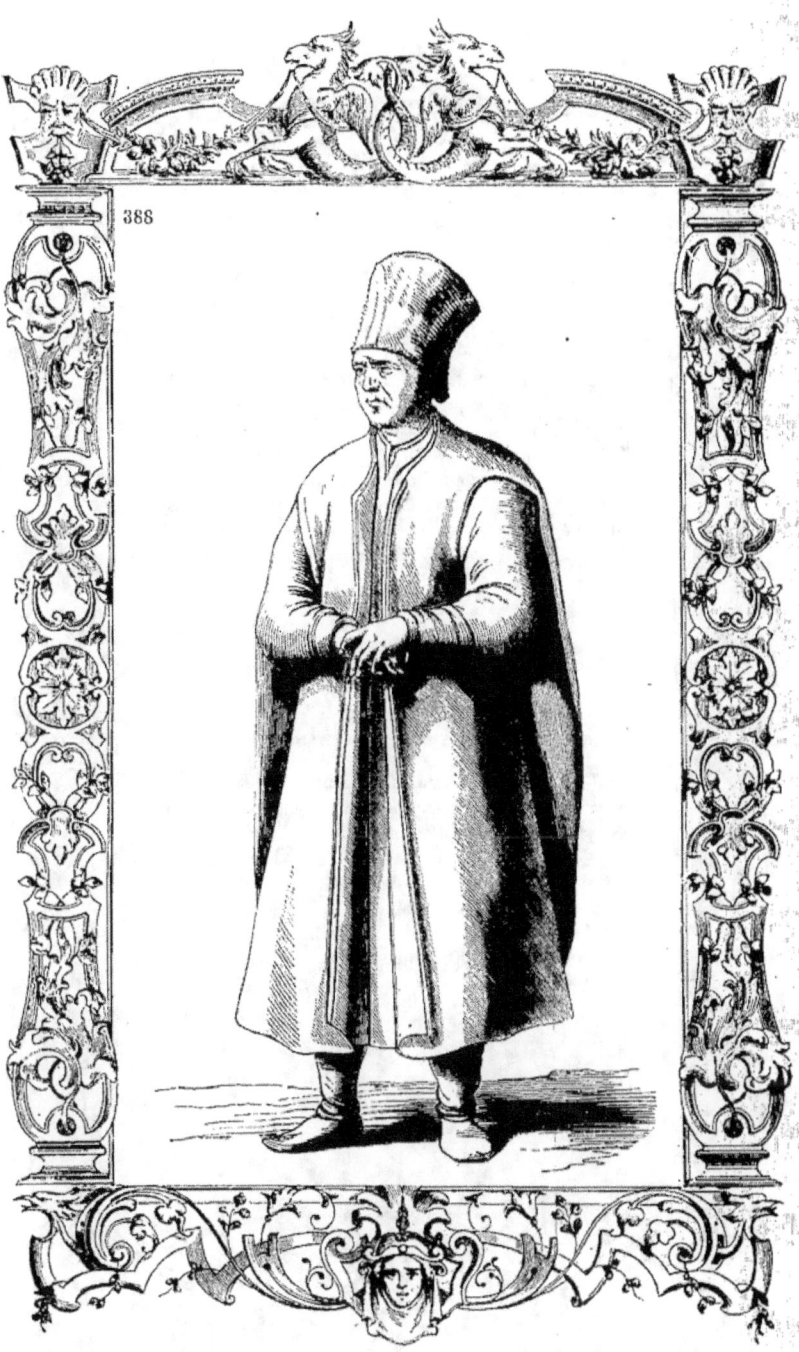

388

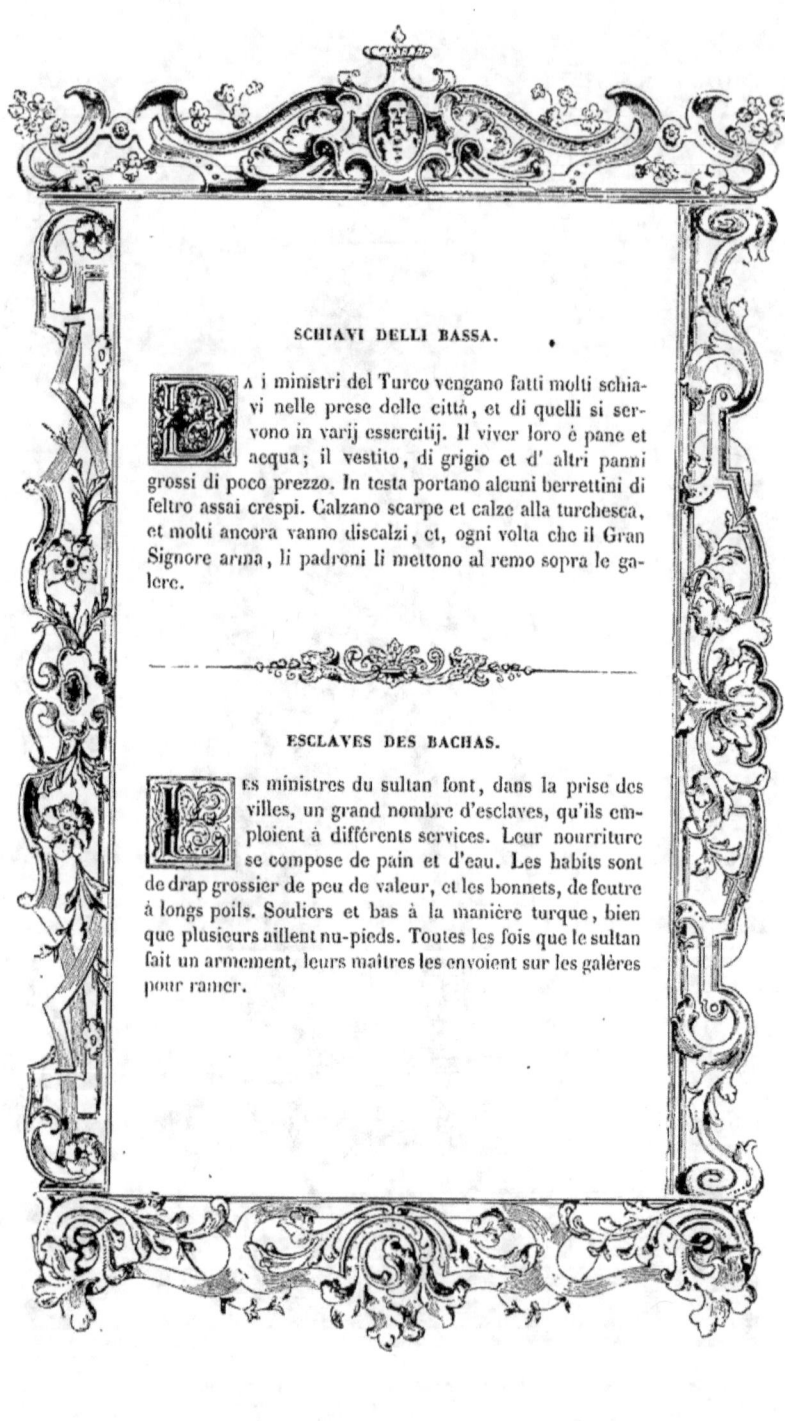

## SCHIAVI DELLI BASSA.

Da i ministri del Turco vengano fatti molti schiavi nelle prese delle città, et di quelli si servono in varij essercitij. Il viver loro è pane et acqua; il vestito, di grigio et d'altri panni grossi di poco prezzo. In testa portano alcuni berrettini di feltro assai crespi. Calzano scarpe et calze alla turchesca, et molti ancora vanno discalzi, et, ogni volta che il Gran Signore arma, li padroni li mettono al remo sopra le galere.

## ESCLAVES DES BACHAS.

Les ministres du sultan font, dans la prise des villes, un grand nombre d'esclaves, qu'ils emploient à différents services. Leur nourriture se compose de pain et d'eau. Les habits sont de drap grossier de peu de valeur, et les bonnets, de feutre à longs poils. Souliers et bas à la manière turque, bien que plusieurs aillent nu-pieds. Toutes les fois que le sultan fait un armement, leurs maîtres les envoient sur les galères pour ramer.

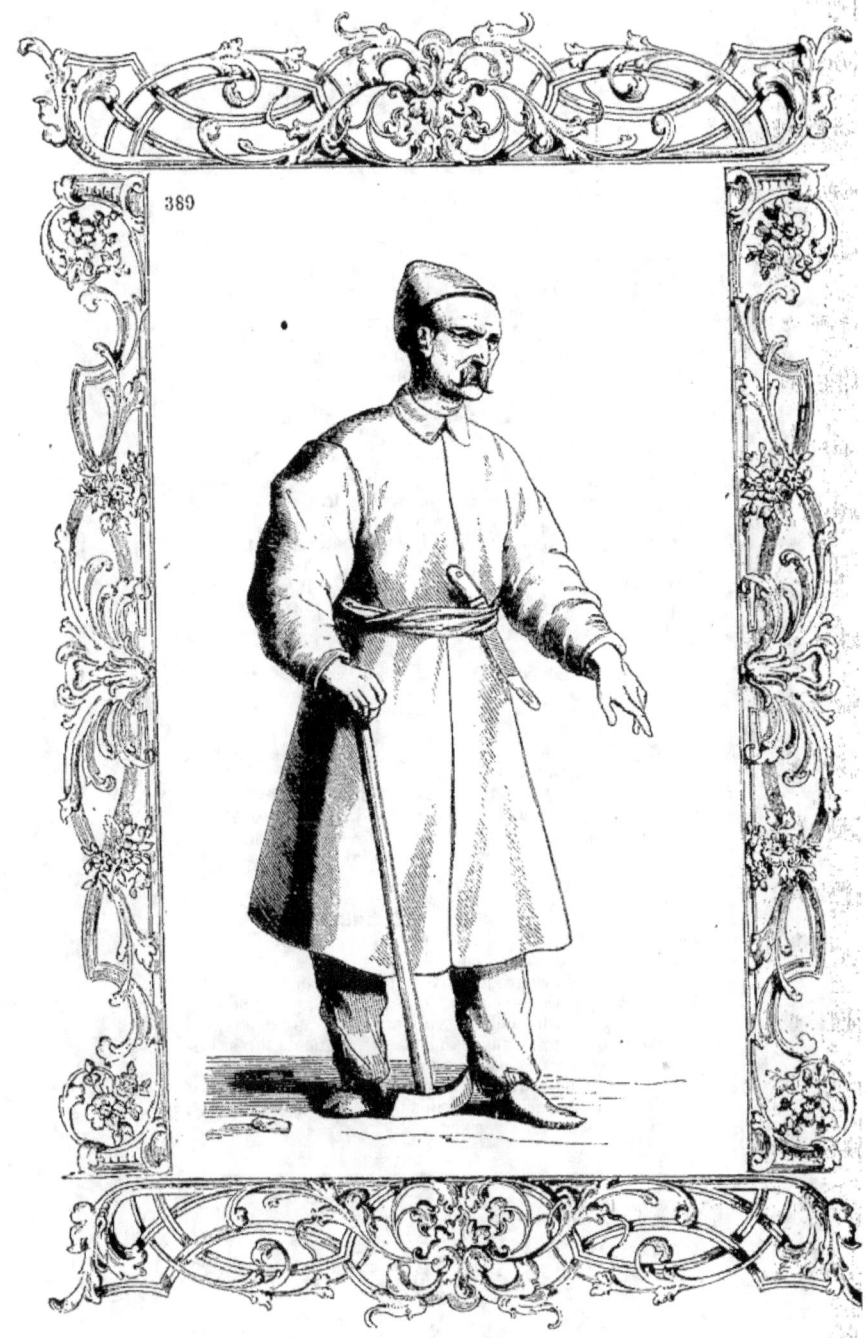

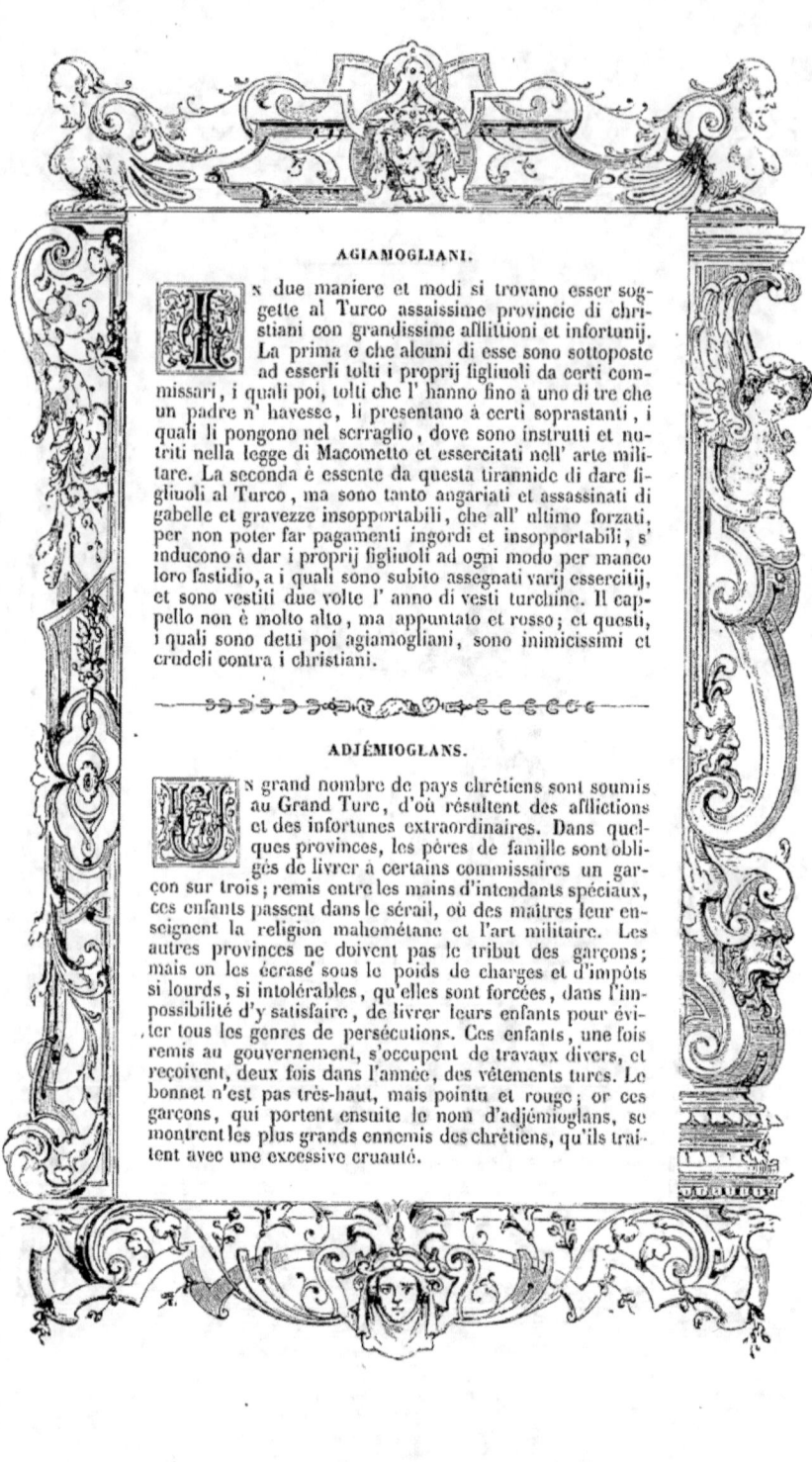

## AGIAMOGLIANI.

In due maniere et modi si trovano esser soggette al Turco assaissime provincie di christiani con grandissime afflittioni et infortunij. La prima e che alcuni di esse sono sottoposte ad esserli tolti i proprij figliuoli da certi commissari, i quali poi, tolti che l' hanno fino à uno di tre che un padre n' havesse, li presentano à certi soprastanti, i quali li pongono nel serraglio, dove sono instrutti et nutriti nella legge di Macometto et essercitati nell' arte militare. La seconda è essente da questa tirannide di dare figliuoli al Turco, ma sono tanto angariati et assassinati di gabelle et gravezze insopportabili, che all' ultimo forzati, per non poter far pagamenti ingordi et insopportabili, s' inducono à dar i proprij figliuoli ad ogni modo per manco loro fastidio, a i quali sono subito assegnati varij essercitij, et sono vestiti due volte l' anno di vesti turchine. Il cappello non è molto alto, ma appuntato et rosso; et questi, i quali sono detti poi agiamogliani, sono inimicissimi et crudeli contra i christiani.

## ADJÉMIOGLANS.

Un grand nombre de pays chrétiens sont soumis au Grand Turc, d'où résultent des afflictions et des infortunes extraordinaires. Dans quelques provinces, les pères de famille sont obligés de livrer a certains commissaires un garçon sur trois; remis entre les mains d'intendants spéciaux, ces enfants passent dans le sérail, où des maîtres leur enseignent la religion mahométane et l'art militaire. Les autres provinces ne doivent pas le tribut des garçons; mais on les écrase sous le poids de charges et d'impôts si lourds, si intolérables, qu'elles sont forcées, dans l'impossibilité d'y satisfaire, de livrer leurs enfants pour éviter tous les genres de persécutions. Ces enfants, une fois remis au gouvernement, s'occupent de travaux divers, et reçoivent, deux fois dans l'année, des vêtements turcs. Le bonnet n'est pas très-haut, mais pointu et rouge; or ces garçons, qui portent ensuite le nom d'adjémioglans, se montrent les plus grands ennemis des chrétiens, qu'ils traitent avec une excessive cruauté.

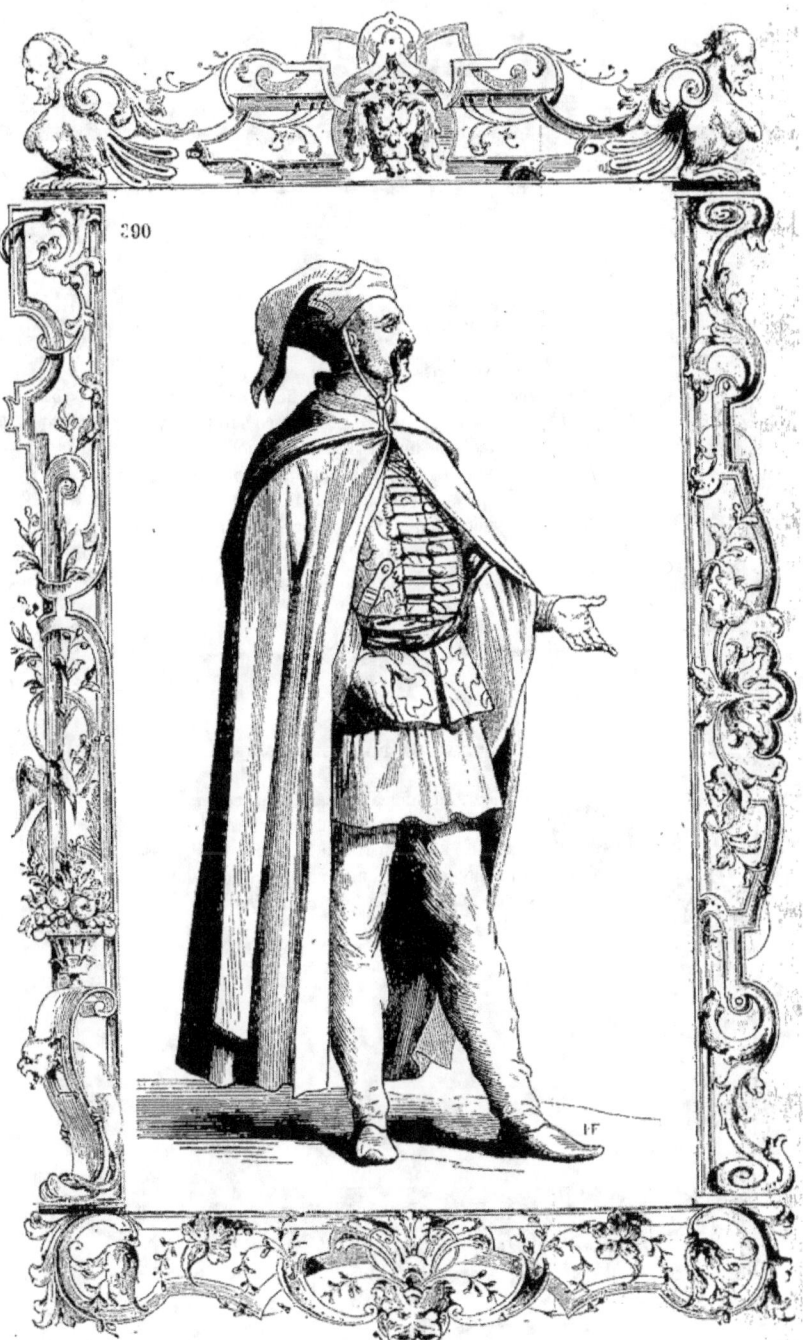

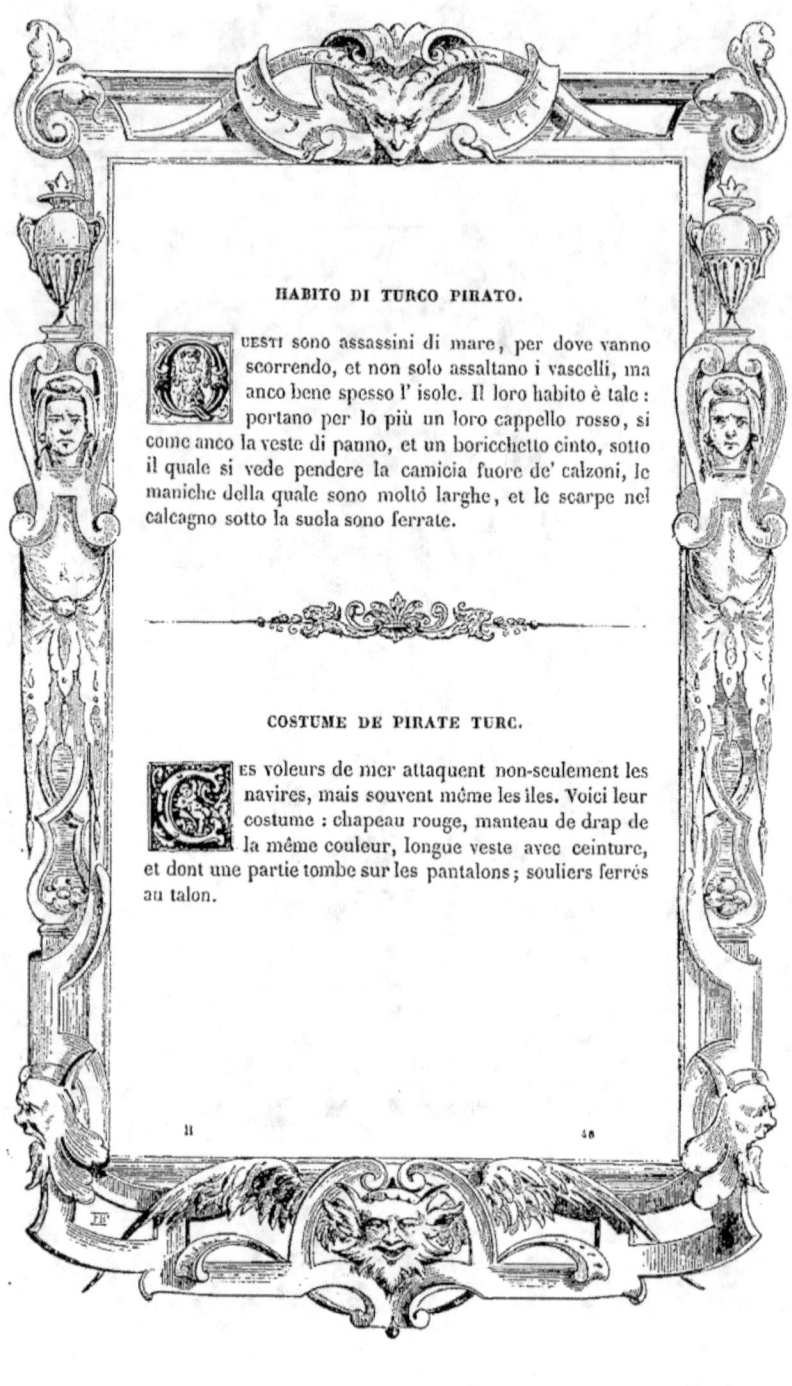

### HABITO DI TURCO PIRATO.

Q UESTI sono assassini di mare, per dove vanno scorrendo, et non solo assaltano i vascelli, ma anco bene spesso l' isole. Il loro habito è tale : portano per lo più un loro cappello rosso, si come anco la veste di panno, et un boricchetto cinto, sotto il quale si vede pendere la camicia fuore de' calzoni, le maniche della quale sono molto larghe, et le scarpe nel calcagno sotto la suola sono ferrate.

### COSTUME DE PIRATE TURC.

C ES voleurs de mer attaquent non-seulement les navires, mais souvent même les iles. Voici leur costume : chapeau rouge, manteau de drap de la même couleur, longue veste avec ceinture, et dont une partie tombe sur les pantalons ; souliers ferrés au talon.

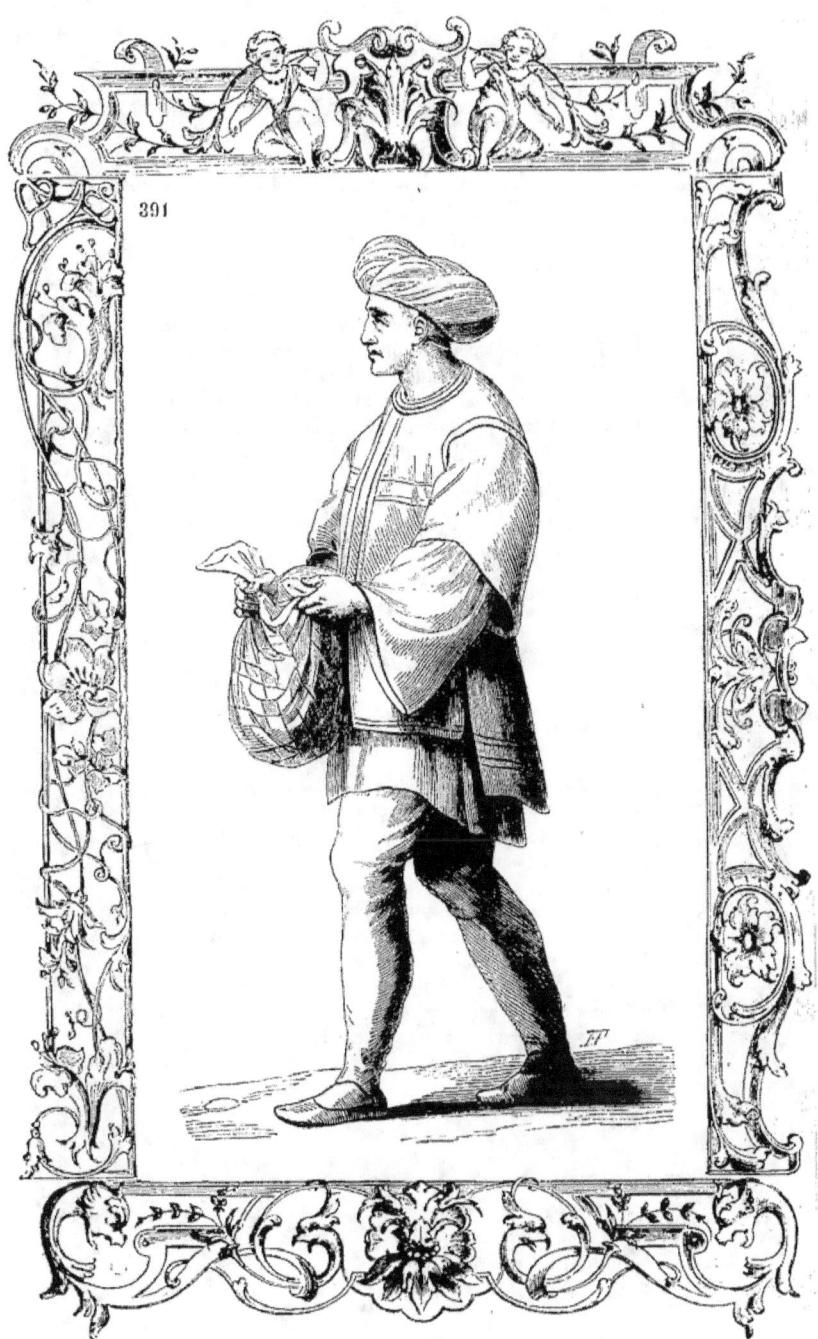

391

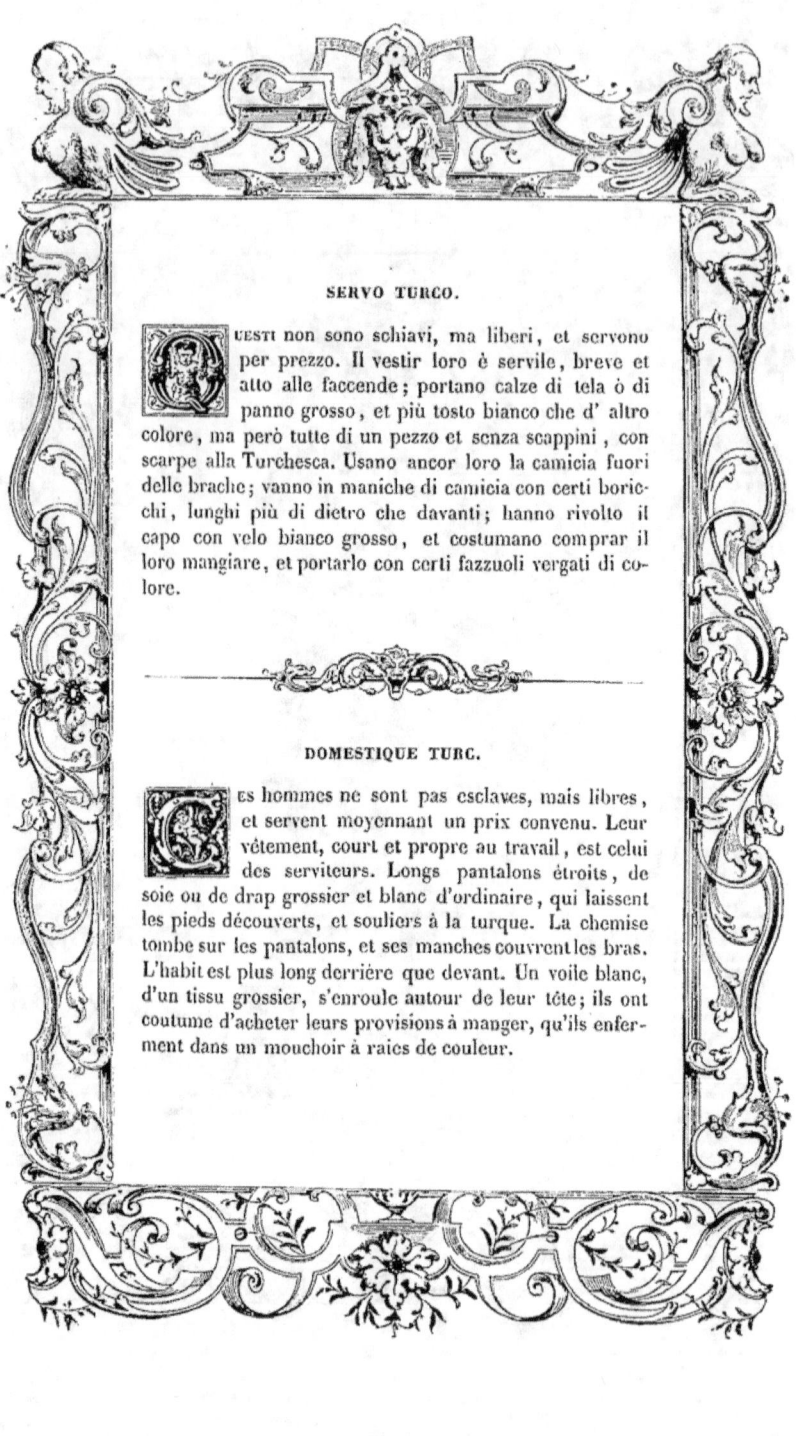

### SERVO TURCO.

Uesti non sono schiavi, ma liberi, et servono per prezzo. Il vestir loro è servile, breve et atto alle faccende; portano calze di tela ò di panno grosso, et più tosto bianco che d' altro colore, ma però tutte di un pezzo et senza scappini, con scarpe alla Turchesca. Usano ancor loro la camicia fuori delle brache; vanno in maniche di camicia con certi boricchi, lunghi più di dietro che davanti; hanno rivolto il capo con velo bianco grosso, et costumano comprar il loro mangiare, et portarlo con certi fazzuoli vergati di colore.

### DOMESTIQUE TURC.

Es hommes ne sont pas esclaves, mais libres, et servent moyennant un prix convenu. Leur vêtement, court et propre au travail, est celui des serviteurs. Longs pantalons étroits, de soie ou de drap grossier et blanc d'ordinaire, qui laissent les pieds découverts, et souliers à la turque. La chemise tombe sur les pantalons, et ses manches couvrent les bras. L'habit est plus long derrière que devant. Un voile blanc, d'un tissu grossier, s'enroule autour de leur tête; ils ont coutume d'acheter leurs provisions à manger, qu'ils enferment dans un mouchoir à raies de couleur.

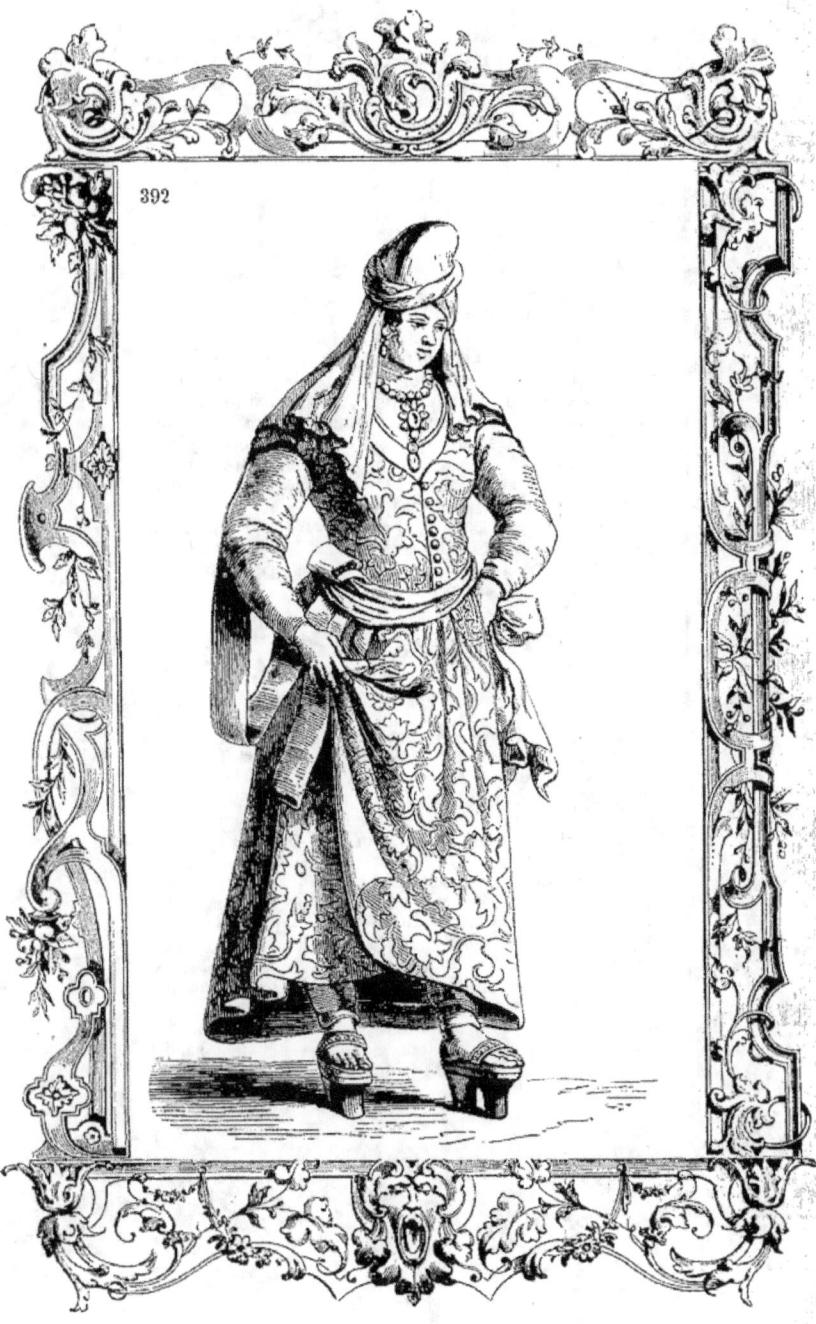

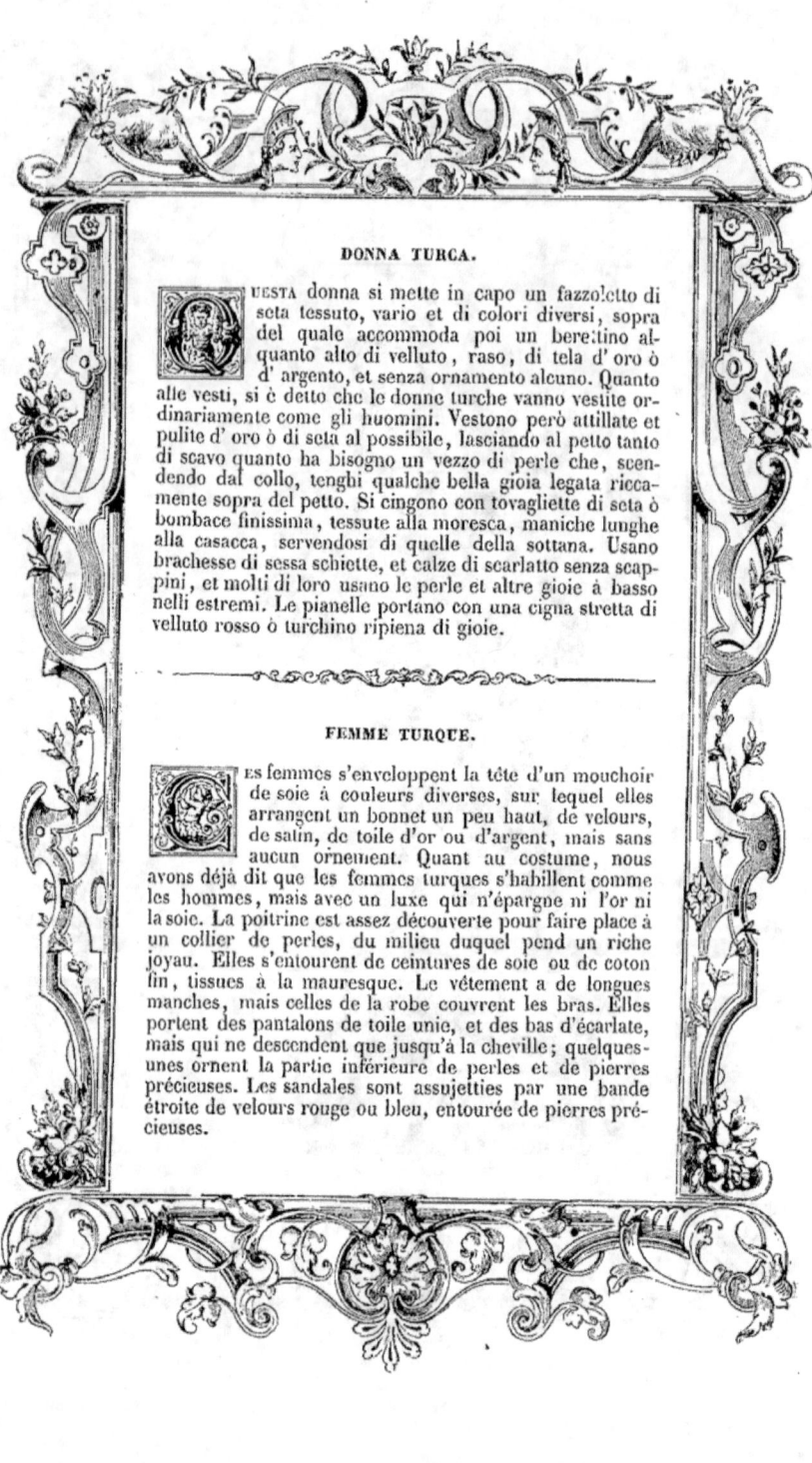

### DONNA TURCA.

UESTA donna si mette in capo un fazzoletto di seta tessuto, vario et di colori diversi, sopra del quale accommoda poi un berettino alquanto alto di velluto, raso, di tela d' oro ò d' argento, et senza ornamento alcuno. Quanto alle vesti, si è detto che le donne turche vanno vestite ordinariamente come gli huomini. Vestono però attillate et pulite d' oro ò di seta al possibile, lasciando al petto tanto di scavo quanto ha bisogno un vezzo di perle che, scendendo dal collo, tenghi qualche bella gioia legata riccamente sopra del petto. Si cingono con tovagliette di seta ò bombace finissima, tessute alla moresca, maniche lunghe alla casacca, servendosi di quelle della sottana. Usano brachesse di sessa schiette, et calze di scarlatto senza scappini, et molti di loro usano le perle et altre gioie à basso nelli estremi. Le pianelle portano con una cigna stretta di velluto rosso ò turchino ripiena di gioie.

### FEMME TURQUE.

ES femmes s'enveloppent la tête d'un mouchoir de soie à couleurs diverses, sur lequel elles arrangent un bonnet un peu haut, de velours, de satin, de toile d'or ou d'argent, mais sans aucun ornement. Quant au costume, nous avons déjà dit que les femmes turques s'habillent comme les hommes, mais avec un luxe qui n'épargne ni l'or ni la soie. La poitrine est assez découverte pour faire place à un collier de perles, du milieu duquel pend un riche joyau. Elles s'entourent de ceintures de soie ou de coton fin, tissues à la mauresque. Le vêtement a de longues manches, mais celles de la robe couvrent les bras. Elles portent des pantalons de toile unie, et des bas d'écarlate, mais qui ne descendent que jusqu'à la cheville; quelques-unes ornent la partie inférieure de perles et de pierres précieuses. Les sandales sont assujetties par une bande étroite de velours rouge ou bleu, entourée de pierres précieuses.

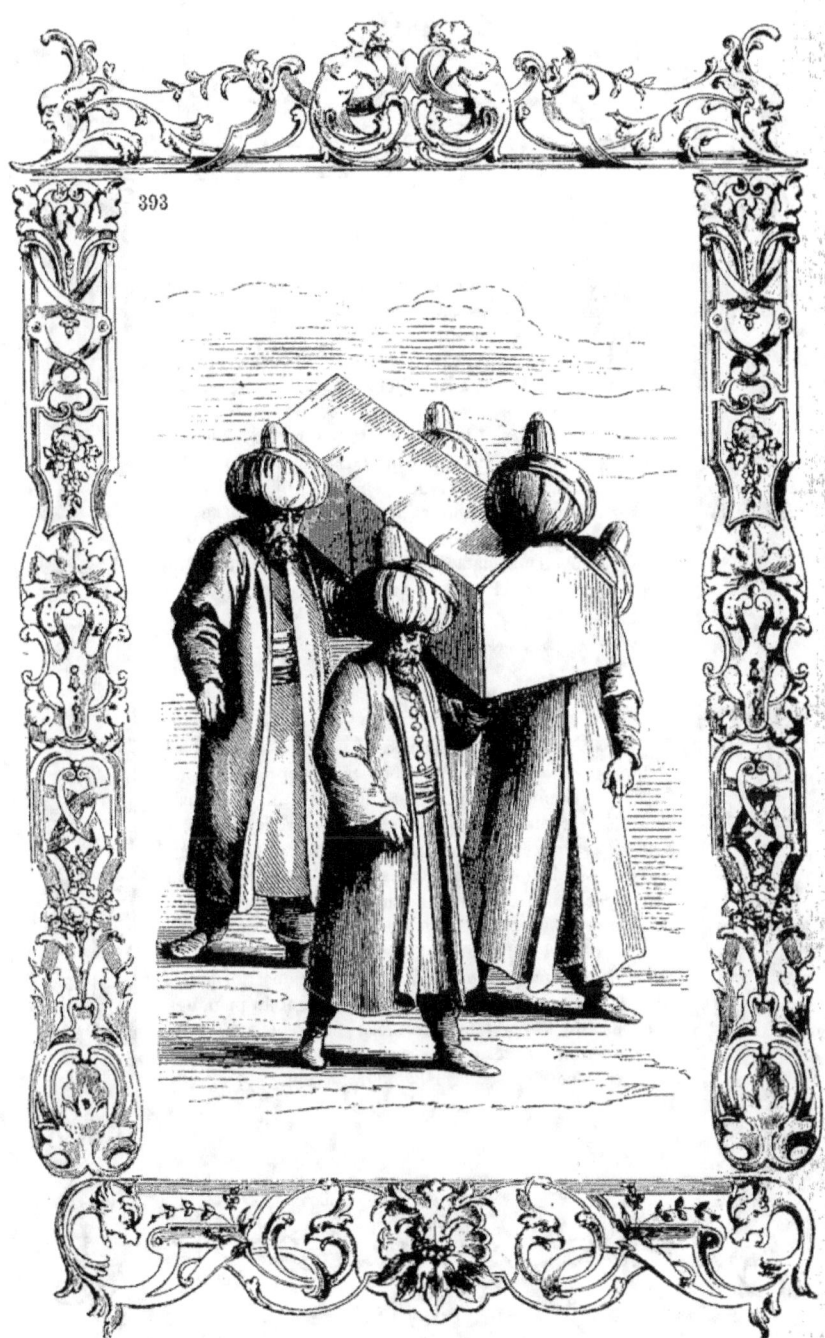

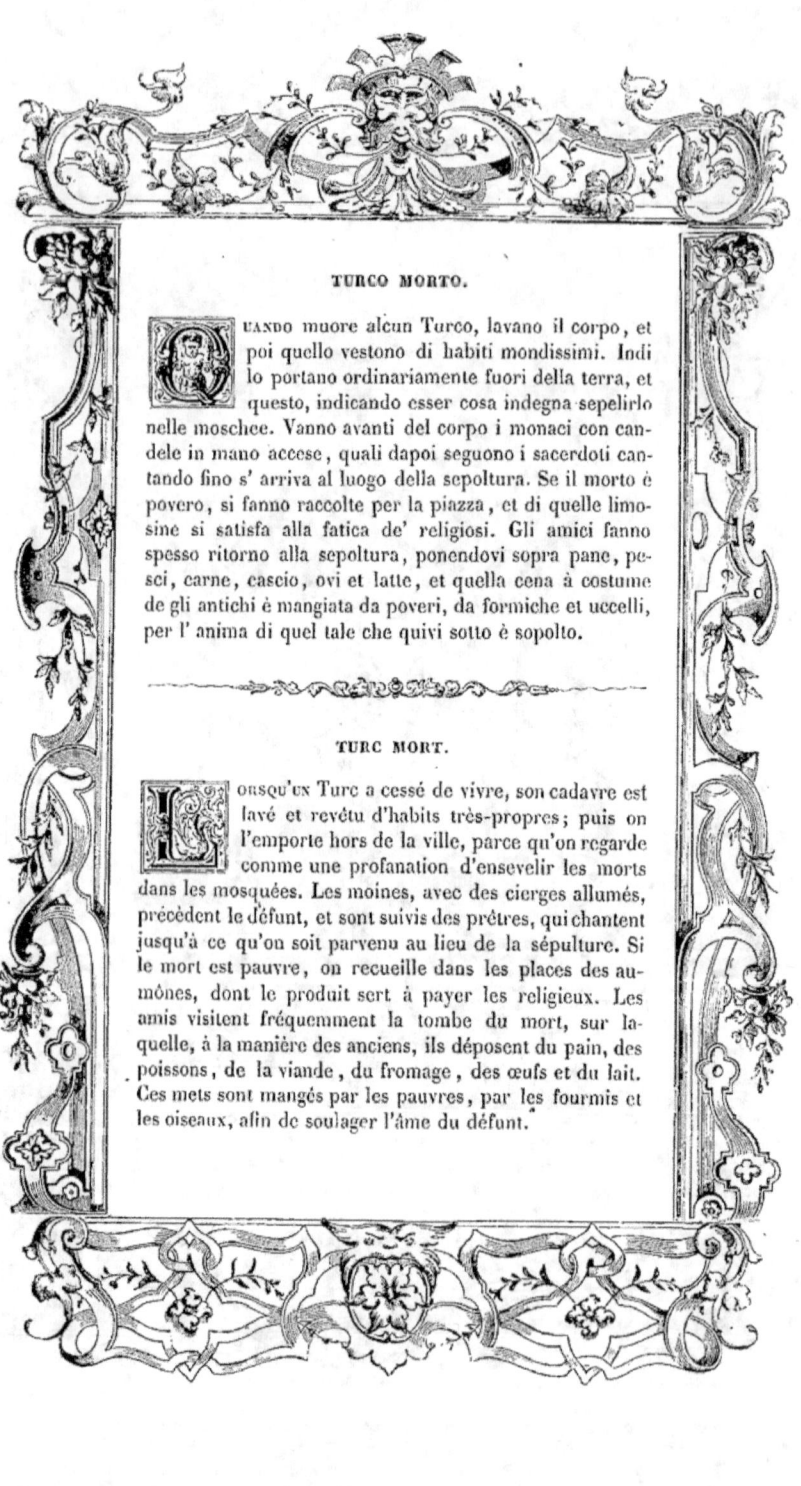

## TURCO MORTO.

Q UANDO muore alcun Turco, lavano il corpo, et poi quello vestono di habiti mondissimi. Indi lo portano ordinariamente fuori della terra, et questo, indicando esser cosa indegna sepelirlo nelle moschee. Vanno avanti del corpo i monaci con candele in mano accese, quali dapoi seguono i sacerdoti cantando fino s' arriva al luogo della sepoltura. Se il morto è povero, si fanno raccolte per la piazza, et di quelle limosine si satisfa alla fatica de' religiosi. Gli amici fanno spesso ritorno alla sepoltura, ponendovi sopra pane, pesci, carne, cascio, ovi et latte, et quella cena à costume de gli antichi è mangiata da poveri, da formiche et uccelli, per l' anima di quel tale che quivi sotto è sepolto.

## TURC MORT.

L ORSQU'UN Turc a cessé de vivre, son cadavre est lavé et revêtu d'habits très-propres; puis on l'emporte hors de la ville, parce qu'on regarde comme une profanation d'ensevelir les morts dans les mosquées. Les moines, avec des cierges allumés, précèdent le défunt, et sont suivis des prêtres, qui chantent jusqu'à ce qu'on soit parvenu au lieu de la sépulture. Si le mort est pauvre, on recueille dans les places des aumônes, dont le produit sert à payer les religieux. Les amis visitent fréquemment la tombe du mort, sur laquelle, à la manière des anciens, ils déposent du pain, des poissons, de la viande, du fromage, des œufs et du lait. Ces mets sont mangés par les pauvres, par les fourmis et les oiseaux, afin de soulager l'âme du défunt.

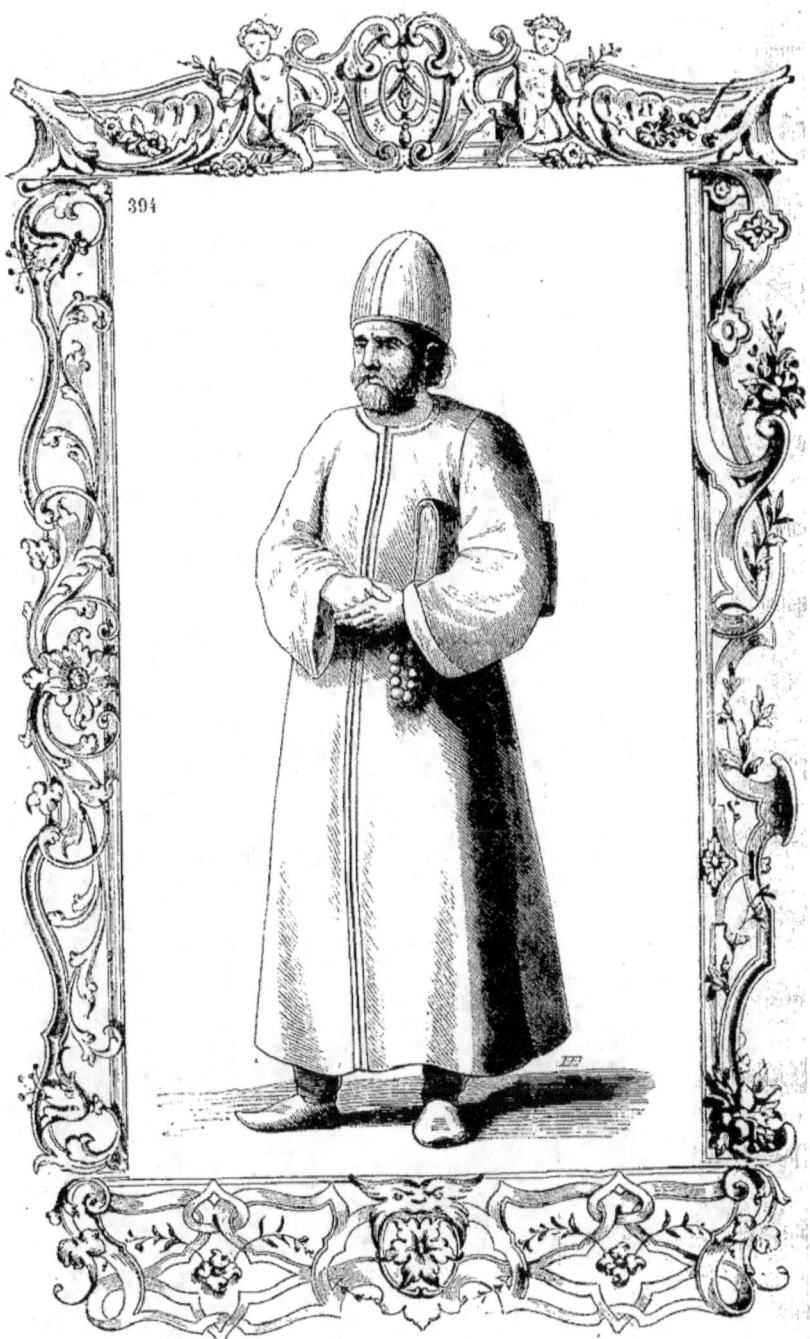

### SEICHIR, CHE SONO I SANTONI.

Alcuni di questi, essendo poverissimi, vanno quasi tutti nudi, et vivono di limosine date loro da' Turchi et da' christiani. Alcuni di loro vanno di rado in pubblico, ma stanno ne' tempij, vicino a' quali hanno certe loro casuccie. Non portano scarpe, non vestimenti, ma si cuoprono il corpo solamente con una camicia di canape, molti giorni pregando Iddio che loro riveli i secreti. Questi sono venuti a tal credito, che il rè de' Turchi, dovendo far guerra, dimanda consiglio loro. I loro sacerdoti non hanno bisogno di molta dottrina, bastando à quelli saper leggere l' Alcorano ; di modo che quelli che sanno interpretar il testo son tenuti dottissimi, perche non è scritto in lingua turchesca, ma arabica da Macometto. Vestono una toga di panno grosso, bianco ò turchino, lunga fino al collo del piè, aperta davanti et con le maniche larghe. Prendono moglie, et, non potendo sostentare i figli con lo stipendio c' hanno dal rè, fanno qualche arte honorata et libera.

### SEICHIRS OU SANTONS.

Telle est la pauvreté de quelques santons qu'ils vont presque nus et vivent des aumônes qu'ils reçoivent des Turcs ou des chrétiens. La plupart se montrent rarement en public, mais se tiennent dans les temples, près desquels se trouvent leurs misérables demeures. Ils ne portent ni souliers ni habits, mais une chemise de chanvre, et prient Dieu plusieurs jours entiers pour qu'il leur révèle ses secrets. Les santons jouissent d'un si grand crédit que le Sultan les consulte au moment d'entreprendre une guerre. Les prêtres des Turcs n'ont pas besoin de posséder beaucoup d'instruction : il leur suffit de savoir lire le Coran ; de sorte que ceux qui peuvent interpréter le texte sont tenus pour très-doctes, parce qu'il n'est pas écrit en langue turque, mais en arabe. Ils portent une robe de drap grossier, blanc ou bleu, tombant sur les pieds, ouverte par devant et pourvue de manches larges. Ils se marient ; mais, comme leur salaire est insuffisant pour nourrir leur famille, ils exercent quelque métier honorable et libre.

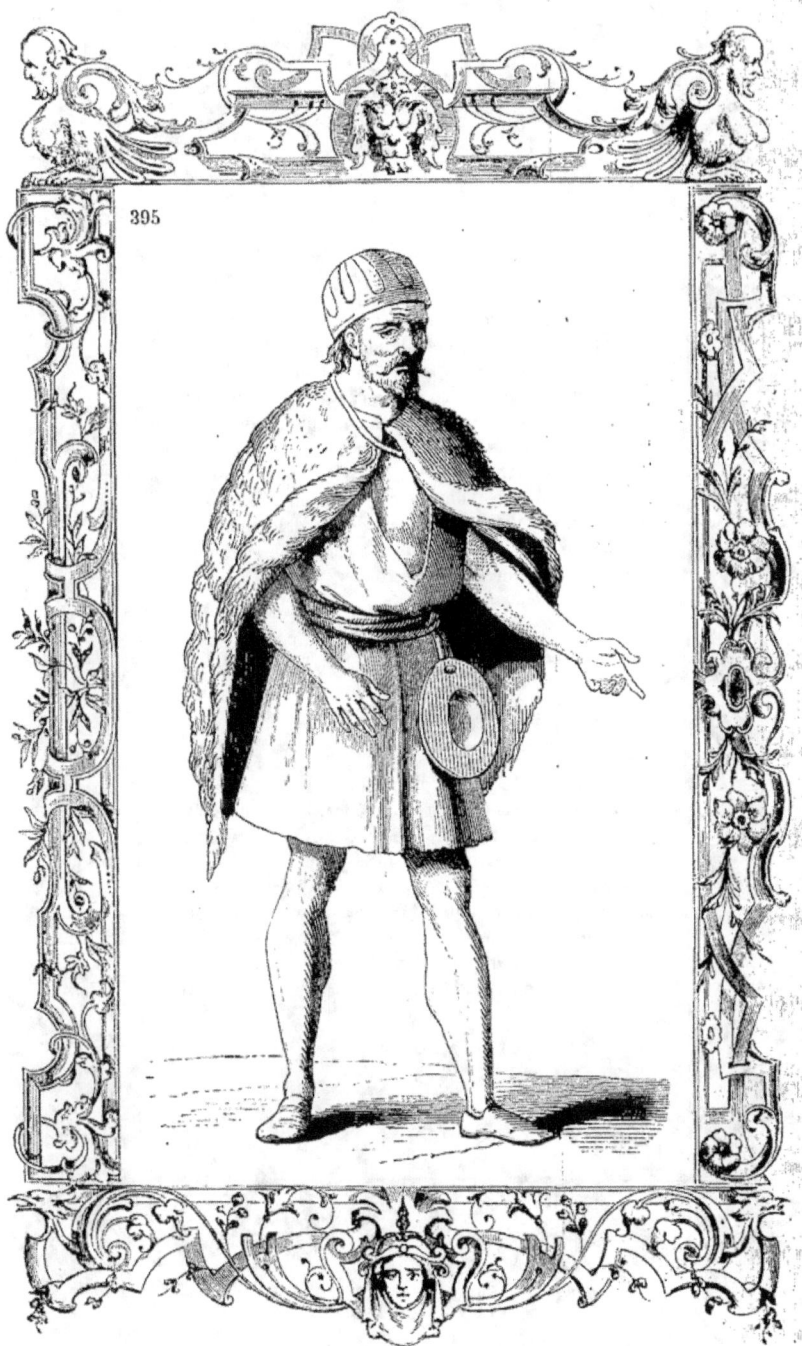

395

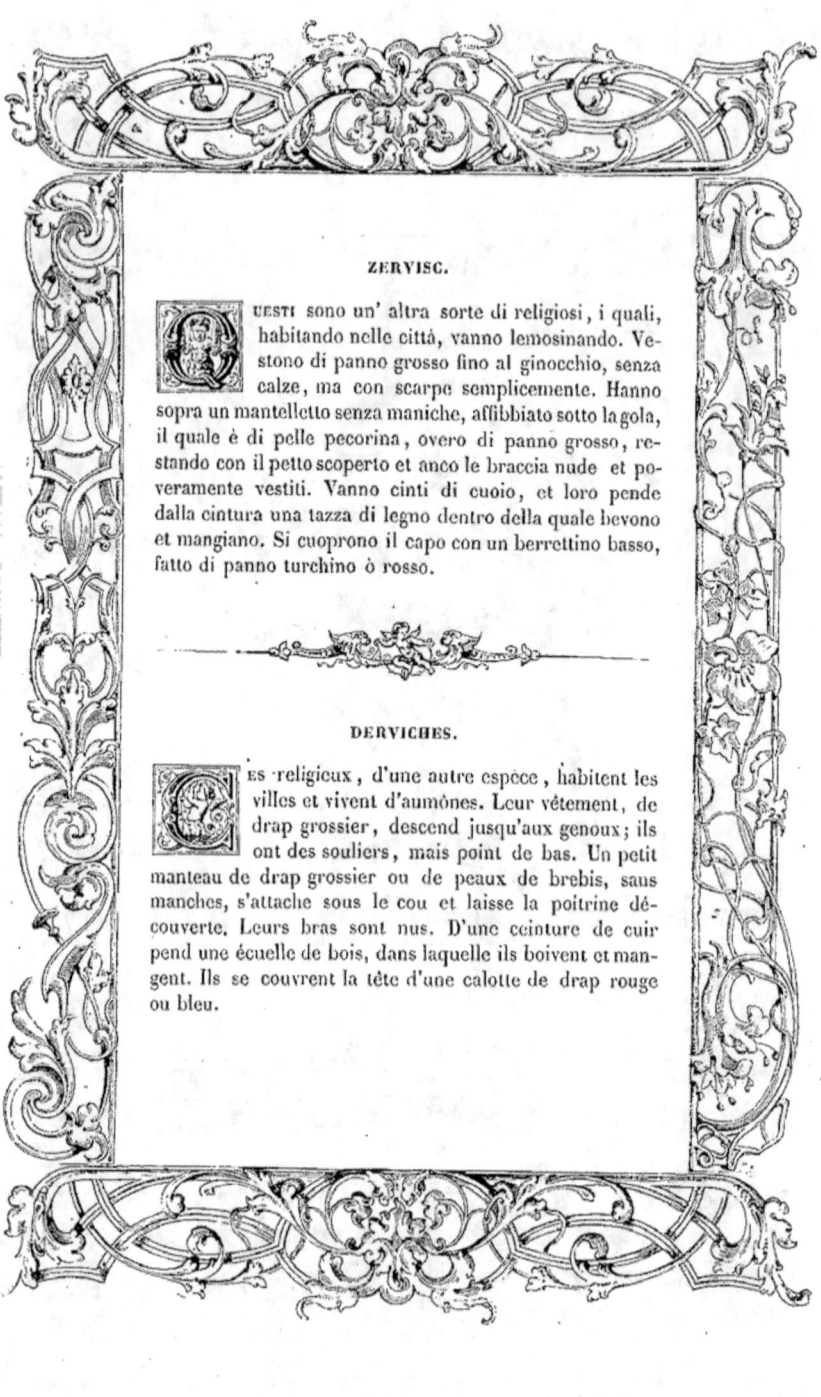

## ZERVISC.

QUESTI sono un' altra sorte di religiosi, i quali, habitando nelle città, vanno lemosinando. Vestono di panno grosso fino al ginocchio, senza calze, ma con scarpe semplicemente. Hanno sopra un mantelletto senza maniche, affibbiato sotto la gola, il quale è di pelle pecorina, overo di panno grosso, restando con il petto scoperto et anco le braccia nude et poveramente vestiti. Vanno cinti di cuoio, et loro pende dalla cintura una tazza di legno dentro della quale bevono et mangiano. Si cuoprono il capo con un berrettino basso, fatto di panno turchino ò rosso.

## DERVICHES.

CES religieux, d'une autre espèce, habitent les villes et vivent d'aumônes. Leur vêtement, de drap grossier, descend jusqu'aux genoux; ils ont des souliers, mais point de bas. Un petit manteau de drap grossier ou de peaux de brebis, sans manches, s'attache sous le cou et laisse la poitrine découverte. Leurs bras sont nus. D'une ceinture de cuir pend une écuelle de bois, dans laquelle ils boivent et mangent. Ils se couvrent la tête d'une calotte de drap rouge ou bleu.

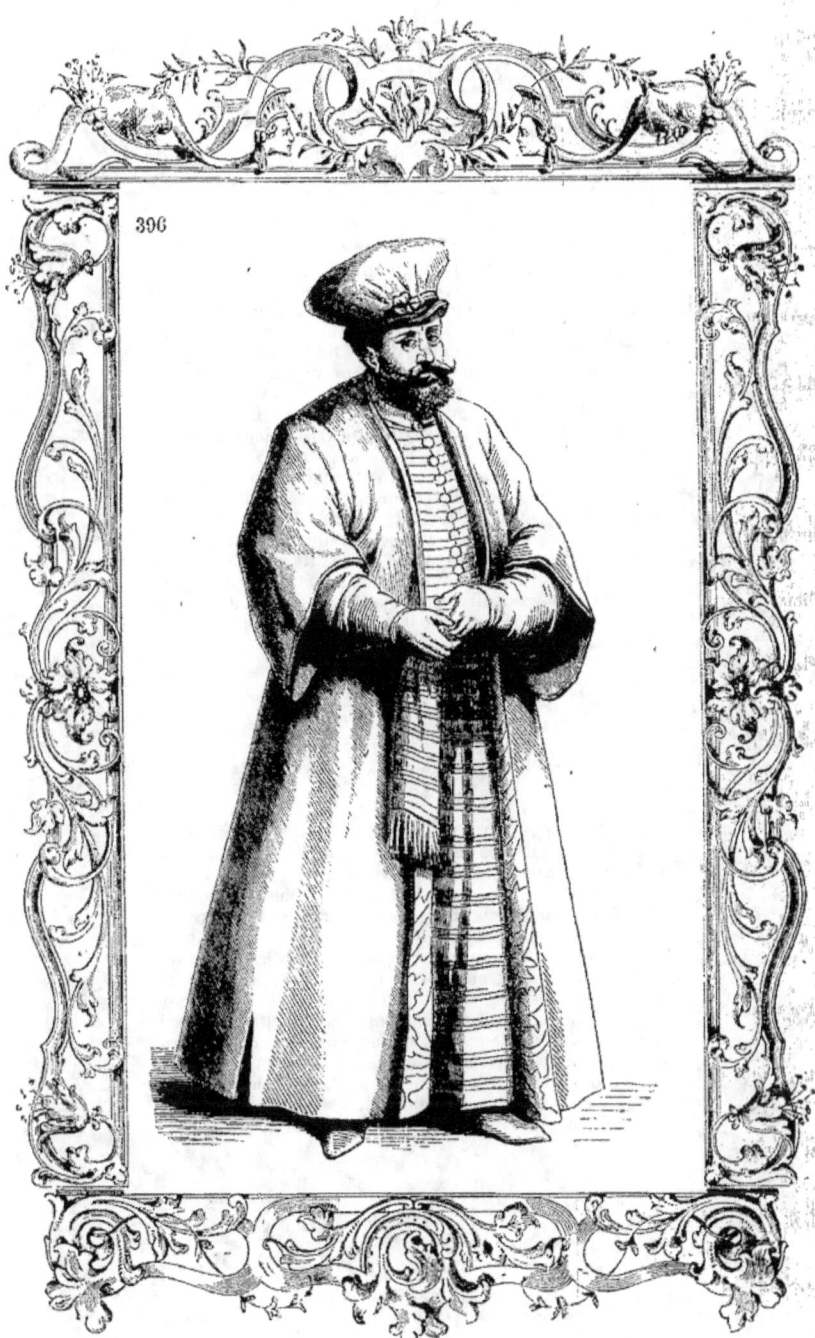

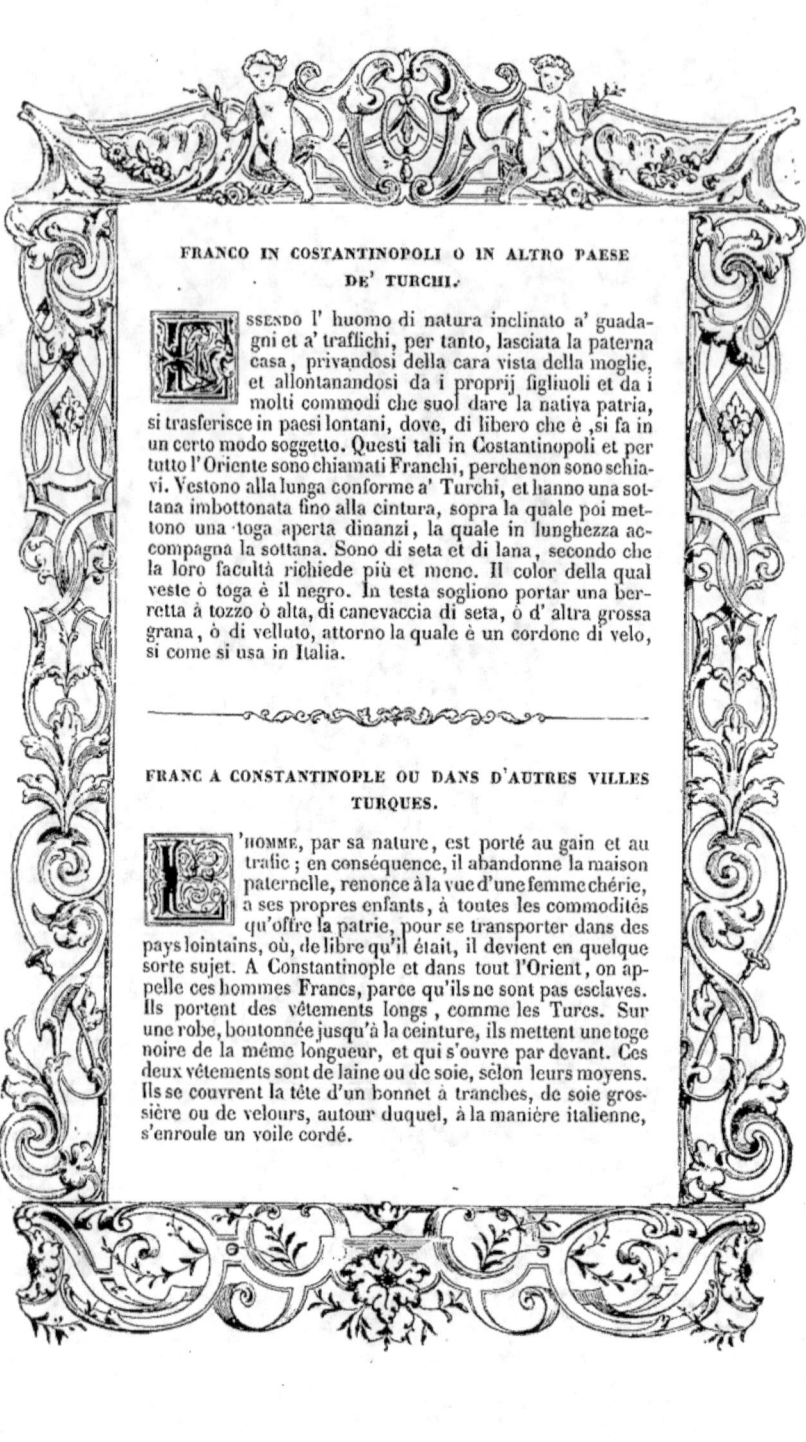

## FRANCO IN COSTANTINOPOLI O IN ALTRO PAESE
### DE' TURCHI.

Essendo l' huomo di natura inclinato a' guadagni et a' traffichi, per tanto, lasciata la paterna casa, privandosi della cara vista della moglie, et allontanandosi da i proprij figliuoli et da i molti commodi che suol dare la nativa patria, si trasferisce in paesi lontani, dove, di libero che è , si fa in un certo modo soggetto. Questi tali in Costantinopoli et per tutto l'Oriente sono chiamati Franchi, perche non sono schiavi. Vestono alla lunga conforme a' Turchi, et hanno una sottana imbottonata fino alla cintura, sopra la quale poi mettono una toga aperta dinanzi, la quale in lunghezza accompagna la sottana. Sono di seta et di lana , secondo che la loro facultà richiede più et meno. Il color della qual veste ò toga è il negro. In testa sogliono portar una berretta à tozzo ò alta, di canevaccia di seta, ò d' altra grossa grana , ò di velluto, attorno la quale è un cordone di velo, si come si usa in Italia.

---

## FRANC À CONSTANTINOPLE OU DANS D'AUTRES VILLES
### TURQUES.

L'homme, par sa nature, est porté au gain et au trafic ; en conséquence, il abandonne la maison paternelle, renonce à la vue d'une femme chérie, a ses propres enfants, à toutes les commodités qu'offre la patrie, pour se transporter dans des pays lointains, où, de libre qu'il était, il devient en quelque sorte sujet. A Constantinople et dans tout l'Orient, on appelle ces hommes Francs, parce qu'ils ne sont pas esclaves. Ils portent des vêtements longs , comme les Turcs. Sur une robe, boutonnée jusqu'à la ceinture, ils mettent une toge noire de la même longueur, et qui s'ouvre par devant. Ces deux vêtements sont de laine ou de soie, selon leurs moyens. Ils se couvrent la tête d'un bonnet à tranches, de soie grossière ou de velours, autour duquel, à la manière italienne, s'enroule un voile cordé.

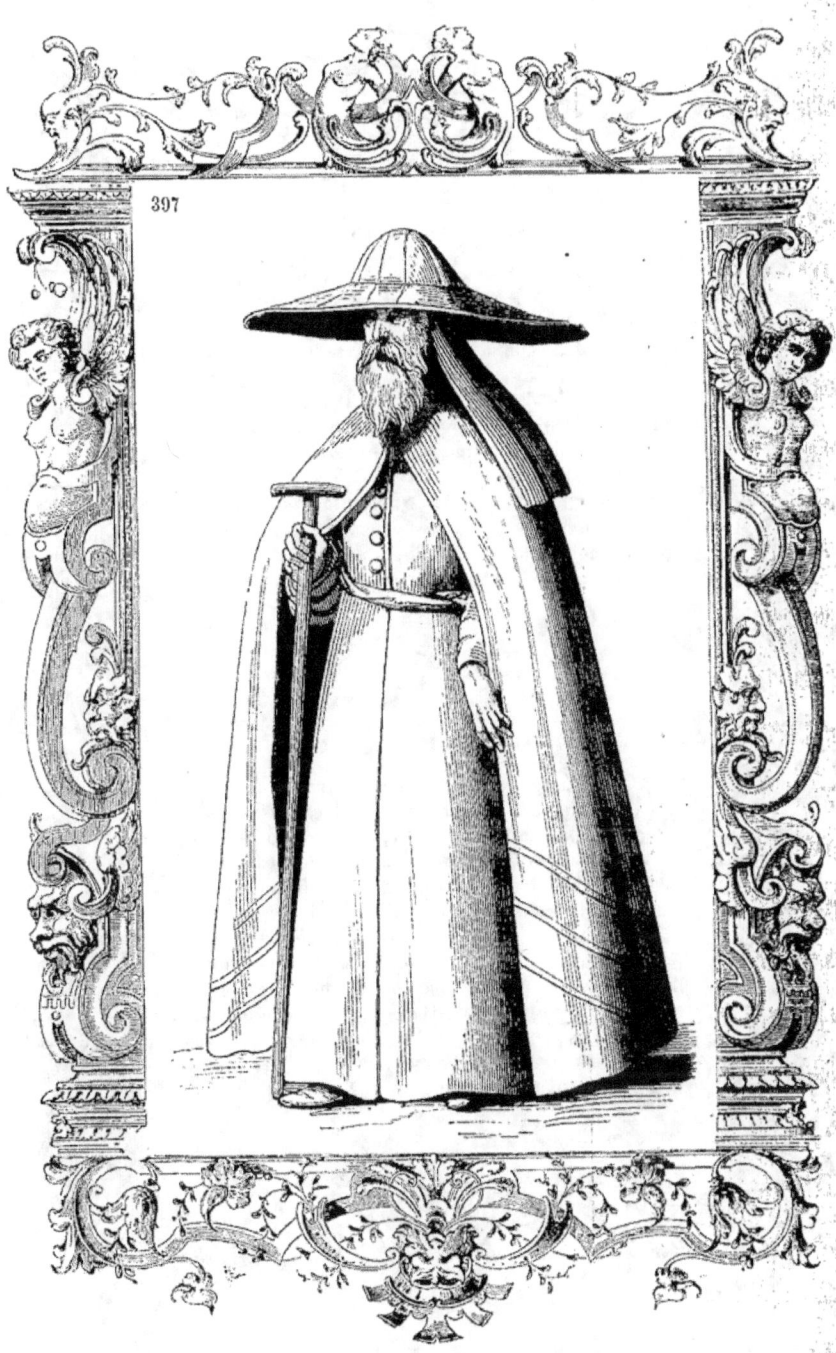

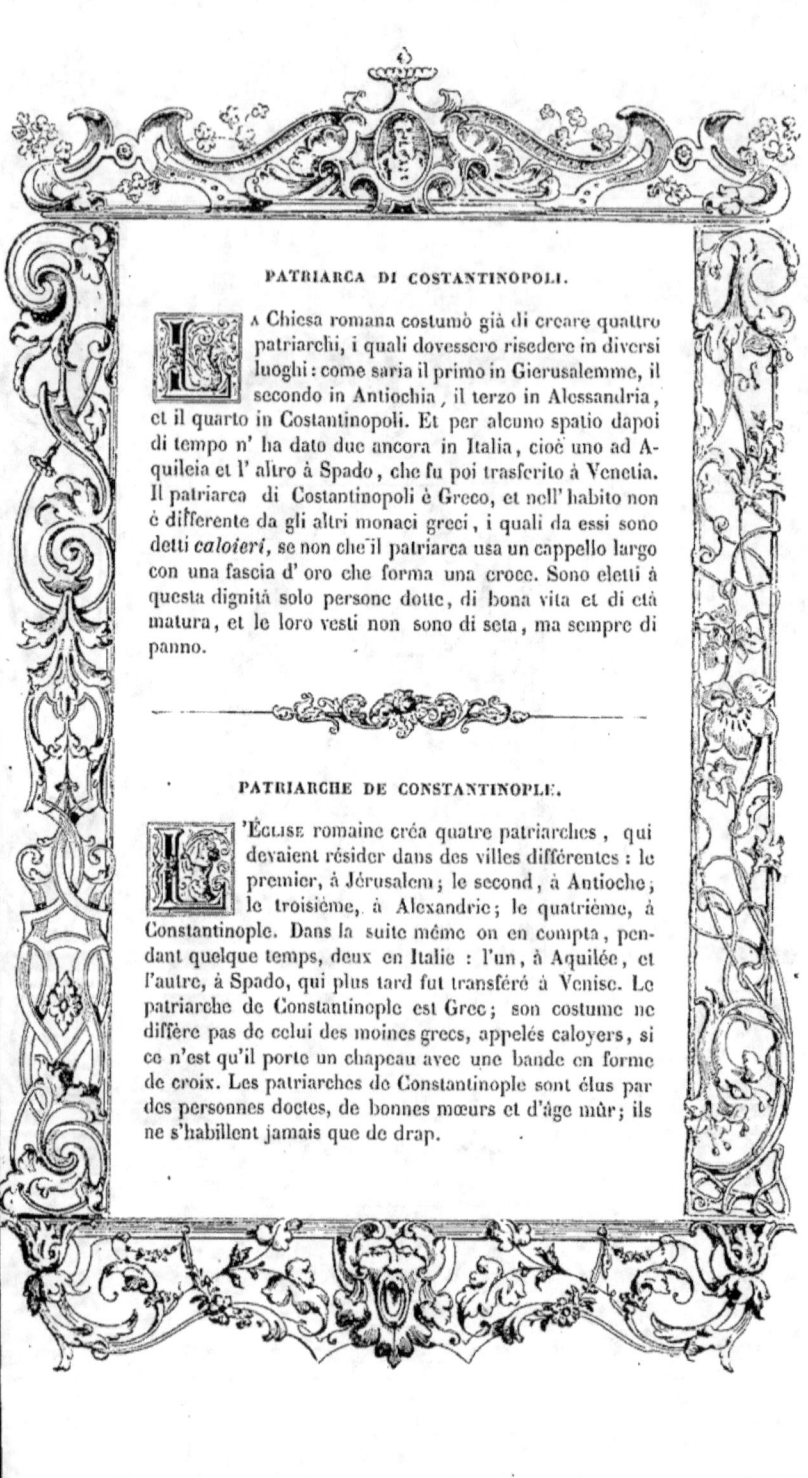

### PATRIARCA DI COSTANTINOPOLI.

L A Chiesa romana costumò già di creare quattro patriarchi, i quali dovessero risedere in diversi luoghi: come saria il primo in Gierusalemme, il secondo in Antiochia, il terzo in Alessandria, et il quarto in Costantinopoli. Et per alcuno spatio dapoi di tempo n' ha dato due ancora in Italia, cioè uno ad A-quileia et l'altro à Spado, che fu poi trasferito à Venetia. Il patriarca di Costantinopoli è Greco, et nell' habito non è differente da gli altri monaci greci, i quali da essi sono detti *caloieri*, se non che'il patriarca usa un cappello largo con una fascia d'oro che forma una croce. Sono eletti à questa dignità solo persone dotte, di bona vita et di età matura, et le loro vesti non sono di seta, ma sempre di panno.

### PATRIARCHE DE CONSTANTINOPLE.

L'Église romaine créa quatre patriarches, qui devaient résider dans des villes différentes : le premier, à Jérusalem; le second, à Antioche; le troisième, à Alexandrie; le quatrième, à Constantinople. Dans la suite même on en compta, pendant quelque temps, deux en Italie : l'un, à Aquilée, et l'autre, à Spado, qui plus tard fut transféré à Venise. Le patriarche de Constantinople est Grec; son costume ne diffère pas de celui des moines grecs, appelés caloyers, si ce n'est qu'il porte un chapeau avec une bande en forme de croix. Les patriarches de Constantinople sont élus par des personnes doctes, de bonnes mœurs et d'âge mûr; ils ne s'habillent jamais que de drap.

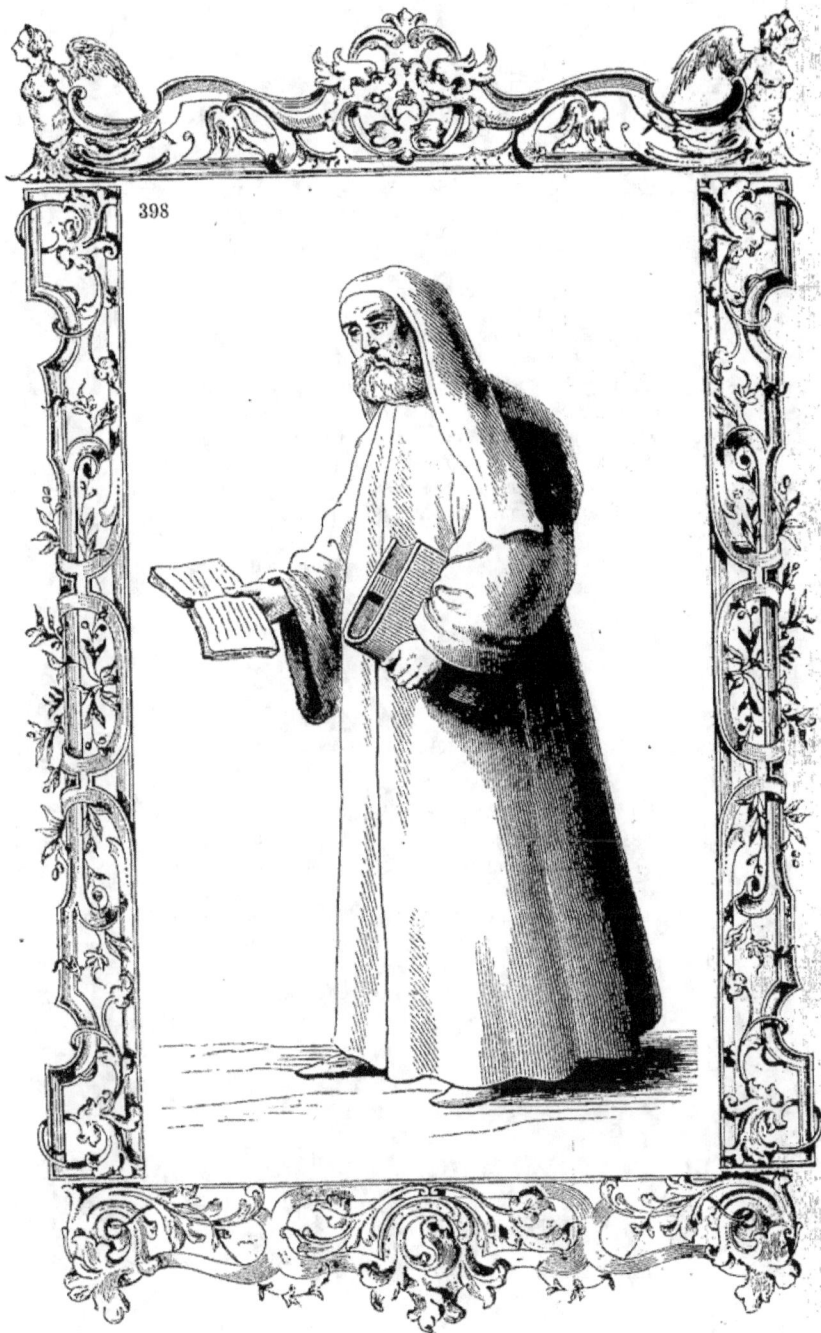
398

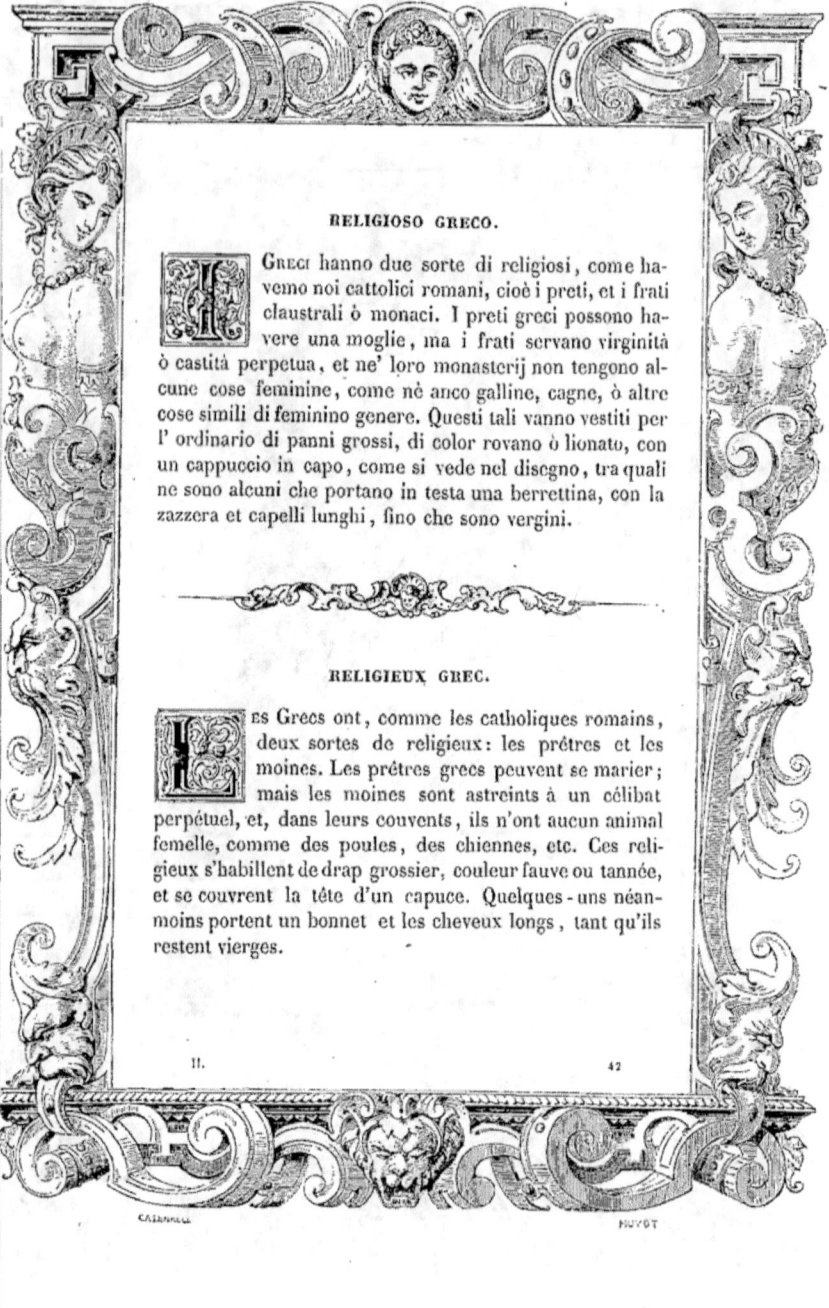

### RELIGIOSO GRECO.

I Greci hanno due sorte di religiosi, come havemo noi cattolici romani, cioè i preti, et i frati claustrali ò monaci. I preti greci possono havere una moglie, ma i frati servano virginità ò castità perpetua, et ne' loro monasterij non tengono alcune cose feminine, come nè anco galline, cagne, ò altre cose simili di feminino genere. Questi tali vanno vestiti per l'ordinario di panni grossi, di color rovano ò lionato, con un cappuccio in capo, come si vede nel disegno, tra quali ne sono alcuni che portano in testa una berrettina, con la zazzera et capelli lunghi, fino che sono vergini.

### RELIGIEUX GREC.

Les Grecs ont, comme les catholiques romains, deux sortes de religieux: les prêtres et les moines. Les prêtres grecs peuvent se marier; mais les moines sont astreints à un célibat perpétuel, et, dans leurs couvents, ils n'ont aucun animal femelle, comme des poules, des chiennes, etc. Ces religieux s'habillent de drap grossier, couleur fauve ou tannée, et se couvrent la tête d'un capuce. Quelques-uns néanmoins portent un bonnet et les cheveux longs, tant qu'ils restent vierges.

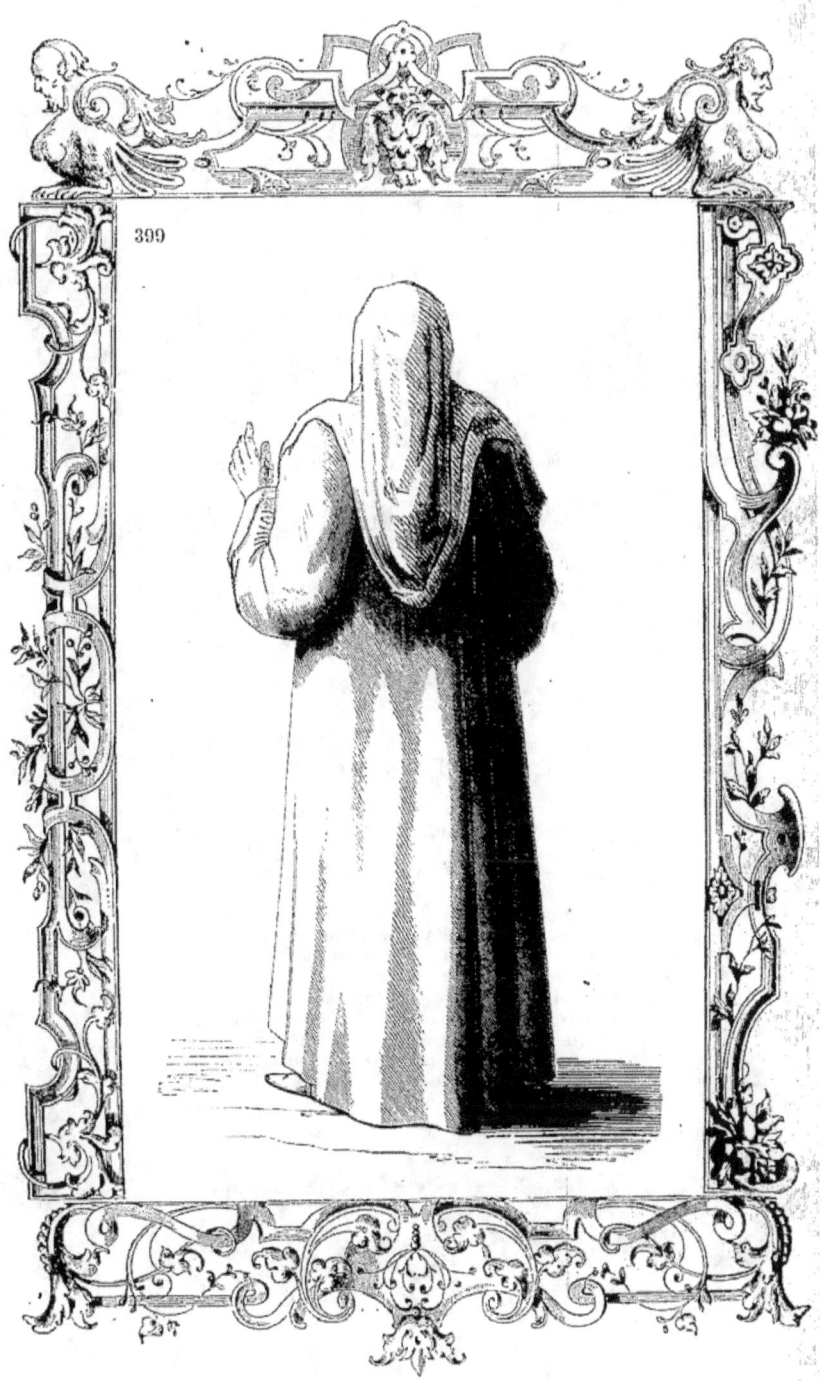

399

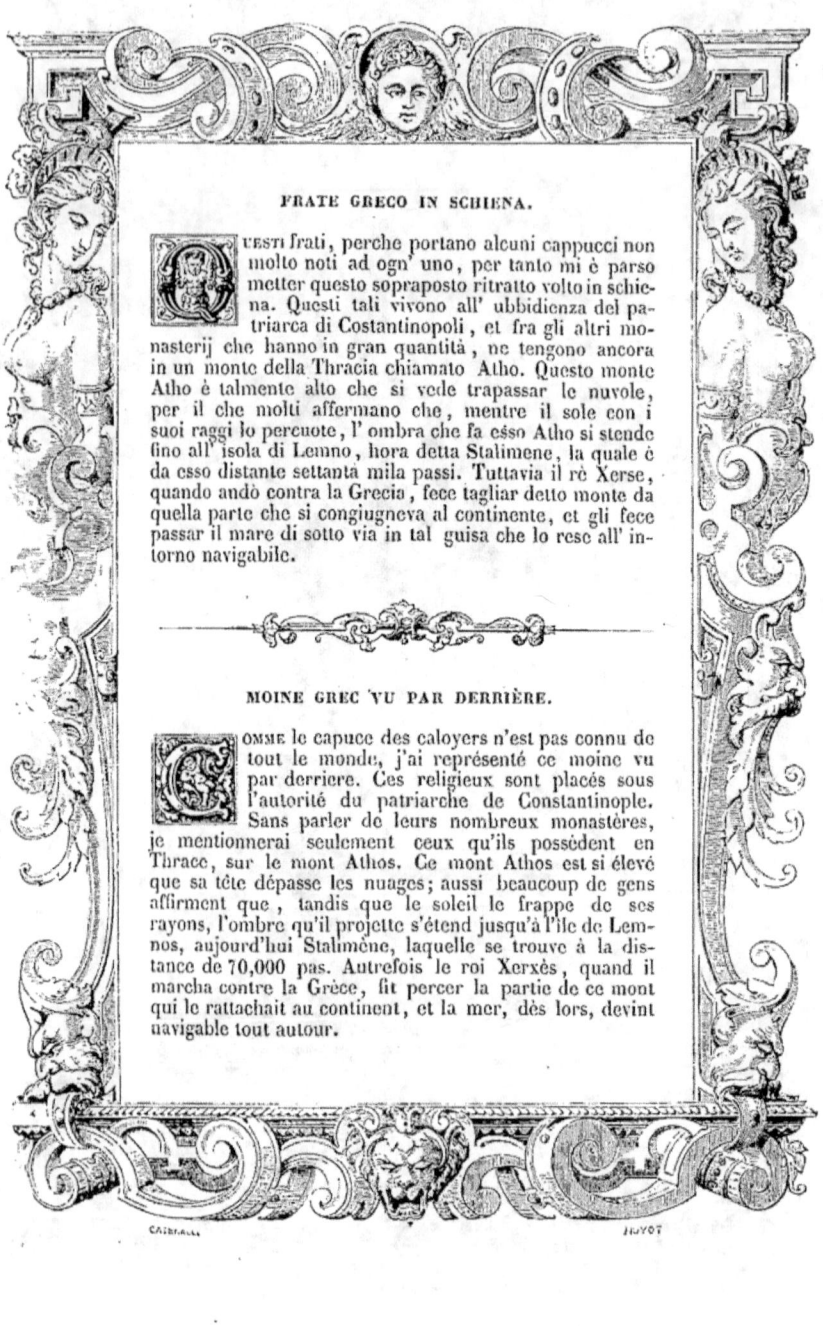

### FRATE GRECO IN SCHIENA.

Uesti frati, perche portano alcuni cappucci non molto noti ad ogn' uno, per tanto mi è parso metter questo sopraposto ritratto volto in schiena. Questi tali vivono all' ubbidienza del patriarca di Costantinopoli, et fra gli altri monasterij che hanno in gran quantità, ne tengono ancora in un monte della Thracia chiamato Atho. Questo monte Atho è talmente alto che si vede trapassar le nuvole, per il che molti affermano che, mentre il sole con i suoi raggi lo percuote, l' ombra che fa esso Atho si stende fino all' isola di Lemno, hora detta Stalimene, la quale è da esso distante settanta mila passi. Tuttavia il rè Xerse, quando andò contra la Grecia, fece tagliar detto monte da quella parte che si congiugneva al continente, et gli fece passar il mare di sotto via in tal guisa che lo rese all' intorno navigabile.

### MOINE GREC VU PAR DERRIÈRE.

Comme le capuce des caloyers n'est pas connu de tout le monde, j'ai représenté ce moine vu par derriere. Ces religieux sont placés sous l'autorité du patriarche de Constantinople. Sans parler de leurs nombreux monastères, je mentionnerai seulement ceux qu'ils possèdent en Thrace, sur le mont Athos. Ce mont Athos est si élevé que sa tête dépasse les nuages ; aussi beaucoup de gens affirment que, tandis que le soleil le frappe de ses rayons, l'ombre qu'il projette s'étend jusqu'à l'île de Lemnos, aujourd'hui Stalimène, laquelle se trouve à la distance de 70,000 pas. Autrefois le roi Xerxès, quand il marcha contre la Grèce, fit percer la partie de ce mont qui le rattachait au continent, et la mer, dès lors, devint navigable tout autour.

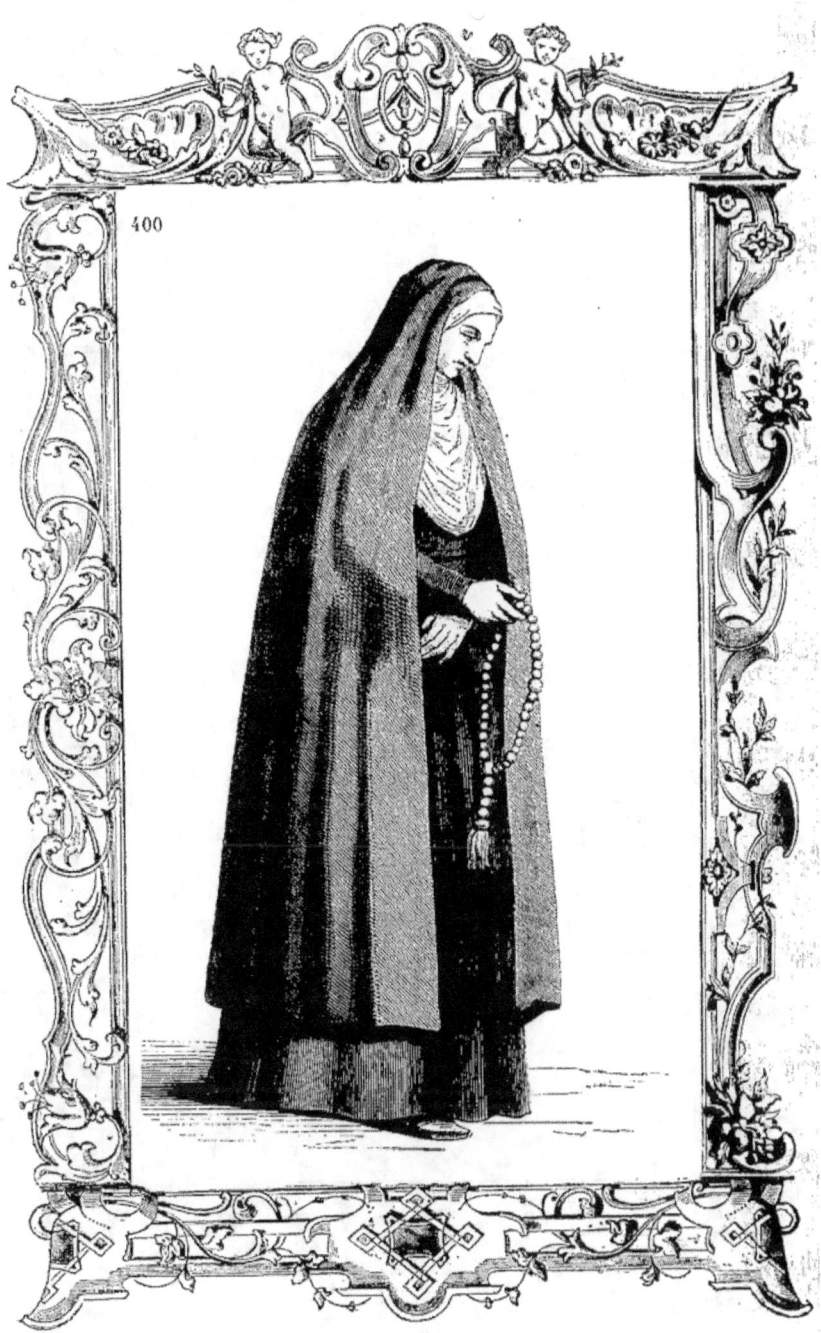

400

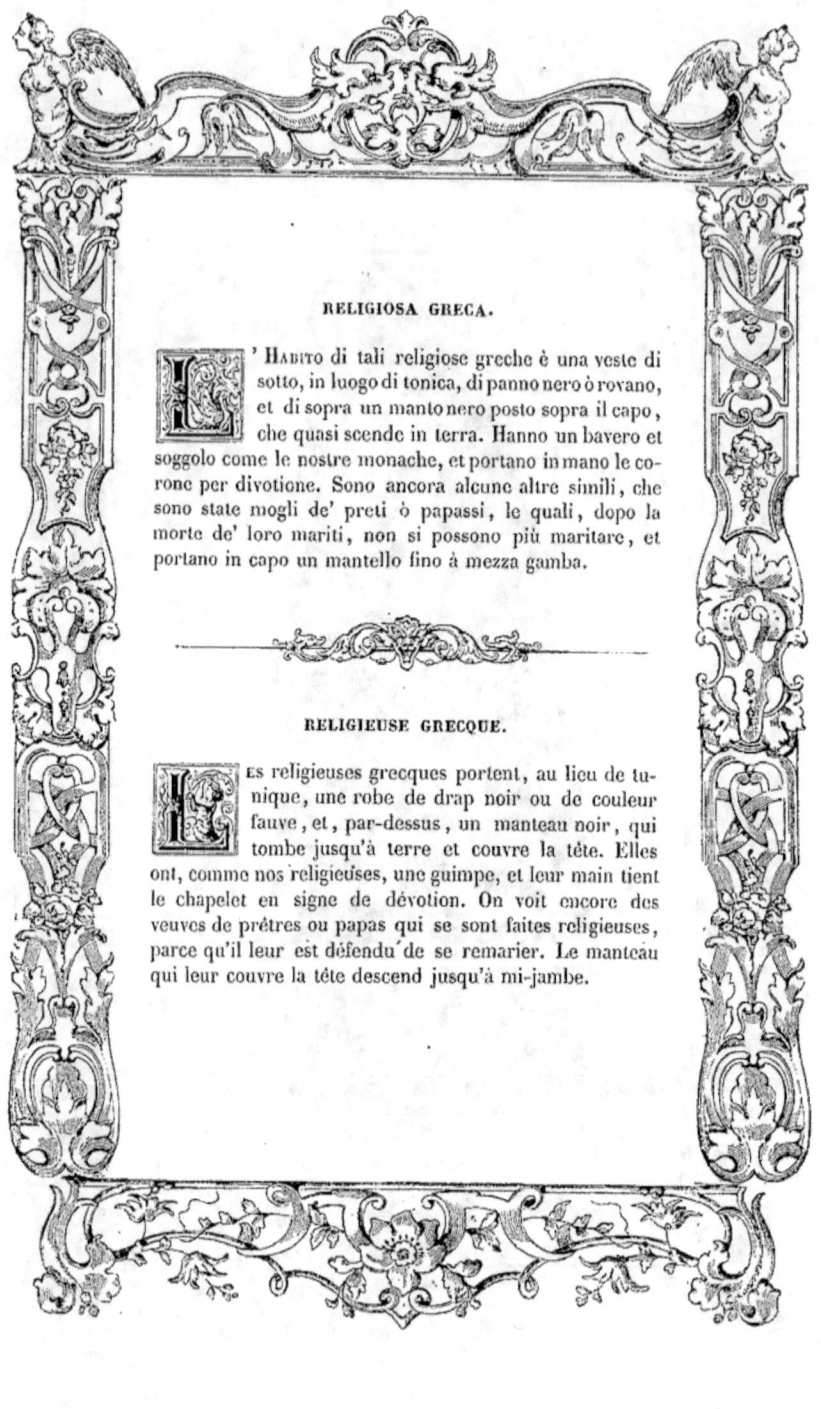

### RELIGIOSA GRECA.

L'Habito di tali religiose greche è una veste di sotto, in luogo di tonica, di panno nero ò rovano, et di sopra un manto nero posto sopra il capo, che quasi scende in terra. Hanno un bavero et soggolo come le nostre monache, et portano in mano le corone per divotione. Sono ancora alcune altre simili, che sono state mogli de' preti ò papassi, le quali, dopo la morte de' loro mariti, non si possono più maritare, et portano in capo un mantello fino à mezza gamba.

### RELIGIEUSE GRECQUE.

Les religieuses grecques portent, au lieu de tunique, une robe de drap noir ou de couleur fauve, et, par-dessus, un manteau noir, qui tombe jusqu'à terre et couvre la tête. Elles ont, comme nos religieuses, une guimpe, et leur main tient le chapelet en signe de dévotion. On voit encore des veuves de prêtres ou papas qui se sont faites religieuses, parce qu'il leur est défendu de se remarier. Le manteau qui leur couvre la tête descend jusqu'à mi-jambe.

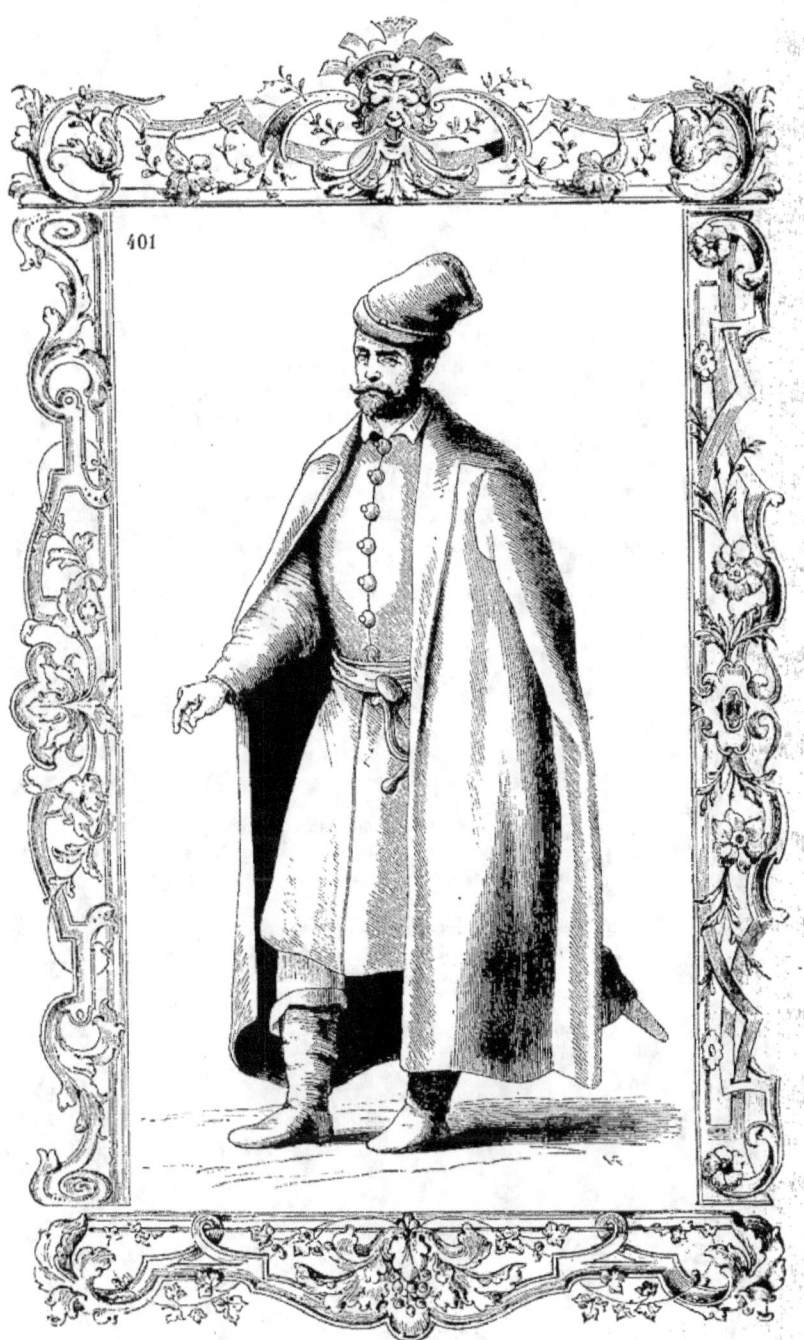

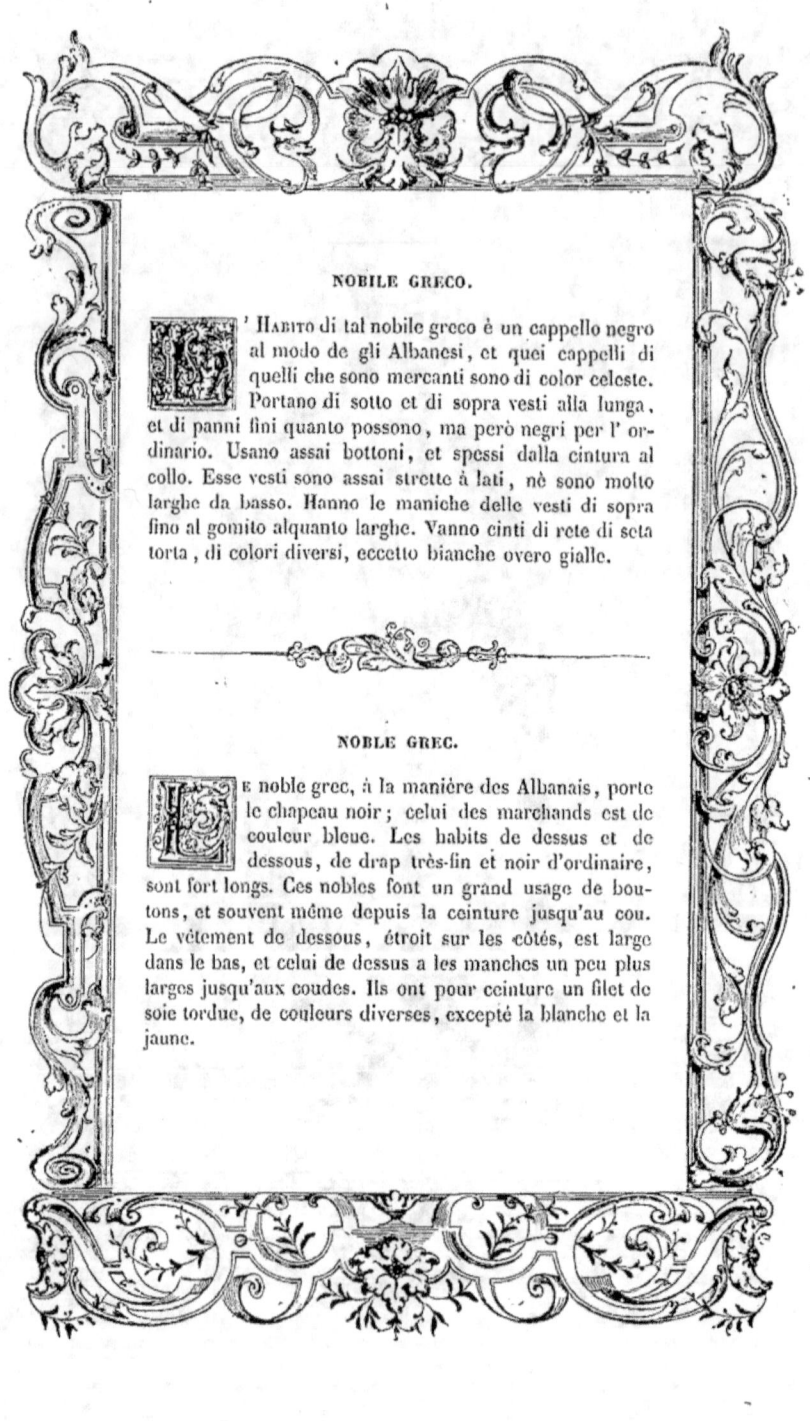

### NOBILE GRECO.

'HABITO di tal nobile greco è un cappello negro al modo de gli Albanesi, et quei cappelli di quelli che sono mercanti sono di color celeste. Portano di sotto et di sopra vesti alla lunga, et di panni fini quanto possono, ma però negri per l'ordinario. Usano assai bottoni, et spessi dalla cintura al collo. Esse vesti sono assai strette à lati, nè sono molto larghe da basso. Hanno le maniche delle vesti di sopra fino al gomito alquanto larghe. Vanno cinti di rete di seta torta, di colori diversi, eccetto bianche overo gialle.

---

### NOBLE GREC.

LE noble grec, à la manière des Albanais, porte le chapeau noir; celui des marchands est de couleur bleue. Les habits de dessus et de dessous, de drap très-fin et noir d'ordinaire, sont fort longs. Ces nobles font un grand usage de boutons, et souvent même depuis la ceinture jusqu'au cou. Le vêtement de dessous, étroit sur les côtés, est large dans le bas, et celui de dessus a les manches un peu plus larges jusqu'aux coudes. Ils ont pour ceinture un filet de soie tordue, de couleurs diverses, excepté la blanche et la jaune.

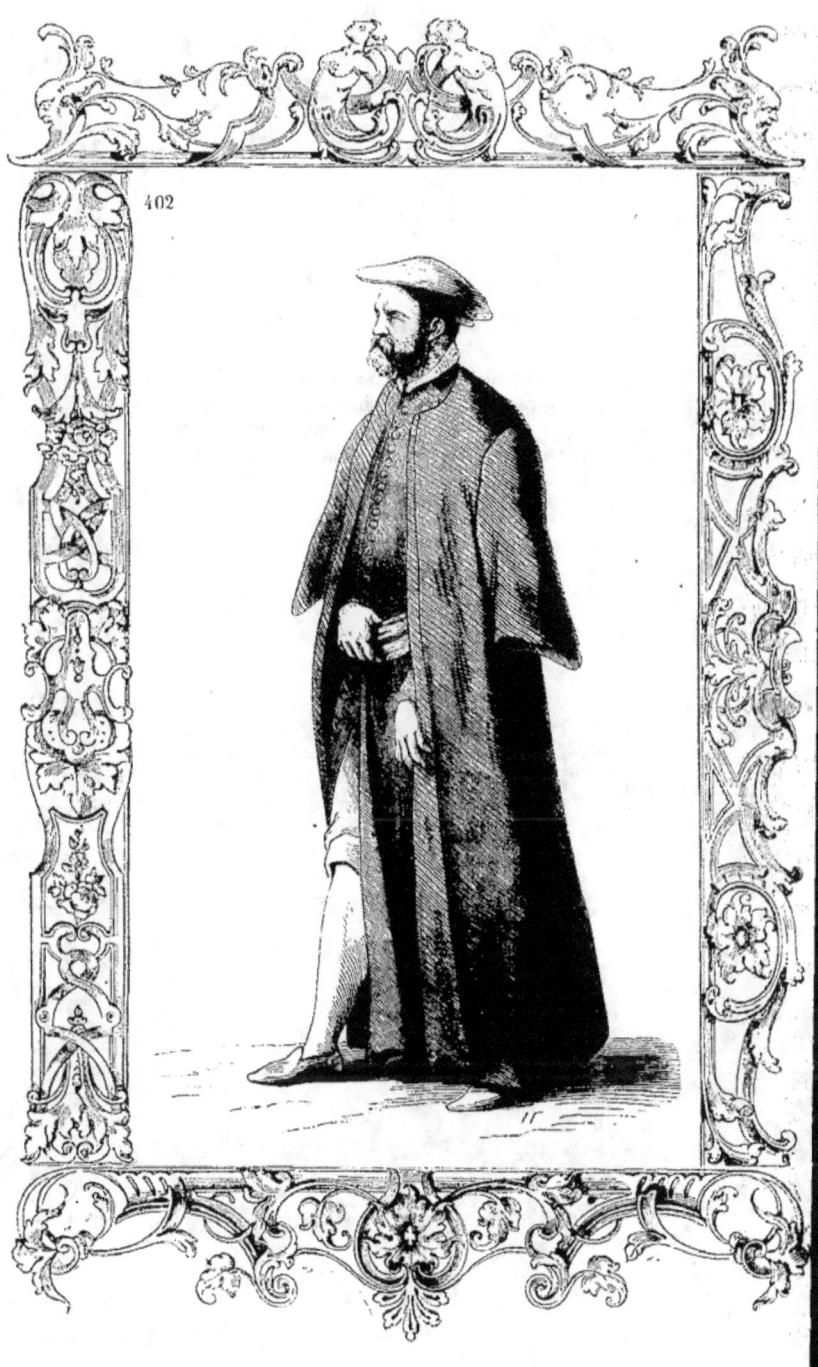

402

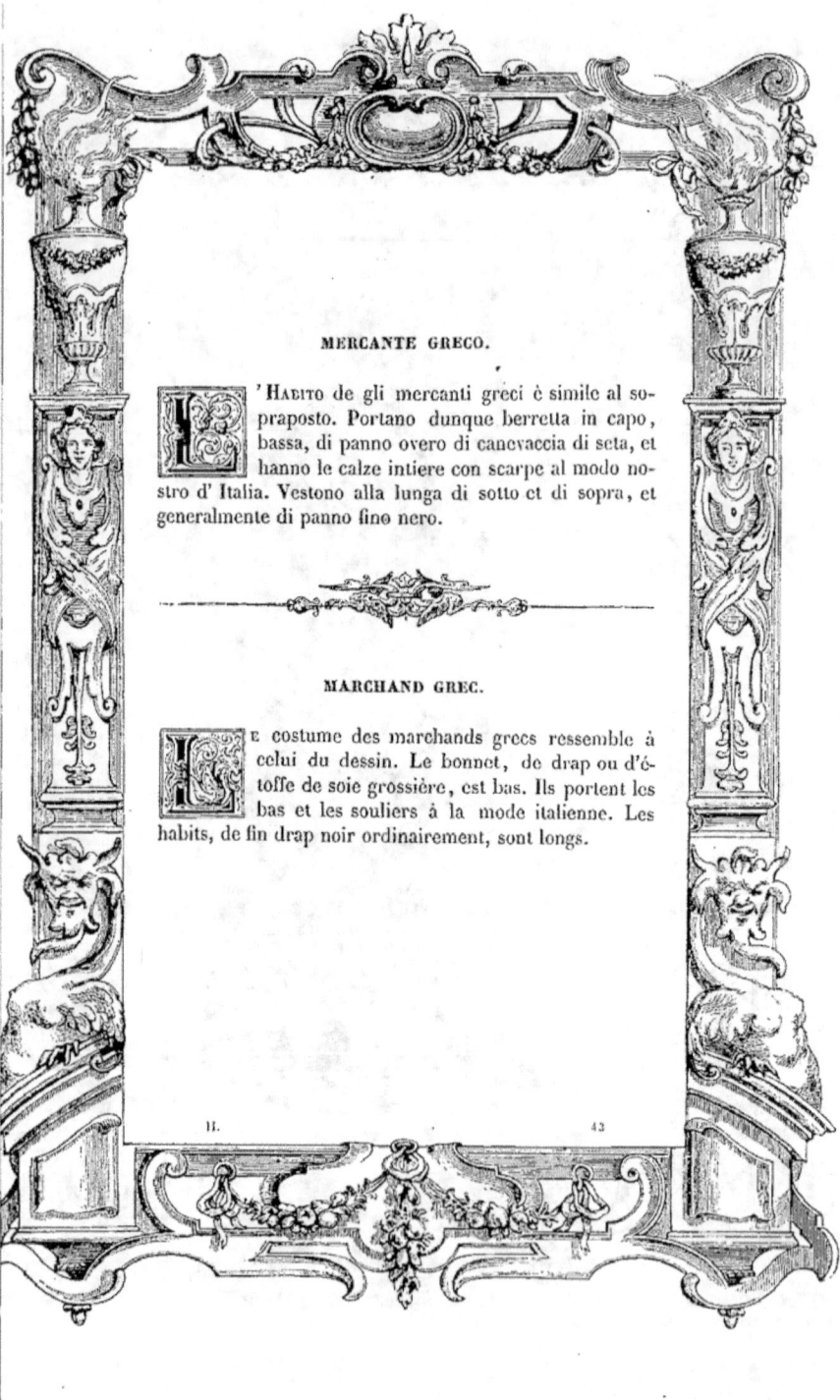

### MERCANTE GRECO.

L'HABITO de gli mercanti greci è simile al sopraposto. Portano dunque berretta in capo,
bassa, di panno overo di canevaccia di seta, et
hanno le calze intiere con scarpe al modo nostro d'Italia. Vestono alla lunga di sotto et di sopra, et
generalmente di panno fino nero.

### MARCHAND GREC.

LE costume des marchands grecs ressemble à
celui du dessin. Le bonnet, de drap ou d'é-
toffe de soie grossière, est bas. Ils portent les
bas et les souliers à la mode italienne. Les
habits, de fin drap noir ordinairement, sont longs.

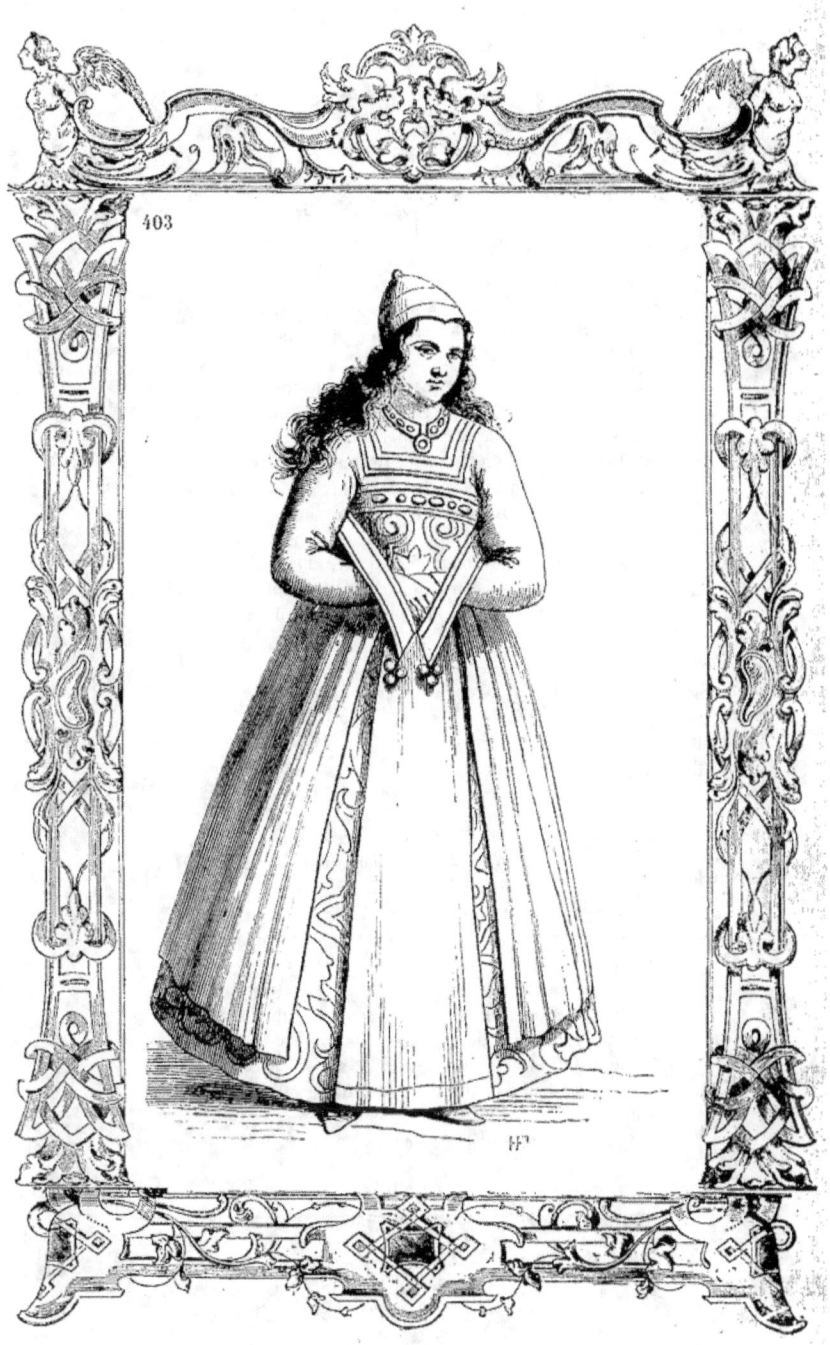

403

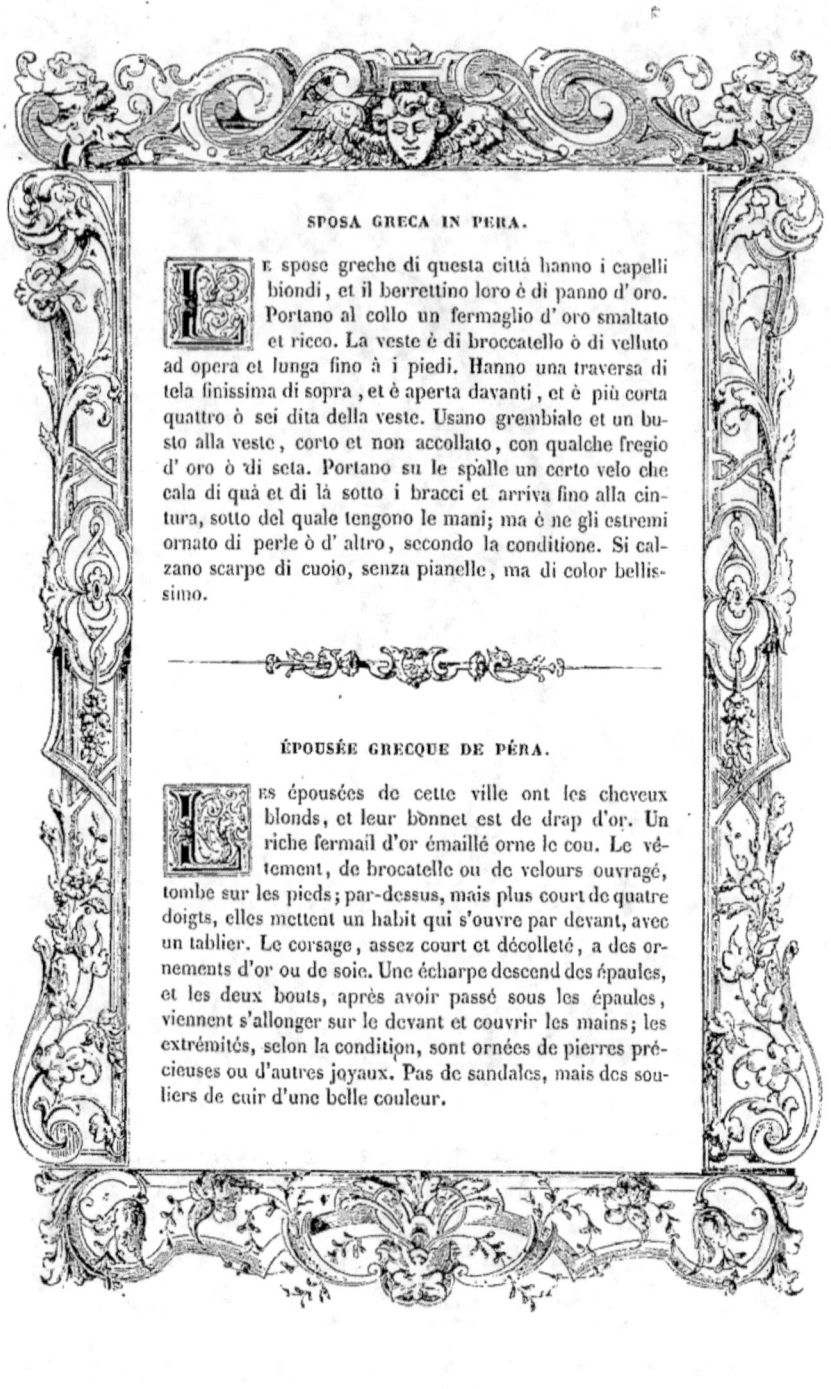

## SPOSA GRECA IN PERA.

LE spose greche di questa città hanno i capelli biondi, et il berrettino loro è di panno d' oro. Portano al collo un fermaglio d' oro smaltato et ricco. La veste è di broccatello ò di velluto ad opera et lunga fino à i piedi. Hanno una traversa di tela finissima di sopra , et è aperta davanti , et è più corta quattro ò sei dita della veste. Usano grembiale et un busto alla veste , corto et non accollato, con qualche fregio d' oro ò di seta. Portano su le spalle un certo velo che cala di quà et di là sotto i bracci et arriva fino alla cintura, sotto del quale tengono le mani; ma è ne gli estremi ornato di perle ò d' altro , secondo la conditione. Si calzano scarpe di cuoio, senza pianelle, ma di color bellissimo.

## ÉPOUSÉE GRECQUE DE PÉRA.

LES épousées de cette ville ont les cheveux blonds, et leur bonnet est de drap d'or. Un riche fermail d'or émaillé orne le cou. Le vêtement, de brocatelle ou de velours ouvragé, tombe sur les pieds; par-dessus, mais plus court de quatre doigts, elles mettent un habit qui s'ouvre par devant, avec un tablier. Le corsage, assez court et décolleté, a des ornements d'or ou de soie. Une écharpe descend des épaules, et les deux bouts, après avoir passé sous les épaules, viennent s'allonger sur le devant et couvrir les mains; les extrémités, selon la condition, sont ornées de pierres précieuses ou d'autres joyaux. Pas de sandales, mais des souliers de cuir d'une belle couleur.

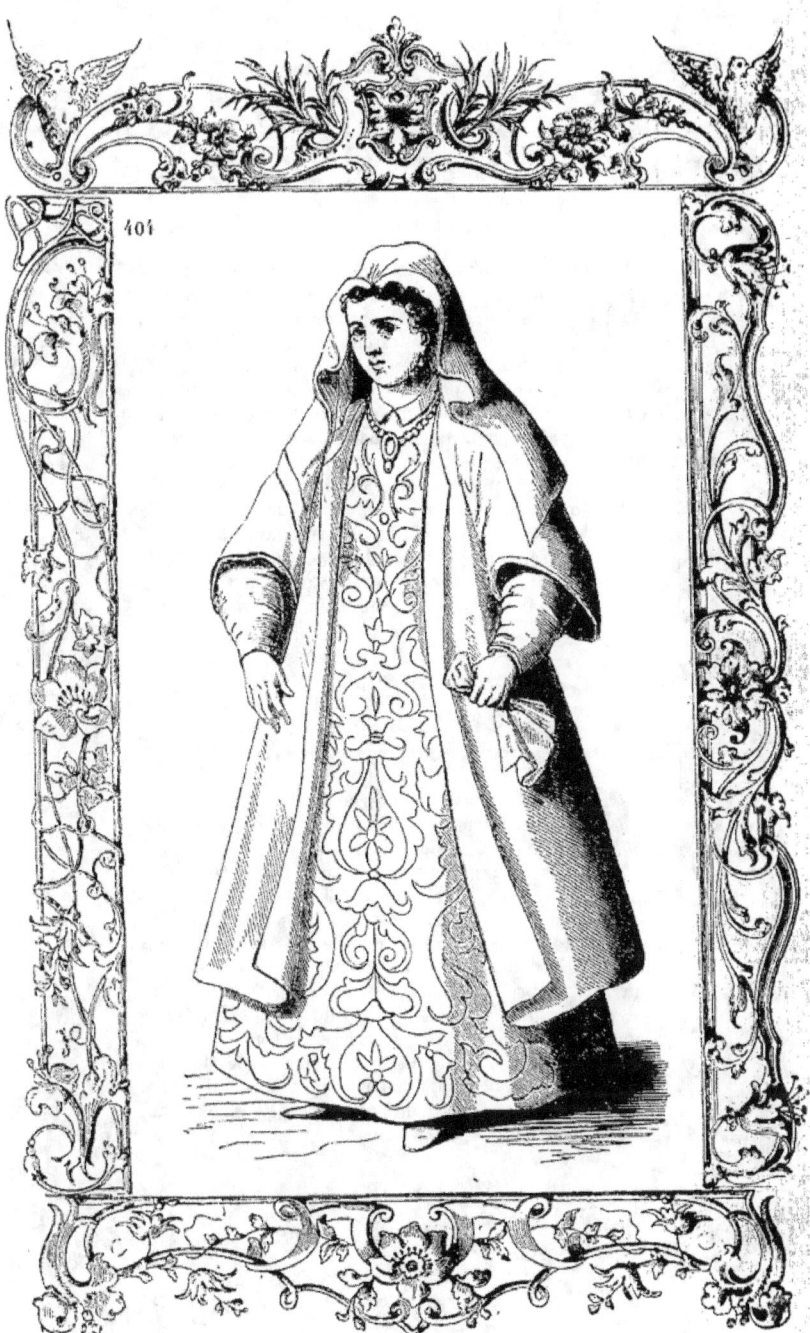

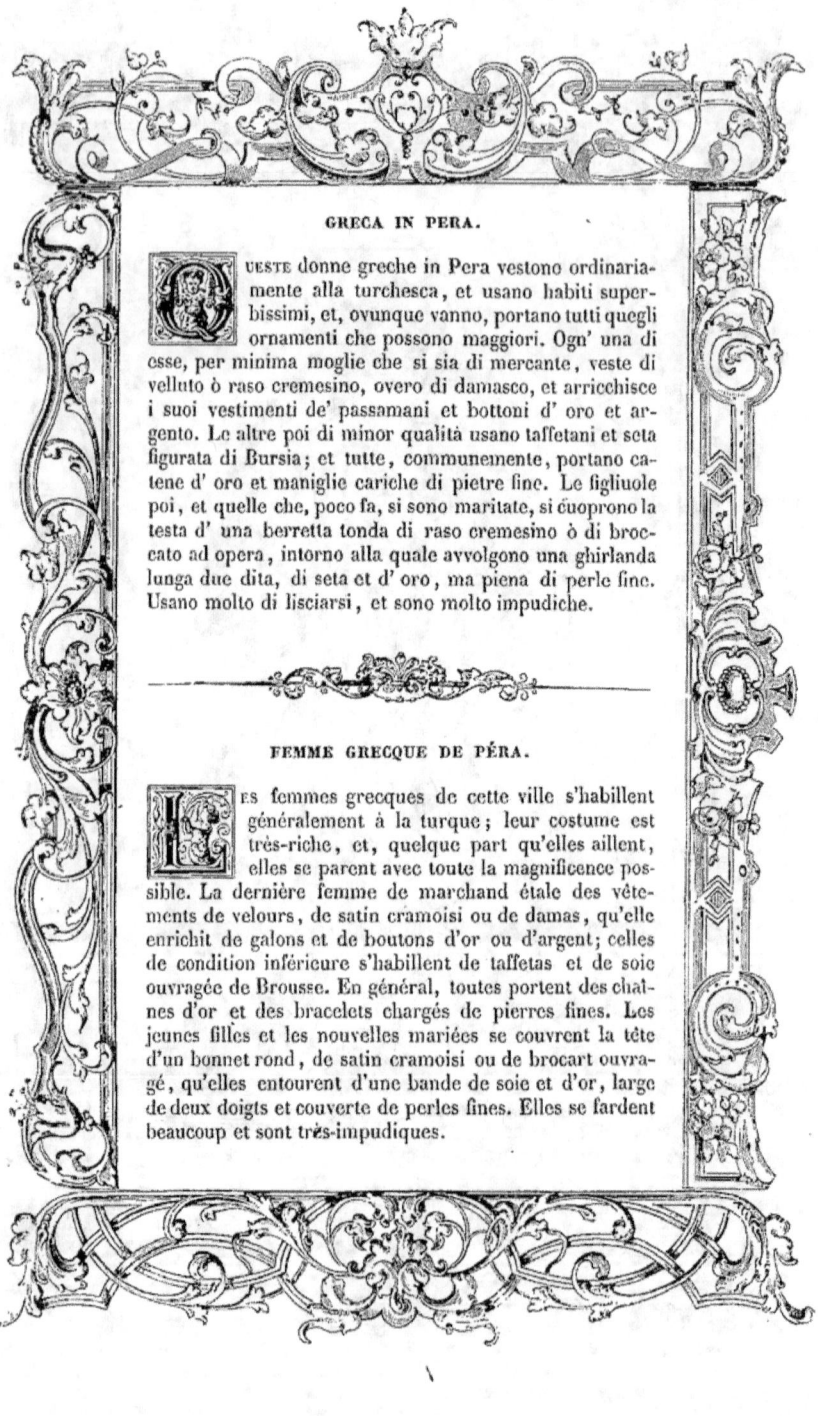

## GRECA IN PERA.

Queste donne greche in Pera vestono ordinariamente alla turchesca, et usano habiti superbissimi, et, ovunque vanno, portano tutti quegli ornamenti che possono maggiori. Ogn' una di esse, per minima moglie che si sia di mercante, veste di velluto ò raso cremesino, overo di damasco, et arricchisce i suoi vestimenti de' passamani et bottoni d' oro et argento. Le altre poi di minor qualità usano taffetani et seta figurata di Bursia; et tutte, communemente, portano catene d' oro et maniglie cariche di pietre fine. Le figliuole poi, et quelle che, poco fa, si sono maritate, si cuoprono la testa d' una berretta tonda di raso cremesino ò di broccato ad opera, intorno alla quale avvolgono una ghirlanda lunga due dita, di seta et d' oro, ma piena di perle fine. Usano molto di lisciarsi, et sono molto impudiche.

## FEMME GRECQUE DE PÉRA.

Les femmes grecques de cette ville s'habillent généralement à la turque; leur costume est très-riche, et, quelque part qu'elles aillent, elles se parent avec toute la magnificence possible. La dernière femme de marchand étale des vêtements de velours, de satin cramoisi ou de damas, qu'elle enrichit de galons et de boutons d'or ou d'argent; celles de condition inférieure s'habillent de taffetas et de soie ouvragée de Brousse. En général, toutes portent des chaînes d'or et des bracelets chargés de pierres fines. Les jeunes filles et les nouvelles mariées se couvrent la tête d'un bonnet rond, de satin cramoisi ou de brocart ouvragé, qu'elles entourent d'une bande de soie et d'or, large de deux doigts et couverte de perles fines. Elles se fardent beaucoup et sont très-impudiques.

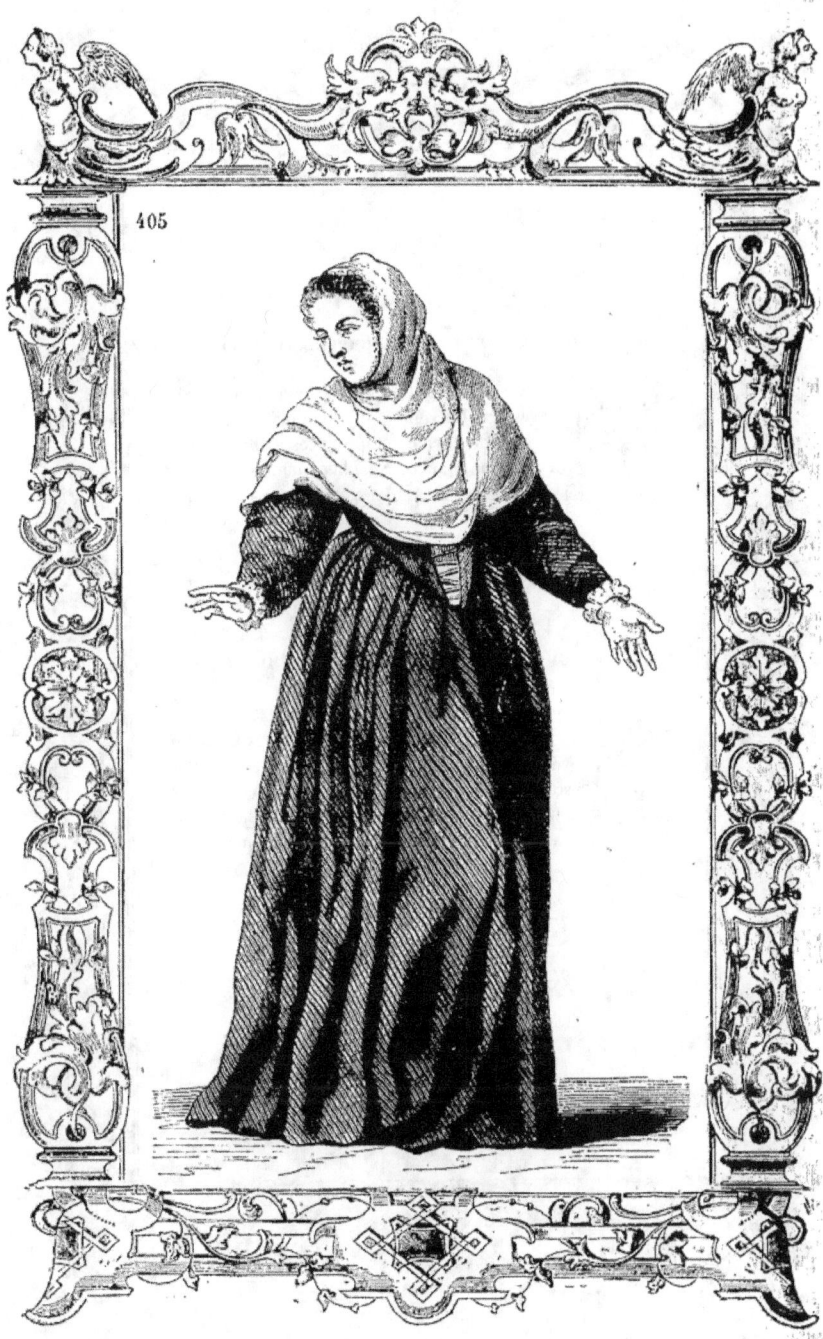

## DONNA GRECA SOTTO LA REPUBBLICA VENETIANA.

LA Greca nel dominio veneto, essendo maritata, và vestita alla venetiana, et quasi tutta di negro, eccetto però c' hanno in testa et alle spalle un fazzuol bianco. Ne gli ornamenti imitano similmente le donne venetiane, et sono astute et accorte.

## FEMME GRECQUE PLACÉE SOUS LA DOMINATION DE LA RÉPUBLIQUE DE VENISE.

LES femmes grecques soumises au gouvernement vénitien s'habillent à la vénitienne, si elles sont mariées, et presque toujours en noir, sauf un mouchoir blanc qui enveloppe la tête et couvre les épaules. Dans les ornements, elles imitent aussi les Vénitiennes; elles sont astucieuses et avisées.

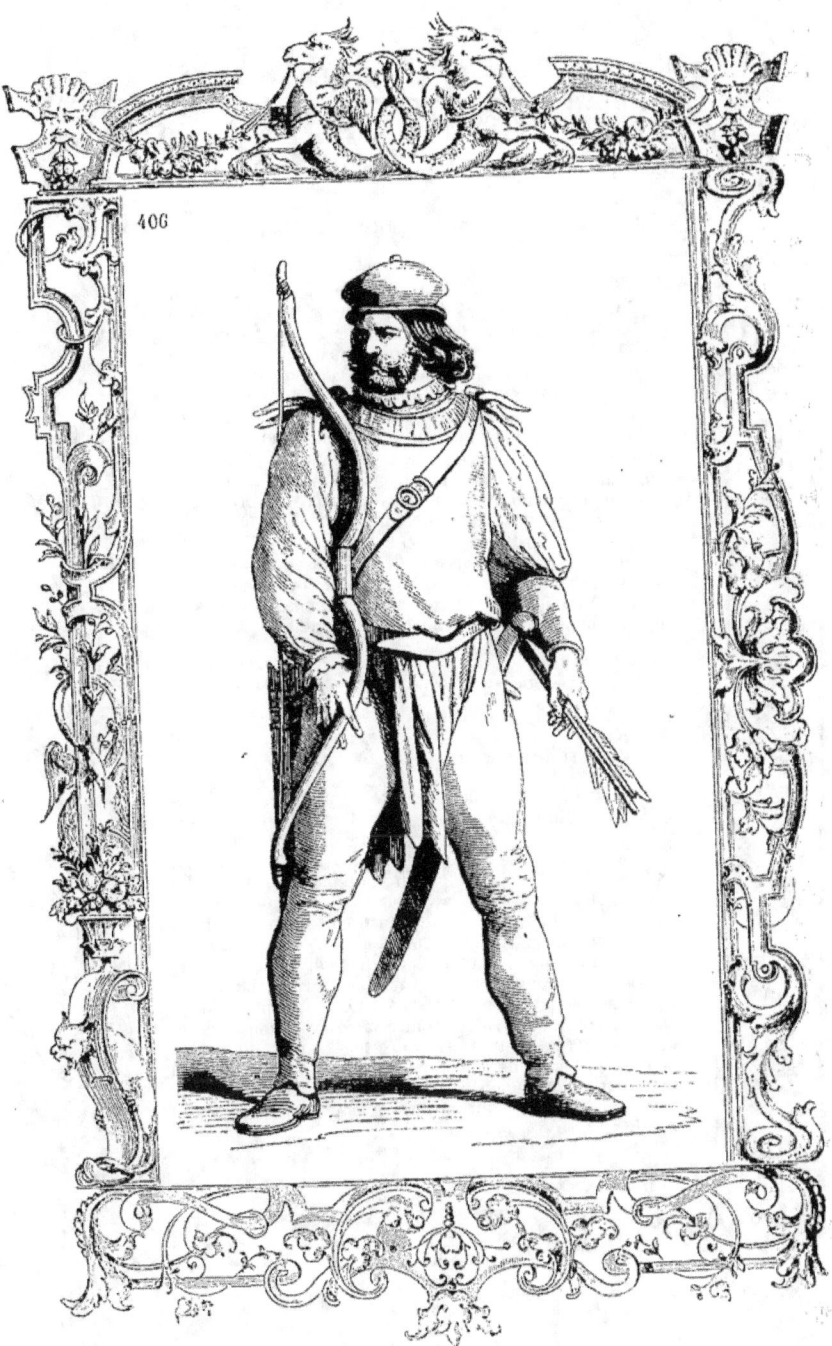

406

## SFACCHIOTTI DELL' ISOLA DI CANDIA.

**S**FACCHIA è una provincia in Candia. I popoli di questo luogo, tanto di verno quanto di state, vanno vestiti di cuoio nero, del quale fanno un vestimento in due falde, accommodate, una dinanzi, et l' altra di dietro, et l' allacciano sopra le spalle et sotto le braccia con alcune stringhe fatte del medesimo cuoio. Con le quali ancora s' affibbiano sopra i fianchi un paio di calze, ò più tosto stivali del medesimo cuoio, i quali portano assai bene accommodati in gamba. Le loro camicie sono crespe intorno al collo, le quali, così dinanzi come di dietro, lasciano pender di fuori al basso, et vanno in maniche di camicia. Nel braccio sinistro portano un pezzo di cuoio che difende loro il braccio dalla corda nel tirar che fanno l' arco. Portano i capelli lunghi, et una berretta di color nero, di lana assai grossa, ma non molto grande. Usano di portare la scimittarra, il pugnale et le frezze, et sono huomini molto valorosi, dormendo vestiti et con più incommodità.

---

## SFAKIOTES DE L'ILE DE CANDIE.

**S**FAKIA est une province de Candie. Les habitants de ce pays s'habillent, l'hiver comme l'été, de cuir noir, dont ils font un vêtement composé de deux morceaux, l'un pour le dos, l'autre pour la poitrine, qu'ils attachent sur les épaules et sous les bras avec des aiguillettes de ce même cuir. Ces aiguillettes leur servent encore pour fixer aux flancs des pantalons, également de cuir, qu'ils arrangent avec élégance. La chemise, dont les manches couvrent les bras, fait des plis autour du cou, et tombe, devant comme derrière, sur les pantalons. Au bras gauche ils ont un morceau de cuir qui le protége contre la corde quand ils tirent de l'arc. Ils portent les cheveux longs, avec un bonnet noir et peu grand, de laine fort grossière. Leurs armes sont le cimeterre, le poignard et la flèche. Hommes très-braves, ils dorment vêtus et supportent toutes les incommodités.

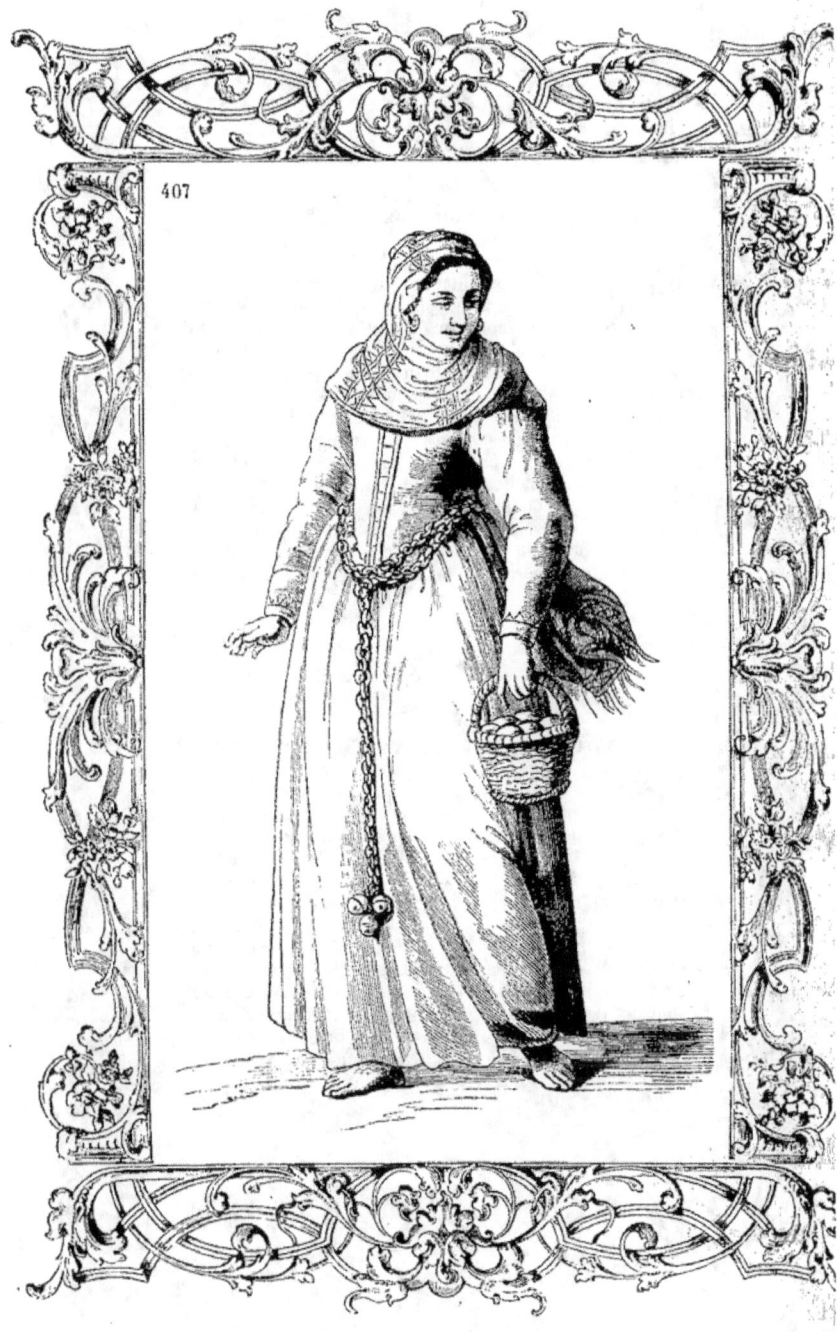

407

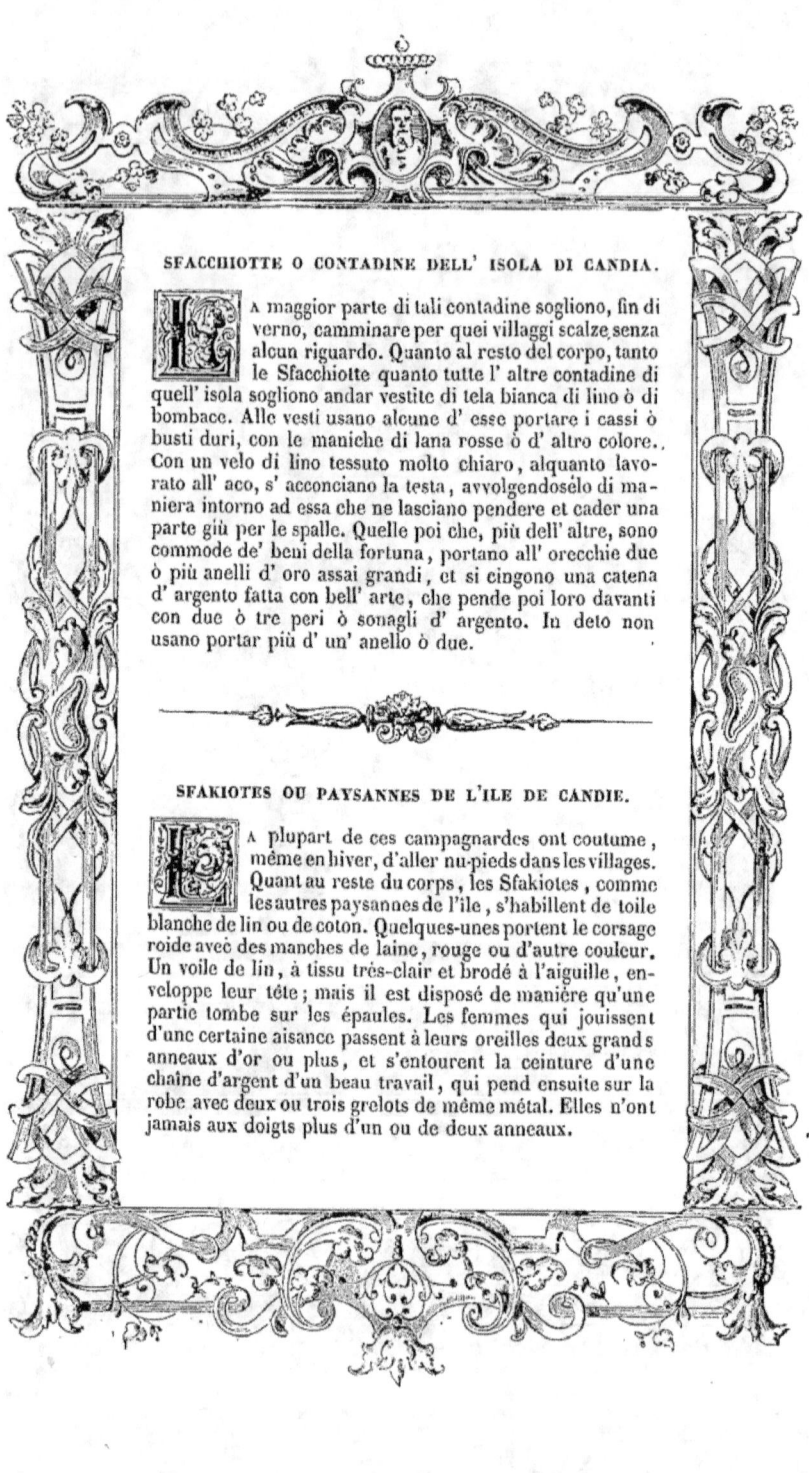

## SFACCHIOTTE O CONTADINE DELL' ISOLA DI CANDIA.

LA maggior parte di tali contadine sogliono, fin di verno, camminare per quei villaggi scalze senza alcun riguardo. Quanto al resto del corpo, tanto le Sfacchiotte quanto tutte l' altre contadine di quell' isola sogliono andar vestite di tela bianca di lino ò di bombace. Alle vesti usano alcune d' esse portare i cassi ò busti duri, con le maniche di lana rosse ò d' altro colore. Con un velo di lino tessuto molto chiaro, alquanto lavorato all' aco, s' acconciano la testa, avvolgendoselo di maniera intorno ad essa che ne lasciano pendere et cader una parte giù per le spalle. Quelle poi che, più dell' altre, sono commode de' beni della fortuna, portano all' orecchie due ò più anelli d' oro assai grandi, et si cingono una catena d' argento fatta con bell' arte, che pende poi loro davanti con due ò tre peri ò sonagli d' argento. In deto non usano portar più d' un' anello ò due.

## SFAKIOTES OU PAYSANNES DE L'ILE DE CANDIE.

LA plupart de ces campagnardes ont coutume, même en hiver, d'aller nu-pieds dans les villages. Quant au reste du corps, les Sfakiotes, comme les autres paysannes de l'ile, s'habillent de toile blanche de lin ou de coton. Quelques-unes portent le corsage roide avec des manches de laine, rouge ou d'autre couleur. Un voile de lin, à tissu très-clair et brodé à l'aiguille, enveloppe leur tête; mais il est disposé de manière qu'une partie tombe sur les épaules. Les femmes qui jouissent d'une certaine aisance passent à leurs oreilles deux grands anneaux d'or ou plus, et s'entourent la ceinture d'une chaîne d'argent d'un beau travail, qui pend ensuite sur la robe avec deux ou trois grelots de même métal. Elles n'ont jamais aux doigts plus d'un ou de deux anneaux.

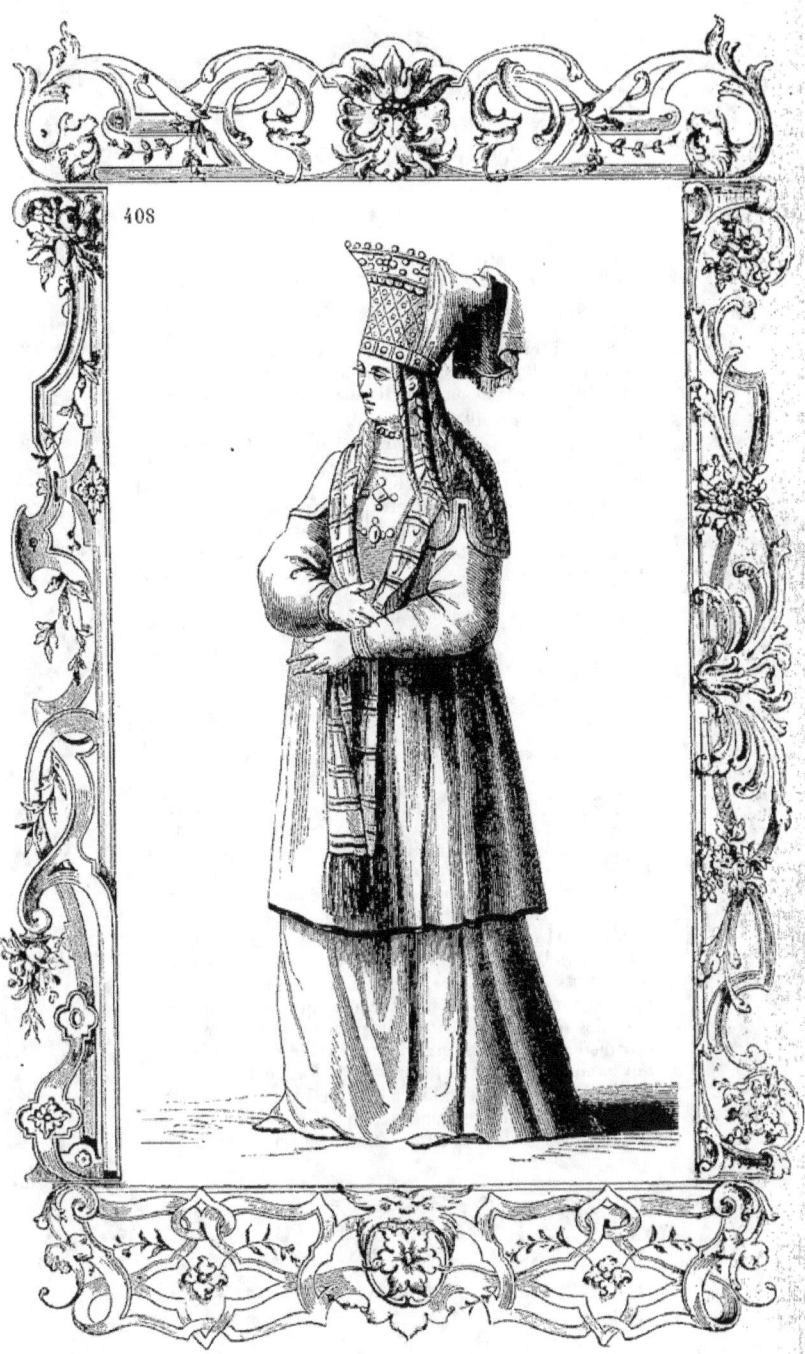

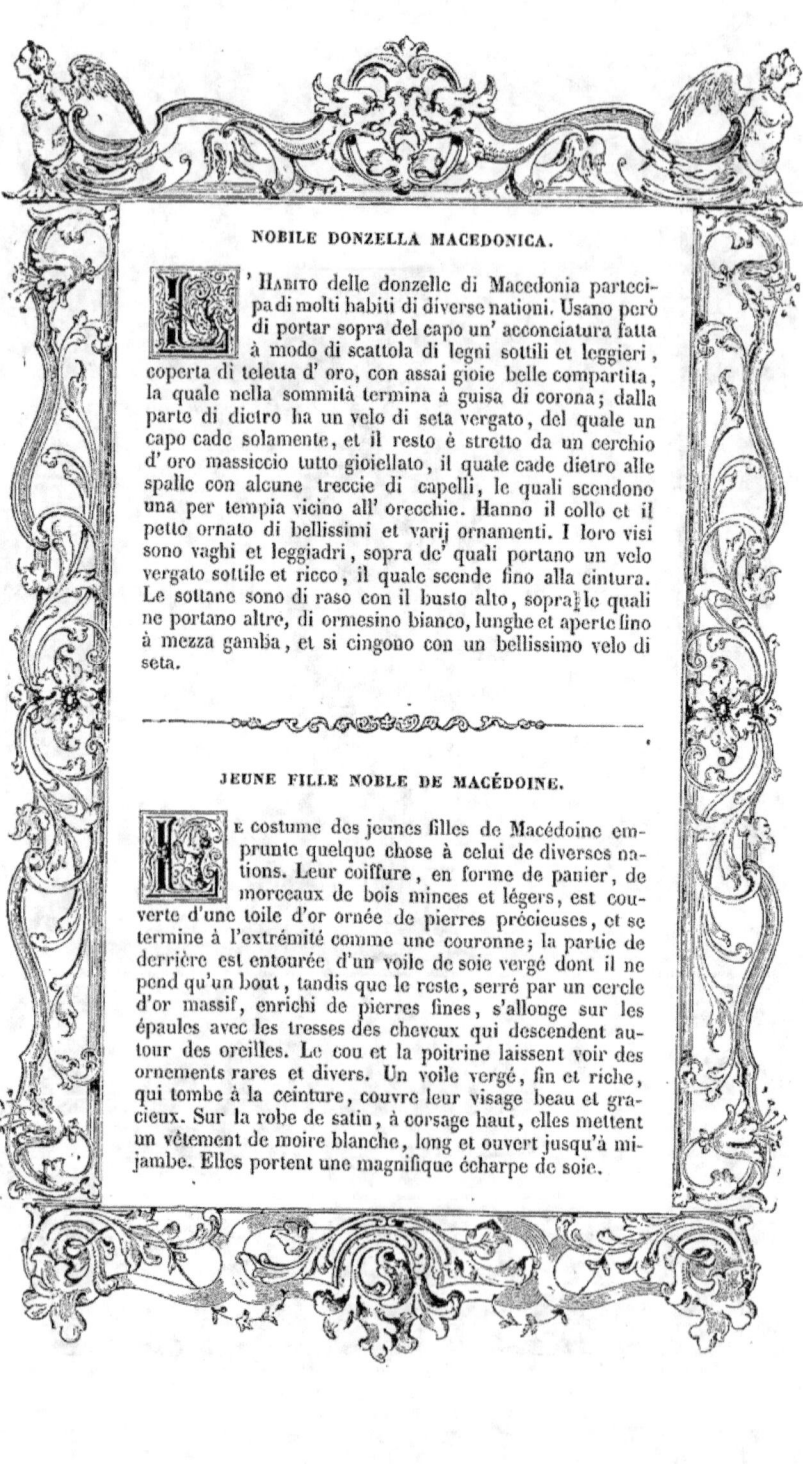

### NOBILE DONZELLA MACEDONICA.

L'Habito delle donzelle di Macedonia partecipa di molti habiti di diverse nationi. Usano però di portar sopra del capo un' acconciatura fatta à modo di scattola di legni sottili et leggieri, coperta dì teletta d' oro, con assai gioie belle compartita, la quale nella sommità termina à guisa di corona; dalla parte di dietro ha un velo di seta vergato, del quale un capo cade solamente, et il resto è stretto da un cerchio d' oro massiccio tutto gioiellato, il quale cade dietro alle spalle con alcune treccie di capelli, le quali scendono una per tempia vicino all' orecchie. Hanno il collo et il petto ornato di bellissimi et varij ornamenti. I loro visi sono vaghi et leggiadri, sopra de' quali portano un velo vergato sottile et ricco, il quale scende fino alla cintura. Le sottane sono di raso con il busto alto, sopra le quali ne portano altre, di ormesino bianco, lunghe et aperte fino à mezza gamba, et si cingono con un bellissimo velo di seta.

### JEUNE FILLE NOBLE DE MACÉDOINE.

Le costume des jeunes filles de Macédoine emprunte quelque chose à celui de diverses nations. Leur coiffure, en forme de panier, de morceaux de bois minces et légers, est couverte d'une toile d'or ornée de pierres précieuses, et se termine à l'extrémité comme une couronne; la partie de derrière est entourée d'un voile de soie vergé dont il ne pend qu'un bout, tandis que le reste, serré par un cercle d'or massif, enrichi de pierres fines, s'allonge sur les épaules avec les tresses des cheveux qui descendent autour des oreilles. Le cou et la poitrine laissent voir des ornements rares et divers. Un voile vergé, fin et riche, qui tombe à la ceinture, couvre leur visage beau et gracieux. Sur la robe de satin, à corsage haut, elles mettent un vêtement de moire blanche, long et ouvert jusqu'à mi-jambe. Elles portent une magnifique écharpe de soie.

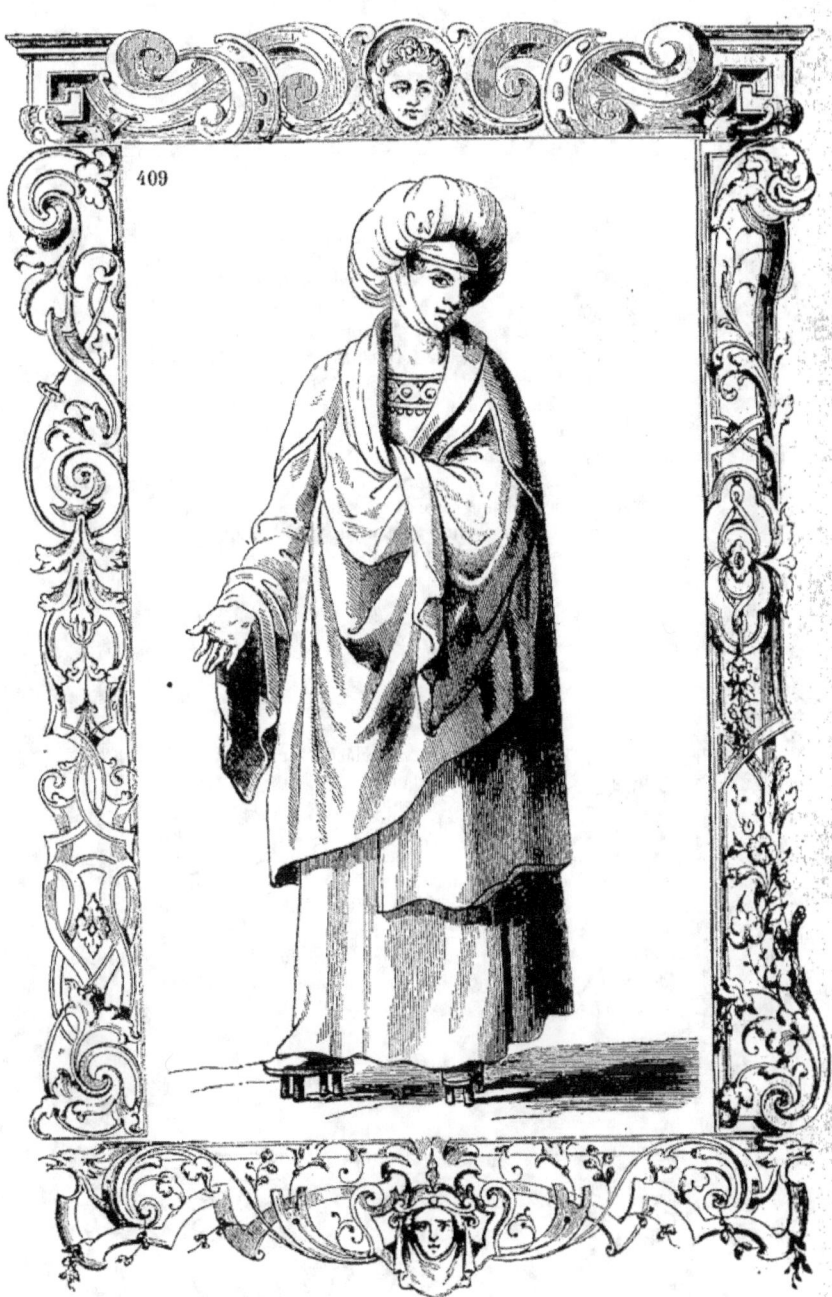

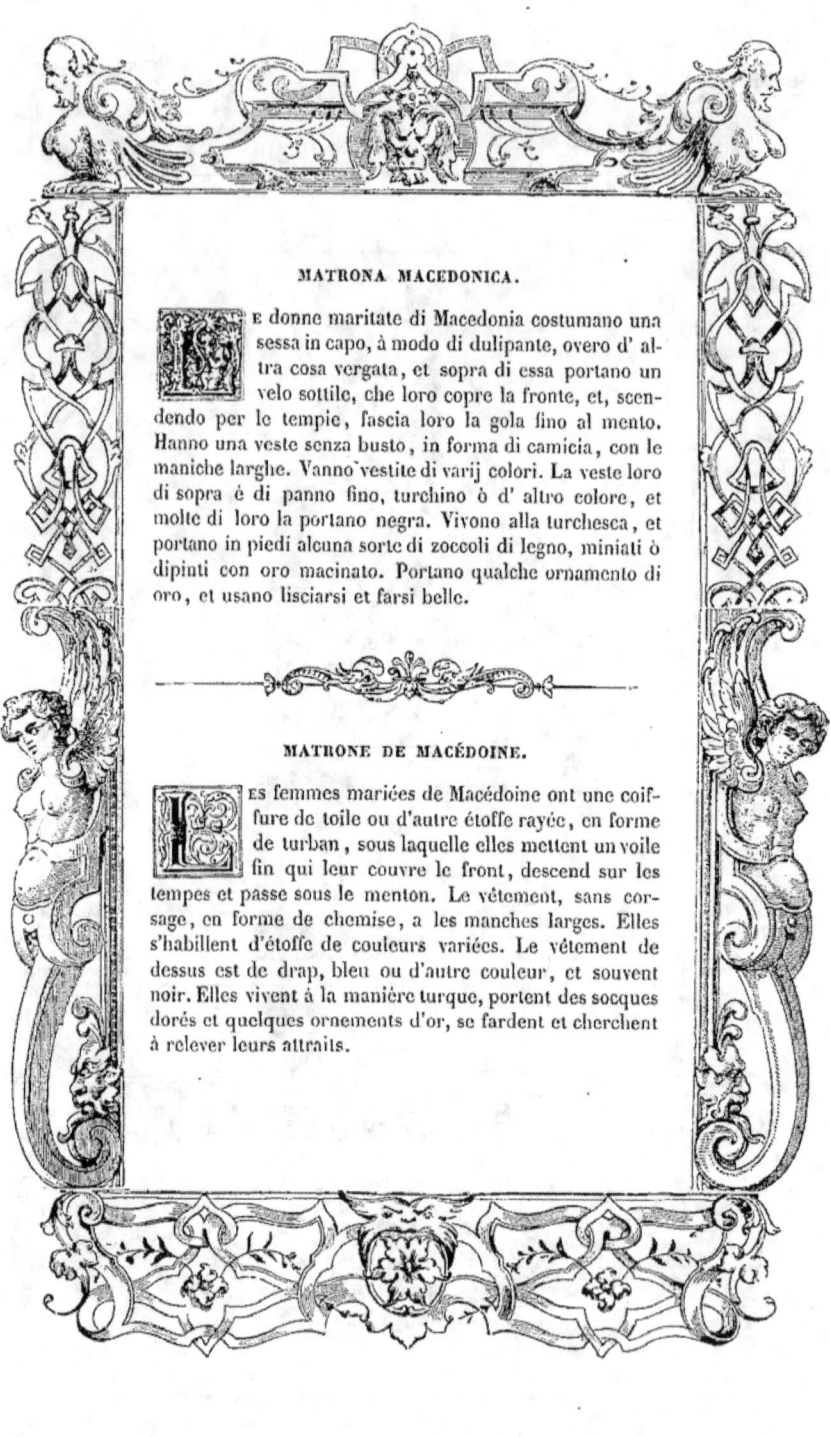

## MATRONA MACEDONICA.

E donne maritate di Macedonia costumano una sessa in capo, à modo di dulipante, overo d' altra cosa vergata, et sopra di essa portano un velo sottile, che loro copre la fronte, et, scendendo per le tempie, fascia loro la gola fino al mento. Hanno una veste senza busto, in forma di camicia, con le maniche larghe. Vanno vestite di varij colori. La veste loro di sopra è di panno fino, turchino ò d' altro colore, et molte di loro la portano negra. Vivono alla turchesca, et portano in piedi alcuna sorte di zoccoli di legno, miniati ò dipinti con oro macinato. Portano qualche ornamento di oro, et usano lisciarsi et farsi belle.

## MATRONE DE MACÉDOINE.

LES femmes mariées de Macédoine ont une coiffure de toile ou d'autre étoffe rayée, en forme de turban, sous laquelle elles mettent un voile fin qui leur couvre le front, descend sur les tempes et passe sous le menton. Le vêtement, sans corsage, en forme de chemise, a les manches larges. Elles s'habillent d'étoffe de couleurs variées. Le vêtement de dessus est de drap, bleu ou d'autre couleur, et souvent noir. Elles vivent à la manière turque, portent des socques dorés et quelques ornements d'or, se fardent et cherchent à relever leurs attraits.

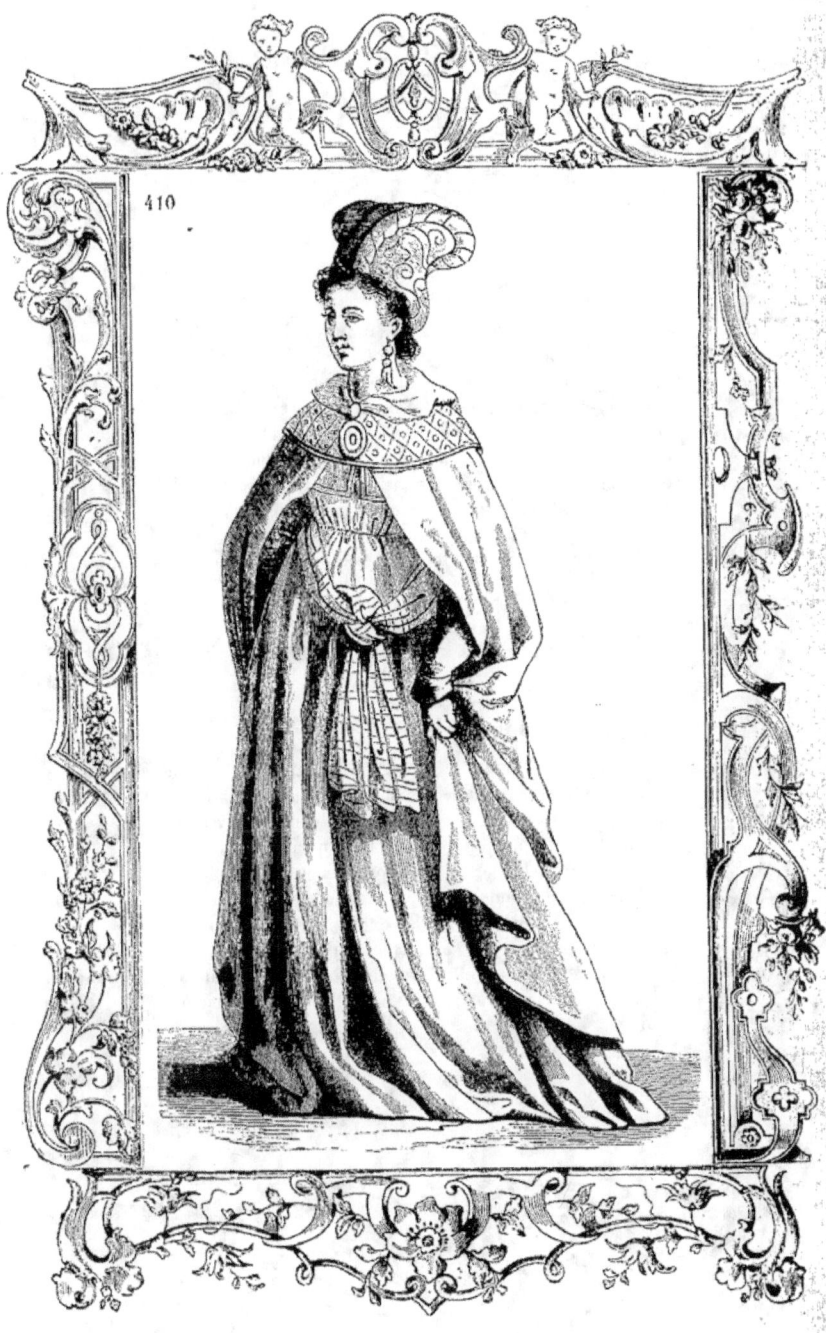

410

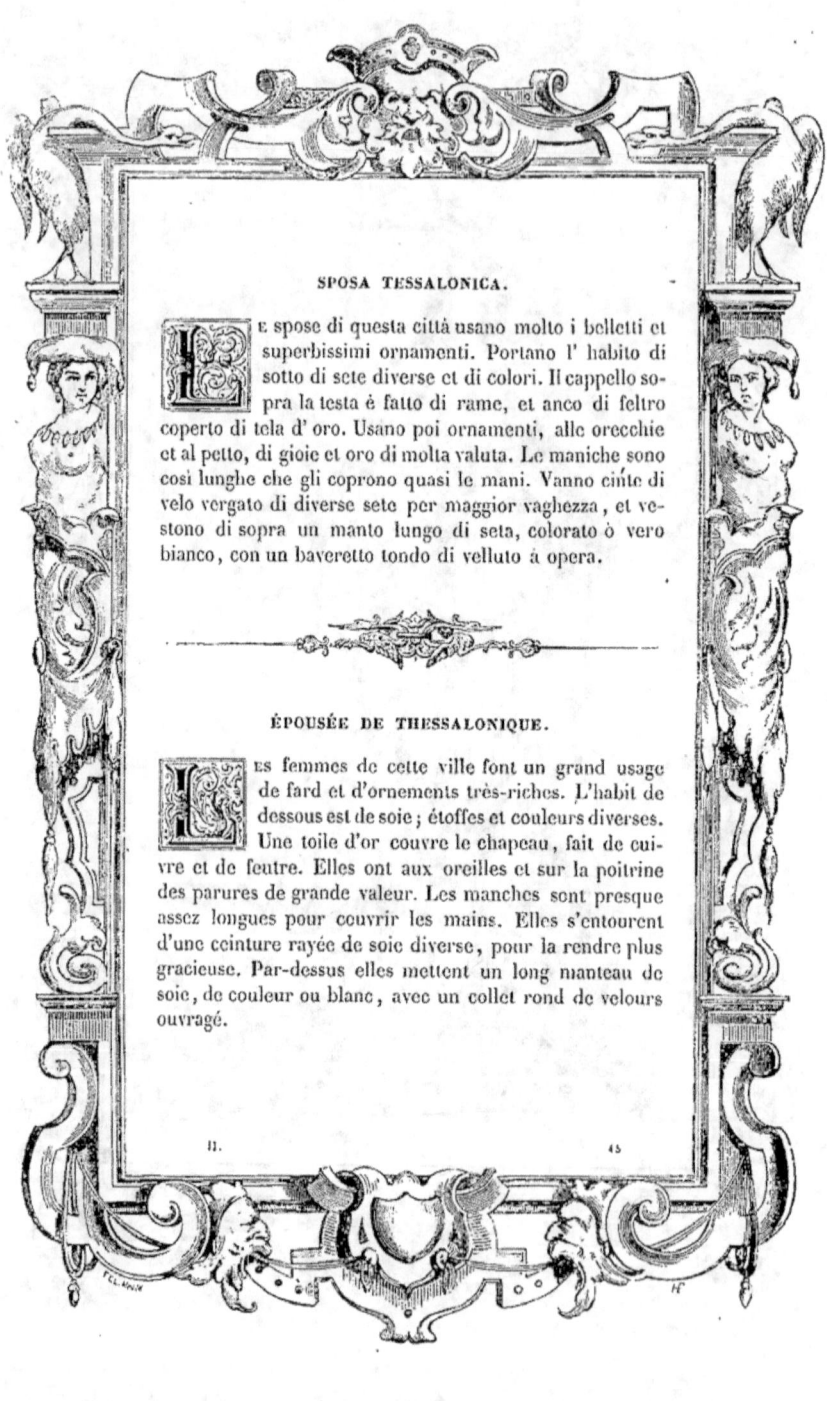

## SPOSA TESSALONICA.

Le spose di questa città usano molto i belletti et superbissimi ornamenti. Portano l' habito di sotto di sete diverse et di colori. Il cappello sopra la testa è fatto di rame, et anco di feltro coperto di tela d' oro. Usano poi ornamenti, alle orecchie et al petto, di gioie et oro di molta valuta. Le maniche sono così lunghe che gli coprono quasi le mani. Vanno cinte di velo vergato di diverse sete per maggior vaghezza, et vestono di sopra un manto lungo di seta, colorato ò vero bianco, con un baveretto tondo di velluto à opera.

## ÉPOUSÉE DE THESSALONIQUE.

Les femmes de cette ville font un grand usage de fard et d'ornements très-riches. L'habit de dessous est de soie; étoffes et couleurs diverses. Une toile d'or couvre le chapeau, fait de cuivre et de feutre. Elles ont aux oreilles et sur la poitrine des parures de grande valeur. Les manches sont presque assez longues pour couvrir les mains. Elles s'entourent d'une ceinture rayée de soie diverse, pour la rendre plus gracieuse. Par-dessus elles mettent un long manteau de soie, de couleur ou blanc, avec un collet rond de velours ouvragé.

411

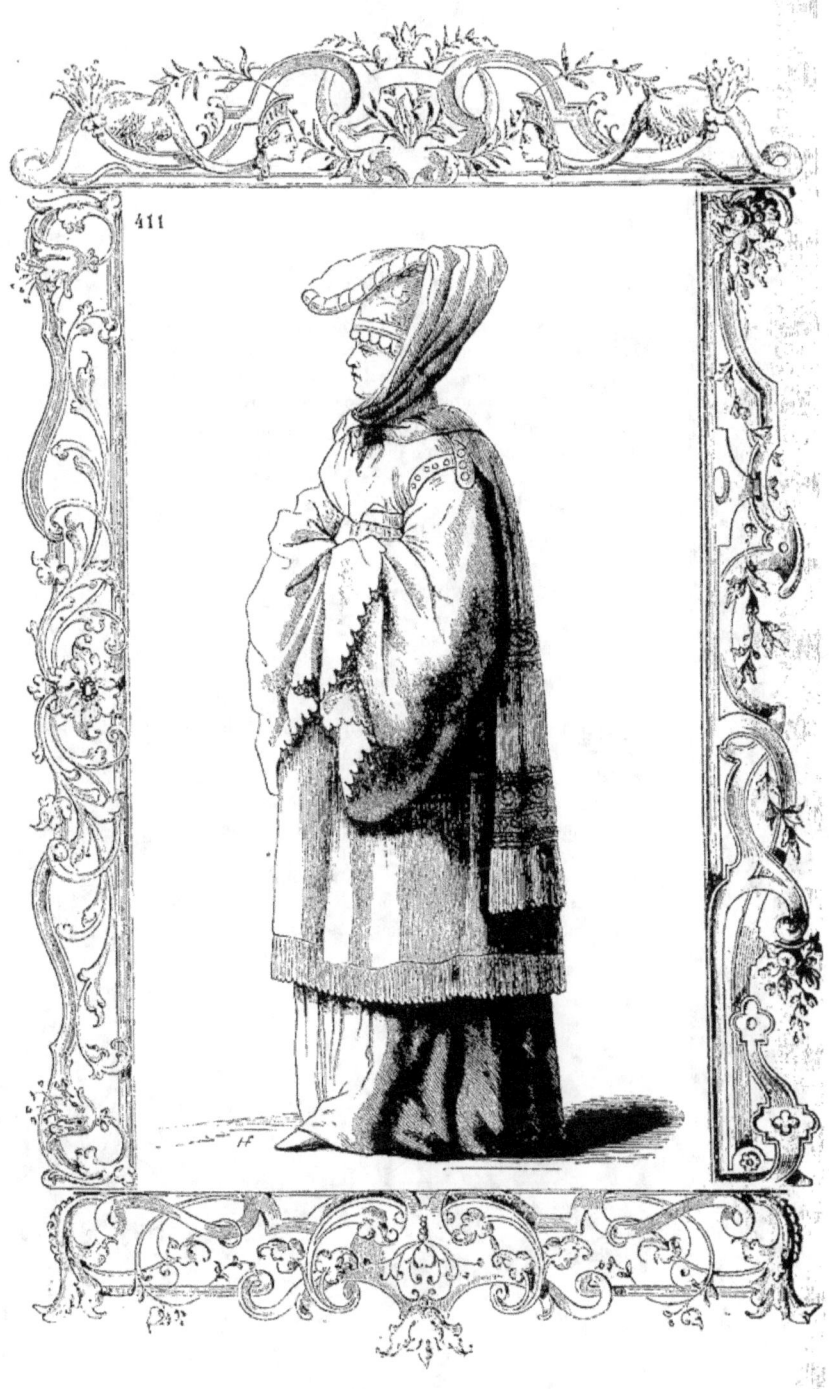

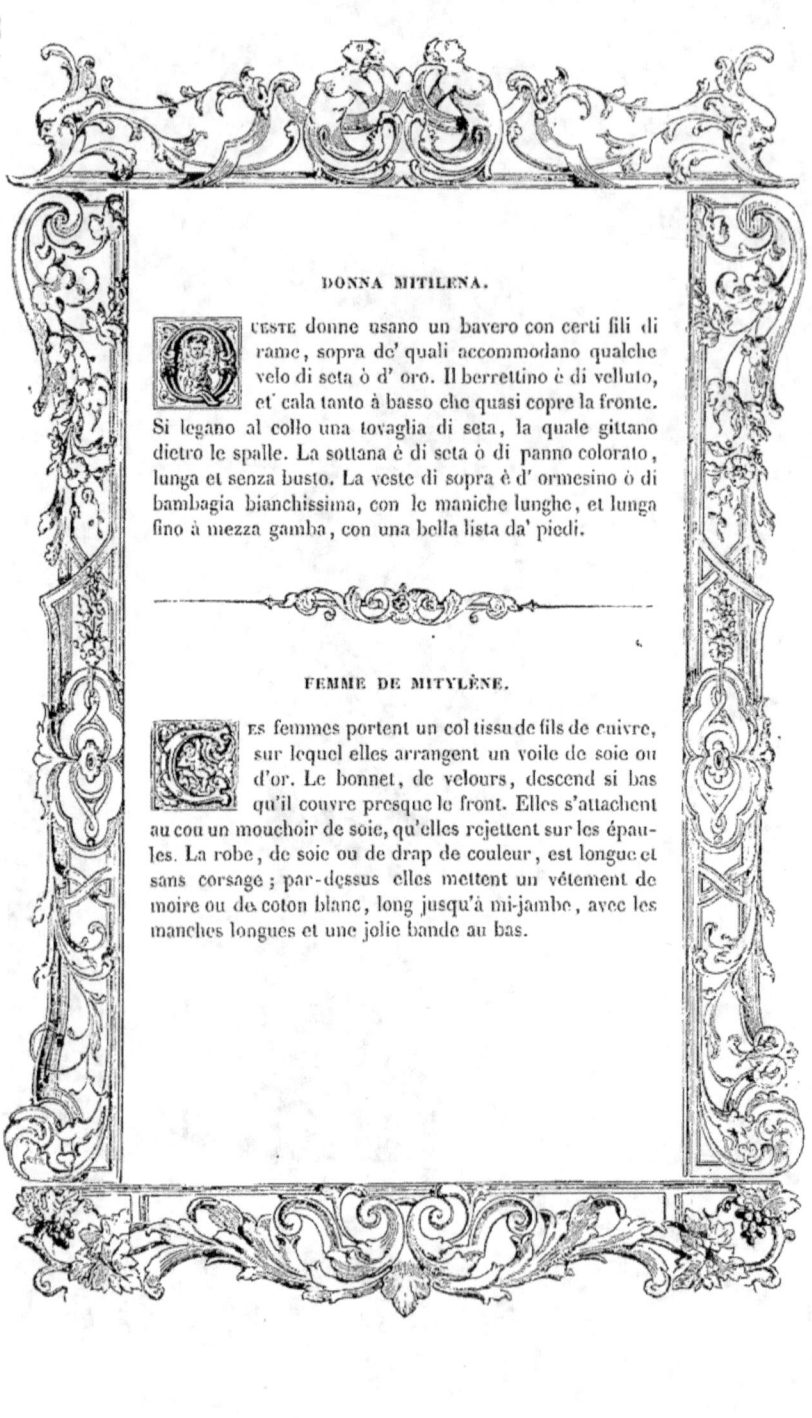

### DONNA MITILENA.

Queste donne usano un bavero con certi fili di rame, sopra de' quali accommodano qualche velo di seta ò d'oro. Il berrettino è di velluto, et' cala tanto à basso che quasi copre la fronte. Si legano al collo una tovaglia di seta, la quale gittano dietro le spalle. La sottana è di seta ò di panno colorato, lunga et senza busto. La veste di sopra è d'ormesino ò di bambagia bianchissima, con le maniche lunghe, et lunga fino à mezza gamba, con una bella lista da' piedi.

### FEMME DE MITYLÈNE.

Ces femmes portent un col tissu de fils de cuivre, sur lequel elles arrangent un voile de soie ou d'or. Le bonnet, de velours, descend si bas qu'il couvre presque le front. Elles s'attachent au cou un mouchoir de soie, qu'elles rejettent sur les épaules. La robe, de soie ou de drap de couleur, est longue et sans corsage ; par-dessus elles mettent un vêtement de moire ou de coton blanc, long jusqu'à mi-jambe, avec les manches longues et une jolie bande au bas.

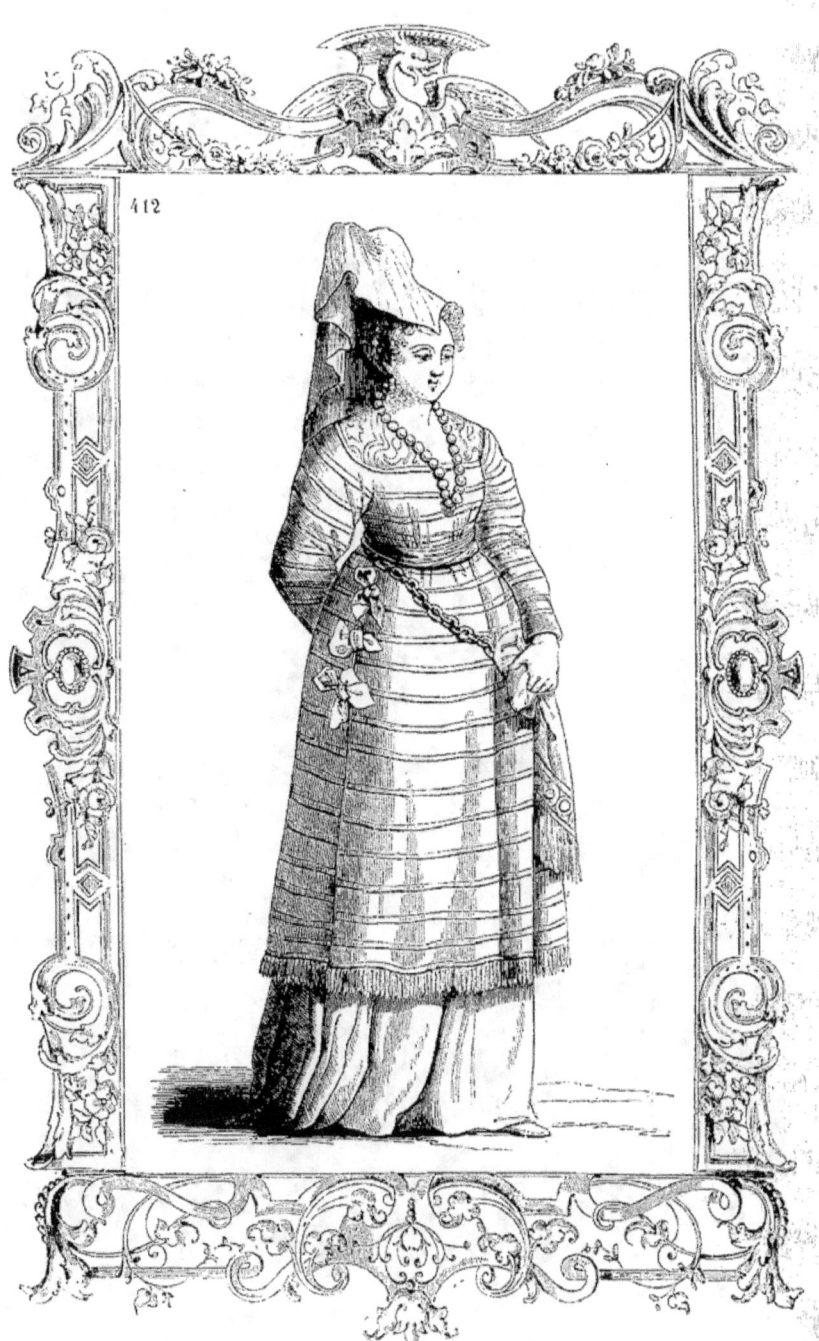
412

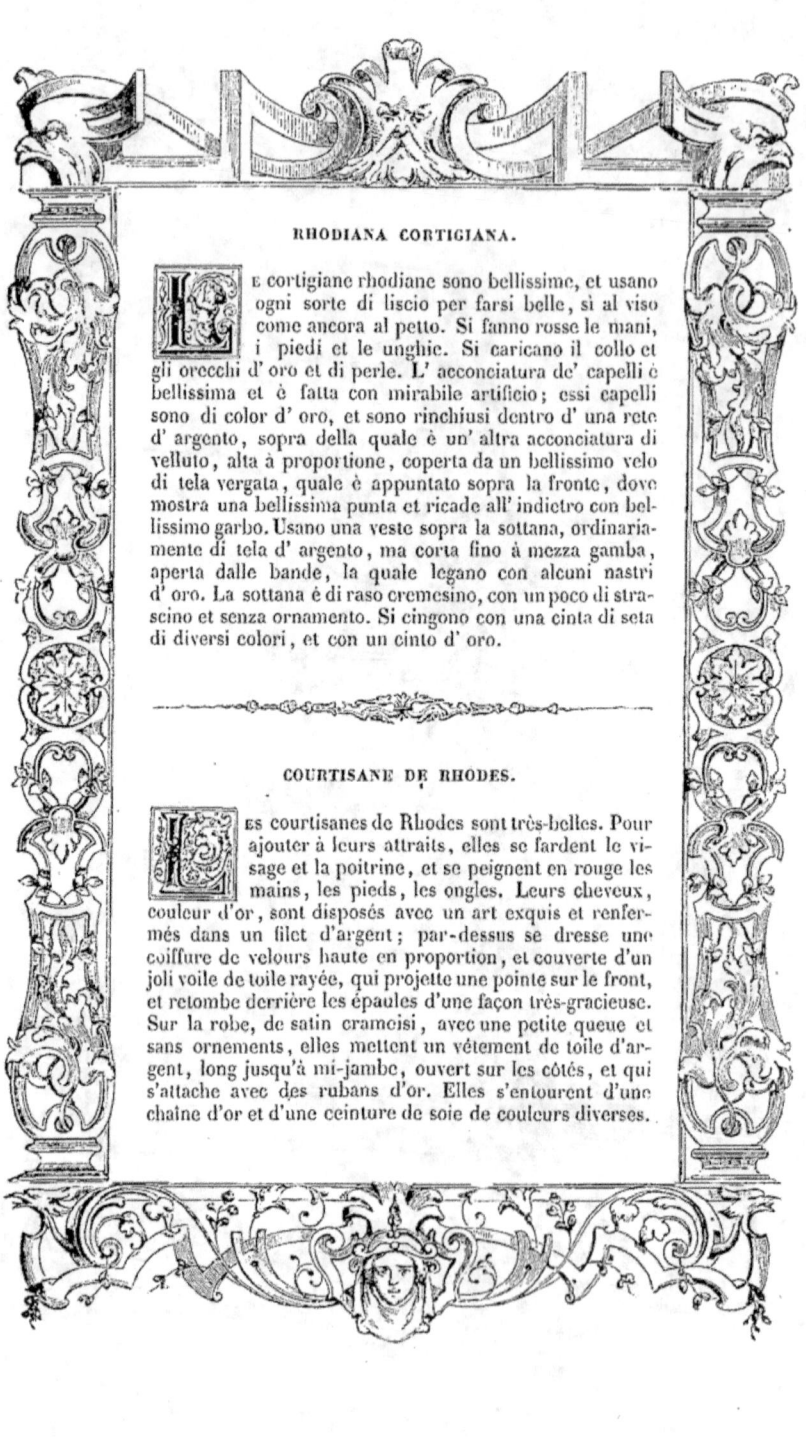

## RHODIANA CORTIGIANA.

LE cortigiane rhodiane sono bellissime, et usano ogni sorte di liscio per farsi belle, sì al viso come ancora al petto. Si fanno rosse le mani, i piedi et le unghie. Si caricano il collo et gli orecchi d'oro et di perle. L'acconciatura de' capelli è bellissima et è fatta con mirabile artificio; essi capelli sono di color d'oro, et sono rinchiusi dentro d'una rete d'argento, sopra della quale è un'altra acconciatura di velluto, alta à proportione, coperta da un bellissimo velo di tela vergata, quale è appuntato sopra la fronte, dove mostra una bellissima punta et ricade all'indietro con bellissimo garbo. Usano una veste sopra la sottana, ordinariamente di tela d'argento, ma corta fino à mezza gamba, aperta dalle bande, la quale legano con alcuni nastri d'oro. La sottana è di raso cremesino, con un poco di strascino et senza ornamento. Si cingono con una cinta di seta di diversi colori, et con un cinto d'oro.

## COURTISANE DE RHODES.

LES courtisanes de Rhodes sont très-belles. Pour ajouter à leurs attraits, elles se fardent le visage et la poitrine, et se peignent en rouge les mains, les pieds, les ongles. Leurs cheveux, couleur d'or, sont disposés avec un art exquis et renfermés dans un filet d'argent; par-dessus se dresse une coiffure de velours haute en proportion, et couverte d'un joli voile de toile rayée, qui projette une pointe sur le front, et retombe derrière les épaules d'une façon très-gracieuse. Sur la robe, de satin cramoisi, avec une petite queue et sans ornements, elles mettent un vêtement de toile d'argent, long jusqu'à mi-jambe, ouvert sur les côtés, et qui s'attache avec des rubans d'or. Elles s'entourent d'une chaîne d'or et d'une ceinture de soie de couleurs diverses.

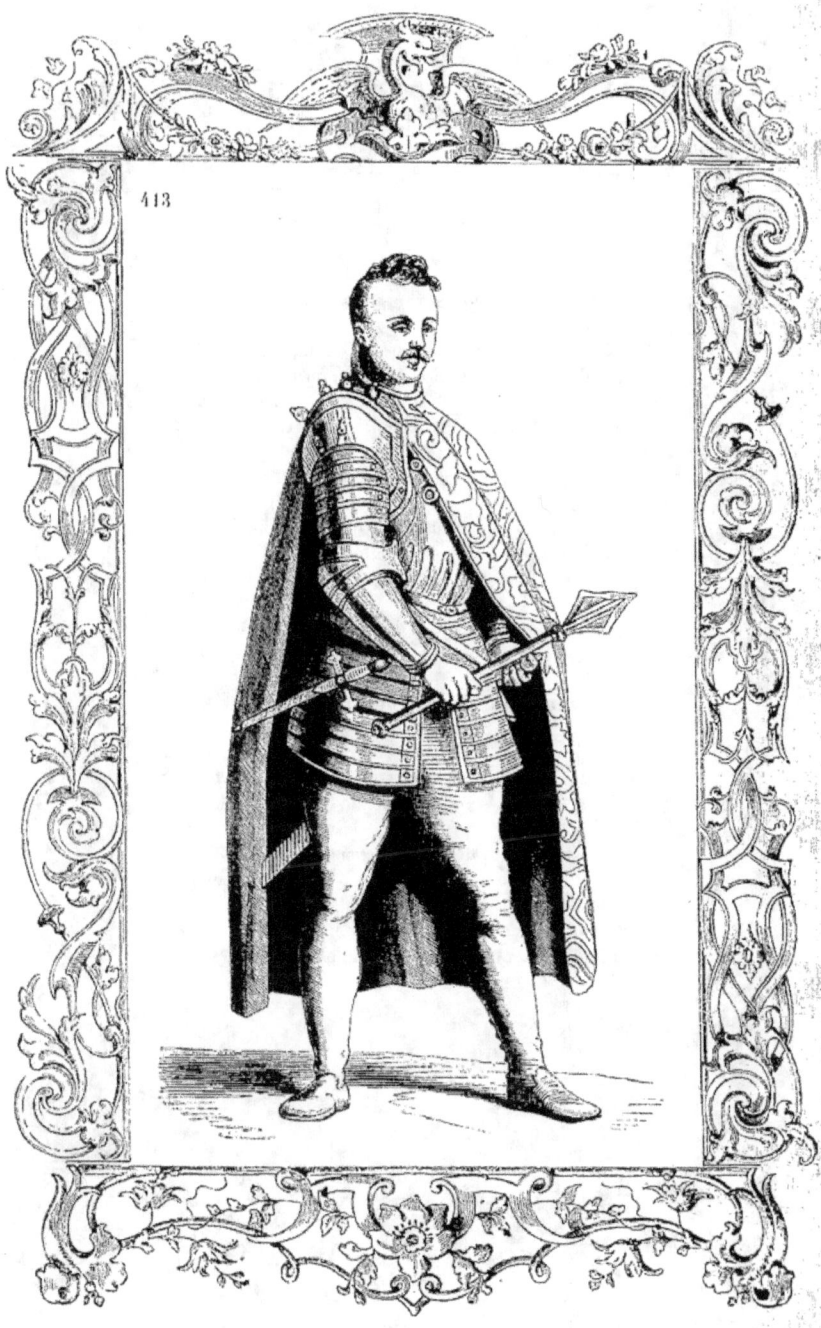

413

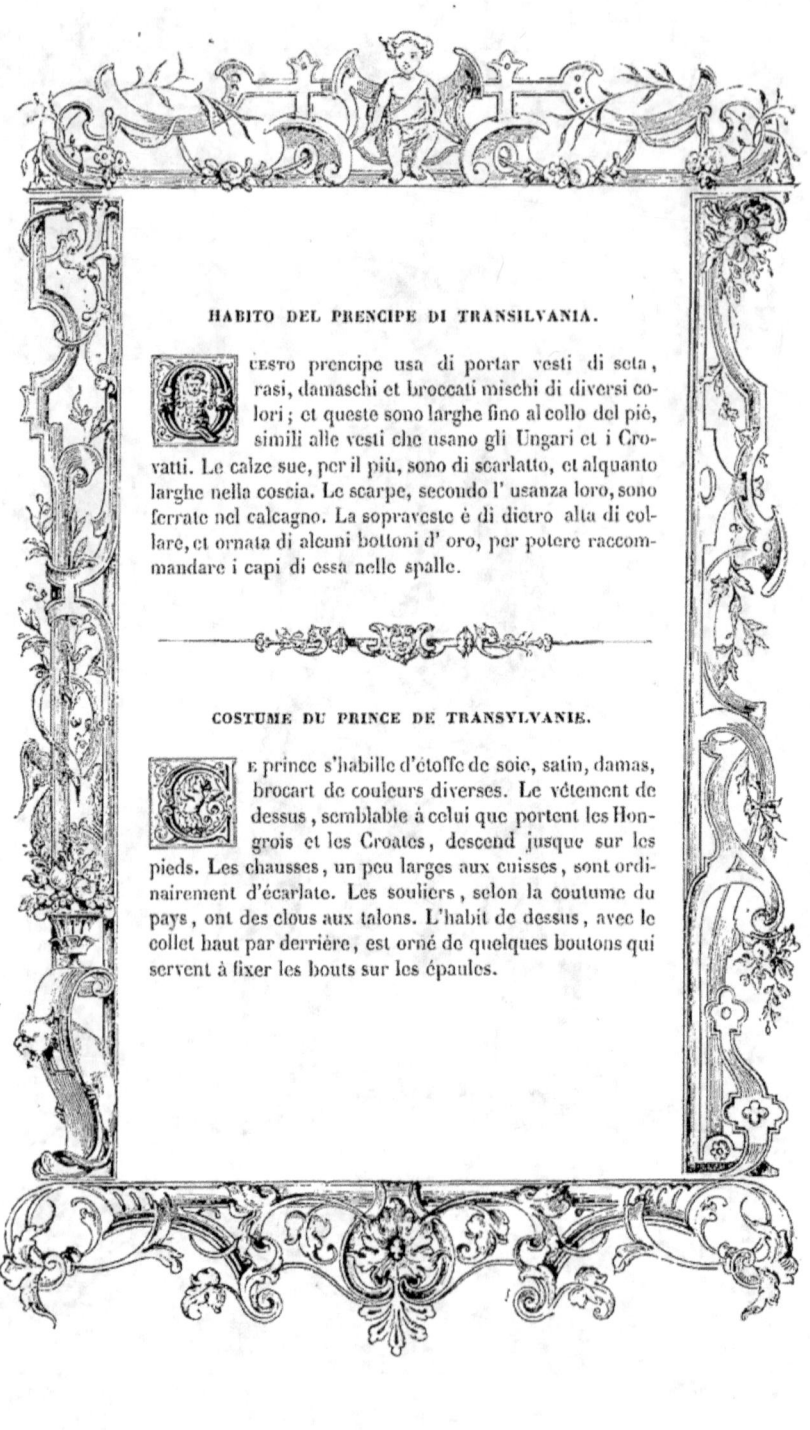

## HABITO DEL PRENCIPE DI TRANSILVANIA.

Questo prencipe usa di portar vesti di seta, rasi, damaschi et broccati mischi di diversi colori; et queste sono larghe fino al collo del piè, simili alle vesti che usano gli Ungari et i Crovatti. Le calze sue, per il più, sono di scarlatto, et alquanto larghe nella coscia. Le scarpe, secondo l' usanza loro, sono ferrate nel calcagno. La sopraveste è di dietro alta di collare, et ornata di alcuni bottoni d' oro, per potere raccommandare i capi di essa nelle spalle.

## COSTUME DU PRINCE DE TRANSYLVANIE.

Ce prince s'habille d'étoffe de soie, satin, damas, brocart de couleurs diverses. Le vêtement de dessus, semblable à celui que portent les Hongrois et les Croates, descend jusque sur les pieds. Les chausses, un peu larges aux cuisses, sont ordinairement d'écarlate. Les souliers, selon la coutume du pays, ont des clous aux talons. L'habit de dessus, avec le collet haut par derrière, est orné de quelques boutons qui servent à fixer les bouts sur les épaules.

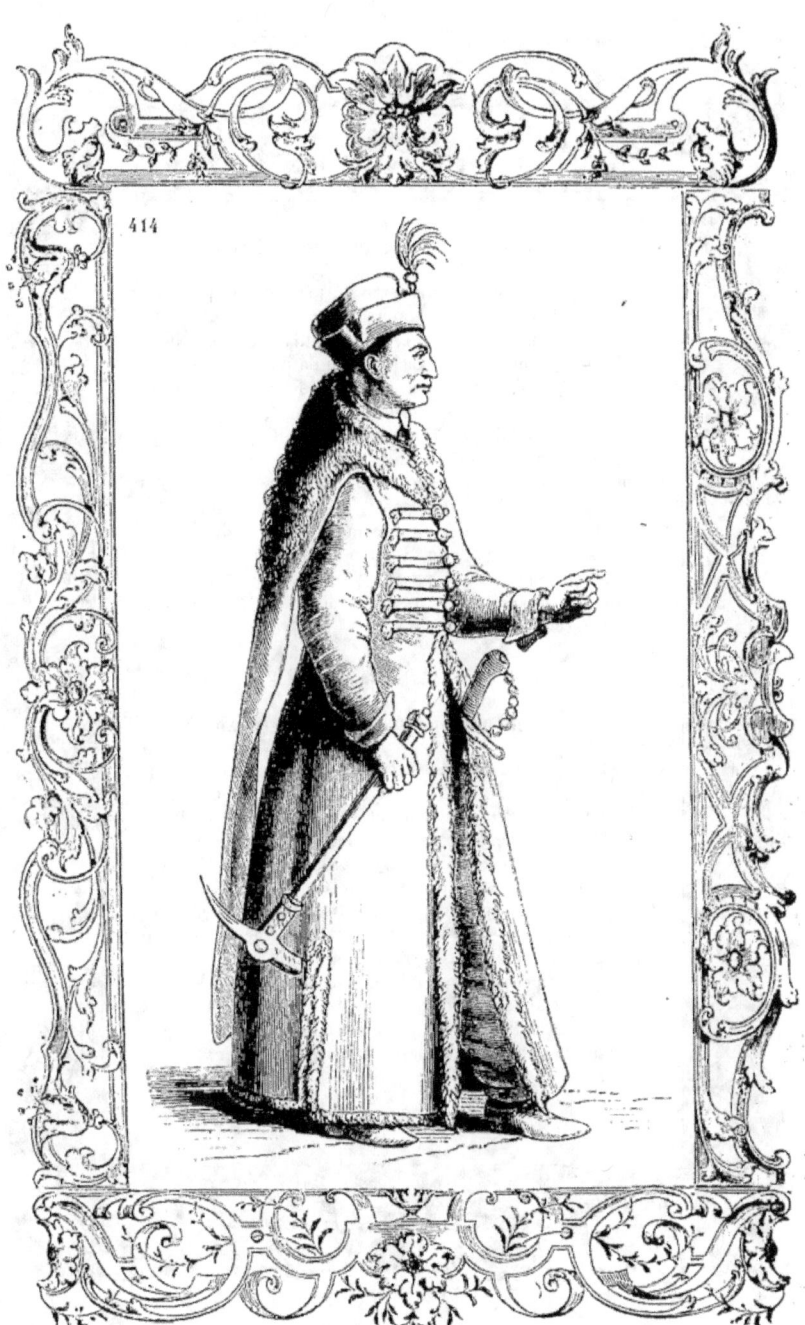

414

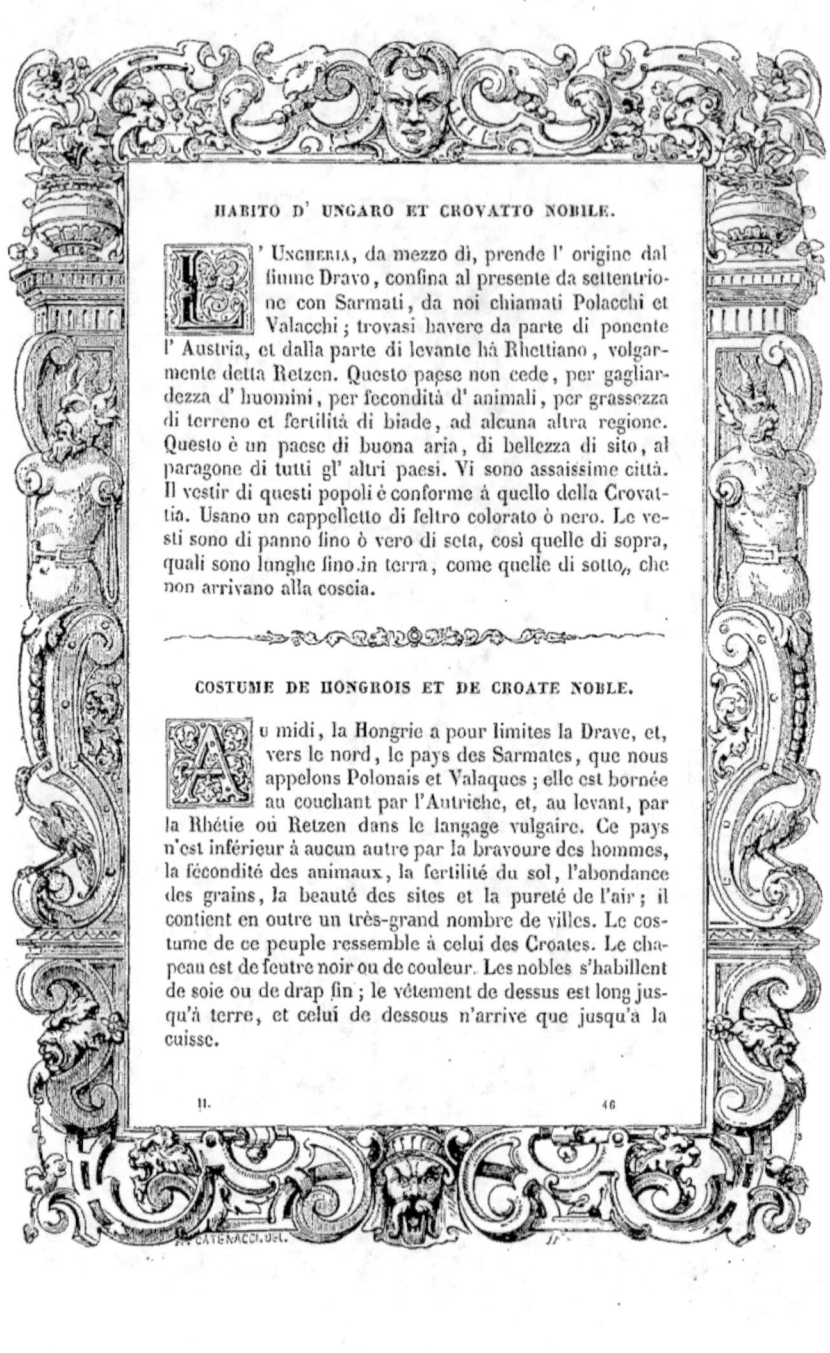

### HABITO D' UNGARO ET CROVATTO NOBILE.

L' Ungheria, da mezzo dì, prende l' origine dal fiume Dravo, confina al presente da settentrione con Sarmati, da noi chiamati Polacchi et Valacchi; trovasi havere da parte di ponente l' Austria, et dalla parte di levante hà Rhettiano, volgarmente detta Retzen. Questo paese non cede, per gagliardezza d' huomini, per fecondità d' animali, per grassezza di terreno et fertilità di biade, ad alcuna altra regione. Questo è un paese di buona aria, di bellezza di sito, al paragone di tutti gl' altri paesi. Vi sono assaissime città. Il vestir di questi popoli è conforme à quello della Crovattia. Usano un cappelletto di feltro colorato ò nero. Le vesti sono di panno fino ò vero di seta, così quelle di sopra, quali sono lunghe fino in terra, come quelle di sotto, che non arrivano alla coscia.

### COSTUME DE HONGROIS ET DE CROATE NOBLE.

Au midi, la Hongrie a pour limites la Drave, et, vers le nord, le pays des Sarmates, que nous appelons Polonais et Valaques; elle est bornée au couchant par l'Autriche, et, au levant, par la Rhétie où Retzen dans le langage vulgaire. Ce pays n'est inférieur à aucun autre par la bravoure des hommes, la fécondité des animaux, la fertilité du sol, l'abondance des grains, la beauté des sites et la pureté de l'air; il contient en outre un très-grand nombre de villes. Le costume de ce peuple ressemble à celui des Croates. Le chapeau est de feutre noir ou de couleur. Les nobles s'habillent de soie ou de drap fin; le vêtement de dessus est long jusqu'à terre, et celui de dessous n'arrive que jusqu'à la cuisse.

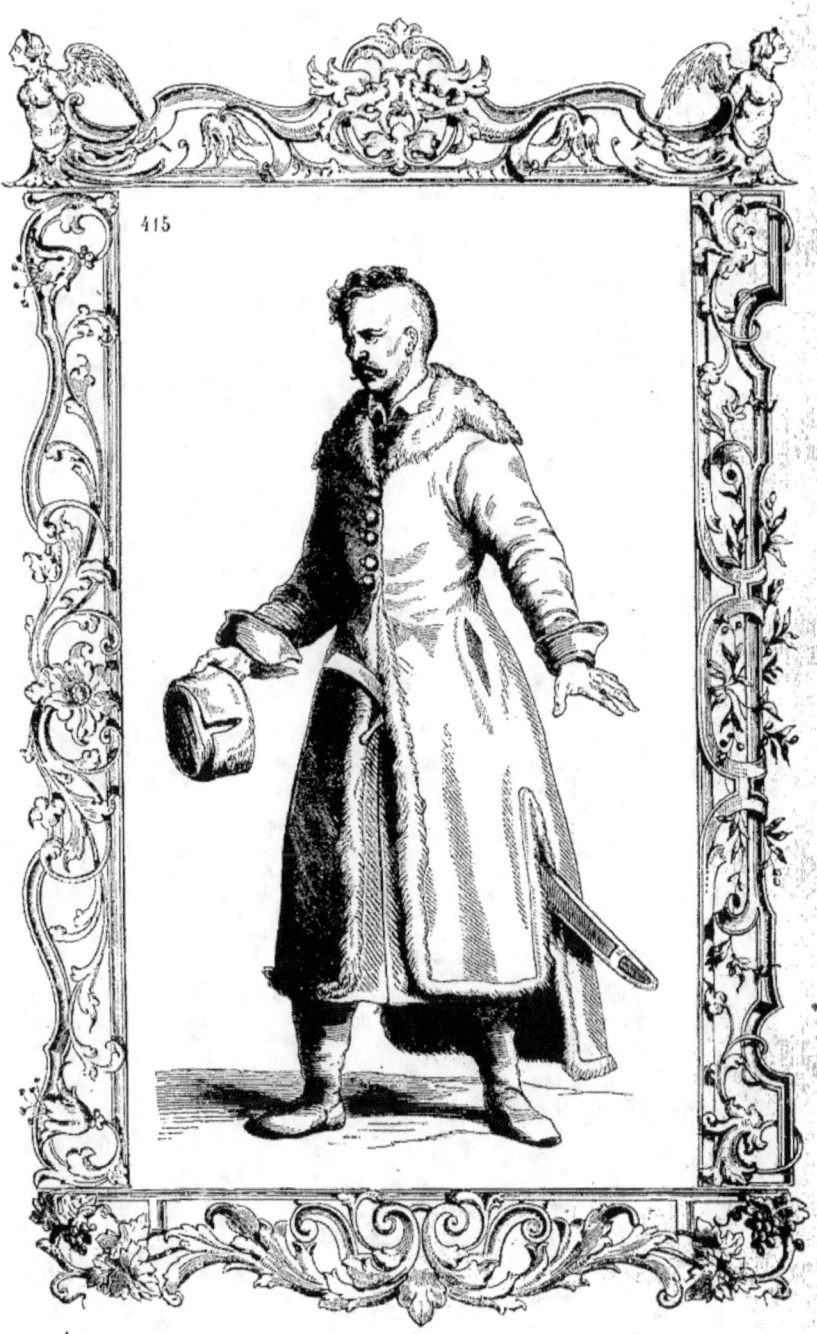

415

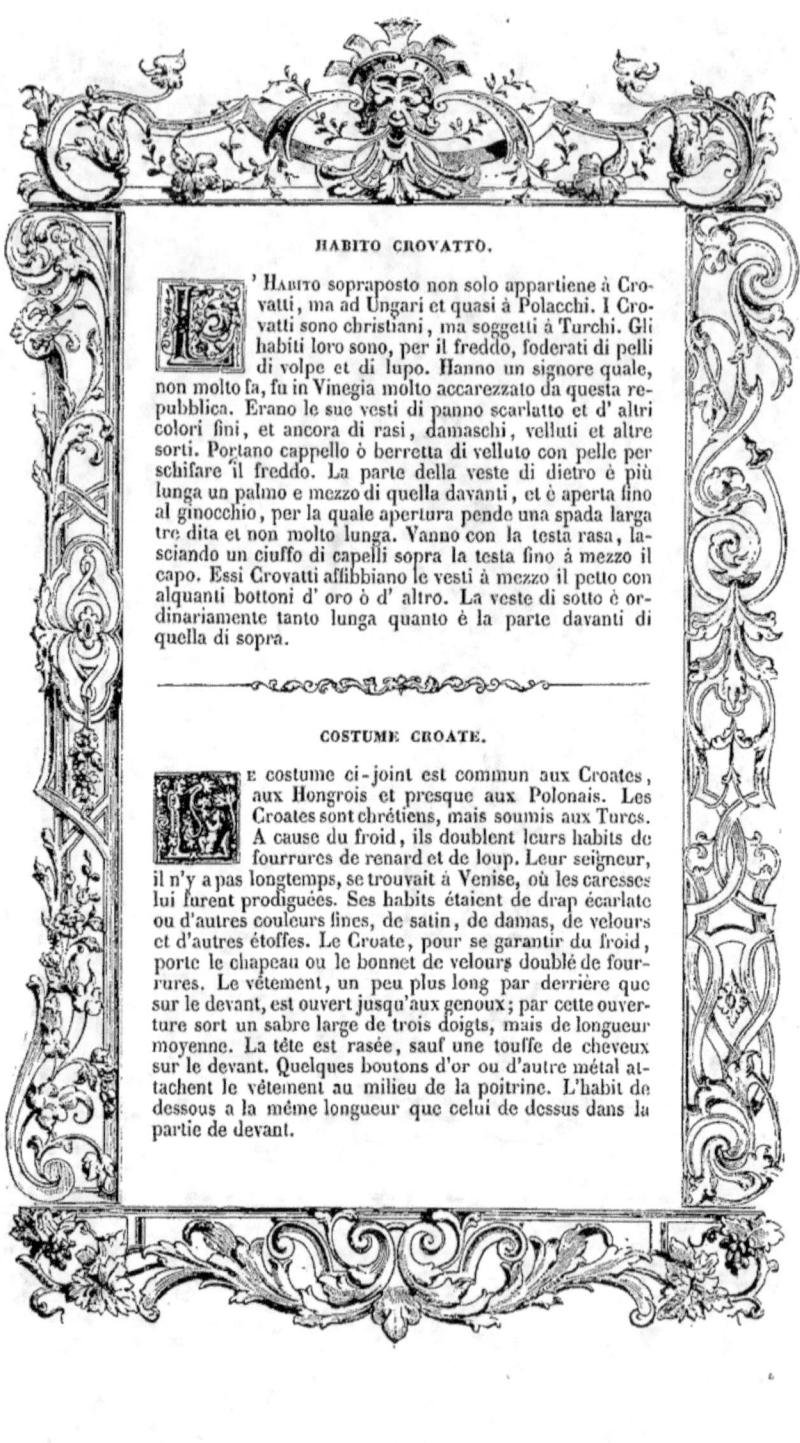

### HABITO CROVATTO.

'HABITO sopraposto non solo appartiene à Crovatti, ma ad Ungari et quasi à Polacchi. I Crovatti sono christiani, ma soggetti à Turchi. Gli habiti loro sono, per il freddo, foderati di pelli di volpe et di lupo. Hanno un signore quale, non molto fa, fu in Vinegia molto accarezzato da questa repubblica. Erano le sue vesti di panno scarlatto et d' altri colori fini, et ancora di rasi, damaschi, velluti et altre sorti. Portano cappello ò berretta di velluto con pelle per schifare il freddo. La parte della veste di dietro è più lunga un palmo e mezzo di quella davanti, et è aperta fino al ginocchio, per la quale apertura pende una spada larga tre dita et non molto lunga. Vanno con la testa rasa, lasciando un ciuffo di capelli sopra la testa fino à mezzo il capo. Essi Crovatti affibbiano le vesti à mezzo il petto con alquanti bottoni d' oro ò d' altro. La veste di sotto è ordinariamente tanto lunga quanto è la parte davanti di quella di sopra.

### COSTUME CROATE.

E costume ci-joint est commun aux Croates, aux Hongrois et presque aux Polonais. Les Croates sont chrétiens, mais soumis aux Turcs. A cause du froid, ils doublent leurs habits de fourrures de renard et de loup. Leur seigneur, il n'y a pas longtemps, se trouvait à Venise, où les caresses lui furent prodiguées. Ses habits étaient de drap écarlate ou d'autres couleurs fines, de satin, de damas, de velours et d'autres étoffes. Le Croate, pour se garantir du froid, porte le chapeau ou le bonnet de velours doublé de fourrures. Le vêtement, un peu plus long par derrière que sur le devant, est ouvert jusqu'aux genoux; par cette ouverture sort un sabre large de trois doigts, mais de longueur moyenne. La tête est rasée, sauf une touffe de cheveux sur le devant. Quelques boutons d'or ou d'autre métal attachent le vêtement au milieu de la poitrine. L'habit de dessous a la même longueur que celui de dessus dans la partie de devant.

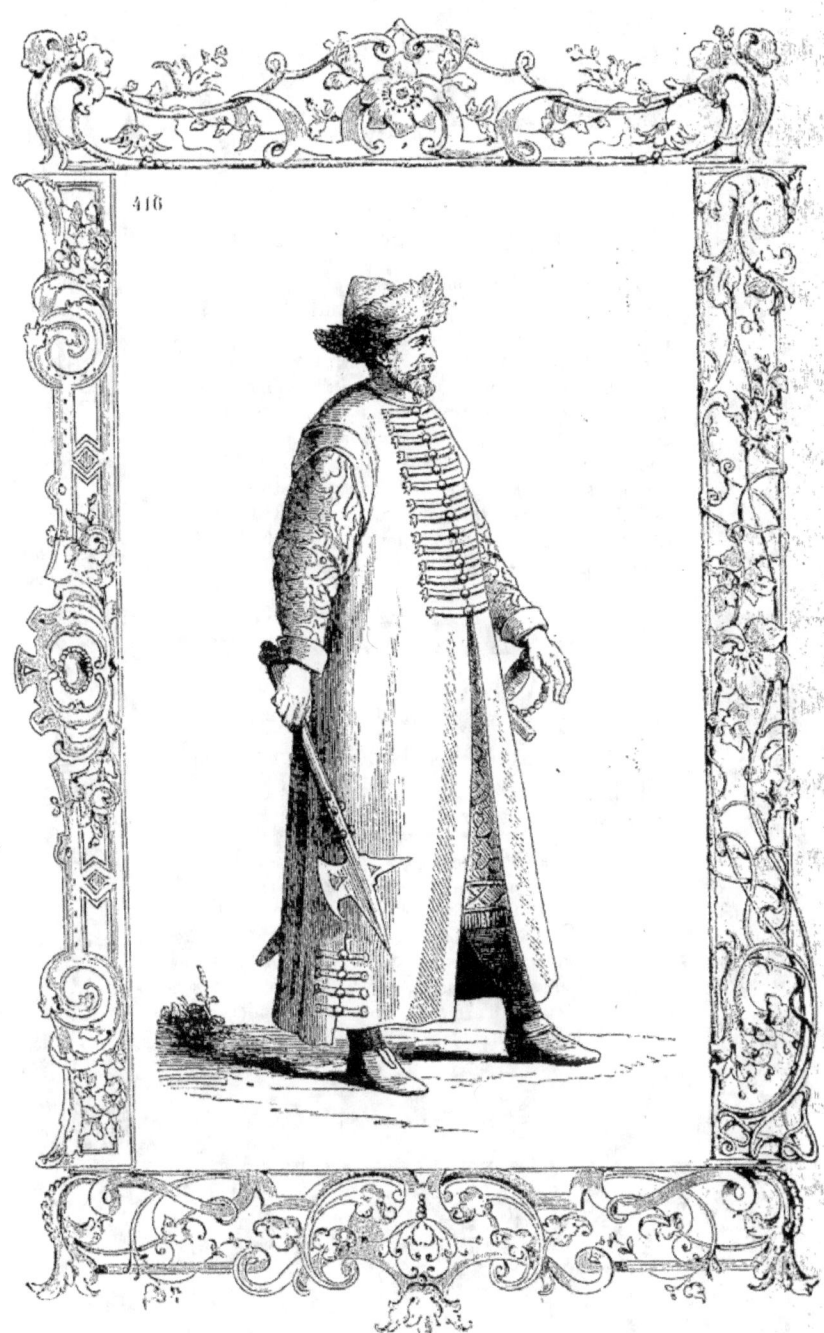
416

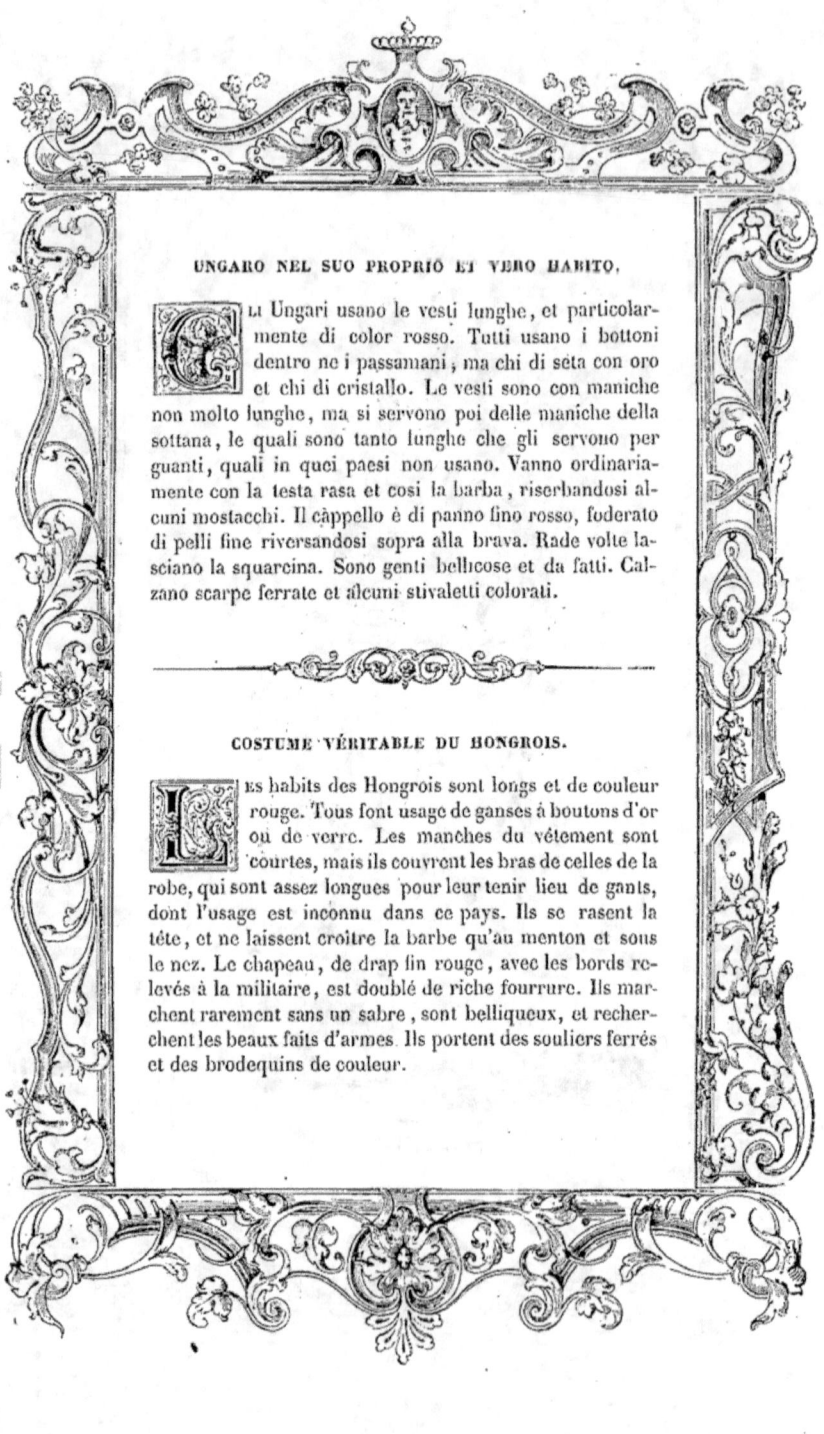

### UNGARO NEL SUO PROPRIO ET VERO HABITO.

GLI Ungari usano le vesti lunghe, et particolarmente di color rosso. Tutti usano i bottoni dentro ne i passamani, ma chi di seta con oro et chi di cristallo. Le vesti sono con maniche non molto lunghe, ma si servono poi delle maniche della sottana, le quali sono tanto lunghe che gli servono per guanti, quali in quei paesi non usano. Vanno ordinariamente con la testa rasa et cosi la barba, riserbandosi alcuni mostacchi. Il cappello è di panno fino rosso, foderato di pelli fine riversandosi sopra alla brava. Rade volte lasciano la squarcina. Sono genti bellicose et da fatti. Calzano scarpe ferrate et alcuni stivaletti colorati.

### COSTUME VÉRITABLE DU HONGROIS.

LES habits des Hongrois sont longs et de couleur rouge. Tous font usage de ganses à boutons d'or ou de verre. Les manches du vêtement sont courtes, mais ils couvrent les bras de celles de la robe, qui sont assez longues pour leur tenir lieu de gants, dont l'usage est inconnu dans ce pays. Ils se rasent la téte, et ne laissent croître la barbe qu'au menton et sous le nez. Le chapeau, de drap fin rouge, avec les bords relevés à la militaire, est doublé de riche fourrure. Ils marchent rarement sans un sabre, sont belliqueux, et recherchent les beaux faits d'armes. Ils portent des souliers ferrés et des brodequins de couleur.

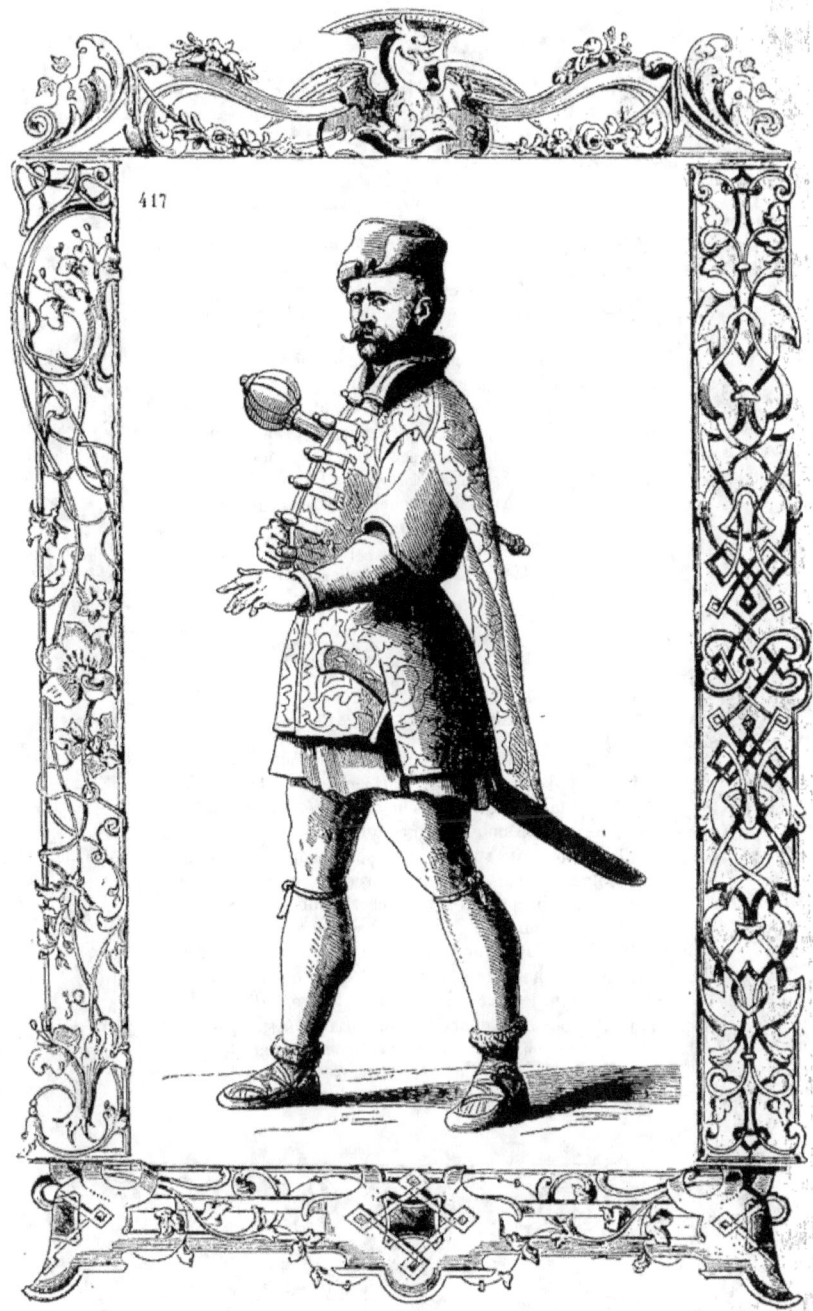

417

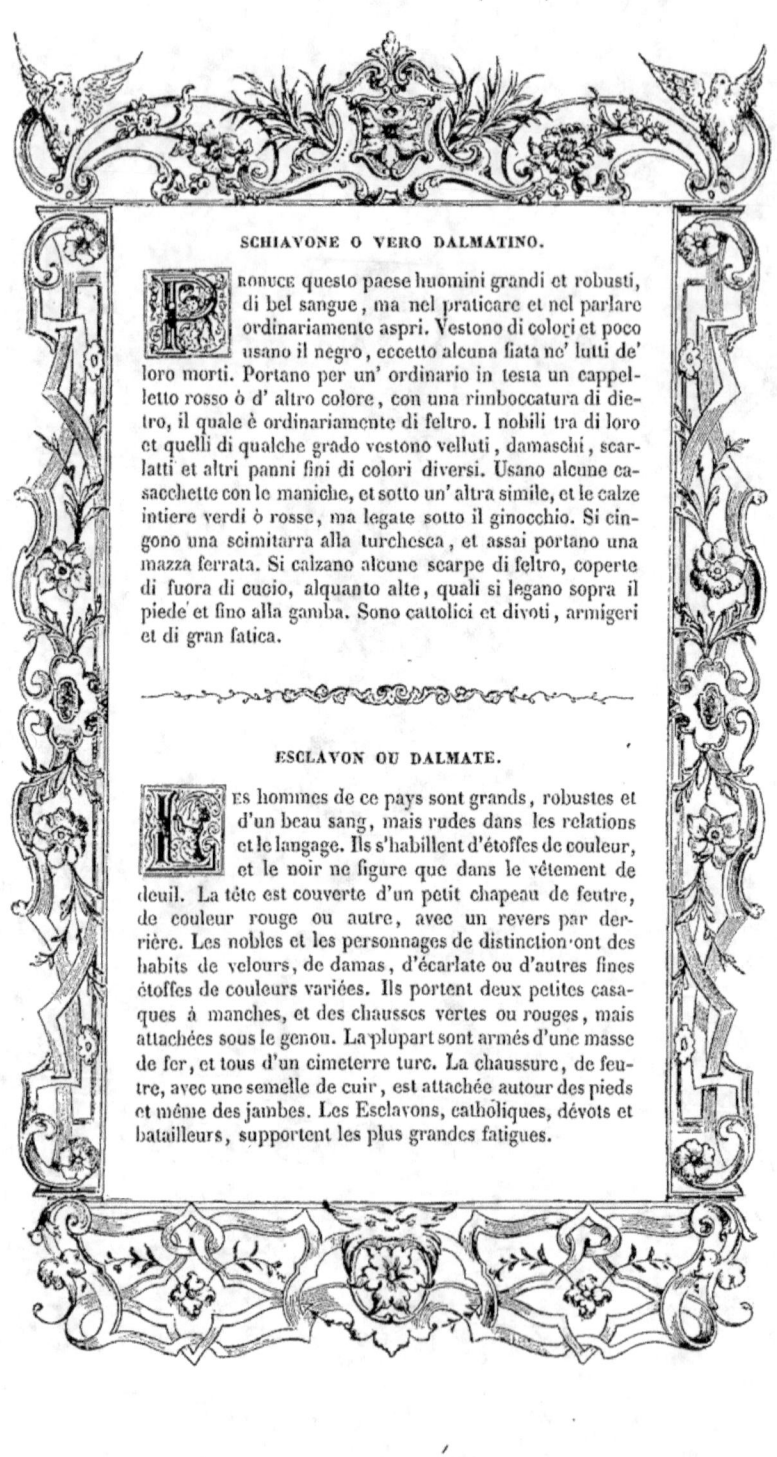

### SCHIAVONE O VERO DALMATINO.

PRODUCE questo paese huomini grandi et robusti, di bel sangue, ma nel praticare et nel parlare ordinariamente aspri. Vestono di colori et poco usano il negro, eccetto alcuna fiata ne' lutti de' loro morti. Portano per un' ordinario in testa un cappelletto rosso ò d' altro colore, con una rimboccatura di dietro, il quale è ordinariamente di feltro. I nobili tra di loro et quelli di qualche grado vestono velluti, damaschi, scarlatti et altri panni fini di colori diversi. Usano alcune casacchette con le maniche, et sotto un' altra simile, et le calze intiere verdi ò rosse, ma legate sotto il ginocchio. Si cingono una scimitarra alla turchesca, et assai portano una mazza ferrata. Si calzano alcune scarpe di feltro, coperte di fuora di cucio, alquanto alte, quali si legano sopra il piede et fino alla gamba. Sono cattolici et divoti, armigeri et di gran fatica.

### ESCLAVON OU DALMATE.

LEs hommes de ce pays sont grands, robustes et d'un beau sang, mais rudes dans les relations et le langage. Ils s'habillent d'étoffes de couleur, et le noir ne figure que dans le vêtement de deuil. La tête est couverte d'un petit chapeau de feutre, de couleur rouge ou autre, avec un revers par derrière. Les nobles et les personnages de distinction ont des habits de velours, de damas, d'écarlate ou d'autres fines étoffes de couleurs variées. Ils portent deux petites casaques à manches, et des chausses vertes ou rouges, mais attachées sous le genou. La plupart sont armés d'une masse de fer, et tous d'un cimeterre turc. La chaussure, de feutre, avec une semelle de cuir, est attachée autour des pieds et même des jambes. Les Esclavons, catholiques, dévots et batailleurs, supportent les plus grandes fatigues.

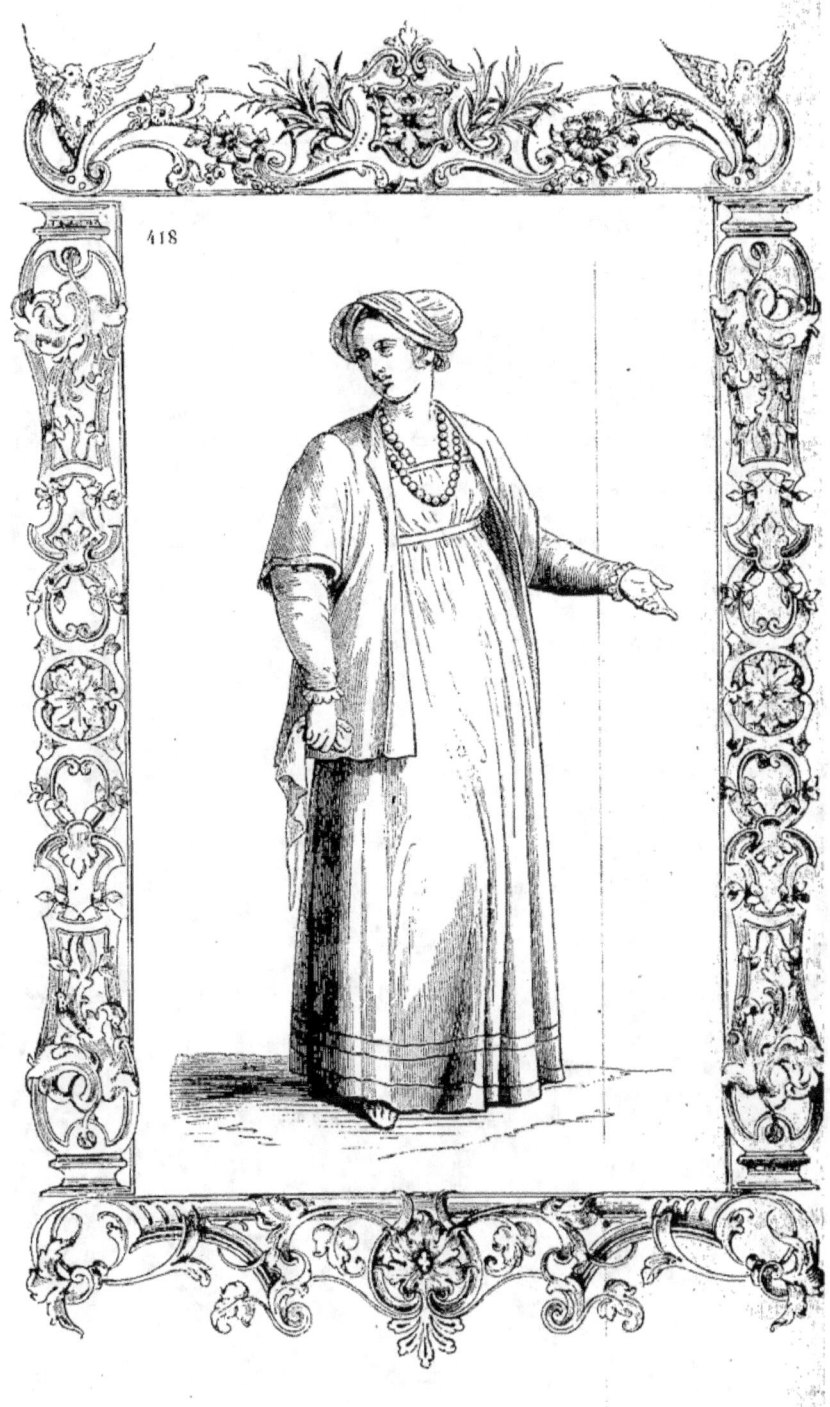

418

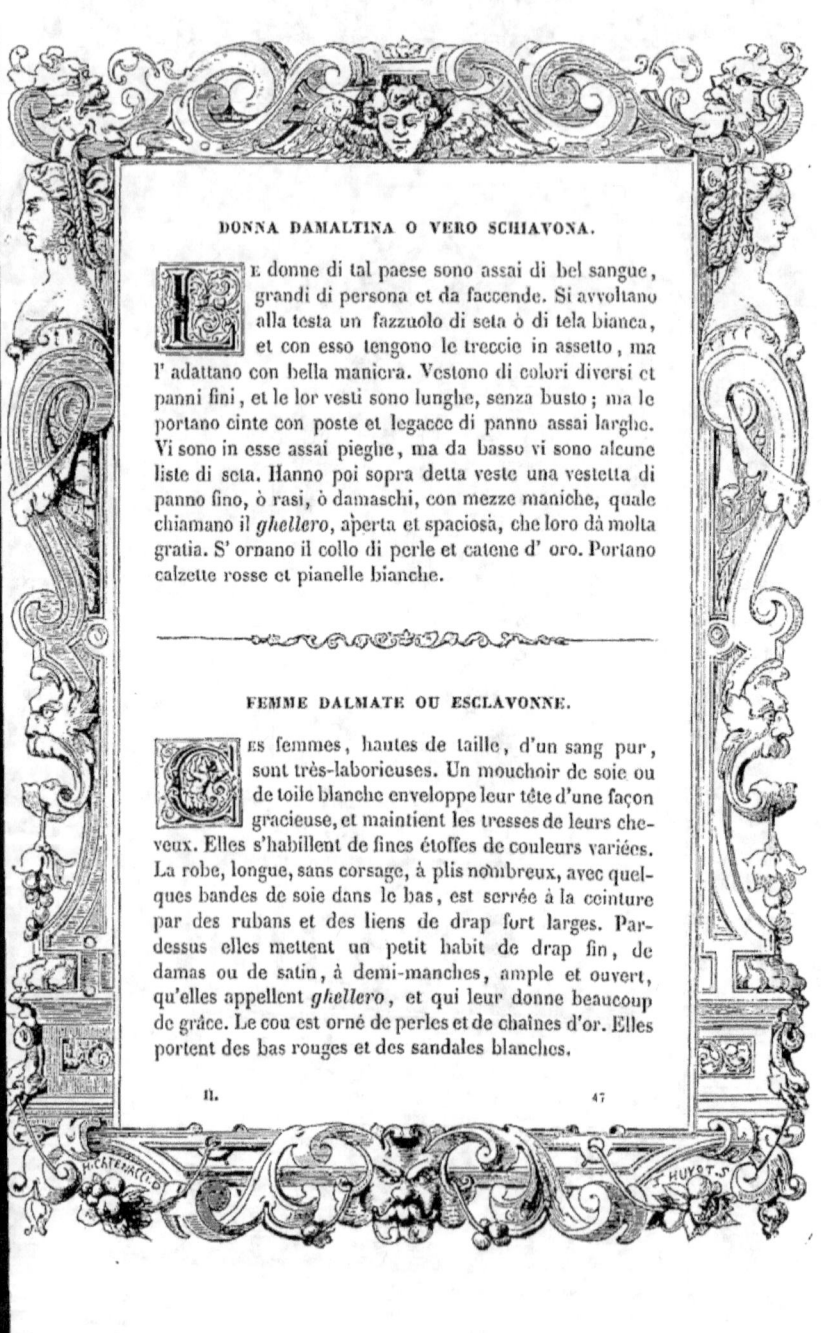

### DONNA DAMALTINA O VERO SCHIAVONA.

LE donne di tal paese sono assai di bel sangue, grandi di persona et da faccende. Si avvoltano alla testa un fazzuolo di seta ò di tela bianca, et con esso tengono le treccie in assetto, ma l'adattano con bella maniera. Vestono di colori diversi et panni fini, et le lor vesti sono lunghe, senza busto; ma le portano cinte con poste et legacce di panno assai larghe. Vi sono in esse assai pieghe, ma da basso vi sono alcune liste di seta. Hanno poi sopra detta veste una vestetta di panno fino, ò rasi, ò damaschi, con mezze maniche, quale chiamano il *ghellero*, aperta et spaciosa, che loro dà molta gratia. S'ornano il collo di perle et catene d'oro. Portano calzette rosse et pianelle bianche.

### FEMME DALMATE OU ESCLAVONNE.

CES femmes, hautes de taille, d'un sang pur, sont très-laborieuses. Un mouchoir de soie ou de toile blanche enveloppe leur tête d'une façon gracieuse, et maintient les tresses de leurs cheveux. Elles s'habillent de fines étoffes de couleurs variées. La robe, longue, sans corsage, à plis nombreux, avec quelques bandes de soie dans le bas, est serrée à la ceinture par des rubans et des liens de drap fort larges. Par-dessus elles mettent un petit habit de drap fin, de damas ou de satin, à demi-manches, ample et ouvert, qu'elles appellent *ghellero*, et qui leur donne beaucoup de grâce. Le cou est orné de perles et de chaînes d'or. Elles portent des bas rouges et des sandales blanches.

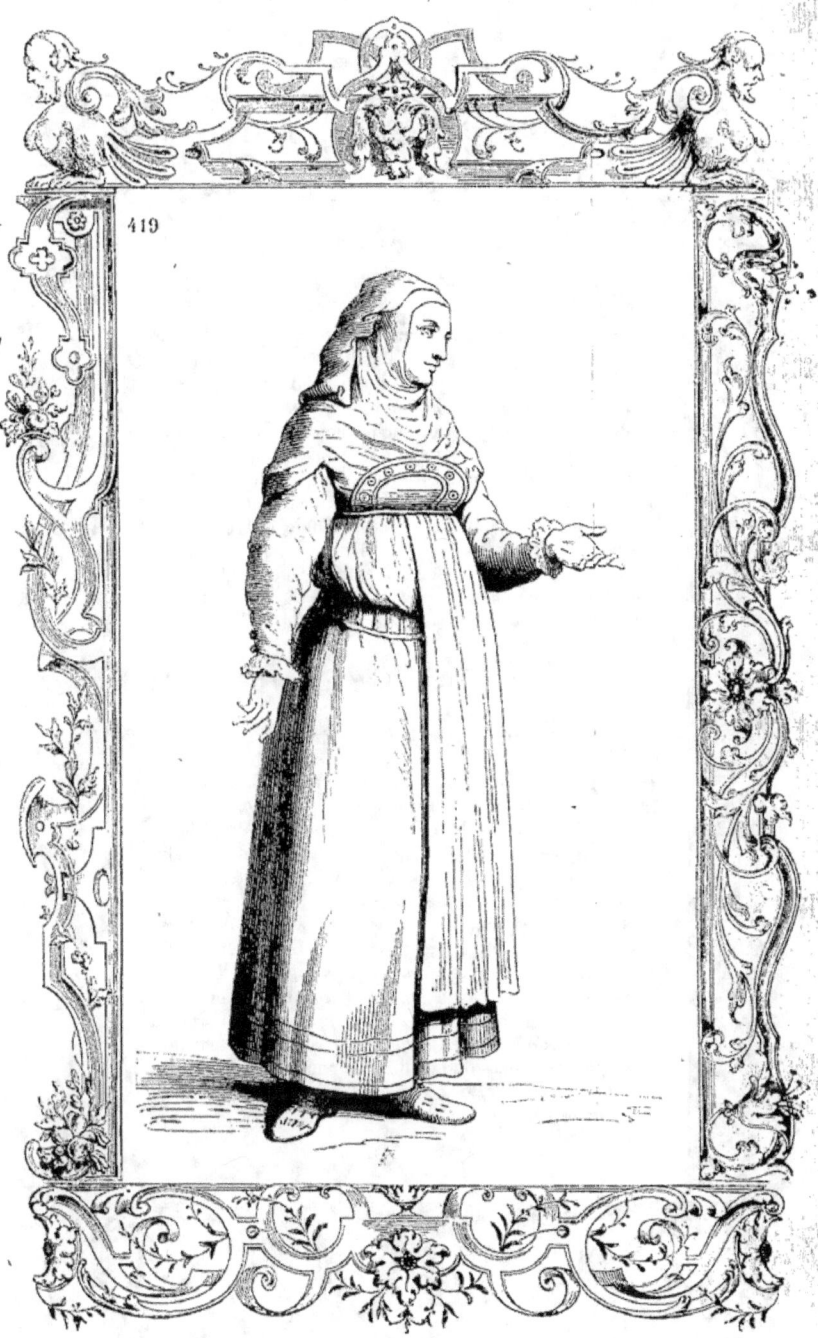

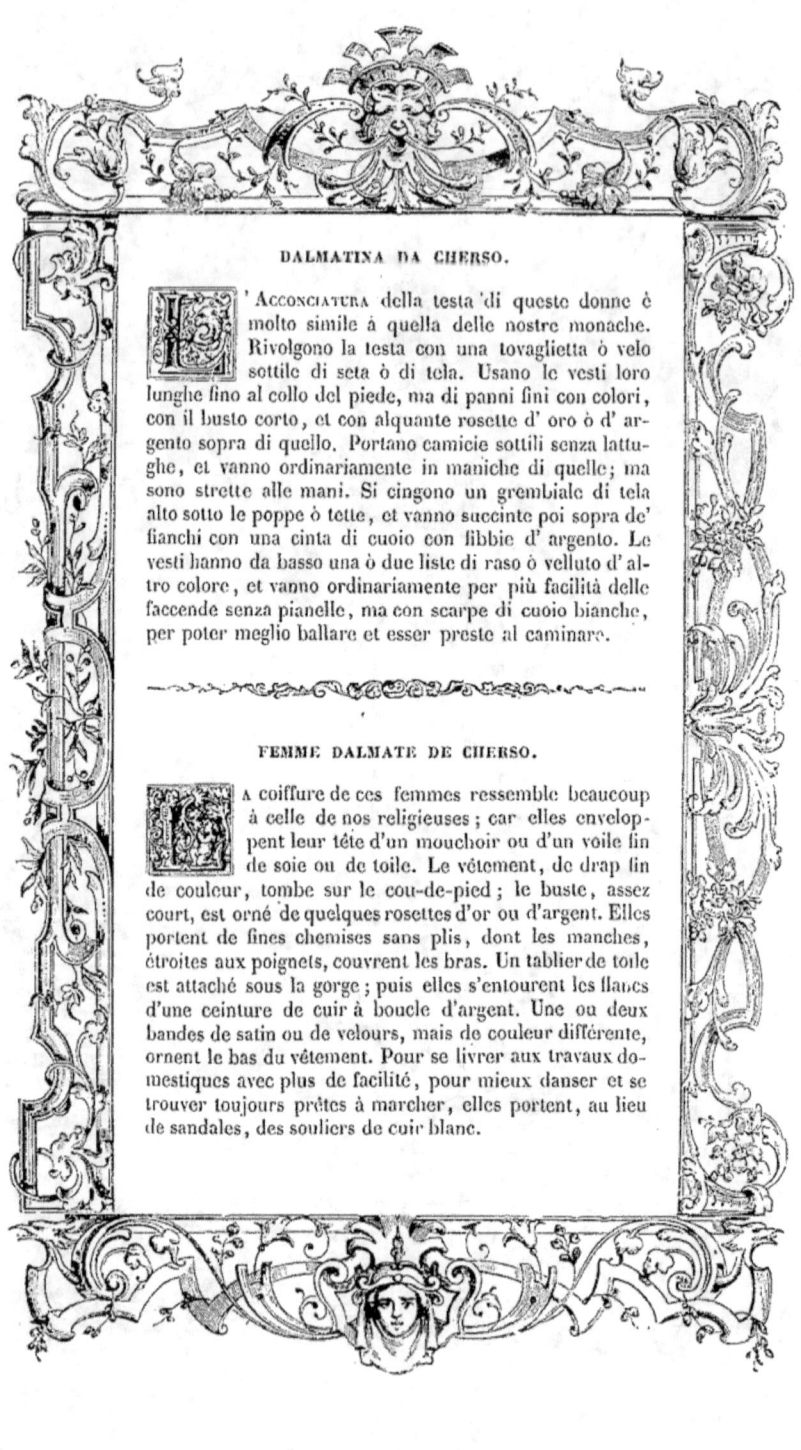

### DALMATINA DA CHERSO.

L'ACCONCIATURA della testa di queste donne è
molto simile a quella delle nostre monache.
Rivolgono la testa con una tovaglietta ò velo
sottile di seta ò di tela. Usano le vesti loro
lunghe fino al collo del piede, ma di panni fini con colori,
con il busto corto, et con alquante rosette d' oro ò d' argento sopra di quello. Portano camicie sottili senza lattughe, et vanno ordinariamente in maniche di quelle; ma
sono strette alle mani. Si cingono un grembiale di tela
alto sotto le poppe ò tette, et vanno succinte poi sopra de'
fianchi con una cinta di cuoio con fibbie d' argento. Le
vesti hanno da basso una ò due liste di raso ò velluto d' altro colore, et vanno ordinariamente per più facilità delle
faccende senza pianelle, ma con scarpe di cuoio bianche,
per poter meglio ballare et esser preste al caminare.

### FEMME DALMATE DE CHERSO.

LA coiffure de ces femmes ressemble beaucoup
à celle de nos religieuses; car elles enveloppent leur tête d'un mouchoir ou d'un voile fin
de soie ou de toile. Le vêtement, de drap fin
de couleur, tombe sur le cou-de-pied; le buste, assez
court, est orné de quelques rosettes d'or ou d'argent. Elles
portent de fines chemises sans plis, dont les manches,
étroites aux poignets, couvrent les bras. Un tablier de toile
est attaché sous la gorge; puis elles s'entourent les flancs
d'une ceinture de cuir à boucle d'argent. Une ou deux
bandes de satin ou de velours, mais de couleur différente,
ornent le bas du vêtement. Pour se livrer aux travaux domestiques avec plus de facilité, pour mieux danser et se
trouver toujours prêtes à marcher, elles portent, au lieu
de sandales, des souliers de cuir blanc.

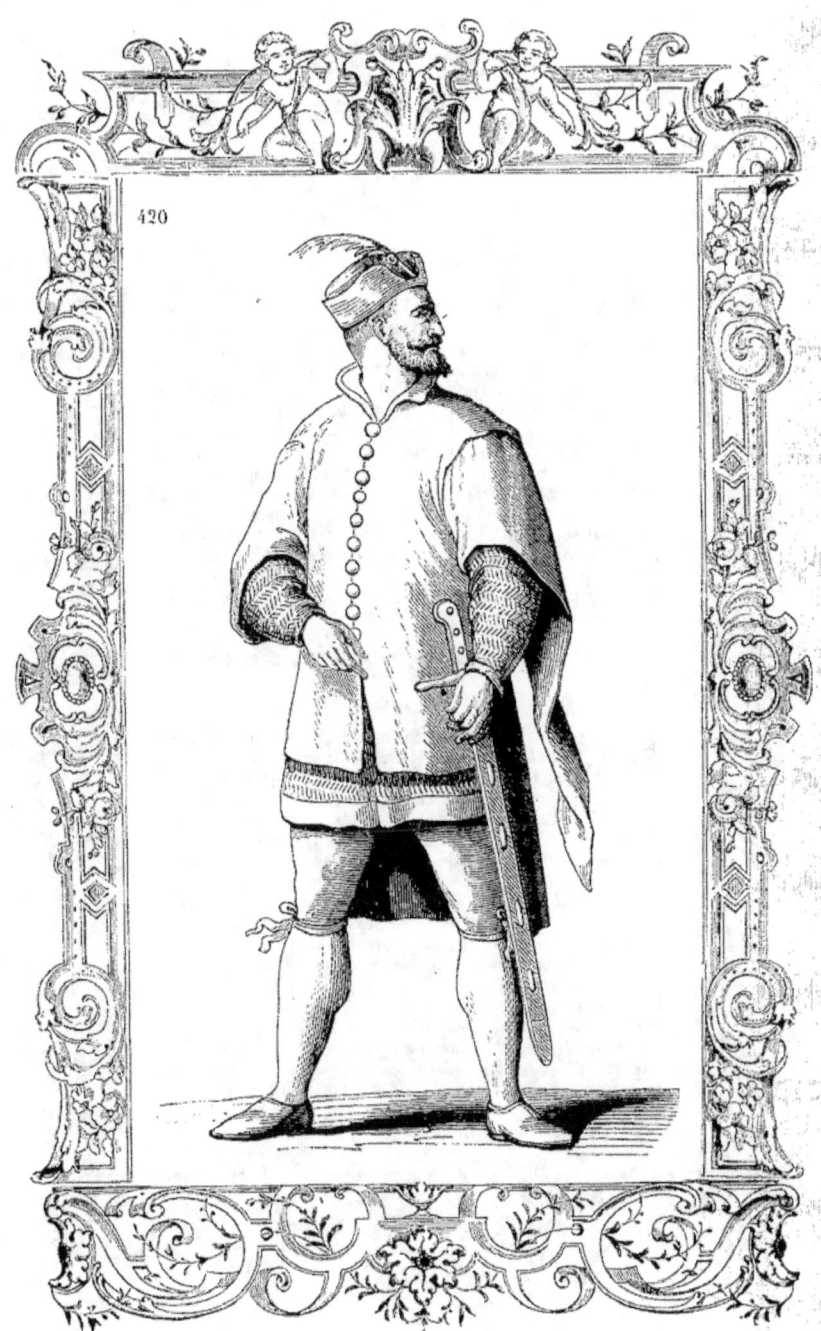

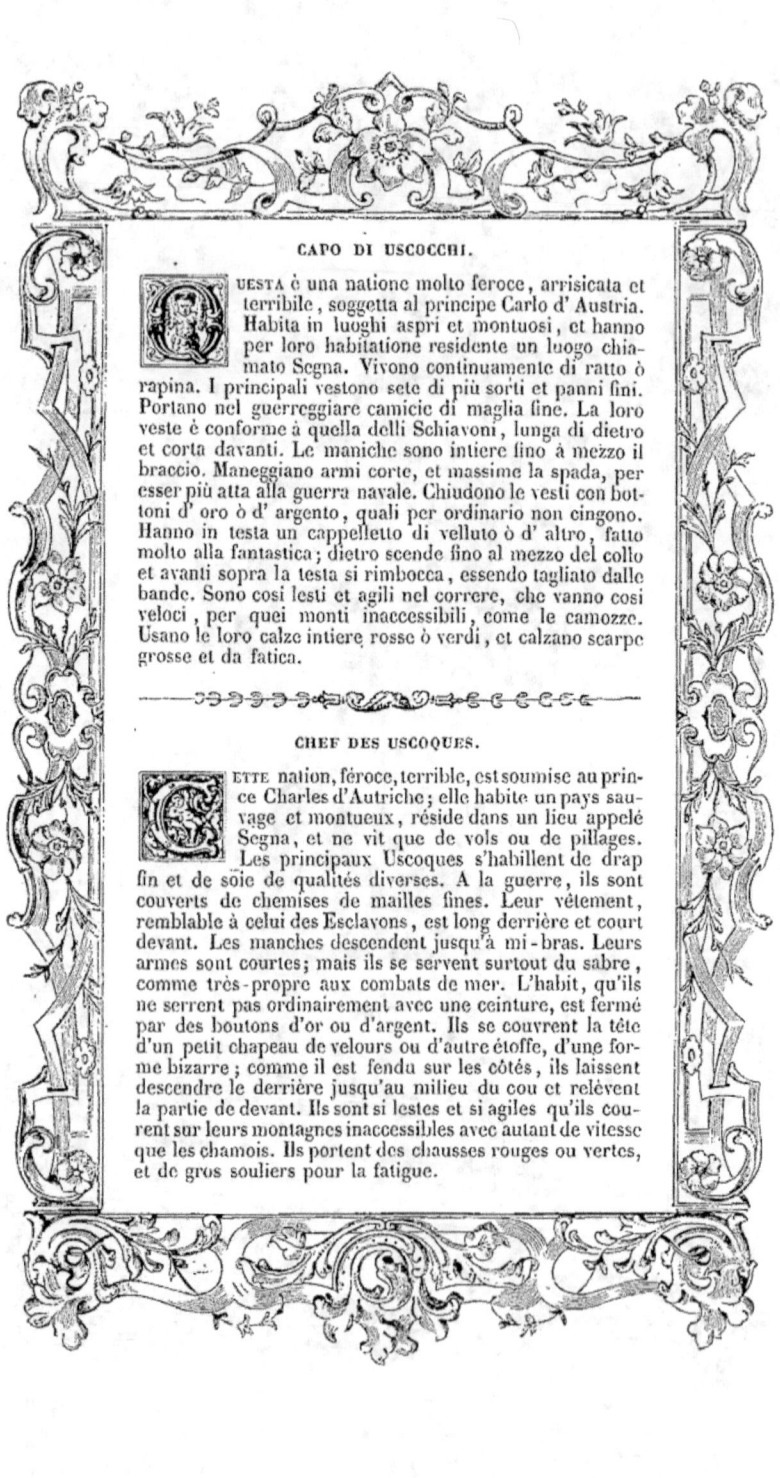

### CAPO DI USCOCCHI.

UESTA è una natione molto feroce, arrisicata et terribile, soggetta al principe Carlo d'Austria. Habita in luoghi aspri et montuosi, et hanno per loro habitatione residente un luogo chiamato Segna. Vivono continuamente di ratto ò rapina. I principali vestono sete di più sorti et panni fini. Portano nel guerreggiare camicie di maglia fine. La loro veste è conforme à quella delli Schiavoni, lunga di dietro et corta davanti. Le maniche sono intiere fino à mezzo il braccio. Maneggiano armi corte, et massime la spada, per esser più atta alla guerra navale. Chiudono le vesti con bottoni d'oro ò d'argento, quali per ordinario non cingono. Hanno in testa un cappelletto di velluto ò d'altro, fatto molto alla fantastica; dietro scende fino al mezzo del collo et avanti sopra la testa si rimbocca, essendo tagliato dalle bande. Sono cosi lesti et agili nel correre, che vanno cosi veloci, per quei monti inaccessibili, come le camozze. Usano le loro calze intiere rosse ò verdi, et calzano scarpe grosse et da fatica.

### CHEF DES USCOQUES.

ETTE nation, féroce, terrible, est soumise au prince Charles d'Autriche; elle habite un pays sauvage et montueux, réside dans un lieu appelé Segna, et ne vit que de vols ou de pillages. Les principaux Uscoques s'habillent de drap fin et de soie de qualités diverses. A la guerre, ils sont couverts de chemises de mailles fines. Leur vêtement, remblable à celui des Esclavons, est long derrière et court devant. Les manches descendent jusqu'à mi-bras. Leurs armes sont courtes; mais ils se servent surtout du sabre, comme très-propre aux combats de mer. L'habit, qu'ils ne serrent pas ordinairement avec une ceinture, est fermé par des boutons d'or ou d'argent. Ils se couvrent la tête d'un petit chapeau de velours ou d'autre étoffe, d'une forme bizarre; comme il est fendu sur les côtés, ils laissent descendre le derrière jusqu'au milieu du cou et relèvent la partie de devant. Ils sont si lestes et si agiles qu'ils courent sur leurs montagnes inaccessibles avec autant de vitesse que les chamois. Ils portent des chausses rouges ou vertes, et de gros souliers pour la fatigue.

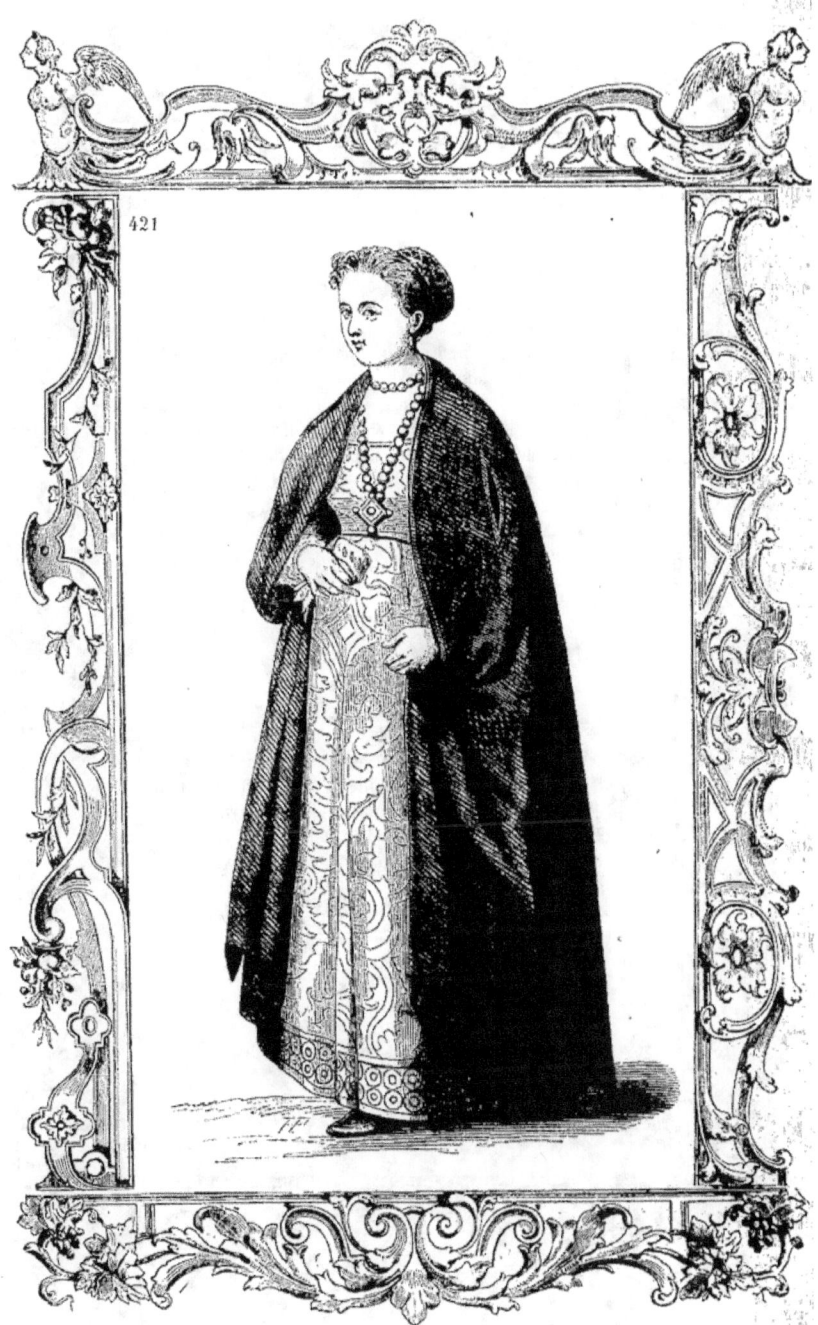

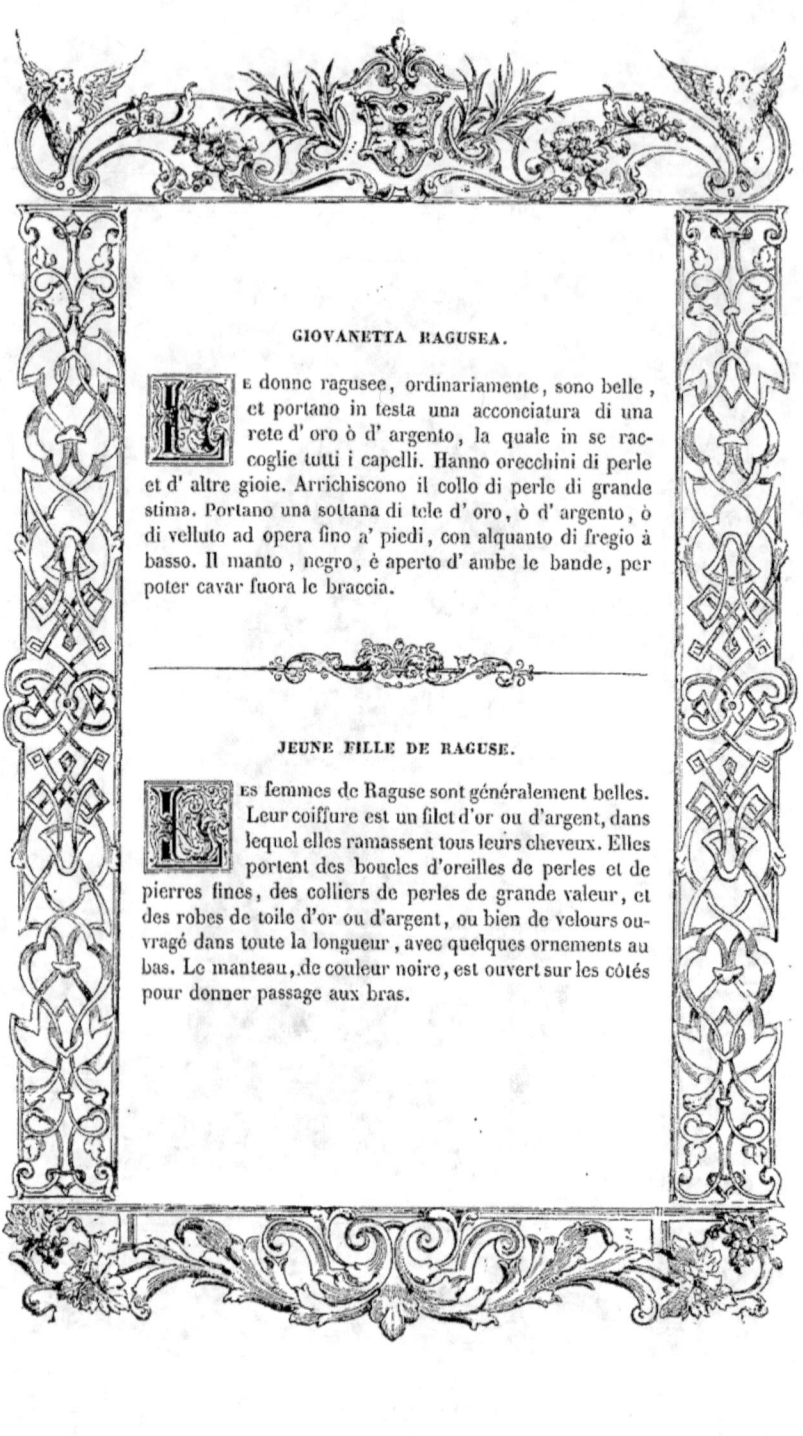

### GIOVANETTA RAGUSEA.

LE donne ragusee, ordinariamente, sono belle, et portano in testa una acconciatura di una rete d'oro ò d'argento, la quale in se raccoglie tutti i capelli. Hanno orecchini di perle et d'altre gioie. Arrichiscono il collo di perle di grande stima. Portano una sottana di tele d'oro, ò d'argento, ò di velluto ad opera fino a' piedi, con alquanto di fregio à basso. Il manto, negro, è aperto d'ambe le bande, per poter cavar fuora le braccia.

### JEUNE FILLE DE RAGUSE.

LES femmes de Raguse sont généralement belles. Leur coiffure est un filet d'or ou d'argent, dans lequel elles ramassent tous leurs cheveux. Elles portent des boucles d'oreilles de perles et de pierres fines, des colliers de perles de grande valeur, et des robes de toile d'or ou d'argent, ou bien de velours ouvragé dans toute la longueur, avec quelques ornements au bas. Le manteau, de couleur noire, est ouvert sur les côtés pour donner passage aux bras.

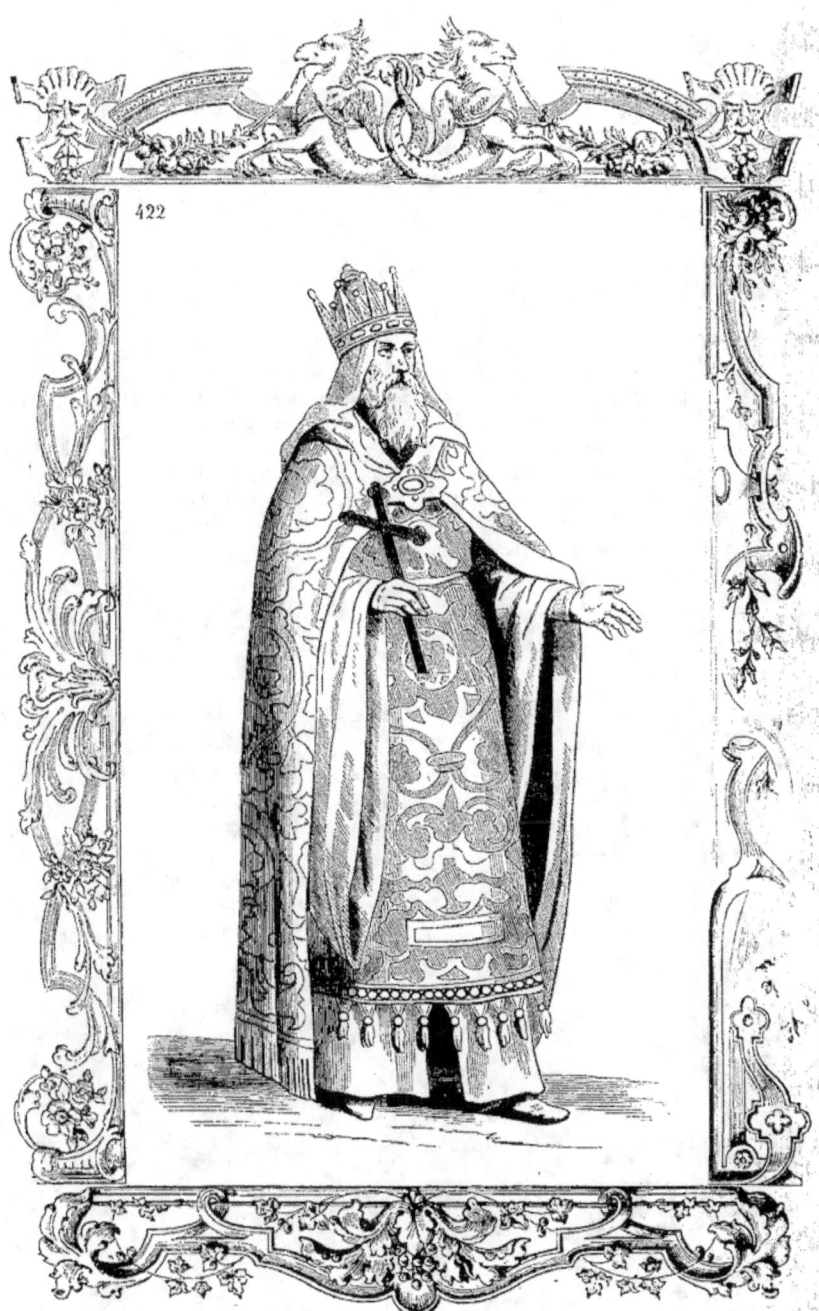

422

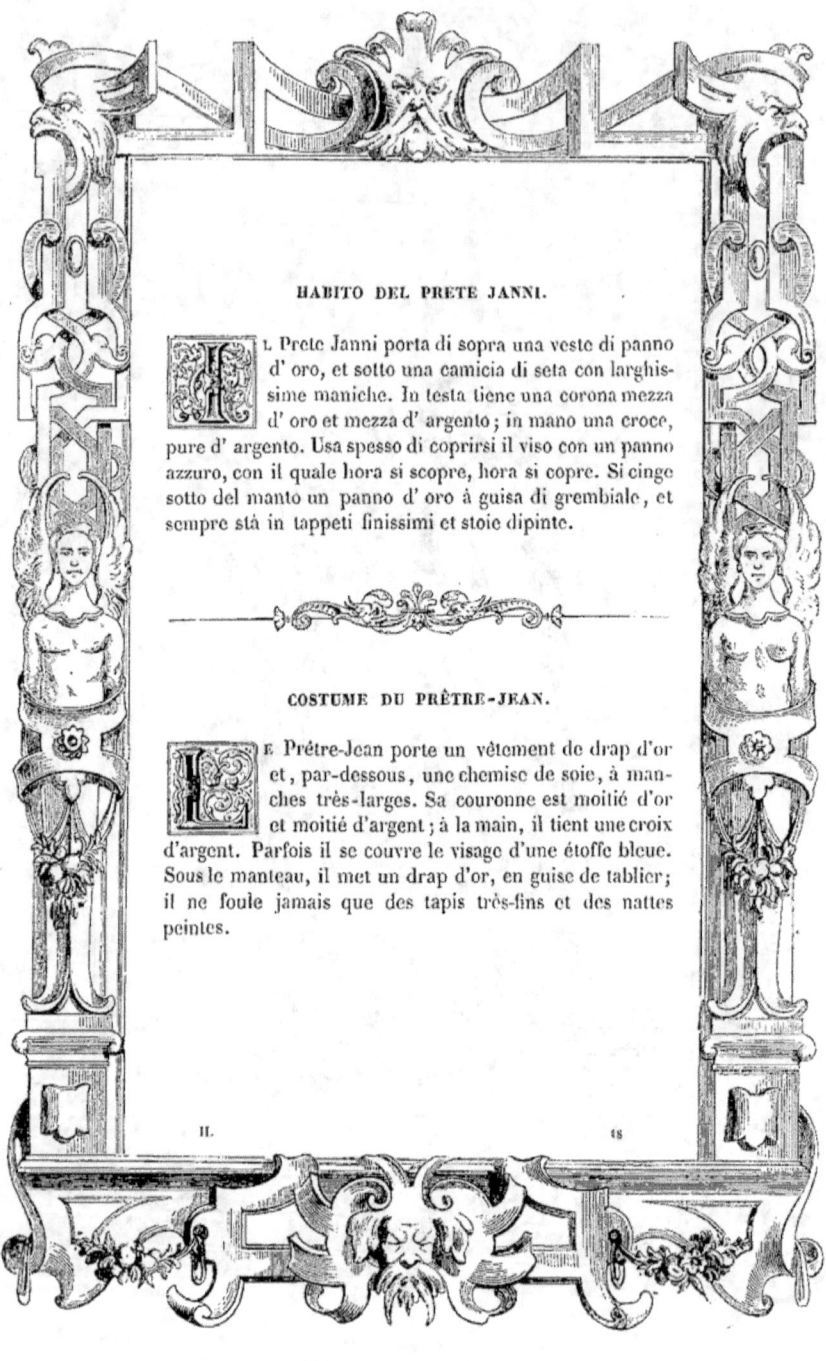

## HABITO DEL PRETE JANNI.

IL Prete Janni porta di sopra una veste di panno d'oro, et sotto una camicia di seta con larghissime maniche. In testa tiene una corona mezza d'oro et mezza d'argento; in mano una croce, pure d'argento. Usa spesso di coprirsi il viso con un panno azzurro, con il quale hora si scopre, hora si copre. Si cinge sotto del manto un panno d'oro à guisa di grembiale, et sempre stá in tappeti finissimi et stoie dipinte.

## COSTUME DU PRÊTRE-JEAN.

LE Prétre-Jean porte un vêtement de drap d'or et, par-dessous, une chemise de soie, à manches très-larges. Sa couronne est moitié d'or et moitié d'argent; à la main, il tient une croix d'argent. Parfois il se couvre le visage d'une étoffe bleue. Sous le manteau, il met un drap d'or, en guise de tablier; il ne foule jamais que des tapis très-fins et des nattes peintes.

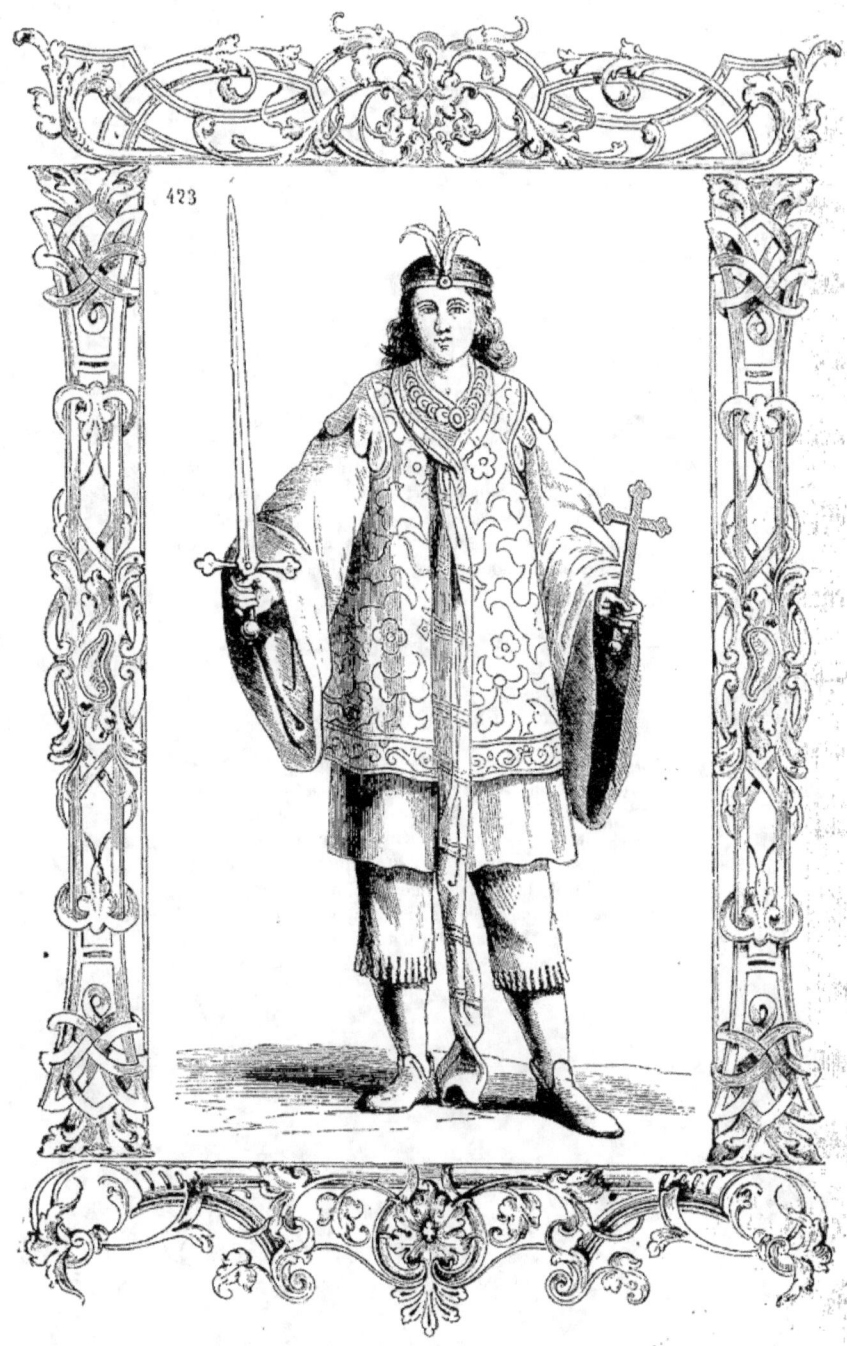

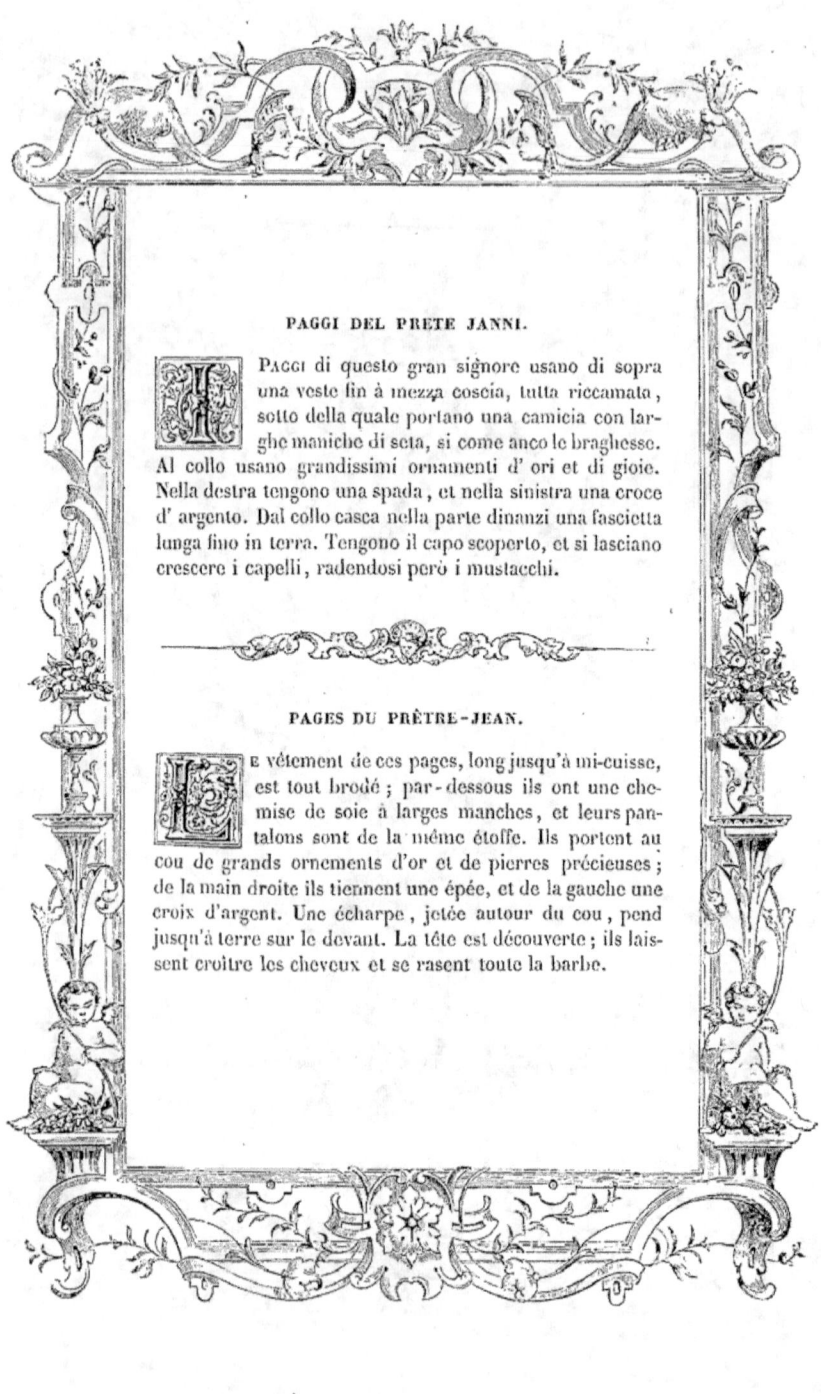

### PAGGI DEL PRETE JANNI.

Paggi di questo gran signore usano di sopra una veste fin à mezza coscia, tutta riccamata, sotto della quale portano una camicia con larghe maniche di seta, si come anco le braghesse. Al collo usano grandissimi ornamenti d' ori et di gioie. Nella destra tengono una spada, et nella sinistra una croce d' argento. Dal collo casca nella parte dinanzi una fascietta lunga fino in terra. Tengono il capo scoperto, et si lasciano crescere i capelli, radendosi però i mustacchi.

### PAGES DU PRÊTRE-JEAN.

Le vêtement de ces pages, long jusqu'à mi-cuisse, est tout brodé; par-dessous ils ont une chemise de soie à larges manches, et leurs pantalons sont de la même étoffe. Ils portent au cou de grands ornements d'or et de pierres précieuses; de la main droite ils tiennent une épée, et de la gauche une croix d'argent. Une écharpe, jetée autour du cou, pend jusqu'à terre sur le devant. La tête est découverte; ils laissent croître les cheveux et se rasent toute la barbe.

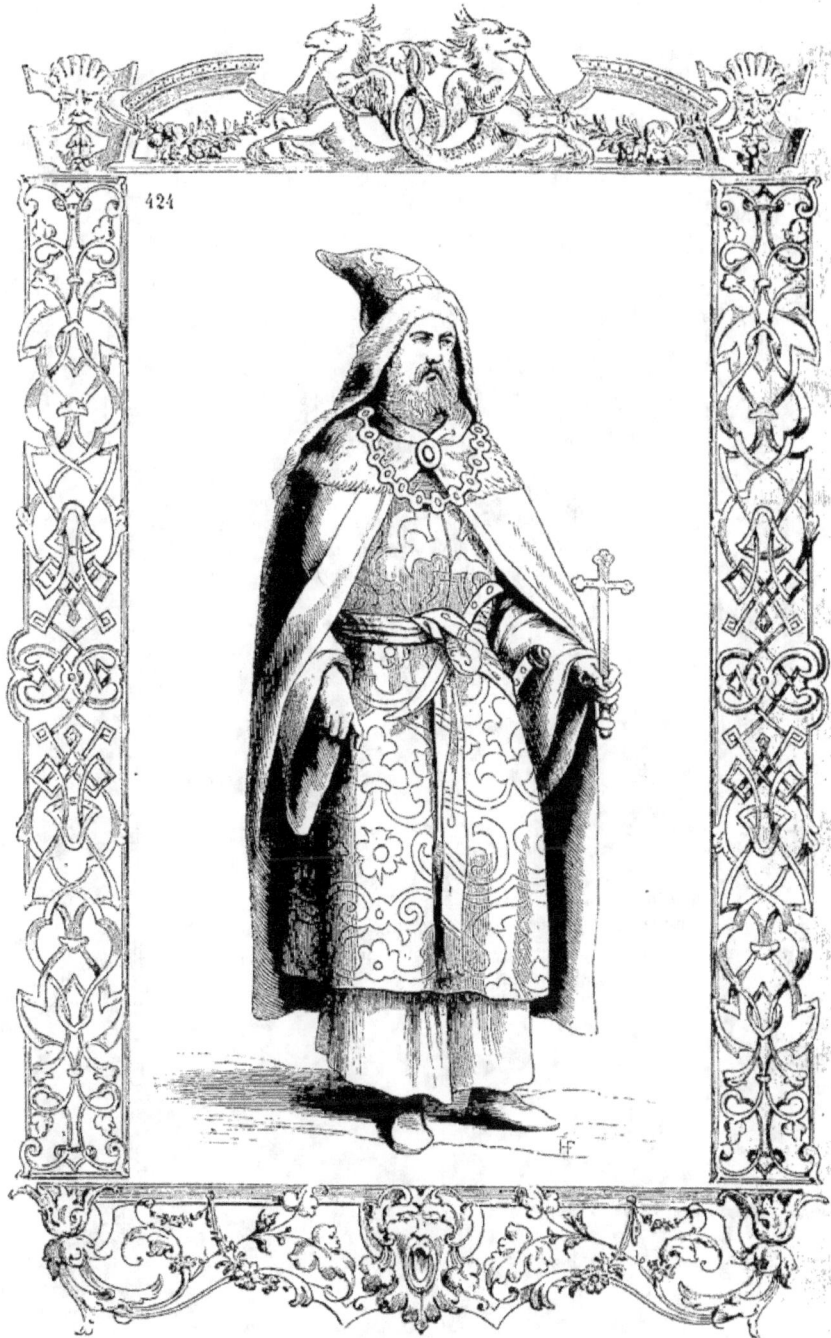

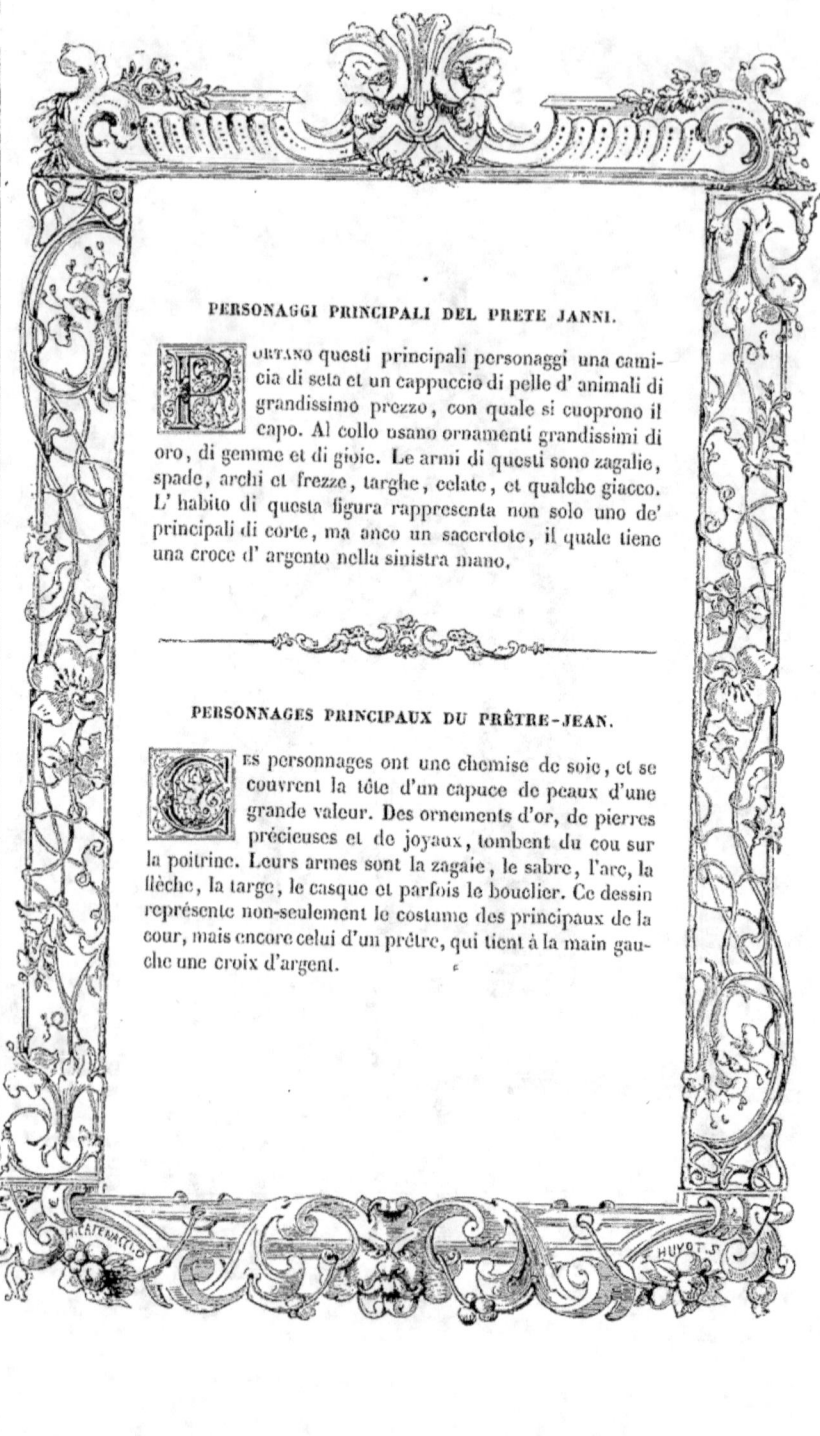

## PERSONAGGI PRINCIPALI DEL PRETE JANNI.

Portano questi principali personaggi una camicia di seta et un cappuccio di pelle d'animali di grandissimo prezzo, con quale si cuoprono il capo. Al collo usano ornamenti grandissimi di oro, di gemme et di gioie. Le armi di questi sono zagalie, spade, archi et frezze, targhe, celate, et qualche giacco. L'habito di questa figura rappresenta non solo uno de' principali di corte, ma anco un sacerdote, il quale tiene una croce d'argento nella sinistra mano.

## PERSONNAGES PRINCIPAUX DU PRÊTRE-JEAN.

Ces personnages ont une chemise de soie, et se couvrent la tête d'un capuce de peaux d'une grande valeur. Des ornements d'or, de pierres précieuses et de joyaux, tombent du cou sur la poitrine. Leurs armes sont la zagaie, le sabre, l'arc, la flèche, la targe, le casque et parfois le bouclier. Ce dessin représente non-seulement le costume des principaux de la cour, mais encore celui d'un prêtre, qui tient à la main gauche une croix d'argent.

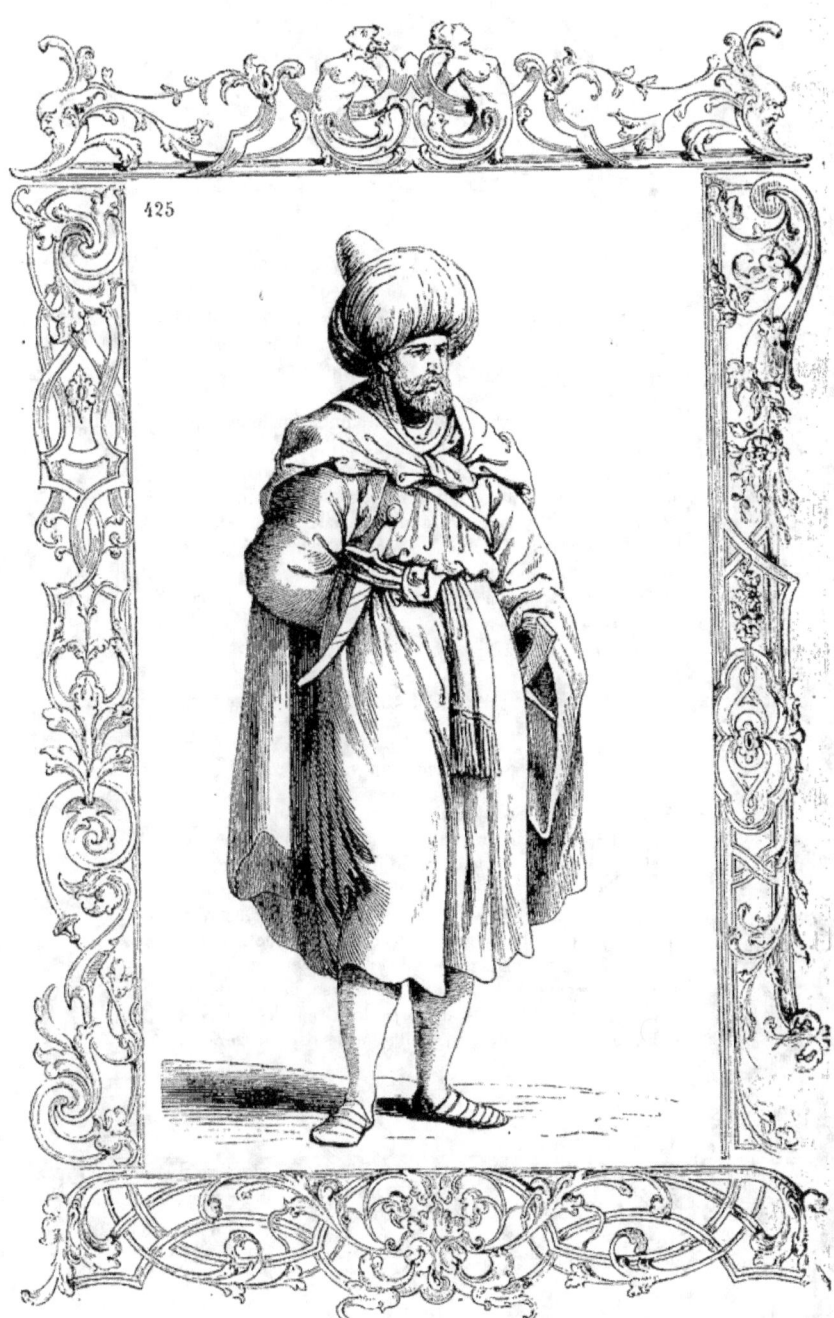

425

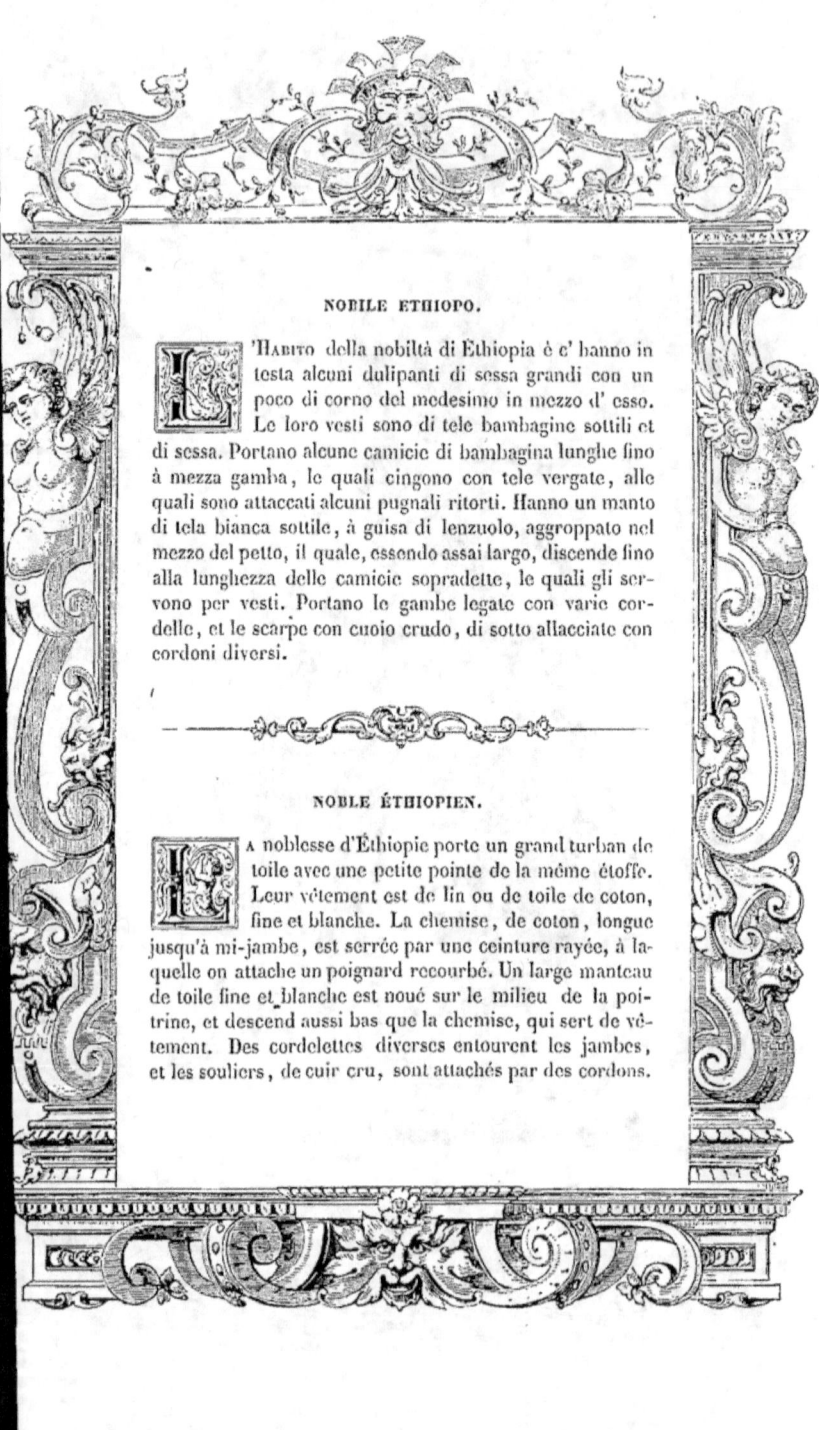

### NOBILE ETHIOPO.

L'Habito della nobiltà di Ethiopia è c' hanno in testa alcuni dulipanti di sessa grandi con un poco di corno del medesimo in mezzo d' esso. Le loro vesti sono di tele bambagine sottili et di sessa. Portano alcune camicie di bambagina lunghe fino à mezza gamba, le quali cingono con tele vergate, alle quali sono attaccati alcuni pugnali ritorti. Hanno un manto di tela bianca sottile, à guisa di lenzuolo, aggroppato nel mezzo del petto, il quale, essendo assai largo, discende fino alla lunghezza delle camicie sopradette, le quali gli servono per vesti. Portano le gambe legate con varie cordelle, et le scarpe con cuoio crudo, di sotto allacciate con cordoni diversi.

### NOBLE ÉTHIOPIEN.

La noblesse d'Éthiopie porte un grand turban de toile avec une petite pointe de la même étoffe. Leur vêtement est de lin ou de toile de coton, fine et blanche. La chemise, de coton, longue jusqu'à mi-jambe, est serrée par une ceinture rayée, à laquelle on attache un poignard recourbé. Un large manteau de toile fine et blanche est noué sur le milieu de la poitrine, et descend aussi bas que la chemise, qui sert de vêtement. Des cordelettes diverses entourent les jambes, et les souliers, de cuir cru, sont attachés par des cordons.

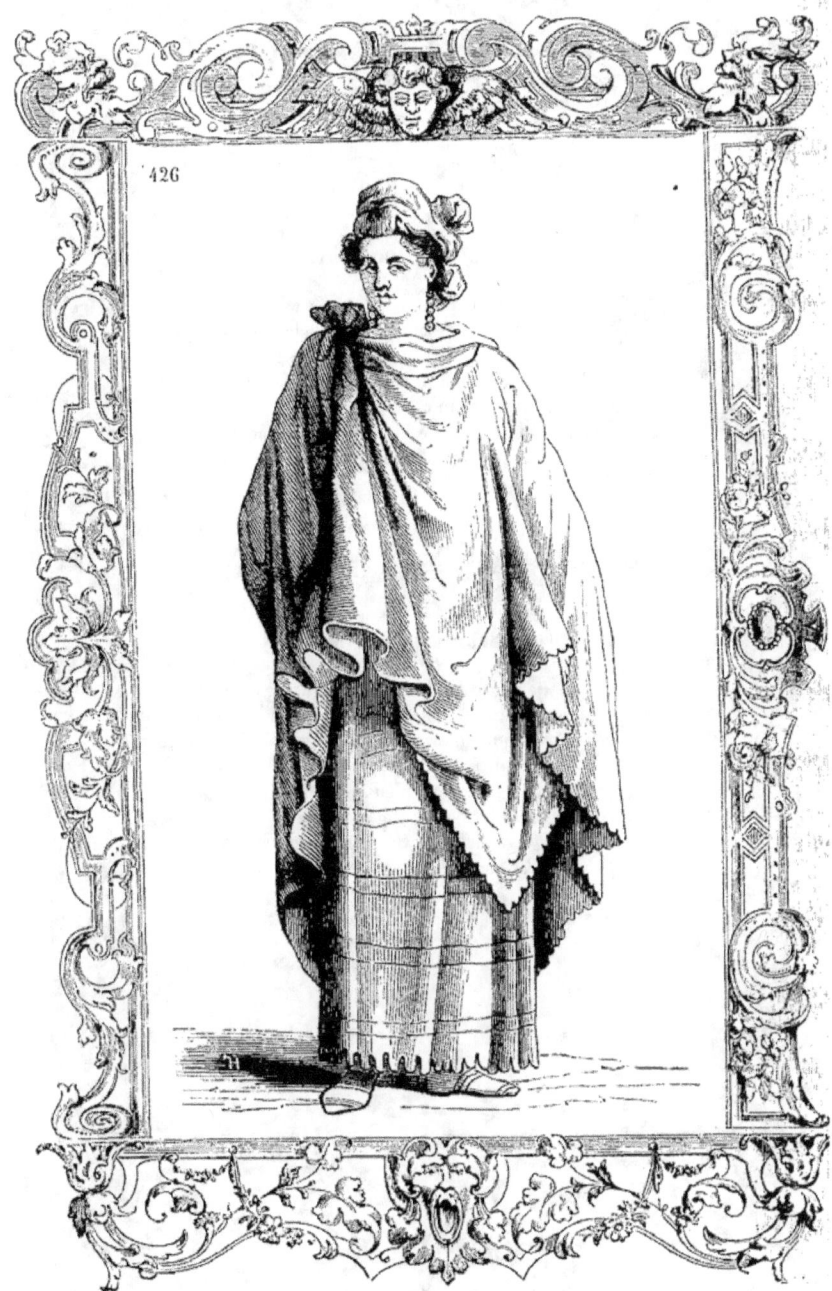

426

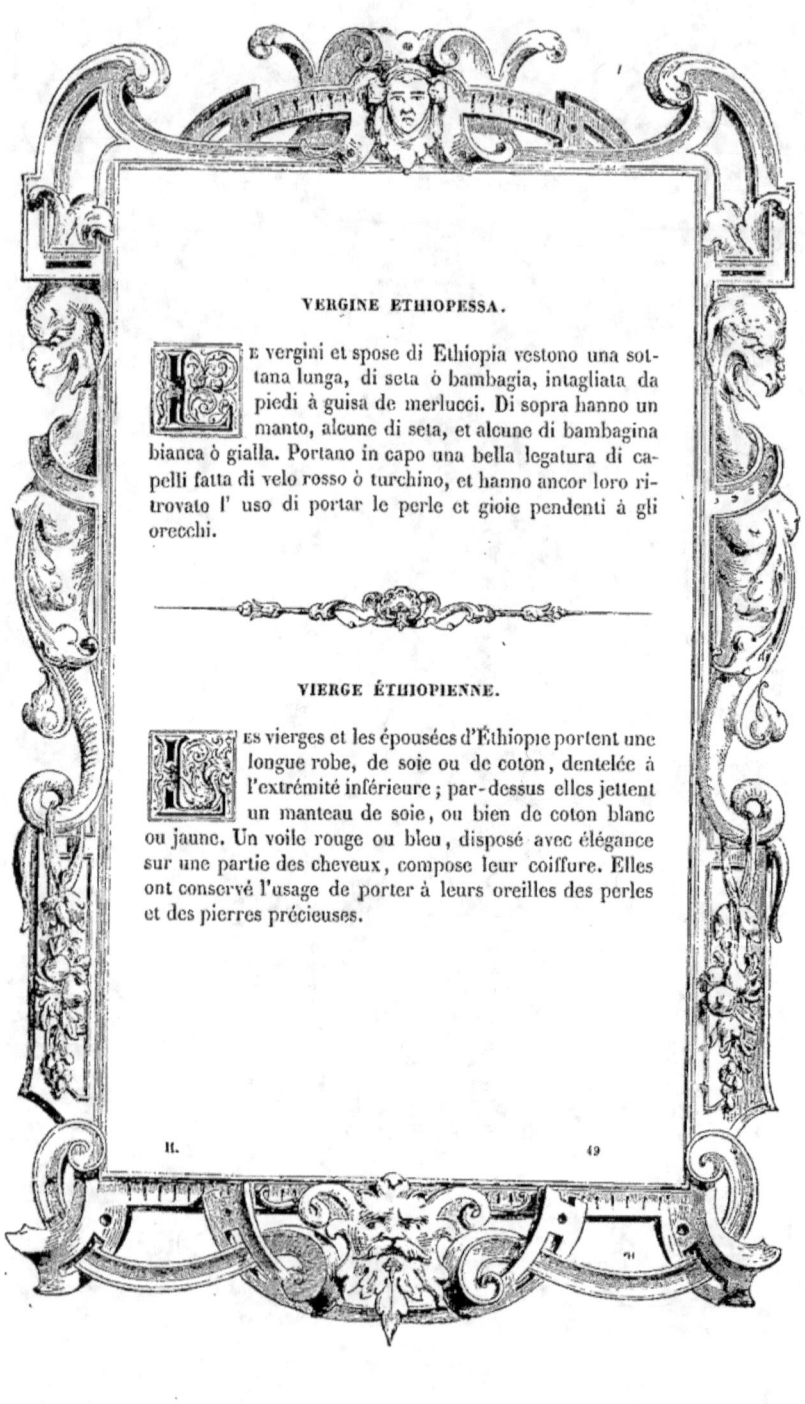

### VERGINE ETHIOPESSA.

E vergini et spose di Ethiopia vestono una sottana lunga, di seta ò bambagia, intagliata da piedi à guisa de merlucci. Di sopra hanno un manto, alcune di seta, et alcune di bambagina bianca ò gialla. Portano in capo una bella legatura di capelli fatta di velo rosso ò turchino, et hanno ancor loro ritrovato l' uso di portar le perle et gioie pendenti à gli orecchi.

### VIERGE ÉTHIOPIENNE.

ES vierges et les épousées d'Éthiopie portent une longue robe, de soie ou de coton, dentelée à l'extrémité inférieure ; par-dessus elles jettent un manteau de soie, ou bien de coton blanc ou jaune. Un voile rouge ou bleu, disposé avec élégance sur une partie des cheveux, compose leur coiffure. Elles ont conservé l'usage de porter à leurs oreilles des perles et des pierres précieuses.

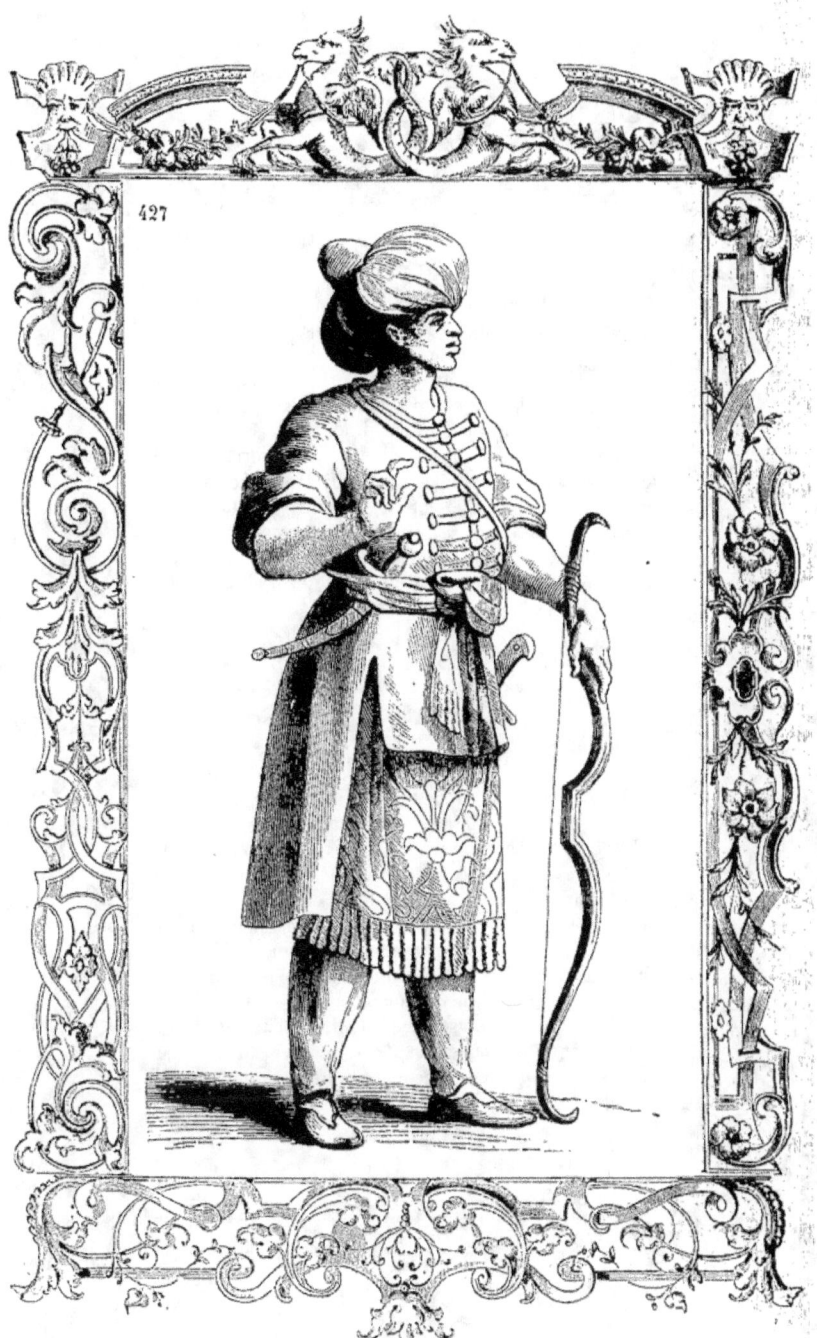

427

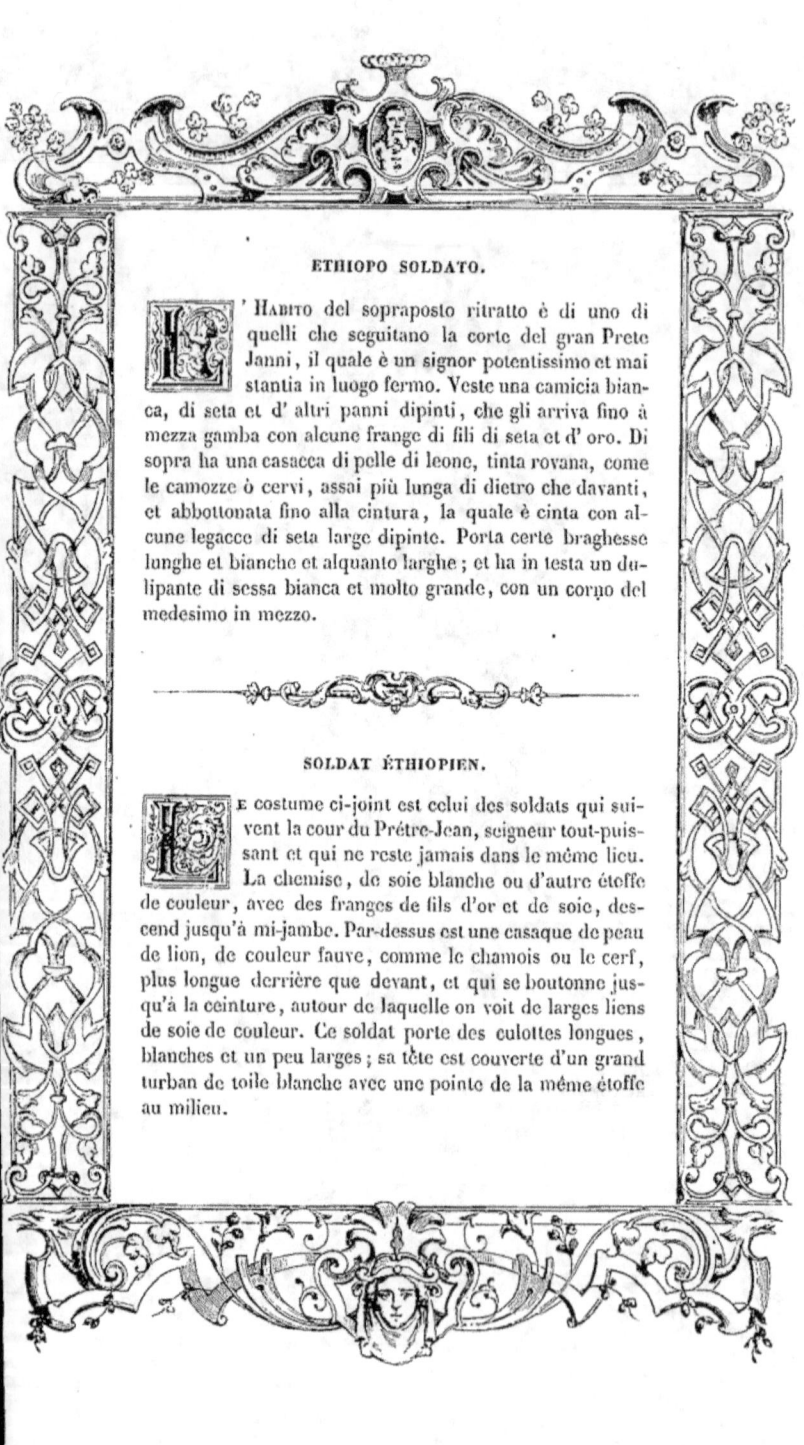

### ETHIOPO SOLDATO.

L' Habito del sopraposto ritratto è di uno di quelli che seguitano la corte del gran Prete Janni, il quale è un signor potentissimo et mai stantia in luogo fermo. Veste una camicia bianca, di seta et d'altri panni dipinti, che gli arriva fino à mezza gamba con alcune frange di fili di seta et d'oro. Di sopra ha una casacca di pelle di leone, tinta rovana, come le camozze ò cervi, assai più lunga di dietro che davanti, et abbottonata fino alla cintura, la quale è cinta con alcune legacce di seta large dipinte. Porta certe braghesse lunghe et bianche et alquanto larghe; et ha in testa un dulipante di sessa bianca et molto grande, con un corno del medesimo in mezzo.

---

### SOLDAT ÉTHIOPIEN.

Le costume ci-joint est celui des soldats qui suivent la cour du Prêtre-Jean, seigneur tout-puissant et qui ne reste jamais dans le même lieu. La chemise, de soie blanche ou d'autre étoffe de couleur, avec des franges de fils d'or et de soie, descend jusqu'à mi-jambe. Par-dessus est une casaque de peau de lion, de couleur fauve, comme le chamois ou le cerf, plus longue derrière que devant, et qui se boutonne jusqu'à la ceinture, autour de laquelle on voit de larges liens de soie de couleur. Ce soldat porte des culottes longues, blanches et un peu larges; sa tête est couverte d'un grand turban de toile blanche avec une pointe de la même étoffe au milieu.

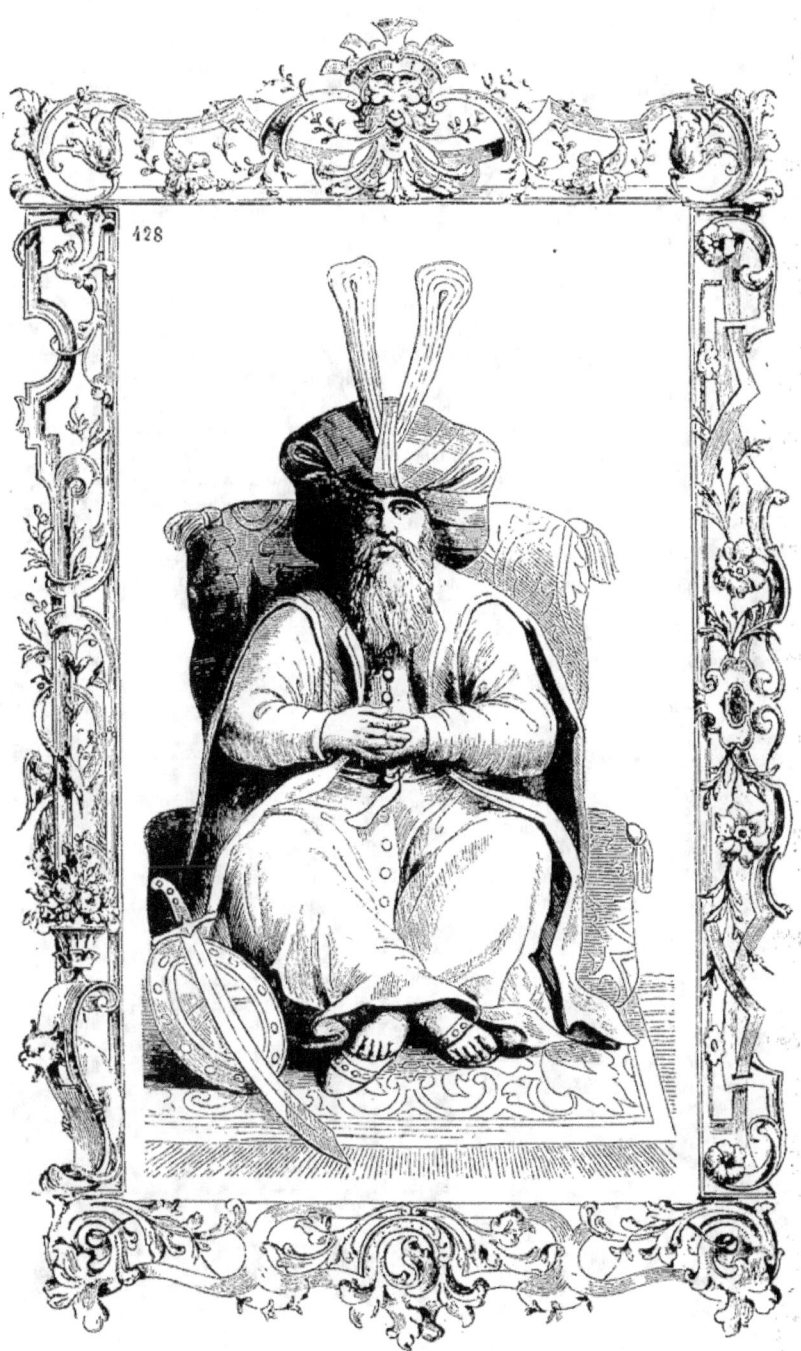

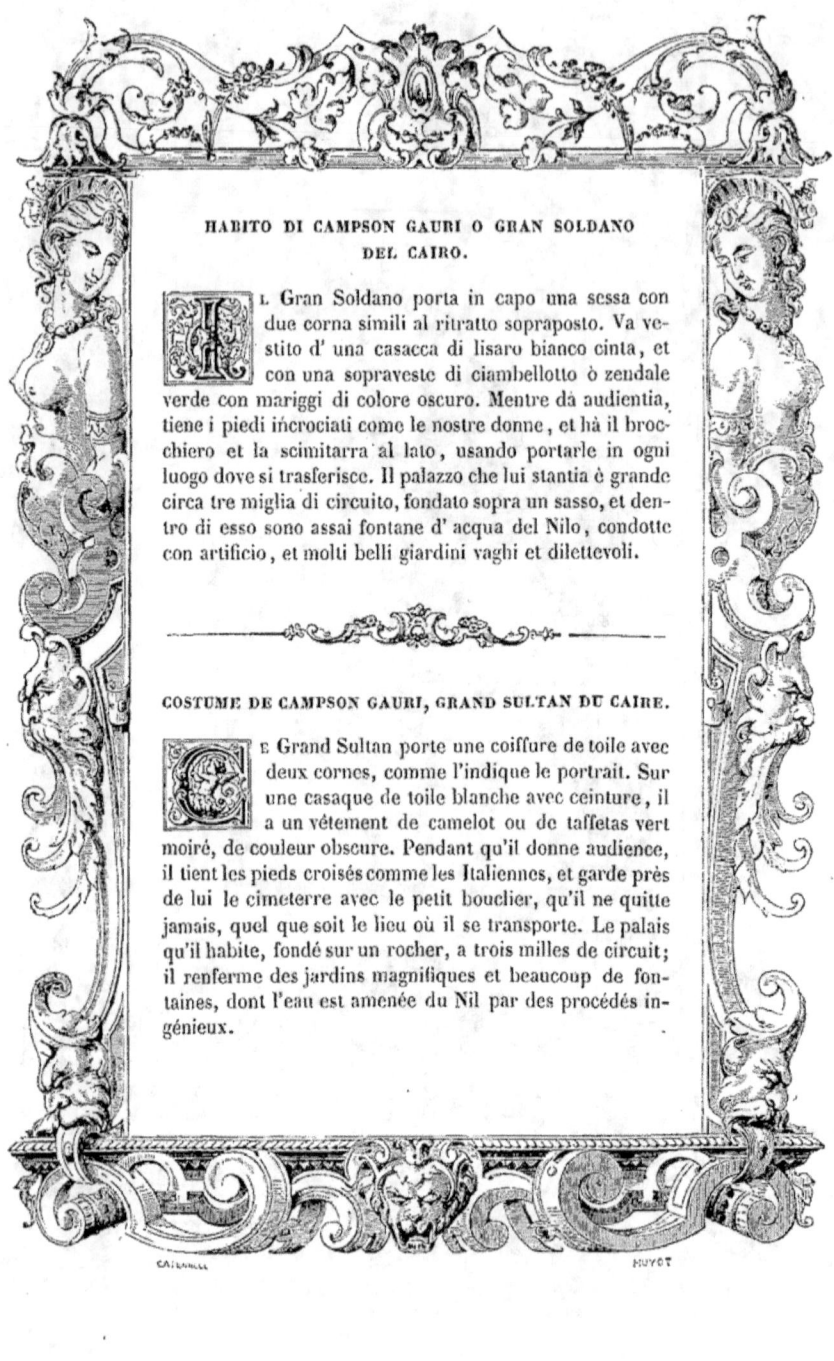

### HABITO DI CAMPSON GAURI O GRAN SOLDANO DEL CAIRO.

IL Gran Soldano porta in capo una sessa con due corna simili al ritratto sopraposto. Va vestito d'una casacca di lisaro bianco cinta, et con una sopraveste di ciambellotto ò zendale verde con mariggi di colore oscuro. Mentre dà audientia, tiene i piedi incrociati come le nostre donne, et hà il brocchiero et la scimitarra al lato, usando portarle in ogni luogo dove si trasferisce. Il palazzo che lui stantia è grande circa tre miglia di circuito, fondato sopra un sasso, et dentro di esso sono assai fontane d'acqua del Nilo, condotte con artificio, et molti belli giardini vaghi et dilettevoli.

### COSTUME DE CAMPSON GAURI, GRAND SULTAN DU CAIRE.

LE Grand Sultan porte une coiffure de toile avec deux cornes, comme l'indique le portrait. Sur une casaque de toile blanche avec ceinture, il a un vêtement de camelot ou de taffetas vert moiré, de couleur obscure. Pendant qu'il donne audience, il tient les pieds croisés comme les Italiennes, et garde près de lui le cimeterre avec le petit bouclier, qu'il ne quitte jamais, quel que soit le lieu où il se transporte. Le palais qu'il habite, fondé sur un rocher, a trois milles de circuit; il renferme des jardins magnifiques et beaucoup de fontaines, dont l'eau est amenée du Nil par des procédés ingénieux.

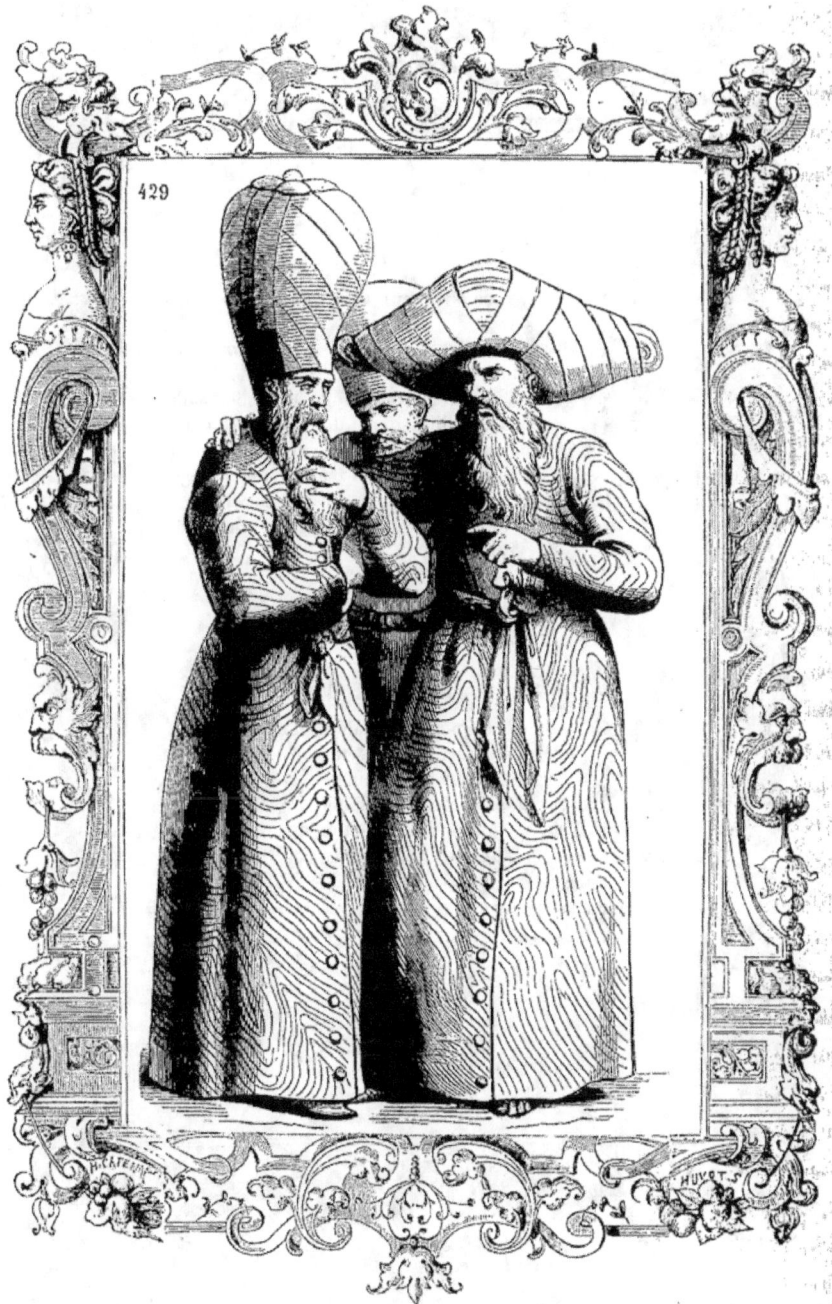

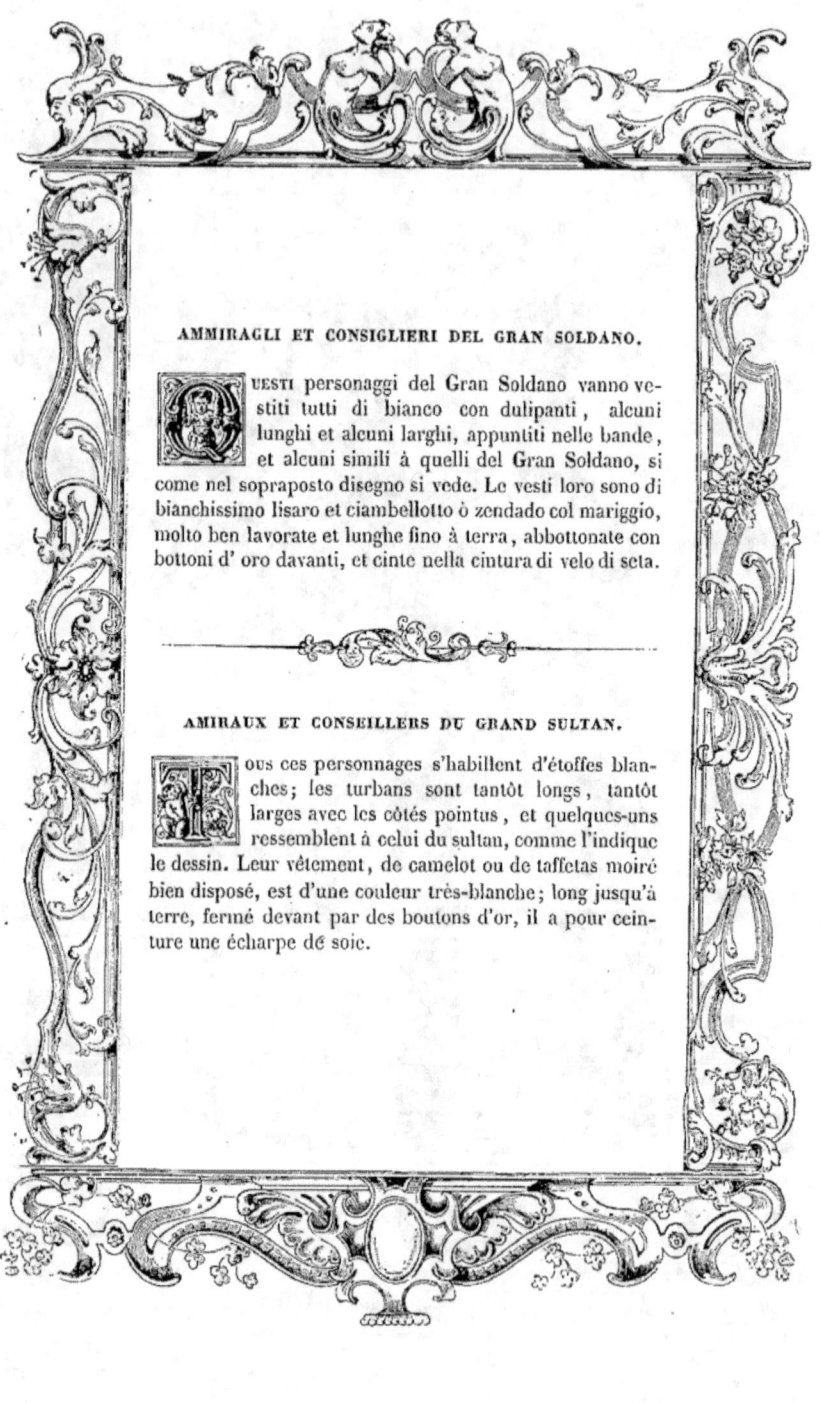

## AMMIRAGLI ET CONSIGLIERI DEL GRAN SOLDANO.

Questi personaggi del Gran Soldano vanno vestiti tutti di bianco con dulipanti, alcuni lunghi et alcuni larghi, appuntiti nelle bande, et alcuni simili à quelli del Gran Soldano, si come nel sopraposto disegno si vede. Le vesti loro sono di bianchissimo lisaro et ciambellotto ò zendado col mariggio, molto ben lavorate et lunghe fino à terra, abbottonate con bottoni d' oro davanti, et cinte nella cintura di velo di seta.

## AMIRAUX ET CONSEILLERS DU GRAND SULTAN.

Tous ces personnages s'habillent d'étoffes blanches; les turbans sont tantôt longs, tantôt larges avec les côtés pointus, et quelques-uns ressemblent à celui du sultan, comme l'indique le dessin. Leur vêtement, de camelot ou de taffetas moiré bien disposé, est d'une couleur très-blanche; long jusqu'à terre, fermé devant par des boutons d'or, il a pour ceinture une écharpe de soie.

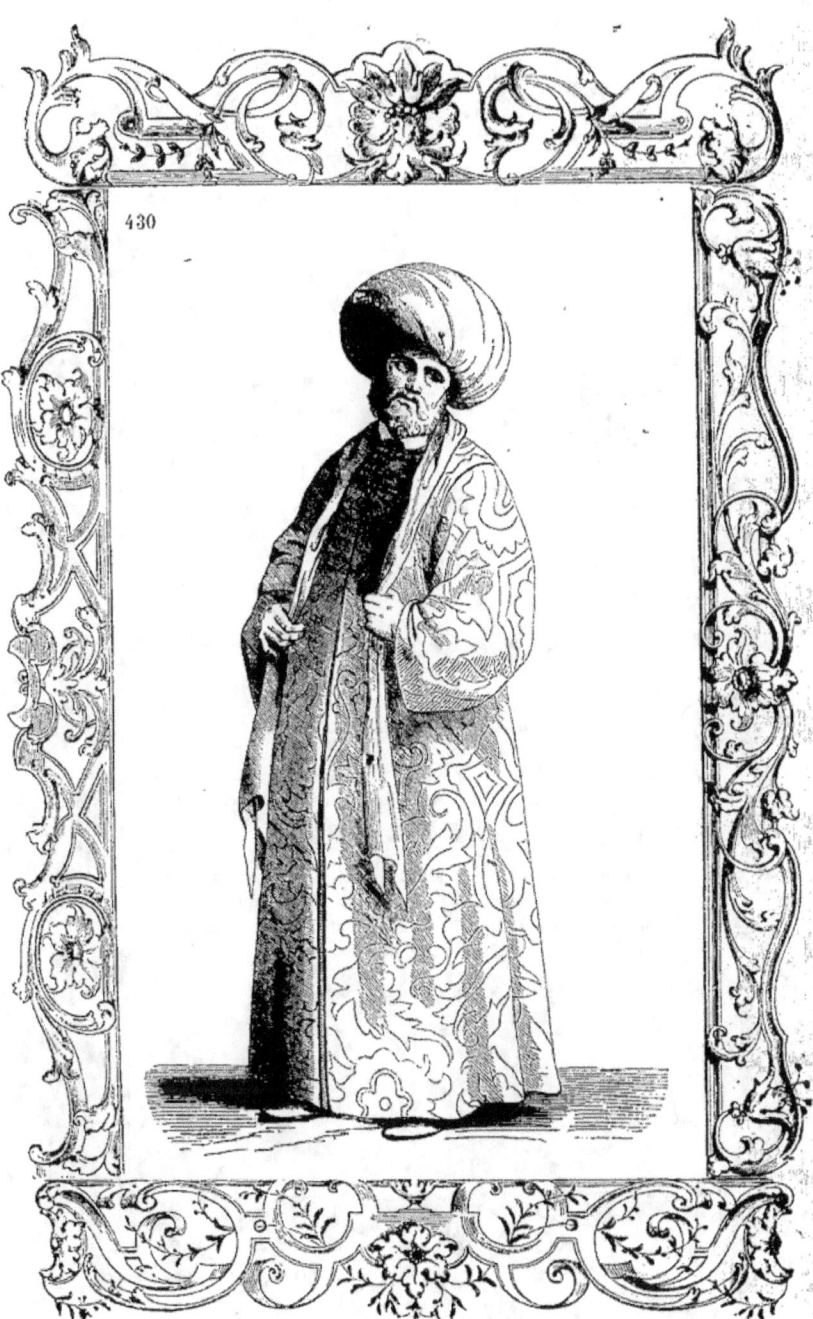
430

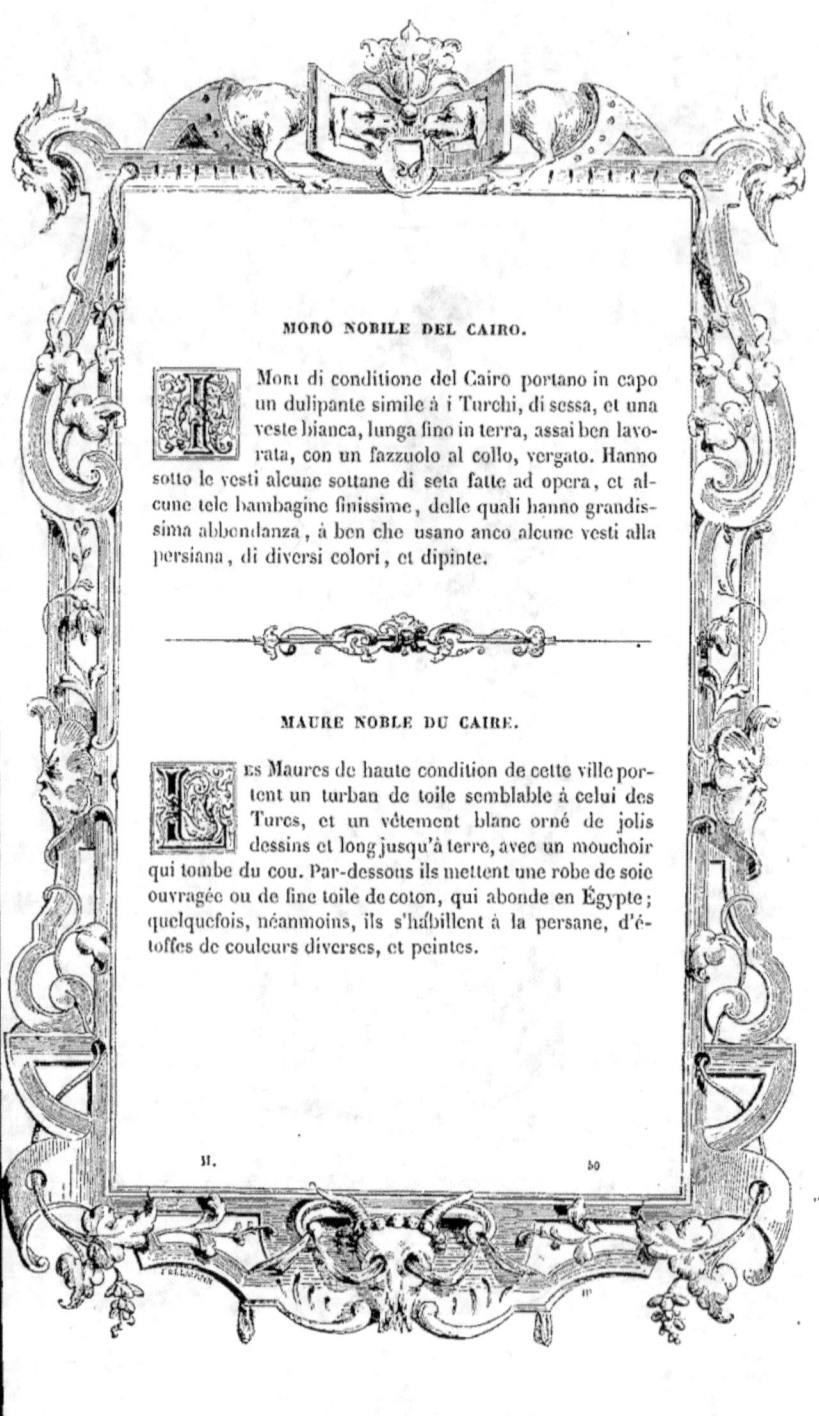

## MORO NOBILE DEL CAIRO.

Mori di conditione del Cairo portano in capo un dulipante simile à i Turchi, di sessa, et una veste bianca, lunga fino in terra, assai ben lavorata, con un fazzuolo al collo, vergato. Hanno sotto le vesti alcune sottane di seta fatte ad opera, et alcune tele bambagine finissime, delle quali hanno grandissima abbondanza, à ben che usano anco alcune vesti alla persiana, di diversi colori, et dipinte.

## MAURE NOBLE DU CAIRE.

Les Maures de haute condition de cette ville portent un turban de toile semblable à celui des Turcs, et un vêtement blanc orné de jolis dessins et long jusqu'à terre, avec un mouchoir qui tombe du cou. Par-dessous ils mettent une robe de soie ouvragée ou de fine toile de coton, qui abonde en Égypte; quelquefois, néanmoins, ils s'habillent à la persane, d'étoffes de couleurs diverses, et peintes.

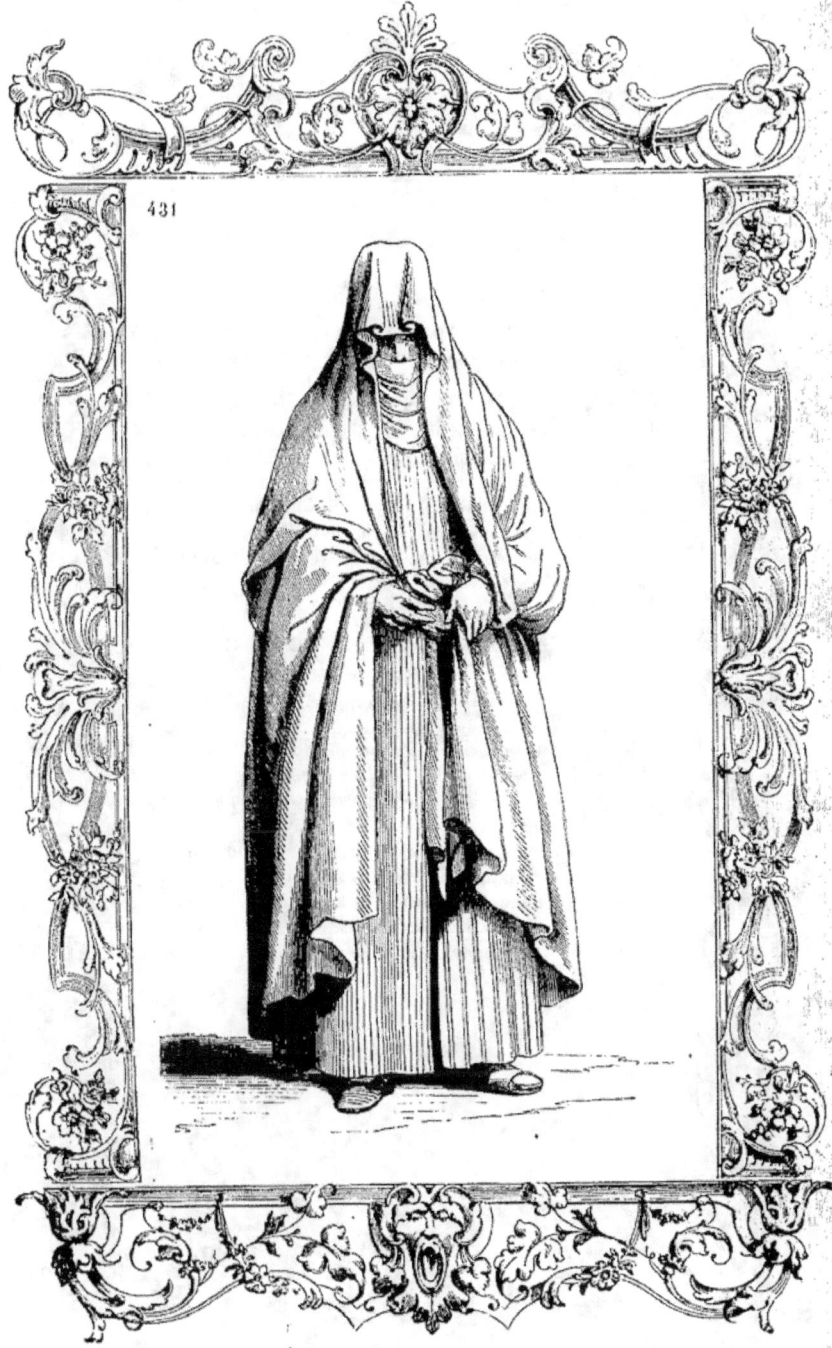

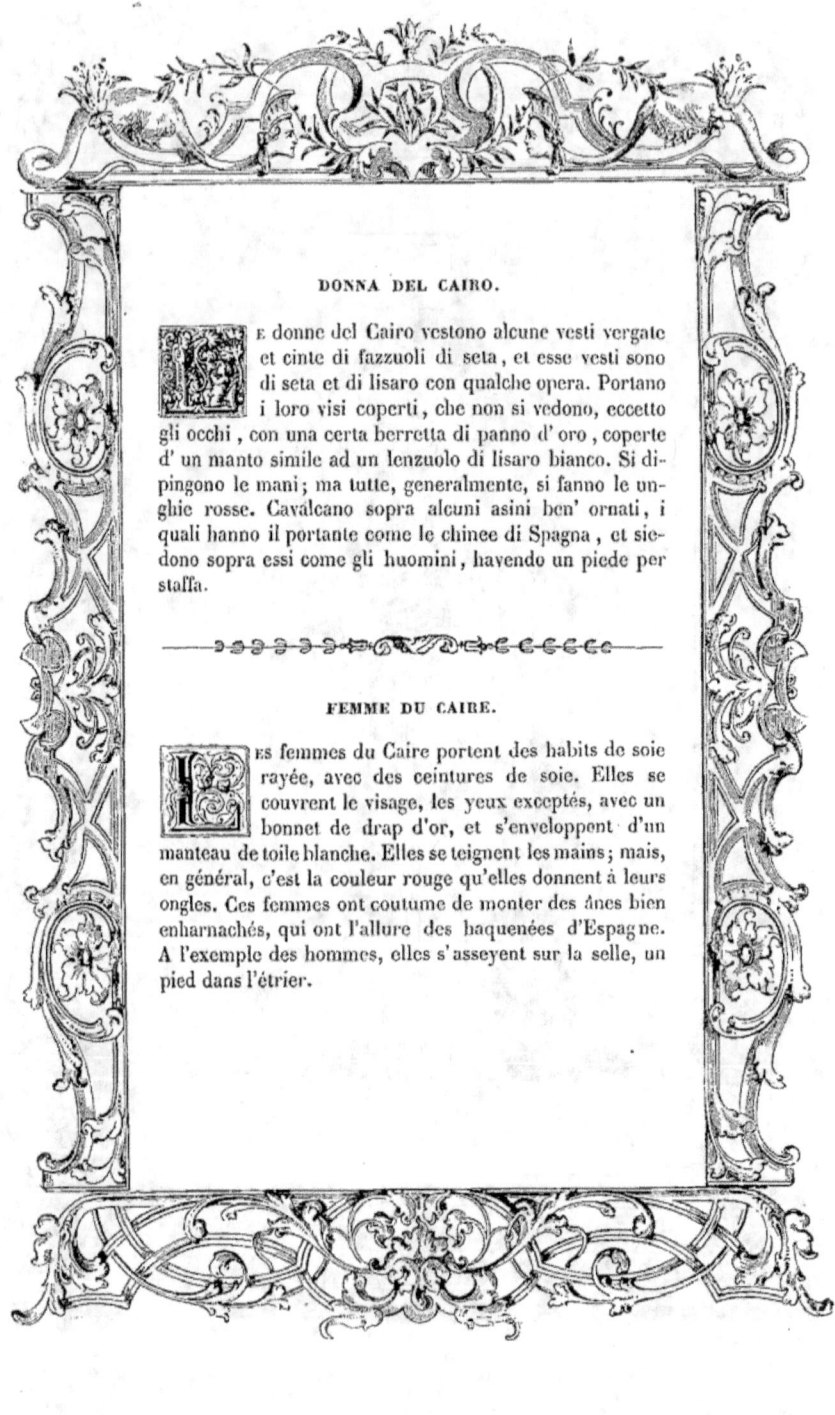

### DONNA DEL CAIRO.

E donne del Cairo vestono alcune vesti vergate et cinte di fazzuoli di seta, et esse vesti sono di seta et di lisaro con qualche opera. Portano i loro visi coperti, che non si vedono, eccetto gli occhi, con una certa berretta di panno d'oro, coperte d'un manto simile ad un lenzuolo di lisaro bianco. Si dipingono le mani; ma tutte, generalmente, si fanno le unghie rosse. Cavalcano sopra alcuni asini ben' ornati, i quali hanno il portante come le chinee di Spagna, et siedono sopra essi come gli huomini, havendo un piede per staffa.

### FEMME DU CAIRE.

LES femmes du Caire portent des habits de soie rayée, avec des ceintures de soie. Elles se couvrent le visage, les yeux exceptés, avec un bonnet de drap d'or, et s'enveloppent d'un manteau de toile blanche. Elles se teignent les mains; mais, en général, c'est la couleur rouge qu'elles donnent à leurs ongles. Ces femmes ont coutume de monter des ânes bien enharnachés, qui ont l'allure des haquenées d'Espagne. A l'exemple des hommes, elles s'asseyent sur la selle, un pied dans l'étrier.

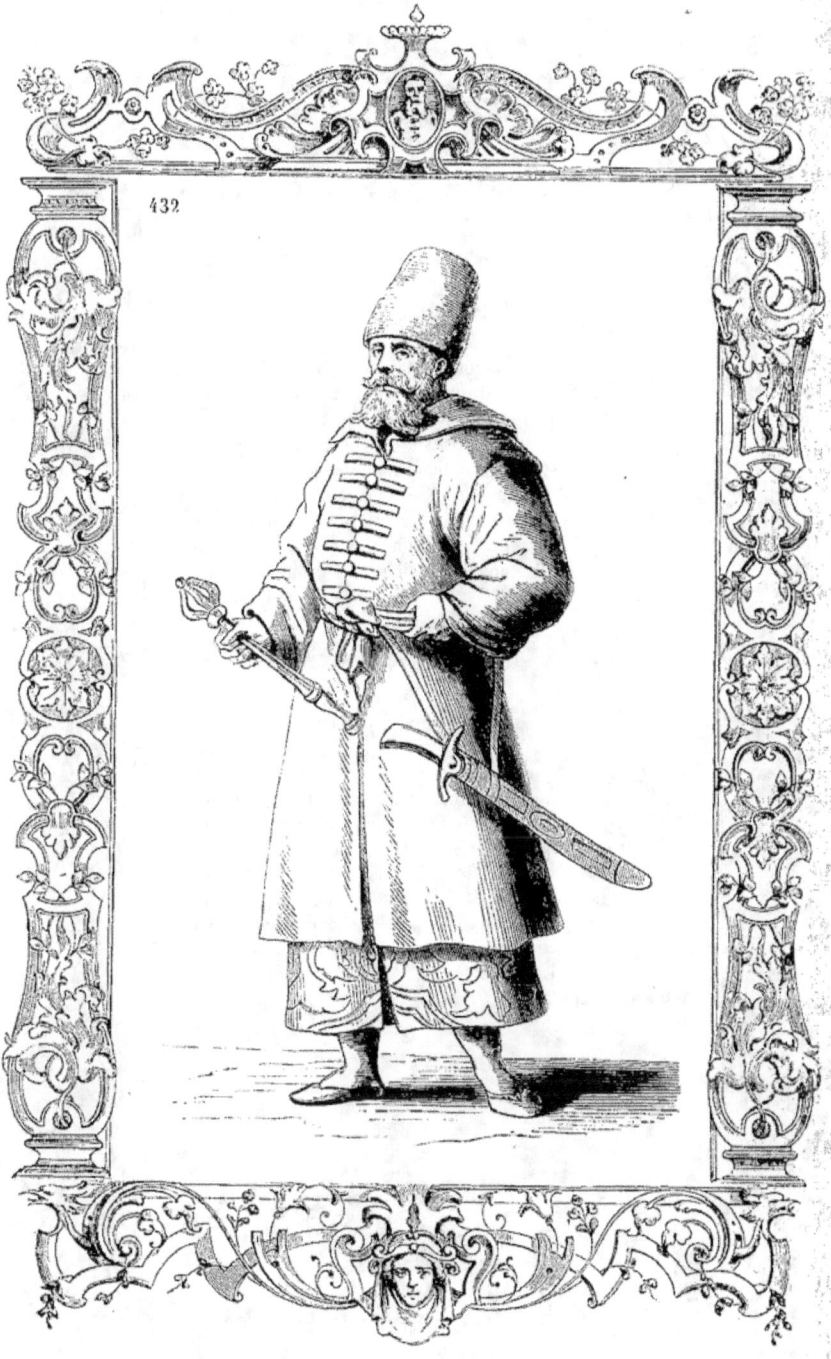

432

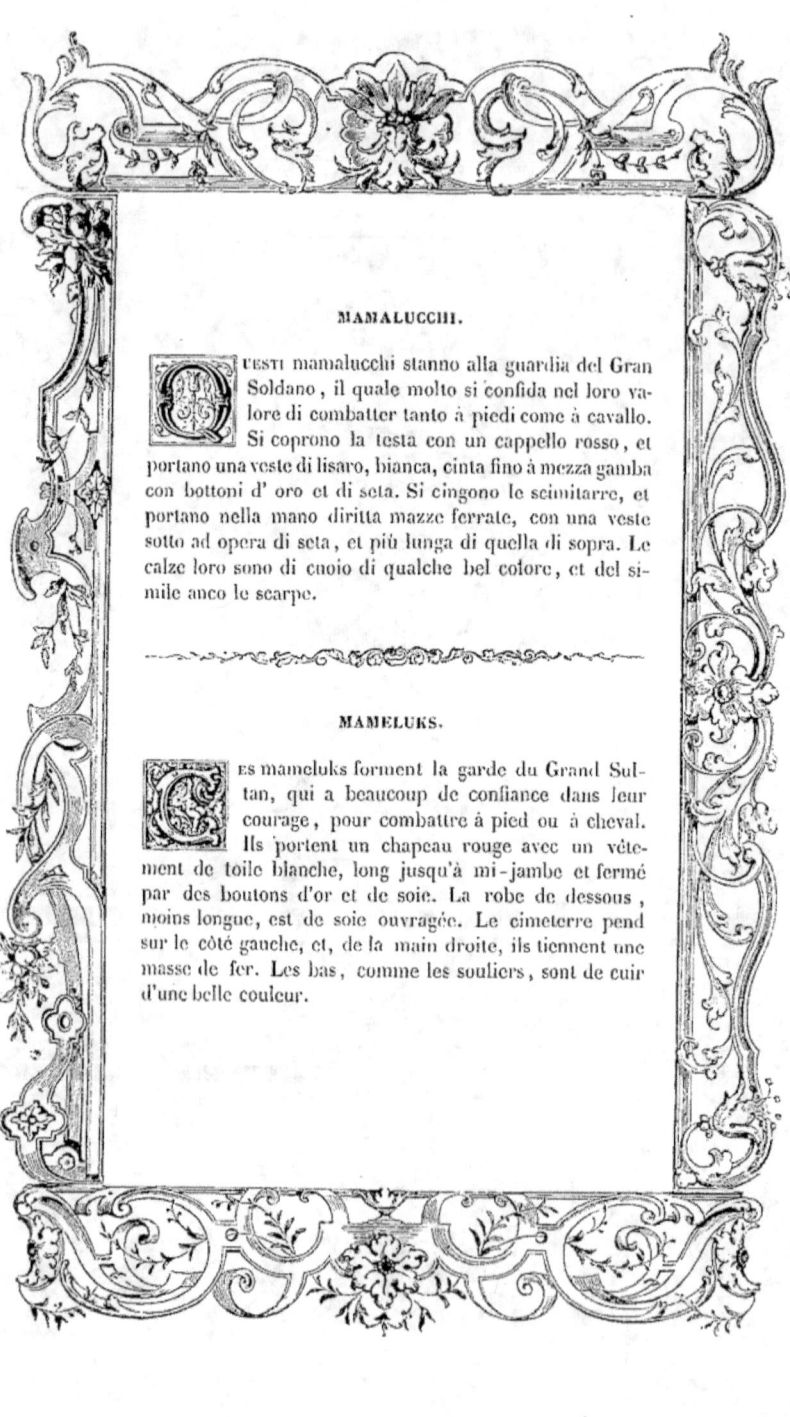

### MAMALUCCHI.

Questi mamalucchi stanno alla guardia del Gran Soldano, il quale molto si confida nel loro valore di combatter tanto à piedi come à cavallo. Si coprono la testa con un cappello rosso, et portano una veste di lisaro, bianca, cinta fino à mezza gamba con bottoni d'oro et di seta. Si cingono le scimitarre, et portano nella mano diritta mazze ferrate, con una veste sotto ad opera di seta, et più lunga di quella di sopra. Le calze loro sono di cuoio di qualche bel colore, et del simile anco le scarpe.

### MAMELUKS.

Les mameluks forment la garde du Grand Sultan, qui a beaucoup de confiance dans leur courage, pour combattre à pied ou à cheval. Ils portent un chapeau rouge avec un vêtement de toile blanche, long jusqu'à mi-jambe et fermé par des boutons d'or et de soie. La robe de dessous, moins longue, est de soie ouvragée. Le cimeterre pend sur le côté gauche, et, de la main droite, ils tiennent une masse de fer. Les bas, comme les souliers, sont de cuir d'une belle couleur.

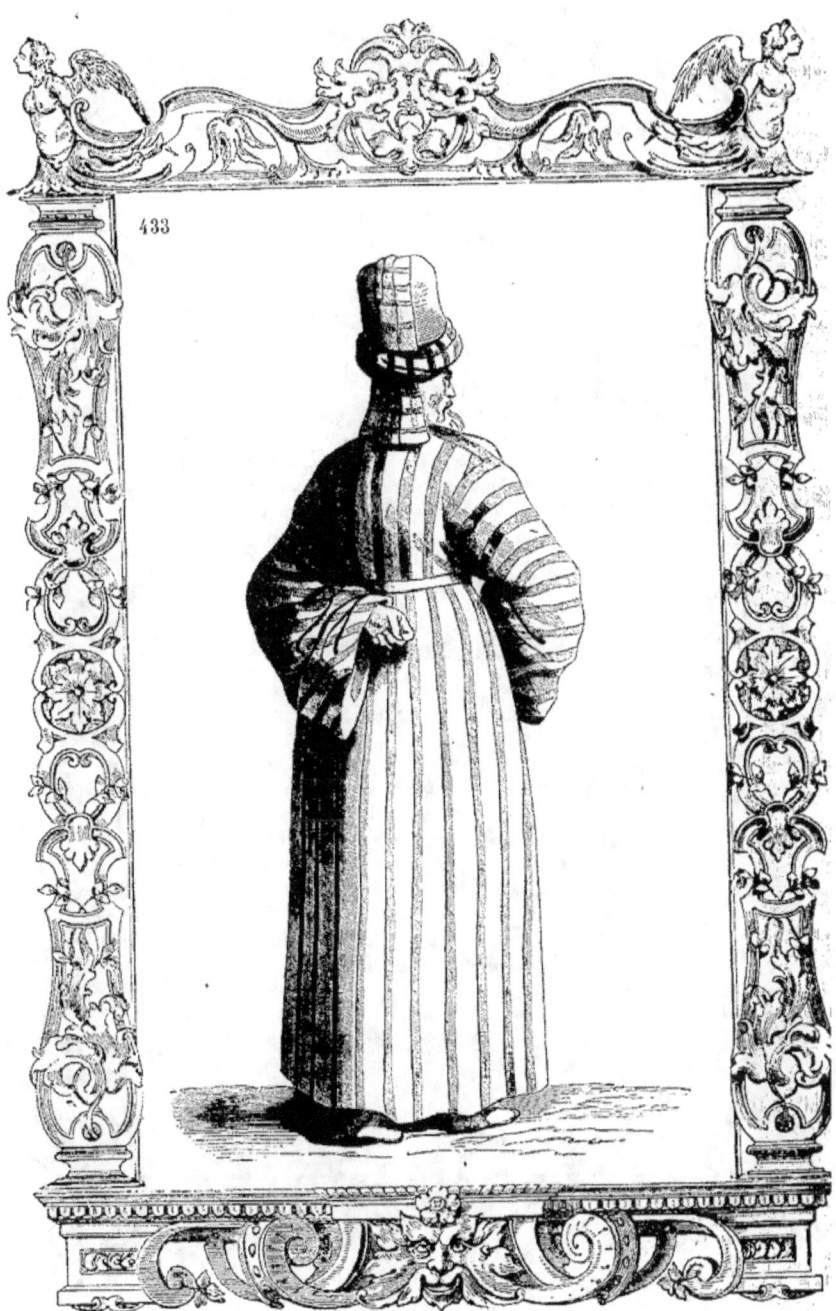

433

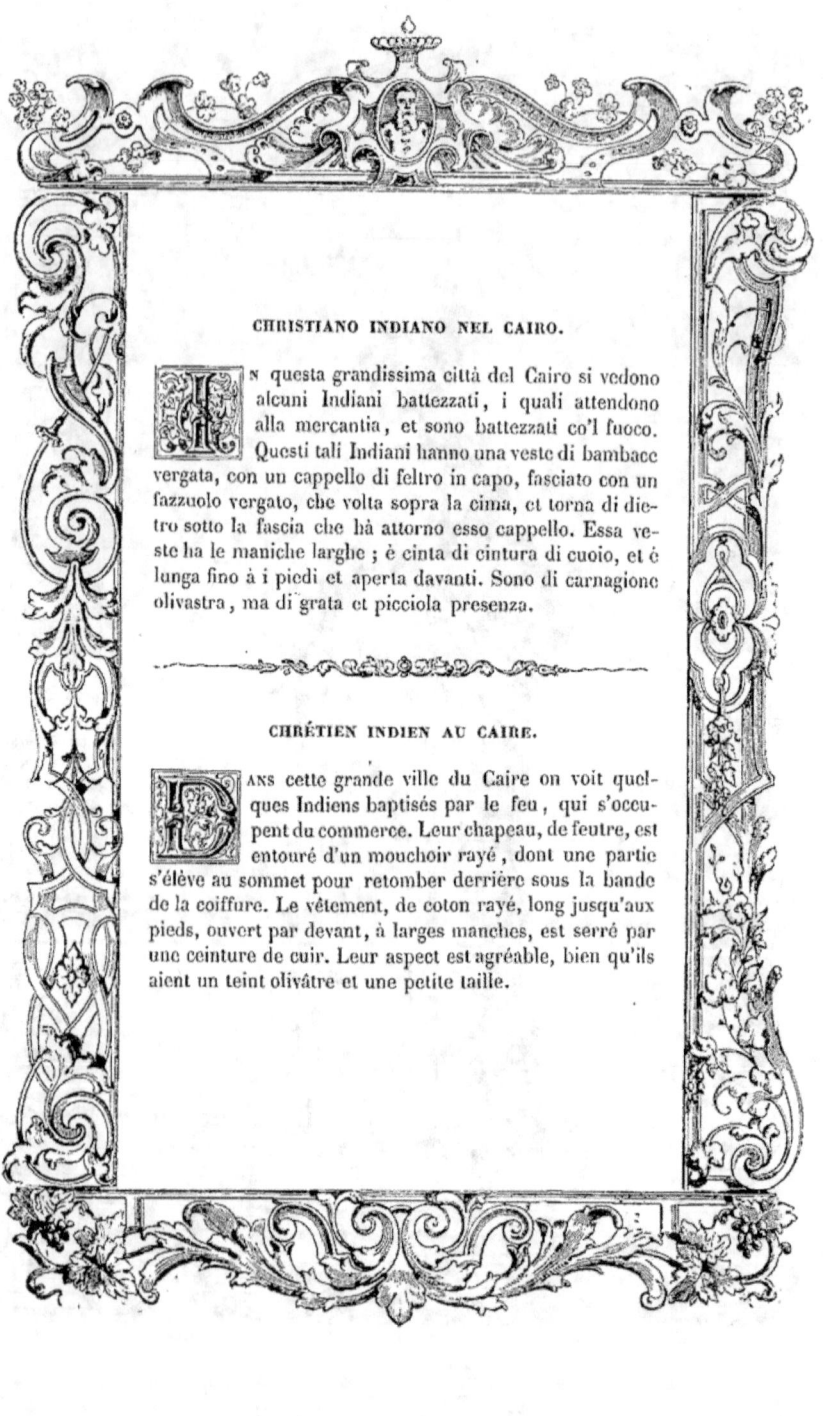

### CHRISTIANO INDIANO NEL CAIRO.

IN questa grandissima città del Cairo si vedono alcuni Indiani battezzati, i quali attendono alla mercantia, et sono battezzati co'l fuoco. Questi tali Indiani hanno una veste di bambace vergata, con un cappello di feltro in capo, fasciato con un fazzuolo vergato, che volta sopra la cima, et torna di dietro sotto la fascia che hà attorno esso cappello. Essa veste ha le maniche larghe ; è cinta di cintura di cuoio, et è lunga fino à i piedi et aperta davanti. Sono di carnagione olivastra, ma di grata et picciola presenza.

### CHRÉTIEN INDIEN AU CAIRE.

DANS cette grande ville du Caire on voit quelques Indiens baptisés par le feu, qui s'occupent du commerce. Leur chapeau, de feutre, est entouré d'un mouchoir rayé, dont une partie s'élève au sommet pour retomber derrière sous la bande de la coiffure. Le vêtement, de coton rayé, long jusqu'aux pieds, ouvert par devant, à larges manches, est serré par une ceinture de cuir. Leur aspect est agréable, bien qu'ils aient un teint olivâtre et une petite taille.

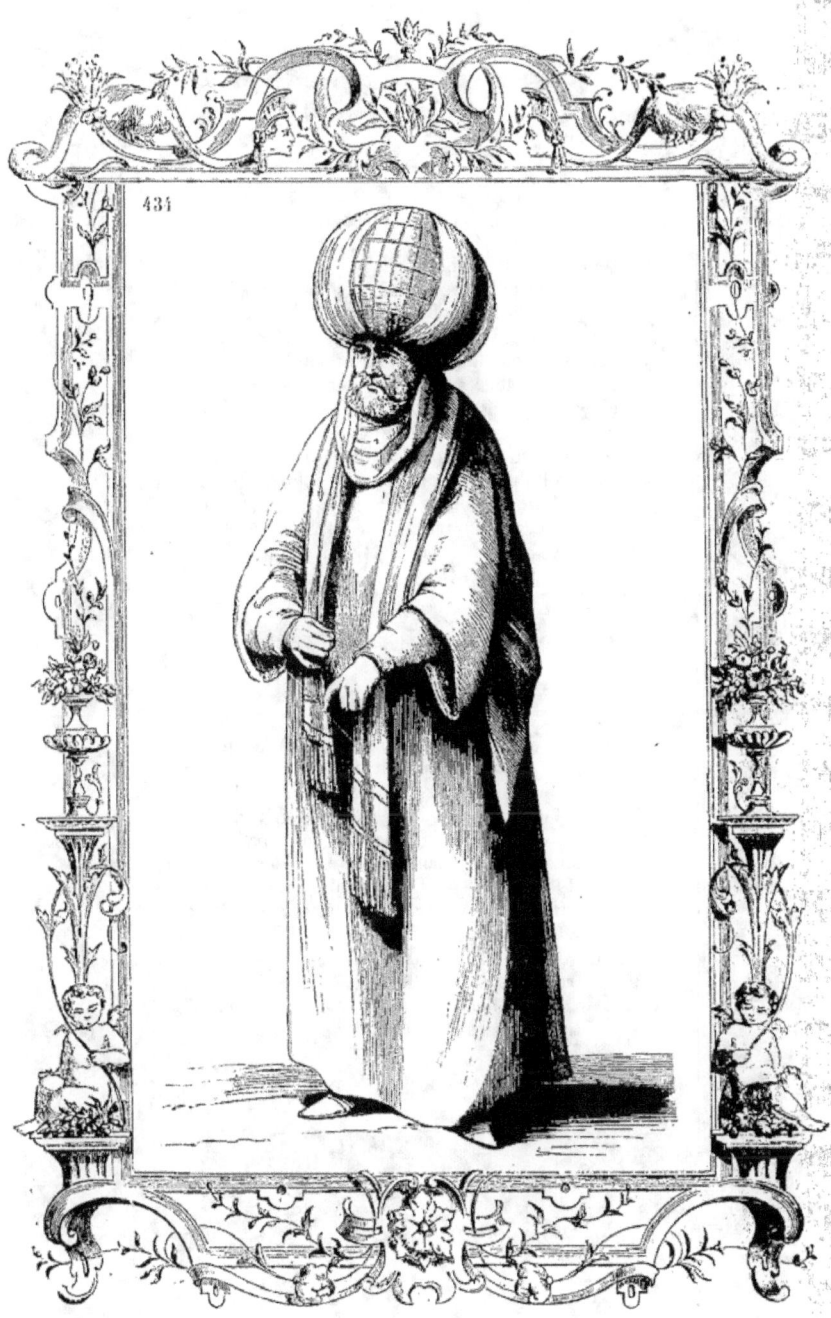

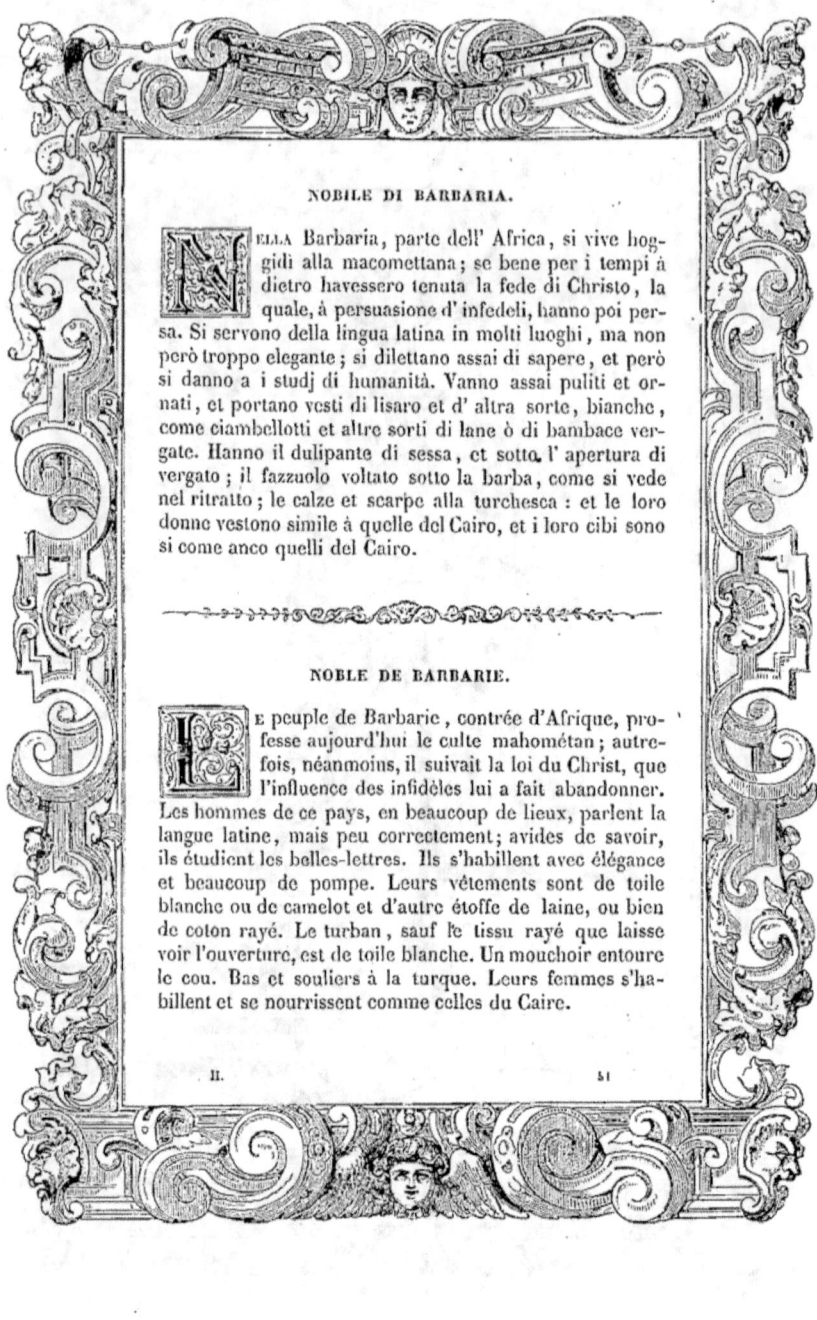

## NOBILE DI BARBARIA.

Nella Barbaria, parte dell' Africa, si vive hoggidì alla macomettana; se bene per i tempi à dietro havessero tenuta la fede di Christo, la quale, à persuasione d' infedeli, hanno poi persa. Si servono della lingua latina in molti luoghi, ma non però troppo elegante; si dilettano assai di sapere, et però si danno a i studj di humanità. Vanno assai puliti et ornati, et portano vesti di lisaro et d' altra sorte, bianche, come ciambellotti et altre sorti di lane ò di bambace vergate. Hanno il dulipante di sessa, et sotto l' apertura di vergato; il fazzuolo voltato sotto la barba, come si vede nel ritratto; le calze et scarpe alla turchesca : et le loro donne vestono simile à quelle del Cairo, e i loro cibi sono sì come anco quelli del Cairo.

## NOBLE DE BARBARIE.

Le peuple de Barbarie, contrée d'Afrique, professe aujourd'hui le culte mahométan; autrefois, néanmoins, il suivait la loi du Christ, que l'influence des infidèles lui a fait abandonner. Les hommes de ce pays, en beaucoup de lieux, parlent la langue latine, mais peu correctement; avides de savoir, ils étudient les belles-lettres. Ils s'habillent avec élégance et beaucoup de pompe. Leurs vêtements sont de toile blanche ou de camelot et d'autre étoffe de laine, ou bien de coton rayé. Le turban, sauf le tissu rayé que laisse voir l'ouverture, est de toile blanche. Un mouchoir entoure le cou. Bas et souliers à la turque. Leurs femmes s'habillent et se nourrissent comme celles du Caire.

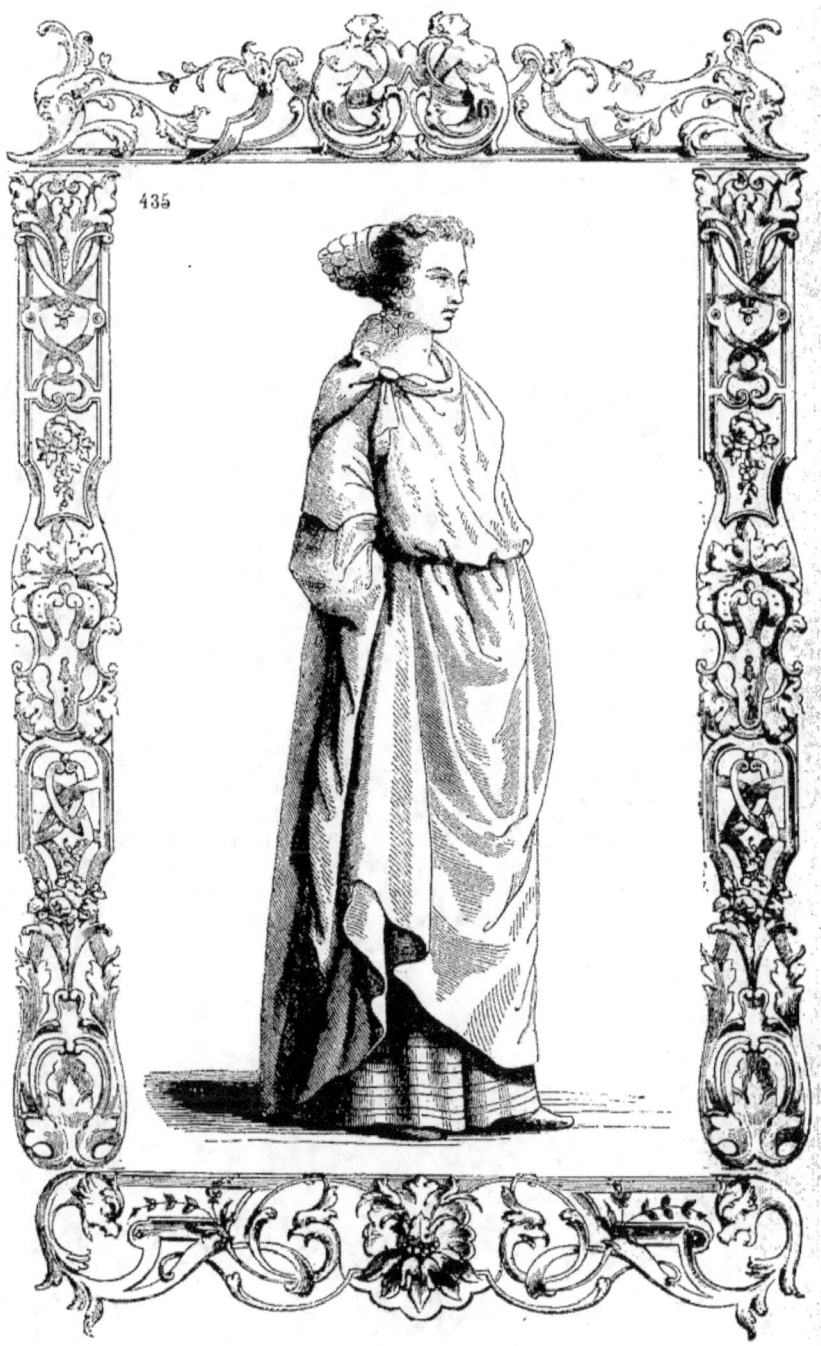
435

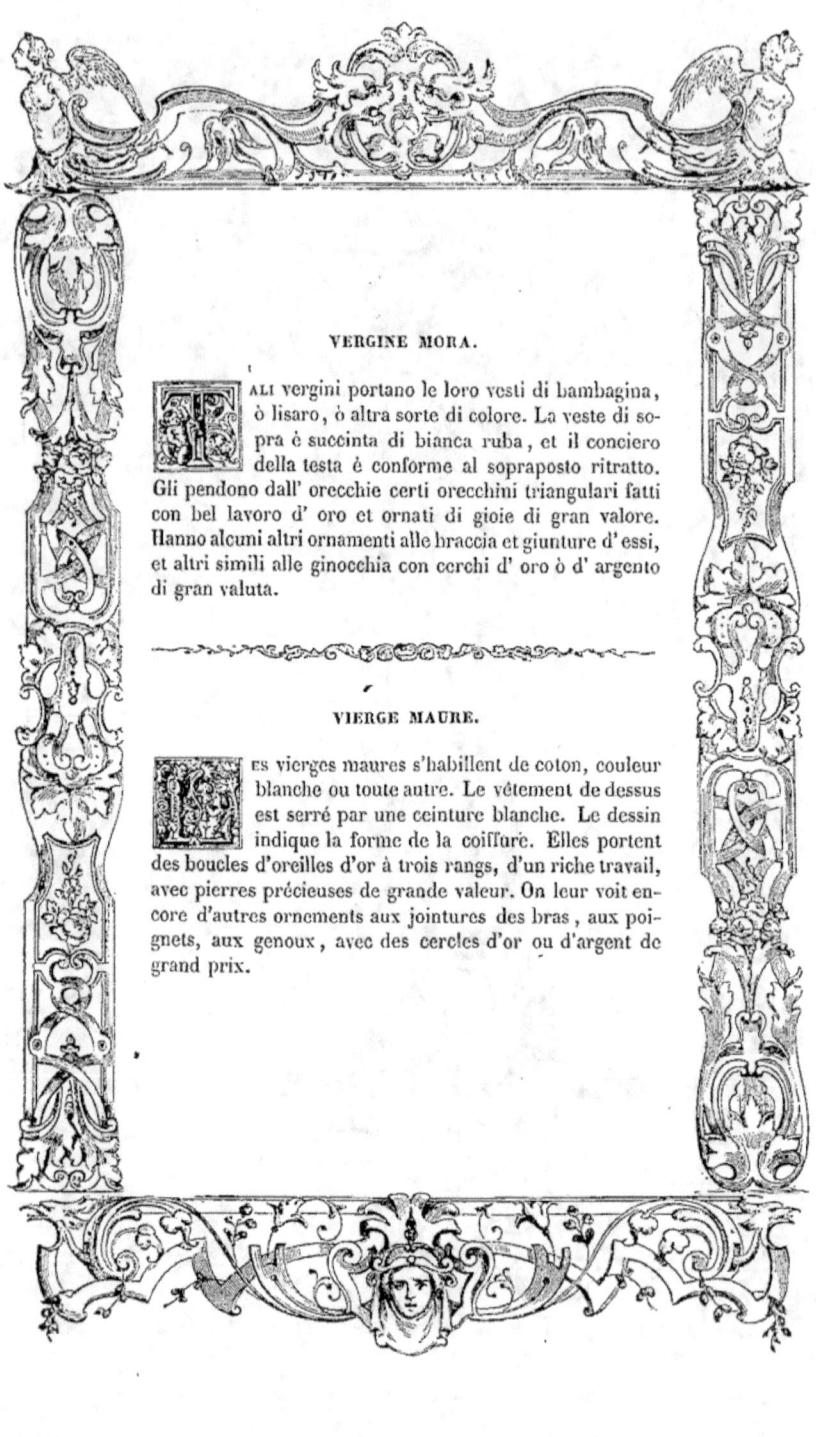

## VERGINE MORA.

TALI vergini portano le loro vesti di bambagina, ò lisaro, ò altra sorte di colore. La veste di sopra è succinta di bianca ruba, et il conciero della testa è conforme al sopraposto ritratto. Gli pendono dall' orecchie certi orecchini triangulari fatti con bel lavoro d' oro et ornati di gioie di gran valore. Hanno alcuni altri ornamenti alle braccia et giunture d' essi, et altri simili alle ginocchia con cerchi d' oro ò d' argento di gran valuta.

## VIERGE MAURE.

LES vierges maures s'habillent de coton, couleur blanche ou toute autre. Le vêtement de dessus est serré par une ceinture blanche. Le dessin indique la forme de la coiffure. Elles portent des boucles d'oreilles d'or à trois rangs, d'un riche travail, avec pierres précieuses de grande valeur. On leur voit encore d'autres ornements aux jointures des bras, aux poignets, aux genoux, avec des cercles d'or ou d'argent de grand prix.

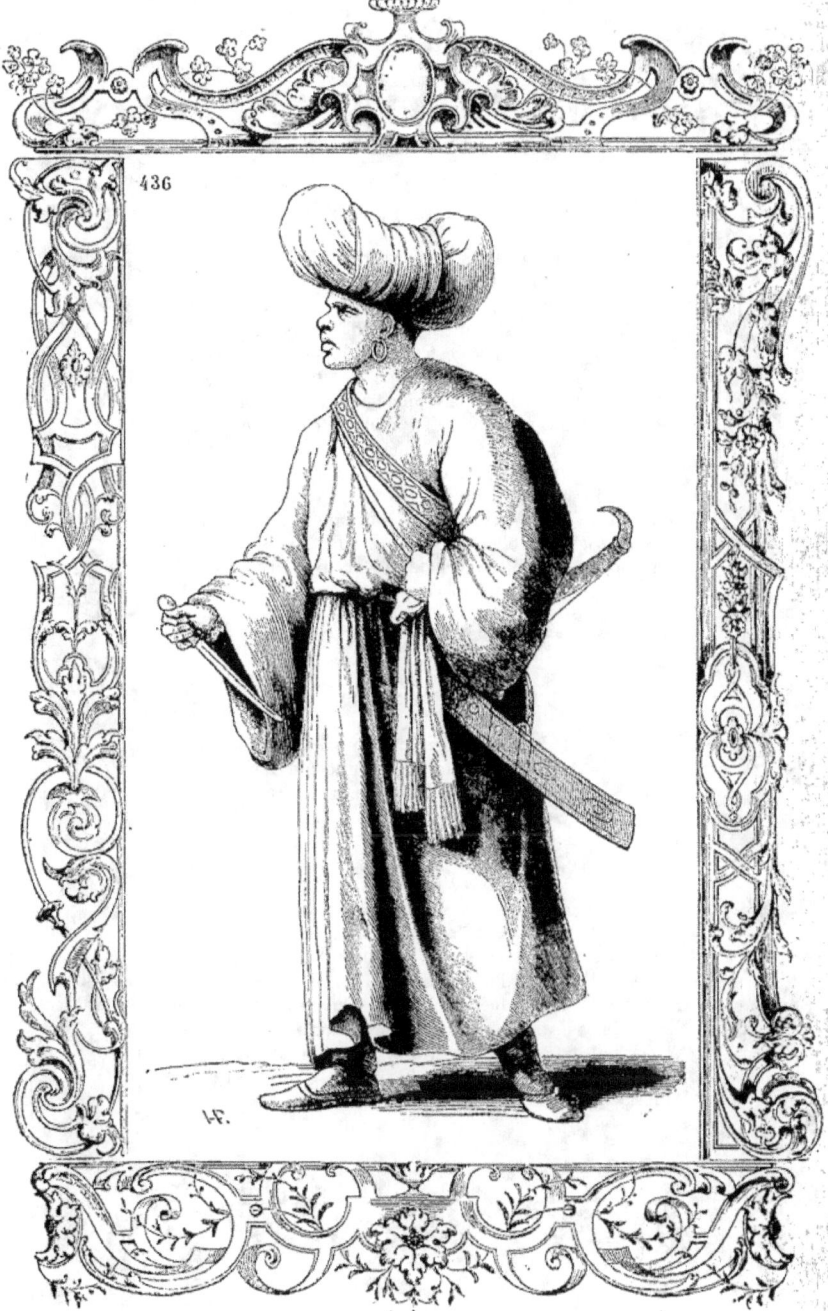

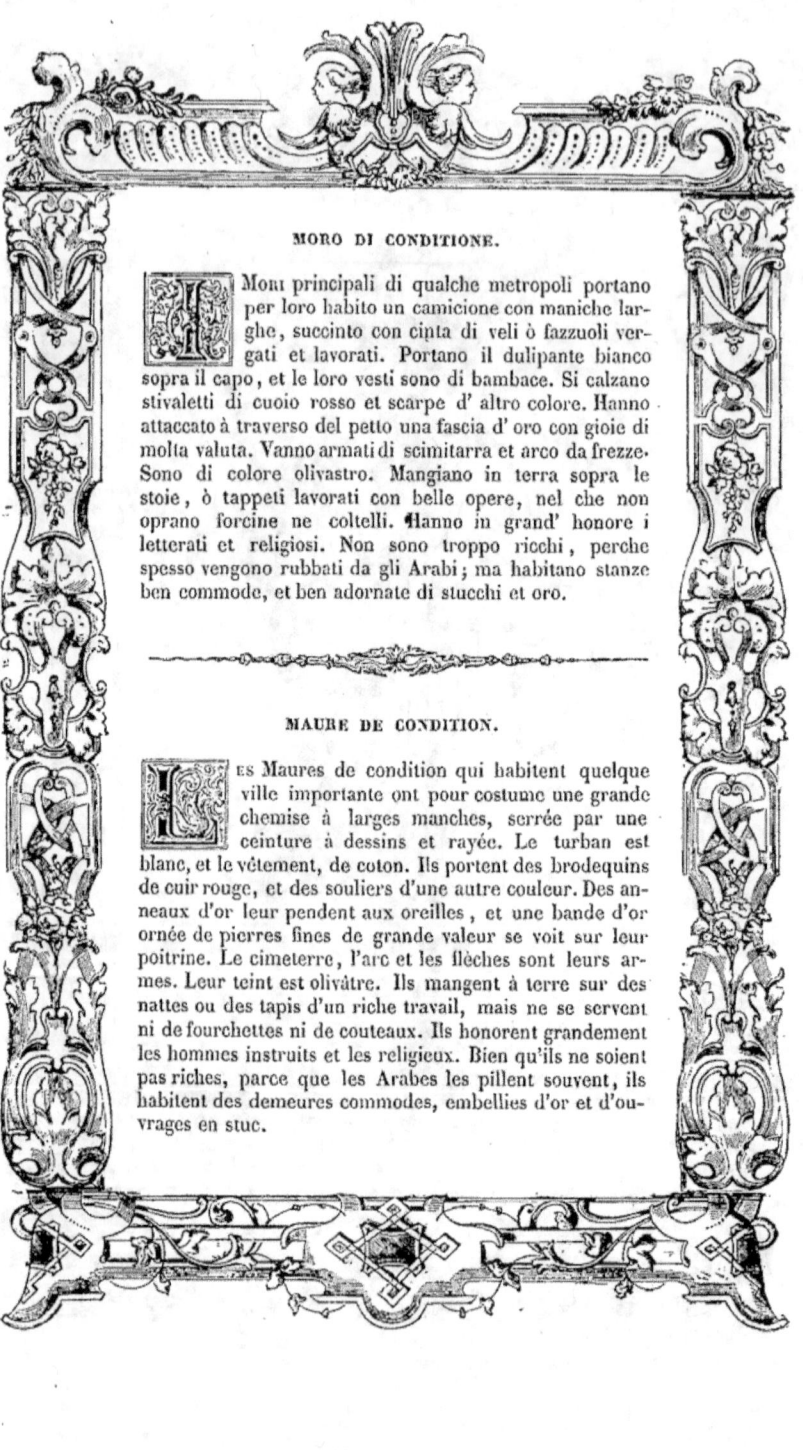

### MORO DI CONDITIONE.

I Mori principali di qualche metropoli portano per loro habito un camicione con maniche larghe, succinto con cinta di veli ò fazzuoli vergati et lavorati. Portano il dulipante bianco sopra il capo, et le loro vesti sono di bambace. Si calzano stivaletti di cuoio rosso et scarpe d'altro colore. Hanno attaccato à traverso del petto una fascia d'oro con gioie di molta valuta. Vanno armati di scimitarra et arco da frezze. Sono di colore olivastro. Mangiano in terra sopra le stoie, ò tappeti lavorati con belle opere, nel che non oprano forcine ne coltelli. Hanno in grand' honore i letterati et religiosi. Non sono troppo ricchi, perche spesso vengono rubbati da gli Arabi; ma habitano stanze ben commode, et ben adornate di stucchi et oro.

### MAURE DE CONDITION.

Les Maures de condition qui habitent quelque ville importante ont pour costume une grande chemise à larges manches, serrée par une ceinture à dessins et rayée. Le turban est blanc, et le vêtement, de coton. Ils portent des brodequins de cuir rouge, et des souliers d'une autre couleur. Des anneaux d'or leur pendent aux oreilles, et une bande d'or ornée de pierres fines de grande valeur se voit sur leur poitrine. Le cimeterre, l'arc et les flèches sont leurs armes. Leur teint est olivâtre. Ils mangent à terre sur des nattes ou des tapis d'un riche travail, mais ne se servent ni de fourchettes ni de couteaux. Ils honorent grandement les hommes instruits et les religieux. Bien qu'ils ne soient pas riches, parce que les Arabes les pillent souvent, ils habitent des demeures commodes, embellies d'or et d'ouvrages en stuc.

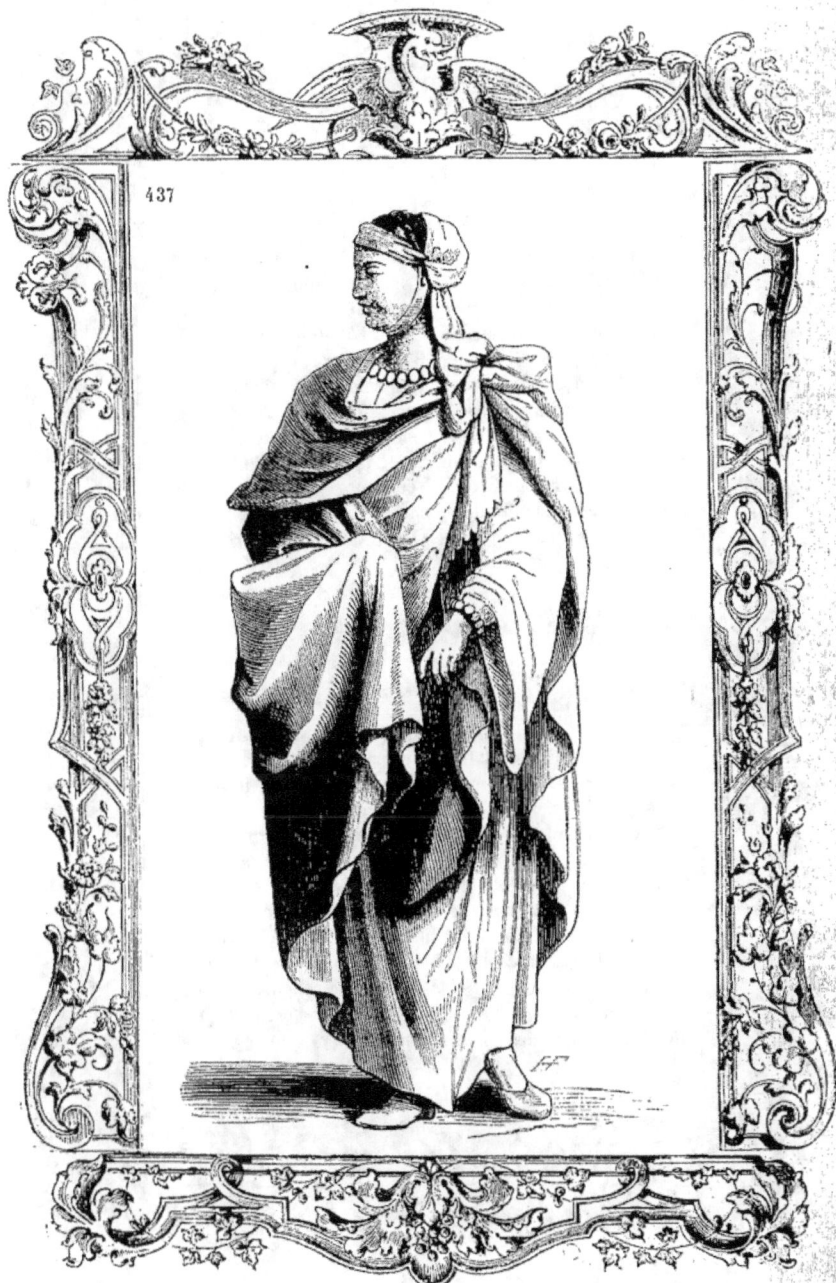

437

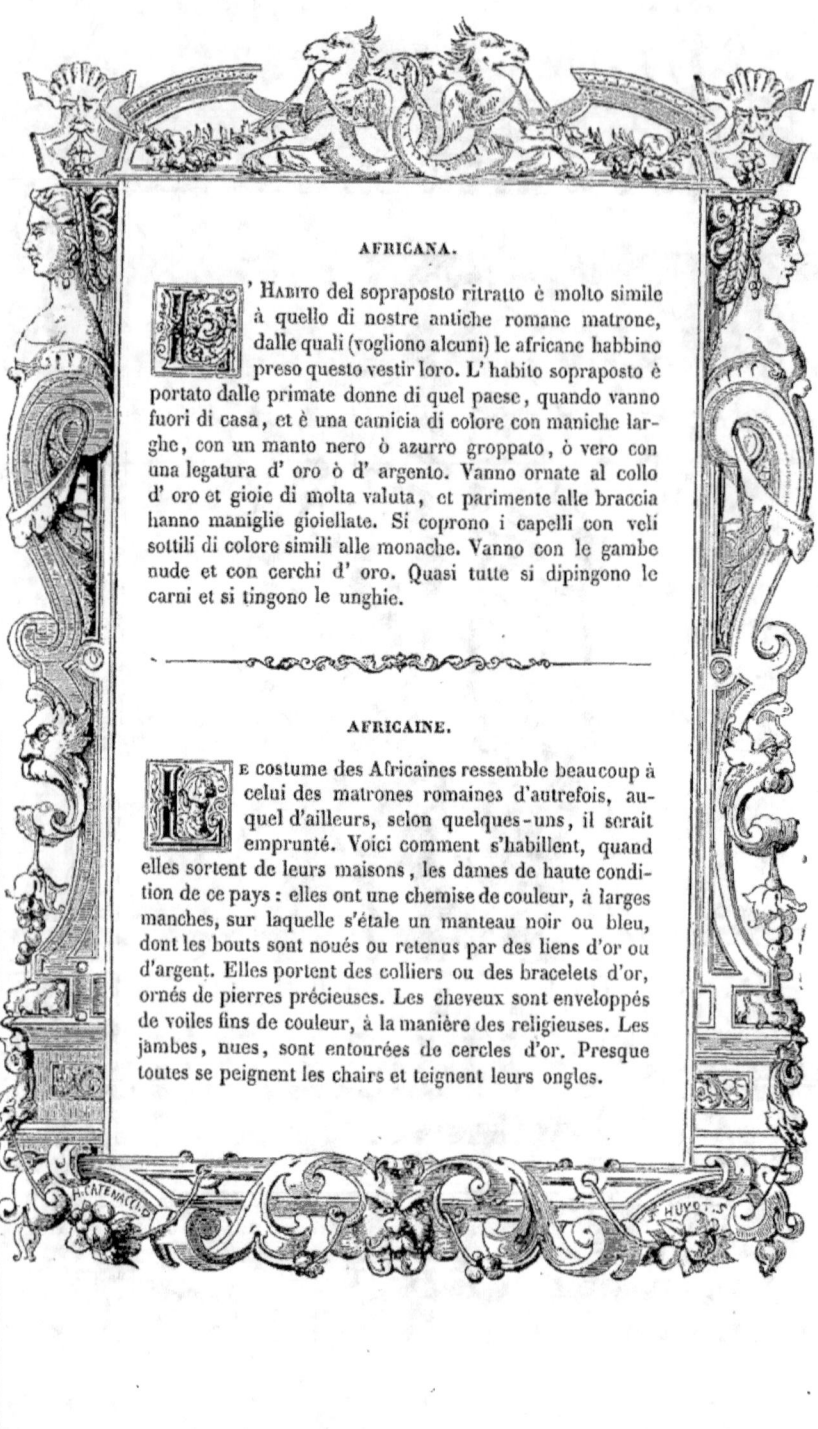

### AFRICANA.

L'Habito del sopraposto ritratto è molto simile à quello di nostre antiche romane matrone, dalle quali (vogliono alcuni) le africane habbino preso questo vestir loro. L'habito sopraposto è portato dalle primate donne di quel paese, quando vanno fuori di casa, et è una camicia di colore con maniche larghe, con un manto nero ò azurro groppato, ò vero con una legatura d'oro ò d'argento. Vanno ornate al collo d'oro et gioie di molta valuta, et parimente alle braccia hanno maniglie gioiellate. Si coprono i capelli con veli sottili di colore simili alle monache. Vanno con le gambe nude et con cerchi d'oro. Quasi tutte si dipingono le carni et si tingono le unghie.

### AFRICAINE.

LE costume des Africaines ressemble beaucoup à celui des matrones romaines d'autrefois, auquel d'ailleurs, selon quelques-uns, il serait emprunté. Voici comment s'habillent, quand elles sortent de leurs maisons, les dames de haute condition de ce pays : elles ont une chemise de couleur, à larges manches, sur laquelle s'étale un manteau noir ou bleu, dont les bouts sont noués ou retenus par des liens d'or ou d'argent. Elles portent des colliers ou des bracelets d'or, ornés de pierres précieuses. Les cheveux sont enveloppés de voiles fins de couleur, à la manière des religieuses. Les jambes, nues, sont entourées de cercles d'or. Presque toutes se peignent les chairs et teignent leurs ongles.

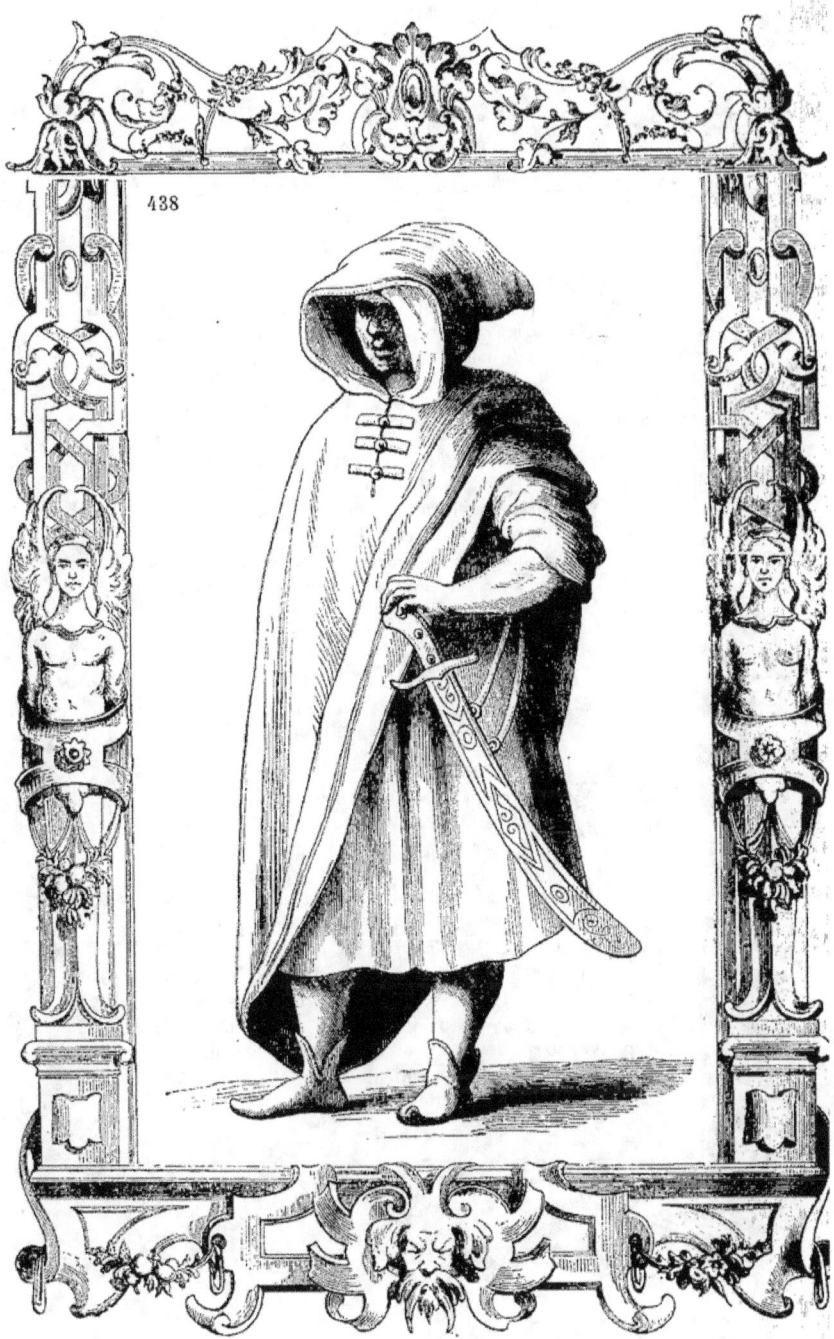

438

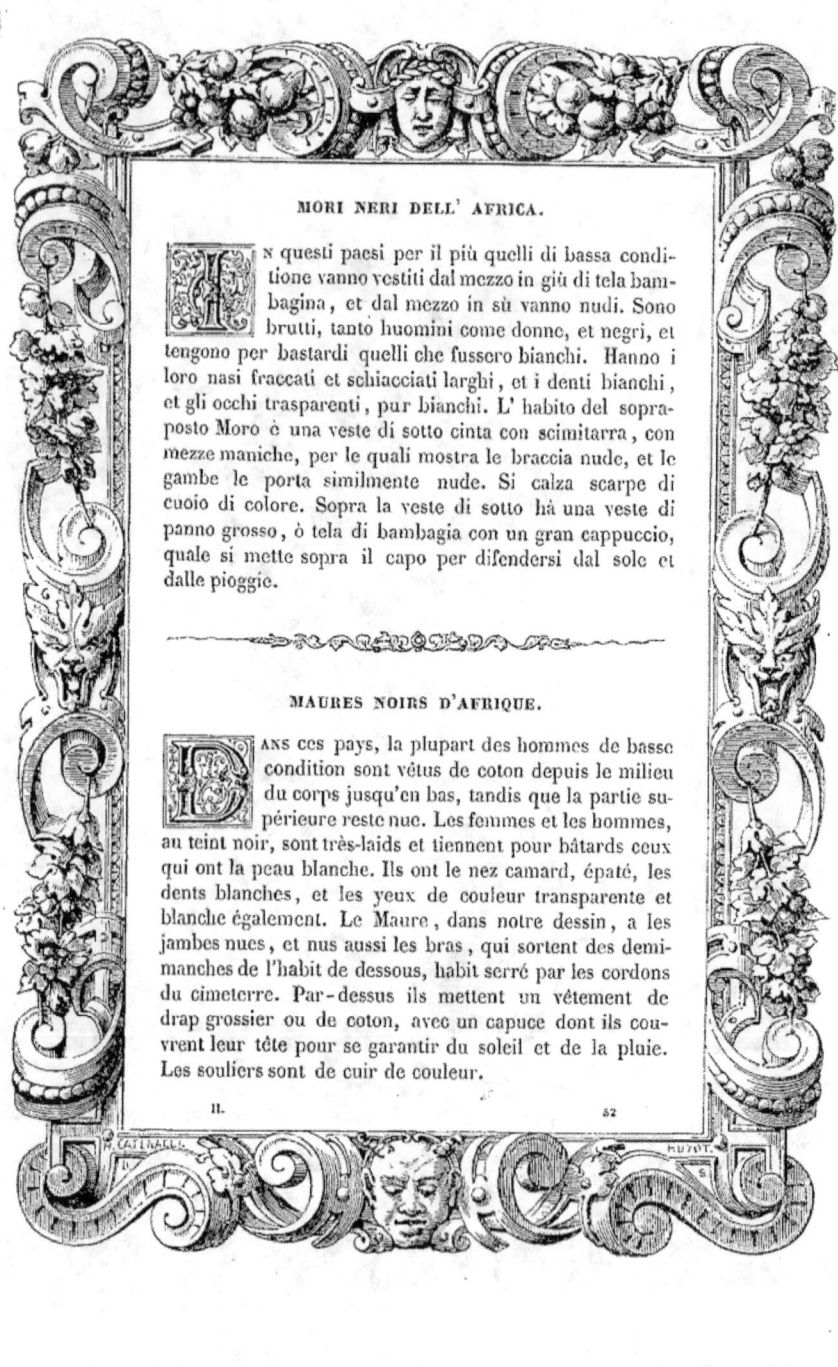

## MORI NERI DELL' AFRICA.

IN questi paesi per il più quelli di bassa condizione vanno vestiti dal mezzo in giù di tela bambagina, et dal mezzo in sù vanno nudi. Sono brutti, tanto huomini come donne, et negri, et tengono per bastardi quelli che fussero bianchi. Hanno i loro nasi fraccati et schiacciati larghi, et i denti bianchi, et gli occhi trasparenti, pur bianchi. L' habito del sopraposto Moro è una veste di sotto cinta con scimitarra, con mezze maniche, per le quali mostra le braccia nude, et le gambe le porta similmente nude. Si calza scarpe di cuoio di colore. Sopra la veste di sotto hà una veste di panno grosso, ò tela di bambagia con un gran cappuccio, quale si mette sopra il capo per difendersi dal sole et dalle pioggie.

## MAURES NOIRS D'AFRIQUE.

DANS ces pays, la plupart des hommes de basse condition sont vêtus de coton depuis le milieu du corps jusqu'en bas, tandis que la partie supérieure reste nue. Les femmes et les hommes, au teint noir, sont très-laids et tiennent pour bâtards ceux qui ont la peau blanche. Ils ont le nez camard, épaté, les dents blanches, et les yeux de couleur transparente et blanche également. Le Maure, dans notre dessin, a les jambes nues, et nus aussi les bras, qui sortent des demi-manches de l'habit de dessous, habit serré par les cordons du cimeterre. Par-dessus ils mettent un vêtement de drap grossier ou de coton, avec un capuce dont ils couvrent leur tête pour se garantir du soleil et de la pluie. Les souliers sont de cuir de couleur.

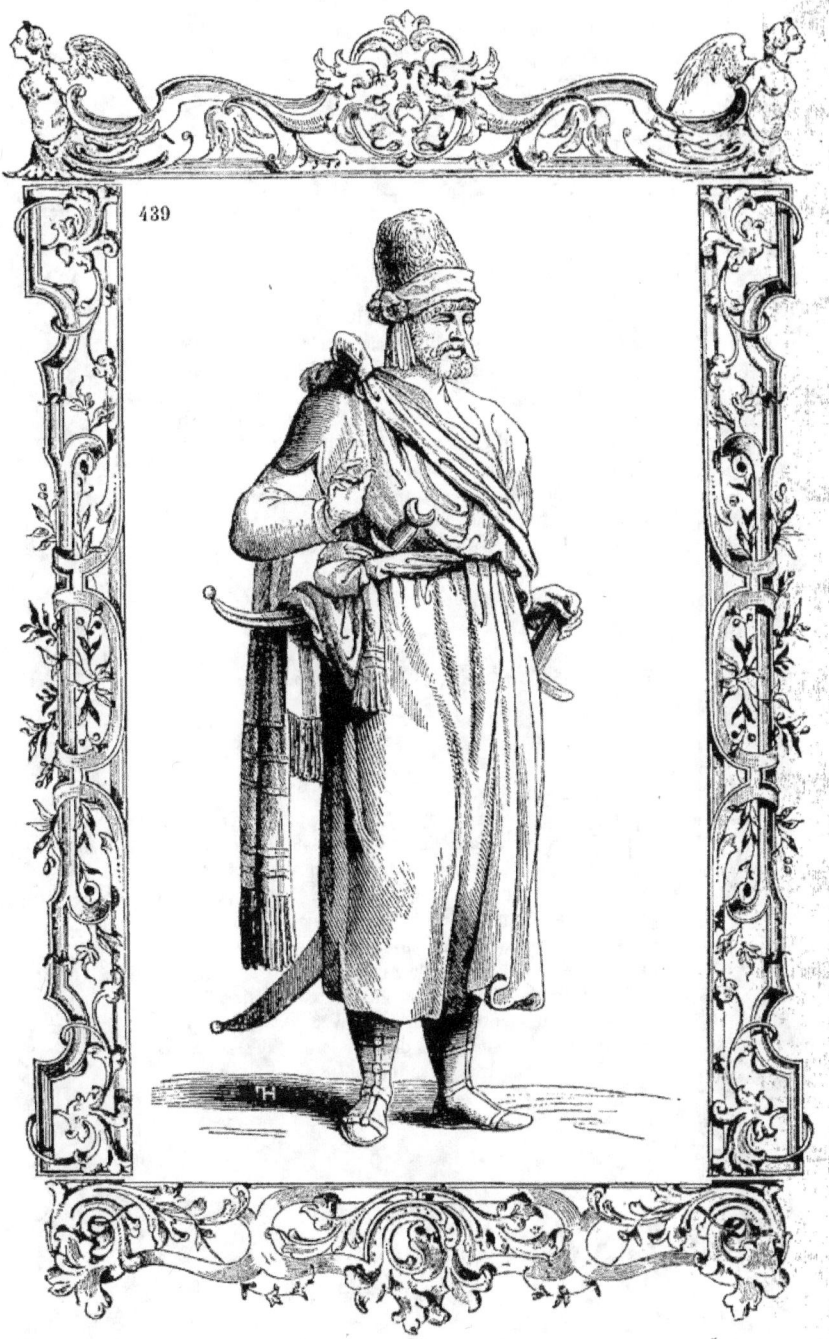

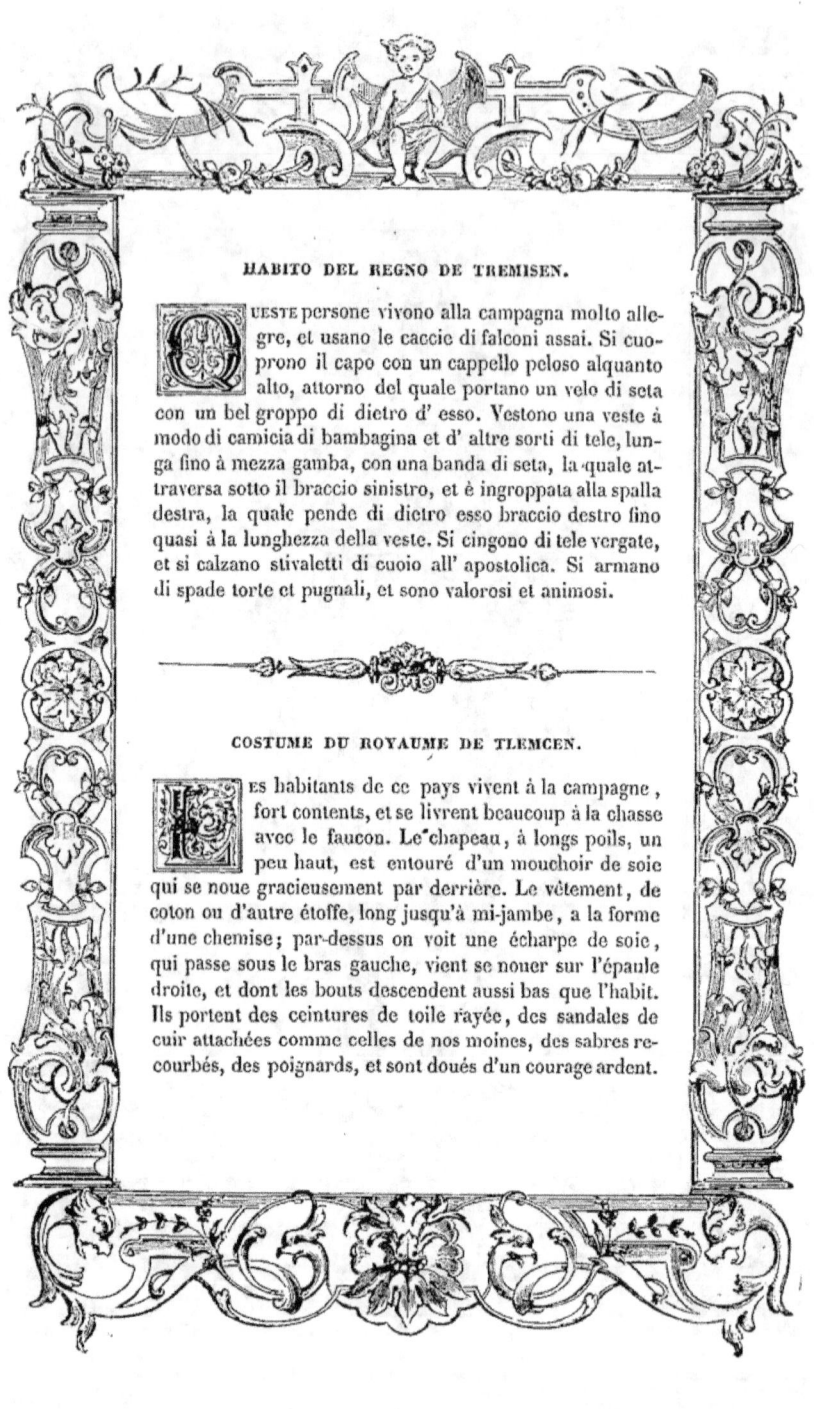

## HABITO DEL REGNO DE TREMISEN.

Queste persone vivono alla campagna molto allegre, et usano le caccie di falconi assai. Si cuoprono il capo con un cappello peloso alquanto alto, attorno del quale portano un velo di seta con un bel groppo di dietro d' esso. Vestono una veste à modo di camicia di bambagina et d' altre sorti di tele, lunga fino à mezza gamba, con una banda di seta, la quale attraversa sotto il braccio sinistro, et è ingroppata alla spalla destra, la quale pende di dietro esso braccio destro fino quasi à la lunghezza della veste. Si cingono di tele vergate, et si calzano stivaletti di cuoio all' apostolica. Si armano di spade torte et pugnali, et sono valorosi et animosi.

## COSTUME DU ROYAUME DE TLEMCEN.

Les habitants de ce pays vivent à la campagne, fort contents, et se livrent beaucoup à la chasse avec le faucon. Le chapeau, à longs poils, un peu haut, est entouré d'un mouchoir de soie qui se noue gracieusement par derrière. Le vêtement, de coton ou d'autre étoffe, long jusqu'à mi-jambe, a la forme d'une chemise; par-dessus on voit une écharpe de soie, qui passe sous le bras gauche, vient se nouer sur l'épaule droite, et dont les bouts descendent aussi bas que l'habit. Ils portent des ceintures de toile rayée, des sandales de cuir attachées comme celles de nos moines, des sabres recourbés, des poignards, et sont doués d'un courage ardent.

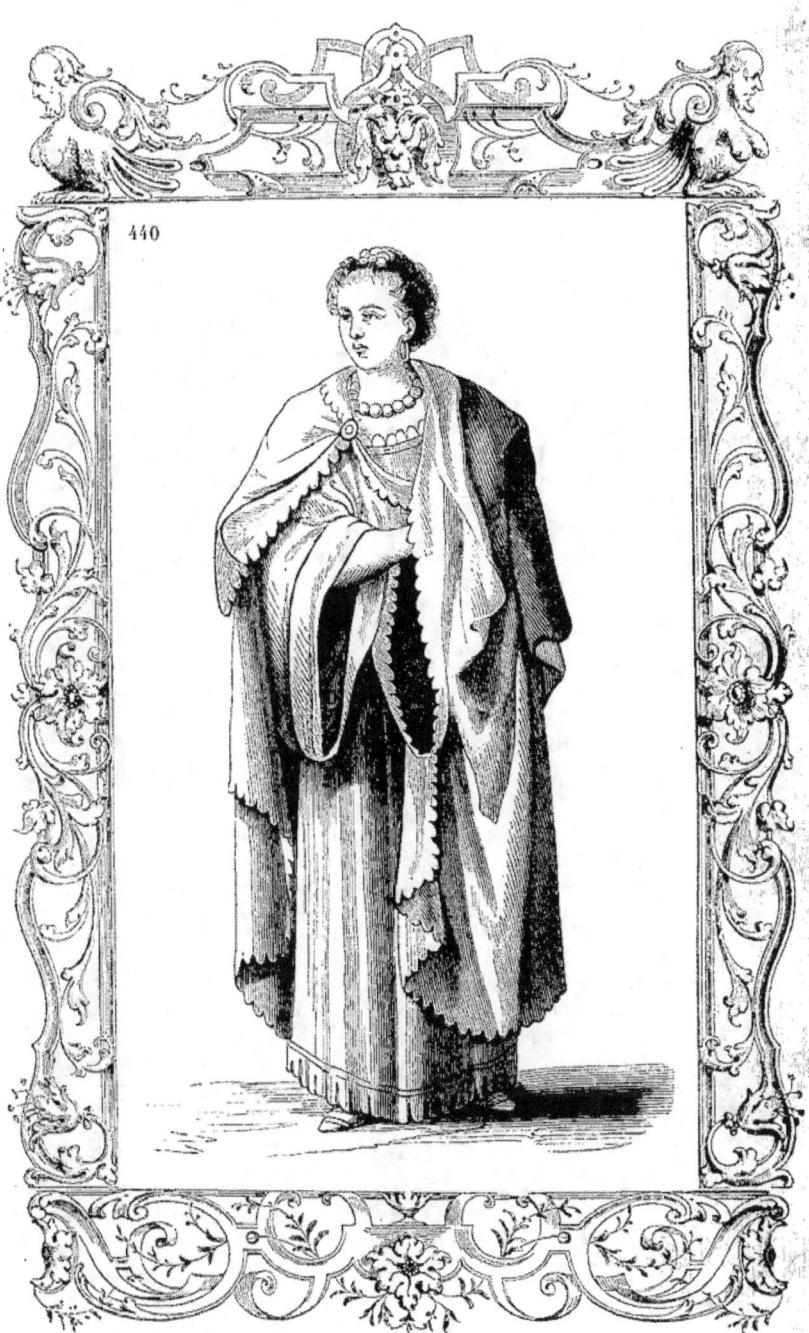

440

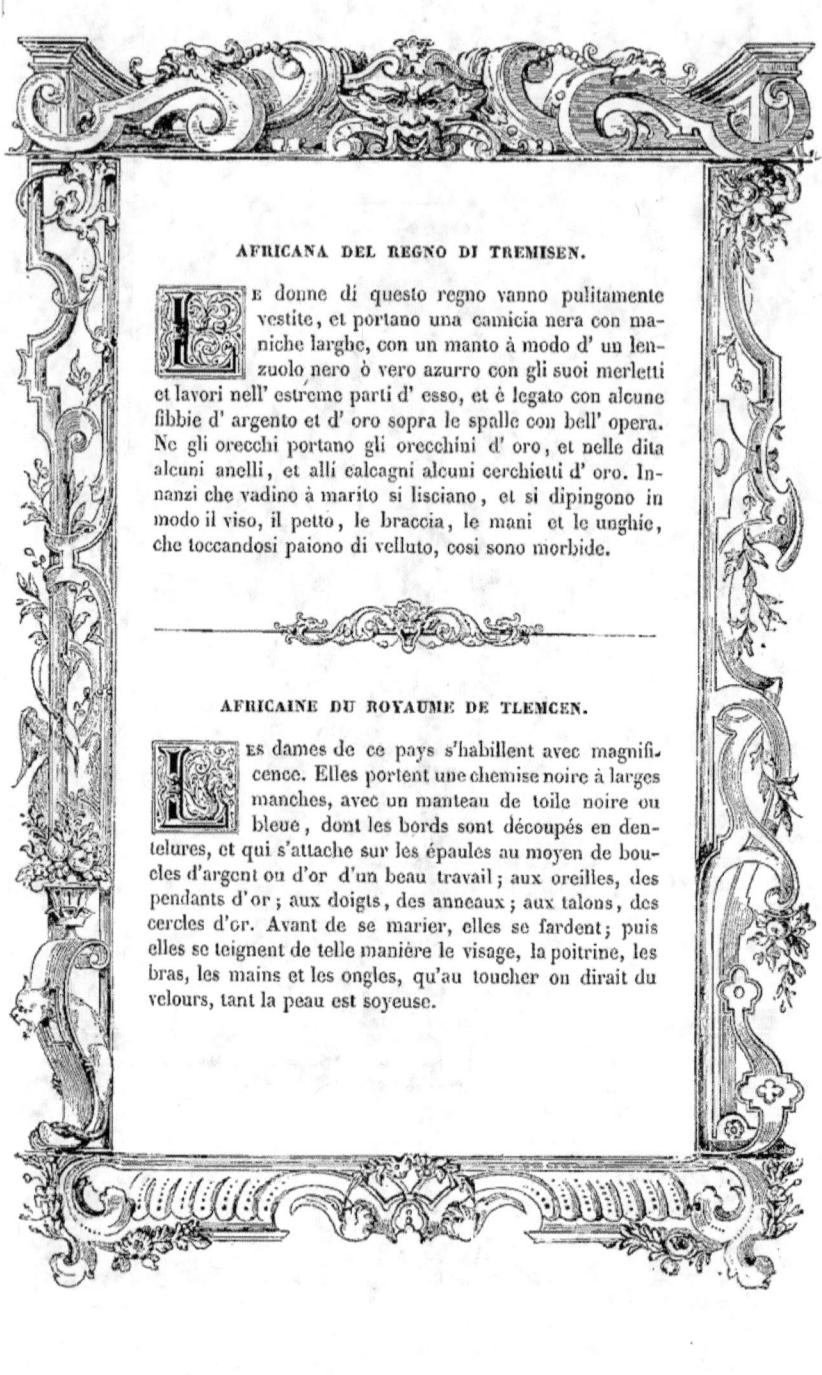

### AFRICANA DEL REGNO DI TREMISEN.

LE donne di questo regno vanno pulitamente vestite, et portano una camicia nera con maniche larghe, con un manto à modo d' un lenzuolo nero ò vero azurro con gli suoi merletti et lavori nell' estreme parti d' esso, et è legato con alcune fibbie d' argento et d' oro sopra le spalle con bell' opera. Ne gli orecchi portano gli orecchini d' oro, et nelle dita alcuni anelli, et alli calcagni alcuni cerchietti d' oro. Innanzi che vadino à marito si lisciano, et si dipingono in modo il viso, il petto, le braccia, le mani et le unghie, che toccandosi paiono di velluto, cosi sono morbide.

### AFRICAINE DU ROYAUME DE TLEMCEN.

LES dames de ce pays s'habillent avec magnificence. Elles portent une chemise noire à larges manches, avec un manteau de toile noire ou bleue, dont les bords sont découpés en dentelures, et qui s'attache sur les épaules au moyen de boucles d'argent ou d'or d'un beau travail ; aux oreilles, des pendants d'or ; aux doigts, des anneaux ; aux talons, des cercles d'or. Avant de se marier, elles se fardent ; puis elles se teignent de telle manière le visage, la poitrine, les bras, les mains et les ongles, qu'au toucher on dirait du velours, tant la peau est soyeuse.

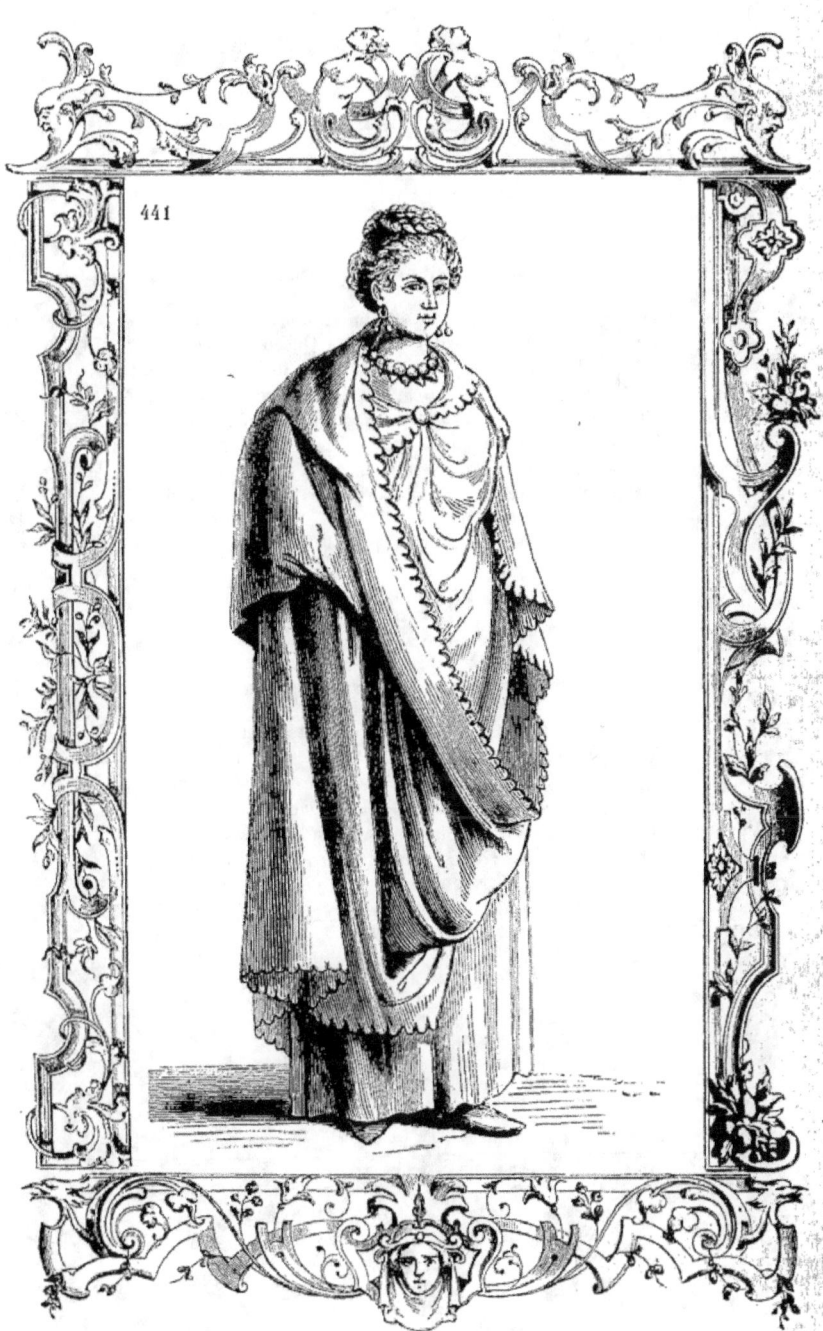

441

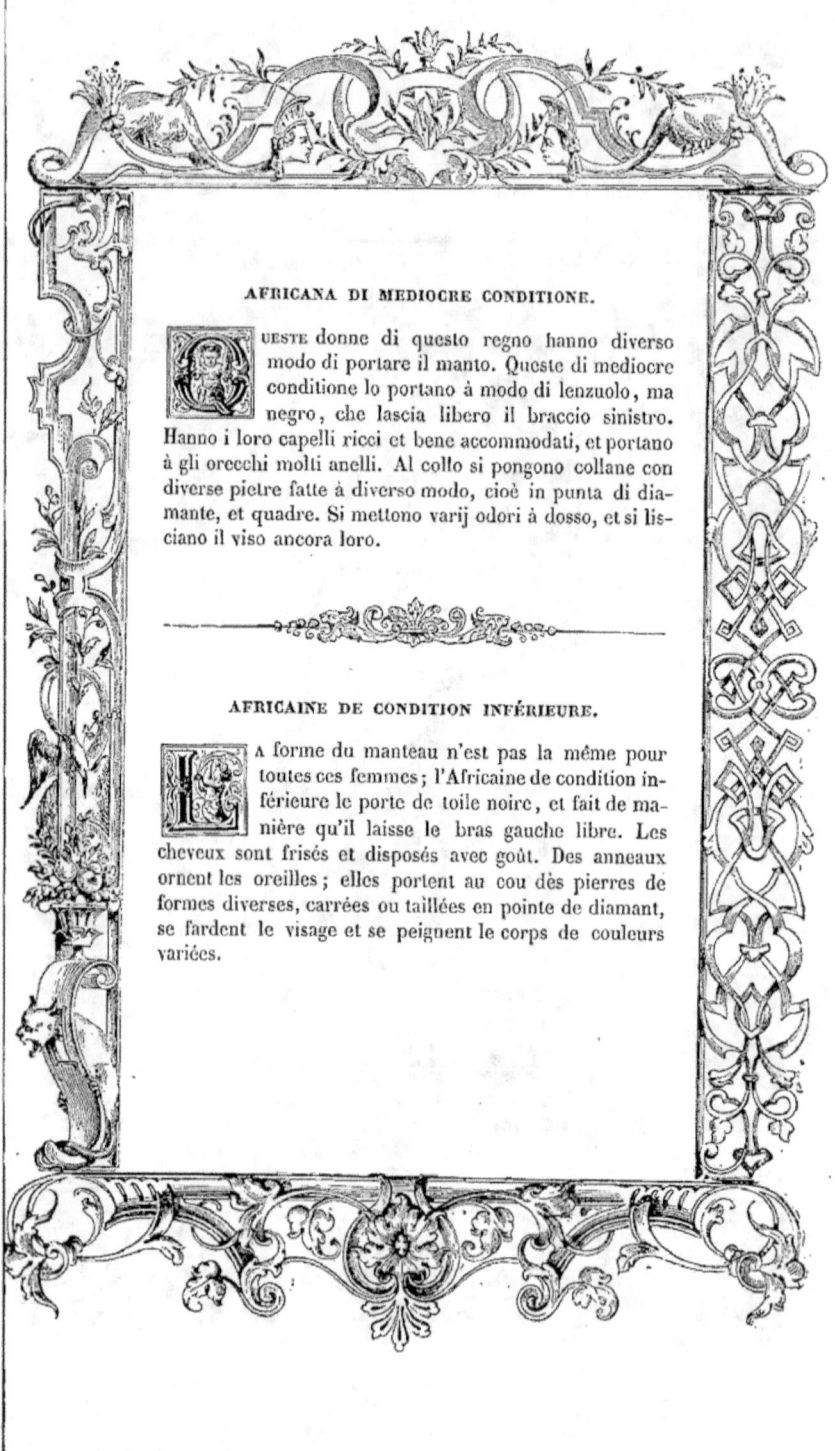

### AFRICANA DI MEDIOCRE CONDITIONE.

QUESTE donne di questo regno hanno diverso modo di portare il manto. Queste di mediocre conditione lo portano à modo di lenzuolo, ma negro, che lascia libero il braccio sinistro. Hanno i loro capelli ricci et bene accommodati, et portano à gli orecchi molti anelli. Al collo si pongono collane con diverse pietre fatte à diverso modo, cioè in punta di diamante, et quadre. Si mettono varij odori à dosso, et si lisciano il viso ancora loro.

### AFRICAINE DE CONDITION INFÉRIEURE.

LA forme du manteau n'est pas la même pour toutes ces femmes ; l'Africaine de condition inférieure le porte de toile noire, et fait de manière qu'il laisse le bras gauche libre. Les cheveux sont frisés et disposés avec goût. Des anneaux ornent les oreilles ; elles portent au cou dès pierres de formes diverses, carrées ou taillées en pointe de diamant, se fardent le visage et se peignent le corps de couleurs variées.

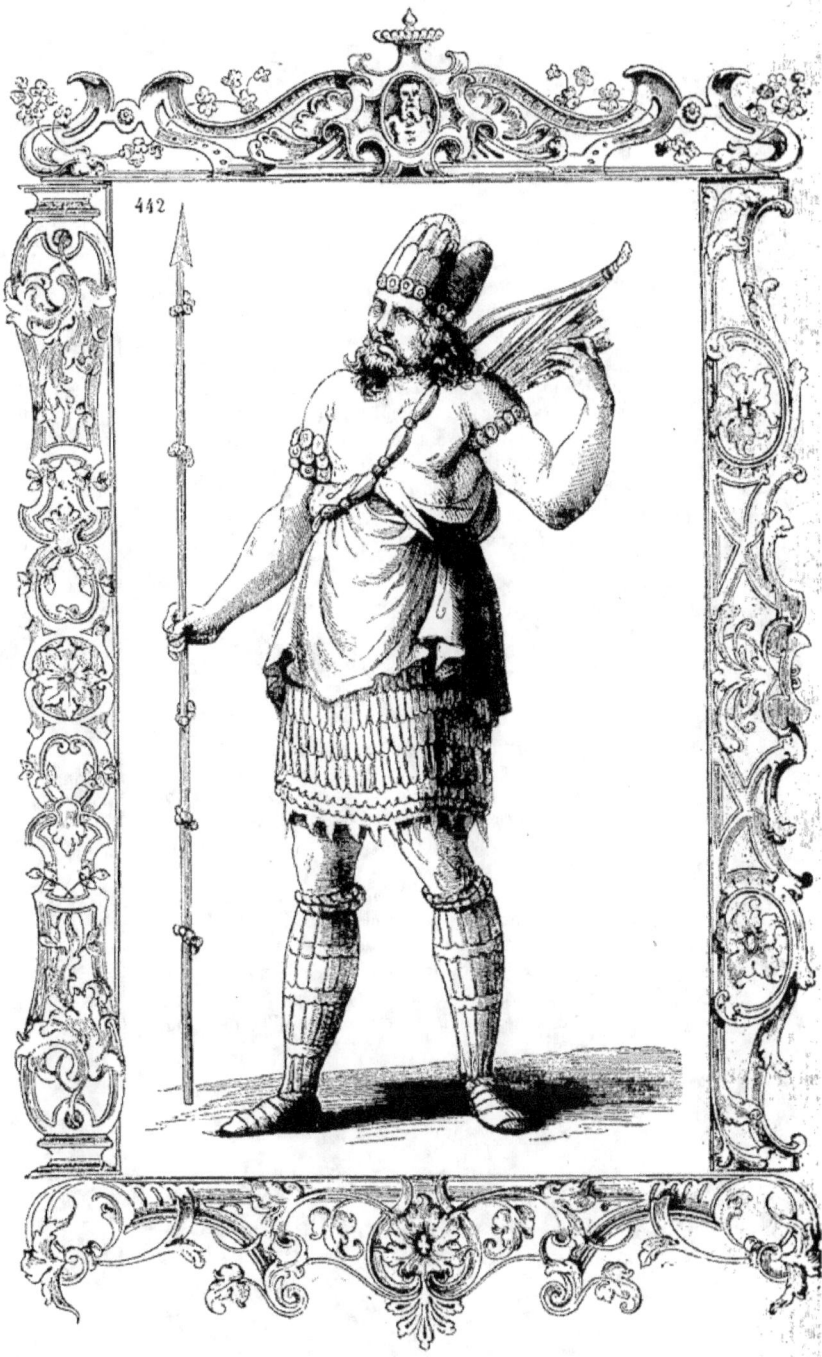

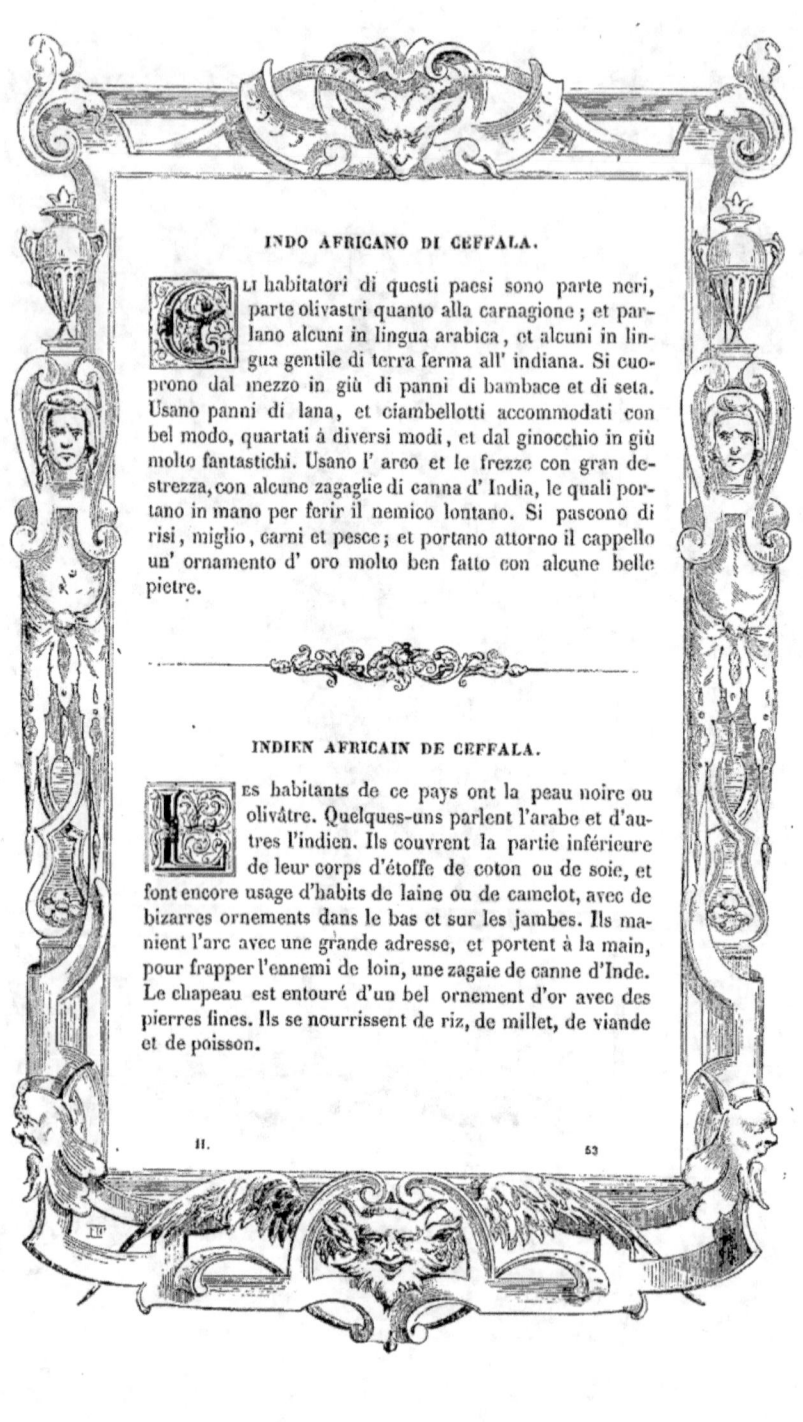

## INDO AFRICANO DI CEFFALA.

LI habitatori di questi paesi sono parte neri, parte olivastri quanto alla carnagione; et parlano alcuni in lingua arabica, et alcuni in lingua gentile di terra ferma all' indiana. Si cuoprono dal mezzo in giù di panni di bambace et di seta. Usano panni di lana, et ciambellotti accommodati con bel modo, quartati à diversi modi, et dal ginocchio in giù molto fantastichi. Usano l' arco et le frezze con gran destrezza, con alcune zagaglie di canna d' India, le quali portano in mano per ferir il nemico lontano. Si pascono di risi, miglio, carni et pesce; et portano attorno il cappello un' ornamento d' oro molto ben fatto con alcune belle pietre.

## INDIEN AFRICAIN DE CEFFALA.

LES habitants de ce pays ont la peau noire ou olivâtre. Quelques-uns parlent l'arabe et d'autres l'indien. Ils couvrent la partie inférieure de leur corps d'étoffe de coton ou de soie, et font encore usage d'habits de laine ou de camelot, avec de bizarres ornements dans le bas et sur les jambes. Ils manient l'arc avec une grande adresse, et portent à la main, pour frapper l'ennemi de loin, une zagaie de canne d'Inde. Le chapeau est entouré d'un bel ornement d'or avec des pierres fines. Ils se nourrissent de riz, de millet, de viande et de poisson.

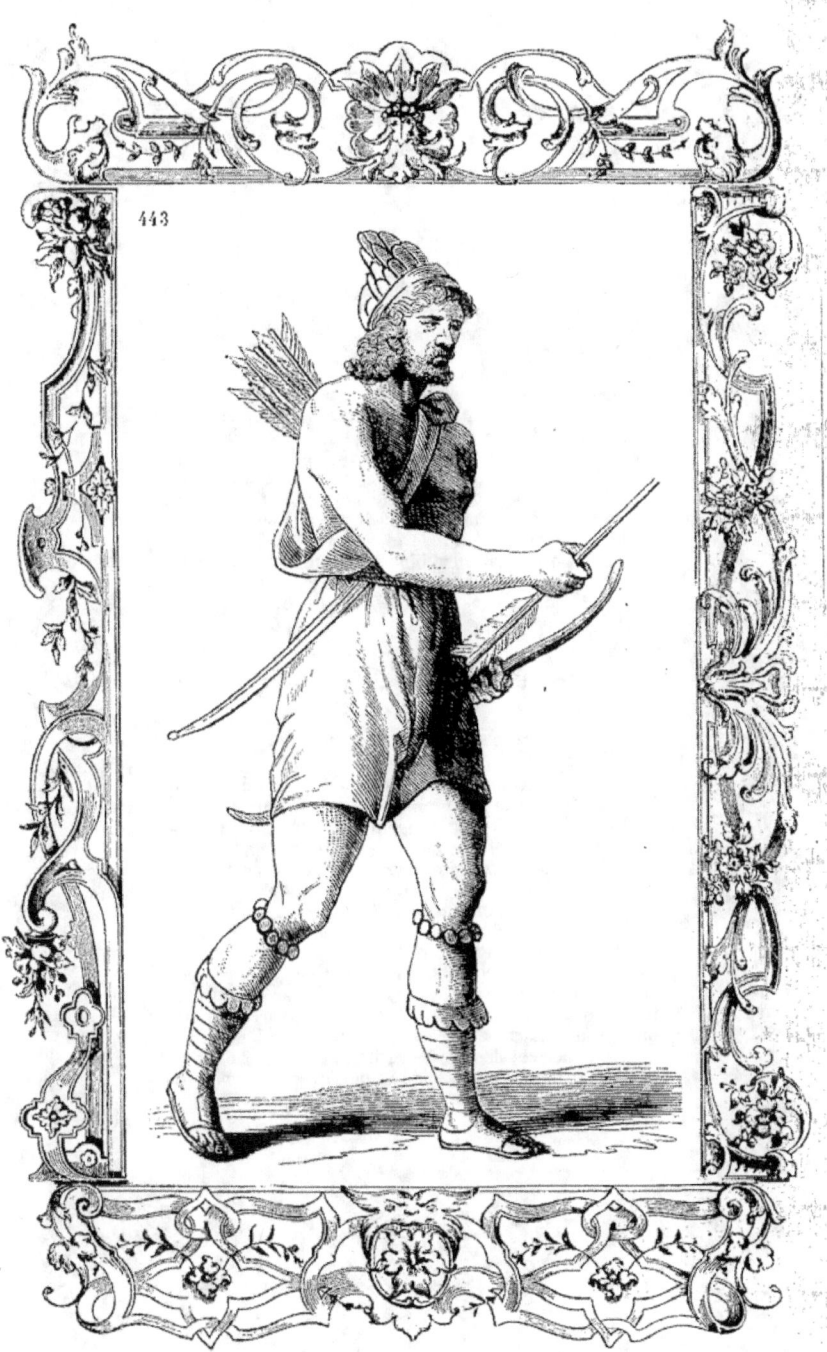

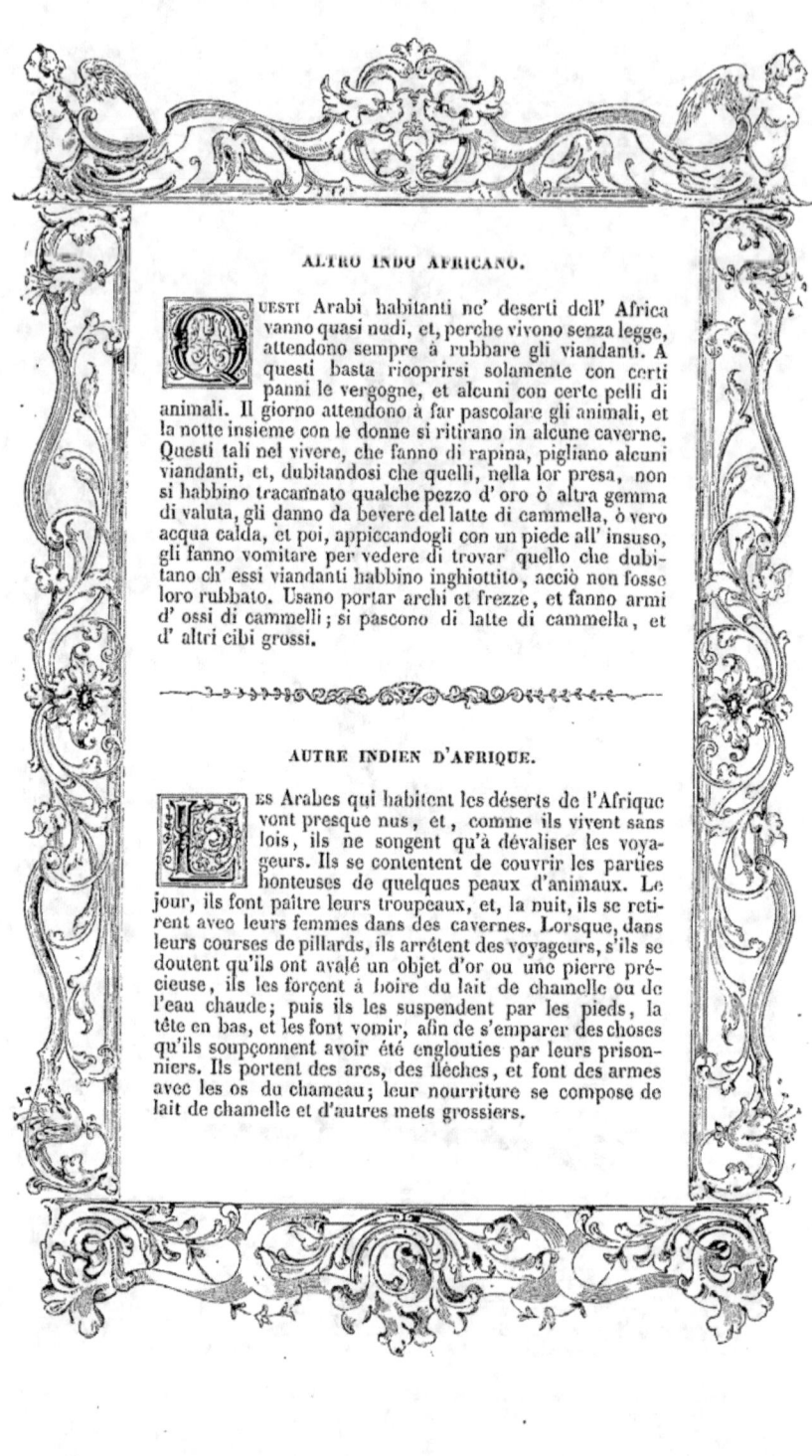

## ALTRO INDO AFRICANO.

Q uesti Arabi habitanti ne' deserti dell' Africa vanno quasi nudi, et, perche vivono senza legge, attendono sempre à rubbare gli viandanti. A questi basta ricoprirsi solamente con certi panni le vergogne, et alcuni con certe pelli di animali. Il giorno attendono à far pascolare gli animali, et la notte insieme con le donne si ritirano in alcune caverne. Questi tali nel vivere, che fanno di rapina, pigliano alcuni viandanti, et, dubitandosi che quelli, nella lor presa, non si habbino tracannato qualche pezzo d' oro ò altra gemma di valuta, gli danno da bevere del latte di cammella, ò vero acqua calda, et poi, appiccandogli con un piede all' insuso, gli fanno vomitare per vedere di trovar quello che dubitano ch' essi viandanti habbino inghiottito, acciò non fosse loro rubbato. Usano portar archi et frezze, et fanno armi d' ossi di cammelli; si pascono di latte di cammella, et d' altri cibi grossi.

---

## AUTRE INDIEN D'AFRIQUE.

L es Arabes qui habitent les déserts de l'Afrique vont presque nus, et, comme ils vivent sans lois, ils ne songent qu'à dévaliser les voyageurs. Ils se contentent de couvrir les parties honteuses de quelques peaux d'animaux. Le jour, ils font paître leurs troupeaux, et, la nuit, ils se retirent avec leurs femmes dans des cavernes. Lorsque, dans leurs courses de pillards, ils arrêtent des voyageurs, s'ils se doutent qu'ils ont avalé un objet d'or ou une pierre précieuse, ils les forcent à boire du lait de chamelle ou de l'eau chaude; puis ils les suspendent par les pieds, la tête en bas, et les font vomir, afin de s'emparer des choses qu'ils soupçonnent avoir été englouties par leurs prisonniers. Ils portent des arcs, des flèches, et font des armes avec les os du chameau; leur nourriture se compose de lait de chamelle et d'autres mets grossiers.

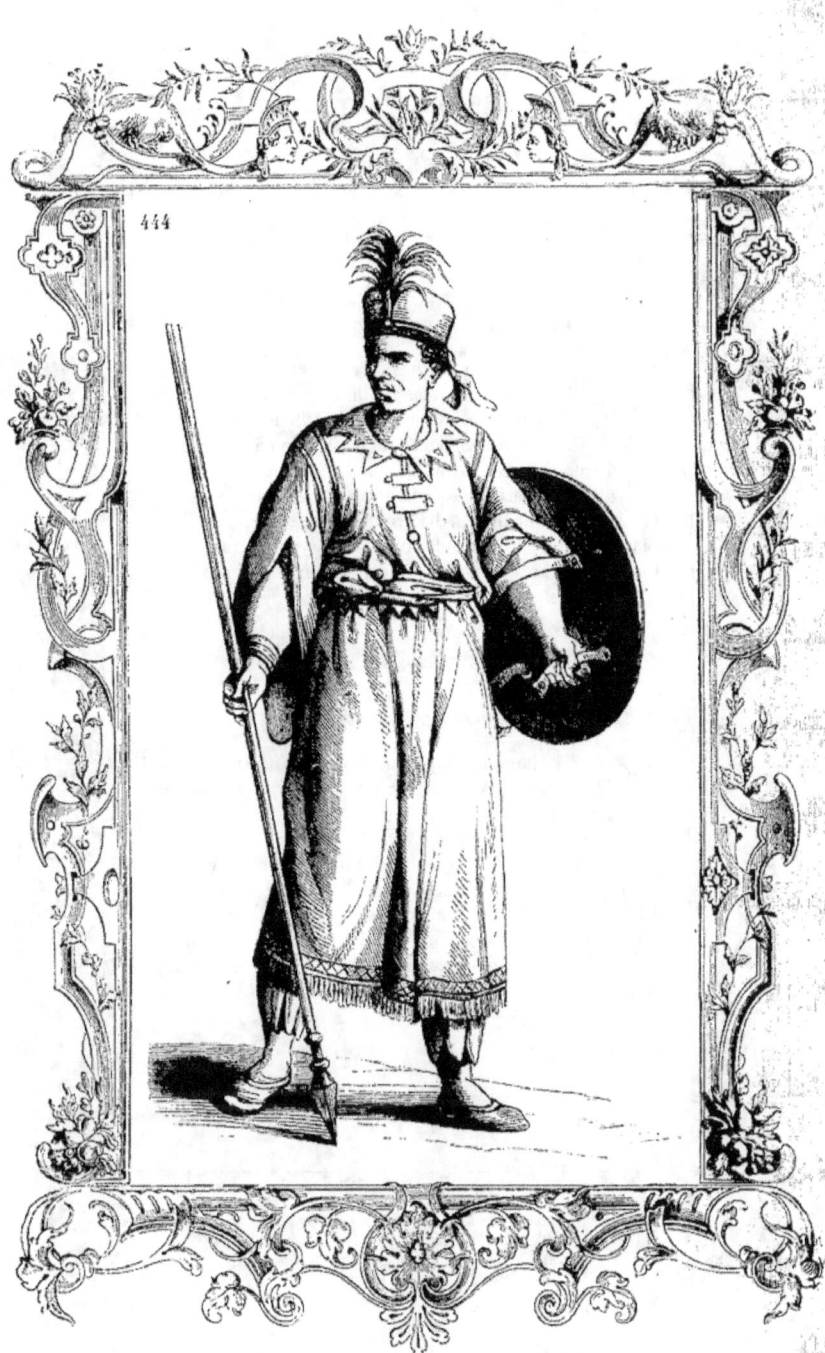

444

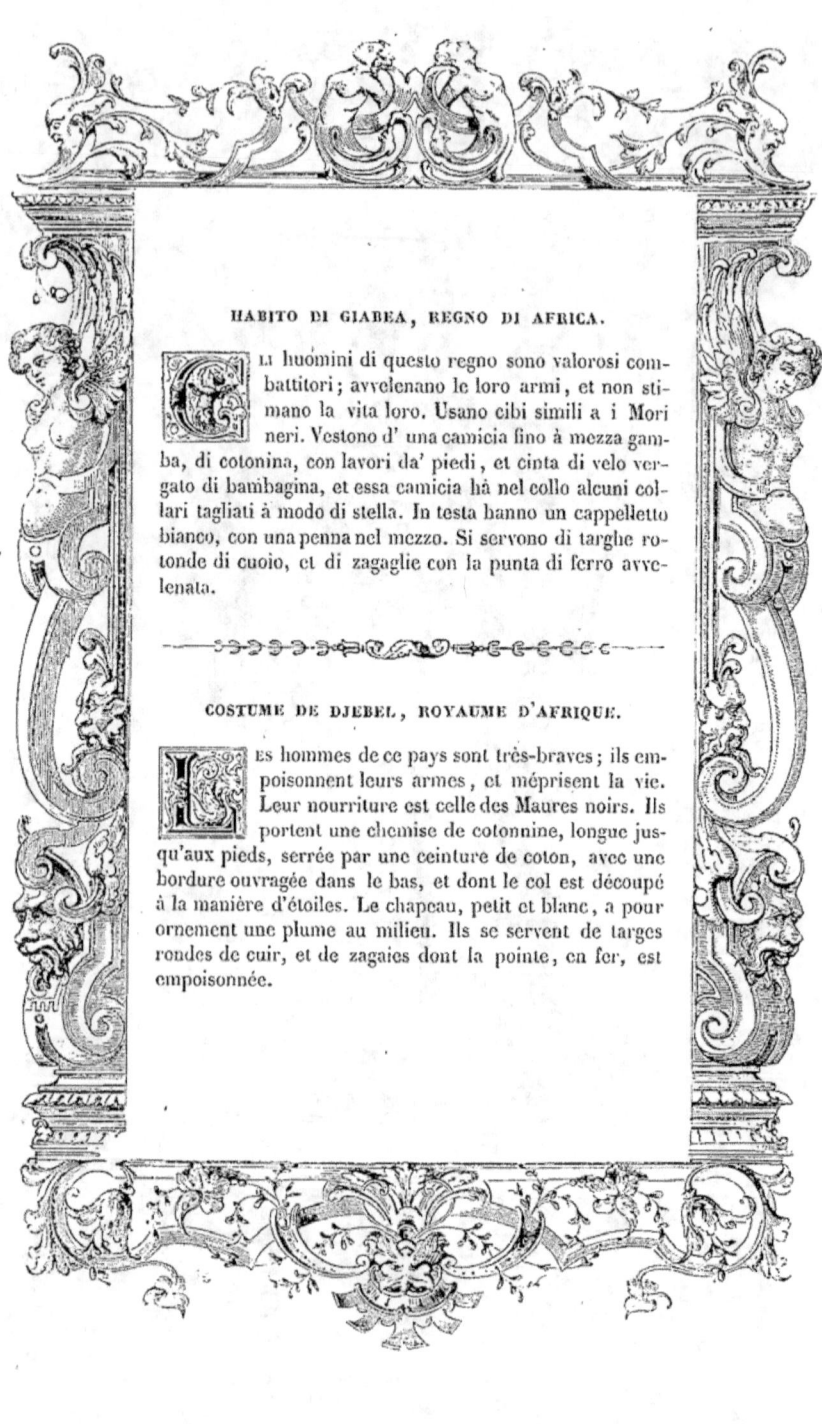

### HABITO DI GIABEA, REGNO DI AFRICA.

LI huomini di questo regno sono valorosi combattitori; avvelenano le loro armi, et non stimano la vita loro. Usano cibi simili a i Mori neri. Vestono d' una camicia fino à mezza gamba, di cotonina, con lavori da' piedi, et cinta di velo vergato di bambagina, et essa camicia hà nel collo alcuni collari tagliati à modo di stella. In testa hanno un cappelletto bianco, con una penna nel mezzo. Si servono di targhe rotonde di cuoio, et di zagaglie con la punta di ferro avvelenata.

### COSTUME DE DJEBEL, ROYAUME D'AFRIQUE.

LES hommes de ce pays sont très-braves; ils empoisonnent leurs armes, et méprisent la vie. Leur nourriture est celle des Maures noirs. Ils portent une chemise de cotonnine, longue jusqu'aux pieds, serrée par une ceinture de coton, avec une bordure ouvragée dans le bas, et dont le col est découpé à la manière d'étoiles. Le chapeau, petit et blanc, a pour ornement une plume au milieu. Ils se servent de targes rondes de cuir, et de zagaies dont la pointe, en fer, est empoisonnée.

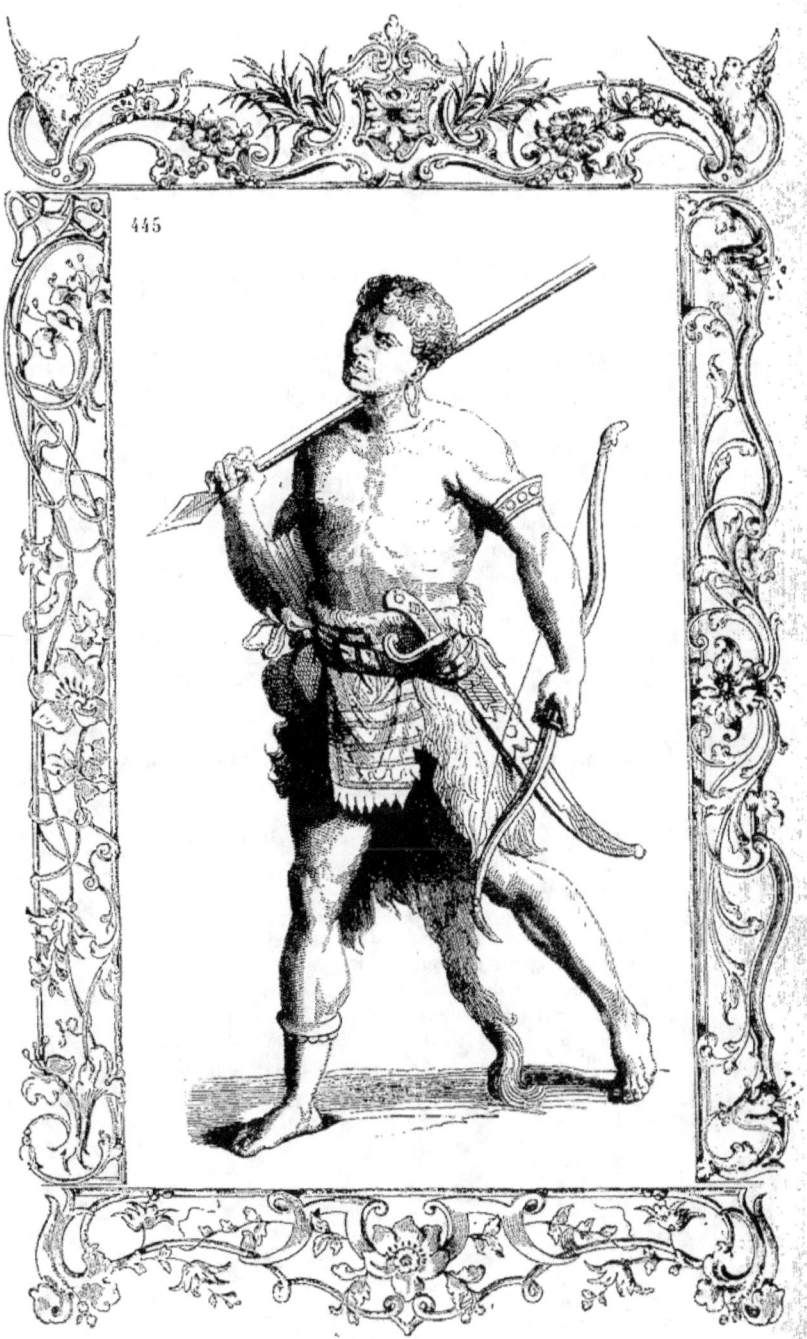

445

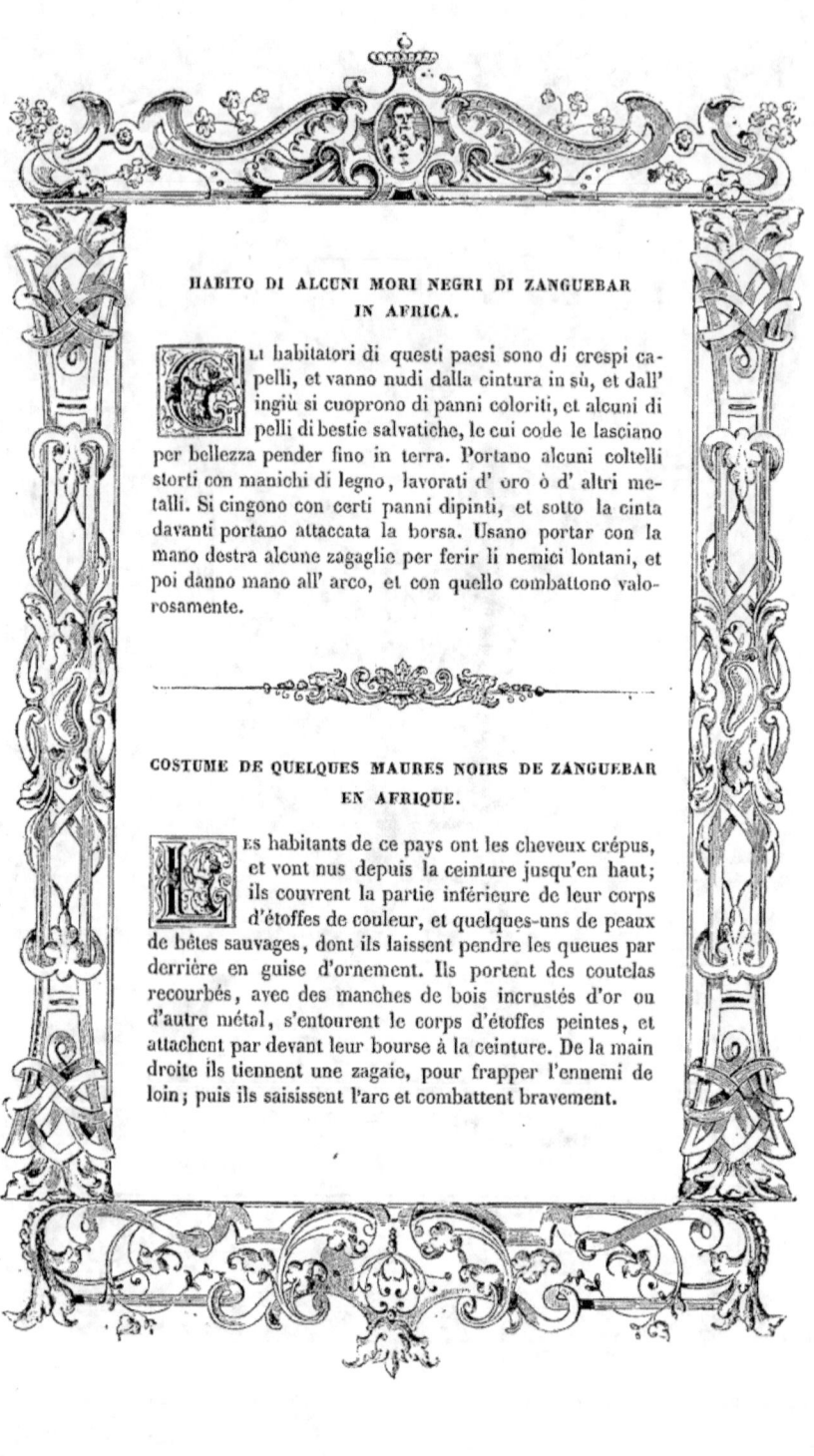

### HABITO DI ALCUNI MORI NEGRI DI ZANGUEBAR
### IN AFRICA.

Li habitatori di questi paesi sono di crespi capelli, et vanno nudi dalla cintura in sù, et dall' ingiù si cuoprono di panni coloriti, et alcuni di pelli di bestie salvatiche, le cui code le lasciano per bellezza pender fino in terra. Portano alcuni coltelli storti con manichi di legno, lavorati d' oro ò d' altri metalli. Si cingono con certi panni dipinti, et sotto la cinta davanti portano attaccata la borsa. Usano portar con la mano destra alcune zagaglie per ferir li nemici lontani, et poi danno mano all' arco, et con quello combattono valorosamente.

### COSTUME DE QUELQUES MAURES NOIRS DE ZANGUEBAR
### EN AFRIQUE.

Les habitants de ce pays ont les cheveux crépus, et vont nus depuis la ceinture jusqu'en haut; ils couvrent la partie inférieure de leur corps d'étoffes de couleur, et quelques-uns de peaux de bêtes sauvages, dont ils laissent pendre les queues par derrière en guise d'ornement. Ils portent des coutelas recourbés, avec des manches de bois incrustés d'or ou d'autre métal, s'entourent le corps d'étoffes peintes, et attachent par devant leur bourse à la ceinture. De la main droite ils tiennent une zagaie, pour frapper l'ennemi de loin; puis ils saisissent l'arc et combattent bravement.

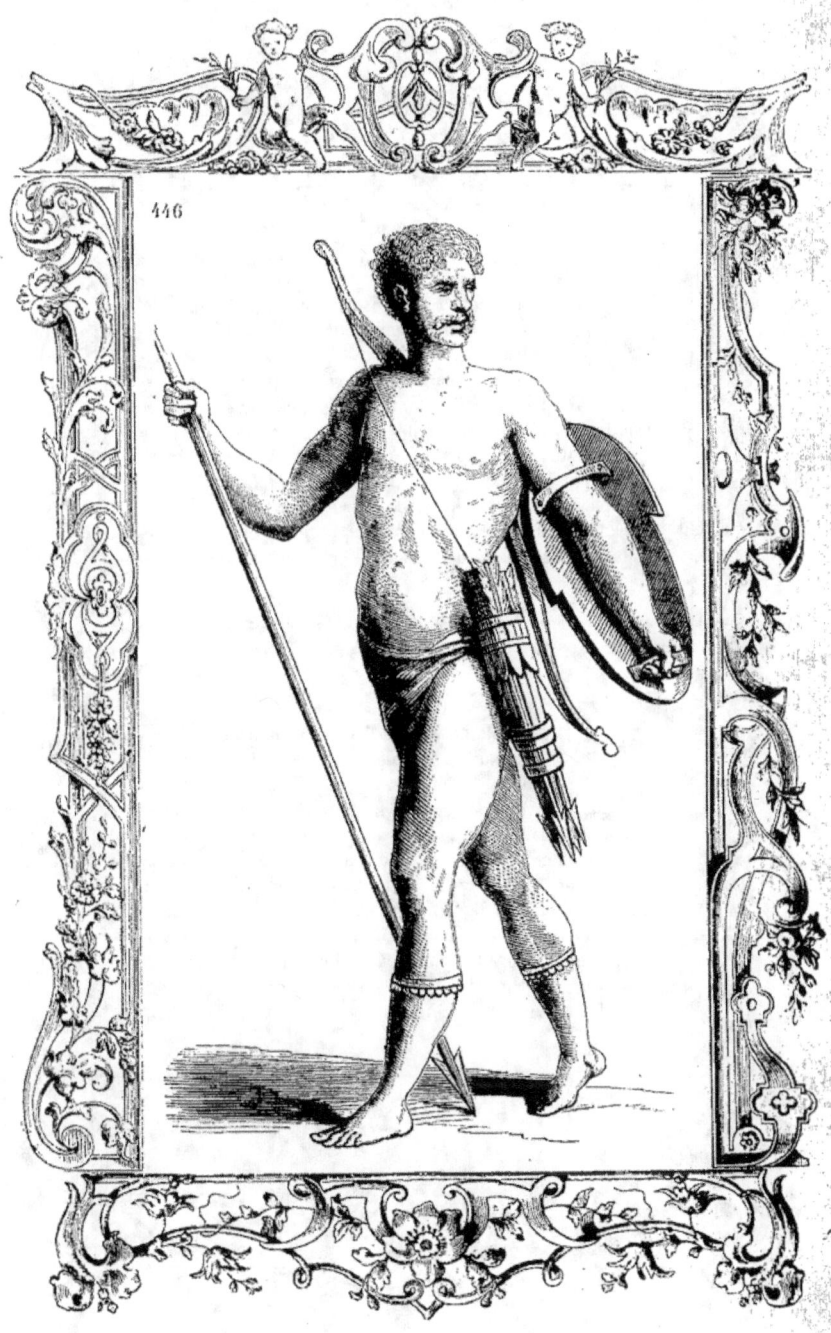

446

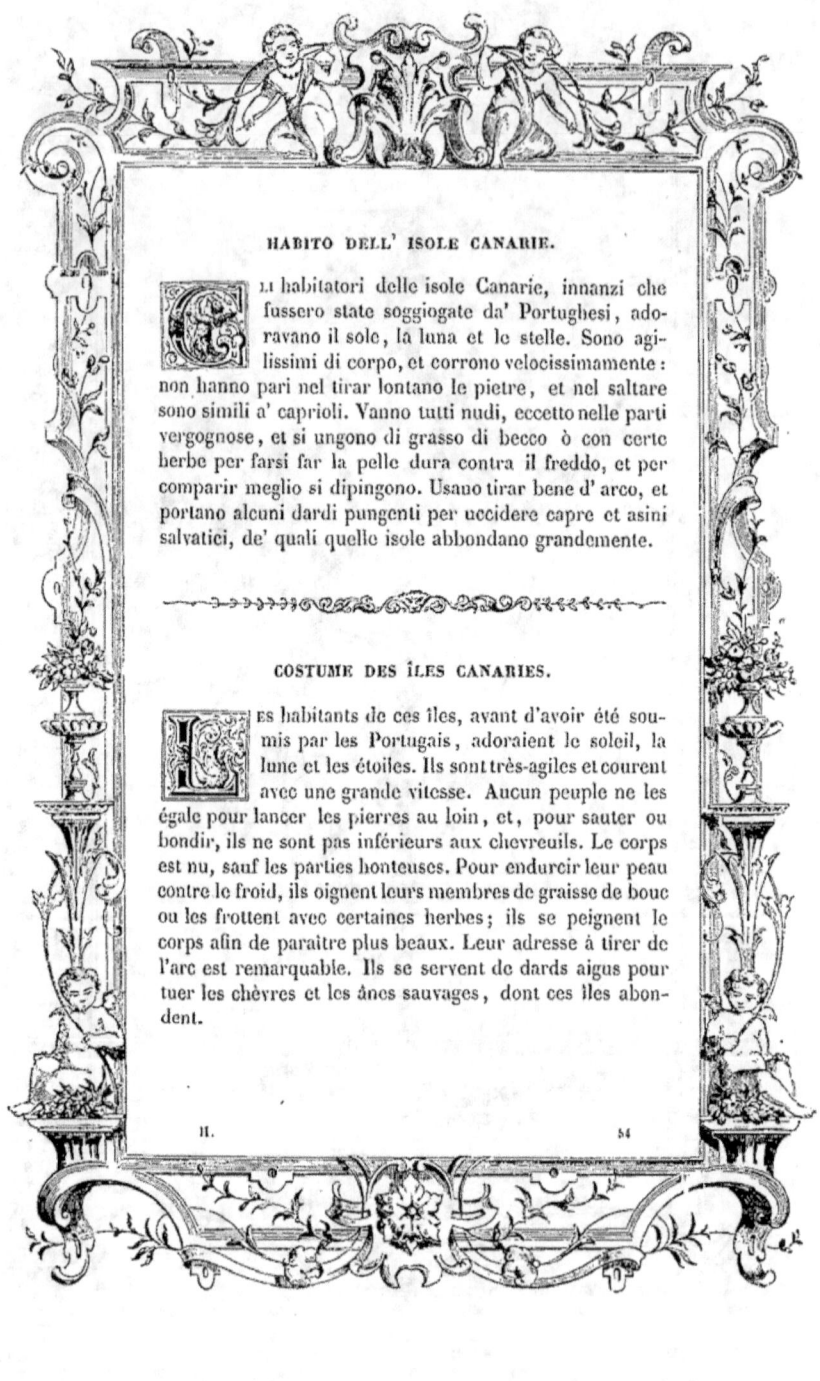

### HABITO DELL' ISOLE CANARIE.

ʟɪ habitatori delle isole Canarie, innanzi che fussero state soggiogate da' Portughesi, adoravano il sole, la luna et le stelle. Sono agilissimi di corpo, et corrono velocissimamente : non hanno pari nel tirar lontano le pietre, et nel saltare sono simili a' caprioli. Vanno tutti nudi, eccetto nelle parti vergognose, et si ungono di grasso di becco ò con certe herbe per farsi far la pelle dura contra il freddo, et per comparir meglio si dipingono. Usavo tirar bene d' arco, et portano alcuni dardi pungenti per uccidere capre et asini salvatici, de' quali quelle isole abbondano grandemente.

### COSTUME DES ÎLES CANARIES.

ʟᴇꜱ habitants de ces îles, avant d'avoir été soumis par les Portugais, adoraient le soleil, la lune et les étoiles. Ils sont très-agiles et courent avec une grande vitesse. Aucun peuple ne les égale pour lancer les pierres au loin, et, pour sauter ou bondir, ils ne sont pas inférieurs aux chevreuils. Le corps est nu, sauf les parties honteuses. Pour endurcir leur peau contre le froid, ils oignent leurs membres de graisse de bouc ou les frottent avec certaines herbes; ils se peignent le corps afin de paraître plus beaux. Leur adresse à tirer de l'arc est remarquable. Ils se servent de dards aigus pour tuer les chèvres et les ânes sauvages, dont ces îles abondent.

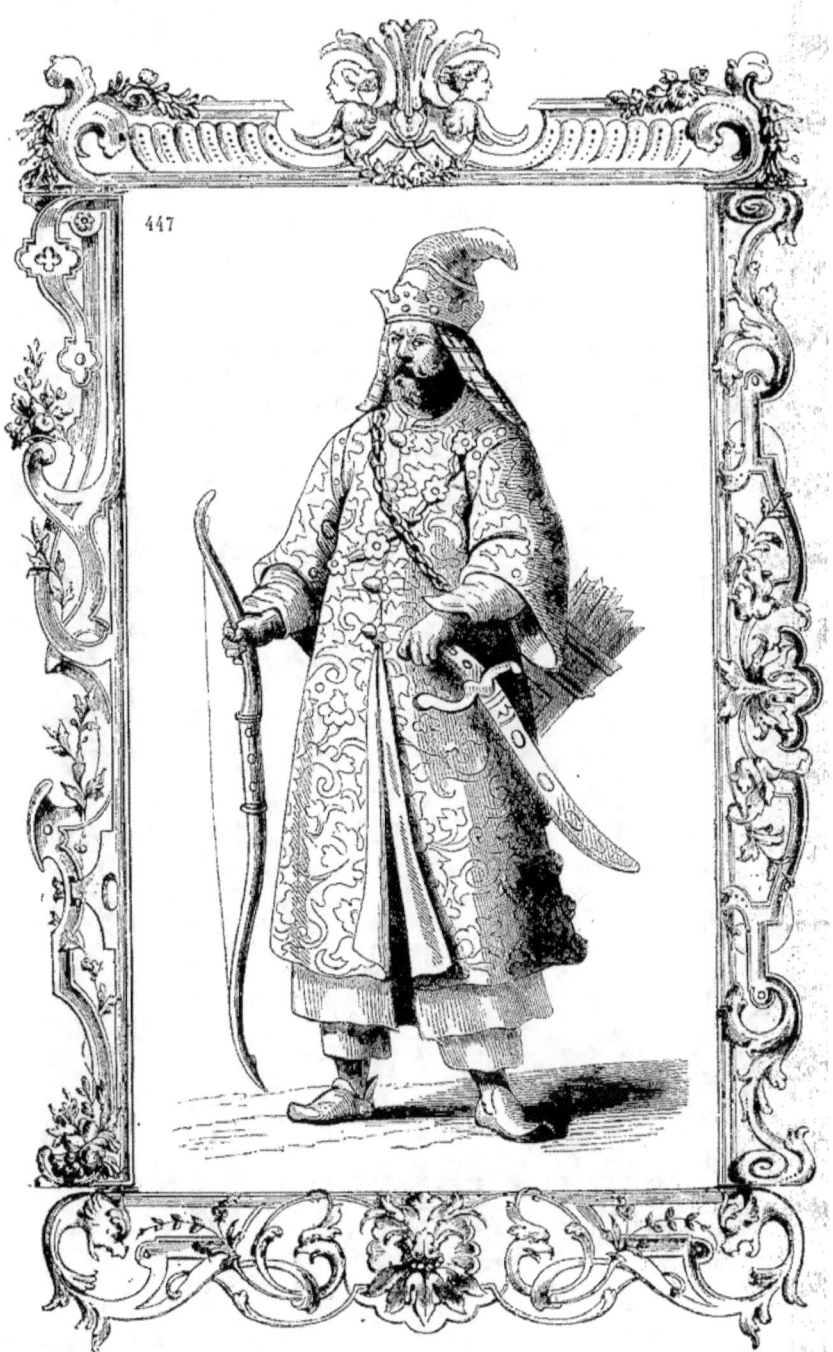
447

### GRAN CANE DE' TARTARI.

Usa questo rè di portare sotto la corona un' ornamento alto, il quale sporge in fuori à guisa di corno, le estremità del quale cascano di quà et di là à canto l' orecchie. Al collo porta due grosse catene d' oro, à una delle quali porta attaccata la scimitarra, ornata di varie gemme. La veste è di broccato, et affibbiata dal petto in sù con bottoni d' oro, si come anco da le bande; dal mezzo in giù è aperta, et lunga fino à mezza gamba, onde si veggono le braghesse di sottilissima tela. Usa per arme l' arco et la scimitarra, et è potentissimo rè.

### GRAND KAN DES TARTARES.

Ce roi porte sous sa couronne un ornement haut qui se dresse en forme de corne, et dont les extrémités tombent des deux côtés près des oreilles. Du cou pendent deux grosses chaînes d'or, à l'une desquelles est attaché le sabre, enrichi de pierres précieuses. Le vêtement, de brocart, long jusqu'à mi-jambe, se ferme à la poitrine et sur les côtés par des boutons d'or; comme il est ouvert depuis la ceinture jusqu'en bas, on voit les pantalons, qui sont d'une toile très-fine. Il porte le sabre et l'arc, et c'est un roi très-puissant.

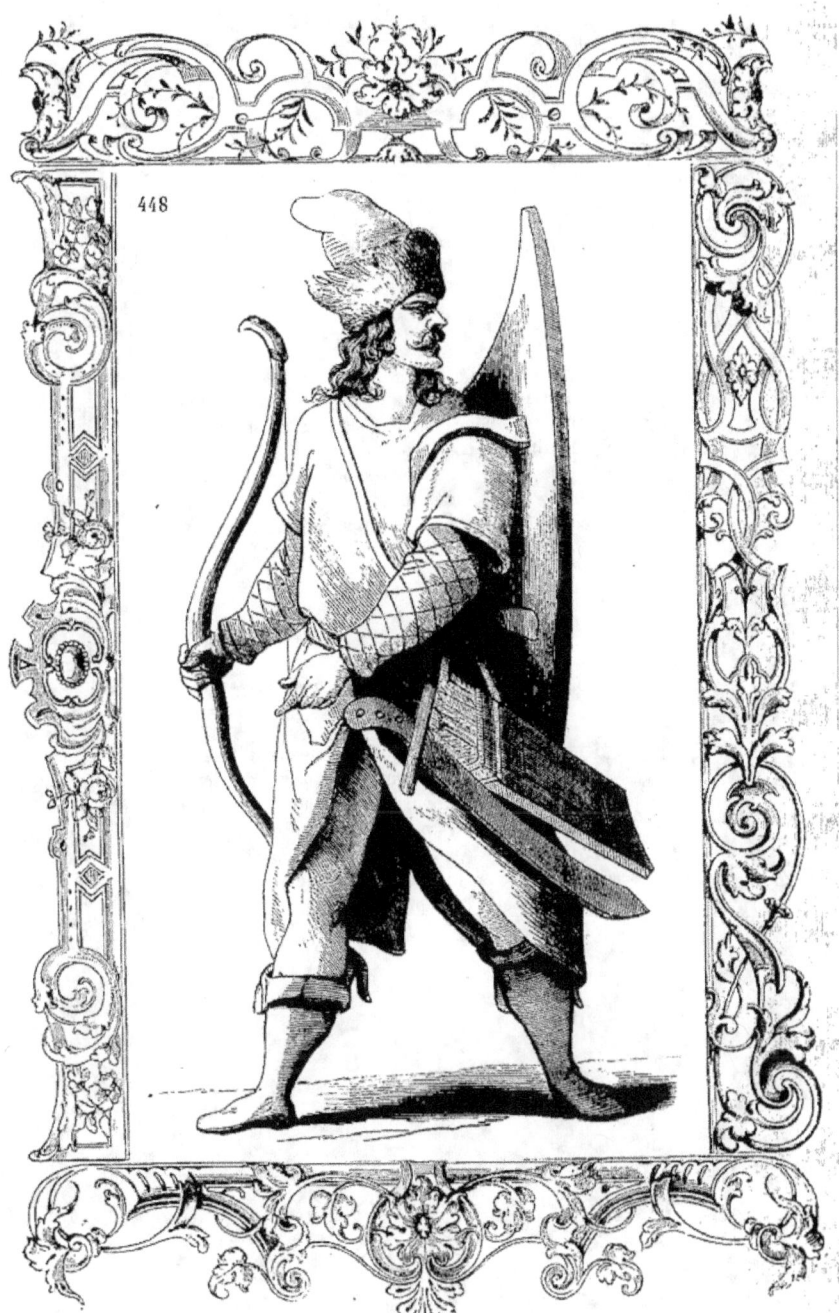

448

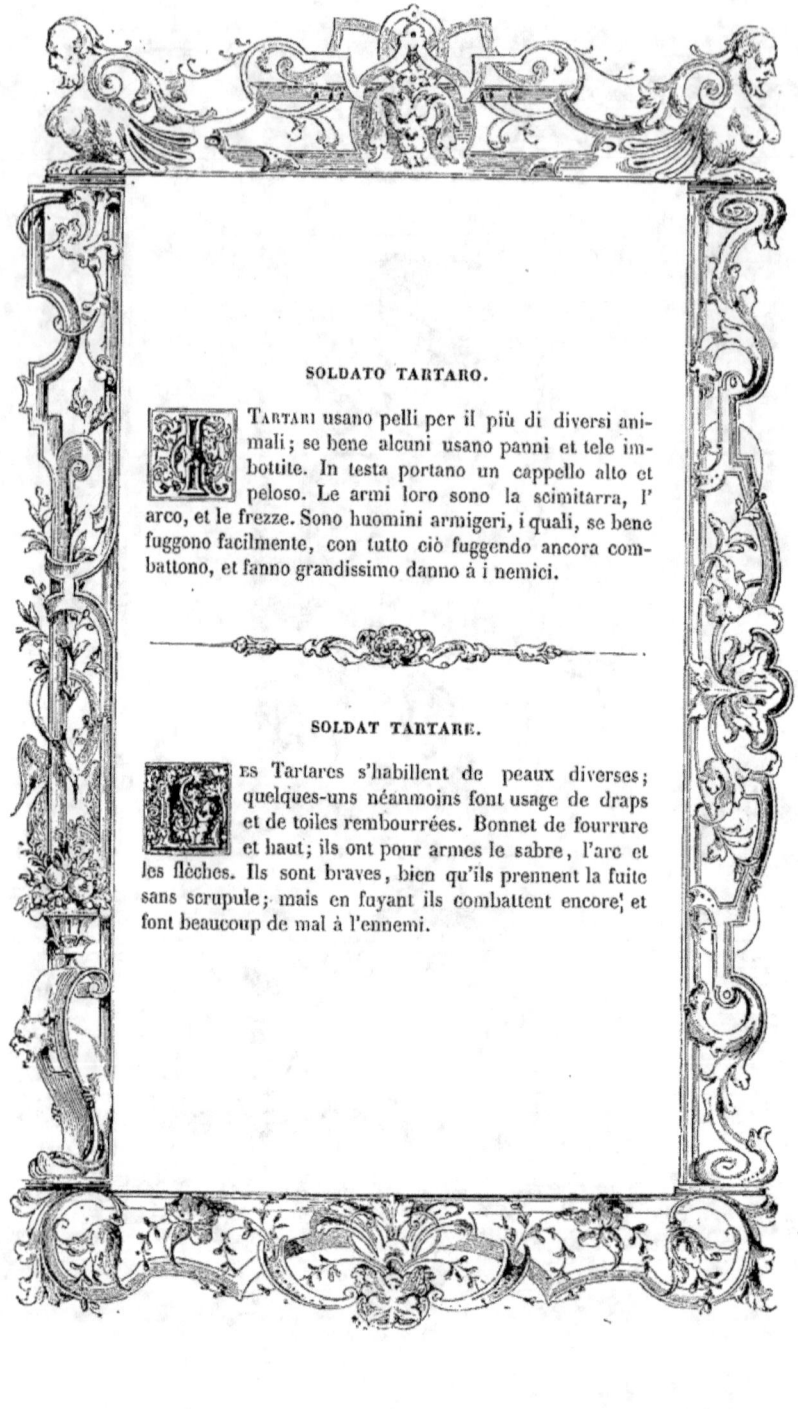

### SOLDATO TARTARO.

T<small>ARTARI</small> usano pelli per il più di diversi animali; se bene alcuni usano panni et tele imbottite. In testa portano un cappello alto et peloso. Le armi loro sono la scimitarra, l'arco, et le frezze. Sono huomini armigeri, i quali, se bene fuggono facilmente, con tutto ciò fuggendo ancora combattono, et fanno grandissimo danno à i nemici.

---

### SOLDAT TARTARE.

L<small>ES</small> Tartares s'habillent de peaux diverses; quelques-uns néanmoins font usage de draps et de toiles rembourrées. Bonnet de fourrure et haut; ils ont pour armes le sabre, l'arc et les flèches. Ils sont braves, bien qu'ils prennent la fuite sans scrupule; mais en fuyant ils combattent encore, et font beaucoup de mal à l'ennemi.

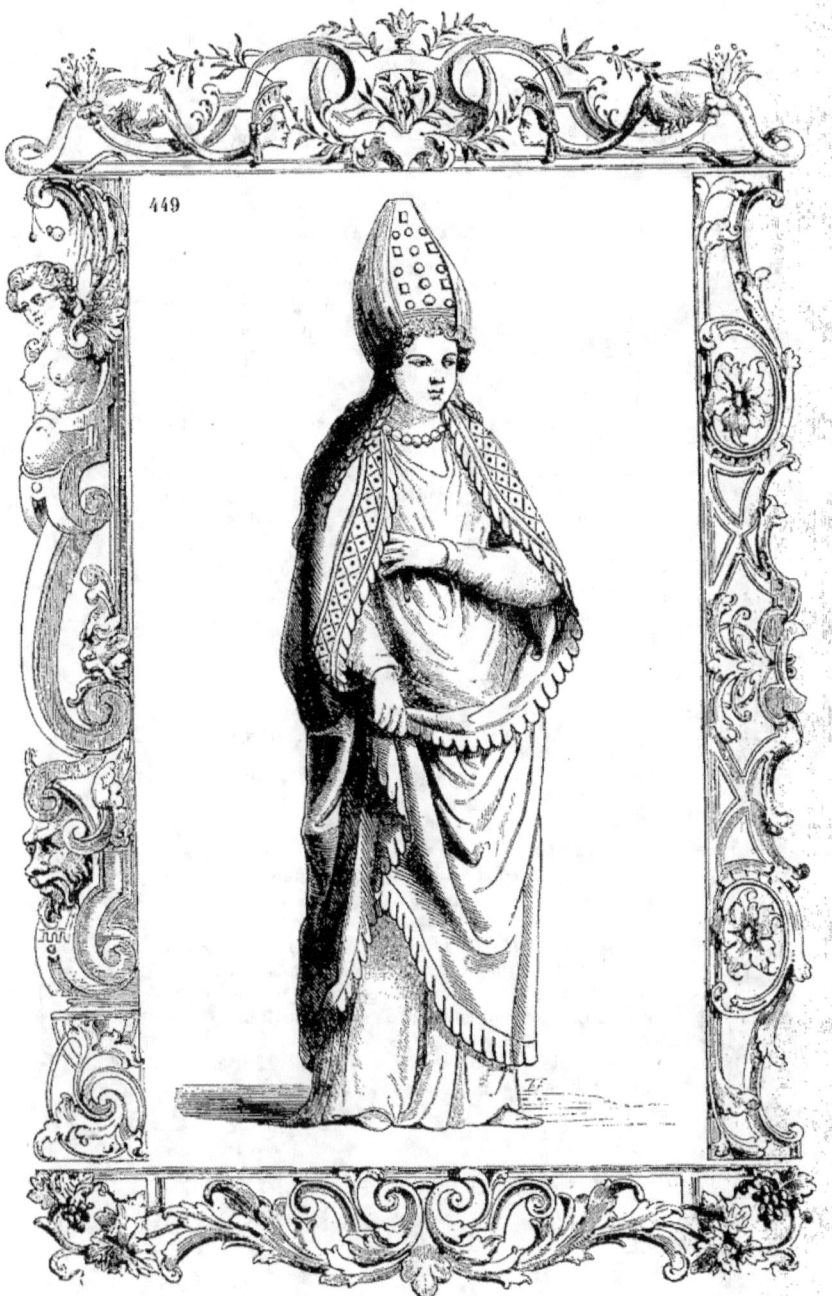
449

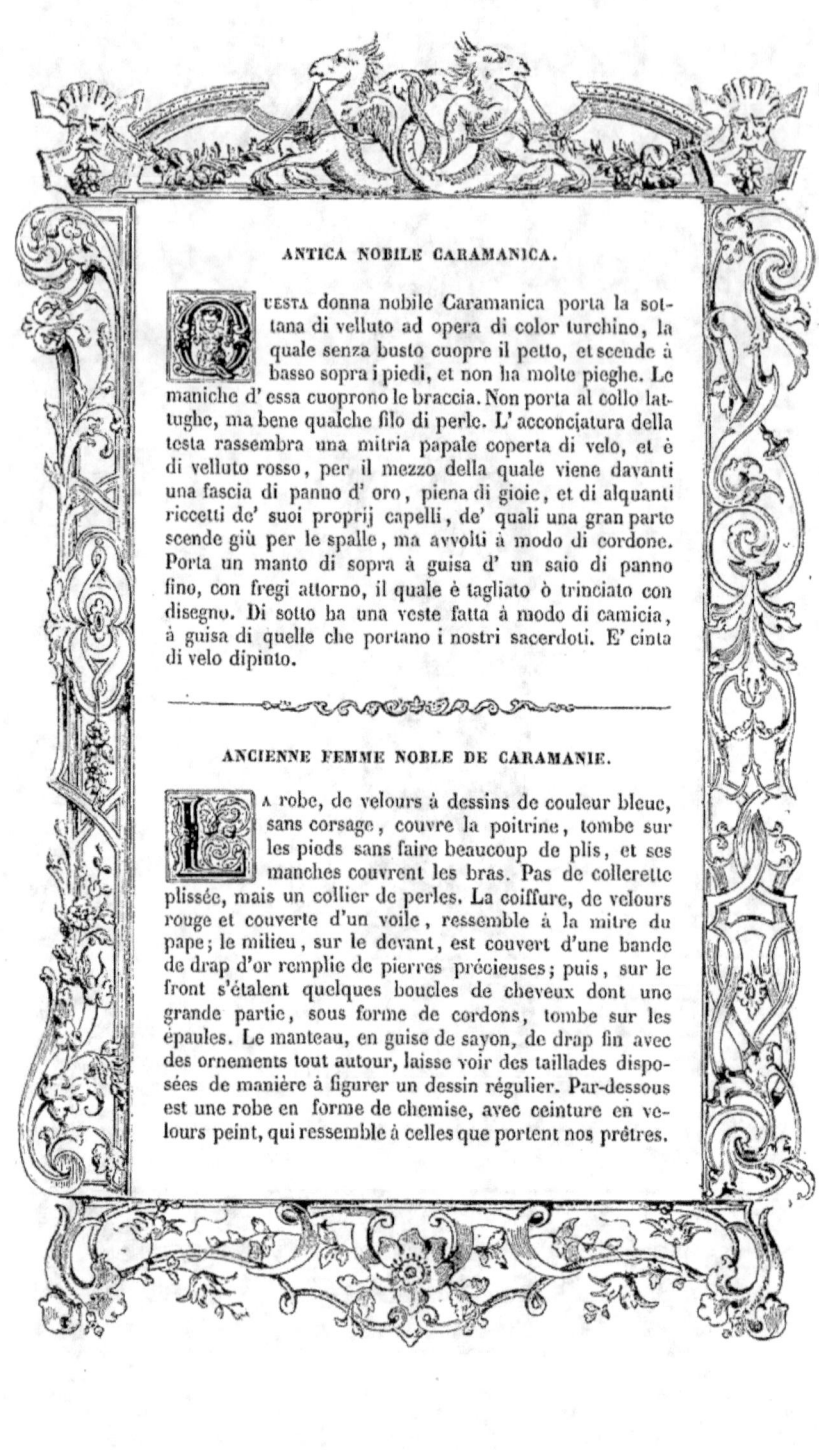

### ANTICA NOBILE CARAMANICA.

Uesta donna nobile Caramanica porta la sottana di velluto ad opera di color turchino, la quale senza busto cuopre il petto, et scende à basso sopra i piedi, et non ha molte pieghe. Le maniche d' essa cuoprono le braccia. Non porta al collo lattughe, ma bene qualche filo di perle. L' acconciatura della testa rassembra una mitria papale coperta di velo, et è di velluto rosso, per il mezzo della quale viene davanti una fascia di panno d' oro, piena di gioie, et di alquanti riccetti de' suoi proprij capelli, de' quali una gran parte scende giù per le spalle, ma avvolti à modo di cordone. Porta un manto di sopra à guisa d' un saio di panno fino, con fregi attorno, il quale è tagliato ò trinciato con disegno. Di sotto ha una veste fatta à modo di camicia, à guisa di quelle che portano i nostri sacerdoti. E' cinta di velo dipinto.

### ANCIENNE FEMME NOBLE DE CARAMANIE.

LA robe, de velours à dessins de couleur bleue, sans corsage, couvre la poitrine, tombe sur les pieds sans faire beaucoup de plis, et ses manches couvrent les bras. Pas de collerette plissée, mais un collier de perles. La coiffure, de velours rouge et couverte d'un voile, ressemble à la mitre du pape; le milieu, sur le devant, est couvert d'une bande de drap d'or remplie de pierres précieuses; puis, sur le front s'étalent quelques boucles de cheveux dont une grande partie, sous forme de cordons, tombe sur les épaules. Le manteau, en guise de sayon, de drap fin avec des ornements tout autour, laisse voir des taillades disposées de manière à figurer un dessin régulier. Par-dessous est une robe en forme de chemise, avec ceinture en velours peint, qui ressemble à celles que portent nos prêtres.

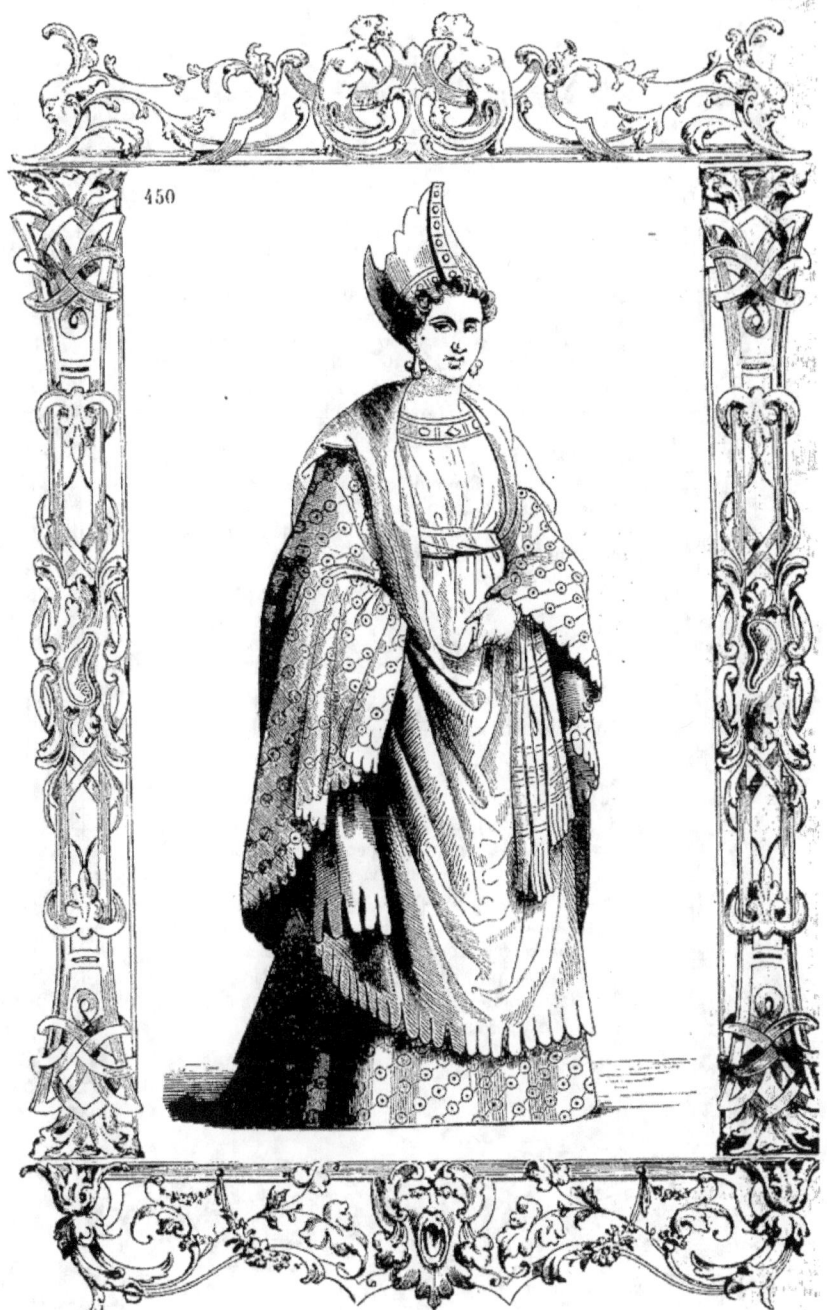

450

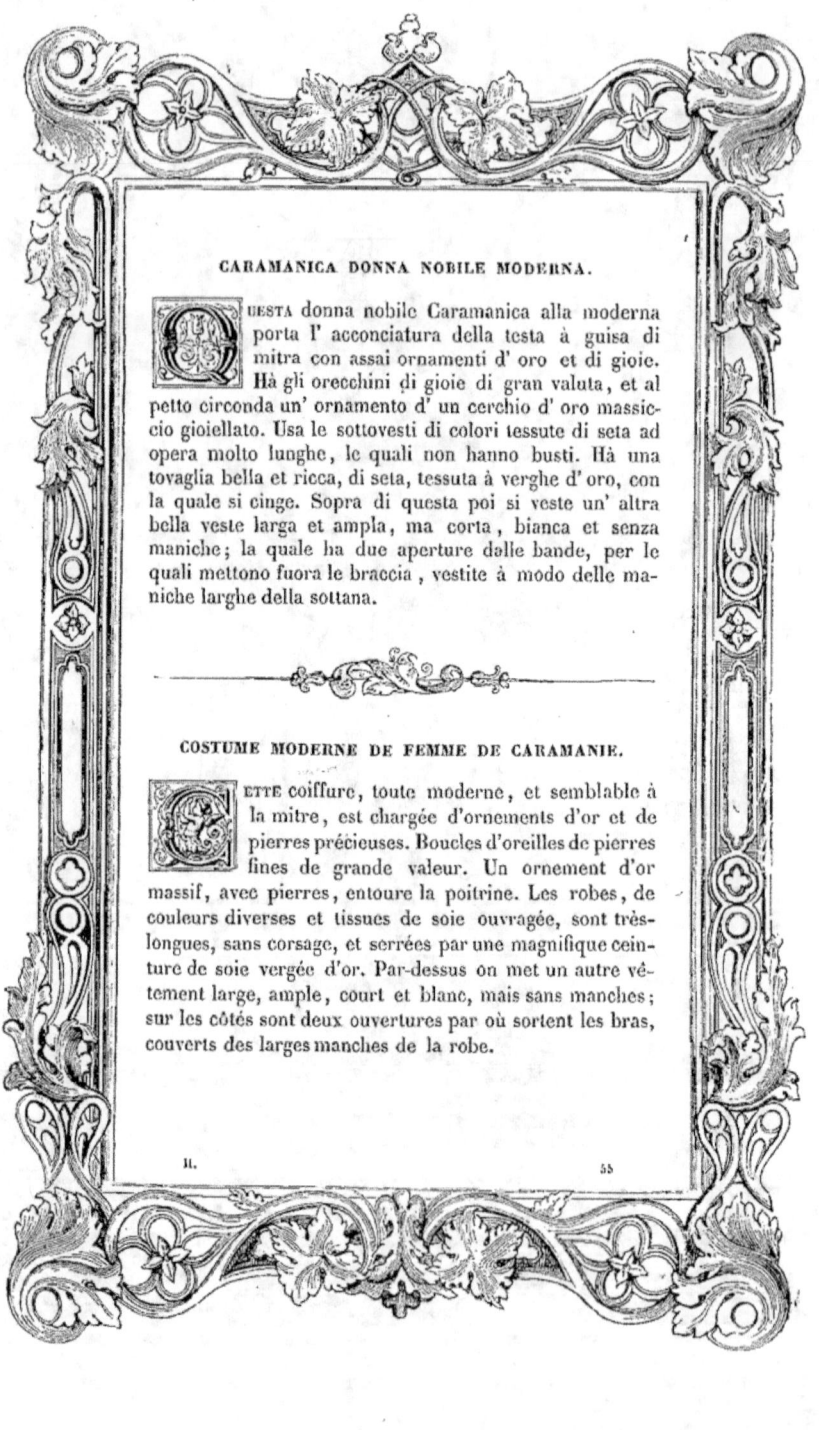

### CARAMANICA DONNA NOBILE MODERNA.

QUESTA donna nobile Caramanica alla moderna porta l' acconciatura della testa à guisa di mitra con assai ornamenti d' oro et di gioie. Hà gli orecchini di gioie di gran valuta, et al petto circonda un' ornamento d' un cerchio d' oro massiccio gioiellato. Usa le sottovesti di colori tessute di seta ad opera molto lunghe, le quali non hanno busti. Hà una tovaglia bella et ricca, di seta, tessuta à verghe d' oro, con la quale si cinge. Sopra di questa poi si veste un' altra bella veste larga et ampla, ma corta, bianca et senza maniche; la quale ha due aperture dalle bande, per le quali mettono fuora le braccia, vestite à modo delle maniche larghe della sottana.

### COSTUME MODERNE DE FEMME DE CARAMANIE.

CETTE coiffure, toute moderne, et semblable à la mitre, est chargée d'ornements d'or et de pierres précieuses. Boucles d'oreilles de pierres fines de grande valeur. Un ornement d'or massif, avec pierres, entoure la poitrine. Les robes, de couleurs diverses et tissues de soie ouvragée, sont très-longues, sans corsage, et serrées par une magnifique ceinture de soie vergée d'or. Par-dessus on met un autre vêtement large, ample, court et blanc, mais sans manches; sur les côtés sont deux ouvertures par où sortent les bras, couverts des larges manches de la robe.

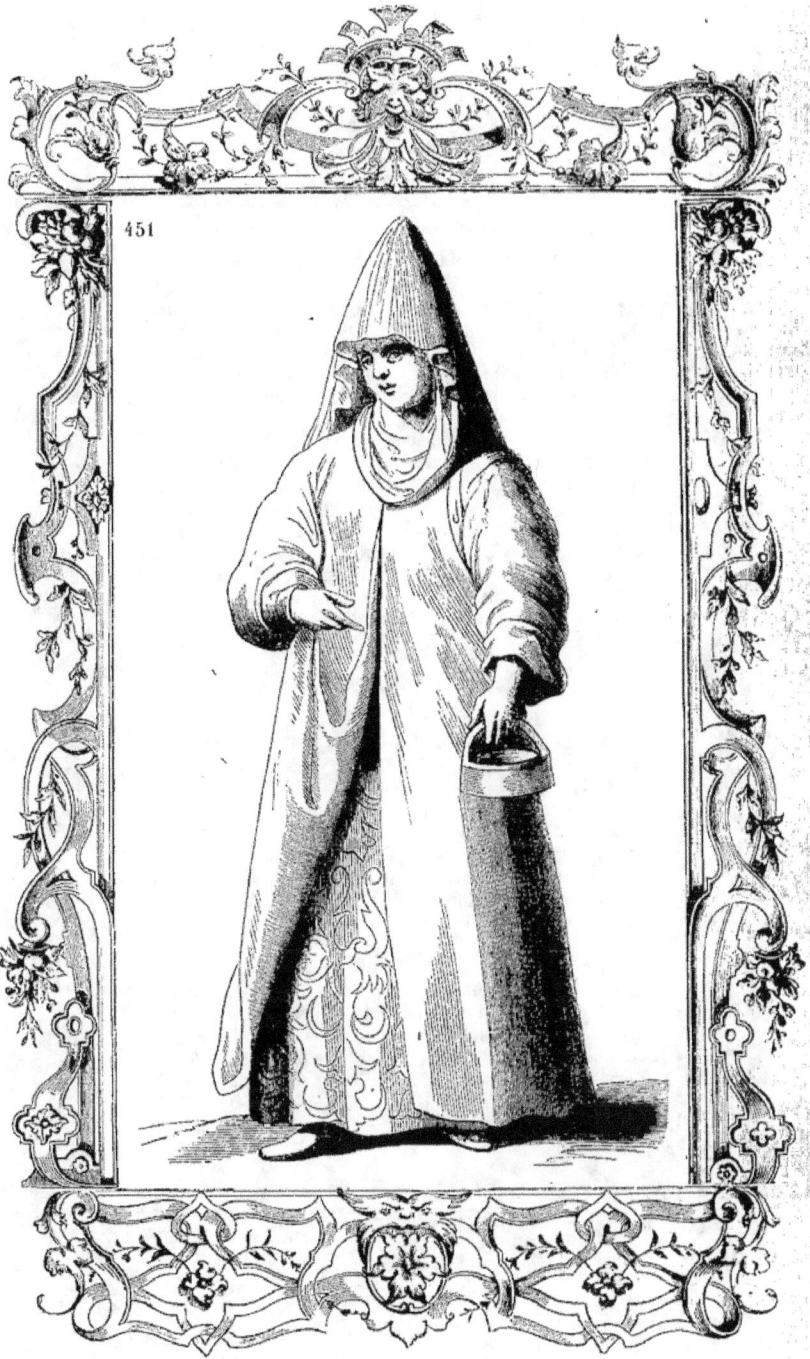

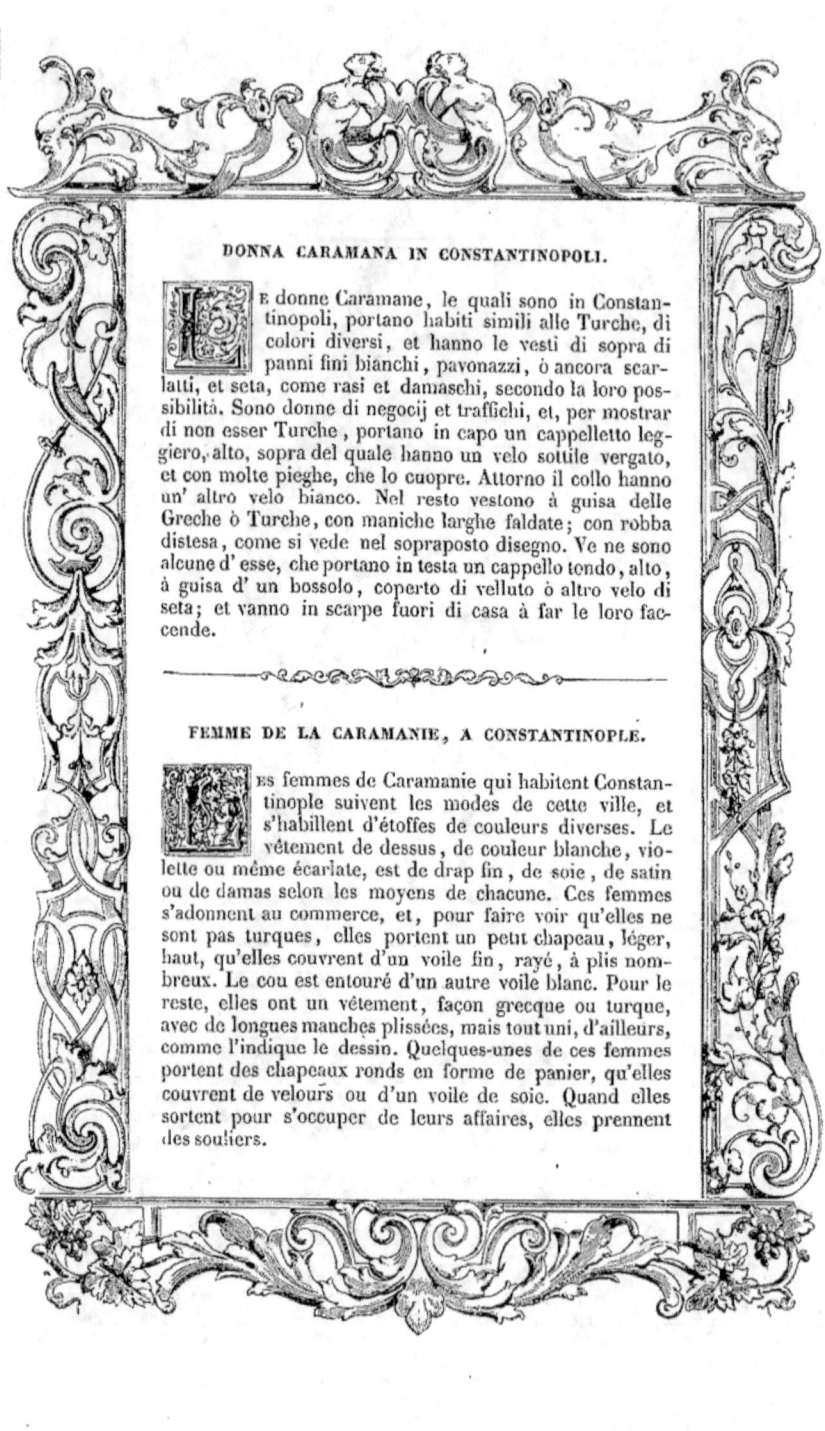

### DONNA CARAMANA IN CONSTANTINOPOLI.

LE donne Caramane, le quali sono in Constantinopoli, portano habiti simili alle Turche, di colori diversi, et hanno le vesti di sopra di panni fini bianchi, pavonazzi, ò ancora scarlatti, et seta, come rasi et damaschi, secondo la loro possibilità. Sono donne di negocij et traffichi, et, per mostrar di non esser Turche, portano in capo un cappelletto leggiero, alto, sopra del quale hanno un velo sottile vergato, et con molte pieghe, che lo cuopre. Attorno il collo hanno un' altro velo bianco. Nel resto vestono à guisa delle Greche ò Turche, con maniche larghe faldate; con robba distesa, come si vede nel sopraposto disegno. Ve ne sono alcune d' esse, che portano in testa un cappello tondo, alto, à guisa d' un bossolo, coperto di velluto ò altro velo di seta; et vanno in scarpe fuori di casa à far le loro faccende.

### FEMME DE LA CARAMANIE, A CONSTANTINOPLE.

LES femmes de Caramanie qui habitent Constantinople suivent les modes de cette ville, et s'habillent d'étoffes de couleurs diverses. Le vêtement de dessus, de couleur blanche, violette ou même écarlate, est de drap fin, de soie, de satin ou de damas selon les moyens de chacune. Ces femmes s'adonnent au commerce, et, pour faire voir qu'elles ne sont pas turques, elles portent un petit chapeau, léger, haut, qu'elles couvrent d'un voile fin, rayé, à plis nombreux. Le cou est entouré d'un autre voile blanc. Pour le reste, elles ont un vêtement, façon grecque ou turque, avec de longues manches plissées, mais tout uni, d'ailleurs, comme l'indique le dessin. Quelques-unes de ces femmes portent des chapeaux ronds en forme de panier, qu'elles couvrent de velours ou d'un voile de soie. Quand elles sortent pour s'occuper de leurs affaires, elles prennent des souliers.

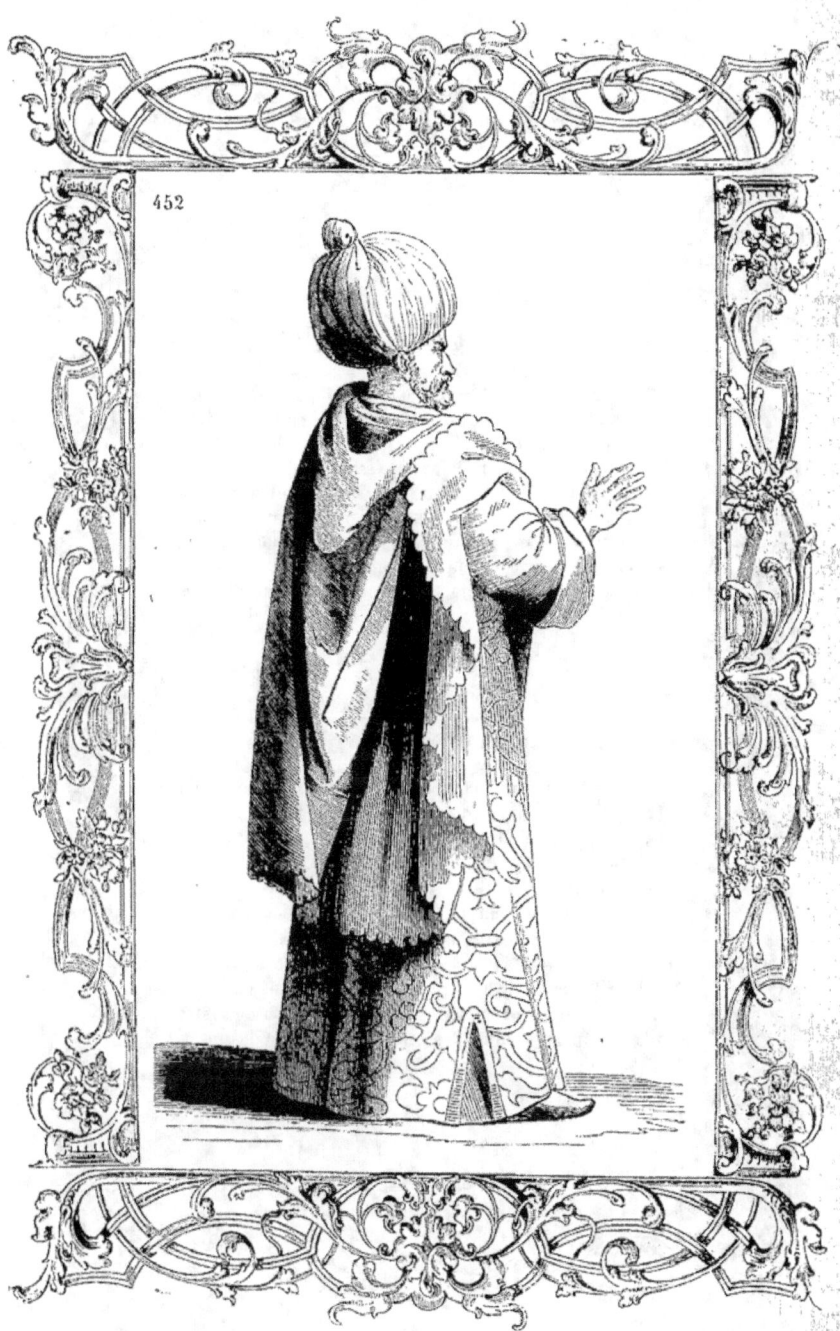
452

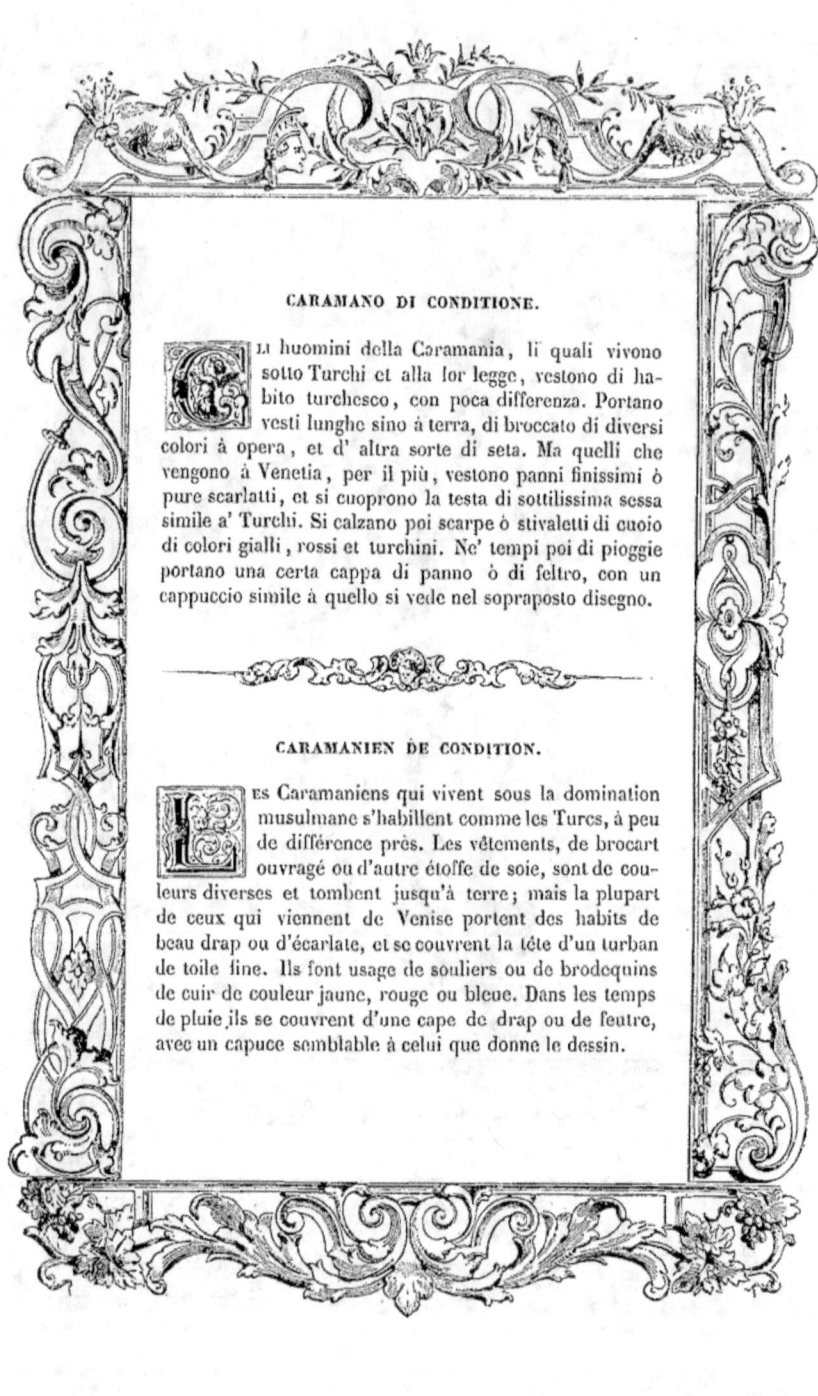

### CARAMANO DI CONDITIONE.

Li huomini della Caramania, li quali vivono sotto Turchi et alla lor legge, vestono di habito turchesco, con poca differenza. Portano vesti lunghe sino à terra, di broccato di diversi colori à opera, et d' altra sorte di seta. Ma quelli che vengono à Venetia, per il più, vestono panni finissimi ò pure scarlatti, et si cuoprono la testa di sottilissima sessa simile a' Turchi. Si calzano poi scarpe ò stivaletti di cuoio di colori gialli, rossi et turchini. Ne' tempi poi di pioggie portano una certa cappa di panno ò di feltro, con un cappuccio simile à quello si vede nel sopraposto disegno.

### CARAMANIEN DE CONDITION.

Les Caramaniens qui vivent sous la domination musulmane s'habillent comme les Turcs, à peu de différence près. Les vêtements, de brocart ouvragé ou d'autre étoffe de soie, sont de couleurs diverses et tombent jusqu'à terre; mais la plupart de ceux qui viennent de Venise portent des habits de beau drap ou d'écarlate, et se couvrent la tête d'un turban de toile fine. Ils font usage de souliers ou de brodequins de cuir de couleur jaune, rouge ou bleue. Dans les temps de pluie ils se couvrent d'une cape de drap ou de feutre, avec un capuce semblable à celui que donne le dessin.

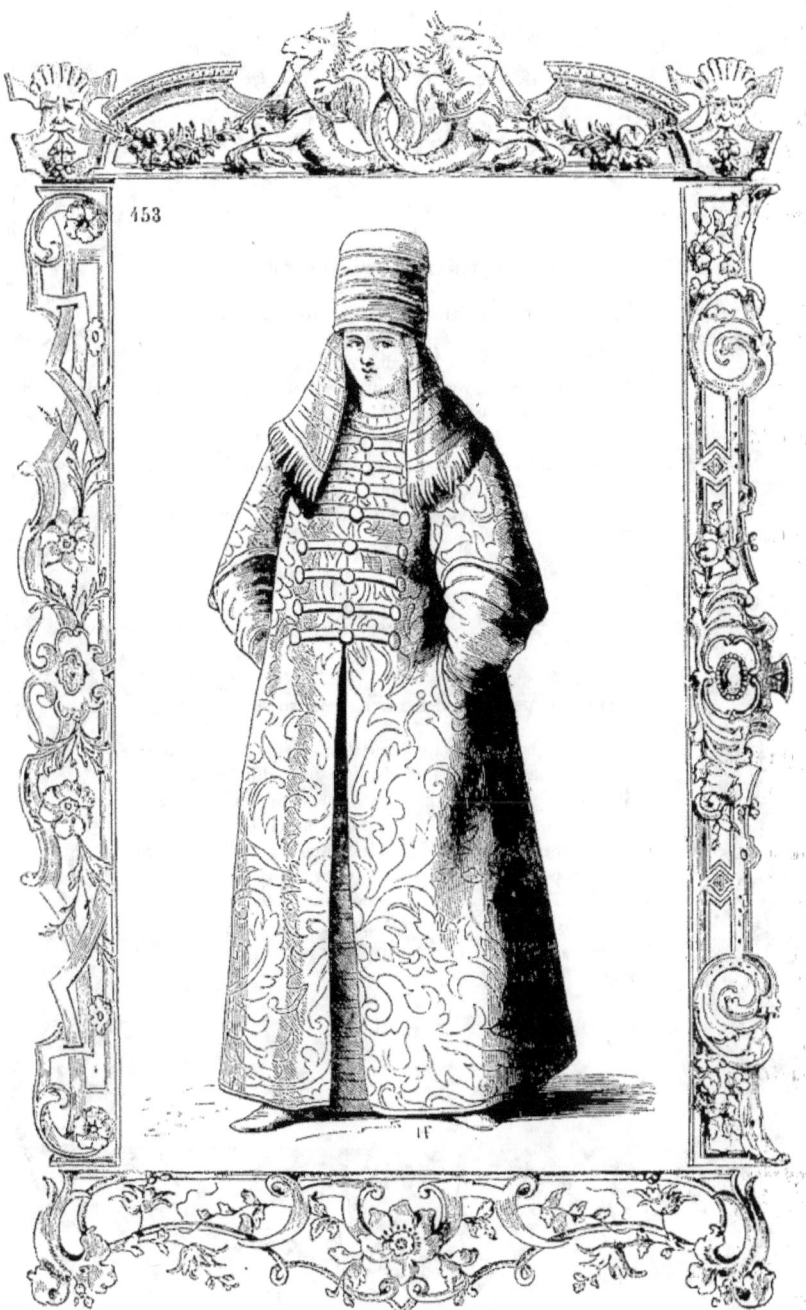

453

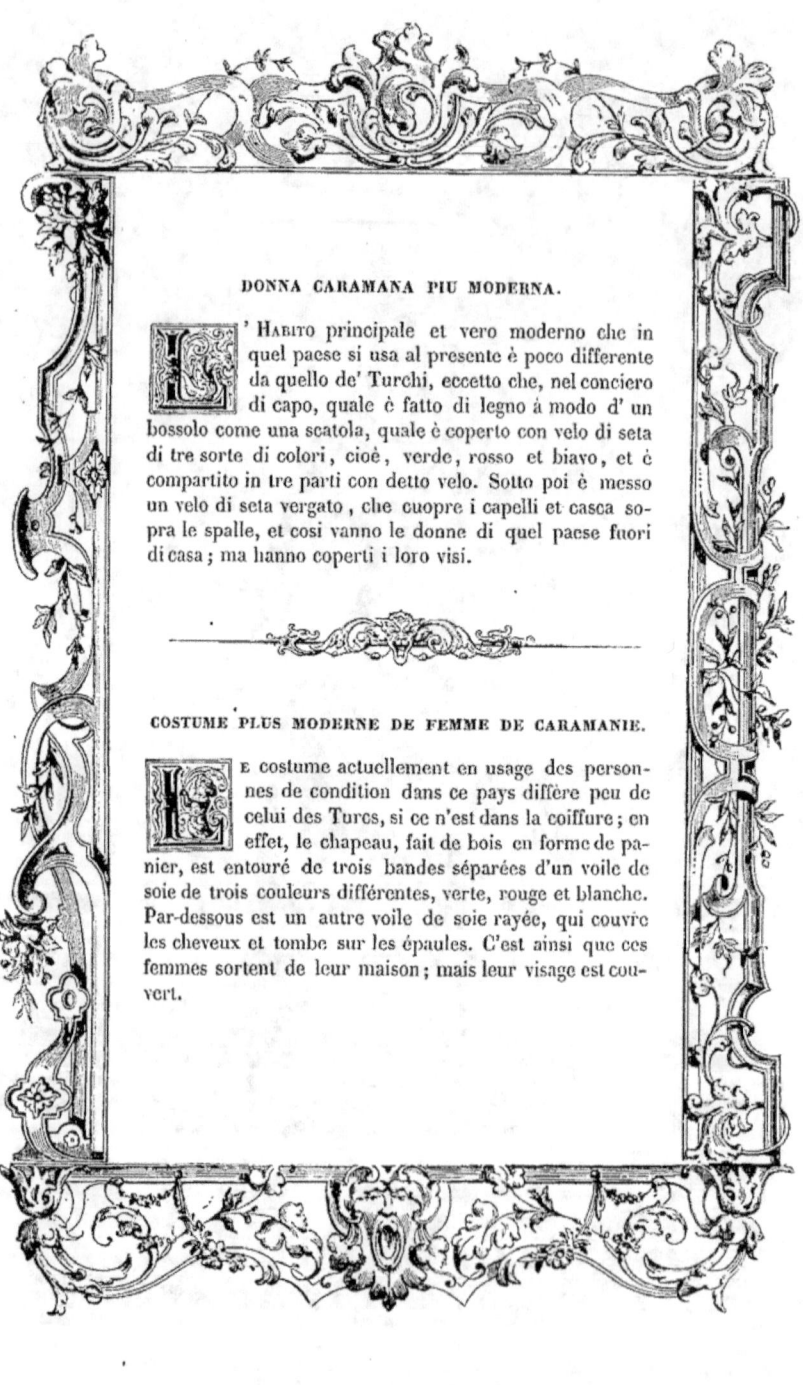

### DONNA CARAMANA PIU MODERNA.

L'HABITO principale et vero moderno che in quel paese si usa al presente è poco differente da quello de' Turchi, eccetto che, nel conciero di capo, quale è fatto di legno à modo d'un bossolo come una scatola, quale è coperto con velo di seta di tre sorte di colori, cioè, verde, rosso et biavo, et è compartito in tre parti con detto velo. Sotto poi è messo un velo di seta vergato, che cuopre i capelli e casca sopra le spalle, et cosi vanno le donne di quel paese fuori di casa; ma hanno coperti i loro visi.

### COSTUME PLUS MODERNE DE FEMME DE CARAMANIE.

LE costume actuellement en usage des personnes de condition dans ce pays diffère peu de celui des Turcs, si ce n'est dans la coiffure; en effet, le chapeau, fait de bois en forme de panier, est entouré de trois bandes séparées d'un voile de soie de trois couleurs différentes, verte, rouge et blanche. Par-dessous est un autre voile de soie rayée, qui couvre les cheveux et tombe sur les épaules. C'est ainsi que ces femmes sortent de leur maison; mais leur visage est couvert.

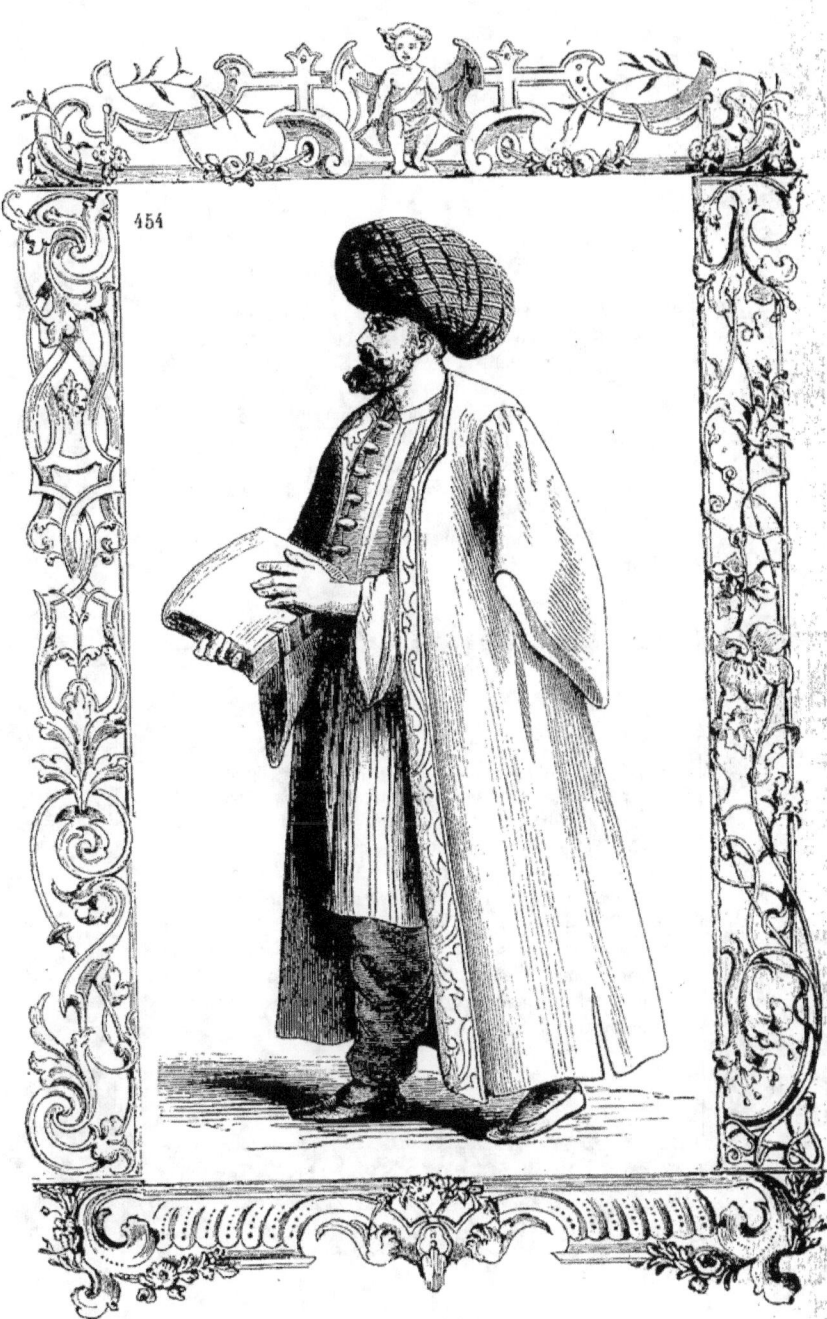
454

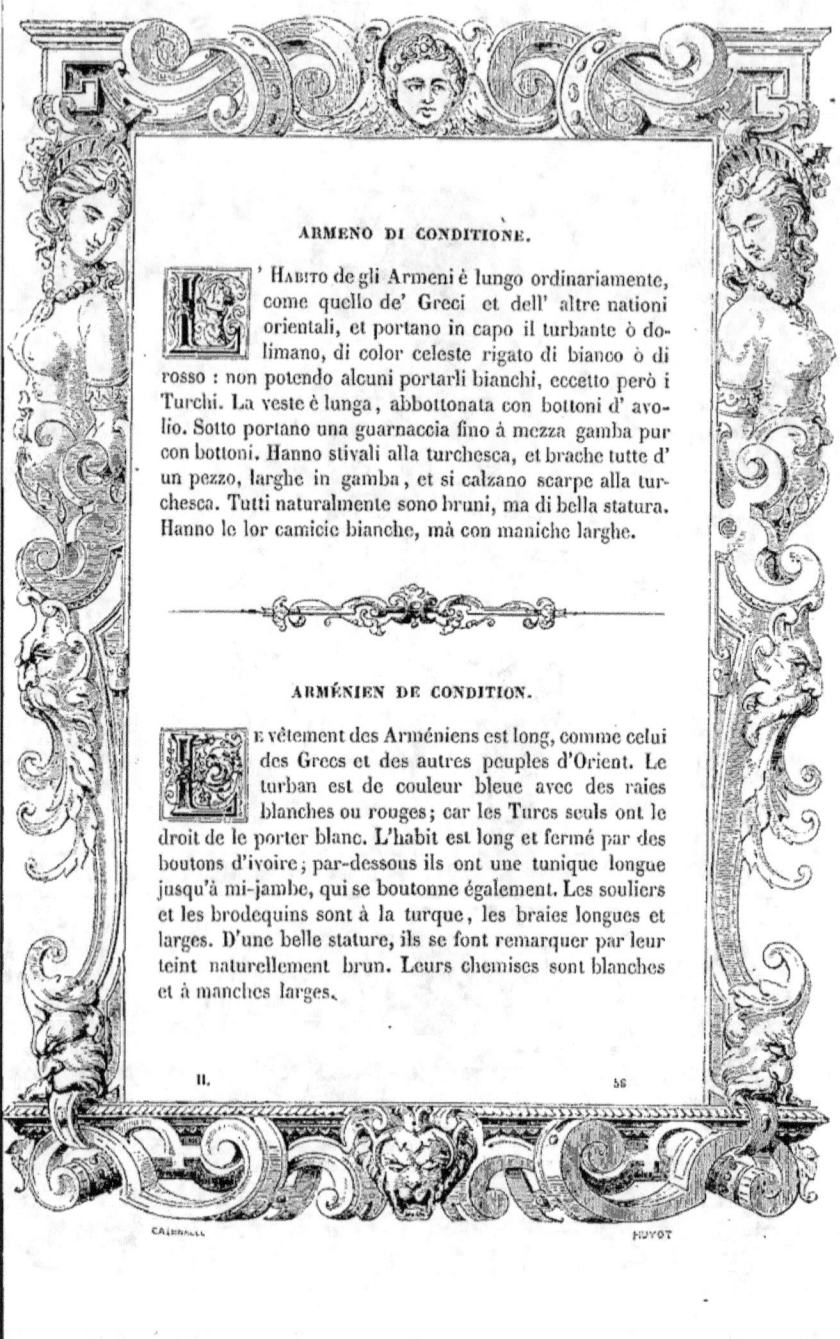

### ARMENO DI CONDITIONE.

'Habito de gli Armeni è lungo ordinariamente, come quello de' Greci et dell' altre nationi orientali, et portano in capo il turbante ò dolimano, di color celeste rigato di bianco ò di rosso : non potendo alcuni portarli bianchi, eccetto però i Turchi. La veste è lunga, abbottonata con bottoni d' avolio. Sotto portano una guarnaccia fino à mezza gamba pur con bottoni. Hanno stivali alla turchesca, et brache tutte d' un pezzo, larghe in gamba, et si calzano scarpe alla turchesca. Tutti naturalmente sono bruni, ma di bella statura. Hanno le lor camicie bianche, mà con maniche larghe.

### ARMÉNIEN DE CONDITION.

E vêtement des Arméniens est long, comme celui des Grecs et des autres peuples d'Orient. Le turban est de couleur bleue avec des raies blanches ou rouges; car les Turcs seuls ont le droit de le porter blanc. L'habit est long et fermé par des boutons d'ivoire; par-dessous ils ont une tunique longue jusqu'à mi-jambe, qui se boutonne également. Les souliers et les brodequins sont à la turque, les braies longues et larges. D'une belle stature, ils se font remarquer par leur teint naturellement brun. Leurs chemises sont blanches et à manches larges.

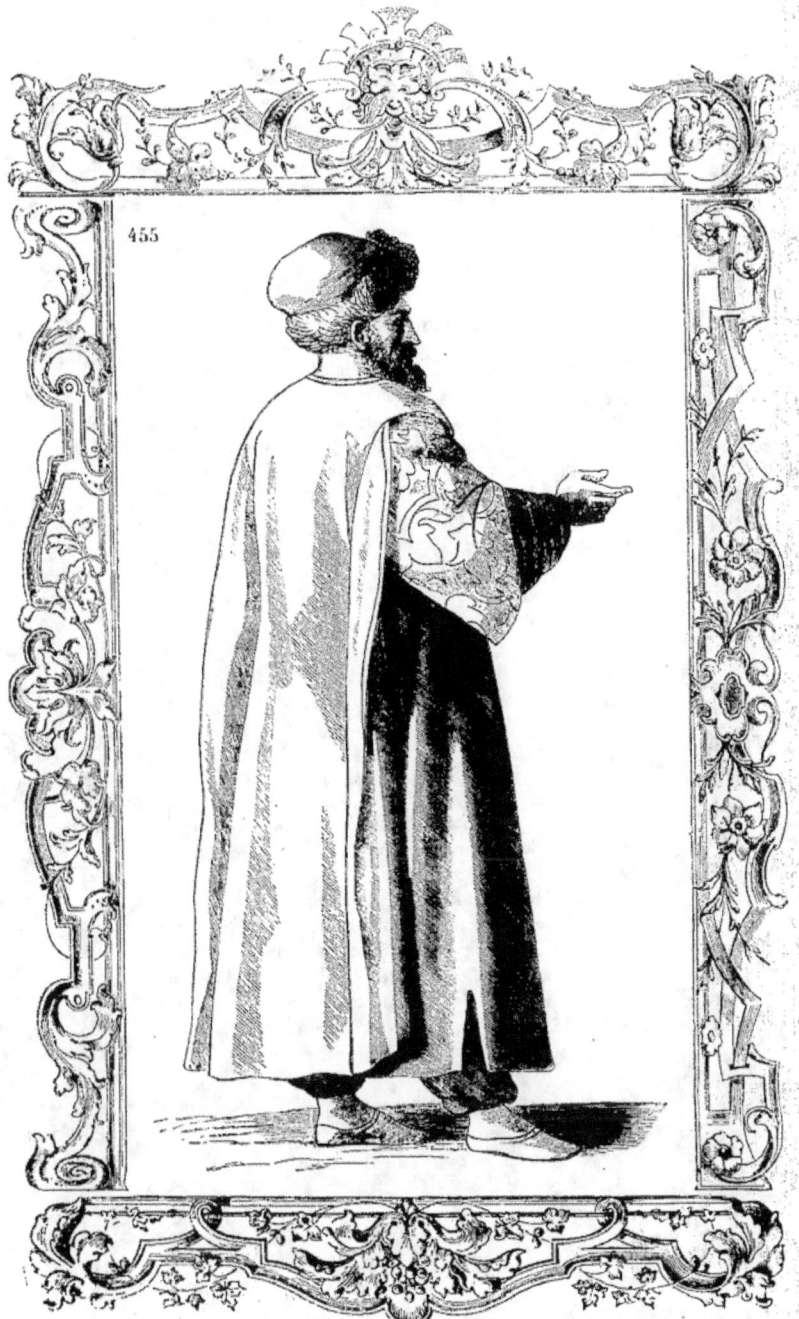

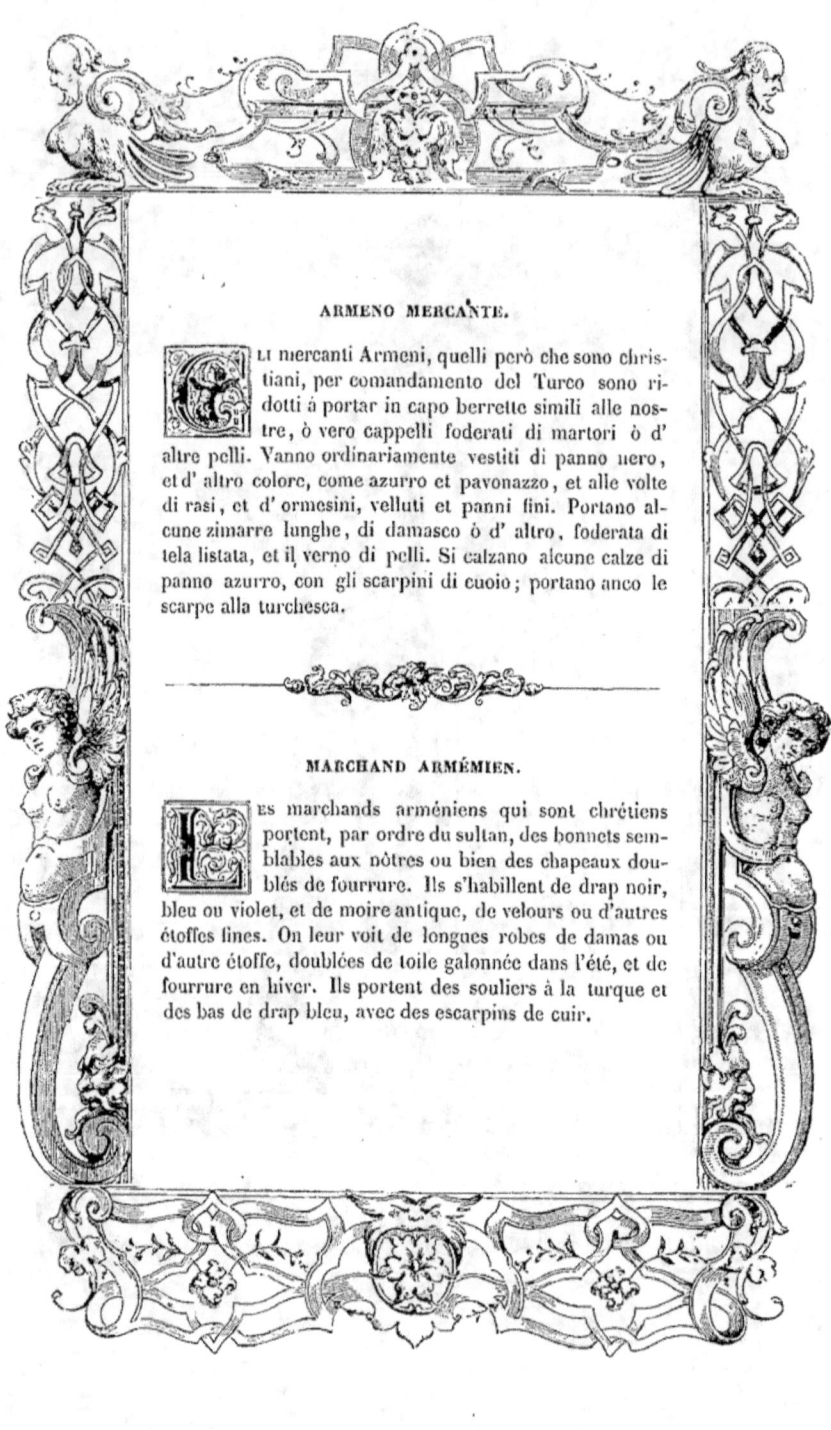

## ARMENO MERCANTE.

Li mercanti Armeni, quelli però che sono christiani, per comandamento del Turco sono ridotti á portar in capo berrette simili alle nostre, ò vero cappelli foderati di martori ò d' altre pelli. Vanno ordinariamente vestiti di panno nero, et d' altro colore, come azurro et pavonazzo, et alle volte di rasi, et d' ormesini, velluti et panni fini. Portano alcune zimarre lunghe, di damasco ò d' altro, foderata di tela listata, et il verno di pelli. Si calzano alcune calze di panno azurro, con gli scarpini di cuoio; portano anco le scarpe alla turchesca.

## MARCHAND ARMÉMIEN.

Les marchands arméniens qui sont chrétiens portent, par ordre du sultan, des bonnets semblables aux nôtres ou bien des chapeaux doublés de fourrure. Ils s'habillent de drap noir, bleu ou violet, et de moire antique, de velours ou d'autres étoffes fines. On leur voit de longues robes de damas ou d'autre étoffe, doublées de toile galonnée dans l'été, et de fourrure en hiver. Ils portent des souliers à la turque et des bas de drap bleu, avec des escarpins de cuir.

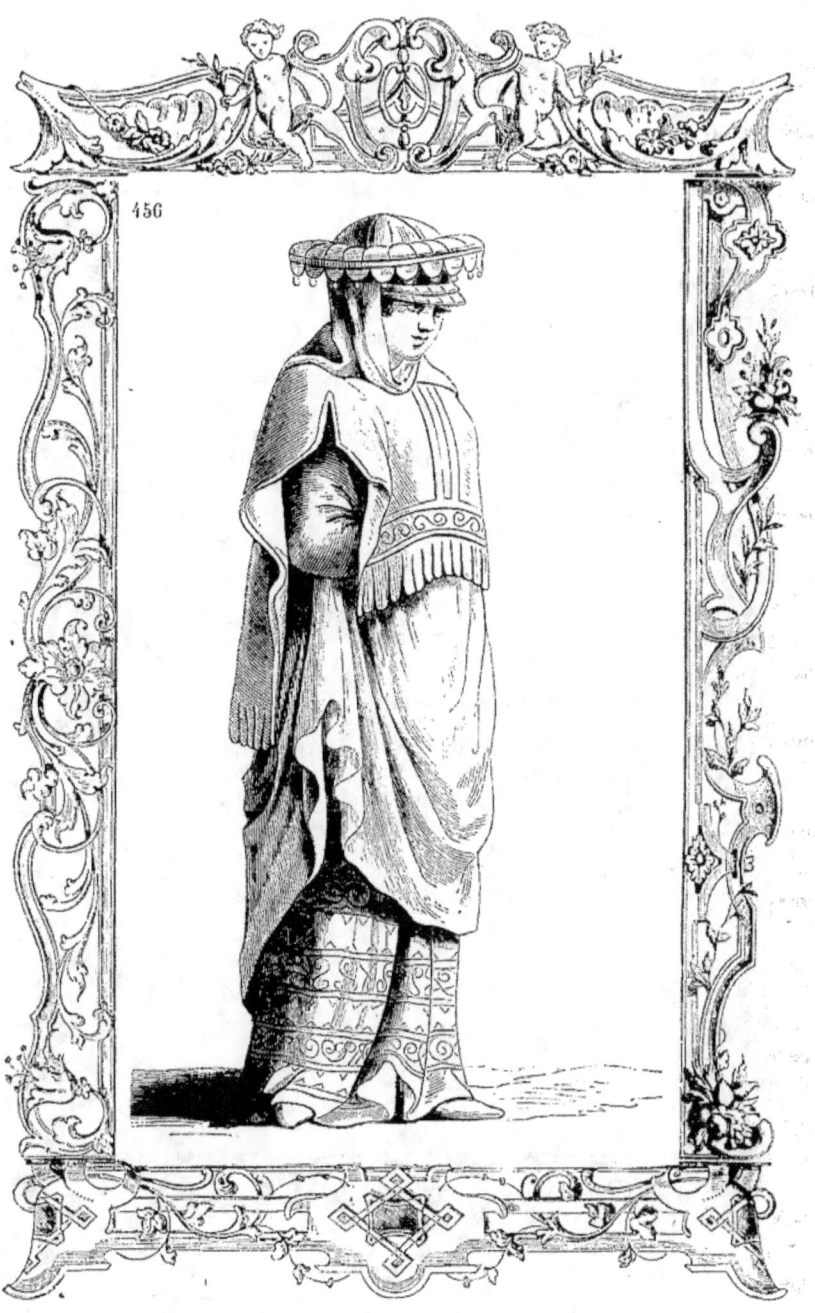

456

### DONNA DELL' ARMENIA INFERIORE.

UESTE donne dell' Armenia inferiore usano una acconciatura di testa stravagante, con veli di colori diversi. Portano sotto una sottana di bel lavoro, et sopra un rocchetto bianco di bambagina. Poi hanno un panno simile ad una patientia fratesca lavorato, ma alquanto più lungo di dietro che davanti, quale portano per vedere et non esser vedute.

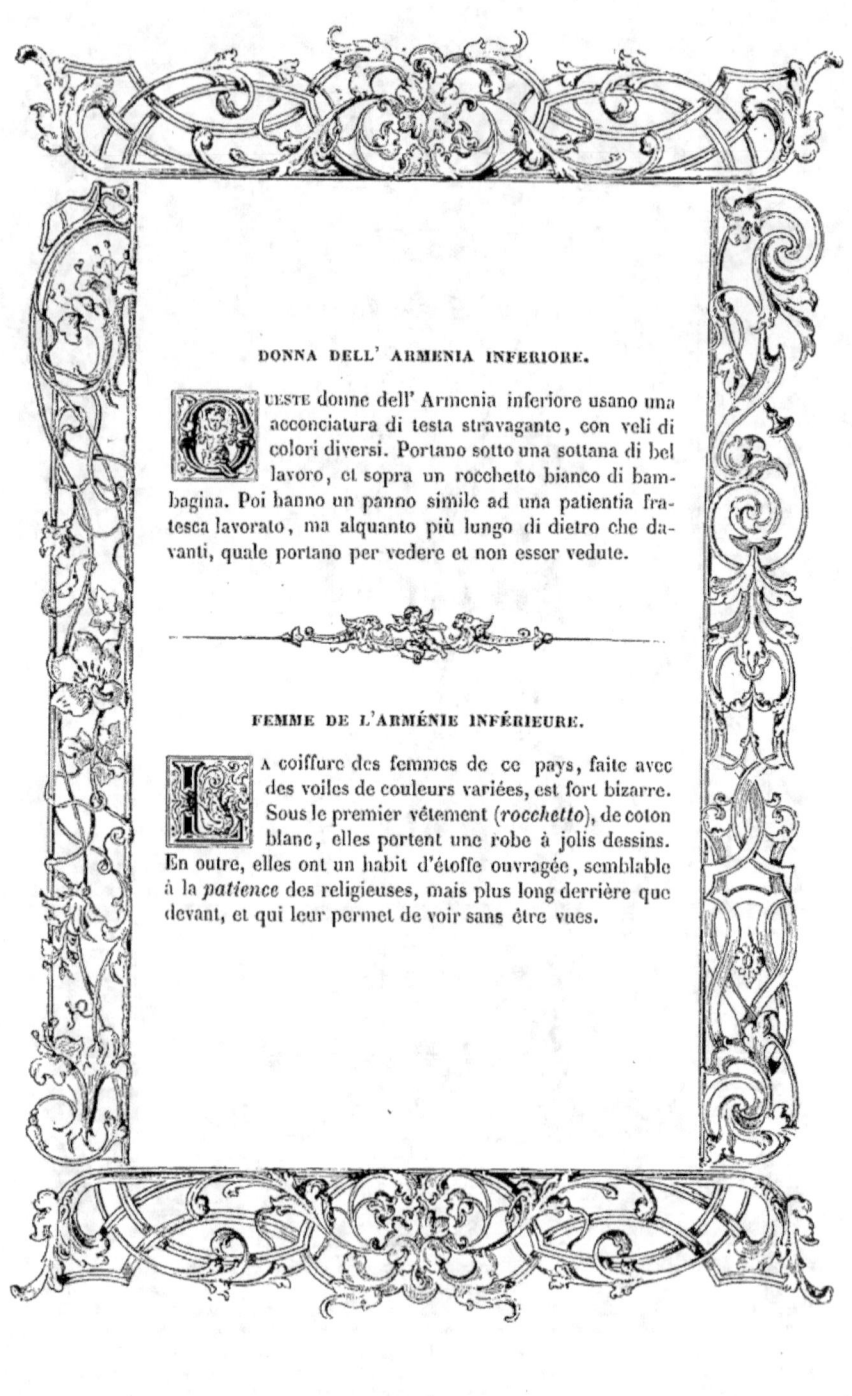

### FEMME DE L'ARMÉNIE INFÉRIEURE.

A coiffure des femmes de ce pays, faite avec des voiles de couleurs variées, est fort bizarre. Sous le premier vêtement (*rocchetto*), de coton blanc, elles portent une robe à jolis dessins. En outre, elles ont un habit d'étoffe ouvragée, semblable à la *patience* des religieuses, mais plus long derrière que devant, et qui leur permet de voir sans être vues.

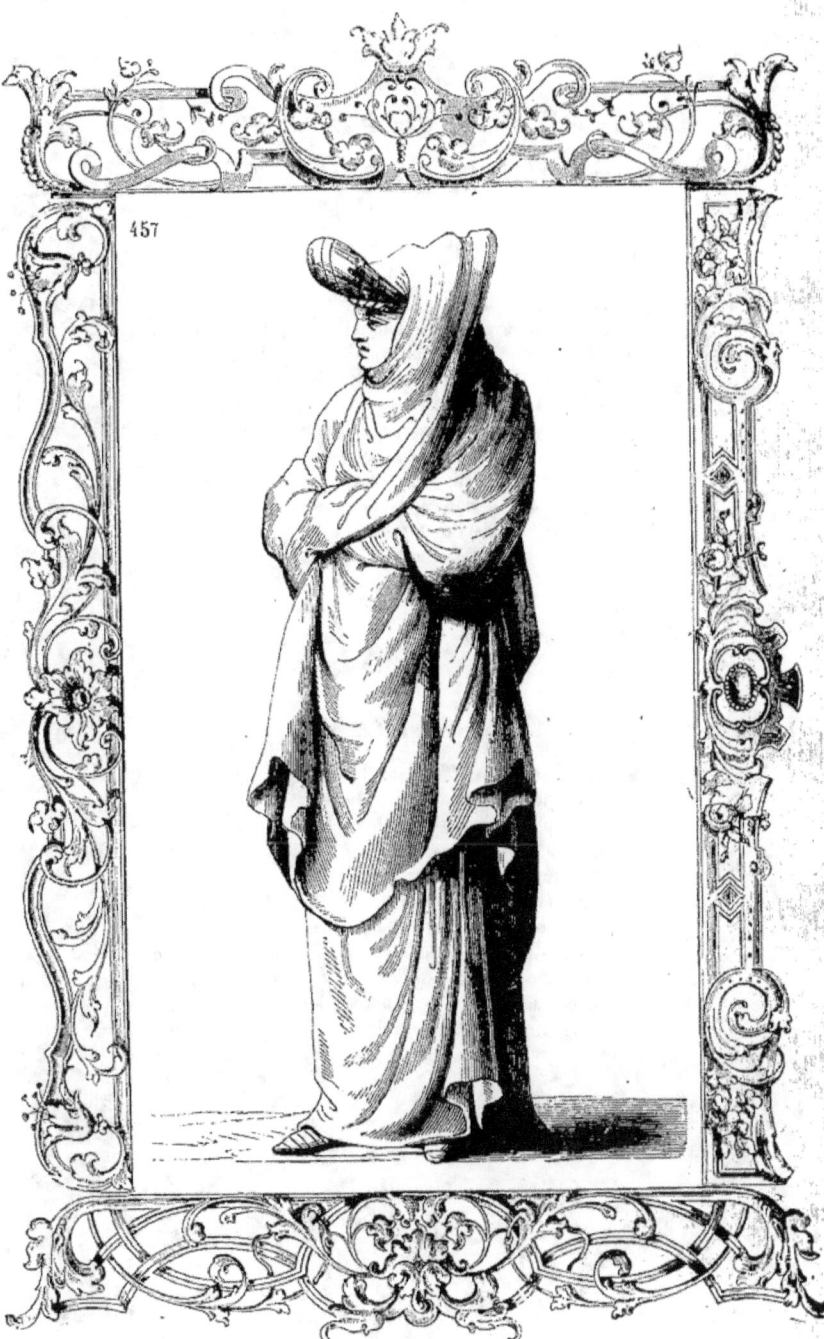
457

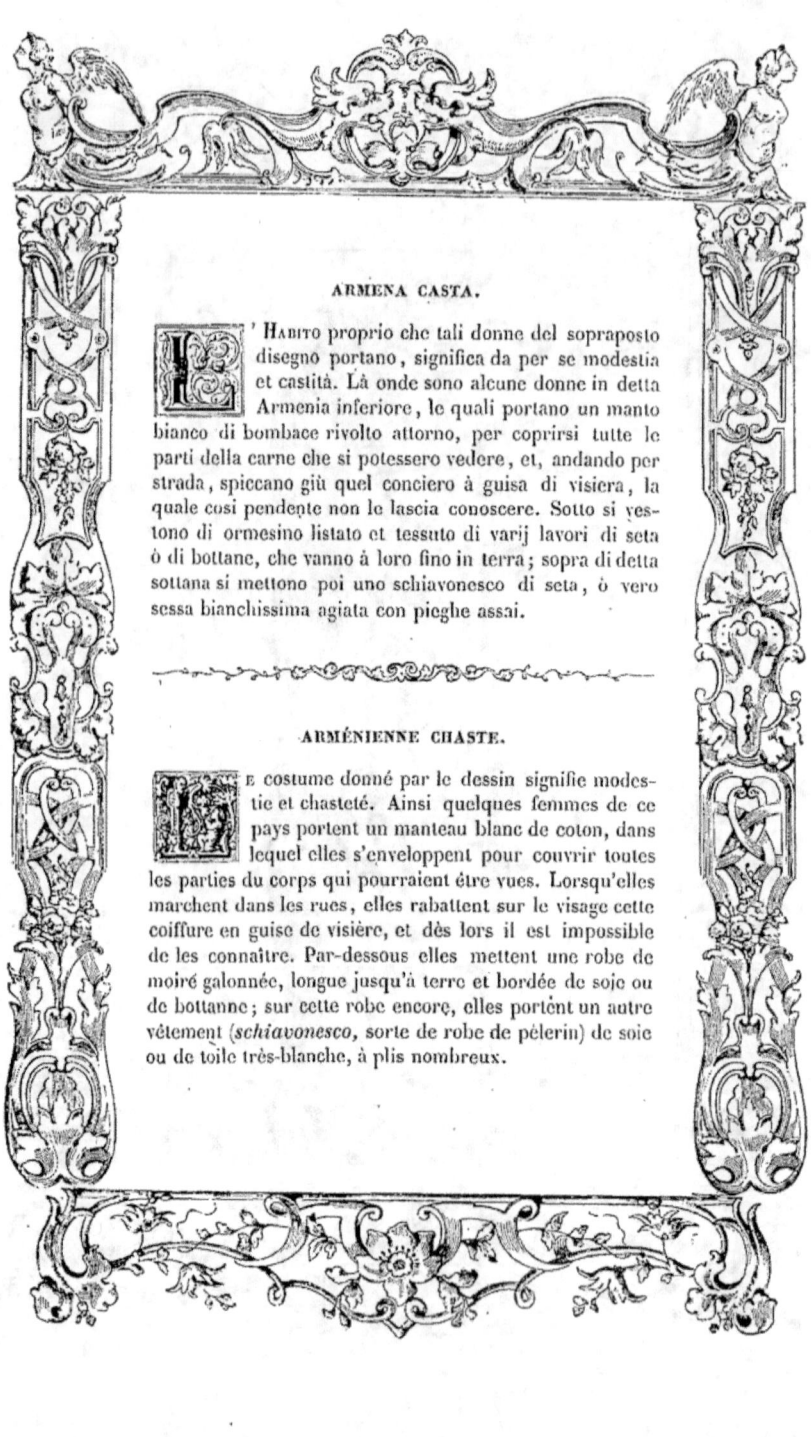

## ARMENA CASTA.

L' Habito proprio che tali donne del sopraposto disegno portano, significa da per se modestia et castità. Là onde sono alcune donne in detta Armenia inferiore, le quali portano un manto bianco di bombace rivolto attorno, per coprirsi tutte le parti della carne che si potessero vedere, et, andando per strada, spiccano giù quel conciero à guisa di visiera, la quale così pendente non le lascia conoscere. Sotto si vestono di ormesino listato et tessuto di varij lavori di seta ò di bottane, che vanno à loro fino in terra; sopra di detta sottana si mettono poi uno schiavonesco di seta, ò vero sessa bianchissima agiata con pieghe assai.

## ARMÉNIENNE CHASTE.

L E costume donné par le dessin signifie modestie et chasteté. Ainsi quelques femmes de ce pays portent un manteau blanc de coton, dans lequel elles s'enveloppent pour couvrir toutes les parties du corps qui pourraient être vues. Lorsqu'elles marchent dans les rues, elles rabattent sur le visage cette coiffure en guise de visière, et dès lors il est impossible de les connaître. Par-dessous elles mettent une robe de moiré galonnée, longue jusqu'à terre et bordée de soie ou de bottanne; sur cette robe encore, elles portent un autre vêtement (*schiavonesco*, sorte de robe de pèlerin) de soie ou de toile très-blanche, à plis nombreux.

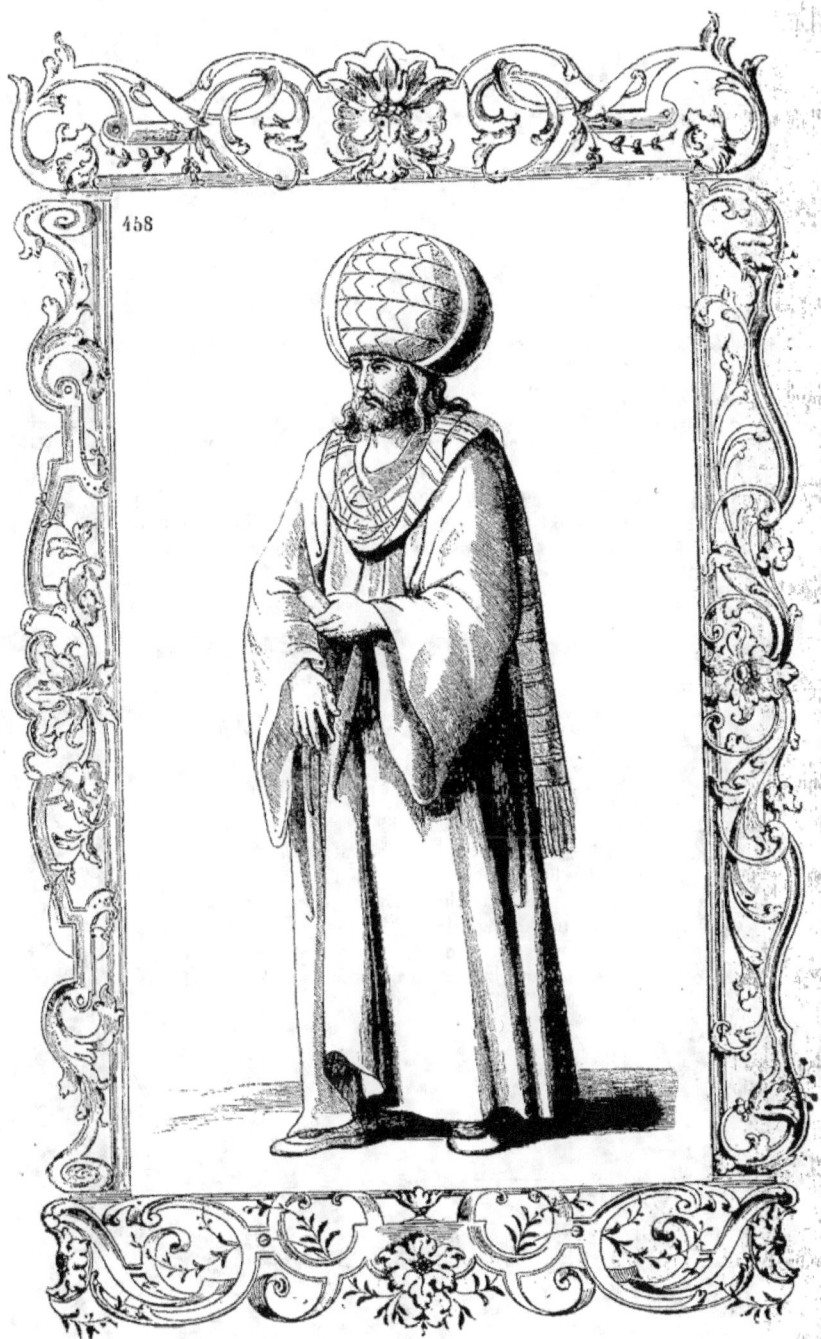

458

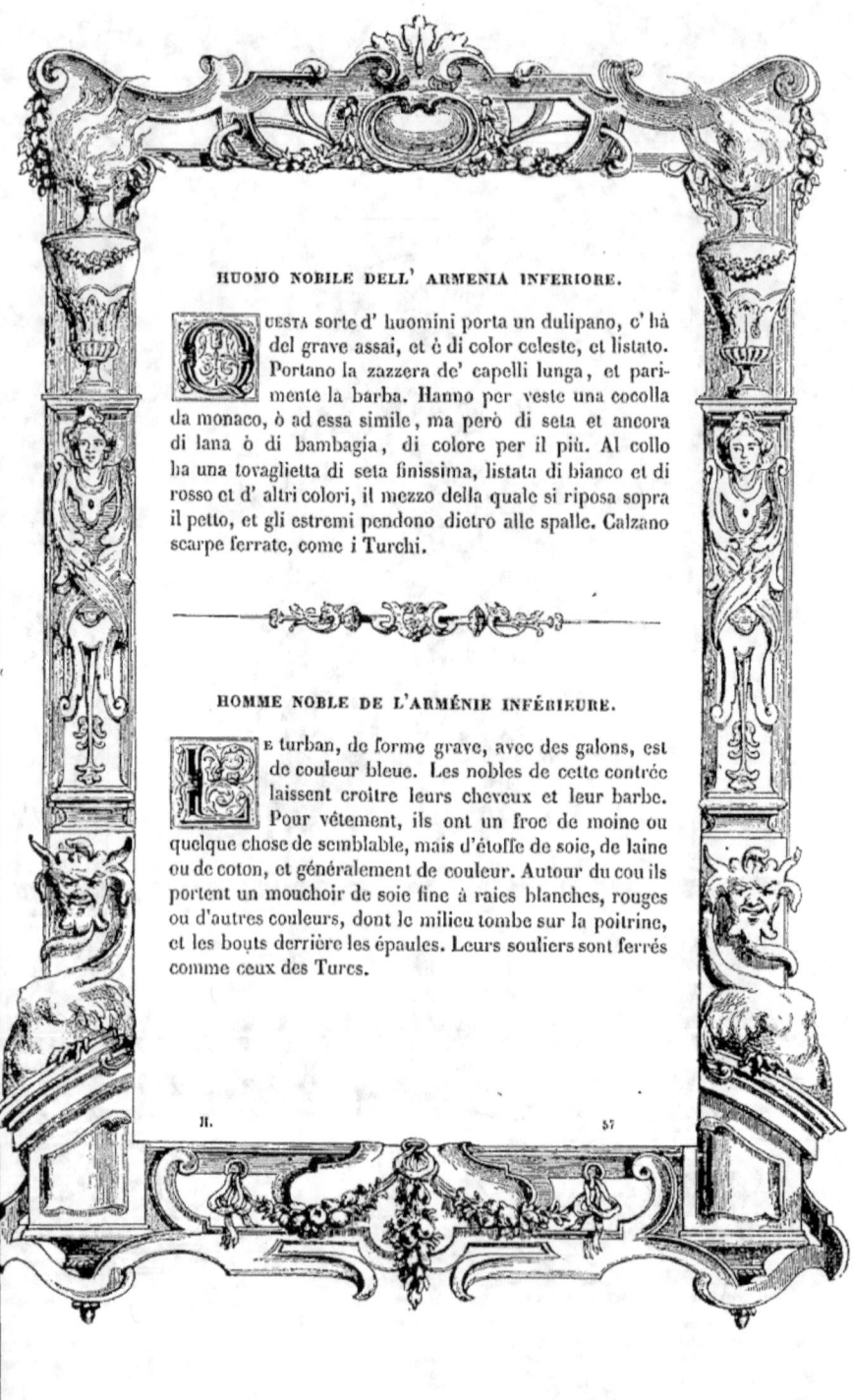

### HUOMO NOBILE DELL' ARMENIA INFERIORE.

Questa sorte d' huomini porta un dulipano, c' hà del grave assai, et è di color celeste, et listato. Portano la zazzera de' capelli lunga, et parimente la barba. Hanno per veste una cocolla da monaco, ò ad essa simile, ma però di seta et ancora di lana ò di bambagia, di colore per il più. Al collo ha una tovaglietta di seta finissima, listata di bianco et di rosso et d' altri colori, il mezzo della quale si riposa sopra il petto, et gli estremi pendono dietro alle spalle. Calzano scarpe ferrate, come i Turchi.

### HOMME NOBLE DE L'ARMÉNIE INFÉRIEURE.

Le turban, de forme grave, avec des galons, est de couleur bleue. Les nobles de cette contrée laissent croitre leurs cheveux et leur barbe. Pour vêtement, ils ont un froc de moine ou quelque chose de semblable, mais d'étoffe de soie, de laine ou de coton, et généralement de couleur. Autour du cou ils portent un mouchoir de soie fine à raies blanches, rouges ou d'autres couleurs, dont le milieu tombe sur la poitrine, et les bouts derrière les épaules. Leurs souliers sont ferrés comme ceux des Turcs.

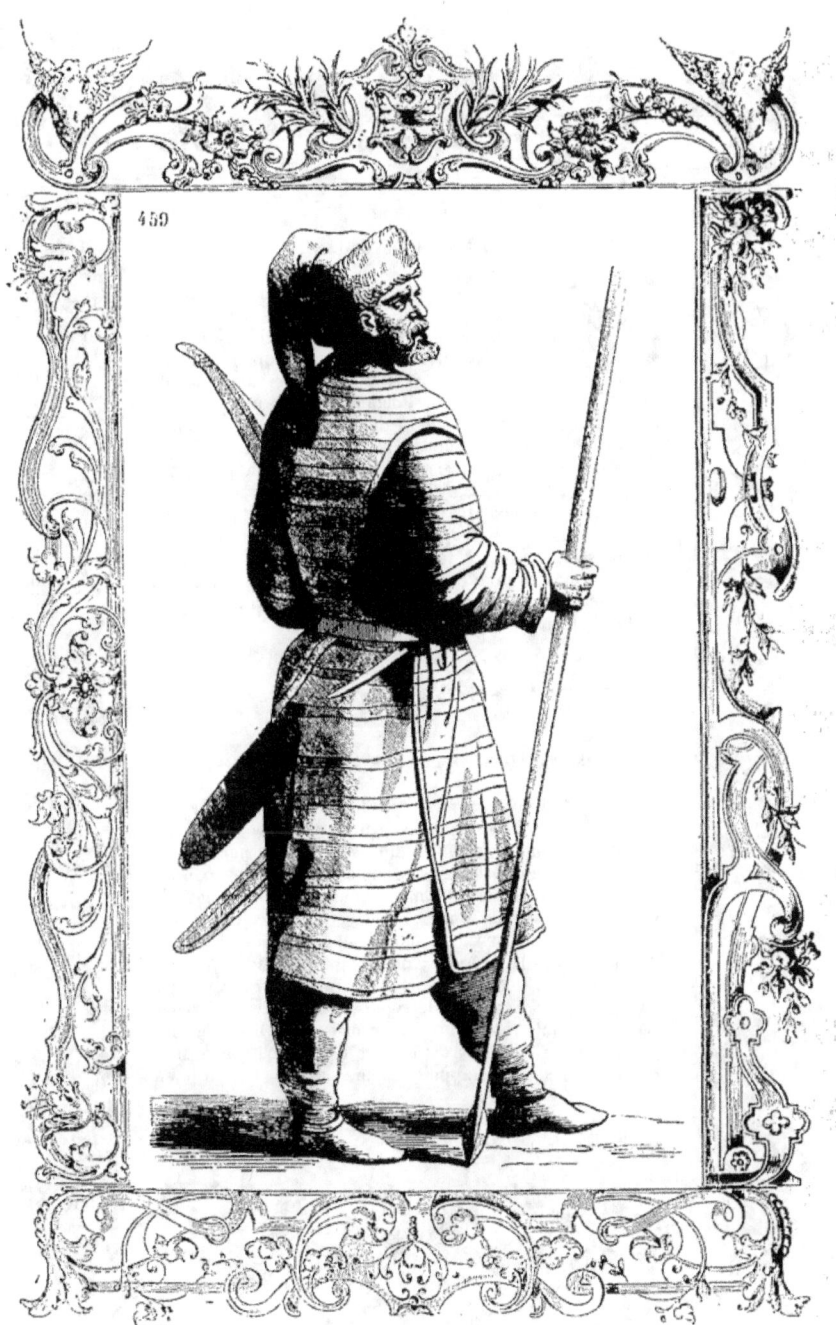

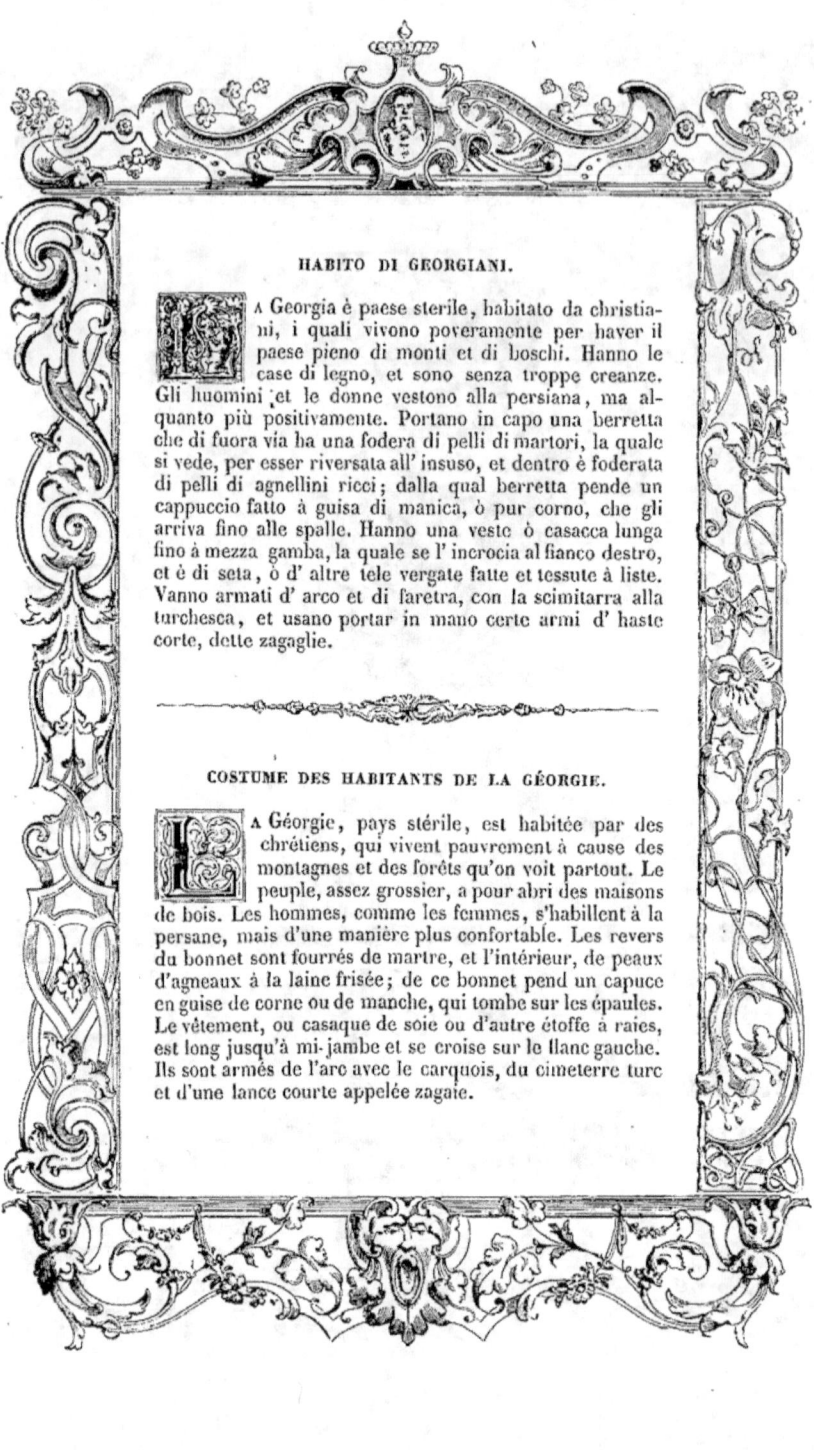

## HABITO DI GEORGIANI.

LA Georgia è paese sterile, habitato da christiani, i quali vivono poveramente per haver il paese pieno di monti et di boschi. Hanno le case di legno, et sono senza troppe creanze. Gli huomini et le donne vestono alla persiana, ma alquanto più positivamente. Portano in capo una berretta che di fuora via ha una fodera di pelli di martori, la quale si vede, per esser riversata all'insuso, et dentro è foderata di pelli di agnellini ricci; dalla qual berretta pende un cappuccio fatto à guisa di manica, ò pur corno, che gli arriva fino alle spalle. Hanno una veste ò casacca lunga fino à mezza gamba, la quale se l'incrocia al fianco destro, et è di seta, ò d'altre tele vergate fatte et tessute à liste. Vanno armati d'arco et di faretra, con la scimitarra alla turchesca, et usano portar in mano certe armi d'haste corte, dette zagaglie.

## COSTUME DES HABITANTS DE LA GÉORGIE.

LA Géorgie, pays stérile, est habitée par des chrétiens, qui vivent pauvrement à cause des montagnes et des forêts qu'on voit partout. Le peuple, assez grossier, a pour abri des maisons de bois. Les hommes, comme les femmes, s'habillent à la persane, mais d'une manière plus confortable. Les revers du bonnet sont fourrés de martre, et l'intérieur, de peaux d'agneaux à la laine frisée; de ce bonnet pend un capuce en guise de corne ou de manche, qui tombe sur les épaules. Le vêtement, ou casaque de soie ou d'autre étoffe à raies, est long jusqu'à mi-jambe et se croise sur le flanc gauche. Ils sont armés de l'arc avec le carquois, du cimeterre turc et d'une lance courte appelée zagaie.

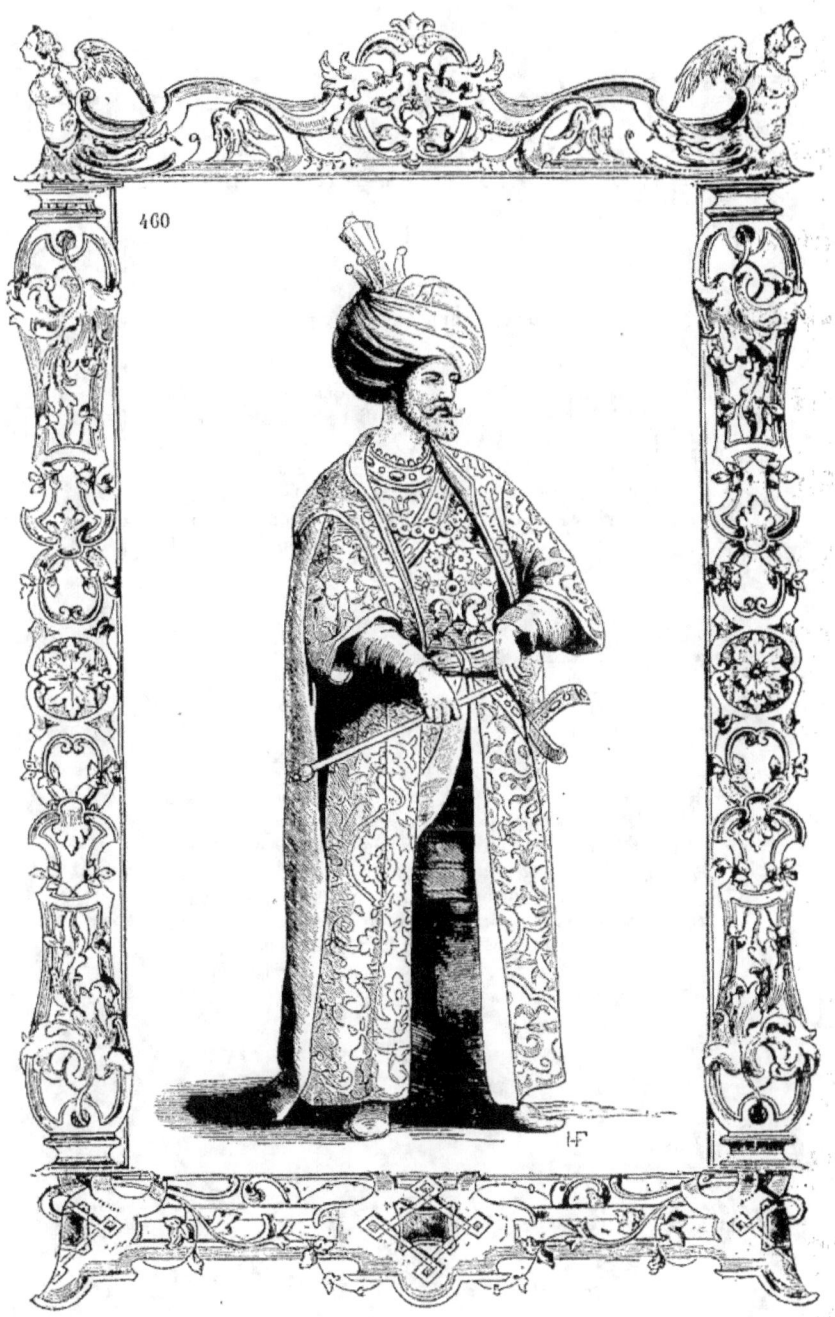

460

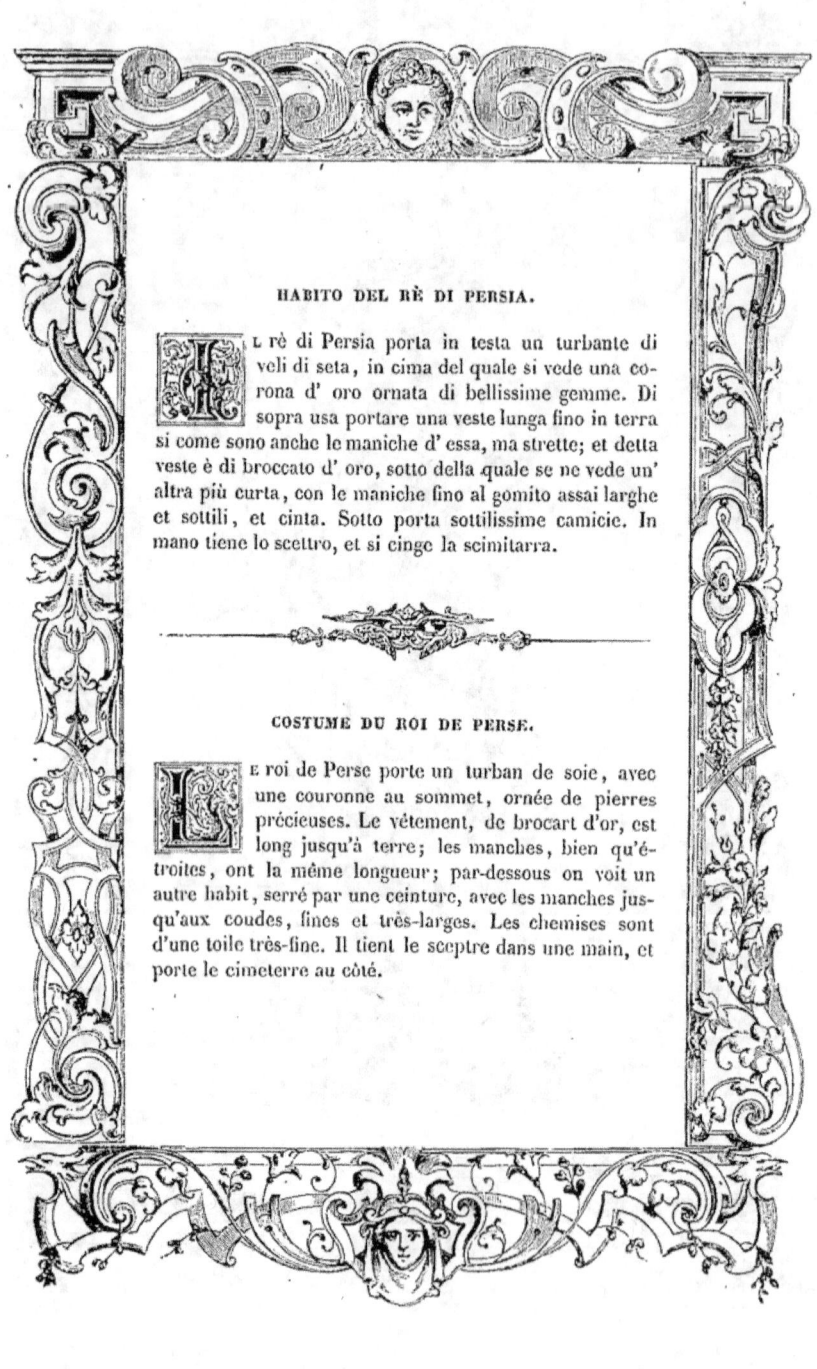

## HABITO DEL RÈ DI PERSIA.

IL rè di Persia porta in testa un turbante di veli di seta, in cima del quale si vede una corona d' oro ornata di bellissime gemme. Di sopra usa portare una veste lunga fino in terra si come sono anche le maniche d' essa, ma strette; et detta veste è di broccato d' oro, sotto della quale se ne vede un' altra più curta, con le maniche fino al gomito assai larghe et sottili, et cinta. Sotto porta sottilissime camicie. In mano tiene lo scettro, et si cinge la scimitarra.

## COSTUME DU ROI DE PERSE.

LE roi de Perse porte un turban de soie, avec une couronne au sommet, ornée de pierres précieuses. Le vêtement, de brocart d'or, est long jusqu'à terre; les manches, bien qu'étroites, ont la même longueur; par-dessous on voit un autre habit, serré par une ceinture, avec les manches jusqu'aux coudes, fines et très-larges. Les chemises sont d'une toile très-fine. Il tient le sceptre dans une main, et porte le cimeterre au côté.

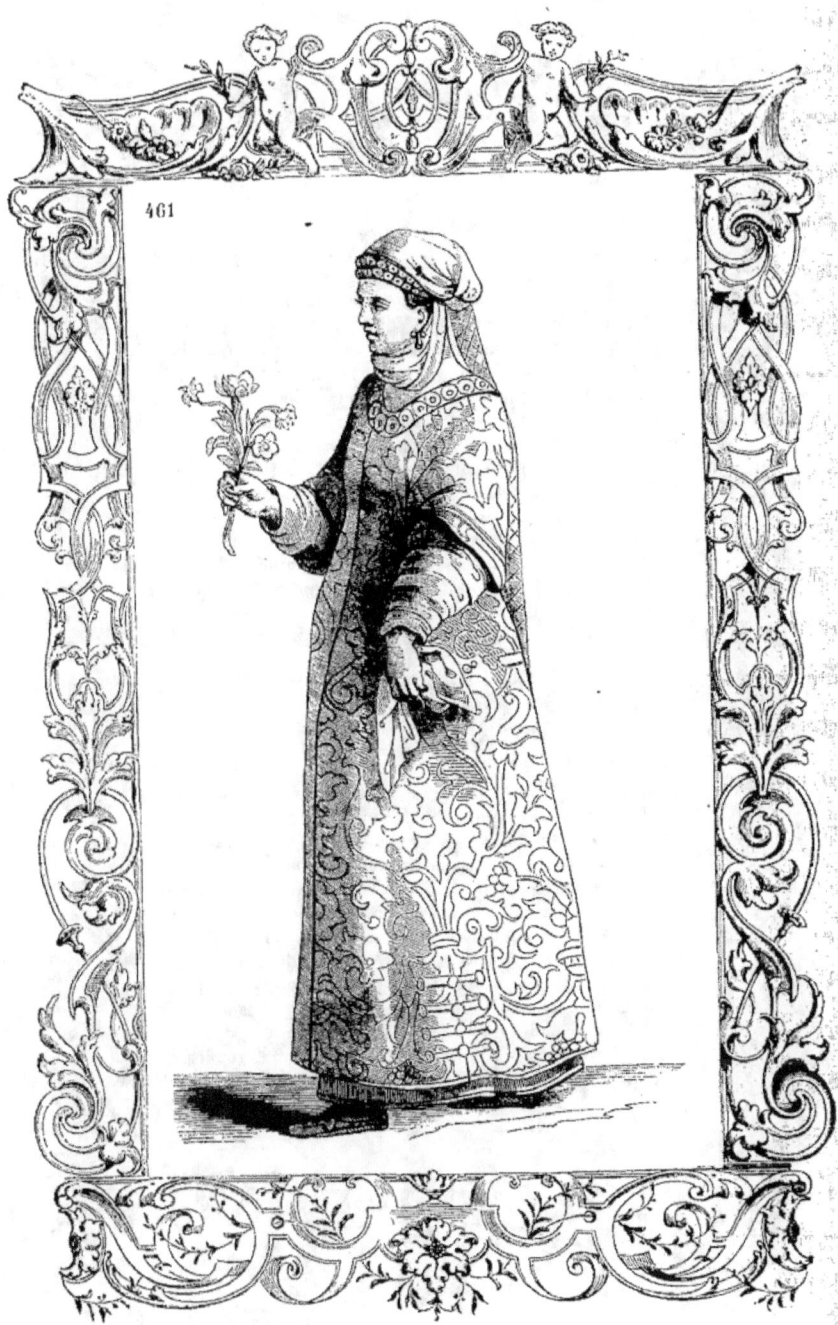

461

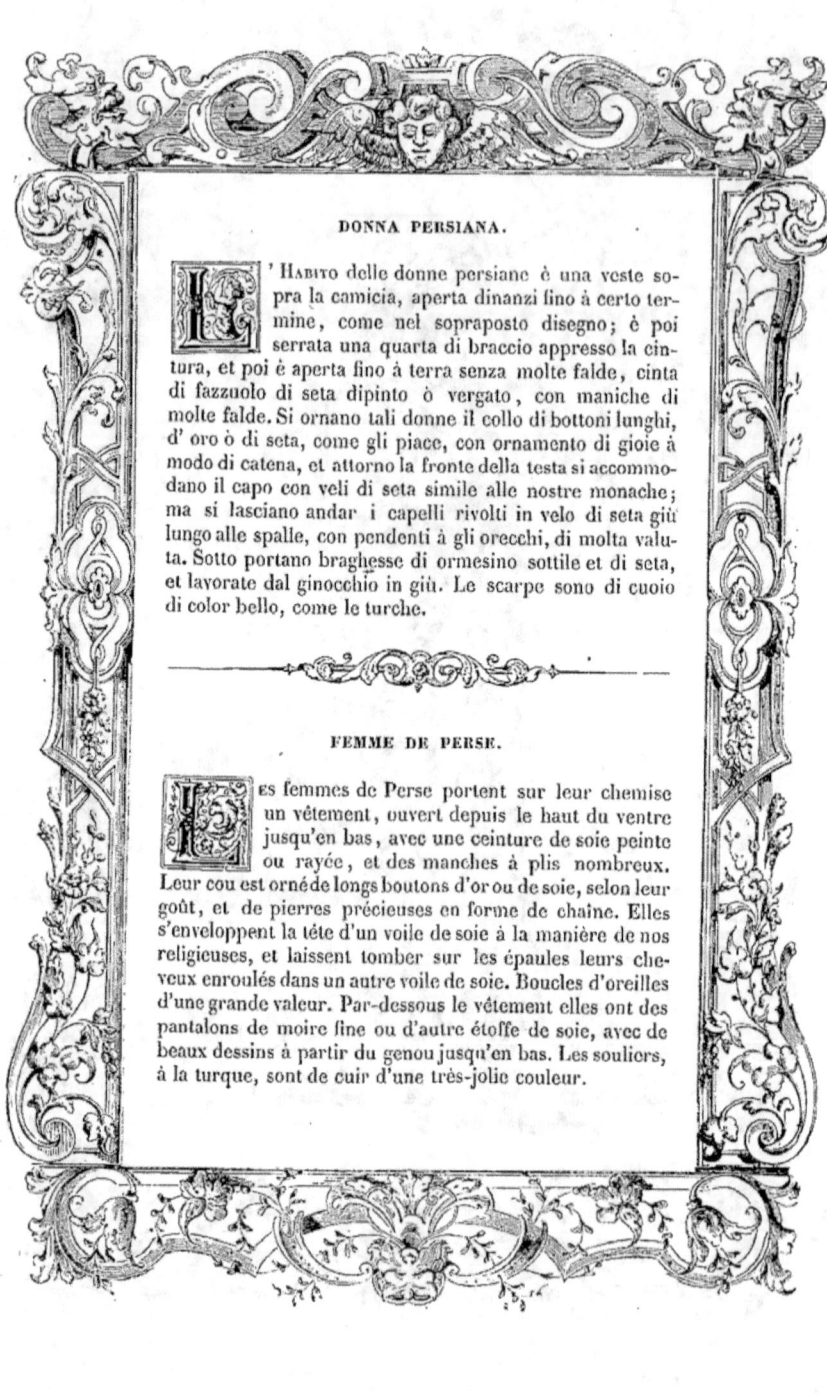

## DONNA PERSIANA.

L' Habito delle donne persiane è una veste sopra la camicia, aperta dinanzi fino à certo termine, come nel sopraposto disegno; è poi
serrata una quarta di braccio appresso la cintura, et poi è aperta fino à terra senza molte falde, cinta
di fazzuolo di seta dipinto ò vergato, con maniche di
molte falde. Si ornano tali donne il collo di bottoni lunghi,
d' oro ò di seta, come gli piace, con ornamento di gioie à
modo di catena, et attorno la fronte della testa si accommodano il capo con veli di seta simile alle nostre monache;
ma si lasciano andar i capelli rivolti in velo di seta giù
lungo alle spalle, con pendenti à gli orecchi, di molta valuta. Sotto portano braghesse di ormesino sottile et di seta,
et lavorate dal ginocchio in giù. Le scarpe sono di cuoio
di color bello, come le turche.

## FEMME DE PERSE.

Les femmes de Perse portent sur leur chemise
un vêtement, ouvert depuis le haut du ventre
jusqu'en bas, avec une ceinture de soie peinte
ou rayée, et des manches à plis nombreux.
Leur cou est orné de longs boutons d'or ou de soie, selon leur
goût, et de pierres précieuses en forme de chaîne. Elles
s'enveloppent la tête d'un voile de soie à la manière de nos
religieuses, et laissent tomber sur les épaules leurs cheveux enroulés dans un autre voile de soie. Boucles d'oreilles
d'une grande valeur. Par-dessous le vêtement elles ont des
pantalons de moire fine ou d'autre étoffe de soie, avec de
beaux dessins à partir du genou jusqu'en bas. Les souliers,
à la turque, sont de cuir d'une très-jolie couleur.

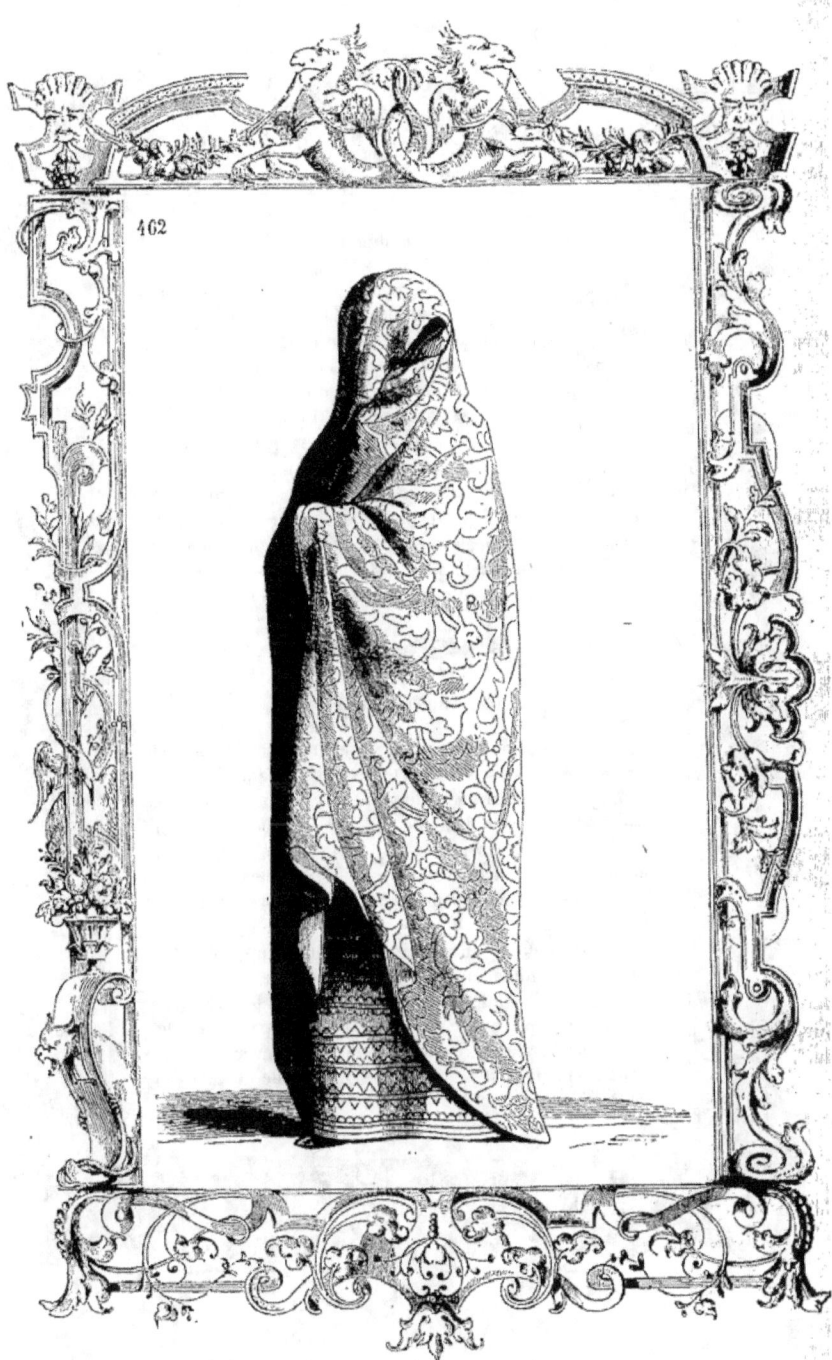

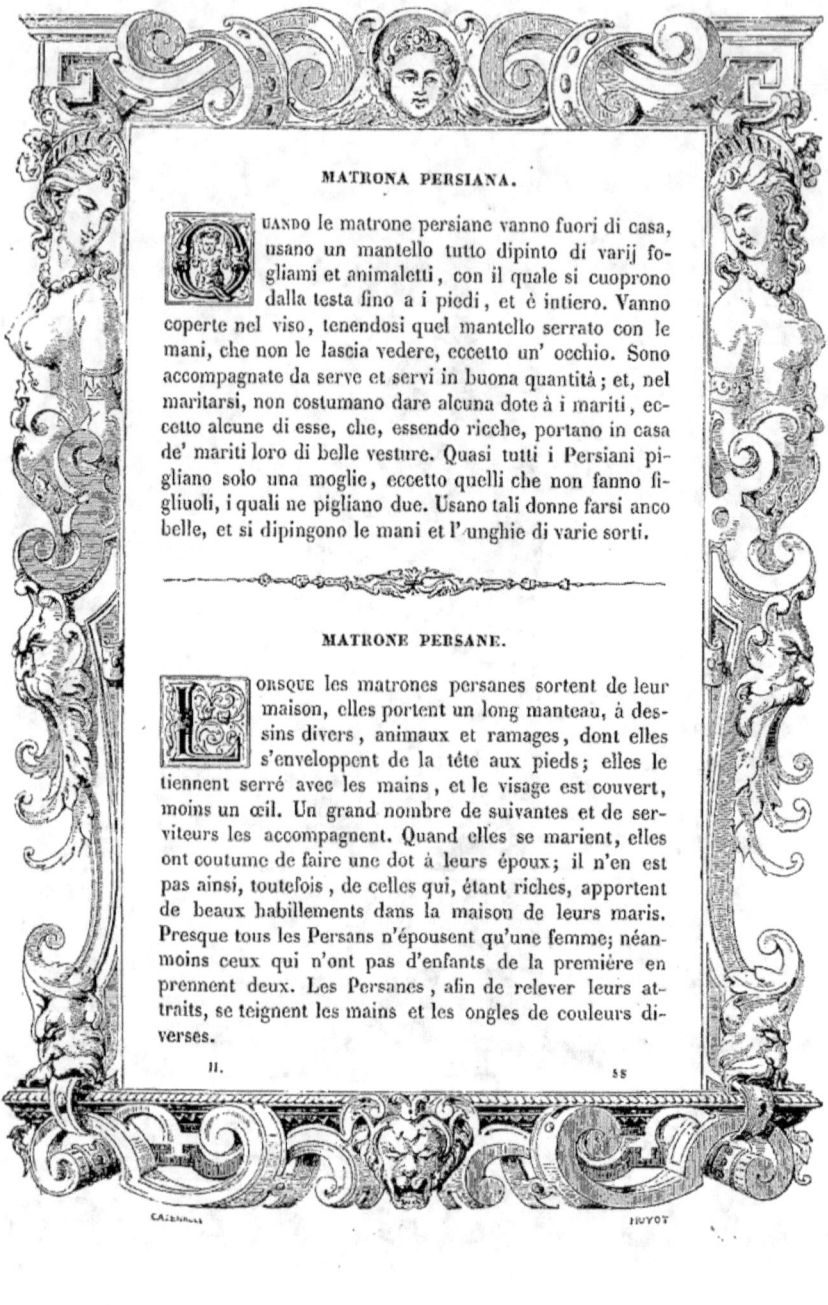

### MATRONA PERSIANA.

QUANDO le matrone persiane vanno fuori di casa, usano un mantello tutto dipinto di varij fogliami et animaletti, con il quale si cuoprono dalla testa fino a i piedi, et è intiero. Vanno coperte nel viso, tenendosi quel mantello serrato con le mani, che non le lascia vedere, eccetto un' occhio. Sono accompagnate da serve et servi in buona quantità; et, nel maritarsi, non costumano dare alcuna dote à i mariti, eccetto alcune di esse, che, essendo ricche, portano in casa de' mariti loro di belle vesture. Quasi tutti i Persiani pigliano solo una moglie, eccetto quelli che non fanno figliuoli, i quali ne pigliano due. Usano tali donne farsi anco belle, e si dipingono le mani et l' unghie di varie sorti.

### MATRONE PERSANE.

LORSQUE les matrones persanes sortent de leur maison, elles portent un long manteau, à dessins divers, animaux et ramages, dont elles s'enveloppent de la tête aux pieds; elles le tiennent serré avec les mains, et le visage est couvert, moins un œil. Un grand nombre de suivantes et de serviteurs les accompagnent. Quand elles se marient, elles ont coutume de faire une dot à leurs époux; il n'en est pas ainsi, toutefois, de celles qui, étant riches, apportent de beaux habillements dans la maison de leurs maris. Presque tous les Persans n'épousent qu'une femme; néanmoins ceux qui n'ont pas d'enfants de la première en prennent deux. Les Persanes, afin de relever leurs attraits, se teignent les mains et les ongles de couleurs diverses.

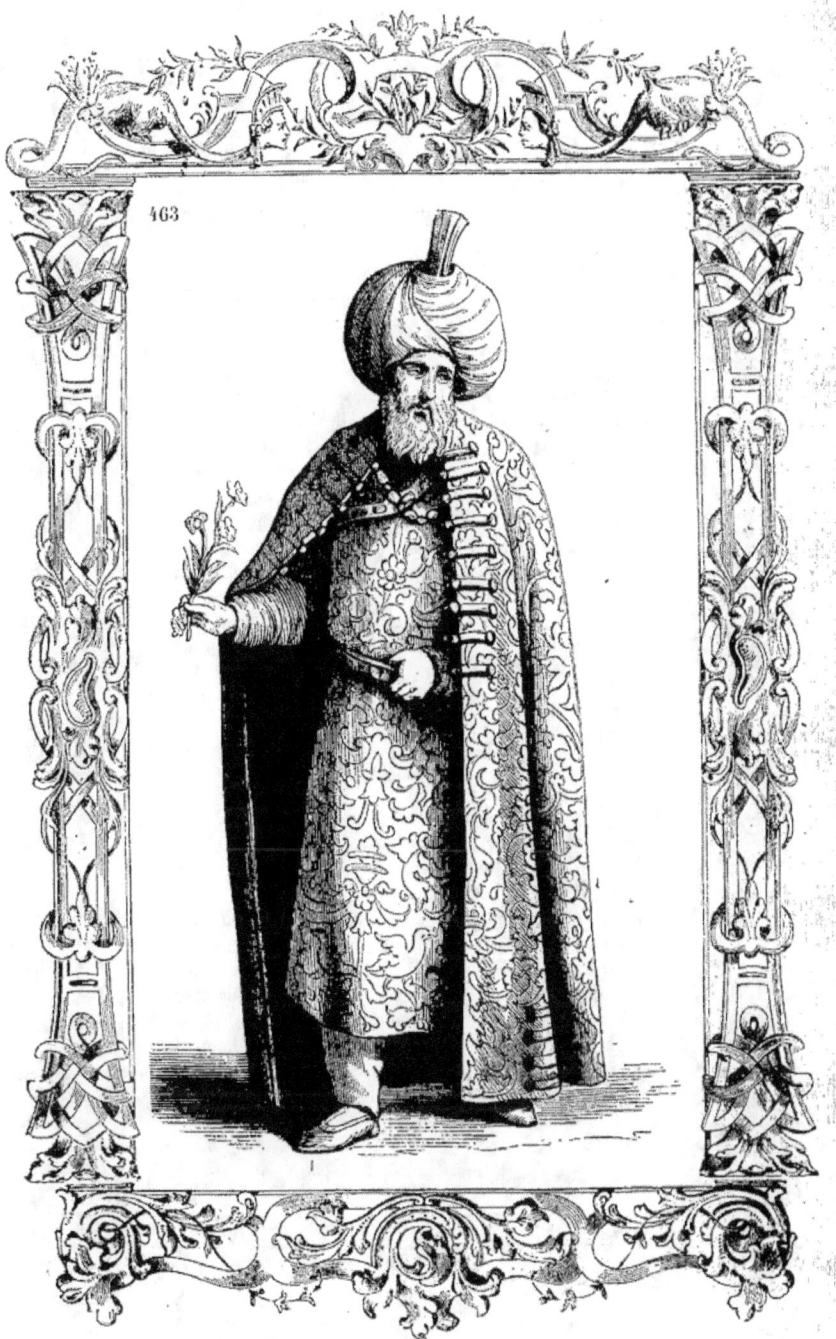

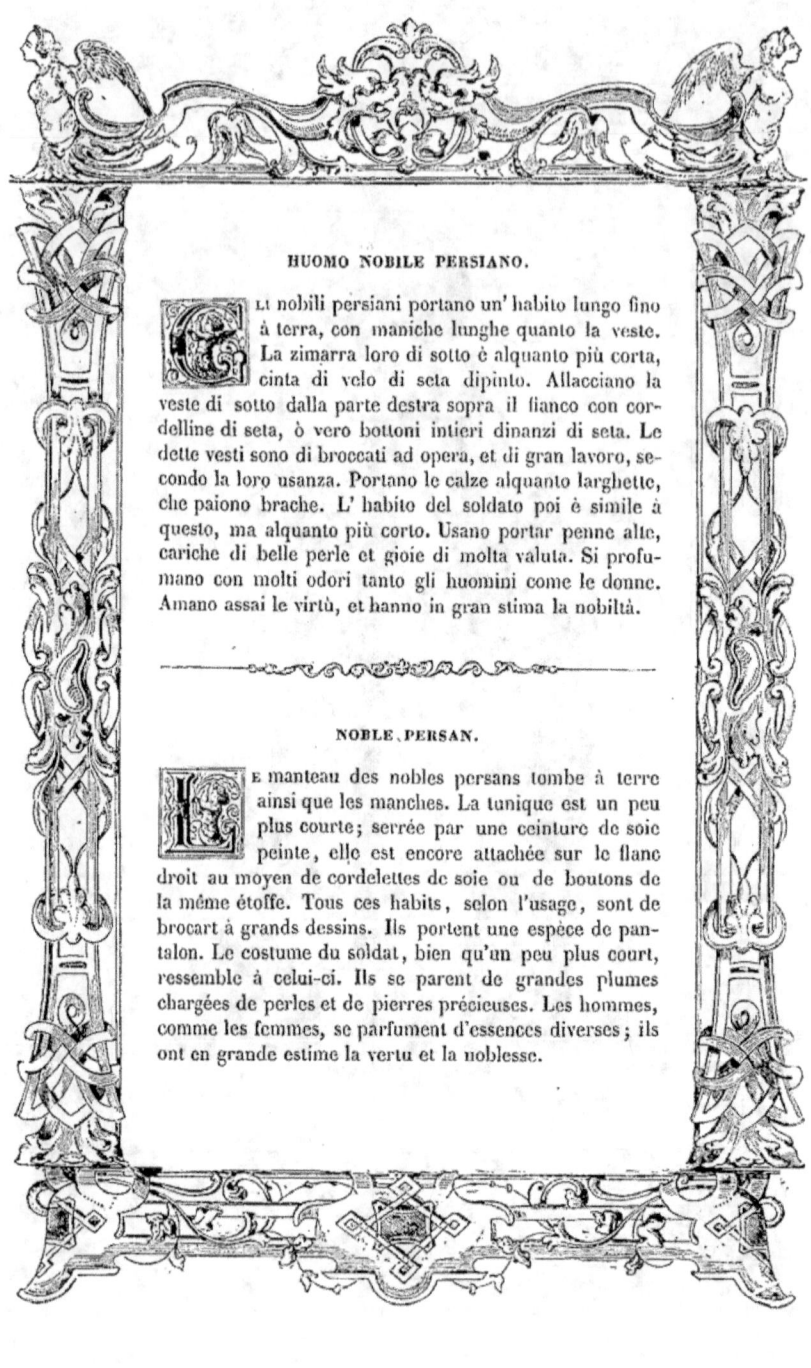

### HUOMO NOBILE PERSIANO.

Li nobili persiani portano un' habito lungo fino à terra, con maniche lunghe quanto la veste. La zimarra loro di sotto è alquanto più corta, cinta di velo di seta dipinto. Allacciano la veste di sotto dalla parte destra sopra il fianco con cordelline di seta, ò vero bottoni intieri dinanzi di seta. Le dette vesti sono di broccati ad opera, et di gran lavoro, secondo la loro usanza. Portano le calze alquanto larghette, che paiono brache. L' habito del soldato poi è simile à questo, ma alquanto più corto. Usano portar penne alte, cariche di belle perle et gioie di molta valuta. Si profumano con molti odori tanto gli huomini come le donne. Amano assai le virtù, et hanno in gran stima la nobiltà.

### NOBLE PERSAN.

Le manteau des nobles persans tombe à terre ainsi que les manches. La tunique est un peu plus courte; serrée par une ceinture de soie peinte, elle est encore attachée sur le flanc droit au moyen de cordelettes de soie ou de boutons de la même étoffe. Tous ces habits, selon l'usage, sont de brocart à grands dessins. Ils portent une espèce de pantalon. Le costume du soldat, bien qu'un peu plus court, ressemble à celui-ci. Ils se parent de grandes plumes chargées de perles et de pierres précieuses. Les hommes, comme les femmes, se parfument d'essences diverses; ils ont en grande estime la vertu et la noblesse.

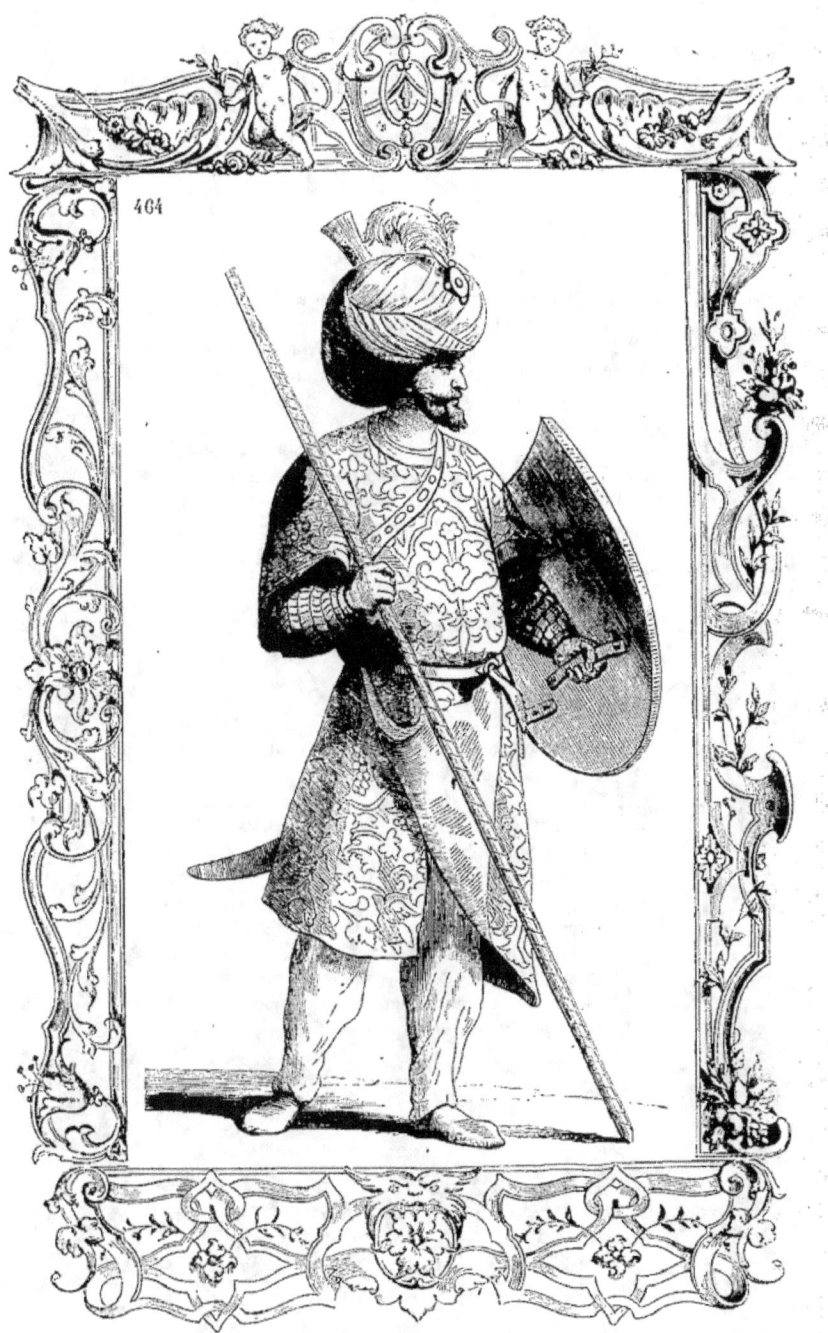

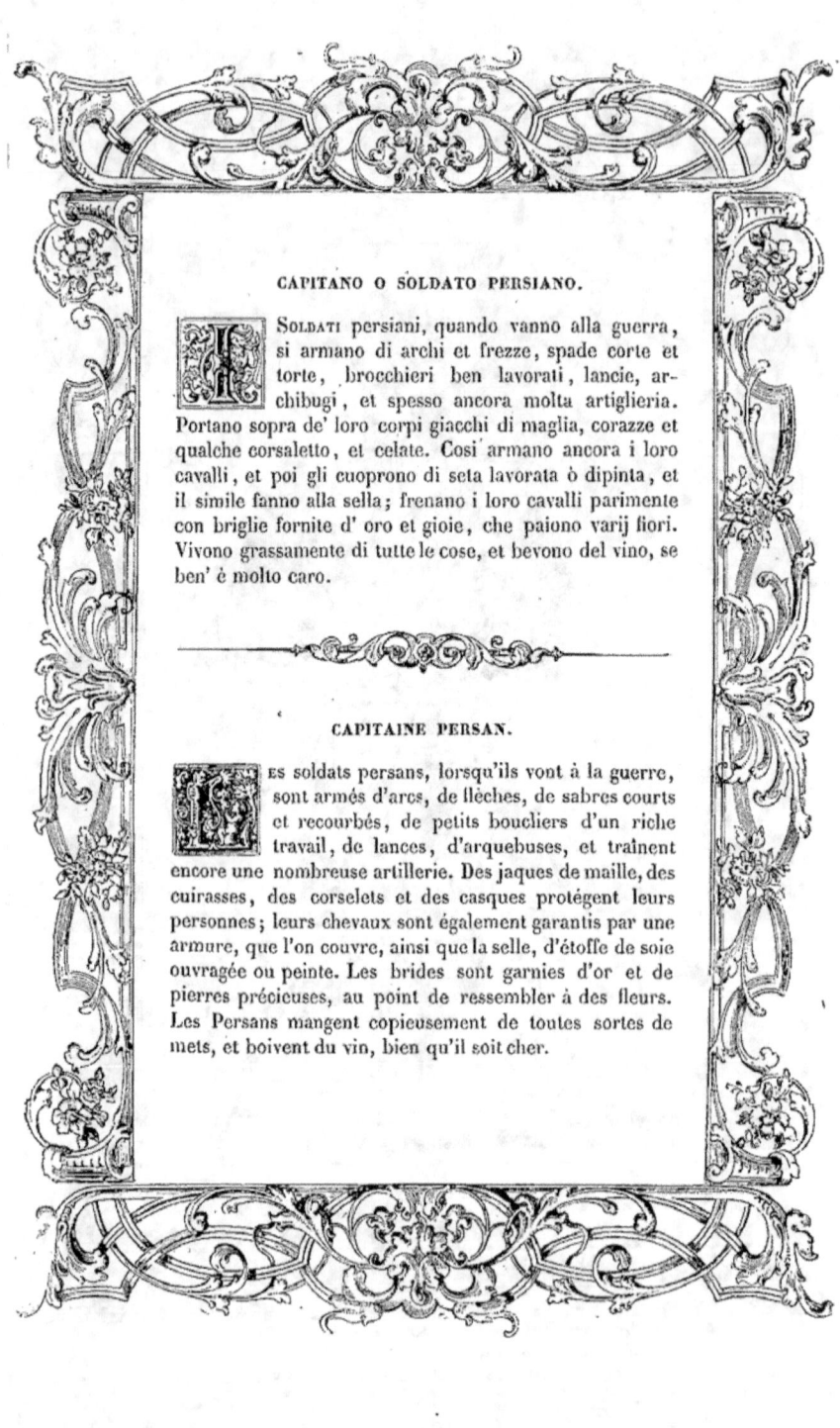

### CAPITANO O SOLDATO PERSIANO.

Soldati persiani, quando vanno alla guerra, si armano di archi et frezze, spade corte et torte, brocchieri ben lavorati, lancie, archibugi, et spesso ancora molta artiglieria. Portano sopra de' loro corpi giacchi di maglia, corazze et qualche corsaletto, et celate. Così armano ancora i loro cavalli, et poi gli cuoprono di seta lavorata ò dipinta, et il simile fanno alla sella; frenano i loro cavalli parimente con briglie fornite d'oro et gioie, che paiono varij fiori. Vivono grassamente di tutte le cose, et bevono del vino, se ben' è molto caro.

### CAPITAINE PERSAN.

Les soldats persans, lorsqu'ils vont à la guerre, sont armés d'arcs, de flèches, de sabres courts et recourbés, de petits boucliers d'un riche travail, de lances, d'arquebuses, et traînent encore une nombreuse artillerie. Des jaques de maille, des cuirasses, des corselets et des casques protégent leurs personnes; leurs chevaux sont également garantis par une armure, que l'on couvre, ainsi que la selle, d'étoffe de soie ouvragée ou peinte. Les brides sont garnies d'or et de pierres précieuses, au point de ressembler à des fleurs. Les Persans mangent copieusement de toutes sortes de mets, et boivent du vin, bien qu'il soit cher.

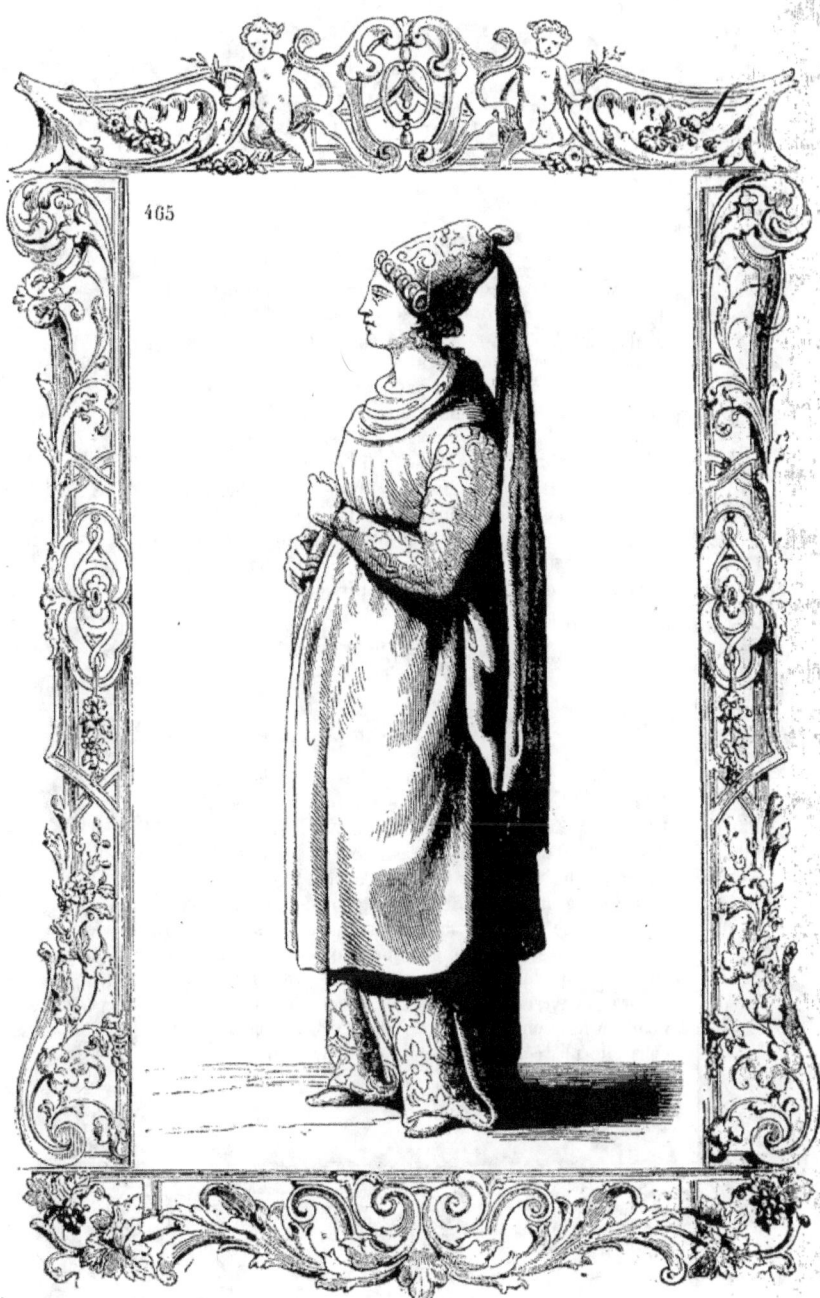

465

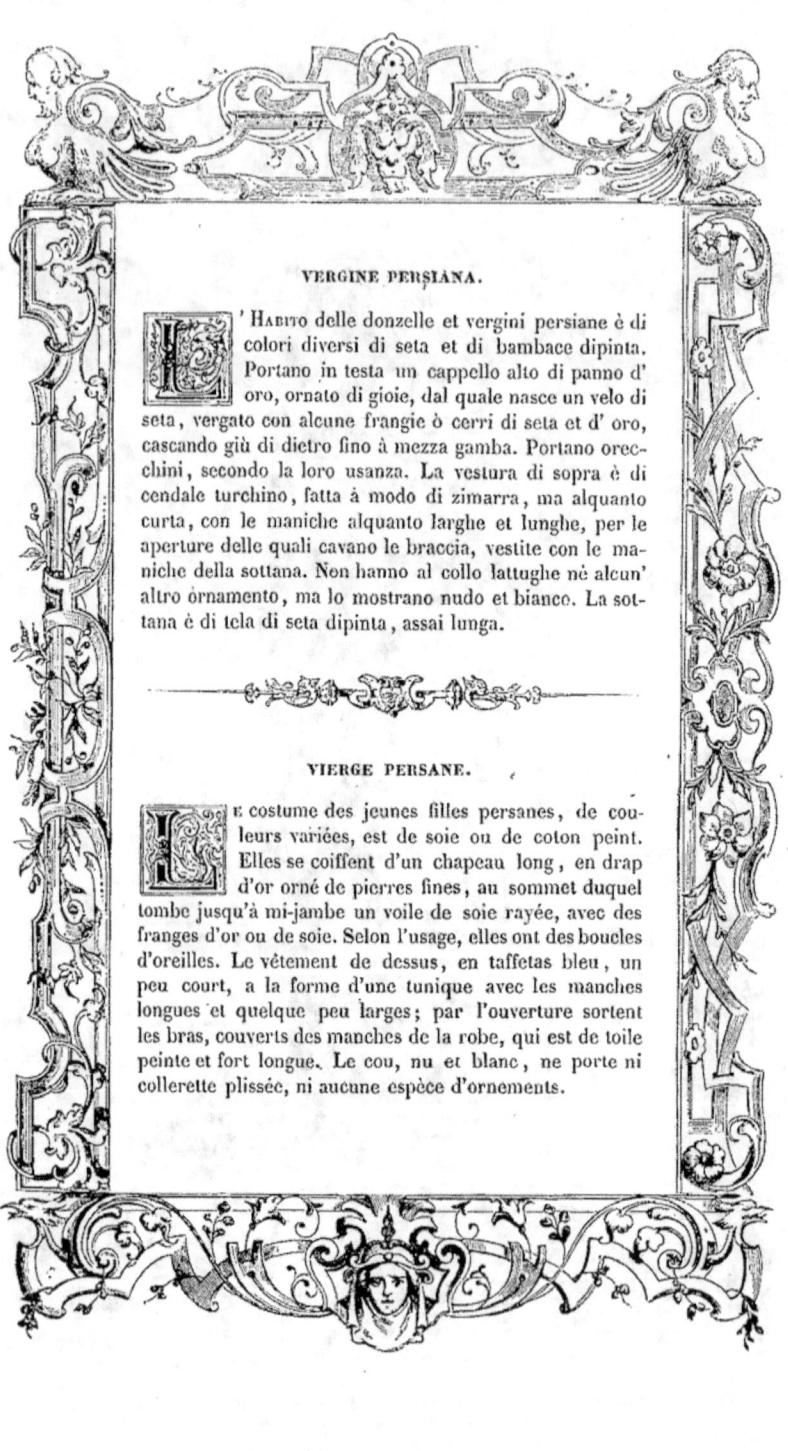

### VERGINE PERSIANA.

L'HABITO delle donzelle et vergini persiane è di colori diversi di seta et di bambace dipinta. Portano in testa un cappello alto di panno d'oro, ornato di gioie, dal quale nasce un velo di seta, vergato con alcune frangie ò cerri di seta et d'oro, cascando giù di dietro fino à mezza gamba. Portano orecchini, secondo la loro usanza. La vestura di sopra è di cendale turchino, fatta à modo di zimarra, ma alquanto curta, con le maniche alquanto larghe et lunghe, per le aperture delle quali cavano le braccia, vestite con le maniche della sottana. Non hanno al collo lattughe nè alcun' altro ornamento, ma lo mostrano nudo et bianco. La sottana è di tela di seta dipinta, assai lunga.

---

### VIERGE PERSANE.

LE costume des jeunes filles persanes, de couleurs variées, est de soie ou de coton peint. Elles se coiffent d'un chapeau long, en drap d'or orné de pierres fines, au sommet duquel tombe jusqu'à mi-jambe un voile de soie rayée, avec des franges d'or ou de soie. Selon l'usage, elles ont des boucles d'oreilles. Le vêtement de dessus, en taffetas bleu, un peu court, a la forme d'une tunique avec les manches longues et quelque peu larges; par l'ouverture sortent les bras, couverts des manches de la robe, qui est de toile peinte et fort longue. Le cou, nu et blanc, ne porte ni collerette plissée, ni aucune espèce d'ornements.

466

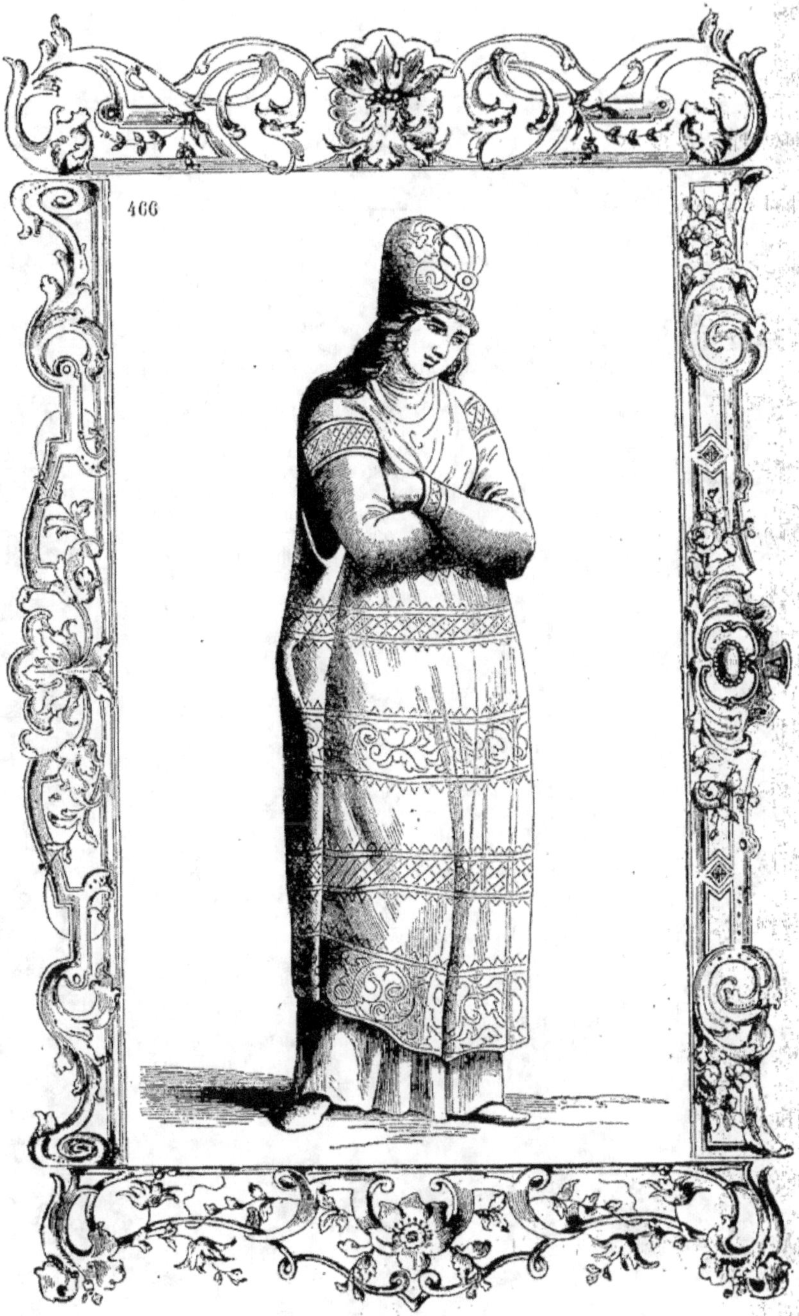

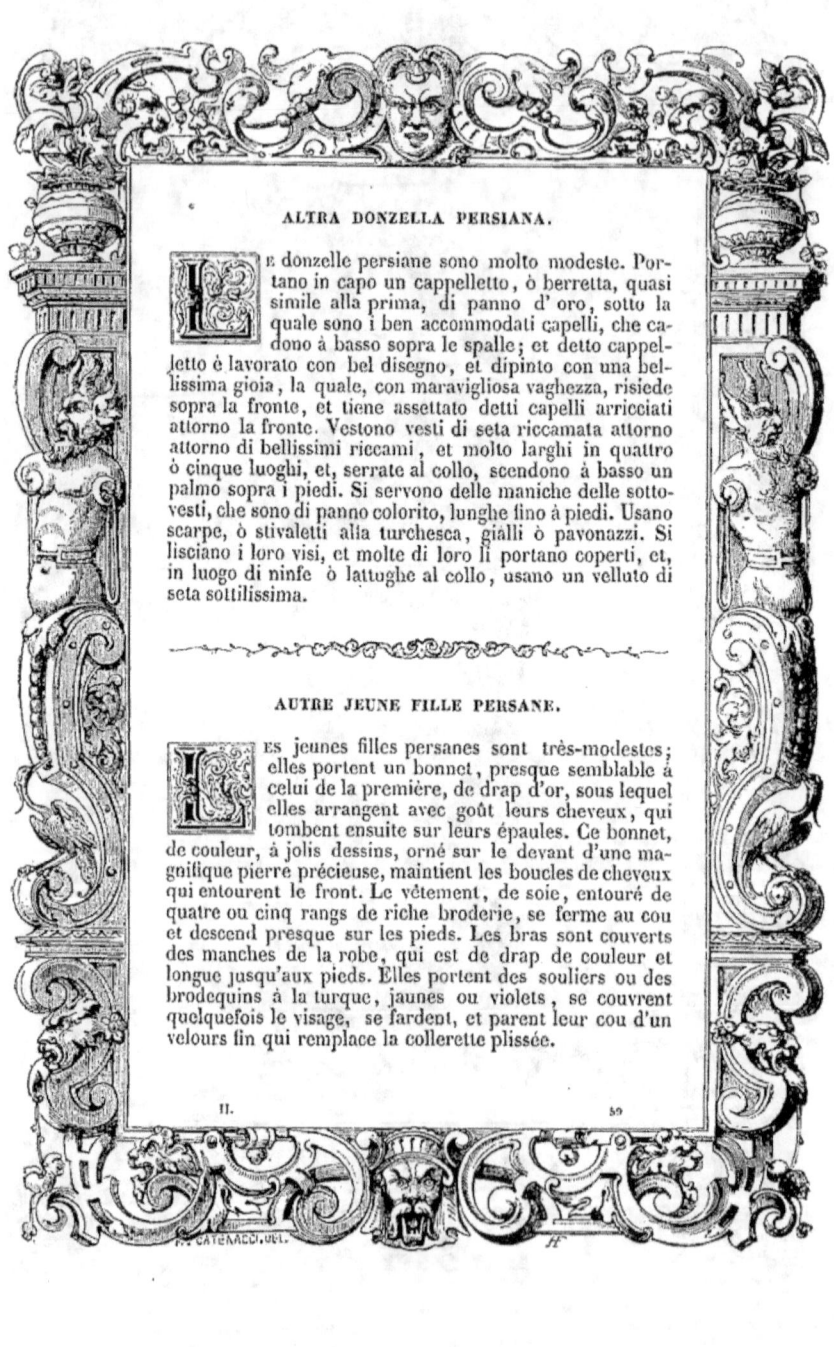

## ALTRA DONZELLA PERSIANA.

Le donzelle persiane sono molto modeste. Portano in capo un cappelletto, ò berretta, quasi simile alla prima, di panno d'oro, sotto la quale sono i ben accommodati capelli, che cadono à basso sopra le spalle; et detto cappelletto è lavorato con bel disegno, et dipinto con una bellissima gioia, la quale, con maravigliosa vaghezza, risiede sopra la fronte, et tiene assettato detti capelli arricciati attorno la fronte. Vestono vesti di seta riccamata attorno attorno di bellissimi riccami, et molto larghi in quattro ò cinque luoghi, et, serrate al collo, scendono à basso un palmo sopra i piedi. Si servono delle maniche delle sottovesti, che sono di panno colorito, lunghe fino à piedi. Usano scarpe, ò stivaletti alla turchesca, gialli ò pavonazzi. Si lisciano i loro visi, et molte di loro li portano coperti, et, in luogo di ninfe ò lattughe al collo, usano un velluto di seta sottilissima.

## AUTRE JEUNE FILLE PERSANE.

Les jeunes filles persanes sont très-modestes; elles portent un bonnet, presque semblable à celui de la première, de drap d'or, sous lequel elles arrangent avec goût leurs cheveux, qui tombent ensuite sur leurs épaules. Ce bonnet, de couleur, à jolis dessins, orné sur le devant d'une magnifique pierre précieuse, maintient les boucles de cheveux qui entourent le front. Le vêtement, de soie, entouré de quatre ou cinq rangs de riche broderie, se ferme au cou et descend presque sur les pieds. Les bras sont couverts des manches de la robe, qui est de drap de couleur et longue jusqu'aux pieds. Elles portent des souliers ou des brodequins à la turque, jaunes ou violets, se couvrent quelquefois le visage, se fardent, et parent leur cou d'un velours fin qui remplace la collerette plissée.

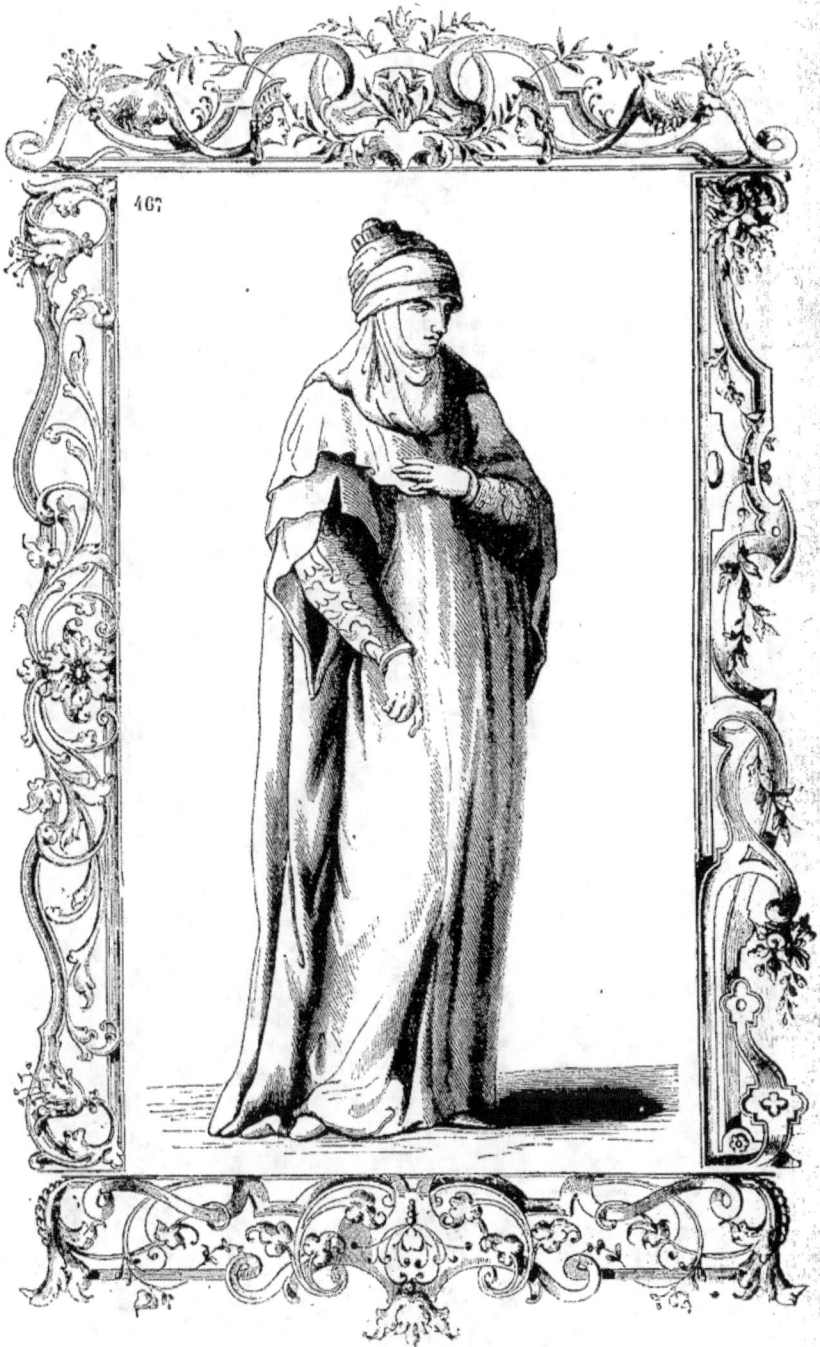

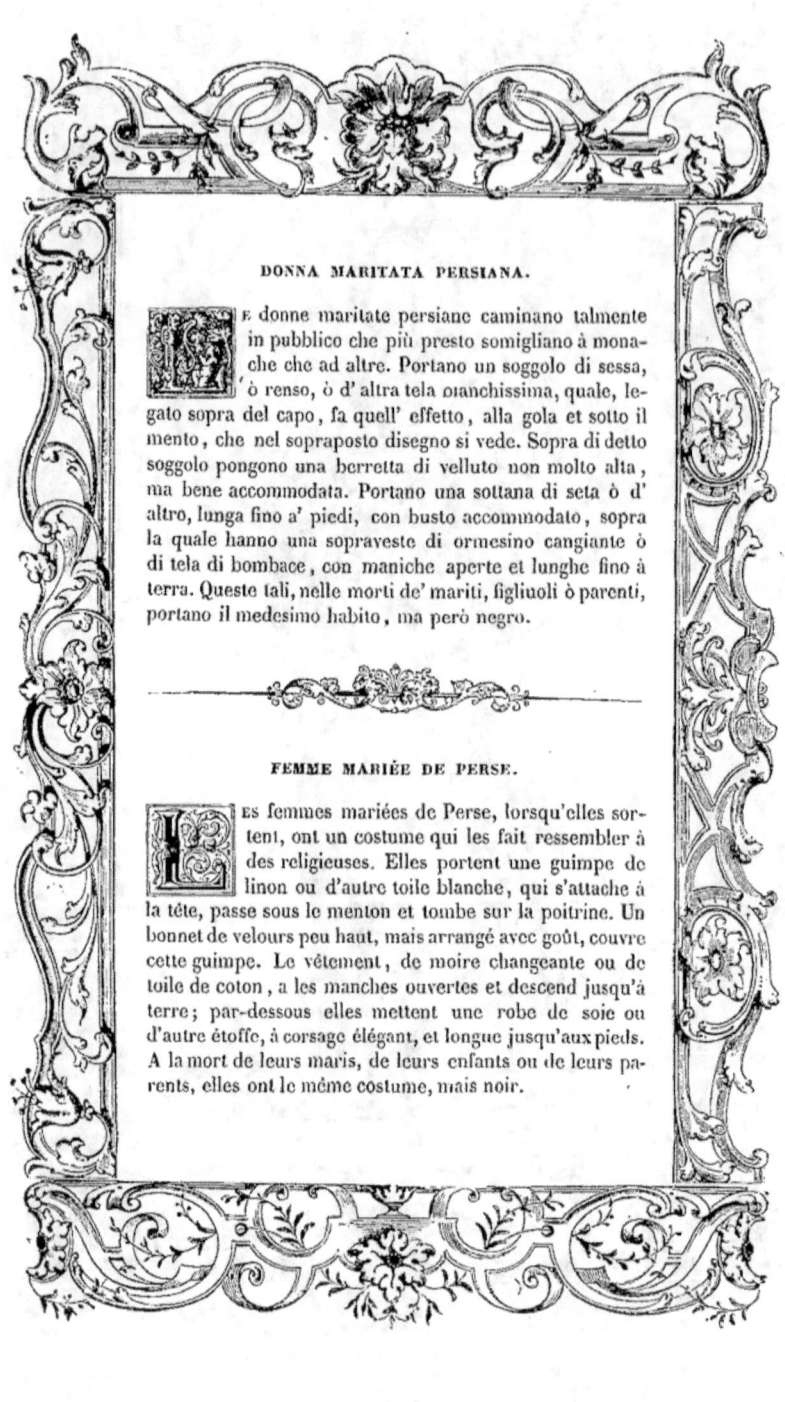

### DONNA MARITATA PERSIANA.

E donne maritate persiane caminano talmente in pubblico che più presto somigliano à monache che ad altre. Portano un soggolo di sessa, ò renso, ò d'altra tela bianchissima, quale, legato sopra del capo, fa quell'effetto, alla gola et sotto il mento, che nel sopraposto disegno si vede. Sopra di detto soggolo pongono una berretta di velluto non molto alta, ma bene accommodata. Portano una sottana di seta ò d'altro, lunga fino a' piedi, con busto accommodato, sopra la quale hanno una sopraveste di ormesino cangiante ò di tela di bombace, con maniche aperte et lunghe fino à terra. Queste tali, nelle morti de' mariti, figliuoli ò parenti, portano il medesimo habito, ma però negro.

### FEMME MARIÉE DE PERSE.

LES femmes mariées de Perse, lorsqu'elles sortent, ont un costume qui les fait ressembler à des religieuses. Elles portent une guimpe de linon ou d'autre toile blanche, qui s'attache à la tête, passe sous le menton et tombe sur la poitrine. Un bonnet de velours peu haut, mais arrangé avec goût, couvre cette guimpe. Le vêtement, de moire changeante ou de toile de coton, a les manches ouvertes et descend jusqu'à terre; par-dessous elles mettent une robe de soie ou d'autre étoffe, à corsage élégant, et longue jusqu'aux pieds. A la mort de leurs maris, de leurs enfants ou de leurs parents, elles ont le même costume, mais noir.

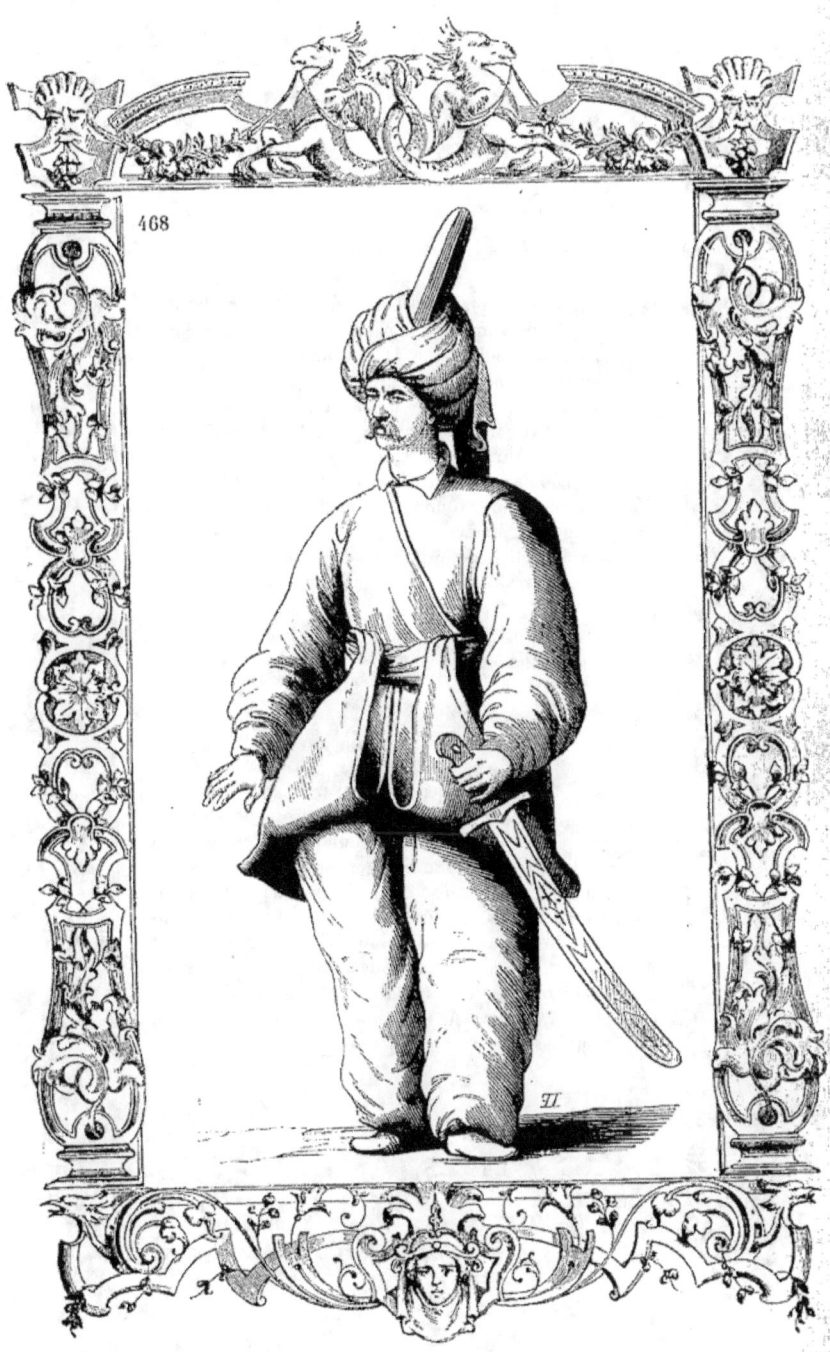

468

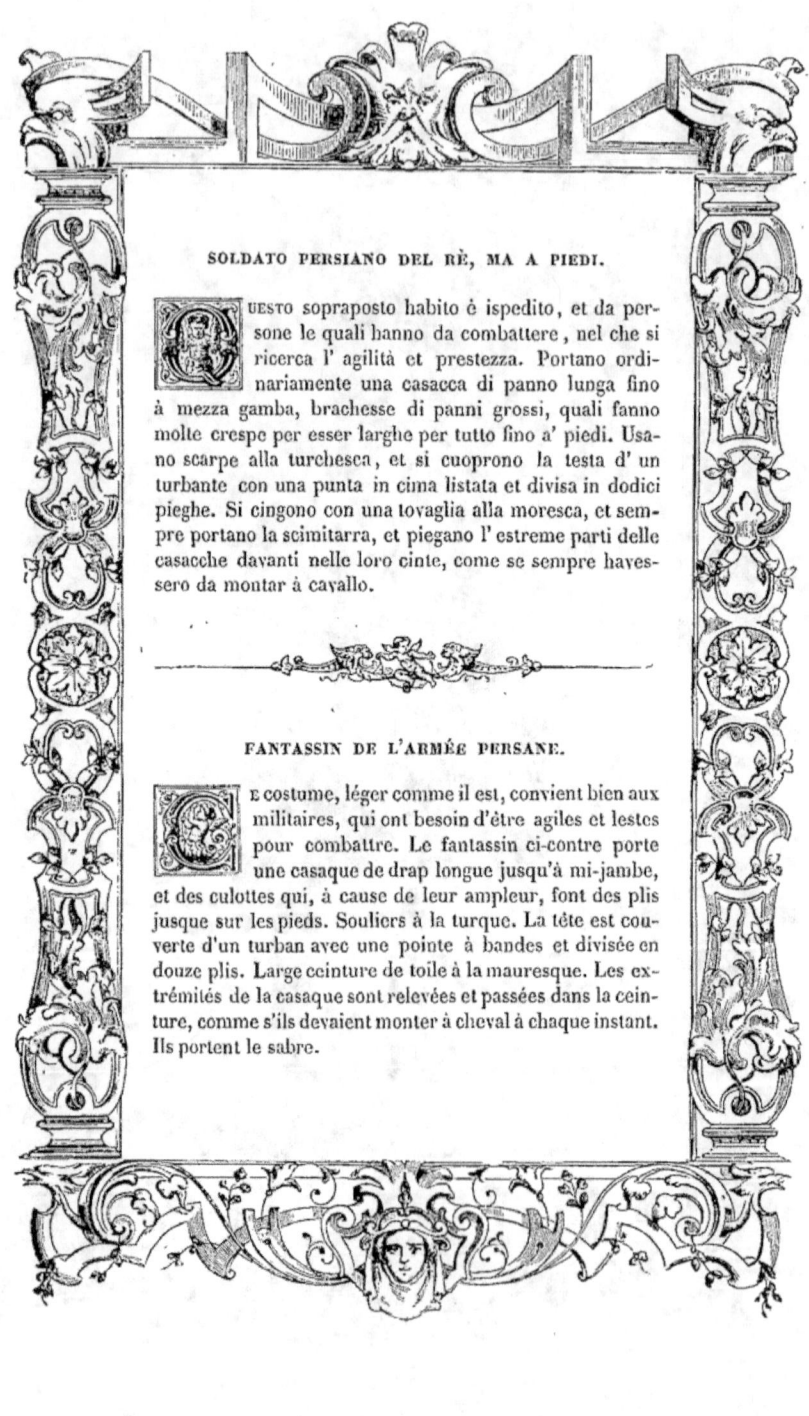

### SOLDATO PERSIANO DEL RÈ, MA A PIEDI.

Questo sopraposto habito è ispedito, et da persone le quali hanno da combattere, nel che si ricerca l'agilità et prestezza. Portano ordinariamente una casacca di panno lunga fino à mezza gamba, brachesse di panni grossi, quali fanno molte crespe per esser larghe per tutto fino a' piedi. Usano scarpe alla turchesca, et si cuoprono la testa d'un turbante con una punta in cima listata et divisa in dodici pieghe. Si cingono con una tovaglia alla moresca, et sempre portano la scimitarra, et piegano l'estreme parti delle casacche davanti nelle loro cinte, come se sempre havessero da montar à cavallo.

### FANTASSIN DE L'ARMÉE PERSANE.

Ce costume, léger comme il est, convient bien aux militaires, qui ont besoin d'être agiles et lestes pour combattre. Le fantassin ci-contre porte une casaque de drap longue jusqu'à mi-jambe, et des culottes qui, à cause de leur ampleur, font des plis jusque sur les pieds. Souliers à la turque. La tête est couverte d'un turban avec une pointe à bandes et divisée en douze plis. Large ceinture de toile à la mauresque. Les extrémités de la casaque sont relevées et passées dans la ceinture, comme s'ils devaient monter à cheval à chaque instant. Ils portent le sabre.

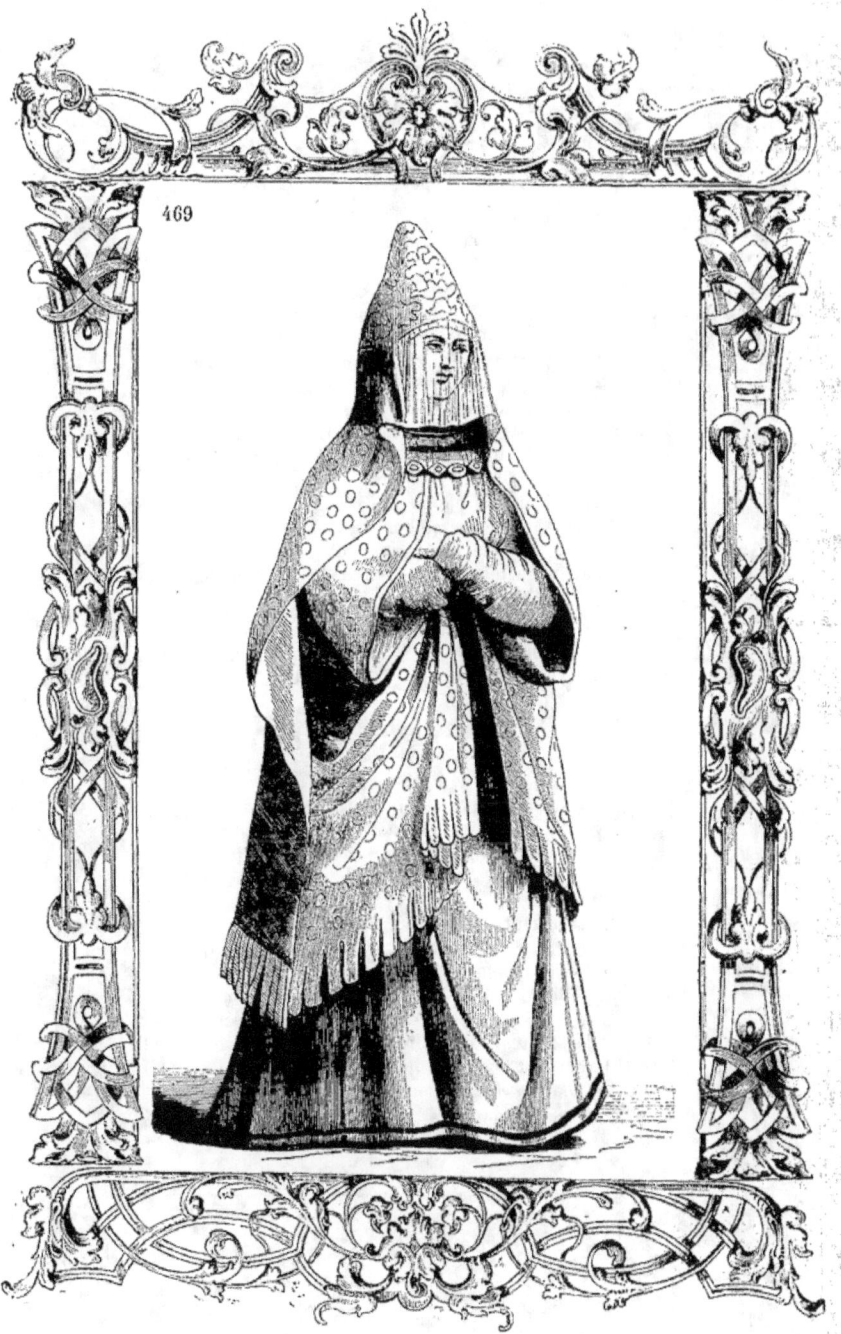

469

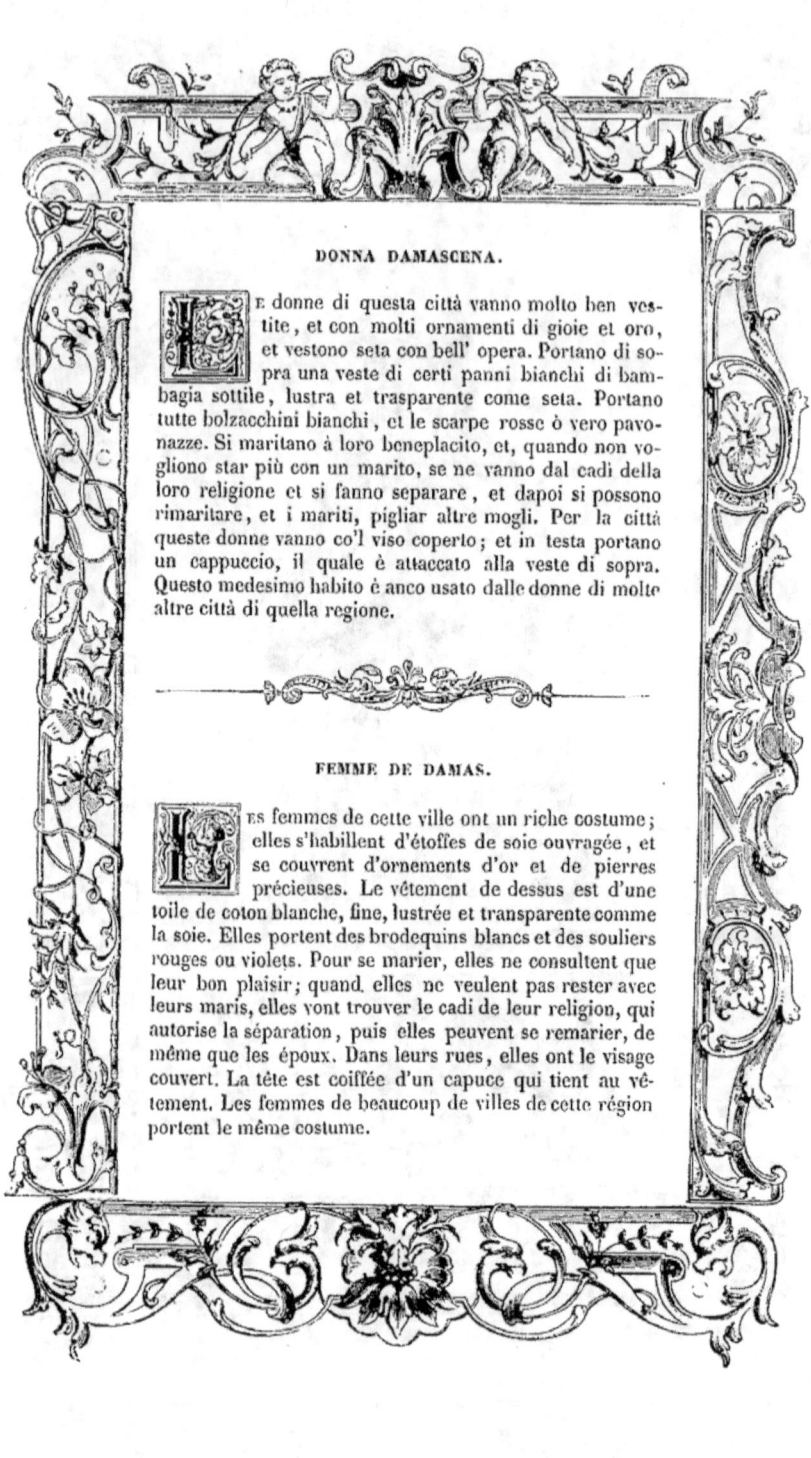

## DONNA DAMASCENA.

L<small>E</small> donne di questa città vanno molto ben vestite, et con molti ornamenti di gioie et oro, et vestono seta con bell' opera. Portano di sopra una veste di certi panni bianchi di bambagia sottile, lustra et trasparente come seta. Portano tutte bolzacchini bianchi, et le scarpe rosse ò vero pavonazze. Si maritano à loro beneplacito, et, quando non vogliono star più con un marito, se ne vanno dal cadi della loro religione et si fanno separare, et dapoi si possono rimaritare, et i mariti, pigliar altre mogli. Per la città queste donne vanno co'l viso coperto; et in testa portano un cappuccio, il quale è attaccato alla veste di sopra. Questo medesimo habito è anco usato dalle donne di molte altre città di quella regione.

## FEMME DE DAMAS.

L<small>ES</small> femmes de cette ville ont un riche costume; elles s'habillent d'étoffes de soie ouvragée, et se couvrent d'ornements d'or et de pierres précieuses. Le vêtement de dessus est d'une toile de coton blanche, fine, lustrée et transparente comme la soie. Elles portent des brodequins blancs et des souliers rouges ou violets. Pour se marier, elles ne consultent que leur bon plaisir; quand elles ne veulent pas rester avec leurs maris, elles vont trouver le cadi de leur religion, qui autorise la séparation, puis elles peuvent se remarier, de même que les époux. Dans leurs rues, elles ont le visage couvert. La tête est coiffée d'un capuce qui tient au vêtement. Les femmes de beaucoup de villes de cette région portent le même costume.

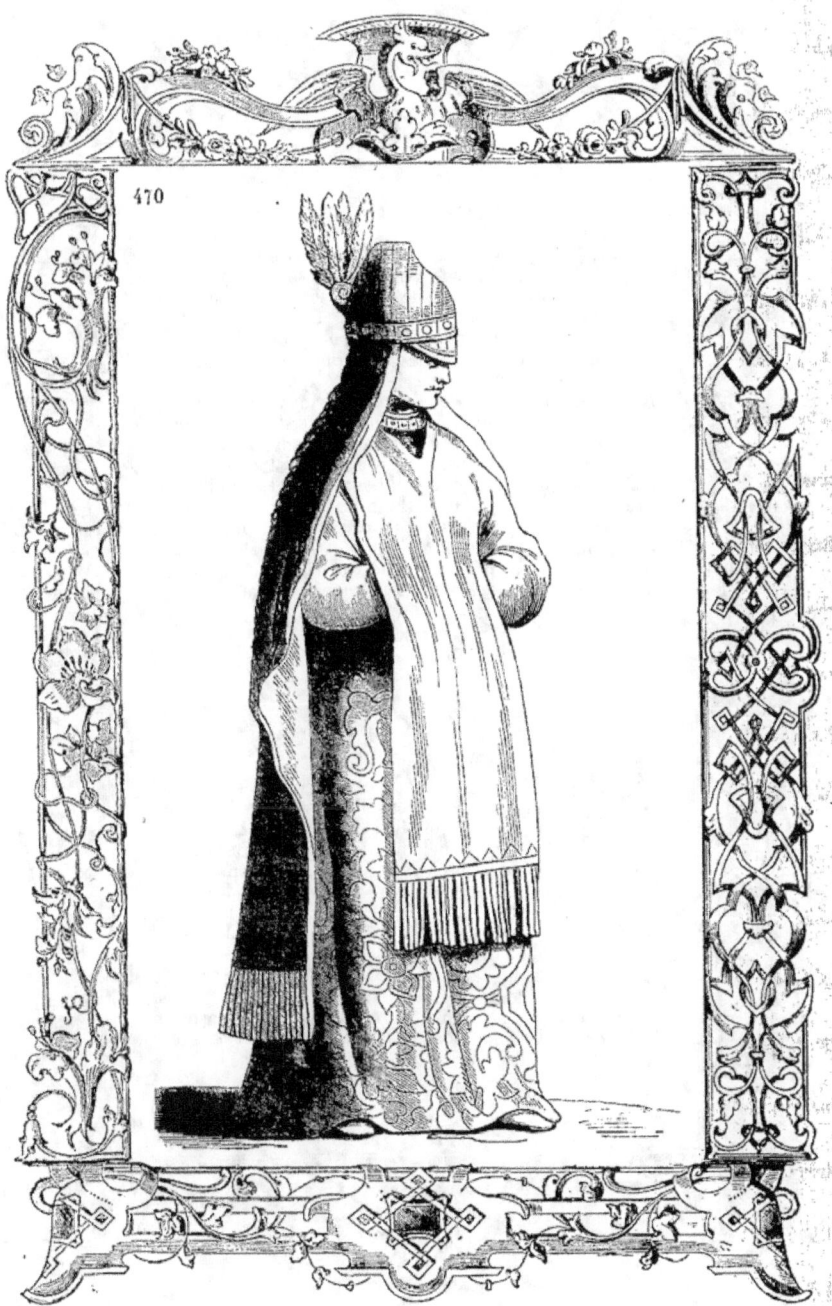

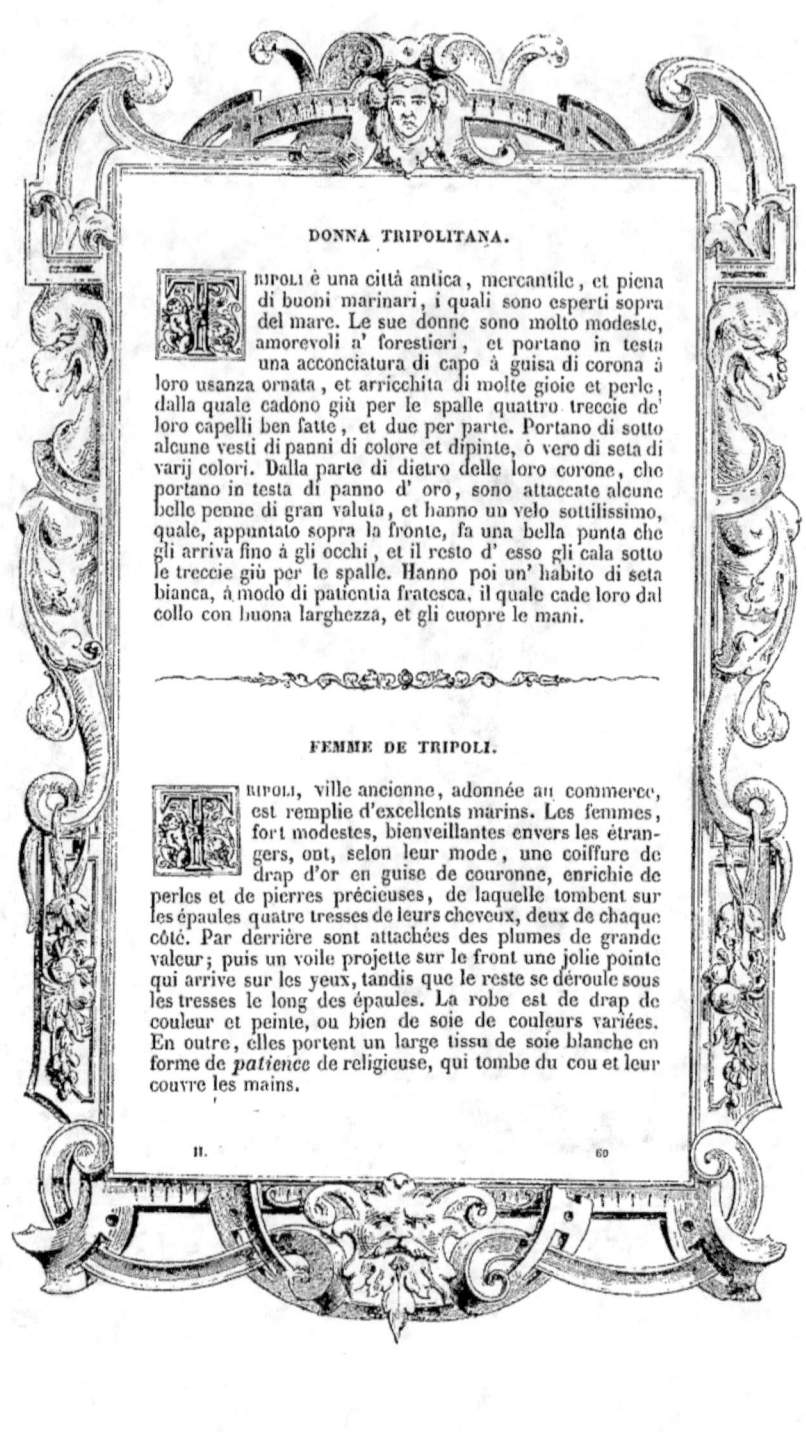

## DONNA TRIPOLITANA.

RIPOLI è una città antica, mercantile, et piena di buoni marinari, i quali sono esperti sopra del mare. Le sue donne sono molto modeste, amorevoli a' forestieri, et portano in testa una acconciatura di capo à guisa di corona à loro usanza ornata, et arricchita di molte gioie et perle, dalla quale cadono giù per le spalle quattro treccie de' loro capelli ben fatte, et due per parte. Portano di sotto alcune vesti di panni di colore et dipinte, ò vero di seta di varij colori. Dalla parte di dietro delle loro corone, che portano in testa di panno d' oro, sono attaccate alcune belle penne di gran valuta, et hanno un velo sottilissimo, quale, appuntato sopra la fronte, fa una bella punta che gli arriva fino à gli occhi, et il resto d' esso gli cala sotto le treccie giù per le spalle. Hanno poi un' habito di seta bianca, à modo di patientia fratesca, il quale cade loro dal collo con buona larghezza, et gli cuopre le mani.

## FEMME DE TRIPOLI.

TRIPOLI, ville ancienne, adonnée au commerce, est remplie d'excellents marins. Les femmes, fort modestes, bienveillantes envers les étrangers, ont, selon leur mode, une coiffure de drap d'or en guise de couronne, enrichie de perles et de pierres précieuses, de laquelle tombent sur les épaules quatre tresses de leurs cheveux, deux de chaque côté. Par derrière sont attachées des plumes de grande valeur; puis un voile projette sur le front une jolie pointe qui arrive sur les yeux, tandis que le reste se déroule sous les tresses le long des épaules. La robe est de drap de couleur et peinte, ou bien de soie de couleurs variées. En outre, elles portent un large tissu de soie blanche en forme de *patience* de religieuse, qui tombe du cou et leur couvre les mains.

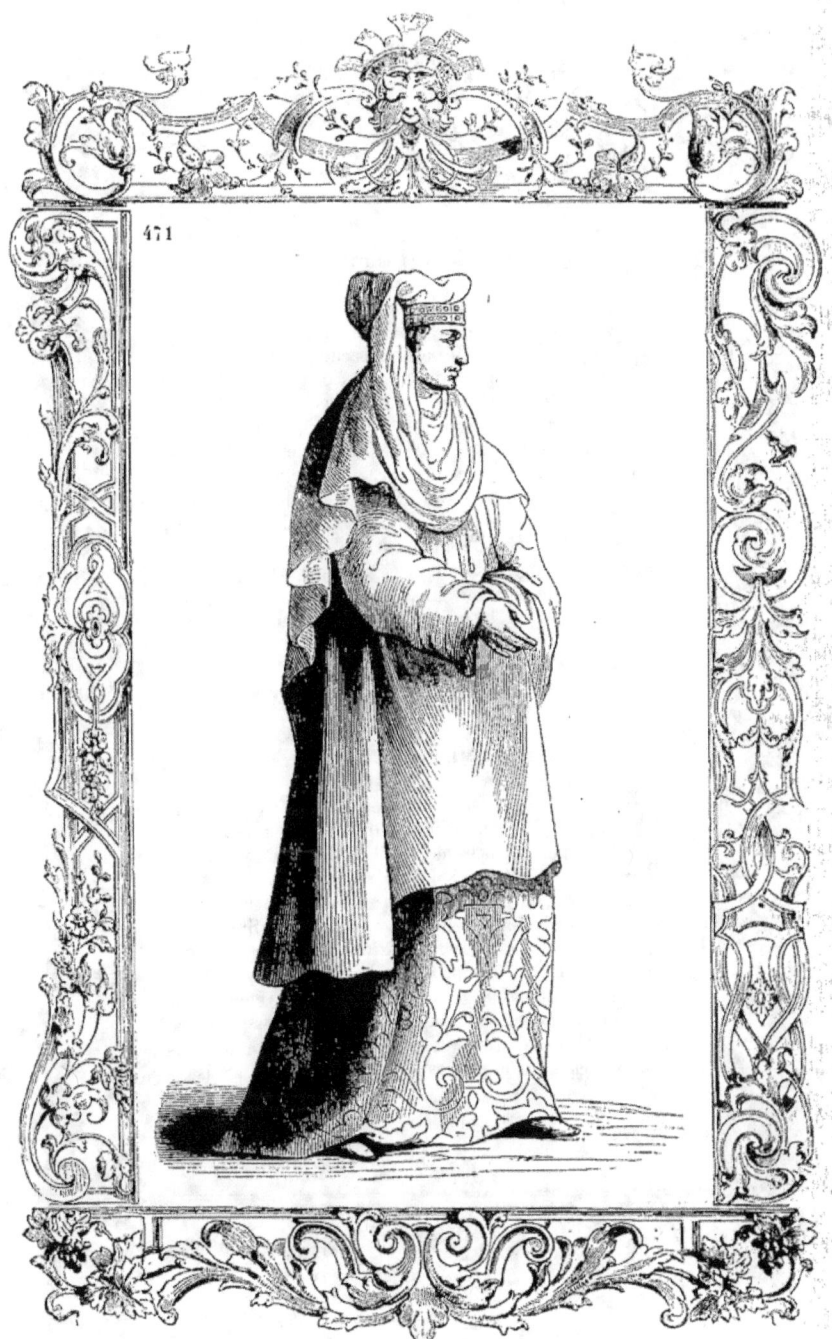

471

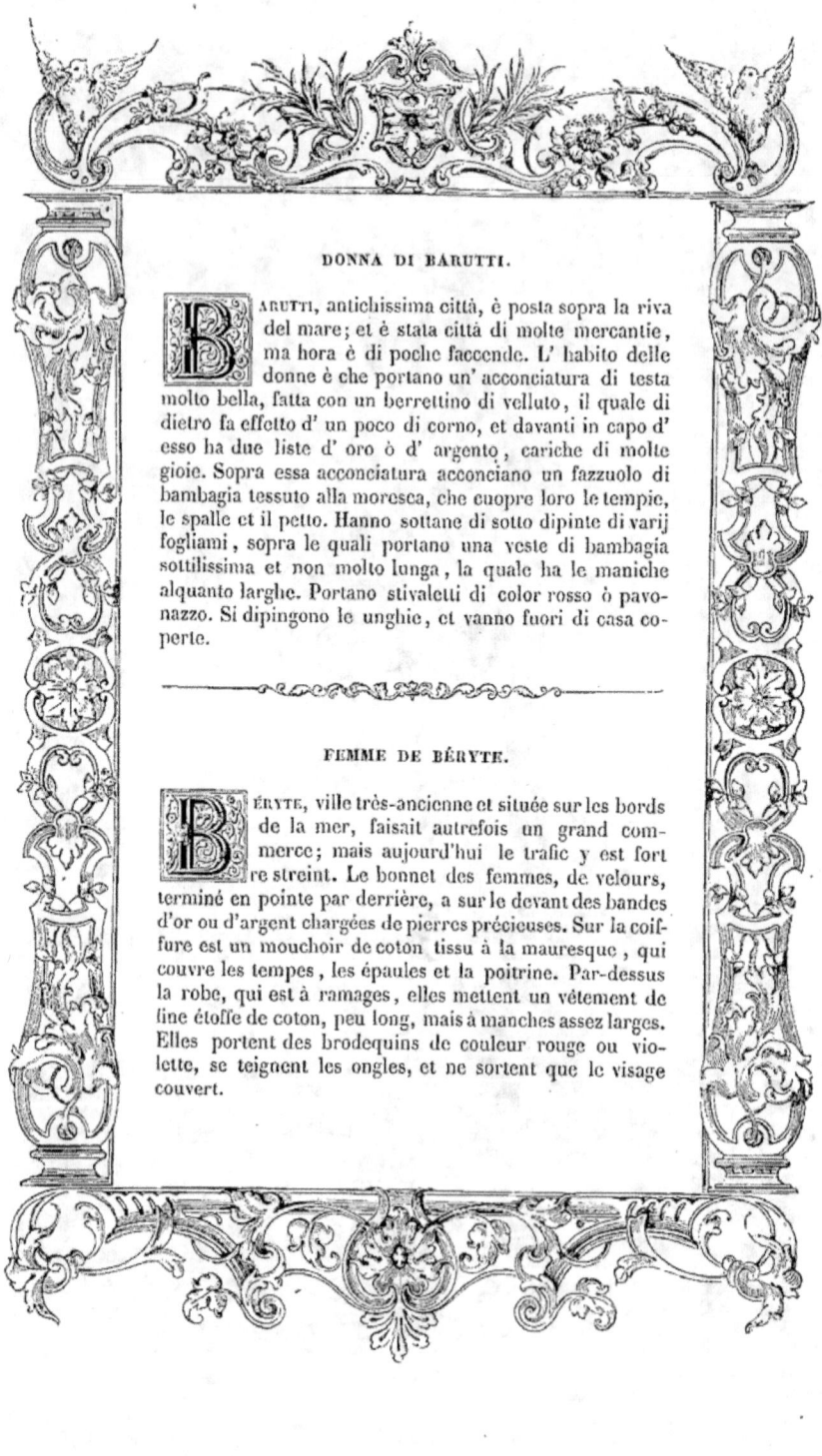

### DONNA DI BARUTTI.

**B**ARUTTI, antichissima città, è posta sopra la riva del mare; et è stata città di molte mercantie, ma hora è di poche faccende. L' habito delle donne è che portano un' acconciatura di testa molto bella, fatta con un berrettino di velluto, il quale di dietro fa effetto d' un poco di corno, et davanti in capo d' esso ha due liste d' oro ò d' argento, cariche di molte gioie. Sopra essa acconciatura acconciano un fazzuolo di bambagia tessuto alla moresca, che cuopre loro le tempie, le spalle et il petto. Hanno sottane di sotto dipinte di varij fogliami, sopra le quali portano una veste di bambagia sottilissima et non molto lunga, la quale ha le maniche alquanto larghe. Portano stivaletti di color rosso ò pavonazzo. Si dipingono le unghie, et vanno fuori di casa coperte.

### FEMME DE BÉRYTE.

**B**ÉRYTE, ville très-ancienne et située sur les bords de la mer, faisait autrefois un grand commerce; mais aujourd'hui le trafic y est fort re streint. Le bonnet des femmes, de velours, terminé en pointe par derrière, a sur le devant des bandes d'or ou d'argent chargées de pierres précieuses. Sur la coiffure est un mouchoir de coton tissu à la mauresque, qui couvre les tempes, les épaules et la poitrine. Par-dessus la robe, qui est à ramages, elles mettent un vêtement de fine étoffe de coton, peu long, mais à manches assez larges. Elles portent des brodequins de couleur rouge ou violette, se teignent les ongles, et ne sortent que le visage couvert.

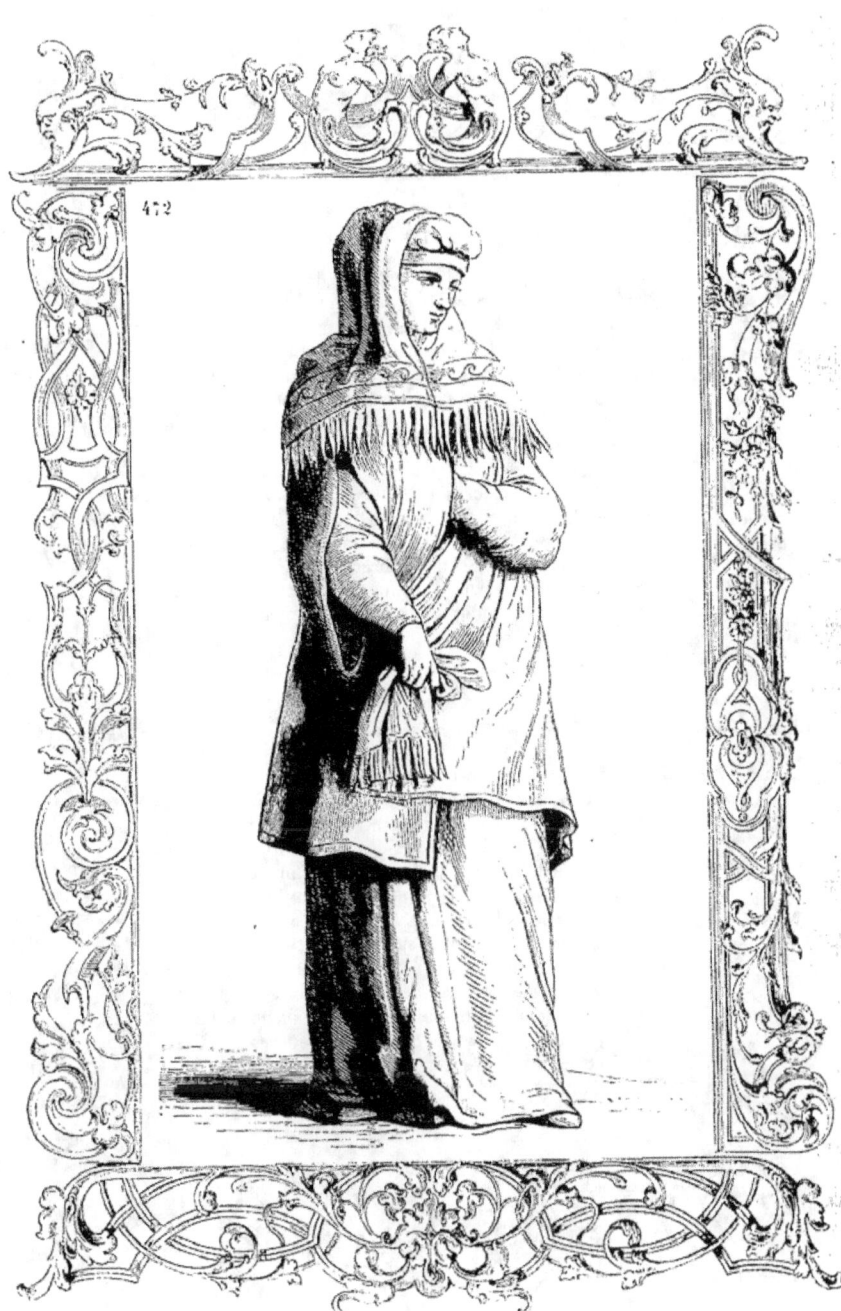

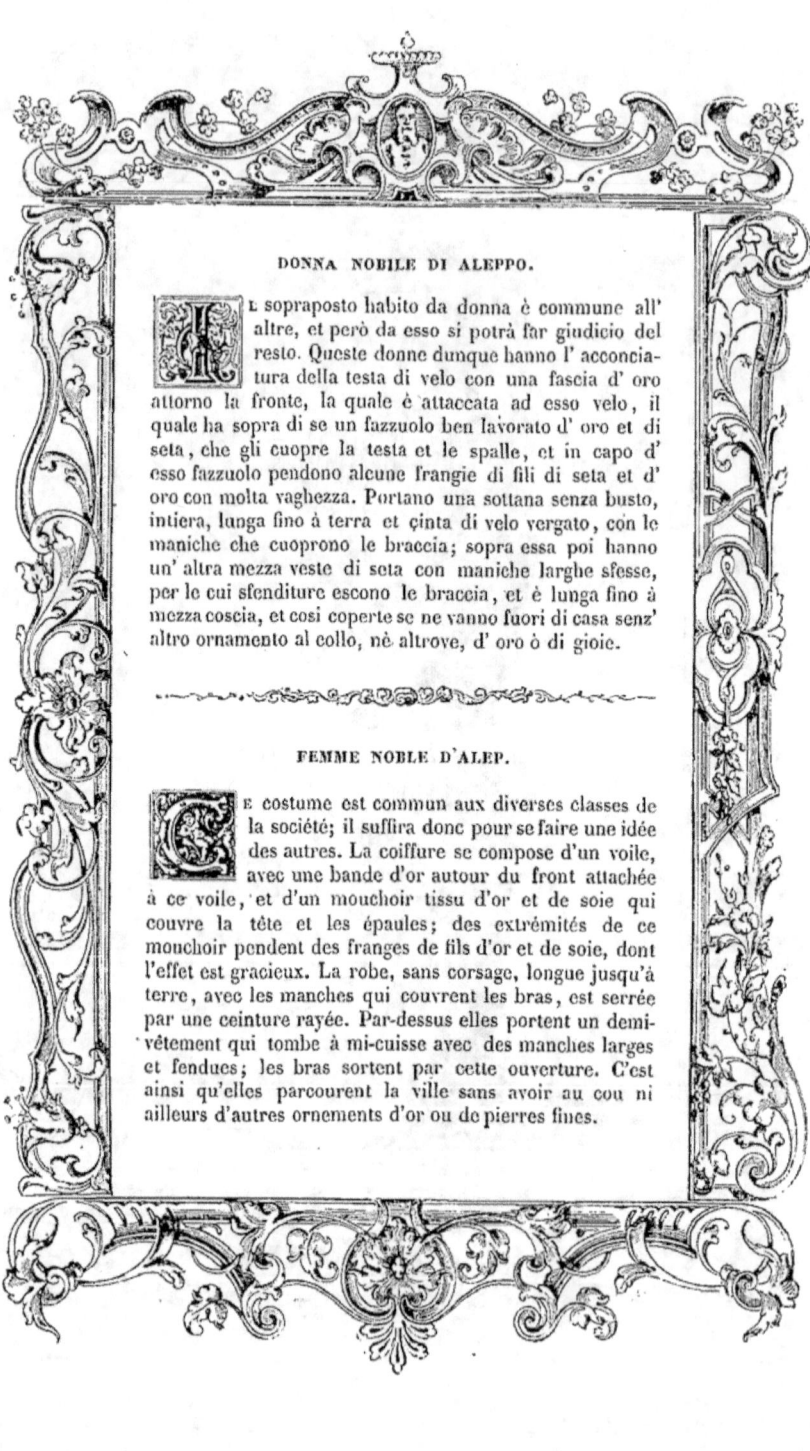

### DONNA NOBILE DI ALEPPO.

IL sopraposto habito da donna è commune all'
altre, et però da esso si potrà far giudicio del
resto. Queste donne dunque hanno l'acconciatura della testa di velo con una fascia d'oro
attorno la fronte, la quale è attaccata ad esso velo, il
quale ha sopra di se un fazzuolo ben lavorato d'oro et di
seta, che gli cuopre la testa et le spalle, et in capo d'
esso fazzuolo pendono alcune frangie di fili di seta et d'
oro con molta vaghezza. Portano una sottana senza busto,
intiera, lunga fino à terra et cinta di velo vergato, con le
maniche che cuoprono le braccia; sopra essa poi hanno
un' altra mezza veste di seta con maniche larghe sfesse,
per le cui sfenditure escono le braccia, et è lunga fino à
mezza coscia, et cosi coperte se ne vanno fuori di casa senz'
altro ornamento al collo, nè altrove, d'oro ò di gioie.

### FEMME NOBLE D'ALEP.

CE costume est commun aux diverses classes de
la société; il suffira donc pour se faire une idée
des autres. La coiffure se compose d'un voile,
avec une bande d'or autour du front attachée
à ce voile, et d'un mouchoir tissu d'or et de soie qui
couvre la tête et les épaules; des extrémités de ce
mouchoir pendent des franges de fils d'or et de soie, dont
l'effet est gracieux. La robe, sans corsage, longue jusqu'à
terre, avec les manches qui couvrent les bras, est serrée
par une ceinture rayée. Par-dessus elles portent un demi-
vêtement qui tombe à mi-cuisse avec des manches larges
et fendues; les bras sortent par cette ouverture. C'est
ainsi qu'elles parcourent la ville sans avoir au cou ni
ailleurs d'autres ornements d'or ou de pierres fines.

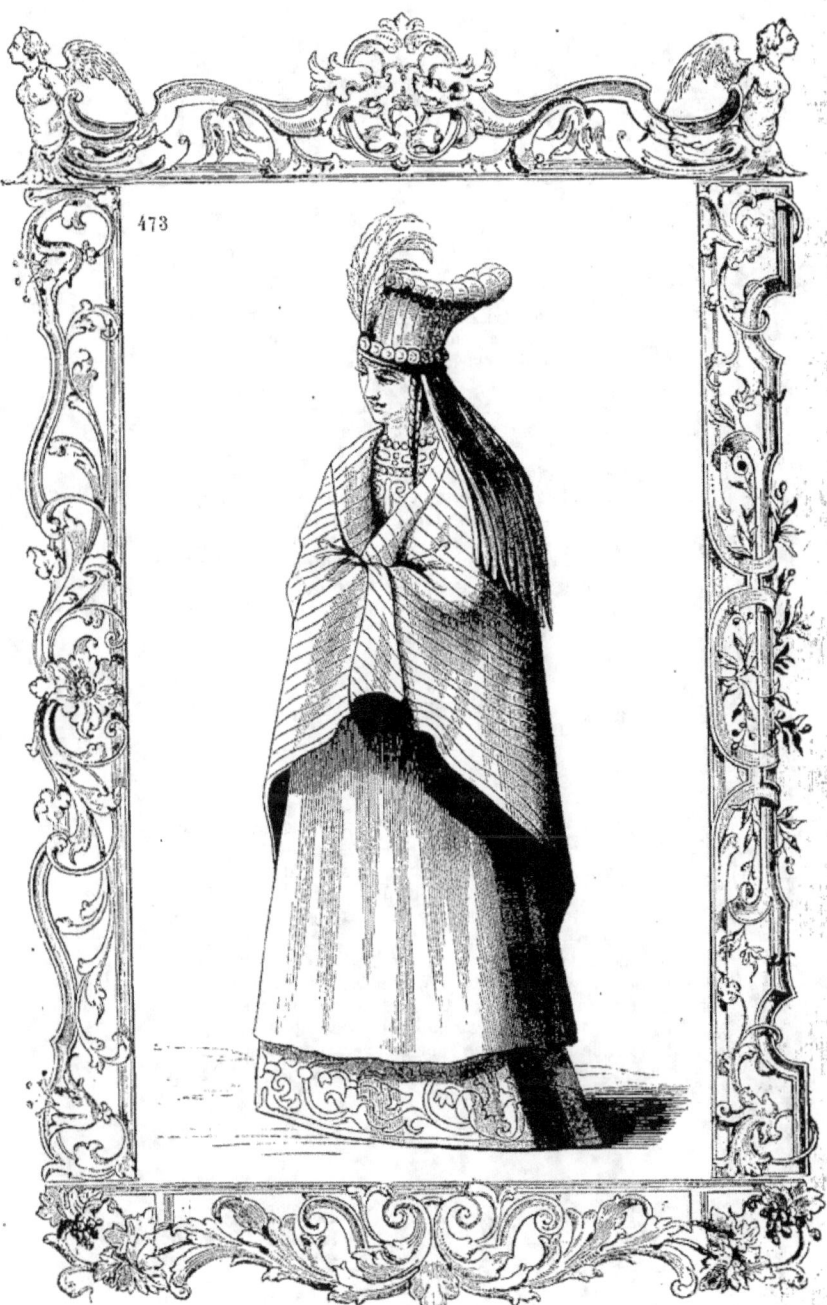

473

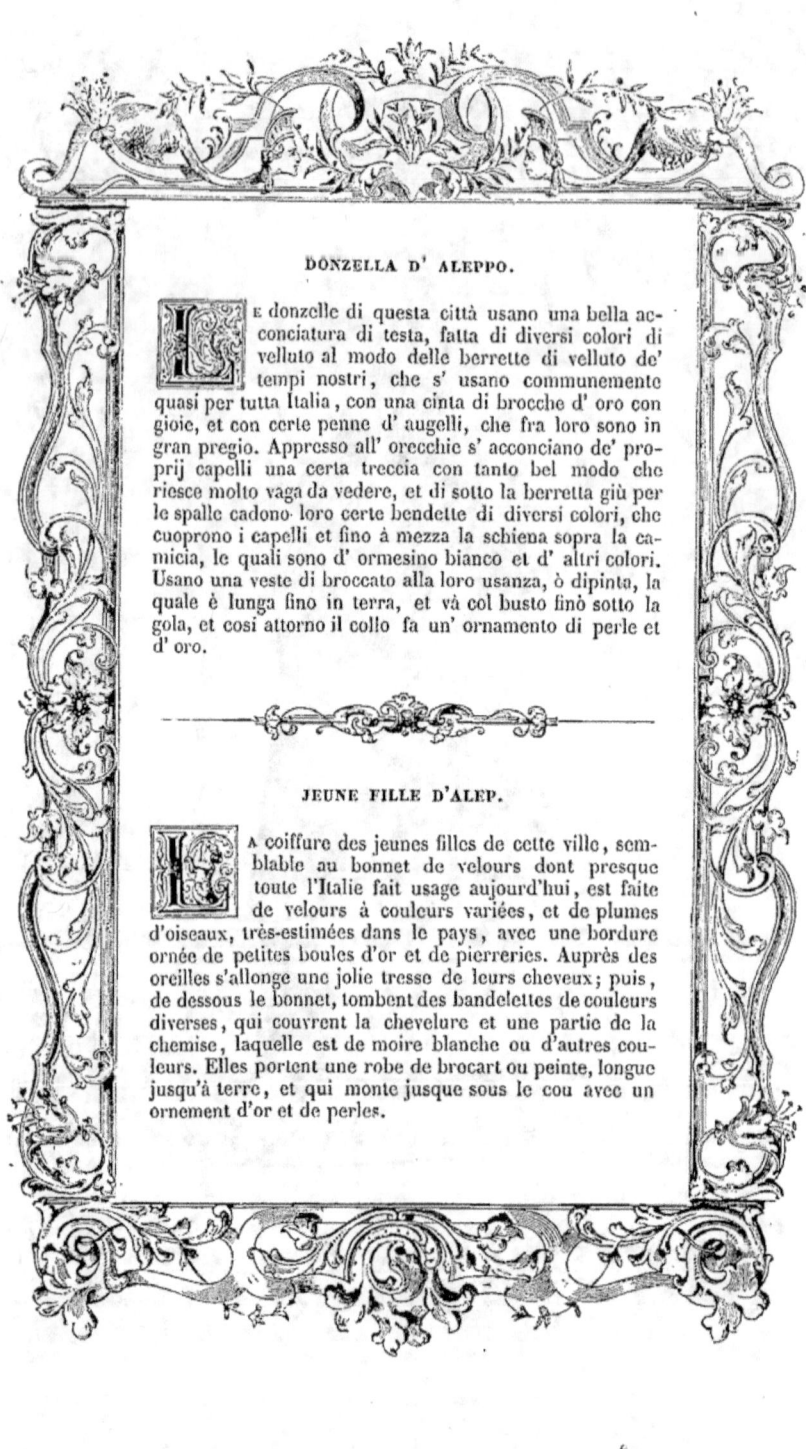

### DONZELLA D' ALEPPO.

LE donzelle di questa città usano una bella acconciatura di testa, fatta di diversi colori di
velluto al modo delle berrette di velluto de'
tempi nostri, che s' usano communemente
quasi per tutta Italia, con una cinta di brocche d' oro con
gioie, et con certe penne d' augelli, che fra loro sono in
gran pregio. Appresso all' orecchie s' acconciano de' proprij capelli una certa treccia con tanto bel modo che
riesce molto vaga da vedere, et di sotto la berretta giù per
le spalle cadono loro certe bendette di diversi colori, che
cuoprono i capelli et fino à mezza la schiena sopra la camicia, le quali sono d' ormesino bianco et d' altri colori.
Usano una veste di broccato alla loro usanza, ò dipinta, la
quale è lunga fino in terra, et và col busto finò sotto la
gola, et cosi attorno il collo fa un' ornamento di perle et
d' oro.

### JEUNE FILLE D'ALEP.

LA coiffure des jeunes filles de cette ville, semblable au bonnet de velours dont presque
toute l'Italie fait usage aujourd'hui, est faite
de velours à couleurs variées, et de plumes
d'oiseaux, très-estimées dans le pays, avec une bordure
ornée de petites boules d'or et de pierreries. Auprès des
oreilles s'allonge une jolie tresse de leurs cheveux; puis,
de dessous le bonnet, tombent des bandelettes de couleurs
diverses, qui couvrent la chevelure et une partie de la
chemise, laquelle est de moire blanche ou d'autres couleurs. Elles portent une robe de brocart ou peinte, longue
jusqu'à terre, et qui monte jusque sous le cou avec un
ornement d'or et de perles.

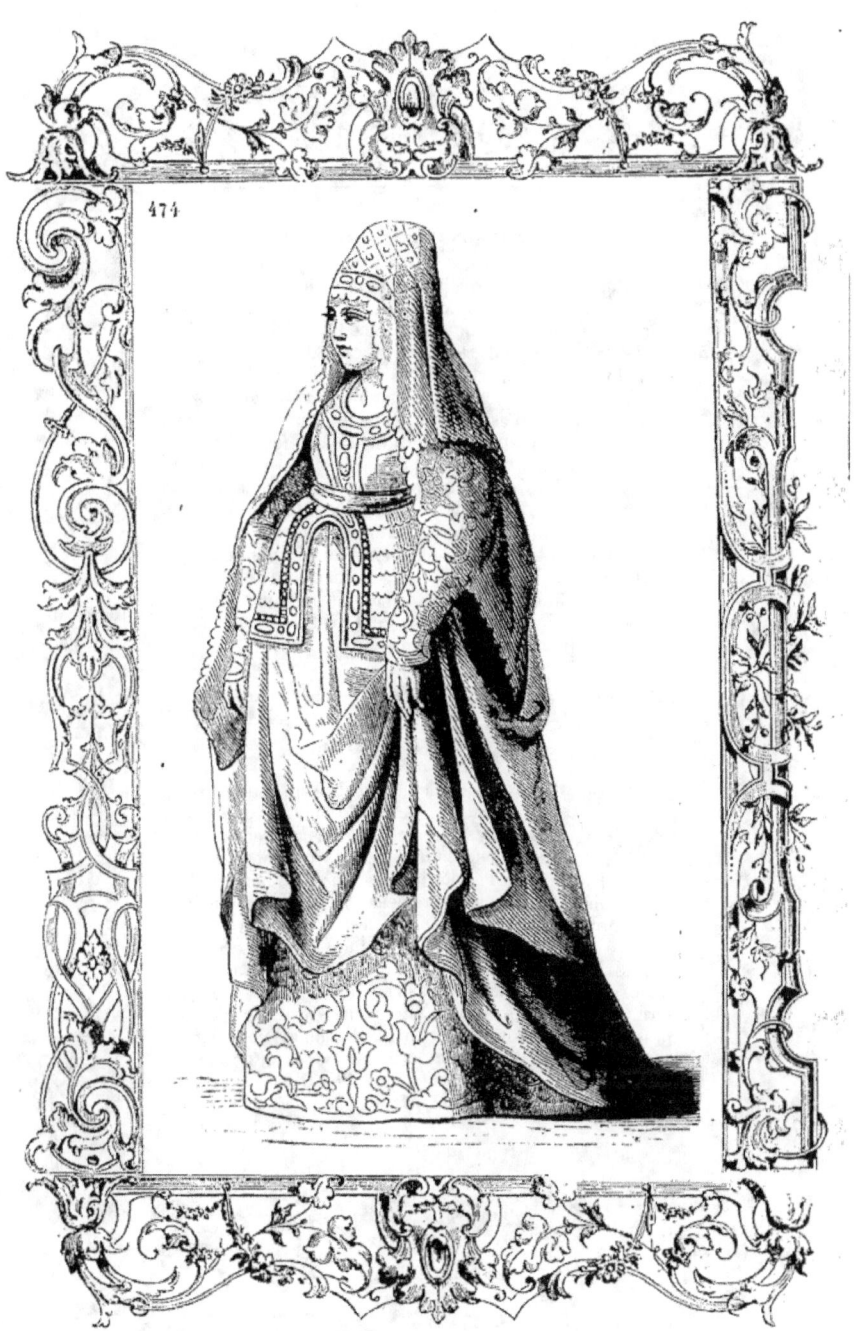

474

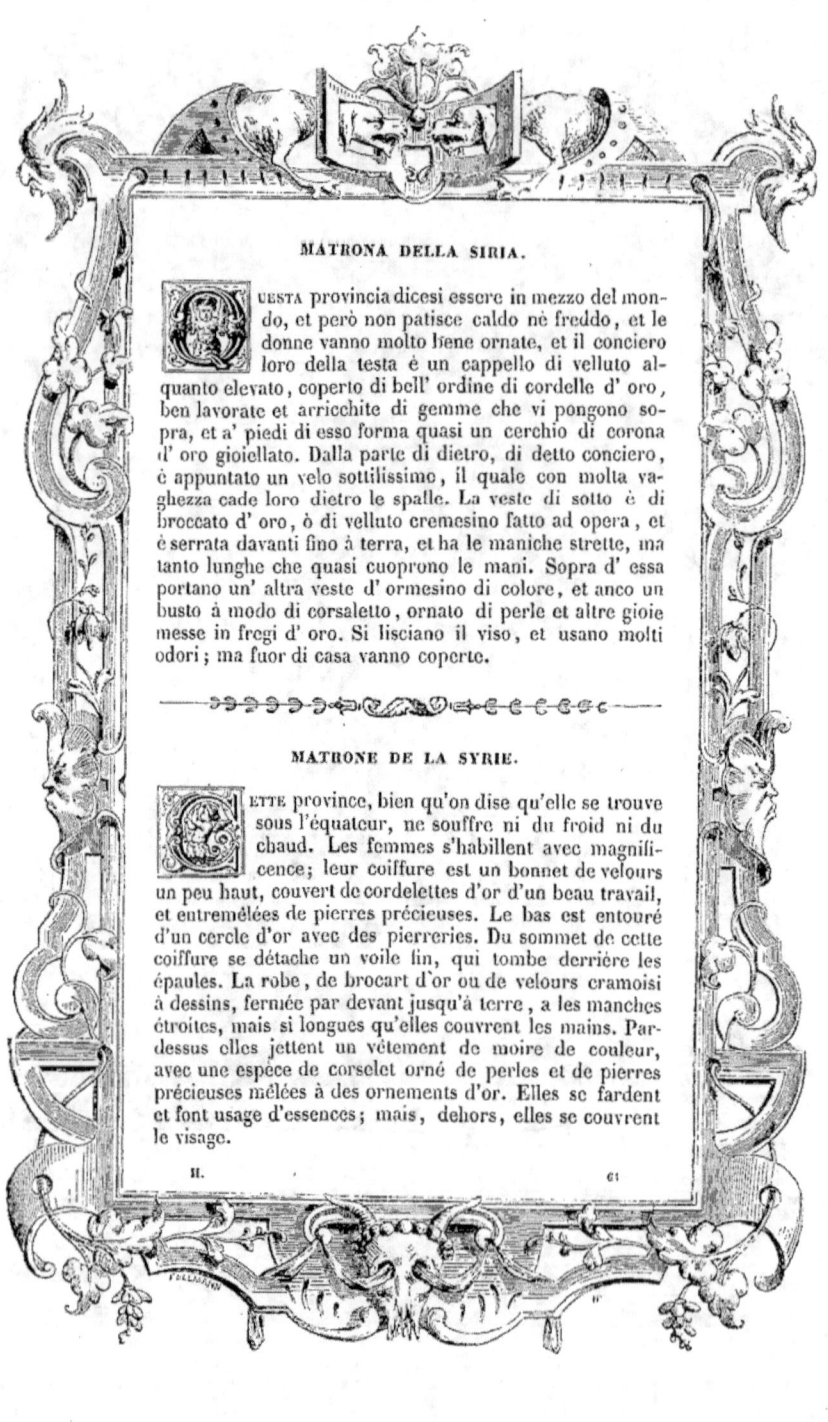

## MATRONA DELLA SIRIA.

QUESTA provincia dicesi essere in mezzo del mondo, et però non patisce caldo nè freddo, et le donne vanno molto bene ornate, et il conciero loro della testa è un cappello di velluto alquanto elevato, coperto di bell' ordine di cordelle d' oro, ben lavorate et arricchite di gemme che vi pongono sopra, et a' piedi di esso forma quasi un cerchio di corona d' oro gioiellato. Dalla parte di dietro, di detto conciero, è appuntato un velo sottilissimo, il quale con molta vaghezza cade loro dietro le spalle. La veste di sotto è di broccato d' oro, ò di velluto cremesino fatto ad opera, et è serrata davanti fino à terra, et ha le maniche strette, ma tanto lunghe che quasi cuoprono le mani. Sopra d' essa portano un' altra veste d' ormesino di colore, et anco un busto à modo di corsaletto, ornato di perle et altre gioie messe in fregi d' oro. Si lisciano il viso, et usano molti odori; ma fuor di casa vanno coperte.

## MATRONE DE LA SYRIE.

CETTE province, bien qu'on dise qu'elle se trouve sous l'équateur, ne souffre ni du froid ni du chaud. Les femmes s'habillent avec magnificence; leur coiffure est un bonnet de velours un peu haut, couvert de cordelettes d'or d'un beau travail, et entremêlées de pierres précieuses. Le bas est entouré d'un cercle d'or avec des pierreries. Du sommet de cette coiffure se détache un voile fin, qui tombe derrière les épaules. La robe, de brocart d'or ou de velours cramoisi à dessins, fermée par devant jusqu'à terre, a les manches étroites, mais si longues qu'elles couvrent les mains. Pardessus elles jettent un vêtement de moire de couleur, avec une espèce de corselet orné de perles et de pierres précieuses mêlées à des ornements d'or. Elles se fardent et font usage d'essences; mais, dehors, elles se couvrent le visage.

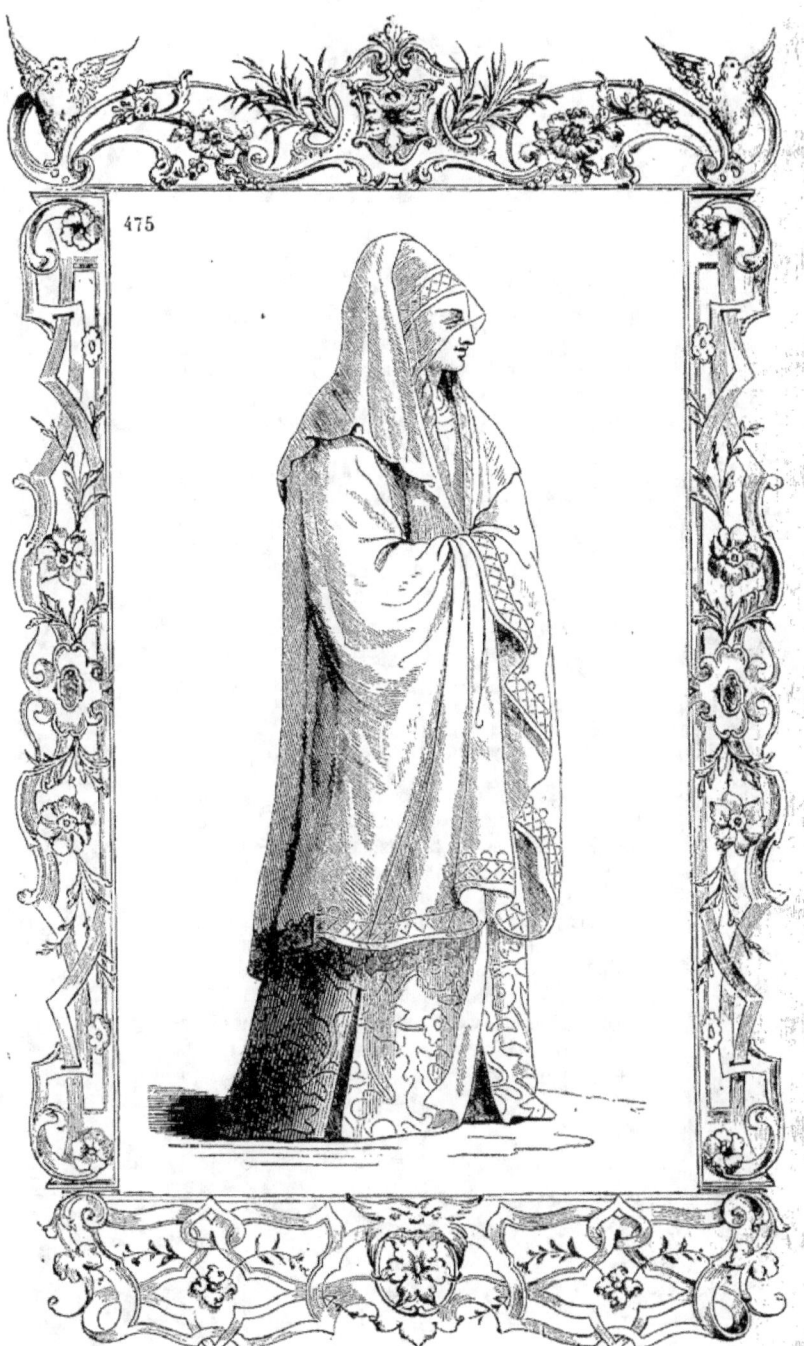

475

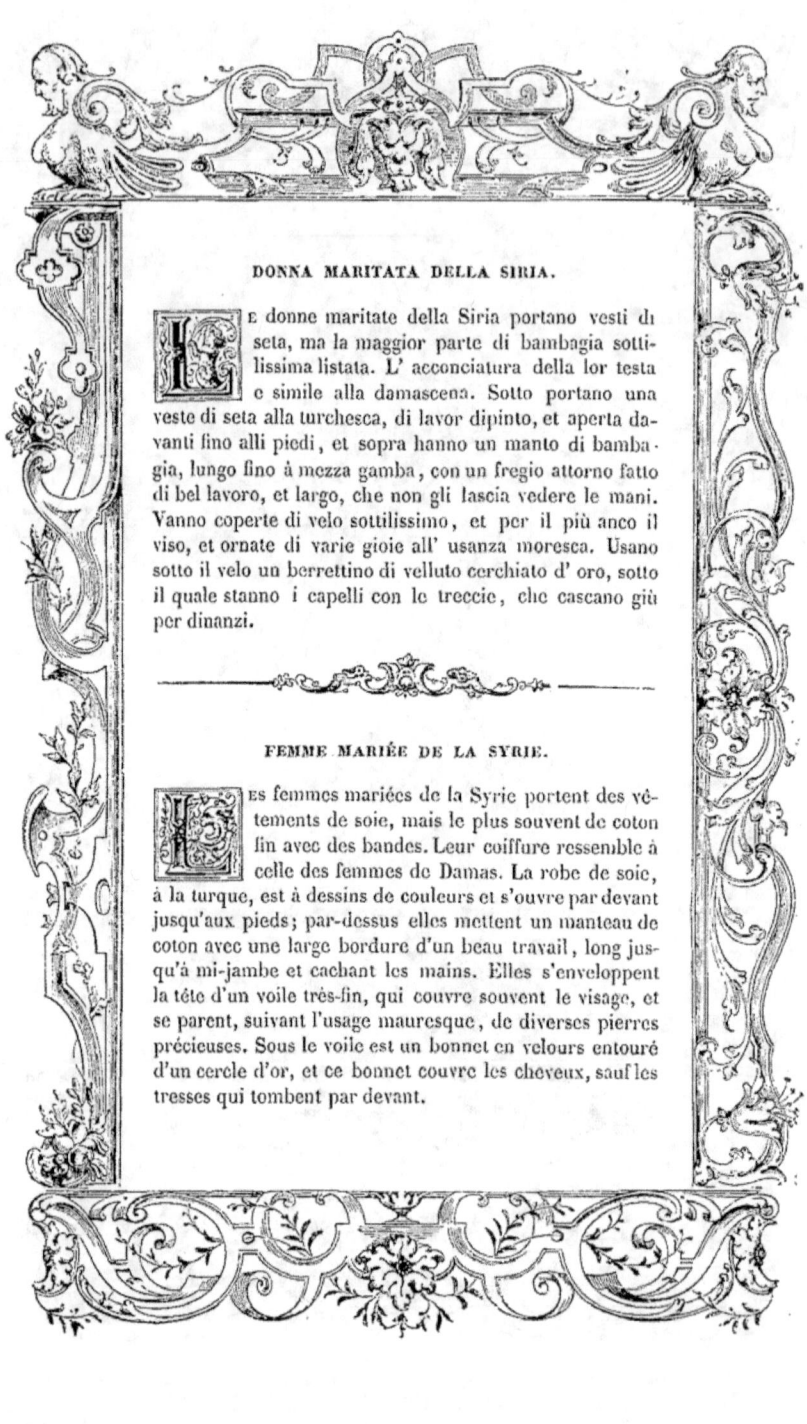

### DONNA MARITATA DELLA SIRIA.

LE donne maritate della Siria portano vesti di seta, ma la maggior parte di bambagia sottilissima listata. L' acconciatura della lor testa e simile alla damascena. Sotto portano una veste di seta alla turchesca, di lavor dipinto, et aperta davanti fino alli piedi, et sopra hanno un manto di bambagia, lungo fino à mezza gamba, con un fregio attorno fatto di bel lavoro, et largo, che non gli lascia vedere le mani. Vanno coperte di velo sottilissimo, et per il più anco il viso, et ornate di varie gioie all' usanza moresca. Usano sotto il velo un berrettino di velluto cerchiato d' oro, sotto il quale stanno i capelli con le treccie, che cascano giù per dinanzi.

### FEMME MARIÉE DE LA SYRIE.

LES femmes mariées de la Syrie portent des vêtements de soie, mais le plus souvent de coton fin avec des bandes. Leur coiffure ressemble à celle des femmes de Damas. La robe de soie, à la turque, est à dessins de couleurs et s'ouvre par devant jusqu'aux pieds; par-dessus elles mettent un manteau de coton avec une large bordure d'un beau travail, long jusqu'à mi-jambe et cachant les mains. Elles s'enveloppent la tête d'un voile très-fin, qui couvre souvent le visage, et se parent, suivant l'usage mauresque, de diverses pierres précieuses. Sous le voile est un bonnet en velours entouré d'un cercle d'or, et ce bonnet couvre les cheveux, sauf les tresses qui tombent par devant.

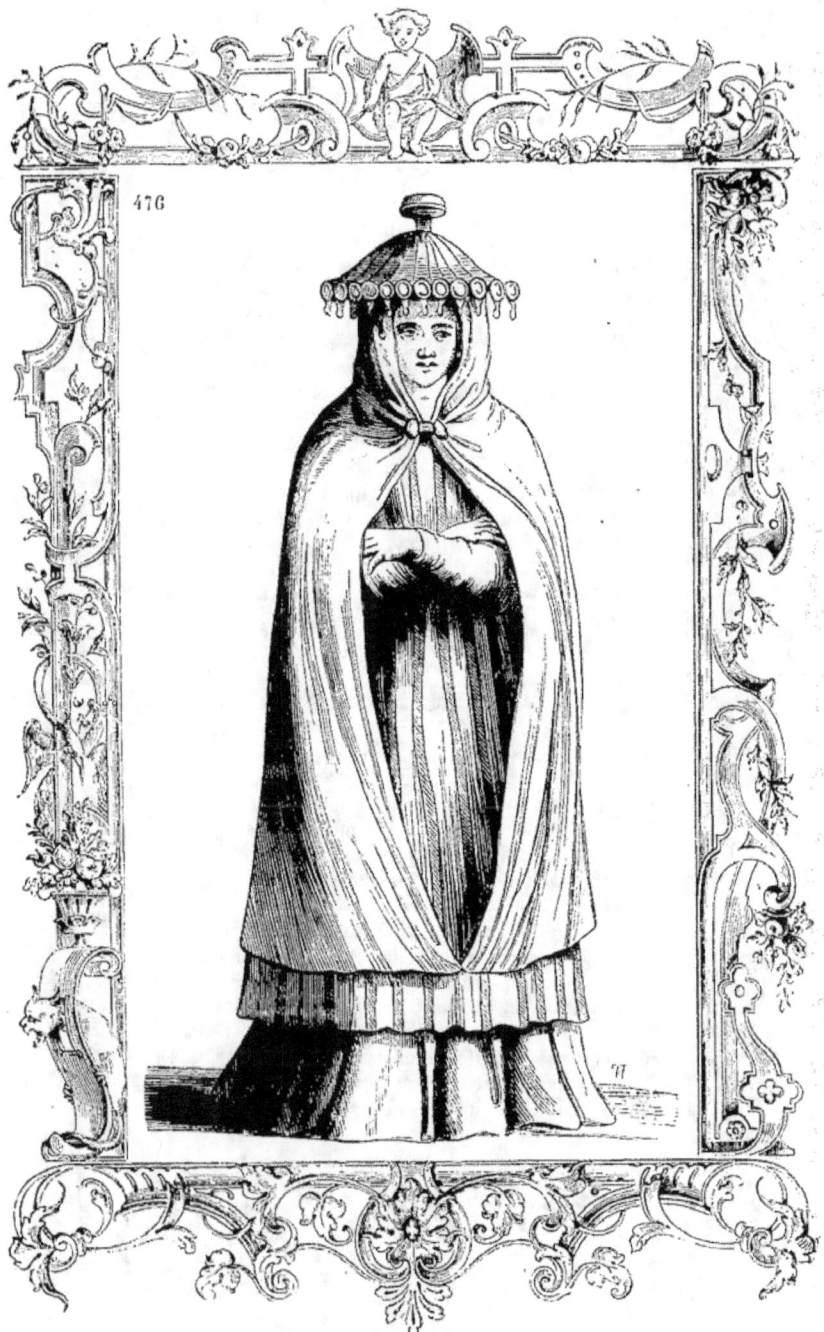

## GRECA IN SORIA.

NELLA Soria si trovano assai Greche, le quali quivi stantiano con i loro mariti, mercanti et negotianti. L' habito loro è di bambace bianca, et ha molte pieghe, et ve ne sono ancora alcune che l' hanno d' ormesino : poche l' hanno di velluto ò di raso. La sottoveste loro è lunga fino in terra, di modo che quella di sopra è alquanto più corta, ma è tessuta à qualche spartimento di liste, di rosso, ò di pavonazzo, ò d' altro. Sopra queste due vesti portano un mantello bianco di bambace, quale si mettono in capo, et lasciano calarlo un palmo più corto della sopraveste. Sopra di esso mantello in capo portano un cappello quartato basso, che, nascendo da un pomo di seta, si và allargando tanto che serve alla testa; sopra d' esso vi mettono attorno qualche ornamento di riccamo di gioie, perle, et altro, secondo il lor potere.

---

## FEMME GRECQUE DE SYRIE.

BEAUCOUP de femmes grecques habitent la Syrie, où elles ont suivi leurs maris, marchands et négociants. Leur vêtement est de soie blanche, à plis nombreux, quelquefois de moire, rarement de velours ou de satin. La robe, longue jusqu'à terre, à raies violettes, rouges ou d'autre couleur, dépasse un peu le premier vêtement. Par-dessus elles mettent un manteau blanc, de coton, plus court que le premier habit, et dont elles s'enveloppent la tête. Un chapeau bas, à tranches, en forme de coupe renversée, et surmonté d'une boule de soie, pose sur la partie du manteau qui couvre la tête ; les bords sont ornés, selon les moyens de chacune, de pierreries, de perles ou d'autres objets.

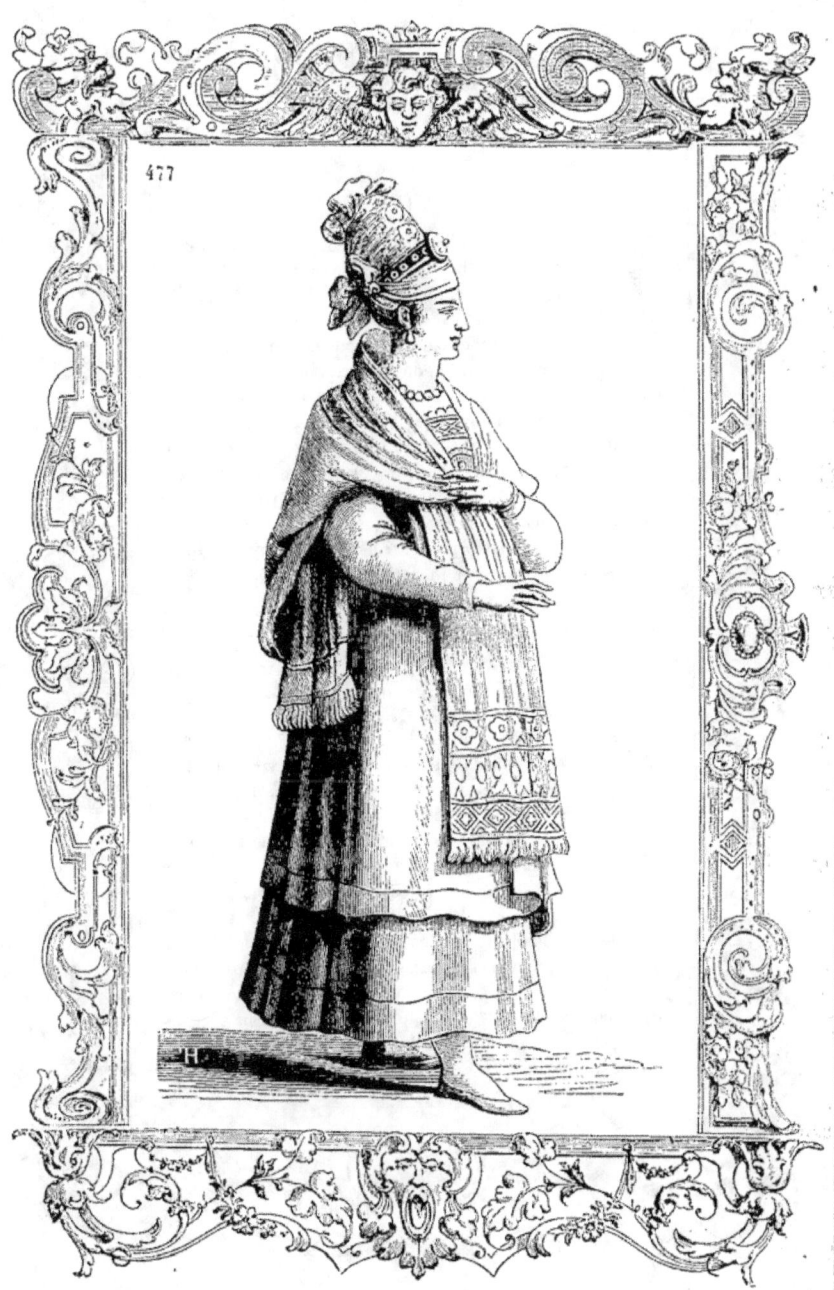

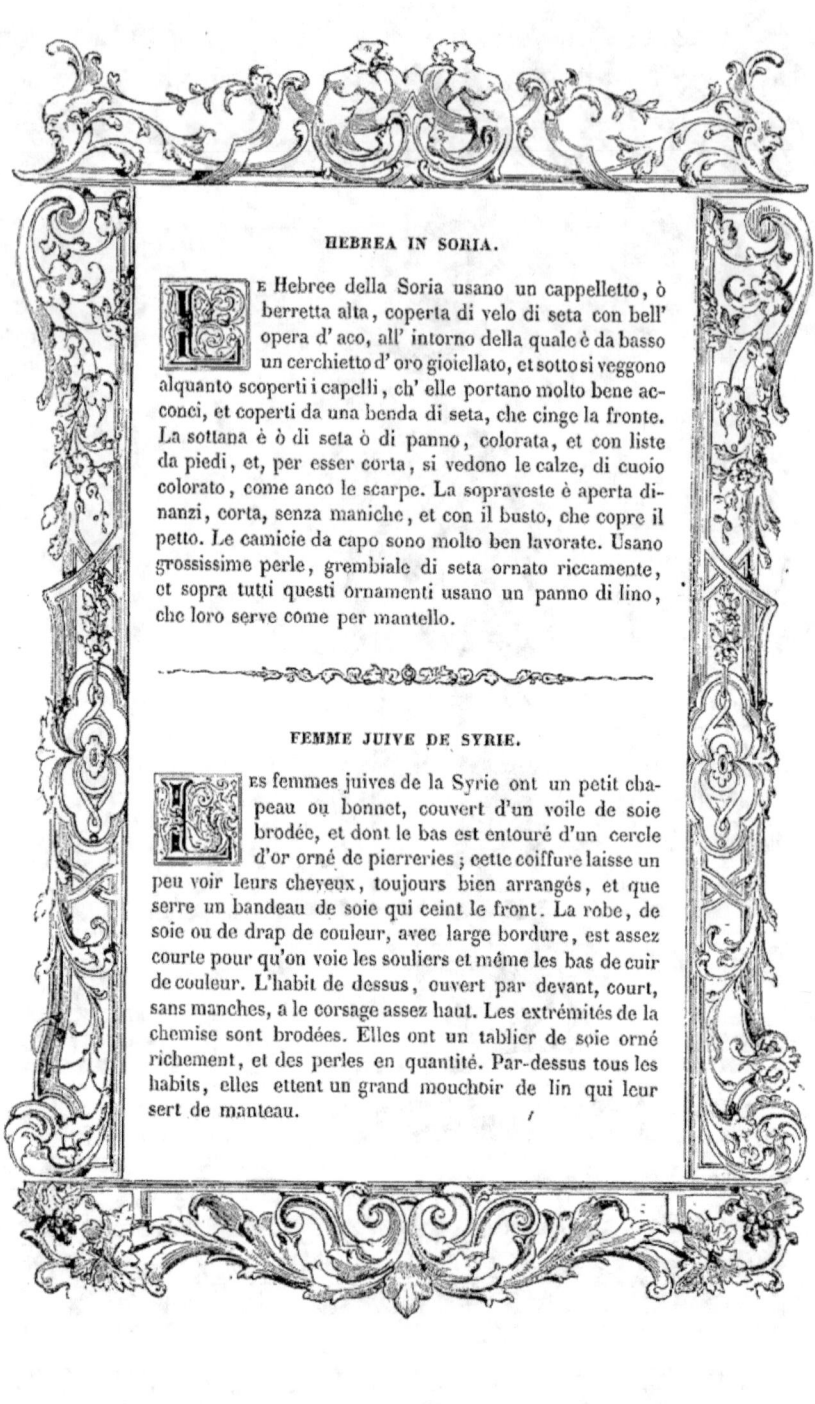

### HEBREA IN SORIA.

LE Hebree della Soria usano un cappelletto, ò berretta alta, coperta di velo di seta con bell' opera d'aco, all' intorno della quale è da basso un cerchietto d'oro gioiellato, et sotto si veggono alquanto scoperti i capelli, ch' elle portano molto bene acconci, et coperti da una benda di seta, che cinge la fronte. La sottana è ò di seta ò di panno, colorata, et con liste da piedi, et, per esser corta, si vedono le calze, di cuoio colorato, come anco le scarpe. La sopraveste è aperta dinanzi, corta, senza maniche, et con il busto, che copre il petto. Le camicie da capo sono molto ben lavorate. Usano grossissime perle, grembiale di seta ornato riccamente, et sopra tutti questi ornamenti usano un panno di lino, che loro serve come per mantello.

### FEMME JUIVE DE SYRIE.

LES femmes juives de la Syrie ont un petit chapeau ou bonnet, couvert d'un voile de soie brodée, et dont le bas est entouré d'un cercle d'or orné de pierreries ; cette coiffure laisse un peu voir leurs cheveux, toujours bien arrangés, et que serre un bandeau de soie qui ceint le front. La robe, de soie ou de drap de couleur, avec large bordure, est assez courte pour qu'on voie les souliers et même les bas de cuir de couleur. L'habit de dessus, ouvert par devant, court, sans manches, a le corsage assez haut. Les extrémités de la chemise sont brodées. Elles ont un tablier de soie orné richement, et des perles en quantité. Par-dessus tous les habits, elles ettent un grand mouchoir de lin qui leur sert de manteau.

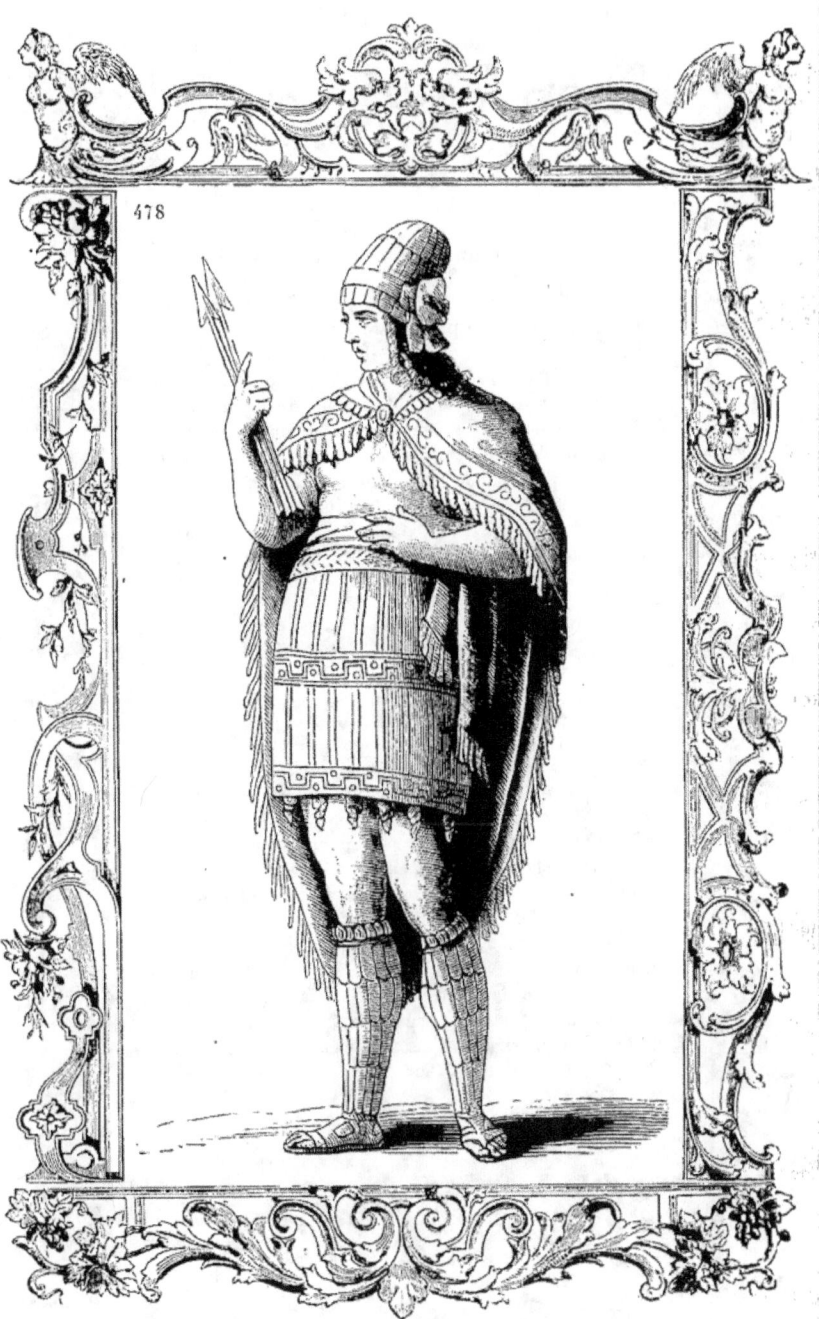

478

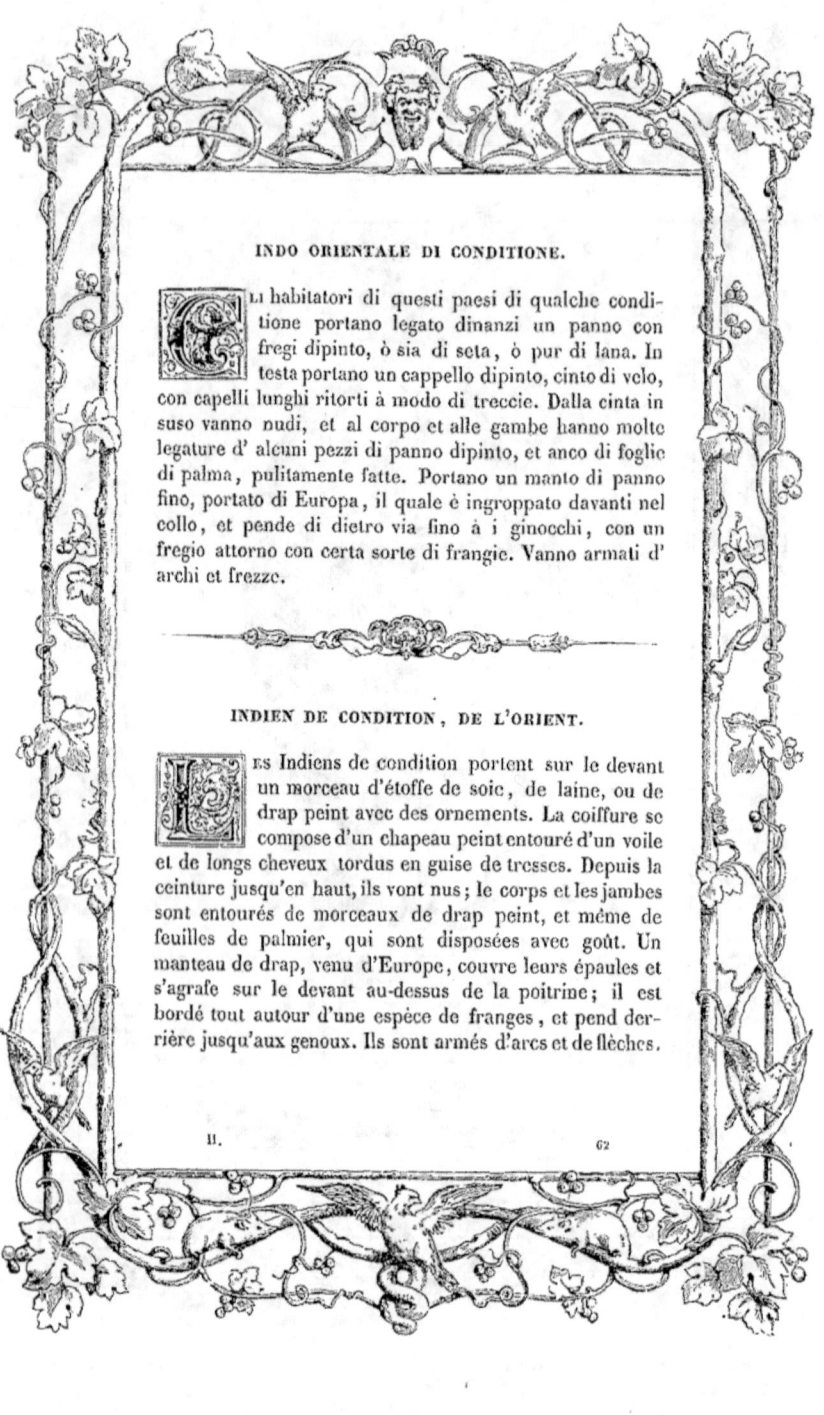

## INDO ORIENTALE DI CONDITIONE.

Li habitatori di questi paesi di qualche conditione portano legato dinanzi un panno con fregi dipinto, ò sia di seta, ò pur di lana. In testa portano un cappello dipinto, cinto di velo, con capelli lunghi ritorti à modo di treccie. Dalla cinta in suso vanno nudi, et al corpo et alle gambe hanno molte legature d' alcuni pezzi di panno dipinto, et anco di foglie di palma, pulitamente fatte. Portano un manto di panno fino, portato di Europa, il quale è ingroppato davanti nel collo, et pende di dietro via fino à i ginocchi, con un fregio attorno con certa sorte di frangie. Vanno armati d' archi et frezze.

## INDIEN DE CONDITION, DE L'ORIENT.

Les Indiens de condition portent sur le devant un morceau d'étoffe de soie, de laine, ou de drap peint avec des ornements. La coiffure se compose d'un chapeau peint entouré d'un voile et de longs cheveux tordus en guise de tresses. Depuis la ceinture jusqu'en haut, ils vont nus; le corps et les jambes sont entourés de morceaux de drap peint, et même de feuilles de palmier, qui sont disposées avec goût. Un manteau de drap, venu d'Europe, couvre leurs épaules et s'agrafe sur le devant au-dessus de la poitrine; il est bordé tout autour d'une espèce de franges, et pend derrière jusqu'aux genoux. Ils sont armés d'arcs et de flèches.

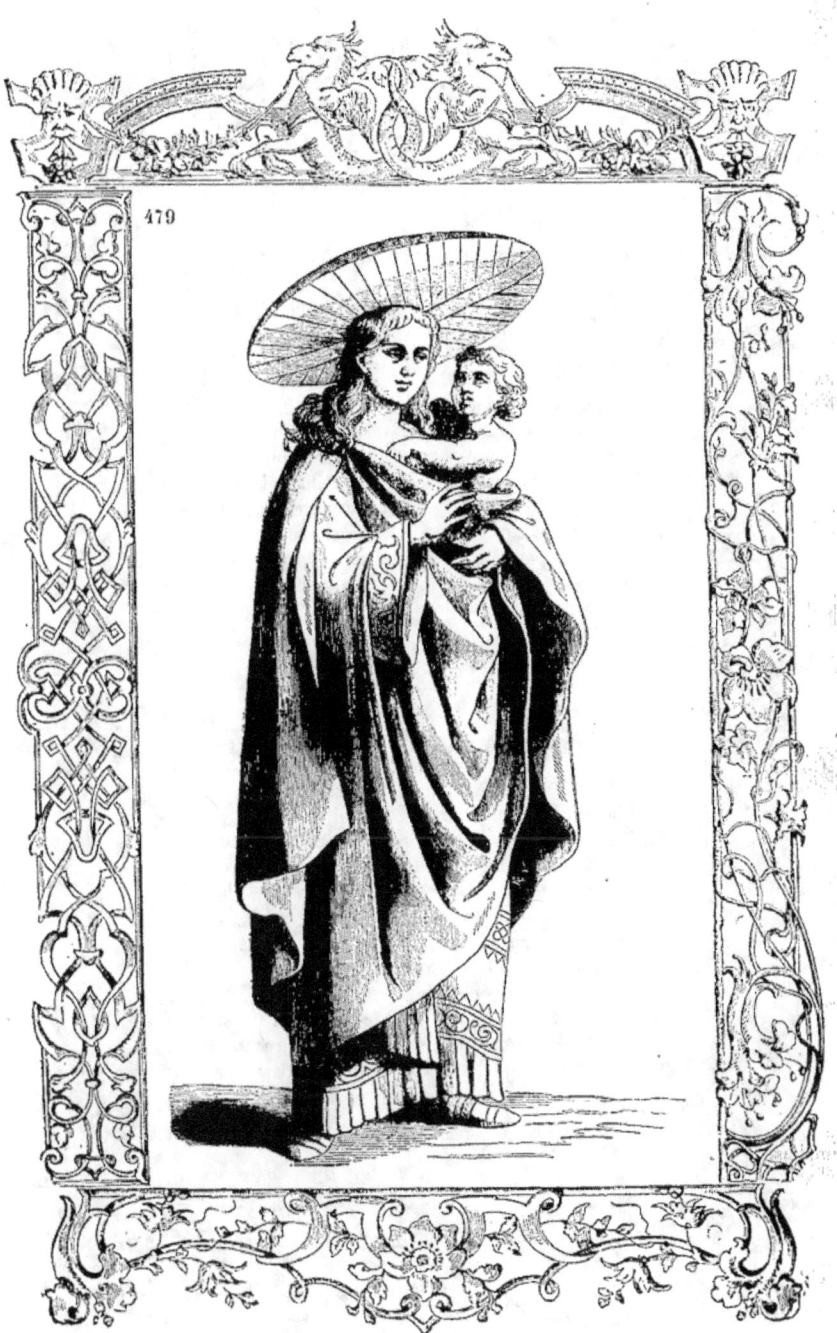

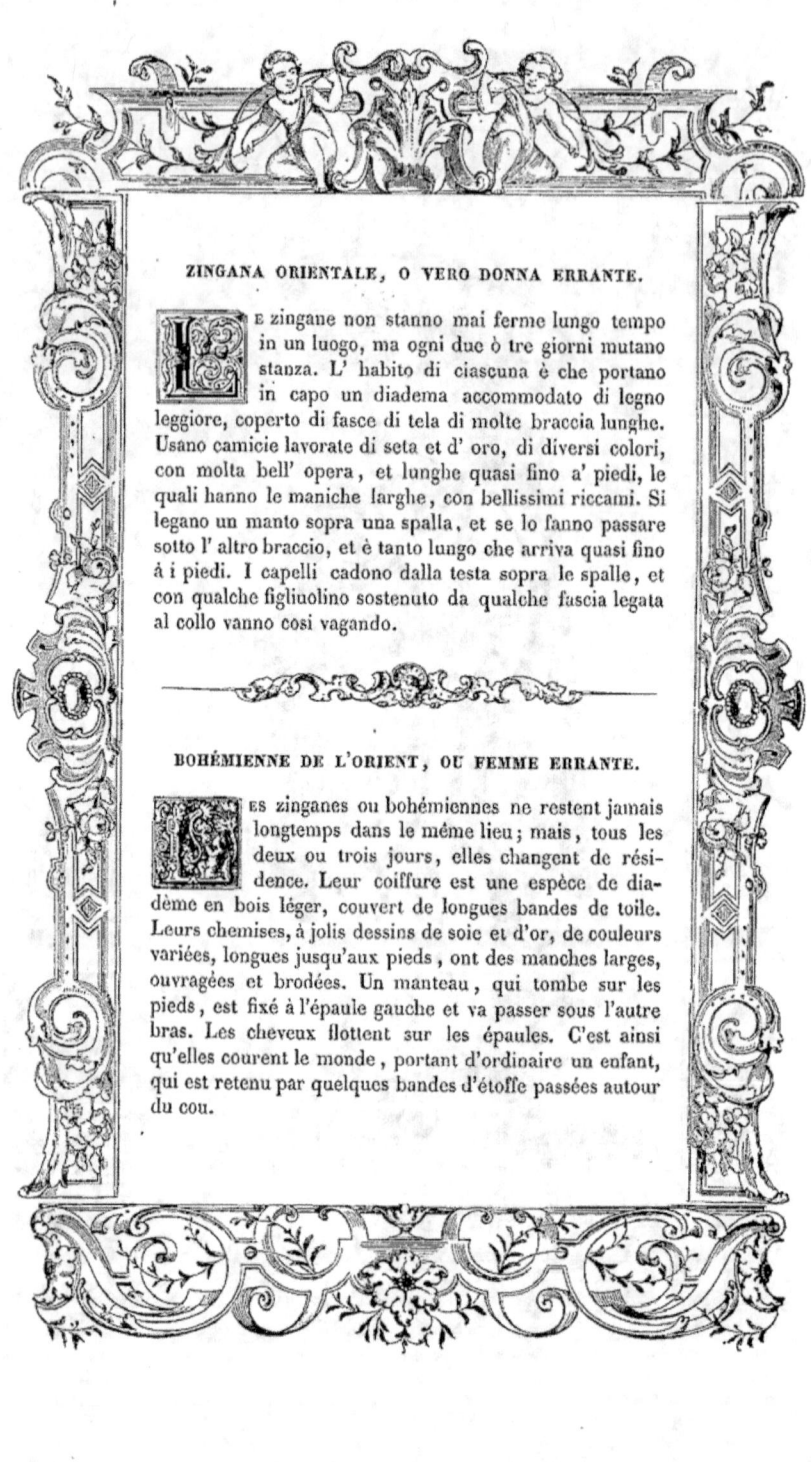

### ZINGANA ORIENTALE, O VERO DONNA ERRANTE.

LE zingane non stanno mai ferme lungo tempo in un luogo, ma ogni due ò tre giorni mutano stanza. L' habito di ciascuna è che portano in capo un diadema accommodato di legno leggiore, coperto di fasce di tela di molte braccia lunghe. Usano camicie lavorate di seta et d' oro, di diversi colori, con molta bell' opera, et lunghe quasi fino a' piedi, le quali hanno le maniche larghe, con bellissimi riccami. Si legano un manto sopra una spalla, et se lo fanno passare sotto l' altro braccio, et è tanto lungo che arriva quasi fino á i piedi. I capelli cadono dalla testa sopra le spalle, et con qualche figliuolino sostenuto da qualche fascia legata al collo vanno così vagando.

### BOHÉMIENNE DE L'ORIENT, OU FEMME ERRANTE.

LES zinganes ou bohémiennes ne restent jamais longtemps dans le même lieu; mais, tous les deux ou trois jours, elles changent de résidence. Leur coiffure est une espèce de diadème en bois léger, couvert de longues bandes de toile. Leurs chemises, à jolis dessins de soie et d'or, de couleurs variées, longues jusqu'aux pieds, ont des manches larges, ouvragées et brodées. Un manteau, qui tombe sur les pieds, est fixé à l'épaule gauche et va passer sous l'autre bras. Les cheveux flottent sur les épaules. C'est ainsi qu'elles courent le monde, portant d'ordinaire un enfant, qui est retenu par quelques bandes d'étoffe passées autour du cou.

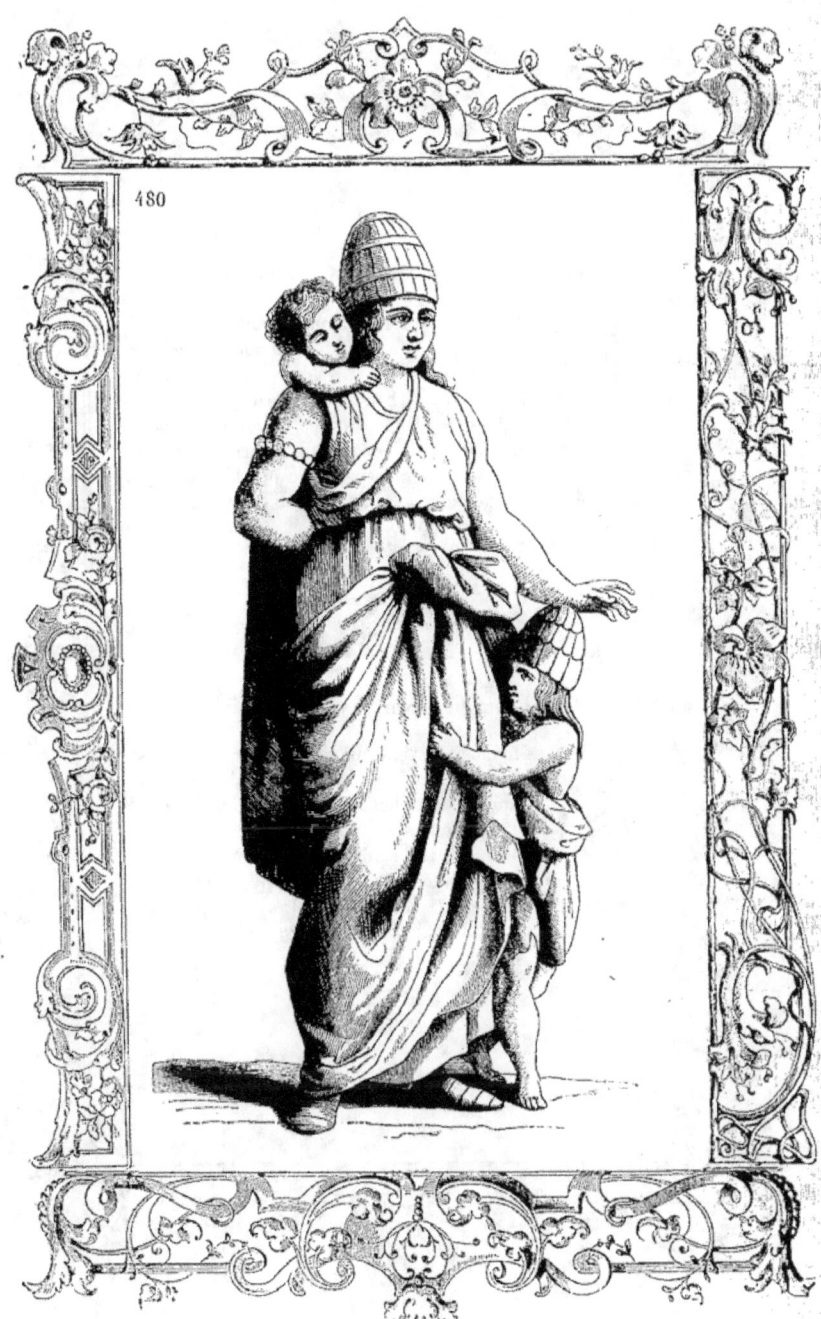

480

### DONNA INDIANA ORIENTALE DI CONDITIONE.

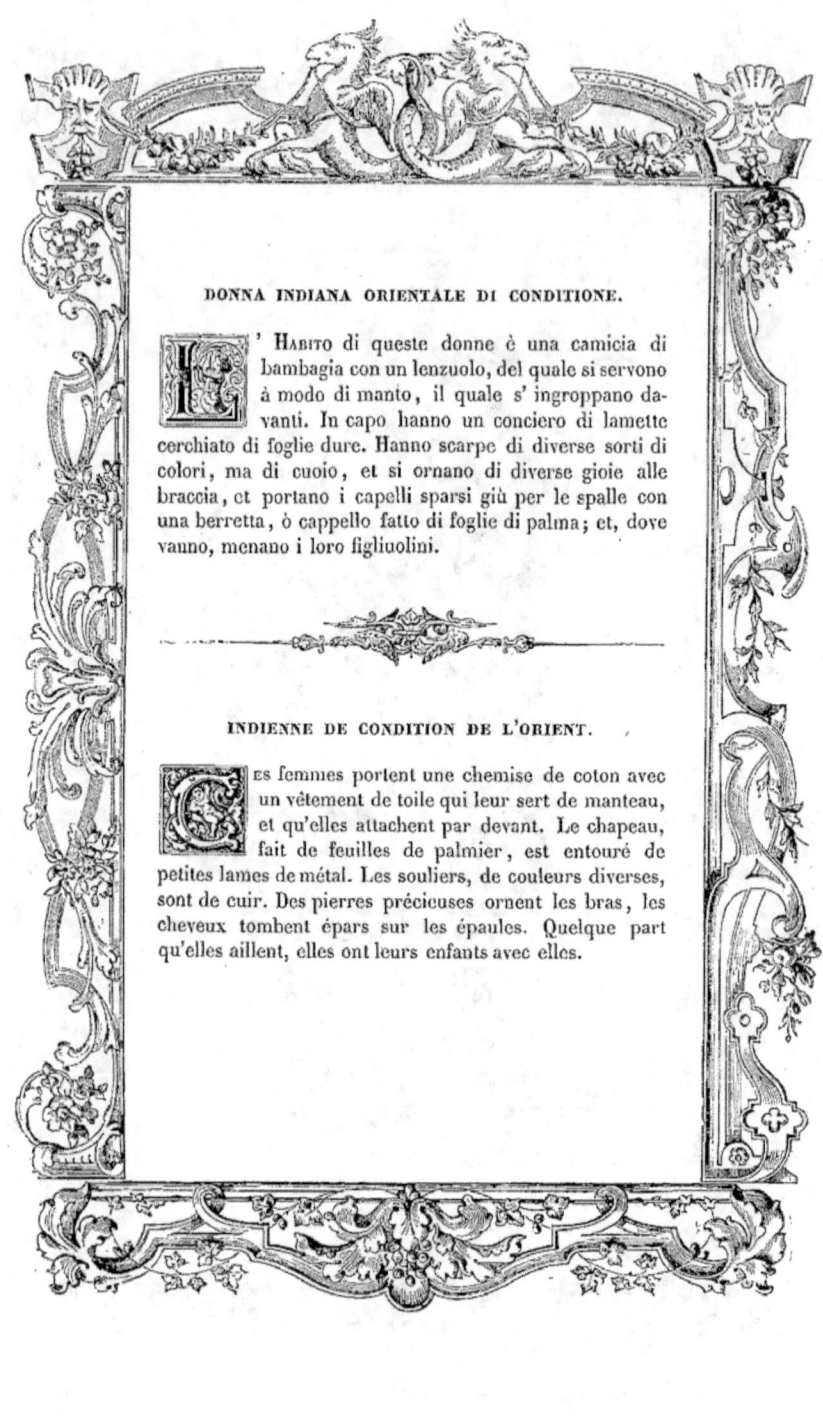

L' HABITO di queste donne è una camicia di bambagia con un lenzuolo, del quale si servono à modo di manto, il quale s' ingroppano davanti. In capo hanno un conciero di lamette cerchiato di foglie dure. Hanno scarpe di diverse sorti di colori, ma di cuoio, et si ornano di diverse gioie alle braccia, et portano i capelli sparsi giù per le spalle con una berretta, ò cappello fatto di foglie di palma; et, dove vanno, menano i loro figliuolini.

### INDIENNE DE CONDITION DE L'ORIENT.

CES femmes portent une chemise de coton avec un vêtement de toile qui leur sert de manteau, et qu'elles attachent par devant. Le chapeau, fait de feuilles de palmier, est entouré de petites lames de métal. Les souliers, de couleurs diverses, sont de cuir. Des pierres précieuses ornent les bras, les cheveux tombent épars sur les épaules. Quelque part qu'elles aillent, elles ont leurs enfants avec elles.

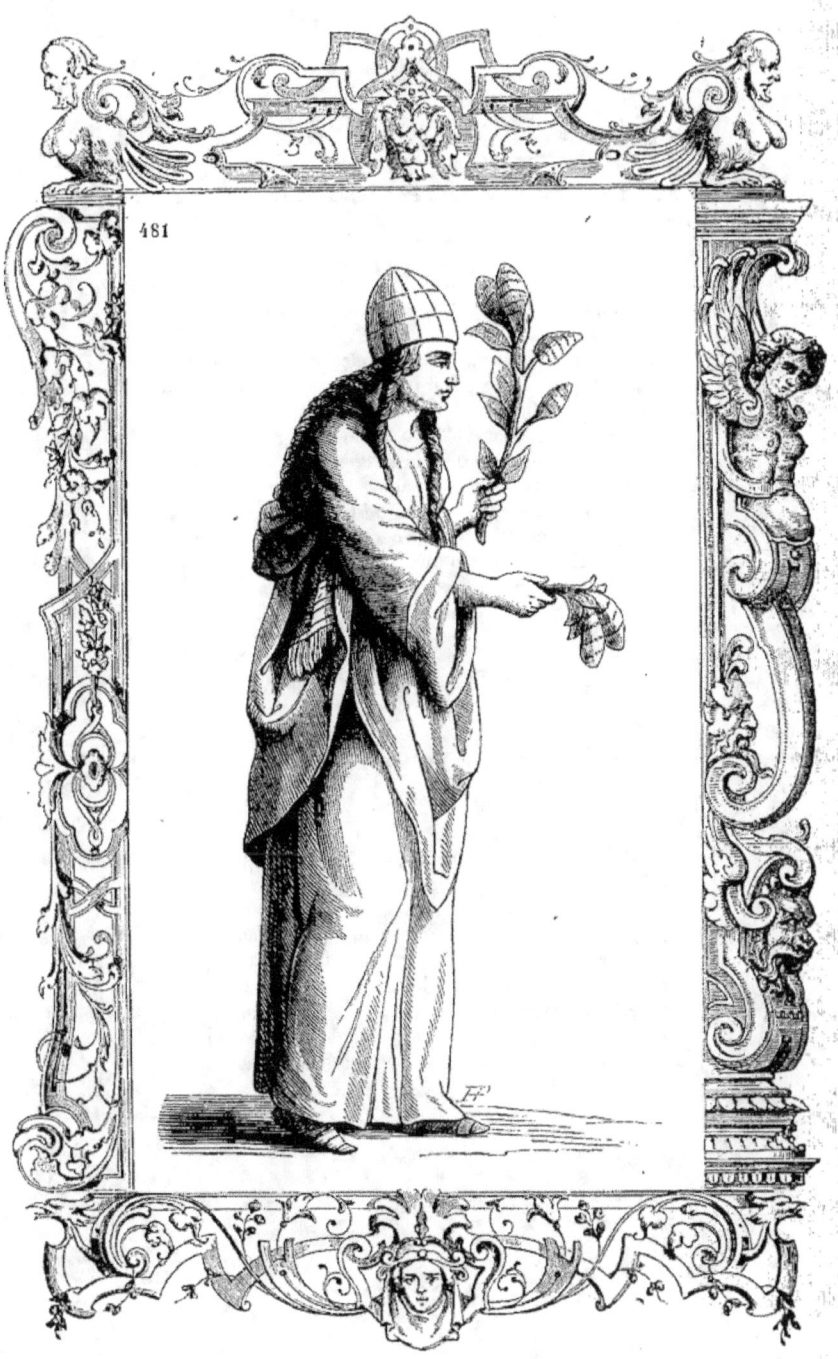

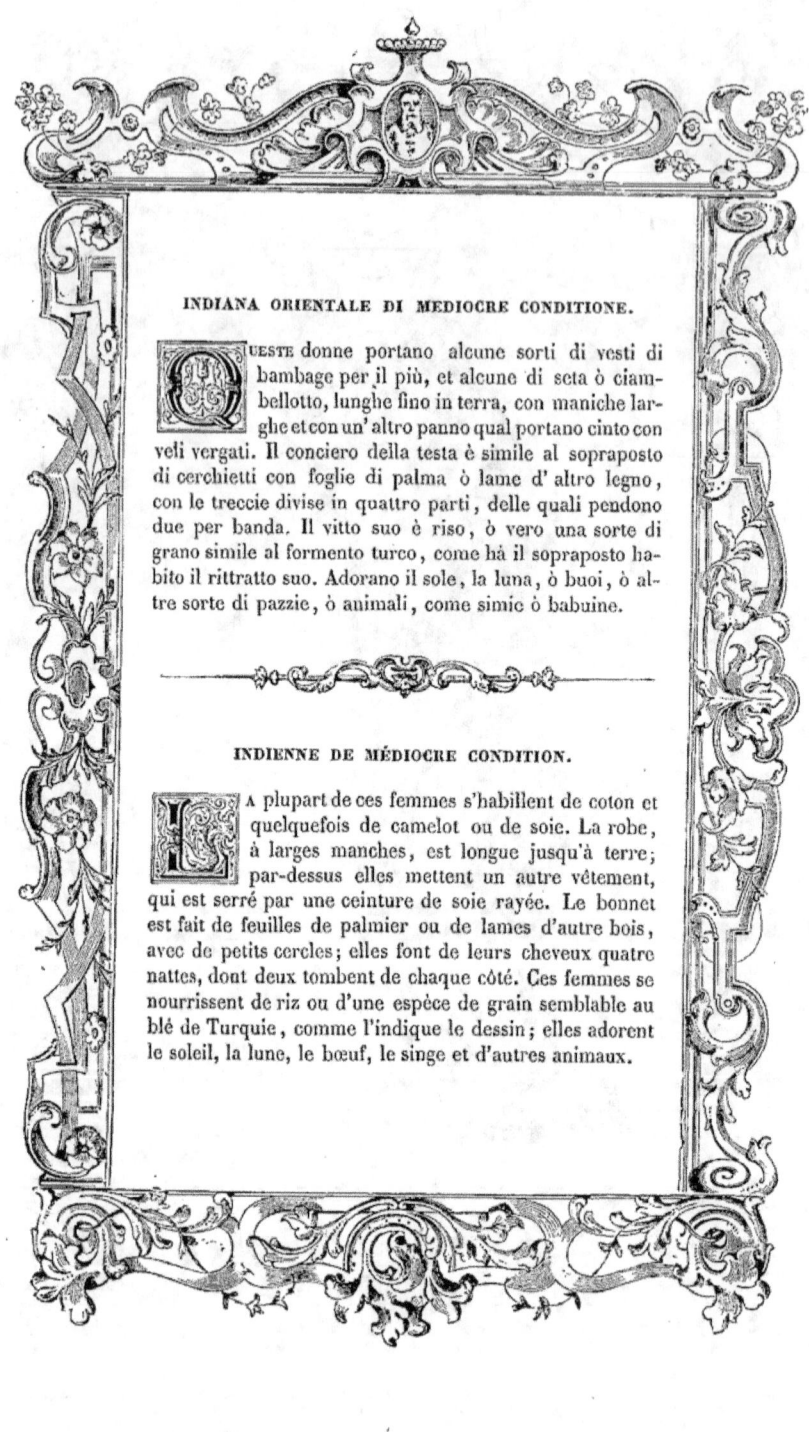

### INDIANA ORIENTALE DI MEDIOCRE CONDITIONE.

Queste donne portano alcune sorti di vesti di bambage per il più, et alcune di seta ò ciambellotto, lunghe fino in terra, con maniche larghe et con un' altro panno qual portano cinto con veli vergati. Il conciero della testa è simile al sopraposto di cerchietti con foglie di palma ò lame d' altro legno, con le treccie divise in quattro parti, delle quali pendono due per banda. Il vitto suo è riso, ò vero una sorte di grano simile al formento turco, come hà il sopraposto habito il rittratto suo. Adorano il sole, la luna, ò buoi, ò altre sorte di pazzie, ò animali, come simie ò babuine.

### INDIENNE DE MÉDIOCRE CONDITION.

La plupart de ces femmes s'habillent de coton et quelquefois de camelot ou de soie. La robe, à larges manches, est longue jusqu'à terre; par-dessus elles mettent un autre vêtement, qui est serré par une ceinture de soie rayée. Le bonnet est fait de feuilles de palmier ou de lames d'autre bois, avec de petits cercles; elles font de leurs cheveux quatre nattes, dont deux tombent de chaque côté. Ces femmes se nourrissent de riz ou d'une espèce de grain semblable au blé de Turquie, comme l'indique le dessin; elles adorent le soleil, la lune, le bœuf, le singe et d'autres animaux.

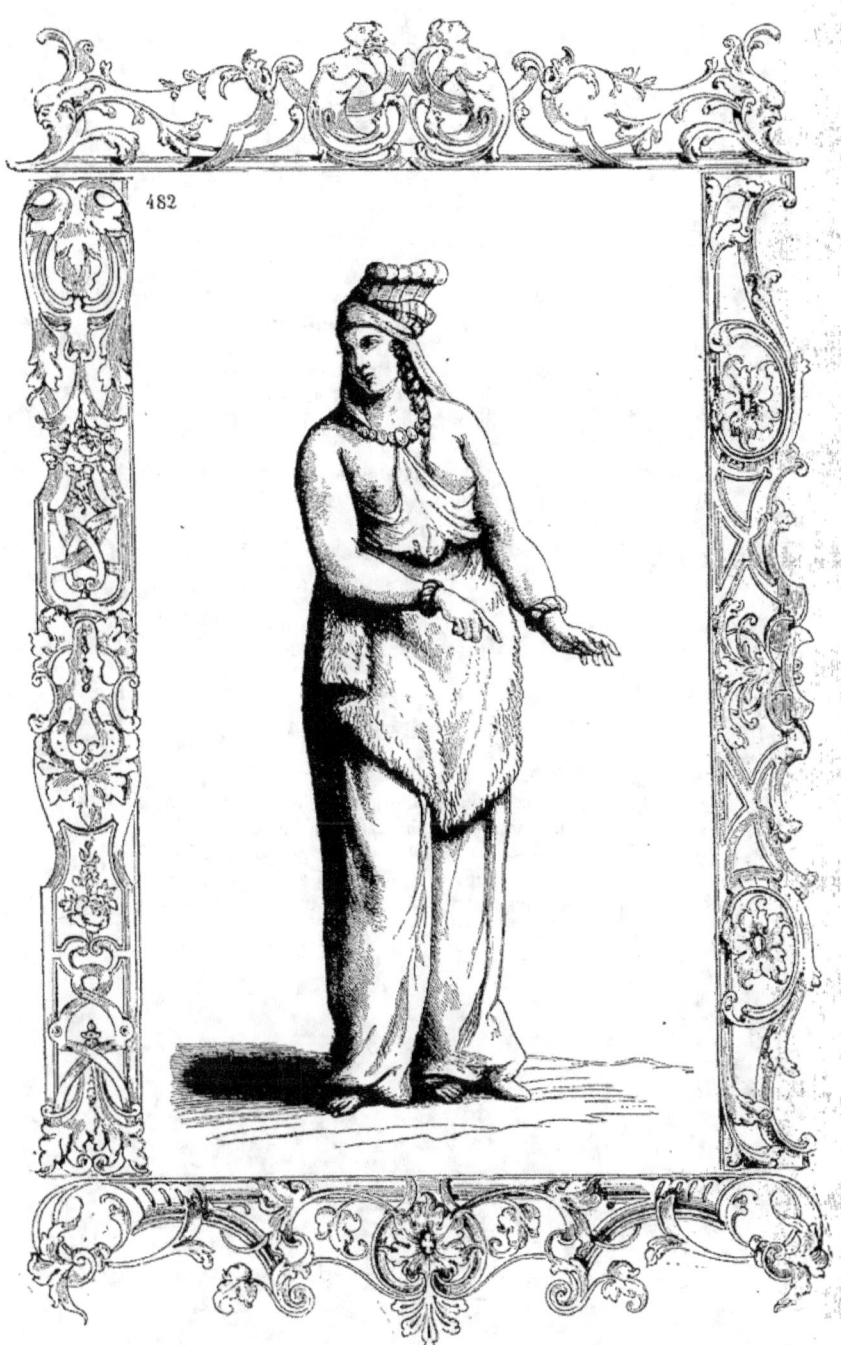

482

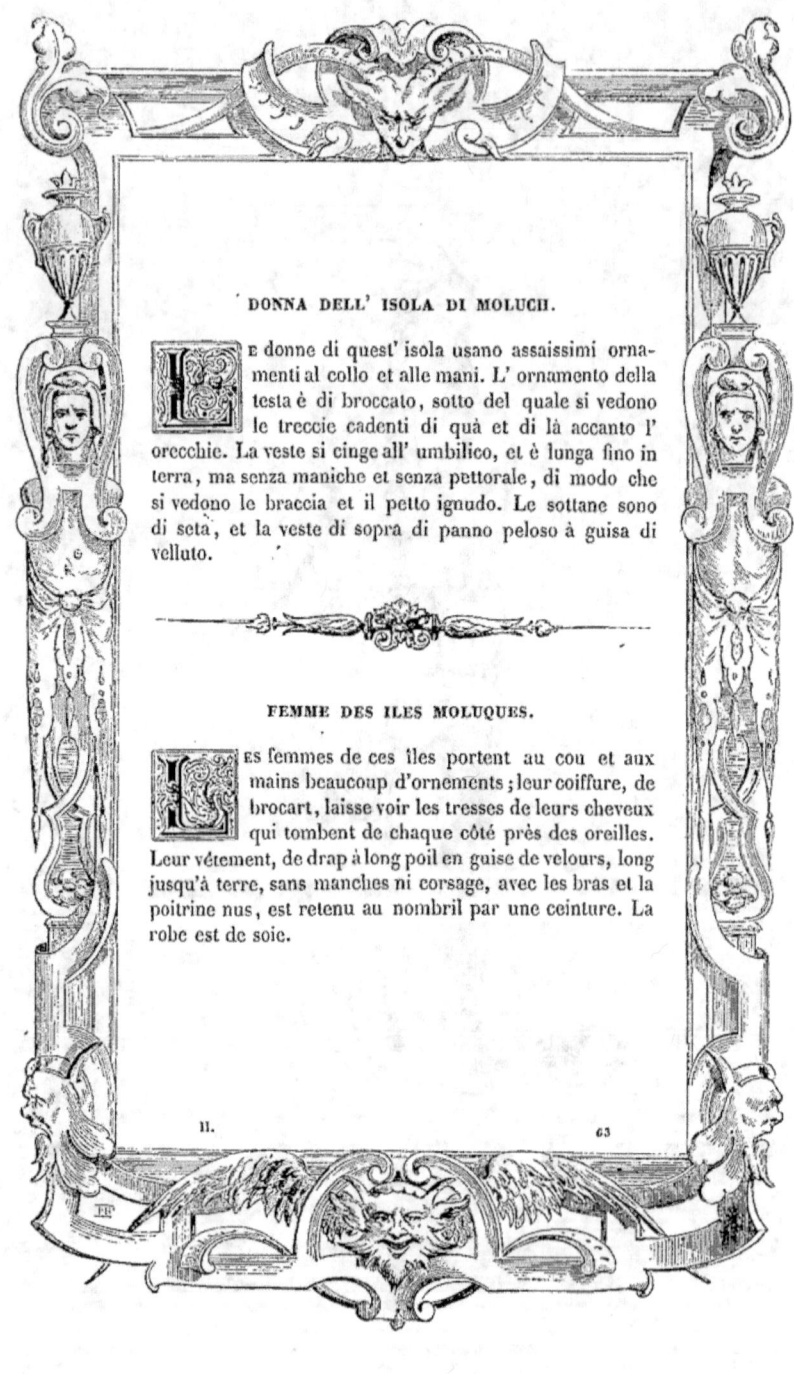

### DONNA DELL' ISOLA DI MOLUCH.

LE donne di quest' isola usano assaissimi ornamenti al collo et alle mani. L' ornamento della
testa è di broccato, sotto del quale si vedono
le treccie cadenti di quà et di là accanto l'
orecchie. La veste si cinge all' umbilico, et è lunga fino in
terra, ma senza maniche et senza pettorale, di modo che
si vedono le braccia et il petto ignudo. Le sottane sono
di seta, et la veste di sopra di panno peloso à guisa di
velluto.

### FEMME DES ILES MOLUQUES.

LES femmes de ces îles portent au cou et aux
mains beaucoup d'ornements; leur coiffure, de
brocart, laisse voir les tresses de leurs cheveux
qui tombent de chaque côté près des oreilles.
Leur vêtement, de drap à long poil en guise de velours, long
jusqu'à terre, sans manches ni corsage, avec les bras et la
poitrine nus, est retenu au nombril par une ceinture. La
robe est de soie.

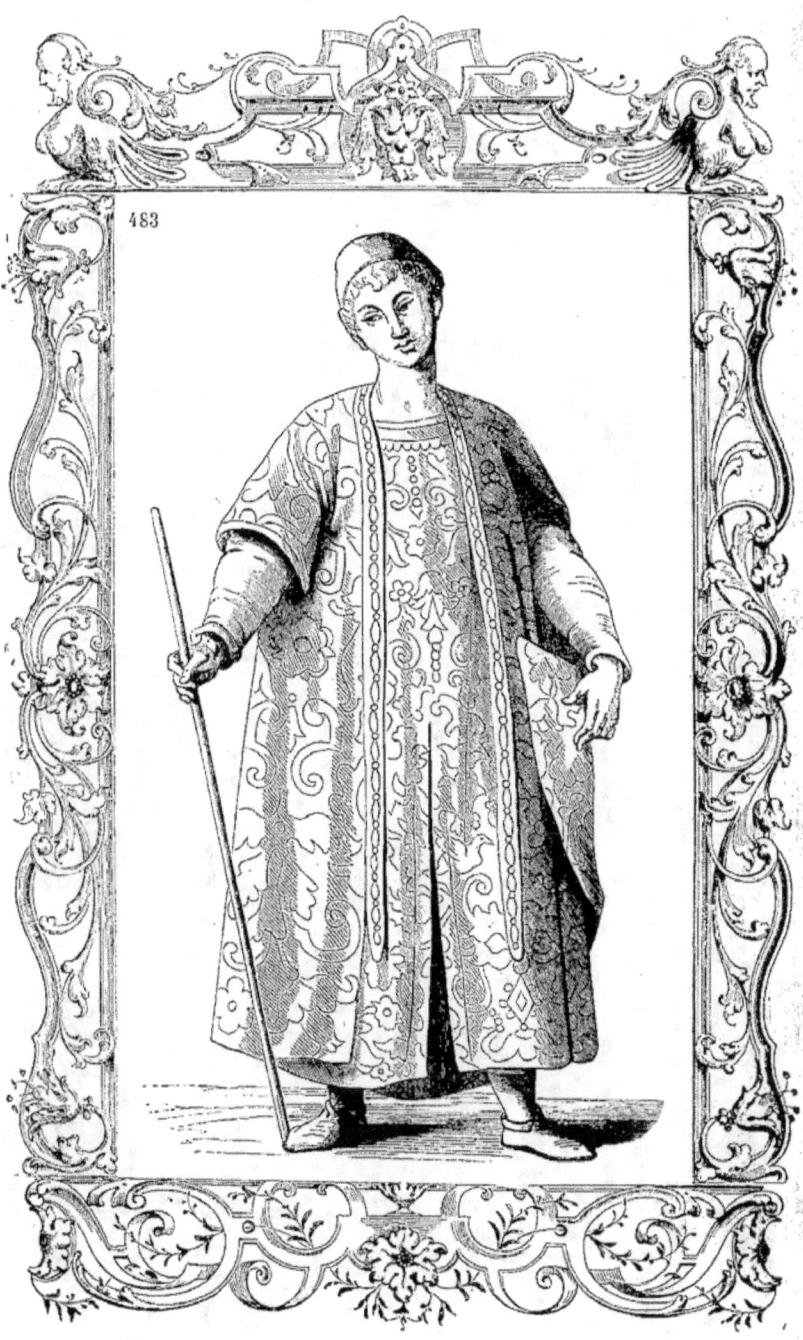

483

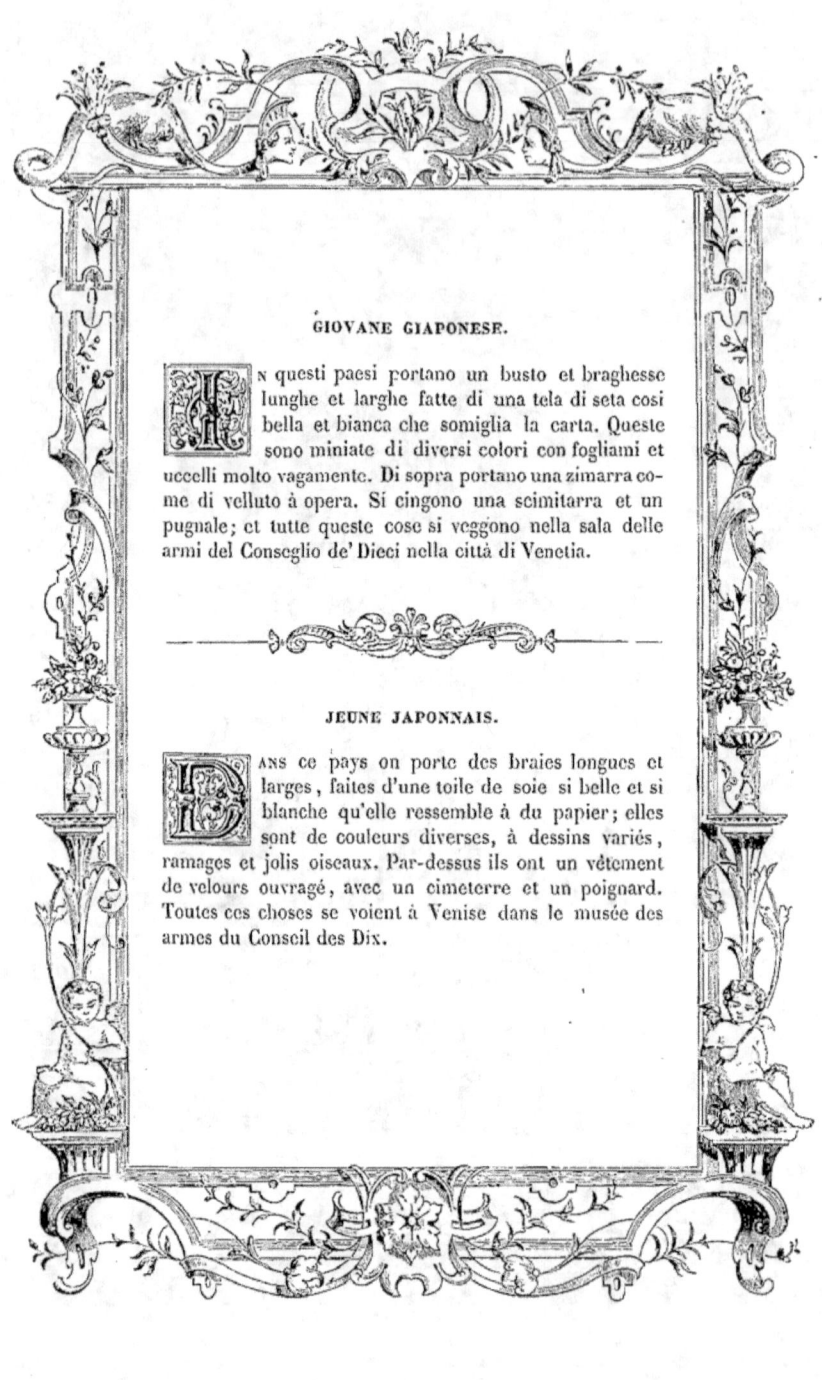

### GIOVANE GIAPONESE.

N questi paesi portano un busto et braghesse lunghe et larghe fatte di una tela di seta cosi bella et bianca che somiglia la carta. Queste sono miniate di diversi colori con fogliami et uccelli molto vagamente. Di sopra portano una zimarra come di velluto à opera. Si cingono una scimitarra et un pugnale; et tutte queste cose si veggono nella sala delle armi del Conseglio de' Dieci nella città di Venetia.

### JEUNE JAPONNAIS.

ANS ce pays on porte des braies longues et larges, faites d'une toile de soie si belle et si blanche qu'elle ressemble à du papier; elles sont de couleurs diverses, à dessins variés, ramages et jolis oiseaux. Par-dessus ils ont un vêtement de velours ouvragé, avec un cimeterre et un poignard. Toutes ces choses se voient à Venise dans le musée des armes du Conseil des Dix.

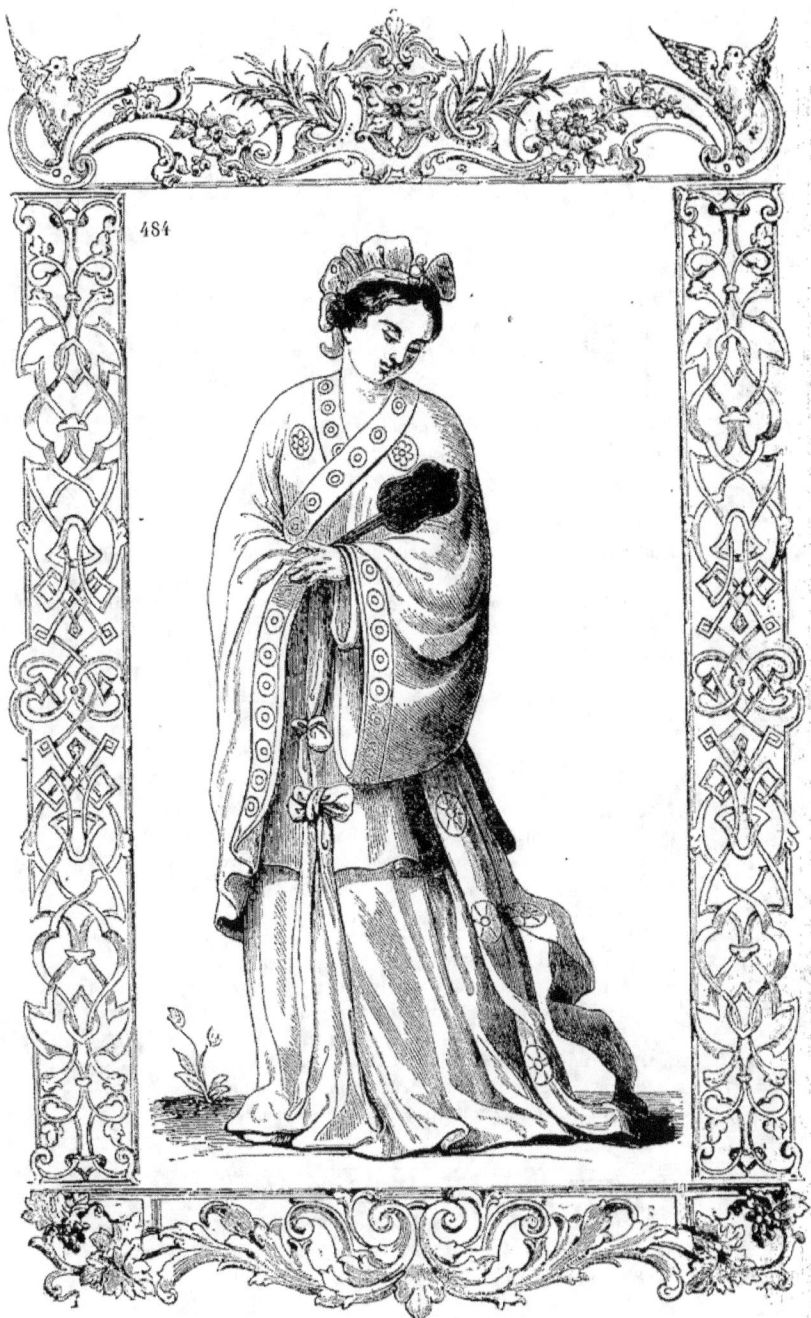

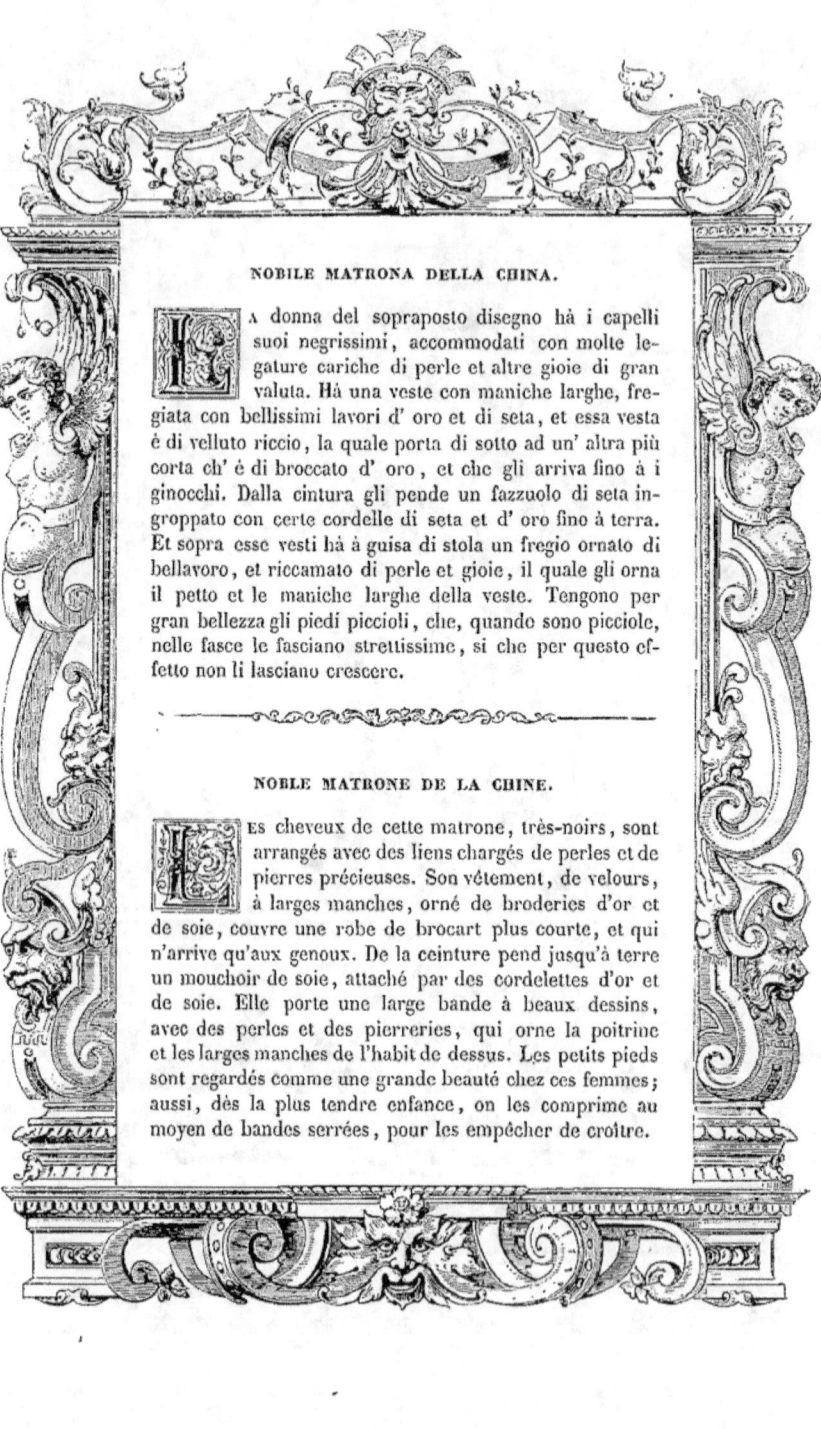

### NOBILE MATRONA DELLA CHINA.

L A donna del sopraposto disegno hà i capelli suoi negrissimi, accommodati con molte legature cariche di perle et altre gioie di gran valuta. Hà una veste con maniche larghe, fregiata con bellissimi lavori d'oro et di seta, et essa vesta è di velluto riccio, la quale porta di sotto ad un'altra più corta ch'è di broccato d'oro, et che gli arriva fino à i ginocchi. Dalla cintura gli pende un fazzuolo di seta ingroppato con certe cordelle di seta et d'oro fino à terra. Et sopra esse vesti hà à guisa di stola un fregio ornato di bellavoro, et riccamato di perle et gioie, il quale gli orna il petto et le maniche larghe della veste. Tengono per gran bellezza gli piedi piccioli, che, quando sono picciole, nelle fasce le fasciano strettissime, si che per questo effetto non li lasciano crescere.

### NOBLE MATRONE DE LA CHINE.

L ES cheveux de cette matrone, très-noirs, sont arrangés avec des liens chargés de perles et de pierres précieuses. Son vêtement, de velours, à larges manches, orné de broderies d'or et de soie, couvre une robe de brocart plus courte, et qui n'arrive qu'aux genoux. De la ceinture pend jusqu'à terre un mouchoir de soie, attaché par des cordelettes d'or et de soie. Elle porte une large bande à beaux dessins, avec des perles et des pierreries, qui orne la poitrine et les larges manches de l'habit de dessus. Les petits pieds sont regardés comme une grande beauté chez ces femmes; aussi, dès la plus tendre enfance, on les comprime au moyen de bandes serrées, pour les empêcher de croître.

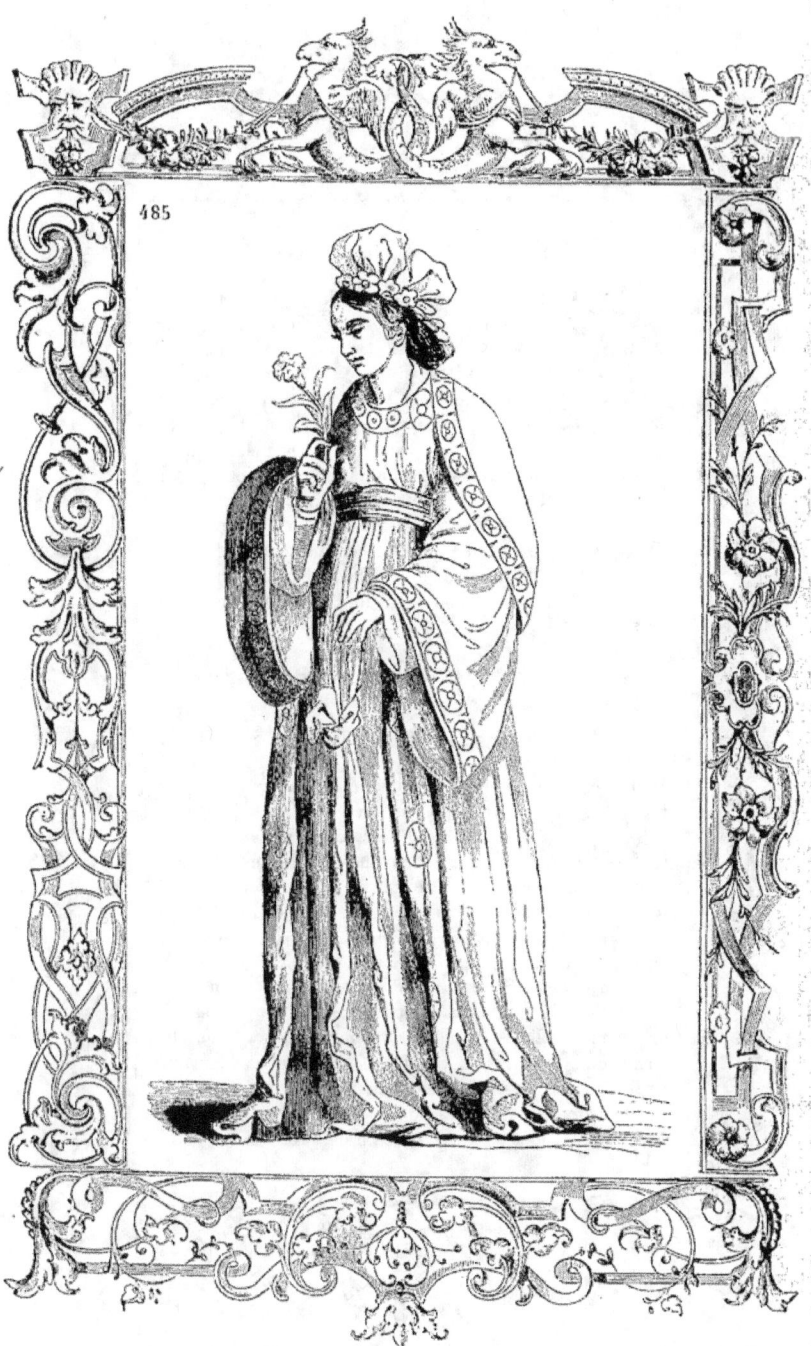

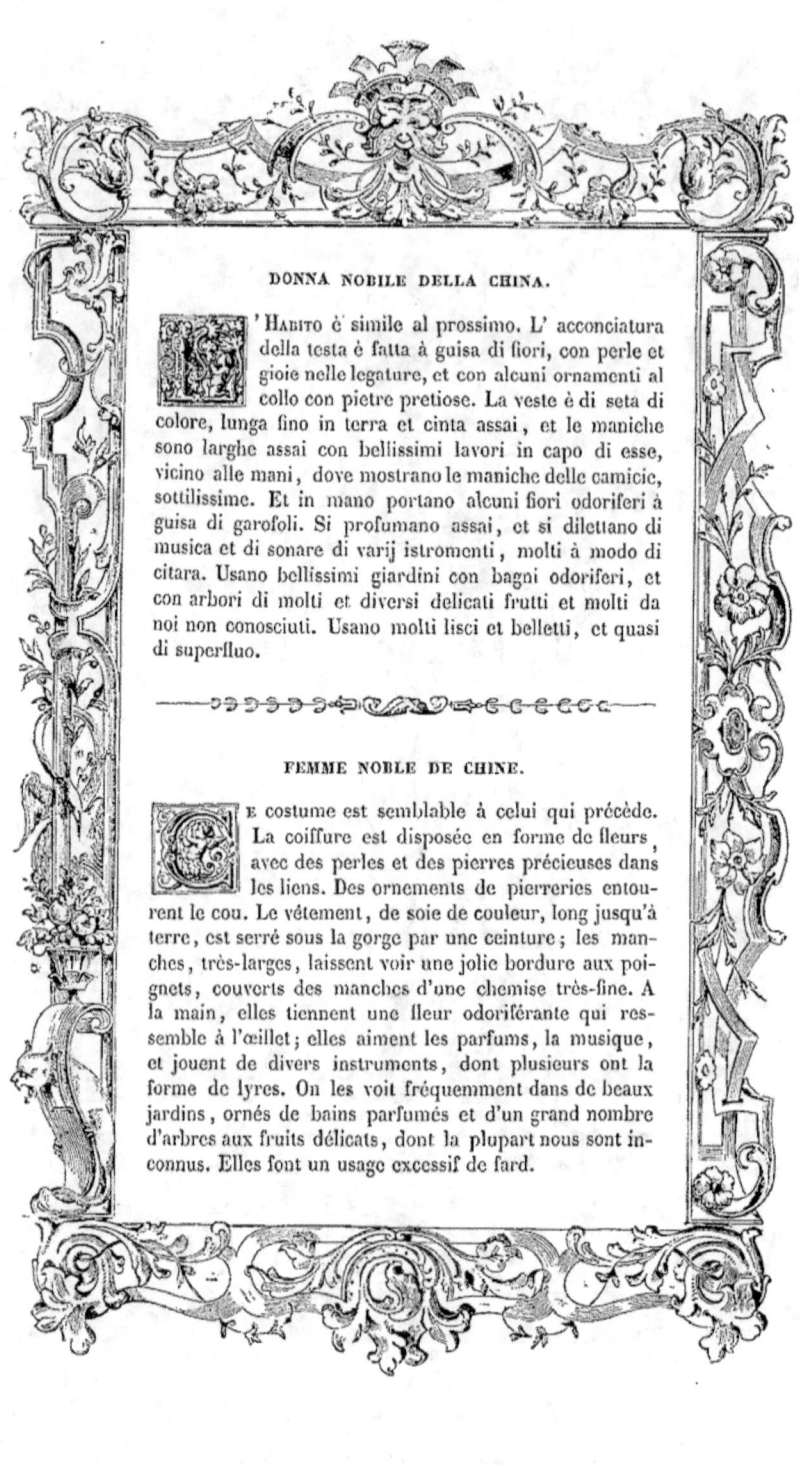

### DONNA NOBILE DELLA CHINA.

'HABITO è simile al prossimo. L' acconciatura della testa è fatta à guisa di fiori, con perle et gioie nelle legature, et con alcuni ornamenti al collo con pietre pretiose. La veste è di seta di colore, lunga fino in terra et cinta assai, et le maniche sono larghe assai con bellissimi lavori in capo di esse, vicino alle mani, dove mostrano le maniche delle camicie, sottilissime. Et in mano portano alcuni fiori odoriferi à guisa di garofoli. Si profumano assai, et si dilettano di musica et di sonare di varij istromenti, molti à modo di citara. Usano bellissimi giardini con bagni odoriferi, et con arbori di molti et diversi delicati frutti et molti da noi non conosciuti. Usano molti lisci et belletti, et quasi di superfluo.

### FEMME NOBLE DE CHINE.

E costume est semblable à celui qui précède. La coiffure est disposée en forme de fleurs, avec des perles et des pierres précieuses dans les liens. Des ornements de pierreries entourent le cou. Le vêtement, de soie de couleur, long jusqu'à terre, est serré sous la gorge par une ceinture ; les manches, très-larges, laissent voir une jolie bordure aux poignets, couverts des manches d'une chemise très-fine. A la main, elles tiennent une fleur odoriférante qui ressemble à l'œillet ; elles aiment les parfums, la musique, et jouent de divers instruments, dont plusieurs ont la forme de lyres. On les voit fréquemment dans de beaux jardins, ornés de bains parfumés et d'un grand nombre d'arbres aux fruits délicats, dont la plupart nous sont inconnus. Elles font un usage excessif de fard.

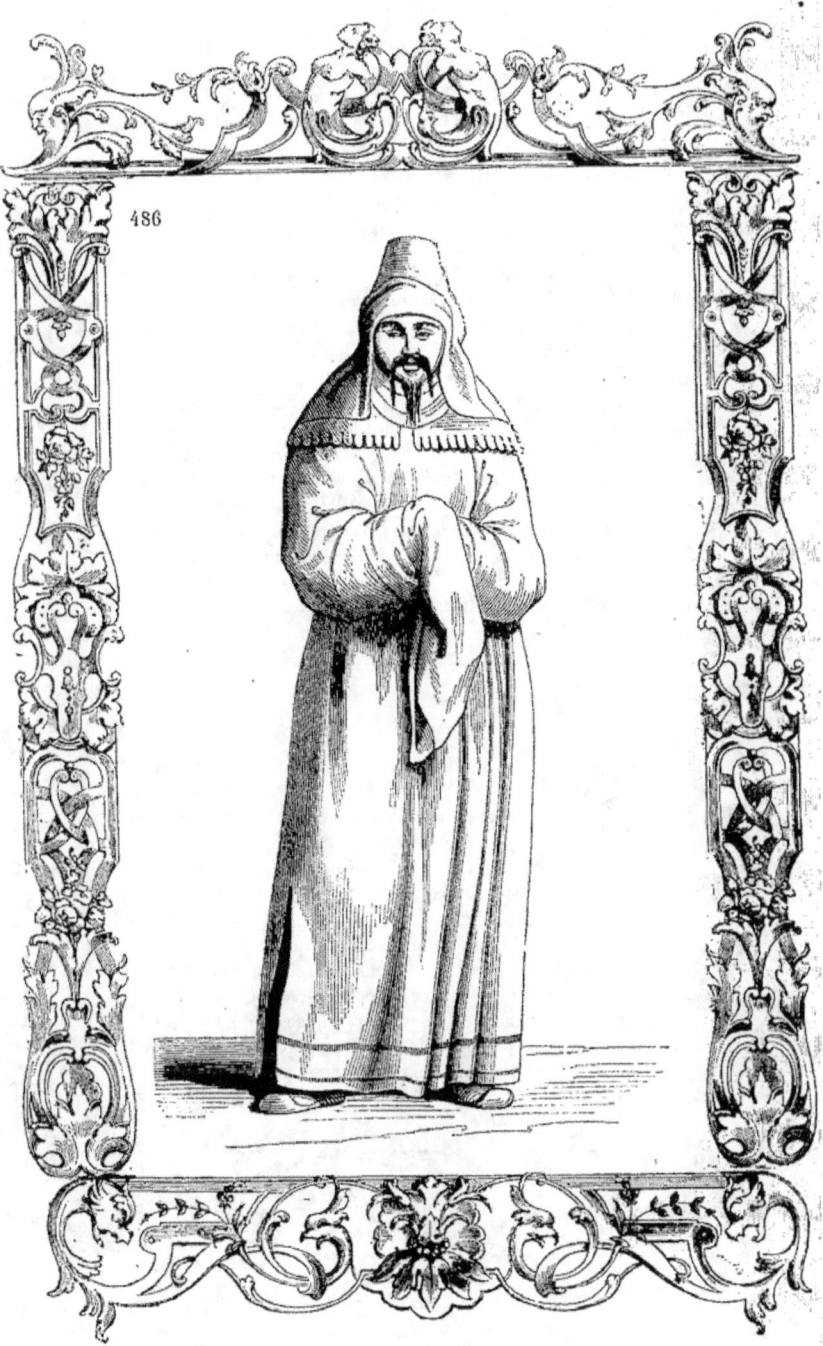

486

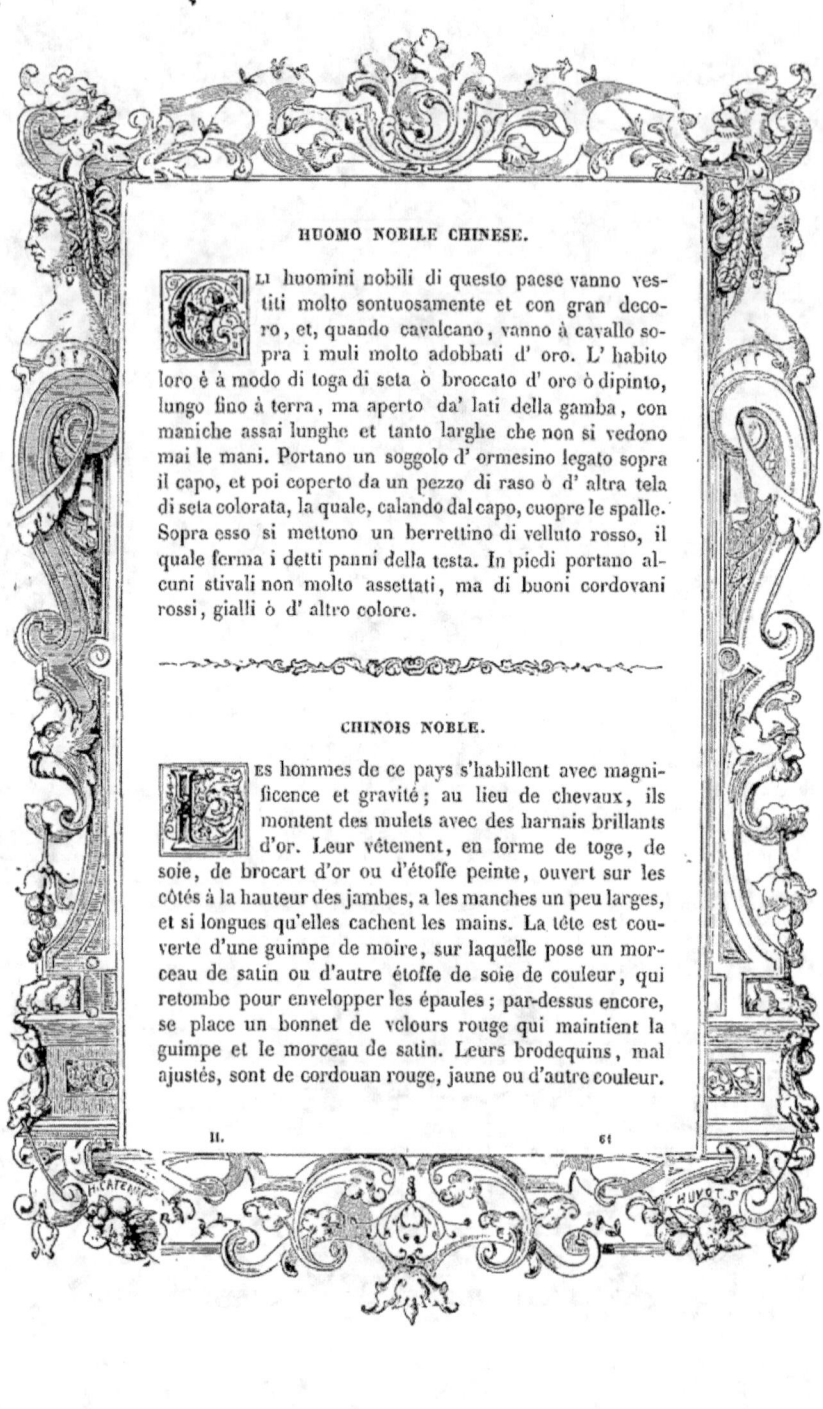

## HUOMO NOBILE CHINESE.

Li huomini nobili di questo paese vanno vestiti molto sontuosamente et con gran decoro, et, quando cavalcano, vanno à cavallo sopra i muli molto adobbati d' oro. L' habito loro è à modo di toga di seta ò broccato d' oro ò dipinto, lungo fino à terra, ma aperto da' lati della gamba, con maniche assai lunghe et tanto larghe che non si vedono mai le mani. Portano un soggolo d' ormesino legato sopra il capo, et poi coperto da un pezzo di raso ò d' altra tela di seta colorata, la quale, calando dal capo, cuopre le spalle. Sopra esso si mettono un berrettino di velluto rosso, il quale ferma i detti panni della testa. In piedi portano alcuni stivali non molto assettati, ma di buoni cordovani rossi, gialli ò d' altro colore.

## CHINOIS NOBLE.

Les hommes de ce pays s'habillent avec magnificence et gravité; au lieu de chevaux, ils montent des mulets avec des harnais brillants d'or. Leur vêtement, en forme de toge, de soie, de brocart d'or ou d'étoffe peinte, ouvert sur les côtés à la hauteur des jambes, a les manches un peu larges, et si longues qu'elles cachent les mains. La tête est couverte d'une guimpe de moire, sur laquelle pose un morceau de satin ou d'autre étoffe de soie de couleur, qui retombe pour envelopper les épaules; par-dessus encore, se place un bonnet de velours rouge qui maintient la guimpe et le morceau de satin. Leurs brodequins, mal ajustés, sont de cordouan rouge, jaune ou d'autre couleur.

487

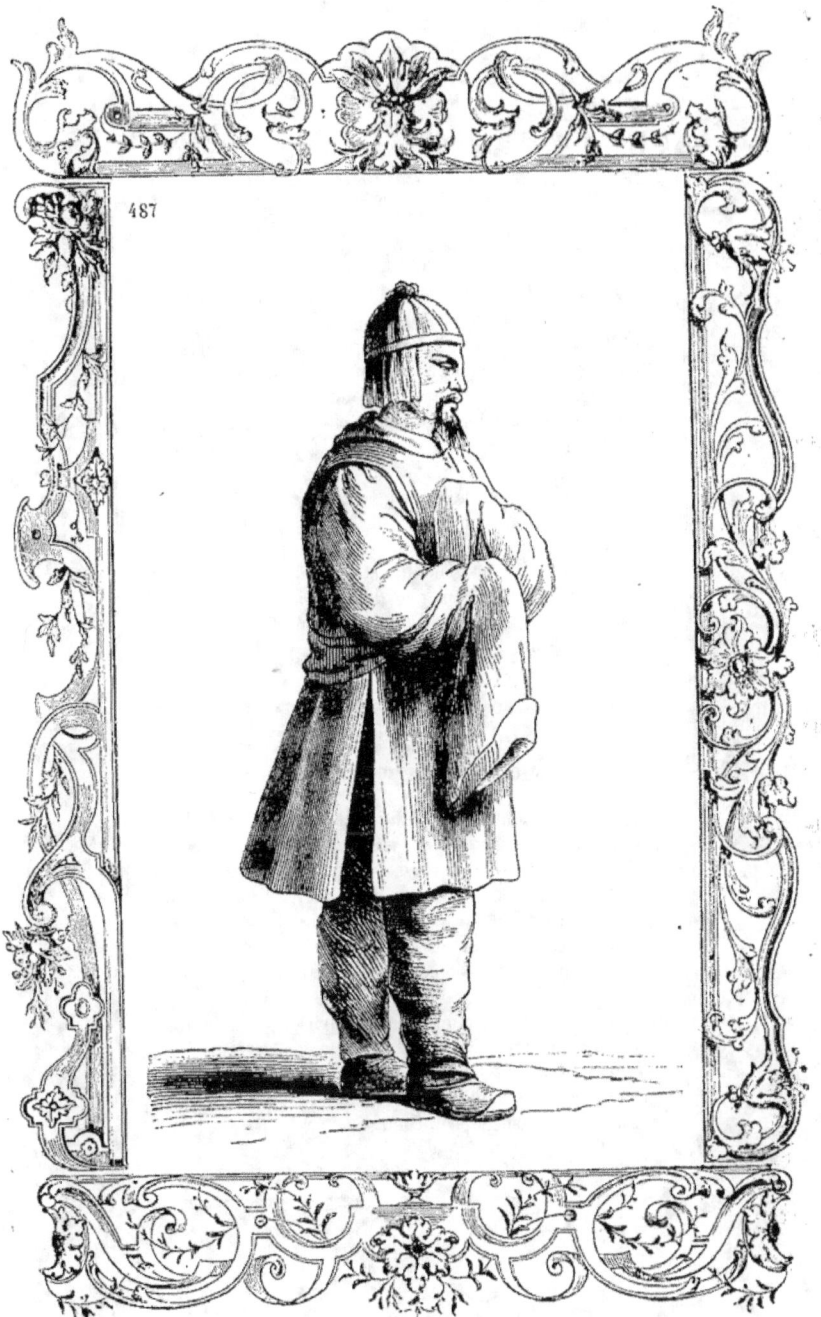

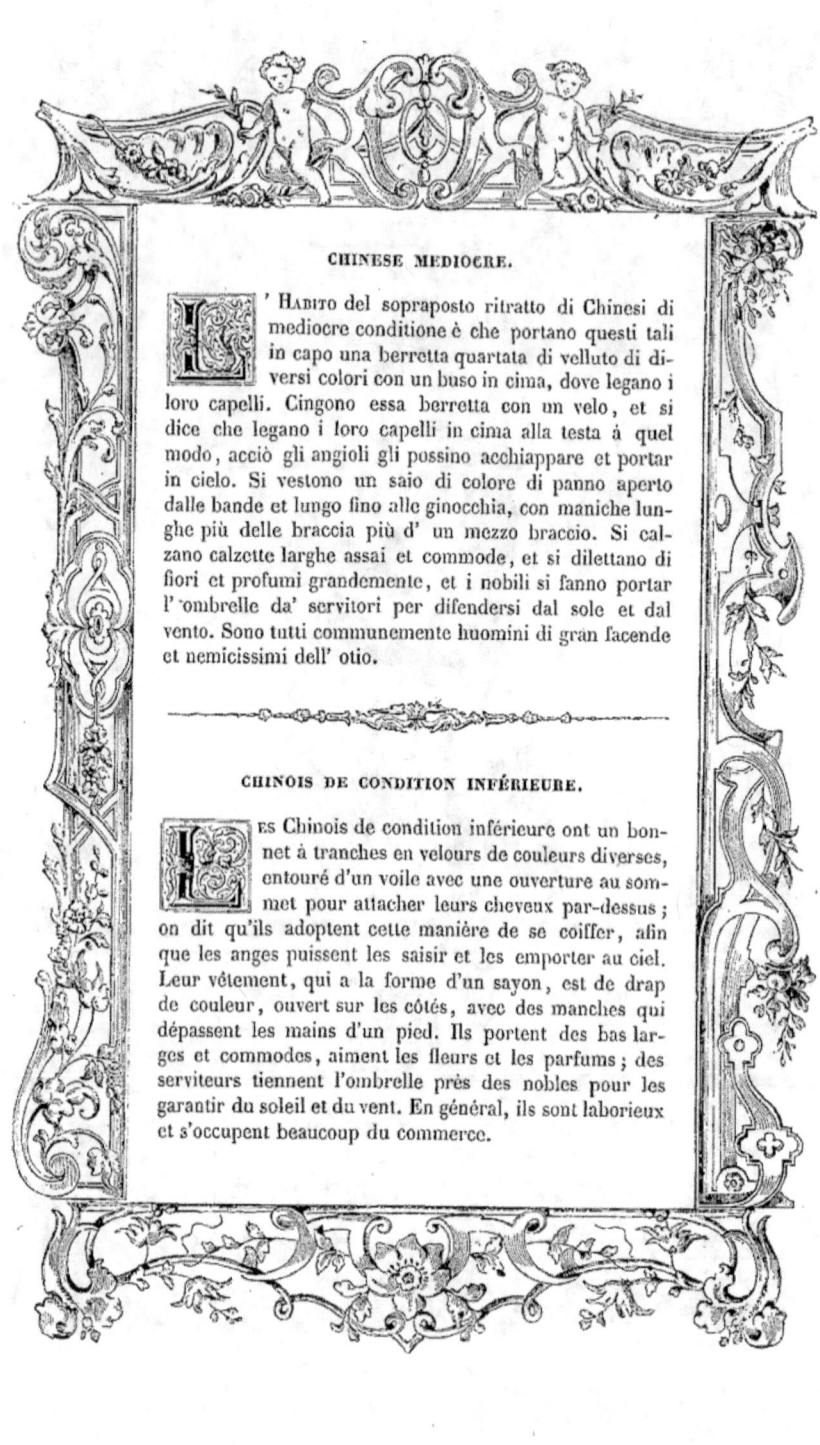

## CHINESE MEDIOCRE.

'HABITO del sopraposto ritratto di Chinesi di mediocre conditione è che portano questi tali in capo una berretta quartata di velluto di diversi colori con un buso in cima, dove legano i loro capelli. Cingono essa berretta con un velo, et si dice che legano i loro capelli in cima alla testa à quel modo, acciò gli angioli gli possino acchiappare et portar in cielo. Si vestono un saio di colore di panno aperto dalle bande et lungo fino alle ginocchia, con maniche lunghe più delle braccia più d' un mezzo braccio. Si calzano calzette larghe assai et commode, et si dilettano di fiori et profumi grandemente, et i nobili si fanno portar l' ombrelle da' servitori per difendersi dal sole et dal vento. Sono tutti communemente huomini di gran facende et nemicissimi dell' otio.

## CHINOIS DE CONDITION INFÉRIEURE.

ES Chinois de condition inférieure ont un bonnet à tranches en velours de couleurs diverses, entouré d'un voile avec une ouverture au sommet pour attacher leurs cheveux par-dessus ; on dit qu'ils adoptent cette manière de se coiffer, afin que les anges puissent les saisir et les emporter au ciel. Leur vêtement, qui a la forme d'un sayon, est de drap de couleur, ouvert sur les côtés, avec des manches qui dépassent les mains d'un pied. Ils portent des bas larges et commodes, aiment les fleurs et les parfums ; des serviteurs tiennent l'ombrelle près des nobles pour les garantir du soleil et du vent. En général, ils sont laborieux et s'occupent beaucoup du commerce.

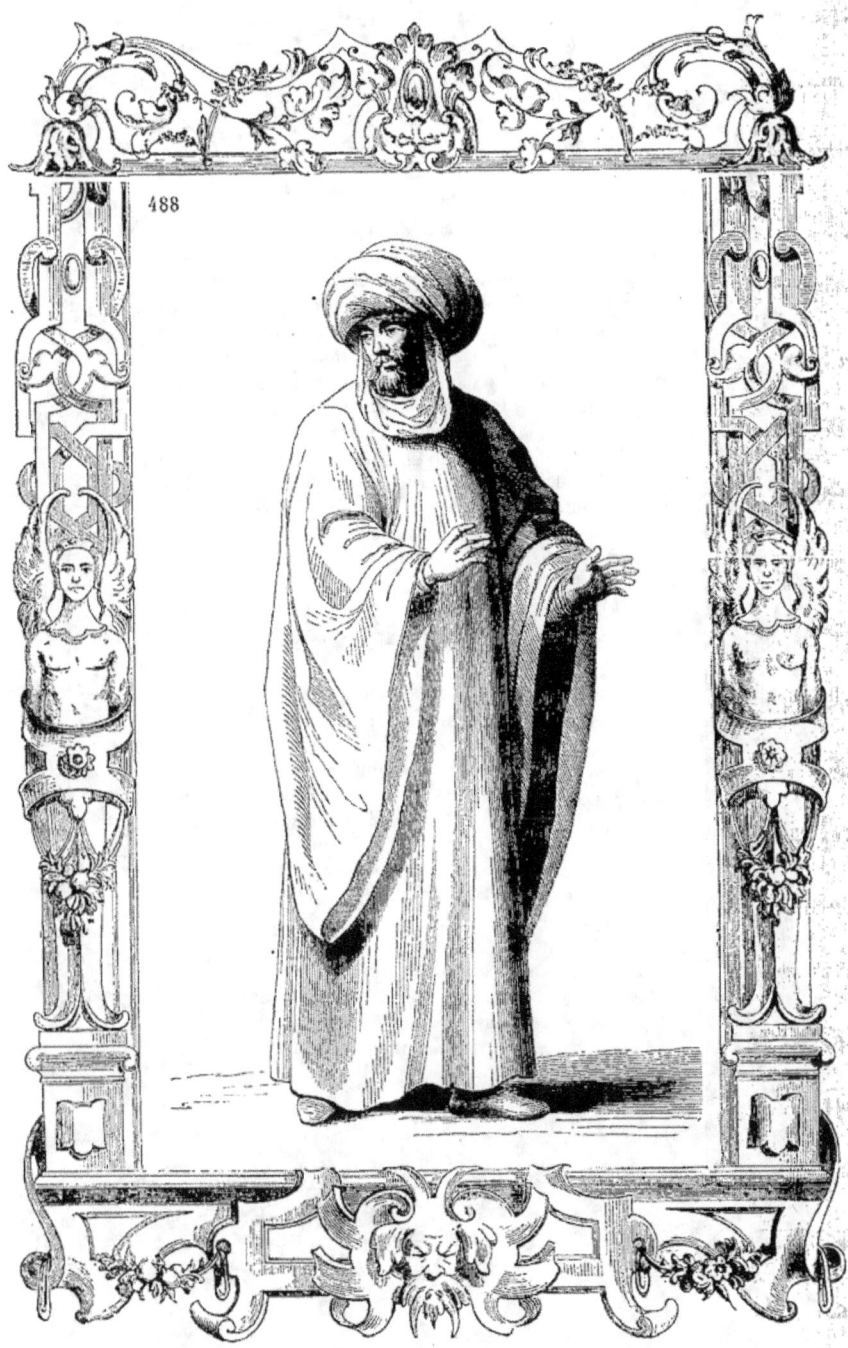
488

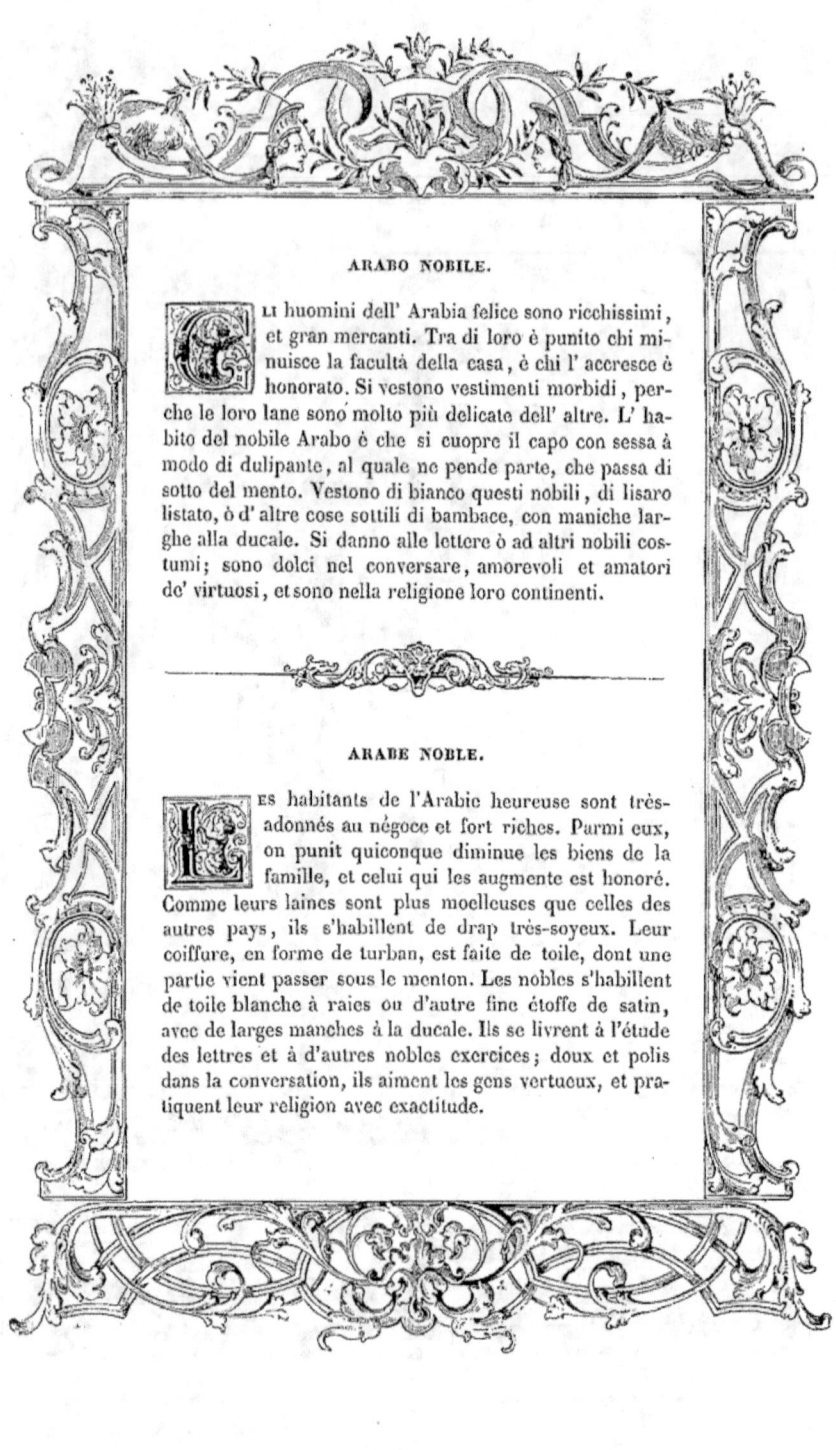

## ARABO NOBILE.

LI huomini dell' Arabia felice sono ricchissimi, et gran mercanti. Tra di loro è punito chi minuisce la facultà della casa, è chi l' accresce è honorato. Si vestono vestimenti morbidi, perche le loro lane sono molto più delicate dell' altre. L' habito del nobile Arabo è che si cuopre il capo con sessa à modo di dulipante, al quale ne pende parte, che passa di sotto del mento. Vestono di bianco questi nobili, di lisaro listato, ò d' altre cose sottili di bambace, con maniche larghe alla ducale. Si danno alle lettere ò ad altri nobili costumi; sono dolci nel conversare, amorevoli et amatori de' virtuosi, et sono nella religione loro continenti.

## ARABE NOBLE.

LES habitants de l'Arabie heureuse sont très-adonnés au négoce et fort riches. Parmi eux, on punit quiconque diminue les biens de la famille, et celui qui les augmente est honoré. Comme leurs laines sont plus moelleuses que celles des autres pays, ils s'habillent de drap très-soyeux. Leur coiffure, en forme de turban, est faite de toile, dont une partie vient passer sous le menton. Les nobles s'habillent de toile blanche à raies ou d'autre fine étoffe de satin, avec de larges manches à la ducale. Ils se livrent à l'étude des lettres et à d'autres nobles exercices; doux et polis dans la conversation, ils aiment les gens vertueux, et pratiquent leur religion avec exactitude.

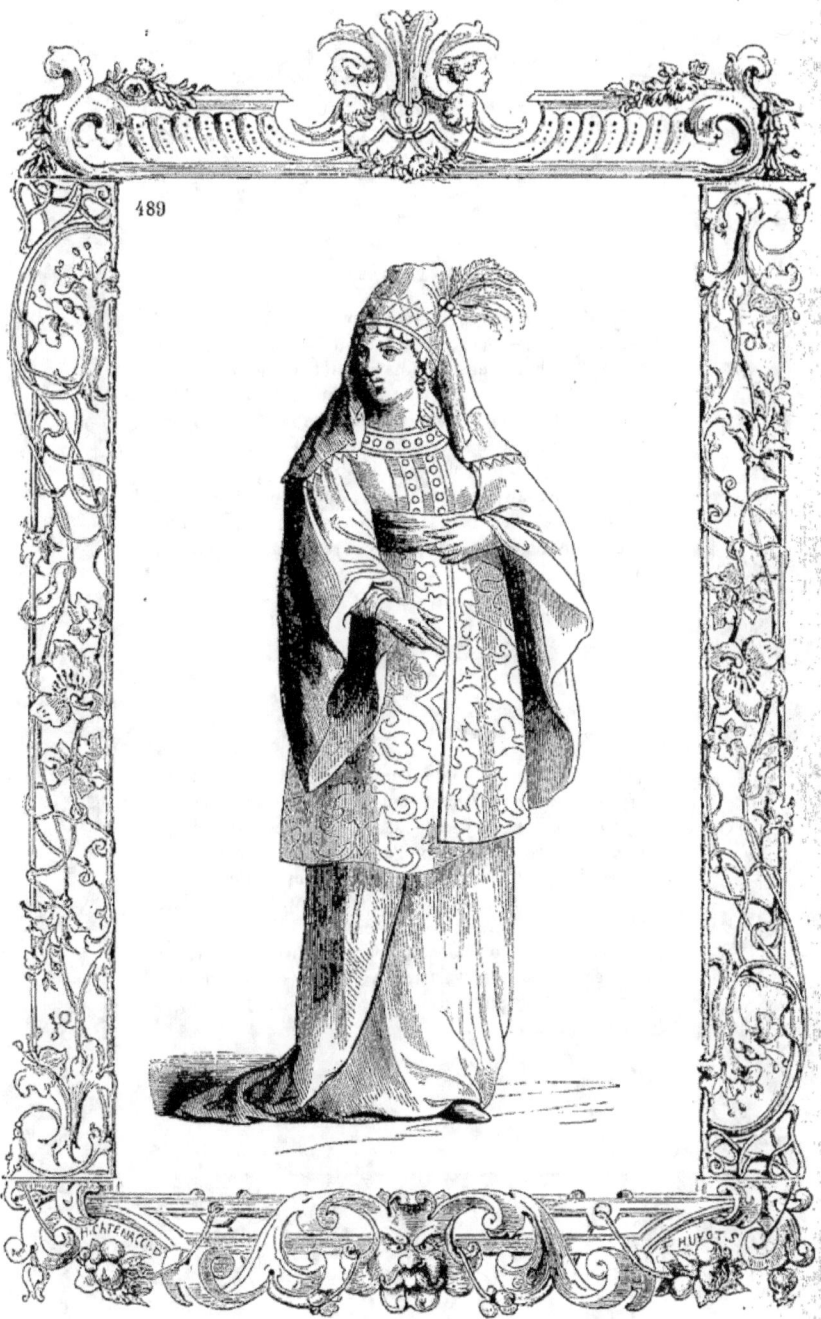

489

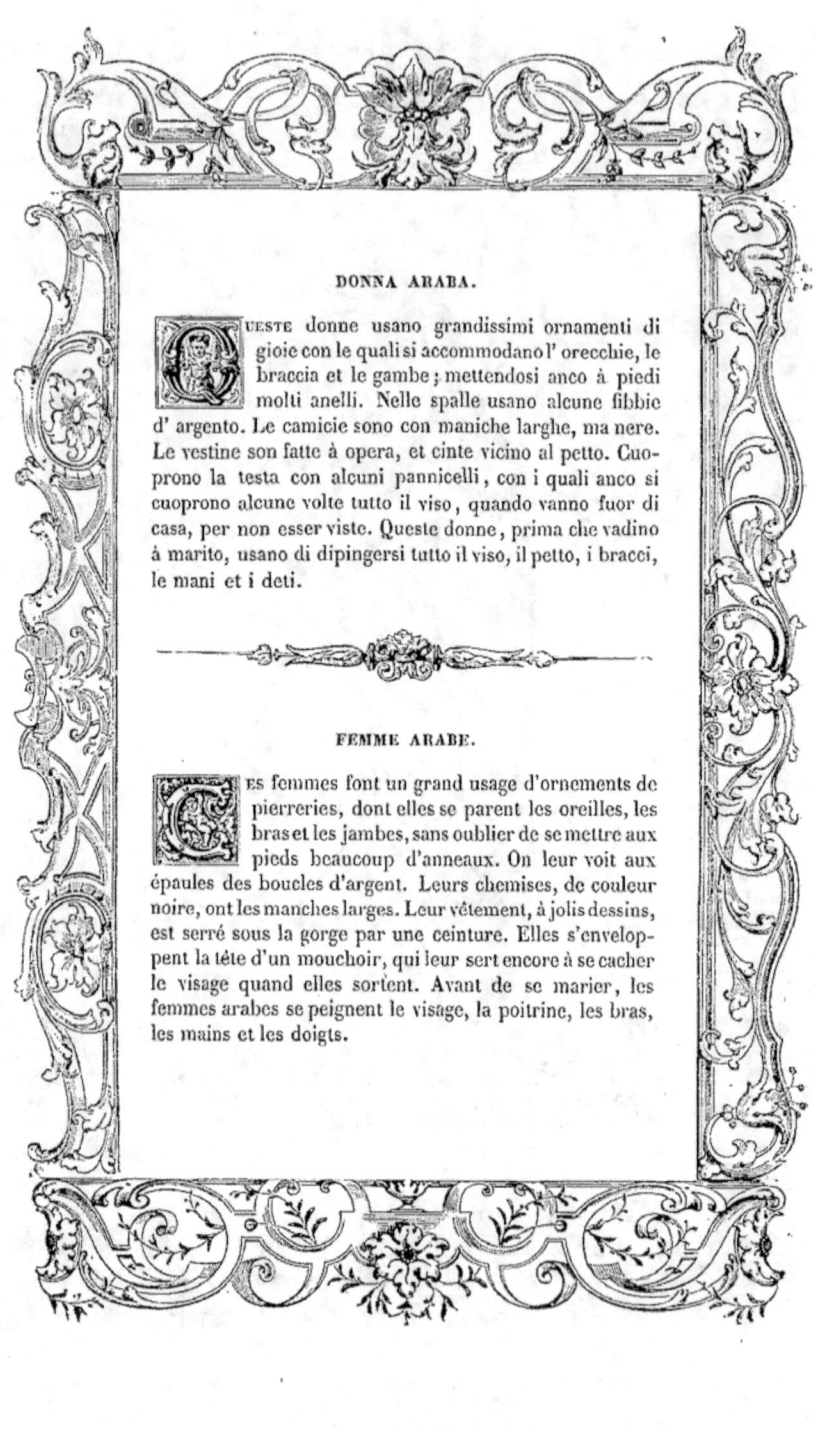

### DONNA ARABA.

Queste donne usano grandissimi ornamenti di gioie con le quali si accommodano l'orecchie, le braccia et le gambe; mettendosi anco à piedi molti anelli. Nelle spalle usano alcune fibbie d'argento. Le camicie sono con maniche larghe, ma nere. Le vestine son fatte à opera, et cinte vicino al petto. Cuoprono la testa con alcuni pannicelli, con i quali anco si cuoprono alcune volte tutto il viso, quando vanno fuor di casa, per non esser viste. Queste donne, prima che vadino à marito, usano di dipingersi tutto il viso, il petto, i bracci, le mani et i deti.

### FEMME ARABE.

Ces femmes font un grand usage d'ornements de pierreries, dont elles se parent les oreilles, les bras et les jambes, sans oublier de se mettre aux pieds beaucoup d'anneaux. On leur voit aux épaules des boucles d'argent. Leurs chemises, de couleur noire, ont les manches larges. Leur vêtement, à jolis dessins, est serré sous la gorge par une ceinture. Elles s'enveloppent la tête d'un mouchoir, qui leur sert encore à se cacher le visage quand elles sortent. Avant de se marier, les femmes arabes se peignent le visage, la poitrine, les bras, les mains et les doigts.

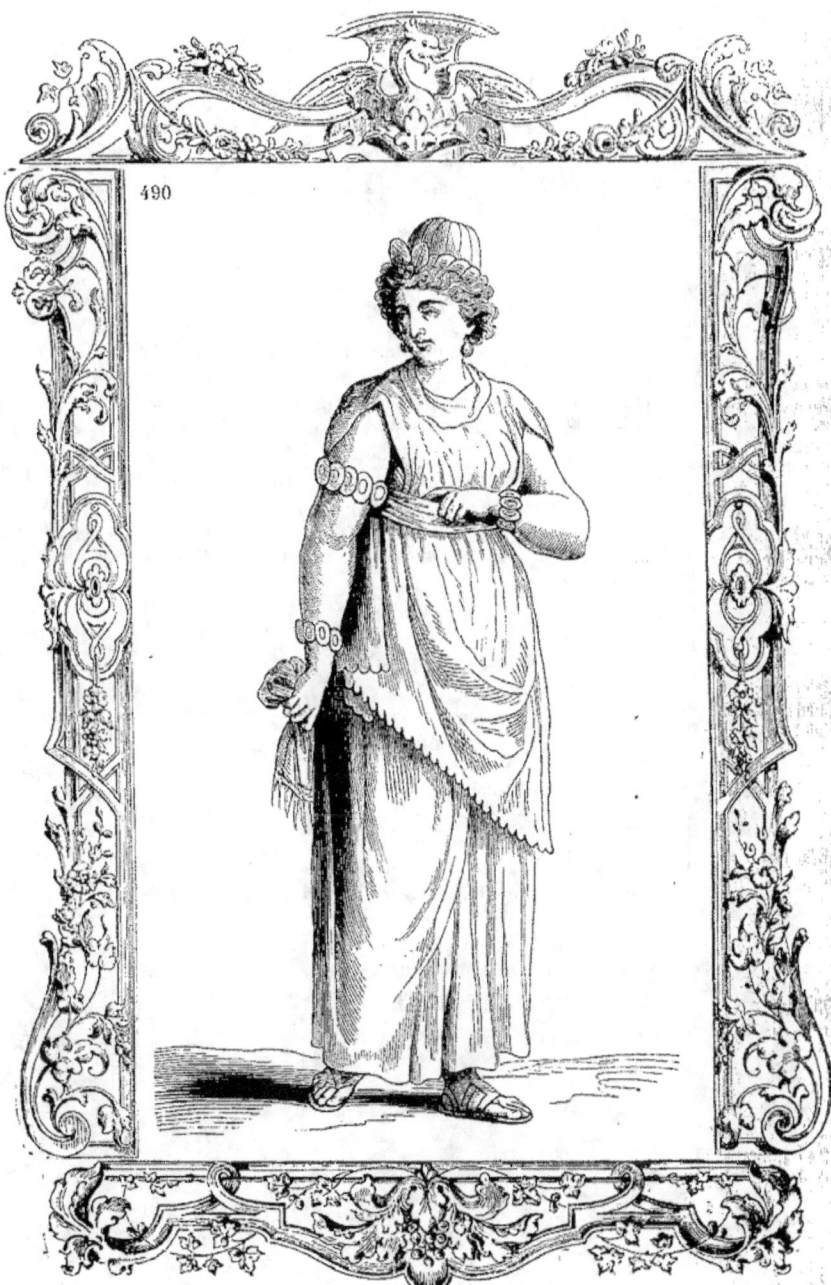
490

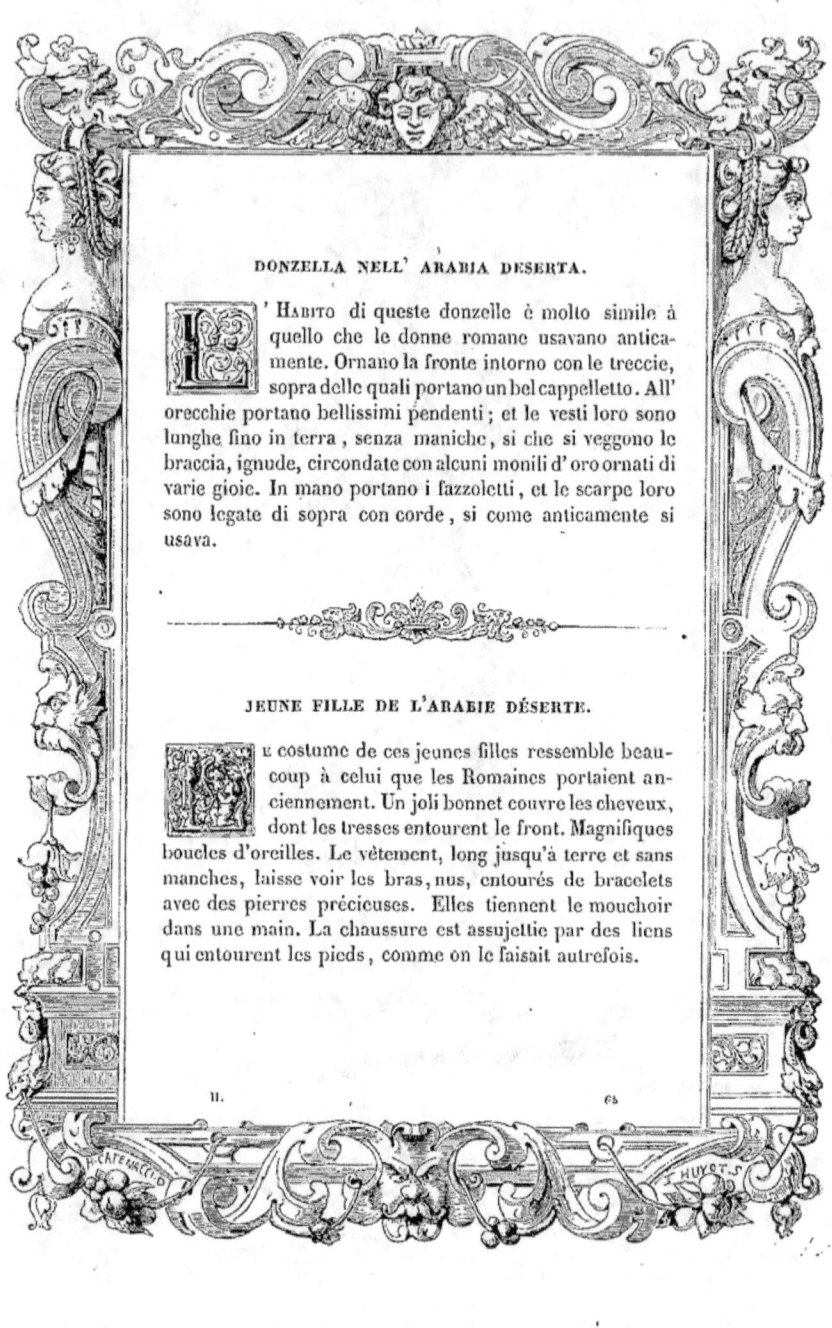

### DONZELLA NELL' ARABIA DESERTA.

'HABITO di queste donzelle è molto simile à quello che le donne romane usavano anticamente. Ornano la fronte intorno con le treccie, sopra delle quali portano un bel cappelletto. All' orecchie portano bellissimi pendenti ; et le vesti loro sono lunghe fino in terra , senza maniche, si che si veggono le braccia, ignude, circondate con alcuni monili d' oro ornati di varie gioie. In mano portano i fazzoletti , et le scarpe loro sono legate di sopra con corde , si come anticamente si usava.

### JEUNE FILLE DE L'ARABIE DÉSERTE.

E costume de ces jeunes filles ressemble beaucoup à celui que les Romains portaient anciennement. Un joli bonnet couvre les cheveux, dont les tresses entourent le front. Magnifiques boucles d'oreilles. Le vêtement, long jusqu'à terre et sans manches, laisse voir les bras , nus , entourés de bracelets avec des pierres précieuses. Elles tiennent le mouchoir dans une main. La chaussure est assujettie par des liens qui entourent les pieds, comme on le faisait autrefois.

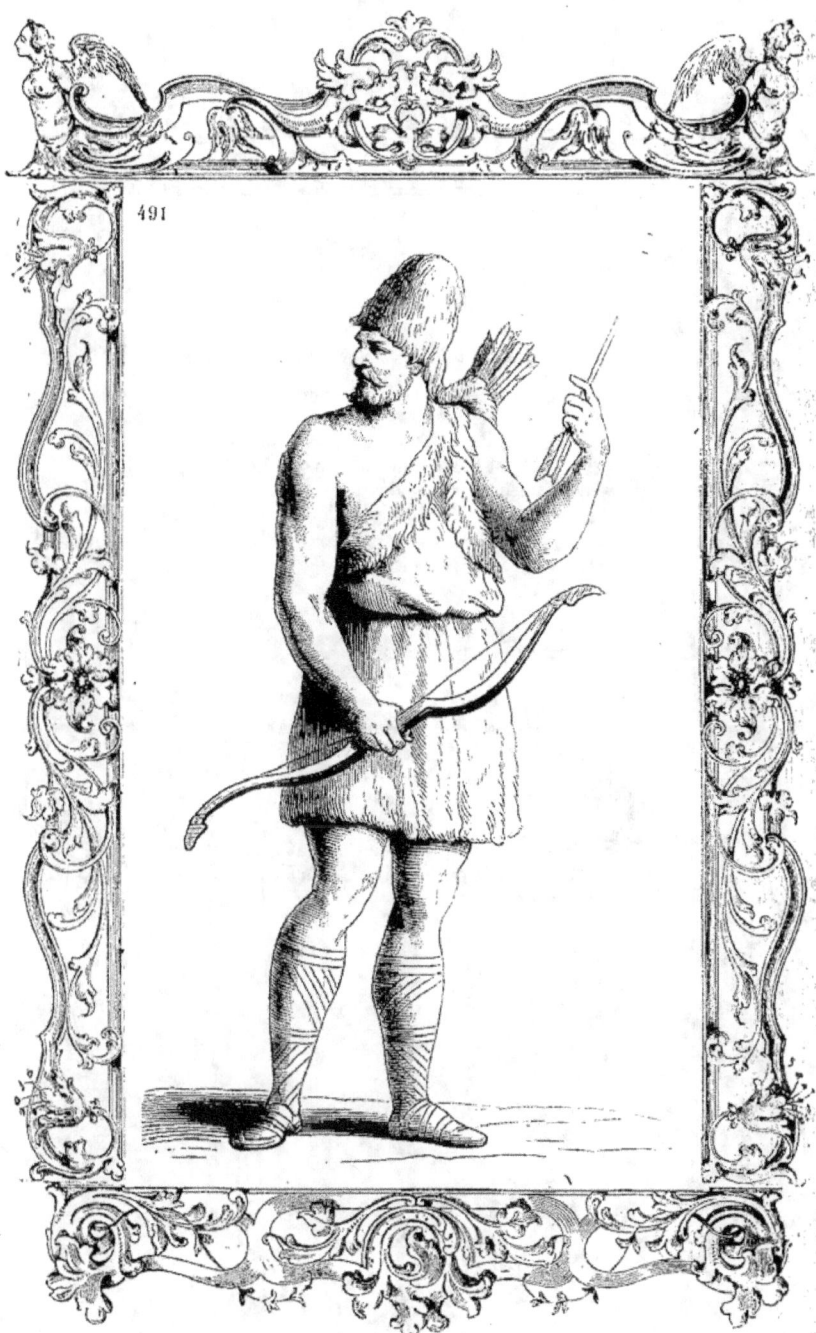

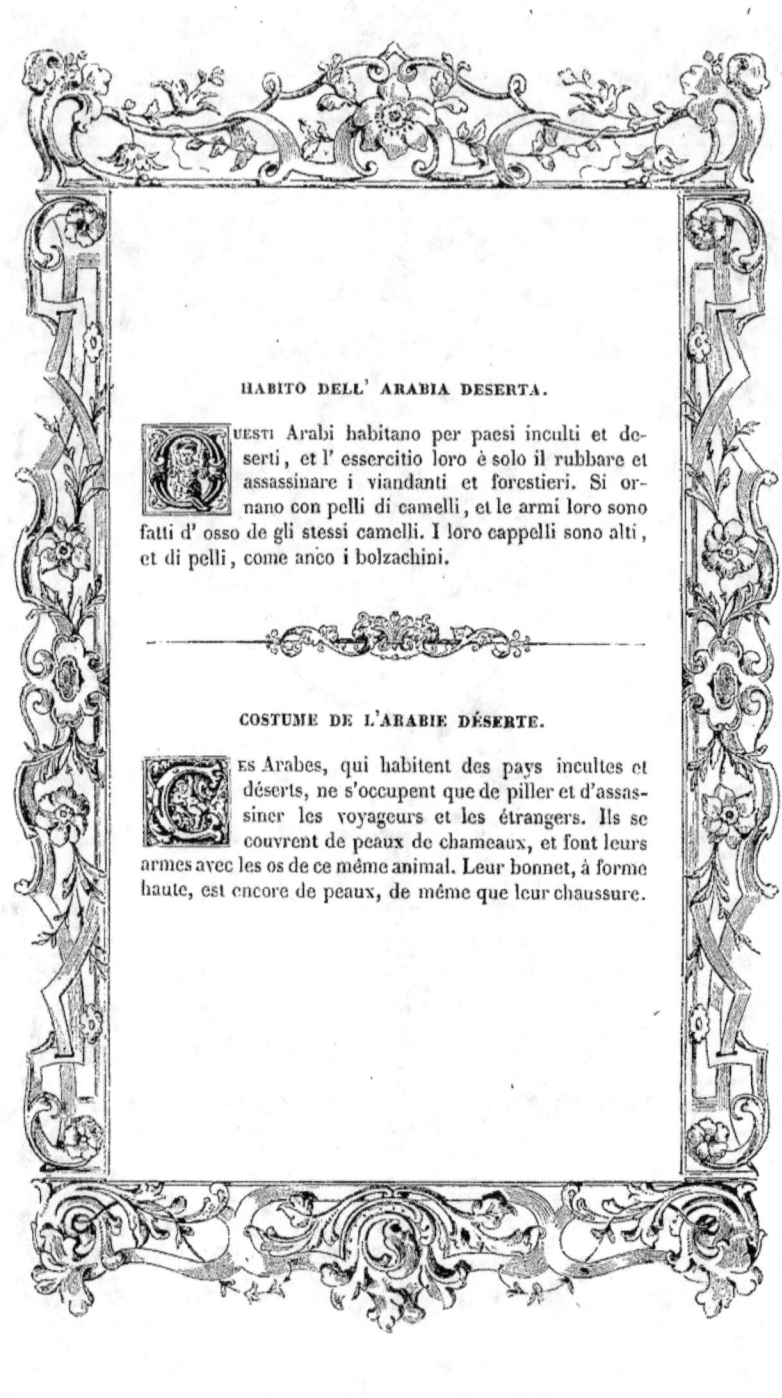

### HABITO DELL' ARABIA DESERTA.

Questi Arabi habitano per paesi inculti et deserti, et l' essercitio loro è solo il rubbare et assassinare i viandanti et forestieri. Si ornano con pelli di camelli, et le armi loro sono fatti d' osso de gli stessi camelli. I loro cappelli sono alti, et di pelli, come anco i bolzachini.

### COSTUME DE L'ARABIE DÉSERTE.

Ces Arabes, qui habitent des pays incultes et déserts, ne s'occupent que de piller et d'assassiner les voyageurs et les étrangers. Ils se couvrent de peaux de chameaux, et font leurs armes avec les os de ce même animal. Leur bonnet, à forme haute, est encore de peaux, de même que leur chaussure.

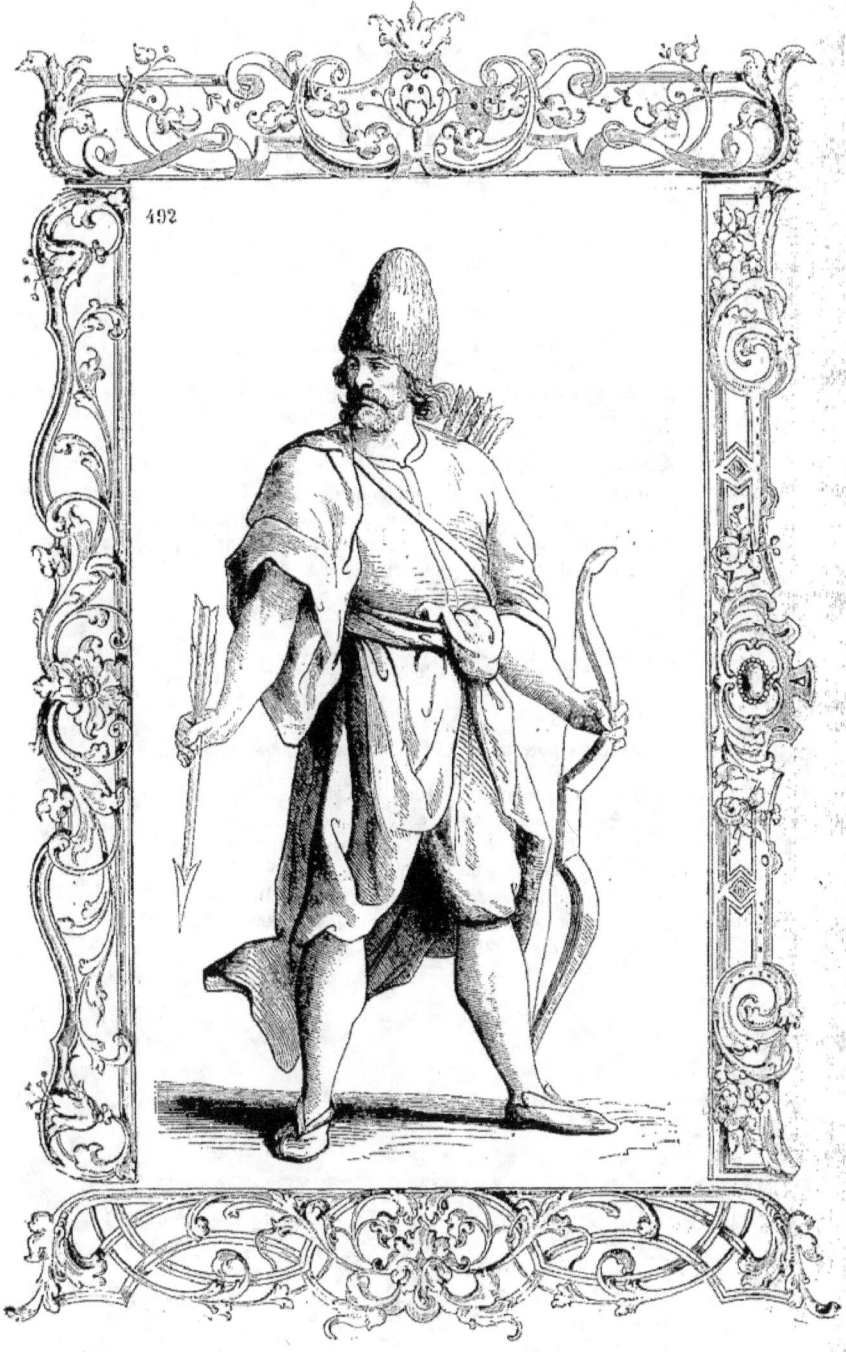

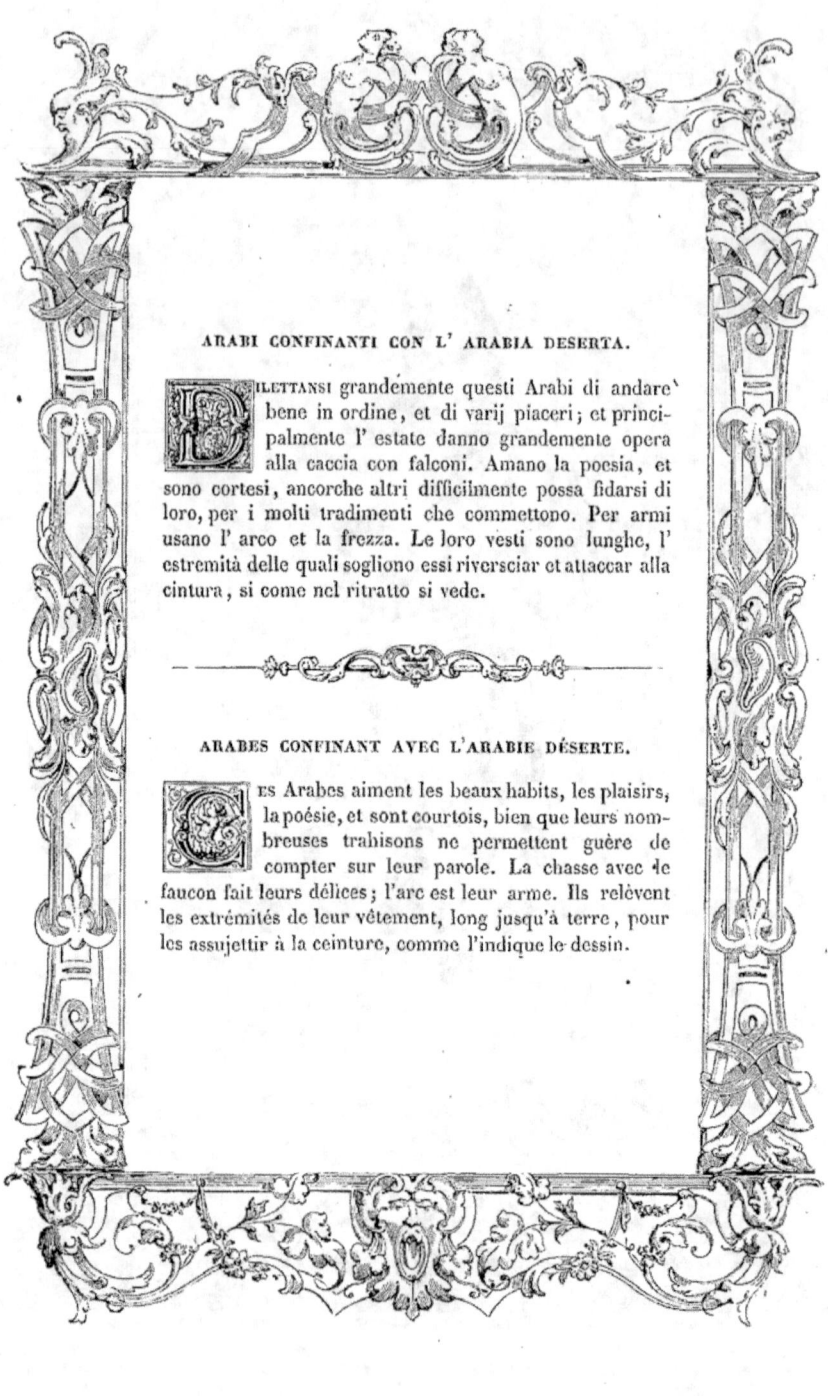

## ARABI CONFINANTI CON L' ARABIA DESERTA.

**D**ILETTANSI grandemente questi Arabi di andare bene in ordine, et di varij piaceri; et principalmente l' estate danno grandemente opera alla caccia con falconi. Amano la poesia, et sono cortesi, ancorche altri difficilmente possa fidarsi di loro, per i molti tradimenti che commettono. Per armi usano l' arco et la frezza. Le loro vesti sono lunghe, l' estremità delle quali sogliono essi riversciar et attaccar alla cintura, si come nel ritratto si vede.

## ARABES CONFINANT AVEC L'ARABIE DÉSERTE.

**L**ES Arabes aiment les beaux habits, les plaisirs, la poésie, et sont courtois, bien que leurs nombreuses trahisons ne permettent guère de compter sur leur parole. La chasse avec le faucon fait leurs délices; l'arc est leur arme. Ils relèvent les extrémités de leur vêtement, long jusqu'à terre, pour les assujettir à la ceinture, comme l'indique le dessin.

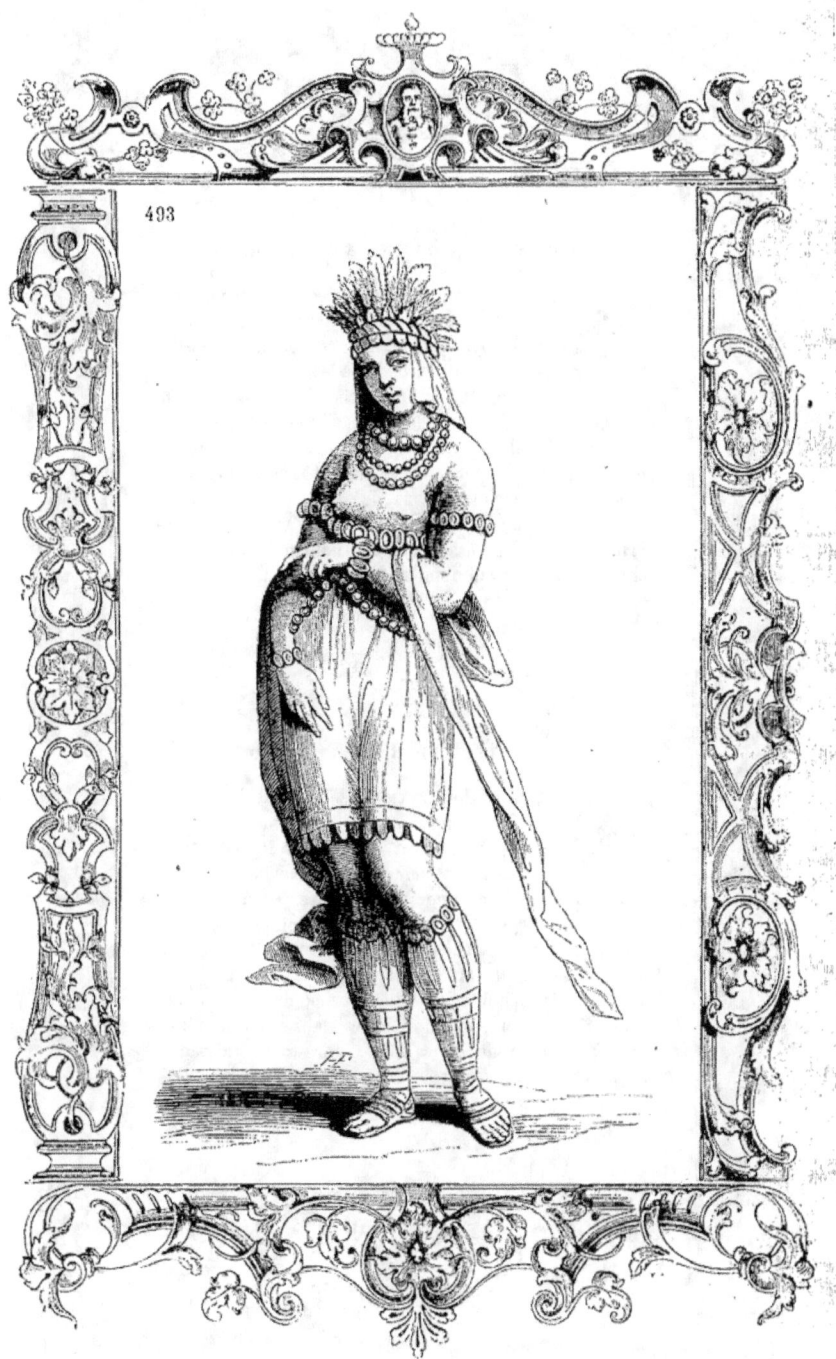

493

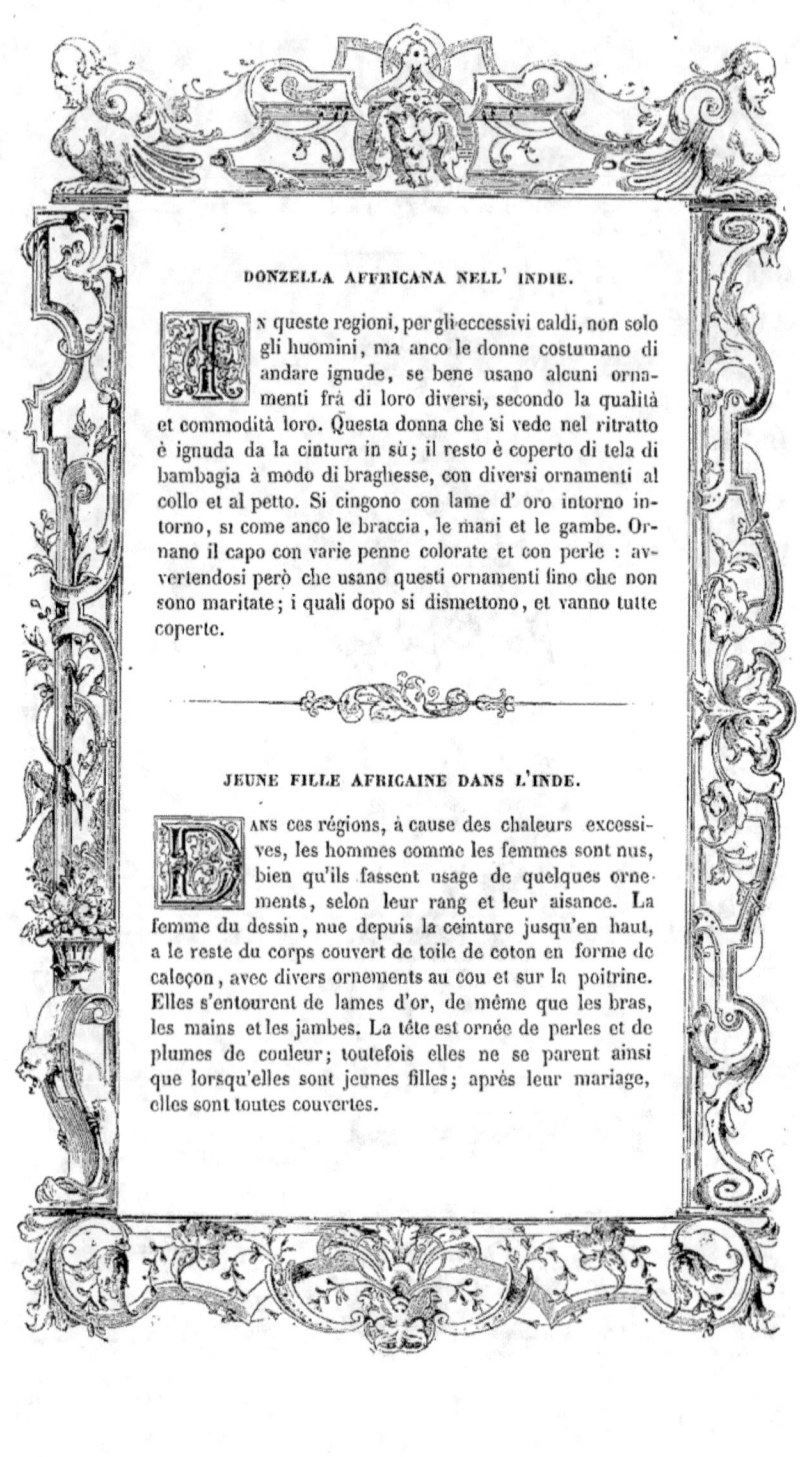

### DONZELLA AFFRICANA NELL' INDIE.

IN queste regioni, per gli eccessivi caldi, non solo gli huomini, ma anco le donne costumano di andare ignude, se bene usano alcuni ornamenti frà di loro diversi, secondo la qualità et commodità loro. Questa donna che si vede nel ritratto è ignuda da la cintura in sù; il resto è coperto di tela di bambagia à modo di braghesse, con diversi ornamenti al collo et al petto. Si cingono con lame d' oro intorno intorno, sì come anco le braccia, le mani et le gambe. Ornano il capo con varie penne colorate et con perle: avvertendosi però che usano questi ornamenti fino che non sono maritate; i quali dopo si dismettono, et vanno tutte coperte.

### JEUNE FILLE AFRICAINE DANS L'INDE.

DANS ces régions, à cause des chaleurs excessives, les hommes comme les femmes sont nus, bien qu'ils fassent usage de quelques ornements, selon leur rang et leur aisance. La femme du dessin, nue depuis la ceinture jusqu'en haut, a le reste du corps couvert de toile de coton en forme de caleçon, avec divers ornements au cou et sur la poitrine. Elles s'entourent de lames d'or, de même que les bras, les mains et les jambes. La tête est ornée de perles et de plumes de couleur; toutefois elles ne se parent ainsi que lorsqu'elles sont jeunes filles; après leur mariage, elles sont toutes couvertes.

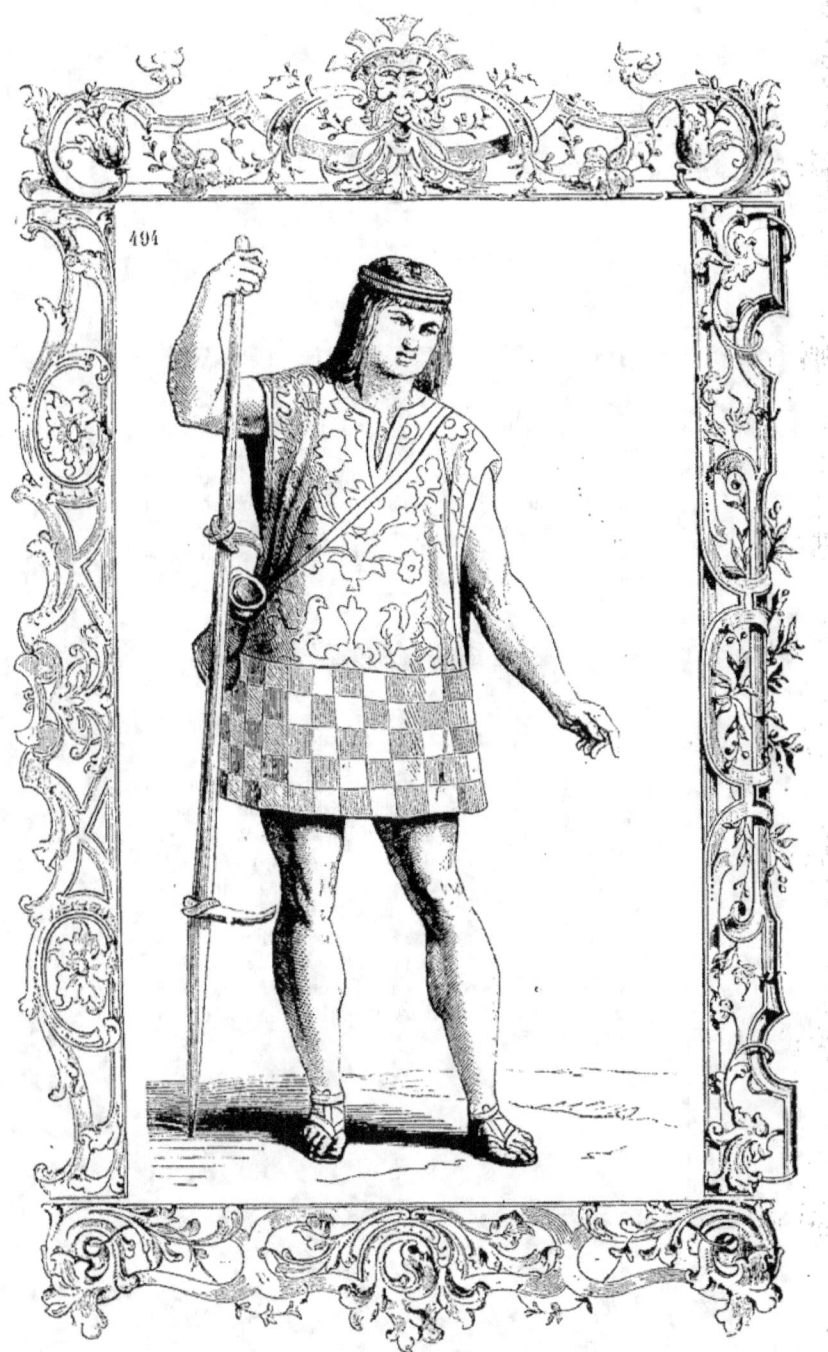

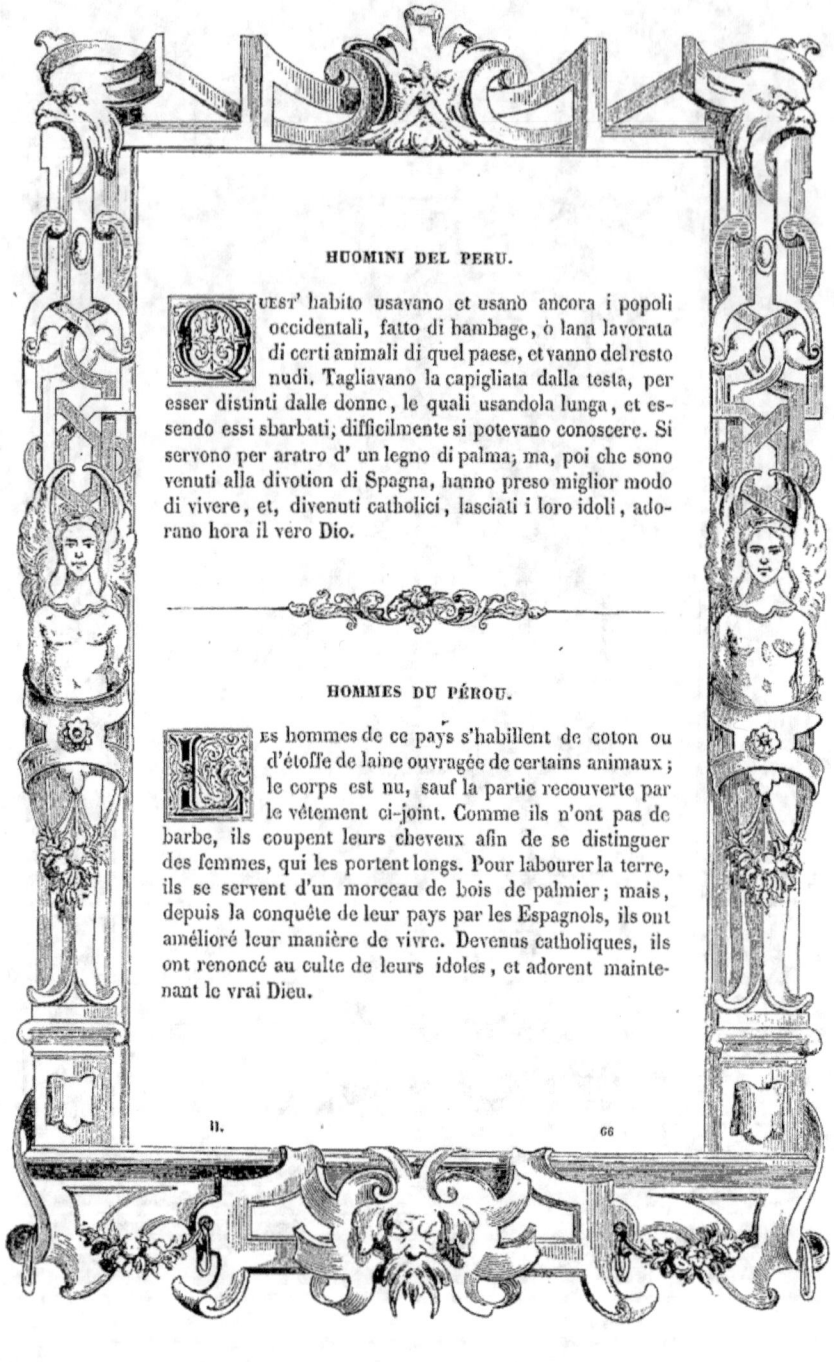

### HUOMINI DEL PERU.

Quest' habito usavano et usano ancora i popoli occidentali, fatto di hambage, ò lana lavorata di certi animali di quel paese, et vanno del resto nudi. Tagliavano la capigliata dalla testa, per esser distinti dalle donne, le quali usandola lunga, et essendo essi sbarbati, difficilmente si potevano conoscere. Si servono per aratro d' un legno di palma; ma, poi che sono venuti alla divotion di Spagna, hanno preso miglior modo di vivere, et, divenuti catholici, lasciati i loro idoli, adorano hora il vero Dio.

### HOMMES DU PÉROU.

Les hommes de ce pays s'habillent de coton ou d'étoffe de laine ouvragée de certains animaux; le corps est nu, sauf la partie recouverte par le vêtement ci-joint. Comme ils n'ont pas de barbe, ils coupent leurs cheveux afin de se distinguer des femmes, qui les portent longs. Pour labourer la terre, ils se servent d'un morceau de bois de palmier; mais, depuis la conquête de leur pays par les Espagnols, ils ont amélioré leur manière de vivre. Devenus catholiques, ils ont renoncé au culte de leurs idoles, et adorent maintenant le vrai Dieu.

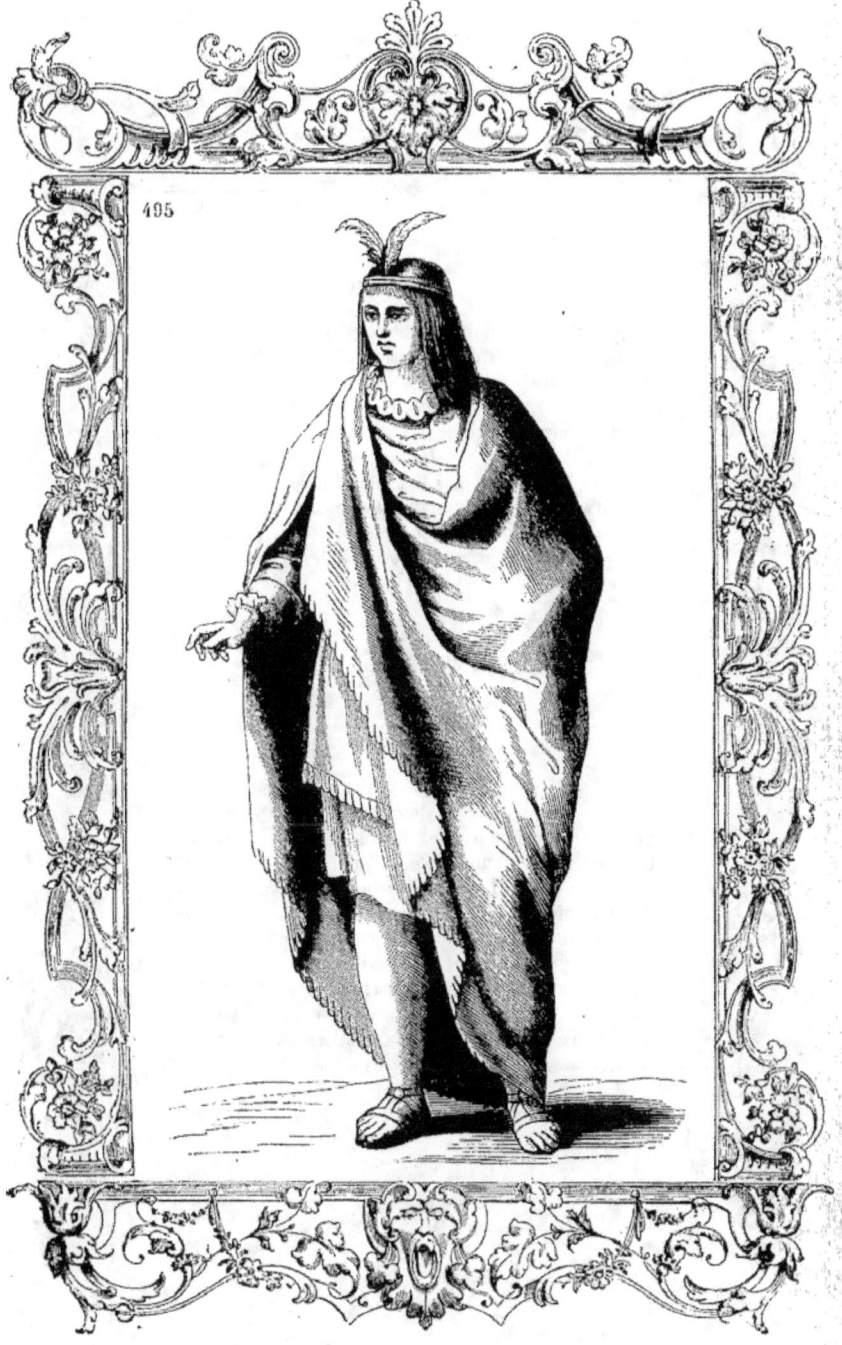

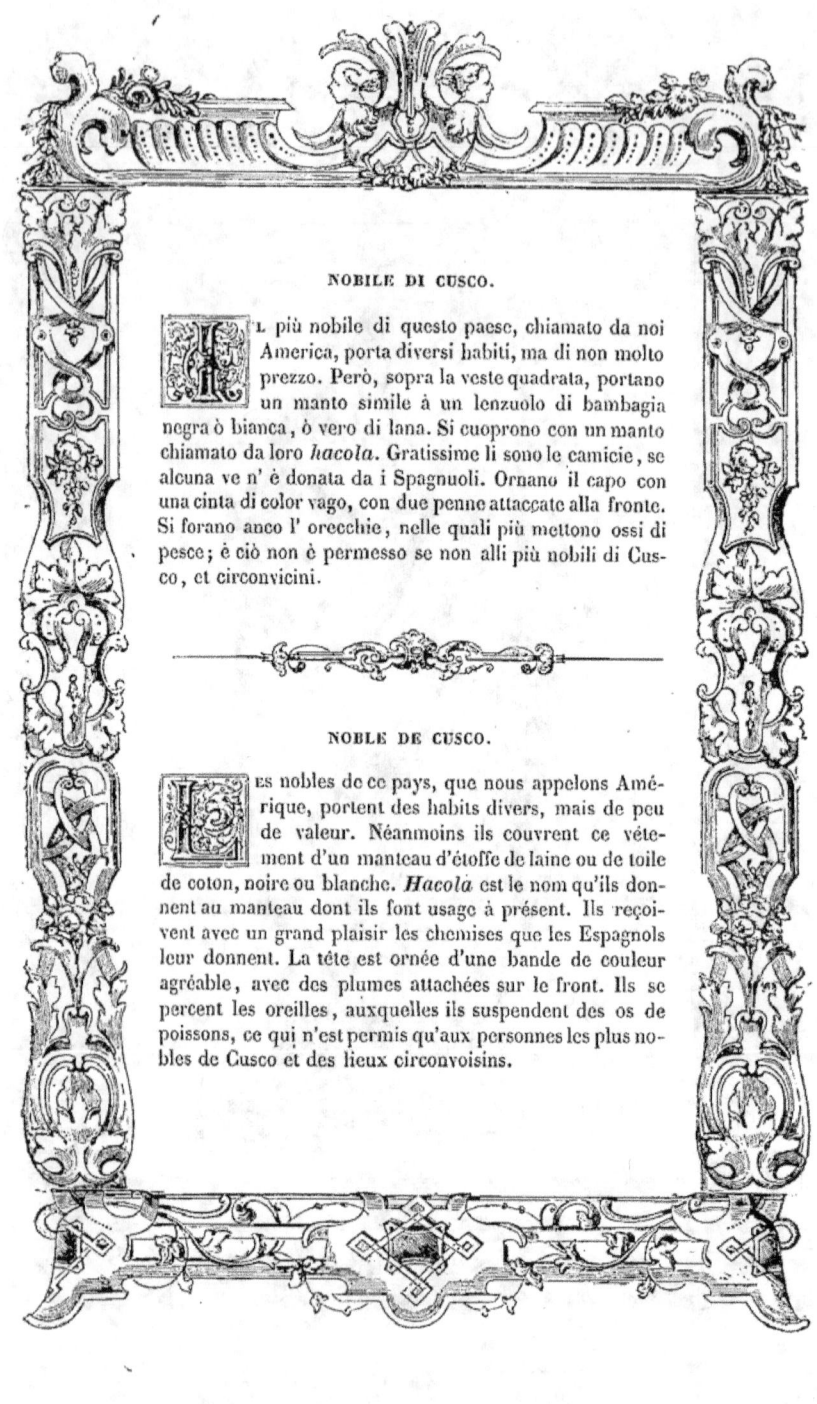

### NOBILE DI CUSCO.

IL più nobile di questo paese, chiamato da noi America, porta diversi habiti, ma di non molto prezzo. Però, sopra la veste quadrata, portano un manto simile à un lenzuolo di bambagia negra ò bianca, ò vero di lana. Si cuoprono con un manto chiamato da loro *hacola*. Gratissime li sono le camicie, se alcuna ve n' è donata da i Spagnuoli. Ornano il capo con una cinta di color vago, con due penne attaccate alla fronte. Si forano anco l' orecchie, nelle quali più mettono ossi di pesce; è ciò non è permesso se non alli più nobili di Cusco, et circonvicini.

---

### NOBLE DE CUSCO.

LES nobles de ce pays, que nous appelons Amérique, portent des habits divers, mais de peu de valeur. Néanmoins ils couvrent ce vétement d'un manteau d'étoffe de laine ou de toile de coton, noire ou blanche. *Hacola* est le nom qu'ils donnent au manteau dont ils font usage à présent. Ils reçoivent avec un grand plaisir les chemises que les Espagnols leur donnent. La tête est ornée d'une bande de couleur agréable, avec des plumes attachées sur le front. Ils se percent les oreilles, auxquelles ils suspendent des os de poissons, ce qui n'est permis qu'aux personnes les plus nobles de Cusco et des lieux circonvoisins.

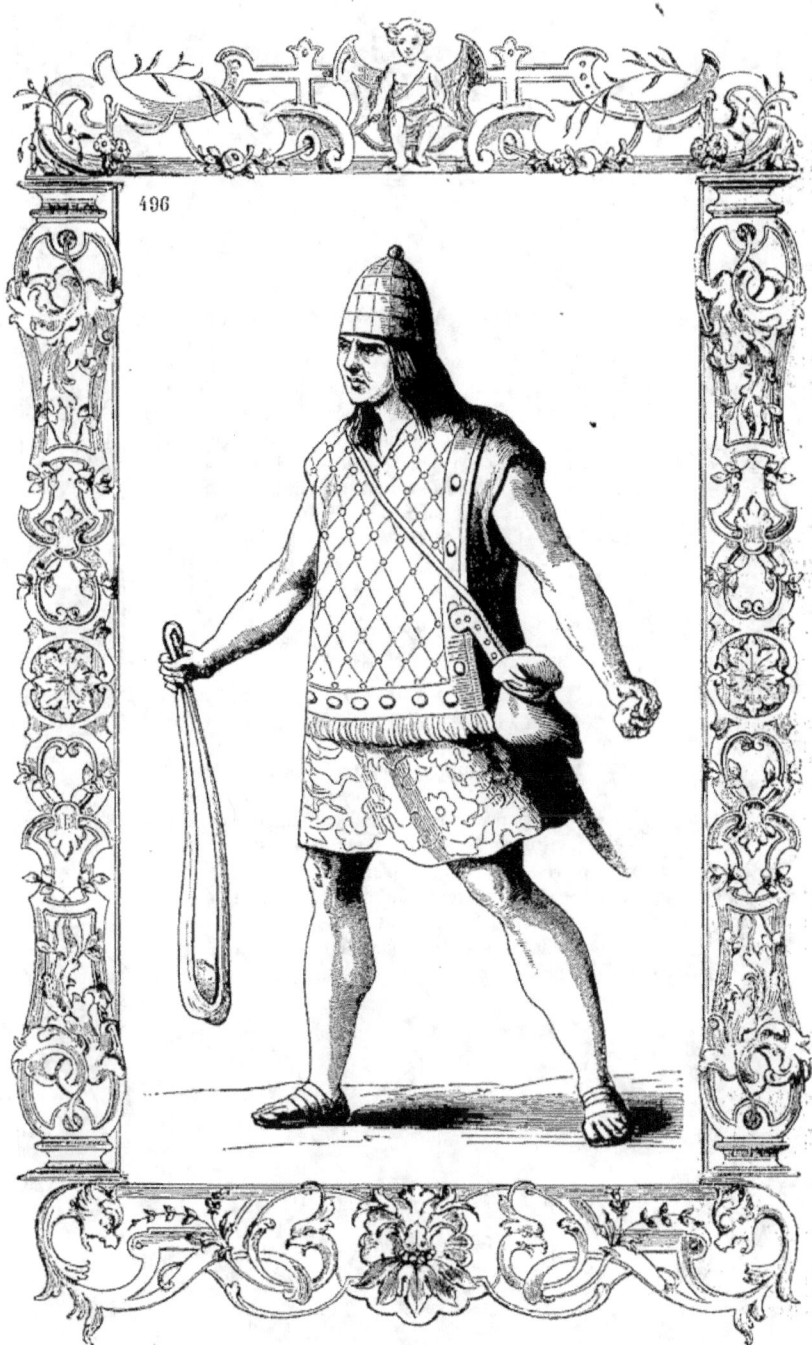

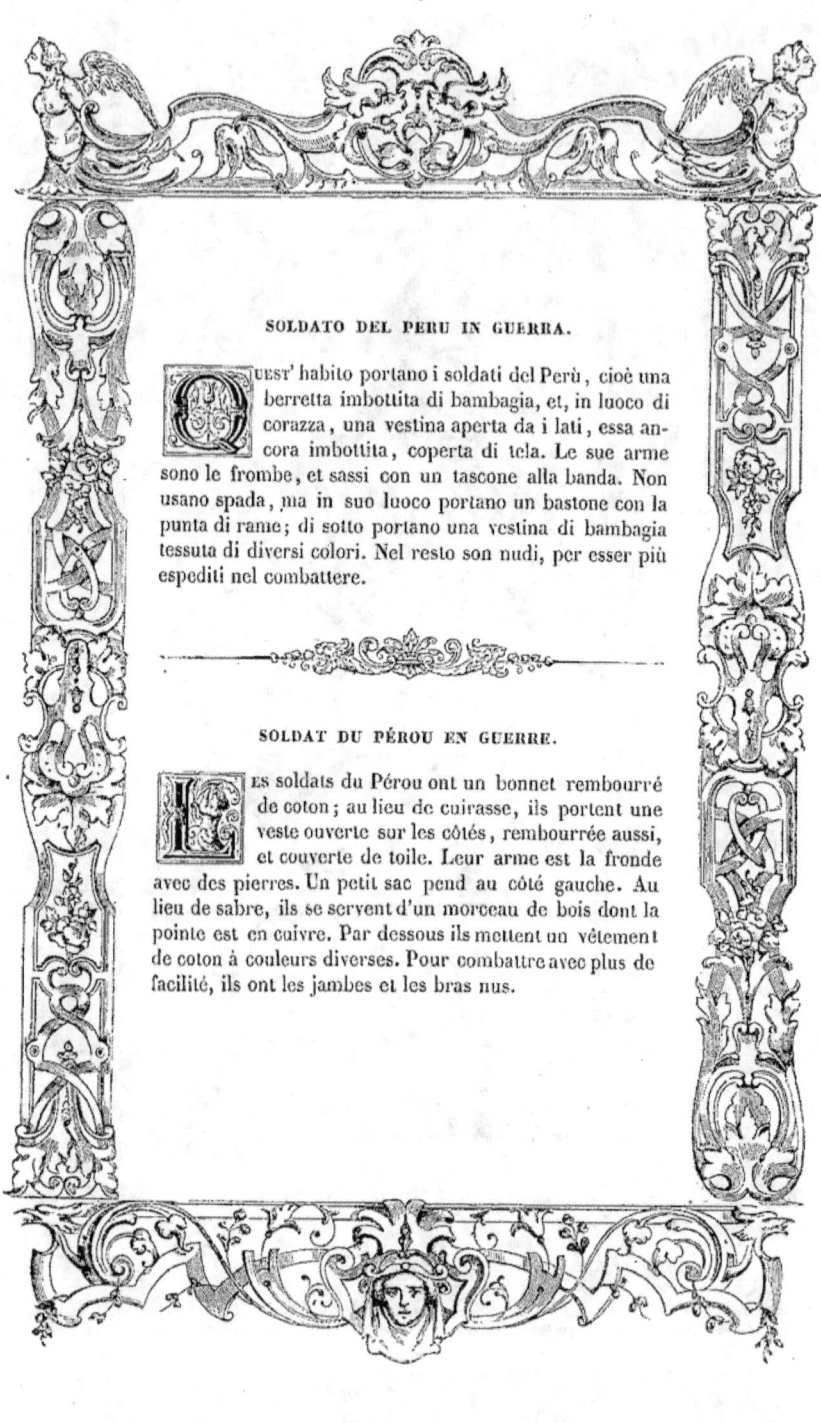

### SOLDATO DEL PERU IN GUERRA.

Quest' habito portano i soldati del Perù, cioè una berretta imbottita di bambagia, et, in luoco di corazza, una vestina aperta da i lati, essa ancora imbottita, coperta di tela. Le sue arme sono le frombe, et sassi con un tascone alla banda. Non usano spada, ma in suo luoco portano un bastone con la punta di rame; di sotto portano una vestina di bambagia tessuta di diversi colori. Nel resto son nudi, per esser più espediti nel combattere.

### SOLDAT DU PÉROU EN GUERRE.

Les soldats du Pérou ont un bonnet rembourré de coton; au lieu de cuirasse, ils portent une veste ouverte sur les côtés, rembourrée aussi, et couverte de toile. Leur arme est la fronde avec des pierres. Un petit sac pend au côté gauche. Au lieu de sabre, ils se servent d'un morceau de bois dont la pointe est en cuivre. Par dessous ils mettent un vêtement de coton à couleurs diverses. Pour combattre avec plus de facilité, ils ont les jambes et les bras nus.

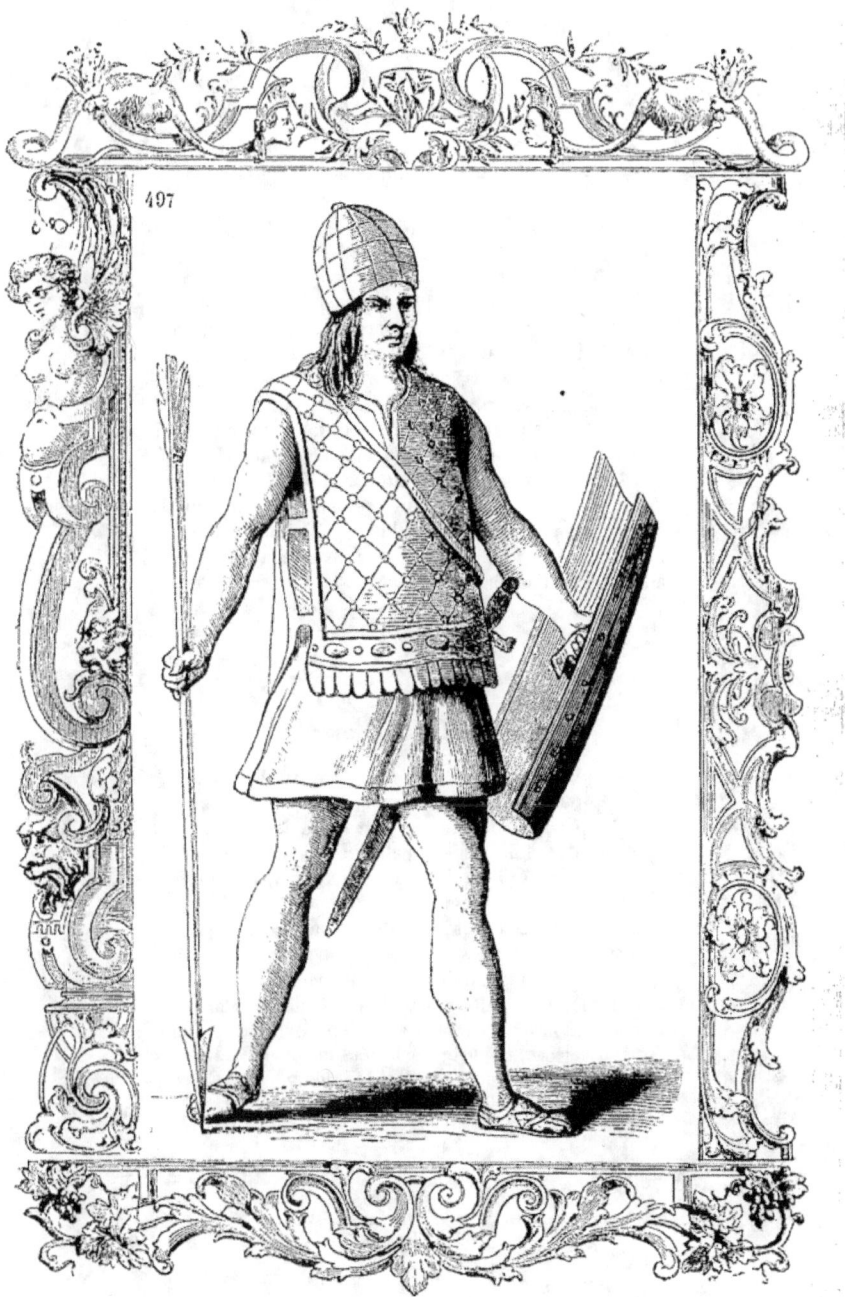

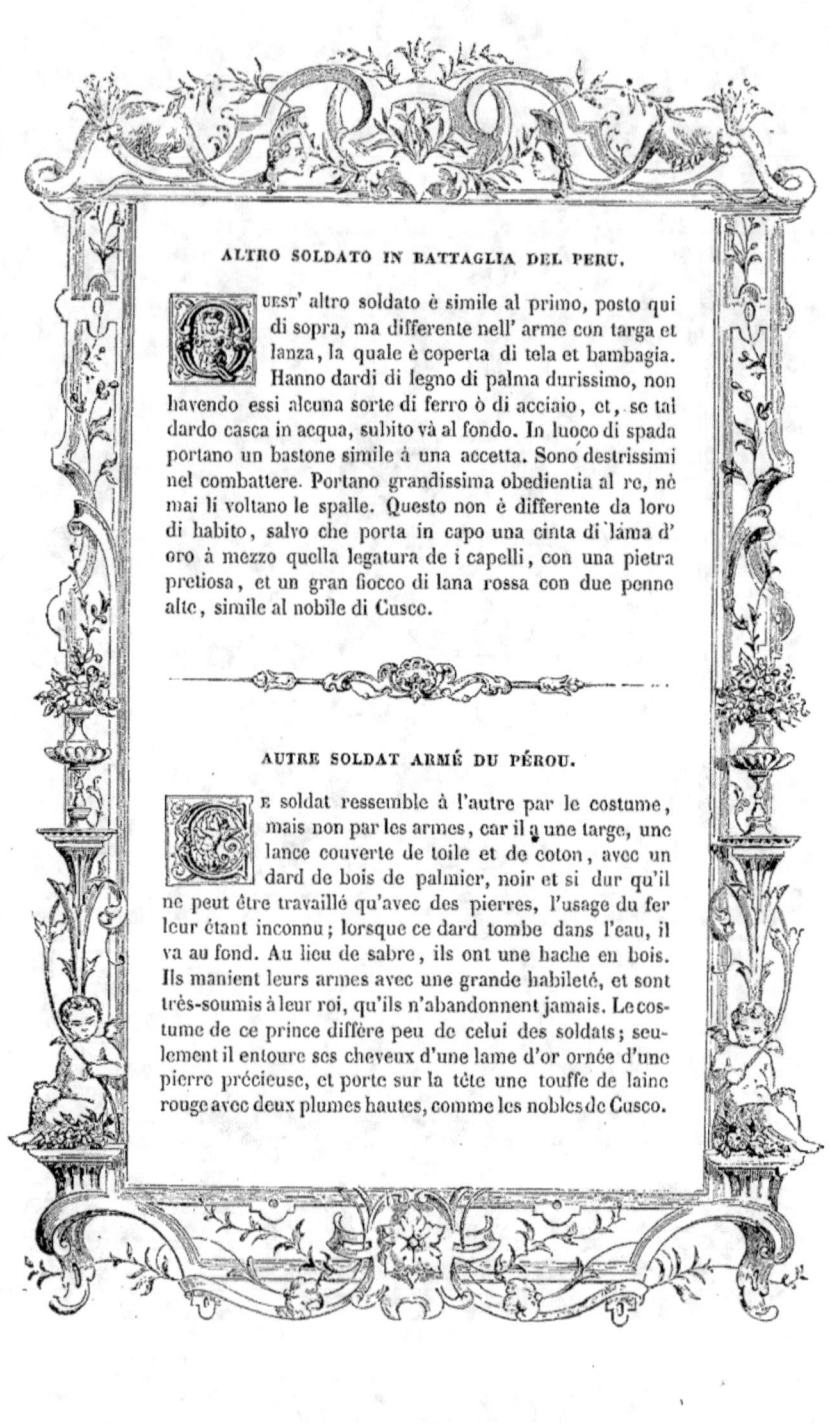

## ALTRO SOLDATO IN BATTAGLIA DEL PERU.

Quest' altro soldato è simile al primo, posto qui di sopra, ma differente nell' arme con targa et lanza, la quale è coperta di tela et bambagia. Hanno dardi di legno di palma durissimo, non havendo essi alcuna sorte di ferro ò di acciaio, et, se tal dardo casca in acqua, subito và al fondo. In luoco di spada portano un bastone simile à una accetta. Sono destrissimi nel combattere. Portano grandissima obedientia al re, nè mai li voltano le spalle. Questo non è differente da loro di habito, salvo che porta in capo una cinta di láma d' oro à mezzo quella legatura de i capelli, con una pietra pretiosa, et un gran fiocco di lana rossa con due penne alte, simile al nobile di Cusco.

## AUTRE SOLDAT ARMÉ DU PÉROU.

Ce soldat ressemble à l'autre par le costume, mais non par les armes, car il a une targe, une lance couverte de toile et de coton, avec un dard de bois de palmier, noir et si dur qu'il ne peut être travaillé qu'avec des pierres, l'usage du fer leur étant inconnu; lorsque ce dard tombe dans l'eau, il va au fond. Au lieu de sabre, ils ont une hache en bois. Ils manient leurs armes avec une grande habileté, et sont très-soumis à leur roi, qu'ils n'abandonnent jamais. Le costume de ce prince diffère peu de celui des soldats; seulement il entoure ses cheveux d'une lame d'or ornée d'une pierre précieuse, et porte sur la tête une touffe de laine rouge avec deux plumes hautes, comme les nobles de Cusco.

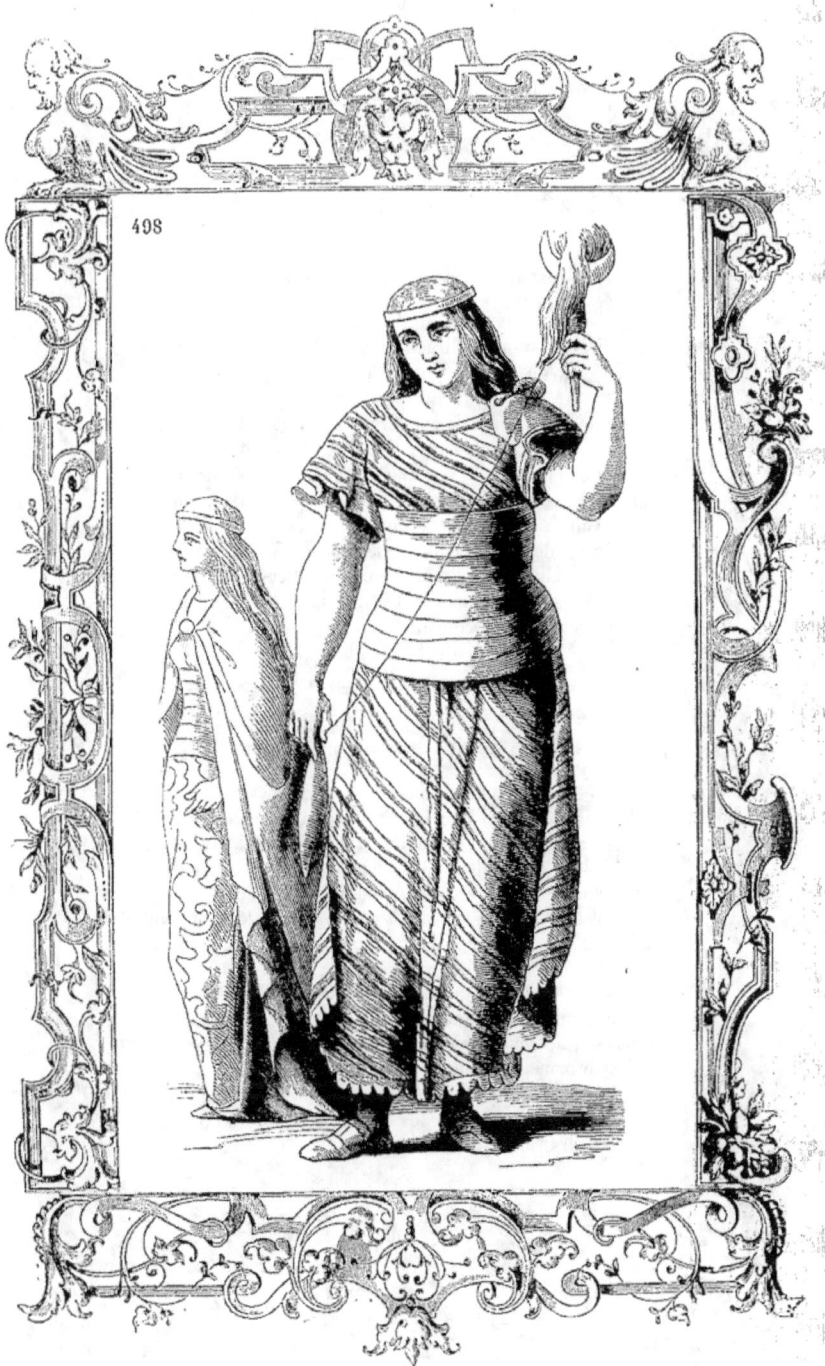

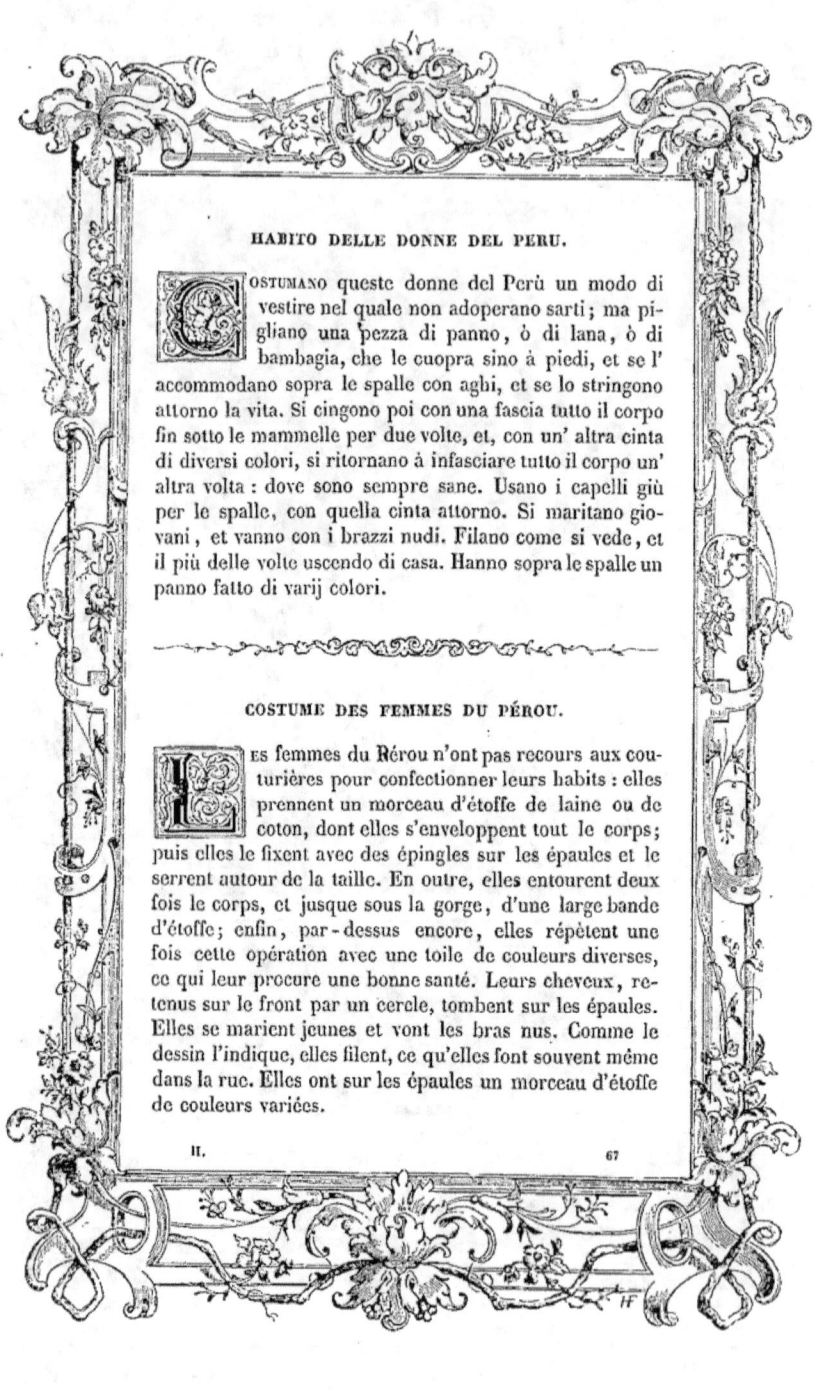

### HABITO DELLE DONNE DEL PERU.

Ostumano queste donne del Perù un modo di vestire nel quale non adoperano sarti; ma pígliano una pezza di panno, ò di lana, ò di bambagia, che le cuopra sino à piedi, et se l'accommodano sopra le spalle con aghi, et se lo stringono attorno la vita. Si cingono poi con una fascia tutto il corpo fin sotto le mammelle per due volte, et, con un' altra cinta di diversi colori, si ritornano à infasciare tutto il corpo un' altra volta : dove sono sempre sane. Usano i capelli giù per le spalle, con quella cinta attorno. Si maritano giovani, et vanno con i brazzi nudi. Filano come si vede, et il più delle volte uscendo di casa. Hanno sopra le spalle un panno fatto di varij colori.

### COSTUME DES FEMMES DU PÉROU.

Es femmes du Rérou n'ont pas recours aux couturières pour confectionner leurs habits : elles prennent un morceau d'étoffe de laine ou de coton, dont elles s'enveloppent tout le corps; puis elles le fixent avec des épingles sur les épaules et le serrent autour de la taille. En outre, elles entourent deux fois le corps, et jusque sous la gorge, d'une large bande d'étoffe; enfin, par-dessus encore, elles répètent une fois cette opération avec une toile de couleurs diverses, ce qui leur procure une bonne santé. Leurs cheveux, retenus sur le front par un cercle, tombent sur les épaules. Elles se marient jeunes et vont les bras nus. Comme le dessin l'indique, elles filent, ce qu'elles font souvent même dans la rue. Elles ont sur les épaules un morceau d'étoffe de couleurs variées.

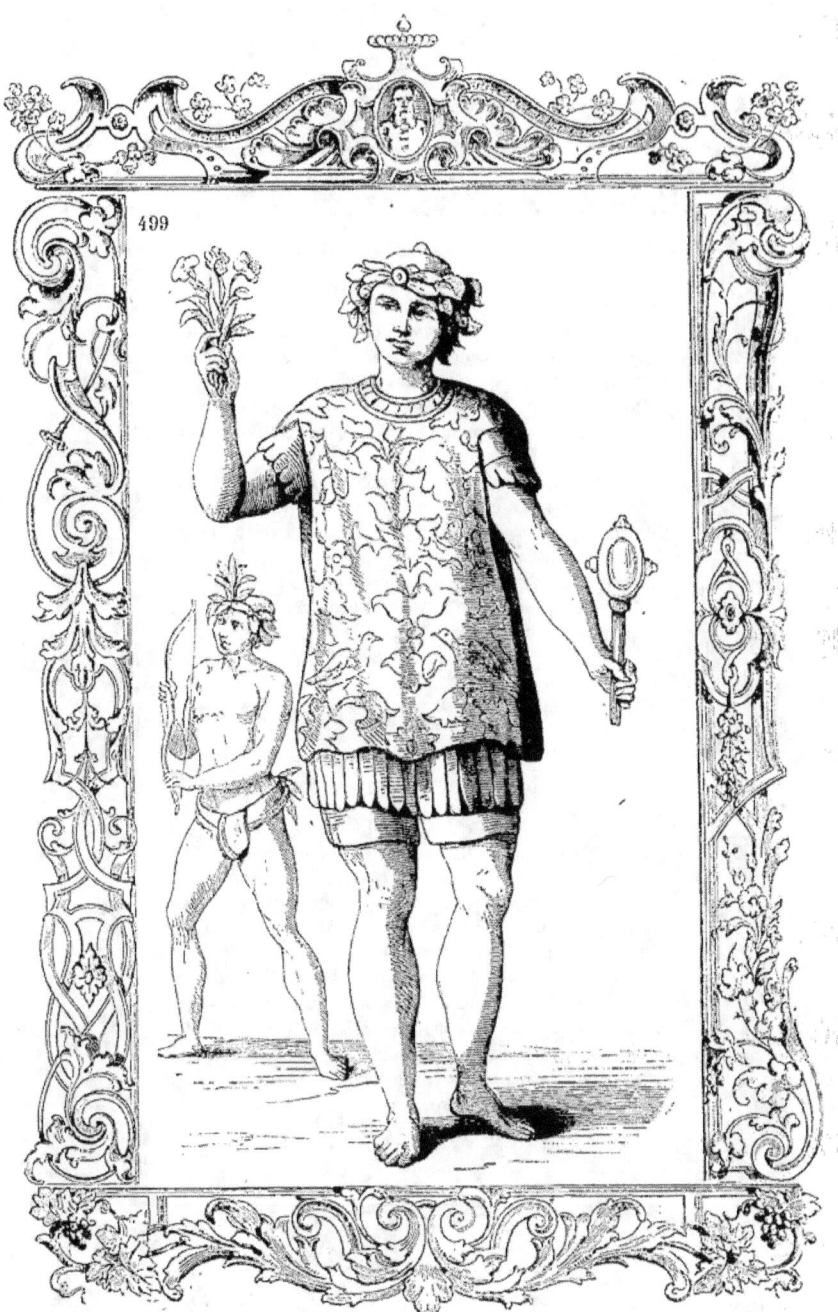

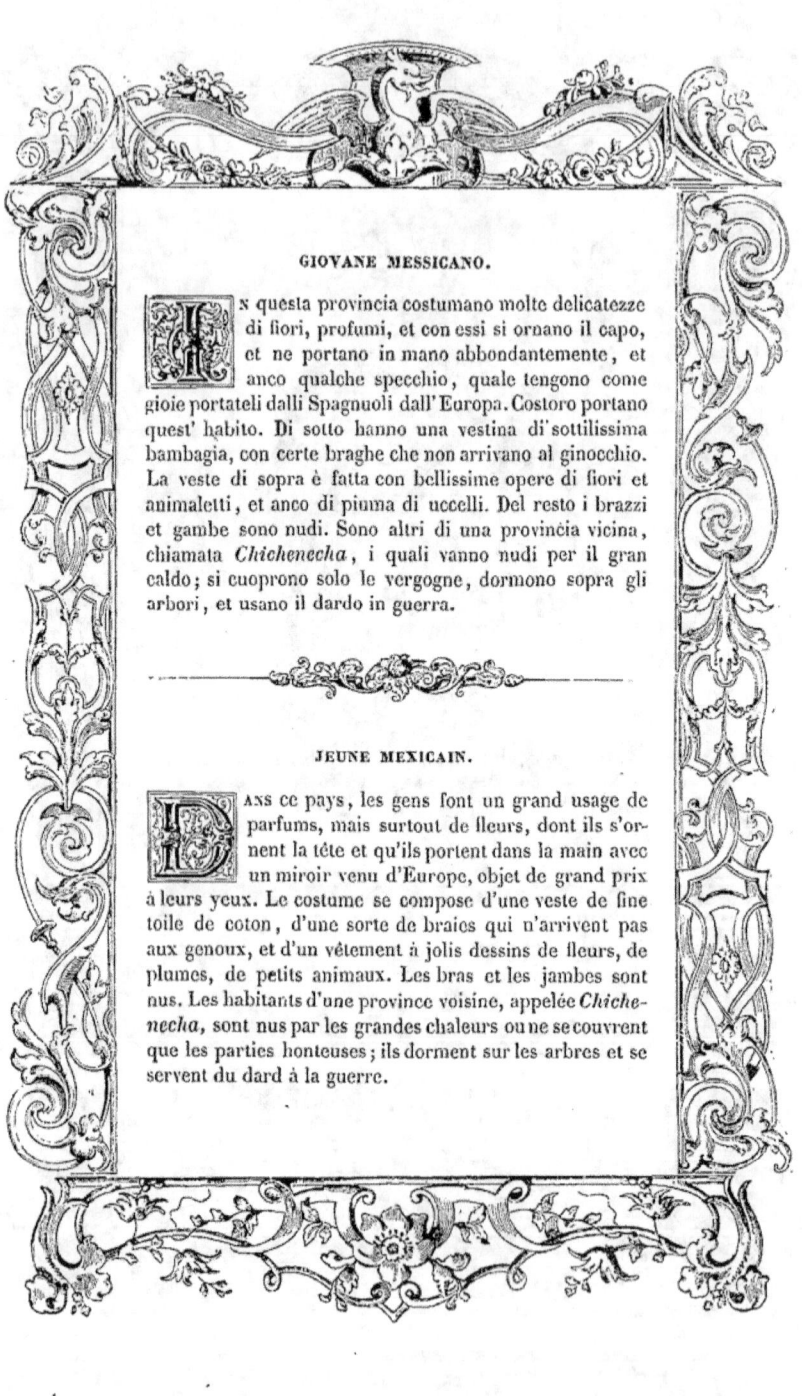

### GIOVANE MESSICANO.

IN questa provincia costumano molte delicatezze di fiori, profumi, et con essi si ornano il capo, et ne portano in mano abbondantemente, et anco qualche specchio, quale tengono come gioie portateli dalli Spagnuoli dall'Europa. Costoro portano quest'habito. Di sotto hanno una vestina di sottilissima bambagia, con certe braghe che non arrivano al ginocchio. La veste di sopra è fatta con bellissime opere di fiori et animaletti, et anco di piuma di uccelli. Del resto i brazzi et gambe sono nudi. Sono altri di una provincia vicina, chiamata *Chichenecha*, i quali vanno nudi per il gran caldo; si cuoprono solo le vergogne, dormono sopra gli arbori, et usano il dardo in guerra.

### JEUNE MEXICAIN.

DANS ce pays, les gens font un grand usage de parfums, mais surtout de fleurs, dont ils s'ornent la téte et qu'ils portent dans la main avec un miroir venu d'Europe, objet de grand prix à leurs yeux. Le costume se compose d'une veste de fine toile de coton, d'une sorte de braies qui n'arrivent pas aux genoux, et d'un vétement à jolis dessins de fleurs, de plumes, de petits animaux. Les bras et les jambes sont nus. Les habitants d'une province voisine, appelée *Chichenecha*, sont nus par les grandes chaleurs ou ne se couvrent que les parties honteuses; ils dorment sur les arbres et se servent du dard à la guerre.

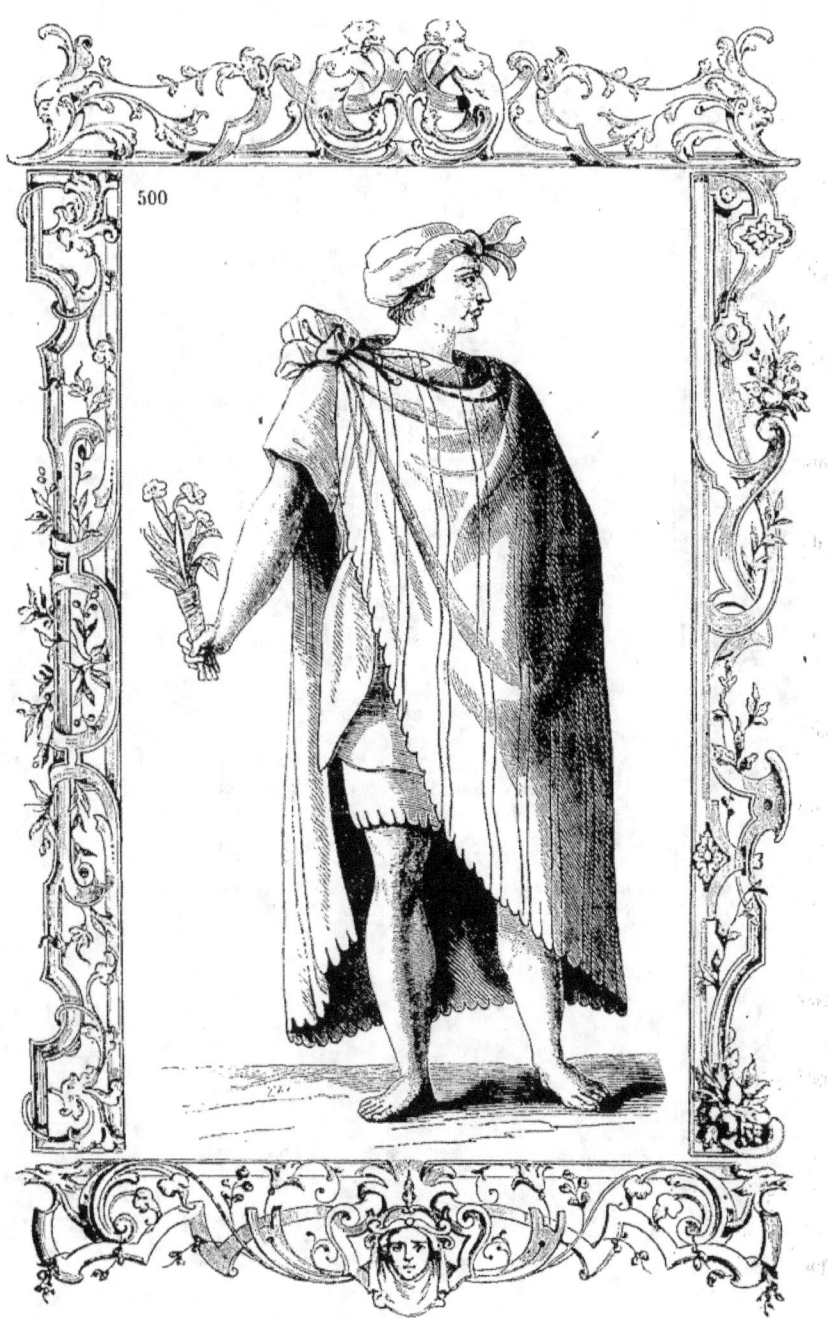

500

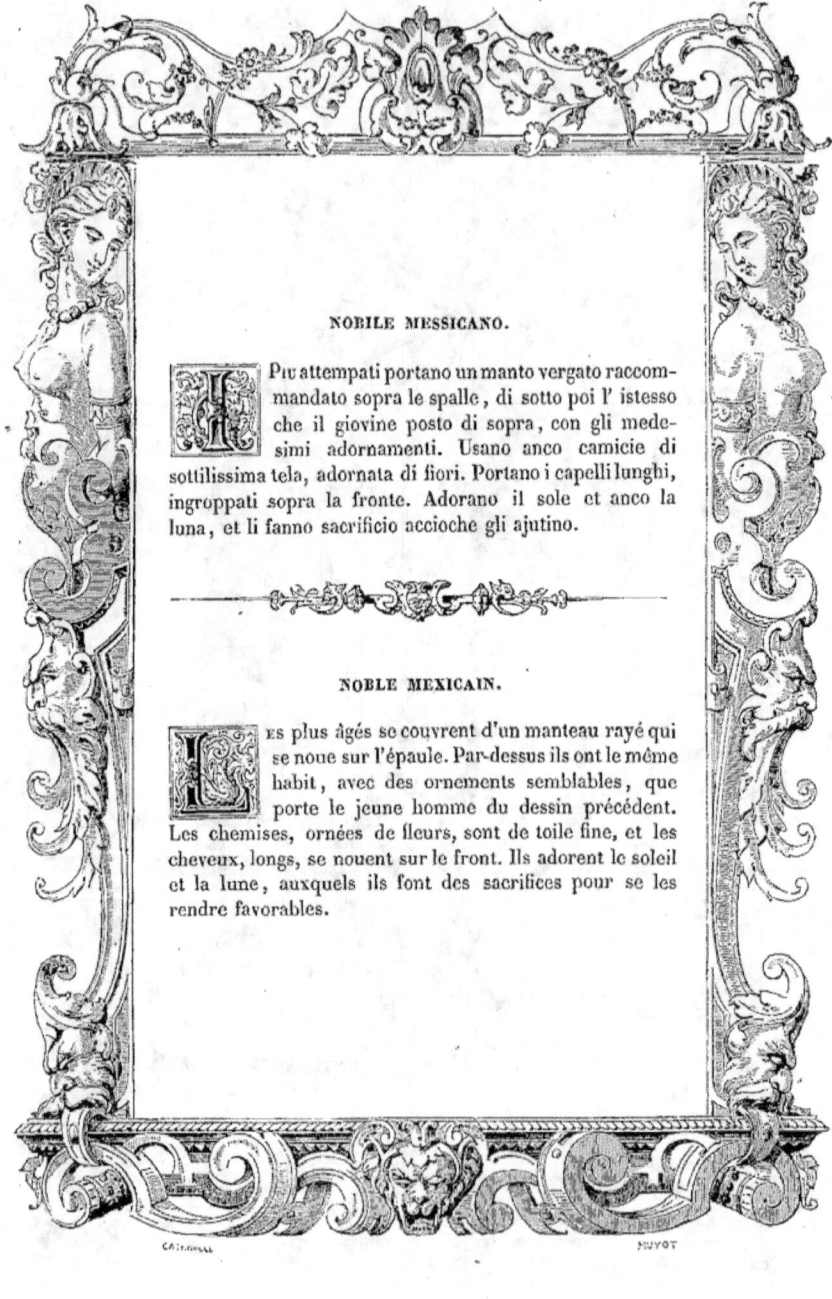

### NOBILE MESSICANO.

P<small>IU</small> attempati portano un manto vergato raccom-
mandato sopra le spalle , di sotto poi l' istesso
che il giovine posto di sopra, con gli medesimi adornamenti. Usano anco camicie di
sottilissima tela, adornata di fiori. Portano i capelli lunghi,
ingroppati sopra la fronte. Adorano il sole et anco la
luna, et li fanno sacrificio accioche gli ajutino.

### NOBLE MEXICAIN.

L<small>ES</small> plus âgés se couvrent d'un manteau rayé qui
se noue sur l'épaule. Par-dessus ils ont le même
habit, avec des ornements semblables, que
porte le jeune homme du dessin précédent.
Les chemises, ornées de fleurs, sont de toile fine, et les
cheveux, longs, se nouent sur le front. Ils adorent le soleil
et la lune, auxquels ils font des sacrifices pour se les
rendre favorables.

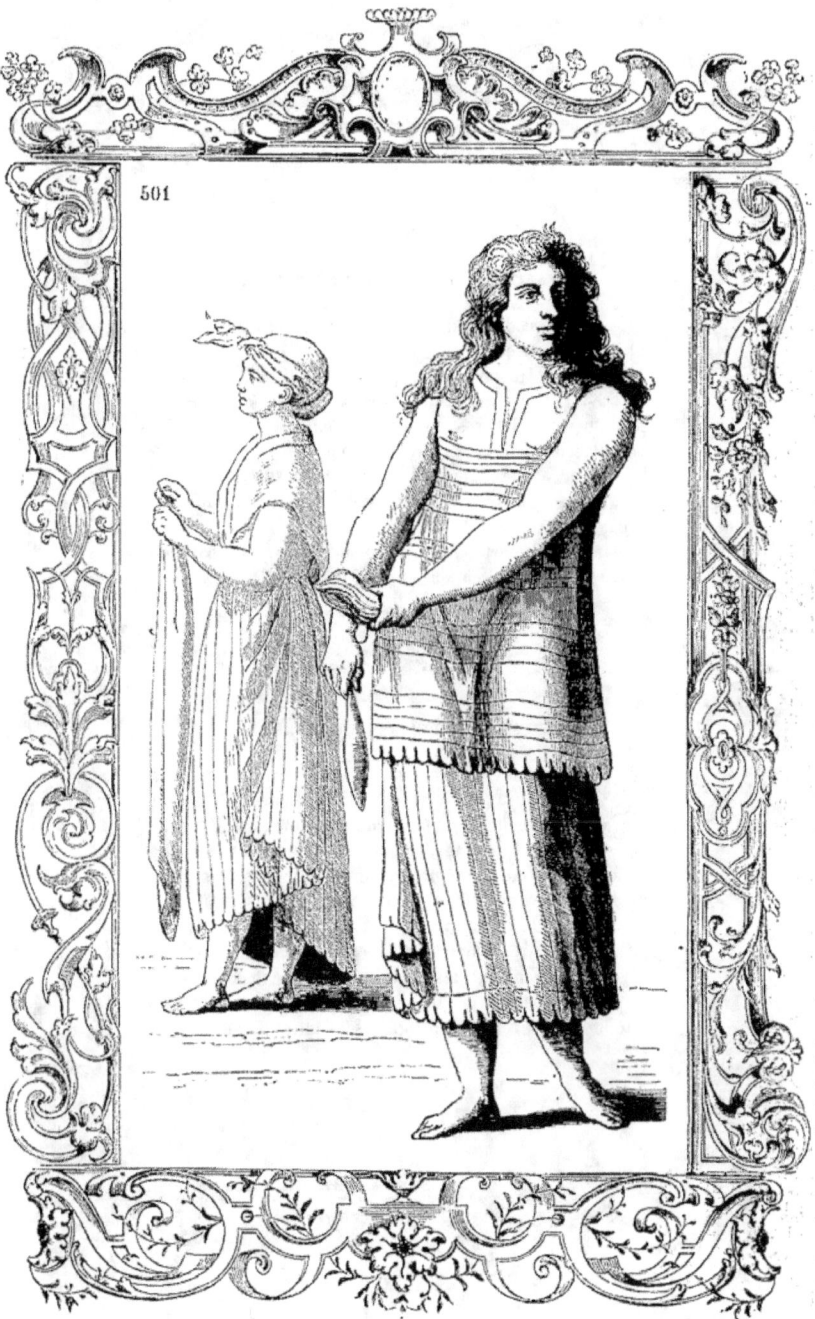

### HABITI DELLE DONNE DI MESSICO.

Queste donne di Messico, et anco della provincia di Nicaqua, usano questo modo di vestire. Le loro vesti sono, la maggior parte, di lana, ò di bambage vergato di diversi colori simili di un lenzuolo, et se lo crespano sopra i fianchi, et poi si cingono, lasciando un' apertura et congiontione sopra i fianchi, che arriva à mezza gamba, una con vestina aperta nei lati di diversi colori. Nel resto del corpo vanno nude con gli capelli giù per spalla. Filano, come qui si vede. Sono certe altre che portano un panno sopra le spalle, candido di tela, et altre merci; et ora ubbidiscono alla Chiesa.

### COSTUME DES FEMMES DU MEXIQUE.

Ce costume est commun aux femmes de Mexico et de la province de Nicaqua. Leurs habits sont en général de laine ou de coton rayé de couleurs diverses, avec une ceinture et des plis sur les côtés. Une ouverture, pratiquée sur les flancs, mais attachée, arrive jusqu'à mi-jambe; par-dessus est un petit vêtement de couleurs variées, et qui s'ouvre sur les côtés. Les autres parties du corps restent nues, et les cheveux tombent sur les épaules. Elles filent, comme on le voit ici. D'autres portent sur les épaules un morceau de toile blanche. A présent, elles sont chrétiennes.

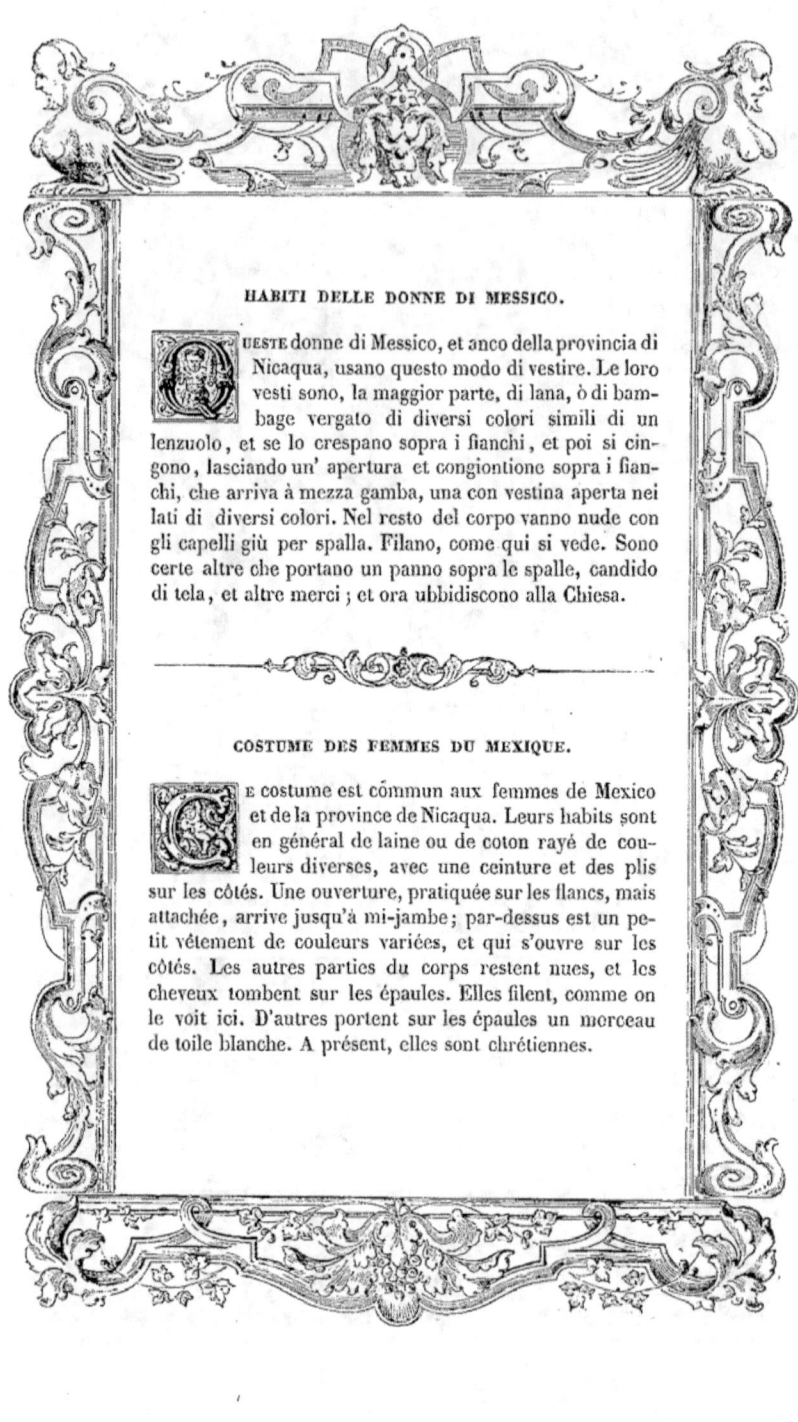

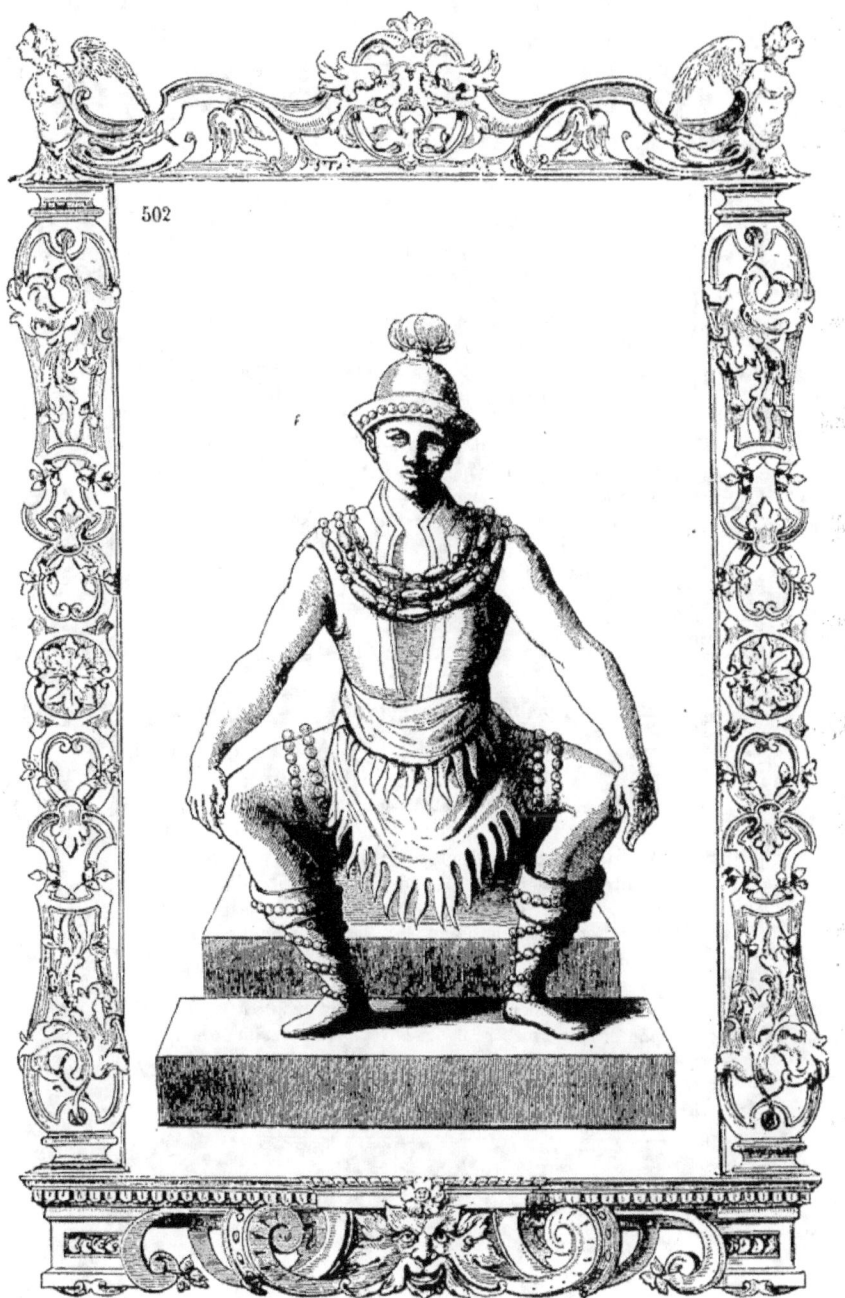

502

## DESCRITTIONE DELL' ISOLA VIRGINIA ET DEL SUO IDOLO.

NELLA parte dell' America, del 1587, fu scoperta quest' isola Virginia, la quale, per la diversità delli habiti et costumi, mi è parso di metterla in questo libro. Questi popoli adunque hanno infiniti Dei, ma uno sopra tutti che tengono capo et rettore di tutte le cose. Credono l' immortalità dell' anima, et che dopò morte siino i buoni premiati, et i cattivi puniti. La immagine dell' idolo è, come nel ritratto si vede, ornata di catene di rame, et ha la faccia che par di carne. Usano li habitatori, quando sono morti i loro prencipi, cavarli le interiora, et portarli al sole, et seccarli; l' involgono poi in certe stuore, et li mettono nella più alta parte de i loro tempij, custodendoli i sacerdoti.

## DESCRIPTION DE L'ILE VIRGINIE ET DE SON IDOLE.

EN 1587, on découvrit en Amérique l'île Virginie, dont j'ai cru devoir parler ici à cause de ses coutumes tout exceptionnelles. Les habitants de cette île adorent une multitude de divinités; mais ils reconnaissent un Dieu supérieur aux autres, chef et directeur de toutes les choses. Ils croient à l'immortalité de l'âme, et sont persuadés que les bons, après la mort, sont récompensés, et les méchants, punis. Le dessin représente l'idole, qui, ornée de chaînes de cuivre, a le visage couleur de chair. Les habitants, lorsque leurs princes sont morts, vident les cadavres, et les exposent au soleil pour les faire sécher; ils les enveloppent ensuite de nattes et les placent dans la partie la plus élevée de leurs temples, où les prêtres les gardent toujours.

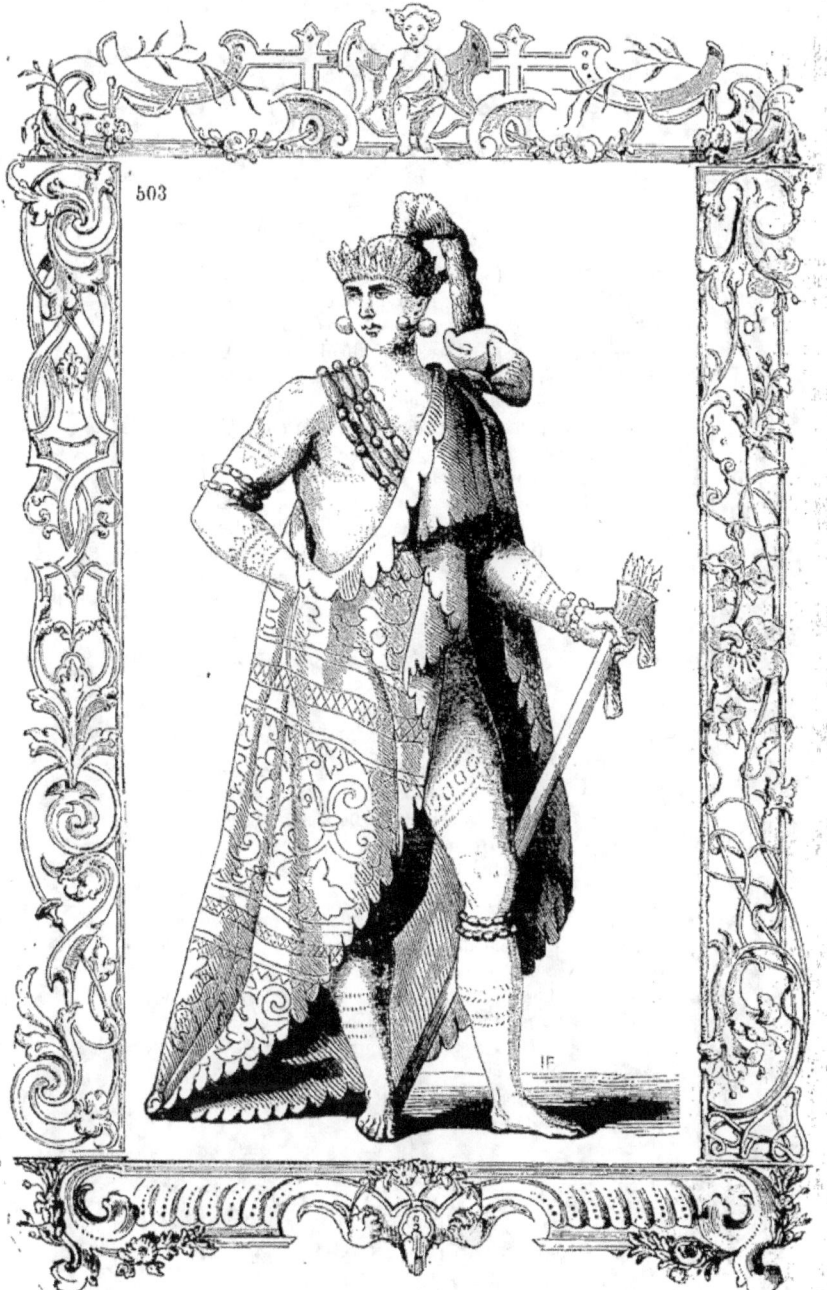

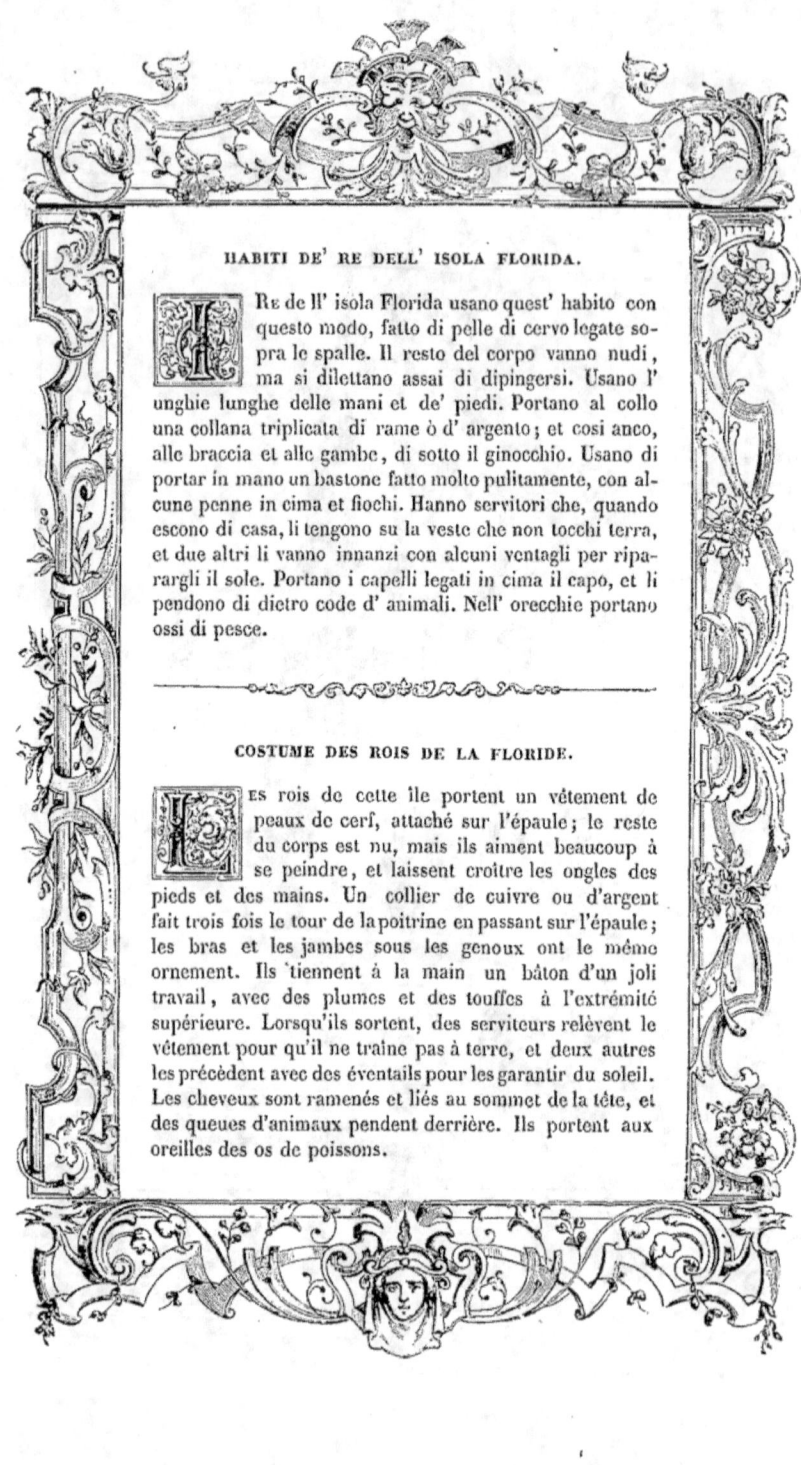

### HABITI DE' RE DELL' ISOLA FLORIDA.

RE de ll' isola Florida usano quest' habito con questo modo, fatto di pelle di cervo legate sopra le spalle. Il resto del corpo vanno nudi, ma si dilettano assai di dipingersi. Usano l' unghie lunghe delle mani et de' piedi. Portano al collo una collana triplicata di rame ò d' argento; et così anco, alle braccia et alle gambe, di sotto il ginocchio. Usano di portar in mano un bastone fatto molto pulitamente, con alcune penne in cima et fiochi. Hanno servitori che, quando escono di casa, li tengono su la veste che non tocchi terra, et due altri li vanno innanzi con alcuni ventagli per riparargli il sole. Portano i capelli legati in cima il capo, et li pendono di dietro code d' animali. Nell' orecchie portano ossi di pesce.

---

### COSTUME DES ROIS DE LA FLORIDE.

LES rois de cette île portent un vêtement de peaux de cerf, attaché sur l'épaule; le reste du corps est nu, mais ils aiment beaucoup à se peindre, et laissent croître les ongles des pieds et des mains. Un collier de cuivre ou d'argent fait trois fois le tour de la poitrine en passant sur l'épaule; les bras et les jambes sous les genoux ont le même ornement. Ils tiennent à la main un bâton d'un joli travail, avec des plumes et des touffes à l'extrémité supérieure. Lorsqu'ils sortent, des serviteurs relèvent le vêtement pour qu'il ne traîne pas à terre, et deux autres les précèdent avec des éventails pour les garantir du soleil. Les cheveux sont ramenés et liés au sommet de la tête, et des queues d'animaux pendent derrière. Ils portent aux oreilles des os de poissons.

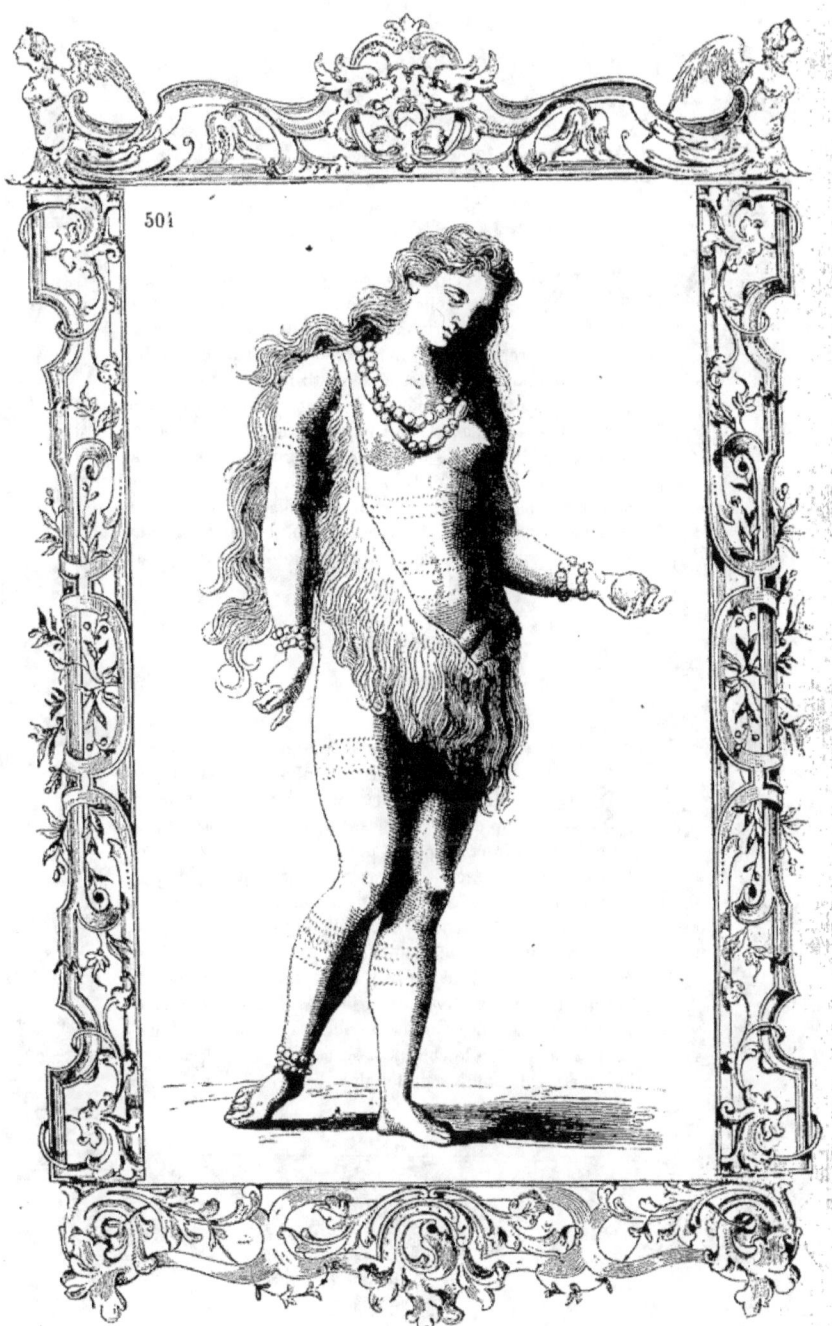

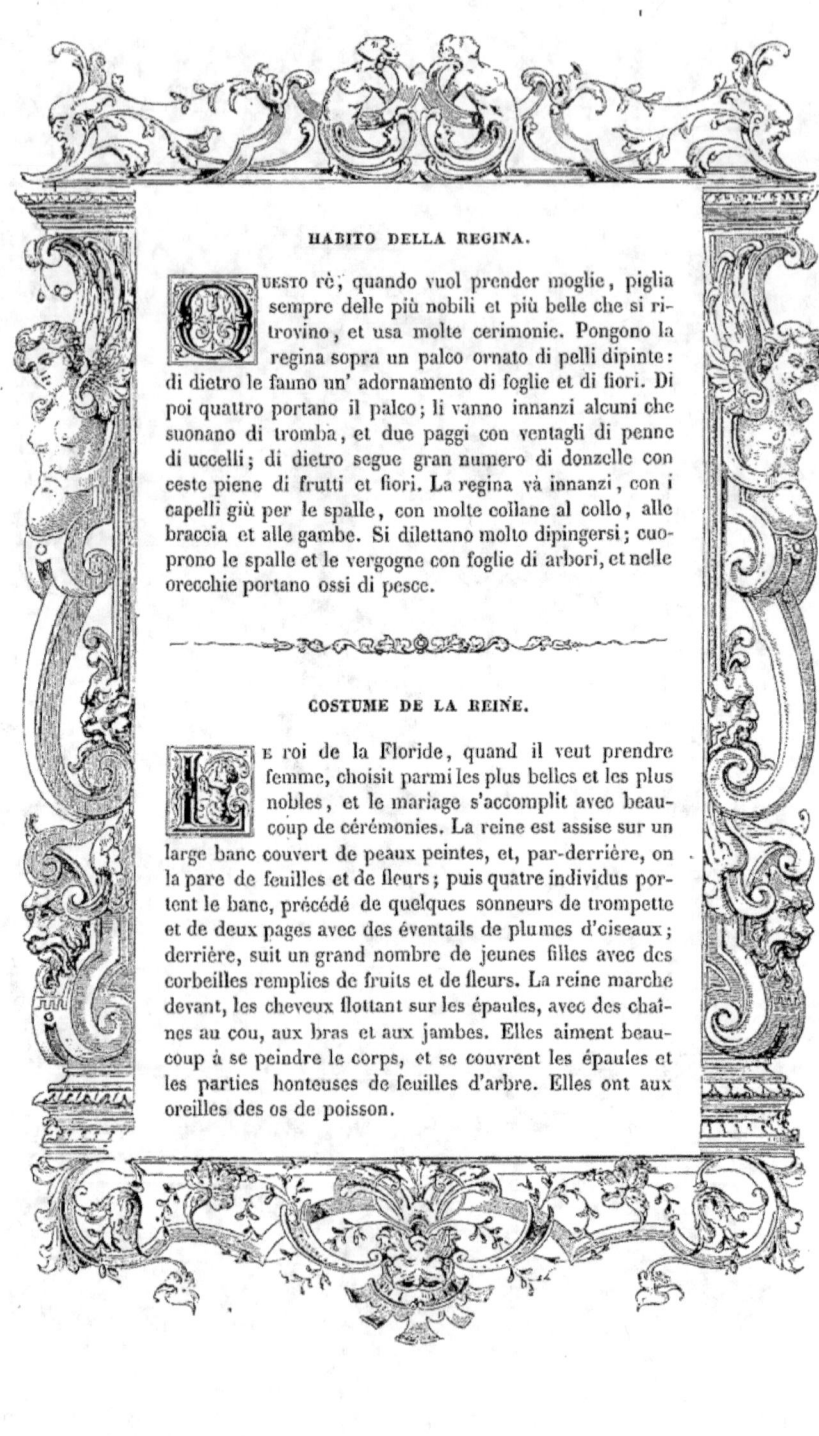

### HABITO DELLA REGINA.

Questo rè, quando vuol prender moglie, piglia sempre delle più nobili et più belle che si ritrovino, et usa molte cerimonie. Pongono la regina sopra un palco ornato di pelli dipinte: di dietro le fanno un' adornamento di foglie et di fiori. Di poi quattro portano il palco; li vanno innanzi alcuni che suonano di tromba, et due paggi con ventagli di penne di uccelli; di dietro segue gran numero di donzelle con ceste piene di frutti et fiori. La regina và innanzi, con i capelli giù per le spalle, con molte collane al collo, alle braccia et alle gambe. Si dilettano molto dipingersi; cuoprono le spalle et le vergogne con foglie di arbori, et nelle orecchie portano ossi di pesce.

### COSTUME DE LA REINE.

Le roi de la Floride, quand il veut prendre femme, choisit parmi les plus belles et les plus nobles, et le mariage s'accomplit avec beaucoup de cérémonies. La reine est assise sur un large banc couvert de peaux peintes, et, par-derrière, on la pare de feuilles et de fleurs; puis quatre individus portent le banc, précédé de quelques sonneurs de trompette et de deux pages avec des éventails de plumes d'oiseaux; derrière, suit un grand nombre de jeunes filles avec des corbeilles remplies de fruits et de fleurs. La reine marche devant, les cheveux flottant sur les épaules, avec des chaînes au cou, aux bras et aux jambes. Elles aiment beaucoup à se peindre le corps, et se couvrent les épaules et les parties honteuses de feuilles d'arbre. Elles ont aux oreilles des os de poisson.

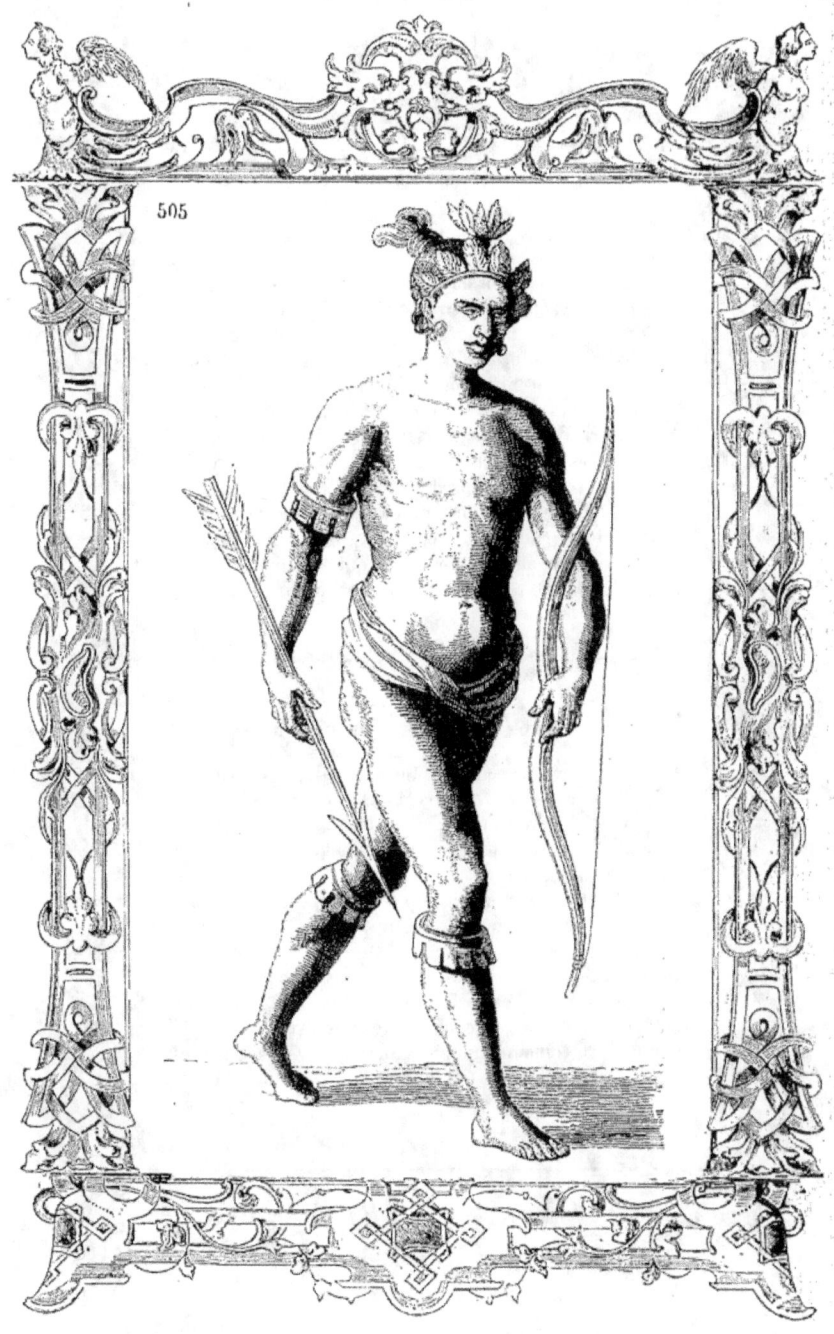

505

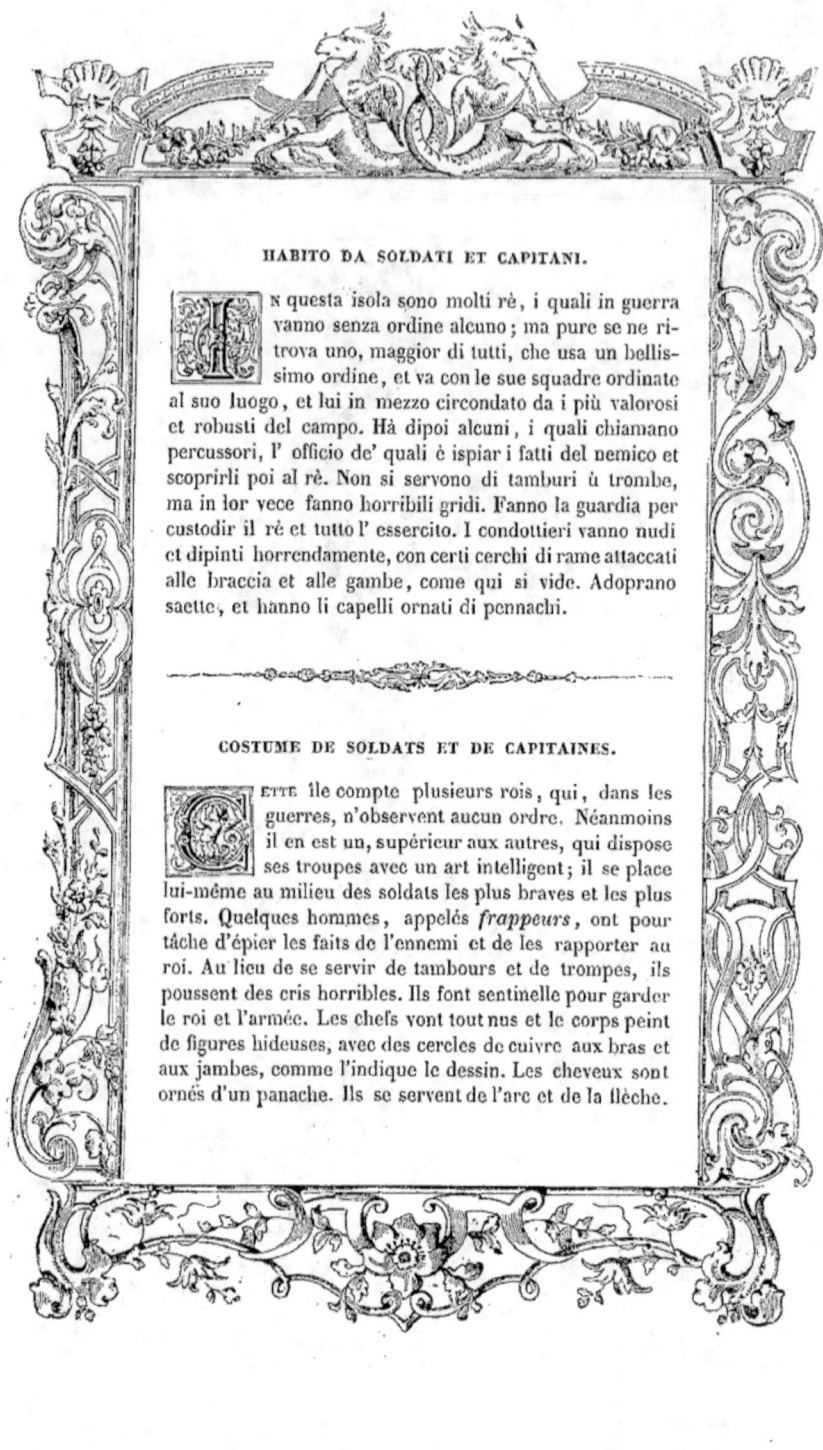

### HABITO DA SOLDATI ET CAPITANI.

I N questa isola sono molti rè, i quali in guerra vanno senza ordine alcuno; ma pure se ne ritrova uno, maggior di tutti, che usa un bellissimo ordine, et va con le sue squadre ordinate al suo luogo, et lui in mezzo circondato da i più valorosi et robusti del campo. Hà dipoi alcuni, i quali chiamano percussori, l' officio de' quali è ispiar i fatti del nemico et scoprirli poi al rè. Non si servono di tamburi ù trombe, ma in lor vece fanno horribili gridi. Fanno la guardia per custodir il rè et tutto l' essercito. I condottieri vanno nudi et dipinti horrendamente, con certi cerchi di rame attaccati alle braccia et alle gambe, come qui si vide. Adoprano saette, et hanno li capelli ornati di pennachi.

### COSTUME DE SOLDATS ET DE CAPITAINES.

C ETTE île compte plusieurs rois, qui, dans les guerres, n'observent aucun ordre. Néanmoins il en est un, supérieur aux autres, qui dispose ses troupes avec un art intelligent; il se place lui-même au milieu des soldats les plus braves et les plus forts. Quelques hommes, appelés *frappeurs*, ont pour tâche d'épier les faits de l'ennemi et de les rapporter au roi. Au lieu de se servir de tambours et de trompes, ils poussent des cris horribles. Ils font sentinelle pour garder le roi et l'armée. Les chefs vont tout nus et le corps peint de figures hideuses, avec des cercles de cuivre aux bras et aux jambes, comme l'indique le dessin. Les cheveux sont ornés d'un panache. Ils se servent de l'arc et de la flèche.

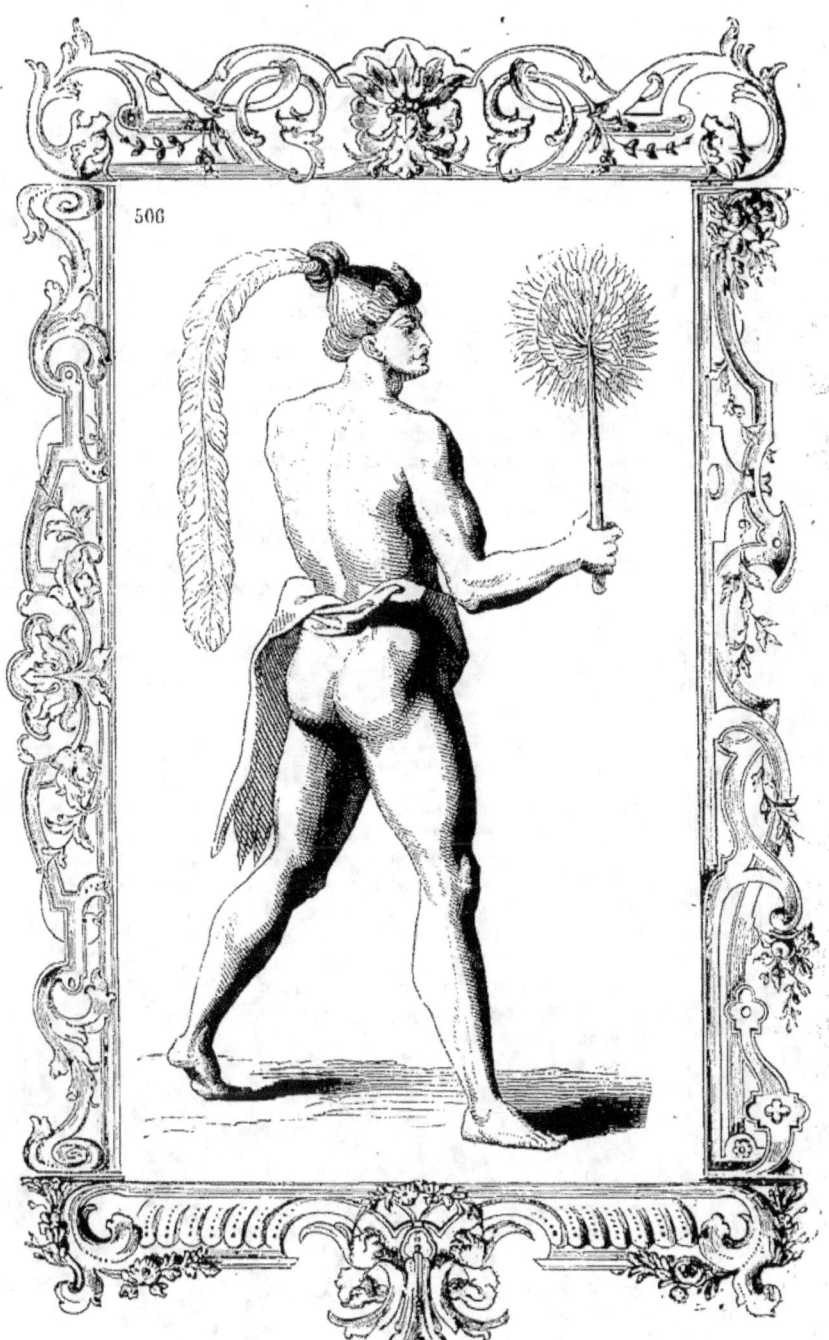

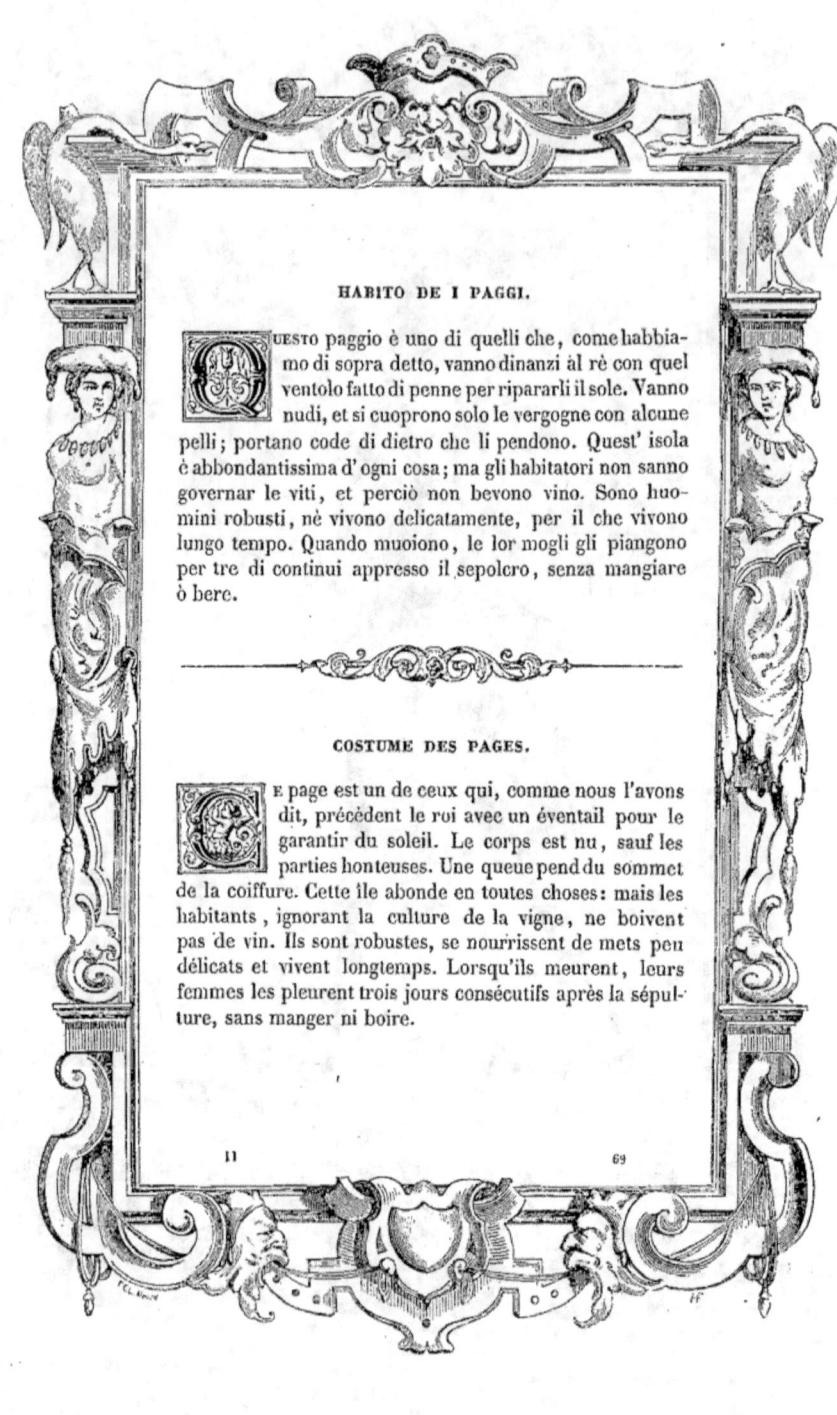

### HABITO DE I PAGGI.

Questo paggio è uno di quelli che, come habbiamo di sopra detto, vanno dinanzi àl rè con quel ventolo fatto di penne per ripararli il sole. Vanno nudi, et si cuoprono solo le vergogne con alcune pelli; portano code di dietro che li pendono. Quest' isola è abbondantissima d'ogni cosa; ma gli habitatori non sanno governar le viti, et perciò non bevono vino. Sono huomini robusti, nè vivono delicatamente, per il che vivono lungo tempo. Quando muoiono, le lor mogli gli piangono per tre di continui appresso il sepolcro, senza mangiare ò bere.

### COSTUME DES PAGES.

Le page est un de ceux qui, comme nous l'avons dit, précèdent le roi avec un éventail pour le garantir du soleil. Le corps est nu, sauf les parties honteuses. Une queue pend du sommet de la coiffure. Cette île abonde en toutes choses: mais les habitants, ignorant la culture de la vigne, ne boivent pas de vin. Ils sont robustes, se nourrissent de mets peu délicats et vivent longtemps. Lorsqu'ils meurent, leurs femmes les pleurent trois jours consécutifs après la sépulture, sans manger ni boire.

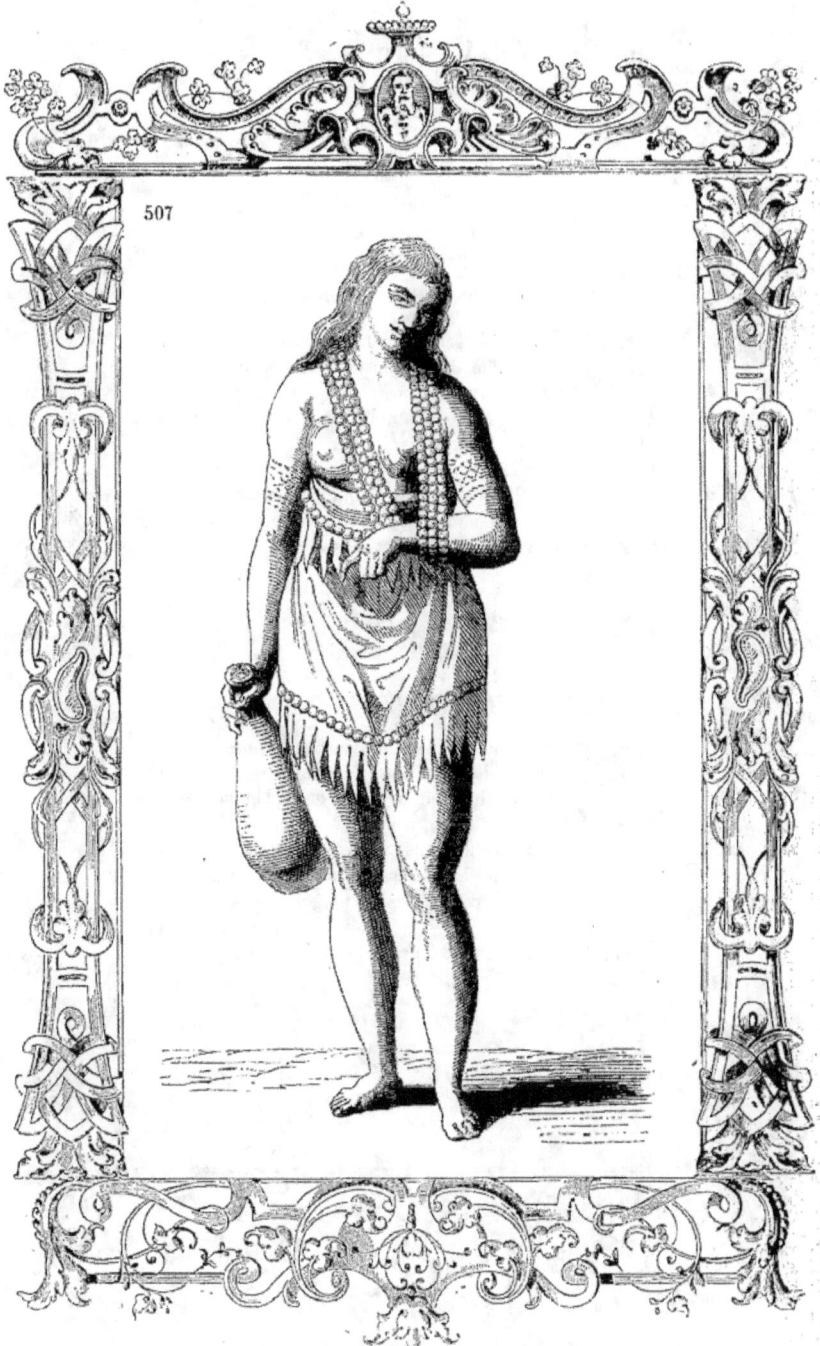

507

### HABITO DELLE MATRONE ET DONZELLE.

Quest' habito serve per le matrone, et anco per le donzelle. Ben è vero che le donzelle usano portar le braccia pogiate al petto per scondersi le mammelle; ma nel resto non v' è punto di differenza. Portano li capelli giù per le spalle; si cuoprono con pelle le parti vergognose; portano al collo alcune catenelle di rame, et si dipingono maravigliosamente. Hanno poi alcuni vasi ne i quali portano acqua, et si dilettano assai di cacciare et di pescare.

### COSTUME DES MATRONES ET DES JEUNES FILLES.

Ce costume est commun aux matrones et aux jeunes filles; celles-ci, néanmoins, appuient les bras sur la poitrine afin de cacher la gorge. Quant au reste, il n'existe aucune différence. Les cheveux tombent flottants sur les épaules. Les parties honteuses sont couvertes de peaux, et de petites chaînes de cuivre ornent le cou. Elles se peignent avec un art merveilleux, tiennent à la main un vase dans lequel elles portent de l'eau, et font leurs délices de la chasse et de la pêche.

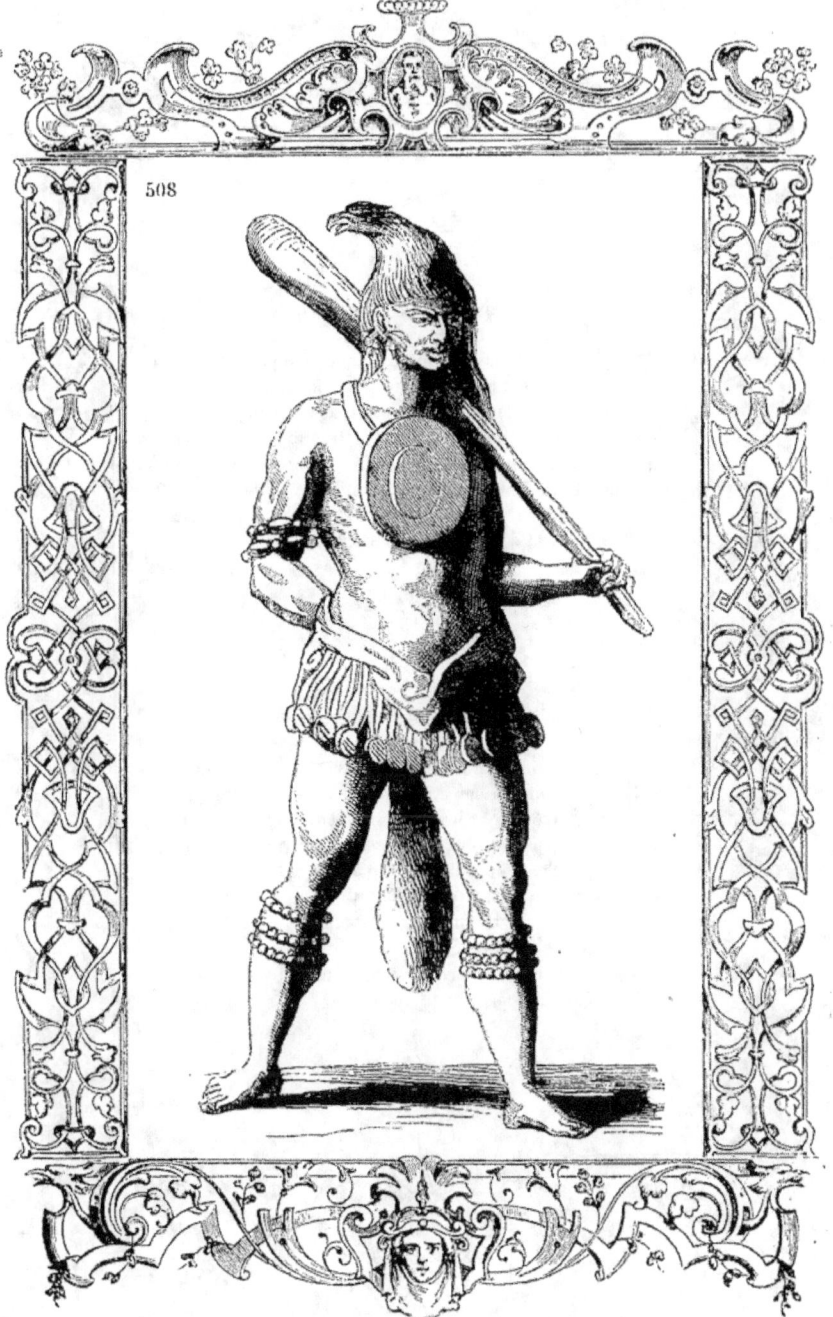
508

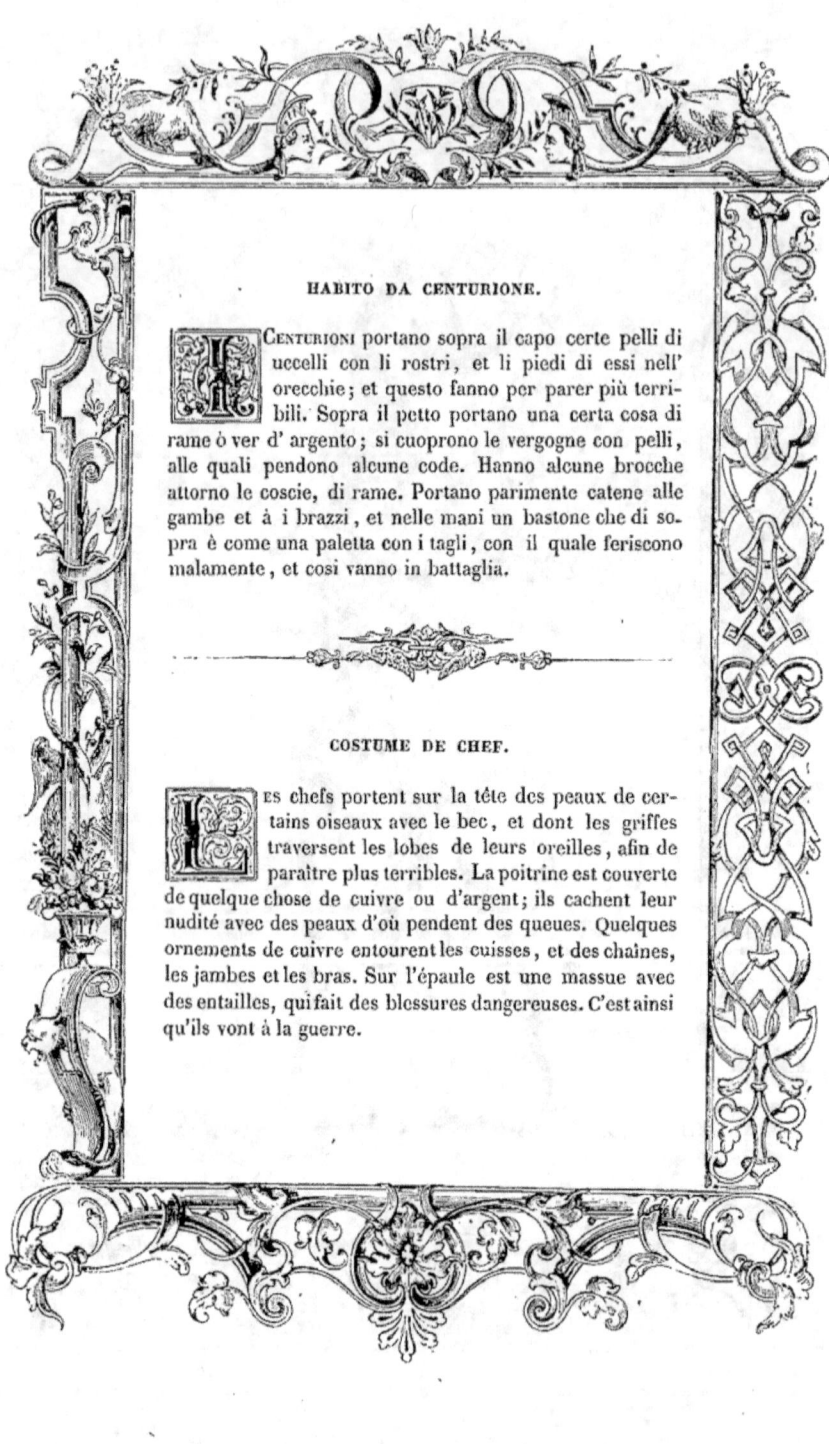

### HABITO DA CENTURIONE.

Centurioni portano sopra il capo certe pelli di uccelli con li rostri, et li piedi di essi nell' orecchie; et questo fanno per parer più terribili. Sopra il petto portano una certa cosa di rame ò ver d' argento; si cuoprono le vergogne con pelli, alle quali pendono alcune code. Hanno alcune brocche attorno le coscie, di rame. Portano parimente catene alle gambe et à i brazzi, et nelle mani un bastone che di sopra è come una paletta con i tagli, con il quale feriscono malamente, et così vanno in battaglia.

### COSTUME DE CHEF.

Les chefs portent sur la tête des peaux de certains oiseaux avec le bec, et dont les griffes traversent les lobes de leurs oreilles, afin de paraître plus terribles. La poitrine est couverte de quelque chose de cuivre ou d'argent; ils cachent leur nudité avec des peaux d'où pendent des queues. Quelques ornements de cuivre entourent les cuisses, et des chaînes, les jambes et les bras. Sur l'épaule est une massue avec des entailles, qui fait des blessures dangereuses. C'est ainsi qu'ils vont à la guerre.

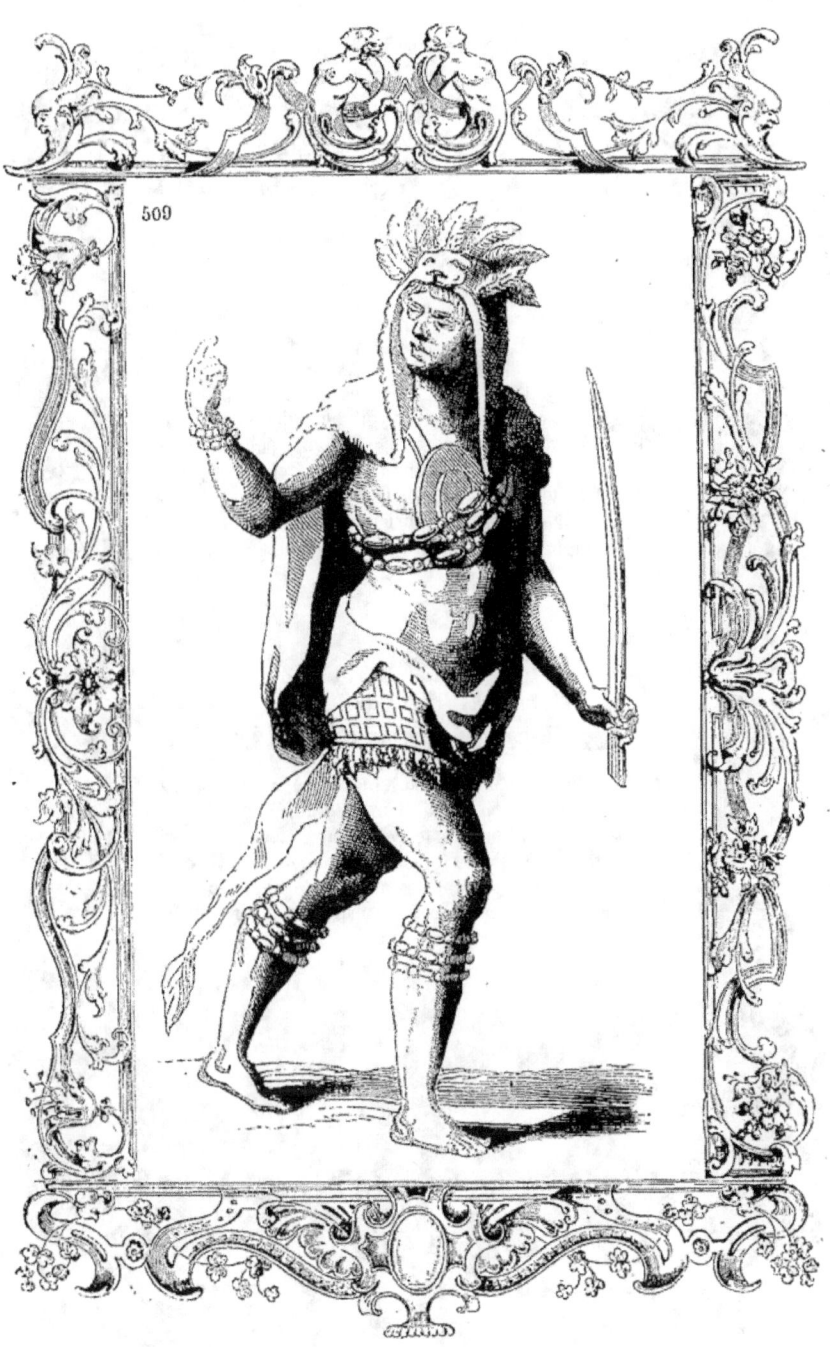
509

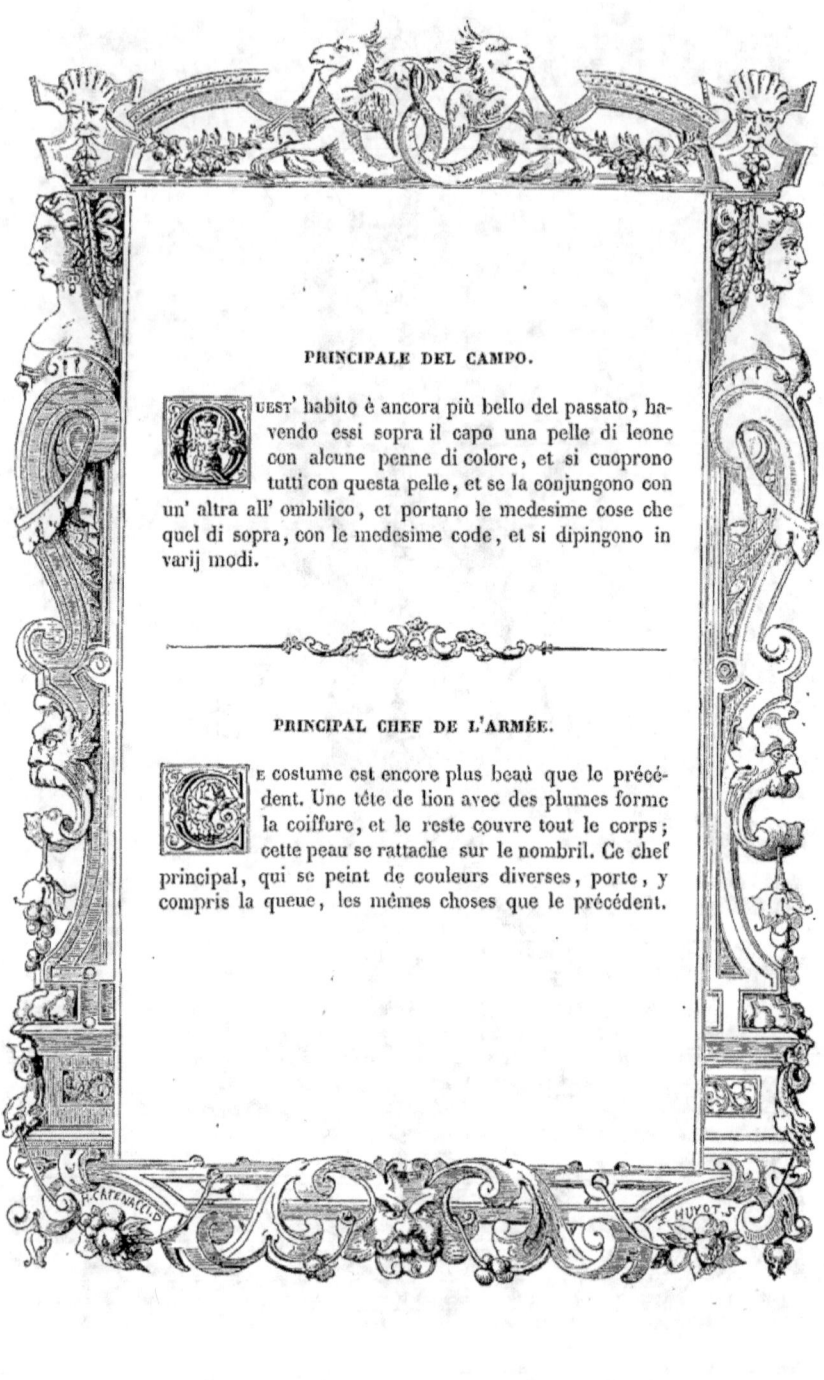

### PRINCIPALE DEL CAMPO.

Q uest' habito è ancora più bello del passato, havendo essi sopra il capo una pelle di leone con alcune penne di colore, et si cuoprono tutti con questa pelle, et se la conjungono con un' altra all' ombilico, et portano le medesime cose che quel di sopra, con le medesime code, et si dipingono in varij modi.

### PRINCIPAL CHEF DE L'ARMÉE.

C e costume est encore plus beaù que le précédent. Une tête de lion avec des plumes forme la coiffure, et le reste couvre tout le corps; cette peau se rattache sur le nombril. Ce chef principal, qui se peint de couleurs diverses, porte, y compris la queue, les mêmes choses que le précédent.

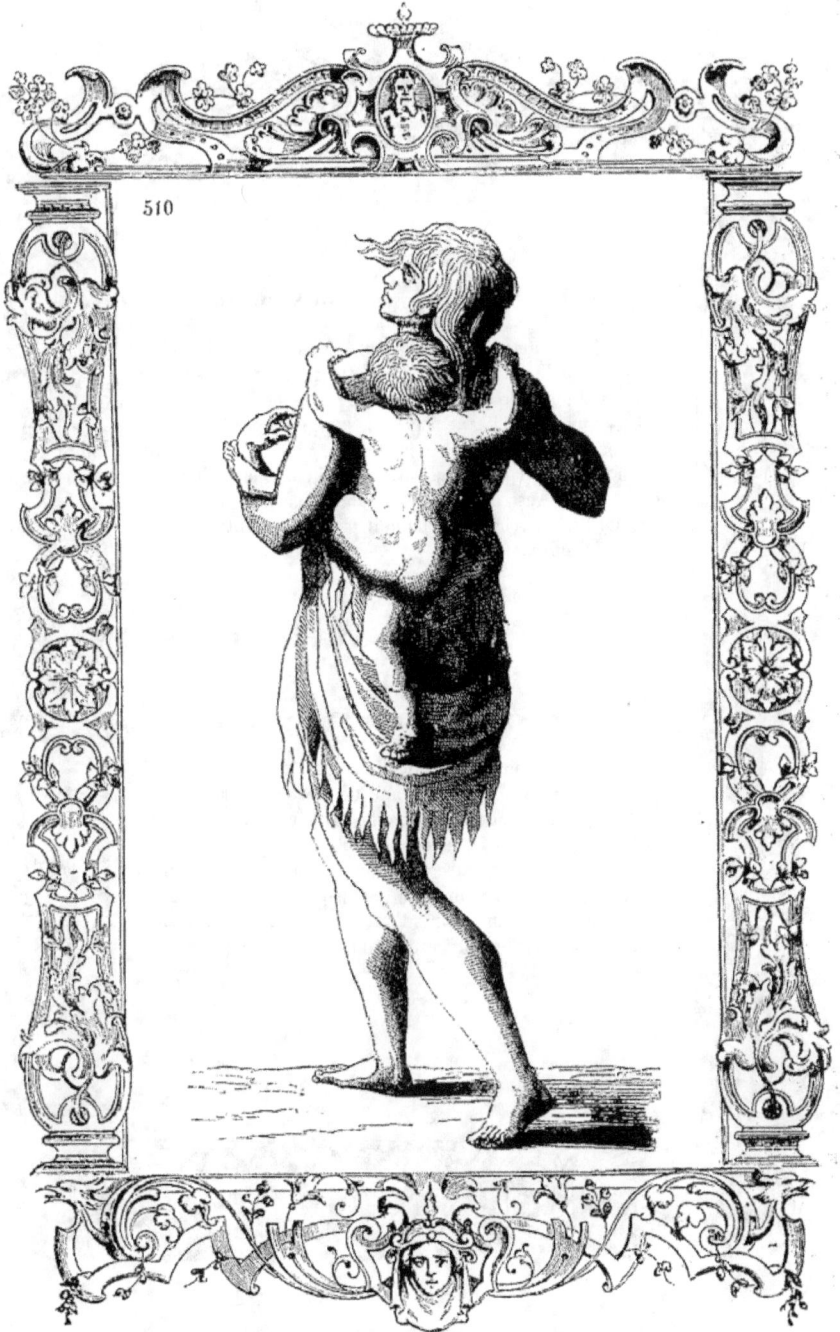

510

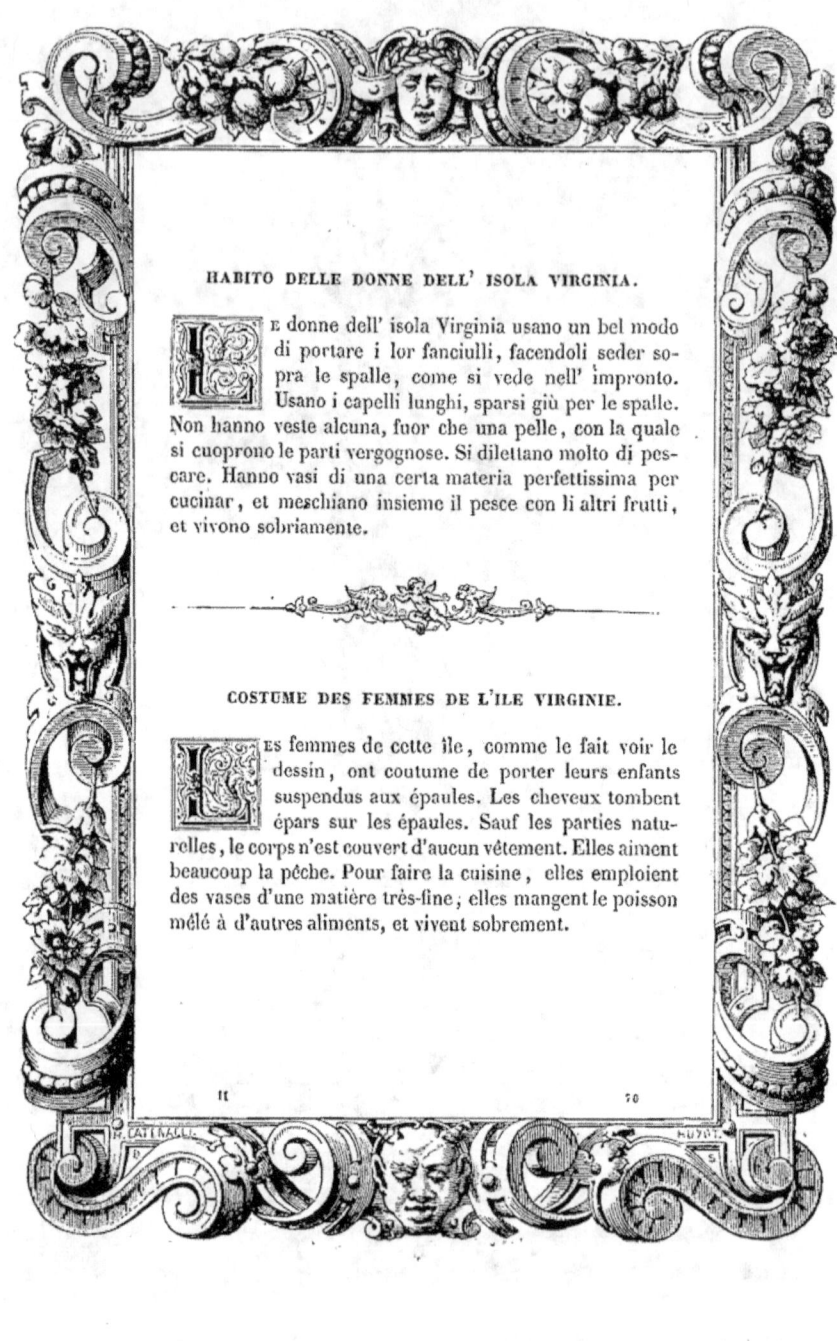

## HABITO DELLE DONNE DELL' ISOLA VIRGINIA.

LE donne dell' isola Virginia usano un bel modo di portare i lor fanciulli, facendoli seder sopra le spalle, come si vede nell' impronto. Usano i capelli lunghi, sparsi giù per le spalle. Non hanno veste alcuna, fuor che una pelle, con la quale si cuoprono le parti vergognose. Si dilettano molto di pescare. Hanno vasi di una certa materia perfettissima per cucinar, et meschiano insieme il pesce con li altri frutti, et vivono sobriamente.

## COSTUME DES FEMMES DE L'ILE VIRGINIE.

LES femmes de cette île, comme le fait voir le dessin, ont coutume de porter leurs enfants suspendus aux épaules. Les cheveux tombent épars sur les épaules. Sauf les parties naturelles, le corps n'est couvert d'aucun vêtement. Elles aiment beaucoup la pêche. Pour faire la cuisine, elles emploient des vases d'une matière très-fine; elles mangent le poisson mêlé à d'autres aliments, et vivent sobrement.

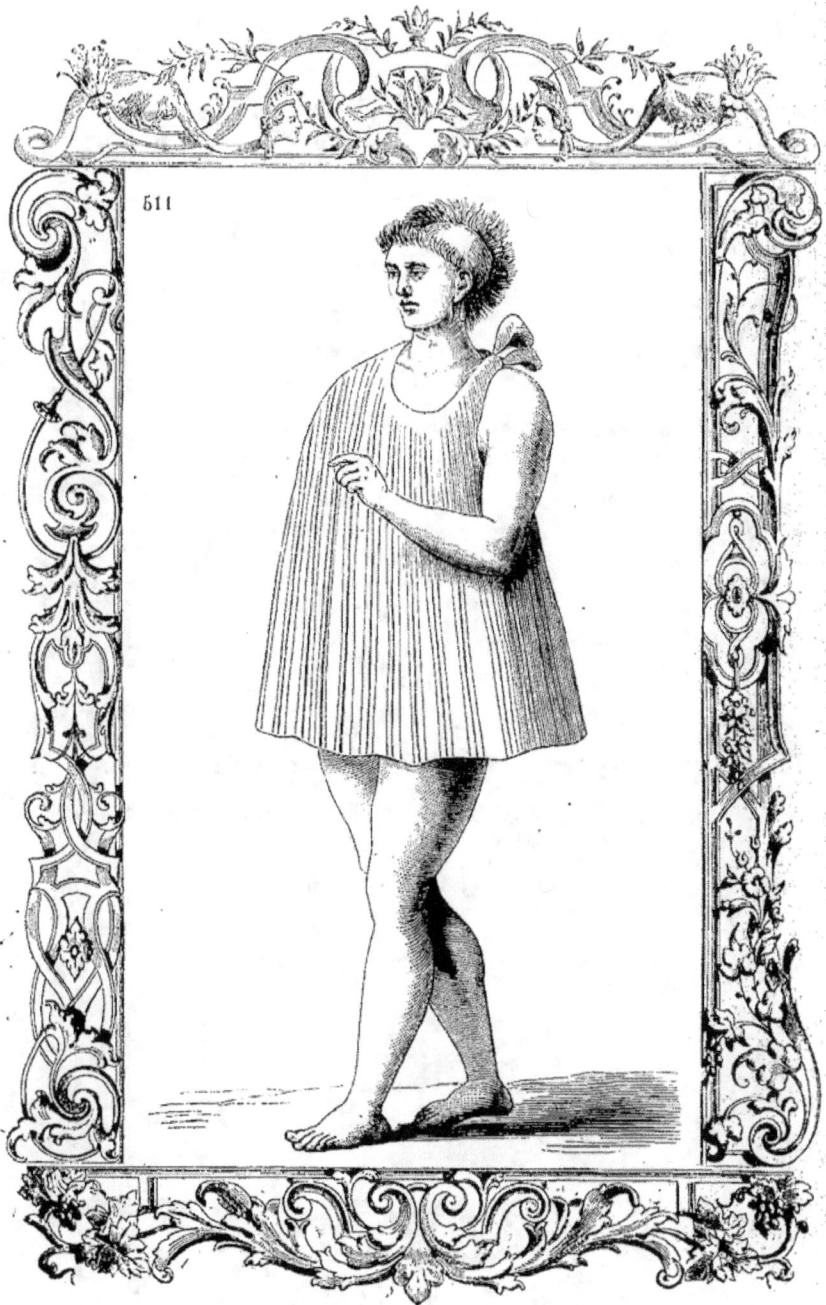

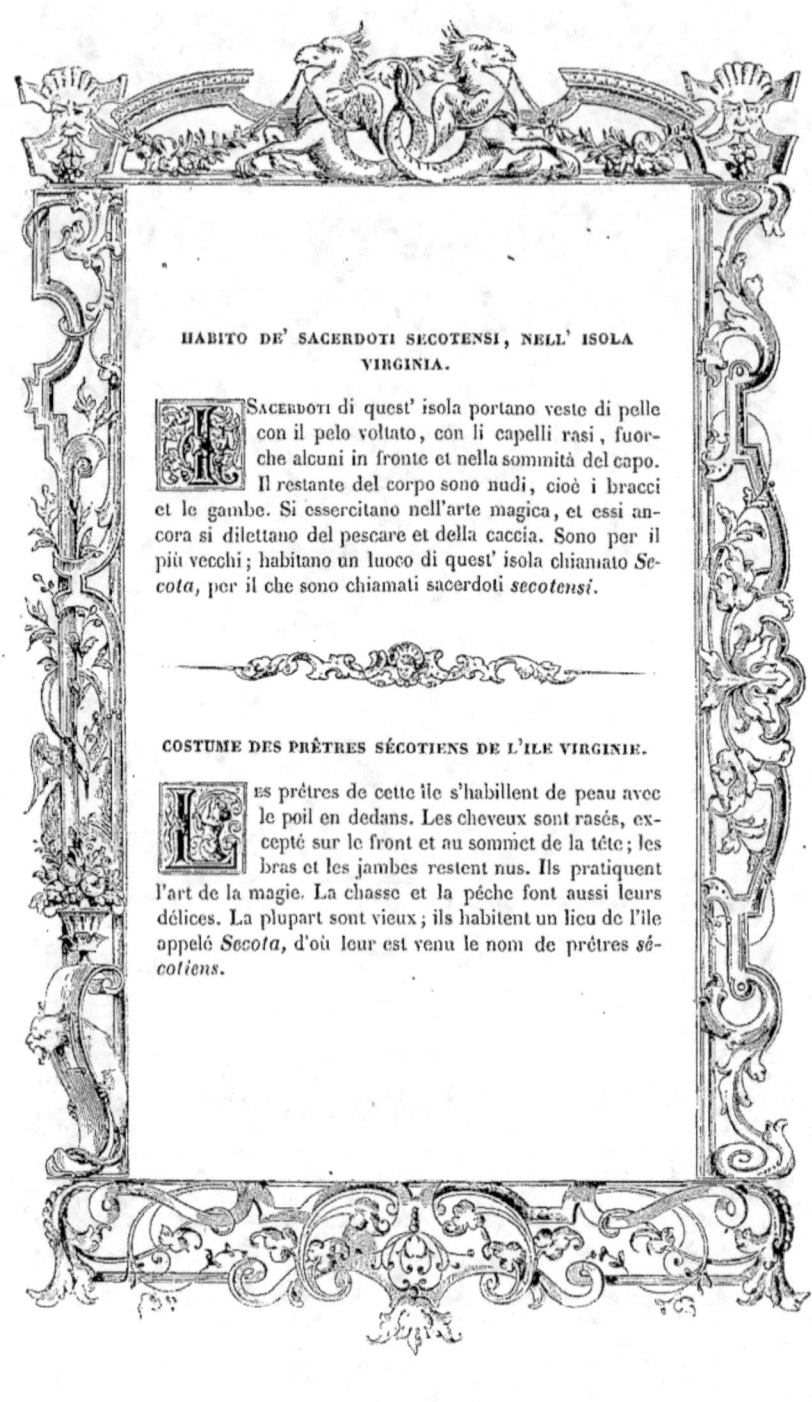

### HABITO DE' SACERDOTI SECOTENSI, NELL' ISOLA VIRGINIA.

Sacerdoti di quest' isola portano veste di pelle con il pelo voltato, con li capelli rasi, fuorche alcuni in fronte et nella sommità del capo. Il restante del corpo sono nudi, cioè i bracci et le gambe. Si essercitano nell'arte magica, et essi ancora si dilettano del pescare et della caccia. Sono per il più vecchi; habitano un luoco di quest' isola chiamato *Secota*, per il che sono chiamati sacerdoti *secotensi*.

### COSTUME DES PRÊTRES SÉCOTIENS DE L'ILE VIRGINIE.

Les prêtres de cette île s'habillent de peau avec le poil en dedans. Les cheveux sont rasés, excepté sur le front et au sommet de la tête; les bras et les jambes restent nus. Ils pratiquent l'art de la magie. La chasse et la pêche font aussi leurs délices. La plupart sont vieux; ils habitent un lieu de l'île appelé *Secota*, d'où leur est venu le nom de prêtres *sécotiens*.

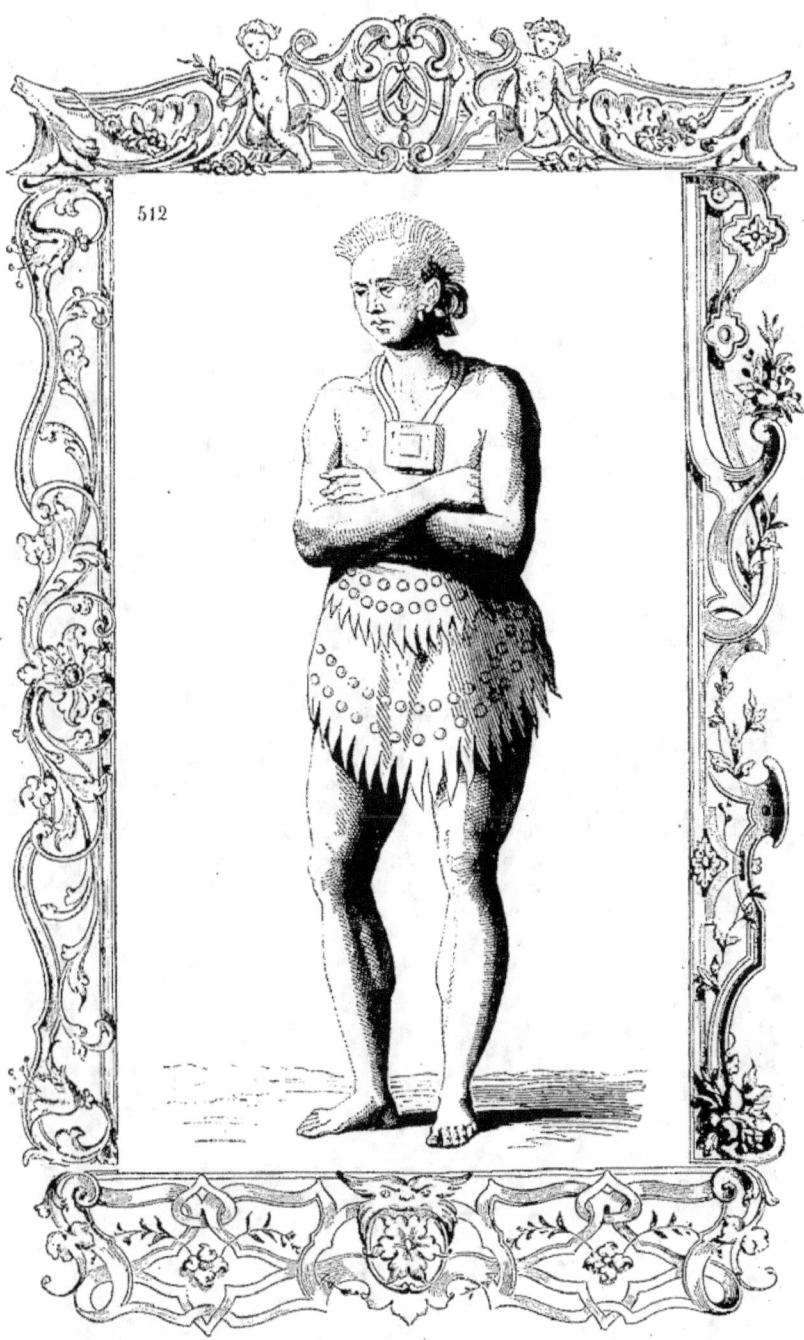

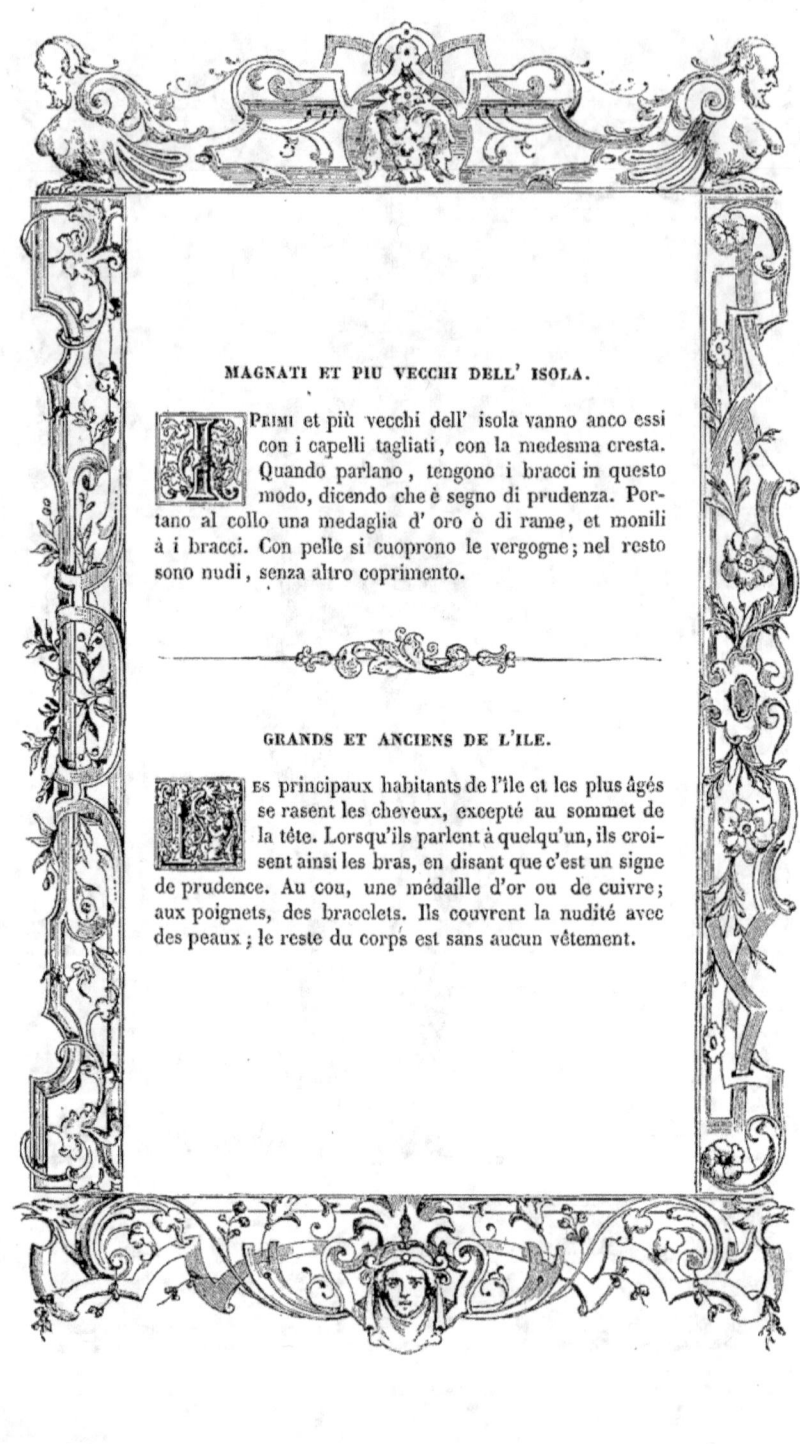

## MAGNATI ET PIU VECCHI DELL' ISOLA.

Primi et più vecchi dell' isola vanno anco essi con i capelli tagliati, con la medesma cresta. Quando parlano, tengono i bracci in questo modo, dicendo che è segno di prudenza. Portano al collo una medaglia d' oro ò di rame, et monili à i bracci. Con pelle si cuoprono le vergogne; nel resto sono nudi, senza altro coprimento.

---

## GRANDS ET ANCIENS DE L'ILE.

Es principaux habitants de l'île et les plus âgés se rasent les cheveux, excepté au sommet de la tête. Lorsqu'ils parlent à quelqu'un, ils croisent ainsi les bras, en disant que c'est un signe de prudence. Au cou, une médaille d'or ou de cuivre; aux poignets, des bracelets. Ils couvrent la nudité avec des peaux; le reste du corps est sans aucun vêtement.

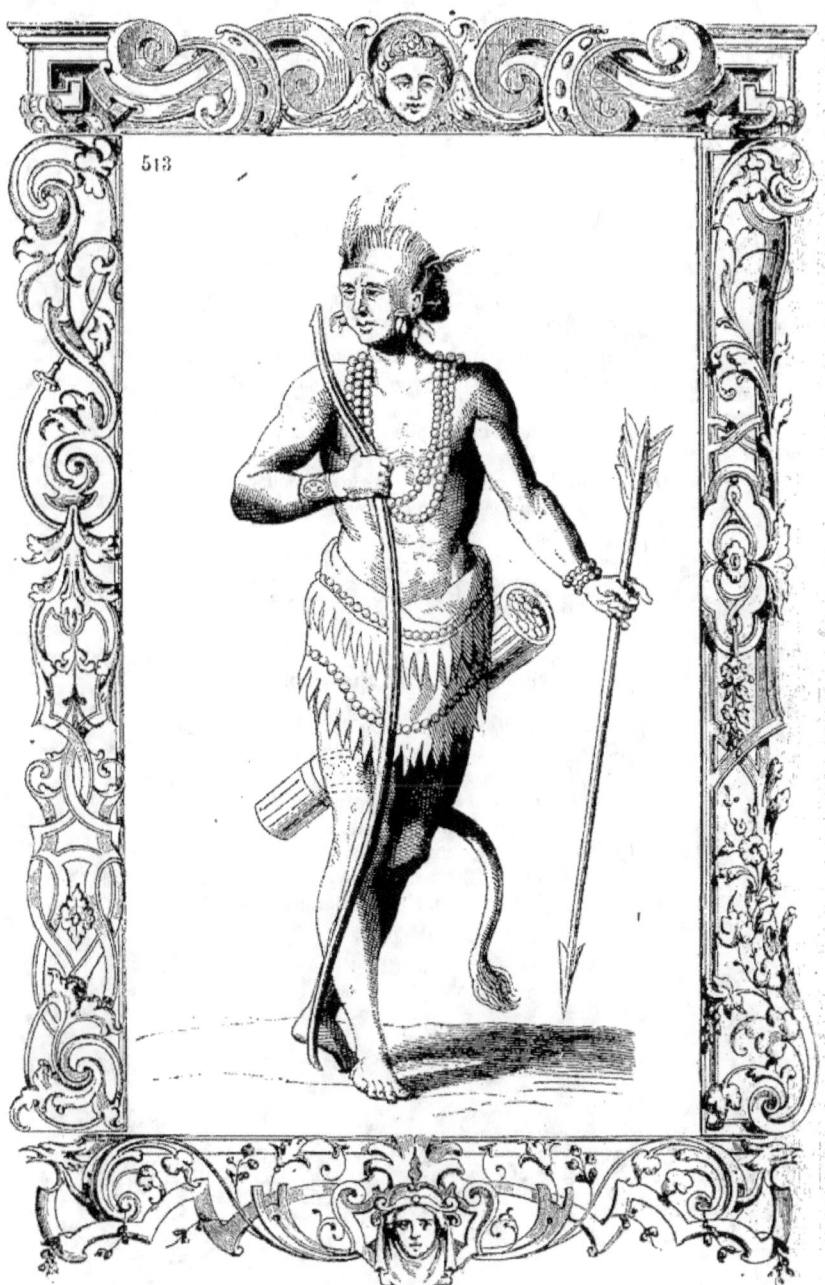

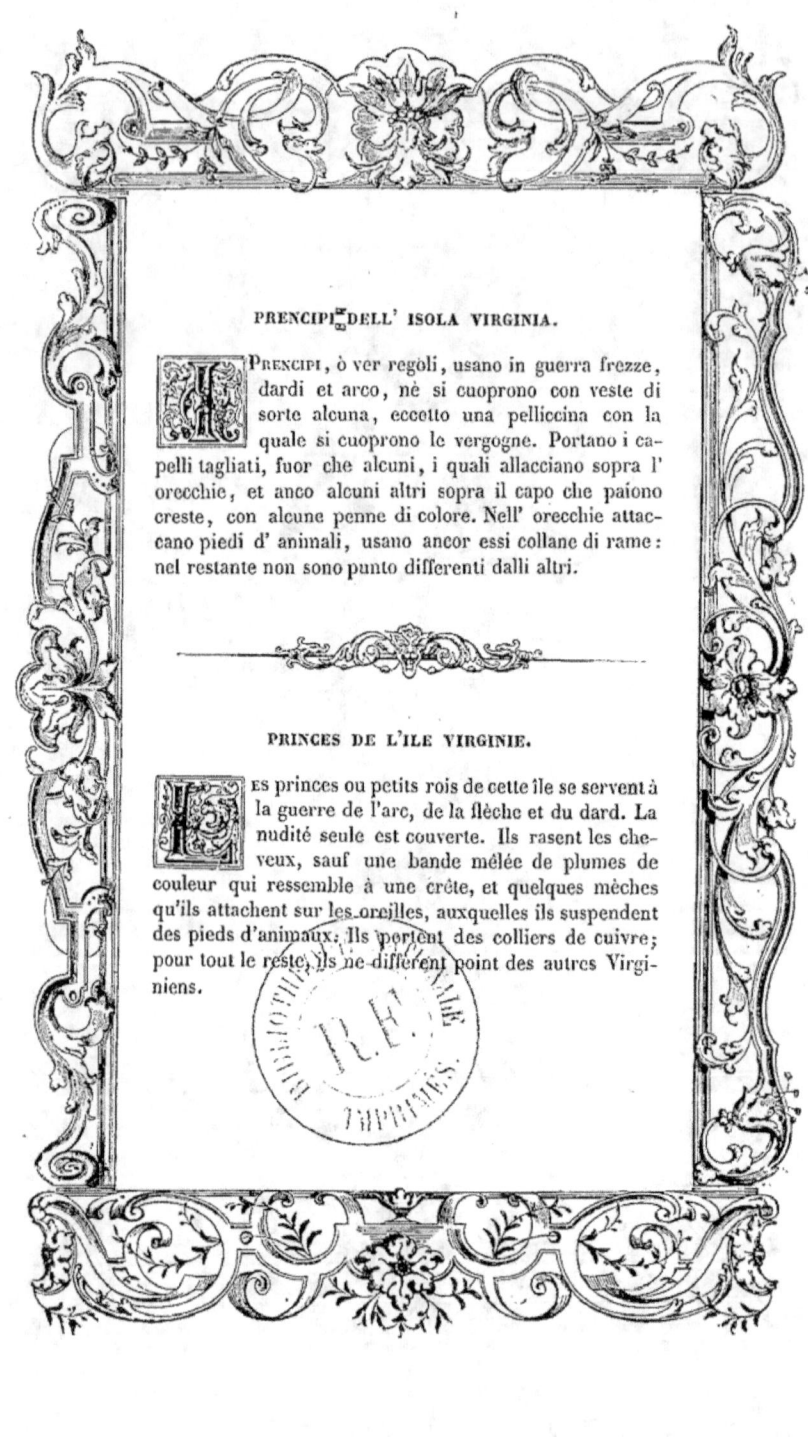

## PRENCIPI DELL' ISOLA VIRGINIA.

PRENCIPI, ò ver regòli, usano in guerra frezze, dardi et arco, nè si cuoprono con veste di sorte alcuna, eccetto una pelliccina con la quale si cuoprono le vergogne. Portano i capelli tagliati, fuor che alcuni, i quali allacciano sopra l'orecchie, et anco alcuni altri sopra il capo che paiono creste, con alcune penne di colore. Nell' orecchie attaccano piedi d'animali, usano ancor essi collane di rame: nel restante non sono punto differenti dalli altri.

## PRINCES DE L'ILE VIRGINIE.

LES princes ou petits rois de cette île se servent à la guerre de l'arc, de la flèche et du dard. La nudité seule est couverte. Ils rasent les cheveux, sauf une bande mêlée de plumes de couleur qui ressemble à une crête, et quelques mèches qu'ils attachent sur les oreilles, auxquelles ils suspendent des pieds d'animaux. Ils portent des colliers de cuivre; pour tout le reste, ils ne diffèrent point des autres Virginiens.

# TABLE DES MATIÈRES

## DU TOME SECOND.

II.                                                        71

FIN DE LA TABLE DES MATIÈRES DU SECOND VOLUME

www.ingramcontent.com/pod-product-compliance
Lightning Source LLC
Chambersburg PA
CBHW051337220526
45469CB00001B/5

* 9 7 8 2 0 1 2 5 3 3 7 6 9 *